Sächsisch-magdeburgisches Recht in Tschechien und in der Slowakei
Untersuchungen zur Geschichte des Rechts und seiner Sprache

IVS SAXONICO-MAIDEBVRGENSE IN ORIENTE

Band 5

IVS SAXONICO-MAIDEBVRGENSE IN ORIENTE

Das sächsisch-magdeburgische Recht als kulturelles Bindeglied zwischen den Rechtsordnungen Ost- und Mitteleuropas

Begründet von Ernst Eichler (†) und Heiner Lück

Im Auftrag der Sächsischen Akademie der Wissenschaften zu Leipzig herausgegeben von

Professor i.R. Dr. Heiner Lück

Band 5

De Gruyter

Inge Bily, Wieland Carls, Katalin Gönczi, Marija Lazar

Sächsisch-magdeburgisches Recht in Tschechien und in der Slowakei

Untersuchungen zur Geschichte des Rechts und seiner Sprache

De Gruyter

Das Vorhaben „Das sächsisch-magdeburgische Recht als kulturelles Bindeglied zwischen den Rechtsordnungen Ost- und Mitteleuropas“ ist ein Forschungsvorhaben der Sächsischen Akademie der Wissenschaften zu Leipzig und wird im Rahmen des Akademienprogramms von der Bundesrepublik Deutschland, dem Freistaat Sachsen und dem Bundesland Sachsen-Anhalt gefördert. Das Akademienprogramm wird koordiniert von der Union der deutschen Akademien der Wissenschaften.
Diese Publikation wird mitfinanziert durch Steuermittel auf der Grundlage des vom Sächsischen Landtag beschlossenen Haushalts.

UNION DER DEUTSCHEN AKADEMIEN DER WISSENSCHAFTEN

STAATSMINISTERIUM FÜR WISSENSCHAFT KULTUR UND TOURISMUS | Freistaat SACHSEN

SACHSEN-ANHALT #moderndenken

ISBN 978-3-11-044402-5
e-ISBN (PDF) 978-3-11-044476-6
e-ISBN (EPUB) 978-3-11-043624-2

Library of Congress Control Number: 2020945250

Bibliografische Information der Deutschen Nationalbibliothek
Die Deutsche Nationalbibliothek verzeichnet diese Publikation in der Deutschen Nationalbibliografie; detaillierte bibliografische Daten sind im Internet über http://dnb.dnb.de abrufbar.

Satz: Wieland Carls
Druck und Bindung: CPI books GmbH, Leck

www.degruyter.com

Inhalt

Vorwort (*Heiner Lück*)

Nach mehreren Jahren intensiver Forschung erscheint Band 5 der Reihe IVS SAXONICO-MAIDEBVRGENSE IN ORIENTE. Er hat die Rechts- und Sprachtransferprozesse sowie deren Textzeugen und Ergebnisse auf dem Gebiet der heutigen Tschechischen und Slowakischen Republik, soweit sie das Sächsisch-magdeburgische Recht betreffen, zum Gegenstand. Ganz im Sinne der mit dem Akademieprojekt „Das sächsisch-magdeburgische Recht als kulturelles Bindeglied zwischen den Rechtsordnungen Ost- und Mitteleuropas" verfolgten Konzeption, werden rechtsgeschichtliche und sprachgeschichtliche Analysen vorgenommen und im gegenseitigen Wechselverhältnis für Erkenntnisse fruchtbar gemacht. In Fortsetzung und Weiterentwicklung der in den bereits erschienenen Bänden erkennbaren Struktur generiert sich der vorliegende Band aus 10 Teilen, welche inhaltlich die Einleitung (Dr. Wieland Carls), die Analyse des Rechtstransfers (Dr. habil. Katalin Gönczi), einen Forschungsüberblick zu den Untersuchungsgebieten (Dr. Wieland Carls), die Rechtsquellen, allen voran den „Sachsenspiegel" in Deutsch und Latein sowie das „Sächsische Weichbild", das „Silleiner Rechtsbuch" und „Zipser Willkür" (Dr. Wieland Carls), linguistische Studien zum Untersuchungsgebiet Tschechien in Form von kontrastiven Wortanalysen und Wörterverzeichnissen (Dr. Inge Bily) und zum Untersuchungsgebiet Slowakei auf der Grundlage von korpuslinguistischer Methoden (Dr. Marija Lazar), eine Zusammenfassung in Deutsch und Englisch (Dr. Wieland Carls/John-Anthony Barrett BA), Kommentare zu den beigefügten Karten (Dr. Inge Bily) sowie ein Quellen- und Literaturverzeichnis (Dr. Wieland Carls) präsentieren. Die Kartenbeilagen sind von Dr. Inge Bily (Karteninhalt), Birgit Hölzel (Kartenredaktion) und Romana Schwarz (Kartographie) erarbeitet worden.

Wie bereits gesagt, wird mit den hier genannten Teilen des Projektbandes das für die Untersuchungsgebiete Polen und teilweise auch für Ungarn/Rumänien erprobte Darstellungskonzept fortgeführt, aber es werden auch neue Wege eingeschlagen. So stützt sich der quantitativ und auch qualitativ gewichtige Teil zum Untersuchungsgebiet Tschechien von Dr. Inge Bily auf einen repräsentativen Rechtstext sächsisch-magdeburgischer Provenienz – das „Sächsische Weichbild" – in einer deutschen Fassung und einer Übersetzung in die tschechische Sprache und analysiert in bewährter Weise seine (rechts-)sprachlichen Besonderheiten. Für die Slowakei war mit Rücksicht auf die nicht vergleichbare Quellenlage von Dr. Marija Lazar eine andere Methode anzuwenden, die aber auf der Grundlage von korpuslinguistischen Beobachtungen auch für die sprachwissenschaftlichen Analysen zu den noch ausstehenden Untersuchungsgebieten eine erfolgversprechende Perspektive bietet. So ist es gelungen, ein weiteres hochwertiges, handbuchartiges Kompendium zu dem komplexen Verbreitungsvorgängen von Recht und Sprache in einer wichtigen Region Ostmitteleuropas vorzulegen. Möge das Werk viele Nutzer finden, deren Kritik stets willkommen ist.

Zu danken ist zu allererst den Autorinnen und Autoren, die den Band geschaffen haben. Herrn Dr. Wieland Carls gebührt als langjährigem Arbeitsstellenleiter ein ganz besonderer Dank. Darüber hinaus sei den unterstützenden Helferinnen und Helfern der Arbeitsstelle, Frau Manuela Züfle, Frau Pina Bock M. A. und Herrn Michael Hoffert M. A. herzlich gedankt. Das bewusst im fruchtbaren Feld der internationalen Kooperation und Kommunikation angesiedelte Werk hätte ohne die tatkräftige und sachkundige Mithilfe der projektbegleitenden Kommission nicht auf dem hier vorliegenden Niveau gelingen können. Daher sei dem Vorsitzenden der Kommission, Prof. Dr. Matthias Hardt (Leipzig), sowie deren Mitgliedern Prof. Dr. Dr. h. c. Christian Hannick (Würzburg), Prof. Dr. Danuta Janicka (Toruń), Dr. Jolanta Karpavičienė (Vilnius), Prof. Dr. Christian Lübke (Leipzig) und Prof. Dr. Matthias Puhle (Magdeburg) herzlich gedankt. Unser herzlicher Dank schließt vor allem auch die langjährige zuverlässige und angenehme Kooperation ein. Auf Rat und Hilfe der Kommission konnte die Arbeitsstelle jederzeit unkompliziert zurückgreifen.

Nun stehen als nächste Publikationen der Band zu Litauen und zur Ukraine sowie der Tagungsband mit den Ergebnissen der internationalen Konferenz vom 14./15.11.2018 „Das sächsisch-magdeburgische Recht als kulturelles Bindeglied zwischen den Rechtsordnungen Ost- und Mitteleuropas. Bestandsaufnahme und Perspektiven der Forschung“ an. Schon jetzt kann festgestellt werden, dass viele lohnenswerte Fragestellungen in der Zukunft der Bearbeitung harren. Die Erforschung und die Offenlegung der gemeinsamen kulturellen, und damit auch der rechtlichen und rechtssprachlichen Grundlagen Europas werden eine dauerhafte Aufgabe geisteswissenschaftlicher Grundlagenforschung bleiben.

Halle an der Saale, im Juli 2020 Heiner Lück

A. Einleitung (*Wieland Carls*)

Das Untersuchungsgebiet dieses Bandes sind die heutigen Länder Tschechien und Slowakei bzw. die historischen Regionen Böhmen, Mähren und Teile des Königreichs Ungarn, die in etwa innerhalb der heutigen Grenzen dieser Länder liegen. Wie problematisch es ist, historische Befunde innerhalb von aktuellen Landesgrenzen zu verorten, wurde bereits im Band zum Untersuchungsgebiet Polen betont.[1] Auch in diesem Band gilt es wieder, die Besonderheiten sowohl des Rechts als auch seiner Sprache in den Blick zu nehmen, die für das Untersuchungsgebiet typisch waren. Der Zeitraum, in dem die hier zu beschreibenden Phänomene des rechtlichen Austauschs zu beobachten sind, beginnt in Böhmen etwa in der zweiten Hälfte des 12. Jahrhunderts bzw. in den der slowakischen Tradition zuzuordnenden Gebiete erst in der zweiten Hälfte des 14. Jahrhunderts.[2] Dieser nicht nur zeitlichen, sondern vor allem inhaltlichen Diskrepanz beim Transfer bzw. beim Nachweis sächsisch-magdeburgischen Rechts im Untersuchungsgebiet wird Rechnung getragen, indem die geschichtlichen Implikationen beider Gebiete zwar nicht unabhängig voneinander, aber gesondert betrachtet werden (*Kap. B.I.* – Tschechien; *Kap. B.II.* – Slowakei).

Die sprachlichen Untersuchungen werden ebenfalls in einem tschechischen (*Kap. E.*) und einem slowakischen Teil (*Kap. G.*) gesondert durchgeführt, wobei für die beiden Untersuchungsgebiete auch verschiedenen Texte Grundlage der Analysen sind. Beide Texte haben deutschsprachige Vorlagen und beide sind dem Sächsisch-magdeburgischen Recht zuzurechnen. Für Tschechien ist es das „Sächsische Weichbild“, das unter der Überschrift „Donat“ in einer Sammelhandschrift mit dem Titel *Práwa saszká* in mitteltschechischer Sprache überliefert ist.[3] Und für die Slowakei wird in erster Linie das „Silleiner Rechtsbuch“ der Gegenstand für die rechtshistorische und sprachwissenschaftliche Analyse sein.[4]

[1] LÜCK, Vorwort, in: BILY, CARLS, GÖNCZI, Sächsisch-magdeburgisches Recht in Polen, 2011, S. 1 f.; CARLS, Einleitung, in: BILY, CARLS, GÖNCZI, Sächsisch-magdeburgisches Recht in Polen, 2011, S. 5 f.

[2] Vgl. *Kap. B.I.2.1.* u. *Kap. B.II.2.1.*

[3] Neben diesem, der Untersuchung zugrunde liegenden Textzeugen (früher Litoměřice/Leitmeritz: Archiv města Litoměřice, Signatur: IV A 1; jetzt Praha/Prag: Parlamentní knihovna, o. Sign., online: ‹ www.psp.cz/kps/knih/prawa/prawa.htm ›. – *Donat – magdeburgské městské právo s glosou* [Donat – Das Magdeburger Stadtrecht mit Glosse], fol. 87–187, Opp. Nr. 922), sind noch zwei bzw. drei weitere Übersetzungen des „Sächsischen Weichbilds“ ins Mitteltschechische überliefert: 1516/1519/1532 (Praha/Prag, Knihovna Národního muzea, II F 3, Opp. 1243, fol. 199–408 – als: Martin von Wyskyttna, Regulae iuris, tschech. – alphabetisches Werk aus Sachsenspiegel, Meißner Rechtsbuch und Weichbildvulgata in Frage und Antwort), 1543 (Praha/Prag, Knihovna Národního muzea, III C 5, Opp. 1244, fol. 1–107) und 1516 (Praha/Prag, Národní knihovna České Republiky, XVII C 24, Opp. 1277, fol. 44–217). Diese Textzeugen sind im Hinblick auf Gemeinsamkeiten und Unterschiede zum untersuchten Text und auf mögliche Vorlagen noch zu analysieren. Siehe *Kap. D.II.1.4.*

[4] Siehe *Kap. D.III.*

Es ist nicht nur Programm des Akademievorhabens, sich nicht allein auf die deutsche, die westliche Perspektive bei seinen Forschungen zu verlassen, sondern es hat sich auch gezeigt, dass die Zusammenarbeit mit zahlreichen Wissenschaftlerinnen und Wissenschaftlern aus den jeweiligen Untersuchungsgebieten unabdingbar und ausgesprochen fruchtbar ist. So konnten wertvolle Hinweise auf Literatur berücksichtigt und manches Problem schon vorab besprochen werden. Zu danken ist hier vor allem für die konstante Unterstützung seitens der wissenschaftlichen Kommission, die das Projekt von Anfang an begleitet hat: Frau Prof. Dr. Danuta Janicka (Toruń, Polen), Frau Dr. Jolanta Karpavičienė (Vilnius, Litauen), Herrn Prof. Dr. Dr. h. c. Christian Hannick (Würzburg), Herrn Prof. Dr. Christian Lübke (Leipzig), Herrn Prof. Dr. Dr. h. c. Ilpo Tapani Piirainen † (Münster/Westf.), Herrn Prof. Dr. Matthias Puhle (Magdeburg) sowie Herrn Prof. Dr. Matthias Hardt (Leipzig). Namentlich seien aber auch Herr Dr. Thomas Krzenck (Leipzig), Frau JUDr. Petra Skřejpková, Ph.D. (Prag), Frau doc. JUDr. PhDr. Adriána Švecová PhD. (Trnava) genannt, die die Projektarbeit auf unterschiedliche Weise unterstützt haben. Wertvolle Hinweise vor allem im Hinblick auf die Überlieferung des lateinischsprachigen Sächsischen Weichbilds verdanken sich auch der Kooperation mit Herrn Prof. Dr. Maciej Mikuła (Krakau).[5]

I. Textgrundlagen für das Untersuchungsgebiet

1. Tschechien

Als Text für das Untersuchungsgebiet Tschechien wurde das „Sächsische Weichbild“ ausgewählt, ein Text, der wie kein zweiter als Repräsentant des Sächsisch-magdeburgischen Rechts gelten kann, da es sich hierbei um die einzige Rechtskompilation handelt, die von den Magdeburger Schöffen selbst autorisiert worden ist.[6] Die Bedeutung des „Sächsischen Weichbilds“[7], für die Etablierung eines deutschsprachigen Gewohnheitsrechts ist unumstritten und wird unter anderem damit begründet, dass es neben dem „Sachsenspiegel Land- und Lehnrecht“ mit dem Recht der Stadt den dritten Lebensbereich abdeckt, dem ein Mensch zu jener Zeit rechtlich unterstehen konnte – sieht man vom kanonischen Recht ab.[8] Nicht

---

[5] Weitere Danksagungen finden sich eingangs der *Vorbemerkungen zu den Teilen E, F und I, S. 127–129*.

[6] „[…] das ist vnse wichbelde recht, daz vns dy große konig keyser Otte bestitigt hat […]“ (zitiert nach F. EBEL (Hrsg.), Magdeburger Recht, Bd. 1, 1983, Nr. VI,10, S. 280).

[7] Der Text wird häufig auch „Magdeburger Weichbild“ genannt. Außerdem ist die Bezeichnung „Weichbildrecht“ in der Forschung weit verbreitet, obwohl das Kompositum aus „wîch“ und „bilde“ bereits das Recht (Bild) der Stadt (Wîch) bedeutet, weshalb hier und im Folgenden nur „Weichbild“ verwendet wird (vgl. SCHMIDT-WIEGAND, Weichbild, in: HRG, Bd. 5, 1998, Sp. 1209–1212, hier insbesondere Sp. 1209 f.).

[8] Zur Bedeutung des „Sächsischen Weichbilds“ siehe aktuell: KANNOWSKI, Die dritte Säule und das Dach, in: Deutsches Archiv für Erforschung des Mittelalters 75 (2019), S. 143–176.

allein diese gleichberechtigte Stellung neben dem Land- und Lehnrecht macht das „Sächsische Weichbild" zum wichtigen Forschungsgegenstand, sondern auch unabhängig hiervon kommt ihm eine herausragende Stellung zu, da er maßgeblich am Prozess des Rechtstransfers in Ostmitteleuropa beteiligt war und dort, mehr noch als in den deutschsprachigen Gebieten, eine besondere Würdigung erfahren hat.[9]

In den Geltungsbereichen des Sächsisch-magdeburgischen Rechts fand vor allem das um 1235 von Eike von Repgow aufgezeichnete und von ihm selbst als „spigel der sassen" bezeichnete Land- und Lehnrecht Verbreitung.[10] Schon zu den ersten überlieferten Bewidmungen mit Magdeburger Stadtrecht in Schlesien gehörte der „Sachsenspiegel" – sowohl zu Teilen direkt inhaltlich[11] als auch als ganzes Rechtsbuch[12] – zum Rechtekanon von Städten mit Magdeburger Stadtrecht dazu, weshalb es nahe liegt, diese Verbindung von „Sachsenspiegel" und Magdeburger Stadtrecht als *Sächsisch-magdeburgisches Recht* zu bezeichnen. Der Autor des „Sachsenspiegels" ist bekannt und für seinen Text – wenn auch in zahlreichen Varianten überliefert – lassen sich eine überschaubare Anzahl von Ordnungen sowie eine Vulgatfassung[13] erkennen. Der Kompilator des „Sächsischen Weichbilds" hingegen nennt sich selbst nicht und konnte bislang auch nicht erschlossen werden. Seit dem letzten Drittel des 13. Jahrhunderts gibt es zwar eine Vulgatfassung, in der Folge sind aber noch zahlreiche Varianten auszumachen, wobei die Erforschung des Textes bis heute erhebliche Defizite aufweist.[14] Dieser Mangel kann und soll mit der vorliegenden Untersuchung nicht behoben, sondern

---

9 Auf die Situation z. B. in Polen geht Mikuła ein (MIKUŁA, Die Modifizierung des Erb- und Familienrechts im Magdeburger Weichbildrecht, in: JANICKA (Hrsg.), Judiciary and Society between Privacy and Publicity, 2016, S. 329 f.; DERS., Prawo miejskie Magdeburskie (Ius Municipale Magdeburgense) w Polsce XIV-pocz. XVI w., 2018, S. 19–21).

10 EIKE von Repgow, Sachsenspiegel, 1999, S. 24.

11 Insgesamt zwölf Paragraphen (§§ 62–73, nach der Zählung von IRGANG (Bearb.), Schlesisches Urkundenbuch, Dritter Band: 1251–1266, 1984, S. 248–255, Nr. 381) der Magdeburger Rechtsweisung für Breslau von 1261 sind z. T. direkt dem ersten Buch des „Sachsenspiegel-Landrechts" entnommen (§ 62 ≙ SspLdR I, 62 §§ 8, 9; § 63 ≙ SspLdR I, 62 §§ 10, 11; § 64 ≙ SspLdR I, 63 § 1; § 65 ≙ SspLdR I, 63 § 2; § 66 ≙ SspLdR I, 63 § 3, 1. Satz; § 67 ≙ SspLdR I, 63 § 3, 2. Satz; § 68 ≙ SspLdR I, 63 § 3, 3. Satz; § 69 ≙ SspLdR I, 63 § 3, 4. Satz; § 70 ≙ SspLdR I, 63 § 4, 63 § 5, 64, 65 § 1; § 71 ≙ SspLdR I, 65 § 2; § 72 ≙ SspLdR I, 65 § 3; § 73 ≙ SspLdR I, 68 § 1). Damit wird diese Breslauer Urkunde nicht nur zum ältesten erhaltenen Zeugnis einer Teilüberlieferung des „Sachsenspiegels", sie bezeugt auch sehr anschaulich, wie früh und wie eng Magdeburger Stadtrecht und das Landrecht des „Sachsenspiegels" miteinander verbunden waren.

12 Mit der Rechtsweisung von 1261 erhielten die Breslauer wohl auch eine „Sachsenspiegelabschrift". Jedenfalls übersetzte Konrad von Oppeln zwischen 1272 und 1292 den „Sachsenspiegel" in die lateinische Sprache (als *Versio Vratislaviensis* bekannt; vgl. OPPITZ, Deutsche Rechtsbücher des Mittelalters, Bd. 1, 1990, S. 26 u. CARLS, Rechtsquellen sächsisch-magdeburgischen Rechts, in: ISMIO Bd. 2, S. 77 f.).

13 Ordnung IVc (Vulgata), s. OPPITZ, Deutsche Rechtsbücher des Mittelalters, Bd. 1, 1990, S. 29 f.

14 OPPITZ, Deutsche Rechtsbücher des Mittelalters, Bd. 1, 1990, S. 47 f.; KANNOWSKI, Die dritte Säule und das Dach, in: Deutsches Archiv für Erforschung des Mittelalters 75 (2019), S. 147–150.

es soll lediglich gezeigt werden, wie sehr insbesondere auch das „Sächsische Weichbild“ am Prozess des Transfers sächsisch-magdeburgischen Rechts beteiligt war.[15] Zahlreiche handschriftliche Textzeugen und Übersetzungen in die tschechische und lateinische Sprache lassen sich im Verbreitungsgebiet des Sächsisch-magdeburgischen Rechts nachweisen und belegen die Relevanz dieses Rechtstextes in Ostmitteleuropa vom Mittelalter bis zur Frühen Neuzeit.[16]

Textgrundlage für die Untersuchungen zur tschechischen Rechtssprache ist zunächst der deutschsprachige Referenztext des „Sächsischen Weichbilds“ für den – auch aus pragmatischen Überlegungen heraus – eine Handschrift ausgewählt wurde, die bereits gedruckt vorliegt. Diese Edition wurde von Alexander von Daniels und Franz von Gruben in der Mitte des 19. Jahrhunderts besorgt[17] und kann den heutigen Ansprüchen nicht mehr genügen.[18] Als Grundlage für die Transkription, die dann für die sprachliche Auswertung benutzt werden konnte, war der Druck dennoch eine Hilfe. Eine Übersetzung des „Sächsischen Weichbilds“ in die tschechische Sprache findet sich in einer Sammelhandschrift, der sogenannten *Práwa saszká*[19], die 1469–1470 verfasst wurde. Auch wenn beide Handschriften im 15. Jahrhundert entstanden sind, unterscheidet sich die tschechische Übersetzung erheblich von der deutschen Fassung, so dass dieser Textzeuge wohl nicht die direkte Übersetzungsvorlage gewesen sein kann.[20] Ob sich diese Vorlage unter den überlieferten deutschsprachigen Handschriften des „Sächsischen Weichbilds“ befindet, muss an dieser Stelle nicht geklärt werden, da dies für eine Analyse des Verhältnisses der deutschen und tschechischen Rechtssprache zueinander nicht notwendig ist. Analog zum Vorgehen im Band zum Untersuchungsgebiet Polen

---

[15] Die Wissenschaftliche Auseinandersetzung mit diesem Text beginnt spätestens mit Benedict Carpzovs Abhandlung von 1673 (CARPZOV, Dissertatio Iuridica || De || Iure Weich-||bildorum, 1673), aber schon Hermann Conring geht auf diesen Text in seinem Werk „De origine iuris Germanici commentarius historicus“ im XXIX. Kapitel noch vor dem Land- und Lehnrecht des „Sachsenspiegels“ ein (CONRING, De origine iuris Germanici commentarius historicus, 1643, S. 127–132) und Benjamin Leuber nennt das Weichbild zusammen mit „Sachsenspiegel Land- und Lehnrecht“ im Titel seiner Schrift von 1648 (LEUBER, Gr̊ündlicher und Hiſtorienmåssiger || DISCURS || Uber etȝlichen || Der Stadt Magdeburgk in Sachſen || gerůhmten || Alten PRIVILEGIIS, So wol/|| Was von den dreyen bekandten Bůchern/|| dem SachſenSpiegel oder LandRechten/|| dem Weichbild und deſſen Chronica || ſampt deſſen LehenRechten/|| ȝu halten/und wie weit in ſolchen die Alten und waaren || Såchſischen Geseȝe/Ordnungen und Rechte/|| ȝu befinden. Freybergk [Freiberg] Menſe Martio Anno 1648).

[16] Siehe hierzu *Kap. D.II.*

[17] DANIELS, GRUBEN (Hrsg.), Das sächsische Weichbildrecht, Bd. 1, 1858.

[18] Siehe hierzu KANNOWSKI, Die dritte Säule und das Dach, in: Deutsches Archiv für Erforschung des Mittelalters 75 (2019), S. 160–162.

[19] Praha/Prag, Parlamentní knihovna/Parlamentsbibliothek, o. Sign., Provenienz: Litoměřice/Leitmeritz, Okresní archiv, IV.A.1, 1469–1470 (Opp. 922 ‹ www.psp.cz/sqw/hp.sqw?k=2038 › – Weichbildrecht mit Glosse (tschech.) in 143 Art., 87–187, 1469–1470).

[20] Siehe hierzu BILY, HOMOLKOVÁ, Neueste Forschungen zum Sächsischen Weichbildrecht mit Glosse, in: Deutsches Archiv für Erforschung des Mittelalters 73,2 (2017), S. 566f.

wurde der Text sprachwissenschaftlich analysiert und die Charakteristika rechtssprachlicher Wendungen und einzelner Rechtstermini im Vergleich zum frühneuhochdeutschen Ausgangstext wurden beschrieben (*Kap. E.IV.-VI.*). Als Übersetzungs- und Lesehilfe für Texte mit Sächsisch-magdeburgischem Recht wurden „Wörterverzeichnisse der Rechtstermini" erarbeitet, die neben dem Frühneuhochdeutschen und dem Alt- bzw. Mitteltschechischen auch die polnischen Termini des zweiten Bandes berücksichtigen (*Kap. F.I.6.*). Im Internet wird eine digitale Fassung der Wörterverzeichnisse geboten, die eine vor- und rückläufige Sortierung nach der jeweils gewünschten Sprache ermöglicht, was die Recherche im Wortbestand erheblich erleichtert.[21] Damit wird auch das deutsch-polnische Wörterverzeichnis des Bandes zum Untersuchungsgebiet Polen nunmehr digital zugänglich.[22]

2. Slowakei

Für die rechtshistorische und rechtssprachliche Analyse zum Untersuchungsgebiet Slowakei wurde als zentraler Text das „Silleiner Rechtsbuch" ausgewählt, das für die Rezeption sächsisch-magdeburgischen Rechts in dieser Region steht. Diese Sammelhandschrift[23] überliefert vor allem das Stadtrecht von Sillein in frühneuhochdeutscher Sprache, aufgezeichnet 1378, und eine Übersetzung dieses Rechts in slowakisiertes Tschechisch knapp einhundert Jahre danach (1473).[24] Neben Regelungen, die sich speziell auf die Stadt Sillein beziehen, finden sich aber auch Passagen mit deutlichen Parallelen zum Landrecht des „Sachsenspiegel" sowie zum „Sächsischen Weichbild", zum Bergrecht von Rodenau sowie zu den Magdeburger Rechtsweisungen für Breslau (1261, 1295) und Görlitz (1304). Auch wenn die zeitgenössische Resonanz auf diesen Text gering gewesen sein mag, lässt sich an ihm gut zeigen, welche Aspekte des Sächsisch-magdeburgischen Rechts als Grundlage für die rechtliche Organisation einer Stadt relevant waren und auch die sprachliche Analyse vermittelt Einblicke in die damaligen Möglichkeiten, rechtliche Inhalte auf dem Wege der Übersetzung zu adaptieren.

---

[21] ‹ https://smr.saw-leipzig.de/woerterbuch.html ›.

[22] ISMIO Bd. 2, Kap. F.II.2.

[23] Zur Beschreibung der Handschrift siehe RAUSCHER, O žilinském právu magdeburském německým jazykem sepsaném z roku 1378/Das Silleiner Rechtsbuch aus d. J. 1378, 1933, S. LXIII–LXVI; PIIRAINEN, Das Stadtrechtsbuch von Sillein, 1972, S. 12–15; Opp. 1352, HSC ‹ 8130 ›; zur Forschung siehe PAPSONOVÁ, Das Silleiner Rechtsbuch (1378–1524) im Spiegel der Forschung, in: Brücken. N. F. Germanistisches Jahrbuch. Tschechien-Slowakei 5 (1997), S. 255–267.

[24] Zum „Silleiner Stadtrechtsbuch" siehe *Kap. B.II.2.3.*, *D.III.* sowie *Kap. G.I.2.–3.*, *S. 460–467*. Aus den Beschreibungen von Rauscher und von Piirainen geht hervor, dass die verschiedenen Texte nicht fortlaufend in einen Codex eingetragen wurden, sondern erst im 15. Jahrhundert in einem Buch vereinigt wurden (RAUSCHER, O žilinském právu magdeburském německým jazykem sepsaném z roku 1378/Das Silleiner Rechtsbuch aus d. J. 1378, 1933, S. LXIII; PIIRAINEN, Das Stadtrechtsbuch von Sillein, 1972, S. 12).

II. Geschichtliche Aspekte des Untersuchungsgebiets

Wie in den vorangegangenen Projektbänden zu den Untersuchungsgebieten Polen sowie Ungarn/Rumänien werden auch für Tschechien und die Slowakei die historischen – und vor allem rechtshistorischen – Rahmenbedingungen für den Untersuchungszeitraum kurz skizziert. Da sich die beiden Untersuchungsgebiete im Hinblick auf geschichtliche Entwicklungen, die dann auch Einfluss auf den Rechtstransfer hatten, deutlich unterscheiden, war es angezeigt, beide Gebiete gesondert vorzustellen (*Kap. B.I. u. B.II.*). Im Fokus stehen jeweils die rechtlichen Rahmenbedingungen, unter denen sich der Transfer sächsisch-magdeburgischen Rechts vollzogen hat. Die Konstituierung der Landesherrschaft bietet die Voraussetzungen für die Umstände des Landesausbaus und der Entwicklung der Städte. Es liegt nahe, dass das Stadtrecht den unterschiedlichen Umständen der jeweiligen Stadt folgte und in Handelsstädten eine andere Ausprägung hatte als z. B. in Städten, die als sogenannte Bergstädte vor allem zur Ausbeutung von Minen gegründet wurden.

Die Einflüsse auf die jeweiligen Ausprägungen der Stadtrechte durch eine sächsisch-magdeburgische Komponente waren auch nicht überall gleich stark. Im Untersuchungsgebiet Tschechien sind etwa 50 Orte mehr oder weniger stark vom Magdeburger Stadtrecht beeinflusst. Das Untersuchungsgebiet Slowakei unterscheidet sich insofern von den tschechischen Gegebenheiten, als sich der Rechtstransfer hier nicht schon bei der Stadtgründung vollzogen hat, sondern erst zur Zeit der städtischen Schriftlichkeit und vor allem auf dem Austausch rechtlicher Regelungen der Städte untereinander beruht. Die Einflüsse sächsisch-magdeburgischen Rechts waren auf einzelne Regionen bzw. Siedlungsgebiete beschränkt, wobei die Zips die stärksten Einflüsse dieses Rechts aufweist. Auch spielte hier die Nähe zu Polen und die daraus folgenden Einflüsse eine zu beachtende Rolle. Für das Untersuchungsgebiet Slowakei stehen die „Zipser Willkür“ und das „Silleiner Stadtrecht“ als Belege für den Rechtstransfer im Fokus.

III. Forschungsüberblick

Die Forschung zu den Rechtsentwicklungen im Untersuchungsgebiet Tschechien/Slowakei setzt schon zu Beginn des 19. Jahrhunderts ein. Im *Kap. C.* wird – wie in den vorhergehenden Bänden – versucht, einen Überblick der wichtigsten Vertreter zu geben, wobei eine Trennung in eine eher tschechisch und eine eher slowakisch konnotierte Forschung nicht sinnvoll schien, weshalb beide Gebiete zusammen behandelt werden.

IV. Rechtsbücher im Untersuchungsgebiet

Bei der Vorstellung der Rechtsbücher im Untersuchungsgebiet liegt der Schwerpunkt der Darstellung auf dem „Sächsischen Weichbild“, das signifikant für das Sächsisch-magdeburgische Recht und dessen Verbreitung ist.

V. Sprachwissenschaftliche Auswertung

Wie auch in den meisten anderen Abschnitten dieses Bandes zum Untersuchungsgebiet Tschechien/Slowakei war es auch für die sprachwissenschaftliche Untersuchung unvermeidbar, für beide Teile des Untersuchungsgebietes getrennte Wege zu gehen. Nicht nur, dass es sich um zwei unterschiedliche Sprachen handelt, in die das Sächsisch-magdeburgische Recht übersetzt wurde, auch die Art der Texte und ihrer Übersetzung unterscheiden sich stark.

1. Untersuchungsgebiet Tschechien

Das *Kap. E.* befasst sich mit der sprachwissenschaftlichen Auswertung des Verhältnisses zwischen dem deutschsprachigen Ursprung des Textzeugen, dem „Sächsischen Weichbild“, und einer Übersetzung ins Tschechische. Nach einer Einführung in den Text und einem Einblick in die der Untersuchung zugrunde liegenden Forschungen werden nach dem bereits im Band zum Untersuchungsgebiet Polen[25] erprobten Verfahren beide Texte einer kontrastiven Wortanalyse unterzogen, wobei vor allem der rechtsrelevante Wortschatz in seinem Kontext analysiert wird. Die untersuchten Textpartien werden jeweils im Originalwortlaut wiedergegeben und sind über Stellenangaben bei Bedarf auch in der Handschrift oder der Transkription nachzuprüfen.[26] In einem Auswertungsteil werden die für das Material beobachteten Besonderheiten dargestellt und bewertet (*Kap. E.V. u. VI.*). Im Anschluss (*Kap. F.*) folgt ein deutsch-tschechisch-polnisches Wörterverzeichnis, in dem vor allem die untersuchten rechtsrelevanten Begriffe aus dem ausgewerteten Material, aber auch andere Rechtstermini in den genannten Sprachen einander zugeordnet werden. Dieses Verzeichnis findet sich auch digital aufbereitet im Internet und kann dort nach einer der drei Sprachen sortiert und intuitiv im Volltext durchsucht werden, was die Verwendungsmöglichkeiten erweitert.[27]

---

25 ISMIO Bd. 2.

26 Die Transkriptionen stehen in der Arbeitsstelle zur wissenschaftlichen Nutzung digital zur Verfügung. Die Handschriften sind online verfügbar (s. *Kap. D.II.1.1., Nr. 7, S. 103 u. D.II.1.4., Nr. 1, S. 117*).

27 ‹ https://smr.saw-leipzig.de/woerterbuch.html ›. Bei Bedarf kann die jeweils gewünschte Ansicht auch als PDF ausgegeben oder direkt ausgedruckt werden.

2. Untersuchungsgebiet Slowakei

Das „Silleiner Stadtrechtsbuch" ist die Textgrundlage für die sprachgeschichtlichen Analysen zum Untersuchungsgebiet Slowakei. Um die Qualität der Übersetzung der frühneuhochdeutschen Textvorlage in ein slowakisiertes Tschechisch adäquat beurteilen zu können, werden auch vergleichbare Übersetzungen ausgewertet und es wird versucht, den Prozess der Textgenese nachzuzeichnen. Die im einzelnen dargestellten Übersetzungsmethoden sind von verschiedenen Faktoren abhängig. Es wird gezeigt, welchen Einfluss diese Methoden auf das Übersetzungsergebnis haben und wie man die Charakteristika einer Übersetzung auch formal bestimmen kann. Hierfür wird die besondere Funktion des Tschechischen in der untersuchten Region analysiert und das Wesen der Rechtssprache als Fachsprache dargestellt. Das jeweilige Potential der Rechtssprache wird am Beispiel der beiden untersuchten Rechtstexte, dem „Silleiner Stadtrechtsbuch" und dem „Sächsischen Weichbild" aus der Sammelhandschrift *Práwa saszká*, untersucht. Mit den Methoden der Korpuslinguistik können die Beobachtungen an den ausgewählten Texten in einen größeren Materialzusammenhang gestellt und quantitativ analysiert werden.

VI. Materialien und Ergebnisse

Um eine kurze Vorstellung von der geographischen Ausdehnung der Untersuchungsgebiete Tschechien und Slowakei zu geben, liegen auch diesem Band wieder zwei Karten bei, die im *Kap. I.* entsprechend eingeführt und für jede Karte mit einem Verzeichnis der eingetragenen Orte versehen werden.

Die Ergebnisse zum Untersuchungsgebiet Tschechien/Slowakei werden zum Schluss kurz zusammengefasst und ein Ausblick auf die noch ausstehenden Bände gegeben. In einem Quellen- und Literaturverzeichnis sind alle im Band zitierten Texte aufgelistet. Eine Projektbibliographie zum Sächsisch-magdeburgischen Recht sowie ein dreisprachiges Wörterverzeichnis stehen auch digital zur Verfügung.[28]

[28] Projektbibliographie: ‹ magdeburger-recht.org/smr ›, dreisprachiges Wörterverzeichnis: ‹ https://smr.saw-leipzig.de/woerterbuch.htm ›.

B. Analyse des Rechtstransfers (*Katalin Gönczi*)

I. Sächsisch-magdeburgisches Recht in Tschechien

1. Zur Verfassungs- und Rechtsgeschichte der böhmischen Länder

1.1. Die Etablierung des Königreichs Böhmen innerhalb Ostmitteleuropas

Im Mittelpunkt der Untersuchung der Verfassungs- und Rechtsgeschichte Tschechiens stehen die ‚Länder der böhmischen Krone' (*země Koruny české*).[1] Bis zum 17. Jahrhundert wurde diese Bezeichnung für die historischen Landschaften Tschechiens verwendet; man verstand darunter das Königreich Böhmen, die Markgrafschaft Mähren,[2] die schlesischen Herzogtümer[3] und die Markgrafschaft Ober- und Niederlausitz.[4] Unter den Ländern der böhmischen Krone hatte Böhmen die führende Rolle inne. Diese Gemeinschaft historischer Landschaften bestand bis 1635, als Kursachsen die Ober- und Niederlausitz laut den Beschlüssen des Prager Friedens erwarb. Das Konstrukt der Länder der böhmischen Krone änderte sich noch einmal während des Österreichischen Erbfolgekrieges, als der größte Teil Schlesiens gemäß dem Frieden von Berlin (1742) an Preußen fiel.

Die Grundlagen für die Beziehung zum Römischen Reich und damit für die Etablierung des Königreichs Böhmen in Europa wurden mit der Christianisierung gelegt. Die böhmischen Länder erhielten im Laufe des 9. Jahrhunderts Impulse sowohl vom lateinischen als auch vom orthodoxen Christentum. Die Christianisierung der Böhmen ging ursprünglich vom Ostfrankenreich aus. Damit gehörte das Land zum lateinischen Christentum.[5] Die Entsendung von Missionaren aus Bayern und die Taufe von 14 böhmischen Stammesfürsten (*duces*) 845 in Regensburg,[6] worüber die Fuldaer Annalen berichten, verstärkten diese Bindung.[7] Der

---

1 ADAMOVÁ, Koruna česká, in: SCHELLE, TAUCHEN (Hrsg.), Encyklopedie českých právných dějin, Bd. 3, 2016, S. 278 f.

2 LÜBKE, Das östliche Europa, 2004, S. 295; TAUCHEN, Mähren, in: ²HRG, Bd. 3, 2016, Sp. 1163.

3 Schlesien stand im Spannungsfeld zwischen den Piasten und Přemysliden; 1348 fiel es unter die Herrschaft der böhmischen Könige.

4 PÁNEK, TŮMA [u. a.], A History of the Czech Lands, 2014, S. 25–29; GEHRKE, Böhmen und Mähren, in: COING (Hrsg.), Handbuch der Quellen und Literatur der neueren europäischen Privatrechtsgeschichte, Bd. 2: Neuere Zeit (1500–1800). Das Zeitalter des gemeinen Rechts. Teilbd. 2: Gesetzgebung und Rechtsprechung, 1976, S. 429.

5 SCHIEFFER, Christianisierung und Reichsbildungen, 2013, S. 169.

6 SOMMER, TŘEŠTÍK, ŽEMLIČKA, DOLEŽALOVÁ, The Christianisation of Bohemia and Moravia, in: Annual of Medieval Studies at CEU 13 (2007), S. 158 f.; VOJÁČEK, SCHELLE, KNOLL, České právní dějiny, 2010, S. 31; BEREND, URBAŃCZYK, WISZEWSKI, Central Europe in the High Middle Ages, 2013, S. 113–117; PÁNEK, TŮMA [u. a.], A History of the Czech Lands, 2014, S. 66.

7 LÜCK, Böhmen, in: ²HRG, Bd. 1, 2008, S. 632–638; K. [L.] RICHTER, Die böhmischen Länder im

Passauer Bischof Reginhar veranlasste die Taufe des mährischen Fürsten Mojmír I. und seiner Gefolgschaft.[8] Zudem wurde die erste kirchliche Organisation in Mähren durch den Bischof von Passau aufgebaut.[9] Dadurch geriet das Land auch politisch in den Einflussbereich der fränkischen Könige.[10]

Um einen Gegenpol zum Einfluss des Frankenreichs zu bilden, wandte sich der großmährische Herrscher Rastislav nach Konstantinopel und bat Kaiser Michael III. um slawisch sprechende Missionare, damit die Religion des orthodoxen Christentums in der Landessprache vermittelt werden konnte.[11] Daraufhin entsandte der Kaiser eine byzantinische Delegation unter der Leitung von Konstantin und Method.[12] Das primäre Ziel ihrer Mission war das Christentum unter den Mährern zu festigen. Konstantins und Methods Mission führte vor Ort aber zu Konflikten mit dem lateinischen Klerus,[13] so dass die Bekehrer aus Byzanz nach dem Tode Methods das Land verließen. Das Christentum etablierte sich daher erst im Laufe des 10. Jahrhunderts. Dazu trugen auch die Gründungen der Bistümer Prag (973) und Olmütz (975) bei.[14] Das Prager und Olmützer Bistum gehörten zum Einflussbereich des Mainzer Erzbischofs.[15]

Im Laufe des 9. Jahrhunderts erreichten im Nordwesten Böhmens die Přemysliden eine führende Stellung. Sie wählten zum Stammsitz die Prager Burg, die bereits in der Frühgeschichte Böhmens zum politischen Zentrum wurde.[16] Von hier aus breiteten die Přemysliden ihre Herrschaft landesweit aus.[17] Laut einer

---

Früh- und Hochmittelalter, in: BOSL (Hrsg.), Handbuch der Geschichte der böhmischen Länder, Bd. 1, 1967, S. 188f.

[8] SOMMER, TŘEŠTÍK, ŽEMLIČKA, DOLEŽALOVÁ, The Christianisation of Bohemia and Moravia, in: Annual of Medieval Studies at CEU 13 (2007), S. 156.

[9] VAVŘÍNEK, Der Brief des mährischen Fürsten Rastislav an den Kaiser Michael III. und die Umstände der Einladung der byzantinischen Mission nach Grossmähren, in: KONSTANTINOU (Hrsg.), Methodios und Kyrillos in ihrer europäischen Dimension, 2005, S. 333; HARDT, Die Christianisierung Ostmitteleuropas, in: STIEGMANN, KROKER (Hrsg.), Credo, Bd. 1: Essays, 2013, S. 360.

[10] K. [L.] RICHTER, Die böhmischen Länder im Früh- und Hochmittelalter, in: BOSL (Hrsg.), Handbuch der Geschichte der böhmischen Länder, Bd. 1, 1967, S. 193.

[11] LÜBKE, Das östliche Europa, 2004, S. 76; VAVŘÍNEK, Der Brief des mährischen Fürsten Rastislav an den Kaiser Michael III. und die Umstände der Einladung der byzantinischen Mission nach Grossmähren, in: KONSTANTINOU (Hrsg.), Methodios und Kyrillos in ihrer europäischen Dimension, 2005, S. 330.

[12] HANNICK, Konstantin und Method, in: LexMa, Bd. 5, 1991, Sp. 1383; HARDT, Die Christianisierung Ostmitteleuropas, in: STIEGMANN, KROKER (Hrsg.), Credo, Bd. 1: Essays, 2013, S. 362; TAUCHEN, Mähren, in: ²HRG, Bd. 3, 2016, Sp. 1163f.

[13] HANNICK, Die Bedeutung der Slavenapostel Methodios und Kyrillos für Südost- und Westeuropa, in: KONSTANTINOU (Hrsg.), Methodios und Kyrillos in ihrer europäischen Dimension, 2005, S. 28.

[14] VOJÁČEK, SCHELLE, KNOLL, České právní dějiny, 2010, S. 54; HLAVÁČEK, Prag, in: LexMa, Bd. 7, 1995, Sp. 162.

[15] GRAUS, Böhmen, in: LexMa, Bd. 2, 1983, Sp. 337; HIGOUNET, Die deutsche Ostsiedlung im Mittelalter, 1990, S. 68.

[16] GRAUS, Böhmen, in: LexMa, Bd. 2, 1983, Sp. 336.

[17] LÜCK, Böhmen, in: ²HRG, Bd. 1, 2008, S. 633; GRAUS, Böhmen, in: LexMa, Bd. 2, 1983, Sp. 336.

Legende aus der Chronik des Cosmas,[18] waren die Gründer des Geschlechts Přemysl der Pflüger und seine Frau Libuše. Die Přemysliden stellten die erste Herrscherdynastie Böhmens. Den Ausgangspunkt der Ära des Herzogtums Böhmen bildet die Herrschaft Bořivojs I. in der zweiten Hälfte des 9. Jahrhunderts.

Die Nachfolge der böhmischen Herrscher bestimmte seit 1055 das Senioratsprinzip. Der älteste männliche Verwandte des verstorbenen Fürsten folgte ihm auf den böhmischen Thron. Die jüngeren Přemysliden-Angehörigen regierten hingegen in Mähren als Fürsten.[19]

Die Krone und damit den Königstitel erwarb Vratislav II. 1085 für seine militärischen Dienste vom römischen Kaiser. Vratislav wurde in Prag vom Trierer Erzbischof feierlich gekrönt,[20] der Königstitel war aber zunächst an die Person des Königs gebunden: es war ein ‚persönliches Königtum'. Während des zweiten Italienzuges stand Böhmen dem Kaiser Friedrich I. Barbarossa gegen die lombardischen Städte militärisch zur Seite.[21] In der Folge erhob der Kaiser Böhmen 1185 zum Königreich und der böhmische Fürst wurde zum König gekrönt. Von nun an war der Königstitel in Böhmen erblich. Die Erbfolgeordnung innerhalb der Přemysliden-Dynastie war aber umstritten und führte zu langjährigen Thronwirren im 11. und 12. Jahrhundert. Die Primogenitur als Nachfolgeprinzip für den Königstitel konnte sich erst im 12. Jahrhundert durchsetzen.[22]

Böhmen stand im Spannungsfeld zwischen dem Königreich Polen und dem Römisch-Deutschen Reich.[23] Während der innenpolitischen Streitigkeiten um den Thron im 11. Jahrhundert geriet Böhmen in den Einflussbereich Polens, so dass die Sicherung der Herrschaft der Přemysliden in Böhmen und Mähren vorläufig unterbrochen wurde.

Die Verbindung zwischen dem Königreich Böhmen und dem Römischen Reich wurde im 19. Jahrhundert in der deutschen und tschechischen Historiographie unterschiedlich beurteilt.[24] Seit 1198 besaß der böhmische Herrscher den Königs-

[18] COSMAS [PRAGENSIS], Die Chronik der Böhmen des Cosmas von Prag, 1923, S. 16.

[19] Mähren wurde 1182 zur Markgrafschaft erhoben und die jüngeren Přemysliden behielten den Markgrafentitel bis 1349. TAUCHEN, Mähren, in: ²HRG, Bd. 3, 2016, Sp. 1163f.

[20] COSMAS [PRAGENSIS], Die Chronik der Böhmen des Cosmas von Prag, 1923, S. 140; VOJÁČEK, SCHELLE, KNOLL, České právní dějiny, 2010, S. 50.

[21] KRZENCK, Kultur und Gesellschaft in den böhmischen Ländern im Spannungsfeld der deutsch-böhmischen Beziehungen zur Zeit Friedrichs I. Barbarossa, in: ENGEL, TÖPFER (Hrsg.), Kaiser Friedrich Barbarossa, 1994, S. 115; HOENSCH, Geschichte Böhmens, 2013, S. 72.

[22] LÜBKE, Das östliche Europa, 2004, S. 298f.; WEGENER, Böhmen, in: HRG, Bd. 1, 1971, Sp. 471.

[23] VOJÁČEK, SCHELLE, KNOLL, České právní dějiny, 2010, S. 49–53; SCHIEFFER, Christianisierung und Reichsbildungen, 2013, S. 284f.; PÁNEK, TŮMA [u. a.], A History of the Czech Lands, 2014, S. 27.

[24] Diese Debatte geben Kejř (KEJŘ, Böhmen zur Zeit Barbarossas, in: ENGEL, TÖPFER (Hrsg.), Kaiser Friedrich Barbarossa, 1994, S. 102f.), Krzenck (KRZENCK, Kultur und Gesellschaft in den böhmischen Ländern im Spannungsfeld der deutsch-böhmischen Beziehungen zur Zeit Friedrichs I. Barbarossa, in: ENGEL, TÖPFER (Hrsg.), Kaiser Friedrich Barbarossa, 1994, S. 116) und Hoensch (HOENSCH, Geschichte Böhmens, 2013, S. 62) wieder.

titel und gehörte als einziger König zum Kurfürstenkolleg des Reiches.[25] Die Bindung von Böhmen zum Reich charakterisierte Jiří Kejř zutreffend als „Sonderstellung Böhmens im Rahmen des Reichs".[26]

Die Přemysliden knüpften auch durch ihre Heiratspolitik Kontakte zu den führenden Herrscherdynastien Mittel- und Osteuropas, zu den Piasten, Arpaden, Wettinern und Babenbergern. Die dynastischen Verbindungen verstärkten den kulturellen Austausch zwischen Böhmen und dessen Nachbarländern.[27] Während des 13. Jahrhunderts ist die Etablierung des Königreichs Böhmen innerhalb Europas vollendet worden, so dass Böhmen unter den Přemysliden[28] zu den führenden Ländern der ostmitteleuropäischen Region gehörte.[29]

1.2. Das *ius commune* in den böhmischen Ländern

Nicht nur politisch, sondern auch im juristischen Sinne lassen sich die Länder der böhmischen Krone im Kontext der ostmitteleuropäischen Geschichte untersuchen. Böhmen und Mähren sind aufgrund ihrer Rechtskultur als Länder des *ius commune* einzuordnen, auch wenn dort zusammen mit anderen ostmitteleuropäischen Ländern eigene Merkmale der Rezeption des römischen Rechts nachgewiesen werden können.[30] Die Rechtstraditionen in Ostmitteleuropa beruhen zwar auf dem *ius commune*, eine Vollrezeption fand in dieser Region jedoch nicht statt. Das römisch-kanonische Recht wurde aber trotzdem Bestandteil der Rechtskultur in den Ländern Ostmitteleuropas; es sickerte auch in die Rechtsordnung der böhmischen Länder ein. Wichtige Vermittlungsfaktoren waren dabei die Kirche und das Studium an auswärtigen Universitäten.[31]

Impulse des *ius commune* können bereits in der Frühgeschichte Böhmens und Mährens durch die Christianisierung nachgewiesen werden.[32] Als studierte Kleriker unter den Přemysliden Würdenträger wurden, konnte das kanonische Recht am fürstlichen Hofe durch die Schriftlichkeit, insbesondere bei den Urkundenausstellungen, Fuß fassen.[33]

---

[25] LÜCK, Böhmen, in: ²HRG, Bd. 1, 2008, Sp. 633f.

[26] KEJŘ, Böhmen zur Zeit Barbarossas, in: ENGEL, TÖPFER (Hrsg.), Kaiser Friedrich Barbarossa, 1994, S. 107.

[27] WÜNSCH, Deutsche und Slawen im Mittelalter, 2008, S. 82; ŽEMLIČKA, Přemysliden, in: LexMa, Bd. 7, 1995, Sp. 187; HIGOUNET, Die deutsche Ostsiedlung im Mittelalter, 1990, S. 162.

[28] Der Männerstamm der Přemysliden starb 1306 aus.

[29] BEREND, URBAŃCZYK, WISZEWSKI, Central Europe in the High Middle Ages, 2013, S. 37–39; HIGOUNET, Die deutsche Ostsiedlung im Mittelalter, 1990, S. 161; KRZENCK, Kultur und Gesellschaft in den böhmischen Ländern im Spannungsfeld der deutsch-böhmischen Beziehungen zur Zeit Friedrichs I. Barbarossa, in: ENGEL, TÖPFER (Hrsg.), Kaiser Friedrich Barbarossa, 1994, S. 127.

[30] GIARO, Europa und das Pandektenrecht, in: Rechtshistorisches Journal 12 (1993), S. 333–335.

[31] VOJÁČEK, SCHELLE, TAUCHEN [u. a.] (Hrsg.), An Introduction to History of Czech Private Law, 2011, S. 27.

[32] VANĚČEK, La penetrazione del diritto romano e canonico nel territorio dell'odierna Cecoslovacchia a partire dalla seconda metà del IX secolo sino alla prima metà del secolo XIV, in: ROSSI (Hrsg.), Atti del Convegno Internazionale di Studi Accursiani, III, 1968, S. 1277–1279.

Da die Klosterschulen der Benediktiner und Prämonstratenser kanonisches Recht nicht unterrichteten, gingen Studenten aus den böhmischen Ländern ins Ausland, um diese Kenntnisse zu erwerben.[34] Bereits im 13. Jahrhundert war die *peregrinatio academica* ein etablierter Bildungsweg. Universitäten in Italien und Frankreich wurden von zahlreichen böhmischen Studenten aufgesucht, die z. T. auch namentlich bekannt sind.[35]

Den Hochschulbesuch im Ausland konnte sich aber nur die kleine Schicht des Hochadels aus eigenen Mitteln leisten. Am Ende des 13. Jahrhunderts entwickelten sich jedoch Formen der Unterstützung. So übernahmen z. B. kirchliche Vorsteher die Kosten des Auslandsstudiums in Bologna und Padua.[36] Auch durch finanzielle Hilfen der Könige konnten die Studenten die Kosten des Studiums aufbringen. Infolgedessen konnten Priester und Ordensmänner der Benediktiner Universitäten in Italien besuchen.[37]

Studenten aus Böhmen bildeten am Ende des 13. Jahrhunderts eine eigene *natio Bohemorum* an der Universität Bologna. An der Pariser Universität gehörten die Böhmen im 12. Jahrhundert zur *natio anglicana*, ab dem 14. Jahrhundert waren sie zusammen mit den polnischen und ungarischen Studenten Teil der *natio Allemaniae*.[38] Von den Zurückgekehrten wurden etliche hochrangige Kleriker, andere nahmen eine Stelle als Schreiber bzw. Notar in den königlichen, adeligen oder bischöflichen Kanzleien[39] oder kirchlichen Gerichten an. Dort wurden Kenntnisse des römisch-kanonischen Rechts in die Praxis umgesetzt.[40]

---

[33] PETERKA, Ursachen und Wege der Rezeption des Römischen Rechtes in Böhmen und Mähren, in: Zeitschrift für Geschichte der Sudetenländer 7 (1944), S. 37f.

[34] OTT, Das Eindringen des kanonischen Rechts, seine Lehre und wissenschaftliche Pflege in Böhmen und Mähren während des Mittelalters, in: ZRG KA 34 (1913), S. 22.

[35] VANĚČEK, La penetrazione del diritto romano e canonico nel territorio dell'odierna Cecoslovacchia a partire dalla seconda metà del IX secolo sino alla prima metà del secolo XIV, in: ROSSI (Hrsg.), Atti del Convegno Internazionale di Studi Accursiani, III, 1968, S. 1282f. Eine ausführliche Liste mit der Beschreibung der späteren Laufbahnen ist bei OTT, Das Eindringen des kanonischen Rechts, seine Lehre und wissenschaftliche Pflege in Böhmen und Mähren während des Mittelalters, in: ZRG KA 34 (1913), S. 59–70 zu finden.

[36] EMLER (Hrsg.), Fontes rerum Bohemicarum/Prameny dějin českých, Tom./Díl IV: Chronicon aulæ regiæ; Excerpta de diversis chronicis additis quibusdam aulæ regiæ memorabilibus; Chronicon Francisci Pragensis; Chronicon Benessii de Weitmil, 1884, S. 529; OTT, Das Eindringen des kanonischen Rechts, seine Lehre und wissenschaftliche Pflege in Böhmen und Mähren während des Mittelalters, in: ZRG KA 34 (1913), S. 57.

[37] EMLER (Hrsg.), Fontes rerum Bohemicarum/Prameny dějin českých, Tom./Díl IV: Chronicon aulæ regiæ; Excerpta de diversis chronicis additis quibusdam aulæ regiæ memorabilibus; Chronicon Francisci Pragensis; Chronicon Benessii de Weitmil, 1884, S. 62.

[38] OTT, Das Eindringen des kanonischen Rechts, seine Lehre und wissenschaftliche Pflege in Böhmen und Mähren während des Mittelalters, in: ZRG KA 34 (1913), S. 58.

[39] SKŘEJPKOVÁ, The Incorporation of Roman Law into Bohemian Municipal Law in the 16th Century, in: Zeitschrift für Ostmitteleuropa-Forschung 58,3 (2009), S. 355.

[40] MALÝ [u. a.], Dějiny českého a československého práva do roku 1945, 2010, S. 114f.

Auf die Universitätsbesuche von Studenten aus den böhmischen Ländern ist es zurückzuführen, dass, wie die Chronik des Franciscus von Prag berichtet, der italienische Kommentator und Professor Gozzius von Orvieto 1295 nach Böhmen gerufen und von Wenzel II. mit der Ausarbeitung eines Bergrechtskodexes beauftragt wurde.[41] Um 1300 verfasste Gozzius einen Entwurf sowohl für das materielle als auch für das Verfahrensrecht in vier Büchern. Es ging dabei um Personen, Bergwerksachen, das Obligationenrecht und das gerichtliche Verfahren.[42] Sein Werk *Ius regale montanorum / Constitutio iuris metallici Wenzeslai II.*,[43] das römischrechtliche Begriffe aus der italienischen Universitätskultur nach Böhmen transferierte, lässt sich mit Emil Ott als „der erste Codifications-Versuch römisch-kanonischen Prozessrechts für ein weltliches Gericht in Mitteleuropa" bezeichnen.[44] Die im *Ius regale montanorum* verwendete Terminologie zeigt eindeutig die Übernahme der Tradition des *ius commune*. In den böhmischen Ländern diente das Berggesetz Wenzels II. als Grundlage für die Rezeption des römisch-kanonischen Prozessrechts.[45] Die römischrechtliche Terminologie dieses Gesetzes wurde in der Judikatur des Iglauer Oberhofs angewandt und seine prozessrechtlichen Bestimmungen in das Brünner Schöffenbuch aufgenommen.[46] Das *Ius regale montanorum* stellt also das erste umfassende Werk in der Gesetzgebungsgeschichte der böhmischen Länder dar,[47] was wiederum auf den innovativen Charakter des Bergbaus[48] – in diesem Fall auf den Aufschwung des Silberbergbaus in Kuttenberg am Ende des 13. Jahrhunderts[49] – zurückzuführen ist.

---

[41] PFEIFER, Ius regale montanorum, 2002, S. 20; HOENSCH, Geschichte Böhmens, 2013, S. 96; STRÄTZ, Kuttenberger Bergordnung, in: LexMa, Bd. 5, 1991, Sp. 1594; BILEK (Hrsg.), Ius regale montanorum *aneb* Právo královské horníkuov, 2000, S. 4; SKŘEJPKOVÁ, Ius regale montanorum und Rezeption des römischen Rechts [Manuskript], [o. J.].

[42] STRÄTZ, Kuttenberger Bergordnung, in: LexMa, Bd. 5, 1991, Sp. 1594; PETERKA, Rechtsgeschichte der böhmischen Länder, 2 Teile in 1 Bd., 1965, S. 151.

[43] JIREČEK (Hrsg.), Codex juris Bohemici, Bd. 1: Aetatem Přemyslidarum continens, 1867, S. 265–435. Siehe dazu MALÝ [u. a.], Dějiny českého a československého práva do roku 1945, 2010, S. 111; PFEIFER, Ius regale montanorum, 2002.

[44] OTT, Beiträge zur Receptions-Geschichte des römisch-canonischen Processes in den böhmischen Ländern, 1879, S. 173.

[45] BÍLÝ, Ius regale montanorum (1300–1305), in: SCHELLE, TAUCHEN (Hrsg.), Encyklopedie českých právních dějin, Bd. 2, 2016, S. 871; OTT, Beiträge zur Receptions-Geschichte des römisch-canonischen Processes in den böhmischen Ländern, 1879, S. 174.

[46] PFEIFER, Ius regale montanorum, 2002, S. 235, 238.

[47] Skřejpková und Pfeifer geben Hinweise auf eine in Madrid erstellte spanische Übersetzung des „Ius regale montanorum", das auch die Verbreitung in Südamerika ermöglichte (PFEIFER, Ius regale montanorum, 2002, S. 235; SKŘEJPKOVÁ, Ius regale montanorum und Rezeption des römischen Rechts [Manuskript], [o. J.]).

[48] LÜCK, Bergrecht, Bergregal, in: ²HRG, Bd. 1, 2008, Sp. 531; DERS., Die Entwicklung des deutschen Bergrechts und der Bergbaudirektion bis zum Allgemeinen (preußischen) Berggesetz 1865, in: WEBER (Hrsg.), Geschichte des deutschen Bergbaus, Bd. 2: Salze, Erze und Kohlen. Der Aufbruch in die Moderne im 18. und frühen 19. Jahrhundert, 2015, S. 112f.

[49] KRASCHEWSKI, Das Spätmittelalter, in: BARTELS, SLOTTA (Hrsg.), Geschichte des deutschen Berg-

In Böhmen wurden die zurückgekehrten Studenten der Pariser und Paduaner Universitäten meist geistliche Würdenträger und setzten vor Ort die Tradition des *ius commune* fort.[50] Die ersten Kompendien, in denen das Kirchenrecht in den böhmischen Ländern kommentiert und weiterentwickelt wurde, entstanden ab dem späten 13. Jahrhundert. Zu dieser Zeit etablierten sich auch geistliche Gerichte für die Rechtsprechung der Angehörigen des Klerus. Diese Gerichte waren ab dem 14. Jahrhundert auch für Fälle von Ehestreitigkeiten und Wucherangelegenheiten zuständig.[51]

Seitens des Landesherrn gab es bereits 1294 den Versuch, ein *studium generale* im Königreich Böhmen aufzubauen.[52] Die Bemühungen König Wenzels II. scheiterten aber am Widerstand des Adels, der eine Universitätsgründung als Einschränkung der adeligen Privilegien zugunsten der Kirche durch den Einfluss fremder Kleriker betrachtete.[53]

Das *studium generale* im Königreich Böhmen wurde im Jahre 1348 durch Karl IV. nach päpstlicher Zustimmung eingeführt.[54] Die juristische Ausbildung für das Personal der kirchlichen Verwaltung sowie der geistlichen Gerichtsbarkeit wurde in den böhmischen Ländern durch die Gründung der Universität Prag möglich.[55] Dies bedeutete, dass das römisch-kanonische Recht erstmals nördlich der Alpen und östlich von Paris studiert werden konnte.[56]

---

baus, Bd. 1: Der alteuropäische Bergbau. Von den Anfängen bis zur Mitte des 18. Jahrhunderts, 2012, S. 254.

50 ŽEMLIČKA, Království v pohybu, 2014, S. 374; VANĚČEK, La penetrazione del diritto romano e canonico nel territorio dell'odierna Cecoslovacchia a partire dalla seconda metà del IX secolo sino alla prima metà del secolo XIV, in: ROSSI (Hrsg.), Atti del Convegno Internazionale di Studi Accursiani, III, 1968, S. 1283; OTT, Das Eindringen des kanonischen Rechts, seine Lehre und wissenschaftliche Pflege in Böhmen und Mähren während des Mittelalters, in: ZRG KA 34 (1913), S. 24–26; BOHÁČEK, Einflüsse des römischen Rechtes in Böhmen und Mähren, 1975, S. 12f.

51 BOHÁČEK, Einflüsse des römischen Rechtes in Böhmen und Mähren, 1975, S. 17f.

52 EMLER (Hrsg.), Fontes rerum Bohemicarum/Prameny dějin českých, Tom./Díl IV: Chronicon aulæ regiæ; Excerpta de diversis chronicis additis quibusdam aulæ regiæ memorabilibus; Chronicon Francisci Pragensis; Chronicon Benessii de Weitmil, 1884, S. 62f.; RÖSSLER (Hrsg.), Deutsche Rechtsdenkmäler aus Böhmen und Mähren, Bd. 2: Die Stadtrechte von Brünn aus dem XIII. u. XIV. Jahrhundert, nach bisher ungedruckten Handschriften, 1852, S. CXXIV f.; SKŘEJPKOVÁ, Die juristische Ausbildung in den böhmischen Ländern bis zum Ersten Weltkrieg, in: POKROVAC (Hrsg.), Juristenausbildung in Osteuropa bis zum Ersten Weltkrieg, 2007, S. 154; PFEIFER, Ius regale montanorum, 2002, S. 12.

53 ŽEMLIČKA, Wenzel II., in: LexMa, Bd. 8, 1997, Sp. 2189; HOENSCH, Geschichte Böhmens, 2013, S. 110.

54 KAVKA, PETRÁŇ (Hrsg.), Dejiny Univerzity Karlovy – 1348–1990, Bd. 1: SVATOŠ, ČORNEJOVÁ (Hrsg.), 1347/48–1622, 1995, S. 163–182; KAVKA, PETRÁŇ (Hrsg.), A History of Charles University, Bd. 1: BERÁNEK [u. a.](Verf.), ČORNEJOVÁ [u. a.] (Hrsg.), 1348–1802, 2001, S. 150f.; ŠTEMBERKOVÁ, Charles University, 2012, S. 17–26; BAHLCKE, Geschichte Tschechiens, 2014, S. 33f.; HLAVÁČEK, Prag, in: LexMa, Bd. 7, 1995, Sp. 163.

55 GIARO, Europa und das Pandektenrecht, in: Rechtshistorisches Journal 12 (1993), S. 333–335.

56 SKŘEJPKOVÁ, ŠOUŠA, Die Rechtswissenschaft in den Böhmischen Ländern von der Aufklärung bis zum Jahre 1918, in: POKROVAC (Hrsg.), Rechtswissenschaft in Osteuropa, 2010, S. 340.

Karl IV. orientierte sich bei der Etablierung der Universität – wie die Gründungsurkunde belegt – an den Universitäten von Paris und Bologna.[57] Beim Ausbau und der Struktur der Universität diente Bologna als Vorbild, nach dem Pariser Muster wurde hingegen das Unterrichtsmaterial ausgesucht.[58] Der König sorgte für Lehrpersonal und stattete die Universität mit Büchern aus.[59] Mit der Unterstützung Karls IV. erwarben die Juristen für die Universität ein eigenes Gebäude in der Prager Altstadt.

Im Vordergrund des Unterrichts stand das kanonische Recht.[60] Die Vorlesungen hierzu sind bereits seit 1350 belegt.[61] Die Mehrzahl der Studenten gehörte zum Stand der Geistlichen: Sie waren kirchliche Würdenträger.[62] Über die Universität übte der Prager Erzbischof die Aufsicht aus. In der Lehre spielte das römische Recht eher eine sekundäre Rolle. Der Prager Universität ist bei der Romanisierung der mittelalterlichen Rechtstraditionen in den böhmischen Ländern eine nicht allzu große Bedeutung zuzuschreiben, denn der Unterricht des *ius civile* an der Prager Universität war während der Hussitenkriege zeitweise unterbrochen[63] oder der Lehrstuhl für römisches Recht nicht besetzt. Vorlesungen zum römischen Recht wurden nur gelegentlich an der Artistenfakultät gehalten. Studenten aus den böhmischen Ländern suchten währenddessen die Universitäten in Wien und Krakau auf. Erst ab der Mitte des 17. Jahrhunderts etablierte sich die Universität in Prag als ständige Institution der Rechtskultur in Böhmen.[64]

Für Studenten aus Ostmitteleuropa war es naheliegend, an der Prager Universität zu studieren. Sie kamen aber nicht nur aus den böhmischen Ländern zum rechtswissenschaftlichen Studium nach Prag, sondern auch aus Sachsen, Bayern, Österreich und Polen. Sie bildeten die vier *nationes* an der Universität: die böhmische, polnische, bayerische und sächsische Nation.[65] Das Kuttenberger Dekret

---

57 Krčmář, Die Prager Universitäten, 1934.

58 Skřejpková, The Incorporation of Roman Law into Bohemian Municipal Law in the 16th Century, in: Zeitschrift für Ostmitteleuropa-Forschung 58,3 (2009), S. 345.

59 Emler (Hrsg.), Fontes rerum Bohemicarum/Prameny dějin českých, Tom./Díl IV: Chronicon aulæ regiæ; Excerpta de diversis chronicis additis quibusdam aulæ regiæ memorabilibus; Chronicon Francisci Pragensis; Chronicon Benessii de Weitmil, 1884, S. 518.

60 Skřejpková, Die juristische Ausbildung in den böhmischen Ländern bis zum Ersten Weltkrieg, in: Pokrovac (Hrsg.), Juristenausbildung in Osteuropa bis zum Ersten Weltkrieg, 2007, S. 155.

61 Šmahel, Die Prager Universität im Mittelalter/The Charles University in the Middle Ages, 2007, S. 17.

62 Ott, Das Eindringen des kanonischen Rechts, seine Lehre und wissenschaftliche Pflege in Böhmen und Mähren während des Mittelalters, in: ZRG KA 34 (1913), S. 78; Peterka, Ursachen und Wege der Rezeption des Römischen Rechtes in Böhmen und Mähren, in: Zeitschrift für Geschichte der Sudetenländer 7 (1944), S. 41 f.; Kuklík, Czech Law in Historical Contexts, 2015, S. 22.

63 Boháček, Einflüsse des römischen Rechtes in Böhmen und Mähren, 1975, S. 27; Malý [u. a.], Dějiny českého a československého práva do roku 1945, 2010, S. 115.

64 Vaněček, La penetrazione del diritto romano e canonico nel territorio dell'odierna Cecoslovacchia a partire dalla seconda metà del IX secolo sino alla prima metà del secolo XIV, in: Rossi (Hrsg.), Atti del Convegno Internazionale di Studi Accursiani, III, 1968, S. 1282 f.

65 Skřejpková, Die juristische Ausbildung in den böhmischen Ländern bis zum Ersten Weltkrieg, in:

vom 18. Januar 1409 führte dazu, dass in der Folge fast alle ausländischen Professoren und Studenten die Prager Universität verließen.[66]

Parallel zum Rechtsunterricht an der Universität entstand 1372 für die Juristenausbildung eine zweite Institution: Die sogenannte Prager Juristenuniversität (*universitas iuristarum* bzw. *canonistarum*).[67] Diese selbständige Rechtsschule, deren Gründung der König ebenfalls unterstützte, verfügte wie die Universität über ein eigenes Statut. In den 1380er Jahren, der Blütezeit der Prager Juristenuniversität, immatrikulierten sich dort jährlich bis zu 150 Studenten.[68] Prag, wo mehrere Philosophen und Juristen aus Italien lehrten, wurde ein wichtiges Zentrum der europäischen Rechtswissenschaft. Juraprofessoren aus Bologna an der *universitas iuristarum* sind namentlich bekannt:[69] Bonsignore de Bonsignori, Doktor des Kirchenrechts aus Bologna und Uberto de Lampugnano, Doktor beider Rechte aus Pavia. Uberto de Lampugnano war bis 1382 Professor an der Universität Pavia; an dieser Universität wirkte gleichzeitig Baldus de Ubaldis, einer der berühmtesten Kommentatoren[70] in der Geschichte des *ius commune*. Dieses wurde nun in die Lehre an der Juristenuniversität Prag eingebunden.[71]

Bei der Verwissenschaftlichung des Rechts bildete sich auch im Königreich Böhmen für die Tradierung des römischen Rechts eine zweite Ebene neben den Universitäten heraus. Die Rechtshonoratioren bzw. die rechtskundigen Gelehrten in den Städten waren ehemalige Studenten und Absolventen der Prager Universität.[72] Als im römischen und kanonischen Recht geschulte Stadtschreiber und Notare[73] verfassten sie die Rechtskompendien für die städtische Rechtspraxis, wo-

---

POKROVAC (Hrsg.), Juristenausbildung in Osteuropa bis zum Ersten Weltkrieg, 2007, S. 156; KRČMÁŘ, Die Prager Universitäten, 1934, S. 15.

66 HLAVÁČEK, Prag, in: LexMa, Bd. 7, 1995, Sp. 164; ROTH, Studienhandbuch Östliches Europa, Bd. 1: Geschichte Ostmittel- und Südosteuropas, 2009, S. 116; MORAW, Die Juristenuniversität in Prag (1372–1419), in: DERS., Gesammelte Beiträge zur deutschen und europäischen Universitätsgeschichte, 2008, S. 124; ŠTEMBERKOVÁ, Charles University, 2012, S. 26; KRČMÁŘ, Die Prager Universitäten, 1934, S. 18f.

67 ŠTEMBERKOVÁ, Charles University, 2012, S. 22; KAVKA, PETRÁŇ (Hrsg.), A History of Charles University, Bd. 1: BERÁNEK [u. a.](Verf.), ČORNEJOVÁ [u. a.] (Hrsg.), 1348–1802, 2001, S. 153f.; HLAVÁČEK, Prag, in: LexMa, Bd. 7, 1995, Sp. 163. Zur Geschichte der Juristenuniversität siehe umfassend die Monographie von KEJŘ, Dějiny Pražské Právnické Univerzity, 1995.

68 MORAW, Die Juristenuniversität in Prag (1372–1419), in: DERS., Gesammelte Beiträge zur deutschen und europäischen Universitätsgeschichte, 2008, S. 124.

69 KUKLÍK, Czech Law in Historical Contexts, 2015, S. 21f.; KEJŘ, Dějiny Pražské Právnické Univerzity, 1995, S. 20f. u. 52.

70 WEIMAR, Baldus de Ubaldis, in: STOLLEIS (Hrsg.), Juristen, 2001, S. 58f.; DERS., Baldus de Ubaldis (1327–1400), in: ^{2}HRG, Bd. 1, 2008, Sp. 411.

71 KEJŘ, Die Prager Vorträge von Uberto de Lampugnano, in: DERS., Aus Böhmens Verfassungsgeschichte, 2006, S. 189–208.

72 KUKLÍK, Czech Law in Historical Contexts, 2015, S. 22.

73 SKŘEJPEK, SKŘEJPKOVÁ, Einfluss des römischen Rechts auf das Städterecht in den böhmischen und mährischen Ländern am Beispiel eines Manuskripts vom Ende des 14. Jahrhunderts, in: PIRO (Hrsg.), Scritti per Alessandro Corbino, Bd. 7, 2016, S. 42–44.

bei sie auf ihre an der Universität erworbenen Rechtskenntnisse zurückgreifen konnten. Die Terminologie der Stadtrechtsbücher lässt auf einen sicheren Umgang mit den privatrechtlichen Rechtsinstituten schließen.

Der rechtskundige Stadtschreiber Johannes (*dominus Johannes notarius civitatis*),[74] einer der Brünner Rechtshonoratioren,[75] verfasste um die Mitte des 14. Jahrhunderts eine auf Latein geschriebene alphabetische Sammlung von privat-, straf- und prozessrechtlichen Regeln aus der Praxis der Brünner Schöffen, das Brünner Schöffenbuch. Von dem System dieses Schöffenbuches lässt sich auf die Summenliteratur des kanonischen Rechts schließen. Der Einfluss des römischen Rechts ist auch bei der Formulierung der Rechtsbegriffe nachweisbar.[76] Auch deswegen bezeichnete Boháček es als „praktisches Handbuch des römischen Rechts für Stadtgerichte".[77] Als mittelbare Quelle des Brünner Schöffenbuches betrachtet Schubart-Fikentscher die Bergordnung Wenzel II. von 1300, die als Vorlage des Autors Johannes bei der Vermittlung des römischen Rechts eine entscheidende Rolle spielte.[78]

Das Brünner Schöffenbuch erlangte landesweite Bedeutung, so wurde es auch in der Bergstadt Iglau angewandt.[79] Es diente als Grundlage für die Rechtsprechung in den Städten, in denen das Magdeburger Recht nicht galt,[80] z. B. in der Altstadt von Prag und in Kuttenberg. Bis zum 18. Jahrhundert wurde die Brünner Schöffenspruchsammlung als geltendes Recht angesehen. Es war auch als Quelle für die spätere juristische Literatur maßgebend. Im Laufe des 16. Jahrhunderts, als das römische Recht bei dem Bestreben nach Rechtsvereinheitlichung einen größeren Anwendungsbereich erhielt, griffen juristische Autoren auf das römischrechtlich geprägte Brünner Schöffenbuch zurück. So diente dem Schreiber Brikcí

---

[74] Der Stadtschreiber Johannes ist 1343–1358 in Brünn nachweisbar, sonstige Angaben sind laut Schubart-Fikentscher nicht bekannt (SCHUBART-FIKENTSCHER, Das Eherecht im Brünner Schöffenbuch, 1935, S. 3; siehe auch OPPITZ, Brünner Schöffenbuch, in: ²HRG, Bd. 1, 2008, Sp. 694; SCHUBART-FIKENTSCHER, Das Brünner Schöffenbuch, in: Deutsches Archiv für Geschichte des Mittelalters 1 (1937), S. 460; MALÝ [u. a.], Dějiny českého a československého práva do roku 1945, 2010, S. 108; KINDL, SKŘEJPEK, Právnický stav a právnické profese v minulosti, 2016, S. 141).

[75] Zum Juristenstand in den böhmischen Städten siehe KINDL, SKŘEJPEK, Právnický stav a právnické profese v minulosti, 2016, S. 140 f.

[76] SCHUBART-FIKENTSCHER, Römisches Recht im Brünner Schöffenbuch, in: ZRG GA 65 (1947), S. 89. Für die Untersuchung der römisch-rechtlichen Rechtstradition nach Rechtsgebieten siehe SCHUBART-FIKENTSCHER, Das Eherecht im Brünner Schöffenbuch, 1935; PETERKA, Der Kauf im Altstadt Prager und Brünner Recht, in: ZRG GA 58 (1938), S. 428; BOHÁČEK, Římské právní prvky v právní knize brněnského písaře Jana, 1924; WEISKE, Bemerkungen über das Brünner Schöffenbuch privat- und prozeßrechtlichen Inhalts, in: Zeitschrift für deutsches Recht und deutsche Rechtswissenschaft 14 (1853), S. 113–154.

[77] BOHÁČEK, Einflüsse des römischen Rechtes in Böhmen und Mähren, 1975, S. 150.

[78] SCHUBART-FIKENTSCHER, Das Eherecht im Brünner Schöffenbuch, 1935, S. 12 f.

[79] SKŘEJPKOVÁ, The Incorporation of Roman Law into Bohemian Municipal Law in the 16th Century, in: Zeitschrift für Ostmitteleuropa-Forschung 58,3 (2009), S. 347.

[80] BOHÁČEK, Římské právní prvky v právní knize brněnského písaře Jana, 1924, S. 4.

z Licka am königlichen Kammergericht zu Prag bei seiner Zusammenstellung des Stadtrechts[81] von 1536 das Brünner Schöffenbuch neben dem Recht der Prager Altstadt und dem Kuttenberger Recht als Quelle.[82] In seinem Entwurf von 1569 zur Vereinheitlichung des Stadtrechts benutzte Paul Christian Koldin[83] das Brünner Schöffenbuch ebenfalls als Grundlage.[84]

Zusammenfassend lässt sich feststellen, dass die römischrechtlichen Rechtstraditionen in den böhmischen Ländern seit ihrer Frühgeschichte ansatzweise vorhanden waren. Die Ausmaße der Infiltration blieben weiterhin erhalten, so dass die römischrechtlichen Begriffe insbesondere im Stadtrecht Fuß fassen konnten. Ein besonderes Beispiel dafür ist das Brünner Schöffenbuch, aber auch im Werk von Paul Koldin sind Elemente aus dem römischen Recht nachweisbar.[85] Vilém Knoll bezeichnet daher Koldins Werk als Höhepunkt der Romanisierung des mittelalterlichen tschechischen Rechts.[86]

1.3. Landrecht und Normfixierung

Das *ius particulare* ist im mittelalterlichen Königreich Böhmen als Standesrecht nachweisbar.[87] Die für den Adel und für die Stadtbürger geltenden unterschiedlichen Normen führten zum Rechtspartikularismus. Das berufsspezifische Bergrecht und das kanonische Recht bildeten weitere Bereiche einer zersplitterten Rechtskultur.[88] In den böhmischen Ländern war das Recht des Adels am stärksten ausgeprägt. Seit der Mitte des 12. Jahrhunderts galten diese Normen als *ius suppanorum* in den Burgbezirken.[89]

Im 13. Jahrhundert entwickelte sich das ständische Landrecht des Adels, das die politische Gewichtung im Hinblick auf die privilegierte Rechtsstellung im Lande widerspiegelte.[90] Das Adelsrecht (*ius terre*), das die Grundlage für die

---

81 „Knihy městských práv Starého Města pražského a jiných měst království českého" (1536), vgl. MALÝ [u. a.], Dějiny českého a československého práva do roku 1945, 2010, S. 109.

82 MALÝ, Vývoj městského práva v Čechách, in: DERS., SLAVÍČKOVÁ, SOUKUP, SKŘEJPKOVÁ, ŠOUŠA, ŠOUŠA ML., VOJTÍŠKOVÁ, WOITSCHOVÁ (Hrsg.), Práva městská Království českého, 2013, S. 21.

83 KREUZ, Koldín, Pavel Kristián, in: STOLLEIS (Hrsg.), Juristen, 2001, S. 364.

84 FLODR, Brněnské městské právo, 2001, S. 6f. u. 11f.; BOHÁČEK, Římské právní prvky v právní knize brněnského písaře Jana, 1924, S. 4; RÖSSLER (Hrsg.), Deutsche Rechtsdenkmäler aus Böhmen und Mähren, Bd. 2: Die Stadtrechte von Brünn aus dem XIII. u. XIV. Jahrhundert, nach bisher ungedruckten Handschriften, 1852, S. XXXI; PETERKA, Der Kauf im Altstadt Prager und Brünner Recht, in: ZRG GA 58 (1938), S. 437.

85 SKŘEJPKOVÁ, The Incorporation of Roman Law into Bohemian Municipal Law in the 16th Century, in: Zeitschrift für Ostmitteleuropa-Forschung 58,3 (2009), S. 350–355.

86 VOJÁČEK, SCHELLE, TAUCHEN [u. a.] (Hrsg.), An Introduction to History of Czech Private Law, 2011, S. 28.

87 PETERKA, Rechtsgeschichte der böhmischen Länder, 2 Teile in 1 Bd., 1965, S. 149 f.

88 VOJÁČEK, SCHELLE, TAUCHEN [u. a.] (Hrsg.), An Introduction to History of Czech Private Law, 2011, S. 14.

89 KÜPPER, Einführung in die Rechtsgeschichte Osteuropas, 2005, S. 256f.; PETERKA, Rechtsgeschichte der böhmischen Länder, 2 Teile in 1 Bd., 1965, S. 17f.

Rechtsprechung der Landtafeln bildete, wurde von auswärtigen Rechtskreisen kaum beeinflusst.[91] Das römische Recht, das die Rechtsstellung des Monarchen gegenüber dem Adel verstärkte, konnte im Adelsrecht nicht Fuß fassen.[92] Das Normsystem in den Städten hingegen formte sich unter dem Einfluss des römischen Rechts besonders markant aus. Zudem zeigen die Städtelandschaften die vielfältigen Einflüsse. Dadurch wich das Recht des Adels vom Stadtrecht ab.[93]

Das Landrecht wurde erstmals 1348 auf Alttschechisch im Rosenberger Rechtsbuch aufgezeichnet.[94] Benannt wurde es nach dem Besitzer der Urschrift, dem Oberstkämmerer Peter von Rosenberg.[95] Diesem Rechtsbuch folgten mehrere im Laufe des 15. Jahrhunderts aufgezeichnete Wegweiser für das Verfahren vor dem Landgericht.

Die umfangreichste Aufzeichnung des Landrechts erstellte um die Wende vom 15. zum 16. Jahrhundert Viktorin Kornel von Všehrd[96], Absolvent der Prager Artistenfakultät.[97] Als Magister machte er eine schnelle Karriere am königlichen Hof und wurde zum stellvertretenden Schreiber des Königreichs Böhmen ernannt. In diesem Amt nahm Všehrd die Arbeit am Rechtsbuch auf. 1499 beendete er die erste Fassung in tschechischer Sprache, die aber 1502–1507 umgearbeitet wurde.[98] Dieses Kompendium, genannt „Neun Bücher über die Rechte, Gerichte und Tafeln des Landes Böhmen", wurde 1508 König Vladislav II. gewidmet und beinhaltet Gerichtsentscheidungen, Landtagsbeschlüsse und Regeln aus älteren Rechtskompendien. Ursprünglich sollte dieses Rechtsbuch eine Erläuterung der Privilegien des Adels sein. Das Werk von Všehrd richtete sich aber gegen den Hochadel.[99] Wegen seiner Auffassung wurde der Autor aus seinem Amt entlassen und sein Werk konnte zuerst nicht im Druck erscheinen.

Gegenüber dem adeligen Landrecht bildete sich der zweite Machtpol, die königliche Gesetzgebung, heraus. Die Normfixierung und die dadurch angestrebte Rechtssicherheit sollte die königliche Macht stärken und gegen die Willkür des

---

90 GRAUS, Die Problematik der deutschen Ostsiedlung aus tschechischer Sicht, in: SCHLESINGER (Hrsg.), Die deutsche Ostsiedlung des Mittelalters als Problem der europäischen Geschichte, 1975, S. 56; SCHUBART-FIKENTSCHER, Das Eherecht im Brünner Schöffenbuch, 1935, S. 13.

91 PAUK, Der böhmische Adel im 13. Jahrhundert, in: HLAVÁČEK, PATSCHOVSKY (Hrsg.), Böhmen und seine Nachbarn in der Přemyslidenzeit, 2011, S. 280.

92 SKŘEJPKOVÁ, The Incorporation of Roman Law into Bohemian Municipal Law in the 16th Century, in: Zeitschrift für Ostmitteleuropa-Forschung 58,3 (2009), S. 344.

93 VOJÁČEK, SCHELLE, TAUCHEN [u. a.] (Hrsg.), An Introduction to History of Czech Private Law, 2011, S. 28.

94 SKŘEJPKOVÁ, Die juristische Ausbildung in den böhmischen Ländern bis zum Ersten Weltkrieg, in: POKROVAC (Hrsg.), Juristenausbildung in Osteuropa bis zum Ersten Weltkrieg, 2007, S. 157.

95 A. WOLF, Gesetzgebung in Europa 1100–1500, 1996, S. 277f.

96 KREUZ, Všehrdy, Viktorin Cornelius von, in: STOLLEIS (Hrsg.), Juristen, 2001, S. 658.

97 SKŘEJPKOVÁ, Die juristische Ausbildung in den böhmischen Ländern bis zum Ersten Weltkrieg, in: POKROVAC (Hrsg.), Juristenausbildung in Osteuropa bis zum Ersten Weltkrieg, 2007, S. 158.

98 KREUZ, Všehrdy, Viktorin Cornelius von, in: STOLLEIS (Hrsg.), Juristen, 2001, S. 658.

99 A. WOLF, Gesetzgebung in Europa 1100–1500, 1996, S. 282.

Adels wirken. Dies fällt zeitlich mit der Umstellung der lokalen Verwaltung der Kastellane und der Abschaffung ihrer Immunitäten zusammen.[100]

Die Rechtsvereinheitlichung begann mit Konrad III. Otto im Jahre 1189 mit den sogenannten *Statuta ducis Ottonis*, die vom König und den Fürsten verabschiedet wurden.[101] Die Statuten sicherten einerseits die Privilegien des Adels im Hinblick auf das Sachenrecht, andererseits versuchte der Herrscher auch durch die Reformen des Gerichtsverfahrens die willkürliche Auslegung durch die Kastellane einzuschränken.[102]

Im Laufe des 13. Jahrhunderts haben die Könige mehrere Versuche unternommen, das geltende Recht aufzuzeichnen und die Normen durch Gesetzgebung zu vereinheitlichen.[103] Durch Bestätigungsurkunden[104] oder eigene Dekrete wurde die Normfixierung in die Wege geleitet. Die königlichen Bestrebungen zur Rechtsvereinheitlichung sind aber am adeligen Widerstand gescheitert, denn der böhmische Adel betrachtete diese Versuche als Einschränkung seines Einflusses auf die Rechtsprechung.

Bei den Rechtsaufzeichnungen suchten die Landesherren Lösungen in anderen Rechtskreisen. So wandte man sich bei der Ausarbeitung des Gesetzentwurfes im Jahre 1272 unter Přemysl Ottokar II. dem Magdeburger Recht zu.[105] Zu dieser Zeit war das Magdeburger Recht ein ausgeprägter Rechtsbegriff und wurde vom König an Städte verliehen. Statt der 1294 von König Wenzel II. angestrebten Gesetzgebung, die das gesamte böhmische Landrecht mit dem römischen und kanonischen Recht harmonisieren sollte,[106] wurde im Jahre 1300 die Bergrechtsordnung (*Ius regale montanorum*) verabschiedet.[107]

Einen weiteren Versuch zur Vereinheitlichung des geltenden Rechts unternahm Kaiser Karl IV.[108] Er ließ zwischen 1351 und 1354 einen Entwurf unter Einbezie-

---

100 ŽEMLIČKA, Die mittelalterliche Stadt in Böhmen und Mähren als Objekt der mediävistischen Forschung, in: DUCHHARDT, REININGHAUS (Hrsg.), Stadt und Region, 2005, S. 135, OTT, Beiträge zur Receptions-Geschichte des römisch-canonischen Processes in den böhmischen Ländern, 1879, S. 162, 165.

101 PETERKA, Rechtsgeschichte der böhmischen Länder, 2 Teile in 1 Bd., 1965, S. 55f.

102 A. WOLF, Gesetzgebung in Europa 1100–1500, 1996, S. 276.

103 MALÝ [u. a.], Dějiny českého a československého práva do roku 1945, 2010, S. 101.

104 Für die Bestätigungsurkunde von Přemysl Ottokar I. aus dem Jahre 1222 siehe die Edition bei JIREČEK (Hrsg.), Codex juris Bohemici, Bd. 1: Aetatem Přemyslidarum continens, 1867, S. 53–57.

105 Verweis auf die Chronik des Benessius Minorita: JIREČEK (Hrsg.), Codex juris Bohemici, Bd. 2,2: Jus terrae atqua jus curiae regiae saeculi XIV, 1870, S. II. Dazu KEJŘ, Die Anfänge der Stadtverfassung und des Stadtrechts in den Böhmischen Ländern, in: SCHLESINGER (Hrsg.), Die deutsche Ostsiedlung des Mittelalters als Problem der europäischen Geschichte, 1975, S. 488f.; PETERKA, Rechtsgeschichte der böhmischen Länder, 2 Teile in 1 Bd., 1965, S. 150; HOENSCH, Geschichte Böhmens, 2013, S. 94.

106 OTT, Beiträge zur Receptions-Geschichte des römisch-canonischen Processes in den böhmischen Ländern, 1879, S. 163.

107 PFEIFER, Ius regale montanorum, 2002, S. 15f.; BILEK (Hrsg.), Ius regale montanorum *aneb* Právo královské horníkuov, 2000, S. 4–6.

108 LÜCK, Maiestas Carolina, in: ^{2}HRG, Bd. 3, 2016, Sp. 1171–1174; KEJŘ, Die sogenannte Maiestas

hung des Adels erstellen. In der Kommission waren auch die Fürsten und Herren (*barones*) des Landes vertreten.[109] Der Landrechtsentwurf (*Codex Carolinus*), der auf dem Landtag von 1355 den Ständen vorgelegt wurde, erlangte wegen des adeligen Widerstandes jedoch keine Gesetzeskraft.[110] In der Praxis wurde aber der Entwurf *Maiestas Carolina*, wie er seit der ersten Edition von 1617 bezeichnet wurde, berücksichtigt.[111] Besonders hervorzuheben sind die Regeln für das Richteramt wie die Einführung eines Amtseides und das Verbot, das Richteramt zu veräußern, damit die Rechtsprechung von außen nicht beeinflusst werden konnte. Die Rechtsreformen, wie z. B. die Eingrenzung der Gottesurteile, wurden auf den Landtagen im 16. Jahrhundert gewürdigt und vom König Ferdinand I. offiziell anerkannt.[112]

In Mähren strebte der Landesherr ebenso die Vereinheitlichung der Normen durch die Einführung von Gesetzen an. Dies gelang jedoch erstmals unter König Ferdinand I., als die Mährische Landesordnung 1535 in Znaim veröffentlicht wurde. Als Grundlage für dieses Gesetz diente ein Landrechtskompendium eines Hofrichters und Landeshauptmannes, das Tobitschauer Rechtsbuch.[113] Neben Staatsrecht, Privatrecht, Strafrecht und policeylichen Vorschriften beinhaltet die Mährische Landesordnung auch römische Rechtsinstitute.

In den schlesischen Herzogtümern, die seit 1335 unter der Herrschaft der böhmischen Krone standen, diente der „Sachsenspiegel" als Grundlage für die Rechtsaufzeichnung. Hier wirkte der Transfer des Sächsisch-magdeburgischen Rechts in der Form von Schöffensprüchen besonders intensiv.[114] Im Fürstentum Breslau wurde 1346 auf Initiative von König Johann eine Kommission aufgestellt, in die drei Ratmannen der Stadt Breslau und drei Vertreter des Landadels berufen wurden.[115] Diese Sechserkommission erarbeitete bis 1356 einen Entwurf aus Privilegien und Gewohnheitsrecht, den die spätere Literatur als Bearbeitung des „Sachsenspiegels" mit Anpassungen an die regionalen Spezifika beschrieb.[116]

Carolina, in: DERS., Aus Böhmens Verfassungsgeschichte, 2006, S. 129–187; WERUNSKY, Die Maiestas Karolina, in: ZRG GA 9 (1888), S. 101–103.

[109] JIREČEK (Hrsg.), Codex juris Bohemici, Bd. 2,2: Jus terrae atqua jus curiae regiae saeculi XIV, 1870, S. 100–197, hier S. 101; A. WOLF, Gesetzgebung in Europa 1100–1500, 1996, S. 278.

[110] HLAVÁČEK, Maiestas Carolina, in: LexMa, Bd. 6, 1993, Sp. 111; HERGEMÖLLER (Hrsg.), Maiestas Carolina, 1995, S. XI; KUKLÍK, Czech Law in Historical Contexts, 2015, S. 22; SKŘEJPKOVÁ, The Incorporation of Roman Law into Bohemian Municipal Law in the 16th Century, in: Zeitschrift für Ostmitteleuropa-Forschung 58,3 (2009), S. 344.

[111] LÜCK, Maiestas Carolina, in: ²HRG, Bd. 3, 2016, Sp. 1171–1174; HLAVÁČEK, Maiestas Carolina, in: LexMa, Bd. 6, 1993, Sp. 111; BÍLÝ, Maiestas Carolina, in: SCHELLE, TAUCHEN (Hrsg.), Encyklopedie českých právných dějin, Bd. 3, 2016, S. 514; BAHLCKE, Geschichte Tschechiens, 2014, S. 30.

[112] LÜCK, Maiestas Carolina, in: ²HRG, Bd. 3, 2016, Sp. 1173.

[113] A. WOLF, Gesetzgebung in Europa 1100–1500, 1996, S. 283.

[114] ISMIO Bd. 2, S. 31 f.

[115] WEGENER, Schlesisches Landrecht, in: HRG, Bd. 4, 1990, Sp. 1429; GOERLITZ, Die Breslauer Rechtsbücher des 14. Jahrhunderts, in: ZRG GA 59 (1939), S. 155–157.

[116] F. EBEL, Schlesisches Landrecht, in: LexMa, Bd. 7, 1995, Sp. 1484.

Diese Spezifika bezogen sich auf das von der Kommission hinzugefügte eheliche Güterrecht.[117] Obwohl der König diesen Landrechtsentwurf als Gesetz nicht verkündete, wurde er in den schlesischen Fürstentümern Breslau und Teschen als geltendes Recht angesehen. Deswegen bezeichnete Gaupp dieses Rechtsbuch 1828 als Schlesisches Landrecht.[118]

2. Landesausbau und Stadtentwicklung

Die Stadtentstehung in Ostmitteleuropa fällt zeitlich mit der Ankunft westlicher Hospites zusammen. In der Form der Siedlungsbewegung fand ein kultureller Austausch[119] statt und es kam zum Transfer von Techniken, Sprachen, Brauchtum und nicht zuletzt vom Recht aus den okzidentalen Teilen Europas nach Osten. Der Landesausbau,[120] dessen Akteure Landes- und Grundherren, Bauern, Kaufleute, Handwerker und Bergleute waren und der als mittelalterliche Wanderungs- und Siedlungsbewegung bezeichnet werden kann, löste einen Umbruch auch in der Siedlungsentwicklung aus.[121] Unter den Siedlern waren z. B. Bergleute aus Deutschland in einer größeren Zahl; ihre Fachkenntnisse prägten dann den Bergbau.

2.1. Akteure des Landesausbaus

Die kulturelle Vielfalt, die in Ostmitteleuropa besonders prägend war, kam seit den ersten Kontakten zum Ostfrankenreich auch in den böhmischen Ländern zur Geltung: Das Land wurde von fränkisch-bairischen Klerikern christianisiert. Anschließend wurden Ritter aus dem Reich in den Dienst des Fürstenhofs aufgenommen.[122] Außerdem siedelten sich seit dem 10. Jahrhundert zahlreiche deutsche

---

[117] OPPITZ, Deutsche Rechtsbücher des Mittelalters, Bd. 1, 1990, S. 31.

[118] GAUPP, Das schlesische Landrecht oder eigentlich Landrecht des Fürstentums Breslau von 1356, 1828.

[119] STOLLEIS, Transfer normativer Ordnungen – Baumaterial für junge Nationalstaaten, in: Rechtsgeschichte 20 (2012), S. 76.

[120] LÜBKE, Ostkolonisation, Ostsiedlung, Landesausbau im Mittelalter, in: BÜNZ (Hrsg.), Ostsiedlung und Landesausbau in Sachsen, 2008, S. 467–484; HARDT, Landesausbau, in: ²HRG, Bd. 3, 2016, Sp. 416–420, zu Böhmen und Mähren Sp. 418. Karl Richter spricht sogar von zwei Phasen des Landesausbaus in der Geschichte der böhmischen Länder: von dem älteren und dem großen Landesausbau. Siehe dazu K. [L.] RICHTER, Die böhmischen Länder im Früh- und Hochmittelalter, in: BOSL (Hrsg.), Handbuch der Geschichte der böhmischen Länder, Bd. 1, 1967, S. 233–240 u. 314–323. Zur Verwendung des Terminus ‚Kolonisation' in der tschechischen Historiographie siehe LEŚNIEWSKA, Kolonizacja niemiecka i na prawie niemieckim w średniowiecznych Czechach i na Morawach w świetle historiografii, 2004, S. 6f.

[121] MALÝ, Pavel Kristián z Koldína und sein Werk in der tschechischen Rechtsgeschichte, in: DERS., SLAVÍČKOVÁ, SOUKUP, SKŘEJPKOVÁ, ŠOUŠA, ŠOUŠA ML., VOJTÍŠKOVÁ, WOITSCHOVÁ (Hrsg.), Práva městská Království českého, 2013, S. 739; RILL, Böhmen und Mähren, Bd. 1: Von der Urzeit bis zur Französischen Revolution, 2006, S. 161.

[122] ŽEMLIČKA, The Germans and the Implantation of German Law Among the Bohemians and Mo-

und jüdische Kaufleute in Böhmen an und gründeten entlang der Wasserwege und Kreuzungen von Handelswegen ihre Niederlassungen.[123] Sie besiedelten zuerst den westlichen Teil des Landes.

Die urbaren Täler der größeren Flüsse Elbe, Moldau und Eger und die Flusstäler in Mähren wurden zuerst von den slawischen Stämmen besetzt. Ab dem 11. insbesondere im 12. Jahrhundert wurden auch die höher liegenden Gebiete und die Wälder in Besitz genommen, also die Territorien, die für landwirtschaftliche Kultivierung eher ungünstig gelegen sind.[124] Die Initiative zum Landesausbau ergriffen zuerst die böhmischen Landesherren,[125] die Siedler aus dem Ausland, z. B. Thüringer und Meißener, ins Land einluden.[126]

Die vor Ort tätigen Orden, wie die Zisterzienser, Prämonstratenser und Johanniter unterstützten die Politik der Landesherren,[127] neue Siedler ins Land zu rufen.[128] Die neugegründeten Klöster behielten ihre Verbindungen zu den Mutterklöstern in Deutschland, die für die Übersiedlung aus den Nachbarländern förderlich waren.[129] Nicht nur die Přemysliden, sondern auch die geistlichen und weltlichen Grundherren waren an der Besiedlung des Landes interessiert, denn durch Rodungsarbeit wurden weitere Felder für die Landwirtschaft erschlossen.[130]

Auch zum Zwecke des Bergbaus wurden Siedler ins Land gerufen. So kamen Bayern, Franken, Thüringer und Sachsen ab der zweiten Hälfte des 12. Jahrhunderts nach Böhmen und Mähren.[131] Unter den ersten Siedlern gab es auch die

ravians in the Middle Ages, in: BEREND (Hrsg.), The Expansion of Central Europe in the Middle Ages, 2012, S. 240; WOLVERTON, Germans and Slavs in Thirteenth-Century Bohemia, in: BEREND (Hrsg.), The Expansion of Central Europe in the Middle Ages, 2012, S. 298 f.

123 K. [L.] RICHTER, Die böhmischen Länder im Früh- und Hochmittelalter, in: BOSL (Hrsg.), Handbuch der Geschichte der böhmischen Länder, Bd. 1, 1967, S. 319, 324; KRZENCK, Kultur und Gesellschaft in den böhmischen Ländern im Spannungsfeld der deutsch-böhmischen Beziehungen zur Zeit Friedrichs I. Barbarossa, in: ENGEL, TÖPFER (Hrsg.), Kaiser Friedrich Barbarossa, 1994, S. 119.

124 SEMOTANOVÁ, CAJTHAML [u. a.], Akademický atlas českých dějin, 2014, S. 86.

125 RADY, The German Settlement in Central and Eastern Europe During the High Middle Ages, in: BEREND (Hrsg.), The Expansion of Central Europe in the Middle Ages, 2012, S. 192; IRGANG, Landesausbau und Kolonisation, in: LexMa, Bd. 5, 1991, Sp. 1650; ROTH, Studienhandbuch Östliches Europa, Bd. 1: Geschichte Ostmittel- und Südosteuropas, 2009, S. 465.

126 Siehe die Chronik von Neplach von Opatowitz: NEPLACH, Neplacha, opata Opatowského, krátká kronika římská a česká, in: EMLER (Hrsg.), Fontes rerum Bohemicarum/Prameny dějin českých, Tom./Díl III, 1882, S. 476 f.

127 RILL, Böhmen und Mähren, Bd. 1: Von der Urzeit bis zur Französischen Revolution, 2006, S. 161, 170.

128 IRGANG, Landesausbau und Kolonisation, in: LexMa, Bd. 5, 1991, Sp. 1651.

129 KRZENCK, Kultur und Gesellschaft in den böhmischen Ländern im Spannungsfeld der deutsch-böhmischen Beziehungen zur Zeit Friedrichs I. Barbarossa, in: ENGEL, TÖPFER (Hrsg.), Kaiser Friedrich Barbarossa, 1994, S. 121–123; PRINZ, Böhmen im mittelalterlichen Europa, 1984, S. 152.

130 HIGOUNET, Die deutsche Ostsiedlung im Mittelalter, 1990, S. 164.

131 BEREND, URBAŃCZYK, WISZEWSKI, Central Europe in the High Middle Ages, 2013, S. 449; HIGOUNET, Die deutsche Ostsiedlung im Mittelalter, 1990, S. 164 f.

Gruppe der Romanen, Siedler mit meist wallonischer Herkunft, die sich als Folge der europäischen Siedlungsbewegung in den böhmischen Ländern niederließen. Bei Brünn, einem zentralen Handelsort und Verwaltungszentrum in Mähren, bildete sich im Laufe des 12. Jahrhunderts eine Siedlung von Flamen, Romanen, Deutschen und Juden heraus.[132] Zu den frühstädtischen Siedlungen zählten außerdem Olmütz, Leitmeritz und Znaim.

Der Landesausbau war sowohl in wirtschaftlicher als auch in politischer Hinsicht im Interesse der Landesherren, denn die durch wirtschaftliche Innovation (Pflug, Dreifelderwirtschaft, Mühlen)[133] vermehrten Abgaben der Siedler verstärkten die Einkünfte des Landesherren. Der Herrschaftsbereich der Könige konnte so weiter ausgebaut werden.[134] Der durch Landesausbau erreichte Zuwachs der Bevölkerung leitete eine neue Phase der Stadtentwicklung ein.[135]

Zwischen den Grundherren und den Siedlern vermittelte ein Siedlungsunternehmer (*locator*),[136] der die Ansiedlung organisierte.[137] Den Lokator verband eine vertragsähnliche Beziehung mit dem Grundherrn, der ihm das Recht zum zinsfreien Besitz von Grundstücken, das Mühlen-, Schank-, Jagd- und Fischereirecht sowie das Recht auf einen Teil des von den Neusiedlern gezahlten Grundzinses gewährte. Mit der Verwaltung der nun gegründeten Gemeinden betraute der Grundherr die Lokatoren. Dieses Amt konnten auch ihre Nachkommen innehaben.[138]

Die Siedler standen von Anfang an unter dem Schutz der böhmischen Fürsten. Die Landesherren haben den Siedlergemeinden die Selbstverwaltung zugesichert und die freie Richterwahl anerkannt. Daher konnten die Siedler ihre eigenen Dorfvorsteher und Richter wählen. Ihre in Geld zu leistenden Zinsen wurden festgelegt, wie auch ihre Dienste bei der Verteidigung des Landes.[139] In den Siedlergemeinden waren die von ihnen aus dem ursprünglichen Siedlungsgebiet mitgebrachten Rechtsgewohnheiten maßgebend. Die diesem freiheitlichen Rechts-

---

[132] HLAVÁČEK, Brünn, in: LexMa, Bd. 2, 1983, Sp. 763; DŘÍMAL, PEŠA (Hrsg.), Dějiny města Brna, Bd. 1, 1969, S. 40.

[133] HARDT, Von der Subsistenzwirtschaft zur marktorientierten Produktion von Getreide, in: HERMANN (Hrsg.), Beiträge zum Göttinger Umwelthistorischen Kolloquium 2007–2008, 2008, S. 89; BEREND, URBAŃCZYK, WISZEWSKI, Central Europe in the High Middle Ages, 2013, S. 452.

[134] VOJÁČEK, SCHELLE, KNOLL, České právní dějiny, 2010, S. 41.

[135] IRGANG, Landesausbau und Kolonisation, in: LexMa, Bd. 5, 1991, Sp. 1649.

[136] LÜBKE, Lokator, in: LexMa, Bd. 5, 1991, Sp. 2090.

[137] GRAUS, Die Problematik der deutschen Ostsiedlung aus tschechischer Sicht, in: SCHLESINGER (Hrsg.), Die deutsche Ostsiedlung des Mittelalters als Problem der europäischen Geschichte, 1975, S. 53 f.

[138] HARDT, Lokator, in: ^{2}HRG, Bd. 3, 2016, Sp. 1036 f.; GRAUS, Die Problematik der deutschen Ostsiedlung aus tschechischer Sicht, in: SCHLESINGER (Hrsg.), Die deutsche Ostsiedlung des Mittelalters als Problem der europäischen Geschichte, 1975, S. 57.

[139] Der Chronist Cosmas von Prag beschrieb einen konkreten Fall der „Gedčaner“ (COSMAS [PRAGENSIS], Die Chronik der Böhmen des Cosmas von Prag, 1923, S. 84). Dazu LÜBKE, Das östliche Europa, 2004, S. 295.

status zugrundeliegenden Rechtsnormen wurden schon zeitgenössisch allgemein *ius teutonicum* genannt.[140]

Zu einer der ältesten Niederlassungen von Deutschen in den böhmischen Ländern kann die Siedlung der Prager Deutschen gerechnet werden.[141] Die deutschen Siedler ließen sich neben den Siedlungen der Wallonen und der Juden nieder.[142] Im Privileg aus den Jahren 1174–1178 bestätigte Herzog Soběslav II. jene Freiheiten, welche die Prager Deutschen seit der Regierungszeit von König Wratislaw, also seit dem späten 11. Jahrhundert genossen.[143] Die deutschen Siedler um die Prager Burg erklärte der Herrscher in diesem Schutzprivileg[144] persönlich für frei. Sie durften ihre Richter selbst wählen und die Rechtsgewohnheiten in der Gemeinde der Deutschen weiterhin fortführen.[145] Auch das Recht zur freien Pfarrerwahl stand den Prager Deutschen zu; dem Bischof wurde nur das Bestätigungsrecht eingeräumt.

Im Suburbium der Prager Burg wie auch in anderen Hospes-Niederlassungen kann kein Gemeindeverband nachgewiesen werden,[146] so dass die Privilegien auch nicht als städtische Freiheiten zu verstehen sind. Eine Stadtverfassung entwickelte sich in den böhmischen Ländern erst im Laufe des 13. Jahrhunderts, weshalb die Bestimmungen zur Pfarrer- und die Richterwahl in der Forschung als spätere Interpolation verstanden werden.[147]

2.2. Siedlungsentwicklung

Der Landesausbau förderte auch den Prozess der Stadtentstehung in Ostmitteleuropa. Die ersten Siedlungsagglomerationen sind in den böhmischen Ländern in der Nähe einer landesherrlichen Burg zu lokalisieren. Die Burgen waren für die lokale Verwaltung zuständig und die Kastellane Träger der königlichen Macht.[148]

---

[140] MENZEL, Die Akzeptanz des Fremden in der mittelalterlichen deutschen Ostsiedlung, in: PATSCHOVSKY, ZIMMERMANN (Hrsg.), Toleranz im Mittelalter, 1998, S. 208.

[141] HIGOUNET, Die deutsche Ostsiedlung im Mittelalter, 1990, S. 163; ZYCHA, Prag, 1912, S. 157–162.

[142] HLAVÁČEK, Prag, in: LexMa, Bd. 7, 1995, Sp. 160; KEJŘ, KREUZ, Prag, in: ²HRG, Lfg. 27, 2018, Sp. 712; MENZEL, Die Akzeptanz des Fremden in der mittelalterlichen deutschen Ostsiedlung, in: PATSCHOVSKY, ZIMMERMANN (Hrsg.), Toleranz im Mittelalter, 1998, S. 208.

[143] CDB, Bd. I: (805–1197), 1907, S. 256f. Zur Überlieferungsgeschichte des Privilegs siehe KEJŘ, Das Privileg des Herzogs Sobieslaw II. für die Prager Deutschen, in: DERS., Aus Böhmens Verfassungsgeschichte, 2006, S. 93–102.

[144] KEJŘ, KREUZ, Prag, in: ²HRG, Lfg. 27, 2018, Sp. 712.

[145] CDB, Bd. I: (805–1197), 1907, S. 256; RILL, Böhmen und Mähren, Bd. 1: Von der Urzeit bis zur Französischen Revolution, 2006, S. 160.

[146] IRGANG, Landesausbau und Kolonisation, in: LexMa, Bd. 5, 1991, Sp. 1649f.; KEJŘ, Das Privileg des Herzogs Sobieslaw II. für die Prager Deutschen, in: DERS., Aus Böhmens Verfassungsgeschichte, 2006, S. 107f.

[147] Zur Debatte siehe KEJŘ, Das Privileg des Herzogs Sobieslaw II. für die Prager Deutschen, in: DERS., Aus Böhmens Verfassungsgeschichte, 2006, S. 107 (mit weiteren Nachweisen).

[148] LÜBKE, Kastellanei, in: LexMa, Bd. 5, 1991, Sp. 1038; HARDT, Der Supan, in: Zeitschrift für Ostforschung 39 (1990), S. 168f.; DERS., Supan, in: HRG, Bd. 5, 1998, Sp. 87.

Diese Verwaltungssitze[149] hatten auch für die Versorgung des umgebenden Landes eine zentrale Funktion. Außer im Umfeld von Burgen entwickelten sich auch in der Nähe von Klöstern präurbane Siedlungen, die dann im 13. Jahrhundert bereits zum Städtenetzwerk gezählt wurden.[150]

Außerdem waren auch die Märkte stadtprägende Faktoren. Insbesondere um die von Fernkaufleuten aufgesuchten Märkte bildeten sich Siedlungen mit zentralörtlichen Funktionen.[151] Wie der jüdische Kaufmann Ibrahim ibn Yaqub über die Kaufmannssiedlung bei der Prager Burg berichtete, fand am dortigen Markt der Handel mit Sklaven,[152] Pelzen und Handwerkserzeugnissen statt.[153] Mit dem Ausbau des Burgsystems vermehrten sich die Marktsiedlungen (*villae forenses*) mit zentralörtlichen Funktionen.

Zur Herausbildung eines Städtenetzes, das vor allem für Mähren und Nordwestböhmen charakteristisch war, kam es im Laufe des 13. Jahrhunderts. Laut der Urkunde Wenzels I. für das Kloster Doxan von 1232 gab es bereits *civitates*, die im Königreich Böhmen über eine freiheitliche Rechtsstellung verfügten.[154]

Burg und Markt führten beispielsweise zur Entstehung der Stadt Brünn. Aus der Siedlung um die königliche Burg und einer slawischen Handwerkersiedlung bzw. einer wallonischen und deutschen Kaufmannsniederlassung entwickelte sich die Stadt,[155] deren Freiheiten König Wenzel I. 1243 bestätigte.[156]

Der Landesausbau löste die Burgbezirke als Träger der königlichen Macht ab. Die böhmischen Landesherren statteten die bereits existierenden Siedlungsagglomerationen um die Burgen mit Freiheiten aus, so dass die Marktsiedlungen unter königlicher Herrschaft standen. Die Siedlungsentwicklung wurde vom Konflikt zwischen dem Adel und dem Landesherrn geprägt. Es kam vermehrt zu Städtegründungen und -privilegierungen, denn die Städte bedeuteten für den

149 Zur Kastellaneiverfassung siehe HLEDÍKOVÁ, JANÁK, DOBEŠ, Dějiny správy v českých zemích, 2005, S. 36; BEREND, URBAŃCZYK, WISZEWSKI, Central Europe in the High Middle Ages, 2013, S. 204f.; VOJÁČEK, SCHELLE, KNOLL, České právní dějiny, 2010, S. 90.

150 BAHLCKE, Geschichte Tschechiens, 2014, S. 21.

151 KEJŘ, Die Anfänge der Stadtverfassung und des Stadtrechts in den Böhmischen Ländern, in: SCHLESINGER (Hrsg.), Die deutsche Ostsiedlung des Mittelalters als Problem der europäischen Geschichte, 1975, S. 450.

152 HARDT, The Importance of Slave Trade for the Slavic Princes of the Early and High Middle Ages, in: LORÉ, BÜHRER-THIERRY, LE JAN (Hrsg.), Acquérir, prélever, contrôler, 2017, S. 92.

153 ŽEMLIČKA, Entstehung und Entfaltung der Marktorganisation in Böhmen und Mähren, in: BRACHMANN, KLÁPŠTĚ (Hrsg.), Hausbau und Raumstruktur früher Städte in Ostmitteleuropa, 1996, S. 18.

154 CDB, Bd. III, 1: (1231–1238), 1942, S. 24f., Nr. 26; KEJŘ, Die Anfänge der Stadtverfassung und des Stadtrechts in den Böhmischen Ländern, in: SCHLESINGER (Hrsg.), Die deutsche Ostsiedlung des Mittelalters als Problem der europäischen Geschichte, 1975, S. 444.

155 KEJŘ, Burgus und burgensis in den böhmischen Ländern, in: DERS., Aus Böhmens Verfassungsgeschichte, 2006, S. 287f. u. 296; KRZENCK, Brünn/Brno, in: Online-Lexikon zur Kultur und Geschichte der Deutschen im östlichen Europa, 2013.

156 CDB, Bd. II: (1198 bis 1230), 1912, S. 79–86, Nr. 17; FLODR (Hrsg.), Iura originalia civitatis Brunensis, 1993.

König eine wichtige Stütze gegenüber dem aufstrebenden Adel.[157] Die Könige versuchten, durch Stadtgründungen und Ausbau einer zentralisierten Verwaltung die Befugnisse der Burgherren einzuschränken.[158] Anstelle der Burgen kam dann den Städten und ihrem Einzugsgebiet wirtschaftliche und politische Bedeutung zu. Die Städte wurden mit Mauern versehen, welche die Entstehung eines Bürgerverbandes im geschlossenen Raum erheblich förderten.

Um die Mitte des 13. Jahrhunderts, während der Regierungszeit von Přemysl Ottokar II., begann eine intensive Phase der Stadtgründungen und -privilegierungen,[159] wie es auch in der Chronik von Franciscus Pragensis[160] erkennbar ist. Der neue Typ von städtischer Siedlung mit Stadtrecht und Stadtverfassung lässt sich zuerst vermehrt in Nordmähren, in der Grenzregion zu Schlesien beobachten.[161] Die wirtschaftliche und kulturelle Wechselwirkung zwischen den Landschaften Schlesien und Mähren schlug sich auch in der Stadtentwicklung nieder, denn die Bürgerschaft der Städte in Nordmähren strebte es an, Freiheiten nach dem Vorbild der schlesischen Städte zu erwerben.

Der Ausbau der Silberbergwerke[162] im 13. Jahrhundert bewirkte in den königlichen Bergstädten Böhmens einen Aufschwung.[163] Ähnlich wie in den Marktstädten, in denen die Risikogemeinschaft der Kaufmannschaft die Herausbildung eines Bürgerverbands förderte, bildeten sich entsprechende Bürgerverbände in den Bergstädten ab der zweiten Hälfte des 13. Jahrhunderts heraus. Zusätzlich genossen auch diese Städte eine intensive Unterstützung durch die Landesherren.[164] Die böhmischen Könige richteten vor Ort Prägestätten für ihre Münzen ein und statteten die Siedlungen mit Freiheiten aus.

Durch die Entdeckung der Silberbestände um 1240 wurde Iglau zur führenden Bergstadt des Königreichs Böhmen.[165] Im Prozess der Stadtwerdung Iglaus be-

---

157 Žemlička, Die mittelalterliche Stadt in Böhmen und Mähren als Objekt der mediävistischen Forschung, in: Duchhardt, Reininghaus (Hrsg.), Stadt und Region, 2005, S. 135.

158 Ders., Ottokar II. Přemysl, in: LexMa, Bd. 6, 1993, Sp. 1554.

159 F. Hoffmann, Středověké město v Čechách a na Moravě, 2009, S. 65–70.

160 Emler (Hrsg.), Fontes rerum Bohemicarum/Prameny dějin českých, Tom./Díl IV: Chronicon aulæ regiæ; Excerpta de diversis chronicis additis quibusdam aulæ regiæ memorabilibus; Chronicon Francisci Pragensis; Chronicon Benessii de Weitmil, 1884, S. 351.

161 Žemlička, The Germans and the Implantation of German Law Among the Bohemians and Moravians in the Middle Ages, in: Berend (Hrsg.), The Expansion of Central Europe in the Middle Ages, 2012, S. 266; Kejř, Die Anfänge der Stadtverfassung und des Stadtrechts in den Böhmischen Ländern, in: Schlesinger (Hrsg.), Die deutsche Ostsiedlung des Mittelalters als Problem der europäischen Geschichte, 1975, S. 456.

162 Hardt, Landesausbau, in: ²HRG, Bd. 3, 2016, Sp. 418; Bahlcke, Geschichte Tschechiens, 2014, S. 21 f.; K. [L.] Richter, Die böhmischen Länder im Früh- und Hochmittelalter, in: Bosl (Hrsg.), Handbuch der Geschichte der böhmischen Länder, Bd. 1, 1967, S. 331–336.

163 Rill, Böhmen und Mähren, Bd. 1: Von der Urzeit bis zur Französischen Revolution, 2006, S. 168 f.

164 Lück, Bergrecht, Bergregal, in: ²HRG, Bd. 1, 2008, Sp. 530 f.

165 Křesadlo, Iglauer Berg- und Stadtrecht, in: Silberbergbau und Münzprägung in Iglau, 1999, S. 72; zu Iglaus Rechtsgeschichte in der älteren Literatur siehe umfassend: Tomaschek, Deutsches Recht in Österreich im dreizehnten Jahrhundert, 1859, S. 17–29.

deutete die Ankunft deutscher Bergleute einen größeren Umbruch.[166] Bereits aus dem Jahr 1249 ist die Bergrechtsaufzeichnung von Iglau bekannt.[167]

Das Stadt- und Bergrecht von Iglau wurde Vorbild für weitere Privilegierungen[168] und Iglau nahm eine besondere Rolle in der Rechtsprechung ein. Zwischen dem 13. und 16. Jahrhundert war Iglau Oberhof für die Bergstädte in Böhmen und Mähren und in einigen Fällen auch für Städte in der Slowakei und Schlesien.[169]

Kuttenberg galt am Ende des 13. Jahrhunderts neben Iglau als führende Silberbergstadt der böhmischen Könige.[170] Von Zisterziensern im 12. Jahrhundert gegründet, erlebte Kuttenberg durch den Silberbergbau einen Aufschwung[171] und wurde um 1300 Prägestätte der Prager Groschen Wenzels II.[172] In der Bergordnung *Constitutiones iuris metallici* kommen Hinweise auf Kuttenberg mehrmals vor.[173] So wurden z. B. die Freiheiten der Silberbergstadt als Richtschnur für andere Städte verstanden.[174]

Kuttenberg gehörte im 14. Jahrhundert zu jenen Städten, die sich gegen die Zuständigkeit der königlichen Gerichtsbarkeit behaupten konnten. Während in Fällen aus anderen königlichen Städten das Gericht des Unterkämmerers (*subcamerarius*) zuständig war,[175] wehrte sich neben der Prager Altstadt auch Kuttenberg erfolgreich gegenüber der Gerichtshoheit des königlichen Beamten.[176] Dabei wurde die Stadt vom königlichen Münzmeister, dessen Sitz in Kuttenberg war, unterstützt.[177] Auch andere Städte mit starker Bürgerschaft wie Eger konnten in den Fällen der städtischen Gerichtsbarkeit ohne die Einbeziehung des Gerichts des Unterkämmerers entscheiden.[178]

---

166 HLAVÁČEK, Iglau, in: LexMa, Bd. 5, 1991, Sp. 366.

167 LÜCK, Die Entwicklung des deutschen Bergrechts und der Bergbaudirektion bis zum Allgemeinen (preußischen) Berggesetz 1865, in: WEBER (Hrsg.), Geschichte des deutschen Bergbaus, Bd. 2: Salze, Erze und Kohlen. Der Aufbruch in die Moderne im 18. und frühen 19. Jahrhundert, 2015, S. 113.

168 KŘESADLO, Iglauer Berg- und Stadtrecht, in: Silberbergbau und Münzprägung in Iglau, 1999, S. 75.

169 DERS., Iglauer Berg- und Stadtrecht, in: Silberbergbau und Münzprägung in Iglau, 1999, S. 80–82; TOMASCHEK, Der Oberhof Iglau in Mähren und seine Schöffensprüche aus dem 13.–16. Jahrhundert, 1868.

170 KRASCHEWSKI, Das Spätmittelalter, in: BARTELS, SLOTTA (Hrsg.), Geschichte des deutschen Bergbaus, Bd. 1: Der alteuropäische Bergbau. Von den Anfängen bis zur Mitte des 18. Jahrhunderts, 2012, S. 254; ŽEMLIČKA, Die mittelalterliche Stadt in Böhmen und Mähren als Objekt der mediävistischen Forschung, in: DUCHHARDT, REININGHAUS (Hrsg.), Stadt und Region, 2005, S. 136f.

171 KEJŘ, Die mittelalterlichen Städte in den Böhmischen Ländern, 2010, S. 387.

172 HLAVÁČEK, Kuttenberg, in: LexMa, Bd. 5, 1991, Sp. 1593f.

173 STRÄTZ, Kuttenberger Bergordnung, in: LexMa, Bd. 5, 1991, Sp. 1594.

174 JIREČEK (Hrsg.), Codex juris Bohemici, Bd. 1: Aetatem Přemyslidarum continens, 1867, S. 284; KEJŘ, Die mittelalterlichen Städte in den Böhmischen Ländern, 2010, S. 119.

175 KEJŘ, Organisation und Verwaltung des königlichen Städtewesens in Böhmen zur Zeit der Luxemburger, in: RAUSCH (Hrsg.), Stadt und Stadtherr im 14. Jahrhundert, 1972, S. 79–96.

176 SEIBT, Die Zeit der Luxemburger und der hussitischen Revolution, in: BOSL (Hrsg.), Handbuch der Geschichte der böhmischen Länder, Bd. 1, 1967, S. 423.

177 HLAVÁČEK, Kuttenberg, in: LexMa, Bd. 5, 1991, Sp. 1593.

Zusammenfassend lässt sich feststellen, dass die Entstehung eines Städtenetzes in den böhmischen Ländern im Vergleich zu Polen und Ungarn relativ spät und in einer kurzen Zeit stattfand,[179] in erster Linie während der Herrschaft von Přemysl Ottokar II. Die Stadtentwicklung in Süd- und Nordmähren sowie im Nordwesten Böhmens[180] hängt mit dem Verlauf der Handelswege und den Niederlassungen von Siedlern zusammen. Ein zusätzlicher Entwicklungsfaktor der Siedlungsagglomerationen war die Unterstützung durch den Landesherrn. Dies geschah auch später im Fall jener Städte, die in der Bergregion lagen. Die wirtschaftlichen und kulturellen Kontakte zwischen dem Reich und den böhmischen Ländern intensivierten sich durch den Landesausbau ebenso wie die Stadtentwicklung.[181]

2.3. Schichten des Stadtrechts

Die Herausbildung des Stadtrechts, die mit der städtischen Selbstverwaltung eng zusammenhängt, lässt sich in Ostmitteleuropa auf die zweite Hälfte des 13. Jahrhunderts datieren.[182] Die städtische Rechtsordnung einer okzidentalen Stadt, die als ein vielschichtiges Normsystem charakterisiert werden kann, war mit Gewohnheit, Privileg und autonomer Rechtssetzung angereichert.[183]

Als früheste Schicht des Stadtrechts erscheinen jene Freiheiten, die einer Gemeinde durch königliche bzw. stadtherrliche Privilegien gewährt wurden. In der Regel räumte der König als Stadtherr die Wahl des Gemeindevorstehers als Freiheit ein. Das bedeutete, dass in einfachen Fällen nach eigener Gewohnheit vom Gemeindevorsteher entschieden wurde, in herausragenden Fällen aber das königliche Gericht zuständig war. Die auf diese Weise entstandene Immunität führte dann zur Ausprägung eines Siedlerrechts und zur Herausbildung des Stadtrechts[184]

---

178 KEJŘ, Organisation und Verwaltung des königlichen Städtewesens in Böhmen zur Zeit der Luxemburger, in: RAUSCH (Hrsg.), Stadt und Stadtherr im 14. Jahrhundert, 1972, S. 87, Anm. 9.

179 DERS., Die Anfänge der Stadtverfassung und des Stadtrechts in den Böhmischen Ländern, in: SCHLESINGER (Hrsg.), Die deutsche Ostsiedlung des Mittelalters als Problem der europäischen Geschichte, 1975, S. 470.

180 Siehe die Karte bei ebd., S. 466.

181 ŽEMLIČKA, Die mittelalterliche Stadt in Böhmen und Mähren als Objekt der mediävistischen Forschung, in: DUCHHARDT, REININGHAUS (Hrsg.), Stadt und Region, 2005, S. 136.

182 In der polnischen Geschichtsschreibung geht Andrzej Wędzki vom „heimischen Recht" der Städte vor dem 13. Jahrhundert aus. WĘDZKI, Początki reformy miejskiej w środkowej Europie do połowy XIII wieku, 1974, S. 290.

183 Zur Entwicklung und den Schichten des Stadtrechts siehe DILCHER, Stadtrecht, in: HRG, Bd. 4, 1990, Sp. 1863f., sowie DERS., Die Rechtsgeschichte der Stadt, in: BADER, DILCHER, Deutsche Rechtsgeschichte, 1999, S. 604–619; KROESCHELL, Deutsche Rechtsgeschichte, Bd. 1: Bis 1250, 2008, S. 275; ISENMANN, Die deutsche Stadt im Mittelalter 1150–1550, 2014, S. 172–192. Zur Stadtrechtsgeschichte Ostmitteleuropas siehe GÖNCZI, Ungarisches Stadtrecht aus europäischer Sicht, 1997, S. 81–154. Aus der älteren Literatur siehe PETERKA, Rechtsgeschichte der böhmischen Länder, 2 Teile in 1 Bd., 1965, S. 163f.

184 DILCHER, Die Rechtsgeschichte der Stadt, in: BADER, DILCHER, Deutsche Rechtsgeschichte, 1999, S. 608–612.

unter dem Einfluss des ‚heimischen' Rechts der Siedler. Auf diese Weise bestimmten weiterhin die ursprünglichen Rechtsgewohnheiten das Rechtsleben der Siedlergemeinde.[185] Auf der Grundlage des Privilegs und der Rechtsgewohnheiten der Siedler bildete sich dann die Normstruktur in den Städten heraus.

Die Bürgergemeinde gestaltete ihr Rechtsleben später in der Form der autonomen Rechtssetzung. Normen für die Kaufmannschaft und gewerberechtliche Regeln für Handwerker wurden auch als Satzungen festgelegt. Die Normen städtischer Rechtssetzung wurden in den sogenannten Stadtbüchern[186] eingetragen. Sie zeugen nicht nur von der Entwicklung der städtischen Schriftkultur, sondern von der Herausbildung eines autonomen Bürgerverbandes. Unter der Quellengattung ‚Stadtbücher' findet man u. a. Statutenbücher, Gerichts- und Ratsbücher über Prozesse und Rechtsgeschäfte.[187] Die Stadtbücher wurden in der Regel von Stadtschreibern angelegt und berichten über das städtische Kanzleiwesen.[188] In Böhmen sind Stadtbücher seit dem 14. Jahrhundert nachweisbar.[189]

Als eine der frühesten Quellen städtischer Schriftlichkeit ist das Altprager Stadtbuch bekannt.[190] Die Bürger der Altstadt Prag führten seit 1310 ein Stadtbuch.[191] Zuerst diente das Prager Stadtbuch als Geschäftsbuch des Stadtregiments und beinhaltete Rechnungen. Später wurden auch Satzungen des Stadtrates in das Stadtbuch aufgenommen. Der älteste Eintrag über die städtische Rechtssetzung stammt aus dem Jahr 1327.

Auch das Stadtbuch von Leitmeritz, das seit 2006 in einer neuen Edition vorliegt,[192] enthält zahlreiche Satzungen über das Zusammenleben der Bürgerschaft. Dieses Stadtbuch gehört zu einem der ältesten Dokumente des städtischen Kanzleiwesens. Auch als Stadtbuch stellt es eine relativ früh angelegte Quelle städti-

---

185 WĘDZKI, Początki reformy miejskiej w środkowej Europie do połowy XIII wieku, 1974, S. 292.

186 KLÖTZER, Stadtbuch, in: HRG, Bd. 4, 1990, S. 1849–1851; JOHANEK, Stadtbücher, in: Verfasserlexikon, Bd. 11, ²2004, Sp. 1449.

187 Für die aktuelle Diskussion zur Systematisierung der Stadtbücher in der Rechtsgeschichte siehe LÜCK, Gerichtsbücher, in: ²HRG, Bd. 2, 2012, S. 147–149, insbesondere seine Stellungnahme zu KROESCHELL, [Rezension zu:] Friedhelm Debus (Hrsg.), Stadtbücher als namenkundliche Quelle, Stuttgart 2000, in: ZRG GA 121 (2004), S. 649 f. Für die Einordnung der Stadtbücher in der (Rechts-)Historiographie siehe KLÖTZER, Stadtbuch, in: HRG, Bd. 4, 1990, S. 1850; JOHANEK, Stadtbücher, in: Verfasserlexikon, Bd. 11, ²2004, Sp. 1449–1453; DERS., Stadtrechtsbücher, in: Verfasserlexikon, Bd. 11, ²2004, Sp. 1454 f.

188 KINTZINGER, Stadtbücher, in: LexMa, Bd. 8, 1997, Sp. 12 f.

189 SEIBT, Die Zeit der Luxemburger und der hussitischen Revolution, in: BOSL (Hrsg.), Handbuch der Geschichte der böhmischen Länder, Bd. 1, 1967, S. 423 f. (mit weiteren Nachweisen).

190 PÁTKOVÁ, Die Stadtbücher in Böhmen bis 1350, in: Krakowskie Studia z Historii Państwa i Prawa 9,3 (2016), S. 272, 276.

191 RÖSSLER (Hrsg.), Deutsche Rechtsdenkmäler aus Böhmen und Mähren, Bd. 1: Das altprager Stadtrecht aus dem XIV. Jahrhundert, 1845, S. XX u. XXXII; PETERKA, Rechtsgeschichte der böhmischen Länder, 2 Teile in 1 Bd., 1965, S. 168.

192 KOCÁNOVÁ, JINDŘICH [u. a.] (Hrsg.), Městská kniha Litoměřic (1341)–1562 v kontextu písemností městské kanceláře, 2006.

schen Lebens dar. Der erste Eintrag des Leitmeritzer Stadtbuchs stammt von 1341,[193] während weitere Stadtbücher in Böhmen und Mähren eher auf die zweite Hälfte des 14. Jahrhunderts datiert werden können.[194]

Nicht nur rechtshistorisch ist das Stadtbuch von Leitmeritz von besonderer Bedeutung, sondern auch sprachwissenschaftlich – vor allem im Hinblick auf die Rechtssprache. Die Sprache der Einträge zeigt die Vielfalt und den Wandel der führenden Schicht der Stadtbürger: Bis 1367 findet man lateinische Einträge, dann war die Sprache bis 1402 Deutsch und danach wurden die Einträge mehrheitlich auf Tschechisch geführt. Diese Quelle war ein Buch des Stadtrates, worin sich Statuten und Verträge, notiert vom jeweiligen Stadtschreiber, finden.[195] Anfangs dominierten im Stadtbuch die Aufzeichnungen von Statuten und Verweisen von Bürgern. Unter den Einträgen waren aber ab dem 16. Jahrhundert mehrheitlich Verträge, chronikartige Aufzeichnungen, Notizen über den Umgang mit Stadtbürgern sowie über Stadtschulden. Das Stadtbuch von Leitmeritz spiegelt das intensive Rechtsleben in einer zentralen Stadt des Magdeburger Rechts wider, denn in der Zeitspanne von 1341 bis 1562 setzte die Fortentwicklung des Magdeburg-Leitmeritzer Rechts ein.

3. Auswärtige Rechtseinflüsse – eine Bestandsaufnahme

Wie die Rechtsentwicklung in anderen ostmitteleuropäischen Regionen, zeigen auch die Rechtseinflüsse im Stadtrecht in den böhmischen Ländern ein besonders facettenreiches Bild.[196] Diese kulturelle Vielfalt lässt sich z. B. anhand der Spuren des flämischen Rechts in den rechtselbischen Gebieten von der Mitte des 12. Jahrhunderts an nachweisen.[197] In der Historiographie werden unterschiedliche Meinungen vertreten, in welchem Stadium der Siedlungsentwicklung die auswärtigen Rechtseinflüsse Böhmen und Mähren erreichten.

Die Herausbildung des Stadtrechts in den böhmischen Ländern hat bereits *vor* der Ankunft der deutschen Siedler begonnen, stellte z. B. im Jahre 2012 Josef Žemlička fest.[198] Der polnische Historiker Andrzej Wędzki ist im Hinblick auf die

---

[193] PÁTKOVÁ, Die Stadtbücher in Böhmen bis 1350, in: Krakowskie Studia z Historii Państwa i Prawa 9,3 (2016), S. 275.

[194] PETERKA, Rechtsgeschichte der böhmischen Länder, 2 Teile in 1 Bd., 1965, S. 169; VIRDZEKOVÁ, Městká kniha Litoměřic, in: SCHELLE, TAUCHEN (Hrsg.), Encyklopedie českých právných dějin, Bd. 3, 2016, S. 662 f.

[195] KOCÁNOVÁ, JINDŘICH [u. a.] (Hrsg.), Městská kniha Litoměřic (1341)–1562 v kontextu písemností městské kanceláře, 2006, S. 159.

[196] VOJÁČEK, SCHELLE, KNOLL, České právní dějiny, 2010, S. 133.

[197] RADY, The German Settlement in Central and Eastern Europe During the High Middle Ages, in: BEREND (Hrsg.), The Expansion of Central Europe in the Middle Ages, 2012, S. 197; ŽEMLIČKA, Království v pohybu, 2014, S. 625 f.; PETERKA, Rechtsgeschichte der böhmischen Länder, 2 Teile in 1 Bd., 1965, S. 163; PÁNEK, TŮMA [u. a.], A History of the Czech Lands, 2014, S. 99.

[198] ŽEMLIČKA, The Germans and the Implantation of German Law Among the Bohemians and Moravians in the Middle Ages, in: BEREND (Hrsg.), The Expansion of Central Europe in the Middle

Stadtentwicklung bei den Westslawen der Meinung, dass sich ein Städtenetz auf der Grundlage einheimischen Rechts auch in Böhmen bereits vor der intensiven Phase der Stadtentwicklung ausbildete.[199]

Parallel zu den slawischrechtlichen Rechtsstrukturen lassen sich in den Urkunden schon vor der Umbruchphase der Siedlungsentwicklung, also vor der Mitte des 13. Jahrhunderts, Spuren des *ius teutonicum* nachweisen. Der früheste urkundliche Beleg ist aus dem Jahr 1218 aus Mähren bekannt.[200] Dies bezog sich auf die Privilegierung der deutschen Gäste vom Landesherrn. Der Markgraf von Mähren erlaubte dem Orden der Johanniter die Nutzung der Grundstücke gemäß dem *ius teutonicum*, was eine verbesserte Rechtsstellung bedeutete.[201]

Aus Böhmen ist der früheste Beleg für das *ius teutonicum*, das Privileg des Prämonstratenser-Klosters Doxan, aus dem Jahr 1226 überliefert. In dieser Urkunde verfügte der König über das Recht des Klosters, die Siedlung Mur bei Leitmeritz mit diesem Recht auszustatten, um dadurch die Gemeinde zu stärken.[202] Die beiden Quellenstellen weisen darauf hin, dass die Siedlungsgründungen auf der Grundlage des *ius teutonicum* bereits in der Anfangsphase der Stadtentwicklung erfolgten. In diesem Sinne lässt es sich als freiheitliche Rechtsstellung der Gäste beschreiben. In der Kanzleisprache des frühen 13. Jahrhunderts verfestigte sich der Ausdruck *ius teutonicum* für diese verbesserte Rechtsstellung.[203]

Das Stadtrecht als Ausdruck städtischer Freiheit bildete sich in den böhmischen Ländern in der zweiten Hälfte des 13. Jahrhunderts heraus. Nach dem Einfluss der deutschen Stadtrechte lassen sich die böhmischen Länder in zwei größere Rechtskreise einteilen.[204] Diese Systematisierung stimmt mit der tschechischen Ge-

---

Ages, 2012, S. 263–266; DERS., Die Deutschen und die deutschrechtliche Kolonisation Böhmens und Mährens im Mittelalter, in: PISKORSKI (Hrsg.), Historiographical Approaches to Medieval Colonisation of East Central Europe, 2002, S. 139.

199 WĘDZKI, Początki reformy miejskiej w środkowej Europie do połowy XIII wieku, 1974, S. 290.

200 CDB, Bd. II: (1198 bis 1230), 1912, S. 432f.

201 KEJŘ, Die Anfänge der Stadtverfassung und des Stadtrechts in den Böhmischen Ländern, in: SCHLESINGER (Hrsg.), Die deutsche Ostsiedlung des Mittelalters als Problem der europäischen Geschichte, 1975, S. 447; IRGANG, Landesausbau und Kolonisation, in: LexMa, Bd. 5, 1991, Sp. 1649; KÖRMENDY, Melioratio terrae, 1995, S. 119.

202 CDB, Bd. II: (1198 bis 1230), 1912, S. 281, Nr. 286; ŽEMLIČKA, Němci, německé právo a transformační změny 13. století, in: Archaeologia historica. Muzejní a vlastivědná společnost v Brně 28 (2003), S. 38f.; F. EBEL, Rechtsentstehung und Rechtstransfer im Spiegel der Überlieferung (Magdeburger und Lübecker Recht), in: LÜCK, PUHLE, RANFT (Hrsg.), Grundlagen für ein neues Europa, 2009, S. 40.

203 KÖRMENDY, Melioratio terrae, 1995, S. 118f.

204 KEJŘ, Die Anfänge der Stadtverfassung und des Stadtrechts in den Böhmischen Ländern, in: SCHLESINGER (Hrsg.), Die deutsche Ostsiedlung des Mittelalters als Problem der europäischen Geschichte, 1975, S. 457; PETERKA, Rechtsgeschichte der böhmischen Länder, 2 Teile in 1 Bd., 1965, S. 162f.; KÜPPER, Einführung in die Rechtsgeschichte Osteuropas, 2005, S. 225; VOJÁČEK, SCHELLE, KNOLL, České právní dějiny, 2010, S. 133; HOENSCH, Geschichte Böhmens, 2013, S. 101.

schichtsschreibung überein,[205] die von den Landschaften tschechischer Städte Gebiete des magdeburgischen und des süddeutschen Rechts hervorgehoben hatte.[206] Diese Zweiteilung kann auch geographisch nachgewiesen werden, denn die Städte im Norden von Mähren und im Nordosten Böhmens, in Schlesien und in der Lausitz standen unter dem Einfluss des Magdeburger Rechts.[207] Die Städte in Mittel- und Südböhmen hatten hingegen Impulse aus den süddeutschen Stadtrechten übernommen.[208] Am Beispiel der Prager Städte lässt sich aber auch eine Parallelität[209] der beiden Rechtskreise nachweisen.[210]

3.1. Die Wirkung des Magdeburger Rechts: ein zeitlicher Überblick

Unter den auswärtigen Impulsen erscheint das Magdeburger Recht als ein recht intensiver Verbindungsfaktor.[211] Robert Luft spricht von über 50 Stadtgründungen und Stadtrechtsverleihungen nach Magdeburger Recht,[212] die im Zusammenhang mit dem Landesausbau und der Förderung des Handels und des Gold- und Silberbergbaus erfolgten. Der Einfluss des Sächsisch-magdeburgischen Rechts in Tschechien ist aber im Vergleich zu Polen quantitativ wesentlich kleiner gewesen.[213]

3.1.1. Die Zeit des Landesausbaus und der Rechtsverleihungen

Als im Prozess der Siedlungsentwicklung im 13. Jahrhundert eine Umbruchsphase eintrat, erschien in den Urkunden der Begriff *ius Meidburgense*. Am frühesten wurden die Städte in Nordmähren vom Magdeburger Recht geprägt, wobei auch die räumliche Nähe zu Schlesien eine wesentliche Rolle spielte.[214] So ist die

[205] Malý, Vývoj městského práva v Čechách, in: ders., Slavíčková, Soukup, Skřejpková, Šouša, Šouša ml., Vojtíšková, Woitschová (Hrsg.), Práva městská Království českého, 2013, S. 17.

[206] Ders., Pavel Kristián z Koldína und sein Werk in der tschechischen Rechtsgeschichte, in: ders., Slavíčková, Soukup, Skřejpková, Šouša, Šouša ml., Vojtíšková, Woitschová (Hrsg.), Práva městská Království českého, 2013, S. 738; Haas, Právní oblasti českých měst, in: Časopis Společnosti přátel starožitností 60 (1952), S. 16–20. Siehe auch die Tabelle zu den Städtegruppen bis 1526 bei ebd., S. 23f.

[207] Haněl, O vlivu práva německého v Čechách a na Moravě, 1874, S. 23.

[208] Malý, Zusammenfassungen zur Einleitung, in: ders., Slavíčková, Soukup, Skřejpková, Šouša, Šouša ml., Vojtíšková, Woitschová (Hrsg.), Práva městská Království českého, 2013, S. 363; Skřejpek, Skřejpková, Einfluss des römischen Rechts auf das Städterecht in den böhmischen und mährischen Ländern am Beispiel eines Manuskripts vom Ende des 14. Jahrhunderts, in: Piro (Hrsg.), Scritti per Alessandro Corbino, Bd. 7, 2016, S. 40.

[209] Emil Franz Rössler wies bei diesem Thema auf die Entfernung der Rechtskreise von 800 Schritten auf der Brücke hin (Rössler (Hrsg.), Deutsche Rechtsdenkmäler aus Böhmen und Mähren, Bd. 1: Das altprager Stadtrecht aus dem XIV. Jahrhundert, 1845, S. XXIX).

[210] Hlaváček, Prag, in: LexMa, Bd. 7, 1995, Sp. 160f.

[211] Žemlička, Království v pohybu, 2014, S. 624.

[212] Luft, „Premysl Otakar II. (Ottokar II.)“, in: NDB, Bd. 20, 2001, S. 697–699.

[213] Lück, Rechtstransfer und Rechtsverwandtschaft, in: Malý, Šouša (Hrsg.), Práva městská Království českého, 2013, S. 311.

[214] Bahlcke, Geschichte Tschechiens, 2014, S. 21.

erste Erwähnung des Magdeburger Rechts als *ius Meidburgense* aus dem Jahr 1223 aus Mähren bekannt.[215] Es handelt sich um eine Bestätigungsurkunde König Přemysl Ottokars I. für die Gemeinde der *villa*[216] Mährisch Neustadt, in der die früher vom mährischen Markgrafen erworbenen Freiheiten, unter anderem das Magdeburger Recht, anerkannt wurden.

Aus der Erwähnung ist ersichtlich, dass das Magdeburger Recht als Rechtsbegriff für die freiheitliche Rechtsstellung der Bürger bereits etabliert war. Die Zeit der späteren Verwendung zeigt, dass das Magdeburger Recht bei den Rechtsverleihungen eine Art Modellcharakter hatte. Trotz des Verweises auf das Magdeburger Recht entstand in Mähren keine unmittelbare Rechtsbeziehung zu Magdeburg, sondern das Magdeburger Recht wurde von Bürgergemeinde zu Bürgergemeinde innerhalb des Landes – hier nach dem Muster von Freudenthal an Mährisch Neustadt – übertragen.[217] Es war – wie der Fall von Mährisch Neustadt auch zeigt – ein allgemein anerkannter Maßstab.[218]

In der Residenzstadt Prag lassen sich Spuren des Magdeburger Rechts teilweise nachweisen. Prag[219] bestand aus mehreren Städten, deren Kern Niederlassungen

---

215 CDB, Bd. II: (1198 bis 1230), 1912, S. 237–239; KEJŘ, Die Anfänge der Stadtverfassung und des Stadtrechts in den Böhmischen Ländern, in: SCHLESINGER (Hrsg.), Die deutsche Ostsiedlung des Mittelalters als Problem der europäischen Geschichte, 1975, S. 447; PETERKA, Rechtsgeschichte der böhmischen Länder, 2 Teile in 1 Bd., 1965, S. 163; KAVKA, Die Städte Böhmens und Mährens zur Zeit des Přemysliden-Staates, in: RAUSCH (Hrsg.), Die Städte Mitteleuropas im 12. und 13. Jahrhundert, 1963, S. 142; WÜNSCH, Deutsche und Slawen im Mittelalter, 2008, S. 59; ZYCHA, Über den Ursprung der Städte in Böhmen und die Städtepolitik der Přemysliden, 1914, S. 204; WEIZSÄCKER, Zur Einführung des Magdeburgischen Rechtes in Mähren, in: Wissenschaftliche Vierteljahresschrift zur Prager Juristischen Zeitschrift 2 (1922), Sp. 85; TEIGE, Kdy a kým zavedeno bylo právo magdeburgské na Moravě, in: Právník. Teoretický časopis pro otázky státu a práva 59 (1920), S. 244–248.

216 Für die linguistisch-historische Untersuchung der Bezeichnung ‚Stadt' in den slawischen Sprachen siehe LUDAT, Zum Stadtbegriff im osteuropäischen Bereich, in: JANKUHN, SCHLESINGER, STEUER (Hrsg.), Vor- und Frühformen der europäischen Stadt im Mittelalter, Teil I, 1973, S. 77–91; DERS., Vorstufen und Entstehung des Städtewesens in Osteuropa, 1955; DERS., Die Bezeichnung für „Stadt" im Slavischen, in: Syntagma Friburgense, 1956, S. 112–114; JAMBOROVÁ, Kvantita jako významový diferenciační činitel ve středověkém právnickém textu, in: ČORNEJOVÁ, RYCHNOVSKÁ, ZEMANOVÁ (Hrsg.), Dějiny českého pravopisu (do r. 1902), 2010, S. 120–134. Für den Stadtbegriff in der Rechtsgeschichte siehe DILCHER, Rechtshistorische Aspekte des Stadtbegriffs, in: JANKUHN, SCHLESINGER, STEUER (Hrsg.), Vor- und Frühformen der europäischen Stadt im Mittelalter, Teil I, 1973, S. 12–32; DERS., Die Rechtsgeschichte der Stadt, in: BADER, DILCHER, Deutsche Rechtsgeschichte, 1999; DERS., A városfogalom jelentéstartalma a történeti városkutatás számára, in: Urbs. Magyar várostörténeti évkönyv 1 (2006), S. 37–50; KROESCHELL, A. CORDES, NEHLSEN-VON STRYK, Deutsche Rechtsgeschichte, Bd. 2: 1250–1650, 2008, S. 56.

217 LÜCK, Rechtstransfer und Rechtsverwandtschaft, in: MALÝ, SOUŠA (Hrsg.), Práva městská Království českého, 2013, S. 313.

218 KEJŘ, Die Anfänge der Stadtverfassung und des Stadtrechts in den Böhmischen Ländern, in: SCHLESINGER (Hrsg.), Die deutsche Ostsiedlung des Mittelalters als Problem der europäischen Geschichte, 1975, S. 446–448.

219 Die Quellenlage im Hinblick auf Prag ist sehr lückenhaft und nur aus Abschriften bekannt. KEJŘ,

von deutschen, jüdischen und flämisch-wallonischen Kaufleuten bildeten.[220] Der Warenaustausch im Gebiet der Prager Altstadt wurde bereits im 10. Jahrhundert erwähnt.[221] Die Stadtrechte dieser Siedlungen, insbesondere ihre rechtlichen Verbindungen, entwickelten sich unterschiedlich. Das in den 1230er Jahren konstituierte Stadtrecht der Prager Altstadt[222] orientierte sich an den süddeutschen Stadtrechten. Die Oberschicht der Altstadt bildete sich aus deutschen Kaufleuten heraus, deren Rechtstraditionen das genuine Altprager Stadtrecht prägten.

Die Kleinseite am linken Ufer der Moldau unter der Prager Burg (*nova civitas sub castro Pragensis*) war eine Gründungsstadt,[223] deren Gründung auf die geplante Ansiedlung Deutscher zurückgeht.[224] Um 1257 wurde diese Siedlung vom König zur Stadt erhoben. Von nun an galt hier das Magdeburger Recht bis zum Jahre 1485. Die Prager Kleinseite gehörte zum Rechtskreis des Magdeburg-Leitmeritzer Rechts.[225]

Auf eine königliche Gründung von 1348 durch Karl IV. ist die Neustadt Prag zurückzuführen, wodurch das Stadtareal von Prag wesentlich erweitert wurde und neue Märkte für Kaufleute und Handwerker entstanden sind.[226] Während der Regierungszeit Kaiser Karls IV. wurde Prag kaiserliche Residenzstadt. Zugleich schwächte der König das politische und wirtschaftliche Gewicht der Altstädter Bürger, sodass die Prager Neustadt bis 1784 eine selbständige Einheit blieb. Sie orientierte sich rechtlich aber an der Prager Altstadt.[227] In Appellationsfällen wandte man sich ebenfalls an die Prager Altstadt.

Die Anfänge der Stadtverfassung und des Stadtrechts in den Böhmischen Ländern, in: SCHLESINGER (Hrsg.), Die deutsche Ostsiedlung des Mittelalters als Problem der europäischen Geschichte, 1975, S. 464.

[220] KAVKA, Die Städte Böhmens und Mährens zur Zeit des Přemysliden-Staates, in: RAUSCH (Hrsg.), Die Städte Mitteleuropas im 12. und 13. Jahrhundert, 1963, S. 140; ZYCHA, Prag, 1912, S. 504f.

[221] K. [L.] RICHTER, Die böhmischen Länder im Früh- und Hochmittelalter, in: BOSL (Hrsg.), Handbuch der Geschichte der böhmischen Länder, Bd. 1, 1967, S. 323.

[222] GRAUS, Prag als Mitte Böhmens, in: MEYNEN (Hrsg.), Zentralität als Problem der mittelalterlichen Stadtgeschichtsforschung, 1979, S. 24; KEJŘ, Das böhmische Stadtwesen und das Nürnberger Recht, in: DERS., Aus Böhmens Verfassungsgeschichte, 2006, S. 322f.

[223] KEJŘ, KREUZ, Prag, in: ²HRG, Lfg. 27, 2018, Sp. 713; HLAVÁČEK, Prag, in: LexMa, Bd. 7, 1995, Sp. 160f.; ZYCHA, Prag, 1912, S. 517f.

[224] M. RICHTER, Zur ältesten Geschichte der Stadt Prag, in: BRACHMANN, HERRMANN (Hrsg.), Frühgeschichte der europäischen Stadt, 1991, S. 177.

[225] Regesta diplomatica nec non epistolaria Bohemiae et Moraviae, Bd. 3: 1311–1333, 1890, S. 32, Nr. 73; ŠOUŠA, Zu einigen Aspekten des Magdeburg-Leitmeritzer Rechts in Böhmen, in: LÜCK (Hrsg.), OLEJNICKI, HEIL (Mitarb.), Von Sachsen-Anhalt in die Welt, 2015, S. 23f.; HANĚL, O vlivu práva německého v Čechách a na Moravě, 1874, S. 31.

[226] PÁNEK, TŮMA [u. a.], A History of the Czech Lands, 2014, S. 132; HOENSCH, Geschichte Böhmens, 2013, S. 123.

[227] KEJŘ, KREUZ, Prag, in: ²HRG, Lfg. 27, 2018, Sp. 714; HLAVÁČEK, Prag, in: LexMa, Bd. 7, 1995, Sp. 161; GRAUS, Prag als Mitte Böhmens, in: MEYNEN (Hrsg.), Zentralität als Problem der mittelalterlichen Stadtgeschichtsforschung, 1979, S. 25; RÖSSLER (Hrsg.), Deutsche Rechtsdenkmäler aus Böhmen und Mähren, Bd. 1: Das altprager Stadtrecht aus dem XIV. Jahrhundert, 1845, S. XVIII; ZYCHA, Prag, 1912, S. 518f.

3.1.2. Die Entfaltung des Magdeburg-Leitmeritzer Rechts

Eine der zentralen Städte des Magdeburger Rechts in den böhmischen Ländern ist die bereits erwähnte Stadt Leitmeritz,[228] die aus einem weltlichen und kirchlichen Verwaltungszentrum[229] und einer Niederlassung sächsischer Kaufleute hervorgegangen ist.[230] Die Leitmeritzer Bürger standen in regem Handelsverkehr mit den sächsischen Gebieten. Zwischen den Elbregionen konnten sich auch die kulturellen Verbindungen durch den Handel auf dem Wasserweg verstärken.[231]

Die Herausbildung der Stadtverfassung zusammen mit dem Bürgerverband lässt sich in Leitmeritz ab den 1240er Jahren beobachten: Die Verwendung eines Siegels ist auf das Jahr 1247 bzw. 1251 datiert.[232] Dies ist eine der ältesten Überlieferungen einer städtischen Siegelführung in Böhmen. Das Amt des Bürgermeisters ist in Leitmeritz um 1281 belegt.[233]

In dieser Phase der intensiven Stadtentwicklung lässt sich in der königlichen Stadt Leitmeritz Magdeburger Recht nachweisen, das 1262 durch ein königliches Privileg bestätigt wurde.[234] Während des Interregnums, das nach dem Tod von König Přemysl Ottokar II. einsetzte, wandte sich die Stadt Leitmeritz an den Magdeburger Schöffenstuhl, um seine führende Rolle unter den Städten Böhmens juristisch zu sichern.[235] Im Jahre 1282 versandte der Magdeburger Schöffenstuhl

---

228 GRUNZEL, Uiber [Ueber] die deutschen Stadtrechte Böhmens und Mährens, in: Mittheilungen des Vereines für Geschichte der Deutschen in Böhmen 30–32 (1892, 1893, 1894), S. 139–141. Zu Leitmeritz aktuell ŠOUŠA, Zu einigen Aspekten des Magdeburg-Leitmeritzer Rechts in Böhmen, in: LÜCK (Hrsg.), OLEJNICKI, HEIL (Mitarb.), Von Sachsen-Anhalt in die Welt, 2015, S. 23–40.

229 WEIZSÄCKER, Leitmeritz in der sudetenländischen Stadtrechtsgeschichte, in: PETERKA, WEIZSÄCKER, Beiträge zur Rechtsgeschichte von Leitmeritz, 1944, S. 8. Als Vertreter der Ostrechtsforschung werden Weizsäckers Thesen sowohl in Tschechien als auch in Deutschland kritisch betrachtet. HRUZA, „Wissenschaftliches Rüstzeug für aktuelle politische Fragen", in: Zeitschrift für Ostmitteleuropa Forschung 54 (2005), S. 475–526; BAHLCKE, Wilhelm Weizsäcker (1886–1961), Jurist, in: GLETTLER, MÍŠKOVÁ (Hrsg.), Prager Professoren 1938–1948, 2001, S. 391–414.

230 K. [L.] RICHTER, Die böhmischen Länder im Früh- und Hochmittelalter, in: BOSL (Hrsg.), Handbuch der Geschichte der böhmischen Länder, Bd. 1, 1967, S. 324; SOHR, „... per aquam Albeam ...", [2016].

231 ŽEMLIČKA, Leitmeritz, in: LexMa, Bd. 5, 1991, Sp. 1864; SOHR, „... per aquam Albeam ...", [2016].

232 KEJŘ, Die mittelalterlichen Städte in den Böhmischen Ländern, 2010, S. 183, 403.

233 K. [L.] RICHTER, Die böhmischen Länder im Früh- und Hochmittelalter, in: BOSL (Hrsg.), Handbuch der Geschichte der böhmischen Länder, Bd. 1, 1967, S. 328.

234 CIM, Bd. II: Privilegia regalium civitatum provincialium annorum 1225–1419/Privilegia královských měst venkovských z let 1225–1419, 1895, S. 37, Nr. 11; KEJŘ, Die Anfänge der Stadtverfassung und des Stadtrechts in den Böhmischen Ländern, in: SCHLESINGER (Hrsg.), Die deutsche Ostsiedlung des Mittelalters als Problem der europäischen Geschichte, 1975, S. 447; LÜCK, Magdeburger Recht, in: ²HRG, Bd. 3, 2016, Sp. 1133; SOHR, „... per aquam Albeam ...", [2016].

235 MAREŠ, Magdeburské právo ve městech severozápadních Čech v předhusitské době/The Magdeburg Law in the Towns of Northwest Bohemia in Pre-Hussite Period, 2008, S. 49, 183; DERS., Litoměřické městké právo v předhusitské době, in: DOBOSZA (Hrsg.), Pierwsze Polsko-Czeskie Forum Młodych Mediewistów, 2007, S. 211–216.

eine Rechtsmitteilung nach Leitmeritz. Diese Quelle ist zwar verlorengegangen; sie lässt sich aber wegen des Zeitpunkts der Versendung in die Rechtsmitteilungen für Breslau (1261 bzw. 1295) und Görlitz (1304) einreihen.

Diese für die böhmischen Städte nicht typische unmittelbare Rechtsverbindung zu Magdeburg führte später zur Versendung von zahlreichen Schöffensprüchen nach Leitmeritz. Nach Peterkas Thesen lässt sich dies an Leitmeritz' führender Rolle unter den böhmischen Städten des Magdeburger Rechts belegen.[236] Aufgrund dieser regen Rechtsverbindungen zu Magdeburg lässt sich Leitmeritz nach Jiří Šouša als „Zentrum des Magdeburger Rechts" in Böhmen beschreiben.[237] Etliche der seit der Mitte des 14. Jahrhunderts erteilten Schöffensprüche sind in der 1943 erschienenen Edition von Wilhelm Weizsäcker überliefert,[238] die er im Auftrag des Magdeburger Instituts zur Erforschung des Magdeburger Rechts herausgegeben hat; dies unter Heranziehung von Handschriften aus dem Prager Nationalmuseum und dem Leitmeritzer Stadtarchiv.

Leitmeritz war für den Rechtstransfer eine Art ‚Drehscheibe', denn der Ort war nicht nur die wichtigste Empfängerstadt des Magdeburger Rechts in Böhmen, sondern sie tradierte es auch weiter.[239] Das Privileg König Wenzels I. für die Stadt Raudnitz aus dem Jahre 1237 belegt, dass Leitmeritz die führende Rolle unter den Städten des *ius teutonicum* innehatte.[240] Auch aus der Prager Kleinseite wandte man sich bis 1338 an das Stadtgericht von Leitmeritz.[241]

Von den Königen im Jahre 1325 und 1387 bestätigt, vermittelte der Leitmeritzer Schöffenstuhl das Magdeburger Recht an weitere böhmische Städte.[242] Als

---

[236] 1227–1927 Stadt Leitmeritz, 1927, S. 82.

[237] Šouša, Zu einigen Aspekten des Magdeburg-Leitmeritzer Rechts in Böhmen, in: Lück (Hrsg.), Olejnicki, Heil (Mitarb.), Von Sachsen-Anhalt in die Welt, 2015, S. 27. Ähnlich Kejř, Die mittelalterlichen Städte in den Böhmischen Ländern, 2010, S. 204.

[238] Weizsäcker (Bearb.), Magdeburger Schöffensprüche und Rechtsmitteilungen für den Oberhof Leitmeritz, 1943.

[239] Ders., Leitmeritz in der sudetenländischen Stadtrechtsgeschichte, in: Peterka, Weizsäcker, Beiträge zur Rechtsgeschichte von Leitmeritz, 1944, S. 10–15.

[240] Regesta diplomatica nec non epistolaria Bohemiae et Moraviae, Bd. 2: 1253–1310, 1882, S. 1236, Nr. 2824; Grunzel, Uiber [Ueber] die deutschen Stadtrechte Böhmens und Mährens, in: Mittheilungen des Vereines für Geschichte der Deutschen in Böhmen 30–32 (1892, 1893, 1894), S. 139.

[241] CIM, Bd. I: Privilegia civitatum Pragensium/Privilegia měst pražských, 1886, S. 53, Nr. 32.

[242] CIM, Bd. II: Privilegia regalium civitatum provincialium annorum 1225–1419/Privilegia královských měst venkovských z let 1225–1419, 1895, S. 229f., Nr. 138, S. 789, Nr. 618; Haněl, O vlivu práva německého v Čechách a na Moravě, 1874, S. 30; Weizsäcker, Leitmeritz als Vorort des Magdeburger Rechts in Böhmen, in: Neues Archiv für sächsische Geschichte 60 (1939), S. 10; Tieftrunk, Kmetská stolice Magdeburského práva v Litoměřicích, in: Památky archeologické a místopisné 4,3 (1860), S. 122; Kejř, Die mittelalterlichen Städte in den Böhmischen Ländern, 2010, S. 204; Lück, Rechtstransfer und Rechtsverwandtschaft, in: Malý, Souša (Hrsg.), Práva městská Království českého, 2013, S. 312; Slavíčková, Der Prozess des Untergangs des sächsisch-magdeburgischen Rechts im Leitmeritzer und Olmützer Rechtskreis in Böhmen und Mähren, in: Zeitschrift für Neuere Rechtsgeschichte 35 (2013), S. 42; Grunzel, Uiber [Ueber] die deutschen Stadtrechte Böhmens und Mährens, in: Mittheilungen des Vereines für Geschichte der Deutschen in Böhmen 30–32 (1892, 1893, 1894), S. 143f.

König Wenzel IV. 1387 die Wege für die Appellationen regelte, verfügte er, dass man mit einer Klage aufgrund des Magdeburger Rechts an die Stadt Leitmeritz appellieren sollte.[243]

Diese Rolle behielt Leitmeritz bis zur Mitte des 16. Jahrhunderts, als unter Ausdehnung der Territorialherrschaft die Gerichtsreform und die Stadtrechtskodifikation einsetzten.[244] Durch die Auslegung des Magdeburger Rechts durch den Leitmeritzer Oberhof entstand eine rationale Rechtsmaterie.[245] Dieses fortentwickelte Magdeburg-Leitmeritzer Recht bildete die Grundlage für einen der wichtigsten städtischen Rechtskreise im Königreich Böhmen.

In Mähren lässt sich Olmütz als wichtigstes Zentrum des Magdeburger Rechts bezeichnen.[246] Der Ort gehörte seit dessen Lokation zwischen 1239 und 1248 zu den Städten des Magdeburger Rechtskreises.[247] Nach dem Mongolensturm kamen auf Einladung des Olmützer Bischofs Bruno von Schauenburg deutsche Siedler dort an.[248] Zu seiner Zeit verstärkte sich die Stadtentwicklung, wie es sich aus den Siedlungsgründungen und Rechtsverleihungen folgern lässt.[249] Der Olmützer Bischof übertrug z. B. das Magdeburger Recht an die neugegründete Stadt Braunsberg, die dieses in der Lesung von Troppau erhalten sollte.

Ab dem 14. Jahrhundert bildete sich in Olmütz ein Appellationsgericht heraus, das nach markgräflicher Bestätigung von 1352[250] als höhere Instanz für mährische Städte des Magdeburger Rechts fungierte. Diese Rolle übernahm Olmütz von

---

243 CIM, Bd. II: Privilegia regalium civitatum provincialium annorum 1225–1419/Privilegia královských měst venkovských z let 1225–1419, 1895, S. 789.

244 Lück, Magdeburger Recht, in: ²HRG, Bd. 3, 2016, Sp. 1133; Slavíčková, Der Prozess des Untergangs des sächsisch-magdeburgischen Rechts im Leitmeritzer und Olmützer Rechtskreis in Böhmen und Mähren, in: Zeitschrift für Neuere Rechtsgeschichte 35 (2013), S. 41–51; Malý, Vývoj městského práva v Čechách, in: ders., Slavíčková, Soukup, Skřejpková, Šouša, Šouša ml., Vojtíšková, Woitschová (Hrsg.), Práva městská Království českého, 2013, S. 21.

245 Šouša, Zu einigen Aspekten des Magdeburg-Leitmeritzer Rechts in Böhmen, in: Lück (Hrsg.), Olejnicki, Heil (Mitarb.), Von Sachsen-Anhalt in die Welt, 2015, S. 27.

246 Žemlička, Království v pohybu, 2014, S. 624; Zycha, Über den Ursprung der Städte in Böhmen und die Städtepolitik der Přemysliden, 1914, S. 205.

247 Schroeder, Olmützer Gerichtsordnung, in: HRG, Bd. 3, 1984, Sp. 1243; Lück, Rechtstransfer und Rechtsverwandtschaft, in: Malý, Souša (Hrsg.), Práva městská Království českého, 2013, S. 313; Spáčilová, Olmütz, in: ²HRG, Lfg. 25, 2017, Sp. 148.

248 Teige, Kdy a kým zavedeno bylo právo magdeburgské na Moravě, in: Právník. Teoretický časopis pro otázky státu a práva 59 (1920), S. 244–248; Weizsäcker, Zur Einführung des Magdeburgischen Rechtes in Mähren, in: Wissenschaftliche Vierteljahresschrift zur Prager Juristischen Zeitschrift 2 (1922), Sp. 79–85.

249 Kejř, Die mittelalterlichen Städte in den Böhmischen Ländern, 2010, S. 200; Weizsäcker, Breslau als Oberhof mährischer Städte, in: Zeitschrift des Vereins für Geschichte Schlesiens 72 (1938), S. 1.

250 Die Weisung wurde im Jahre 1352 vom Markgraf Johann Heinrich erlassen. Krzenck, Olmütz/Olomouc, in: Online-Lexikon zur Kultur und Geschichte der Deutschen im östlichen Europa, 2014; Hlawitschka, Deutsche Stadtrechte und Stadtrechtsbücher in Böhmen und Mähren während des Mittelalters und der Frühneuzeit, in: Bornemann (Red.), Deutsche Stadtrechte und Stadtrechtsbücher des 13. bis 16. Jahrhunderts aus Mähren, 1993, S. 13.

Mährisch Neustadt.[251] Der Oberhof in Olmütz hatte – wegen der räumlichen Entfernung – keine unmittelbaren Verbindungen nach Magdeburg.[252] Eine rechtsberatende Funktion für den Olmützer Oberhof hatte der Schöffenstuhl in Breslau inne.[253] Das Olmützer Obergericht überlebte die Vereinheitlichungsversuche des 16. Jahrhunderts und übte seine Tätigkeit bis 1709 aus.

In den schlesischen Territorien der Mähren benachbarten Region fand in den Städten Magdeburger Recht in der Leobschützer Fassung Anwendung.[254] Es bestand ein reger Austausch zwischen den schlesischen und mährischen Städten. Die Handelsbeziehungen zwischen Leobschütz und Troppau sind seit 1224 auch schriftlich belegt. Die zwischen den mährischen und schlesischen Regionen entstandenen Handelsbeziehungen lösten auch eine juristische Wechselwirkung aus, die sich als ein wichtiger Weg für den Transfer des Sächsisch-magdeburgischen Rechts betrachten lässt. Leobschütz fungierte als Vorbild, was zur Übernahme des Leobschützer Rechts durch die nordmährischen Kleinstädte führte.[255] Die Verleihungen dieses Rechts erfolgten insbesondere ab den 1270er Jahren.[256]

3.1.3. Rechtsvereinheitlichung – Auflösung der Städtelandschaften

Mit dem 16. Jahrhundert fing in der Geschichte der ostmitteleuropäischen Länder die Epoche des aufstrebenden Territorialstaates an. Da der Ausbau der zentralisierten Herrschaft der Rechtseinholung aus einer auswärtigen Stadt widersprach, gingen die bisherigen stadtrechtlichen Verbindungen zu Ende. Auch die Rechtsauskünfte aus Magdeburg betrachteten die Herrscher als Begrenzung ihrer Souveränität.[257] Daher wurde in Polen, in Kursachsen und bereits 1387 in Böhmen die Rechtseinholung aus dem Ausland untersagt.[258] Die Reformation lieferte später eine fundierte Grundlage, denn die konfessionellen Unterschiede förderten die Rechtsverbindungen zwischen Böhmen unter dem katholischen König und dem

---

[251] SLAVÍČKOVÁ, Recepce Práv městských Království českého ve městech magdeburského práva v Čechách a na Moravě, in: MALÝ, ŠOUŠA (Hrsg.), Městské právo ve střední Evropě, 2013, S. 83f.

[252] DIES., Olmütz, in: ²HRG, Lfg. 25, 2017, Sp. 149.

[253] Ebd.; WEIZSÄCKER, Breslau als Oberhof mährischer Städte, in: Zeitschrift des Vereins für Geschichte Schlesiens 72 (1938), S. 1–19.

[254] BEREND, URBAŃCZYK, WISZEWSKI, Central Europe in the High Middle Ages, 2013, S. 449; ŽEMLIČKA, Království v pohybu, 2014, S. 624.

[255] BERTELSMEIER-KIERST, Leobschützer Rechtsbuch, in: ²HRG, Bd. 3, 2016, Sp. 840; K. [L.] RICHTER, Die böhmischen Länder im Früh- und Hochmittelalter, in: BOSL (Hrsg.), Handbuch der Geschichte der böhmischen Länder, Bd. 1, 1967, S. 328; KEJŘ, Die mittelalterlichen Städte in den Böhmischen Ländern, 2010, S. 199.

[256] ROTH (Bearb.), IRGANG (Hrsg.), Das „Leobschützer Rechtsbuch“, 2006, S. 9f.

[257] OTT, Beiträge zur Receptions-Geschichte des römisch-canonischen Processes in den böhmischen Ländern, 1879, S. 213.

[258] KEJŘ, Die mittelalterlichen Städte in den Böhmischen Ländern, 2010, S. 208; GRUNZEL, Uiber [Ueber] die deutschen Stadtrechte Böhmens und Mährens, in: Mittheilungen des Vereines für Geschichte der Deutschen in Böhmen 30–32 (1892, 1893, 1894), S. 150.

lutherisch gewordenen Magdeburg gerade nicht.[259] Die Bestrebungen zur Rechtsvereinheitlichung, also die Rationalisierung des Stadtrechts auf einer wissenschaftlichen Ebene oder durch die Rechtsprechung, trugen auch dazu bei, dass sich die unterschiedlichen Städtelandschaften auflösten.

Die Gründung der königlichen Appellationskammer zu Prag durch König Ferdinand I. im Jahre 1548[260] beendete die Praxis der Rechtseinholung aus Magdeburg endgültig.[261] Als Folge des ständischen Aufstandes gegen die Habsburger, an dem sich auch die böhmischen Städte aktiv beteiligten, wurde ein Obergericht in Prag eingerichtet.[262] Die Gründung dieses königlichen Appellationsgerichts diente vor allem der Rechtsvereinheitlichung und der Aufsicht über die Rechtsprechung. Dafür erteilte das Appellationsgericht außer den Berufungen auch Rechtsauskünfte an die städtischen Gerichte. Zugleich wurde die Versendung von Anfragen an auswärtige Rechtsberatungskollegien untersagt. Die Verfügung König Ferdinands I. betraf daher auch jene Verbindung, die im Laufe des 14. Jahrhunderts zwischen Leitmeritz und Magdeburg ausgebaut wurde.[263] Laut Gründungsakt sollte das Prager Obergericht das Recht der Städte berücksichtigen, aus denen die Berufung kam.[264] Das Appellationsgericht leistete einen wichtigen Beitrag zur Aufhebung des Rechtspartikularismus, schätzte Adamová die Wirkung des Obergerichts ein, wenn es auch gegen die städtische Autonomie gerichtet war.[265]

Die Aufzeichnung des Rechts in der Form von Kompendien führte zur Systematisierung und dadurch ebenso zur Vereinheitlichung des Stadtrechts. Die Versammlung der böhmischen Stände regte 1523 eine Aufzeichnung des Stadtrechts an.[266] 1536 erschien die erste Zusammenstellung des Stadtrechts im Druck.[267] Der

---

259 Haněl, O vlivu práva německého v Čechách a na Moravě, 1874, S. 70.

260 Ledvinka, Vývoj pražské samosprávy od 13. století do současnosti, in: Fejtová, Ledvinka, Pešek (Hrsg.), Osm set let pražské samosprávy, 2002, S. 10 u. dt. Zusammenfassung S. 198; Vojáček, Schelle, Knoll, České právní dějiny, 2010, S. 31, 107.

261 Slavíčková, Der Prozess des Untergangs des sächsisch-magdeburgischen Rechts im Leitmeritzer und Olmützer Rechtskreis in Böhmen und Mähren, in: Zeitschrift für Neuere Rechtsgeschichte 35 (2013), S. 46f.

262 Adamová, Riegerová, Skřejpková, Soukup, Šouša, Dějiny českého soudnictví od počátků české státnosti do roku 1938, 2005, S. 29–32; Kreuz, Das Appellationsgericht in Prag 1548–1783, in: Beiträge zur Rechtsgeschichte Österreichs 3,1 (2013), S. 239–242; Haněl, O vlivu práva německého v Čechách a na Moravě, 1874, S. 70.

263 Malý, Vývoj městského práva v Čechách, in: ders., Slavíčková, Soukup, Skřejpková, Šouša, Šouša ml., Vojtíšková, Woitschová (Hrsg.), Práva městská Království českého, 2013, S. 21; Adamová, Apelační soud v Českém království v letech 1548–1651, in: Malý (Hrsg.), Collectanea opusculorum ad iuris historiam spectantium Venceslao Vaněček septuagenario ab amicis discipulisque oblata, 1975, S. 101.

264 Slavíčková, Der Prozess des Untergangs des sächsisch-magdeburgischen Rechts im Leitmeritzer und Olmützer Rechtskreis in Böhmen und Mähren, in: Zeitschrift für Neuere Rechtsgeschichte 35 (2013), S. 48.

265 Adamová, Apelační soud v Českém království v letech 1548–1651, in: Malý (Hrsg.), Collectanea opusculorum ad iuris historiam spectantium Venceslao Vaněček septuagenario ab amicis discipulisque oblata, 1975, S. 111f.

Verfasser war Brikcí z Licka, Magister der philosophischen Fakultät der Universität Prag und Bürgermeister der Prager Altstadt.[268] Sein Werk erlangte nicht Gesetzeskraft, wohl weil es sich um eine Übersetzung lateinischer Quellen in die tschechische Sprache handelte. Anstelle seiner Zusammenstellung sollte ein neuer Entwurf ausgearbeitet werden.

Der Verfasser des zweiten Versuchs für die Stadtrechtskodifikation im 16. Jahrhundert war Paul Christian Koldin. Karel Malý bezeichnete ihn treffend als „einen der bedeutendsten Juristen der tschechischen juristischen Vergangenheit",[269] denn Koldins Rechtsbuch stellt eine zentrale Quelle der Stadtrechtsgeschichte in Böhmen und Mähren dar.[270] Nachdem Koldin mehrere Ämter in der Altstädter und später auch in der Neustädter Stadtverwaltung von Prag bekleidet hatte,[271] erhielt er 1565 als Kanzler der Altstadt Prag den Auftrag für die Ausarbeitung eines Gesetzentwurfs. Sein Entwurf wurde 1579 unter dem Namen „Práva městská Království českého" [Stadtrechte des Königreichs Böhmen] als Gesetz verabschiedet. Es beinhaltet Ausdrücke und Formulierungen aus dem römischen Recht sowohl im rechtsphilosophischen als auch im rechtsdogmatischen Teil,[272] wo Normen des Schuld-, Erb- und Strafrechts sowie des Bergrechts fixiert wurden.

Jahrzehntelang wurde das Gesetz von mehreren Städten, u. a. von Leitmeritz, nicht anerkannt, denn es stärkte die Position der Altprager und beruhte auf dem Altprager Stadtrecht.[273] 1610 wurde das Gesetz schließlich von allen Städten Böhmens angenommen,[274] während es in Mähren ab 1697 galt.[275] Koldins Arbeit

---

266 Brikcí z Licka, M. Brikcího z Licka Práva městská, 1880, S. VII.

267 Ders., M. Brikcího z Licka Práva městská, 1880, S. XV; Vojáček, Schelle, Knoll, České právní dějiny, 2010, S. 134; Stobbe, Geschichte der deutschen Rechtsquellen, Bd. 2, 1965, S. 407.

268 Malý [u. a.], Dějiny českého a československého práva do roku 1945, 2010, S. 109.

269 ders., Pavel Kristián z Koldína und sein Werk in der tschechischen Rechtsgeschichte, in: ders., Slavíčková, Soukup, Skřejpková, Šouša, Šouša ml., Vojtíšková, Woitschová (Hrsg.), Práva městská Království českého, 2013, S. 737. Ähnlich auch Skřejpková, The Incorporation of Roman Law into Bohemian Municipal Law in the 16th Century, in: Zeitschrift für Ostmitteleuropa-Forschung 58,3 (2009), S. 349.

270 Für die Einordnung des Werkes siehe aktuell Malý, Šouša (Hrsg.), Městské právo ve střední Evropě, 2013.

271 Für biographische Angaben siehe Pešek, Pavel Kristián z Koldína, in: Malý, Šouša (Hrsg.), Městské právo ve střední Evropě, 2013, S. 25–62; Kreuz, Koldín, Pavel Kristián, in: Stolleis (Hrsg.), Juristen, 2001, S. 364.

272 Skřejpek, Fallada, Římské právo v Koldínově díle, in: Malý, Šouša (Hrsg.), Městské právo ve střední Evropě, 2013, S. 125–164.

273 [Koldin] Pavel Krystyan z Koldína, Práva městská Království českého, 1579, Art. III, Abs. 3.

274 Slavíčková, Recepce Práv městských Království českého ve městech magdeburského práva v Čechách a na Moravě, in: Malý, Šouša (Hrsg.), Městské právo ve střední Evropě, 2013, S. 90; dies., Der Prozess des Untergangs des sächsisch-magdeburgischen Rechts im Leitmeritzer und Olmützer Rechtskreis in Böhmen und Mähren, in: Zeitschrift für Neuere Rechtsgeschichte 35 (2013), S. 54.

275 Skřejpková, The Incorporation of Roman Law into Bohemian Municipal Law in the 16th Century, in: Zeitschrift für Ostmitteleuropa-Forschung 58,3 (2009), S. 350.

bestimmte als Gesetz die Praxis des Privatrechts bis am 1. Januar 1812 das „Allgemeine Bürgerliche Gesetzbuch" in Kraft trat.[276]

Die Einführung von Koldins Werk löste die Unterschiede zwischen den zwei großen Städtelandschaften auf und führte zur Vereinheitlichung des Magdeburg-Leitmeritzer Rechts und des Rechts der Prager Altstadt. Diese Arbeit, die wie ein Lehrbuch[277] verfasst wurde, ist außerdem ein herausragendes Beispiel für den Prozess der Romanisierung im Bereich des Stadtrechts.[278] Koldins Arbeit ist auch für Sprachwissenschaftler von zentraler Bedeutung, denn im Zeitalter des Absolutismus wurde die tschechische Sprache als Rechtssprache abgeschafft. Mit ihr endete aber auch die individuelle Entwicklung des Stadtrechts.[279]

3.2. Zur Städtelandschaft der süddeutschen Stadtrechte

Den zweiten städtischen Rechtskreis bildeten jene Städte, deren Rechtsverbindungen auf der Grundlage des „Schwabenspiegels" und der süddeutschen Stadtrechte beruhten. In der älteren deutschsprachigen Literatur wurde diese Städtelandschaft als ‚Städte des Nürnberger Rechts' bezeichnet.[280] Seit den Studien von Bedřích Mendl und Jiří Kejř kann die Verbindung der mittel- und südböhmischen sowie der südmährischen Städte zum Stadtrecht von Nürnberg genauer betrachtet werden.[281] Auch Hans-Jürgen Becker hat darauf hingewiesen, dass alleine die Städte des Egerlandes eine konkrete Verbindung zum Nürnberger Recht hatten.[282] Dies lässt sich auf die politische Einheit, geographische Lage und Handelsverbindungen zu den oberdeutschen Städten zurückzuführen, da die in der Nähe

---

276 Kreuz, Koldín, Pavel Kristián, in: Stolleis (Hrsg.), Juristen, 2001, S. 364.

277 Nach der Edition von Joseph Jireček (1876) siehe als aktuelle Ausgabe von Karel Malý und Jiří Šouša (Malý, Slavíčková, Soukup, Skřejpková, Šouša, Šouša ml., Vojtíšková, Woitschová (Hrsg.), Práva městská Království českého, 2013).

278 Vojáček, Schelle, Tauchen [u. a.] (Hrsg.), An Introduction to History of Czech Private Law, 2011, S. 25.

279 F. Hoffmann, Středověké město v Čechách a na Moravě, 2009, S. 400.

280 Zycha spricht z. B. von der „Wahl des Nürnberger Rechts" (Zycha, Über den Ursprung der Städte in Böhmen und die Städtepolitik der Přemysliden, 1914, S. 204). An einer anderen Stelle wird von der Geltung des Nürnberger Rechts seit der „Gründung" Prags gesprochen: Zycha, Prag, 1912, S. 519f. Ähnlich bei Seibt, Die Zeit der Luxemburger und der hussitischen Revolution, in: Bosl (Hrsg.), Handbuch der Geschichte der böhmischen Länder, Bd. 1, 1967, S. 424.

281 Mendl, Tak řečené norimberské právo v Čechách, 1938; Kejř, Das böhmische Stadtwesen und das Nürnberger Recht, in: ders., Aus Böhmens Verfassungsgeschichte, 2006; ders., Die mittelalterlichen Städte in den Böhmischen Ländern, 2010, S. 206; Kejř, Kreuz, Prag, in: ²HRG, Lfg. 27, 2018, Sp. 713; F. Hoffmann, Středověké město v Čechách a na Moravě, 2009, S. 400; Skřejpek, Skřejpková, Einfluss des römischen Rechts auf das Städterecht in den böhmischen und mährischen Ländern am Beispiel eines Manuskripts vom Ende des 14. Jahrhunderts, in: Piro (Hrsg.), Scritti per Alessandro Corbino, Bd. 7, 2016, S. 40f.

282 H.-J. Becker, Die Entwicklung der Stadtrechte von Nürnberg und Augsburg und ihr Einfluss auf die Stadtrechte in den Königreichen Böhmen und Ungarn, in: Malý, Šouša (Hrsg.), Městské právo ve střední Evropě, 2013, S. 322; ähnlich auch Žemlička, Království v pohybu, 2014, S. 624.

liegenden Städte als Vorbild dienten.[283] Forschungen zur Wirtschafts- und Sozialgeschichte haben nachgewiesen, dass intensive Kontakte[284] insbesondere zwischen Nürnberg und Prag im Laufe des 15. Jahrhunderts ausgebaut wurden: Von Böhmen aus wurden z. B. Metalle ausgeführt, während die Kaufleute aus Nürnberg Gewürze, Dörrobst und Seife nach Böhmen lieferten.[285]

Zum Rechtskreis des süddeutschen Rechts gehörte auch die Altstadt Prag,[286] deren Ursprünge als Kaufmannssiedlung auf die 1230er Jahre zurückgehen. Die Kaufmannschaft der führenden Städte stand in Verbindung mit jenen aus den süddeutschen Städten, wobei die Altstadt Prag einen Knotenpunkt im Transithandel in Richtung Ungarn und Polen bildete.[287] Handelsverbindungen zu den Städten Nürnberg, Regensburg und Wien sowie zu Breslau und Krakau sind aus der Zeit der Luxemburger bekannt. Die Rechtstraditionen der Kaufleute prägten nicht nur den Handelsverkehr, sondern formten auch das Stadtrecht. Auf diesem Wege lässt sich die Stadtrechtsverbindung zum süddeutschen Rechtskreis nachvollziehen.

Eine Ausnahme lässt sich im Fall der Städte der Egerer Landschaft beobachten. Das Egerland stand im Spannungsfeld zwischen dem Reich und dem Königreich Böhmen. Zwischen 1149 und 1322 bestand mit kurzen Unterbrechungen die politische Einheit mit dem Römisch-Deutschen Reich. Geographische Nähe und Handelsverbindungen zwischen den Regionen beförderten auch den Austausch juristischer Fragen. Auf die Anfragen der Egerer versandte der Nürnberger Rat Rechtsauskünfte.[288] Diese von Kürschner edierten Auskünfte deuten aber nicht auf einen Instanzenzug nach Nürnberg[289] hin.

Im Fall der südmährischen Region fand eine Übernahme der österreichischen Stadtrechte aus dem Donauraum statt.[290] Znaims Stadtrecht[291] wurde um 1278 nach dem Vorbild des Wiener Stadtrechts aufgezeichnet und 1307 mit Verweis auf das Recht der Prager Altstadt bestätigt.

---

[283] Bahlcke, Geschichte Tschechiens, 2014, S. 21; Kejř, Das böhmische Stadtwesen und das Nürnberger Recht, in: ders., Aus Böhmens Verfassungsgeschichte, 2006, S. 317.

[284] Die Handelsbeziehungen im 15. Jahrhundert dokumentiert auch Judith Rösch anhand der Untersuchung eines Konversationsbuches. Rösch, Das tschechisch-deutsche Konversationsbuch für Kaufleute von Ondrej Klatovsky z Dalmanhorstu in der Stadtbibliothek Trier, in: Kurtrierisches Jahrbuch 41 (2001), S. 168, 171.

[285] F. Hoffmann, Středověké město v Čechách a na Moravě, 2009, S. 401.

[286] Kejř, Kreuz, Prag, in: ²HRG, Lfg. 27, 2018, Sp. 712f.

[287] Seibt, Die Zeit der Luxemburger und der hussitischen Revolution, in: Bosl (Hrsg.), Handbuch der Geschichte der böhmischen Länder, Bd. 1, 1967, S. 429.

[288] Kürschner, Das Stadtrecht von Eger und seine Verbreitung, in: Mittheilungen des Vereines für Geschichte der Deutschen in Böhmen 6 (1868), S. 197.

[289] Anders bei Kejř, Das böhmische Stadtwesen und das Nürnberger Recht, in: ders., Aus Böhmens Verfassungsgeschichte, 2006, S. 316.

[290] Žemlička, Království v pohybu, 2014, S. 624.

[291] Bornemann, Znaim, 1998, S. 14–21.

Im Brünner Privileg[292] von 1243 (*Iura originalia*) ist z. B. das Wiener und das Ennser Recht nachweisbar.[293] Aus Brünn ist ein Codex überliefert, der neben dem „Schwabenspiegel-Landrecht" auch Iglauer, Prager und Magdeburger Quellen enthält.[294] Das legt nahe, dass eine eindeutige Trennung zwischen den Einflussbereichen des Magdeburger Rechts und der süddeutschen Rechte nicht möglich ist.

4. Transferwege

Die Entwicklung der mittelalterlichen Rechtskultur in Ostmitteleuropa wurde maßgeblich durch den konfessionellen Wandel und die gesellschaftliche Mobilität verbunden mit dem Landesausbau beeinflusst.[295] Anfangs prägten die Missionierung und die kirchlichen Beziehungen die Gesellschaft; darauf folgte die Siedlerbewegung in Richtung Osten, und schließlich legten der grenzüberschreitende Handel und die Universitätsbesuche (*peregrinatio academica*) die Fundamente für Europa. In der Stadtrechtsentwicklung lässt sich diese Mobilität besonders gut beobachten. Infolge des kulturellen Austausches und der Wechselwirkung zwischen den Regionen gelangte das Magdeburger Recht auch in die böhmischen Länder.

Parallel zur Siedlungsentwicklung verbreitete sich das Magdeburger Recht als Stadtfreiheit. Die Siedlungsbewegung brachte eine gewisse freiheitliche Rechtsstellung für die Gemeinden. Unter den Gästen lebten die eigenen Rechtsgewohnheiten fort,[296] die als *ius teutonicum* vom Landesherrn anerkannt wurden. In die böhmischen Länder kommt das *ius teutonicum* mit den neuen Siedlern – Kaufleuten und Bergleuten aus Deutschland –, die damit zu Akteuren des Rechtstransfers werden.

Es gab wenige direkte Verbindungen von den böhmischen Ländern nach Magdeburg. Der Transferweg aus Magdeburg führte über die Rechtsauskünfte: eine Rechtsmitteilung und zahlreiche Schöffensprüche sind im Fall von Leitmeritz bekannt. Dieses Magdeburg-Leitmeritzer Recht wurde dann in der Rechtsprechung des Leitmeritzer Schöffenstuhls – einer Appellationsinstanz – weiter tradiert.

Vielmehr führte der Weg aus den polnischen Städten des Magdeburger Rechts nach Nordmähren, wobei die polnischen Landesherren auch eine Mittlerrolle für Mähren und Böhmen übernahmen.[297] Der Piastenfürst Heinrich I. vermittelte z. B.

---

292 DŘÍMAL, PEŠA (Hrsg.), Dějiny města Brna, Bd. 1, 1969, S. 43; KRZENCK, Brünn/Brno, in: Online-Lexikon zur Kultur und Geschichte der Deutschen im östlichen Europa, 2013.

293 FLODR (Hrsg.), Iura originalia civitatis Brunensis, 1993, S. 39; KAVKA, Die Städte Böhmens und Mährens zur Zeit des Přemysliden-Staates, in: RAUSCH (Hrsg.), Die Städte Mitteleuropas im 12. und 13. Jahrhundert, 1963, S. 141.

294 GÖNCZI, CARLS, Sächsisch-magdeburgisches Recht in Ungarn und Rumänien, 2013, S. 130.

295 WÜNSCH, Deutsche und Slawen im Mittelalter, 2008, S. 82.

296 KEJŘ, Die Anfänge der Stadtverfassung und des Stadtrechts in den Böhmischen Ländern, in: SCHLESINGER (Hrsg.), Die deutsche Ostsiedlung des Mittelalters als Problem der europäischen Geschichte, 1975, S. 447.

297 ŽEMLIČKA, Království v pohybu, 2014, S. 77.

deutsche Siedler nach Troppau. Schlesien war daher die Drehscheibe, die das Magdeburger Recht in der Form des Leobschützer Rechts nach Mähren vermittelte.

Im Vergleich zu den nordwestböhmischen Städten hatten die süddeutschen Rechte in Böhmen und Mähren zwar den größeren Einfluss, aber das Sächsisch-magdeburgische Recht war auch hier ein verbindender Faktor der europäischen Rechtskultur.[298] Dies ist ein weiterer Beleg für jene rechtliche und kulturelle Vielfalt, die die Stadtrechtsentwicklung in Ostmitteleuropa kennzeichnet.

II. Sächsisch-magdeburgisches Recht in der Slowakei

1. Grundzüge der Stadtentwicklung

1.1. Die Anfänge der Siedlungsentwicklung

Die ersten Siedlungen entstanden bereits zur Zeit des Großmährischen Reichs in der Nähe von Wehranlagen bzw. von Burgen, wie bei Pressburg und Devín an der Donau.[299] Die Burg von Pressburg und die Thebener Burg bei Devín kommen in zeitgenössischen Quellen sogar mehrmals vor: die Fuldaer Annalen erwähnten 864 beide Burgen im westlichen Donaugebiet, und in den Salzburger Annalen erschien die erste Form des Ortsnamens für Pressburg schon im Jahr 907. Dort wurde die Siedlung als „Braslavespurch“ bzw. „Brezalauspurc“ bezeichnet und im Zusammenhang mit der Schlacht zwischen den Bayern und Ungarn im Jahr 907 erwähnt.[300]

Auch rund um den Fürstensitz von Pribina in Neutra gab es bereits im 9. Jahrhundert eine frühe Siedlung. Als zentraler Ort im Großmährischen Reich hatte Neutra bei der christlichen Missionierung eine wichtige Funktion,[301] da dort in der zweiten Hälfte des 9. Jahrhunderts ein Bistum gegründet wurde. Darauf weist auch der Ortsname *sancta ecclesia Nitrensis* hin, der in Quellen aus Bayern und päpstlichen Briefen angegeben ist.[302] Außerdem hatte auch in dieser Region der Fernhandel eine bedeutende Rolle bei der Siedlungsentwicklung. Über das

---

[298] LÜCK, Magdeburger Recht als verbindendes europäisches Kulturphänomen, in: Denkströme 14 (2015), S. 215–221.

[299] MOSNÝ, HUBENÁK, Dejiny štátu a práva na Slovensku, 2008, S. 17; DRALLE, Burg (C. VI. Ostmitteleuropa), in: LexMa, Bd. 2, 1983, Sp. 981.

[300] SEDLÁK, Die historische Entwicklung Preßburgs bis zum Jahre 1291, in: MARSINA (Hrsg.), Städte im Donauraum. Bratislava-Preßburg 1291–1991, 1993, S. 65f.; GLETTLER, Bratislava/Pressburg, in: SUNDHAUSSEN, CLEWING (Hrsg.), Lexikon zur Geschichte Südosteuropas, 2016, S. 188; ŠTEFÁNIK, LUKAČKA, Lexikon stredovekých miest na Slovensku, 2010, S. 105.

[301] LÜBKE, Das östliche Europa, 2004, S. 75f.

[302] CHROPOVSKÝ, Nitra und Großmähren, in: BRACHMANN, HERRMANN (Hrsg.), Frühgeschichte der europäischen Stadt, 1991, S. 131; KÖBLÖS, SZŐKE, Nyitra, in: KRISTÓ (Hrsg.), ENGEL, MAKK (Red.), Korai magyar történeti lexikon (9–14. század), 1994, S. 498f.

Großmährische Reich verliefen etliche Handelswege,[303] an deren Kreuzungen sich weitere Siedlungen herausbildeten.[304] Entlang der Flüsse March und Hron entstanden zudem die ersten Handwerkerniederlassungen.[305]

Die hochmittelalterliche Stadtentwicklung begann dann im 12. Jahrhundert unter der Herrschaft der Arpaden;[306] dabei entstanden die ersten Städte rund um die kirchlichen Verwaltungszentren[307] im südwestlichen Gebiet der Slowakei. Der Bischofssitz in Neutra[308] und die Abtei Sankt Benedikt sowie das Kapitel bei Pressburg waren dabei von zentraler Bedeutung, denn in ihrer Umgebung bildeten sich frühe Kaufmanns- und Handwerkerniederlassungen mit Wochenmärkten heraus. Die ersten Märkte sind dabei als Marktregalverleihungen an kirchliche Institutionen entstanden.[309]

Auch in der Geschichte der slowakischen Städte war daher der Markt ein zentraler Faktor für die Stadtentstehung, denn die Städte des 12. Jahrhunderts finden sich entlang der Verkehrswege als Marktsiedlungen, und zwar dort, wo Märkte (meist wöchentlich) stattfanden.[310] Zum Ausbau von Märkten trug insbesondere der Salzhandel bei. Auch in der südwestlichen Region bildete sich bis zum Anfang des 13. Jahrhunderts ein Netz von Märkten heraus,[311] und auf den Prozess der Stadtentstehung wirkten sich auch Handelsprivilegien sowie die Aufhebung von Markt- und Brückenzöllen aus.[312]

1.2. Landesausbau und Stadtentwicklung

Auf dem Gebiet der Slowakei begann der Landesausbau im Anschluss an die Kreuzzüge,[313] als sich das Königreich Ungarn in Richtung des okzidentalen

303 HARDT, The Importance of Slave Trade for the Slavic Princes of the Early and High Middle Ages, in: LORÉ, BÜHRER-THIERRY, LE JAN (Hrsg.), Acquérir, prélever, contrôler, 2017, S. 90.

304 CHALUPECKÝ, Stadtrechte im Gebiet der heutigen Slowakei, in: Karpaten Jahrbuch 63 (2012), S. 43; HABOVŠTIAK, Bratislava, in: BRACHMANN, HERRMANN, Frühgeschichte der europäischen Stadt, 1991, S. 160f.

305 LÜBKE, Das östliche Europa, 2004, S. 85f. Zur Siedlungsstruktur in der Mittelslowakei siehe ŠALKOVSKÝ, Stredné Slovensko vo včasnom stredoveku, 2011, S. 84–101, 140f.

306 MEIER, PIIRAINEN, Der Schwabenspiegel aus Kaschau, 2000, S. 19.

307 ŠTEFÁNIK, LUKAČKA, Lexikon stredovekých miest na Slovensku, 2010, S. 7.

308 Ebd., S. 292; GLETTLER, Slowaken, in: SUNDHAUSSEN, CLEWING (Hrsg.), Lexikon zur Geschichte Südosteuropas, 2016, S. 867; KOVÁČ, Dejiny Slovenska, 1998, S. 54; CHROPOVSKÝ, Nitra und Großmähren, in: BRACHMANN, HERRMANN (Hrsg.), Frühgeschichte der europäischen Stadt, 1991, S. 132; KRASCHEWSKI, Das Spätmittelalter, in: BARTELS, SLOTTA (Hrsg.), Geschichte des deutschen Bergbaus, Bd. 1: Der alteuropäische Bergbau. Von den Anfängen bis zur Mitte des 18. Jahrhunderts, 2012, S. 254.

309 MARSINA, Városfejlődés a Felvidéken, a mai Szlovákia területén a XV. század elejéig, in: Világtörténet 26 (1976), S. 35f.; Lexikon der slowakischen Geschichte, 2002, S. 279.

310 A. CORDES, KREY, Marktflecken, in: ²HRG, Bd. 3, 2016, Sp. 1320.

311 MARSINA, A középkori városok jellemzőiről és kategóriáinak megalkotásáról, in: CSUKOVITS, LENGYEL (Hrsg.), Bártfától Pozsonyig, 2005, S. 41.

312 CDSL, Bd. 1, 1971, S. 136, Nr. 175; ebd., S. 202, Nr. 273; ebd., S. 205, Nr. 279.

Europa öffnete. Siedler (*hospites*) aus Frankreich, Flandern, Italien und Deutschland kamen in größerer Zahl im späten 12. Jahrhundert im Karpatenbecken an.[314] Die Landesherren unterstützten diese Siedlungsbewegung und zum Ausbau der Silberbergwerke luden sie Bergleute z. B. aus Thüringen und Tirol ein[315], die an der Gran Erz abbauten und die ersten Bergstädte gründeten. Die Niederlassung von Gästen in der Bergbauregion bzw. in spärlich bewohnten Randgebieten des Königreichs beschleunigte so den Prozess der Stadtentstehung.[316] Zu den ersten Bergstädten zählten Schemnitz und Kremnitz auf dem Gebiet der Slowakei.

Eine Zäsur in der Siedlungsentwicklung bewirkte der Mongolensturm. Im Jahre 1241/1242, als der Angriff der Mongolen das Karpatenbecken erreichte, hinterließ er zerstörte Siedlungen und einen erheblichen Bevölkerungsrückgang. Im Anschluss reorganisierte König Béla IV. das Königreich;[317] er veranlasste unter anderem die Befestigung der Städte mit Schutzmauern und erließ mehrere Stadtprivilegien.[318]

Die nachmongolische Zeit im 13. Jahrhundert brachte dann wesentliche Änderungen in der Siedlungsstruktur und in der Rechtsstellung der Siedlungen.[319] Zum Beispiel kam eine größere Zahl an Siedlern aus Bayern, Thüringen, Sachsen und Schlesien auch in das Gebiet der Slowakei. Über die Intensität des Landesausbaus nach dem Mongolensturm berichtet das Privileg von Karpfen von 1244, das den neuen Siedlern die Freiheit einräumte, leer stehende Häuser von Verstorbenen bei fehlenden gesetzlichen Erben zu übernehmen.[320]

---

313 IRGANG, Landesausbau und Kolonisation, in: LexMa, Bd. 5, 1991, Sp. 1649f.; HARDT, Landesausbau, in: ²HRG, Bd. 3, 2016, Sp. 417.

314 GOTTAS, Zur Geschichte der Deutschen in der Slowakei, in: MEIER (Hrsg.), Beiträge zur Kulturgeschichte der Deutschen in der Slowakei, 2006, S. 16; CAMBEL [u. a.], Dejiny Slovenska, Bd. 1: Do roku 1526, 1986, S. 275–281.

315 HOENSCH, Die Zipser, in: GRIMM, ZACH (Hrsg.), Die Deutschen in Ostmittel- und Südosteuropa, Bd. 1, 1995, S. 144; KÖRMENDY, Melioratio terrae, 1995, S. 20f.

316 HARDT, Landesausbau, in: ²HRG, Bd. 3, 2016, Sp. 418.

317 ŠTEFÁNIK, LUKAČKA, Lexikon stredovekých miest na Slovensku, 2010, S. 7; ZYCHA, Das böhmische Bergrecht des Mittelalters auf Grundlage des Bergrechts von Iglau, Bd. 1: Die Geschichte des Iglauer Bergrechts und die böhmische Bergwerksverfassung, 1900, S. 80.

318 Die ältesten privilegierten Siedlungen waren Tyrnau (1238), Altsohl und Karpfen (1244) sowie Neusohl (1255). LEHOTSKÁ, Vývoj mestského práva na Slovensku, in: Sborník Filozofickej Fakulty Univerzity Komenského. Historica 10 (1959), S. 76; ŠVECOVÁ, Najstaršia úprava dedičského práva na príklade slobodného královského mesta Trnavy do konca 16. storočia, in: Historický casopis 61,1 (2013), S. 27.

319 CHALUPECKÝ, Die Ansiedlung der Sachsen in der Zips auf der Grundlage der Quellenüberlieferung, in: Karpaten Jahrbuch 61 (2010 [2009]), S. 59; RÁBIK, Nemecké osídlenie na území východného Slovenska v stredoveku, 2006, S. 33, 52f.

320 Privileg von König Béla IV. aus dem Jahr 1244 für die Siedler von Karpfen (CDH, Bd. IV/I, 1829, S. 329–332; CDSL, Bd. 2, 1987, S. 113, Nr. 168).

1.3. Königliche Unterstützung durch Stadtprivilegien

Als Ergebnis der Privilegierungen, die ein wichtiges Mittel der königlichen Unterstützung im Neuaufbau des Landes waren, erschien ein neuer Stadttyp.[321] Er kann, anknüpfend an seine Rechtsstellung, als *kommunale* Stadt bezeichnet werden. Diese privilegierten Siedlungen verfügten über das Recht der Selbstverwaltung, was in erster Linie die freie Richterwahl bedeutete. Bei der jährlich stattfindenden Wahl des Gemeindevorstehers behielt aber der König die Bestätigungsbefugnis.[322] Die Privilegien räumten den Gemeinden auch das Recht zur eigenen Gerichtsbarkeit ein und diese Freiheit beinhaltete auch das *ius statuendi*, also die Befugnis, die Angelegenheiten innerhalb der Gemeinde nach eigenem Recht zu regeln.[323]

Die Stadtprivilegien König Bélas IV. sicherten den Stadtgemeinden auch die freie Pfarrerwahl und die Zollfreiheit im ganzen Land zu.[324] Außerdem wurde der Beherbergungszwang gegenüber den königlichen Würdenträgern (*descensus*) aufgehoben. Mehrere Privilegien verfügten auch, dass in der Stadt als Beweismittel nicht mehr der Zweikampf, sondern der Beweis mit 12 Zeugen gelten soll.[325] Im Hinblick auf die Zeugen legte z. B. das Privileg von Karpfen fest, dass in Angelegenheiten, die Gäste betrafen, nicht ausschließlich Ungarn als Zeugen zugelassen sein dürfen, sondern Ungarn und Deutsche bei der Beweisführung zusammenzuwirken hatten.[326]

Als Muster für die Stadtprivilegien dienten in der Regel zuerst die Freiheiten von Stuhlweißenburg, später (ab dem letzten Drittel des 13. Jahrhunderts) wurden dann mehrheitlich die von Ofen herangezogen.[327] Beide Städte verfügten über eine herausragende Bedeutung in der Siedlungsstruktur des Landes, denn sie waren königliche Städte mit zentralen Verwaltungsfunktionen. Auf die Freiheiten der Stuhlweißenburger Bürger bezogen sich die Privilegienbestimmungen von Tyrnau, Schemnitz, Zvolen und Karpfen.[328] Der Tyrnauer Gemeinde wurde z. B. Zollfrei-

[321] ŠTEFÁNIK, LUKAČKA, Lexikon stredovekých miest na Slovensku, 2010, S. 7.

[322] Siehe das Privileg der Siedler von Karpfen: CDH, Bd. IV/I, 1829, S. 329–332; CDSL, Bd. 2, 1987, S. 113, Nr. 168.

[323] FÜGEDI, Középkori magyar városprivilégiumok, in: Tanulmányok Budapest múltjából 14 (1961), S. 58–60; ŠVECOVÁ, GÁBRIŠ, Dejiny štátu, správy a súdnictva na Slovensku, 2009, S. 77.

[324] CDSL, Bd. 2, 1987, S. 208 f., Nr. 298; ŠVECOVÁ, GÁBRIŠ, Dejiny štátu, správy a súdnictva na Slovensku, 2009, S. 77; BAK, Freistädte, königliche, in: SUNDHAUSSEN, CLEWING (Hrsg.), Lexikon zur Geschichte Südosteuropas, 2016, S. 336; ŠTEFÁNIK, Die Anfänge der slowakischen Bergstädte, in: KAUFHOLD, REININGHAUS (Hrsg.), Stadt und Bergbau, 2004, S. 296.

[325] CDSL, Bd. 2, 1987, S. 30 f., Nr. 44; MARSINA, Városfejlődés a Felvidéken, a mai Szlovákia területén a XV. század elejéig, in: Világtörténet 26 (1976), S. 39.

[326] CDSL, Bd. 2, 1987, S. 113 f., Nr. 168.

[327] BAK, Freistädte, königliche, in: SUNDHAUSSEN, CLEWING (Hrsg.), Lexikon zur Geschichte Südosteuropas, 2016, S. 336.

[328] MARSINA, ČIČAJ, KOVÁČ, Slovenské dejiny, [ca. 1993], S. 46; KUBINYI, Székesfehérvári jog, in: KRISTÓ (Hrsg.), ENGEL, MAKK (Red.), Korai magyar történeti lexikon (9–14. század), 1994, S. 628 f.; KÜPPER, Einführung in die Rechtsgeschichte Osteuropas, 2005, S. 297 f.

heit auf der Stuhlweißenburger Grundlage gewährt.[329] Die Stadtprivilegien von König Béla IV. regelten auch den Rechtszug, so dass Beschwerden an den Tarnakmeister (*magister tavernicorum*) oder an den König gerichtet werden konnten. Dies zeigt, dass am Ende des 13. Jahrhunderts die königlichen Gerichte die höchste Autorität im Lande hatten.

1.4. Die Blütezeit

Im Laufe des 14. Jahrhunderts kam es zur Differenzierung der Städte, sowohl auf der wirtschaftlichen als auch auf der rechtlichen Ebene. Siedlungen mit wirtschaftlicher Kraft, insbesondere die Fernhandelsstädte in der Nähe der Landesgrenzen,[330] entwickelten sich zu königlichen Städten.[331] Diese Handelsstädte waren Pressburg, Tyrnau, Kaschau, Eperies und Bartfeld. Sie standen unter der unmittelbaren Herrschaft der ungarischen Krone. Auch die Hauptstadt der Zipser Region, Leutschau, gehörte zu den privilegierten Städten der ungarischen Könige. Die Bergstädte in den mittleren und östlichen Teilen der Slowakei – Schemnitz, Kremnitz und Neusohl – erreichten ebenfalls eine privilegierte Rechtsstellung.[332] In diesem Zusammenhang stellte der slowakische Historiker Richard Marsina die zutreffende These auf, dass seit dem Spätmittelalter das Gebiet der Slowakei den am meisten urbanisierten Teil des Königreichs Ungarn darstellte.[333]

In dieser Blütezeit der mittelalterlichen Stadtentwicklung erschien die städtische Schriftlichkeit als Ausdrucksform des bürgerlichen Selbstbewusstseins.[334] In den Kanzleien der Städte wurden Schriftstücke verfasst, aus denen sich der Alltag der Bürgergemeinde erkennen lässt.[335] So wurden ab dem späten 14. Jahrhundert Stadtbücher in den Städten Pressburg, Tyrnau, Sillein, Schemnitz, Eperies und Kaschau angelegt.[336] Die Verfassungsstruktur der Stadt, das Stadtareal und die

---

[329] CDSL, Bd. 2, 1987, S. 31, Nr. 44; CHALUPECKÝ, Stadtrechte im Gebiet der heutigen Slowakei, in: Karpaten Jahrbuch 63 (2012), S. 44.

[330] FÜGEDI, Die Städte im mittelalterlichen Ungarn, in: MARSINA (Hrsg.), Städte im Donauraum. Bratislava-Preßburg 1291–1991, 1993, S. 53.

[331] CAMBEL [u. a.], Dejiny Slovenska, Bd. 1: Do roku 1526, 1986, S. 329–334. Die Siedlungen, die den Status einer königlichen Stadt erreichten, wurden auch im Königreich Ungarn als *oppida* bezeichnet. Siehe HARDT, Oppidum, in: ²HRG, Lfg. 25, 2017, Sp. 157 f. (mit weiteren Nachweisen); A. CORDES, KREY, Marktflecken, in: ²HRG, Bd. 3, 2016, Sp. 1320.

[332] ŠTEFÁNIK, Die Anfänge der slowakischen Bergstädte, in: KAUFHOLD, REININGHAUS (Hrsg.), Stadt und Bergbau, 2004, S. 295.

[333] MARSINA, A középkori városok jellemzőiről és kategóriáinak megalkotásáról, in: CSUKOVITS, LENGYEL (Hrsg.), Bártfától Pozsonyig, 2005, S. 39.

[334] ŠVECOVÁ, Die Stadtrechtsbücher in der mittelalterlichen Slowakei und Ungarn, in: Krakowskie Studia z Historii Państwa i Prawa/Cracow Studies of Constitutional and Legal History 9,3 (2016), S. 330–332. Die Urkunde als Beweismittel ist im Schemnitzer Stadtrechtsbuch aus dem späten 15. Jahrhundert zu erkennen. (Schemnitzer StadtRB, Art. 23).

[335] ŠVECOVÁ, Die Stadtrechtsbücher in der mittelalterlichen Slowakei und Ungarn, in: Krakowskie Studia z Historii Państwa i Prawa/Cracow Studies of Constitutional and Legal History 9,3 (2016), S. 327–343.

Gewerbezweige lassen sich beispielsweise dem Stadtbuch aus Tyrnau entnehmen.[337] Die Sprachen der früheren Stadtbücher waren Latein und Deutsch,[338] ab dem 16. Jahrhundert verfassten die Schreiber Einträge auch auf slowakisch und ungarisch. Das Stadtbuch von Eltsch zeigt die Mehrsprachigkeit der Region besonders gut, denn dort findet man u. a. Aufzeichnungen auf Ungarisch mit slawischen Elementen.[339]

In dieser Periode, also während des 14. Jahrhunderts, erreichten einige Städte den autonomen Status einer freien königlichen Stadt und hoben sich so auch rechtlich[340] von den anderen Siedlungen ab. Sie waren in erster Linie die Tavernikalstädte.[341] Diese Bezeichnung lässt sich vom Amt des Tarnakmeisters (*magister tavernicorum*)[342] ableiten, dessen Gericht von denen der Städte als zweite Instanz angerufen werden konnte. Als königlicher Würdenträger war der Tarnakmeister der Vorsteher der sogenannten *tavernici*, welche die königlichen Einnahmen aus den Komitaten und Städten verwalteten. Auch für die Einlagerung der Einnahmen waren diese königlichen Dienstmänner zuständig.[343]

Das Amt des Tarnakmeisters bildete sich am Anfang des 13. Jahrhunderts heraus[344] und außer der Verwaltung der städtischen Abgaben übte er auch die städtische Gerichtsbarkeit aus. Bereits im 13. Jahrhundert wurde er als Richter der Städte erwähnt, der anstelle des Königs für Beschwerden in städtischen Angelegenheiten zuständig war. Aus dieser Verknüpfung von finanzeller Verwaltung und judikativer Befugnisse entwickelte sich im Laufe des 14. Jahrhunderts die Gerichtsbarkeit des Tarnakmeisters sowohl als erste Instanz als auch als Berufungsinstanz in Angelegenheiten der Stadtbürger.[345] Die wirtschaftliche Funktion des

---

336 MAJOROSSY, SZENDE, Liber civitatum, in: Tiszteletkör, 2012, S. 322; BLAZOVICH, Die Stadtbücher und das Ödenburger Gerichtsbuch, in: HÁZI, NÉMETH (Hrsg.), Gerichtsbuch/Bírósági könyv, 2005, S. 19–22.

337 Mestská kniha Trnavy (1392/1393) 1394–1530.

338 Acta iudiciaria civitatis Cassoviensis 1393–1405 (Edition: HALAGA (Bearb.), Acta iudiciaria civitatis Cassoviensis 1393–1405, 1994).

339 GÖNCZI, Stadtbücher aus dem Königreich Ungarn im Spiegel der städtischen Schriftkultur, in: Krakowskie Studia z Historii Państwa i Prawa 9,3 (2016), S. 322.

340 ŠVECOVÁ, GÁBRIŠ, Dejiny štátu, správy a súdnictva na Slovensku, 2009, S. 77.

341 Ein eigener Oberrichter, der Tarnakmeister, konnte aus diesen Städten in streitigen Fällen angerufen werden. RADY, Customary Law in Hungary, 2015, S. 53; STIPTA, A magyar bírósági rendszer története, 1998, S. 42–45.

342 LÜCK, [Rezension zu:] Štefánia Mertanová, Ius tavernicale, Bratislava 1989, in: Jahrbuch für Regionalgeschichte 16,1 (1989), S. 278 f.; PETROVICS, Tárnokmester, in: KRISTÓ (Hrsg.), ENGEL, MAKK (Red.), Korai magyar történeti lexikon (9–14. század), 1994, S. 662.

343 Für die Herkunft des Wortes ‚Tarnak' (ung. ‚tárnok') siehe BERTA, HOMOKI NAGY, Ein ungarischer rechtshistorischer Terminus türkischen Ursprungs: barom 'Vieh, Rind; Vermögen', in: Studia Etymologica Cracoviensia 9 (2004), S. 9–27; RÓNA-TAS, BERTA, West old Turkic, Bd. 2: L-Z, 2011, S. 864.

344 PETROVICS, Tárnokmester, in: KRISTÓ (Hrsg.), ENGEL, MAKK (Red.), Korai magyar történeti lexikon (9–14. század), 1994, S. 662.

345 WEISZ, A tárnokmester jogköre az Anjou-korban, in: DIES., Pénz, posztó, piac, 2016, S. 190–200; ŠVECOVÁ, GÁBRIŠ, Dejiny štátu, správy a súdnictva na Slovensku, 2009, S. 106.

Tarnakmeisters, also die Verwaltung der königlichen Einnahmen, übernahm in diesem Zuge der Schatzmeister (*thesaurarius*).

Das Gericht des Tarnakmeisters als Appellationsinstanz etablierte sich um die Wende des 14. zum 15. Jahrhundert. Zu dieser Zeit war sein Gericht bereits auch für die königlichen Städte zuständig. Das Städtedekret König Sigismunds (1387–1437) aus dem Jahr 1405 erwähnte das Gericht des Tarnakmeisters als einen möglichen Weg für den Rechtszug aus einer königlichen Stadt (*civitas*) oder aus einer privilegierten Siedlung (*libera villa*).[346] König Sigismund regelte in diesem Dekret zwei Möglichkeiten des Rechtszugs: angerufen werden konnten entweder das Gericht des Tarnakmeisters oder das einer anderen Stadt. Im zweiten Fall – also bei Berufungen zu einer Stadt – waren die stadtrechtlichen Verbindungen richtungsweisend. Das Städtedekret König Sigismunds erklärte außerdem die zweitinstanzlichen Urteile – so auch jene des Tarnakmeisters – für rechtskräftig.[347]

Die Etablierung des Tavernikalgerichts bedeutete auch die Erweiterung der Autonomie der Städte und eine weitere rechtliche Differenzierung. So hoben sich um 1430 die königlichen Freistädte als jene Städtegruppe heraus, die eigene Beisitzer an das Gericht des Tarnakmeisters entsenden durfte,[348] und durch die Beteiligung von städtischen Beisitzern kam nun das Stadtrecht zur Geltung.[349] Ab dem Ende des 15. Jahrhunderts war das Tavernikalgericht ausschließlich als Appellationsforum in Prozessen aus den königlichen Freistädten tätig,[350] und sein Sitz war in Buda.[351]

Im späten 15. Jahrhundert wurde der Kreis der königlichen Freistädte um Pest erweitert.[352] Auf die besondere Rechtsstellung dieser Städte deutet auch ein Dekret aus dem Jahre 1514 hin, in dem Regelungen zu den königlichen Einnahmen getroffen wurden. Auf *acht* königliche Freistädte verwies auch István Werbőczy, als er 1514 in seinem Rechtsbuch „Tripartitum" die Städte des Königreichs charakterisierte und dabei die Gerichtsbarkeit des Tarnakmeisters erörterte.[353] Werbőczy

---

[346] Gesetzesartikel 1405:I, § 4 (BAK, ENGEL, SWEENEY (Übers., Hrsg.), HARVEY (JR.) (Mitarb.), The Laws of the Medieval Kingdom of Hungary, Bd. 2: 1301–1457, 1992, S. 36). Siehe auch in: Corpus Juris Hungarici/Magyar törvénytár, Bd. 1, 1899, S. 212.

[347] Gesetzesartikel 1405:I, § 4 (BAK, ENGEL, SWEENEY (Übers., Hrsg.), HARVEY (JR.) (Mitarb.), The Laws of the Medieval Kingdom of Hungary, Bd. 2: 1301–1457, 1992, S. 36).

[348] Diese Städte waren Kaschau, Pressburg, Ödenburg, Tyrnau, Ofen, Bartfeld und Eperies. Vgl. BAK, Freistädte, königliche, in: SUNDHAUSSEN, CLEWING (Hrsg.), Lexikon zur Geschichte Südosteuropas, 2016, S. 336.

[349] FELHŐ, Buda elsősége a tárnoki városok között, in: Tanulmányok Budapest múltjából 19 (1972), S. 153 (mit weiteren Nachweisen).

[350] STIPTA, A magyar bírósági rendszer története, 1998, S. 44.

[351] CSIZMADIA, KOVÁCS, ASZTALOS, Magyar állam- és jogtörténet, 2010, S. 105; FELHŐ, Buda elsősége a tárnoki városok között, in: Tanulmányok Budapest múltjából 19 (1972).

[352] Siehe [ANONYM], Tárnokmester, in: MÁRKUS (Hrsg.), Magyar Jogi Lexikon, Bd. 6, 2006 [1907], S. 505.

[353] WERBŐCZY, Tripartitum opus iuris consuetudinarii inclyti Regni Hungariæ per Stephanum de Werbewcz editum, 1971, Pars. III, 8.

benannte jene Städte, die nach der „alten Gewohnheit des Landes" unter der Gerichtsbarkeit des Tarnakmeisters standen. Außerdem erwähnte Werbőczy weitere privilegierte Städte mit eigenem Obergericht, nämlich die Städte des sogenannten ‚Personalis'.[354] Diese waren die Zipser Städte Leutschau, Stuhlweißenburg und Gran, für deren Angelegenheiten in Vertretung des Königs sein Beamter, der Personalis, zuständig war.[355] Auch der Appellationsweg im Anschluss an das Gericht des Personalis räumte den Städten eine besondere Rechtsstellung ein. Die Rechtsprechung der königlichen Gerichte führte weiterhin zu einer Vereinheitlichung des Stadtrechts,[356] das in der Form von Stadtrechtsbüchern auch schriftlich fixiert wurde.

Neben den Handelsstädten erreichten auch die Bergstädte einen hohen Grad an städtischer Autonomie.[357] Bemerkenswert ist in diesem Zusammenhang die Stadt Schemnitz,[358] die zum Zentrum eines der wichtigsten Bergreviere im spätmittelalterlichen Europa wurde.[359] Die Siedlungsbewegung deutscher Bergleute und die mit dem Bergbau verbundene Mobilität verstärkte zusätzlich die Entstehung von Stadtgemeinden.[360]

Die wirtschaftlich bedeutenden Bergbausiedlungen entlang des Flusses Gran bildeten den „Bund der niederungarischen Bergstädte".[361] Ihre wirtschaftliche

---

354 Ebd.

355 KUBINYI, „Szabad királyi város" – „királyi szabad város"?, in: Urbs. Magyar várostörténeti évkönyv 1 (2006), S. 59; ŠVECOVÁ, GÁBRIŠ, Dejiny štátu, správy a súdnictva na Slovensku, 2009, S. 107 f.; MOSNÝ, HUBENÁK, Dejiny štátu a práva na Slovensku, 2008, S. 55.

356 MERTANOVÁ, Ius tavernicale, 1985, S. 31–41; LÜCK, [Rezension zu:] Štefánia Mertanová, Ius tavernicale, Bratislava 1989, in: Jahrbuch für Regionalgeschichte 16,1 (1989), S. 279; ŠVECOVÁ, Die Stadtrechtsbücher in der mittelalterlichen Slowakei und Ungarn, in: Krakowskie Studia z Historii Państwa i Prawa/Cracow Studies of Constitutional and Legal History 9,3 (2016), S. 334.

357 KOVÁČ, Dejiny Slovenska, 1998, S. 40; ŠVECOVÁ, GÁBRIŠ, Dejiny štátu, správy a súdnictva na Slovensku, 2009, S. 77; KUBINYI, „Szabad királyi város" – „királyi szabad város"?, in: Urbs. Magyar várostörténeti évkönyv 1 (2006), S. 51, 60; MERTANOVÁ, Ius tavernicale, 1985, S. 223 f.

358 ŠTEFÁNIK, LUKAČKA, Lexikon stredovekých miest na Slovensku, 2010, S. 60, 78; GYÖRFFY, Schemnitz, in: LexMa, Bd. 7, 1995, Sp. 1449; ALMÁSI, WEHLI, Selmecbánya, in: KRISTÓ (Hrsg.), ENGEL, MAKK (Red.), Korai magyar történeti lexikon (9–14. század), 1994, S. 598; CAMBEL [u. a.], Dejiny Slovenska, Bd. 1: Do roku 1526, 1986, S. 350.

359 KRASCHEWSKI, Das Spätmittelalter, in: BARTELS, SLOTTA (Hrsg.), Geschichte des deutschen Bergbaus, Bd. 1: Der alteuropäische Bergbau. Von den Anfängen bis zur Mitte des 18. Jahrhunderts, 2012, S. 255.

360 Ebd., S. 254; LÜCK, Die Entwicklung des deutschen Bergrechts und der Bergbaudirektion bis zum Allgemeinen (preußischen) Berggesetz 1865, in: WEBER (Hrsg.), Geschichte des deutschen Bergbaus, Bd. 2: Salze, Erze und Kohlen. Der Aufbruch in die Moderne im 18. und frühen 19. Jahrhundert, 2015, S. 113; BAK, NAGY, Bergbau (Mittelalter), in: SUNDHAUSSEN, CLEWING (Hrsg.), Lexikon zur Geschichte Südosteuropas, 2016, S. 153; VOZÁR, Die Bergstädte der Slowakei im 16. Jahrhundert, in: RAUSCH (Hrsg.), Die Stadt an der Schwelle zur Neuzeit, 1980, S. 312.

361 ‚Niederungarisch' bzw. ‚oberungarisch' wurde als geographische Bezeichnung (diesseits und jenseits des Flusses Gran/Hron) verwendet. Der Begriff ‚Oberungarn' steht für den Verwaltungsbezirk im 16.–17. Jahrhundert. Vgl. BAK, Oberungarn, in: SUNDHAUSSEN, CLEWING (Hrsg.), Lexikon zur Geschichte Südosteuropas, 2016, S. 658; VOZÁR, Die Bergstädte der Slowakei im 16. Jahrhundert,

Stärke zeigte sich auch in ihrer Rechtsstellung, denn diese Städte standen seit dem 14. Jahrhundert unter der unmittelbaren Herrschaft der Könige.[362] Die „sieben oberungarischen Bergstädte“,[363] deren führende Stadt Göllnitz in der südlichen Zipser Region war, befanden sich hingegen unter der Herrschaft von weltlichen bzw. kirchlichen Grundherren.[364]

Im Laufe des 15. Jahrhunderts erreichte der Metallbergbau seinen Höhepunkt: in Schemnitz wurde Silber, in Kremnitz Gold und in Neusohl Kupfer gewonnen.[365] Die Abgaben der Bergstädte erhöhten die königlichen Einnahmen, worauf ein königliches Dekret von 1514 reagierte:[366] als bedeutendste Bergstädte und Quelle königlicher Einnahmen wurden in diesem Dekret Schemnitz, Kremnitz, Neu- und Altsohl erwähnt.

2. Rechtstransfer

Die Städte, deren Stadtrechtsentwicklung vom Sächsisch-magdeburgischen Recht beeinflusst worden ist, bilden nur eine von drei Stadtgruppen, stellten Autoren der aktuellen slowakischen rechtshistorischen Forschung zutreffend fest. Bei der Charakterisierung der drei Städtegruppen knüpften Mosný und Laclavíková an eine These von Darina Lehotská an.[367] Mit diesem Ansatz benannten sie

- erstens „Städte des Magdeburger Rechts“,
- zweitens Städte, die dem Einflussbereich des süddeutschen Rechts zugeordnet werden können, und
- drittens Städte, deren Stadtrecht, wie Neusohl und Pressburg, ein ‚gemischtes System‘ der beiden deutschen Rechtskreise darstellt.[368]

Diese Einteilung prägt auch ein mehrbändiges Werk, das von Historikern in Zusammenarbeit mit der Slowakischen Akademie der Wissenschaften verfasst wurde.[369] Das Stadtrecht sei, erläutern die Autoren dort, aus „einheimischen“ und rezipierten deutschen Rechten entstanden und zwar im Laufe des 14. Jahrhunderts durch die Anpassung des deutschen Rechts an die städtischen Verhältnisse.[370]

---

in: Rausch (Hrsg.), Die Stadt an der Schwelle zur Neuzeit, 1980, S. 322, Anm. 1 u. 2; Cambel, Dejiny Slovenska, Bd. 2: 1526–1848, 1987, S. 109.

362 Bak, Nagy, Niederungarische Bergstädte, in: Sundhaussen, Clewing (Hrsg.), Lexikon zur Geschichte Südosteuropas, 2016, S. 655.

363 Mosný, Hubenák, Dejiny štátu a práva na Slovensku, 2008, S. 55.

364 Bak, Oberungarn, in: Sundhaussen, Clewing (Hrsg.), Lexikon zur Geschichte Südosteuropas, 2016, S. 658 f.

365 Štefánik, Die Anfänge der slowakischen Bergstädte, in: Kaufhold, Reininghaus (Hrsg.), Stadt und Bergbau, 2004, S. 295.

366 Gesetzesartikel 1514:3 (Bak, Engel, Sweeney (Übers., Hrsg.), Harvey (Jr.) (Mitarb.), The Laws of the Medieval Kingdom of Hungary, Bd. 2: 1301–1457, 1992, S. 178).

367 Lehotská, Vývoj mestského práva na Slovensku, in: Sborník Filozofickej Fakulty Univerzity Komenského. Historica 10 (1959), S. 79–95.

368 Mosný, Laclavíková, Dejiny štátu a práva na území Slovenska, I.: Od najstarších čias do roku 1848, 2015, S. 36 f.

369 Cambel [u. a.], Dejiny Slovenska, Bd. 1: Do roku 1526, 1986, S. 333.

Die Vermittlung des Magdeburger Rechts in die Städte der Slowakei wurde in der früheren Forschung auf das Stuhlweißenburger Recht zurückgeführt. Die These vertrat vor 1945 vor allem Wilhelm Weizsäcker,[371] sie erschien aber in Anlehnung an Ján Holák[372] auch in der tschechoslowakischen Forschung, nämlich bei Darina Lehotská im Jahr 1959.[373] Die ersten privilegierten städtischen Siedlungen wurden dabei im Anschluss an Weizsäckers Beobachtung aufgrund des Stuhlweißenburger Rechts dem Magdeburger Rechtskreis zugerechnet.

Diese These wurde von András Kubinyi[374] zu Recht kritisch betrachtet, denn bei der Analyse der frühesten königlichen Privilegien konnte bisher eine Verleihung des Sächsisch-magdeburgischen Rechts an die Städte im Königreich Ungarn nicht nachgewiesen werden. Stadtprivilegien des 13. Jahrhunderts verweisen stattdessen auf die Verleihung von Freiheiten und Immunitäten durch König Béla IV. an seine Siedler, insbesondere in Stuhlweißenburg.[375] Allerdings ist eine Bestätigungsurkunde von 1237 bekannt,[376] wonach die Stuhlweißenburger Freiheiten von den Privilegien König Stephans des Heiligen abgeleitet sind.[377] Diese nachträgliche Legitimation kann nicht zutreffen, denn zu Zeiten dieses Königs gab es noch keine Bürgergemeinde zu Stuhlweißenburg, so dass ein Empfänger für das angebliche Privileg nicht vorhanden gewesen sein kann.[378]

Die These von der deutschen Herkunft der Stuhlweißenburger Freiheiten ist ebenfalls nicht belegbar. Für die Zeit von König Béla IV. sind weder Rechtsverleihungen des Magdeburger Rechts noch stadtrechtliche Verbindungen aus dem Königreich Ungarn nach Magdeburg nachweisbar. Während aber die polnischen Herrscher Siedlungen mit deutschen Hospites gründeten und den Siedlergemeinden das Magdeburger Recht verliehen,[379] trifft man in Ungarn nicht auf eine „ziel-

370 Ebd.

371 „Stuhlweißenburg pflanzt sein Recht 1238 nach Tyrnau fort", schrieb Weizsäcker 1942 (WEIZSÄCKER, Die Verbreitung des deutschen Stadtrechtes in der Slowakei, in: Karpatenland 13,1–2 (1942/1943), S. 18). Weizsäcker gab dabei eine Abhandlung von Kaindl aus dem Jahr 1907 an, ohne Verweis auf Urkundenstellen.

372 HOLÁK, Vznik mestského práva na Slovensku a jeho pramene, in: Sborník Matice slovenskej. Historica 16–18,3–4 (1938/1939), S. 203–226.

373 LEHOTSKÁ, Vývoj mestského práva na Slovensku, in: Sborník Filozofickej Fakulty Univerzity Komenského. Historica 10 (1959), S. 79; LYSÁ, Bratislavskí hostia v 13. storočí, in: Historický časopis 61 (2013), S. 613. Siehe außerdem RÁBIK, LABANC, TIBENSKÝ, Vývoj stredovekých miest na Slovensku, Bd. I, 2013, S. 25.

374 KUBINYI, Székesfehérvári jog, in: KRISTÓ (Hrsg.), ENGEL, MAKK (Red.), Korai magyar történeti lexikon (9–14. század), 1994, S. 629.

375 FÜGEDI, Középkori magyar városprivilégiumok, in: Tanulmányok Budapest múltjából 14 (1961); GÖNCZI, CARLS, Sächsisch-magdeburgisches Recht in Ungarn und Rumänien, 2013, S. 85–87.

376 CDH, Bd. IV/I, 1829, S. 73f.

377 FÜGEDI, Középkori magyar városprivilégiumok, in: Tanulmányok Budapest múltjából 14 (1961), S. 23f.

378 Ebd.

379 ISMIO Bd. 2, S. 22f.

bewußte, konsequent durchgeführte Städtepolitik der Herrscher",[380] wie sie in Schlesien erfolgte. Nicht durch Rechtsverleihungen, sondern durch die Bestätigung von Siedlerfreiheiten und dann durch die eigene Gerichtsbarkeit kam daher das mitgebrachte Recht der Siedler innerhalb der Gemeinde zur Geltung.[381] Damit ist der wesentliche Unterschied zwischen einerseits der polnischen und böhmischen und andererseits der slowakischen bzw. ungarischen Form des Rechtstransfers benannt.

Der Rechtstransfer in die Städte der Slowakei ist also nicht zur Zeit der Entstehung der Städte und der Bestätigung der Siedlerfreiheiten nachweisbar, sondern erst zu einer späteren Zeit der Stadtentwicklung. Der Transferprozess erfolgte damit zur Zeit der städtischen Schriftlichkeit, und zwar durch die Verschriftlichung des Stadtrechts ab der zweiten Hälfte des 14. Jahrhunderts.[382] Die Spuren des Rechtstransfers und auch Impulse des Sächsisch-magdeburgischen Rechts können folglich gerade in den Stadtrechtsbüchern nachgewiesen werden.

Das Sächsisch-magdeburgische Recht wurde damit im Königreich Ungarn von Stadt zu Stadt übernommen; auf diese Weise entstand ein Netz von ähnlichen Stadtrechten. Der Rechtstransfer beruhte also auf den stadtrechtlichen Verbindungen, und der primäre Transferweg war somit die Kommunikation zwischen den Städten, die bis zum späten 15. Jahrhundert hauptsächlich auf Deutsch erfolgte.[383]

2.1. Sächsisch-magdeburgisches Recht in der Zips

Belege für den Transfer des Sächsisch-magdeburgischen Rechts in das Gebiet der Slowakei findet man erstmals bei den Städten der Zips, die als Grenzregion eines der größten autonomen Siedlungsgebiete deutscher Hospites in Ostmitteleuropa darstellt.[384] Die Zipser Region, die seit der Sesshaftwerdung der Ungarn bewohnt war, hatte bei der Verteidigung der Grenzen zum Königreich Polen eine wichtige strategische Funktion.[385] Auch in dieser Landschaft war der Landesausbau eine wichtige Grundlage des Rechtstransfers. Hier fand der Landesausbau im Laufe

---

380 FÜGEDI, Die Städte im mittelalterlichen Ungarn, in: MARSINA (Hrsg.), Städte im Donauraum. Bratislava-Preßburg 1291–1991, 1993, S. 53.

381 LÜCK, Einführung: Das sächsisch-magdeburgische Recht als kulturelles Bindeglied zwischen den Rechtsordnungen Ost- und Mitteleuropas, in: EICHLER, LÜCK (Hrsg.), Rechts- und Sprachtransfer in Mittel- und Osteuropa, 2008, S. 19; MARSINA, Városfejlődés a Felvidéken, a mai Szlovákia területén a XV. század elejéig, in: Világtörténet 26 (1976), S. 49f.; MARSINA, ČIČAJ, KOVÁČ, Slovenské dejiny, [ca. 1993], S. 46.

382 ŠVECOVÁ, Die Stadtrechtsbücher in der mittelalterlichen Slowakei und Ungarn, in: Krakowskie Studia z Historii Państwa i Prawa/Cracow Studies of Constitutional and Legal History 9,3 (2016), S. 330f.

383 CHALOUPECKÝ, Kniha Žilinská, 1934, S. XVIII.

384 ZIMMERMANN, Hospites Theutonici, in: Gedenkschrift für Harold Steinacker (1875–1965), 1966, S. 75.

385 Siehe z. B. die Geschichte von Alt-Lublau bei ŠTEFÁNIK, LUKAČKA, Lexikon stredovekých miest na Slovensku, 2010, S. 486.

des 13. Jahrhunderts statt und zwar durch Siedler aus Schlesien und aus den östlichen Teilen Deutschlands, nämlich vor allem aus Sachsen und Thüringen.[386] Die deutschen Bewohner der Zipser Bergstädte kamen außerdem aus Bayern und Tirol. Der Hauptstrom der Siedlungsbewegung erreichte die Zips aber erst nach dem Mongolensturm (1241/1242), als die zerstörten Siedlungen mit neuen Bewohnern wieder aufgebaut wurden.[387]

Die Siedler erhielten die Unterstützung der ungarischen Landesherren, denn mit Hilfe der Gäste konnten der Ausbau der königlichen Herrschaft, die Erhöhung der Einnahmen und die Verteidigung der Grenzen vorangebracht werden. Auch die Bergleute hieß der König mit Privilegien für den Gold-, Silber- und Kupferbergbau willkommen. Wie schon König Stephan V. im Jahr 1271[388] sicherten die ungarischen Landesherren auch jetzt den Hospites Freiheiten zu,[389] z. B. die Festsetzung der jährlichen Abgaben (*terragium*), die Festlegung des Kriegsdienstes und die freie Richterwahl. Das umfasste auch die wichtige Freiheit, Rechtsstreitigkeiten innerhalb der Gemeinde selbst zu entscheiden,[390] und bezog sich auf die niedere Gerichtsbarkeit, für die die Gewohnheiten der Zipser Sachsen als juristische Grundlage dienten. Auf diese Weise wich das Recht der Zipser Sachsen deutlich vom Recht des vom Adel geprägten Landesrechts ab.[391]

Als Folge der Siedlerbewegung kam es im 14. Jahrhundert zum wirtschaftlichen und kulturellen Aufschwung in der Zips.[392] In der Oberzips entstand zu dieser Zeit der Städtebund der 24 Zipser Städte,[393] deren Zentrum in Leutschau war. Hier bildete sich auch der Sitz des Zipser Grafen heraus.[394]

---

386 HOENSCH, Die Zipser, in: GRIMM, ZACH (Hrsg.), Die Deutschen in Ostmittel- und Südosteuropa, Bd. 1, 1995, S. 144; OPPITZ, Zipser Willkür, in: HRG, Bd. 5, 1998, Sp. 1722; BLAZOVICH, A Szász tükör és a Szepesség joga, in: EIKE von Repgow, A Szász tükör [Sachsenspiegel ⟨ungar.⟩], 2005, S. 45.

387 MARSINA, Zips, in: LexMa, Bd. 9, 1998, Sp. 626; PAPSONOVÁ, Geographische Namen der Zips im Spiegel der Kulturgeschichte, in: KRIEGLEDER, SEIDLER, TANCER (Hrsg.), Deutsche Sprache und Kultur in der Zips, 2007, S. 24f.; ŠTEFÁNIK, LUKAČKA, Lexikon stredovekých miest na Slovensku, 2010, S. 252f.

388 CDH, Bd. V/I, 1829, S. 132–135.

389 GLETTLER, Zips, in: SUNDHAUSSEN, CLEWING (Hrsg.), Lexikon zur Geschichte Südosteuropas, 2016, S. 1058.

390 CDH, Bd. V/I, 1829, S. 133; CHALUPECKÝ, Die Ansiedlung der Sachsen in der Zips auf der Grundlage der Quellenüberlieferung, in: Karpaten Jahrbuch 61 (2010 [2009]), S. 65.

391 Siehe das Privileg von König Stephan V. aus dem Jahre 1271: CDH, Bd. V/I, 1829, S. 133f. Dazu B. SZABÓ, Sachsen in Ungarn und ihr Rechtsleben im Mittelalter und der frühen Neuzeit, in: SCHMIDT-RECLA, SCHUMANN, THEISEN (Hrsg.), Sachsen im Spiegel des Rechts, 2001, S. 96f.

392 HOENSCH, Die Zipser, in: GRIMM, ZACH (Hrsg.), Die Deutschen in Ostmittel- und Südosteuropa, Bd. 1, 1995, S. 145.

393 ECKHART, Magyar alkotmány- és jogtörténet, 1946, S. 68; SCHILLER, Szepesi jog, in: MÁRKUS (Hrsg.), Magyar Jogi Lexikon, Bd. 6, 2006 [1907], S. 390.

394 BLAZOVICH, A Szepesség joga és a Szász tükör, in: CSUKOVITS, LENGYEL (Hrsg.), Bártfától Pozsonyig, 2005, S. 167.

Die ursprünglich agrarisch geprägte Landschaft wurde im 14. Jahrhundert in den Fernhandel eingebunden, wozu die über die Zips verlaufende Ostseehandelsroute einen wesentlichen Beitrag leistete.[395] Durch den Handel fand ein reger und ständiger Austausch zwischen der Zipser Landschaft und Kleinpolen statt. Außerdem fällt die kulturelle Blüte der Zipser Städte mit dem Aufschwung der polnischen Residenzstadt Krakau zusammen. Als Höhepunkte dieser Entwicklungsphase ist die Gründung zweier auch für den Rechtstransfer zentraler Institutionen zu nennen: 1356 wurde die Universität in Krakau gegründet, und im gleichen Jahr entstand auf Initiative von König Kazimir III. der Oberhof des deutschen Rechts auf der Burg zu Krakau.[396]

Im Laufe des 14. Jahrhunderts erhielten die Zipser Städte eine Art ‚Regionalautonomie'.[397] Mit dieser Blütezeit einher ging die Verschriftlichung des Stadtrechts der Zipser Sachsen, also die Aufzeichnung der „Zipser Willkür". Dieses Rechtsbuch ist auf das Jahr 1370 datiert[398] und in 16 Handschriften überliefert;[399] dabei stammt die Bezeichnung „Zipser Willkür" aus der Leutschauer Handschrift dieses Rechtsbuches aus dem Jahre 1511.

Die „Zipser Willkür" beginnt mit Regelungen zur eigenen Gerichtsbarkeit der Zipser, insbesondere zur Gerichtszuständigkeit. Die Artikel des Zipser Rechtsbuches zeigen an mehreren Stellen Übereinstimmungen mit jenen des „Sachsenspiegels" und des Magdeburger Rechts, wie zuerst Kálmán Demkó im 19. Jahrhundert feststellte.[400] Demkós umfassende Untersuchung bezieht sich auf die auch im „Sachsenspiegel" genannten Rechtsinstitute.[401] Die auswärtigen Rechtseinflüsse und die Nähe zum Sächsisch-magdeburgischen Recht zeigen in der „Zipser Willkür" die Institution der Morgengabe, die unterschiedliche Prozessfähigkeit der Geschlechter,[402] die Haftung der Eltern für die Kinder, der Schutz des Haus-

---

395 SEEWANN, Geschichte der Deutschen in Ungarn, Bd. 1: Vom Frühmittelalter bis 1860, 2012, S. 28.

396 ŁYSIAK, Ius supremum Maydeburgense castri Cracoviensis 1356–1794, 1990. In den Rechtssprüchen des Krakauer Obergerichts finden sich ausdrückliche Hinweise auf das Magdeburger Recht. ŁYSIAK, NEHLSEN-VON STRYK (Hrsg.), Decreta iuris supremi Magdeburgensis castri Cracoviensis, Bd. 1: 1456–1481, 1995, Nr. 482, S. 151, Nr. 1235. S. 395; DIES. (Hrsg.) (Mitarb.), Decreta iuris supremi Magdeburgensis castri Cracoviensis, Bd. 2: 1481–1511, 1997, Nr. 843, S. 274. Es ist nach dem heutigen Kenntnisstand nicht ersichtlich, inwieweit in der Praxis des Krakauer Obergerichts Fälle aus den Oberzipser Städten vorkamen.

397 KÜPPER, Einführung in die Rechtsgeschichte Osteuropas, 2005, S. 298.

398 OPPITZ, Zipser Willkür, in: HRG, Bd. 5, 1998, Sp. 1722; ŠVECOVÁ, Die Stadtrechtsbücher in der mittelalterlichen Slowakei und Ungarn, in: Krakowskie Studia z Historii Państwa i Prawa/Cracow Studies of Constitutional and Legal History 9,3 (2016), S. 334.

399 PIIRAINEN, Nachträge zum Zipser Recht, 2001, S. 26–38; B. SZABÓ, A szepesi jog forrásai, in: Jogtörténeti tanulmányok 8 (2005), S. 449–456.

400 Zur Forschungsgeschichte siehe B. SZABÓ, A szepesi jog forrásai, in: Jogtörténeti tanulmányok 8 (2005), S. 443–446.

401 DEMKÓ, A szepesi jog '(Zipser Willkühr)', 1891, S. 22–34.

402 „Zipser Willkür" Art. 3; „Sachsenspiegel", Landrecht, II, 63 und III, 45, 3. Vgl. WEITZEL, Prozeßfähigkeit, in: HRG, Bd. 4, 1990, S. 48f.

friedens, die Strafbarkeit der Heimsuchung sowie die rechtliche Begrenzung des Zweikampfes.

Die Rechtstraditionen des Zipser Familien- und Erbrechts sind ebenfalls mit den Lösungen des „Sachsenspiegels“ vergleichbar, wie auch die Institution der Vormundschaft sowie die Bestimmungen der Volljährigkeit. Die neuesten Forschungen von László Blazovich belegen 37 Stellen, bei denen die „Zipser Willkür“ mit dem „Sachsenspiegel“ übereinstimmt.[403]

Diese Stellen zeigen auch die juristische Vielfalt[404] in der Zips, die nicht zuletzt vom Sächsisch-magdeburgischen Recht entscheidend geprägt wurde. Einerseits lässt sich der Rechtstransfer aus den Herkunftsländern der Zipser Sachsen (in Schlesien und Thüringen) nachweisen,[405] andererseits fand in den benachbarten Landschaften wie Galizien und Kleinpolen eine Wechselwirkung des lokalen Rechts mit dem Sächsisch-magdeburgischen Recht statt.[406]

Die Nähe der Zips zum Königreich Polen erwies sich auch für den Rechtstransfer als ein bedeutender Faktor. Beispielsweise wurde der Zipser Gemeinde Pudlein deutsches Recht gemäß Magdeburger Recht verliehen.[407] Pudlein fungierte dabei als ‚Brückenkopf‘ im Hinblick auf die Rechtsverbindungen zur Region Kleinpolen.[408] Als erster hatte der polnische Fürst Bolesław ‚der Schamhafte‘ der Gemeinde Pudlein Privilegien zuerkannt, wie aus der Bestätigungsurkunde seiner Witwe Kunigunde von 1289 hervorgeht.[409] Sie wies in diesem Privileg ausdrücklich auf die Freiheiten von Krakau hin, nach denen deutsches Recht in Pudlein gelten sollte. Da Krakau im Jahr 1257 das Magdeburger Recht übertragen wurde und diese Stadt als Residenzstadt einen Vorbildcharakter hatte, kam das Sächsisch-magdeburgische Recht über Krakau in die Grenzregion des Königreichs Ungarn. In seinem Privileg für Pudlein von 1292 wiederholte Herzog Wenzel II. die Formel der Übertragung des Magdeburger Rechts, wonach Magdeburger Recht in Pudlein in gleicher Form gelten sollte, wie es in Krakau in Gebrauch war.[410] Daher wurde das Magdeburger Recht kraft herrschaftlichen Willensakts in die Zipser Stadt Pudlein übermittelt.

---

403 BLAZOVICH, A Szepesség joga és a Szász tükör, in: CSUKOVITS, LENGYEL (Hrsg.), Bártfától Pozsonyig, 2005, S. 168.

404 Kálmán Demkó wies auch den Einfluss des ungarischen Landesrechts auf die „Zipser Willkür“ nach (DEMKÓ, A szepesi jog '(Zipser Willkühr)', 1891, S. 20).

405 HALAGA (Bearb.), Acta iudiciaria civitatis Cassoviensis 1393–1405, 1994, S. 33.

406 ECKHART, Magyar alkotmány- és jogtörténet, 1946, S. 68; CHALUPECKÝ, Stadtrechte im Gebiet der heutigen Slowakei, in: Karpaten Jahrbuch 63 (2012), S. 48.

407 MARSINA, Városfejlődés a Felvidéken, a mai Szlovákia területén a XV. század elejéig, in: Világtörténet 26 (1976), S. 39.

408 KÖRMENDY, Melioratio terrae, 1995, S. 157; CHALUPECKÝ, Stadtrechte im Gebiet der heutigen Slowakei, in: Karpaten Jahrbuch 63 (2012), S. 48.

409 NAGY, PÁUR, RÁTH, VÉGHELY, Codex diplomaticus patrius/Hazai okmánytár, Tom. 6, 1876, Nr. 249.

410 CDH, Bd. VI/I, 1830, S. 231 f.

Die Blütezeit der ganzen Zipser Region wurde zwar unterbrochen, als 1412 König Sigismund dreizehn Städte des Zipser Städtebundes zusammen mit weiteren Gemeinden wie Alt-Lublau, Pudlein und Kniesen[411] an den polnischen König verpfändete.[412] Juristisch gesehen standen die Zipser Städte bis 1772 unter der Herrschaft der polnischen Krone und bildeten eine eigene Verwaltungseinheit.[413] Die dreizehn Zipser Städte konnten ihre städtische Autonomie beibehalten. Die Rechtspraxis beruhte in erster Linie weiterhin auf der „Zipser Willkür", wie eine ihrer Handschriften aus Kirchdrauf[414] aus dem Jahr 1540 zeigt.

Das Sächsisch-magdeburgische Recht wurde in den dreizehn verpfändeten Zipser Städten auch später berücksichtigt. Eine intensive Auseinandersetzung zeigt z. B. das Rechtsbuch des Stadtschreibers Balthasar Apel aus dem Jahre 1628. Die Herkunftsstadt von Apel, Kirchdrauf, gehörte ebenfalls seit 1412 zum Königreich Polen. Seine Arbeit zählt zeitlich und thematisch zu jenen juristischen Traktaten, die um die Wende vom 16. zum 17. Jahrhundert im Königreich Polen – in Krakau, Warschau und Lemberg – erschienen und die sich mit dem Sächsisch-magdeburgischen Recht auseinandersetzten.[415] Als seine Quellen nannte Apel außer dem kanonischen und dem römischen Recht auch den „Sachsenspiegel"; dabei nahm Apel am häufigsten auf den „Sachsenspiegel" Bezug. Beim ehelichen Güterrecht findet man sogar mehrere wörtliche Übernahmen aus dem „Sachsenspiegel": „Ein weib mag Jhres guttes nichts Vergeben ohne ihres Mannes willen", steht z. B. in Apels Buch.[416]

Dazu passt der Umgang des Stadtnotars von Kirchdrauf mit dem Rechtsbuch; ihm stand offensichtlich ein Exemplar des „Sachsenspiegels" zur Verfügung. Der Stadtnotar zitierte vielfach die „Magdeburger Fragen",[417] das ist eine Magdeburger Schöffenspruchsammlung von Krakauer Provenienz. Beim Ehebruch bezog sich der Autor zum Beispiel auf die Magdeburger Schöffenspruchsammlung: „Ehebrecher sol man endhaupten".[418] Die nachbarrechtlichen Regeln sind sowohl nach dem „Sachsenspiegel" als auch nach den „Magdeburger Fragen" verfasst

---

411 SEEWANN, Geschichte der Deutschen in Ungarn, Bd. 1: Vom Frühmittelalter bis 1860, 2012, S. 29; PAPSONOVÁ, Deutsches Recht in der mittelalterlichen Slowakei, in: GRIMM, ZACH (Hrsg.), Die Deutschen in Ostmittel- und Südosteuropa, Bd. 2, 1996, S. 157.

412 Durch die Verpfändung wollte der ungarische König die Thronansprüche in Dalmatien, also den Krieg gegen Venedig, finanzieren. Vgl. GLETTLER, Zips, in: SUNDHAUSSEN, CLEWING (Hrsg.), Lexikon zur Geschichte Südosteuropas, 2016, S. 1058 f.

413 MARSINA, Zips, in: LexMa, Bd. 9, 1998, Sp. 626.

414 PIIRAINEN, Nachträge zum Zipser Recht, 2001, S. 24.

415 ISMIO Bd. 2, S. 33–35.

416 PIIRAINEN, ZIEGLER (Hrsg.), Collectanea Allerley Nutzlicher vnnd Nothwendiger Regeln des Rechtens, 1995, S. 63.

417 BEHREND (Hrsg.), Die Magdeburger Fragen, 1865, Cap. 19, dist. 1, S. 145; JOHANEK, Magdeburger Fragen, in: Verfasserlexikon, Bd. 5, ²1985, Sp. 1127–1130.

418 PIIRAINEN, ZIEGLER (Hrsg.), Collectanea Allerley Nutzlicher vnnd Nothwendiger Regeln des Rechtens, 1995, S. 61.

worden.[419] Urteile des Leipziger Schöffengerichts sowie Verweise auf Thesen von Benedikt Carpzov[420] – insbesondere bei Straftaten wie dem Friedensbruch[421] – deuten auf die breiten juristischen Kenntnisse des Verfassers hin. Im Hinblick auf die konfessionelle Zugehörigkeit des Verfassers Apel merkte bereits Ilpo Tapani Piirainen an, dass Apel die Ehescheidung in gewissen Fällen für zulässig hielt und Apel deshalb vermutlich Protestant war.[422] Auch Hinweise auf die Bibel findet der Leser in dieser Abhandlung, doch deutet dieses Traktat aus Kirchdrauf zugleich auf die Rezeption des römischen Rechts in der Zips hin, so dass man sagen kann, dass in der Zipser Region die Verwissenschaftlichung des Rechts unter Einbeziehung und sogar durch die Vermittlung der Quellen des Sächsisch-magdeburgischen Rechts erfolgte.[423] Weit vom Zentrum des Magdeburger Stadtrechts entfernt, verfasste der Kirchdraufer Notar damit einen Beitrag zum gemeinen Sachsenrecht.

Auch mit Archivfunden lässt sich belegen, dass die Zipser Region in einem vielfältigen juristischen Austausch mit der vom Magdeburger Recht geprägten kleinpolnischen Landschaft stand. In den Zipser Städten Pudlein und Kniesen wurden Handschriften mit Bartholomäus Groickis[424] Abhandlungen[425] gefunden, wie Franz Klein-Bruckschwaiger anlässlich seiner Archivreise vor 1945 berichtete.[426] Die von Klein-Bruckschwaiger aufgesuchten Archive befanden sich in jener Oberzipser Landschaft, deren Städte zum Königreich Polen gehörten; daher kamen sie mit dem Sächsisch-magdeburgischen Recht durch polnische Vermittlung in Verbindung, denn Groickis Werke wurden als Handschrift auf Polnisch tradiert. Außerdem fand Klein-Bruckschwaiger in Pudlein unter den Drucken auch eine Leipziger Sachsenspiegelausgabe, und zwar von 1569.[427] Zu dieser Zeit erlebten auch das Magdeburger Recht in Krakau und die Anwendung dieser Quellen in polnischer Sprache eine Renaissance, denn die Funde in Kniesen zeigen einen viel benutzten Druck von Groickis Werk „Artykuły". Aber auch auf Frühdrucke

---

419 Ebd., S. 72.

420 Zu Person und Werk von Benedikt Carpzov siehe jetzt JEROUSCHEK, Carpzov, Benedikt (1595–1666), in: ²HRG, Bd. 1, 2008, Sp. 819–821; zur Rezeption von Carpzov in Ostmitteleuropa siehe LÜCK, Benedict Carpzov (1595–1666) und das „römisch-sächsische Recht", in: Zeitschrift für europäisches Privatrecht 24,4 (2016), S. 924–926.

421 PIIRAINEN, ZIEGLER (Hrsg.), Collectanea Allerley Nutzlicher vnnd Nothwendiger Regeln des Rechtens, 1995, S. 73.

422 Ebd., S. 16f.

423 B. SZABÓ, A szepesi jog forrásai, in: Jogtörténeti tanulmányok 8 (2005), S. 448.

424 JANICKA, Groicki, Bartolomaeus (um 1534–1605), in: ²HRG, Bd. 2, 2012, Sp. 661f.; URUSZCZAK, Groicki, Bartłomiej, in: STOLLEIS (Hrsg.), Juristen, 2001, S. 264.

425 Groickis folgende Werke wurden in der Pudleiner Handschrift Nr. 1 verzeichnet: Artykuły prawa majdeburskiego, które zowią Speculum Saxonum; Porządek sądów i spraw miejskich prawa majdeburskiego. Vgl. KLEIN-BRUCKSCHWAIGER, Ergebnisse einer Archivreise in der Slowakei, in: Südost-Forschungen 13 (1954), S. 217f.

426 Ebd., S. 203.

427 Ebd., S. 207. Auf frühere Archivbestände verweist auch WEIZSÄCKER, Die Verbreitung des deutschen Stadtrechtes in der Slowakei, in: Karpatenland 13,1–2 (1942/1943), S. 20f.

des sächsischen Vertreters des *usus modernus pandectarum*, Benedict Carpzov, ist der Quellenforscher Klein-Bruckschwaiger aufmerksam geworden.[428]

Wege des Rechtstransfers des Sächsisch-magdeburgischen Rechts in die Zips ergaben sich also über

- die eigenen städtischen Gerichtsbarkeiten,
- die Verflechtung der Rechtsaufzeichnungen,
- die wissenschaftliche Auseinandersetzung und
- den grenzüberschreitenden Austausch zwischen den Regionen.

Das Sächsisch-magdeburgische Recht stellte damit eine wichtige Grundlage für die Herausbildung einer facettenreichen Rechtskultur in der nördlichen Slowakei dar.

2.2. Die Stadtrechtsverbindungen von Sillein und das Sächsisch-magdeburgische Recht

2.2.1. Das Teschener Recht in Sillein

Es waren Stadtrechtsverbindungen, die das Rechtsleben der Stadt Sillein besonders intensiv prägten. Zu Beginn ihrer Stadtgeschichte knüpfte Sillein Verbindungen zur Stadt Teschen und deren Recht diente Sillein als Vorbild.[429] Teschen, im späten 13. Jahrhundert aus einer deutschen Siedlergemeinde hervorgegangen, gehörte urspünglich zu Oberschlesien. Sein Rechtsleben war vom Löwenberger Recht – einer lokalen Variante des Magdeburger Rechts[430] – geprägt.[431] Nachdem im Jahr 1374 der Teschener Herzog mit Einverständnis des Rates, der Schöffen und der Gemeinde in Teschen ausdrücklich das Magdeburger Recht eingeführt hatte, schrieb er den Teschenern auch vor, sich mit Rechtsfragen unmittelbar an Breslau zu wenden.[432] Zugleich erließ er ein Verbot für seine Stadt, Rechtsauskünfte außerhalb des Territoriums des Herzogtums Teschen zu erteilen.[433] Dieses Verbot veränderte auch die Rechtseinholung der Silleiner und das in Sillein in Zweifelsfällen angewandte Recht.

Der ungarische König Ludwig I. verfügte im Jahre 1379 für die Silleiner Bürger eine Änderung in der Praxis der Rechtseinholung. Um seine territoriale Herrschaft zu festigen, untersagte der ungarische Landesherr den Silleinern den

[428] KLEIN-BRUCKSCHWAIGER, Ergebnisse einer Archivreise in der Slowakei, in: Südost-Forschungen 13 (1954), S. 209, 222.

[429] ŠTEFÁNIK, LUKAČKA, Lexikon stredovekých miest na Slovensku, 2010, S. 579.

[430] KÜMPER, Sachsenrecht, 2009, S. 353.

[431] LANDWEHR VON PRAGENAU, Geschichte der Stadt Teschen, 1976, S. 16.

[432] TZSCHOPPE, STENZEL, Urkundensammlung zur Geschichte des Ursprungs der Städte und der Einführung und Verbreitung deutscher Kolonisten und Rechte in Schlesien und der Ober-Lausitz, 1832, Nr. 186, S. 595; CHALOUPECKÝ, Kniha Žilinská, 1934, S. LXI.

[433] TZSCHOPPE, STENZEL, Urkundensammlung zur Geschichte des Ursprungs der Städte und der Einführung und Verbreitung deutscher Kolonisten und Rechte in Schlesien und der Ober-Lausitz, 1832, Nr. 186, S. 595.

Rechtszug nach Teschen, der stattdessen zur Vereinfachung des Verfahrens nur noch innerhalb der Landesgrenzen erfolgen durfte.[434] Das Recht sollte von nun an nicht mehr aus einer Stadt Magdeburger Rechts geholt werden, sondern sich an dem in den nördlichen Städten des Königreichs verbreiteten Karpfener Recht orientieren. Diese königliche Verfügung schlug sich im „Silleiner Stadtrechtsbuch" nieder: „Daz Recht hat man fon Ko⟨r⟩ppen pracht".[435]

Diese Verfügung war eine der Maßnahmen, die König Ludwig I. in den 1370er Jahren zur Vereinfachung des Systems des Rechtszuges im Lande erlassen hatte. Vorher gab es ein recht unüberschaubares System von Rechtseinholungen und Rechtszügen, die sich voneinander stark unterschieden: Rechtsauskünfte aus anderen Städten, Appellationen an den König oder an seine Beamten (wie den Tarnakmeister) oder den Rechtszug an eine Stadt gleicher Freiheit.[436]

2.2.2. Das Karpfener Recht in Sillein

Die Verankerung des Sächsisch-magdeburgischen Rechts in Sillein hing mit dem Wechsel vom Teschener zum Karpfener Recht zusammen: Ab 1379 wurde das Stadtrecht von Karpfen in Sillein richtungsweisend.

Die Stadtbewohner von Karpfen waren ursprünglich sächsische Siedler, die sich während der ersten Hälfte des 13. Jahrhunderts niederließen.[437] In einer Urkunde von König Béla IV. von 1238 wurden sie als *Saxones de Corpona* erwähnt.[438] Nach dem Mongolensturm, im Jahre 1244, bestätigte der König den Siedlern ihre Freiheiten,[439] die seit dem Ende des 13. Jahrhunderts als Vorbild für die umliegenden kleineren Siedlungen dienten,[440] wie aus zahlreichen königlichen Privilegien ersichtlich ist. Z. B. wurden 1330 die Freiheiten der Karpfener Bürger an den Ort Slowakisch Liptsch übertragen.[441]

---

434 CDH, Bd. IX/VII, 1842, S. 619f.; Štefánik, Lukačka, Lexikon stredovekých miest na Slovensku, 2010, S. 244; Rauscher, O žilinském právu magdeburském německým jazykem sepsaném z roku 1378/Das Silleiner Rechtsbuch aus d. J. 1378, 1933, S. LXVI f.

435 Handschrift des „Silleiner Stadtrechtsbuchs" von 1378, o. Sign., Bl. 71ra (Opp. 1352, HSC ‹ 8130 ›). Siehe auch Piirainen, Das Stadtrechtsbuch von Sillein, 1972, S. 24.

436 Weisz, A tárnokmester jogköre az Anjou-korban, in: dies., Pénz, posztó, piac, 2016, S. 190–200.

437 Zrebený, Z feudálnych dejín Krupiny, 1974, S. 77f.

438 CDSL, Bd. 2, 1987, S. 31f., Nr. 45.

439 CDH, Bd. IV/I, 1829, S. 329–332.

440 Fügedi, Középkori magyar városprivilégiumok, in: Tanulmányok Budapest múltjából 14 (1961), S. 67f.; Michnay, Lichner (Hrsg.), Ofner Stadtrecht von MCCXLIV–MCCCCXXI/Buda városának törvénykönyve MCCXLIV–MCCCCXXI-ből, 1845, S. 260.

441 CDH, Bd. VIII/III, 1832, S. 416f.; Dazu Marsina, Városfejlődés a Felvidéken, a mai Szlovákia területén a XV. század elejéig, in: Világtörténet 26 (1976), S. 44; Kluknavská, Gábriš, Mestské právo ako dynamický prvok vývoja práva v Uhorsku, in: Malý, Šouša (Hrsg.), Městské právo ve střední Evropě, 2013, S. 232f.; Cambel [u. a.], Dejiny Slovenska, Bd. 1: Do roku 1526, 1986, S. 349.

Das Stadtrecht von Karpfen war zum Ausgang des 15. Jahrhunderts nicht nur in den umliegenden Städten richtungsweisend,[442] sondern es war auch in den nördlichen Städten des Königreichs Ungarn weithin bekannt. Der Karpfener Stadtrat wurde mehrmals angerufen, um Fälle neu zu verhandeln und nach Karpfener Recht zu entscheiden.[443] In das Stadtbuch von Karpfen wurden deshalb Fälle aus Altsohl[444] und Schemnitz[445] unter der Zwischenüberschrift „Appellationes" eingetragen.[446] Zum Ansehen und zur Verbreitung des Stadtrechts von Karpfen hat die Lage der Stadt beigetragen, denn Karpfen lag an der *via magna*, jener Handelsstraße, welche die Bergbauregion mit Polen verband.[447] Im Stadtbuch von Karpfen finden sich z. B. mehrere Hinweise auf Handelsverbindungen zu Schemnitz und Dilln[448] und es wird u. a. der Handel mit Wein erwähnt.

Anstatt einer Rechtseinholung aus Teschen, wie erwähnt eine Stadt Magdeburger Rechts, sollten die Silleiner das Karpfener Recht anwenden.[449] Durch diese Verfügung König Ludwigs I. herrschte eine gewisse Unsicherheit im Hinblick auf das geltende Recht. Gerade in dieser Umbruchszeit konnte die Rechtsprechung auf jene Quellen mit Magdeburger Provenienz zurückgreifen,[450] die das bisher richtungsweisende Stadtrecht von Teschen geprägt hatten. Die unruhige Zeit der späten 1370er Jahre veränderte das sogenannte Privileg der Silleiner Slawen (1381), indem König Ludwig I. die paritätische Besetzung des Stadtrates mit Deutschen und Slowaken festlegte.[451] Königin Marias Verbot von 1384, das Teschener Recht in Sillein zukünftig anzuwenden, belegt nochmals die feste Bindung an das bisherige Stadtrecht.[452]

---

[442] CAMBEL [u. a.], Dejiny Slovenska, Bd. 1: Do roku 1526, 1986, S. 349.

[443] „So hab wir es in vnserm Stadtrecht erkennt vnnd gevrtlt" GROTHAUSMANN, Das Stadtbuch von Karpfen (Krupina), 1977, Nr. 17, S. 10.

[444] Ebd.

[445] Ebd., Nr. 21, S. 12.

[446] Ebd., S. 10.

[447] ŠTEFÁNIK, LUKAČKA, Lexikon stredovekých miest na Slovensku, 2010, S. 242; ZREBENÝ, Z feudálnych dejín Krupiny, 1974, S. 181.

[448] GROTHAUSMANN, Das Stadtbuch von Karpfen (Krupina), 1977, Nr. 22, S. 14–17; PIIRAINEN, Der Anfang und die frühe Entwicklung der Städte in der Mittelslowakei anhand der Geschichte von Karpfen/Krupina, in: Karpaten Jahrbuch 61 (2010 [2009]), S. 72.

[449] CHALOUPECKÝ, Kniha Žilinská, 1934, S. XXXIII f.

[450] Siehe auch in diesem Band *Kap. G.I.5., S. 471*.

[451] BADA, A zsolnai városkönyv, in: CSUKOVITS, LENGYEL (Hrsg.), Bártfától Pozsonyig, 2005, S. 188; CHALOUPECKÝ, Kniha Žilinská, 1934, S. XVIII; CAMBEL [u. a.], Dejiny Slovenska, Bd. 1: Do roku 1526, 1986, S. 344.

[452] BADA, Život v Žiline v zrkadle jej mestskej knihy, 2011, S. 23.

2.3. Das „Silleiner Stadtrechtsbuch“ und das Sächsisch-magdeburgische Recht

Das „Silleiner Stadtrechtsbuch“ stellt neben der „Zipser Willkür“ eine der frühesten Quellen für den Einfluss des Sächsisch-magdeburgischen Rechts in der Slowakei dar.[453] Es ist zugleich einer der umfangsreichsten Belege für den mittelalterlichen Rechtstransfer in die Slowakei. Die Aufzeichnung des „Silleiner Stadtrechtsbuches“ wurde 1378 begonnen,[454] also in der Blütezeit der Stadtentwicklung im Königreich Ungarn und in einer Umbruchszeit der Silleiner Stadtgeschichte.

Die rechtshistorische Textanalyse des „Silleiner Rechtsbuchs“ zeigt, dass eine intensive Wechselwirkung zwischen dem Sächsisch-magdeburgischen und dem Silleiner Recht stattfand. Die Originalhandschrift des „Silleiner Stadtrechtsbuchs“[455] enthält (neben Gebeten, einem Register und Teilen aus der Sächsischen Weltchronik) das positive Recht auf der Grundlage des „Sachsenspiegels“ und des „Sächsischen Weichbilds“ sowie des Bergrechts von Rodenau.[456] Mária Papsonová bezeichnete als Quelle des „Silleiner Stadtrechtsbuches“ außerdem Magdeburger Rechtsmitteilungen an Breslau (1261, 1295) und Görlitz (1304).[457]

Eine Auseinandersetzung mit dem Text des „Silleiner Stadtrechtsbuchs“ zeigt, dass Themen des „Sachsenspiegels“ auch in der Silleiner Rechtsquelle vorkommen, und zwar in gleicher Reihenfolge.[458] Die *invocatio Dei*, in der sich der Verfasser Eike im Prolog des „Sachsenspiegels“ an den Heiligen Geist wandte, findet man ebenfalls eingangs des „Silleiner Rechtsbuchs“. Die Wortwahl des Stadtrechtsbuchs zeigt auch ansonsten, dass sich der Silleiner Schreiber am Text des „Sachsenspiegels“ orientierte, was auch von Mária Papsonová in der jüngsten Edition im Jahre 2014 bestätigt wurde.

Bei der Erwähnung der Zweischwerterlehre erfolgte ebenfalls eine textnahe Übertragung des Sachsenspiegeltexts in die deutsche Sprachvariante des „Silleiner Stadtrechtsbuchs“. Die Weltalter, die Heerschildordnung und die Verwandtschaftsgrade[459] stehen wie die Anfangsartikel des ersten Buches des „Sachsenspiegel-Landrechts“ am Anfang des „Silleiner Rechtsbuches“.

---

[453] ŠVECOVÁ, Die Stadtrechtsbücher in der mittelalterlichen Slowakei und Ungarn, in: Krakowskie Studia z Historii Państwa i Prawa/Cracow Studies of Constitutional and Legal History 9,3 (2016), S. 336f.; BADA, A zsolnai városkönyv, in: CSUKOVITS, LENGYEL (Hrsg.), Bártfától Pozsonyig, 2005, S. 189.

[454] PAPSONOVÁ, Sasko-magdeburské právo na Slovensku, 2014, S. 31–46.

[455] PIIRAINEN, Das Stadtrechtsbuch von Sillein, 1972, S. 12f.

[456] Ebd., S. 25; OPPITZ, Deutsche Rechtsbücher des Mittelalters, Bd. 2, 1990, S. 791f.

[457] PAPSONOVÁ, Sasko-magdeburské právo na Slovensku, 2014, S. 33–35; LÜCK, Einführung: Das sächsisch-magdeburgische Recht als kulturelles Bindeglied zwischen den Rechtsordnungen Ost- und Mitteleuropas, in: EICHLER, LÜCK (Hrsg.), Rechts- und Sprachtransfer in Mittel- und Osteuropa, 2008, S. 20; MOLDT, Deutsche Stadtrechte im mittelalterlichen Siebenbürgen, 2009, S. 157.

[458] LÜCK, Einführung: Das sächsisch-magdeburgische Recht als kulturelles Bindeglied zwischen den Rechtsordnungen Ost- und Mitteleuropas, in: EICHLER, LÜCK (Hrsg.), Rechts- und Sprachtransfer in Mittel- und Osteuropa, 2008, S. 19; KÜMPER, Sachsenrecht, 2009, S. 475–477.

[459] LÜCK, Über den Sachsenspiegel, 2013, S. 41, 45, 55.

Der Duktus des „Sachsenspiegels", also Eikes Gedankenführung, wurde aber beim Thema ‚Rechtsquellen' unterbrochen, als der Schreiber das Stadtrecht als zusätzliche Quelle neben dem Landrecht und Lehnrecht erörterte. Danach wandte sich der Verfasser anderen Quellen zu und griff zu den Anfangsthemen des „Sächsischen Weichbilds". Diese Abweichung vom „Sachsenspiegel" erfolgte am Anfang des „Silleiner Rechtsbuches" bei der Beschreibung des Stadtrechts, genauer: bei den städtischen Rechtsverhältnissen.

Im weiteren Verlauf nahm der Verfasser Stellen des „Sächsischen Weichbilds" auf, aber bei der Erörterung der Stadtverfassung wurde im „Silleiner Stadtrechtsbuch" diese Gedankenführung wiederum unterbrochen. An dieser Schnittstelle findet man ein zentrales Thema der Stadtverfassung: die Wahl der Amtsträger, also des Bürgermeisters, der Ratsmänner und der Schöffen. Diese Bestimmungen weisen auf die gemeinschaftliche Wahrnehmung der Aufgaben des Stadtregiments hin und belegen zugleich das Selbstbewusstsein einer kommunalen Stadt.

Im „Silleiner Stadtrechtsbuch" finden sich zudem im Hinblick auf die Stadtverfassung Themen, wie sie in einer Magdeburger Rechtsmitteilung für Breslau (1261) und in einem Magdeburger Schöffenspruch für den Leitmeritzer Rechtskreis (1334)[460] festgehalten worden waren. Diese Quellen Sächsisch-magdeburgischer Provenienz beinhalten thematisch gleiche Gedanken und zwar unabhängig von Zeit, Ort und Herrschaftsbereich. Träger dieses juristischen Wissens war wahrscheinlich das „Sächsische Weichbild", wie sich aus dem Magdeburger Schöffenspruch für Leitmeritz folgern lässt.[461] Diese Bestimmungen sind auch Bestandteile einer *mémoire culturelle* ostmitteleuropäischer Rechtskultur. Auch daher gehört das „Silleiner Stadtrechtsbuch" zu den Quellen des Sächsisch-magdeburgischen Rechts.[462]

Ein weiteres zentrales Thema des „Silleiner Rechtsbuches" ist das Marktrecht, wobei die gemeinsamen juristischen Grundlagen ebenfalls auf das „Sächsische Weichbild" zurückzuführen sind. Im Anschluss an die Beschreibung der Befugnisse der Ratmannen wurde im „Silleiner Rechtsbuch" die Verwendung von unrechten Maßen und Gewichten untersagt und als Sanktion für die Zuwiderhandlung eine hohe Geldstrafe vorgesehen.[463] In gleicher Reihenfolge und im Zusammenhang mit der Dingpflicht und der Amtswahrnehmungspflicht[464] erfolgte das Verbot von falschen Maßen und Gewichten gemäß dem Ofner Stadtrechtsbuch.[465]

---

[460] Der Leitmeritzer Rechtskreis liegt im Königreich Böhmen.

[461] Schöffenspruch wahrscheinlich an Leitmeritz (WEIZSÄCKER (Bearb.), Magdeburger Schöffensprüche und Rechtsmitteilungen für den Oberhof Leitmeritz, 1943, S. 36–38).

[462] PAPSONOVÁ, Sasko-magdeburské právo na Slovensku, 2014, S. 31–37.

[463] „Silleiner Rechtsbuch", Art. 60.

[464] Bei den Quellen des Sächsisch-magdeburgischen Rechts reiht sich auch das Ofner Stadtrechtsbuch, in das die Dingpflicht auch als weiteres fundamentales Element der Stadtverfassung aufgenommen wurde, ein. (Ofner Stadtrechtsbuch Art. 39 u. 159).

[465] Ofner Stadtrechtsbuch Art. 159. Siehe dazu GÖNCZI, CARLS, Sächsisch-magdeburgisches Recht in Ungarn und Rumänien, 2013, S. 109.

Die Übereinstimmung dieser Stellen mit Rechtsmitteilungen der Magdeburger Schöffen an Breslau[466] bzw. an Görlitz[467] ist eindeutig.

Das „Silleiner Rechtsbuch" ist in der Geschichte der slowakischen Städte nicht nur ein wichtiger Beleg für die juristische Autorität des Sächsisch-magdeburgischen Rechts in der Slowakei, sondern es zeigt auch den konstanten Zugriff auf die deutschen Rechtsquellen. Da das Rechtsbuch in Sillein geschrieben wurde, wie Rudolf Rauscher anhand der Analyse der Handschrift feststellte,[468] und aufgrund der quellennahen Arbeit ist also davon auszugehen, dass der „Sachsenspiegel" und das „Sächsische Weichbild" beim Verfassen des Rechtsbuchs in Sillein vorhanden oder jedenfalls bekannt waren.

Die Übersetzung des Rechtsbuches in die „heimische" Sprache, wie es Mária Papsonová nannte,[469] insbesondere der amtliche Auftrag für die Anfertigung einer Übersetzung im Jahr 1473, belegt, dass dieses Rechtsmaterial ein Jahrhundert nach der Erstellung des deutschen Texts immer noch eine zentrale Stellung besaß. Die Einträge von Rechtssprüchen zwischen 1386–1460[470] deuten zudem auf die amtliche Benutzung der Handschrift in der Rechtsprechung der Stadt Sillein hin.

2.4. Deutschrechtliche Rechtsinstitute in den Bergstädten

Auch die deutschen Bergleuten gewährten Freiheiten lösten eine intensive städtische Entwicklung aus, deren Blütezeit im 15. Jahrhundert einsetzte. Dies führte zur Herausbildung von städtischer Schriftlichkeit und schließlich zur Aufzeichnung des Stadt- und Bergrechts. Die daraus hervorgegangenen Rechtsbücher der Bergstädte Schemnitz und Kremnitz gehören zu den bedeutendsten städtischen Rechtsquellen im Königreich Ungarn.[471] Diese Rechtsaufzeichnungen lassen sich als erste Produkte der von Ruth Schmidt-Wiegand so bezeichneten ‚Rechtsbücherzeit' einordnen.[472]

Die frühere Forschung – vertreten durch Darina Lehotská – sah keine direkten Zusammenhänge zwischen dem Stadtrecht der Bergstädte und den auswärtigen

466 F. Ebel (Hrsg.), Magdeburger Recht, Bd. 2, 1989, S. 1 f.

467 Magdeburger Rechtsmitteilung an Görlitz, Art 1. Abgedruckt in: Gaupp, Das alte Magdeburgische und Hallische Recht, 1826, S. 270.

468 Rauscher, O žilinském právu magdeburském německým jazykem sepsaném z roku 1378/Das Silleiner Rechtsbuch aus d. J. 1378, 1933, S. LXVIII.

469 Papsonová, Sasko-magdeburské právo na Slovensku, 2014, S. 40–46.

470 Rauscher, O žilinském právu magdeburském německým jazykem sepsaném z roku 1378/Das Silleiner Rechtsbuch aus d. J. 1378, 1933, S. LXIII; Oppitz, Deutsche Rechtsbücher des Mittelalters, Bd. 2, 1990, S. 791.

471 Chalupecký, Stadtrechte im Gebiet der heutigen Slowakei, in: Karpaten Jahrbuch 63 (2012), S. 52–55; Gedeon, Das Rechtsbuch von Schemnitz und die Maximilianische Bergordnung, in: Balogh (Hrsg.), Schwabenspiegel-Forschung im Donaugebiet, 2015, S. 160.

472 Munzel [Munzel-Everling], Rechtsbücher, in: HRG, Bd. 4, 1990, Sp. 280 f.; Schmidt-Wiegand, Rechtsbücher als Ausdruck pragmatischer Schriftlichkeit, in: Frühmittelalterliche Studien 37 (2003), S. 458.

Rechtskreisen. In diesem Sinne äußerte sich auch jüngst Richard Marsina, der nach aktuellem Forschungsstand keine Geltung Iglauer Rechts in Schemnitz vor 1466 nachgewiesen sieht.[473] Daher forderte Ilpo Tapani Piirainen bereits 1986 weitere Quellenanalysen.[474]

Vergleichende Untersuchungen einzelner Rechtsbücher belegen immerhin, dass es gewisse Wechselwirkungen zwischen den Stadtrechten des Königreichs Ungarn gab. So finden sich Übereinstimmungen zwischen dem Schemnitzer und dem Ofner Stadtrechtsbuch, wie im Folgenden dargelegt wird. Zudem zeigen die erb-, vermögens- und strafrechtlichen Normen des Schemnitzer Stadtrechtsbuches Gemeinsamkeiten mit jenen des Ofner Stadtrechts.

Die erbrechtlichen Rechtsinstitute der Schemnitzer Rechtsaufzeichnung enthalten dem Ofner Stadtrechtsbuch vergleichbare Lösungen beispielsweise für den Ausgleich zwischen dem Interesse der Stadtgemeinde und dem Erbrecht der Verwandten.[475] In beiden Rechtstexten waren an erster Stelle die nächsten Angehörigen des Verstorbenen, die Witwe und die Kinder des Erblassers, berechtigt, den Nachlass zu erhalten.

Beide Rechtsbücher stimmten außerdem darin überein, dass der Erblasser frei über sein Gut verfügen kann, selbst gegen den Willen seiner Ehefrau und seiner Kinder.[476] Das Recht der letztwilligen Verfügung stand jedem Erwachsenen zu. Nach dem Stadtrecht von Schemnitz konnte der Erblasser aber nur von seinem „freyen guet" letztwillig verfügen. Ausgenommen war nur die Morgengabe, die der verheirateten Frau gehörte und nur im Fall einer drohenden Armut der Familie veräußert werden konnte.[477]

Eine inhaltliche Übereinstimmung zwischen dem Schemnitzer und Ofner Stadtrechtsbuch ist auch bei Regelungen für den Fall des Fehlens gesetzlicher Erben und eines Testaments zu erkennen.[478] Ein Drittel der Erbschaft war dann in beiden Büchern für die Kirche als Seelenheilschenkung (*donatio pro remedio animae*)[479] bestimmt, und zwei Drittel dienten für gemeinschaftliche Zwecke der Stadt (z. B. Brückenbau oder Stadtbauwerke). Dies war auch dann der Fall, wenn ein Fremder in der Stadt verstorben war und sich innerhalb eines Jahres kein Erbe gemeldet hatte.

---

473 MARSINA, Das Stadt- und Bergrecht von Banská Štiavnica/Schemnitz, in: MEIER (Hrsg.), Historisch-philologische Untersuchungen zu deutschsprachigen Handschriften aus der Slowakei, 2015, S. 74.

474 PIIRAINEN, Das Stadt- und Bergrecht von Banská Štiavnica/Schemnitz, 1986, S. 16f. Diese Problematik schilderte 2015 Magdolna Gedeon ausführlich: GEDEON, Das Rechtsbuch von Schemnitz und die Maximilianische Bergordnung, in: BALOGH (Hrsg.), Schwabenspiegel-Forschung im Donaugebiet, 2015, S. 160f.

475 Schemnitzer StadtRB, Art. 2.

476 Ebd., Art. 3.

477 Ebd.

478 Ofner Stadtrechtsbuch Art. 205.

479 Vgl. OGRIS, Freiteil, in: ^{2}HRG, Bd. 1, 2008, Sp. 1784.

Das Schemnitzer Recht kannte sogar ein altes Rechtsinstitut, das freie Drittteil,[480] das aber nicht dem Sächsisch-magdeburgischen Recht zugeordnet werden kann.[481] Dieses freie Drittteil bezeichnete ein Drittel des schuldenfreien Nachlasses, das von der überlebenden Ehefrau nach der Wiedervermählung behalten werden konnte. Dem Drittteil als erbrechtlichem Institut begegnete man auch sonst in Ostmitteleuropa.[482] Es war z. B. bei den Siebenbürger Sachsen bekannt[483] und das Freidrittteil findet sich auch in der „Zipser Willkür" von 1370. In der Zips galt diese Regelung aber für beide Geschlechter,[484] während im Schemnitzer Recht nur der Mann als Erblasser genannt wird.

Auch Paarformeln[485] finden sich im Schemnitzer Stadtrechtsbuch, wie z. B. die antonymischen Paare beim Amtseid des Stadtrichters: „arm und reich", „Leid und Liebe" und „Furcht und Gabe".[486] Der Richtereid aus dem Schemnitzer Stadtrechtsbuch zeigt dabei eine ähnliche Gedankenführung wie der Amtseid des Stadtregiments in Ofen.[487] In beiden Rechtsbüchern wurden ähnliche Formeln aufgezeichnet, die auf eine gemeinsame Rechtstradition hindeuten.

Auch weitere deutsche Rechtsbegriffe und Rechtsinstitute können im Schemnitzer Stadtrechtsbuch nachgewiesen werden. Der Reinigungseid ‚selbdritt' oder ‚selbsiebent' weist auf ein verfestigtes Prozessrecht hin; dabei ist der Eid bei der Beweisführung ein Novum des Stadtrechts. Der Reinigungseid im Schemnitzer Stadtrechtsbuch[488] zeigt zudem inhaltliche Übereinstimmungen mit jenem des Magdeburger Rechtskreises.

Der aus dem städtischen Zusammenleben abgeleitete Schutz des Friedens stellt einen zentralen Aspekt des Schemnitzer Rechts dar.[489] In einer Handschrift des Schemnitzer Stadtrechtsbuches vom Anfang des 16. Jahrhunderts[490] lässt sich auch die Friedensstörung als Straftatbestand erkennen. Bei der Sanktion wurde zwischen der Art der Straftat unterschieden, also ob die Friedensstörung mit

---

480 Schemnitzer StadtRB, Art. 2.

481 OBLADEN, Magdeburger Recht auf der Burg zu Krakau, 2005, S. 135.

482 Ebd., S. 1.

483 GÖNCZI, CARLS, Sächsisch-magdeburgisches Recht in Ungarn und Rumänien, 2013, S. 100f.

484 „Zipser Willkür" Art. 2. Die letztwillige Verfügung bezog sich bei den Zipsern auf den Freidrittteil, also auf einen Teil des Vermögens und zwar unabhängig von der Erwerbsform der Güter. GÁBOR, Ősiség, in: MÁRKUS (Hrsg.), Magyar Jogi Lexikon, Bd. 5, 2006 [1904], S. 790.

485 DILCHER, Paarformeln in der Rechtssprache des frühen Mittelalters, 1961, S. 61–66; SCHMIDT-WIEGAND, Paarformeln, in: HRG, Bd. 3, 1984, Sp. 1387.

486 Schemnitzer StadtRB, Art. 8.

487 Ofner Stadtrechtsbuch Art. 42. Vgl. Gesetzesartikel 1435:I, § 1 (BAK, ENGEL, SWEENEY (Übers., Hrsg.), HARVEY (JR.) (Mitarb.), The Laws of the Medieval Kingdom of Hungary, Bd. 2: 1301–1457, 1992, S. 64).

488 Schemnitzer StadtRB, Art. 30, 31.

489 Ebd., Art. 34.

490 Ilpo Tapani Piirainen bezeichnete diese Handschrift als Prachtcodex. Die Handschrift ist vor 1513 entstanden (PIIRAINEN, Das Stadt- und Bergrecht von Banská Štiavnica/Schemnitz, 1986, S. 18, Nr. 2).

Worten oder mit Taten erfolgt war. Eine verhältnismäßig milde Strafe war für die Friedensstörung mit Worten vorgesehen: In diesem Fall wurde der Angeklagte nach Ermessen des Richters und der Geschworenen bestraft, häufig mit Proskription.[491] Erfolgte die Friedensstörung hingegen durch eine Tat, sah das Schemnitzer Rechtsbuch die Todesstrafe vor.

Zur Friedenswahrungsfunktion des Stadtregiments gehörte die Aufrechterhaltung des städtischen Friedens auch während des Marktes, dessen Störung besonders streng sanktioniert wurde, wobei der Tatbestand detailliert beschrieben wurde. Für die Friedensstörung mit Körperverletzung wurde eine Spiegelstrafe – hier Handabschlagen – vorgesehen. Hatte der Täter ein Schwert, fand der Friedensbruch vor den Geschworenen statt oder mittels einer verbotenen Waffe, wurde eine Gefängnisstrafe angedroht.[492]

Ein in den deutschen Rechtsquellen bereits etablierter Tatbestand, die Verletzung des Hausfriedens,[493] kommt als „Heimsuchung" auch im Schemnitzer Stadtrechtsbuch vor[494] und ist auch im „Silleiner Rechtsbuch" nachweisbar. Die Stellen im „Silleiner"[495] und „Ofner Stadtrechtsbuch"[496] zeigen, dass die Heimsuchung als Rechtsbegriff weit verbreitet war. Gemäß der Schemnitzer Rechtsquelle droht dem Täter, der sich der Heimsuchung schuldig gemacht hat, die Enthauptung, wobei die Beweislast bei den Geschädigten liegt. Hier kam der Eid zu ‚selbsieben' ebenfalls zur Anwendung, mit dem sich der vom Tatort geflohene Angeklagte mit sechs weiteren Eidleistern selbst entlasten konnte. An dem Stadtrecht von Schemnitz orientierten sich weitere Bergstädte; das Schemnitzer Stadtrecht war vor allem in der führenden Stadt der oberungarischen Bergstädte,[497] Göllnitz, richtungsweisend.[498]

Die deutschrechtlichen Rechtsinstitute im Schemnitzer Stadtrechtsbuch deuten also auf eine intensive Wechselwirkung zwischen den Stadtrechten innerhalb Ostmitteleuropas hin. Vergleichende Quellenstudien belegen, dass in den Rechtsaufzeichnungen von Sillein, Ofen und Schemnitz gleiche Rechtsbegriffe verwendet wurden.

---

491 CSUKOVITS, Bűn és büntetés a középkori városi gyakorlatban, in: DERS., LENGYEL (Hrsg.), Bártfától Pozsonyig, 2005, S. 208.

492 Schemnitzer StadtRB, Art. 7, 35.

493 KANNOWSKI, Hausfrieden, in: ²HRG, Bd. 2, 2012, Sp. 804; HOLZHAUER, Heimsuchung, in: LexMa, Bd. 4, 1989, Sp. 2036.

494 Schemnitzer StadtRB, Art. 30.

495 Silleiner Rechtsbuch, Art. 202.

496 Ofner Stadtrechtsbuch Art. 159.

497 GLETTLER, Zips, in: SUNDHAUSSEN, CLEWING (Hrsg.), Lexikon zur Geschichte Südosteuropas, 2016, S. 1058; CHALUPECKÝ, Die Zipser Deutschen in ihrer Vielfalt, in: MEIER (Hrsg.), Historisch-philologische Untersuchungen zu deutschsprachigen Handschriften aus der Slowakei, 2015, S. 103f.

498 HOENSCH, Die Zipser, in: GRIMM, ZACH (Hrsg.), Die Deutschen in Ostmittel- und Südosteuropa, Bd. 1, 1995, S. 146; PAPSONOVÁ, Geographische Namen der Zips im Spiegel der Kulturgeschichte, in: KRIEGLEDER, SEIDLER, TANCER (Hrsg.), Deutsche Sprache und Kultur in der Zips, 2007, S. 25; ZYCHA, Das böhmische Bergrecht des Mittelalters auf Grundlage des Bergrechts von Iglau, Bd. 1: Die Geschichte des Iglauer Bergrechts und die böhmische Bergwerksverfassung, 1900, S. 84f.

3. Ausblick auf weitere auswärtige Impulse

Für die mittelalterliche Rechtsentwicklung in den Städten auf dem Gebiet der Slowakei ist vor allem die Vielfalt der Rechtsimpulse charakteristisch.[499] Unter den Einflüssen, die diese multikulturelle Landschaft in Ostmitteleuropa erreichten, spielte das Sächsisch-magdeburgische Recht auch in der Slowakei eine entscheidende Rolle.

Während der Einfluss des Sächsisch-magdeburgischen Rechts im Siedlungsgebiet der Zipser Sachsen nachgewiesen werden kann, zeigt das Rechtsleben der Donaustädte Impulse des *Wiener* Rechts, wie im Folgenden gezeigt wird. Grundlage für den Rechtstransfer zwischen Wien und Pressburg waren die geographische Nähe sowie die wirtschaftliche Gemeinschaft entlang der Donau.[500] Der Fluss ist – wie die Elbe in Böhmen – das Medium für den Kulturtransfer[501] und somit auch für den Rechtstransfer.

Der Donauhandel eröffnete insbesondere ab dem 15. Jahrhundert neue Verbindungen zu den oberdeutschen Städten. Kaufleute aus Nürnberg und Augsburg hatten ihre Tätigkeit in Pressburg ausgebaut, und durch den Tuchhandel entstanden Handelsverbindungen auch nach Köln und Aachen.[502] Genauso eine wichtige Rolle hatte in Pressburg der Handel mit Kaufleuten aus Böhmen, Mähren und Polen. So zahlten z. B. Tuchhändler aus Brünn und Olmütz als Abgabe für die Einfuhr ihrer Waren den Dreißigt (*tricesima*).[503] Die wirtschaftlichen Beziehungen zwischen den Donaustädten zeigen sich u. a. in der Übernahme von Zunftordnungen. So wurde z. B. eine Bäckerordnung aus Wien aus dem Jahre 1453 in das Pressburger Stadtrechtsbuch aufgenommen.[504]

Auch im Kriegsfall blieb die Beziehung der Donaustädte eng. Die Ofener Bürger flüchteten nach der Eroberung von Ofen (1541) in Städte, die eine ähnliche Rechtsstellung und ein verwandtes Stadtrecht besaßen. Die Donauhandelsstadt Pressburg, die ebenfalls zum Kreis der Tavernikalstädte gehörte, war ein bedeutender Zufluchtsort. Nach 1541, also nach der Flucht aus Ofen, tagte auch das Gericht des Tarnakmeisters nun mit Gesandten von sechs Städten in Pressburg.[505]

---

499 KARPAT, Die Rechtsgeschichte Ungarns als eines Vielvölkerstaates, in: GRASS, OGRIS (Hrsg.), Festschrift Hans Lentze, 1969, S. 348–350.

500 SZENDE, Buda and the Urban Development of East Central Europe, in: NAGY, RADY, SZENDE, VADAS (Hrsg.), Medieval Buda in Context, 2016, S. 528; LUKAČKA, Verkehrs- und Handelsbeziehungen zwischen den Städten Wien, Preßburg und Ofen bis zur Mitte des 15. Jahrhunderts, in: MARSINA (Hrsg.), Städte im Donauraum. Bratislava-Preßburg 1291–1991, 1993, S. 159–168.

501 Zu den historischen Grundlagen des Kulturtransfers entlang der Donau siehe HARDT, Die Donau als Verkehrs- und Kommunikationsweg zwischen der ostfränkischen Residenz Regensburg und den Zentren an der mittleren Donau im 9. Jahrhundert, in: FREUND, HARDT, WEIGEL (Hrsg.), Flüsse und Flusstäler als Wirtschafts- und Kommunikationswege, 2007, S. 103–120.

502 MILITZER, Kölner Kaufleute in Preßburg und im Donauraum im 14. und 15. Jahrhundert, in: MARSINA (Hrsg.), Städte im Donauraum, 1993, S. 121–134.

503 KIRÁLY, Pozsony város joga a középkorban, 1894, S. 222f.

504 Ebd., S. 18, 187, 405.

Für die Tavernikalstädte Kaschau, Pressburg, Tyrnau, Bartfeld und Eperies sind die Ursprünge des Stadtrechts innerhalb des Königreichs Ungarn zu suchen. Das Beispiel von Eperies zeigt aber, dass zu den städtischen Rechtsquellen in einer späteren Zeit – spätestens im 16. Jahrhundert – das Sächsisch-magdeburgische Recht hinzugefügt wurde. Dazu passend fand man Quellen des Sächsisch-magdeburgischen Rechts zusammen mit den Verfahrensregeln des Appellationsgerichts des Tarnakmeisters im dortigen Stadtarchiv.[506] Es handelt sich um zwei Leipziger Sachsenspiegel-Drucke aus den Jahren 1539 und 1561.[507] Einer davon, ein Druck des Verlegers Nicolaus Wolrab aus dem Jahr 1539, wurde gemäß eines Eintrags aus dem Jahre 1550 von der Stadt Eperies gekauft. Auf den amtlichen Gebrauch weist der Eintrag am Anfang des Buches hin: „In usum civitatis Eperies". Im Zusammenhang mit der Rolle des auswärtigen Rechts brachte Richard Marsina treffend zum Ausdruck, dass das deutsche Recht an die lokalen Bedingungen angepasst und dann weiterentwickelt wurde.[508] In diesem Fall wurde aus praktischen Gründen das Stadtrecht mit dem Sächsisch-magdeburgischen Recht vermengt.

Zum Einflussbereich süddeutscher Stadtrechte rechnet man das Stadtrecht von Kaschau, das ursprünglich als Privilegienrecht einzuordnen ist. Die Anjou-Könige sicherten der Stadt zwischen 1319 und 1347 umfangreiche Freiheiten zu; dazu gehörten die Befreiung vom Zoll in den Gebieten der Komitate Zemplín und Aba bis zur Theiß und die freie Richterwahl bzw. die Erweiterung der Kompetenzen des städtischen Gerichts.[509]

1347 verlieh dann König Ludwig I. der Stadt Kaschau Freiheiten nach dem Ofner Recht.[510] Die vor der osmanischen Herrschaft nach Kaschau fliehenden Ofener Bürger oder die am Handel mit Polen[511] beteiligten Kaufleute konnten danach das Magdeburger Recht nach Kaschau vermitteln.[512] Grundlage dafür war die sogenannte Cromer-Handschrift des Ofner Stadtrechtsbuches mit Stellen aus dem „Sächsischen Weichbild"; diese Handschrift wurde nach der Flucht aus Ofen in der

---

505 MERTANOVÁ, Die Stellung von Preßburg in dem Berufungswesen der Tavernikalstädte (14.–16. Jh.), in: MARSINA (Hrsg.), Städte im Donauraum. Bratislava-Preßburg 1291–1991, 1993, S. 218.

506 OPPITZ, Deutsche Rechtsbücher des Mittelalters, Bd. 2, 1990, S. 772, Nr. 1292a.

507 IVÁNYI, Az irás és könyvek Eperjesen a XV–XVI. században, in: Magyar Könyvszemle (Új folyam) 19,2–4 (1911), S. 226.

508 MARSINA, Városfejlődés a Felvidéken, a mai Szlovákia területén a XV. század elejéig, in: Világtörténet 26 (1976), S. 49; CHALUPECKÝ, Stadtrechte im Gebiet der heutigen Slowakei, in: Karpaten Jahrbuch 63 (2012), S. 44.

509 WEGER, GÜNDISCH, Kaschau/Košice, 2013, S. 27.

510 ŠTEFÁNIK, LUKAČKA, Lexikon stredovekých miest na Slovensku, 2010, S. 202, 213; MAROSI, PETROVICS, Kassa, in: KRISTÓ (Hrsg.), ENGEL, MAKK (Red.), Korai magyar történeti lexikon (9–14. század), 1994, S. 333; FÜGEDI, Kaschau, in: LexMa, Bd. 5, 1991, Sp. 1027f.

511 Die Stadt Kaschau schloss 1324 einen Handelsvertrag mit Krakau ab (s. FÜGEDI, Kaschau, in: LexMa, Bd. 5, 1991, Sp. 1028).

512 Dazu NIKOLICZA, Krakkó jelentősége a Budai Jogkönyv forráskapcsolataiban/Kraków's Significance in the Sources of the Buda Law Book, in: Közös úton, 2016, S. 97f.

zweiten Hälfte des 16. Jahrhunderts verfasst. Der erste Besitzer war, folgt man Mollay, der Kaschauer Bürger und Geschworene Leonart Cromer;[513] dazu passt eine Eintragung in der Handschrift, die auf das Jahr 1560 verweist.

Durch die Vermittlung des Rechts der Donaustädte, in diesem Fall des Ofner Stadtrechts, kamen auch Impulse des süddeutschen Rechtskreises in die nördlichen Tavernikalstädte. So lassen sich Eperies und Bartfeld als königliche Freistädte einordnen, in denen sowohl das Recht aus den süddeutschen Städten als auch das Sächsisch-magdeburgische Recht einen gewissen Einfluss ausgeübt hat. Städte wie Eperies ordnet die heutige slowakische Stadtrechtsforschung neben den Städten des Sächsisch-magdeburgischen Rechts und den Städten mit süddeutschen Impulsen der oben (*S. 56*) erwähnten dritten Städtegruppe zu.

Zur vielfältigen Prägung des Stadtrechts in der Slowakei[514] hat außerdem wesentlich das *ius commune* beigetragen. Die römischrechtlichen Traditionen vermittelten die rechtskundigen Studenten und die städtischen Honoratioren auch in die Städte des Königreichs Ungarn.[515] Außerdem markieren die Fundorte der romanistisch geprägten Handschrift „Summa legum" den Weg des *ius commune* in die Städte:[516] Exemplare der „Summa legum" sind in Eperies und Bartfeld gefunden worden; auch in den Archiven der Stadt Pressburg ließ sich diese Arbeit finden.[517] Die romanistischen Einflüsse können auch auf die Ausstrahlung der Krakauer und Wiener Universitäten in das Königreich Ungarn zurückgeführt werden.

In den Städten der Slowakei bildete sich also parallel zum Landesausbau eine vielfältige Rechtskultur heraus, deren Bestandteil auch das Sächsisch-magdeburgische Recht war. Dieses historische Erbe ist vor allem in den Rechtsaufzeichnungen nachweisbar. Die auswärtigen Impulse erfolgten zur Zeit des Ausbaus der kommunalen Städte zusammen mit dem Aufschwung des Handels und Bergbaus. Die vielfältigen Rechtseinflüsse sind auch auf die Wechselwirkung mit anderen Stadtrechten zurückzuführen, u. a. auf die Vermittlung des Ofner Stadtrechts. Die Wirkung des Sächsisch-magdeburgischen Rechts zeigt daher weitere Beispiele der stadtrechtlichen Verbindungen dieser facettenreichen rechtshistorischen Städtelandschaft und belegt die *memoire culturelle* des ostmitteleuropäischen Rechtskulturraums.

---

513 Mollay, A Budai Jogkönyv magyar szórványai, in: Magyar Nyelv 54 (1958), S. 461.

514 Švecová, Laclavíková, [Rezension zu:] Katalin Gönczi, Wieland Carls, Sächsisch-magdeburgisches Recht in Ungarn und Rumänien, Berlin 2013, in: Czasopismo Prawo-Historyczne 68,1 (2016), S. 303–308.

515 Blaho, Das Fortleben des Römischen Rechts in der Slowakei, in: Zeitschrift für Ostmitteleuropa-Forschung 58,3 (2009), S. 331; Caproş, Students from Košice at Foreign Universities Before and During the Reformation Period in the Town, 2010.

516 Gönczi, Ungarisches Stadtrecht aus europäischer Sicht, 1997, S. 189–195.

517 Gál (Hrsg.), Die Summa legum brevis, levis et utilis des sogenannten Doctor Raymundus von Wiener-Neustadt, (2 T. in 1 Bd.), 1926, S. 14, 19.

C. Forschungsüberblick zu den Untersuchungsgebieten Tschechien und Slowakei (*Wieland Carls*)

Vorbemerkungen

Wie schon in den vorangegangenen Untersuchungsbänden des Projekts[1] soll auch hier die Forschungsgeschichte zum Transfer und zur Rezeption des Sächsisch-magdeburgischen Rechts im Untersuchungsgebiet Tschechien/Slowakei kurz skizziert werden, wobei einzelne Vertreter der verschiedenen Epochen und Fachgebiete genannt werden, ohne den Anspruch auf Vollständigkeit zu erheben.[2] Eine gesonderte Behandlung der beiden Untersuchungsgebiete erwies sich im Hinblick auf die Forschungsgeschichte als nicht praktikabel, da hier häufig auch länderübergreifend gearbeitet wurde, weshalb die Untersuchungen sowohl zur Slowakei als auch zu Tschechien bzw. Böhmen und Mähren zusammen betrachtet werden. Auch wurden viele der im Folgenden genannten Forscher und ihre Arbeiten schon in den Bänden zu den Untersuchungsgebieten Polen und Ungarn/Rumänien[3] vorgestellt, da es hier Überschneidungen gibt. Die Einteilung in vier Zeitabschnitte orientiert sich ebenfalls an den früheren Publikationen des Projekts und soll lediglich sich unterscheidende Akzente in der Forschung markieren. Die genannten Forscherinnen und Forscher haben nicht alle explizit zum Sächsisch-magdeburgischen Recht gearbeitet, sind aber aufgrund ihrer Untersuchungen zu vergleichbaren Stadt-, Land- oder Bergrechten für das Verständnis des Rechtslebens und seiner Entwicklung in den Untersuchungsgebieten hier zu nennen. Politische und ideologische Aspekte, von denen die Forschung zum Magdeburger Recht zu unterschiedlichen Zeiten beeinflusst war und sicher auch noch ist, wurden bereits im Projektband zum Untersuchungsgebiet Polen[4] wie auch im Aufsatz „Deutsches Recht im Osten"[5] von Heiner Lück beschrieben und sollen hier nur am Rande erwähnt werden, auch wenn sie selbstverständlich auch für die Forschungen zum Untersuchungsgebiet dieses Bandes Geltung haben.

---

[1] ISMIO Bd. 2; GÖNCZI, CARLS, Sächsisch-magdeburgisches Recht in Ungarn und Rumänien, 2013.

[2] Forschungsgeschichtliche Darstellungen und Hinweise finden sich auch in anderen Kapiteln dieses Bandes (s. z. B. den systematischen Überblick *Kap. E.II.2.–3., 139–147*).

[3] Siehe ISMIO Bd. 2, S. 39–67. u. GÖNCZI, CARLS, Sächsisch-magdeburgisches Recht in Ungarn und Rumänien, 2013, S. 21–39.

[4] ISMIO Bd. 2, Kap. C.

[5] LÜCK, „Deutsches Recht im Osten", in: ZRG GA 26 (2009).

I. Von den Anfängen bis zum ausgehenden 19. Jahrhundert

Wissenschaftliche Auseinandersetzungen im Zusammenhang mit Phänomenen des Rechtstransfers sächsisch-magdeburgischen Rechts ins Untersuchungsgebiet Tschechien/Slowakei lassen sich schon ab der Mitte des 18. Jahrhunderts nachweisen, wobei die Grenze zwischen dem Druck eines Rechtstextes, der noch für die zeitgenössische Rechtsprechung Verwendung finden soll, und einem Werk, das eher wissenschaftliche Interessen verfolgt, nicht immer klar zu bestimmen ist. Einer der Ersten, die sich um die Edition von Bergrechten verdient gemacht haben, war Thomas von Wagner (1759–1817)[6], der in seinem umfangreichen Band von 1791[7] Berggesetze aus verschiedenen Regionen, Herzogtümern und Grafschaften gesammelt hat.[8] Im Kapitel zu Ungarn wird u. a. das Bergrecht von Schemnitz ediert.[9]

Der ungarische Rechtshistoriker Gusztav Wenzel (1812–1891)[10] forschte im 19. Jahrhundert zum Schemnitzer Bergrecht[11], das er – neben anderen Rechtsquellen – auch edierte.[12] Sein Schwerpunkt lag allerdings auf Ungarn, wie seine Arbeiten zum ungarischen Stadt- und Tavernikalrecht belegen.[13]

Ebenfalls editorisch tätig und mit Untersuchungen zu Stadtrechten und der Rechtsgeschichte Böhmens befasste sich der Rechtshistoriker Emil Franz Rössler (1815–1863).[14,15] Rössler lehrte in Wien (1846–1848), war später Privatdozent für deut-

---

[6] Gothaisches Genealogisches Taschenbuch der Freiherrlichen Häuser 69 (1919), S. 1051.

[7] Th. WAGNER (Hrsg.), Corpus Iuris Metallici recentissimi et antiquioris, 1791.

[8] Eingangs führt er unter der Überschrift „Algemeines Verzeichniß von Gergesetzen" die von ihm behandelten Texte nach Regionen geordnet auf. Unter den zahlreichen Abschnitten finden sich auch Böhmen und Mähren – ganz zu Anfang – sowie später Ungarn und Siebenbürgen.

[9] Die Edition des Schemnitzer Bergrechts folgt nach Piirainen (PIIRAINEN, Das Stadt- und Bergrecht von Banská Štiavnica/Schemnitz, 1986, S. 21 f.) der Handschrift Budapest, Magyar Nemzeti Múzeum, Inv.-Nr. 61.53.C., vor 1513 (HSC ‹ 13806 ›) (s. a. GÖNCZI, CARLS, Sächsisch-magdeburgisches Recht in Ungarn und Rumänien, 2013, S. 131, Anm. 107).

[10] SZINNYEI, „Wenzel *Gusztáv*", in: DERS., Magyar írók élete és munkái, Bd. 14, 1914.

[11] WENZEL, Das alte Stadt- und Bergrecht der königlichen Frey- und Bergstadt Schemnitz in Ungarn aus dem dreyzehnten Jahrhunderte, in: Jahrbücher der Literatur. Anzeigeblatt für Wissenschaft und Kunst 104 (1843).

[12] DERS., Árpádkori új okmánytár = Codex diplomaticus Arpadianus, Bd. 3: 1261–1272 und Bd. 4: 1272–1290, 1862.

[13] DERS., Magyarország városai és városjogai a múltban és jelenben, 1877; DERS., A XV. századi tárnoki jog, in: Értekezések a társadalmi tudományok köréből 5,1 (1878).

[14] NESCHWARA, „Rössler, Emil Franz", in: NDB, Bd. 21, 2003, S. 747 f.; SLAPNICKA, Rössler, Emil Franz, in: Österreichisches Biographisches Lexikon, Bd. 9, 1988, S. 206 f.

[15] RÖSSLER (Hrsg.), Deutsche Rechtsdenkmäler aus Böhmen und Mähren, Bd. 1: Das altprager Stadtrecht aus dem XIV. Jahrhundert; Bd. 2: Die Stadtrechte von Brünn aus dem XIII. und XIV. Jahrhundert, 1845, 1852; DERS., Quellenkunde der Rechtsgeschichte Böhmens, in: Oesterreichische Blätter für Literatur und Kunst 3 (1846), S. 353–356. Seine Ausgabe des Brünner Schöffenbuchs wurde später von Schubart-Fikentscher kritisiert und in den 90er Jahren des zwanzigsten Jahrhunderts von Miroslav Flodr neu ediert (FLODR, Pravní kniha města Brna z poloviny 14. století, Bd. 1–3, 1990, 1992, 1993, *s. u. 90*).

sche Rechtsgeschichte in Göttingen und gilt bei einigen seiner späteren Kollegen mit seinen Untersuchungen zu den Wechselwirkungen des deutschen und slawischen Rechts als Pionier der österreichischen Rechtsgeschichte.[16]

Ausgehend von seinen Forschungen zum Iglauer Stadtrecht versuchte der österreichische Rechtshistoriker Johann Adolf Tomaschek (1822–1898)[17], die gemeinsamen rechtlichen und kulturellen Grundlagen Österreichs und Deutschlands zu belegen. Mit seinen Arbeiten etablierte er die östereichische rechtsgeschichtliche Forschung und Lehre zu einer gleichwertigen Disziplin neben der deutschen und erhielt Anerkennung sowohl für seine Editionen als auch für seine rechtsvergleichenden Arbeiten.[18]

Josef Jireček (1825–1888) muss an dieser Stelle erwähnt werden, obwohl er sich nur am Rande seiner Studien zur tschechischen Literatur und dem Einsatz für die Verbesserung der tschechischen Schulbildung auch mit Stadtrechten beschäftigt,[19] vor allem aber, weil er den Stadtrechtsentwurf Brikcís z Licka[20] zusammen mit seinem Bruder Hermenegild und auch Koldins „Stadtrechte des Königreichs Böhmen" herausgegeben hat.[21] Dieser Gesetzesentwurf, der von Koldin in den Jahren 1565–1569 erarbeitet und 1579 als einheitliches Stadtrecht für das Königreich Böhmen vom Landtag gebilligt, dann 1610 von allen böhmischen und 1697 auch von den Städten in Mähren angenommen wurde, hat die Stadtrechtsentwicklung in Böhmen und Mähren maßgeblich bestimmt.[22] Neueren Forschungen zufolge sind in Koldins Gesetzentwurf Anklänge an römisches Recht, älteres Altprager Recht, böhmische Stadt- und Landrechte, aber auch das sogenannte Ottokarsche Recht von 1269, das als Kompilation aus Brünner-Iglauer und Madeburger Recht verstanden wird, zu erkennen.[23] Hermenegild Jireček (1827–1909)[24] war ebenfalls

---

[16] WAHLBERG, Dr. Emil Franz Rößler [Nachruf], in: Allgemeine österreichische Gerichts-Zeitung 14, 152 (1863), S. 605f.

[17] BRETHOLZ, „Tomaschek, Johann Adolf", in: ADB, Bd. 54, 1908, S. 705f.; OLECHOWSKI, Tomaschek von Stradowa, Johann Adolf Edler, in: Österreichisches Biographisches Lexikon 1815–1950, Bd. 14 [Lfg. 66], 2015, S. 387f.

[18] TOMASCHEK, Deutsches Recht in Österreich im dreizehnten Jahrhundert, 1859; DERS., Recht und Verfassung der Markgrafschaft Mähren im XV. Jahrhundert, 1863; DERS., Der Oberhof Iglau in Mähren und seine Schöffensprüche aus dem 13.–16. Jahrhundert, 1868; DERS., Das alte Bergrecht von Iglau und seine bergrechtlichen Schöffensprüche, 1897.

[19] JIREČEK, O zpořízení práv městských a osudech jejich, in: Právnik XV (1876), S. 253–264.

[20] BRIKCÍ Z LICKA, M. Brikcího z Licka Práva městská, 1880.

[21] JIREČEK (Hrsg.), Codex juris Bohemici, Bd. 4,3.2: Pauli Christiani a Koldín jus municipale regni bohemiae una cum compendio ejusdem juris, 1876. Eine aktuelle Edition dieses wichtigen Stadtrechtstexts wurde 2013 publiziert (MALÝ, SLAVÍČKOVÁ, SOUKUP, SKŘEJPKOVÁ, ŠOUŠA, ŠOUŠA ML., VOJTÍŠKOVÁ, WOITSCHOVÁ (Hrsg.), Práva městská Království českého, 2013).

[22] Vgl. zu Koldin auch *Kap. B, S. 44–45*

[23] Zuletzt Vortrag von Petr Kreuz „Pavel Kristián von Koldíns Prager Stadtrechtsbuch von 1579 im Vergleich mit dem mittelalterlichen Altprager Stadtrecht" im Rahmen der Tagung „Stadtrechte und Stadtrechtsreformationen" in der Heidelberger Akademie der Wissenschaften vom 3.–5.4.2019 (s. Tagungsbericht FALKSON, LEMBERG, PTASHNYK, Tagungsbericht: Stadtrechte und Stadtrechtsrefor-

studierter Jurist und befasste sich noch intensiver als sein Bruder Josef mit der Rechtsgeschichte und auch der Rechtssprache Böhmens und Mährens. Neben seinen Aufsätzen und Monographien zu verschiedenen rechtshistorischen und rechtssprachlichen Themen[25] gilt vor allem seine Edition der böhmischen Rechtsquellen[26] als bahnbrechende Forschung und Grundlage für zahlreiche Studien zur Rechtsgeschichte Böhmens und auch darüber hinaus.

Außerdem seien für das 19. Jahrundert noch folgende Wissenschaftler genannt, auch wenn ihre Publikationen z. T. erst nach der Jahrtausendwende erschienen sind: Ferdinand Bischoff (1826–1915)[27] und Alfred Fischel (1853–1926)[28], die u. a. auch zum Olmützer Recht[29] geforscht haben sowie Julius Lippert (1839–1909),[30] der sozial-, religions- und stadtgeschichtlich, aber auch zum Leitmeritzer Schöffenstuhl gearbeitet hat.[31] Lippert vertritt die Position der kulturellen Dominanz des Deutschen gegenüber dem Slawischen und seine Darstellung geht bisweilen ins Polemische, z. B. wenn er die Segnungen, die die Deutschen u. a. nach Leitmeritz gebracht haben, betrachtet und bedauert, dass diese nun mit dem Einzug der Hussiten verboten wurden.[32] Dennoch sind seine Beschreibungen der tschechischen Rechtsbücher und ihr Vergleich mit den deutschsprachigen Vorlagen sehr detail- und kenntnisreich.[33]

II. Das 20. Jahrhundert bis zum Ende des Zweiten Weltkriegs

Eine deutliche Zäsur lässt sich im Hinblick auf die Forschung zu rechtshistorischen Themen in Bezug zum Untersuchungsgebiet beim Übergang vom 19. zum

mationen, 03.04.2019–05.04.2019 Heidelberg, in: H-Soz-Kult, 23.05.2019).

[24] Österreichisches Biographisches Lexikon, Bd. 3, 1965, S. 117.

[25] Jireček (Hrsg.), Spisy právnické o právu českém v XVI-tém století, 1883; ders. (Hrsg.), Právnický život v Čechách a na Moravě v tisícileté době od konce IX. do konce XIX století, 1903; ders., Prove, 1904.

[26] Ders. (Hrsg.), Codex juris Bohemici, Bd. 1–5,3, 1867–1898.

[27] Mayer-Maly, „Bischoff, Ferdinand“, in: NDB, Bd. 2, 1955, S. 262f.

[28] Österreichisches Biographisches Lexikon, Bd. 1, 1957, S. 319.

[29] Bischoff, Deutsches Recht in Olmütz, 1855; ders., Über das älteste Olmützer Stadtbuch, 1877; Fischel (Hrsg.), Die Olmützer Gerichtsordnung, 1903; ders., Beiträge zur Geschichte des deutschen Rechts in Böhmen, in: Mittheilungen des Vereines für Geschichte der Deutschen in Böhmen 44 (1906), S. 145–209; ders., Das angebliche Kolonistentum der Deutschen Böhmens und Mährens, in: Zeitschrift des Deutschen Vereines für die Geschichte Mährens und Schlesiens 24 (1922).

[30] Tönnies, „Lippert, Julius“, in: NDB, Bd. 14, 1985, S. 658f.

[31] Lippert, Das Recht am alten Schöppenstuhle zu Leitmeritz und seine Denkmäler, in: Mittheilungen des Vereines für Geschichte der Deutschen in Böhmen 6 (1868), S. 101–116, 165–173.

[32] „Die Rechtsgelehrten der Husiten erklärten zwar sodann mit großem Lärmen sämmtliche deutsche Rechte für abgeschafft, in der Praxis aber kamen gerade sie, nachdem sie in die Städte gedrungen waren, mit jeder läppischen Bagatelle – vor den Schöffenstuhl von Magdeburg.“ (ebd., S. 107).

[33] Ebd., S. 165–172.

20. Jahrhundert nicht feststellen. Allerdings scheint das Interesse an den Zusammenhängen zwischen dem Deutschen Recht und den Rechtsordnungen Böhmens, Mährens und der Slowakei zuzunehmen und das Spektrum der untersuchten Themen weitet sich. Viele der im Folgenden genannten Forscher – Frauen sind zu dieser Zeit noch die Ausnahme[34] – waren auch noch nach dem Zweiten Weltkrieg tätig, begannen ihre Arbeit aber bereits zu Beginn des 20. Jahrhunderts. Dass sich auf diese Forscher die politischen Verhältnisse vor und nach dem 1. Weltkrieg und vor allem in der Zeit des Nationalsozialismus ausgewirkt und ihre Arbeiten geprägt haben, wird hier nur am Rande in den Blick genommen. Eine tiefgreifende Analyse dieser Implikationen kann im Rahmen dieser Untersuchung nicht geleistet werden. Für die „Geschichtsschreibung in den böhmischen Ländern im 20. Jahrhundert" wurde das Wissen 2003 im Rahmen einer Tagung zusammengetragen und 2006 publiziert.[35] Die Rechtsgeschichte spielt hier allerdings kaum eine Rolle und scheint nur am Rande auf. Dennoch sind die Beobachtungen, die im Hinblick auf die Historiker jener Zeit gemacht wurden, zum Teil sicher übertragbar.

Ein Repräsentant für diesen Zeitabschnitt ist Adolf Zycha (1871–1948)[36] der sowohl mit ganz allgemeinen Studien zur Rechtsgeschichte in Böhmen[37] als auch zu stadtgeschichtlichen Themen[38] und nicht zuletzt speziell zu den Bergrechten gearbeitet hat.[39]

Ein ebenfalls sehr breites Forschungsspektrum findet sich bei dem Prager Rechtshistoriker Otto Peterka (1876–1945)[40], der zwar nicht zu den Bergrechten, dafür aber u. a. zur Braugerechtigkeit, zum Wasser- und Gewerberecht und zu den Einflüssen des römischen Rechts in Böhmen und Mähren geforscht hat.[41] Zusammen mit seinem Prager Kollegen Wilhelm Weizsäcker publizierte er „Beiträge zur Rechtsgeschichte von Leitmeritz".[42]

---

[34] Genannt werden muss hier natürlich Getrud Schubart-Fikentscher.

[35] BRENNER, FRANZEN, HASLINGER, LUFT (Hrsg.), Geschichtsschreibung zu den böhmischen Ländern im 20. Jahrhundert, 2006.

[36] ERLER, Zycha, Adolf, in: HRG, Bd. 5, 1998, Sp. 1871 f.

[37] ZYCHA, Prag, 1912.

[38] DERS., Über den Ursprung der Städte in Böhmen und die Städtepolitik der Přemysliden, 1914.

[39] DERS., Das Recht des ältesten deutschen Bergbaues bis ins 13. Jahrhundert, 1899; DERS., Das böhmische Bergrecht des Mittelalters auf Grundlage des Bergrechts von Iglau, Bd. 1: Die Geschichte des Iglauer Bergrechts und die böhmische Bergwerksverfassung; Bd. 2: Die Quellen des Iglauer Bergrechts, 1900; DERS., Über den Ursprung der deutschen Bergbaufreiheit und deren Verhältnis zum Regal, in: ZRG GA 24 (1903), S. 338–347.

[40] Eine ausführliche biografische Würdigung Peterkas hat Walter Doskocil anlässlich seines 100. Geburtstags verfasst (DOSKOCIL, Ein Prager Gelehrtenleben, in: Bohemia 18 (1977), S. 380–391).

[41] PETERKA, Die bürgerlichen Braugerechtigkeiten in Böhmen, 1917; DERS., Das Wasserrecht der Weistümer, 1905; DERS., Das Gewerberecht Böhmens im 14. Jahrhundert, 1909; DERS., Ursachen und Wege der Rezeption des Römischen Rechtes in Böhmen und Mähren, in: Zeitschrift für Geschichte der Sudetenländer 7 (1944).

[42] PETERKA, WEIZSÄCKER, Beiträge zur Rechtsgeschichte von Leitmeritz, 1944.

Josef Grunzel[43] (1866–1934), ein österreichischer Nationalökonom, studierter Staatswissenschaftler, Orientalist und Jurist, der vor allem zu wirtschaftlichen Themen publizierte, widmete sich in seiner einzigen juristischen Abhandlung „Uiber deutsche Stadtrechte in Böhmen und Mähren"[44] sehr ausführlich den verschiedenen Einflüssen auf die Rechtsentwicklung in diesen Gebieten. Neben dem Magdeburger Stadtrecht, das in Leitmeritz und Olmütz und den von diesen Städten abhängigen Gerichten über lange Zeiten wirksam war, sind es verschiedene süddeutsche Rechte (Regensburg, Nürnberg) die für die Rechtsentwicklung prägend waren. In zwei Abteilungen – I. Aeußere Rechtsgeschichte (S. 128–154), II. Innere Rechtsgeschichte (S. 129–145, 263–280, 348–357) – stellt Grunzel auch Bezüge zu benachbarten Regionen und Ländern, wie Schlesien und Ungarn her, wo unter anderem über die Bergrechte Zusammenhänge auszumachen sind. Im Detail vergleicht er die verschiedenen Rechte nicht nur im Hinblick auf die Verfasstheit der einzelnen Städte und ihrer Gerichte, sondern auch auf Regelungen zu „Mord und Todtschlag" (S. 139–142), „körperliche Verletzungen" (S. 142–145), „Real- und Verbalinjurien" (S. 263–266), „Heimsuchung" (S. 266–268), „Diebstahl und Raub" (S. 268–270), „Nothzucht" (S. 270–272), „Mädchenraub", „Ehebruch", „Bigamie" (S. 272–274), „Bruch des vom Richter auferlegten Friedens" (S. 274f.), „Brandstiftung" (S. 275f.), „betrügerische Handlungen" (S. 277f.), „Blasphemie" (S. 277) und allgemein zum „Strafsystem" (S. 277–280). Am Schluss seiner Ausführungen steht das Privatrecht, das er in den von ihm untersuchten Stadtrechten allgemein als eher unterrepräsentiert beschreibt (S. 348–357). Ausnahmen bilden hier das eheliche Güterrecht und das Erbrecht. Im einzelnen geht Grunzel in diesem Abschnitt noch auf die „Versetzung des unbeweglichen Vermögens", das „Faustpfand", den „Kaufvertrag", die „Bürgschaft" und das „Anefangverfahren" sowie auf „Erblichkeit von Schulden", „eheliches Güterrecht", „testamentarisches Erbfolgerecht", „Vormundschaft" umd auf Bestimmungen zum „Gerichtsverfahren" ein. Er bietet so einen sehr umfassenden Überblick über die verschiedenen Rechte, ihre Gemeinsamkeiten und Unterschiede und berücksichtigt auch die Veränderungen der Gerichtszuständigkeiten im Laufe der Zeit.

Der tschechische Historiker Václav Chaloupecký (1882–1951) ist hier vor allem wegen seiner Edition der Übersetzung des „Silleiner Stadtrechts" von 1473 zu nennen, die er 1934 versehen mit einer ausführlichen Einleitung und einem Bericht von Rudolf Rauscher zur deutschen Vorlage dieses Rechtsbuchs von 1378 publiziert hat.[45] Außerdem hat er eine mittelalterliche Brief- und Urkundensamm-

---

[43] Auch Gruntzel.

[44] GRUNZEL, Uiber [Ueber] die deutschen Stadtrechte Böhmens und Mährens, in: Mittheilungen des Vereines für Geschichte der Deutschen in Böhmen 30–32 (1892, 1893, 1894), S. 129–145, 263–280, 348–357.

[45] CHALOUPECKÝ, Kniha Žilinská, 1934. Siehe auch *Kap. D.III.2., S. 121*.

lung aus der Slowakei herausgegeben, die auch für sprachgeschichtliche Untersuchungen von großer Bedeutung ist.[46]

Rudolf Rauscher (1896–1941), selbst tschechischer Rechtshistoriker, hat nicht nur den Bericht in Chaloupeckýs Edition verfasst[47], sondern auch zahlreiche eigene Pulikationen zur schlesischen, slowakischen und tschechischen Geschichte und Rechtsgeschichte.[48] Er hat an der Karlsuniversität in Prag studiert und wurde dort auch nach Studienaufenthalten in Krakau, Warschau, Posen und Lemberg mit seiner Arbeit zum Erbe im böhmischen Landrecht[49] habilitiert. Rauscher war zunächst außerordentlicher Professor für Rechtsgeschichte in Mitteleuropa an der juristischen Fakultät in Prag und ab 1926 an der Comenius-Universität in Bratislava, wo er 1930 zum ordentlichen Professor ernannt wurde und bis 1938 erfolgreich gearbeitet hat, was sich auch an seinem Engagement in verschiedenen wissenschaftlichen Gesellschaften ablesen lässt. Er war ordentliches Mitglied der „Šafárikova Učená spoločnosť" (der Vorgängergesellschaft der Slowakischen Akademie der Wissenschaften), des „Slawischen Instituts" (Slovanský ústav) und der „Gesellschaft zur Erforschung nationaler Fragen" (Společnost pro studium národnostních otázek) in Prag sowie korrespondierendes Mitglied der Prager „Königlich böhmischen Gesellschaft der Wissenschaften" (Královská česká společnost nauk) und auch der Wissenschaftlichen Gesellschaft von Lemberg (Towarzystwo Naukowe we Lwowie).

Nachdem die Slowakei 1938 autonom geworden war, wurde Rauscher von Bratislava an die Masaryk-Universität in Brno versetzt, wo er seine Arbeit im März 1939 aufnahm, aber schon am 17. November desselben Jahres wieder beenden musste, da die Universität geschlossen wurde. Als Privatgelehrter publizierte er noch 1941 einen Aufsatz über das älteste mährische Gesetz[50] bevor er im November 1941 nach einer Durchsuchung seiner Wohnung durch die Gestapo an den Folgen eines Herzinfarkts starb.

Der wissenschaftliche Werdegang des in Prag geborenen Juristen und Rechtshistorikers Wilhelm Weizsäcker (1886–1961) beginnt noch in der Kaiserzeit kurz nach der Jahrhundertwende und reicht dann bis über die Mitte des 20. Jahrhunderts. Weizsäcker war zunächst Richter in Böhmen, nach dem ersten Weltkrieg in

---

[46] Ders., Středověké listy ze Slovenska, 1937.

[47] Dieser Text ist apart in erweiterter Form bereits 1933 erschienen: Rauscher, O žilinském právu magdeburském německým jazykem sepsaném z roku 1378/Das Silleiner Rechtsbuch aus d. J. 1378, 1933.

[48] Ders., Slovenské právní dějiny v rámci dějin práva ve střední Evrope, 1927; ders., Přehled dějin právních pramenů na Slovensku, 1930; ders., Soudní knihy osvětimské a zátorské z r. 1440–1562, 1931; ders., O nálezech zemského soudu českého do XVI. století, 1933; ders., K otázce vzniku zemského soudu v Čechách, in: Hexner (Hrsg.), Pocta k šesdesiatym narodeninám dr. K. Laštovku, 1936, S. 344–359.

[49] Ders., Dědické právo podle českého práva zemského, 1922.

[50] Ders., Nejstarší moravský zákon, in: Časopis pro právní a státní vědu 24 (1941), S. 115–124.

der Tschechoslowakei, nahm dann nach seiner Habilitation in den 1920er Jahren zunächst eine Stelle als Privatdozent, dann als außerordentlicher Professor in Prag an der Deutschen Universität wahr und wurde dort 1930 ordentlicher Professor.[51] Seine rechtswissenschaftlichen Forschungen begannen mit Arbeiten zur Verbreitung des deutschen Rechts[52] sowie zum sächsischen und böhmischen Bergrecht[53] und allgemein zum Bergbau[54]. Später folgten Untersuchungen sowie Editionen von Schöffensprüchen und Bergrechten.[55] Aufgrund seines offenen Engagements für den Nationalsozialismus sind seine Arbeiten umstritten, auch wenn seine Forschungen selbst diese Ideologie nicht unbedingt widerspiegeln. Fritz Markmann hatte ihn als Direktor des von ihm gegründeten „Instituts zur Erforschung des Magdeburger Stadtrechts e. V." vorgesehen. Weizsäcker lehnte dieses Angebot allerdings wegen anderer Belastungen und auch wegen der räumlichen Entfernung ab, woraufhin Theodor Görlitz die Leitung des Instituts 1941 übernahm. Nach dem Krieg arbeitete Weizsäcker erst in München und war später Mitarbeiter des „Deutschen Rechtswörterbuchs" und Honorarprofessor in Heidelberg.

Gertrud Schubart-Fikentscher (1896–1985) begann ihre Forschungen zur Stadtrechtsgeschichte mit einer Untersuchung über „Das Eherecht im Brünner Schöffenbuch", mit der sie 1933 in Berlin promoviert wurde.[56] Dass sie sich sehr intensiv mit dem Brünner Schöffenbuch beschäftigt hat, stellt sie noch in zwei weiteren Arbeiten zu dieser Quelle unter Beweis. Die editorischen Unzulänglichkeiten der einzigen bis dahin verfügbaren Ausgabe von Rössler[57] benennt sie in

[51] FRANZEN, PEŘINOVÁ (Bearb.), Weizsäcker, Wilhelm (Karl Rudolf), in: DIES., Biogramme der Mitglieder der Historischen Kommission der Sudetenländer im Gründungsjahr 1954, 2011 (zuletzt aktualisiert: 18.12.2015), S. 63–66; zu Weizsäckers wissenschaftlichem und politischem Werdegang hat sich Joachim Bahlcke im mehreren Aufsätzen geäußert (BAHLCKE, „Mit den Waffen der Wissenschaft" – Der sudetendeutsche Jurist und Rechtshistoriker Wilhelm Weizsäcker (1886–1961), in: Berichte und Forschungen. Jahrbuch des Bundesintstituts für ostdeusche Kultur und Geschichte 6 (1998), S. 175–210; DERS., Wilhelm Weizsäcker (1886–1961), Jurist, in: GLETTLER, MÍŠKOVÁ (Hrsg.), Prager Professoren 1938–1948, 2001, S. 391–414; DERS., Wissenschaft im sudetendeutschen Volkstumskampf, in: KOSTLÁN (Hrsg.), FRANC [u. a.] (Mitarb.), Wissenschaft in den böhmischen Ländern, 2004, S. 118–135).

[52] WEIZSÄCKER, Zur Einführung des Magdeburgischen Rechtes in Mähren, in: Wissenschaftliche Vierteljahresschrift zur Prager Juristischen Zeitschrift 2 (1922), Sp. 79–85; DERS., Die Ausbreitung des deutschen Rechts in Osteuropa, in: LOESCH (Hrsg.), ZIEGFELD (Mitarb.), Staat und Volkstum, 1926, S. 549–567; DERS., Eindringen und Verbreitung der deutschen Stadtrechte in Böhmen und Mähren, in: Deutsches Archiv für Landes- und Volksforschung 1 (1937), S. 95–109; DERS., Die Verbreitung des deutschen Stadtrechtes in der Slowakei, in: Karpatenland 13,1–2 (1942/1943), S. 17–23.

[53] DERS., Sächsisches Bergrecht in Böhmen, 1929; WEIZSÄCKER, ZIMMER, System des tschechoslowakischen Bergrechts unter Berücksichtigung des Österreichischen, 1933.

[54] WEIZSÄCKER, Geschichte des Bergbaues in den Sudetenländern, 1928.

[55] DERS. (Bearb.), Magdeburger Schöffensprüche und Rechtsmitteilungen für den Oberhof Leitmeritz, 1943; DERS. (Hrsg.), Das Graupner Bergbuch von 1530 nebst einem Bruchstücke des Graupner Bergbuchs von 1512, 1932.

[56] SCHUBART-FIKENTSCHER, Das Eherecht im Brünner Schöffenbuch, 1935.

[57] RÖSSLER (Hrsg.), Deutsche Rechtsdenkmäler aus Böhmen und Mähren, Bd. 2: Die Stadtrechte von Brünn aus dem XIII. u. XIV. Jahrhundert, nach bisher ungedruckten Handschriften, 1852.

einem längeren Aufsatz von 1937[58] der aber vor allem Beobachtungen zur Struktur, zum Inhalt und zur rechtshistorischen Bedeutung des Schöffenbuchs enthält. Den Einflüssen des Römischen Rechts, die sich im Brünner Schöffenbuch nachweisen lassen, widmet sie dann 1947 einen Aufsatz, mit dem sie an ihre Forschungen aus der Zeit vor dem Zweiten Weltkrieg anknüpft.[59] Die Erkenntnisse zu der „beginnenden Aufnahme fremder Rechte"[60] im Brünner Schöffenbuch gehen offensichtlich zurück auf Vorarbeiten zu einer Neuedition dieser Quelle, der sie als Leithandschrift den Codex Johannis zugrunde legen wollte.[61] Ihre Analyse kommt zu dem Schluss, dass der Schreiber Johannes vor allem seine Kenntnisse des gelehrten Rechts zur Schau stellen wollte und sich noch keine Synthese zwischen deutschem und römischem Recht feststellen lässt.

> „Das deutsche Recht ist hier in Brünn um die Mitte des 14. Jh.s noch unverletzt. Das bisherige blieb erhalten und wurde nur durch fremde Zutaten ergänzt. Dies alles ist noch sehr neu und nicht verarbeitet, ja man hat an vielen Stellen klar den Eindruck, als ob es bis dahin keinesfalls gegolten habe. Aber es ist doch ein Anfang der Rezeption, das läßt sich hier recht eindrucksvoll verfolgen."[62]

Nicht nur im Hinblick auf die hier im Fokus stehenden Untersuchungsgebiete, sondern überhaupt für die Forschung zu den deutschen Stadtrechten in Ostmitteleuropa hat Schubart-Fikentscher mit ihrer Arbeit „Die Verbreitung der deutschen Stadtrechte in Osteuropa"[63] eine Basis geschaffen, die bis heute unverzichtbar ist. Schubart-Fikentscher wurde 1948 an der Universität Halle als erste Frau zur Professorin für Rechtswissenschaft in Deutschland berufen, wo sie die Tradition ihrer Vorgänger Guido Kisch und Gerhard Buchda fortsetzte und an ihren Schüler Rolf Lieberwirth weitergab.

---

[58] Siehe hierzu vor allem auch den Anhang zu diesem Aufsatz, in dem Schubart-Fikentscher zahlreiche Berichtigungen zu der Rösslerschen Ausgabe vorschlägt (SCHUBART-FIKENTSCHER, Das Brünner Schöffenbuch, in: Deutsches Archiv für Geschichte des Mittelalters 1 (1937), S. 494–498).

[59] SCHUBART-FIKENTSCHER, Römisches Recht im Brünner Schöffenbuch, in: ZRG GA 65 (1947), S. 86–147.

[60] Ebd., S. 86.

[61] Brno/Brünn, Archiv města Brna, Fond Sbírka rukopisů, č. 2 (Opp. 315, HSC ‹ 7612 ›). Zum Stadtschreiber Johannes s. KRZENCK, Fiktives Porträt des Notars Johannes im Brünner Schöffenbuch, nach 1350, in: KRZENCK (Bearb.), Dokumente und Materialien zur ostmitteleuropäischen Geschichte. Herder-Institut (Hrsg.), [erstellt] 15.12.2016.

[62] SCHUBART-FIKENTSCHER, Römisches Recht im Brünner Schöffenbuch, in: ZRG GA 65 (1947), S. 175. Die Neuedition des Brünner Schöffenbuchs wurde dann allerdings erst von Miroslav Flodr vorgelegt, der die schon von Schubart-Fikentscher prädestinierte Handschrift des Stadtschreibers Johannes als Textgrundlage verwendet (FLODR, Pravní kniha města Brna z poloviny 14. století, Bd. 1–3, 1990, 1992, 1993).

[63] SCHUBART-FIKENTSCHER, Die Verbreitung der deutschen Stadtrechte in Osteuropa, 1942.

III. Die Nachkriegsjahre

Für die historische Forschung zur Slowakei war sicher Richard Marsina einer der produktivsten und einflussreichsten Wissenschaftler. Er ist einer der Begründer der modernen slowakischen Geschichtsforschung, der vor allem zur Siedlungsgeschichte und in den Bereichen Stadtgeschichte, Geschichte Mährens, der Zips und zum Königreich Ungarn gearbeitet und publiziert hat. Neben der allgemeinen Enwicklung der slowakischen Städte[64] war ein Schwerpunkt seiner Forschungen die Stadt Sillein, deren Gründung, Privilegien und Recht er sich in mehreren Arbeiten gewidmet hat.[65] Aber auch seine Arbeiten zum Stadt- und Bergrecht von Schemnitz sind hier von besonderem Interesse.[66]

Ein Zeitgenosse Marsinas war der tschechische Mediävist, Rechtshistoriker, Archivar und Kodikologe František Hoffmann (1920–2015), der sich in seinen Studien vor allem der Stadtgeschichte und den Stadtrechten Böhmens und Mährens gewidmet[67] und eine Edition des Iglauer Rechtsbuchs vorgelegt hat.[68]

---

[64] MARSINA, Bádanie o dejinách stredovekých miest na Slovensku, in: Historický časopis 20 (1972), S. 187–204; DERS., K vývoju miest na Slovensku do začiatku 15. stor., in: Historický časopis 21 (1973), S. 337–367; DERS., O kształtowaniu się pozycji społeczno-gospodarczej miast średniowiecznych na Słowacji, in: Kwartalnik historii kultury materialnej 23,4 (1975), S. 567–588; DERS., O národnostnej štruktúre stredovekých mest, in: Historický časopis 29 (1981), S. 681–696; DERS., A középkori városok jellemzőiről és kategóriáinak megalkotásáról, in: CSUKOVITS, LENGYEL (Hrsg.), Bártfától Pozsonyig, 2005, S. 37–45.

[65] DERS., Vznik a počiatky mesta Žiliny, in: KRISTENOVÁ (Hrsg.), Žilina v minulosti a dnes, 1963, S. 17–53; DERS., Právne postavenie slovenských mešťanov v Žiline koncom 14. a začiatkom 15. storočia, in: Vlastivedný zborník Považia 11 (1972), S. 3–18; DERS., Výsady pre žilinských slovákov z roku 1381, in: DERS. (Hrsg.), Národnostný vyvoj miest na Slovensku do roku 1918, 1984, S. 13–40; DERS., Žilina vo víre dejín, in: DERS., ŠTANSKÝ (Hrsg.), Žilina v slovenských dejinách. Zborník z vedeckej konferencie k 620. výrociu udelenia výsad pre Žilinských Slovákov, 2002, S. 7–13; DERS., Mestské knihy na Slovensku v stredoveku, in: HRUBÁ (Hrsg.), Stav a perspektivy zpřístupňování středověkých a raně novověkých městských knih, 2010.

[66] DERS., Banskoštiavnické mestské a banské právo, in: DERS. (Hrsg.), Banské mestá na Slovensku, 1990, S. 13–15; DERS., Das Stadt- und Bergrecht von Banská Štiavnica/Schemnitz, in: MEIER (Hrsg.), Historisch-philologische Untersuchungen zu deutschsprachigen Handschriften aus der Slowakei, 2015, S. 65–76.

[67] F. HOFFMANN, Místopis města Jihlavy v první polovině 15. století/Topographie der Stadt Jihlava (Iglau) in der ersten Hälfte des 15. Jahrhunderts, 2004; DERS., Středověké město v Čechách a na Moravě, 2009; DERS., Urbanistické regulativy ve stredoveku a raném novoveku/Town Planning Regulations in the Middle Ages and the Early Modern Period, in: Časopis Matice moravské 136,2 (2017), S. 283–314.

[68] DERS., Jihlavské právo, 1959. Eine Würdigung von Hoffmanns Schaffen findet sich bei Tomáš Borovský (BOROVSKÝ, František Hoffmann a jeho cesta středověkým městem (od městské kanceláře k urbanistickým regulativum)/František Hoffmann and His Journey through the Medieval Town (from a Town Office to Town Planning Regulations), in: Časopis Matice moravské 136,2 (2017), S. 315–329).

„[D]er bedeutende tschechische Rechtshistoriker, Mediävist, Kanonist und Kodikologe“[69] Jiří Kejř (1921–2015) hat mit seinen Arbeiten zur Stadtgeschichte, Stadtverfassung und zu den Stadtrechten in Böhmen und Mähren[70], aber auch zum Nürnberger Recht,[71] zur Geschichte der Prager Juristenfakultät[72] und auch zur Erforschung der Geschichte des Hussitismus[73] ein vergleichbar umfassendes Œvre hinterlassen.[74] Kejř studierte nach dem Ende des Zweiten Weltkriegs und der Okkupation Tschechiens durch den NS-Staat an der Prager Juristischen Fakultät der Karlsuniversität und war dann von 1952–1973 „Mitarbeiter der neugegründeten Tschechoslowakischen Akademie der Wissenschaften (ČSAV).“[75] Charakteristisch für die Arbeitsweise Kejřs sind seine umfassenden Quellenstudien, die die Basis für die unterschiedlichen von ihm behandelten Themen waren.

> „Für die Terminologie bei der Bezeichnung der Siedlungen und ihrer Bewohner, für die Nachrichten über den Gründungsakt, für das Umfeld des Stadtrechts und der Bestimmungen zur Sicherung der wirtschaftlichen Prosperität, für den Markt, die städtische Verwaltung und die Gerichtsverhältnisse, für die Rolle der Mendikanten in der Stadt und schließlich für das Bürgertum. So entsteht ein differenziertes Bild von den Erkenntnissen, die den Quellenaussagen abzugewinnen sind.“[76]

Dabei ist es ihm ein besonderes Anliegen, die Ambivalenz der Begriffe zu betonen und den jeweiligen zeitlichen, territorialen aber auch quellenspezifischen Kontext zu berücksichtigen. Kejř belegt an zahlreichen Beispielen die Notwendigkeit für diesen kritischen Ansatz, sowohl im Hinblick auf die Bezeichnung von Siedlungsformen[77] als auch für rechtliche Einordnungen.[78] Er kommt zu dem

---

69 KREUZ, Jiří Kejř (28.8.1921–27.4.2015), in: ZRG GA 102,1 (2016), S. 555.

70 KEJŘ, Zwei Studien über die Anfänge der Städteverfassung in den böhmischen Ländern, in: Historica 16 (1969), S. 81–142; DERS., Organisation und Verwaltung des königlichen Städtewesens in Böhmen zur Zeit der Luxemburger, in: RAUSCH (Hrsg.), Stadt und Stadtherr im 14. Jahrhundert, 1972; DERS., Die Anfänge der Stadtverfassung und des Stadtrechts in den Böhmischen Ländern, in: SCHLESINGER (Hrsg.), Die deutsche Ostsiedlung des Mittelalters als Problem der europäischen Geschichte, 1975; DERS., Ursprung und Entwicklung von Stadt- und Marktrecht in Böhmen und Mähren, in: Bohemia 31 (1990), S. 270–282; DERS., Die mittelalterlichen Städte in den Böhmischen Ländern, 2010 (diese Arbeit ist bereits 1998 auf tschechisch erschienen).

71 DERS., Das böhmische Stadtwesen und das Nürnberger Recht, in: DERS., Aus Böhmens Verfassungsgeschichte, 2006.

72 DERS., Dějiny Pražské Právnické Univerzity, 1995.

73 DERS., Die Hussitenrevolution, 1988; DERS., Husův proces, 2000 (auf deutsch: DERS., Die Causa Johannes Hus und das Prozessrecht der Kirche, 2005).

74 Eine Würdigung seines Schaffens bieten KREUZ, Jiří Kejř (28.8.1921–27.4.2015), in: ZRG GA 102,1 (2016), S. 555–558 und KRAMFL, Právní historik Jiří Kejř a jeho výzkumy dějin husitství, in: Společnost pro církevní právo [SPCP] 73,4 (2018), S. 47–54, einen kurzen Überblick über seinen wissenschaftlichen Werdegang auch JOHANEK, Vorbemerkung, in: KEJŘ, Die mittelalterlichen Städte in den Böhmischen Ländern, 2010, S. IX–XII.

75 KREUZ, Jiří Kejř (28.8.1921–27.4.2015), in: ZRG GA 102,1 (2016), S. 555.

76 JOHANEK, Vorbemerkung, in: KEJŘ, Die mittelalterlichen Städte in den Böhmischen Ländern, 2010, S. X.

77 KEJŘ, Die mittelalterlichen Städte in den Böhmischen Ländern, 2010, Kapitel „II. Terminologie“,

Schluss, dass es sich bei der Übernahme der städtischen Instiutionen aus den benachbarten Ländern, vor allem den deutschen Territorien, nicht um eine mechanische Adaption gehandelt hat, sondern

> „dass einige Institutionen entweder überhaupt nicht zu uns [den böhmischen Ländern] durchdrangen oder zumindest in unseren Quellen nicht erfasst wurden, wie z. B. der Bürgereid, und dass andere in modifizierter Form bei uns heimisch wurden. Das ist ein Ausdruck der historischen Tatsache, dass die Herausbidlung der Städte sich den heimischen Bedingungen anpasste und dass die einheimisch herrschaftliche Gewalt darauf achtete, dass die eindringende Stadtverfassung flexibel in das Rechtssystem des böhmischen Staates eingegliedert wurde.“[79]

František Graus (1921–1989), dessen Lebensweg im mährischen Brünn begann, der – unterbrochen durch Haft in Konzentrationslagern – zwischen 1938 und 1949 Geschichte und Archivwissenschaften studierte, war zunächst am Staatlichen Historischen Institut in Prag tätig und nach seiner Habilitation auch Dozent für Mittelalterliche Geschichte an der Prager Universität. 1970 musste er die Tschechoslowakei verlassen, da er sich offensichtlich „sowohl in seinem wissenschaftlichen Arbeiten wie in seinem politischen Denken vom marxistisch-leninistischen System abgewandt“[80] hatte. Zunächst kam er einem Ruf an die Universität Gießen nach, ging aber bereits 1972 als Professor für Mittelalterliche und Neuere Geschichte an die Universität Basel, wo er – unterbrochen durch Gastprofessuren an der Sorbonne und der Universität Konstanz – bis zu seinem Tod 1989 blieb. In seinen Forschungen geht Graus zwar meist von Tschechien, bzw. Böhmen und Mähren aus, hat aber oft auch die angrenzenden Länder mit im Blick, auf die sich viele seiner Beobachtungen übertragen lassen.

Das wissenschaftliche Schaffen des Historikers František Graus und seine Verortung in der mediävistischen Forschung nach 1945 beleuchtet Jörg Schwarz in einem Vortrag[81]. Er stellt ihn als einen derjenigen Mediävisten des 20. Jahrhunderts vor, die das Verständnis des Mittelalters entscheidend neu geprägt haben. In seiner Bilanz fasst Schwarz zusammen:

S. 79–144.

[78] Ebd., Kapitel „IV. Das Stadtrecht“, S. 176–233.

[79] Ebd., S. 409 f. Diese These hat er bereits in einem Beitrag von 1975 formuliert und die „siedlungsmäßigen, wirtschaftlichen und rechtlichen Umwälzungen“, die sich in Böhmen in sehr kurzer Zeit vollziehen konnten, damit begründet, „daß die Stadtverfassung und das Stadtrecht, vielleicht modifiziert und den einheimischen Verhältnissen und Bedingungen angepaßt, aber im Grunde in fertigen Formen von außen, aus der deutschen Nachbarschaft und oft durch die deutschen Ansiedler hineingetragen, durch Rezeption in unserem Lande heimisch wird.“ (DERS., Die Anfänge der Stadtverfassung und des Stadtrechts in den Böhmischen Ländern, in: SCHLESINGER (Hrsg.), Die deutsche Ostsiedlung des Mittelalters als Problem der europäischen Geschichte, 1975, S. 470).

[80] J. SCHWARZ, „Der Wanderer zwischen den Welten“, in: HUTH, OBERKROME, STICKLER (Hrsg.), Neuformierung der deutschen Geschichtswissenschaft nach 1945, [i. Dr.], S. 10.

[81] DERS., „Der Wanderer zwischen den Welten“, in: HUTH, OBERKROME, STICKLER (Hrsg.), Neuformierung der deutschen Geschichtswissenschaft nach 1945, [i. Dr.], S. 1–27.

„Dass sich die deutsche Mittelalterforschung [...] seit den 70er und 80er Jahren insgesamt so erstaunlich wandeln sollte, dass die Öffnung zum späten Mittelalter hin, dass Themen- und Methodenvielfalt sowie ein insgesamt europäischer Zuschnitt mittlerweile zu ihren besonderen Kennzeichen gehören, geht – unteren anderem – auch auf Graus zurück.“[82]

Graus' Arbeiten zeichnen sich dadurch aus, dass er grundsätzlich überkommene Vorstellungen vom Mittelalter infrage stellt und sie mit den Quellen konfrontiert. Auf diese Weise kann er zeigen, dass sich seit langem in der Wissenschaft anerkannte Ansichten nicht belegen lassen. Dies gilt für „das Axiom »des Staates« und die Rückprojezierung eines modernen Volksbegriffes in das Mittelalter [...]“[83], das lange Zeit die Beurteilung der mittelalterlichen Kolonisation[84] beeinflusst und sich bis in seine Zeit erhalten hat, was durch die Übertragung bekannter Strukturen und nationaler Denkweisen zu einer falschen Beurteilung der tatsächlichen Umstände der Kolonisation im 12. und 13. Jahrhundert führt.[85] Graus problematisiert aber auch die undifferenzierte Übertragung eines neuzeitlichen Rechtsbegriffs auf das Mittelalter und die Annahme, dass „in dem »deutschen Recht«, das die Siedler erhielten, [...] der entscheidende Faktor der gesamten Ostkolonisation“[86] zu sehen sei. Er unterscheidet allerdings zwischen dem ‚deutschen Recht', der ländlichen Kolonisten und den Verhältnissen, die für jene in den Städten galten.[87] Ein weiterer seiner Ansicht nach aus heutiger wissenschaftlicher Sicht irreführender und der Historiographie des 19. und 20. Jahrhunderts entstammender Begriff ist die ‚germanische Treue', die er in einem seiner ersten Aufsätze als für das Mittelalter nicht gültige Größe demontiert: „Die »urgermanische Treue« ist ein literarischer Topos des 19. und 20. Jahrhunderts, der bei einer wissenschaftlichen Kritik nicht bestehen kann.“[88] Auch mit dem Problem „Gewalt und Recht

---

[82] DERS., „Der Wanderer zwischen den Welten“, in: HUTH, OBERKROME, STICKLER (Hrsg.), Neuformierung der deutschen Geschichtswissenschaft nach 1945, [i. Dr.], S. 22.

[83] GRAUS, Die Problematik der deutschen Ostsiedlung aus tschechischer Sicht, in: SCHLESINGER (Hrsg.), Die deutsche Ostsiedlung des Mittelalters als Problem der europäischen Geschichte, 1975, S. 44.

[84] Die Verwendung dieses heute nur mit Vorbehalt zu verwendenden Ausdrucks hat Graus 1975 verteidigt: „In der tschechischen Fachliteratur ist der Ausdruck »Kolonisation« (bzw. německá kolonisace) üblich, ohne daß darin etwas Abschätziges gesehen würde [...]“ (ebd., S. 31, Anm. *).

[85] Vgl. ebd., S. 44–50.

[86] Ebd., S. 55.

[87] „Der Ausdruck »Deutschenrecht« bzw. »deutsches Recht« war insoweit berechtigt, als er die Tatsache hervorhob, daß zunächst deutsche Kolonisten dieses Recht erhielten, Siedler, die aus Gebieten kamen, wo sich Elemente des Emphyteusis bereits vor der großen Kolonisationswelle herausgebildet hatten. Die deutschen Siedler, die nach dem Osten kamen, erhielten üblicherweise ein Maximum an Rechten, die Bauern überhaupt zugestanden wurden. Die Bezeichnung ist insoweit unzutreffend, wenn man meint, es habe ein allgemeines »deutsches Bauernrecht« gegeben oder die Siedler hätten ihr heimisches Recht einfach »mitgebracht« (wie dies in den Städten oft tatsächlich der Fall war).“ (ebd., S. 58).

[88] DERS., Über die sogenannte germanische Treue, in: DERS., Ausgewählte Aufsätze (1959–1989). Hrsg. von GILOMEN, MORAW und SCHWINGES, 2002, S. 133–179, hier S. 179.

im Verständis des Mittelalters"[89] setzt sich Graus 1973 in seiner Baseler Antrittsvorlesung auseinander. Er stellt sich hier dem Versuch entgegen, Macht würde sich ursprünglich aus einem „selbständigen, über dem Menschen stehenden"[90] Recht ableiten.

> „Auch ist die Übereinstimmung von Recht und Herrschaft nicht in der »Natur der Dinge« enthalten, und die Regel und die Forderung einer »gerechten« Herrschaft ist nicht das Relikt eines längst vergangenen Urzustandes, den es zu erneuern gilt, sondern ein Idealzustand, der erst zu erlangen ist."[91]

Graus plädiert dafür, nicht in erster Linie Anworten zu finden, sondern vor allem Fragen zu formulieren:

> „Die Betrachtungsweise von der Vergangenheit her soll fragen lehren; die Geschichtswissenschaft sollte eine permanente Infragestellung *jeder* Macht bedeuten, ohne sich von vornherein das Recht anzumassen, zu verurteilen oder zu exkulpieren oder sich auf eine axiomatische Zwangsläufigkeit des *post hoc ergo propter hoc* festzulegen."[92]

Darin sieht er

> „eine der vordringlichsten Aufgaben moderner Geschichtswissenschaft [...], die weniger »verstehen« lehren sollte als zu fragen, in Frage zu stellen und Lösungsmöglichkeiten zu suchen."[93]

Wegen seiner Forschungen zur Rechtsgeschichte von Brünn ist hier auch der tschechische Forscher Miroslav Flodr (1929–2015) zu nennen, der in den 90er Jahren des zwanzigsten Jahrhunderts das Brünner Rechts- bzw. Schöffenbuch[94] in einer modernen kritischen dreibändigen Ausgabe neu ediert hat.[95] Wie wichtig dem Professor der Historischen Hilfswissenschaften das mittelalterliche Brünner Stadtrecht war, zeigt sich auch an seinen weiteren Veröffentlichungen zu diesem Forschungsthema. Bereits 2001 hat er sich mit den Quellen bis zum Jahr 1359, der Zeit vor dem Brünner Schöffenbuch, befasst[96] und dann 2006 die Phase zwischen

---

[89] DERS., Gewalt und Recht im Verständis des Mittelalters, in: DERS., Ausgewählte Aufsätze (1959–1989). Hersg. von GILOMEN, MORAW und SCHWINGES, 2002, S. 181–195.

[90] Ebd., S. 191.

[91] Ebd.

[92] Ebd., S. 193.

[93] Ebd., S. 194.

[94] OPPITZ, Deutsche Rechtsbücher des Mittelalters, Bd. 1, 1990, S. 82 f.; DERS., Brünner Schöffenbuch, in: ²HRG, Bd. 1, 2008, Sp. 694 f.

[95] FLODR, Pravní kniha města Brna z poloviny 14. století, Bd. 1–3, 1990, 1992, 1993 [Text, Kommentar, Register]. Schubart-Fikentscher hatte in einem Aufsatz im Deutschen Archiv von 1937 bereits darauf hingewiesen, dass die einzige zu ihrer Zeit vorliegende Edition von Emil Franz Rössler den wissenschaftlichen Anforderungen nicht mehr gerecht würde: „Die Rößlersche Ausgabe entspricht den heutigen Anforderungen nicht mehr, weder für den Rechtshistoriker, noch für den akademischen Unterricht." (SCHUBART-FIKENTSCHER, Das Brünner Schöffenbuch, in: Deutsches Archiv für Geschichte des Mittelalters 1 (1937), S. 457–498, hier S. 459).

[96] FLODR, Brněnské městské právo, 2001.

1359 und 1389[97] untersucht. Im Jahr 2007 erschienen die Urteile nach Brünner Stadtrecht bis 1389[98] und 2008 eine Untersuchung der Zeit zwischen 1389 und dem Ende des 15. Jahrhunderts.[99] Darüber hinaus hat Flodr das Privileg des böhmischen Königs Wenzel I. für Brünn von 1243 ediert und sich bereits 1960 mit dem Olmützer Skriptorium befasst, um den Ursprüngen der Kanzleien in den böhmischen Ländern nachzuspüren.[100]

Mária Papsonová, Rudolf Kuchar und Ilpo Tapani Piirainen haben vor allem unter sprachgeschichtlichen Fragestellungen zu slowakischen Rechtstexten gearbeitet. Auch wenn ihre Forschungen bis ins 21. Jahrhundert reichen und im Fall von Papsonová und Kuchar auch aktuell noch fortgeführt werden, setzten ihre Untersuchungen in der zweiten Hälfte des 20. Jahrhunderts Maßstäbe. Bereits in seiner wohl ersten Publikation befasste sich der slowakische Sprachwissenschaftler Rudolf Kuchar mit der mittelalterlichen slowakischen Rechtsterminologie[101]. Dem Thema der slowakischen Rechtssprache ist er seither treu geblieben und hat verschiedene Aspekte in zahlreichen Publikationen bearbeitet.[102] Dabei hat er sich auch intensiv mit der Sprache des „Silleiner Rechtsbuchs" beschäftigt, das er dann auch selbst neu ediert hat.[103]

Der deutsch-slowakische Sprachkontakt, die slowakische Rechtssprache sowie das Magdeburger Recht waren auch die Forschungsschwerpunkte der slowakischen Germanistin Mária Papsonová. Dabei hat sie sowohl die Sprachgeschichte als auch die Gegenwartssprache im Blick, in der sich die Spuren des Sprachkontakts zum Teil bis heute erhalten haben.[104] Auch sie beschäftigt sich bei ihren Studien

---

97 DERS., Brněnské měststké právo po smrti notáře Jana (1359–1389), 2006.

98 DERS., Nálezy brněnského městského práva, Svazek I: (–1389), 2007.

99 DERS., Brněnské městské právo na konci středověku (1389- konec 15. století), 2008.

100 DERS., Skriptorium olomoucké, 1960.

101 KUCHAR, Niektoré termíny v stredovekej slovenskej právnej terminológii, in: Jazykovedný časopis 15 (1964), S. 53–63.

102 DERS., Slovo *svedomie* v historickom vývine slovenskej právnej terminológie, in: Československý terminologický časopis 5,3 (1966), S. 163–169; DERS., K vývinu slovenskej právnej terminológie, in: Slavica Slovaca 4 (1969), S. 276–290; DERS., Právo a slovenčina v dejinách, 1998; DERS., Zo staršej slovenskej a poľskej právnej terminológie v širšom slovanskom kontekste, in: DORULA (Hrsg.), XII. medzinárodný zjazd slavistov v Krakove, 1998; DERS., Der slowakische Sprachraum im 14. bis 15. Jahrhundert und das Magdeburger Recht, in: EICHLER, LÜCK (Hrsg.), Rechts- und Sprachtransfer in Mittel- und Osteuropa, 2008, S. 157–166; DERS., Preklad Magdeburského práva ako prameň Historického slovníka slovenského jazyka, in: Slovenská reč 75,4–5 (2010), S. 225–232; DERS., Sociálno-etický aspekt kódexu Magdeburského práva v oblasti zabezpečenia žien (Právne postavenie ženy v stredovekom práve), in: Slovenská reč 78,3–4 (2013), S. 187–201; DERS., Súdny obvod – domová sloboda, in: Slovenská reč 79,5–6 (2014), S. 320–326.

103 DERS., Žilinská právna kniha [Ed.], 1993; DERS., Jazyk mesta Žiliny v 15.–16. storočí, in: ONDREJOVIČ (Hrsg.), Mesto a jeho jazyk, 2000, S. 133–137; DERS., Žilinská právna kniha, 2001; DERS., Najvýznamnejšia jazyková pamiatka Slovákov, in: MARSINA, ŠTANSKÝ (Hrsg.), Žilina v slovenských dejinách, 2002, S. 44–50; DERS., Žilinská právna kniha [Ed.], 2009; DERS., Žilinská právna kniha [Faks.], 2009.

104 PAPSONOVÁ, Geschichte und Gegenwart der deutsch-slowakischen Sprachkontakte, in: Brücken. N. F. Germanistisches Jahrbuch. Tschechien-Slowakei 1 (1994), S. 73–94.

immer wieder mit dem „Silleiner Rechtsbuch“, das sie einer intensiven sprachlichen Analyse unterzieht und mit der deutschsprachigen Vorlage des Magdeburger Rechts vergleicht.[105] Die Ergebnisse der intensiven Auseinandersetzung mit dieser Rechtsquelle münden u. a. in einem zweisprachigen Wörterbuch des deutschen Textes von 1378 und seiner Übersetzung von 1473.[106] Aber auch die „Zipser Willkür“[107] und andere Rechtstexte bieten die Quellengrundlagen für ihre Forschungen.[108]

Der Forschungsschwerpunkt des finnischen Sprachwissenschaftlers Ilpo Tapani Piirainen (1941–2012), der schon seit den 60er Jahren in Münster wissenschaftlich tätig war, lag – wie der von seiner Kollegin Papsonová, mit der er auch gemeinsam publiziert hat[109] – im Bereich des deutsch-slowakischen Sprachkontakts und der Edition und sprachlichen Analyse von deutschsprachigen Rechtstexten in der Slowakei. Piirainen hat mit seinen Arbeiten diese Texte für die Forschung in Deutschland zugänglich gemacht und wurde für seine Leistungen insbesondere in der Slowakei hoch geehrt. Zahlreiche Editionen deutschsprachiger Rechtstexte – vor allem aus der Slowakei – wurden von ihm erarbeitet,[110] wobei auch bei ihm ein Schwerpunkt auf dem „Silleiner Rechtsbuch“[111] und dem Recht der Zips[112], aber auch auf der Edition von slowakischen Bergrechten lag.[113] Dank

---

[105] DIES., Das Silleiner Rechtsbuch (1378–1524) im Spiegel der Forschung, in: Brücken. N. F. Germanistisches Jahrbuch. Tschechien-Slowakei 5 (1997), S. 255–267; DIES., Sasko-magdeburské právo na Slovensku, 2014.

[106] DIES., Das Magdeburger Recht und das Silleiner Rechtsbuch, 2003.

[107] DIES., Die Zipser Willkür aus Spišská Sobota, [Manuskript, 1980]; DIES., Jazyk spišskosobotského rukopisu právnej knihy „Zipser Willkür“, in: Nové obzory. Spoločenskovedný zborník východného Slovenska 25 (1983), S. 41–65; DIES., Die Zipser Willkür aus Spišská Sobota (Georgenberg), in: Beiträge zur Erforschung der deutschen Sprache 5 (1985), S. 41–65; DIES., Deutsches Recht in der mittelalterlichen Slowakei, in: GRIMM, ZACH (Hrsg.), Die Deutschen in Ostmittel- und Südosteuropa, Bd. 2, 1996, S. 153–158; DIES., Die Entwicklung der Schreibsprache in der Zips am Beispiel der „Zipser Willkür“, in: SCHWOB, FASSEL (Hrsg.), Deutsche Sprache und Literatur in Südosteuropa, 1996, S. 154–166.

[108] DIES., Synonymie, Polysemie und Homonymie in den Rechtsquellen des Magdeburger Rechtskreises, in: ELMENTALER (Hrsg.), Regionalsprachen, Stadtsprachen und Institutionssprachen im historischen Prozeß, 2000, S. 43–52; DIES., Das Tavernikalrecht und das Tavernikalbuch von Eperjes/Prešov, in: Zeitschrift für germanistische Sprach- und Literaturwissenschaft in der Slowakei 1 (2004); DIES., Zur Sprache der stadt- und bergrechtlichen Texte (1492–1537) im Kremnitzer Stadtbuch, in: ANDRÁŠOVÁ, ERNST, SPÁČILOVÁ (Hrsg.), Germanistik genießen, 2006.

[109] PIIRAINEN, PAPSONOVÁ, Das Recht der Spiš/Zips, 2 Bde, 1992.

[110] PIIRAINEN, MEIER, Das Stadtbuch von Schwedler/Švedlár, 1993; PIIRAINEN, ZIEGLER (Hrsg.), Collectanea Allerley Nutzlicher vnnd Nothwendiger Regeln des Rechtens, 1995; PIIRAINEN, Der Sachsenspiegel aus Oppeln und Krakau. Hrsg. im Auftrag der Stiftung Haus Oberschlesien, 1996; PIIRAINEN, ZIEGLER, Das älteste Gerichtsbuch der Stadt Käsmark/Kežmarok aus den Jahren 1533–1553, 1998; MEIER, PIIRAINEN, Der Schwabenspiegel aus Kaschau, 2000; PIIRAINEN, VENNE, Der Sachsenspiegel aus der Dombibliothek in Breslau/Wroclaw, 2003.

[111] PIIRAINEN, Das Stadtrechtsbuch von Sillein, 1972; DERS., Das Stadtrechtsbuch von Sillein/Žilina, in: Neuphilologische Mitteilungen 76 (1975), S. 671–690.

[112] DERS., Sprachliches aus der Zipser Willkür, in: JÄNTTI (Hrsg.), Festschrift für Lauri Seppänen zum

der von ihm initiierten systematischen Archivstudien konnte er gemeinsam mit Jörg Meier und Klaus-Peter Wegera ein Verzeichnis der deutschsprachigen Handschriften in slowakischen Archiven herausgeben.[114] Neben den vorwiegend sprachwissenschaftlichen Studien beschäftigte er sich auch allgemein mit dem Rechtstransfer des Magdeburger Rechts in die Slowakei.[115] Ilpo Tapani Piirainen war bis zu seinem Tod Mitglied in der Vorhabenbezogenen Kommission des Akademievorhabens „Das sächsisch-magdeburgische Recht als kulturelles Bindeglied zwischen den Rechtsordnungen Mittel- und Osteuropas" und hat die Arbeit dieses Projekts vor allem im Hinblick auf sprachwissenschaftliche Fragestellungen und auf Aspekte des Sächsisch-magdeburgischen Rechts in der Slowakei begleitet und gefördert.

Ebenso wie Piirainen gehört Albrecht Greule zu jenen Forschern, die ihre Studien zwar in der zweiten Hälfte des 20. Jahrhunders begonnen haben, deren Ansätze und Methoden aber bis ins 21. Jahrhundert reichen und im Fall von Greule auch nocht fortgeführt werden. Greule ist als Sprachwissenschaftler, Germanist und Namenforscher schon früh auf dem Feld der Sprachkontaktforschung tätig, hat sich mit der Lexikologie des Deutschen beschäftigt[116] und zuletzt unter anderem zu deutschen Kanzleisprachen[117] und zur Sprache des Rechts[118] geforscht und publiziert.

60. Geburtstag, 1984, S. 241–249; DERS., Nachträge zum Zipser Recht, 2001; DERS., Das Rechtsbuch der XI Zipser Städte, 2003.

113 DERS., Das Iglauer Bergrecht nach einer Handschrift aus Schemnitz, 1980; DERS., Das Stadt- und Bergrecht von Kremnica/Kremnitz, 1983; DERS., Spätmittelalterliche Stadt- und Bergrechte in der Slowakei, in: Südostdeutsches Archiv 28/29 (1985/1986), S. 44–58; DERS., Das Stadt- und Bergrecht von Banská Štiavnica/Schemnitz, 1986.

114 MEIER, PIIRAINEN, WEGERA (Hrsg.), Deutschsprachige Handschriften in slowakischen Archiven, Bd. 1–3, 2009.

115 PIIRAINEN, Auswirkungen des Magdeburger Rechts auf die Gesetzgebung des Spätmittelalters und der Frühen Neuzeit in der Slowakei, in: EICHLER, LÜCK (Hrsg.), Rechts- und Sprachtransfer in Mittel- und Osteuropa, 2008.

116 GREULE, Erbwort – Lehnwort – Neuwort, in: Muttersprache. Zeitschrift zur Pflege und Erforschung der deutschen Sprache XC (1980), S. 263–275.

117 DERS., Einführung: Deutsche Kanzleisprachen, in: DERS. (Hrsg.), Deutsche Kanzleisprachen im europäischen Kontext, 2001; GREULE, MEIER, ZIEGLER (Hrsg.), GLANTSCHNIG (Mitarb.), Kanzleisprachenforschung, 2012 (mit zwei Beiträgen: „Geschichte der Kanzleisprachenforschung", S. 21–28 und „Textsorten der Kanzleisprachen", S. 283–286).

118 DERS., Einführung, in: FISCHER (Hrsg.), Sprache und Recht in großen europäischen Sprachen, 2010, S. 31 f.

IV. Der Weg ins 21. Jahrhundert

Das Interesse an der tschechischen und slowakischen Rechtsgeschichte und vor allem auch am Sächsisch-magdeburgischen Recht ist auch im 21. Jahrhundert sehr groß. Der slowakische Wissenschaftler Peter Mosný, der sich vor allem mit der neueren Geschichte der Slowakei beschäftigt, hat zusammen mit Ladislav Hubenák 2008 eine slowakische Staats- und Rechtsgeschichte vorgelegt[119], die dann 2015 in einem bearbeiteten ersten Teil erschien, bei dem Miriam Laclavíková mitgearbeitet hat und der die Anfänge bis zum Jahr 1848 umfasst.[120]

Heiner Lück[121], bis Mitte 2019 Inhaber des Lehrstuhls für Bürgerliches Recht, Europäische, Deutsche und Sächsische Rechtsgeschichte an der Martin-Luther-Universität Halle-Wittenberg, hat neben zahlreichen Publikationen, die sich mit dem Sächsisch-magdeburgischen Recht in Ostmitteleuropa befassen, in denen selbstverständlich auch stets die Beziehungen zu Tschechien und der Slowakei beschrieben werden,[122] sich auch ganz explizit zu „Rechtstransfer und Rechtsverwandtschaft" dieses Rechts im Königreich Böhmen geäußert[123].

Vor allem unter dem Aspekt der Sprachgeschichte hat sich die tschechische Germanistin Libuše Spáčilová in ihren Arbeiten meist mit spätmittelalterlichen Texten beschäftigt und dabei oft das Verhältnis zwischen dem Frühneuhochdeutschen und den älteren Sprachstufen des Tschechischen in den Blick genommen. So ist das von ihr zusammen mit Hildegard Boková erarbeitete frühneuhochdeutsche Glossar zu Quellen aus den böhmischen Ländern[124] auch für die sprachwissenschaftliche Arbeit an diesem Band ein wichtiges Hilfsmittel gewesen. Aus dem vielfältigen Werk Spáčilovás sollen hier im Folgenden nur jene Werke genannt werden, die sich mit Rechtstexten sächsisch-magdeburgischer Provenienz beschäftigen. Dazu gehört selbstverständlich auch die gemeinsam mit ihrem Mann, Vladimír

---

[119] MOSNÝ, HUBENÁK, Dejiny štátu a práva na Slovensku, 2008.

[120] MOSNÝ, LACLAVÍKOVÁ, Dejiny štátu a práva na území Slovenska, I.: Od najstarších čias do roku 1848, 2015.

[121] Lücks großes Interesse an den rechtlichen Zusammenhängen und seinen kulturellen Wechselwirkungen in Ostmitteleuropa zeigt sich nicht zuletzt daran, dass er zusammen mit dem Leipziger Slawisten Ernst Eichler 2004 das Akademievorhaben ins Leben gerufen und seither als Projektleiter betreut hat, dem sich auch dieser Band verdankt.

[122] LÜCK, Die Verbreitung des Sachsenspiegels und des Magdeburger Rechts in Osteuropa, in: FANSA (Hrsg.), Der sassen speyghel, Bd. 2: Aus dem Leben gegriffen – ein Rechtsbuch spiegelt seine Zeit, 1996, S. 37–49; DERS., Wirkungen des Sachsenspiegels und des Magdeburger Rechts in Ostmitteleuropa, in: E. BALOGH, HEGEDŰS, MEZEI, SZOMORA, TRASER (Hrsg.), Legal Transitions, 2007, S. 269–279; DERS., „Deutsches Recht im Osten", in: ZRG GA 26 (2009), S. 175–206; DERS., Die Anfänge des Magdeburger Stadtrechts und seine Verbreitung in Europa, in: Sachsen und Anhalt 27 (2015), S. 179–200.

[123] DERS., Rechtstransfer und Rechtsverwandtschaft, in: MALÝ, SOUŠA (Hrsg.), Práva městská Království českého, 2013.

[124] BOKOVÁ, SPÁČILOVÁ, Stručný raně-novohornoněmecký glosář k pramenům z českých zemí/Kurzes frühneuhochdeutsches Glossar zu Quellen aus den böhmischen Ländern, 2003.

Spáčil, erarbeitete Edition des Meißner Rechtsbuchs von 2010[125] sowie dessen Übersetzung ins Tschechische, die erst kürzlich (2018) erschienen ist.[126] Darüber hinaus hat sich Spáčilová vor allem mit der Kanzleisprache beschäftigt und hierbei in erster Linie die Quellen aus Olmütz ausgewertet.[127]

Der Germanist und Sprachwissenschaftler Jörg Meier ist vor allem für seine Forschungen zur Kanzleisprache und zur städtischen Kommuniktion hier zu nennen, da er sich in seinen Beispielen unter anderem auf slowakische Quellen bezieht.[128] Außerdem hat er zusammen mit Piirainen nicht nur slowakische Rechtsquellen ediert[129], sondern auch ein Projekt zur Erfassung deutschsprachiger Quellen in slowakischen Archiven initiiert und die Ergebnisse publiziert.[130] Sein Ansatz der diachronen Rechtssprachenforschung stellt Zusammenhänge zwischen Verschriftlichung, Einrichtung von Kanzleien und dem Übergang von der lateinischen zur Verankularsprache her und nennt die Bedingungen, unter denen sich die Rechtssprache professionalisiert hat.[131]

---

125 Spáčil, Spáčilová, Míšeňská právní kniha. Historický kontext, jazykový rozbor, edice/Das Meißner Rechtsbuch. Historischer Kontext, linguistische Analyse, Edition, 2010.

126 Dies., České překlady Míšeňské právní knihy, 2018.

127 Spáčilová, Das Frühneuhochdeutsche in der Olmützer Stadtkanzlei, 2000; dies., Formulargebrauch und die Schreiber in der Olmützer Stadtkanzlei (1415–1550), in: Brücken. N. F. Germanistisches Jahrbuch. Tschechien-Slowakei 7 (2000), S. 261–279; dies., Die Textsorte Eid im 15. und 16. Jahrhundert in der Olmützer Stadtkanzlei, in: Hohmeyer, Rühl, Wintermeyer (Hrsg.), Spurensuche in Sprach- und Geschichtslandschaften, 2003, S. 535–552; dies., Rechtsterminologie lateinischer Herkunft in frühneuhochdeutschen Texten der Olmützer Stadtkanzlei, in: Germanoslavica 15 (2004), S. 199–212; dies., Der Olmützer „liber causarum criminalium" als Quelle zur Untersuchung der frühneuhochdeutschen Rechtssprache, in: Ernst (Hrsg.), Kanzleistil: Entwicklung, Form, Funktion, 2009, S. 179–196.

128 Meier, Kommunikationsbereiche und Textsorten des Frühneuhochdeutschen in der Slowakei, in: Gottzmann, Hörner (Hrsg.), Studien zu Forschungsproblemen der deutschen Literatur in Mittel- und Osteuropa, 1998, S. 149–168; ders., Städtische Textsorten des Frühneuhochdeutschen, in: Bister-Broosen (Hrsg.), Beiträge zur historischen Stadtsprachenforschung, 1999, S. 131–157; ders., Deutschsprachige Korrespondenzen in der frühen Neuzeit, in: Greule (Hrsg.), Deutsche Kanzleisprachen im europäischen Kontext, 2001, S. 175–188; ders., Städtische Kommunikation in der Frühen Neuzeit, 2004; Meier, Ziegler, Textlinguistische Überlegungen zu städtischer Kommunikation im Spätmittelalter und in der Frühen Neuzeit, in: Brandt, Rösler (Hrsg.), Kommunikative Anforderungen – Textsorten – Sprachgebrauch soziofunktionaler Gruppen, 2006, S. 111–133; Meier, Die Anfänge deutschsprachiger Kanzleien in Mittel- und Osteuropa, in: Czachur, Czyżewska (Hrsg.), Vom Wort zum Text, 2008, S. 551–562; ders., Kanzleisprachenforschung im Kontext Historischer Stadtsprachenforschung und Historischer Soziopragmatik, in: Greule, Meier, Ziegler (Hrsg.), Glantschnig (Mitarb.), Kanzleisprachenforschung, 2012.

129 Meier, Piirainen, Der Schwabenspiegel aus Kaschau, 2000.

130 Dies., Das Stadtbuch von Schwedler/Švedlár, 1993; Meier, Piirainen, Wegera (Hrsg.), Deutschsprachige Handschriften in slowakischen Archiven, Bd. 1–3, 2009.

131 Meier, Deutschsprachige Rechtstexte im Mittelalter und in der Neuzeit, in: Meyer (Hrsg.), Language for Special Purposes, Vol. 2: LSP in Academic Discourse and in the Fields of Law, Business and Medicine, 2001, S. 630–637.

Ein Historiker mit einem ostmitteleuropäischen Forschungsschwerpunkt ist Joachim Bahlcke. Seine historischen Abhandlungen zu Schlesien, aber auch zu Böhmen und Mähren bzw. zu Tschechien bringen das Wissen zu diesen Regionen auf einen aktuellen Stand.[132] Auch seine Studie zu Wilhelm Weizsäcker würdigt nicht nur dessen wissenschaftliche Leistung, sondern zeigt auch, dass es ihm

> „im Vergleich zu anderen Hochschullehrern während der Protektoratszeit gelungen [ist], seine eigenen Forschungen zur böhmischen Rechtsgeschichte, trotz aller Versuche zur Indienstnahme der wissenschaftlichen Forschungen zur Propagierung des Dritten Reiches und zur Einbeziehung in die nationalsozialistische Unterwerfungs- und Vernichtungspolitik, kontinuierlich und mit Erfolg fortzusetzen."[133]

Am Beispiel dieses Wissenschaftlers gibt Bahlcke Einblicke in eine Zeit, in der nicht nur die Forschung zu Osteuropa zum Teil mit Gewalt für die nationalsozialistische Ideologie instrumentalisert wurde.

Zum Themenbereich ‚Stadtbücher' sind in neuester Zeit mehrere Untersuchungen erschienen, die besonders auf den Quellenwert dieser Texte für die Stadt-, aber auch für die Rechtsgeschichte hinweisen. Für das Untersuchungsgebiet finden sich in einem Sammelband aus dem Jahr 2016 gleich mehrere Studien, die sich mit diesen Quellen beschäftigen. So werden Stadtbücher ganzer Gebiete wie Böhmen[134] oder Ungarn und Slowakei[135], aber auch einer einzelnen Stadt wie Eger vorgestellt.[136]

---

[132] BAHLCKE, EBERHARD, POLÍVKA (Hrsg.), Böhmen und Mähren, 1998; BAHLCKE, Böhmen und Mähren, in: ROTH (Hrsg.), Studienhandbuch Östliches Europa, Bd. 1: Geschichte Ostmittel- und Südosteuropas, 1999, S. 113–124; DERS., Geschichte Tschechiens, 2014.

[133] DERS., „Mit den Waffen der Wissenschaft" – Der sudetendeutsche Jurist und Rechtshistoriker Wilhelm Weizsäcker (1886–1961), in: Berichte und Forschungen. Jahrbuch des Bundesintstituts für ostdeusche Kultur und Geschichte 6 (1998), S. 175–210, hier S. 185; DERS., Wilhelm Weizsäcker (1886–1961), Jurist, in: GLETTLER, MÍŠKOVÁ (Hrsg.), Prager Professoren 1938–1948, 2001, S. 391–414. Zu Weizsäcker siehe oben *S. 83*.

[134] PÁTKOVÁ, Die Stadtbücher in Böhmen bis 1350, in: Krakowskie Studia z Historii Państwa i Prawa 9,3 (2016), S. 271–278.

[135] ŠVECOVÁ, Die Stadtrechtsbücher in der mittelalterlichen Slowakei und Ungarn, in: Krakowskie Studia z Historii Państwa i Prawa/Cracow Studies of Constitutional and Legal History 9,3 (2016), S. 327–343. In Ihrer Studie zu Stadtrechtsbüchern in der Slowakei und in Ungarn stellt die Autorin die besondere Bedeutung dieser Quellen heraus, indem sie darauf hinweist, dass sich aus den Stadtbüchern sowohl Erkenntnisse über die Geschichte der jeweiligen Städte als auch über deren Recht entnehmen ließen. Die Forschung ist bis heute defizitär, sowohl was die Edition und Auswertung dieser Quellen angeht, als auch im Hinblick auf den Weg des Rechtstransfers, der sich anhand der Stadtbücher belegen lässt. Den besondern Quellenwert von Stadtbüchern würdigt auch das Projekt „Index Librorum Civitatum", das sich unter der wissenschaftlichen Leitung von Andreas Ranft undChristian Speer zum Ziel gesetzt hat, „die Stadtbücher aller deutschen Bundesländer bis 2028 möglichst vollständig zu erfassen […]" (‹ https://www.stadtbuecher.de/de/about/ ›).

[136] KNOLL, Die ältesten Stadtbücher und die Anfänge der Stadtkanzlei in Eger (Cheb), in: Krakowskie Studia z Historii Państwa i Prawa 9,3 (2016), S. 295–312.

Speziell zu Stadtbüchern in der Slowakei, aber auch zur städtischen Schriftlichkeit allgemein sowie zur Siedlungs- und Stadtgeschichte in der Slowakei arbeitet der Historiker Vladimír Rábik und hat hierzu mehrere Untersuchungen und Editionen vorgelegt.[137]

Ohne den Anspruch auf Vollständigkeit erheben zu können, wird der Forschungsüberblick zu den Untersuchungsgebieten Tschechien und Slowakei mit den Arbeiten des slowakischen Historikers Michal Bada abgeschlossen. Besonders Badas Arbeiten zum „Silleiner Stadtrechtsbuch" sind hier zu nennen, das er unter dem Aspekt des mittelalterlichen Alltagslebens untersucht hat,[138] aber auch zur Stadt Sillein allgemein und zur Struktur und Kommunikation Bratislavas in der Frühen Neuzeit hat Bada publiziert.[139]

Auf die Publikationen der Projektmitarbeiterinnen und -mitarbeiter, die Themen des Untersuchungsgebiets Tschechien/Slowakei zum Gegenstand haben, wird hier nicht im Einzelnen verwiesen. Neben den in diesem Band genannten Arbeiten finden sich alle im Projektzusammenhang entstandenen Veröffentlichungen von Inge Bily, Wieland Carls, Katalin Gönczi, Michael Hoffert und Marija Lazar auf der Projektseite im Internet.[140]

---

[137] RÁBIK, Mestská kniha príjmov trnavskej farnosti sv. Mikuláša z roku 1495, 2006; DERS., Nemecké osídlenie na území východného Slovenska v stredoveku, 2006; DERS., Mestská kniha Trnavy (1392/1393) 1394–1530, 2008; DERS., K typológii najstarších mestských kníh na Slovensku na príklade mestskej knihy Trnavy z rokov 1394–1530, in: HRUBÁ (Hrsg.), Stav a perspektivy zpřístupňování středověkých a raně novověkých městských knih, 2010, S. 117–124; DERS., Kapitoly z dejín osídlenia Slovenska v stredoveku I., Nemecké osídlenie: 1. (Východné Slovensko), 2. (Zvolenská, Turcianska, Liptovská a Oravská župa), 2012; RÁBIK, LABANC, TIBENSKÝ, Vývoj stredovekých miest na Slovensku, Bd. I–II, 2013.

[138] BADA, Mittelalterliche Silleiner in den »Rechtswirren« der Zeit, in: BOTIKOVÁ, HERZÁNOVÁ (Hrsg.), Nové perspektívy v sociálnych vedách a historická antropológia/New Perspectives in Social Science and Historical Anthropology/Neue Perspektiven in sozialen Wissenschaften und historischer Anthropologie, 2003, S. 41–49; DERS., A zsolnai városkönyv, in: CSUKOVITS, LENGYEL (Hrsg.), Bártfától Pozsonyig, 2005, S. 187–197; DERS., Život v Žiline v zrkadle jej mestskej knihy, 2011.

[139] DERS., Vývoj urbanizácie a ludnatosti Bratislavy v ranom novoveku, in: KOHÚTOVÁ, LOPATKOVÁ (Hrsg.), Metodologické limity historického pramena, 2014, S. 73–80; DERS., Niektoré formy a podoby komunikácie v ranonovovekej Bratislave s ohladom na jej funkciu hlavného mesta/Bratislava as the Early Modern Capital and her Modes of Communication, in: Historické štúdie 49 (2015), S. 111–122.

[140] ‹ https://smr.saw-leipzig.de/aktiv.html ›.

D. Rechtsquellen sächsisch-magdeburgischen Rechts im Untersuchungsgebiet (*Wieland Carls*)

Versucht man eine Zusammenstellung der Rechtstexte sächsisch-magdeburgischer Provenienz, die im Untersuchungsgebiet Tschechien/Slowakei für die Rechtsprechung von Bedeutung waren, lässt sich zunächst feststellen, dass die Überlieferung erst im 14. Jahrhundert – meist erst um die Jahrhundertmitte – beginnt, aber bis ins 18. Jahrhundert reicht. Der Schwerpunkt der überlieferten Textzeugen zu diesem Themenkomplex liegt hier im 15., vor allem aber im 16. Jahrhundert. Auch hier gibt es – wie im Band zum Untersuchungsgebiet Ungarn/Rumänien[1] sowohl Rechtstexte, die in den beschriebenen Regionen entstanden sind und einen eindeutigen lokalen Bezug haben („Silleiner Stadtrecht", „Zipser Willkür", verschiedene Bergrechte etc.), als auch solche, die sich in einem deutlich größeren Verbreitungsraum finden lassen („Sachsenspiegel", „Schwabenspiegel", „Sächsisches Weichbild" etc.). Im folgenden sollen – wie in den vorangegangenen Projektbänden – wieder vor allem die Texte berücksichtigt werden, die sich heute in einer Bibliothek oder einem Archiv im Untersuchungsgebiet befinden. Auch wenn zurecht kritisiert werden kann, dass dies allein kein verlässlicher Beleg für die Nutzung dieser Texte zur Zeit ihrer Geltung in den genannten Orten sein kann, soll hier nicht versucht werden, fehlende Angaben zur Provenienz zu erforschen. Wo allerdings bereits entsprechende Angaben vorliegen, werden diese selbstverständlich berücksichtigt.

I. Land- und Lehnrechtsbücher

Auch im Untersuchungsgebiet Tschechien/Slowakei waren Land- und Lehnrechte, die sich in mehreren Handschriften bis heute erhalten haben, für die Rechtsprechung von Bedeutung. Grundlage für die Verbreitung des Sächsisch-magdeburgischen Rechts war auch hier neben anderen Texten das Landrecht des „Sachsenspiegels". Auf die unterschiedlichen Rezensionen und Bearbeitungen dieses Rechtsbuchs soll hier nicht erneut im Einzelnen eingegangen, sondern lediglich darauf verwiesen werden, dass es hierfür eine Einteilung in Klassen und Ordnungen gibt, die u. a. von Oppitz in seiner Arbeit[2] wiedergegeben wird.

Bemerkenswert ist, dass der „Sachsenspiegel" zwar in einigen deutschsprachigen Fassungen im Untersuchungsgebiet überliefert ist, sich aber kein vollständiger lateinischer Text erhalten hat und von Übersetzungen ins Tschechische nichts

---

[1] Gönczi, Carls, Sächsisch-magdeburgisches Recht in Ungarn und Rumänien, 2013, S. 117–134.

[2] Oppitz, Deutsche Rechtsbücher des Mittelalters, Bd. 1, 1990, S. 1–32; auch sei hier auf die entsprechenden Seiten im Band zum Untersuchungsgebiet Polen verwiesen (Bily, Carls, Gönczi, Sächsisch-magdeburgisches Recht in Polen, 2011, S. 69–75).

bekannt ist. Im Gegensatz dazu wurde der „Schwabenspiegel" in zahlreichen tschechischen Übersetzungen (über 40 Handschriften) überliefert, von denen sich heute bis auf wenige Ausnahmen alle in Tschechien befinden.

1. „Sachsenspiegel" deutsch – Handschriften

Handschriften des deutschsprachigen „Sachsenspiegels" sind in großer Zahl überliefert.[3] In Archiven und Bibliotheken des Untersuchungsgebiets lassen sich heute allerdings nur noch wenige Codices finden, die diesen Rechtstext überliefern, wobei es in der Slowakei keine Belege gibt. Mehr oder weniger vollständig haben sich in Olmütz und Prag vier „Sachsenspiegeltexte" erhalten:

1. Olomouc/Olmütz, Státní archiv Opava, pobočka Olomouc, C. O. 270, 1. H. 14. Jahrhundert, Provenienz: Olmütz, Bibliothek des Metropolitankapitels[4]
2. Praha/Prag, Knihovna Národního muzea, VII.D.29, 15. Jahrhundert, Provenienz: Sammlung Schloss Sychrov; Wrocław/Breslau – abbas monasterii sancte Marie in Arena Vratislaviensi ordinis sancti Augustini[5]
3. Praha/Prag, Národní knihovna České republiky, Cod. XVI F 5, 14.–15. Jahrhundert[6]
4. Praha/Prag, Státní ústřední archiv, A 18, Mitte 15. Jahrhundert[7]

Außer diesen vorwiegend vollständigen Texten sind noch einige Handschriftenfragmente überliefert:

1. [Fragment] Kutná Hora/Kuttenberg, Okresní archiv, Fond AM Kutné Hory ohne Sign., antea Sign.: I b/3y, 15.–16. Jahrhundert[8]
2. [Fragment] Milevsko/Mühlhausen, Městské muzeum, inv. č. 823, 2. H. 14. bis 1. H. 15. Jahrhundert, Provenienz: Kloster Strahov[9]

[3.] [Fragment, verschollen] Praha/Prag, Fürstlich Fürstenbergische Bibliothek, Nr. 1 c. 17, 14. Jahrhundert (nach ca. 1325)[10]

4. [Fragment] Praha/Prag, Knihovna Národního muzea, Cod. I E a 17, 14.–15. Jahrhundert[11]
5. [Fragment] Praha/Prag, Knihovna Národního muzea, Cod. I E a 20, 15. Jahrhundert[12]

---

[3] OPPITZ, Deutsche Rechtsbücher des Mittelalters, Bd. 1, 1990, S. 21–25.

[4] Sachsenspiegel Land- u. Lehnrecht (Opp. 1189, HSC ‹ 8373 ›).

[5] Sachsenspiegel Land- u. Lehnrecht (Opp. 1259, HSC ‹ 22055 ›).

[6] Sachsenspiegel Land- u. Lehnrecht (Opp. 1275, HSC ‹ 7650 ›). Diese Handschrift enthält auch zwei Fragmente des „Sachsenspiegels Landrecht".

[7] Sachsenspiegel Landrecht (Opp. 1278, HSC –; antea Sign.: b 20 – Anfang und Schluss fehlen).

[8] Glosse zum Sachsenspiegel Landrecht (Fr.)? (Opp. 868, HSC ‹ 25099 ›).

[9] Sachsenspiegel Lehnrecht (Fr., 1. Blatt u. 1 Blattrest) (Opp. 1035, HSC ‹ 4674 ›).

[10] Sachsenspiegel Lehnrecht mit Glosse (Fr., 1 Bl.) (Opp. 1227, HSC ‹ 14491 ›).

[11] Sachsenspiegel Lehnrecht mit Glosse (Fr., 1 Doppelbl.) (Opp. 1234, HSC ‹ 3210 ›).

[12] Sachsenspiegel Landrecht mit Glosse (Fr., 1 Bl.) (Opp. 1235, HSC ‹ 21230 ›).

6. [Fragment] Praha/Prag, Knihovna Národního muzea, 1 I c /5 (Sammlung Čeněk Zíbrt) 2. H. 14. Jahrhundert[13]
7. [Fragment] Praha/Prag, Národní knihovna České republiky, Cod. XVI F 5, 14.–15. Jahrhundert[14]

2. „Sachsenspiegel" lateinisch – Handschriften

Vollständige Handschriften mit einer lateinischen Übersetzung des „Sachsenspiegels" sind im Untersuchungsgebiet nicht überliefert. Lediglich einige Fragmente lassen sich hier nachweisen:

1. [Fragment] Praha/Prag, Knihovna Národního muzea, Cod. VI A 21 in situ, 14. Jahrhundert, Provenienz: Kloster Borowan; Peter Wok v. Rosenberg[15]
2. [Fragment] Praha/Prag, Knihovna Národního muzea, Cod. VIII F 23 in situ (antea: Clem. Y.I.2.; B.10; XL F 19), 14. Jahrhundert, Provenienz: Prag, Klementinum Jesuitenkolleg; Prag Karolinum (Karlskolleg); Wenceslaus Koranda[16]

II. „Sächsisches Weichbild"

Einen umfassenden Überblick zu Genese, Überlieferung und Forschungsstand des „Sächsischen Weichbilds" bietet Renate Schelling.[17] Die ersten Textzeugen lassen sich im 13. Jahrhundert nachweisen und bereits im letzten Drittel diese Jahrhunderts hat sich eine Vulgatfassung etabliert, die bis ins 16. Jahrhundert die Grundlage für die weitere Tradierung bietet. Den Kern dieses Rechtsbuchs „bilden zwei kürzere Rechtsaufzeichnungen, an die mit fortschreitender Zeit weiteres Material angelagert wurde: das »Rechtsbuch von der Gerichtsverfassung« und das

---

[13] Sachsenspiegel Landrecht (Fr., 1 Doppelbl.) (Opp. 1253a, HSC ‹ 25109 ›).

[14] Sachsenspiegel Land- u. Lehnrecht (Fr., fol. 32^{v}–35^{v} u. 40^{r}–46^{v}; Opp. 1275, HSC ‹ 7650 ›). Diese Handschrift enthält auch „Sachsenspiegel Land- und Lehnrecht" in einer vollständigen Fassung.

[15] Sachsenspiegel Landrecht (latein., Fr., 2 Blattreste) (Opp. 1269, HSC ‹ 7648 › [hier auch der Link auf das Digitalisat]).

[16] Sachsenspiegel Landrecht (latein., Fr., 1 Blattrest) (Opp. 1271, HSC ‹ 7648 › [hier auch der Link auf das Digitalisat]).

[17] SCHELLING, Magdeburger Schöffensprüche und Magdeburger Weichbildrecht in urkundlicher und handschriftlicher Überlieferung, in: PUHLE (Hrsg.), Hanse, Städte, Bünde, 1996, S. 118–122. Ernst Theodor Gaup gibt im §. X. seiner Abhandlung „Das alte Magdeburgische und Hallische Recht" unter der Überschrift „Von dem Sächsischen oder Magdeburgischen Weichbilde und dem Verhältniß zwischen ihm und den bis jetzt gekannt gewordenen, urkundlichen Schreiben über das Magdeburgische und Hallische Recht" bereits 1826 eine sehr detaillierte Untersuchung zur Überlieferung und inhaltlichen Konzeption des „Weichbilds" (GAUPP, Das alte Magdeburgische und Hallische Recht, 1826, S. 119–156. Ausführlich hat sich hierzu auch Kannowski in seinem Vortrag im Rahmen der Tagung „Stadtrechte und Stadtrechtsreformationen" (Heidelberg, 03.04.2019–05.04.2019) geäußert (KANNOWSKI, Zu Struktur und Glossierung des Magdeburger Weichbildrechts, [Manuskript]).

»Magdeburger Schöffenrecht«. Hinzu tritt noch die ›Weichbildchronik‹ und im 14. Jh. vor 1386 eine Glosse."[18] Die „sogenannte Weichbildvulgata wird seit der Mitte des 14. Jahrhunderts [...] ins Lateinische, Tschechische und Polnische übersetzt."[19] Man geht heute von insgesamt etwa 125 erhaltenen Handschriften und Fragmenten aus, womit das „Sächsische Weichbild" neben dem „Sachsen-" und „Schwabenspiegel" zu den meistüberlieferten Rechtsbüchern gehört.

Da das „Sächsische Weichbild" im Zentrum der Untersuchung des Tschechienteils steht, wird in der folgenden Zusammenstellung versucht, alle aktuellen Informationen zur Überlieferung dieses Rechtstextes nach Sprachen geordnet zu bieten, wobei sich die Belege nicht auf das Untersuchungsgebiet beschränken. Allerdings werden die heute in Tschechien aufbewahrten Handschriften[20] (in der Slowakei gibt es keine Belege für Weichbildhandschriften) durch die fett gesetzte Zählung gekennzeichnet.

1. Handschriften[21]

1.1. Deutsche Handschriften

Zur deutschsprachigen Überlieferung siehe auch im Handschriftencensus unter der Überschrift „›Weichbildrecht‹ (›Weichbild-Vulgata‹ oder ›Sächsisches Weichbild‹)".[22] Es werden vornehmlich die Inhalte der jeweiligen Handschrift aufgeführt, die das

[18] JOHANEK, Magdeburger Rechtsbücher, in: Verfasserlexikon, Bd. 11, ²2004, Sp. 946. Nach aktuellem Kenntnisstand gibt es insgesamt 24 glossierte deutschsprachige Handschriften. Bereits Guido Kisch hat die 17 von ihm untersuchten Handschriften in zwei Klassen, die kürzere – von Kisch als ‚ursprüngliche' Glosse bezeichnet – mit neun und die längere – von Kisch als ‚vermehrte' Glosse bezeichnet – mit fünf Handschriften sowie die jeweils unikal überlieferte Wurm'sche, Stendaler und die sogenannte singuläre Glosse eingeteilt (KISCH (Hrsg.), Leipziger Schöffenspruchsammlung, 1919, S. 84*). Die verbleibenden sieben heute bekannten glossierten Handschriften sind noch nicht klassifiziert. Zur „Weichbildchronik" s. a. ISMIO Bd. 2, S. 83 f., zum „Rechtsbuch von der Gerichtsverfassung" ebd., S. 84.

[19] SCHELLING, Magdeburger Schöffensprüche und Magdeburger Weichbildrecht in urkundlicher und handschriftlicher Überlieferung, in: PUHLE (Hrsg.), Hanse, Städte, Bünde, 1996, S. 118; s. a. ISMIO Bd. 2, S. 86–88.

[20] In Prag befinden sich eine deutschsprachige Handschrift und ein Fragment sowie drei tschechischsprachige Codices mit Weichbildtext.

[21] Eine Zählung in runden Klammern „(xx.)" zeigt Codices an, die nur die „Weichbildchronik" oder ein Remissorium zum Weichbildrecht bieten. Nur aus der Literatur bekannte, aber nicht nachweisbare Texte, werden ohne Zählung aufgeführt „–". Nachweisbare, aber zerstörte oder verschollene Handschriften sind durch eine Zählung in eckigen Klammern „[xx.]" gekennzeichet. Codices, die Weichbildinhalt in verschieden Sprachen enthalten, werden unter den jeweiligen Sprachen mit kursiv gesetzter Zählung „*xx.*"aufgenommmen. Handschriften, die aktuell im Untersuchungsgebiet aufbewahrt werden oder deren Provenienz eindeutig eine Herkunft aus Tschechien oder der Slowakei belegt, werden durch fett gesetzte Zählung „**xx.**" kenntlich gemacht. Die Reihenfolge richtet sich soweit wie möglich nach der alphabetischen Ordnung der Aufbewahrungsorte bei Oppitz (OPPITZ, Deutsche Rechtsbücher des Mittelalters, Bd. 2, 1990). Die jeweilige Nummer der Zählung von Oppitz (ebd., Sigle: Opp.) sowie die des Handschriftencensus (Handschriftencensus, Sigle: HSC)

„Weichbild“ (auch Chronik, Remissorien etc.) betreffen oder z. T. auch die allgemein dem Kontext des Sächsisch-magdeburgischen Rechts zugehörig sind. Diese Angaben orientieren sich an den Formulierungen von Oppitz[23], weshalb hier statt ‚Weichbild‘ in der Regel der Begriff ‚Weichbild*recht*‘ verwendet wird.

[1.] [verschollen] Alt-Zelle (Bistum Meißen), Zisterzienserkloster Alt-Zelle Stift (2), 15. Jahrhundert[24]

(2.) Arnhem, Rijksarchief, Archief van Rhemen Cat. Nr. 100, Ende 15. Jahrhundert[25]

3. [Extrakt] Berlin, Geheimes Staatsarchiv Preußischer Kulturbesitz, XX. HA OPF 1566, 17. Jahrhundert (1604)[26]

(4.) Berlin, Geheimes Staatsarchiv Preußischer Kulturbesitz, Mscr. fol. A 26, 1539[27]

5. Berlin, Staatsbibliothek Preußischer Kulturbesitz, Hdschr. 392, um 1386–1387[28]

6. Berlin, Staatsbibliothek Preußischer Kulturbesitz, mgf 10, 1369[29]

7. Berlin, Staatsbibliothek Preußischer Kulturbesitz, mgf 389, 15. Jahrhundert[30]

8. Berlin, Staatsbibliothek Preußischer Kulturbesitz, mgf 391, 1382[31]

---

werden – soweit vorhanden – in der Fußnote angegeben. Für die Online-Recherche kann die betreffende Nummer des Handschriftencensus an die Webadresse „http://handschriftencensus.de/“ angehängt werden.

22 HSC: ‹ http://www.handschriftencensus.de/werke/1869 ›.

23 Oppitz, Deutsche Rechtsbücher des Mittelalters, Bd. 2, 1990

24 Weichbildrecht mit Glosse (Opp. 8, HSC –).

25 Remissorium über Sachsenspiegel Land- und Lehnrecht, Weichbildrecht, fol. 185^r–202^v (Opp. 18, HSC ‹ 21982 ›).

26 Caspar Schütz, Extrakt aus Sächsischem Landrecht und Weichbilde auch aus Culmischem und Gemeinem Keyserlichen Rechte, wie man Erbe nehmen vndt theilen soll, 429–451 (Opp. 105, HSC ‹ 4370 ›).

27 Ambrosius Adler, Remissorium aus Sachsenspiegel, IX Bücher Magdeburger Rechts, Alter Kulm, Magdeburger und Leipziger Schöffensprüche, Weichbildrecht, Sippzahlregeln und anderen Rechtstexten, 35–773 (Opp. 794, HSC –).

28 Weichbild-Vulgata mit Glosse des Nikolaus Wurm (ursprüngl.) [kürzere Glosse des Nikolaus Wurm], Chronik u. Register, 1^v–128^r (1–26 fehlen seit 1945) (Opp. 1295d, HSC ‹ 8776 ›).

29 Weichbildrecht (Register), 112^v–117^r, Weichbildrecht in 117 Artikeln, 117^v–148^r (Opp. 110, HSC ‹ 8164 ›); Edition des Weichbilds: Daniels (Hrsg.), Dat buk wichbelde recht, 1853.

30 Weichbildrecht mit Glosse in 136 Art. [kürzere Glosse], 1–209^v; Edition: Daniels, Gruben (Hrsg.), Das sächsische Weichbildrecht, Bd. 1, 1858 (Opp. 118, HSC ‹ 12050 ›); eine Konkordanz zur Sammelhandschrift mit der alttschechischen Übertragung des Weichbildrechts mit Glosse Praha/Prag, Parlamentní knihovna/Parlamentsbibliothek, o. Sign., Provenienz: Litoměřice/Leitmeritz, Okresní archiv, IV.A.1, 1469–1470 (Opp. 922) s. Bily, Homolková, Neueste Forschungen zum Sächsischen Weichbildrecht mit Glosse, in: Deutsches Archiv für Erforschung des Mittelalters 73,2 (2017), S. 568–638; Digitalisat der Handschrift: ‹ http://resolver.staatsbibliothek-berlin.de/SBB00003D9100000000 ›.

31 Weichbildrecht mit Weichbildchronik auf fol. 2ra–18vb (Opp. 120, HSC ‹ 8172 ›). Der zweite Teil dieser Handschrift mit Glosse zum Sachsenspiegel Landrecht und Sachregister: Berlin, Staatsbibliothek Preußischer Kulturbesitz, mgq 453 (Opp. 202, HSC ‹ 8172 ›).

9. Berlin, Staatsbibliothek Preußischer Kulturbesitz, mgf 631, 14. Jahrhundert (Ende)[32]
10. Berlin, Staatsbibliothek Preußischer Kulturbesitz, mgf 729, 1407[33]
11. [Fragment] Berlin, Staatsbibliothek Preußischer Kulturbesitz, mgf 827a, 14. Jahrhundert[34]
12. Berlin, Staatsbibliothek Preußischer Kulturbesitz, mgf 1092, 15. Jahrhundert (nach Hübner 1402 beendet)[35]
(13.) [Fragment] Berlin, Staatsbibliothek Preußischer Kulturbesitz, mgf 1370, Bl. 13f., 14.–15. Jahrhundert[36]
14. [Fragment] Berlin, Staatsbibliothek Preußischer Kulturbesitz, mgf 1370, Bl. 17f., 14. Jahrhundert (Mitte)[37]
15. Berlin, Staatsbibliothek Preußischer Kulturbesitz, mgf 1427, 1465[38]
16. Berlin, Staatsbibliothek Preußischer Kulturbesitz, mgf 1676, 15. Jahrhundert (2. H.)[39]
17. [Fragment] Berlin, Staatsbibliothek Preußischer Kulturbesitz, mgq 791, 14. Jahrhundert[40]
[18.] [verschollen] Braniewo/Braunsberg (Polen), Stadtarchiv, A Nr. 87, 14. Jahrhundert (?)[41]
(19.) Wrocław/Breslau, Biblioteka Kapitulna/Dombibliothek, Cod. 41, 15. Jahrhundert (Mitte)[42]
20. Wrocław/Breslau, Biblioteka Uniwersytecka/Universitätsbibliothek, Cod. I Q 156, 14. Jahrhundert (2. H.)/15. Jahrhundert[43]
21. Wrocław/Breslau, Biblioteka Uniwersytecka/Universitätsbibliothek, Cod. II F 6, 15. Jahrhundert (Anfang)[44]

---

[32] Weichbildrecht mit Glosse [singuläre Glosse] (Opp. 133, HSC ‹ 8178 ›). Die Glosse weicht von der sonstigen Überlieferung ab 1–37.

[33] Register, 1–2^r, Weichbildrecht mit Glosse und Judeneid, 2^v–32, Schreiber: Johann von Lorche (Opp. 138, HSC ‹ 12096 ›).

[34] Weichbildrecht (Glosse zu Art. X), 1^{r+v} (Opp. 153, HSC ‹ 8181 ›).

[35] Weichbildrecht mit Glosse [kürzere Glosse] (136 Art., Chronik, Prolog), 219^r–333^v (Opp. 172, HSC ‹ 12149 ›).

[36] Weichbildchronik, 1^{r+v} (Opp. 193, HSC ‹ 7638 ›).

[37] Weichbildrecht, Bl. 17, Weichbildchronik, Bl. 18 (Opp. 195, HSC ‹ 7639 ›).

[38] Register des Magdeburger Weichbildrechts in 135 Art., 1^r–10^v, Weichbildrecht mit Glosse in 135 Art., 13^r–161^r [nicht klassifizierte Glosse] (Opp. 198, HSC ‹ 9029 ›).

[39] Weichbildrecht (Register), 127–129, Weichbildrecht mit Chronik, 129^r–158^r (Opp. 95, HSC ‹ 10309 ›).

[40] [Fragment] Weichbildrecht, 1–4 (Opp. 205, HSC ‹ 8322 ›).

[41] [verschollen] Weichbildrecht und Weichbildchronik (Opp. 228, HSC ‹ 7815 ›).

[42] Theoderich von Bocksdorf, Remissorium über Sachsenspiegel Land- u. Lehnrecht, Weichbildrecht nebst Glossen und Vorrede, 1–252^v (Opp. 255, HSC ‹ 19335 ›).

[43] Weichbildrecht (ausführlicher als die Vulgat-Formen), 246–253^v (Opp. 257, HSC ‹ 8326 ›).

[44] Weichbildrecht in 6 Büchern, 258^r–289^r [mit Stendaler Glosse] (Opp. 259, HSC ‹ 18720 ›).

22. Wrocław/Breslau, Biblioteka Uniwersytecka/Universitätsbibliothek, Cod. II F 8, 14. Jahrhundert (Ende) bis 15. Jahrhundert (Anfang)[45]
23. Wrocław/Breslau, Biblioteka Uniwersytecka/Universitätsbibliothek, Cod. II F 9, 15. Jahrhundert[46]
(24.) Wrocław/Breslau, Biblioteka Uniwersytecka/Universitätsbibliothek, Cod. II Q 3, 14. Jahrhundert[47]
25. Wrocław/Breslau, Biblioteka Uniwersytecka/Universitätsbibliothek, Cod. II Q 4, 15. Jahrhundert[48]
26. Wrocław/Breslau, Biblioteka Uniwersytecka/Universitätsbibliothek, Cod. Mil. II 4 membr., 14. Jahrhundert (Ende)[49]
27. Wrocław/Breslau, Archiwum Państwowe/Staatsarchiv, Akta miasta Świdnic. No. 57, 14. Jahrhundert (2. H.)[50]
(28.) Wrocław/Breslau, Archiwum Państwowe/Staatsarchiv, Akta miasta Wrocł. J 8, 1490–1493[51]
(29.) Wrocław/Breslau, Archiwum Państwowe/Staatsarchiv, Akta miasta Wrocł. J 16, 1468[52]
(30.) Wrocław/Breslau, Archiwum Państwowe/Staatsarchiv, Rep. 132 a, Dep. miasta Lwówka Nr. 1, 14. Jahrhundert (1. H.)[53]
31. [Auszug] Brno/Brünn, Archiv města Brna, Fond Sbírka rukopisů, č. 1, 1333[54]
32. Bucureşti/Bukarest, Biblioteca Naţionala a României, Nr. 554, Provenienz: Sibiu/Hermannstadt, Muzeul Naţional Brukenthal, Ms. LXXVI, 14. Jahrhundert[55]

---

45 Weichbildchronik als Art. 126–134, 125–128, Weichbildrecht, 158–180 (Opp. 261, HSC ‹ 8327 › [hier auch der Link auf das Digitalisat]). Angaben zur Handschrift s. MIKUŁA, Prawo miejskie Magdeburskie, S. 40f. u. 193–196.

46 Weichbildrecht mit Glosse in 135 Art., 1–138 [nicht klassifizierte Glosse] (Opp. 263, HSC ‹ 20163 › [hier auch der Link auf das Digitalisat]).

47 Weichbildchronik, 1f. (Opp. 267, HSC ‹ 8329 ›).

48 Weichbildrecht (latein. mit deutschem Text wechselnd) in [123] 136 Art., 1–36^{r}, Weichbildchronik, 96f. [Saganer Handschrift] (Opp. 268, HSC ‹ 20166 ›). Angaben zur Handschrift s. MIKUŁA, Prawo miejskie Magdeburskie, S. 67 u. 193–196.

49 Weichbildrecht mit Glosse (Wurm), 1–126^{r}; Register, 162^{v}–168^{r} (Opp. 271, HSC ‹ 18690 › [hier auch der Link auf das Digitalisat]).

50 Weichbildrecht mit Chronik in 137 Art., 69–110 (Opp. 287, HSC ‹ 7524 ›).

51 Kaspar Popplau, Remissorium über Sachsenspiegel Land- und Lehnrecht, Weichbildrecht, Breslauisches Land- und Stadtrecht in 1179 Art., 1–543 (Opp. 296, HSC ‹ 20156 ›).

52 Theoderich von Bocksdorf, Remissorium über Sachsenspiegel Land- u. Lehnrecht, Weichbildrecht mit Prolog und Epilog, 19–379 (Opp. 300, HSC ‹ 20160 ›).

53 Weichbildchronik, 65^{v}–71 (Opp. 304, HSC ‹ 7528 ›).

54 Weichbildrecht (Auszug: Art. 243f.), 22^{r}–25^{r} (Opp. 314, HSC ‹ 7611 ›).

55 Art. sächs. Land- und Weichbildrechts als Absätze 534–562 103–106, Weichbildrecht, 107^{r}–130^{r} (Opp. 333, HSC ‹ 7799 ›).

33. Burg (Mecklenburg), Kreis- und Stadtarchiv, Cod. A 177, 13. Jahrhundert (Ende) bis 14. Jahrhundert (Anfang)[56]
34. Cardiff (Wales), Central Library, MS 1.384, 14. Jahrhundert (Mitte)[57]
35. [Auszug] Celle, Bibliothek des Oberlandesgerichts, Cod. C 1, 2. H. 14. Jahrhundert[58]
36. Gdańsk/Danzig, Biblioteka Gdańska Polskiej Akademii Nauk, Ms. 1791, 15. u. 14. Jahrhundert (1. H.)[59]

(37.) Gdańsk/Danzig, Biblioteka Gdańska Polskiej Akademii Nauk, Ms. 1803, 16.–17. Jahrhundert[60]

38. [Auszug] Gdańsk/Danzig, Biblioteka Gdańska Polskiej Akademii Nauk, Ms. 1826, 17. Jahrhundert[61]

(39.) Gdańsk/Danzig, Wojewódzkie Archiwum Państwowe, Ms. 300 R/W 1, Abschrift von 1578[62]

40. [Fragment] Dessau, Landesbücherei, Hs. BB 22841 W (H), 15. Jahrhundert (Ende)[63]
41. [Fragment] Dessau, Landesbücherei, Hs. BB 22846.8°, 15. Jahrhundert[64]
42. Dessau, Landesbücherei, Hs. Georg. 266.4°, 14.–15. Jahrhundert[65]
43. [unvollständig] Dessau, Landesbücherei, Hs. Georg. 269.4°, 14.–15. Jahrhundert[66]
44. [Fragment] Dessau, Landesarchiv Sachsen-Anhalt, Abt. Dessau, GAR V, 411 Nr. 32, um 1410[67]

---

[56] Weichbildvulgata, 1^{r}–35^{v} (Opp. 334, HSC ‹ 3043 ›).

[57] Weichbildchronik, 1^{v}–14, Weichbildrecht, 14–164^{r} [ungeklärt, ob mit oder ohne Glosse] (Opp. 336, HSC ‹ 7585 ›).

[58] Auszug – Weichbildrecht mit Chronik, 2ra–20vb, Weichbildrecht (Vulgata Art. 20–25, 27), 22ra–35va (Opp. 337, HSC ‹ 7586 ›); s. a. LABAND, Magdeburger Rechtsquellen zum akademischen Gebrauch, 1967, S. 36f., Nr. 9; PÄSLER, Deutschsprachige Sachliteratur im Preußenland bis 1500, 2003, S. 111–113; KÜMPER (Bearb.), GIESEN (Mitarb.), Die mittelalterlichen und neuzeitlichen Handschriften der Stiftungsbibliothek am Oberlandesgericht Celle, 2018, S. 114–116.

[59] Weichbildrecht (als Art. 36–301 bezeichnet), 81vb–110ra, Weltchronik zum Weichbildrecht, 124rb–127ra (Opp. 356, HSC ‹ 7209 ›).

[60] Weichbildchronik bis Wilhelm von Holland, 1–5 (Opp. 366, HSC ‹ 7218 ›).

[61] Sachsenspiegel Landrecht (Auszug), Weichbild und Colmen (Auszüge), 161f. (Opp. 370, HSC ‹ 7221 ›).

[62] Sachsenspiegel Landrecht (Auszug), Weichbild und Colmen (Auszüge), 161f. (Opp. 372, HSC ‹ 25033 ›).

[63] Weichbildrecht (Fragment, Art. 15, 17) 2^{v}–6^{r} (Opp. 406, HSC ‹ 8910 ›).

[64] Weichbildrecht, 1^{r-v} (obere Hälfte eines Blattes); OPPITZ, Deutsche Rechtsbücher des Mittelalters, Bd. 3/1 u. 2, 1992, S. 1184f. (Opp. 407, HSC ‹ 7040 ›).

[65] Weichbildrecht mit Chronik und Register in 146 rubrizierten Artikeln, 84^{v}–107^{r} (Opp. 408, HSC ‹ 7596 ›).

[66] Register Weichbildrecht (142 Art.), 260^{r}–262^{r}, Weichbildchronik, 262^{r}–271^{v}, Weichbildrecht (bricht nach dem 39. Art. ab), 271^{v}–292^{v} (Opp. 411, HSC ‹ 7598 ›).

[67] Register Weichbildrecht, fol. 34^{r}–35^{r} und Weichbildrecht, fol. 35^{r}–36^{v}, Fragment (Opp. 987, HSC ‹ 14789 ›).

[45.] [verschollen] Dresden, Sächsische Landesbibliothek, Mscr. M 3, 15. Jahrhundert (Anfang)[68]

46. [Fragment] Dresden, Sächsische Landesbibliothek, Mscr. M 3b, 15. Jahrhundert[69]

(47.) Dresden, Sächsische Landesbibliothek, Mscr. M 24, 1475[70]

48. Dresden, Sächsische Landesbibliothek, Mscr. M 26, 15. Jahrhundert (Anfang)[71]

49. Dresden, Sächsisches Staatsarchiv, Dep. Lommatzsch Nr. 1, 14. Jahrhundert (Ende)[72]

50. [unvollständig] Dresden, Staatsarchiv, Dep. Lommatzsch Nr. 2, 14. Jahrhundert (Ende)[73]

51. Eisleben, St. Andreas Bibliothek (Bibliothek der Andereaskirche), Ms. 127, 1468[74]

[52.] [verschollen] Elbląg/Elbing, Biblioteka Elbląska (Stadtbibliothek) Q 5, 15. Jahrhundert[75]

53. Freiberg, Andreas-Möller-Bibliothek des Geschwister-Scholl-Gymnasiums, Cod. VIII 2o 33, 15. Jahrhundert (1. H.)[76]

[(54.)] [verschollen] Książ/Fürstenstein, Mscr. fol. 18, 15. Jahrhundert[77]

[55.] [verschollen] Książ/Fürstenstein, Mscr. fol. 356, 14. Jahrhundert (ca. 1320–1360)[78]

---

68 Register 1–7, Weichbildrecht mit Glosse in 135 Art., 8–? (Opp. 435, HSC ‹ 14561 ›); diese Hs. ist ggf. identisch mit Opp. 1653.

69 Weichbildrecht [Fragment], Art. 1–6 (Opp. 436, HSC ‹ 14549 ›).

70 Theoderich von Bocksdorf, Remissorium über Sachsenspiegel Land- u. Lehnrecht, Weichbildrecht, 1–175 (Opp. 443, HSC ‹ 14552 ›).

71 Weichbildrecht in 154 Art. (unglossiert), 320vb–357vb (Opp. 445, HSC ‹ 14554 ›).

72 Weichbildrecht (Artikel nicht nummeriert, aber mit Überschriften in Rot), 1–41 (Opp. 458, HSC ‹ 13782 ›).

73 Weichbildrecht (Artikel nicht nummeriert, aber mit Überschriften, Schluss verloren), 313^{r}–315^{v} (Opp. 459, HSC ‹ 13783 ›).

74 Weichbildchronik, 28–32 (S. 56–65), Weichbildrecht, in ungezählte Abschitte mit roten Überschriften aufgeteilt, die in Anordnung und Umfang erheblich von der Ausgabe DANIELS, GRUBEN (Hrsg.), Das sächsische Weichbildrecht, Bd. 1, 1858 abweichen, 32^{v}–45^{v} (S. 65–91), Weichbildrecht, andere Texte als fol. 32–45, die ebenfalls von der von Daniels und Gruben edierten Fassung stark abweichen, 81^{v}–89^{v} (S. 163–178) (Opp. 476, HSC ‹ 2951 ›).

75 Weichbildrecht [ungeklärt, ob mit oder ohne Glosse], 72–214^{r} (Opp. 482, HSC ‹ 4706 ›). Es ist fraglich, ob es sich bei dem im Handschriftencensus genannten Titel tatsächlich um denselben Codex handelt, der bei Oppitz (OPPITZ, Deutsche Rechtsbücher des Mittelalters, Bd. 2, 1990, S. 486f.) unter der Nr. 482 genannt ist, da Umfang und Inhalt abweichen. Dann würde der Codex keinen Weichbildtext umfassen und müsste aus dieser Aufstellung gestrichen werden. Siehe auch PÄSLER, Deutschsprachige Sachliteratur im Preußenland bis 1500, 2003, S. 151f.

76 Fronrecht, Weichbildrecht, Stadtrecht, Weichbildchronik, 225, Weichbildrecht mit Glosse in 135 Art. (vermehrt [längere Glosse]), 231–438 (Opp. 513, HSC ‹ 19544 ›).

77 Weichbildchronik (Opp. 525, HSC ‹ 22287 ›).

78 Register Weichbildrecht, fol. 163vb–165va, Weichbildchronik, fol. 165va–171va, Weichbildrecht, 171vb–203vb (Opp. 526, HSC ‹ 7603 ›).

56. Gießen, Universitätsbibliothek, Hs. 963, 14. Jahrhundert[79]
57. Gießen, Universitätsbibliothek, Hs. 964, 15. Jahrhundert[80]
58. Gießen, Universitätsbibliothek, Hs. 965, 15. Jahrhundert[81]
59. [Abschrift] Gießen, Universitätsbibliothek, Hs. 968, 18. Jahrhundert[82]
60. Gniezno/Gnesen, Archiwum Archidiecezjalne Katedra/Bibliothek des Diözesanarchivs, Ms. 70, 14. Jahrhundert[83]
61. Göttingen, Staats- und Universitätsbibliothek, 2°Ms. jurid. 387, 15. Jahrhundert[84]

(62.) Göttingen, Staats- und Universitätsbibliothek, 2°Ms. jurid. 393, 15. Jahrhundert (1477) und 16. Jahrhundert[85]

63. Göttweig, Benediktinerstift Bibliothek, Cod. 364 (rot), 15. Jahrhundert[86]
64. Gotha, Forschungsbibliothek, Cod. Memb. I 87, 1381–1382[87]
65. Grimma, Stadtarchiv, II. 4 Nr. 5, 1432[88]
66. Grimma, Stadtarchiv, II. 4 o.A., 1424[89]

[(67.)] [Verschollen] Guben, Stadtarchiv, o. Sign., 1460[90]

[(68.)] [nicht nachweisbar] Halberstadt, Ehemalige Lieben-Frauen-Stiftsbibliothek, LXXX (S. 340), 1436[91]

69. Halle (Saale), Universitäts- und Landesbibliothek, Quedl. Cod. 88, 15. Jahrhundert (1490)[92]
70. [Fragment] Halle (Saale), Universitäts- und Landesbibliothek, Ye 4° 6, 14. Jahrhundert (Ende)[93]

(71.) Halle (Saale), Universitäts- und Landesbibliothek, Ye 2° 62, 15. Jahrhundert[94]

---

79 Weichbildrecht, 1–65 (Opp. 542, HSC ‹ 8053 ›).

80 Weichbild-Vulgata mit Glosse (135 Artikel) [kürzere Glosse], 9va–189vb (Opp. 543, HSC ‹ 20438 ›).

81 Reimvorrede zum Weichbild (Prolog, Praefatio) u. Weichbildchronik, 2^{r}–8^{r}, Weichbildrecht mit Glosse in 135 Art. [kürzere Glosse], 8^{r}–214^{r} (Opp. 544, HSC ‹ 20439 ›).

82 Abschrift einr unbekannten Vorlage, 18. Jahrhundert, Weichbildrecht in 136 Art. (unglossiert) ohne Chronik, 1–93 (Opp. 545, HSC –).

83 Weichbildchronik, 1^{v}–7^{r}, Register 7^{r}–9^{v}, Weichbildrecht, 9^{v}–43^{r} (Opp. 572, HSC ‹ 2728 ›).

84 Weichbildrecht mit Glosse (ursprüngl. [kürzere Glosse]) nach jedem Art. in 135 Art., 1–149^{v}, Register, alphabet., 151 (Opp. 595, HSC ‹ 19127 ›).

85 Weichbildchronik, 83^{v} (Opp. 601, HSC ‹ 10305 ›).

86 Weichbildrecht Register, 467^{v}–472^{r}, Weichbildrecht in 117 Art., 472^{v}–500^{v} (Opp. 612, HSC ‹ 25046 ›).

87 Weichbildrecht in 151 Art., 1^{r}–27^{v} (Opp. 625, HSC ‹ 7738 ›).

88 Weichbildrecht mit Chronik bis Wilhelm von Holland, Register, 91–123 (Opp. 637, HSC ‹ 23147 ›).

89 Weichbildrecht mit Chronik bis Wilhelm von Holland in 135 Art. mit jeweils folgender Glosse, 1–189 (Opp. 639, HSC ‹ 23150 ›).

90 Theoderich von Bocksdorf, Remissorium über Sachsenspiegel Land- u. Lehnrecht, Weichbildrecht (Opp. 645, HSC ‹ 25055 ›).

91 Remissorium über Sachsenspiegel Land- u. Lehnrecht, Weichbildrecht (Opp. 652, HSC –).

92 Register Weichbildrecht, 175^{v}–178^{r}, Weichbildchronik, 229^{r}–231^{v}, Weichbildrecht in 137 Art., 231^{v}–247^{r} (Opp. 658, HSC ‹ 19887 ›).

93 Weichbildrecht (Fragment), 1^{r} (Opp. 663, HSC ‹ 3004 ›).

72. Halle (Saale), Universitäts- und Landesbibliothek, Ye 2° 63, 1407[95]
73. Halle (Saale), Universitäts- und Landesbibliothek, Ye 2° 103, 1459, 1461[96]
74. [Auszug] Hamburg, Staats- und Universitätsbibliothek, Cod. 89 in scrin., 15. Jahrhundert (Anfang) (1414?, Munzel: 1405–1416)[97]
75. [Auszug] Hannover, Niedersächsische Landesbibliothek, Ms. XIX 1129, 15. Jahrhundert[98]
76. Heidelberg, Universitätsbibliothek, Cpg 461, 1504, 1521[99]
77. Jena, Universitäts- und Landesbibliothek, Ms. Bud. f. 376, 1457[100]
78. Jena, Universitäts- und Landesbibliothek, Ms. El. f. 57, 1410[101]
79. [Auszüge] Krakau, Biblioteka Jagiellońska, BJ Rkp. 168 III, 14. Jahrhundert[102]
80. Krakau, Biblioteka Jagiellońska, BJ Rkp. 169 III, etwa 1308[103]
81. [Fragment] Krakau, Biblioteka Jagiellońska, BJ Rkp. 170a III, 14. Jahrhundert (1. H.)[104]
82. Krakau, Biblioteka Jagiellońska, Cod. 4163, 1416[105]
83. Krakau, Biblioteka Jagiellońska, Cod. 4171, 1407[106]
84. Krakau, Biblioteka Jagiellońska, Przyb. 42/601386/1387[107]

---

94 Theoderich von Bocksdorf, Remissorium über Sachsenspiegel Land- u. Lehnrecht, Weichbildrecht (Aufzählung der Artikelanfänge vor dem Text), 15–167 (Opp. 665, HSC ‹ 19900 ›).

95 Weichbildrecht mit Chronik, 96rb–139ra (Opp. 666, HSC ‹ 19901 ›).

96 Register Weichbildrecht, 88–98^{v}, 81–87 u. 97 leer, Reimvorrede zum Weichbild, 98, Weichbildchronik, 98–104^{v}, Weichbildrecht mit Glosse in 135 Art., 105^{r}–300^{r} [nicht klassifizierte Glosse] (Opp. 669, HSC ‹ 12344 ›). Diese Handschrift ist wohl identisch mit der verschollenen Handschrift Opp. 570a.

97 Weichbildchronik, 5^{r}–12^{v}, Weichbildrecht (Auszug, Art. 6–18), 12^{v}–19^{v} (Opp. 671, HSC ‹ 8571 ›). Abdruck des Weichbildrechts bei WILDA, Beiträge zur Kunde und Kritik der älteren deutschen Rechts- und Gesetzbücher, vorzüglich aus nordischen Bibliotheken, in: Neues rheinisches Museum für Jurisprudenz 3 (1835), S. 345–354.

98 Weichbildrecht (Auszug aus dem Weichbildrecht der Form B), 14^{r}–18^{v} (Opp. 686, HSC ‹ 13263 ›).

99 Weichbildrecht mit Chronik in 355 Art., 21^{r}–84^{v} (Opp. 704, HSC ‹ 10402 ›); Edition des Weichbilds: THÜNGEN, Das sächsische Weichbildrecht nach dem Codex Palatinus Nro. 461, 1837; Digitalisat der Handschrift: ‹ https://digi.ub.uni-heidelberg.de/diglit/cpg461 ›.

100 Weichbildrecht in 152 Art. (Text und Register stimmen nur bis Nr. 20 überein), 95^{v}–117^{v} (Opp. 734, HSC ‹ 15385 ›).

101 Weichbildrecht in 154 Art., 152^{r}–164^{v} (Opp. 735, HSC ‹ 15387 ›).

102 Register über Land- und Weichbildrecht, 2^{r}–8^{r}, Weichbildchronik (Auszüge), 9^{ra+vb}, Weichbildrecht (Auszüge, Art. 6–15), 9vb–13^{v} u. 87^{v} (Opp. 844, HSC ‹ 7490 › [hier auch der Link auf das Digitalisat]). Angaben zur Handschrift s. MIKUŁA, Prawo miejskie Magdeburskie, S. 41–44 u. 193–196.

103 Weichbildrecht Register, 269ra–272vb, Weichbildrecht-Vulgata, 273ra–309vb (Opp. 845, HSC ‹ 7488 › [hier auch der Link auf das Digitalisat]). Angaben zur Handschrift s. MIKUŁA, Prawo miejskie Magdeburskie, S. 39–41 u. 193–196.

104 Weichbildrecht (Fragment, Art.6–18), 80^{r}–87^{r}, Weichbildchronik (Fragment), 114^{r+v}, Weichbildrecht in 59 Art., 115rb–126rb (Opp. 846, HSC ‹ 7489 › [hier auch der Link auf das Digitalisat]). Angaben zur Handschrift s. MIKUŁA, Prawo miejskie Magdeburskie, S. 40f. u. 193–196.

105 Register Weichbildrecht, 5f., Weichbildrecht, 7–48^{v} (Opp. 858, HSC ‹ 21222 ›).

106 Weichbildrecht, 107^{v}–144^{v} (Opp. 859, HSC ‹ 22534 ›).

85. [Fragment] Leipzig, Bibliothek des Bundesverwaltungsgerichts, MS nov. 1, 15. Jahrhundert (Mitte), ca. 1450[108]
86. [Auszug] Leipzig, Universitätsbibliothek, Ms 838, 14. Jahrhundert[109]
87. Leipzig, Universitätsbibliothek, Ms 947, 14. Jahrhundert (Ende)[110]
88. Leipzig, Universitätsbibliothek, Ms 950, 15. Jahrhundert (1431–1432)[111]
(89.) Leipzig, Universitätsbibliothek, Ms 952, 15. Jahrhundert (Mitte)[112]
90. Leipzig, Universitätsbibliothek, Ms 1088, 15. Jahrhundert (1436)[113]
91. Leipzig, Universitätsbibliothek, Ms 1111, 15. Jahrhundert[114]
92. Leipzig, Universitätsbibliothek, Rep. IV. 1, 1453[115]
(93.) Leipzig, Universitätsbibliothek, Rep. IV. 7, 15. Jahrhundert[116]
(94.) Leipzig, Universitätsbibliothek, Rep. IV. 8, 15. Jahrhundert[117]
(95.) Leipzig, Universitätsbibliothek, Rep. IV. 9, 15. Jahrhundert (2. H.)[118]
(96.) Leipzig, Museum für Geschichte der Stadt, Cod. II G 124, 1461[119]
97. Linz, Oberösterreichisches Landesarchiv, Neuerwerbungen Nr. 106 (PA II/25), 14. Jahrhundert (Anfang)[120]
[**98**.] [Fragment, verschollen] Litoměřice/Leitmeritz, Stadtarchiv, Bruchstück 1, 14. Jahrhundert (2. H.)[121]
99. London, British Library, Ms Arundel 131, 15. Jahrhundert[122]

---

107 Weichbildrecht mit Glosse (ursprüngl. [kürzere Glosse]) und Chronik in 133 Art., 327^{r}–394^{r} (Opp. 860, HSC ‹ 8354 ›).

108 Weichbildchronik, 22^{r}–25^{3}, Weichbildrecht (Fragment, Art. 2 § 7 bis min. Art. 27 § 1), 26^{r}–34^{r} (Opp. 876a, HSC ‹ 23812 ›).

109 Weichbildrecht (Art. 1 § 1–4), 83vb (Opp. 881b, HSC ‹ 15233 ›).

110 Register Weichbildrecht, 197^{v}–204, Weichbildrecht mit Chronik in 137 Art., 204–249 (Opp. 885, HSC ‹ 8358 ›).

111 Weichbildrecht, 53^{r}–89^{r} (Opp. 888, HSC ‹ 15248 ›).

112 Theoderich von Bocksdorf, Remissorium über Sachsenspiegel Land- u. Lehnrecht, Weichbildrecht und deren Glossen, 14^{v}–242^{r} (Opp. 891, HSC ‹ 15250 ›).

113 Weichbildchronik, 222^{v}–226^{v}, Weichbildrecht mit Glosse in 135 Art. [längere Glosse], 227–417 (Opp. 896, HSC ‹ 15255 › [hier auch der Link auf das Digitalisat]).

114 Register, 1–4^{v}, Weichbildrecht mit Glosse in 135 Art., verm. Glosse nach jedem Art. [längere Glosse], 5–116 (Opp. 899, HSC ‹ 15259 › [hier auch der Link auf das Digitalisat]).

115 Weichbildrecht mit Glosse (vermehrt [längere Glosse]) in 135 Art., 3–248, Register über das Weichbild, 260–275 (Opp. 911, HSC ‹ 15362 ›).

116 Theoderich von Bocksdorf, Remissorium über Sachsenspiegel Land- u. Lehnrecht, Weichbildrecht, 11–330 (Opp. 916, HSC ‹ 15366 ›).

117 Theoderich von Bocksdorf, Remissorium über Sachsenspiegel Land- u. Lehnrecht, Weichbildrecht, 2–270 (Opp. 917, HSC ‹ 15367 ›).

118 Theoderich von Bocksdorf, Remissorium über Sachsenspiegel Land- u. Lehnrecht, Weichbildrecht, 1–181 (Opp. 918, HSC ‹ 15368 ›).

119 Theoderich von Bocksdorf, Remissorium über Sachsenspiegel Land- u. Lehnrecht, Weichbildrecht, 207–358 (Opp. 920, HSC ‹ 25092 ›).

120 Vorrede zum Weichbildrecht, 61^{r}–65^{v}, Inhaltsverzeichnis 65^{ar+v}, Weichbildrecht, 66^{r}–77^{v}, Weichbildrecht, 107^{v}–119^{r} (Opp. 946, HSC ‹ 7484 ›).

121 Weichbildrecht, 1 Doppelblatt, 2. H. 14. Jahrhundert (Opp. 927, HSC ‹ 8161 ›).

122 Register zum Schwabenspiegel, Bayerischem Landrecht, Goldener Bulle, Weichbildrecht, 1^{v}–14^{r}, Weichbildrecht, 182–201^{v} (Judeneid, 199^{v}) (Opp. 956, HSC ‹ 14168 ›).

(100.) London, University College, Ms Germ. 27, 15. Jahrhundert[123]
101. [verschollen] Lüneburg, Michaeliskloster, (2), Datierung unbekannt[124]
102. Magdeburg, Landeshauptarchiv, Rep. U 31b Nr. 61, 15.–17. Jahrhundert[125]
[103.] [verbrannt, Abschrift (18. Jahrhundert) in Celle OLG] Mainz, Dombibliothek, Mogunt. II, 1421[126]
[104.] [verbrannt, Abschrift (18. Jahrhundert) in Celle OLG] Mainz, Dombibliothek, Mogunt. IV, 15. Jahrhundert (Anfang)[127]
[(105.)] [verbrannt] Mainz, Dombibliothek, Mogunt. V, 15. Jahrhundert[128]
[106.] [verschollen] Meiningen, Hofbibliothek, Hs. 92, 15. Jahrhundert (Mitte)[129]
107. Merseburg, Domstiftsbibliothek, Cod. 70, 14. Jahrhundert (2. H.)[130]
108. Merseburg, Historisches Stadtarchiv, Rep. K 979, 15. Jahrhundert[131]
109. [Auszug] München, Universitätsbibliothek, 2° Cod. ms. 205, um 1420[132]
110. [Auszug] Naumburg, Stadtarchiv, Ms. 33, 14. Jahrhundert[133]
111. [Fragment] Naumburg, Stadtarchiv, Ms. 60, ehem. Einband, 14. (?) Jahrhundert (1. H.)[134]
112. Oschatz, Stadtarchiv, o. Sign., 1382[135]
113. Oxford, Bodleian Library (West. Mss.), MS Laud Misc. 741, 14.–15. Jahrhundert[136]
114. [Fragment] Pößneck, Archiv der evangelisch-lutherischen Kirchgemeinde, Rechnung der Altarleute 1527–1531, 14. Jahrhundert (Ende)[137]
(115.) Pößneck, Stadtarchiv, Cm 1, 1474[138]

---

123 Theoderich von Bocksdorf, Remissorium über Sachsenspiegel Land- u. Lehnrecht, Weichbildrecht, 1^r–410^v (Opp. 957, HSC ‹ 3553 ›).

124 Weichbildrecht in 324 Art. (Opp. 968, HSC –).

125 Weichbildrecht in 95 Art. mit 19–27 der Drucke beginnend, mit 114 endend (Opp. 983, HSC ‹ 25103 ›).

126 Weichbildrecht in 153 Art. (Opp. 991, HSC ‹ 24132 ›).

127 Weichbildrecht mit Glosse (ursprüngl. [kürzere Glosse]) in 135 Art. (Opp. 993, HSC ‹ 13772 ›).

128 Theoderich von Bocksdorf, Remissorium über Sachsenspiegel Land- u. Lehnrecht, Weichbildrecht (Opp. 994, HSC ‹ 24134 ›).

129 Weichbildrecht mit Glosse in 121 Art., Vulgata, ursprüngl. [kürzere] Glosse folgt jedem Art. (DANIELS, GRUBEN (Hrsg.), Das sächsische Weichbildrecht, Bd. 1, 1858, Art. 16–135), 591^a–755^a (Opp. 1017, HSC ‹ 19854 ›).

130 Weichbildrecht in 133 Art., 121ra–145va (Opp. 1025, HSC ‹ 8360 ›).

131 Weichbildchronik, 45–50, Weichbildrecht in nicht gez. Art., 50–80 (Opp. 1033, HSC ‹ 25166 ›).

132 Weichbildchronik, 203^r–205^v, Weichbildrecht (Auszug), 205^v–209^r (Opp. 1131, HSC ‹ 10791 ›).

133 Weichbildchronik, 1–8^r, Magdeburger Schöffenrecht in 78 Art. Als Schlussteil Auszug des Weichbildrechtes: Hi beginnet daz wichbilderecht, 8^r–32^v (Opp. 1154, HSC ‹ 8144 ›).

134 Weichbildrecht (Fragment), 1 Bl. recto, Weichbildchronik (Fragment), 1 Bl. verso (Opp. 1156, HSC ‹ 8146 ›).

135 Weichbildchronik (bis Wilhelm von Holland), 89–93^v, Weichbildrecht in 137 Art., 93^v–117^v (nach 112 fehlt ein Bl.) (Opp. 1196, HSC ‹ 8142 ›).

136 Weichbildchronik, 1^r–7^r, Weichbildrecht, 7^v–15^v (Opp. 1202, HSC ‹ 8375 ›).

137 Weichbildrecht (Fragment), 1 Doppelbl. (Opp. 1213a, HSC –).

138 Weichbildchronik, 9–15 (Opp. 1214, HSC ‹ 25215 ›).

116. [Fragment] Praha/Prag, Národní knihovna České republiky/Nationalbibliothek, Cod. X G 16, Nachsatzblatt, 14. Jahrhundert[139]

(**117.**) Praha/Prag, Národní knihovna České republiky/Nationalbibliothek, Cod. XVI C 15, 15. Jahrhundert (2. H.)[140]

118. Praha/Prag, Národní knihovna České republiky/Nationalbibliothek, Cod. XVI F 5, 14.–15. Jahrhundert[141]

119. Quedlinburg, Stadtarchiv, Hs. 3a/I, 15. Jahrhundert[142]

(120.) Quedlinburg, Stadtarchiv, Hs. 2a, 1452[143]

121. Quedlinburg, Stadtarchiv, Hs. I/a 3a/II, 1454[144]

(**122.**) Žilina/Sillein, Štátny okresný archív/Staatsarchiv, o. Sign., 1378[145]

(123.) Sondershausen, Kirchenbibliothek, Cod. 2o 233, 1476[146]

124. Sondershausen, Kirchenbibliothek, Cod. 2o 236, 15. Jahrhundert (Ende)[147]

(125.) Sondershausen, Kirchenbibliothek, Cod. 2o 237, 1468[148]

(126.) Utrecht, Universiteitsbibliotheek, Ms. 1375 (3 K 8), 14. Jahrhundert[149]

127. Waltershausen, Museum Schloss Tenneberg, ohne Sign., 1448–1452[150]

128. Warszawa/Warschau, Biblioteka Narodowa, Cos.12607 III, 1437[151]

(129.) [Auszug] Wien, Schottenkloster, Cod. 145 (Hübl 209), 15. Jahrhundert[152]

---

[139] Weichbildrecht (Fragment, Art. 25 § 2–27 § 2; 35 § 8–36), 1^{r+v} (Opp. 1272, HSC ‹ 7649 ›).

[140] Theoderich von Bocksdorf, Remissorium über Sachsenspiegel Land- u. Lehnrecht, Weichbildrecht, 16–338^{v} (Opp. 1273, HSC ‹ 13610 ›).

[141] Reimvorrede zum Weichbild, 1^{r}, Weichbildrecht, 1^{r}–40^{r} (Opp. 1275, HSC ‹ 7650 ›).

[142] Weichbildchronik, 318–322, Weichbildrecht in 146 Art., 323–351 (Opp. 1297, HSC ‹ 22886 ›).

[143] Remissorium zum Sachsenspiegel und zum sächs. Weichbild, 266 Bll. (Opp. 1299, HSC ‹ 25367 ›).

[144] Weichbildrecht mit Glosse (ursprüngliche [kürzere Glosse]) in 135 Art., 143–378 (Opp. 1300, HSC ‹ 22746 ›).

[145] Weichbildchronik, 19^{r}–22^{r} (Opp. 1352, HSC ‹ 8130 ›).

[146] Remissorium zum Sachsenspiegel und sächs. Weichbild, 235 Bll. (Opp. 1362, HSC ‹ 22049 ›).

[147] Weichbildrecht mit Glosse (vermehrt [längere Glosse]) in 137 Art. u. Chronik bis Wilhelm v. Holland und Bischof Ruperus v. Neunefort, am Ende Judeneid, Bestätigung des Magdeburger Rechts und Erweiterung der Glosse, Landrecht Art. II 24, Register, 2^{r}–220^{r} (Opp. 1364, HSC ‹ 22051 ›).

[148] Theoderich von Bocksdorf, Remissorium über Sachsenspiegel Land- u. Lehnrecht, Weichbildrecht mit 2 Vorreden, davon eine gereimt, 531 Bll. (Opp. 1365, HSC ‹ 22048 ›).

[149] Systematisches Rechtsbuch aus Sachsenspiegel, Schwabenspiegel und Weichbild in 110 Abschnitten, 20–93^{v} (Opp. 1443, HSC ‹ 5764 ›).

[150] Register Weichbildrecht, 160–165, Weichbildrecht in 153 Art., 166–195 (zwischen Bl. 192 u. 193 fehlen 3 Bll.) (Opp. 1446, HSC ‹ 25230 ›).

[151] Magdeburger Weichbildrecht (latein./omd.) in [127 = 113+14] Art., 27ra–61vb [ohne Glosse] (Opp. 1454, HSC ‹ 18446 ›); Digitalisat der Handschrift ‹ https://academica.edu.pl/reading/readSingle?page=61&uid=73303230 ›. Angaben zur Handschrift s. MIKUŁA, Prawo miejskie Magdeburskie, S. 44–47 u. 58 f.

[152] Remissorium über Sachs. Land- u. Lehnrecht, Weichbildrecht u. Schwabenspiegel in 30 Art., De justicia, Weichbildchronik Art. 3–21, bis Wilhelm von Holland; Weichbildrecht (Art. 1–3, 5 als Art. 23 u. 24), 163^{v}–172^{v}, 173^{v}–174^{v} leer (Opp. 1496, HSC ‹ 15189 ›).

130. Wien, Österreichische Nationalbibliothek, Cod. 2710, 14. Jahrhundert (Ende)[153]
131. [Fragment] Wien, Österreichische Nationalbibliothek, Cod. Ser. nova 3866, 14. Jahrhundert[154]
132. [Fragment, Auszüge] Wolfenbüttel, Herzog August Bibliothek, Cod. 17.20 Aug 4°, 15. Jahrhundert[155]
(133.) Wolfenbüttel, Herzog August Bibliothek, Cod. 112.3 Extravagantes 15. Jahrhundert[156]
(134.) Zeitz, Domherrenbibliothek (Bibliothek des Zeitzer Domkapitels, Cod. 15 (früher LVI), 15. Jahrhundert[157]
(135.) Zwickau, Ratsschulbibliothek, 2.8.28 (früher Ms. II, VIII, 28), 15. Jahrhundert[158]
[136.] [Fragment, Auszug] Zwickau, Stadtarchiv, Ms. III, X, 1, Nr. 141b, 14. Jahrhundert (ca. 1348–1358)[159]
[–] [verschollen, bzw. identisch mit Opp. 669] Privatbesitz, Antiquariat Gilhofer und Ranschburg, Luzern, Nr. 1933/11,387, 1433/1467[160]
[(137.)] [verschollen] Privatbesitz Heinrich Köpp, Oberndorf am Neckar bzw. Stuttgart, o. Sign., 1460[161]
138. [nur teilw. erhalten] Privatbesitz Antonius Graf von Mirbach-Harff (Schloss Harff bei Bedburg), 1295[162]
– [nicht nachweisbar] Görlitz, [keine Angabe], o. Sign.[163]

1.2. Lateinische Handschriften

Zur Überlieferung und Wirkunsgsgeschichte des „Sächsischen Weichbilds" in lateinischer Übersetzung hat in den letzten Jahren Mikuła geforscht und neben mehreren Einzelstudien das Thema in einer Monographie ausführlich behandelt.[164]

---

153 Weichbildrecht mit Chronik u. Vorrede in 29 Abschnitten, 103r–130v (Opp. 1503, HSC ‹ 7335 ›).

154 Weichbildrecht (Fragment, Art. 80–84), 1r+v (Opp. 1539, HSC ‹ 2290 ›).

155 Weichbildrecht (Fragment, Auszüge), 316–327v(Opp. 1571, HSC ‹ 25079 ›).

156 Theoderich von Bocksdorf, Remissorium über Sachsenspiegel Land- u. Lehnrecht, Weichbildrecht in 135 Art. mit Vorrede und Capitulatio, 1r–159r (Opp. 1585, HSC ‹ 13317 ›).

157 Theoderich von Bocksdorf, Remissorium über Sachsenspiegel Land- u. Lehnrecht, Weichbildrecht ohne Epilog und Datum, 2–259v (Opp. 1617, HSC ‹ 14787 ›).

158 Theoderich von Bocksdorf, Remissorium über Sachsenspiegel Land- u. Lehnrecht, Weichbildrecht, 13r–191v (Opp. 1633, HSC ‹ 9039 ›).

159 Weichbildrecht (Fragment, Auszug aus dem Anfang), 18–20 (Opp. 1637, HSC ‹ 8403 ›).

160 Weichbildrecht, 182r–284r (Opp. 570a, HSC ‹ 12339 ›). Diese Handschrift ist wohl identisch mit Halle (Saale), Universitäts- und Landesbibliothek, Ye 2° 103, Opp. 669.

161 Register Artikelanfänge Sachs. Land- u. Lehnrecht, Weichbildrecht, 3v–10r; Theoderich von Bocksdorf, Remissorium über Sachsenspiegel Land- u. Lehnrecht, Weichbildrecht, 10v–261v (Opp. 815, HSC ‹ 12334 ›).

162 Weichbildrecht in 19 Art., deren Anfang verloren ist, 66r+v (Opp. 1036, HSC ‹ 19878 ›).

163 Weichbildrecht, möglicherweise identisch mit Opp. 435 (Opp. 1653, HSC –).

164 Mikuła, Prawo miejskie Magdeburskie (Ius Municipale Magdeburgense) w Polsce XIV-pocz. XVI w., 2018.

Viele aktuelle Informationen der hier folgenden Zusammenstellung sind dieser Arbeit entnommen, so auch in vielen Fällen die Artikelzählung, die für einen Vergleich der Handschriften untereinander ein verlässliches Tertium Comparationis bietet.[165]

1. Częstochowa/Tschenstochau, Archiwum Ojców Paulinów na Jasnej Górze, II–3, 1423[166]
2. St. Florian, Augustiner Chorherrenstift St. Florian (Bibliothek), Cod. XI. 551, 15. Jahrhundert[167]
3. Gniezno/Gnesen, Archiwum Archidiecezjalne Katedra/Bibliothek des Diözesanarchivs, Ms. 104, 1359[168]
4. Kielce, Biblioteka Wyższego Seminarium Duchownego w Kielcach, RK 45/28, 1429[169]
5. Kórnik/Kurnik, Biblioteka Kórnicka Polskiej Akademii Nauk, Rkps. 800, 1472[170]
6. Kórnik/Kurnik, Biblioteka Kórnicka Polskiej Akademii Nauk, Rkps. 801, 1425–1488[171]
7. Krakau, Biblioteka Jagiellońska, Cod. 168, 14. Jahrhundert[172]
8. Krakau, Biblioteka Jagiellońska, Cod. 4405, 14.–16. Jahrhundert[173]
9. Leipzig, Universitätsbibliothek, Ms 951b, 15. Jahrhundert[174]

---

[165] Die dieser Untersuchung (ebd., S. 193–196) entnommene Artikelzählung wird in eckigen Klammern angegeben.

[166] Weichbildrecht (latein.) in [123] Art., 53ᵛ–70. Angaben zur Handschrift s. MIKUŁA, Prawo miejskie Magdeburskie, S. 56f. u. 193–196 (Opp. 351, HSC –).

[167] Weichbildrecht (latein.) mit Prolog und Judeneid in [118] Art., 41ʳ–55ᵛ. Angaben zur Handschrift s. MIKUŁA, Prawo miejskie Magdeburskie, S. 59 u. 193–196 (Opp. 1367, HSC –); Digitalisat der Handschrift und Edition ‹ https://iura.uj.edu.pl/publication/1119 › .

[168] Conrad von Sandomir, Weichbildrecht (latein., versio Sandomiriensis) in 107 [+ 10] Art., mit Prolog, 82–115ᵛ (Opp. 573, HSC –). Angaben zur Handschrift s. MIKUŁA, Prawo miejskie Magdeburskie, S. 52f. u. 193–196. Digitalisat der Handschrift ‹ https://iura.uj.edu.pl/dlibra/publication/617/edition/198 ›.

[169] Weichbildrecht (latein.) in [123] Art., 95–140ᵛ (Opp. [766a], HSC –). Angaben zur Handschrift s. MIKUŁA, Prawo miejskie Magdeburskie, S. 58 u. 193–196.

[170] Weichbildrecht (latein.) in [119 = 115+4] Art., 102–145. Angaben zur Handschrift s. MIKUŁA, Prawo miejskie Magdeburskie, S. 62 u. 193–196 (Opp. 836, HSC –).

[171] Weichbildrecht (latein.) in 109+8 [117 = 108+9] Art., 137ᵛ–166, 166–170. Angaben zur Handschrift s. MIKUŁA, Prawo miejskie Magdeburskie, S. 60f. (Opp. 837, HSC –).

[172] Weichbildchronik (Auszüge), 9ʳ⁻ᵛ; Weichbildrecht (latein.) in [109] Art., 89ᵛ–107ᵛ. Angaben zur Handschrift s. MIKUŁA, Prawo miejskie Magdeburskie, S. 66 u. 193–196 (Opp. 860, HSC –).

[173] Weichbildrecht (latein.) in [109] Art., 89ᵛ–107ᵛ. Angaben zur Handschrift s. MIKUŁA, Prawo miejskie Magdeburskie, S. 66 u. 193–196 (Opp. 860, HSC –).

[174] Weichbildrecht (latein.), versio Sandomiriensis in 177 [130] Art., jedoch ohne Subscripitio, ohne Nummerierung, 84–129ᵛ; Weichbildrecht (latein.), 14 Abschnitte ohne Nrr., bei DANIELS, GRUBEN (Hrsg.), Das sächsische Weichbildrecht, Bd. 1, 1858, Art. 6–14 entsprechend, 123ᵛ–129ᵛ; Register Weichbildrecht (latein.) mit 2 zusätzlichen Art. (Opp. 890, HSC –), DANIELS, GRUBEN (Hrsg.), Das sächsische Weichbildrecht, Bd. 1, 1858, Art. 15.2; Digitalisat der Handschrift ‹ https://digital.ub.uni-leipzig.de/object/viewid/0000012067 ›. Angaben zur Handschrift s. MIKUŁA, Prawo miejskie Magdeburskie, S. 67f. u. 193–196.

[10.] [Verbleib nicht ermittelbar] L'viv/Lemberg, Archiwum Krajowe aktów grodzkich i ziemskich, Fonds Sanok Nr. 438, 16. Jahrhundert (Anfang)[175]

11. Paderborn, Erzbischöfliche Akademische Bibliothek, Pa 95, 15. Jahrhundert[176]

12. St. Peterburg/St. Petersburg, Biblioteka Rossijskoj akademii nauk, Bestand 28, F Nr. 143, 1367–1368[177]

13./14. St. Peterburg/St. Petersburg, Russische Nationalbibliothek, Lat. Q II 157, 15. Jahrhundert (1427)[178]

15. Poznań/Posen, Archiwum Państwowe w Poznaniu (Okręgowe Archiwum Państwowe), Pleszew I/2, 15. Jahrhundert[179]

16. Przemyśl, Archiwum Państwowe w Przemyślu, Akta miasta Przemyśla staropolskie sygn. 428, 15. Jahrhundert (1473–1474)[180]

17. Warszawa/Warschau, Biblioteka Narodowa, 12600 III (früher: Akc. 9862, Baw. 998), 1421[181]

18. Warszawa/Warschau, Biblioteka Narodowa, Cod. 12607 III (früher: Akc. 9869, Baw. 1014), 1437[182]

19. Warszawa/Warschau, Biblioteka Narodowa, BOZ 90, 1513[183]

---

[175] Weichbildrecht (latein., mit großer Ähnlichkeit zu Łaskis Commune incliti Polonie), 9^{v}–22. Angaben zur Handschrift s. MIKUŁA, Prawo miejskie Magdeburskie, S. 70 u. 193–196 (Opp. 929, HSC ‹ 25093 ›).

[176] Sächsisches Weichbildrecht (mit Glosse), 283–403^{v} [nicht klassifizierte Glosse] (Opp. 1205a, HSC –). Handschrift stark beschädigt (s. a. ‹ https://www.vhmml.org/readingRoom/view/69747 ›).

[177] Weichbildrecht (latein., Conrad von Oppeln) in [112] Art. [versio Sandomiriensis], 127–134^{v}. Angaben zur Handschrift s. MIKUŁA, Prawo miejskie Magdeburskie, S. 54f. u. 193–196 (Opp. 931, HSC ‹ 13777 ›).

[178] Weichbildrecht (latein.) in zwei Fassungen: in [119] Art., 22^{v}–52^{r} und in [115] Art., 105^{r}–123^{v}. Angaben zur Handschrift s. MIKUŁA, Prawo miejskie Magdeburskie, S. 57f. u. 193–196 (Opp. 1471, HSC –).

[179] Weichbildrecht (latein.) in 56 [55] Art., S. 89–97 (fol. 51^{r}–55^{r}); Digitalisat der Handschrift ‹ https://www.wbc.poznan.pl/dlibra/docmetadata?id=124179 ›. Angaben zur Handschrift s. MIKUŁA, Prawo miejskie Magdeburskie, S. 64f. u. 193–196 (Opp. 1219, HSC –).

[180] Conrad von Sandomir, Weichbildrecht (latein.) versio Sandomiriensis in 113 [115] Art., 13^{r}–27^{r}. Angaben zur Handschrift s. MIKUŁA, Prawo miejskie Magdeburskie, S. 62–64 u. 193–196 (Opp. 1296, HSC –).

[181] Register zu Magdeburger Weichbildrecht und Lübischem Recht, 1ra–4rb, Sachsenspiegel (latein.), 4rb–56ra, Lübisches Recht (latein.), 56ra–64ra, Magdeburger Weichbild (latein.) in [113] Artikeln , 64rb–89rb, Kulmer Recht (latein., Auszug), 89va (Opp. 1453, HSC –); Digitalisat der Handschrift ‹ https://polona.pl/item/iura-civilia-magdeburgensis-civitatis,MTAyNzkzOTIx ›. Angaben zur Handschrift s. MIKUŁA, Prawo miejskie Magdeburskie, S. 55 u. 193–196.

[182] Magdeburger Weichbildrecht (latein./omd.) in [127 = 113+14] Art., 27ra–61vb (Opp. 1454, HSC ‹ 18446 ›); Digitalisat der Handschrift ‹ https://academica.edu.pl/reading/readSingle?page=61&uid=73303230 ›. Angaben zur Handschrift s. MIKUŁA, Prawo miejskie Magdeburskie, S. 44–47 u. 58f. u. 193–196.

[183] Conrad von Sandomir, Weichbildrecht (latein.) versio Sandomiriensis in [116 = 108+8] Art. mit Prolog, 45va–66vb (Opp. 1457, HSC –); Digitalisat der Handschrift ‹ https://polona.pl/item/liber-iurium-speculum-saxonum,MTEyMjg3MQ ›. Angaben zur Handschrift s. MIKUŁA, Prawo miejskie Magdeburskie, S. 69 u. 193–196.

20. Warszawa/Warschau, Biblioteka Narodowa, III 3068, 15.–16. Jahrhundert[184]
(21.) [Kompilation] Warszawa/Warschau, Biblioteka Narodowa, III 8035, 16. Jahrhundert (Anfang)[185]
[22.] [verbrannt] Warszawa/Warschau, Biblioteka Narodowa, Kras. 51 (37), 15. Jahrhundert[186]
[23.] [verbrannt] Warszawa/Warschau, Biblioteka Narodowa, Lat. F II 124, 1463[187]
24. [verbrannt] Warszawa/Warschau, Biblioteka Narodowa, Q II 274, 16. Jahrhundert[188]
25. Warszawa/Warschau, Biblioteka Uniwersytecka, Rkps 5, 15. Jahrhundert (2. H., 1477)[189]
26. Wrocław/Breslau, Biblioteka Uniwersytecka/Universitätsbibliothek, Cod. II Q 4 15. Jahrhundert[190]
27. Wrocław/Breslau, Biblioteka Zakładu Narodowego im. Ossolińskich, Ms. 832/I, 1488[191]

1.3. Polnische Handschriften

Handschriftliche polnische Übersetzungen des „Sächsischen Weichbilds" sind nicht überliefert.

---

[184] Weichbildrecht (latein., als liber primus) mit Rubriken regulae juris in [128] Art., 20ra–45vb (Opp. 1459, HSC –); Digitalisat der Handschrift ‹ https://polona.pl/item/miscellanea-iuridica,NjA3MzgxNw ›. Angaben zur Handschrift s. MIKUŁA, Prawo miejskie Magdeburskie, S. 68 f. u. 193–196.

[185] Kompilation aus dem Sächsischen Weichbildrecht (latein.), 1ra–36vb, 171ra–205rb (Opp. 1462, HSC –); Digitalisat der Handschrift ‹ https://polona.pl/item/ortele-przysieznikow-z-magdeburga,OTUxMTExMzI ›.

[186] Weichbildrecht (latein.), 74–125 (Opp. 1463, HSC –).

[187] Weichbildrecht (latein.), 7^{v}–86^{v} (Opp. 1466, HSC –).

[188] Masowisches Recht (1377–1496), Weichbildrecht (latein.), 1–46 (Opp. 1472, HSC –).

[189] Weichbildrecht (latein., Art. 75–110 – Rest fehlt), 1^{r}–7^{v} (Opp. 1481, HSC –); Digitalisat der Handschrift ‹ https://ebuw.uw.edu.pl/dlibra/docmetadata?id=211769 ›. Angaben zur Handschrift s. MIKUŁA, Prawo miejskie Magdeburskie, S. 67.

[190] Weichbildrecht (latein. mit deutschem Text wechselnd) in 136 [123] Art., 1–36^{r}, Weichbildchronik, 96 f. (Opp. 268, HSC ‹ 20166 ›). Angaben zur Handschrift s. MIKUŁA, Prawo miejskie Magdeburskie, S. 67 u. 193–196.

[191] Weichbildrecht (nach BISCHOFF, Beiträge zur Geschichte des Magdeburgerrechtes, 1865, S. 341 in der Fass. des Krakauer Codex 169 [Opp. 845]) in [128] 157? Art. [51–157], 1ra–17ra [die ersten 5(?) Blätter sind nur als Fragmente erhalten] (Opp. 281, HSC –); Digitalisat der Handschrift ‹ https://www.dbc.wroc.pl/dlibra/docmetadata?id=6776 ›. Angaben zur Handschrift s. MIKUŁA, Prawo miejskie Magdeburskie, S. 65 f. u. 193–196.

1.4. Mitteltschechische Handschriften

Drei der vier erhaltenen Übersetzungen des „Sächsischen Weichbilds" in die tschechische (besser mitteltschechische) Sprache bieten auch die Glosse. Beim vierten Textzeugen handelt es sich um ein alphabetisches Kompendium, das neben anderen Rechtstexten sächsisch-magdeburgischer Provenienz auch Inhalte des „Sächsischen Weichbilds" umfasst.

1. Praha/Prag, Parlamentní knihovna/Parlamentsbibliothek, o. Sign., Provenienz: Litoměřice/Leitmeritz, Okresní archiv, IV.A.1, 1469–1470[192]

(**2.**) Praha/Prag, Knihovna Národního muzea/Bibliothek des Nationalmuseums, Cod. II F 3, 1516/1519/1532[193]

3. Praha/Prag, Knihovna Národního muzea/Bibliothek des Nationalmuseums, Cod. III C 5, 1543[194]

4. Praha/Prag, Národní knihovna České republiky/Nationalbibliothek, Cod. XVII C 24, 1547[195]

2. Drucke

2.1. Deutsche Drucke des 15. und 16. Jahrhunderts

Die Unterscheidung, wann von einem Druck und wann von einer Edition gesprochen werden kann, ist nicht immer ganz leicht zu treffen. Möglicherweise kann man bei den frühen Wiedergaben des Weichbildtextes schon einen wissenschaftlichen Anspruch unterstellen, doch steht der inhaltliche Aspekt unübersehbar im Vordergrund. Deshalb sollen hier nur die Drucke des 15. und 16. Jahrhunderts verzeichnet werden, die eine mehr oder weniger getreue Wiedergabe des „Sächsischen Weichbilds" mit oder ohne Glosse zum Gegenstand haben. Eine Übersicht der alten Drucke des glossierten Weichbilds bietet aktuell Kannowski, der elf Drucke aus dieser Zeit auflistet,[196] die im Folgenden auch genannt werden. Die

---

[192] Weichbildrecht mit Glosse (tschech.) in 143 Art., 87–187 (Opp. 922); eine Konkordanz zur deutschsprachigen Handschrift des Weichbildrechts mit Glosse im Codex Berlin, Staatsbibliothek Preußischer Kulturbesitz, mgf 389, 15. Jahrhundert (Opp. 118, HSC ‹ 12050 ›) s. Bily, Homolková, Neueste Forschungen zum Sächsischen Weichbildrecht mit Glosse, in: Deutsches Archiv für Erforschung des Mittelalters 73,2 (2017), S. 568–638; Digitalisat der Handschrift ‹ www.psp.cz/sqw/hp.sqw?k=2038 ›. Eine detailreiche Inhaltsangabe dieses Codex und einige Überlegungen zur vermuteten Intention der Übersetzung und der Gebrauchssituation bietet bereits Lippert (Lippert, Das Recht am alten Schöppenstuhle zu Leitmeritz und seine Denkmäler, in: Mittheilungen des Vereines für Geschichte der Deutschen in Böhmen 6 (1868), S. 165–168), der auch auf die Besonderheiten der Bearbeitung des Weichbildtextes bei der Übertragung ins Tschechische eingeht (ebd., S. 166).

[193] Martin von Wyskyttna, Regulae iuris (tschech. – alphabetisches Werk aus Sachsenspiegel, Meißner Rechtsbuch und Weichbildvulgata in Frage und Antwort), 199–408 (Opp. 1243).

[194] Weichbildrecht mit Glosse (tschech.) in 144 Art., 1–107 (Opp. 1244).

[195] Weichbildrecht mit Glosse (tschech.) in 72 Art., 44–217^{v} (Opp. 1277, HSC –); Digitalisat der Handschrift ‹ http://www.manuscriptorium.com/apps/index.php?direct=record&pid=RASTIS-NKCR__XVII_C_24___35SH943-cs ›.

Drucke sind aufsteigend nach dem Erscheinungsjahr sortiert.

1. „Weichbild" mit Glosse, s.l, [um 1473/75][197]
2. „Weichbild Magdeburgs", mit Glosse von Burchard von Mangelfelt (?) und Reimvorrede auf Eike von Repgow, Augsburg 1482[198]
3. „Weichbild Magdeburgs", mit Glosse von Burchard von Mangelfelt (?) und Reimvorrede auf Eike von Repgow, Augsburg 1495[199]
4. Remissorium mitsamt dem Weichbild und Lehenrecht, [Eike von Repgow], Augsburg: Johann Schönsperger 1499[200]
5. Remissorium mit || sambt dem weichpilde vnd le||henrecht.||, Augsburg: Johann Otmar 1508[201]

6.–11.[202] Christoph Zobel, Sächsisches Weichbild und Lehenrecht und Remissorium, Leipzig: Blüm 1537[203]

2.2. Lateinische Drucke des 16. Jahrhunderts

Genannt seien hier nur zwei Drucke von Übersetzungen des „Sächsischen Weichbilds" in die lateinische Sprache, die allerdings vornehmlich für die Bedeutung der Rezeption dieses Rechtsbuchs in Polen stehen, aber auch dafür, dass diesem Text von den gelehrten Juristen große Aufmerksamkeit geschenkt wurde.

1. Jan Łaski, Übersetzung des Sachsenspiegels und des Sächsischen Weichbilds ins Lateinische, Krakau: Johannis Haller 1506[204]
2. Micołaj Jaskier, Übersetzung des Magdeburger Weichbilds und des Sachsenspiegels ins Lateinische, Krakau: Hieronymus Vietor 1535[205]

---

196 Kannowski, Die dritte Säule und das Dach, in: Deutsches Archiv für Erforschung des Mittelalters 75 (2019), S. 166f.

197 Weichbild Magdeburgs [um 1473/75], Dresden, Sächsische Landesbibliothek, Mscr. M 23, vor 16.12.1482, bzw. um 1473/1475 (Opp. 442, HSC ‹ 14551 ›); Hain 13865, GW 9265. Dieser Codex bietet im ersten Teil einen Druck des „Sächsischen Weichbilds" mit Glosse in 135 Art., dem Bl. 1–11 fehlen (fol. 1^r–136^v). Der Text beginnt im Art. 2 und hat am Schluss noch ein Register (fol. 137^r–138^v). Mit der Inkunabel sind noch eine Handschrift mit dem „Sachsenspiegel Lehnrecht" nebst Glosse in 80 Art. und Register, dem „Richtsteig Landrechts" und zwei jüngeren Urkunden zusammengebunden. Nachdrucke: 1482 (GW 9266), 1495 (GW 9267), 1499 (GW 9267).

198 Weichbild Magdeburgs 1482 (GW 9266).

199 Weichbild Magdeburgs 1495 (GW 9267).

200 Eike von Repkow [Repgow], Remissorium mitsamt dem Weichbild und Lehenrecht 1499 (GW 9268).

201 Remissorium mit || sambt dem weichpilde vnd le||henrecht.|| 1508 (VD16 D 741).

202 Fünf weitere Auflagen im 16. Jahrhundert, teilw. mit anderen Herausgebern: 1547 VD16 ZV 4406, 1551 VD16 D 736, 1555 VD16 D 737, 1557 VD16 D 738, 1589/(1588) VD16 D 740.

203 Zobel, Sechſiſch Weych⸗||bild vnd Lehenrecht, 1537 (VD16 ZV 4405 u. D 735).

204 Łaski, [Commune incliti Poloniae regni privilegium]. Cracoviae 1506. Nach Mikuła hat Łaski das Weichild nicht übersetzt, sondern die Übersetzungen ‚versio Sandomiriensis' und ‚versio Cracoviensis' lediglich kompiliert (Mikuła, Prawo miejskie Magdeburskie, S. 130, 183–186).

205 [Jaskier]/Iaskerus, [Iuris municipalis Maideburgensis]. In Regia Poloniae Cracouia [Krakau], Mēſe Aprili. Anno. M.D.XXXV. (1535).

3. Editionen

Als Editionen werden hier Wiedergaben eines Textes verstanden, die nicht mehr der unmittelbaren inhaltlichen Rezeption dienen, sondern bereits ein historisches und/oder wissenschaftliches Interesse an der Materie erkennen lassen bzw. den Anspruch haben, einen oder mehrere Textzeugen gedruckt verfügbar zu machen. Über den Bestand verlässlicher Texte hat man sich schon früh Gedanken gemacht. So ist für Spangenberg[206] die wichtigste Handschrift des Magdeburger Rechts jene, die die Magdeburger Schöffen 1304 den Görlitzern geschickt haben und aus der seiner Ansicht nach die uns jetzt bekannte Kompilation des „Sächsischen Weichbilds" hervorgegangen ist. Dieser Text fand Aufnahme in Schotts „Sammlungen zu den teutschen Land- und Stadtrechten"[207]. Legt man diese Kriterien zugrunde, gibt es Editionen des „Sächsischen Weichbilds" bereits seit der ersten Hälfte des 18. Jahrhunderts.[208] Die Ausgaben von Burgermeister und Ludovici sind die ältesten, die sich aber insofern von den anderen unterscheiden, als sie sich bei der Wiedergabe des Textes auf die Drucke Zobels stützen und nicht auf eine Handschrift. Die anderen Editoren bieten Wiedergaben von Weichbildhandschriften aus Heidelberg, Berlin und Gotha. Leider sind ihre Texte oft fehlerhaft, entsprechen aber vor allem nicht mehr den aktuellen Ansprüchen an die Textkonstitution, so dass bis heute nicht nur eine wissenschaftliche historisch-kritische Edition des „Sächsischen Weichbilds" mit Glosse fehlt, sondern überhaupt eine verlässliche Textausgabe sowie eine umfassende Untersuchung zur Genese dieses Textes als auch zu seiner Wirkungsgeschichte.

1. Johann Stephan Burgermeister, Teutsches Corpus juris, publici & privati, codex diplomaticus. Der Teutschen Staats- Lehen- Burger- und Peinlichen Rechten und Gewohnheiten [...]. Erstere Theil, In dem alten Sachsen- und Schwaben-Spiegel / Weichbild / und Lehenrechten / auch älteren Teutschen Lehens-Gebräuchen [...]; Der zweyte Theil aber, In dem alten Allemannischen Recht [...]. Ulm: Johann Conrad Wohler 1717[209]
2. Jacob Friedrich Ludovici (Hrsg.), Das Såchſiſche || Weichbild /|| in der Lateinischen und jetzo gebråuchlichen Hoch-||Teutſchen Sprache aus alten be-

[206] SPANGENBERG, Beyträge zu den Teutschen Rechten des Mittelalters, 1822, S. 59, Anm. *).

[207] A. F. SCHOTT (Hrsg.), Sammlungen zu den deutschen Land- und Stadtrechten, T. 1, 1772, S. 51–88.

[208] Eine wissenschaftliche Auseinandersetzung mit dem „Sächsischen Weichbild" begann schon ca. 100 Jahre früher. Hier wäre Johannes Gryphianders Arbeit „De || Weichbildis || Saxonicis, || siue || Colossis Rvlandinis [...]" von 1625 zu nennen (GRYPHIANDER, [De Weichbildis Saxonicis sive Colossis Rulandinis urbium quarundam Saxonicarum] Francofvrti [Frankfurt] 1625) sowie eine Schrift von August Benedict Carpzov (CARPZOV, Dissertatio Iuridica || De || Iure Weich-||bildorum, 1673).

[209] Weichbildrecht in 136 (deutsch)/138 (latein.) Artikeln (mit Judeneid – Art. 139 (latein.), S. 163–202 (deutsch), 203–240). Der deutsche – und wohl auch der lateinische – Teil nach den Zobel'schen Drucken, vgl. KANNOWSKI, Die dritte Säule und das Dach, in: Deutsches Archiv für Erforschung des Mittelalters 75 (2019), S. 158, Anm. 63, nicht auf Grundlage einer Handschrift.

wåhrten Codicibus. Nebst || Nôthigen Auszûgen aus der Gloße /ſo weit selbige zum || Verſtande des alten und neuen Teutſchen Rechts etwas || beyzutragen scheinet, || Wie auch || Einer Vorrede /|| darinnen die Hiſtorie des Weichbildes /auch zum theil || supplementa der Historie derer anderen Theile des Teutſchen || Rechts, nicht weniger eine curieuſe Nachricht von einer Hoch-Teutſchen || edition des Land-Rechts und Richtſteiges de an. 1482. enthalten ist. Halle 1721[210]

3. W[ilhelm] v[on] Thüngen, Das sächsische Weichbildrecht nach dem Codex Palatinus Nro. 461. Heidelberg 1837[211]
4. Alexander von Daniels (Hrsg.), Dat buk wichbelde recht. Das sächsische Weichbildrecht nach einer Handschrift der königl. Bibliothek zu Berlin von 1369. Berlin 1853[212]
5. A[lexander] von Daniels, F[ranz] von Gruben (Hrsg.), Das sächsische Weichbildrecht. Jus municipale saxonicum. Bd. 1: Weltchronik und Weichbildrecht in 136 Artikeln mit der Glosse. Berlin 1858[213]
6. Oskar Albert Walther (Hrsg.), Das Sächsische oder Magdeburgische Weichbild-Recht. Nach der Pergament-Handschrift einst der Stadt Orlamünde, jetzt zu Gotha, vom Jahre 1381. Leipzig 1871[214]

III. „Silleiner Rechtsbuch“[215]

Das „Silleiner Rechtsbuch“ ist unikal überliefert und es sind auch keine Hinweise auf weitere, heute nicht mehr erhaltene Textzeugen bekannt.[216] Dieser Codex bie-

[210] Weichbildrecht in 136 (deutsch)/138 (latein.) Artikeln (mit Judeneid – deutsch ohne Artikelzählung, latein. als Art. 139). Der deutsche Teil hat wohl die Zobel'schen Drucke (Zobel, Sechſiſch Weych⸗||bild vnd Lehenrecht, 1537; Zobel, Sechsisch Weychbild unndt Lehenrecht, 1589 – vgl. Ludovici (Hrsg.), Das Såchſiſche || Weichbild /|| in der Lateinischen und jetzo gebrâuchlichen Hoch-||Teutſchen Sprache aus alten bewåhrten Codicibus, 1721, S. 32 (Vorrede) u. Kannowski, Die dritte Säule und das Dach, in: Deutsches Archiv für Erforschung des Mittelalters 75 (2019), S. 158, Anm. 63) zur Vorlage, der lateinische die Ausgabe von Goldast (Goldast (Hrsg.), Collectio Consvetudinum Et Legum Imperialium. FRANCOFORDIÆ AD MOENVM [Frankfurt a.M.], 1613, S. 168–191 – vgl. Ludovici (Hrsg.), Das Såchſiſche || Weichbild /|| in der Lateinischen und jetzo gebrâuchlichen Hoch-||Teutſchen Sprache aus alten bewåhrten Codicibus, 1721, S. 20f. (Vorrede)).

[211] Weichbildrecht in 355 Artikeln auf fol. 21r–84v der Handschrift Heidelberg, Universitätsbibliothek, Cpg 461, 1504, 1521 (Opp. 704, HSC ‹ 10402 ›).

[212] Weichbildrecht mit Glosse in 136 Artikeln auf fol. 117v–148r der Handschrift Berlin, Staatsbibliothek Preußischer Kulturbesitz, mgf 10, 1369 (Opp. 110, HSC ‹ 8164 ›).

[213] Weichbildrecht in 117 Artikeln auf fol. 1v–209r der Handschrift Berlin, Staatsbibliothek Preußischer Kulturbesitz, mgf 389, 15. Jahrhundert (Opp. 118, HSC ‹ 12050 ›).

[214] Weichbildrecht in 153 Artikeln (mit Judeneid) auf fol. 1r–27v der Handschrift Gotha, Forschungsbibliothek der Universität Erfurt, Cod. Mem. I 87, 1381, Nachtr. nicht vor 1455 (Opp. 625, HSC ‹ 7738 ›).

[215] Zum „Silleiner Rechtsbuch“ siehe auch *Kap. B.II.2.3., S. 67* und *Kap. G.I.2.–3., S. 460–467*.

tet in mehrfacher Hinsicht Einblicke in das zeitgenössische Rechtsleben Silleins. Texte, die über einen Zeitraum von annähernd 200 Jahren geschrieben wurden, finden sich hier vereint. Den Kern bilden das Land- und Lehnrecht mit einem vorangestellten Register und der Weichbildchronik. Diesen auf deutsch geschriebenen Texten sind Rechtssprüche des Silleiner Stadtgerichts auf deutsch, lateinisch und in einem slowakisierten Tschechisch voran- und nachgestellt, die von der Datierung her nachträglich in einem Zeitraum zwischen 1378 und 1561 aufgezeichnet wurden.[217] Außerdem findet sich das Stadt- und Bergrecht von Rodnau und – was diesen Codex besonders wertvoll macht – eine Übersetzung des Stadtrechtsbuchs in ein slowakisiertes Tschechisch, die knapp 100 Jahre nach der Aufzeichnung der deutschen Fassung eingetragen wurde.[218]

1. Handschrift

– Žilina/Sillein, Štátny okresný archív/Staatsarchiv, o. Sign., 1378 und 1473[219]

2. Editionen

Die Übersetzung des „Silleiner Stadtrechts" von 1473 hat als erster Chaloupecký ediert.[220] Der Plan Rauschers, auch die deutschsprachige Vorlage zusammen mit Chaloupeckýs Edition herauszugeben, ließ sich nicht verwirklichen. Immerhin erschienen zur gleichen Zeit die deutschsprachigen Überschriften des Rechtstextes.[221] Die Edition auch des deutschsprachigen „Silleiner Stadtrechts" wurde 1972 von Piirainen vorgelegt und in diesem Kontext auch die anderen deutschen Textpassagen dieses Codex ediert.[222] Von Kuchar wurde dann 1993 die slawische Über-

---

216 Die Forschungsgeschichte des „Silleiner Rechtsbuchs" fasst Papsonová in einem Aufsatz zusammen (PAPSONOVÁ, Das Silleiner Rechtsbuch (1378–1524) im Spiegel der Forschung, in: Brücken. N. F. Germanistisches Jahrbuch. Tschechien-Slowakei 5 (1997), S. 255–267). Zum „Silleiner Rechtsbuch" siehe auch *Kap. B.II.2., S. 56* u. *Kap. G.I.2.–3., S. 460–467*.

217 Hier lässt sich allerdings eine zeitliche Entwicklung ablesen: „[...] die einzelnen Rechtssprüche des Silleiner Stadtgerichts [sind] nur bis 1429 auf Deutsch, dann auf Latein und seit dem 22.1.1451 neben Latein auch auf Slowakisch sowie schließlich seit 1459 nur auf Slowakisch verfaßt [...]." (PIIRAINEN, Das Stadtrechtsbuch von Sillein, 1972, S. 16).

218 Vgl. OPPITZ, Deutsche Rechtsbücher des Mittelalters, Bd. 2, 1990, S. 791 f., Nr. 1352.

219 „Silleiner Rechtsbuch" (Land- und Lehnrecht, deutsch), fol. 22^r–71^r, „Silleiner Rechtsbuch" (Land- und Lehnrecht, slowakisiertes Tschechisch), fol. 105^r–149^r, (Opp. 1352, HSC ‹ 8130 ›). Beschreibung der Handschrift siehe RAUSCHER, O žilinském právu magdeburském německým jazykem sepsaném z roku 1378/Das Silleiner Rechtsbuch aus d. J. 1378, 1933, S. LXIII–LXVI und PIIRAINEN, Das Stadtrechtsbuch von Sillein, 1972, S. 12–15.

220 CHALOUPECKÝ, Kniha Žilinská, 1934.

221 RAUSCHER, O žilinském právu magdeburském německým jazykem sepsaném z roku 1378/Das Silleiner Rechtsbuch aus d. J. 1378, 1933.

222 Siehe hierzu PAPSONOVÁ, Das Silleiner Rechtsbuch (1378–1524) im Spiegel der Forschung, in: Brücken. N. F. Germanistisches Jahrbuch. Tschechien-Slowakei 5 (1997), S. 257.

setzung des „Silleiner Rechtsbuchs“ nach aktuellen Editionsstandards erneut herausgegeben und 2001 auch die Stadtbucheinträge dieses Rechtsbuchs in allen Sprachen.[223] Diese Fassung erschien 2009 in überarbeiteter Form sowie mit einem sprachhistorischen Kommentar und einem Faksimile.[224] Im Jahr 2014 ist dann der deutschsprachige Landrechtsteil von Papsonová in einer neu transkribierten Edition herausgegeben worden, der eine von ihr erarbeitete Übersetzung ins Slowakische synoptisch beigestellt wurde.[225]

IV. „Zipser Willkür“[226]

Das Recht, das „König Stephan V. von Ungarn [...] 1271 den aus Sachsen, Schlesien, Thüringen und auch aus Bayern eingewanderten Siedlern in der Zips unter der Hohen Tatra“[227] mit einem Privileg bestätigte, bildete wohl die Grundlage für das 1370 verfasste „deutschsprachige *Gemein Landtrecht der Ziepser*“[228], das noch im selben Jahr von König Ludwig I. bestätigt und unter dem Namen „Zipser Willkür“ bekannt wurde. Ein – möglicherweise lateinisches – Original ist nicht überliefert[229], aber es sind insgesamt 19[230] Handschriften aus der Mitte des 15. (um 1460) bis zur zweiten Hälfte des 18. Jahrhunderts (1777) bekannt.[231] Von den bis heute erhaltenen haben Piirainen und Papsonová 1992 und 2001 15 in Editionen zugänglich gemacht.[232]

Die „Zipser Willkür“ wird im weitesten Sinne zum Kanon des Sächsisch-magdeburgischen Rechts gezählt, weil auch hier den Siedlern vom König recht-

[223] KUCHAR, Žilinská právna kniha [Ed.], 1993; DERS., Žilinská právna kniha, 2001.

[224] DERS., Žilinská právna kniha [Ed.], 2009; DERS., Žilinská právna kniha [Faks.], 2009. Siehe auch *Kap. G.I.2., S. 460–462*.

[225] PAPSONOVÁ, Sasko-magdeburské právo na Slovensku, 2014.

[226] Ein chronologische Übersicht der Handschriften mit „Zipser Willkür“ findet sich bereits in GÖNCZI, CARLS, Sächsisch-magdeburgisches Recht in Ungarn und Rumänien, 2013, S. 117–121 und wird überarbeitet an dieser Stelle erneut wiedergegeben.

[227] OPPITZ, Zipser Willkür, in: Verfasserlexikon, Bd. 10, ^{2}1999, Sp. 1560.

[228] Ebd.

[229] Ebd. und DERS., Zipser Willkür, in: HRG, Bd. 5, 1998, Sp. 1722

[230] Eine weitere Handschrift soll sich nach Angaben Mertanovás (MERTANOVÁ, Vznik a vývoj spišského práva, in: MARSINA (Hrsg.), HOLOTÍK (Red.), Spišské mesta v stredoveku, 1974, S. 95) in der Biblioteka Książąt Czartoryskich in Krakau befinden, ließ sich aber nach Angaben Piirainens 1984 nicht nachweisen (PIIRAINEN, Nachträge zum Zipser Recht, 2001, S. 32).

[231] Vgl. B. SZABÓ, A szepesi jog forrásai, in: Jogtörténeti tanulmányok 8 (2005), S. 443–463. Eine ausführliche Beschreibung aller 15 heute bekannten und Handschriften sowie Hinweise auf weitere aktuell nicht nachweisbare findet sich auch in PIIRAINEN, Nachträge zum Zipser Recht, 2001, S. 26–40.

[232] PIIRAINEN, PAPSONOVÁ, Das Recht der Spiš/Zips, 2 Bde, 1992; PIIRAINEN, Nachträge zum Zipser Recht, 2001. Zum Laut- und Formenbestand der „Zipser Willkür“ siehe PAPSONOVÁ, Die Zipser Willkür aus Spišská Sobota (Georgenberg), in: Beiträge zur Erforschung der deutschen Sprache 5 (1985), S. 41–65.

liche Unabhängigkeit zugesichert wird und auch die Freiheit, das mitgebrachte Recht an die lokalen Verhältnisse anzupassen. Die inhaltliche Nähe der „Zipser Willkür“ zum „Sachsenspiegel“ hat zuletzt Blazovich mit zahlreichen Kongruenzen zwischen beiden Texten nachgewiesen.[233]

1. Handschriften mit „Zipser Willkür“ (chronologisch)[234]

1. (I/1) Poprad/Deutschendorf, Štátny okresný archív v Poprade, Cod. 14, Provenienz: Spišská Sobota/Georgenberg, Schreiber: unbekannt, 2. H. 15. Jahrhundert, *Sigle*: SS[235]
2. (–/–) Poprad/Deutschendorf, Štátny okresný archív, Cod. 15, Schreiber: unbekannt, Ende 15. Jahrhundert, *Sigle*: –[236]
3. (II/2) Spišská Nová Ves/Zipser Neudorf, Štátny okresný archív, Fond: Stadt Spišská Nová Ves, Protokoll Nr. 1, Schreiber: Thomas von Schlagendorf[237], Anfang 16. Jahrhundert, *Sigle*: SNV[238]
4. (III/3) Levoča/Leutschau, Štátny oblastný archív, Fond: Provincia XVI spišskich miest (grófsky archiv), A. 1 Nr. 1, Schreiber: unbekannt, 1511, *Sigle*: L 1511[239]

---

233 BLAZOVICH, Der Sachsenspiegel und das Recht der Zips, in: EICHLER, LÜCK (Hrsg.), Rechts- und Sprachtransfer in Mittel- und Osteuropa, 2008, S. 29–36.

234 Die römische Zahl in runden Klammern gibt die Nummerierung bei Szabó (B. SZABÓ, A szepesi jog forrásai, in: Jogtörténeti tanulmányok 8 (2005), S. 449–456), die arabische die bei Piirainen (PIIRAINEN, Das Rechtsbuch der XI Zipser Städte, 2003, S. 28–38) wieder.

235 „Zipser Willkür“ in 90 Art., fol. 1^r–5^r (Opp. 117a, HSC ‹ 5552 ›); nach Papsonová um 1460 entstanden (PAPSONOVÁ, Deutsches Recht in der mittelalterlichen Slowakei, in: GRIMM, ZACH (Hrsg.), Die Deutschen in Ostmittel- und Südosteuropa, Bd. 2, 1996, S. 160; Beschreibung und Edition der Hs.: PIIRAINEN, PAPSONOVÁ, Das Recht der Spiš/Zips, Bd. 1, 1992, S. 20, Nr. 1, S. 37–71, erneut beschrieben: PIIRAINEN, Nachträge zum Zipser Recht, 2001, S. 22, Nr. 1 – die in den „Nachträge[n] zum Zipser Recht“ in den Kap. I.2.–4., S. 19–34 von Piirainen beschriebenen Handschriften finden sich noch einmal nahezu wortgleich in seiner 2003 erschienen Publikation zum „Rechtsbuch der XI Zipser Städte“ abgedruckt (DERS., Das Rechtsbuch der XI Zipser Städte, 2003, S. 26–40); zuletzt von B. SZABÓ, A szepesi jog forrásai, in: Jogtörténeti tanulmányok 8 (2005), S. 449, Nr. I.

236 „Zipser Willkür“, fol. 1–13 (Opp. 416b, HSC ‹ 19182 ›); Beschreibung der Hs.: SOPKO, Kódexy slovenskej proveniencie, Teil 3, 1986, S. 170, Nr. 657.

237 Den Namen des Schreibers nennen Papsonová (PAPSONOVÁ, Einige Bemerkungen zur Edition spätmittelalterlicher Rechtstexte aus der Ostslowakei, in: Brücken. N. F. Germanistisches Jahrbuch. DDR-ČSSR 6 (1987/88), S. 233 u. Szabó (B. SZABÓ, A szepesi jog forrásai, in: Jogtörténeti tanulmányok 8 (2005), S. 450, Nr. II.). Die Edition von Weinelt (WEINELT, Das Stadtbuch von Zipser Neudorf und seine Sprache, 1940, S. 157) gibt das Kolophon wieder: „Thomas von Szlakendorff das alz geſriben, dyſelbige czeyt lantszreyber geweſt“.

238 „Zipser Willkür“ in 78 Art., 9 Zusatzart., fol. 82–89 (Opp. 1619, HSC ‹ 14790 ›). Beschreibung und Edition der Hs. PIIRAINEN, PAPSONOVÁ, Das Recht der Spiš/Zips, Bd. 1, 1992, S. 21, Nr. 2, S. 73–100.

239 „Zipser Willkür“ in 70 Art., fol. 4–7 (S. 8^r–14^r) (Opp. 936, HSC ‹ 25095 ›). Beschreibung und Edition der Hs.: PIIRAINEN, PAPSONOVÁ, Das Recht der Spiš/Zips, Bd. 1, 1992, S. 21 f., Nr. 3,

5. (IV/4) Banská Bystrica/Neusohl, Štátny okresný archív, M-BB f 318 no. 1, Schreiber: Georg Albert[240], 1538, *Sigle*: BB[241]
6. (V/5) Spišská Nová Ves/Zipser Neudorf, Štátny okresný archív, Abt. Mesto Spišské Podhradie, o. Sign., Schreiber: Stephanus Tschaÿ[242], 1540, *Sigle*: SP[243]

[7.] (VI/–) [verschollen] Levoča/Leutschau, o. Sign., Schreiber: Heinrich Genersich, 1540, *Sigle*: (Dem)[244]

8. (VII/6) Prešov/Eperies, Štatná vedecká knižnica, V/46 Cl-1, Schreiber: Heinrich Genersich, 1545, *Sigle*: P[245]
9. (IX/8) Budapest, Országos Széchényi Könyvtár, Cod. Germ. 35, um 1550[246] *Sigle*: B[247]

S. 101–124, erneut beschrieben: PIIRAINEN, Nachträge zum Zipser Recht, 2001, S. 23, Nr. 3; zuletzt von B. SZABÓ, A szepesi jog forrásai, in: Jogtörténeti tanulmányok 8 (2005), S. 450, Nr. III.

240 Piirainen sieht in dem Codex zwei verschiedene Schreiberhände (fol. 1–12 u. 13–24), so dass er es für wahrscheinlich hält, dass es sich hier um die Kopie einer vom Leutschauer Stadtschreiber „Georgius Albertus" geschriebenen Vorlage handelt (PIIRAINEN, Nachträge zum Zipser Recht, 2001, S. 24).

241 „Zipser Willkür" in 74 (85) Art. (Opp. 1160a, HSC ‹ 25170 ›). Beschreibung und Edition der Hs.: PIIRAINEN, PAPSONOVÁ, Das Recht der Spiš/Zips, Bd. 1, 1992, S. 22, Nr. 4, S. 125–165, erneut beschrieben: PIIRAINEN, Nachträge zum Zipser Recht, 2001, S. 24, Nr. 4; zuletzt von B. SZABÓ, A szepesi jog forrásai, in: Jogtörténeti tanulmányok 8 (2005), S. 451, Nr. IV.

242 Den Namen des Schreibers nennen PAPSONOVÁ, Einige Bemerkungen zur Edition spätmittelalterlicher Rechtstexte aus der Ostslowakei, in: Brücken. N. F. Germanistisches Jahrbuch. DDR-ČSSR 6 (1987/88), S. 233 u. B. SZABÓ, A szepesi jog forrásai, in: Jogtörténeti tanulmányok 8 (2005), S. 451, Nr. V., in der Edition s. PIIRAINEN, PAPSONOVÁ, Das Recht der Spiš/Zips, Bd. 1, 1992, S. 202.

243 „Zipser Willkür" in 107 Art., fol. 179–192 (Opp. 1619a, HSC ‹ 14791 ›. Beschreibung und Edition der Hs.: PIIRAINEN, PAPSONOVÁ, Das Recht der Spiš/Zips, Bd. 1, 1992, S. 23, Nr. 5, S. 167–202, erneut beschrieben: PIIRAINEN, Nachträge zum Zipser Recht, 2001, S. 24f., Nr. 5; zuletzt von B. SZABÓ, A szepesi jog forrásai, in: Jogtörténeti tanulmányok 8 (2005), S. 451, Nr. V.

244 „Zipser Willkür" in 95 Art. Beschreibung der Handschrift: PIIRAINEN, PAPSONOVÁ, Das Recht der Spiš/Zips, Bd. 1, 1992, S. 29f., erneut beschrieben: PIIRAINEN, Nachträge zum Zipser Recht, 2001, S. 31; zuletzt von B. SZABÓ, A szepesi jog forrásai, in: Jogtörténeti tanulmányok 8 (2005), S. 452, Nr. VI. Editionen von Karl Wagner (C./K. WAGNER, Analecta Scepusii Sacri et Profani, Pars I: Complectens Bullas Pontificum, Caesarum, Regumque Diplomata, Illustrium Virorum Epistolas, Aliaque Monumentua Literaria Ad Notitiam Scepusii Facientia, 1774, S. 240–261), Andreas Michnay und Paul Lichner (MICHNAY, LICHNER (Hrsg.), Ofner Stadtrecht von MCCXLIV–MCCCC XXI/Buda városának törvénykönyve MCCXLIV–MCCCCXXI-ből, 1845, S. 221–235) und Kálmán Demkó (DEMKÓ, Lőcse története, 1897, S. 17–86).

245 „Zipser Willkür" in 95 Art., fol. 7–40 (Opp. 1292, HSC ‹ 25220 ›). Beschreibung und Edition der Hs.: PIIRAINEN, PAPSONOVÁ, Das Recht der Spiš/Zips, Bd. 1, 1992, S. 23, Nr. 6, S. 203–241, erneut beschrieben: PIIRAINEN, Nachträge zum Zipser Recht, 2001, S. 25, Nr. 6; zuletzt von B. SZABÓ, A szepesi jog forrásai, in: Jogtörténeti tanulmányok 8 (2005), S. 452, Nr. VII.

246 Oppitz nennt als Datum „16. Jahrhundert (kurz nach 1516)" (Opp. 330).

247 „Zipser Willkür" in 95 Art., fol. 1v–27r, 27r (Zusatzartikel Nr. 96 – Gläubigerrechte), 27v–29v (Register) (Opp. 330, HSC ‹ 13726 ›). Beschreibung und Edition der Hs.: PIIRAINEN, PAPSONOVÁ, Das Recht der Spiš/Zips, Bd. 1, 1992, S. 24f., Nr. 8, S. 291–331, erneut beschrieben: PIIRAINEN,

10. (VIII/7) Levoča/Leutschau, Štátny oblastný archív, Fond: Fragmenty róznej proveniencie, Nr. 2, Schreiber: Melchior Genersich, 1552, *Sigle*: L 1552[248]
11. Braşov/Kronstadt, Archiv ev. obce, o. Sign., Schreiber: unbekannt, 1599, fol. 16–36, *Sigle*: –[249]
12. (XI/10) Poprad/Deutschendorf, Štátny okresný archív, Fond: Archív mesta Stráže pod Tatrami, o. Sign., Provenienz: Stráže pod Tatrami/Michelsdorf, Schreiber: Caspar Hain, 1659, *Sigle*: S[250]
13. (XII/11) Levoča, Štátny oblastný archív, Fond: Fragmenty róznej proveniencie, 76, Provenienz: Gelnica, Schreiber: unbekannt, 1666[251], *Sigle*: G[252]
14. (X/9) Poprad/Deutschendorf, Štátny okresný archív, Archív mesta Ľubica I. A. 1, Provenienz: Ľubica (Gemeindearchiv), Schreiber: unbekannt, 1. H. 17. Jahrhundert[253], *Sigle*: Ľ[254]

Nachträge zum Zipser Recht, 2001, S. 26f., Nr. 8. Dort Hinweis auf Vizkelety, der festgestellt hat, dass diese Handschrift mit der aus dem Jahr 1540 (Opp. 1619a, HSC ‹ 14791 ›) identisch ist – VIZKELETY, Príspevký k právnym dejinám spišských miest v stredoveku, in: Spiš. Vlastivedný zborník 3–4 (1973), S. 53–64 und an anderer Stelle DERS., Adalékok a szepességi városok középkori jogtörténetéhez, in: Jogtörténeti tanulmányok 3 (1974), S. 253–265; zuletzt beschrieben von B. SZABÓ, A szepesi jog forrásai, in: Jogtörténeti tanulmányok 8 (2005), S. 453f., Nr. IX.

248 „Zipser Willkür" in 96 Art., fol. 14–33 (S. 29–67), + Art. 97, fol. 96f., + 21 Zusatzart., fol. 20–24 (Opp. 935, HSC ‹ 25094 ›). Beschreibung und Edition der Hs.: PIIRAINEN, PAPSONOVÁ, Das Recht der Spiš/Zips, Bd. 1, 1992, S. 23f., Nr. 7, S. 243–289, erneut beschrieben: PIIRAINEN, Nachträge zum Zipser Recht, 2001, S. 25f., Nr. 7; zuletzt B. SZABÓ, A szepesi jog forrásai, in: Jogtörténeti tanulmányok 8 (2005), S. 453, Nr. VIII.

249 „Zipser Willkür" in 96 Art. (Opp. 227, HSC ‹ 22021 ›). Beschreibung und Verzeichnung der 96 Artikel nach Schlagworten bei Franz von Krones (KRONES, Beiträge zur Städte- und Rechtsgeschichte Oberungarns, in: Archiv für österreichische Geschichte [AföG] 34 (1865), S. 447–512, hier S. 495–507).

250 „Zipser Willkür" in 100 + 5 ungez. Zusatzart., fol. 7–50 (Opp. 417, HSC –). Oppitz (Opp. 417) gibt als Entstehungsjahr 1646 an. Diese Datierung bezieht sich vermutlich auf den von ihm in der Literatur genannten Aufsatz von Piirainen (PIIRAINEN, Sprachliches aus der Zipser Willkür, in: JÄNTTI (Hrsg.), Festschrift für Lauri Seppänen zum 60. Geburtstag, 1984, S. 245f.). Beschreibung und Edition der Hs.: PIIRAINEN, PAPSONOVÁ, Das Recht der Spiš/Zips, Bd. 1, 1992, S. 65f., Nr. 10, Bd. 2, S. 369–405, erneut beschrieben: PIIRAINEN, Nachträge zum Zipser Recht, 2001, S. 28, Nr. 10; zuletzt B. SZABÓ, A szepesi jog forrásai, in: Jogtörténeti tanulmányok 8 (2005), S. 454, Nr. XI.

251 Bei Oppitz (Opp. 574) 1566.

252 „Zipser Willkür" in 94 Art., fol. 63ʳ–77ʳ (Opp. 574, HSC –). Beschreibung und Edition der Hs.: PIIRAINEN, PAPSONOVÁ, Das Recht der Spiš/Zips, Bd. 1, 1992, S. 27, Nr. 11, Bd. 2, S. 407–437, erneut beschrieben: PIIRAINEN, Nachträge zum Zipser Recht, 2001, S. 28f., Nr. 11; zuletzt B. SZABÓ, A szepesi jog forrásai, in: Jogtörténeti tanulmányok 8 (2005), S. 454f., Nr. XII. Siehe auch Franz Xaver Krones mit einer ausführlichen Beschreibung der Handschrift und Abdruck der Artikel 74–90 (KRONES, Deutsche Geschichts- und Rechtsquellen aus Oberungarn, 1865, S. 16–19).

253 Bei Oppitz wird die Handschrift dem 16. Jahrhundert (um 1587) zugeordnet, was sich möglicherweise auf den Titel des Buchs „Jakob Frikal/die selbe Czeit Richter/Richteramtsbuch 1587" bezieht (s. KLEIN-BRUCKSCHWAIGER, Ergebnisse einer Archivreise in der Slowakei, in: Südost-Forschungen 13 (1954), S. 201). Piirainen datiert die Handschrift aufgrund einer Schriftanalyse nicht vor 1600, eher in die erste Hälfte des 17. Jahrhunderts (PIIRAINEN, PAPSONOVÁ, Das Recht der

[15.] (–/–) [verschollen] Poprad/Deutschendorf, Pfarramt der evangelischen Gemeinde, Prot. II, o. Sign., Schreiber: unbekannt, 17. Jahrhundert, *Sigle*: –[255]

16. (XV/14) Levoča, Štátny oblastný archív, Fond: Provincia XVI spišskich miest (grófsky archiv), E22, Schreiber: unbekannt, 18. Jahrhundert, *Sigle*: L 18. Jh.[256]

17. (XIII/15) Levoča, Štátny oblastný archív, Fond: Akten des Evangelischen Lyzeums in Käsmark, o. Sign., Schreiber: „Georgium Carolum Borz Henricum Liber Baro de Merkenfeld")[257], 1770, *Sigle*: K[258]

18. (XIV/12) Levoča, Štátny oblastný archív, Fond: Provincia XVI spišskich miest (provincná archív), 258/777, Schreiber: unbekannt, 1777, *Sigle*: L 1777[259]

19. (XVI/13) Rožňava/Rosenau, Štátny okresný archív, Fond: Mesto Dobšina, o. Sign., Provenienz: Okresný archív v Betliari, Schreiber: unbekannt, Ende 18. Jahrhundert (Opp. 1313a), *Sigle* R[260]

Spiš/Zips, Bd. 1, 1992, S. 26, Nr. 9 u. PIIRAINEN, Nachträge zum Zipser Recht, 2001, S. 27, Nr. 9).

254 „Zipser Willkür" in 101 Art., fol. 3^r–19^v (Opp. 417b, HSC ‹ 25036 ›). Beschreibung und Edition der Hs.: PIIRAINEN, PAPSONOVÁ, Das Recht der Spiš/Zips, Bd. 1, 1992, S. 25f., Nr. 9, Bd. 2, 337–367, erneut beschrieben: PIIRAINEN, Nachträge zum Zipser Recht, 2001, S. 27f., Nr. 9; zuletzt B. SZABÓ, A szepesi jog forrásai, in: Jogtörténeti tanulmányok 8 (2005), S. 454, Nr. X. Nach Oppitz (Opp. 417b) fehlen die Art. 19 Schluss bis 23 Mitte; in der Edition von Piirainen setzt der Text nach der Fehlstelle erst mit dem Ende des Art. 25 wieder ein (PIIRAINEN, PAPSONOVÁ, Das Recht der Spiš/Zips, Bd. 2, 1992, S. 345).

255 „Zipser Willkür" (Opp. 416a, HSC –). Zum Verbleib dieser Handschrift, die wohl zuerst von Klein-Bruckschwaiger erwähnt wird (KLEIN-BRUCKSCHWAIGER, Ergebnisse einer Archivreise in der Slowakei, in: Südost-Forschungen 13 (1954), S. 219) siehe PIIRAINEN, Nachträge zum Zipser Recht, 2001, S. 31 f.

256 „Zipser Willkür" in 96 Art. und 8 Zusatzart., S. 1–27 (Opp. –, HSC –). Beschreibung und Edition der Hs.: PIIRAINEN, Nachträge zum Zipser Recht, 2001, S. 33, Nr. 14, S. 51–86; zuletzt B. SZABÓ, A szepesi jog forrásai, in: Jogtörténeti tanulmányok 8 (2005), S. 455f., Nr. XV.

257 Im Kolophon der Handschrift: „Abschrift in Zipser Bela am 12.1.1770 durch Georgium Carolum Borz Henricum Liber Baro de Merkenfeld". Der Name (Georg Carl Borz Heinrich Freiherr Baro von Merkenfeld) ist nicht nachweisbar.

258 „Zipser Willkür" in 93 Art., fol. 1–19 (Opp. –, HSC –). Beschreibung und Edition der Hs.: PIIRAINEN, Nachträge zum Zipser Recht, 2001, S. 34, Nr. 15, S. 87–113 u. DERS., Das Rechtsbuch der XI Zipser Städte, 2003, S. 38, dort wahrscheinlich fälschlicherweise die Datierung auf *1779* und als Sigle jetzt *K 18. Jh.*; zuletzt B. SZABÓ, A szepesi jog forrásai, in: Jogtörténeti tanulmányok 8 (2005), S. 455, Nr. XIII.

259 „Zipser Willkür" in 95 Art., fol. 4–13 (Opp. 936a, HSC –). Beschreibung und Edition der Hs.: PIIRAINEN, PAPSONOVÁ, Das Recht der Spiš/Zips, Bd. 1, 1992, S. 27f., Nr. 12, Bd. 2, 439–482, erneut beschrieben: PIIRAINEN, Nachträge zum Zipser Recht, 2001, S. 29, Nr. 12; zuletzt B. SZABÓ, A szepesi jog forrásai, in: Jogtörténeti tanulmányok 8 (2005), S. 455, Nr. XIV.

260 „Zipser Willkür" in 96 Art., 2^r–28^v (Opp. 1313a, HSC –). Beschreibung und Edition der Hs.: PIIRAINEN, PAPSONOVÁ, Das Recht der Spiš/Zips, Bd. 1, 1992, S. 28f., Nr. 13, Bd. 2, S. 483–525, erneut beschrieben: PIIRAINEN, Nachträge zum Zipser Recht, 2001, S. 30, Nr. 13; zuletzt B. SZABÓ, A szepesi jog forrásai, in: Jogtörténeti tanulmányok 8 (2005), S. 456, Nr. XVI.

Vorbemerkungen zu den Teilen E, F, und I (*Inge Bily*)*

1. Dank

An erster Stelle sei dem bis zu seinem plötzlichen Tode am 29.6.2012 tätigen slawistischen Projektleiter, Herrn Prof. Dr. Dr. h. c. *Ernst Eichler* † (Leipzig), sowie dem Mitglied unserer Vorhabenbezogenen Kommission, Herrn Prof. Dr. *Christian Hannick* (Würzburg und Leipzig), für Konsultationen zu allen Fragen des deutsch-slawischen, besonders des deutsch-tschechischen Wortvergleichs wie auch zu den sprachwissenschaftlichen Arbeitsmethoden gedankt.

Sehr herzlich danke ich Frau Dr. *Milada Homolková* (Institut für Tschechische Sprache der Akademie der Wissenschaften der Tschechischen Republik: Praha/ Prag) für ihre kompetente und umfassende Beratung sowie für ihre beständige, engagierte Unterstützung meiner Arbeit an der deutsch-tschechischen (frühneuhochdeutsch-alttschechischen) kontrastiven Wortanalyse, weiterhin für das Mitlesen der Korrekturen, und nicht zu vergessen, die Herstellung einer transliterierten Fassung der alttschechischen Handschrift des „Sächsischen Weichbilds" mit Glosse (Textzeuge: Hs. P) durch Frau *Homolková* in Zusammenarbeit mit Kolleginnen.

Frau Dr. *Petra Skřejpková* (Juristische Fakultät der Karlsuniversität: Praha/ Prag) danke ich für regen Informationsaustausch, für zahlreiche Literaturempfehlungen zur Rechtsgeschichte Böhmens und Mährens wie auch zur juristischen Lexikographie, ganz besonders aber für die tatkräftige Hilfe bei der Erstellung des deutsch-tschechischen und tschechisch-deutschen Teils des Wörterverzeichnisses sowie für das Mitlesen der Korrekturen.

Sehr herzlich danke ich dem Mitglied unserer Vorhabenbezogenen Kommission, Frau Prof. Dr. *Danuta Janicka* (Juristische Fakultät der Nikolaus-Kopernikus-Universität: Toruń/Thorn), die nicht nur die Bearbeitung der sprachwissenschaftlichen Teile einschließlich der Wörterverzeichnisse zur 2012 erschienenen Untersuchung zum Polnischen mit Rat und Tat unterstützt hat, sondern die ebenso engagiert bei den zahlreich notwendigen Ergänzungen polnischen Materials in den sprachwissenschaftlichen Teilen zum Tschechischen wie auch in den Wörterverzeichnissen behilflich war.

Frau Dr. *Jana Matúšová* (Institut für Tschechische Sprache der Akademie der Wissenschaften der Tschechischen Republik: Praha/Prag) verdanke ich anregenden fachlichen Austausch zum Thema der Besiedlung Böhmens im Lichte der Orts- und Flurnamen sowie zahlreiche Korrekturen und auch Ergänzungen in den tschechischsprachigen Teilen des Manuskriptes.

---

* Die von *Inge Bily* erarbeiteten Teile E, F und I sowie die Karten wurden Ende 2014 abgeschlossen. Später erschienene Literatur konnte in diesen Teilen nicht berücksichtigt werden.

Frau Prof. Dr. *Mária Papsonová* (Philosophische Fakultät der Šafárik-Universität: Prešov/Eperies) habe ich, wie schon bei der Untersuchung zum Polnischen, auch diesmal für vielfältige Beratung, vor allem in methodischen Fragen der Anlage der Wortanalyse, zu danken. *Mária Papsonovás* vergleichende Untersuchung zum „Silleiner Rechtsbuch“[1] diente mir – wie schon bei der Arbeit an der deutsch-polnischen (frühneuhochdeutsch-altpolnischen) kontrastiven Wortanalyse – auch hier als Vorbild meiner eigenen Untersuchung.

Ebenso wie bei der Arbeit an der Untersuchung zum Polnischen, ermöglichte mir Frau Prof. Dr. *Libuše Spáčilová* (Philosophische Fakultät der Palacký-Universität: Olomouc/Olmütz) auch diesmal wieder ausführliche Konsultationen zur näheren Bestimmung und sprachlichen Einordnung des frühneuhochdeutschen Quellentextes. Hierfür danke ich ihr vielmals.

Herr Prof. Dr. *Ilpo Tapani Piirainen* † (Dumte bei Münster) war bis zu seinem plötzlichen Tod am 26.8.2012 neben seiner beratenden Funktion als Mitglied unserer Vorhabenbezogenen Kommission auch im Rahmen meiner Arbeiten zum Tschechischen bei der Literaturbeschaffung und der Vermittlung von Kontakten zu Wissenschaftlern in den slawischen Nachbarländern behilflich. Dafür bin ich ihm zu großem Dank verpflichtet.

Herrn Dr. *Frank-Michael Kaufmann* und Herrn Dr. *Peter Neumeister* aus dem Projekt Monumenta Germaniae Historica (Sachsenspiegelglossen) an der Sächsischen Akademie der Wissenschaften zu Leipzig habe ich nicht nur für anregende Fachgespräche und zahlreiche Literaturhinweise zu danken, sondern vor allem auch für die Möglichkeit, ihr damals noch in Arbeit befindliches Glossar[2] zur Buch'schen Glosse bereits vor der Drucklegung für meine Materialauswertung benutzen zu dürfen.

Der Arbeitsstelle des *Althochdeutschen Wörterbuches* der Sächsischen Akademie der Wissenschaften zu Leipzig danke ich für Beratung und Hilfe in lexikologischen und grammatischen Fragen des Frühneuhochdeutschen sowie für die Möglichkeit der Teilhabe an der umfangreichen Spezialbibliothek dieser Arbeitsstelle.

Frau *Eva-Maria Lill* von der Arbeitsstelle des Deutschen Rechtswörterbuches an der Heidelberger Akademie der Wissenschaften danke ich für Auskünfte aus noch in Bearbeitung befindlichem und daher unpubliziertem Material zum Deutschen Rechtswörterbuch.

Für methodische Anregungen, Literaturempfehlungen wie auch die Bereitstellung schwer zugänglicher Literatur habe ich Herrn Prof. Dr. *Günter Baranowski* † (Leipzig) zu danken.

Dem Leiter der Abteilung Kartographie des Leibniz-Instituts für Länderkunde (Leipzig), Herrn Dr.-Ing. *Konrad Großer* wie auch Frau Dipl.-Ing. *Birgit Hölzel*,

---

[1] PAPSONOVÁ, Das Magdeburger Recht und das Silleiner Rechtsbuch, 2003.
[2] F.-M. KAUFMANN, NEUMEISTER (Hrsg.), Glossar zur Buch'schen Glosse, T. 1–3, 2015.

gilt mein Dank für umfangreiche und kompetente Beratung in allen Fragen der Kartierung, ganz besonders bei der Erstellung der Basiskarte Tschechiens. Für die korrekte kartographische Umsetzung danke ich der Kartographin *Romana Schwarz* (alle Leibniz-Institut für Länderkunde, Leipzig).

Nicht zuletzt gilt mein Dank Frau *Claudia Hollstein*, M. A., die die Erfassung und Anordnung des Materials für den deutsch-tschechischen (frühneuhochdeutsch-alttschechischen) Wortvergleich vornahm, sowie Frau *Andrea Ziesch*, M. A. (Leipzig und Basel), die bei der Materialerfassung behilflich war.

2. Allgemeine Vorbemerkungen

Da sich die Ausführungen an Nutzer aus unterschiedlichen Fachdisziplinen richten, gilt unser Augenmerk besonders einer auch für Nichtlinguisten verständlichen und dabei problemorientierten Darstellungsweise, die vor allem auch die Möglichkeit gezielten Nachschlagens bietet. Wegen des in erster Linie empirischen Charakters der Untersuchung wird auf ausführliche theoretische sprachwissenschaftliche Darstellungen weitestgehend verzichtet. Eine Bezugnahme auf theoretische Positionen erfolgt lediglich dort, wo es das Material erfordert.

In der Methode der sprachlichen Bearbeitung und Auswertung zum Tschechischen folgen wir überwiegend den bereits in der Untersuchung zum Polnischen[3] zugrunde gelegten und inzwischen bewährten Kriterien. In allen Teilen, die sich mit der vergleichenden Wortanalyse beschäftigen, einschließlich der einleitenden und auswertenden Ausführungen, wurde die einschlägige tschechischsprachige sprach- und rechtshistorische Literatur neben der deutsch- und anderssprachigen berücksichtigt und ausgewertet. Dies gilt ebenso für die Arbeiten zur Geschichte der Besiedlung einschließlich der Betrachtung der Untersuchungen zur Wegeforschung und zu den mittelalterlichen Handelsbeziehungen. In den Beschreibungen zum Anliegen der sprachhistorisch-vergleichenden deutsch-tschechischen (frühneuhochdeutsch-alttschechischen) Untersuchung wie auch zum Stand der entsprechenden Forschungen war allerdings eine Beschränkung auf die Hauptlinien nötig.

Im Mittelpunkt der sprachhistorischen Untersuchung steht der deutsch-tschechische (frühneuhochdeutsch-alttschechische) Wortvergleich historischen juristischen Fachwortschatzes. Möglichen Bedeutungsverschiebungen im Vergleich zum modernen Fach- wie auch Allgemeinwortschatz kann im Rahmen dieses Wortvergleichs nicht nachgegangen werden. Wichtigstes methodisches Prinzip unserer Bearbeitung sind systematische Bezüge zum Material wie auch zu den Ergebnissen der Bearbeitungen im Rahmen der deutsch-polnischen Wortanalyse.[4]

---

[3] Vgl. BILY, Deutsch-polnische kontrastive Wortanalyse anhand einer deutschen und einer polnischen Handschrift der „Magdeburger Urteile“, in: ISMIO Bd. 2, S. 117–328.

[4] Vgl. ebd.

Es sei weiterhin darauf hingewiesen, dass Materialuntersuchung und -auswertung auf der lexikalischen Ebene angesiedelt sind und damit Erscheinungen, die der phonologisch-graphematischen Ebene zuzuordnen sind, zwar gesehen und auch berücksichtigt wurden, aufgrund der Themenstellung im Rahmen der Projektarbeit jedoch nicht behandelt werden konnten. Was für die phonologisch-graphematische Ebene gilt, trifft auch auf die Satz- und Textebene zu. Sie waren ebenfalls nicht Gegenstand der Untersuchung. Auch auf eine Darstellung stilistischer Unterschiede und Besonderheiten wird aus den genannten Gründen verzichtet. Das jeweilige deutsche Stichwort mit seiner tschechischen Entsprechung bildet das Bindeglied zwischen allen Teilen der sprachlichen Bearbeitung, d. h. der deutsch-tschechischen (frühneuhochdeutsch-alttschechischen) kontrastiven Wortanalyse (*E.IV.4.*), der beiden Auswertungen (*E.V.*; *E.VI.*) und auch der Wörterverzeichnisse (*F.I.6.–8.*). In Letzteren steht als Markierung jeweils ein • vor denjenigen Lexemen, die in der deutsch-tschechischen (frühneuhochdeutsch-alttschechischen) kontrastiven Wortanalyse (*E.IV.4.*) als Stichwort vorkommen. Die Markierung der Lexeme, die bereits in der deutsch-polnischen (frühneuhochdeutsch-altpolnischen) kontrastiven Wortanalyse[5] behandelt wurden, wird in den Wörterverzeichnissen beibehalten (✧). Die schon oben betonte systematische Einbeziehung von Material und Ergebnissen aus der deutsch-polnischen Untersuchung der „Magdeburger Urteile“[6] erstreckt sich ebenfalls auf die Wörterverzeichnisse, d. h. zum vorliegenden Band wurde nicht nur ein deutsch-tschechisches und die Umkehrung als tschechisch-deutsches Wörterverzeichnis angelegt, sondern die für die Wörterverzeichnisse der deutsch-polnischen Untersuchung[7] zusammengestellten polnischen Rechtstermini wurden in das deutsch-tschechische bzw. tschechisch-deutsche Wörterverzeichnis übernommen. In einer ganzen Reihe von Fällen mussten polnische Termini nicht nur für die drei Wörterverzeichnisse[8], sondern ebenfalls für die deutsch-tschechische kontrastive Wortanalyse (*E.IV.4.*) ergänzt werden.

Um ein annähernd vollständiges Bild eines frühneuhochdeutschen Lexems und seiner Übertragung ins Alttschechische zu gewinnen, sollte der Nutzer generell neben den beiden Auswertungsteilen (*E.V.* und *E.VI.*) immer auch die deutsch-tschechische (frühneuhochdeutsch-alttschechische) kontrastive Wortanalyse (*E.IV.4.*) konsultieren, denn hier werden in der Stichwortzeile wie im Kommentar und auch als Literaturhinweise detaillierte Informationen gegeben, die über unseren Wortvergleich anhand nur e i n e s deutschen und e i n e s tschechischen Textes hinausgehen.

---

[5] Vgl. ebd.

[6] Vgl. ebd.

[7] Vgl. DIES., Zweisprachiges deutsch-polnisches und polnisch-deutsches Wörterverzeichnis der Rechtstermini, in: ISMIO Bd. 2, S. 339–393.

[8] Vgl. *Kap. F.I.6.–8., S. 403–445*.

Die Anordnung der Hauptstichwörter innerhalb der deutsch-tschechischen (frühneuhochdeutsch-alttschechischen) kontrastiven Wortanalyse (*E.IV.4.*) folgt dem deutschen Alphabet. Bezüge zu anderen Stichwörtern werden durch Querverweise erschlossen. Aus Gründen der Nutzerfreundlichkeit wurde das tschechisch-deutsche Register der Stichwörter in den deutsch-tschechischen Teil (*E.IV. 4.*) alphabetisch eingeordnet. Analog wurde bereits im Materialteil der deutsch-polnischen kontrastiven Wortanalyse verfahren. Im Deutschen wird bei Substantiven auf die Genusangabe verzichtet und stattdessen der bestimmte Artikel genannt, z. B. *Schöffe, der* oder *Richter, der* usw. Dies gilt für alle Teile der sprachlichen Bearbeitung einschließlich der Wörterverzeichnisse (*F.I.6.–8.*). Im Tschechischen geht das Genus der Substantive überwiegend aus ihrer Endung hervor.

Bei der alphabetischen Einordnung des Wortschatzes bleiben diakritische Zeichen unberücksichtigt, z. B. *a, á; c, č; n, ň; r, ř; s, š; z, ž* usw.

3. Zur Struktur der Stichwortartikel in der deutsch-tschechischen (frühneuhochdeutsch-alttschechischen) kontrastiven Wortanalyse (Kap. E.IV.4.)

Abweichend von der frühneuhochdeutsch-altpolnischen Wortanalyse[9] werden in der vorliegenden frühneuhochdeutsch-alttschechischen kontrastiven Wortanalyse die Sprachbezeichnungen auch in der Stichwortzeile angegeben. Dies erfolgt vor allem, weil hier neben dem deutschen und tschechischen oftmals auch polnisches Material vergleichend genannt wird.

In der Stichwortzeile werden jeweils die neuhochdeutsch-neutschechischen Entsprechungspaare der ausgewerteten Rechtstermini angegeben, abgeleitet aus dem Vorkommen in den beiden verglichenen historischen Texten. Mitunter werden die alttschechischen (staročes.) Entsprechungen ebenfalls bereits in der Stichwortzeile genannt. In den Unterpunkten der einzelnen Stichwörter wie auch in den Kommentaren steht das konkrete Vorkommen der Rechtstermini in den vergleichend untersuchten Quellentexten im Vordergrund, vergleiche z. B. in der Stichwortzeile dt. *Tag, der* /// tsch. *den*. Mitunter wurden auch alttschechische (staročes.) Schreibungen in die Stichwortzeile übernommen, vgl. dt. *büßen* /// tsch. *otložiti* (staročes.); *odložiti* (staročes.) oder dt. *Burggrafending, das* /// tsch. *soud purkrabin* (staročes.).

Bei Bedarf erfolgt eine Untergliederung des Materialteils eines Stichwortartikels durch *römische Zahlen*. *Arabische Zahlen* dienen hingegen nicht der Nummerierung, sondern lediglich der Markierung und Gliederung einzelner Belegstellen im Materialteil eines Stichwortartikels. Dies ist immer dort nötig, wo die

[9] Vgl. BILY, Deutsch-polnische kontrastive Wortanalyse anhand einer deutschen und einer polnischen Handschrift der „Magdeburger Urteile", in: ISMIO Bd. 2, S. 117–328.

Auswertung im Kommentar mit den entsprechenden, jeweils zuvor genannten Belegstellen in Beziehung gesetzt werden soll.

Im Material zur deutsch-tschechischen Wortanalyse treten z. T. große Unterschiede bei dem zu den einzelnen Stichwörtern belegten historischen Material auf. Einzelne Termini kommen in den beiden verglichenen Texten sehr häufig vor, wie z. B. *Richter* oder *Schöffe*, andere dagegen nur vereinzelt, wie z. B. *antworten, Fürsprecher, Gespinne, Schwertmage* usw. Die Menge der gebotenen Belege richtet sich nach den tatsächlich vorgefundenen. So kann nicht nur die Häufigkeit der einzelnen Termini in den beiden verglichenen Texten annähernd gezeigt werden, sondern auch die Verbindbarkeit der Termini mit Attributen und Präpositionen oder auch ihr Vorkommen als Teil einer Verbalkonstruktion bzw. eines Kompositums (vergleiche hierzu z. B. unter dem Stichwort *Ding*).

Gelegentliche Wiederholungen in der Stichwortzeile und im Kommentar zu einem Stichwort sind beabsichtigt. Wir gehen, vor allem aus Gründen der Nutzerfreundlichkeit, davon aus, dass wichtige Informationen zu einem Rechtsterminus sowohl in der Stichwortzeile wie auch im Kommentar enthalten sein sollten. Es sei ausdrücklich darauf hingewiesen, dass jedes der Stichwörter als eigenständige Bearbeitung angelegt ist.

Die Literaturangaben zu mehreren Stichwörtern desselben Wortstamms werden mitunter zusammengefasst. Dies soll Wiederholungen vermeiden und damit den Umfang der Literaturangaben nicht unnötig ausdehnen.

Wenn ein Hauptstichwort selbst im Text nicht belegt ist, vergleiche z. B. in der Wortanalyse *Tat*, sondern lediglich als Bestandteil eines Phrasems vorkommt, das dann auch behandelt wird, vergleiche z. B. in der Wortanalyse unter dem Stichwort *Tat* die Wendung *handhafte Tat* bzw. *in handhafter Tat; auf frischer Tat* oder auch unter dem Stichwort *Witwe* die Paarformel *Witwen und Waisen*, kann verständlicherweise unter dem Hauptstichwort kein Material geboten werden, was dort dann ebenfalls das Fehlen eines Kommentars zur Folge hat. In diesen Fällen steht der Block *Literatur*, der normalerweise auf den *Kommentar* folgt, direkt unter dem Hauptstichwort.

4. Zu den Auswertungsteilen (Kap. E.V. und E.VI.)

Die sich an die kontrastive Wortanalyse (*E.IV.4.*) anschließende Auswertung erfolgt in zwei Stufen. Im ersten Teil (*E.V.*) wird das Material den folgenden Gruppen zugeordnet: Übersetzung (2.), Entlehnung (3.), Umschreibung (4.) und Verwendung eines anderen Terminus (5.). Es schließen sich unter weiteren Punkten Ausführungen zu einigen grammatischen Besonderheiten an. Auch hier war lediglich eine schwerpunktmäßige Betrachtung möglich, denn Aufgabe und Ziel der Analyse sind vergleichende W o r t untersuchungen, d. h. eine Bearbeitung auf der lexikalischen Ebene. Der zweite Teil der Auswertung (*E.VI.*) abstrahiert stärker und fasst die Ergebnisse der sprachhistorischen Analyse so zusammen, dass der (Rechts-)Historiker aus diesen Ergebnissen Schlussfolgerungen für seine eigene rechtshistorische Bewertung ableiten kann, d. h. im zweiten Teil der Auswertung (*E. VI.*) wurden gesicherte Ergebnisse der historischen Sprachwissenschaft und der eigenen Materialstudie mit ebenfalls als gesichert geltenden Erkenntnissen rechts- und siedlungshistorischer Forschungen verbunden.

E. Deutsch-tschechische (frühneuhochdeutsch-alttschechische) kontrastive Wortanalyse anhand einer deutschen Handschrift des „Sächsischen Weichbilds“ mit Glosse (Textzeuge: Hs. B) und einer tschechischen Handschrift des „Sächsischen Weichbilds“ mit Glosse (Textzeuge: Hs. P) (*Inge Bily*)

I. Zu den Materialgrundlagen

1. Der deutsche Text: „Sächsisches Weichbild“ mit Glosse (Textzeuge: Hs. B)

Als deutschen Text benutzten wir eine Handschrift der deutschen „Weichbildvulgata“ mit der ursprünglichen Glossenfassung der deutschen Handschrift des „Weichbilds“ mit Glosse in 135 [136] Artikeln. Aufbewahrungsort der Handschrift (Provenienz: Domstift Havelberg) ist die Staatsbibliothek Preußischer Kulturbesitz in Berlin (Signatur SBPK Ms. germ. fol. 389).[1] Diese Handschrift bildete ebenfalls die Grundlage der von Alexander von Daniels und Franz von Gruben[2] edierten Fassung.

Die Handschrift ist ins 15. Jahrhundert datiert. Sprachlich handelt es sich um einen ostmitteldeutschen Text aus frühneuhochdeutscher Zeit[3], der bisher keiner sprachlichen Auswertung unterzogen wurde. An dieser Stelle sei auf die Ausführungen Dietlinde Munzels in ihrem Artikel zur Weichbildglosse verwiesen, wo es heißt:

> „In den einzelnen Artikeln der W[eichbildglosse] finden sich zahlreiche Bezüge auf das römische Recht und den Sachsenspiegel. Einige Artikel sind auch in Form von Schöffensprüchen verfaßt, so daß zunächst eine mögliche Überlieferung verlorengegangener Magdeburger Schöffensprüche vermutet wurde. Nach den Feststellungen von Gerhard Buchda[4] sind nach dem derzeitigen Stand der Kenntnisse aber keine echten Sprüche der Magdeburger Schöffen enthalten, sondern nur eine formale Angleichung an das

---

[1] Vgl. auch OPPITZ, Deutsche Rechtsbücher des Mittelalters, Bd. 2, 1990, S. 368, Nr. 118; vgl. auch HOMEYER, Die deutschen Rechtsbücher des Mittelalters und ihre Handschriften, 1931–1934, S. 11, Nr. 48.

[2] DANIELS, GRUBEN (Hrsg.), Das sächsische Weichbildrecht, Bd. 1, 1858.

[3] Bei der sprachlichen Einordnung des ostmitteldeutschen Textes aus frühneuhochdeutscher Zeit stützen wir uns auf die detaillierten Ausführungen Libuše Spáčilovás (SPÁČIL, SPÁČILOVÁ, Památná kniha Olomoucká (kodex Václava z Jihlavy) z let 1430–1492, 1528, 2004, S. 186–190). Wir danken Frau Prof. Libuše Spáčilová (Olomouc/Olmütz) außerdem für ihre Beratung und Hilfe.

[4] BUCHDA, Enthält die Glosse zum sächsischen Weichbild echte Schöffensprüche?, in: FROTZ (Hrsg.), Festschr. Heinrich Demelius zum 80. Geburtstag, 1973, S. 25–50.

> Magdeburger Spruchgut des 14. Jh. zu bemerken. Die W[eichbildglosse] blieb nicht ohne Einfluß auf andere Rechtswerke […].“[5]

Und weiter bemerkt Dietlinde Munzel:

> „Die Edition der W[eichbildglosse] von Daniels/Gruben von 1858 basiert auf der ursprünglichen, kürzeren Form nach einer HS [Handschrift] aus Havelberg (Oppitz Nr. 118). Eine umfassende Untersuchung ihrer Entwicklungsgeschichte liegt bislang nicht vor.“[6]

2. Der tschechische Text: „Sächsisches Weichbild“ mit Glosse (Textzeuge: Hs. P)

Als tschechischen Vergleichstext[7] benutzten wir aus der Handschrift *Práwa saszká*, einer Sammelhandschrift, die unter 2. *Donat – magdeburgské městské právo s glosou* [Donat – Das Magdeburger Stadtrecht mit Glosse] enthaltenen Teile.[8]

Der digitalen alttschechischen Version der Sammelhandschrift ist eine ausführliche Beschreibung beigegeben. Dort wird Litoměřice/Leitmeritz als Entstehungsort der alttschechischen Handschrift genannt, als Schreiber Jakub Kožený z Krbova.

Die Handschrift ist in das Jahr 1469–1470 datiert und damit alttschechisch.

Wie der von uns untersuchte frühneuhochdeutsche Text des „Sächsischen Weichbilds“ mit Glosse (Textzeuge: Hs. B), wurde auch der alttschechische Vergleichstext bisher keiner sprachlichen Auswertung unterzogen.

---

[5] MUNZEL [MUNZEL-EVERLING], Weichbildglosse, in: HRG, Bd. 5, 1998, Sp. 1212.

[6] Ebd., Sp. 1213.

[7] In unseren Wortvergleich beziehen wir auch die *Transliteration* des alttschechischen Textes der Handschrift ein, die Frau Dr. Milada Homolková, Mitarbeiterin am alttschechischen Wörterbuch im Institut für tschechische Sprache der Tschechischen Akademie der Wissenschaften (Praha/Prag), zusammen mit Kolleginnen für uns anfertigte. Eine *Transkription*, d. h. eine an die neutschechische Orthographie und Interpunktion angepasste Wiedergabe des Textes der alttschechischen Handschrift, wäre für unsere sprachliche Auswertung im Rahmen der historischen Wortanalyse nicht geeignet.

[8] Vgl. fol. 87^r–187^v (Prawá saszká, früher Litoměřice/Leitmeritz: Archiv města Litoměřice; jetzt Praha/Prag: Parlamentní knihovna, Signatur: o. Sign.; online: ‹ www.psp.cz/kps/knih/prawa/prawa.htm ›); s. a. OPPITZ, Deutsche Rechtsbücher des Mittelalters, Bd. 2, 1990, S. 644, Nr. 922; vgl. auch HOMEYER, Die deutschen Rechtsbücher des Mittelalters und ihre Handschriften, 1931–1934, S. 158 f., Nr. 701.

II. Zum Anliegen der Untersuchung und zum Stand der Forschung

1. Vorbemerkungen

Die Bearbeitung des Themas erfordert nicht nur eine gründliche Auswertung der Ergebnisse rechtshistorischer Forschungen, sondern auch der historisch-vergleichenden Sprachwissenschaft – vor allem der historischen Wortforschung und der Entlehnungsbeziehungen, weiterhin der Geschichte – ganz besonders der Siedlungs- und Stadtgeschichte und ebenso der mittelalterlichen Straßen- und Wegeforschung[9] sowie der Handelsbeziehungen.[10] In seiner Synthese der im Sammelband „Die Welt der europäischen Straßen"[11] behandelten Schwerpunkte weist Thomas Szabó darauf hin, dass „Straßen zu den Faktoren gehören, die historische Prozesse in Gang setzen, beschleunigen, kanalisieren bzw. regulieren"[12]. Die Bedeutung von Handelswegen u. a. auch für die Entwicklung des Städtewesens in Böhmen und Mähren unterstreicht ebenfalls Jiří Kejř.[13]

Als wesentliche Komponente sprachhistorisch-vergleichender Analysen sei nicht zuletzt die historische Namenforschung mit ihren Beiträgen zu Siedlungsgeschichte und Lexikographie genannt, wie sie für Böhmen vor allem von Ernst Schwarz[14] und Vladimír Šmilauer[15] vorgelegt wurden.

Wie bereits in den allgemeinen Vorbemerkungen zu den *Kapiteln E, F und I* (vgl. *S. 127–133*) dargelegt, folgen wir in der Struktur auch dieses Kapitels überwiegend den Schwerpunkten, die bereits der sprachwissenschaftlichen Untersuchung zur Rezeption des Sächsisch-magdeburgischen Rechts in Polen[16] zugrunde gelegt wurden und die sich in der bisherigen sprachvergleichenden Arbeit des Projektes bewährt haben. Allerdings ist die sprachliche Untersuchung diesmal nicht nur bilateral, d. h. deutsch-tschechisch (frühneuhochdeutsch-alttschechisch) angelegt, sondern Material wie auch Ergebnisse aus der deutsch-polnisch (frühneuhochdeutsch-altpolnisch) vergleichenden Untersuchung der „Magdeburger Urteile"[17]

---

[9] DENECKE, Mitteleuropäische Verkehrsachsen, in: SZABÓ (Hrsg.), Die Welt der europäischen Straßen, 2009, S. 279–303.

[10] DAVIES, MOORHOUSE, Die Blume Europas, 2002, Karte „Handelsrouten um 1500", S. 654; IRSIGLER, Stadt und Umland im Spätmittelalter, in: MEYNEN (Hrsg.), Zentralität als Problem der mittelalterlichen Stadtgeschichtsforschung, 1979, S. 1–14; WÜNSCH, Deutsche und Slawen im Mittelalter, 2008, S. 58–64.

[11] Th. SZABÓ (Hrsg.), Die Welt der europäischen Straßen, 2009.

[12] DERS., [Kap.] Ergebnisse und Probleme, in: DERS. (Hrsg.), Die Welt der europäischen Straßen, 2009, S. 355–376, hier S. 376.

[13] KEJŘ, Die Anfänge der Stadtverfassung und des Stadtrechts in den Böhmischen Ländern, in: SCHLESINGER (Hrsg.), Die deutsche Ostsiedlung des Mittelalters als Problem der europäischen Geschichte, 1975, S. 464–466, vgl. auch die Karte S. 465.

[14] E. SCHWARZ, Die Ortsnamen der Sudetenländer als Geschichtsquelle, 1961.

[15] ŠMILAUER, Osídlení Čech ve světle místních jmen, 1960.

[16] Vgl. BILY, Deutsch-polnische kontrastive Wortanalyse anhand einer deutschen und einer polnischen Handschrift der „Magdeburger Urteile", in: ISMIO Bd. 2, S. 117–328.

werden in den frühneuhochdeutsch-alttschechischen Vergleich von „Sächsischem Weichbild“ mit Glosse (Textzeuge: Hs. B) und „Sächsischem Weichbild“ mit Glosse (Textzeuge: Hs. P) einbezogen. Ein Quervergleich zu Textstellen in weiteren deutschen oder tschechischen Quellen wird nicht geführt, auch nicht zum Lateinischen.

Im Vordergrund der Bearbeitung steht das Bestreben, rechts-, siedlungs- und sprachhistorische Fragestellungen in ihren Zusammenhängen darzustellen. Die Notwendigkeit, die Grenzen des einzelnen Fachgebietes zu überschreiten, wird immer wieder sowohl von rechts- wie auch von sprachhistorischer Seite betont und gefordert. Stellvertretend für eine Vielzahl von Wissenschaftlern, die dieses Anliegen vortragen und begründen, seien Jacob Grimm[18], Józef Matuszewski[19], Ulrich-Dieter Oppitz[20] und Sergij Vilfan[21] genannt. So folgen wir bei der Untersuchung der Rezeption des Sächsisch-magdeburgischen Rechts in Ost- und Mitteleuropa einer bereits bewährten[22] Methode fächer- und sprachübergreifender

---

[17] Vgl. DIES., Deutsch-polnische kontrastive Wortanalyse anhand einer deutschen und einer polnischen Handschrift der „Magdeburger Urteile“ und Wörterverzeichnisse, in: ISMIO Bd. 2, S. 117–394.

[18] J. GRIMM, Über die Alterthümer des deutschen Rechts, in: DERS., Kleinere Schriften, Bd. 8, 1966 [1890], S. 545–551.

[19] Jó. MATUSZEWSKI, Filologia w służbie historii, in: Acta Universitatis Łodziensis. Zeszyty Naukowe Uniwersytetu Łódzkiego. Seria 1: Nauki Humanistyczno-Społeczne. Folia Iuridica 32 (1978), S. 3–34.

[20] OPPITZ, Zum Meißner Rechtsbuch, in: KÖBLER, NEHLSEN (Hrsg.), Wirkungen europäischer Rechtskultur, 1997, S. 907–914, vgl. besonders S. 914.

[21] VILFAN, Rechtsgeschichte der Slowenen bis zum Jahre 1941, 1968, S. 146.

[22] Vgl. AMIRA, Grundriß des Germanischen Rechts, 1913, S. 3 f.; J. GRIMM, Über die Alterthümer des deutschen Rechts, in: DERS., Kleinere Schriften, Bd. 8, 1966 [1890], S. 547; DOROVSKICH, Pravo i nacional'nyj jazyk, 1996; ECKERT, HATTENHAUER, Sprache – Recht – Geschichte, 1991; KÖBLER, Deutsche Sprachgeschichte und Rechtsgeschichte, in: BESCH, REICHMANN, SONDEREGGER (Hrsg.), Sprachgeschichte, 1. Halbbd., 1984, S. 56–70; Ja. MATUSZEWSKI, Słownictwo łacińskie i polskie w prawie ziemskim do końca XV stulecia, in: Studia Źródłoznawcze 25 (1980), S. 133–143; Jó. MATUSZEWSKI, Geneza współczesnej terminologii prawnej/La genèse de la terminologie juridique contemporaine, in: Sprawozdania Poznańskiego Towarzystwa Przyjaciół Nauk 64,2 (1961), S. 288–290; DERS., Filologia w służbie historii, in: Acta Universitatis Łodziensis. Zeszyty Naukowe Uniwersytetu Łódzkiego. Seria 1: Nauki Humanistyczno-Społeczne. Folia Iuridica 32 (1978), S. 3–34; SCHMIDT-WIEGAND, Deutsche Sprachgeschichte und Rechtsgeschichte bis zum Ende des Mittelalters, in: BESCH, BETTEN, REICHMANN, SONDEREGGER (Hrsg.), Sprachgeschichte, Bd. 1, 1998, S. 72–87; DIES., Deutsche Sprachgeschichte und Rechtsgeschichte seit dem Ausgang des Mittelalters, in: BESCH, BETTEN, REICHMANN, SONDEREGGER (Hrsg.), Sprachgeschichte, Bd. 1, 1998, S. 87–98; DIES., Der Rechtswortschatz im Sachsenspiegel, in: HOFFMANN, KALVERKÄMPER, WIEGAND (Hrsg.), Fachsprachen, 1999, S. 2341–2348; DIES., Sprache zwischen Recht und Gesetz, in: LÜCK, SCHILDT (Hrsg.), Recht, Idee, Geschichte, 2000, S. 135–150; ŠKRUBEJ, *Ritus gentis* Slovanov v vzhodnih Alpah, 2002; SIEBER, Deutsche Fachsprache des Rechts in Mittelalter und Früher Neuzeit, in: THIER, PFEIFER, GRZIMEK (Hrsg.), Kontinuitäten und Zäsuren in der Europäischen Rechtsgeschichte, 1999, S. 149–163; STRIPPEL, Zum Verhältnis von Deutscher Rechtsgeschichte und Deutscher Philologie, in: MÜLLER (Hrsg.), BEHM, GÖTZE, SCHULTE-WÜLWER, STRIPPEL (Mitarb.), Germanistik und deutsche Nation 1806–1848, 1974, S. 113–166.

Verbindung vor allem von rechts- und sprachgeschichtlicher Forschung, denn: „zwischen Sprache und Recht besteht […] eine denkbar enge Beziehung: das Recht lebt durch die Sprache; die Sprache ist das erste, vielleicht sogar das einzige Arbeitsinstrument des Juristen“[23]. Verwiesen sei in diesem Zusammenhang auf eine beachtliche Zahl von Untersuchungen Ruth Schmidt-Wiegands[24] sowie auf die Auswertung slowenischen historischen Rechtswortschatzes durch Katja Škrubej[25] und altpolnischen Rechtswortschatzes durch Aleksander Zajda[26] und Aleksandra Aleksic[27]. In seinem Aufsatz „Die Philologie im Dienste der Geschichte“[28] beschreibt Józef Matuszewski den Gewinn für beide Disziplinen, die Philologie wie auch die Rechtsgeschichte. Forschungsergebnisse aus Geschichte, Rechtsgeschichte und Rechtssprache verbindet Angelo Garovi[29] zu einer Synthese. Für eine Verknüpfung von siedlungs- und rechtsgeschichtlicher Forschung bis hin zur Einbeziehung wirtschaftlicher und sozialhistorischer Aspekte sprechen sich Jiří Kejř[30] und Sergij Vilfan[31] aus. Letzterer betont u. a.:

> „Bei einer Gegenüberstellung ethnisch bzw. sprachlich verschiedener Siedlerschichten kommt besondere Bedeutung der Linguistik, insbesondere der Dialekt- und Ortsnamenforschung zu […]“[32]

2. Siedlungshistorische Forschungen

Zur Rechts-, Siedlungs- und Sprachgeschichte des Arbeitsgebietes Tschechien liegen eine Reihe grundlegender Untersuchungen mit beachtlichen Ergebnissen vor,

---

23 ARNTZ, Fachbezogene Mehrsprachigkeit in Recht und Technik, 2001, S. 206, mit Bezugnahme auf STRÖMHOLM, Allgemeine Rechtslehre, 1976, S. 26.

24 Vgl. besonders SCHMIDT-WIEGAND, Deutsche Sprachgeschichte und Rechtsgeschichte bis zum Ende des Mittelalters, in: BESCH, BETTEN, REICHMANN, SONDEREGGER (Hrsg.), Sprachgeschichte, Bd. 1, 1998, S. 72–87; DIES., Deutsche Sprachgeschichte und Rechtsgeschichte seit dem Ausgang des Mittelalters, in: BESCH, BETTEN, REICHMANN, SONDEREGGER (Hrsg.), Sprachgeschichte, Bd. 1, 1998, S. 87–98; DIES., Sprache zwischen Recht und Gesetz, in: LÜCK, SCHILDT (Hrsg.), Recht, Idee, Geschichte, 2000, S. 135–150.

25 ŠKRUBEJ, *Ritus gentis* Slovanov v vzhodnih Alpah, 2002.

26 ZAJDA, Studia z historii polskiego słownictwa prawniczego i frazeologii, 2001.

27 ALEKSIC, Die altpolnische Rechtsterminologie am Beispiel von *Ortyle Magdeburskie*, 2008.

28 Jó. MATUSZEWSKI, Filologia w służbie historii, in: Acta Universitatis Łodziensis. Zeszyty Naukowe Uniwersytetu Łódzkiego. Seria 1: Nauki Humanistyczno-Społeczne. Folia Iuridica 32 (1978), S. 3–34.

29 GAROVI, Rechtssprachlandschaften der Schweiz und ihr europäischer Bezug, 1999.

30 KEJŘ, Die Anfänge der Stadtverfassung und des Stadtrechts in den Böhmischen Ländern, in: SCHLESINGER (Hrsg.), Die deutsche Ostsiedlung des Mittelalters als Problem der europäischen Geschichte, 1975, S. 470.

31 VILFAN, Die deutsche Kolonisation nordöstlich der oberen Adria und ihre sozialgeschichtlichen Grundlagen, in: SCHLESINGER (Hrsg.), Die deutsche Ostsiedlung des Mittelalters als Problem der europäischen Geschichte, 1975, S. 567.

32 Ebd., S. 568.

an die es anzuknüpfen gilt. Wenden wir uns zunächst der Siedlungsgeschichte zu. Ein zusammenfassender Überblick zur Siedlungsgeschichte Tschechiens ist besonders aus den „Historischen Stätten Böhmen und Mähren“[33], den vergleichenden Untersuchungen über die Siedlungsbewegung im östlichen Mitteleuropa im 13.–14. Jahrhundert von Adrienne Körmendy[34] sowie aus den Arbeiten von Ernst Schwarz[35] und Vladimír Šmilauer[36] zu gewinnen. Weiterhin sei auf Studien zur Entstehung und Entfaltung der Marktorganisation in Böhmen und Mähren hingewiesen, verfasst u. a. durch Josef Žemlička[37] und Winfried Schich[38]. Zu nennen sind außerdem der Aufsatz František Kavkas über die Städte Böhmens und Mährens zur Zeit des Přemysliden-Staates[39], die Untersuchungen Dorota Leśniewskas[40] zur deutschen Kolonisation zu deutschem Recht im mittelalterlichen Böhmen und Mähren im Lichte der Historiographie sowie die Studie zur Problematik der deutschen Ostsiedlung aus tschechischer Sicht von František Graus[41].

> „Im Rahmen des Landesausbaus und der Herausbildung eines Städtenetzes (meist nach »deutschem Recht«) mit Höhepunkt im 13. Jh. kamen zahlreiche deutsche Handwerker, Bauern und Bergleute nach Böhmen und Mähren, die die Zahl der hier bereits lebenden Deutschen (vor allem Priester, Adlige, Kaufleute) vergrößerten. Ein Neustamm wie in Schlesien bildete sich hier jedoch nicht.“[42]

---

[33] BAHLCKE, EBERHARD, POLÍVKA (Hrsg.), Böhmen und Mähren, 1998.

[34] KÖRMENDY, Melioratio terrae, 1995.

[35] E. SCHWARZ, Volkstumsgeschichte der Sudetenländer, 1. Teil: Böhmen, 2. Teil: Mähren-Schlesien, 1987; DERS., Die Ortsnamen der Sudetenländer als Geschichtsquelle, 1961.

[36] ŠMILAUER, Osídlení Čech ve světle místních jmen, 1960.

[37] ŽEMLIČKA, Vývoj osídlení dolního Poohří a Českého středohoří do 14. století, 1980; DERS., Entstehung und Entfaltung der Marktorganisation in Böhmen und Mähren, in: BRACHMANN, KLÁPŠTĚ (Hrsg.), Hausbau und Raumstruktur früher Städte in Ostmitteleuropa, 1996, S. 17–27; DERS., K ujímání a formám německého práva v českých zemích, in: Marginalia historica 6 (2002), S. 7–38.

[38] SCHICH, Die Gründung von deutschrechtlichen Marktorten und Städten östlich der Elbe im 12. und 13. Jahrhundert, in: BRACHMANN, KLÁPŠTĚ (Hrsg.), Hausbau und Raumstruktur früher Städte in Ostmitteleuropa, 1996, S. 7–16 (Nachdr. in: DERS., Wirtschaft und Kulturlandschaft, 2007, S. 343–358).

[39] KAVKA, Die Städte Böhmens und Mährens zur Zeit des Přemysliden-Staates, in: RAUSCH (Hrsg.), Die Städte Mitteleuropas im 12. und 13. Jahrhundert, 1963, S. 137–153.

[40] LEŚNIEWSKA, Zur Beurteilung der „deutschen Kolonisation“, in: LÜBKE (Hrsg.), Struktur und Wandel im Früh- und Hochmittelalter, 1998, S. 31–38; DIES., Kolonizacja niemiecka i na prawie niemieckim w średniowiecznych Czechach i na Morawach w świetle historiografii, 2004.

[41] GRAUS, Die Problematik der deutschen Ostsiedlung aus tschechischer Sicht, in: SCHLESINGER (Hrsg.), Die deutsche Ostsiedlung des Mittelalters als Problem der europäischen Geschichte, 1975, S. 31–75.

[42] BAHLCKE, Böhmen und Mähren, in: ROTH (Hrsg.), Studienhandbuch Östliches Europa, Bd. 1: Geschichte Ostmittel- und Südosteuropas, 1999, S. 114.

> „Im 11. Jahrhundert bildeten Deutsche einen großen Teil der Oberschicht Böhmens; im 13.–14. Jahrhundert wurde das deutsche Element verstärkt – es kamen viele Bauern, Handwerker und Kaufleute hinzu“[43],

bemerkt Ilpo Tapani Piirainen. Und weiter heißt es an gleicher Stelle:

> „Die deutsche Besiedlung Mährens setzte im 13. Jahrhundert unmittelbar nach den Anfängen der deutschen Kolonisation im benachbarten Schlesien ein.“[44]

> „Die zeitlich erste feststellbare Richtung des Eindringens der neuen Formen des städtischen Lebens in die Böhmischen Länder führt aus Schlesien nach Nordmähren.“[45]

An anderer Stelle heißt es bei Jiří Kejř:

> „Es ist eine historische Tatsache, daß sich das Stadtrecht und die neuen Formen des städtischen Rechtslebens in Mähren früher durchsetzten als in dem geographisch geschlossenen Raum Böhmens.“[46]

Was Sergij Vilfan im Rahmen seiner Untersuchung der deutschen Kolonisation nordöstlich der oberen Adria und ihrer sozialgeschichtlichen Grundlagen feststellt, gilt analog auch für die Arbeit in unserem Untersuchungsgebiet, denn

> „Die Möglichkeiten einer weiteren Erforschung der offenstehenden Fragen sind [...] noch nicht erschöpft. Besonders einzelne minuziöse Bearbeitungen lokaler Verhältnisse, die zu einer konkreten Vorstellung über die ältere Kolonisation verhelfen können, sind in größerer Anzahl, als bisher zur Verfügung stehen, vonnöten.“[47]

Zur Verbindung sprach- und siedlungshistorischer Forschungen bemerkt Lenka Vaňková:

> „Die Erforschung der mittelalterlichen deutschen Kanzleisprache in Böhmen und Mähren hing am Anfang eng mit der Erforschung der deutschen Besiedlung dieser Gebiete zusammen. Auch wenn die Untersuchungen von Ernst Schwarz sowie die unter seiner Betreuung geschriebenen Dissertationen sich in erster Linie auf die synchrone dialektale Problematik konzentriert haben, haben sie sich oft auch auf historische, kanzleisprachige Texte gestützt, weil die darin vorkommenden Personen-, Orts- und Flurnamen sich für die Skizzierung der Siedlungsgeschichte als sehr aufschlussreich erwiesen.“[48]

---

[43] PIIRAINEN, Die Wortschätze der ›Kolonialmundarten‹, in: CRUSE, HUNDSNURSCHER, JOB, LUTZEIER (Hrsg.), Lexikologie/Lexicology, 2. Halbbd./Vol. 2, 2005, S. 1168.

[44] Ebd., S. 1169.

[45] KEJŘ, Die Anfänge der Stadtverfassung und des Stadtrechts in den Böhmischen Ländern, in: SCHLESINGER (Hrsg.), Die deutsche Ostsiedlung des Mittelalters als Problem der europäischen Geschichte, 1975, S. 456.

[46] Ebd., S. 460.

[47] VILFAN, Die deutsche Kolonisation nordöstlich der oberen Adria und ihre sozialgeschichtlichen Grundlagen, in: SCHLESINGER (Hrsg.), Die deutsche Ostsiedlung des Mittelalters als Problem der europäischen Geschichte, 1975, S. 604.

[48] VAŇKOVÁ, Tschechien, in: GREULE, MEIER, ZIEGLER (Hrsg.), GLANTSCHNIG (Mitarb.), Kanzleisprachenforschung, 2012, S. 519.

Bevor er sich in seiner Untersuchung zum „Regensburger und Prager Deutsch im Mittelalter" der sprachlichen Analyse der von ihm vergleichend untersuchten Handschriften zuwendet, weist Emil Skála auf die Sprachsituation allgemein hin und betont:

> „Seit der ostdeutschen Kolonisation im 13. Jh. war Böhmen ein zweisprachiges Land. Etwa ein Zehntel des Landes war von Deutschen besiedelt. Aus dem 11. und 12. Jh. gibt es zahlreiche tschechische Rodungsnamen, im 13. Jh. folgten deutsche. Deutsche gab es auch in den Städten, es waren Handwerker, die sich in Zünften organisierten; bereits im 13. Jh. nicht nur nach Berufen, sondern auch nach der Sprachzugehörigkeit geteilt. Prag war nicht nur das wichtigste Zentrum in der Entwicklung und Entstehung der tschechischen Schriftsprache, die Stadt war eine Pflegestätte des Jiddischen und des Deutschen. Die dominierende Kanzleisprache war allerdings das Lateinische."[49]

Zum Prager Deutsch bemerkt Emil Skála, auch unter Hinweis auf seinen Aufsatz[50] zu diesem Thema:

> „Es handelt sich um kein Kontinuum, wie oft angenommen wird, sondern um mindestens vier eigenständige Entwicklungsstadien. Die erste Etappe, die uns in diesem Zusammenhang interessiert, ist abgesteckt durch die Jahre 1310 und 1415. Die Zweisprachigkeit Prags mündet in die Hussitenzeit und in die Einsprachigkeit. In der Zeit von 1415–1526 ist Prag eine tschechisch sprechende Stadt. Auch in den Stadtbüchern erscheint das Tschechische allein."[51]

3. Rechtshistorische Forschungen

Wie für die Siedlungsgeschichte des Arbeitsgebietes, so liegen auch für die Rechtsgeschichte Tschechiens grundlegende Untersuchungen mit beachtlichen Ergebnissen vor. Mehrere ausführliche Bibliographien[52], alle entstanden im Kreis der Prager Rechtshistoriker, bieten einen zusammenfassenden Überblick über die tschechische rechtshistorische Literatur, darunter auch zum Sächsisch-magdeburgischen Recht und seiner Rezeption in den Gebieten der heutigen Tschechischen Republik. Für den uns interessierenden Zeitraum sind vor allem die Arbeiten

---

[49] SKÁLA, Das Regensburger und das Prager Deutsch im Mittelalter, in: GREULE (Hrsg.), Deutsche Kanzleisprachen im europäischen Kontext, 2001, S. 52.

[50] DERS., Das Prager Deutsch, in: Zeitschrift für deutsche Sprache 22 (1966), S. 84–91.

[51] DERS., Das Regensburger und das Prager Deutsch im Mittelalter, in: GREULE (Hrsg.), Deutsche Kanzleisprachen im europäischen Kontext, 2001, S. 57; außerdem: DERS., Das Frühneuhochdeutsche in den Städten Böhmens, in: BAUER (Hrsg.), Stadtsprachenforschung, 1988, S. 239–270.

[52] Hier sind besonders zu nennen: MALÝ [u. a.], Dějiny českého a československého práva do roku 1945, 2010; DERS., Tschechoslowakische rechtshistorische Literatur, in: Zeitschrift für Neuere Rechtsgeschichte 6,3/4 (1984), S. 163–177; KUČERA, MALÝ, Právněhistorická bibliografie, 1974; PETRÁŠ, FALADA, Die tschechische rechtshistorische Literatur in den Jahren 1984 bis 2003, in: Zeitschrift für Neuere Rechtsgeschichte 27,3/4 (2005), S. 229–253 sowie PETRÁŠ, STARÝ, Právněhistorická bibliografie, 2005.

Karel Malýs[53] zu berücksichtigen. Zusammenfassend zum Stadtrecht in Böhmen ist an erster Stelle der von ihm herausgegebene Sammelband[54] zum Stadtrecht im 16.–18. Jahrhundert in Europa zu nennen, mit Aufsätzen, die die Vielseitigkeit in der Ausrichtung der tschechischen rechtshistorischen Forschung auf diesem Gebiet verdeutlichen. Hervorgehoben seien František Hoffmanns[55] Beitrag zu den Stadtrechtshandschriften in den böhmischen Ländern, außerdem die Ausführungen Jaromír Štěpáns[56] zum Stadtrecht. Nicht nur die einzelnen Aufsätze bieten jeweils einen Überblick zur einschlägigen Literatur. Der Band enthält außerdem eine separate Bibliographie[57] zum Stadtrecht in Böhmen. An grundlegenden Studien gilt es weiterhin zu berücksichtigen: die Materialien der internationalen Konferenz zur Wladislawschen Landesordnung und den Anfängen der verfassungsmäßigen Ordnung in den böhmischen Ländern[58] und auch der internationalen rechtshistorischen Konferenz „Stadtrechte des Königreichs Böhmen"[59], die vom 19.–21. September 2011 in Prag stattfand, außerdem die von Jan Mareš[60] verfasste Dissertationsschrift zum Magdeburger Recht in den Städten Nordböhmens und nicht zuletzt eine Überblicksdarstellung von Herbert Küpper[61]. Weiterhin sei auf die rechtshistorischen Studien Otto Peterkas[62] und Wilhelm Weizsäckers[63] sowie

---

53 MALÝ, Trestní právo v Čechách v 15.–16. století, 1989; DERS., České právo v minulosti, 1995.

54 DERS. (Hrsg.), Městské právo v 16.–18. století v Evropě, 1982; dort auch: DERS., Postavení měst a městské právo ve východní Evropě, in: DERS. (Hrsg.), Městské právo v 16.–18. století v Evropě, 1982, S. 361–363.

55 F. HOFFMANN, Soupis rukopisů městských práv v českých zemích, in: MALÝ (Hrsg.), Městské právo v 16.–18. století v Evropě, 1982, S. 245–256.

56 ŠTĚPÁN, Ke krystalizačnímu procesu městského práva českého, in: MALÝ (Hrsg.), Městské právo v 16.–18. století v Evropě, 1982, S. 267–277.

57 SCHELLE, Bibliografie k „Právům městským Království českého" od Pavla Kristiána z Koldína z r. 1579, in: MALÝ (Hrsg.), Městské právo v 16.–18. století v Evropě, 1982, S. 347–349.

58 MALÝ, PÁNEK (Hrsg.), JANIŠ (Red.), Vladislavské zřízení zemské a počátky ústavního zřízení v českých zemích (1500–1619), 2001.

59 Der Sammelband der Beiträge dieser Konferenz fasst den aktuellen Stand der Forschung zusammen, vgl. MALÝ, ŠOUŠA (Hrsg.), Městské právo ve střední Evropě, 2013. Außerdem sei auf die Zusammenfassung wichtiger Literatur am Ende des Bandes aufmerksam gemacht, vgl. JANDA, LOJEK, PEICHLOVÁ, ŠOUŠA JR., Výběrová bibliografie (k Právům městským Království českého), in: MALÝ, ŠOUŠA (Hrsg.), Městské právo ve střední Evropě, 2013, S. 383–397. Verwiesen sei ebenfalls auf die parallel erschienene Edition: MALÝ, SLAVÍČKOVÁ, SOUKUP, SKŘEJPKOVÁ, ŠOUŠA, ŠOUŠA ML., VOJTÍŠKOVÁ, WOITSCHOVÁ (Hrsg.), Práva městská Království českého, 2013 und dort auf den Aufsatz: MALÝ, Pavel Kristián z Koldína und sein Werk in der tschechischen Rechtsgeschichte, in: DERS., SLAVÍČKOVÁ, SOUKUP, SKŘEJPKOVÁ, ŠOUŠA, ŠOUŠA ML., VOJTÍŠKOVÁ, WOITSCHOVÁ (Hrsg.), Práva městská Království českého, 2013, S. 739–743.

60 MAREŠ, Magdeburské právo ve městech severozápadních Čech v předhusitské době/The Magdeburg Law in the Towns of Northwest Bohemia in Pre-Hussite Period, 2008.

61 KÜPPER, Einführung in die Rechtsgeschichte Osteuropas, 2005, vgl. besonders S. 251–264: „Die böhmischen Länder", die dort in ihrer Verbindung von Rechts- und Siedlungsgeschichte vorgestellt werden.

62 PETERKA, Rechtsgeschichte der böhmischen Länder, 2 Teile in 1 Bd., 1965.

63 WEIZSÄCKER, Zur Einführung des Magdeburgischen Rechtes in Mähren, in: Wissenschaftliche Vier-

auf die Erforschung der Ursachen und Wege der Rezeption des römischen Rechts in Böhmen und Mähren durch Otto Peterka[64] und Gábor Hamza[65] verwiesen. Eine Reihe von Arbeiten zum Sächsisch-magdeburgischen Recht in den Gebieten der heutigen Tschechischen Republik sind älteren Datums, wie die Untersuchungen von Josef Grunzel[66], Georg Juritsch[67], Bedřich Pacák[68], Vincenc Prasek[69], Rudolf Rauscher[70], Emil Franz Rössler[71], Lubomír Sršeň[72], Josef Teige[73], Johann Adolf Tomaschek[74], Wilhelm Wegener[75] und Adolf Zycha[76], um die wichtigsten Vertreter und ihre Publikationen hier zumindest zu nennen. Nicht unerwähnt bleiben darf

---

teljahresschrift zur Prager Juristischen Zeitschrift 2 (1922), Sp. 79–85; DERS., Eindringen und Verbreitung der deutschen Stadtrechte in Böhmen und Mähren, in: Deutsches Archiv für Landes- und Volksforschung 1 (1937), S. 95–109, mit einer Karte zur Verbreitung der deutschen Stadtrechte [zwischen den Seiten 104 und 105]; DERS., Breslau als Oberhof mährischer Städte, in: Zeitschrift des Vereins für Geschichte Schlesiens 72 (1938), S. 1–19; DERS., Breslau als Oberhof mährischer Städte, in: Zeitschrift des Vereins für Geschichte Schlesiens 72 (1938), S. 584–614; DERS., Zur Geschichte der Sammlungen Magdeburger Schöffensprüche im böhmischen Raum, in: Abhandlungen zur Rechts- und Wirtschaftsgeschichte, 1941, S. 265–284 und DERS., Von deutschem Stadtrecht in den Sudetenländern, in: Zeitschrift für deutsche Geisteswissenschaft 5 (1943), S. 272–299.

64 PETERKA, Ursachen und Wege der Rezeption des Römischen Rechtes in Böhmen und Mähren, in: Zeitschrift für Geschichte der Sudetenländer 7 (1944), S. 37–55.

65 HAMZA, Die Rezeption des römischen Rechts – und der deutschen Pandektenwissenschaft – in Zentral- und Osteuropa unter Berücksichtigung der Rechtsordnung in Böhmen und Mähren (Tschechoslowakei), Ungarn, Polen und Rußland, in: WOLFF (Hrsg.), Kultur- und rechtshistorische Wurzeln Europas, 2005, S. 205–225.

66 GRUNZEL, Uiber [Ueber] die deutschen Stadtrechte Böhmens und Mährens, in: Mittheilungen des Vereines für Geschichte der Deutschen in Böhmen 30–32 (1892, 1893, 1894), S. 128–154 (Jg. 30); S. 129–145, S. 263–280 (Jg. 31); S. 348–357 (Jg. 32).

67 JURITSCH (Bearb.), Die Deutschen und ihre Rechte in Böhmen und Mähren im XIII. und XIV. Jahrhundert, 1905.

68 PACÁK, O provedení rovného práva jazyka českého při soudech a státních úřadech v král. českém, 1900.

69 PRASEK, Nejstarší Sachsenspiegel český na Moravě, in: Časopis Moravského musea zemského 11 (1911), S. 204–211; DERS., Český Sachsenspiegel, in: Časopis Moravského musea zemského 12 (1912), S. 124–157.

70 RAUSCHER, O nálezech zemského soudu českého do XVI. století, 1933; DERS., K otázce vzniku zemského soudu v Čechách, in: HEXNER (Hrsg.), Pocta k šesdesiatym narodeninám dr. K. Laštovku, 1936.

71 RÖSSLER (Hrsg.), Deutsche Rechtsdenkmäler aus Böhmen und Mähren, Bd. 1: Das altprager Stadtrecht aus dem XIV. Jahrhundert; Bd. 2: Die Stadtrechte von Brünn aus dem XIII. und XIV. Jahrhundert, 1845, 1852.

72 SRŠEŇ, Větší zemský soud v Čechách ve vyobrazeních 16. století, in: Časopis Národního muzea. Historické muzeum 144,3/4 (1975), S. 143–179.

73 TEIGE, Über die Anfänge des Magdeburger Stadtrechtes in Mähren, in: ZRG GA 41 (1920), S. 383–386.

74 TOMASCHEK, Recht und Verfassung der Markgrafschaft Mähren im XV. Jahrhundert, 1863; DERS., Der Oberhof Iglau in Mähren und seine Schöffensprüche aus dem 13.–16. Jahrhundert, 1868.

75 Geleitwort im 1. Bd. der Neuaufl. von: PETERKA, Rechtsgeschichte der böhmischen Länder, 2 Teile in 1 Bd., 1965, S. V–VIII.

76 ZYCHA, Prag, 1912.

Jaromír Čelakovský[77], der sich mit den Rechtshandschriften der Stadt Litoměřice/ Leitmeritz beschäftigte. Abschließend sei auf Ergebnisse aus einer Studie Ludmila Sulitkovás[78] zum Brünner Stadtbuch verwiesen, außerdem auf den Artikel „Leitmeritz“ von Josef Žemlička[79] im „Lexikon des Mittelalters“. Grundlegende Untersuchungen zu dem uns interessierenden Thema hat Jiří Kejř[80] vorgelegt. Er betont allerdings nicht nur die Möglichkeiten, sondern auch die Grenzen rechtshistorischer Forschung, z. B. in Bezug auf die Untersuchung der Frage nach dem Beginn der Stadt.[81] „Stadtwerdung und Rechtsaussetzung sind eng miteinander verknüpft, die Datierung des einen hängt mit der des anderen unmittelbar zusammen.“[82], betonen Gunhild Roth und Volker Honemann.

In der einschlägigen Literatur werden für das Gebiet der Tschechischen Republik zahlreiche Orte zur Magdeburger Stadtrechtsfamilie genannt.

> „Ebenso wie Leitmeritz, der als erster Stadt Böhmens Magdeburger Recht verliehen wurde, entwickelte sich O[lmütz] [...] zu dem bedeutendsten Oberhof, der nach Magdeburger Recht lebenden Städte Mährens. [...] Der Einzugsbereich des O[lmützer] Oberhofs umfaßte mehr als 80 kleinere Ortschaften und 30 Städte, unter ihnen Neustadt[83]/ [*Mährisch Neustadt/Uničov* – I.B.], Littau[84]/[*Litovel* – I.B.], Weißkirchen[85]/[*Mäh-*

---

[77] Čelakovský, O právních rukopisech města Litoměřic, in: Časopis Musea království Českého 53 (1879) u. 54 (1880), S. 143–153 u. 542–558.

[78] Sulitková, Vývoj městských knih v Brně ve středověku (v kontextu vývoje městských knih v českých zemích), 2004.

[79] Žemlička, Leitmeritz, in: LexMa, Bd. 5, 1991, Sp. 1864.

[80] Kejř, Zwei Studien über die Anfänge der Städteverfassung in den böhmischen Ländern, in: Historica 16 (1969), S. 81–142; Ders., Die Anfänge der Stadtverfassung und des Stadtrechts in den Böhmischen Ländern, in: Schlesinger (Hrsg.), Die deutsche Ostsiedlung des Mittelalters als Problem der europäischen Geschichte, 1975, S. 439–470; Ders., Ursprung und Entwicklung von Stadt- und Marktrecht in Böhmen und Mähren, in: Bohemia 31 (1990), S. 270–282; Ders., Die mittelalterlichen Städte in den Böhmischen Ländern, 2010.

[81] Ders., Možnosti a meze právněhistorického bádání o počátcích měst, in: Právněhistorické studie 20 (1977), S. 177–203.

[82] Roth, Honemann, Zu Alter und Ursprung des Leobschützer Stadtrechts, in: Fijal, Leuchte, Schiewer (Hrsg.), Juristen werdent herren ûf erden, 2006, S. 59.

[83] Tsch. *Uničov*, Gebiet Olomouc; zum Namen und zu den historischen Belegen vgl. Hosák, Šrámek, Místní jména na Moravě a ve Slezsku, Bd. 2, 1980, S. 643 f.: Belege (Auswahl): 1220 (Fälschung Anfang 14. Jahrhundert) de Vniczow, 1223 de Vnisov, 1249 Vnichow, 1290 in Noua Ciuitate, 1371 Nouamciuitatem, 1380 civitatis Uniczow, 1391 zur Newenstat, 1407 de *Nova Civitate alias Uniczow* [Beispiel für zeitweilige Mehrnamigkeit], 1437 der Newnstat Vnyczow, 1924 Uničov, Mährisch Neustadt, jetzt *Uničov*.

[84] Tsch. *Litovel*, Gebiet Olomouc; zum Namen und zu den historischen Belegen vgl. Dies., Místní jména na Moravě a ve Slezsku, Bd. 1, 1970, S. 542 f.: 1249 (mittelalterliche Fälschung) Luthowl, 1272 in Luthouia, 1287 civitatis Luthouie, 1720 Littau, Litowle, 1872 *Littau, Litovel*.

[85] Tsch. *Hranice*, Gebiet Přerov; zum Namen und zu den historischen Belegen vgl. ebd., S. 297 f.: 1169 locum, qui Granice vulgo dicitur, 1276 civitatem, que Alba Ecclesia nuncupatur, 1398 die vesten und stat Weissenkirchen, 1491 *na městě Hranicích, z dávna jiným jménem Biely Kostel německým hlaholem*, 1612 město Hranicze, 1633 *Weiskirch, Hranice*, 1720 *Weisskirchen, Hranitze*.

risch Weißkirchen/Hranice – I.B.] und Deutschhausen[86]/[*Deutsch Hause/Huzová Německá*, heute nur mehr *Huzová* – I.B.]. Bereits diese Weite der Oberhoffamilie verdeutlicht, welch großen Einfluß O[lmütz] auf die Rechtsprechung in Mähren ausübte."[87]

Zu vergleichen sind zu Besiedlung und Rechtsverleihung im Arbeitsgebiet außerdem die Artikel „Böhmen"[88] und „Mähren"[89] im „Handwörterbuch zur Deutschen Rechtsgeschichte" sowie entsprechende Stichwörter und Passagen in den „Historischen Stätten Böhmen und Mähren"[90], weiterhin zusammenfassende Beiträge von Armin Wolf[91] und nicht zuletzt der Überblick Heiner Lücks im Sammelband „Rechts- und Sprachtransfer in Mittel- und Osteuropa. Sachsenspiegel und Magdeburger Recht […]"[92]. Zusätzlich zu den oben erwähnten Einzelstudien und Überblicksdarstellungen sei auf entsprechende Kapitel zur tschechischen Rechtsgeschichte in neueren Handbüchern aus dem Kreis der Prager[93] rechtshistorischen Schule aufmerksam gemacht.

Gunhild Roth und Volker Honemann betonen:

„Das Magdeburger Recht ist erst seit etwa 1210 in Mähren ›unterwegs‹ – die ersten nordmährischen Städte nach Magdeburger Recht sind *Mährisch Neustadt/Uničov* 1213/23 und *Freudenthal/Bruntál* um 1213 [Hervorhebungen – I.B.]."[94]

---

[86] Tsch. *Huzová*, 10 km nördl. von Šternberk; zum Namen und zu den historischen Belegen vgl. ebd., S. 311 f.: 1131 Guzoue, 1320 Husovia, 1565 der ganzen Gemeinde der Deutschen Stadt Hause, 1592 v městečku Hauzowey, 1617 Teutschen Hawsern, 1633 Hause, 1872 *Deutschhause, Německá Husová* [Beispiel für zeitweilige Mehrnamigkeit], seit 1951 *Húzová*.

[87] SCHROEDER, Olmützer Gerichtsordnung, in: HRG, Bd. 3, 1984, Sp. 1243–1247.

[88] WEGENER, Böhmen, in: HRG, Bd. 1, 1971, Sp. 469–482 sowie LÜCK, Böhmen, in: ²HRG, Bd. 1, 2008, Sp. 632–638, vgl. Sp. 635: „Den größten Einfluss auf die böhm. Städte übte das Magdeburger Recht aus. Leitmeritz und Olmütz entwickelten sich zu Zentren der Anwendung und Weiterverbreitung des Magdeburger Rechts in B[öhmen]. Beide Städte nahmen die Stellung von Oberhöfen ein."

[89] SEIBT, Mähren, in: HRG, Bd. 3, 1984, Sp. 165–170, vgl. Sp. 167: „Im städtischen Bereich galt, ähnlich wie in Böhmen, im Norden Magdeburger Recht mit dem Oberhof Olmütz [Olomouc – I.B.], im südlichen Landesbereich Wiener Recht mit dem Oberhof Brünn [Brno – I.B.], im Westen eine Sonderform um die Bergstadt Iglau (Jihlava) als Oberhof."

[90] BAHLCKE, EBERHARD, POLÍVKA (Hrsg.), Böhmen und Mähren, 1998.

[91] Artikel ‚Böhmen' (A. WOLF, Gesetzgebung in Europa 1100–1500, 1996, S. 275–282) und Artikel ‚Mähren' (ebd., S. 283–289).

[92] LÜCK, Einführung: Das sächsisch-magdeburgische Recht als kulturelles Bindeglied zwischen den Rechtsordnungen Ost- und Mitteleuropas, in: EICHLER, LÜCK (Hrsg.), Rechts- und Sprachtransfer in Mittel- und Osteuropa, 2008, S. 17 f.; weiterhin sei empfohlen: DERS., Die Anfänge des Magdeburger Stadtrechts und seine Verbreitung in Europa, in: Sachsen und Anhalt 27 (2015), S. 179–200.

[93] ADAMOVÁ, RIEGEROVÁ, SKŘEJPKOVÁ, SOUKUP, ŠOUŠA, Dějiny českého soudnictví od počátků české státnosti do roku 1938, 2005; BÍLÝ, Právní dějiny na území České republiky, 2003; JÁNOŠÍKOVÁ, KNOLL, RUNDOVÁ, Mezníky českých právních dějin, 2005; VANĚČEK, Dějiny státu a práva v Československu, 1970.

[94] ROTH, HONEMANN, Zu Alter und Ursprung des Leobschützer Stadtrechts, in: FIJAL, LEUCHTE, SCHIEWER (Hrsg.), Juristen werdent herren ûf erden, 2006, S. 58 f.

Darauf verweisen auch die Ergebnisse der umfangreichen und fundierten Bearbeitung des „Meißner Rechtsbuches“ durch Vladimír Spáčil und Libuše Spáčilová, die darüber hinaus eine Zusammenfassung des bisherigen Standes der Erforschung des Magdeburger Rechts in Böhmen und Mähren bieten und dabei feststellen, „dass das Magdeburger Recht in Mähren mit der Existenz der allerersten mährischen Städte [gemeint sind *Mährisch Neustadt/Uničov* und *Freudenthal/Bruntál* – I. B.] eng verbunden war.“ In diesen beiden Städten wirkten „Oberhöfe für weitere mährische Städte, d. h. auch für die bedeutendste mährische Stadt *Olmütz (Olomouc)* [Hervorhebungen – I.B.].“[95] Vladimír Spáčil und Libuše Spáčilová weisen außerdem darauf hin, dass das Olmützer Recht an weitere Orte verliehen wurde, so an das nicht weit entfernte *Přerov/Prerau* im Jahre 1256, an *Hranice/Mährisch Weißkirchen* ungefähr im Jahre 1292 sowie an *Litovel/Littau* und *Uničov/Mährisch Neustadt* im Jahre 1327.[96] „Die größte Veränderung in der Entwicklung des Magdeburger Rechts in Nordmähren und in der Stellung von Olmütz brachte das Jahr 1352“[97], denn von diesem Jahr an war *Olomouc/Olmütz* verpflichtet, seine Rechtsbelehrungen nicht mehr wie zuvor aus *Uničov/Mährisch Neustadt* oder *Freudenthal/Bruntál* zu empfangen, sondern aus *Wrocław/Breslau*. Gleichzeitig wurde *Olomouc/Olmütz* zum Oberhof für alle Orte in Mähren, „die sich nach dem Magdeburger Recht richteten“[98]. Vladimír Spáčil und Libuše Spáčilová betonen allerdings ebenfalls, dass neben den Rechtsvorschriften aus *Wrocław/Breslau* in *Olomouc/Olmütz* auch „eigene Rechtsvorschriften (Statuten), die das der Stadt erteilte Grundrecht ergänzten“[99], in Gebrauch waren.

> „Daneben wissen wir nicht genau, wie lange dieses aus Breslau gewonnene Recht in Olmütz gebraucht wurde. Wie man späteren Untersuchungen entnehmen kann, gab es in Olmütz spätestens ab 1403 ein anderes Rechtsbuch, heute als Meißner Rechtsbuch be zeichnet. Es lässt sich aber nicht einmal ausschließen, daß dieses Rechtsbuch in der Stadt bereits um 1390 im Gebrauch war, so dass wir voraussetzen können, dass sich Olmütz nach dem ursprünglichen, aus Breslau übernommenen Recht nur eine kurze Zeit von 40 oder 50 Jahren richtete.“[100]

Der Prozess des Untergangs des Sächsisch-magdeburgischen Rechts im Leitmeritzer und Olmützer Rechtskreis in Böhmen und Mähren wird eingehend von Pavla Slavíčková[101] beschrieben.

---

[95] SPÁČIL, SPÁČILOVÁ, Míšeňská právní kniha. Historický kontext, jazykový rozbor, edice/Das Meißner Rechtsbuch. Historischer Kontext, linguistische Analyse, Edition, 2010: Resümee, S. 349–358, hier S. 351.

[96] Vgl. ebd.

[97] Ebd.: Resümee, S. 349–358, hier S. 352.

[98] Ebd.

[99] Ebd.

[100] Ebd.

[101] SLAVÍČKOVÁ, Der Prozess des Untergangs des sächsisch-magdeburgischen Rechts im Leitmeritzer und Olmützer Rechtskreis in Böhmen und Mähren, in: Zeitschrift für Neuere Rechtsgeschichte 35 (2013), S. 41–54; vgl. außerdem DIES., Recepce Práv městských Království českého ve městech

4. Forschungen zum Frühneuhochdeutschen und Alttschechischen in Tschechien

Unsere sprachliche Auswertung des untersuchten historischen Rechtswortschatzes wendet sich vor allem den Prozessen der Übersetzung, Entlehnung und Umschreibung der Rechtstermini zu. Von besonderem Interesse ist die Frage nach der möglichst adäquaten Wiedergabe des semantischen Gehalts eines Rechtsterminus bei seiner Übernahme vom Deutschen ins Tschechische. Dabei kann das Funktionieren des Rechtswortschatzes und seiner Weiterentwicklung im Tschechischen (teilweise bis in die Gegenwart), d. h. die postintegrative Phase, lediglich am Rande betrachtet werden.

Der Wortvergleich anhand eines deutschen Textes des „Sächsischen Weichbilds" mit Glosse (Textzeuge: Hs. B) und einer Übersetzung ins Tschechische, des „Sächsischen Weichbilds" mit Glosse (Textzeuge: Hs. P), ist ein Vergleich zwischen dem Ausgangspunkt und dem (vorläufigen) Ergebnis des Sprachkontaktes. Aus diesem Vergleich können keine Aussagen über den Verlauf, d. h. den Prozess des Übergangs vom Deutschen zum Tschechischen allgemein abgeleitet werden. Um Aussagen hierzu gewinnen zu können, wären vergleichende Untersuchungen zum Sprachgebrauch, z. B. angelegt als zeitliche Schnitte und anhand von Stadtbüchern mehrerer Orte bzw. ganzer Regionen, nötig. So könnte ein Zeitraum des Übergangs von der Deutschsprachigkeit zur Tschechischsprachigkeit in der Schriftlichkeit des jeweiligen Ortes, bei Einbeziehung von Material mehrerer Orte, sogar einer ganzen Region, vergleichend betrachtet bzw. näher bestimmt werden. Dies wird z. B. in der Auswertung Libuše Spáčilovás und Vladimír Spáčils zum Kodex Wenzels von Iglau eindrucksvoll gezeigt, wo es u. a. heißt:

> „Die Multilingualität der Einträge im Kodex Wenzels von Iglau entspricht der damaligen Sprachsituation in den böhmischen Ländern, wo sich bestimmte Gebiete nach Ankunft deutscher Kolonisten im 13. und 14. Jh. zu einem bilingualen Territorium entwickelt hatten, d. h. die deutsche Sprache war neben dem Tschechischen im Alltagsleben geläufig. Da die neu ankommenden deutschen Ansiedler das Stadtrecht ins Land gebracht hatten, setzte sich die deutsche Sprache in der Verwaltung neu gegründeter Städte durch und war erste Volkssprache, in der Schriften der Stadtkanzleien verfasst wurden. Dies dokumentieren auch die Bücher der Olmützer Stadtkanzlei. […] Wie das älteste Olmützer Stadtbuch belegt, kommen in der zweiten Hälfte des 14. Jh. deutsche Ausdrücke in den lateinischen Texten nur sporadisch vor; […] Anfang des 15. Jh. werden auch zusammenhängende Texte auf Deutsch verfasst, allerdings sind die meisten noch lateinisch. Erst im 15. Jh. wird, wie am Kodex Wenzels von Iglau deutlich wird, Deutsch zur ersten Volkssprache in der Olmützer Stadtkanzlei und verdrängt allmählich die lateinische Amtssprache."[102]

---

magdeburského práva v Čechách a na Moravě, in: MALÝ, ŠOUŠA (Hrsg.), Městské právo ve střední Evropě, 2013, S. 83–94.

[102] SPÁČIL, SPÁČILOVÁ, Památná kniha Olomoucká (kodex Václava z Jihlavy) z let 1430–1492, 1528, 2004, S. 185.

Als Orientierung sowohl für Texte zum Deutschen ganz allgemein wie auch zum Deutschen im Kontakt mit anderen Sprachen seien die entsprechenden Beiträge im „Handbuch zur Kanzleisprachenforschung"[103] sowie die inzwischen auf die stattliche Zahl von neun angewachsenen Bände der „Beiträge zur Kanzleisprachenforschung"[104] empfohlen, darunter als 2. Band eine Bibliographie zur Kanzleisprachenforschung[105], die sich gegenwärtig in Ergänzung[106] befindet.

Der Untersuchung der frühneuhochdeutschen (Kanzlei)Sprache in Böhmen und Mähren haben sich die Forscher anhand gründlicher Materialstudien immer wieder zugewandt, was seinen Niederschlag nicht zuletzt in zahlreichen Publikationen, auch Sammelbänden von Tagungsmaterialien, gefunden hat. Mit eigenen grundlegenden Untersuchungen und/oder auch als Herausgeber von Studien zu diesem Thema sind eine ganze Reihe tschechischer Wissenschaftler hervorgetreten, so (in alphabetischer Folge): Hildegard Boková[107], Zdeněk Masařík[108], Emil Skála[109], Libuše Spáčilová[110], weiterhin Libuše Spáčilová zusammen mit Vladimír

[103] GREULE, MEIER, ZIEGLER (Hrsg.), GLANTSCHNIG (Mitarb.), Kanzleisprachenforschung, 2012.

[104] GREULE (Hrsg.), Deutsche Kanzleisprachen im europäischen Kontext, 2001; MEIER, ZIEGLER, Kanzleisprachenforschung im 19. und 20. Jahrhundert, 2002; DIES. (Hrsg.), Aufgaben einer künftigen Kanzleisprachenforschung, 2003; DIES. (Hrsg.), Die Anfänge deutschsprachiger Kanzleien in Europa, 2008; ERNST (Hrsg.), Kanzleistil: Entwicklung, Form, Funktion, 2009; MOSHÖVEL, SPÁČILOVÁ (Hrsg.), Kanzleisprache – ein mehrdimensionales Phänomen, 2009; Chr. BRAUN (Hrsg.), Kanzleisprachen auf dem Weg zum Neuhochdeutschen, 2011.

[105] MEIER, ZIEGLER, Kanzleisprachenforschung im 19. und 20. Jahrhundert, 2002.

[106] Autor dieser überarbeiteten elektronischen Bibliographie ist Rainer Hünecke.

[107] BOKOVÁ (Hrsg.), Zur Erforschung des Frühneuhochdeutschen in Böhmen, Mähren und der Slowakei, 2004.

[108] MASAŘÍK, Die mittelalterliche deutsche Kanzleisprache Süd- und Mittelmährens, 1966; DERS., Die frühneuhochdeutsche Geschäftssprache in Mähren, 1985; DERS., Theoretische und methodologische Probleme der frühneuhochdeutschen Kanzleisprache, in: Beiträge zur Erforschung der deutschen Sprache 6 (1986), S. 136–143; DERS., Die Erforschung der frühneuhochdeutschen Kanzleisprache in Mähren, in: GREULE (Hrsg.), Deutsche Kanzleisprachen im europäischen Kontext, 2001, S. 75–84; DERS., Zur dialektalen Gliederung der frühneuhochdeutschen Kanzleisprache in Mähren, in: MOSHÖVEL, SPÁČILOVÁ (Hrsg.), Kanzleisprache – ein mehrdimensionales Phänomen, 2009, S. 23–34.

[109] Zu vergleichen sind vor allem: SKÁLA, Die Entwicklung der Kanzleisprache in Eger (1310–1660), in: Germanistica Pragensia 2 (1962), S. 3–29; DERS., Die Entwicklung der Kanzleisprache in Eger 1310 bis 1660, 1967; DERS., Die Entwicklung des Bilinguismus in der Tschechoslowakei vom 13.–18. Jahrhundert, in: Beiträge zur Geschichte der deutschen Sprache und Literatur 86 (1964), S. 69–106; DERS., Das Frühneuhochdeutsche in den Städten Böhmens, in: BAUER (Hrsg.), Stadtsprachenforschung, 1988, S. 239–270; DERS., Das Regensburger und das Prager Deutsch, in: NÄßL (Hrsg.), Regensburger Deutsch, 2002, S. 153–170; DERS., Die Entwicklung der Sprachgrenze in Böhmen von 1300 bis etwa 1650/Vývoj jazykové hranice v Čechách od roku 1300 zhruba do roku 1650, in: Germanistica Pragensia 5 (1968), S. 7–16; DERS., Die Entwicklung der Sprachgrenze in Mähren und Schlesien von 1300 bis 1650 und sprachliche Interferenzmöglichkeiten, in: Germanistica Pragensia 6 (1972), S. 75–85; DERS., Das Regensburger und das Prager Deutsch im Mittelalter, in: GREULE (Hrsg.), Deutsche Kanzleisprachen im europäischen Kontext, 2001, S. 51–62; DERS., Urkundensprache, Geschäfts- und Verkehrssprachen im Spätmittelalter, in: BESCH, REICHMANN, SONDEREGGER (Hrsg.), Sprachgeschichte, 2. Halbbd., 1985, S. 1773–1780; DERS., Das Frühneu-

Spáčil[111], Lenka Vaňková[112] und Lenka Vodrážková-Pokorná[113]. Zusammenfassend sind vor allem die Überblicksartikel von Libuše Spáčilová[114] und Lenka Vaňková[115] im Handbuch der Kanzleisprachenforschung zu vergleichen. Letztere gliedert hier ihre Synthese der bisher vorliegenden Ergebnisse sowohl regional (3.1. Böhmen: S. 514–516; 3.2. Mähren: S. 516–519) wie auch nach linguistischen Beschreibungsebenen, d. h. nach graphematischen, morphologischen, syntaktischen, lexikologischen und textlinguistischen Untersuchungen (4.: S. 519–522). Besonders sei auf die Karte (S. 520), die den Stand der Erforschung zusammenfasst, sowie auf die entsprechende Legende (S. 521) hingewiesen.

---

hochdeutsche in den Böhmischen Ländern und in der Slowakei, in: Jahrbuch der Brüder-Grimm-Gesellschaft 1 (1991), S. 117–123.

110 SPÁČILOVÁ, Entlehnungen in frühneuhochdeutschen Texten der Olmützer Stadtkanzlei, in: Südostdeutsches Archiv 44/45 (2002), S. 1–20; DIES., Wechselseitige Einflüsse des tschechischen und des deutschen Wortschatzes in der Stadtkanzlei Olmütz im 15.–17. Jahrhundert, in: Acta Universitatis Carolinae. Philologica 2 ([1999] 2002), S. 59–67; DIES., Rechtsterminologie lateinischer Herkunft in frühneuhochdeutschen Texten der Olmützer Stadtkanzlei, in: Germanoslavica 15 (2004), S. 199–212; DIES., Zum Vokabular der Olmützer Gerichtsordnung aus dem Jahre 1550, in: BOKOVÁ (Hrsg.), Zur Erforschung des Frühneuhochdeutschen in Böhmen, Mähren und der Slowakei, 2004, S. 171–192; DIES., Italienische, französische, spanische und slawische Entlehnungen im Wortschatz der Olmützer Stadtkanzleisprache, in: ANDRÁŠOVÁ, ERNST, SPÁČILOVÁ (Hrsg.), Germanistik genießen, 2006, S. 385–409; DIES., Historische (Stadt)Kanzleisprachenforschung in Tschechien: aktuelle methodologische Aspekte, in: FERENCE, SPÁČILOVÁ (Hrsg.), Deutsch als Sprache der (Geistes)Wissenschaften, 2013, S. 89–104; besonders auch: DIES., Der tschechisch-deutsche Bilingualismus und eine tschechische Übersetzung des Meißner Rechtsbuchs aus den Jahren 1469–1470, in: Brücken. N. F. Germanistisches Jahrbuch. Tschechien-Slowakei 19, 1–2 (2011), S. 23–42.

111 SPÁČIL, SPÁČILOVÁ, Památná kniha Olomoucká (kodex Václava z Jihlavy) z let 1430–1492, 1528, 2004; DIES., Míšeňská právní kniha. Historický kontext, jazykový rozbor, edice/Das Meißner Rechtsbuch. Historischer Kontext, linguistische Analyse, Edition, 2010; SPÁČILOVÁ, Historische (Stadt)Kanzleisprachenforschung in Tschechien: aktuelle methodologische Aspekte, in: FERENCE, SPÁČILOVÁ (Hrsg.), Deutsch als Sprache der (Geistes)Wissenschaften, 2013, S. 89–104.

112 VAŇKOVÁ, Einige Bemerkungen zur Sprache der ältesten deutschen Urkunden von Ostrau und Umgebung, in: GREULE (Hrsg.), Deutsche Kanzleisprachen im europäischen Kontext, 2001, S. 91–103; DIES., Die verbale und nominale Ausdrucksweise in der Kanzleisprache, in: MOSHÖVEL, SPÁČILOVÁ (Hrsg.), Kanzleisprache – ein mehrdimensionales Phänomen, 2009, S. 213–223.

113 VODRÁŽKOVÁ-POKORNÁ, Mittelhochdeutsches Wörterbuch zu den deutschen Sprachdenkmälern Böhmens und der mährischen Städte Brünn, Iglau und Olmütz (XIII. bis XVI. Jahrhundert), in: ANDRÁŠOVÁ, ERNST, SPÁČILOVÁ (Hrsg.), Germanistik genießen, 2006, S. 477–498.

114 SPÁČILOVÁ, Die Prager Kanzlei, in: GREULE, MEIER, ZIEGLER (Hrsg.), GLANTSCHNIG (Mitarb.), Kanzleisprachenforschung, 2012, S. 529–542.

115 VAŇKOVÁ, Tschechien, in: GREULE, MEIER, ZIEGLER (Hrsg.), GLANTSCHNIG (Mitarb.), Kanzleisprachenforschung, 2012, S. 511–528.

5. Zum deutsch-tschechischen Sprachkontakt und seiner Erforschung

> „Der Umstand, daß das deutsche Stadtrecht in den tschechisch gewordenen Städten weitergalt, hat dazu geführt, daß deutsche Rechtsquellen ins Tschechische übersetzt wurden.“[116]

Sowohl der deutsch-tschechische Sprachkontakt[117] wie auch die Entwicklung des Frühneuhochdeutschen[118] in Böhmen und Mähren sind gut erforscht. Darauf wurde oben in Punkt *E.II.4.* bereits hingewiesen. Eine Untersuchung, die sich in ihrer Materialbasis ausschließlich auf die alttschechische Rechtsterminologie stützt, hat Alena Fiedlerová[119] vorgelegt. Auch sei Emanuel Michálek[120] erwähnt, der die tschechische Rechtssprache der vorhussitischen und hussitischen Zeit betrachtet und sich dabei ebenfalls mit Entlehnungen[121] aus dem Deutschen ins Tschechische beschäftigt. Auf die grundlegende Untersuchung Mária Papsonovás[122] zum „Silleiner Rechtsbuch“ wird unten ausführlicher eingegangen.

Weitaus häufiger als Arbeiten zu bestimmten Rechtstexten sind allerdings linguistische Untersuchungen, vor allem zur Entlehnung, die neben anderem historischen und modernen Wortschatz auch den Rechtswortschatz einbeziehen, bei z. T. unterschiedlicher inhaltlicher Akzentuierung der Bearbeitungen. Ähnlich wie der deutsch-polnische ist auch der deutsch-tschechische Sprachkontakt[123], einschließlich der deutsch-tschechischen Entlehnungsprozesse, gut erforscht. Zu vergleichen sind besonders die Arbeiten von Anton Mayer[124], Edmund Schneeweis[125],

---

116 WEIZSÄCKER, Von deutschem Stadtrecht in den Sudetenländern, in: Zeitschrift für deutsche Geisteswissenschaft 5 (1943), S. 298.

117 SKÁLA, Die Entwicklung des Bilinguismus in der Tschechoslowakei vom 13.–18. Jahrhundert, in: Beiträge zur Geschichte der deutschen Sprache und Literatur 86 (1964), S. 69–106; DERS., Deutsche Lehnwörter in der heutigen tschechischen Umgangssprache, in: HAVRÁNEK, FISCHER (Hrsg.), Deutsch tschechische Beziehungen im Bereich der Sprache und Kultur, Teil 2, 1968, S. 127–141; TROST, Deutsch-tschechische Zweisprachigkeit, in: HAVRÁNEK, FISCHER (Hrsg.), Deutsch-tschechische Beziehungen im Bereich der Sprache und Kultur, [Teil] 2, 1968, S. 21–28; ŠLOSAR, Deutsch-tschechische Sprachkontakte, in: KOSCHMAL [u. a.] (Hrsg.), Deutsche und Tschechen, 2001, S. 148–155.

118 SKÁLA, Die Entwicklung der Kanzleisprache in Eger 1310 bis 1660, 1967; DERS., Das Frühneuhochdeutsche in den Städten Böhmens, in: BAUER (Hrsg.), Stadtsprachenforschung, 1988, S. 239–265; DERS., Das Regensburger und das Prager Deutsch, in: NÄßL (Hrsg.), Regensburger Deutsch, 2002, S. 153–170; DERS., Die Entwicklung der Sprachgrenze in Böhmen von 1300 bis etwa 1650/ Vývoj jazykové hranice v Čechách od roku 1300 zhruba do roku 1650, in: Germanistica Pragensia 5 (1968), S. 7–16; DERS., Die Entwicklung der Sprachgrenze in Mähren und Schlesien von 1300 bis 1650 und sprachliche Interferenzmöglichkeiten, in: Germanistica Pragensia 6 (1972), S. 75–85.

119 FIEDLEROVÁ, Studie o staročeské právní terminologii, in: Slovo a slovesnost 32 (1971), S. 268–271.

120 MICHÁLEK, Český právní jazyk údobí předhusitského a doby Husovy, 1970.

121 DERS., Wörter deutscher Herkunft bei Klaret, in: EICHLER (Hrsg.), Beiträge zum deutsch-slawischen Sprachkontakt, 1977, S. 33–37; DERS., Česká slovní zásoba v Klaretových slovnících, 1989.

122 PAPSONOVÁ, Das Magdeburger Recht und das Silleiner Rechtsbuch, 2003; vgl. außerdem: DIES., Sasko-magdeburské právo na Slovensku, 2014.

123 Vgl. hierzu besonders auch die in Punkt *E.II.4.* (s. o.) zitierten Studien.

Norbert Reiter[126], Eugen Rippl[127] und Slavomír Utěšený[128], außerdem zu den deutsch-tschechischen Entlehnungen umfassend und unter Einbeziehung auch der slowakisch-deutschen Entlehnungsprozesse zuletzt Stefan Michael Newerkla[129]. Auf die Untersuchung der slowakisch-schlesischen Entlehnungsprozesse durch Ilpo Tapani Piirainen[130] sei hier ebenfalls hingewiesen. Emil Skála wendet sich immer wieder den deutsch-tschechischen Entlehnungsprozessen zu.

> „Insgesamt ist im Alttschechischen bis zum Jahr 1500 nach dem Material des vorbereiteten akademischen Wörterbuches der alttschechischen Sprache von 70.000 Wörtern mit etwa 1.500 Germanismen zu rechnen, vor allem im Bereich der Pejorativa, der »höheren« Gesellschaftswörter und der Handwerkersprache. […] Trotz der starken Durchschichtung der beiden Völker [gemeint sind Deutsche und Tschechen – I. B.] ist es in Böhmen nie zu einer weitgehenden Sprachmischung gekommen, die die Substanz der einen oder der anderen Sprache angetastet hätte. Die einzige Ausnahme bildet die tschechisch-polnische Mischung mit deutschen Einschlägen – das Schlonsakische in Teschen-Schlesien."[131]

Mit deutschen Entlehnungen, die über das Tschechische ins Polnische gelangt sind, befasst sich auch Tomasz Czarnecki.[132] Im Zusammenhang mit der Behandlung deutscher Entlehnungen vom Tschechischen ins Polnische hebt Stanisław Urbańczyk[133] die Vermittlerrolle deutscher Siedler in Böhmen und Schlesien hervor und unterstreicht die Bedeutung von Handelsbeziehungen. Janusz Siatkowski[134] unter-

---

[124] MAYER, Die deutschen Lehnwörter im Tschechischen, 1927.

[125] SCHNEEWEIS, Die deutschen Lehnwörter im Tschechischen, 1909.

[126] REITER, Die deutschen Lehnübersetzungen im Tschechischen, 1953.

[127] RIPPL (Hrsg.), Wege und Voraussetzungen einer deutsch-tschechischen Lehnwörterkunde, in: Slavia 18 (1944), S. 1–31.

[128] UTĚŠENÝ, Zum sprachgeographischen Studium der deutschen Lehnwörter in tschechischen Dialekten, in: HAVRÁNEK, FISCHER (Hrsg.), Deutsch-tschechische Beziehungen im Bereich der Sprache und Kultur, 1968, S. 109–125.

[129] NEWERKLA, Sprachkontakte Deutsch – Tschechisch – Slowakisch, 2004; DERS., Areály jazykového kontaktu ve střední Evropě a německo-český mikroareál ve východním Rakousku, in: Slovo a slovesnost 68 (2007), S. 271–286.

[130] PIIRAINEN, Deutsche Fachprosa des 14.–17. Jahrhunderts in Schlesien und in der Slowakei, in: SCHWARZ, ABPLANALP (Hrsg.), Text im Kontext, 1997, S. 201–217.

[131] SKÁLA, Die Entwicklung des Bilinguismus in der Tschechoslowakei vom 13.–18. Jahrhundert, in: Beiträge zur Geschichte der deutschen Sprache und Literatur 86 (1964), S. 87.

[132] CZARNECKI, Pośrednictwo czeskie w staropolskich pożyczkach z niemieckiego, in: Studia z Filologii Polskiej i Słowiańskiej 9 (1970), S. 37–44.

[133] URBAŃCZYK, W sprawie staropolskich zapożyczeń z języka niemieckiego, in: KRAUSS, STIEBER, BĚLIČ, BORKOVSKIJ (Hrsg.), Slawisch-deutsche Wechselbeziehungen in Sprache, Literatur und Kultur, 1969, S. 260.

[134] SIATKOWSKI, Bohemizmy fonetyczne w języku polskim, II: 4. formy beznosówkowe, 5. formy nieprzegłoszone, 1970; DERS., Der Einfluß der tschechischen Sprache auf das Polnische, in: Zeitschrift für Slawistik 39 (1994), S. 261–269, mit Besprechung der bisherigen Literatur; DERS., Wieder über die böhmischen Lehnwörter im Polnischen mit fremden phonetischen Eigenschaften, in: CHRISTA [u. a.] (Hrsg.), Slavic Themes, 1988, S. 329–338.

sucht die tschechisch-polnischen Entlehnungsprozesse und beschäftigt sich in seinen Publikationen u. a. mit Fragen des tschechischen Einflusses auf die polnische Sprache in verschiedenen historischen Perioden, wobei er betont: „Die tschechische Literatursprache übte einen starken Einfluß auf das literarische Polnisch des 10.–16. Jahrhunderts aus“[135]. Lexikalischen Bohemismen im Polnischen bis zum Ende des 15. Jahrhunderts wendet sich Józef Reczek[136] zu. Dass Bohemismen bis ins Ukrainische gelangt sind, stellt Mikoláš Zatovkaňuk[137] fest.

Historischen Sprachkontakt unter dem Aspekt der lateinischen und deutschen Schriftlichkeit in städtischer Kommunikation beleuchtet Arne Ziegler[138]. Und Józef Matuszewski[139] spürt in dem von Ludwik Łysiak und Karin Nehlsen-v. Stryk[140] edierten lateinischen Text der Rechtssprüche des Oberhofs des deutschen Rechts auf der Burg zu Krakau 1456–1481, einer Edition, die sich an Rechtshistoriker wendet, die aber auch dem Sprachhistoriker interessante Aufschlüsse bietet, unter den altpolnischen Rechtstermini eine Reihe von Entlehnungen aus dem Deutschen auf, so u. a.: apoln. *fordrowacz* (aus dt. *fordern*), apoln. *frist* (aus dt. *Frist*), apoln. *gwar* (aus dt. *Gewere*), apoln. *hergweth* (aus dt. *He(e)rgewäte*) und apoln. *wilker* (aus dt. *Willkür*). Die Termini werden, eingebettet in ihren Kontext, mit Datierung und Angabe der jeweiligen Textstelle genannt. Józef Matuszewski, der das Material alphabetisch geordnet nach den neupolnischen Entsprechungen auflistet, unterstreicht den Wert dieses historischen Sprachmaterials für das Altpolnische, ganz besonders für das altpolnische Wörterbuch[141].

Bei unserer Auswertung[142] der deutsch-polnischen kontrastiven Wortanalyse konnten wir feststellen, dass Entlehnungen deutscher Rechtstermini ins Polnische deutlich seltener sind als Übersetzungen. Wie bereits oben betont, treten Entlehnungen in Texten lediglich deutlicher hervor und sind oftmals den Fachleuten auch besser bekannt und dies nicht nur aus historisch-etymologischen und modernen Wörterbüchern, sondern auch aus der umfangreichen einschlägigen Fachliteratur. Allgemein ist das Interesse an Lehnwörtern groß, nicht nur unter Sprach-

---

135 DERS., Polnisch – Tschechisch, in: GOEBL, NELDE, STARÝ, WÖLCK (Hrsg.), Kontaktlinguistik, 2. Halbbd., 1997, S. 1638.

136 RECZEK, Bohemizmy leksykalne w języku polskim do końca XV wieku, 1968.

137 ZATOVKAŇUK, Problematika bohemismů v ukrajinštině, in: Naše řeč 63 (1980), S. 155–160, vgl. auch: DERS., K lexikálním kontaktům běloruštiny a polštiny (z hlediska jazykové interference), in: Československá Rusistika 18,3 (1973), S. 114–116.

138 ZIEGLER, Sprachliche Ablösungsprozesse im historischen Sprachkontakt, in: BOKOVÁ (Hrsg.), Zur Erforschung des Frühneuhochdeutschen in Böhmen, Mähren und der Slowakei, 2004, S. 33–54.

139 JÓ. MATUSZEWSKI, Inkrustacje polskie w wyrokach łancińskich najwyższego sądu magdeburskiego grodu krakowskiego, in: Czasopismo prawno-historyczne 47,1–2 (1995), S. 187–199.

140 ŁYSIAK, NEHLSEN-VON STRYK (Hrsg.), Decreta iuris supremi Magdeburgensis castri Cracoviensis, Bd. 1: 1456–1481, 1995.

141 Słownik staropolski, T. 1-, 1953-.

142 Vgl. BILY, Ergebnisse der deutsch-polnischen (frühneuhochdeutsch-altpolnischen) Wortanalyse – Materialauswertung. 1. Übersetzung, in: ISMIO Bd. 2, S. 276–286.

wissenschaftlern. Jedoch konzentrieren sich die Forscher mitunter zu stark auf Lehnbeziehungen zwischen Geber- und Nehmersprache und schenken dabei Übersetzungen und Umschreibungen oder dem Ersatz durch bedeutungsähnliche Wörter zu wenig Aufmerksamkeit. Lehnwörter bieten sich für Untersuchungen unter verschiedenen Aspekten an. Betrachtet werden können z. B. der Zeitpunkt und der Weg der Entlehnung oder auch die Vermittlerfunktion anderer Sprachen, denn die Entlehnung erfolgt bekanntlich nicht in jedem Fall direkt, sondern oftmals indirekt, d. h. durch Vermittlung über eine andere Sprache. Lohnend ist ebenfalls der Blick auf die postintegrative Entwicklung eines Lehnwortes in der Nehmersprache. Außerdem sind Lehnwörter durch ihre Teilnahme bzw. Nichtteilnahme an bestimmten lautlichen Prozessen der Nehmersprache gut datierbar und gelten damit dort als wichtiges Material für sprachhistorische Untersuchungen. Werden jedoch die Lehnwörter zu stark in den Vordergrund gerückt, können Übersetzungen und Umschreibungen bzw. der Ersatz durch semantisch ähnliche Termini der Nehmersprache leicht übersehen oder in ihrer Bedeutung unterschätzt werden.

Grundlage unserer vorliegenden deutsch-tschechisch vergleichenden Untersuchung bilden ein frühneuhochdeutscher Text des „Sächsischen Weichbilds“ mit Glosse (Textzeuge: Hs. B)[143] und der alttschechische Text des „Sächsischen Weichbilds“ mit Glosse (Textzeuge: Hs. P)[144]. Zum Stand der Erforschung beider Texte ist zu bemerken, dass, ebenso wie der frühneuhochdeutsche, auch der alttschechische Text der beiden Handschriften bisher keiner sprachlichen Auswertung unterzogen wurde.

Für einen deutsch-tschechischen Vergleich ist ebenfalls das „Meißner Rechtsbuch“[145], dessen Wirkungsraum sich auch nach Böhmen und Mähren erstreckte, geeignet. Zu verweisen ist an dieser Stelle erneut auf die Edition und Auswertung[146] von Vladimír Spáčil und Libuše Spáčilová. Eine vergleichende Untersuchung hinsichtlich des Rechtsinhaltes wie auch der verwendeten Rechtstermini und ihrer Übertragung ins Tschechische bietet sich ebenfalls beim Vergleich der wichtigsten Artikel des Prager und des Magdeburger Rechts an, niedergelegt im „Extrakt hlavnějších a přednějších artikulův z Práv Saských anebo Magdeburských (1571). Srovnání Práv Pražských s Právy Magdeburskými“.

Es sei an dieser Stelle betont, dass sich die germanistische historische Sprachwissenschaft der Analyse auch historischer Rechtstexte zuwendet, und dies z. T. im Sprachvergleich. Zu nennen sind hier Arbeiten wie die oben bereits erwähnte vergleichende Untersuchung zum „Silleiner Rechtsbuch“ von Mária Papsonová[147]

---

[143] Vgl. *Kap. E.I.1., S. 135*.

[144] Vgl. *Kap. E.I.2., S. 136*.

[145] OPPITZ, Deutsche Rechtsbücher des Mittelalters, Bd. 1, 1990, S. 56 nennt 16 Handschriften in tschechischer Übersetzung (Nr. 922, 923, 924, 925, 928, 1237, 1238, 1239, 1243, 1247, 1254, 1268, 1278, 1283, 1535, 1560). Die älteste Handschrift ist von 1480 (Nr. 928).

[146] SPÁČIL, SPÁČILOVÁ, Míšeňská právní kniha. Historický kontext, jazykový rozbor, edice/Das Meißner Rechtsbuch. Historischer Kontext, linguistische Analyse, Edition, 2010.

[147] PAPSONOVÁ, Das Magdeburger Recht und das Silleiner Rechtsbuch, 2003; DIES., Sasko-magdebur-

und ebenso die Ergebnisse, die Vladimír Spáčil und Libuše Spáčilová mit ihrer Edition und der darauf basierenden fundierten historischen sowie sprachhistorischen Auswertung des „Meißner Rechtsbuches“[148] vorgelegt haben. Jedoch sind weitere Untersuchungen an historischen Rechtstexten dringend nötig, um mehr verlässliche Aussagen und damit Grundlagen für anzustrebende umfangreicher angelegte Vergleiche zu gewinnen.[149] Leider harrt die überwiegende Zahl der Quellentexte noch einer sprachlichen Auswertung. Dies gilt, wie bereits betont, ebenfalls für die beiden von uns vergleichend ausgewerteten Handschriften, das frühneuhochdeutsche „Sächsische Weichbild“ mit Glosse (Textzeuge: Hs. B) wie auch das alttschechische „Sächsische Weichbild“ mit Glosse (Textzeuge: Hs. P). In diesem Zusammenhang soll die Praxis der Edition historischer Texte angesprochen werden, denn für eine sprachliche Analyse ist eine genaue paläographische, d. h. buchstabengetreue Transliteration des Textes unabdingbar, selbst wenn keine Graphemanalyse vorgesehen ist. Es kann nicht oft genug betont werden, dass „es sich bei jeder einzelnen Quelle [...] um eine Handschrift [handelt], die linguistisch und sprachgeschichtlich auf ihre Eigencharakteristik, auf die Graphemik (»Schreibung«), Morphologie, Syntax und ihren Wortschatz hin analysiert werden kann“.[150]

Zur historischen Lexikographie des Tschechischen ist besonders die zusammenfassende Darstellung Milada Homolkovás[151] zu vergleichen. Dort werden u. a. die für Untersuchungen der historischen Rechtssprache notwendigen Nachschlagewerke genannt[152], wobei die Autorin besonders auf das Wörterverzeichnis von Hermenegild Jireček[153] sowie auf das von Bohuslav Roučka und Vladimír Růžička zusammengestellte und als Manuskript vorliegende umfangreiche Wörterverzeichnis[154] hinweist. Das „Silleiner Rechtsbuch“ als Quelle der slowakischen und tschechischen Lexikographie beleuchten Igor Němec und Emanuel Michálek in einer grundlegenden Studie[155], die alle Sprachebenen einbezieht. Auch Vincent

---

ské právo na Slovensku, 2014; außerdem: DIES., Kanzleisprachenforschung und Rechtsgeschichte, in: GREULE, MEIER, ZIEGLER (Hrsg.), GLANTSCHNIG (Mitarb.), Kanzleisprachenforschung, 2012, S. 53–67.

148 SPÁČIL, SPÁČILOVÁ, Míšeňská právní kniha. Historický kontext, jazykový rozbor, edice/Das Meißner Rechtsbuch. Historischer Kontext, linguistische Analyse, Edition, 2010.

149 Methodisch anzuknüpfen wäre hier vor allem an Untersuchungen, wie die von Rudolf Große, vgl. GROSSE, Die mitteldeutsch-niederdeutschen Handschriften des Schwabenspiegels in seiner Kurzform, 1964.

150 PIIRAINEN, „Ohne Sprache gibt es kein Recht“, in: PRĘDOTA, RUDOLPH (Hrsg.), Der Worte Echo im Spiegel der Sprache, 2011, S. 48.

151 HOMOLKOVÁ, Historická lexikografie, in: PLESKALOVÁ, KRČMOVÁ, VERČERKA, KARLÍK (Hrsg.), Kapitoly z dějin české jazykovědné bohemistiky, 2007, S. 199–242.

152 Ebd., S. 205–208, mit ausführlicher Literatur; vgl. ebd., Punkt 2.3 Historickoprávní glosáře [rechtshistorische Glossare].

153 JIREČEK, Prove, 1904.

154 ROUČKA, RŮŽIČKA, Pracovní heslář Českého právněhistorického terminologického slovníku, 1975.

155 NĚMEC, MICHÁLEK, Žilinská kniha jako pramen slovenské a české historické lexikografie, in: PECIAR (Hrsg.), Z dejín slovenskej lexiky, 1982, S. 5–14.

Blanár[156] wendet sich der Sprache des „Silleiner Rechtsbuches" zu. Mit den tschechischen und slowakischen Sprachbeziehungen in älterer Zeit beschäftigt sich ebenfalls Pavol Žigo[157].

Die von uns im Rahmen der deutsch-polnischen wie auch der deutsch-tschechischen kontrastiven Wortanalyse verwendeten Texte, können gut als Grundlage für weitere sprachwissenschaftliche Analysen dienen. Vorbilder für derartige Untersuchungen, an die methodisch angeknüpft werden kann, sind vorhanden. So haben sich eine Reihe von Wissenschaftlern mit der Sprache eines bestimmten historischen Rechtstextes beschäftigt, vergleiche Silvia Berecká[158], Rudolf Große[159], János Németh[160], Igor Němec und Emanuel Michálek[161] sowie Taťjana Vlasova[162]. Letztere wendet sich der Sprache des Ersten Litauischen Statuts zu. Weiterhin sind Untersuchungen zu nennen von Hildegard Boková[163], Mária Papsonová[164], František Schwarz[165], Jana Skladaná[166], Lenka Vaňková[167] und Blanka Zichová[168]. Lautliche Ähnlichkeit deutscher Entlehnungen im Tschechischen hat Milan Romportl[169] untersucht. Graphematische Analysen historischer Rechtstexte haben u. a.

---

[156] BLANÁR, K hodnoteniu jazyka Žilinskej knihy, in: Jazykovedný časopis 15/2 (1964), S. 116–137.

[157] ŽIGO, Konvergencie a divergencie v staršom období vývinu slovenčiny a češtiny, in: HARVALÍK, MINÁŘOVÁ, TUŠKOVÁ (Hrsg.), Teoretické a komunikační aspekty proprií, 2009, S. 103–111.

[158] BERECKÁ, Zur Sprache der Kesmarker Zunfturkunden, in: SPÁČILOVÁ, VAŇKOVÁ (Hrsg.), Germanistische Linguistik und die neuen Herausforderungen in Forschung und Lehre in Tschechien, 2009, S. 59–70.

[159] GROßE, Die mitteldeutsch-niederdeutschen Handschriften des Schwabenspiegels in seiner Kurzform, 1964.

[160] NÉMETH, Die Sprache des Ödenburger Gerichtsbuches, in: HÁZI, NÉMETH (Hrsg.), Gerichtsbuch/ Bírósági könyv, 2005, S. 47–67.

[161] NĚMEC, MICHÁLEK, Žilinská kniha jako pramen slovenské a české historické lexikografie, in: PECIAR (Hrsg.), Z dejín slovenskej lexiky, 1982, S. 5–14.

[162] VLASOVA, Jazyk Pervogo Litovskogo Statuta (1529 g.), in: VALIKONYTĖ, STEPONAVIČENĖ (Hrsg.), Pimasis Lietuvos Statutas ir epocha, 2005, S. 249–256.

[163] BOKOVÁ, Zur Sprache der deutschen städtischen Urkunden Südböhmens bis 1420, in: Brücken. N. F. Germanistisches Jahrbuch. Tschechien-Slowakei 2 (1994), S. 127–140.

[164] PAPSONOVÁ, Zur Sprache der stadt- und bergrechtlichen Texte (1492–1537) im Kremnitzer Stadtbuch, in: ANDRÁŠOVÁ, ERNST, SPÁČILOVÁ (Hrsg.), Germanistik genießen, 2006, S. 283–297.

[165] F. SCHWARZ, Das mittelalterliche Deutsch der Olmützer Stadtkanzlei im 14. und 15. Jahrhundert, in: Brücken. N. F. Germanistisches Jahrbuch. Tschechien-Slowakei 2 (1994), S. 111–128.

[166] SKLADANÁ, Jazyk mestských kníh zo 16.–18. storočia, in: ONDREJOVIČ (Hrsg.), Mesto a jeho jazyk, 2000, S. 125–131.

[167] VAŇKOVÁ, Zum Einfluß der Protestanten auf die frühneuhochdeutsche Kanzleisprache des Kuhländchens, in: BRANDT (Hrsg.), Historische Soziolinguistik des Deutschen, IV: Soziofunktionale Gruppe – kommunikative Anforderungen – Sprachgebrauch, 1999 (2000), S. 141–154.

[168] ZICHOVÁ, Untersuchungen zum Sprachgebrauch in Urkunden der Košicer Zünfte vom 15. bis zum 19. Jahrhundert, in: Brücken. N. F. Germanistisches Jahrbuch. Tschechien-Slowakei 4 (1996), S. 251–259.

[169] ROMPORTL, Zvuková podoba slov a jmen přejatých z němčiny do češtiny, in: KRAUSS, STIEBER, BĚLIČ, BORKOVSKIJ (Hrsg.), Slawisch-deutsche Wechselbeziehungen in Sprache, Literatur und Kultur, 1969, S. 155–162.

vorgelegt: Hildegard Boková[170], Ilpo Tapani Piirainen[171] und Józef Wiktorowicz[172]. Erwähnt sei in diesem Zusammenhang ebenfalls der Beitrag Erika Mayerovás[173] „Zum Konsonantensystem in den ältesten Preßburger Testamenten" sowie die Untersuchung Mária Papsonovás[174] zum Laut- und Formenbestand der „Zipser Willkür" aus Spišská Sobota (Georgenberg). Mit der Graphie, Phonologie und Morphologie der Sprache des Stadtbuches von Schemnitz/Banská Štiavnica beschäftigt sich Ľudmila Kretterová[175]. Themen aus dem Bereich der Wortbildung wenden sich Mária Papsonová[176] und Józef Wiktorowicz[177] zu, aus dem Gebiet der Syntax Józef Grabarek[178], Ľudmila Kretterová[179], Józef Wiktorowicz[180] und Arne Ziegler[181], zuletzt und auch mit Ausführungen zum Rechtswortschatz (S. 57–61) sowie mit einem ausführlichen Literaturverzeichnis (S. 200–228) Nadine Wallmeier[182]. Textlinguistische Studien anhand historischer Rechtstexte haben u. a. Jörg Meier[183], Libuše Spáčilová[184], Lenka Vaňková[185], Józef Wiktoro-

170 BOKOVÁ, Schreibvarianz in Urkunden und Stadtbucheintragungen des 15. und beginnenden 16. Jahrhunderts aus České Budějovice (Budweis), in: BISTER-BROOSEN (Hrsg.), Beiträge zur historischen Stadtsprachenforschung, 1999, S. 101–109.

171 PIIRAINEN, Graphematische Untersuchungen zum Frühneuhochdeutschen, 1968.

172 WIKTOROWICZ, Die graphematische Analyse der deutschen Sprache in den Krakauer Stadtbüchern des 14. Jahrhunderts, in: Zeitschrift für Deutsche Philologie 103 (1984), S. 407–420.

173 MAYEROVÁ, Zum Konsonantensystem in den ältesten Preßburger Testamenten, in: GREULE (Hrsg.), Deutsche Kanzleisprachen im europäischen Kontext, 2001, S. 141–151.

174 PAPSONOVÁ, Die Zipser Willkür aus Spišská Sobota (Georgenberg), in: Beiträge zur Erforschung der deutschen Sprache 5 (1985), S. 41–65.

175 KRETTEROVÁ, Zur Graphematik, Phonologie und Morphologie in der Sprache des Stadtbuches von Schemnitz/Banská Štiavnica, in: Brücken. N. F. Germanistisches Jahrbuch. Tschechien-Slowakei 2 (1994), S. 95–109.

176 PAPSONOVÁ, Zur Problematik der Komposita im Stadtrechtsbuch von Žilina, in: Brücken. Germanistisches Jahrbuch. DDR-ČSSR 1984/85 (1985), S. 105–120.

177 WIKTOROWICZ, Die Substantivderivation in der Krakauer Kanzleisprache, in: MOSHÖVEL, SPÁČILOVÁ (Hrsg.), Kanzleisprache – ein mehrdimensionales Phänomen, 2009, S. 261–270.

178 GRABAREK, Zur Syntax der Sprache des Schöffenbuches der alten Stadt Toruń, in: Beiträge zur Erforschung der deutschen Sprache 4 (1984), S. 236–266.

179 KRETTEROVÁ, Zur Syntax des Frühneuhochdeutschen in deutschsprachigen Texten aus der Mittelslowakei, in: GREULE (Hrsg.), Deutsche Kanzleisprachen im europäischen Kontext, 2001, S. 153–165; DIES., Das älteste Stadtbuch von Bratislava/Preßburg aus den Jahren 1402–1506, in: MEIER, ZIEGLER (Hrsg.), Die Anfänge deutschsprachiger Kanzleien in Europa, 2008, S. 59–67.

180 WIKTOROWICZ, Zur Syntax der deutschen Kanzleisprache in Krakau, in: GREULE (Hrsg.), Deutsche Kanzleisprachen im europäischen Kontext, 2001, S. 215–223; DERS., Die syntaktischen Besonderheiten in den juristischen Texten des 15. bis zum 18. Jahrhundert, in: BRAUN (Hrsg.), Kanzleisprachen auf dem Weg zum Neuhochdeutschen, 2011, S. 103–113.

181 ZIEGLER, Die Syntax der Kanzleisprachen, in: MOSHÖVEL, SPÁČILOVÁ (Hrsg.), Kanzleisprache – ein mehrdimensionales Phänomen, 2009, S. 271–282.

182 WALLMEIER, Sprachliche Muster in der mittelniederdeutschen Rechtssprache, 2013.

183 MEIER, Städtische Textsorten des Frühneuhochdeutschen, in: BISTER-BROOSEN (Hrsg.), Beiträge zur historischen Stadtsprachenforschung, 1999, S. 131–157.

184 SPÁČILOVÁ, Texttypen und Textsorten in der Olmützer Stadtkanzlei, in: MEIER, ZIEGLER (Hrsg.), Aufgaben einer künftigen Kanzleisprachenforschung, 2003, S. 77–95; DIES., Der Olmützer „liber

wicz[186] und Arne Ziegler[187] vorgelegt. Möglichkeiten, das Stilbewusstsein von Kanzleischreibern nachzuweisen, beleuchtet János Németh[188]. Mit dem Stil der von uns in der deutsch-polnischen Wortanalyse[189] benutzten polnischen Fassung der „Magdeburger Urteile“[190] hat sich Maria Wojtak[191] eingehend beschäftigt. Eine Reihe germanistischer Untersuchungen zu historischen Rechtstexten schließen neben anderen Bereichen sprachwissenschaftlicher Forschung ebenfalls Analysen des Stils der jeweiligen Quelle ein, so u. a. auch die Bearbeitung zum Ofner Stadtrecht von Péter Bassola[192], der betont: „Ein wichtiges Merkmal des Rechtsstils sind die Formeln“[193]. Mit speziellen Wortschätzen und ihrer Kodifizierung in deutschen Wörterbüchern beschäftigt sich Undine Kramer[194].

Abschließend sei zu allen Bereichen sprachwissenschaftlicher Erforschung kanzleisprachlicher Texte auf die in den Bänden der „Beiträge zur Kanzleisprachenforschung“[195] und im „Handbuch zur Kanzleisprachenforschung“[196] publizierten Aufsätze sowohl mit Überblicksdarstellungen wie auch eingehenden Materi-

---

causarum criminalium“ als Quelle zur Untersuchung der frühneuhochdeutschen Rechtssprache, in: ERNST (Hrsg.), Kanzleistil: Entwicklung, Form, Funktion, 2009, S. 179–196.

185 VAŇKOVÁ, Zur Formelhaftigkeit und Variation in frühneuhochdeutschen Texten zivilrechtlichen Charakters, in: ERNST (Hrsg.), Kanzleistil: Entwicklung, Form, Funktion, 2009, S. 223–236.

186 Zu vergleichen sind besonders, jeweils mit ausführlicher Literatur, die Beiträge im Abschnitt III. Textlinguistische Perspektiven (S. 127–193) des Bandes: WIKTOROWICZ, Krakauer Kanzleisprache, 2011.

187 ZIEGLER, Makrostrukturelle Merkmale frühneuhochdeutscher Kanzleisprache, in: GREULE (Hrsg.), Deutsche Kanzleisprachen im europäischen Kontext, 2001, S. 121–139.

188 NÉMETH, Möglichkeiten des Nachweisens des Stilbewußtseins von Kanzleischreibern, in: ERNST (Hrsg.), Kanzleistil: Entwicklung, Form, Funktion, 2009, S. 139–178.

189 BILY, Deutsch-polnische kontrastive Wortanalyse anhand einer deutschen und einer polnischen Handschrift der „Magdeburger Urteile“, in: ISMIO Bd. 2, S. 117–328.

190 Vgl. zu den sog. *Ortyle ossolińskie* die Handschrift Nr. 50 (*Sigle O*) in der Biblioteka Zakładu Narodowego im. Ossolińskich in Wrocław/Breslau sowie die Edition von RECZEK, TWARDZIK, Najstarsze staropolskie tłumaczenie Ortyli magdeburskich, Bd. 1: Wstęp – Uwagi ogólne – Charakterystyka językowa, Bd. 2: Transliteracja i transkrypcja tekstu, Bd. 3: Indeks frekwencyjny i wyrazowy, 1970, 1972.

191 WOJTAK, Elementy stylu urzędowego w Ortylach magdeburskich, in: Język Polski 68 (1988), S. 221–230.

192 BASSOLA, Wortstellung im Ofner Stadtrecht, 1985, vgl. S. 241–246: V. Zum Stil des Ofner Stadtrechts.

193 Ebd., S. 241.

194 KRAMER, Spezielle Wortschätze und ihre Kodifizierung in deutschen Wörterbüchern, 2010.

195 GREULE (Hrsg.), Deutsche Kanzleisprachen im europäischen Kontext, 2001; MEIER, ZIEGLER, Kanzleisprachenforschung im 19. und 20. Jahrhundert, 2002; DIES. (Hrsg.), Aufgaben einer künftigen Kanzleisprachenforschung, 2003; DIES. (Hrsg.), Die Anfänge deutschsprachiger Kanzleien in Europa, 2008; ERNST (Hrsg.), Kanzleistil: Entwicklung, Form, Funktion, 2009; MOSHÖVEL, SPÁČILOVÁ (Hrsg.), Kanzleisprache – ein mehrdimensionales Phänomen, 2009; Chr. BRAUN (Hrsg.), Kanzleisprachen auf dem Weg zum Neuhochdeutschen, 2011; HÜNECKE, AEHNELT (Hrsg.), Kanzlei und Sprachkultur, 2016.

196 GREULE, MEIER, ZIEGLER (Hrsg.), GLANTSCHNIG (Mitarb.), Kanzleisprachenforschung, 2012.

alanalysen und -synthesen verwiesen, wo neben der Forschungsgeschichte und dem jeweils aktuellen Stand der Forschung auch die einschlägige Literatur geboten wird.

6. Fachsprache – Rechtssprache – Übersetzung[197]

Lothar Hoffmann definiert Fachsprache als „die Variante der Gesamtsprache, die der Erkenntnis und begrifflichen Bestimmung fachspezifischer Gegenstände sowie der Verständigung über sie dient und damit den spezifischen kommunikativen Bedürfnissen im Fach allgemein Rechnung trägt".[198] Grundsätzlich kann jedes Wort – ebenso wie jede Wortgruppe – des Allgemeinwortschatzes terminologisiert werden, d. h. es erhält in einer bestimmten Fachsprache (oder auch in mehreren) eine ganz bestimmte Bedeutung.[199] Fachsprachenforschung und Rechtslinguistik[200] bilden eigene, selbständige Forschungsbereiche. Zusammenfassend zur Fachsprache des Rechts sei auf die Überblicksartikel von Armin Sieber[201] und Ruth Schmidt-Wiegand[202] verwiesen, jeweils mit ausführlicher Literatur.

Diachrone Untersuchungen des Rechtswortschatzes einer bestimmten Sprache[203], aber auch der Vergleich von historischen Rechtstexten und ihrer Übertragung in eine andere Sprache[204] zeigen, dass der mittelalterliche Rechtswortschatz noch nicht durchgängig so fest ist wie der heutige (neuzeitliche) Fachwortschatz des Rechts. Dies gilt für den Fachwortschatz[205] allgemein und konnte auch durch unsere Untersuchungen zur frühneuhochdeutsch-altpolnischen kontrastiven Wortanalyse[206] bestätigt werden. Die im Mittelalter noch wenig gefestigte Terminologie erläutert Jiří Kejř[207] u. a. am Beispiel der Termini *villa forensis* und *civitas*.

---

[197] Vgl. dazu auch BILY, Fachsprache des Rechts sowie Rechtssprache und Übersetzung, in: ISMIO Bd. 2, S. 122–125 (mit Beispielen).

[198] L. HOFFMANN, Austauschprozesse zwischen fachlichen und anderen Kommunikationsbereichen, in: DERS. [u. a.], Fachsprachen/Languages for Special Purposes, 1. Halbbd., 1998, S. 681.

[199] ARNTZ, Fachbezogene Mehrsprachigkeit in Recht und Technik, 2001, S. 80.

[200] LUTTERMANN, Übersetzen juristischer Texte als Arbeitsfeld der Rechtslinguistik, in: GROOT, SCHULZE (Hrsg.), Recht und Übersetzen, 1999, S. 47–57.

[201] SIEBER, Deutsche Fachsprache des Rechts in Mittelalter und Früher Neuzeit, in: THIER, PFEIFER, GRZIMEK (Hrsg.), Kontinuitäten und Zäsuren in der Europäischen Rechtsgeschichte, 1999, S. 149–163.

[202] SCHMIDT-WIEGAND, Rechtssprache, in: HRG, Bd. 4, 1990, S. 344–360.

[203] KOŘENSKÝ, CVRČEK, NOVÁK, Juristická a lingvistická analýza právních textů (právněinformatický přístup), 1999.

[204] PAPSONOVÁ, Das Magdeburger Recht und das Silleiner Rechtsbuch, 2003; POMMER, Rechtsübersetzung und Rechtsvergleichung, 2006.

[205] FELBER, BUDIN, Terminologie in Theorie und Praxis, 1989.

[206] Vgl. BILY, Deutsch-polnische kontrastive Wortanalyse anhand einer deutschen und einer polnischen Handschrift der „Magdeburger Urteile", in: ISMIO Bd. 2, S. 117–328.

[207] KEJŘ, Die Anfänge der Stadtverfassung und des Stadtrechts in den Böhmischen Ländern, in: SCHLESINGER (Hrsg.), Die deutsche Ostsiedlung des Mittelalters als Problem der europäischen Geschichte, 1975, S. 450.

Die terminologische Varianz des mittelalterlichen Fachwortschatzes wird ebenfalls durch Studien anhand von Texten aus anderen Fachgebieten bestätigt.

> „Resümierend zeigt sich, daß die Fachsprache der frühneuzeitlichen Fachtexte in ihrer Heterogenität und in der Instabilität der Fachbegriffe noch weit von den an moderne Fachsprachen gestellten Anforderungen entfernt ist",

betont Mechtild Habermann[208] in ihrer Untersuchung auf der Grundlage naturkundlich-medizinischer Texte.

Im Zusammenhang mit Forschungen zur Fachterminologie[209] des Tschechischen, auch am Beispiel des Alttschechischen, müssen besonders die Studien aus der Feder von Milada Homolková[210] und Igor Němec[211] genannt werden. Zur tschechischen Rechtssprache ist außerdem der Aufsatz Jan Kořenskýs[212] „Rechtssprache, Rechtskommunikation und -interpretation" zu vergleichen. Libuše Spáčilová betont mit Hinweis auf Dieter Wolf[213]:

> „Die Entwicklung der Rechtsterminologie wurde auch dadurch gefördert, dass Protokolle im Gerichtsprozess geführt wurden."[214]
> „Die Zeit um 1500 gilt als wichtige Phase der Latinisierung der Rechtstermini in Deutschland. Die Fachjustiz und damit auch abstrakte Begriffe und lateinische Bezeichnungen begannen sich durchzusetzen. […] Allerdings dauerte es länger, bis die entlehnten Termini in der frnhd. [frühneuhochdeutschen – I.B.] Rechtssprache allgemeine Gültigkeit gewannen."[215]

Jüngeren Übersetzungen wenden sich Milan Hlavačka[216] und Magdaléna Pokorná[217] zu.

---

208 HABERMANN, Deutsche Fachtexte der frühen Neuzeit, 2001, S. 519.

209 SKOUPIL, K otázkám vyučování odborné terminologii, in: Jazykovědné sympozium 1971, 1973, S. 139–142.

210 HOMOLKOVÁ, Möglichkeiten der Erkennung und Beschreibung lexikalisch-semantischer Strukturen (am Beispiel des Alttschechischen), in: Wiener Slavistisches Jahrbuch 46 (2000), S. 175–184.

211 NĚMEC, Slovo a význam v historickém slovníku, in: Slovo a slovesnost 26 (1965), S. 136–150; DERS., K teoretickým základům Staročeského slovníku, in: Listy filologické 92 (1969), S. 42–51; DERS., On the Study of Lexical Subsystems of Language, in: Travaux linguistiques de Prague 4 (1971), S. 205–216.

212 KOŘENSKÝ, Právní jazyk, právní komunikace a interpretace, in: Stát a právo 27 (1989), S. 33–39.

213 D. WOLF, Lexikologie des Frühneuhochdeutschen, in: BESCH, REICHMANN, SONDEREGGER (Hrsg.), Sprachgeschichte, 2. Halbbd., 1985, S. S. 1323–1341, besonders S. 1335.

214 SPÁČILOVÁ, Rechtsterminologie lateinischer Herkunft in frühneuhochdeutschen Texten der Olmützer Stadtkanzlei, in: Germanoslavica 15 (2004), S. 202.

215 Ebd., S. 203.

216 HLAVAČKA, Die erste Übersetzung des ABGB ins Tschechische oder über das Zusammentreffen von zwei Kodifikationen, in: BRAUNEDER, HLAVAČKA (Hrsg.), Bürgerliche Gesellschaft auf dem Papier, 2014, S. 99–110.

217 POKORNÁ, Entwicklung der juridisch-politischen Teminologie für die slawischen Sprachen Österreichs in der Mitte des 19. Jahrhunderts, in: BRAUNEDER, HLAVAČKA (Hrsg.), Bürgerliche Gesellschaft auf dem Papier, 2014, S. 111–123.

Der große Variantenreichtum in älteren Sprachstufen gilt ebenfalls für Phraseologismen, „die wir heute als in ihrer Struktur feste Wendungen kennen“[218], betont Monika Hanauska als Ergebnis ihrer Auswertung von Kölner Stadtchroniken,

> „wobei alle Varianten gleichberechtigt nebeneinander stehen“. „Ein zentrales Problem der Untersuchung phraseologischer Fragestellungen in älteren Sprachstufen (des Deutschen, aber auch anderer Sprachen) liegt darin begründet, dass es sich als schwierig erweist, die Kriterien, die an gegenwartssprachlichem Material erarbeitet wurden, auf ältere Texte anzuwenden: eine allzu enge Definition von Phraseologismen, die an den Merkmalen der strukturellen Festigkeit, Polylexikalität, der Gebräuchlichkeit und der Idiomatizität festgemacht wird, ist für nichtkodifizierte Sprache nicht handhabbar.“[219]

Der fachsprachlichen Phraseologie wendet sich Erika Worbs[220] am Beispiel der deutschen und polnischen Börsensprache zu und gliedert ihr Material in: 1. Mehrworttermini, vorwiegend nominale Wortgruppen: *schwarzes Loch*, 2. Fachwendungen, z. B. *ein Testament eröffnen* und 3. sonstige stabile ‚Wendungen‘, die kein normiertes Fachwort enthalten müssen, dennoch fest zum Bestandteil von Fachtexten gehören. Dies sind vor allem die Funktionsverbgefüge, vergleiche *Untersuchungen anstellen*.

Möglichen Übersetzungsfehlern von Phrasemen bzw. ganzen Sätzen kann in unserem Wortvergleich nur bedingt nachgegangen werden, da das Ziel der Bearbeitung ein Wort-, kein Textvergleich ist. In seiner Untersuchung zum Stilbewusstsein von Kanzleischreibern wendet sich János Németh[221] u. a. auch lateinisch-deutschen Übersetzungspaaren von Rechtstermini zu und betrachtet hier ganz besonders die Unterschiede zwischen Original und Übersetzung. Neben den Schwierigkeiten und Problemen, die eine in der historischen Überlieferung belegte Vielfalt der Übersetzungen mit sich bringt, nennt Mária Papsonová[222] aber auch Beispiele für wortwörtliche Übertragungen, die im Text immer wiederkehren, so z. B. für *selb dritt* [sám třetí], *selb siebt* [sám sedmý] oder für das Wortpaar *jar und tag* [rok a den]. Dies können wir, wie schon auf der Grundlage unserer frühneuhochdeutsch-altpolnischen kontrastiven Wortanalyse der „Magdeburger Urteile“[223], auch nach Abschluss der frühneuhochdeutsch-alttschechischen kontrastiven Untersuchung bestätigen, vergleiche in der Materialanalyse u. a. die Stichwörter: *selbdritt*, *selbsiebt* sowie *Jahr und Tag*.

---

218 HANAUSKA, Formelhaftigkeit in städtischem Schrifttum: die Kölner Stadtchroniken, in: MOSHÖVEL, SPÁČILOVÁ (Hrsg.), Historische Stadtsprachenforschung, 2009, S. 47.

219 Ebd.

220 WORBS, Was ist fachsprachliche Phraseologie, in: ROTHE, THIERGEN (Hrsg.), Polen unter Nachbarn, 1998, S. 99–127, hier besonders S. 103 f.

221 NÉMETH, Möglichkeiten des Nachweisens des Stilbewußtseins von Kanzleischreibern, in: ERNST (Hrsg.), Kanzleistil: Entwicklung, Form, Funktion, 2009, S. 139–178.

222 PAPSONOVÁ, Das Magdeburger Recht und das Silleiner Rechtsbuch, 2003, S. 70.

223 Vgl. besonders BILY, Rechtssprache und Übersetzung, in: ISMIO Bd. 2, S. 123–125, hier S. 124 f.

Den Wert vergleichender Untersuchung von Übersetzungen unterstreicht u. a. auch Dzintra Lele-Rozentāle:

> „Mit den mehrsprachigen Kontakten nach außen sowie mit dem Sprachwechsel innerhalb der Kanzlei hing die übersetzerische Tätigkeit zusammen, die anhand der Rigaer Quellen des Mittelalters und der frühen Neuzeit nicht untersucht ist."[224]

Und weiter heißt es in der Anmerkung zu dieser Textstelle:

> „Die Ergebnisse der Übersetzung des Leineweberschragens von 1625 aus dem Hochdeutschen ins Lettische zeigen, dass gerade die Übersetzungen sehr ergiebig für die Untersuchung der Sprachkontaktauswirkungen werden können. Für viele Begriffe, die im Lettischen fehlten, hat man z. B. niederdeutsche und nicht hochdeutsche Lehnwörter bevorzugt."[225]

In seiner Zusammenfassung zum „Livländischen Spiegel" behandelt Hermann Blaese u. a. auch Besonderheiten bei der inhaltlichen Übernahme von Rechtssätzen aus dem „Sachsenspiegel" und betont:

> „Die Änderungen betreffen außer der sachlichen Umgestaltung eines Rechtssatzes nach den heimischen Verhältnissen auch die Terminologie. Statt *ding* wird in der Regel *gericht* oder *recht* gebraucht, statt *Pflug* […] und *Hufe* […] »*Haken*«, statt *vürmure* […] *schornstein* […], für *vervestet* zumeist […] *vredelos*."[226]

Zu den wesentlichen Merkmalen von Sprachkontakt und Bilinguismus gehören Interferenzerscheinungen. Unsere deutsch-tschechische kontrastive Wortanalyse, die auch den Kontext der untersuchten und verglichenen Rechtstermini einbezieht, bietet Beispiele für deutsche Interferenzen in der tschechischen Übersetzung. So wird in einer Reihe tschechischer Entsprechungen der deutsche bestimmte Artikel übernommen und als Demonstrativpronomen wiedergegeben, obwohl das Tschechische keinen Artikel hat, vergleiche die nachfolgenden Beispiele:

frnhd.: ***Der*** ſchepphen ſollen eilffe ſien /// *atsch.*: ***Tiech*** {Interferenz: Wiedergabe des deutschen bestimmten Artikels im tsch. Text durch ein Demonstrativpronomen} kmetow ma byty gedenaſte [Art. 10 § 4, 41ᵛ /// C10, 108ʳ],

frnhd.: Cȝum dritten male ſende er ſie ***dem*** pfalzgreuen von dem ryne /// *atsch.*: A trzetie ma ge poſſlati ***Tomu*** {Wiedergabe des deutschen bestimmten Artikels im tsch. Text durch ein Demonstrativpronomen} falczgrabi z Ryna [Art. 14 § 2,

---

[224] Lele-Rozentāle, Die mittelniederdeutschen Texte aus der Rigaer Ratskanzlei, in: Greule (Hrsg.), Deutsche Kanzleisprachen im europäischen Kontext, 2001, S. 306.

[225] Ebd., S. 306, Anm. 39. – In diesem Zusammenhang sind weiterhin zu beachten: dies., Anfänge der mittelniederdeutschen Kanzleitradition in Riga, in: Meier, Ziegler (Hrsg.), Die Anfänge deutschsprachiger Kanzleien in Europa, 2008, S. 103–117; dies., Zur Diachronie der Rechtswörter in den Rigaer mittelniederdeutschen Texten, in: Kronauer, Taterka (Hrsg.), Baltisch-europäische Rechtsgeschichte und Lexikographie, 2009, S. 93–107; dies., Kontinuität oder Stilwandel?, in: Ernst (Hrsg.), Kanzleistil: Entwicklung, Form, Funktion, 2009, S. 103–123.

[226] Blaese, Livländischer Spiegel, in: HRG, Bd. 3, 1984, Sp. 21, auch Oppitz, Livländischer Spiegel, in: ²HRG, Bd. 3, 2015, Sp. 1026–1028.

53v–54r /// C14, 115r-v],
frnhd.: Mit welcherhande dinge · ***der*** man vorfeſt wirt · / wirt er in der vorueſtunge begriffen is geth em an ſien leben /// *atsch.*: kteruz Koliwiek wieczy ***ten*** {Wiedergabe des deutschen bestimmten Artikels im tsch. Text durch ein Demonstrativpronomen} czlowiek bude zatwrzen · bude li w tom zatwrzeni zaforfeſſtowan · poyde gemu na geho zywot [Art. 5 § 3, 20r-v /// C5 100r-v],
frnhd.: Geſchit aber ***die*** *ſache* vme vngerichte /// *atsch.*: Stane ly ***takowa*** {Wiedergabe des dt. bestimmten Artikels als Demonstrativpronomen im tsch. Text} *wiecz* o bezprawie [Art. 17 § 3, 66r /// C17, 121r].

Ähnlich verhält es sich beim deutschen *un*bestimmten Artikel, der mitunter durch die jeweilige grammatische Form des tschechischen Zahlwortes *jeden* {mask.}, *jedno* {neutr.}, *jedna* {fem.} 'ein(s)' wiedergegeben wird, vergleiche die Beispiele:
frnhd.: mit ***eynem*** beſchulden orteil /// *atsch.*: ſ ***gedniem*** {Interferenz: der deutsche *un*bestimmte Artikel wird mit dem tschechischen Zahlwort ***jeden*** 'ein(s)' wiedergegeben} Sſtrafowanym ortelem [Art. 10 § 2, 41r /// C10, 108r],
frnhd.: ***eyne*** *gabe* /// *atsch.*: ***to*** {Interferenz: der deutsche *un*bestimmte Artikel wird als Demonstrativpronomen ins Tsch. übernommen} *danie* [Art. 30 § 2, 115v /// C42, 150r].

Solche Interferenzen hat bereits der deutsch-polnische Vergleich[227] gezeigt. Ausführlich und mit weiteren Beispielen für deutsch-tschechische Interferenzen anhand des jeweiligen verglichenen Textpaares ist der Auswertungsteil zu konsultieren, s. *Kap. E.V.8., S. 362*.

III. Zu den Einleitungsformeln

1. Vorbemerkungen

Auf den formelhaften Charakter von kanzlei- und rechtssprachlichen Wendungen weist die einschlägige Forschungsliteratur immer wieder hin, so vor allem Gerhard Cordes[228], Gerhard Dilcher[229], Mária Papsonová[230], Ilpo Tapani Piirainen[231], Ruth Schmidt-Wiegand[232], Libuše Spáčilová[233] und Lenka Vaňková[234], weiterhin

[227] Vgl. BILY, Deutsch-polnische Interferenzerscheinungen, in: ISMIO Bd. 2, S. 303 f.

[228] G. CORDES, Mittelniederdeutsche Dichtung und Gebrauchsliteratur, in: DERS., MOHN (Hrsg.), Handbuch zur Mittelniederdeutschen Sprach- und Literaturwissenschaft, 1983, S. 369.

[229] DILCHER, Paarformeln in der Rechtssprache des frühen Mittelalters, 1961.

[230] PAPSONOVÁ, Das Magdeburger Recht und das Silleiner Rechtsbuch, 2003, S. 50f. u. 69.

[231] PIIRAINEN, Paarformeln in einem deutschen Rechtsbuch aus dem Jahre 1628, in: BARZ, SCHRÖDER (Hrsg.), Nominationsforschung im Deutschen, 1997, S. 37–42.

[232] SCHMIDT-WIEGAND, Paarformeln, in: HRG, Bd. 3, 1984, Sp. 1387–1399; DIES., Haus und Hof, in: NAHL, ELMEVIK, BRINK (Hrsg.), Namenwelten, 2004, S. 706–713.

[233] SPÁČILOVÁ, Phraseologismen im Olmützer Kodex Wenzels von Iglau aus den Jahren 1430–1492,

Stefaniya Ptashnyk[235], Diana Stantcheva[236], Dzintra Lele-Rozentāle[237], Péter Bassola[238], Monika Hanauska[239], Johannes Gottwald[240], Elisabeth Gülich[241] und nicht zuletzt Rainer Hünecke[242], der sich anhand von Geschäftsbüchern um 1500 der Erforschung der Syntax zuwendet. Zu vergleichen sind ebenfalls die Ergebnisse der Untersuchung Natalia Filatkinas, Birgit Ulrike Münchs und Ane Kleine-Engels[243].

Im deutsch-tschechischen Textpaar des „Sächsischen Weichbilds" mit Glosse (Textzeuge: Hs. B) /// „Sächsischen Weichbilds" mit Glosse (Textzeuge: Hs. P) begegnen formelhafte Wendungen, auch Stereotypen genannt.[244] So beginnen neue Artikel bzw. Abschnitte der Weichbildtexte – in den dazugehörenden Glossentexten gilt das für einzelne, oft einleitende Textabschnitte – sehr oft mit einer stereotypen, sich wiederholenden Einleitungsformel, die auf die sich anschließenden Informationen hinführt, wie z. B. in den Übersetzungspaaren[245]:

---

in: KORČÁKOVÁ, BEYER (Hrsg.), Königgrätzer Linguistik- und Literaturtage, 2003, S. 48–59; DIES., Ausgewählte Phraseologismen in den Textsorten Testament und Ehevertrag im Olmützer Kodex Wenzels von Iglau aus den Jahren 1430–1492, in: Brücken. N. F. Germanistisches Jahrbuch. Tschechien-Slowakei 11 (2004), S. 7–23; SPÁČIL, SPÁČILOVÁ, Míšeňská právní kniha. Historický kontext, jazykový rozbor, edice/Das Meißner Rechtsbuch. Historischer Kontext, linguistische Analyse, Edition, 2010, S. 475–481.

234 VAŇKOVÁ, Zu den Paarformeln in der Kanzleisprache des Kuhländchens, in: Jahrbuch Ostrava-Erfurt 2 (1996), S. 201–210; DIES., Zur Formelhaftigkeit und Variation in frühneuhochdeutschen Texten zivilrechtlichen Charakters, in: ERNST (Hrsg.), Kanzleistil: Entwicklung, Form, Funktion, 2009, S. 223–236.

235 PTASHNYK, Formulierungstraditionen im Rechtsleben, in: FILATKINA, KLEINE-ENGEL, DRÄGER, BURGER (Hrsg.), Aspekte der historischen Phraseologie und Phraseographie, 2012, S. 227–244.

236 STANTCHEVA, Angaben zu phraseologischen Phänomenen im „Deutschen Wörterbuch" von Jacob Grimm und Wilhelm Grimm, in: FILATKINA, KLEINE-ENGEL, DRÄGER, BURGER (Hrsg.), Aspekte der historischen Phraseologie und Phraseographie, 2012, S. 245–261.

237 LELE-ROZENTĀLE, Kontinuität oder Stilwandel?, in: ERNST (Hrsg.), Kanzleistil: Entwicklung, Form, Funktion, 2009, S. 103–123.

238 BASSOLA, Strukturen und Formeln in den Eintragungen des „Ersten Grundbuchs 1480–1553", in: MEIER, ZIEGLER (Hrsg.), Die Anfänge deutschsprachiger Kanzleien in Europa, 2008, S. 99.

239 HANAUSKA, Formelhaftigkeit in städtischem Schrifttum: die Kölner Stadtchroniken, in: MOSHÖVEL, SPÁČILOVÁ (Hrsg.), Historische Stadtsprachenforschung, 2009, S. 45–65.

240 GOTTWALD, Formelhaftigkeit in städtischem Schrifttum, in: MOSHÖVEL, SPÁČILOVÁ (Hrsg.), Historische Stadtsprachenforschung, 2009, S. 11–43.

241 GÜLICH, Routineformeln und Formulierungsroutinen, in: WIMMER, BERENS (Hrsg.), Wortbildung und Phraseologie, 1997, S. 131–175.

242 HÜNECKE, Geschäftsbücher um 1500, in: KOLBEK, KRAPP, RÖSSLER (Hrsg.), Stadtsprache(n) – Variation und Wandel, 2013, S. 57–70.

243 FILATKINA, MÜNCHS, KLEINE-ENGEL (Hrsg.), Formelhaftigkeit in Text und Bild, 2012.

244 BILY, „*Nu horet unde vornemet*", in: VAŇKOVÁ (Hrsg.), Fachtexte des Spätmittelalters und der Frühen Neuzeit, 2014, S. 207–218.

245 Die Angaben zu den Textstellen stehen jeweils in eckigen [ ] Klammern.

frnhd.: Nv vornemet /// *atsch.*: GYz rozomieyte ‘Nun vernehmt’
[Art. 8 § 1, 30^{v} /// C8, 104^{v}–105^{r}][246]
oder
frnhd.: Nv horet vnde vornemet /// *atsch.*: POſluchayte a rozomieyte ‘Hört und vernehmt’
[Art. 9 § 1, 36^{r} /// C9, 106^{v}].

2. Formen von Einleitungsformeln

Belegt sind Lang- und Kurzformen von Einleitungsformeln.
– Langform einer Einleitungsformel
frnhd.: Nv horet vnde vornemet /// *atsch.*: POſluchayte a rozomieyte
[Art. 9 § 1, 36^{r} /// C9, 106^{v}].
– Kurzformen von Einleitungsformeln
frnhd.: Nv vornemet /// *atsch.*: GYz rozomieyte
[Art. 8 § 1, 30^{v} /// C8, 104^{v}–105^{r}]
und
frnhd.: Nv vornemet /// *atsch.*: GYz rozomiey
[Art. 11 § 1, 46^{r} /// C11, 110^{r}].

3. Auslassungen und Ergänzungen in Einleitungsformeln

3.1. Auslassungen im tschechischen Text einer Einleitungsformel im Vergleich zum deutschen

Hier wurden Teile des deutschen Einleitungsteils nicht in den tschechischen Text übernommen, vergleiche:
frnhd.: Horet vnde vornemet[247] /// *atsch.*: POſluchayte _______
[Art. 12 § 1, 50^{r} /// C12, 113^{v}]
und
frnhd.: Alſo moget ir horen vnde vornemen /// *atsch.*: TAk gyz mozte _______ ſrozomieti
[Art. 14 § 1, 53^{r} /// C14, 115^{r}].

---

[246] Im deutschen Weichbildtext wird jeweils die Artikel- und Paragraphenzählung nach der Edition sowie die Folioangabe der Handschrift angegeben, im alttschechischen Text die Kapitelzählung sowie die Foliierung, die sich am unterern Rand der Rectoseite befindet.

[247] Durch Unterstreichung werden jeweils deutsche Textstellen und entsprechende Auslassungen im tschechischen Text wie auch Ergänzungen im tschechischen Text und entsprechende Fehlstellen im deutschen Text markiert und zueinander in Beziehung gesetzt.

3.2. Ergänzungen im tschechischen Text einer Einleitungsformel im Vergleich zum deutschen

Im tschechischen Text einer Einleitungsformel wurden Teile ergänzt, die im entsprechenden deutschen Text nicht vorhanden sind, vergleiche:

frnhd.: Nv vornemet ______ /// *atsch.*: ROzomieyte a ſſlyſſte
[Art. 10 § 1, 40^{v} /// C10, 107^{v}]

und

frnhd.: Nv ______ vornemet /// *atsch.*: GYz wiezte a rozomieyte [Art. 13 § 1, 51^{r} /// C13, 114^{r}].

Es sei darauf hingewiesen, dass Ergänzungen oder Auslassungen im von uns ausgewerteten alttschechischen Text des „Sächsischen Weichbilds" mit Glosse (Textzeuge: Hs. P) nicht nur in den Einleitungsformeln vorkommen, sondern auch sonst immer wieder belegt sind, vergleiche z. B. die Ergänzungen im alttschechischen Text in den nachfolgenden beiden Satzpaaren:

frnhd.: wen *wichbilde recht* ______ von alder cȝit er geſtanden hat /// *atsch.*: Neb *wykpildſke prawo* to geſt mieſtczke prawo od dawnych czaſſow ſtalo geſt [Art. 9 § 3, 36^{v} /// C9, 107^{r}]

und

frnhd.: Diſȝe briue ſal nemen ***der*** burcgreue von meideborg · vnde ſal dy ſenden ______ dem hercȝugen von ſachȝin /// *atsch.*: A ty liſty ma wzieti ***ten*** purkabie z Meydeburka A ma ge poſſlati nayprwe kniezeti Saſke*mv* [Art. 14 § 2, 53^{v} /// C14, 115$^{r\text{-}v}$].

3.3. Auslassungen und Ergänzungen sowohl im deutschen wie auch im tschechischen Text einer Einleitungsformel

frnhd.: Nw ____ horet /// *atsch.*: ____ ROzomieyte a ſſliſſte
[Art. 15 § 1, 57^{r} /// C15, 116^{v}].

3.4. Übersetzung ins Tschechische und zusätzliche wörtliche Übernahme ins Tschechische eines bereits übersetzten deutschen Teils einer Einleitungsformel

frnhd.: Wollet ir horen vnde vornemen /// *atsch.*: CHczete li rozomiety a ſlyſſety ***Z volt ir horen vnd fornemen***, {Der fettkursiv markierte Text wurde zusätzlich zur Übersetzung ins Alttschechische wörtlich aus dem frühneuhochdeutschen Text übernommen}
[Art. 6 § 1, 21^{r} /// C6, 100^{v}].

4. Zu den Einleitungsformeln in den „Magdeburger Urteilen"

Zunächst sei auf die Struktur der „Magdeburger Urteile", die von uns in einem frühneuhochdeutsch-altpolnischen Vergleich untersucht wurden, eingegangen. Im Unterschied zu den Artikeln des „Sächsischen Weichbilds" mit Glosse (Textzeuge: Hs. B) /// „Sächsischen Weichbilds" mit Glosse (Textzeuge: Hs. P), besteht der Text der „Magdeburger Urteile"[248] aus weitestgehend gleich strukturierten Anfragen und Antworten (Schöffensprüchen) mit jeweils Einleitungsformel, Inhalt und Schlussformel. Die Einleitungs- und Schlussformeln begegnen als Lang- oder Kurzformen, mitunter fehlen sie allerdings auch ganz oder sind nur entweder im frühneuhochdeutschen oder altpolnischen Text vorhanden.

Trotz dieser Unterschiede ist festzuhalten, dass zwischen frühneuhochdeutscher und altpolnischer Einleitungsformel überwiegend eine Übereinstimmung zu verzeichnen ist, vergleiche z. B.:

frnhd.: Fruntlichen grus vorn, liben frunt, ir habit uns gefrogit rechtis in desen worten /// *apoln.*: PRyyaczelszky poklon naprzod. myly przyyaczyele! pytalysczye nasz o prawo takymy szlowy

[Spruch 1 /// 1: Einleitungsformel der Anfrage]

und

frnhd.: Hyruf spreche wir scheppin der stat czu Medeburg eyn recht /// *apoln.*: NA tho movyemy przyszyasznyczy zmaydburkv

[Spruch 1 /// 1: Einleitungsformel der Antwort].

Die nachfolgenden Beispiele lassen zwischen frühneuhochdeutscher und altpolnischer Einleitungsformel der „Magdeburger Urteile" einen Unterschied in der Länge erkennen:

frnhd.: Vort mer /// *apoln.*: DAley pytalyszyc nasz [Spruch 9 /// 9: Einleitungsformel der Anfrage] und *frnhd.*: Vort mer /// *apoln.*: DAley pytalyscze nasz oprawo

[Spruch 18 /// 18: Einleitungsformel der Anfrage].

4.1. Formen von Einleitungsformeln

Auch hier sind Lang- und Kurzformen von Einleitungsformeln belegt.

– Langformen von Einleitungsformeln

frnhd.: Hyruf sprechin wir scheppin czu Medeburg eyn recht /// *apoln.*: NA tho my przyszasznyczy Smaydburku mowymy prawo

[Spruch 18 /// 18: Einleitungsformel der Antwort]

und

frnhd.: Hyruf spreche wir scheppin der stat czu Medeburg eyn recht /// *apoln.*: NA to my przysząsznyczy ______ Mowymy prawo

[Spruch 9 /// 9: Einleitungsformel der Antwort].

[248] Vgl. BILY, Zur Struktur der Schöffensprüche, in: ISMIO Bd. 2, S. 127–135.

– Kurzform einer Einleitungsformel
frnhd.: Vort mer /// *apoln.*: Daley
[Spruch 19 /// 19: Einleitungsformel der Anfrage].

4.2. Auslassungen im polnischen Text einer Einleitungsformel im Vergleich zum deutschen

frnhd.: Hyruf sprechen wir scheppin <u>czu Medeburg</u> eyn recht /// *apoln.*: NA to my przysząsznyczy ______ Mowymy prawo
[Spruch 9 /// 9: Einleitungsformel der Antwort]
und
frnhd.: Hyruf spreche wir scheppin czu Medeburg eyn recht /// *apoln.*: ∅[249]
[Spruch 3 /// 3: Einleitungsformel der Antwort].

5. Zusammenfassung

Der Vergleich des deutsch-tschechischen Textpaares des „Sächsischen Weichbilds“ mit Glosse (Textzeuge: Hs. B) /// (Textzeuge: Hs. P)[250] mit dem deutsch-polnischen Textpaar der „Magdeburger Urteile“ macht schnell deutlich, dass es sich hierbei um Texte mit unterschiedlichen Grundstrukturen handelt. Die „Magdeburger Urteile“ bestehen aus Anfragen zu Rechtsangelegenheiten und aus entsprechenden Antworten (Rechtssprüchen) auf diese Anfragen. Bei den Einleitungsformeln in den beiden verglichenen Weichbildtexten zeigen sich die Unterschiede nicht nur in der Struktur, sondern ebenfalls im Inhalt, sofern hier überhaupt Einleitungsformeln vorkommen.

Die Einleitungsformeln der „Magdeburger Urteile“ leiten jeweils eine Anfrage bzw. die Antwort zu einer Anfrage ein, vergleiche z. B.:
– Spruch 1 /// 1: Einleitungsformel der Anfrage:
frnhd.: Fruntlichen grus vorn, liben frunt, ir habit uns gefrogit rechtis in desen worten /// *apoln.*: PRyyaczelszky poklon naprzod. myly przyyaczyele! pytalysczye nasz o prawo takymy szlowy
und
– Spruch 1 /// 1: Einleitungsformel der Antwort:
frnhd.: Hyruf spreche wir scheppin der stat czu Medeburg eyn recht /// *apoln.*: NA tho movyemy przyszyasznyczy zmaydburkv.

Die Einleitungsformeln von Artikeln bzw. Absätzen der Weichbildtexte weisen auf einen neuen Gedanken hin, vergleiche z. B.:
frnhd.: Nv vornemet /// *atsch.*: GYz rozomieyte
[Art. 8 § 1, 30^{v} /// C8, 104^{v}–105^{r}]

---

[249] Zeichen für das Fehlen eines Wortes bzw. einer Wortgruppe.

[250] Die Glossentexte beider Handschriften (frühneuhochdeutsch, alttschechisch) wurden nicht in den Vergleich einbezogen.

oder nachfolgend im Charakter von Paarformeln[251]:
frnhd.: Nv horet vnde vornemet /// *atsch.*: POſluchayte a rozomieyte
[Art. 9 § 1, 36r /// C9, 106v]
und
frnhd.: Wollet ir horen vnde vornemen /// *atsch.*: CHczete li rozomiety a ſlyſſety
[Art. 6 § 1, 21r /// C6 100v].

IV. Rechtsrelevanter Wortschatz im deutsch-tschechischen (frühneuhochdeutsch-alttschechischen) Vergleich anhand einer deutschen Handschrift des „Sächsischen Weichbilds" mit Glosse (Textzeuge: Hs. B) und einer tschechischen Handschrift des „Sächsischen Weichbilds" mit Glosse (Textzeuge: Hs. P)

1. Zum Aufbau des Materialteils der deutsch-tschechischen (frühneuhochdeutsch-alttschechischen) kontrastiven Wortanalyse

Es sei nochmals darauf hingewiesen, dass alle Teile der deutsch-tschechischen Untersuchung einschließlich der einleitenden und auswertenden Kapitel wie auch der Wörterverzeichnisse bis hin zu den verwendeten Abkürzungen für ausgewertete Literatur den Bezug zu den entsprechenden Teilen der deutsch-polnischen kontrastiven Wortanalyse[252] herstellen. Eigene Quervergleiche des Benutzers sollen so erleichtert werden.

Der Materialteil bietet in einer deutsch-tschechischen Gegenüberstellung – wo möglich ergänzt durch polnische Entsprechungen – eine Auswahl der aus dem frühneuhochdeutschen „Sächsischen Weichbild" mit Glosse (Textzeuge: Hs. B) und dem alttschechischen „Sächsischen Weichbild" mit Glosse (Textzeuge: Hs. P) erschlossenen Rechtstermini.

Es sei ausdrücklich betont, dass Rechtswortschatz aus den entsprechenden Glossentexten nicht in die Untersuchung einbezogen wird.

---

[251] „Paarformel ist die zweigliedrige, zu einer Einheit verknüpfte Sprachformel, die durch Stabreim, Endreim, Rhythmus und andere sprachliche Mittel verstärkt sein kann. [...] In den meisten Fällen sind [...] [die] Komponenten [einer Paarformel] Substantive [...], seltener kommen Verben [...], Adjektive [...] oder Adverbien [...] vor.", vgl. SPÁČIL, SPÁČILOVÁ, Míšeňská právní kniha. Historický kontext, jazykový rozbor, edice/Das Meißner Rechtsbuch. Historischer Kontext, linguistische Analyse, Edition, 2010, S. 476; außerdem SCHMIDT-WIEGAND, Paarformeln, in: HRG, Bd. 3, 1984, Sp. 1387–1399. – Zu Paarformeln im Weichbildtext und ihrer Übersetzung, vgl. BILY, Zu einigen deutschen Rechtsformeln und ihrer Übersetzung ins Polnische und Tschechische, in: BALOGH, HOMOKI-NAGY (Hrsg.), Ünnepi kötet Dr. Blazovich László egyetemi tanár. 70. születésnapjára, 2013, S. 143–155.

[252] Vgl. BILY, Rechtsrelevanter Wortschatz der „Magdeburger Urteile" im deutsch-polnischen (frühneuhochdeutsch-altpolnischen) Vergleich – Kontrastive Wortanalyse, in: ISMIO Bd. 2, S. 135–274.

Bei der Auswahl und Erfassung der Rechtstermini für die kontrastive Wortanalyse wurde besonders auf die Einbeziehung des Kontextes des jeweiligen Terminus geachtet, da dies für die sichere Bestimmung der Semantik eines Rechtsterminus von großer Wichtigkeit ist. So können falsche Schlüsse weitestgehend vermieden werden. Die Ergebnisse aus der Untersuchung zum frühneuhochdeutsch-altpolnischen Wortvergleich[253] historischer Rechtstermini, die in die vorliegende Untersuchung systematisch einbezogen wurden, haben gezeigt, dass durch die Berücksichtigung des Kontextes mitunter eine Präzisierung oder auch Korrektur bisheriger deutsch-fremdsprachiger Entsprechungspaare von Rechtstermini erreicht werden kann. Bekanntlich ging es in der Zielsprache bei der Übertragung/Übersetzung der mittelalterlichen Rechtstexte um das nicht immer leichte Finden sprachlicher Äquivalente für Rechtstermini aus der Ausgangssprache. Auf Varianz mittelalterlicher Termini, darunter auch Rechtstermini, in ein und derselben Quelle haben wir bereits hingewiesen. An zahlreichen Beispielen erläutert der polnische Forscher Aleksander Zajda[254] den hohen Stellenwert einer kontextgebundenen Interpretation der Rechtstermini wie auch einer Berücksichtigung der Rechtstermini in phraseologischen Wendungen.

Aus der einschlägigen Literatur ist bekannt, dass bei der Übertragung/Übersetzung eines deutschen Textes in eine andere Sprache mitunter eine ganze Anzahl von Entsprechungen für einen bestimmten deutschen Terminus begegnen. Diese Erfahrung machte u. a. Mária Papsonová[255] in ihrer Untersuchung zum „Silleiner Rechtsbuch“ und seiner Übersetzung ins Alttschechische.

Der Materialteil unserer deutsch-tschechischen (frühneuhochdeutsch-alttschechischen) kontrastiven Wortanalyse ist alphabetisch nach deutschen Stichwörtern[256] geordnet, bei denen hinter einem dreifachen /// Schrägstrich die jeweilige tschechische Entsprechung steht. Hinter einem weiteren dreifachen /// Schrägstrich folgt, soweit vorhanden, die polnische Entsprechung.

Die Umkehrung, d. h. das tschechische Stichwort mit einem Verweis auf die deutsche Entsprechung mit der ausführlichen Bearbeitung des Stichwortes, ist hier ebenfalls alphabetisch eingeordnet. Damit wird – ebenso wie bereits in der deutsch-polnischen kontrastiven Wortanalyse[257] – aus Gründen der Nutzerfreundlichkeit auf ein separates tschechisch-deutsches Register der Stichwörter verzichtet und das Arbeiten und Nachschlagen in nur e i n e m alphabetischen Gesamtverzeichnis ermöglicht.

---

253 Vgl. ebd.

254 ZAJDA, Studia z historii polskiego słownictwa prawniczego i frazeologii, 2001.

255 PAPSONOVÁ, Das Magdeburger Recht und das Silleiner Rechtsbuch, 2003.

256 Bei mehreren Stichwörtern derselben Wortfamilie wird das alphabetische Prinzip ‚elastisch‘ gehandhabt.

257 Vgl. BILY, Deutsch-polnische kontrastive Wortanalyse anhand einer deutschen und einer polnischen Handschrift der „Magdeburger Urteile“ und Wörterverzeichnisse, in: ISMIO Bd. 2, S. 117–394.

In der gesamten Untersuchung ist der dreifache /// Schrägstrich als Grenzmarkierung zwischen dem deutschen und dem tschechischen wie auch dem vergleichend einbezogenen polnischen Material anzusehen. Dies gilt für die Stichwortzeile wie für den Belegteil und auch für die Angabe der Textstellen in der deutschen wie der tschechischen Handschrift im Anschluss in den jeweiligen Quellenbeleg in eckigen [ ] Klammern.

2. Zum Aufbau der Stichwortartikel

Zunächst sei ausdrücklich darauf hingewiesen, dass jedes der Stichwörter als eigenständige Bearbeitung angelegt ist.

Die Grundstruktur der Teile eines Stichwortartikels wird unten erklärt. Sie besteht aus: Stichwortzeile, Definition des Rechtsterminus, Belegteil, Kommentar und abgekürzt zitierter Literatur.

2.1. Stichwortzeile

- Als Stichwort fungiert der *Terminus* (mitunter auch eine *Wortgruppe*), jeweils in Fettdruck. Bei Substantiven steht im Deutschen der Artikel, der gleichzeitig Genusangabe ist.
- Auf das deutsche Stichwort folgt das entsprechende tschechische. Der Ansatz der neu- und alttschechischen Stichwörter war immer wieder Gegenstand ausführlicher Diskussionen. Hier danke ich ganz besonders Frau Dr. Milada Homolková (Praha/Prag), mit deren Hilfe nach eingehender Beratung eine Entscheidung für die vorliegende Form der Stichwortansätze erfolgte. Folgende Vorgehensweise wurde gewählt: Gibt es bei einem Wort/Rechtsterminus eine Kontinuität von der alttschechischen Zeit (1150/1200–1500) bis ins Neutschechische, so wird die moderne, neutschechische Wortform angeführt, z. B. *právo* 'Recht'. Ist ein Wort lediglich für das Alttschechische belegt, wird die alttschechische Form in der Stichwortzeile genannt, mit dem Zusatz in runden ( ) Klammern *(staročes.)* 'alttschechisch', z. B. *lava* '(Gerichts)Bank' *(staročes.)*.
- Außerdem wird Vergleichsmaterial aus dem bereits bearbeiteten polnischen Material des Materialteils[258] wie auch der Wörterverzeichnisse einbezogen.
- In der Stichwortzeile wird weiterhin auf Varianten, z. T. auch auf Synonyme hingewiesen, die nicht aus unserem Materialteil stammen.
- Die deutsche Übersetzung eines fremdsprachigen Rechtsterminus wird nur dann angegeben, wenn die Bedeutung des fremdsprachigen Äquivalents von der des deutschen Stichworts abweicht bzw. wenn zusätzlicher Erklärungsbedarf angenommen wird.

---

258 Vgl. ebd.

2.2. Definition des Rechtsterminus

- Auf die Stichwortzeile folgt, soweit es als notwendig erachtet wird, eine kurze Definition des Rechtsterminus in eckigen [ ] Klammern.

2.3. Belegteil

- Kernstück eines Stichwortartikels ist der Belegteil, d. h. Exzerpte aus den beiden vergleichend untersuchten Weichbildtexten in deutsch-tschechischer, genauer frühneuhochdeutsch-alttschechischer Gegenüberstellung. Dabei steht der jeweilige Rechtsterminus eingebettet in seinen Kontext. Um ihn auch innerhalb eines längeren Kontextes gut auffindbar zu machen, wird der Terminus durch *Kursivschrift* hervorgehoben.
- Bei jeder zitierten Textstelle stehen alle notwendigen Angaben, um dem Benutzer den direkten Weg zur entsprechenden Stelle in der deutschen wie auch in der tschechischen Handschrift zu ermöglichen.
- Innerhalb eines Stichwortartikels ist das Belegmaterial nach folgendem Schema angeordnet: zunächst steht der einfache Terminus, darauf folgt der Terminus in Verbindung mit einem Attribut und schließlich der Terminus in präpositionalen Wendungen, darunter auch Paarformeln.

2.4. Kommentar

Alle Bemerkungen sind im abschließenden Kommentar eines Stichwortes zusammengefasst. Dabei bezieht sich der Kommentar auf das frühneuhochdeutsch-alttschechisch vergleichend untersuchte Quellenmaterial.

- Wo es durch das Material gegeben ist, erfolgt ein Vergleich zur deutsch-polnischen Wortanalyse der „Magdeburger Urteile“[259].
- Erläuterungen, z. B. als grammatischer Kommentar, aber auch als erklärender Hinweis, werden bei Notwendigkeit an der jeweiligen Stelle des Belegtextes in geschweiften { } Klammern eingefügt. Diese Erläuterungen sind wegen der besseren Auffindbarkeit **fett** hervorgehoben.
- Ist im Kommentar eine Bezugnahme auf Einzelbelege nötig, werden diese mit *arabischen Ziffern* nummeriert, mitunter – wenn eine weitere Differenzierung nötig ist – zusätzlich auch mit *Kleinbuchstaben* versehen.
- Eine Vertiefung in sprachhistorische Einzelfragen wurde für den Kommentar nicht vorgesehen, denn sie würde den Rahmen dieser Untersuchung sprengen.

---

[259] Dies., Rechtsrelevanter Wortschatz der „Magdeburger Urteile“ im deutsch-polnischen (frühneuhochdeutsch-altpolnischen) Vergleich – Kontrastive Wortanalyse, in: ISMIO Bd. 2, S. 135–274.

2.5. Abgekürzt zitierte Literatur

Den Abschluss eines Stichwortartikels bilden Literaturhinweise, vergleiche die Übersicht der abgekürzt zitierten Literatur (*E.IV.5.*) am Ende des Materialteils der deutsch-tschechischen (frühneuhochdeutsch-alttschechischen) kontrastiven Wortanalyse. In dieses Verzeichnis wurden lediglich mehrfach zitierte Titel aufgenommen. Vereinzelte Zitierungen erscheinen in voller Länge unter dem jeweiligen Stichwort.

3. Zu den benutzten Nachschlagewerken

Im Materialteil der deutsch-tschechischen (frühneuhochdeutsch-alttschechischen) kontrastiven Wortanalyse wurde das Studium der beiden Handschriftentexte (ohne Glossentexte) mit einer Auswertung der einschlägigen Literatur verbunden. Als Kriterien für die Auswahl der konsultierten Nachschlagewerke dienten vor allem zwei Aspekte:

1. der interdisziplinäre Charakter des Projektes, der die Ergebnisse besonders von Rechts-, Siedlungs- und Sprachgeschichte verbindet und damit die Einbeziehung der beiden Auflagen des „Handwörterbuchs zur deutschen Rechtsgeschichte"[260], des „Deutschen Rechtswörterbuches"[261] und des „Lexikons des Mittelalters"[262] erforderlich machte, und

2. die im Mittelpunkt der Materialuntersuchung stehenden sprachlichen Nachweise für die Rezeption des Sächsisch-magdeburgischen Rechts in den Gebieten Tschechiens, die im Materialteil das Studium des deutschen und tschechischen Weichbildtextes mit einer Auswertung vor allem der historisch-etymologischen Wörterbücher des Deutschen und Tschechischen verbindet. Dabei wurden außerdem einschlägige Arbeitsergebnisse zum tschechischen historischen Rechtswortschatz wie auch zur Lehnwortforschung einbezogen. Der Bezug zu Mária Papsonovás Wörterbuch zum „Silleiner Rechtsbuch"[263] ist – wie schon bei der Arbeit an der deutsch-polnischen Wortanalyse – besonders wegen der inhaltlichen und methodologischen Nähe fester Bestandteil auch der deutsch-tschechischen vergleichenden Betrachtung. Dass Material wie auch Ergebnisse unserer deutsch-polnisch vergleichenden Untersuchung[264] systematisch einbezogen sind, wurde bereits mehrfach betont. Selbstverständlich erfolgt bei den einzelnen Lexemen auch ein Hinweis auf Register[265] diverser Editionen und Bearbeitungen. Ausgewertet

---

260 Handwörterbuch zur deutschen Rechtsgeschichte, Bd. 1–5, 1971–1998 [HRG]; Handwörterbuch zur deutschen Rechtsgeschichte, Bd. 1–, 2008– [²HRG].

261 Deutsches Rechtswörterbuch, Bd. 1–, 1914– [DRW] (Bd. 1, Einleitung, S. IX f.).

262 Lexikon des Mittelalters, Bd. 1–9, 1980–1998 [LexMa].

263 Papsonová, Das Magdeburger Recht und das Silleiner Rechtsbuch, 2003.

264 Vgl. Bily, Deutsch-polnische kontrastive Wortanalyse anhand einer deutschen und einer polnischen Handschrift der „Magdeburger Urteile" und Wörterverzeichnisse, in: ISMIO Bd. 2, S. 117–394.

265 Vgl. vor allem: Spáčil, Spáčilová, Míšeňská právní kniha. Historický kontext, jazykový rozbor,

wurde ebenfalls die Untersuchung Stefan Michael Newerklas[266] zum deutsch-tschechisch-slowakischen Sprachkontakt.

Für das Deutsche wurden vor allem das „Wörterbuch der Mittelhochdeutschen Urkundensprache“[267], das „Frühneuhochdeutsche Wörterbuch“[268] sowie das „Mittelhochdeutsche Handwörterbuch“ von Matthias Lexer[269] herangezogen. Außerdem konnte bereits das noch unveröffentlichte „Glossar zur Buch'schen Glosse“[270] ausgewertet werden.

Um für die Zeit der hier zu untersuchenden Überlieferung Gewissheit in der semantischen Übereinstimmung des deutschen und des tschechischen Teils eines Wortpaares zu erlangen, wurden vor allem konsultiert: das alttschechische Wörterbuch (Staročeský slovník)[271], die etymologischen Wörterbücher zum Tschechischen von Josef Holub und František Kopečný[272] sowie von Václav Machek[273], das deutsch-tschechische Wörterbuch von Josef Janko und Hugo Siebenschein[274], das deutsch-tschechische Wörterbuch von Josef V. Sterzinger[275], das frühneuhochdeutsche Glossar zu Quellen aus den böhmischen Ländern von Hildegard Boková und Libuše Spáčilová[276], die maschinenschriftliche Arbeitsfassung des rechtshis-

edice/Das Meißner Rechtsbuch. Historischer Kontext, linguistische Analyse, Edition, 2010; KREUZ, MARTINOVSKÝ (Hrsg.), VOJTÍŠKOVÁ (Bearb.), Vladislavské zřízení zemské a navazující prameny, 2007. – Konsultiert wurden ebenfalls: WEIZSÄCKER, Von deutschem Stadtrecht in den Sudetenländern, in: Zeitschrift für deutsche Geisteswissenschaft 5 (1943); außerdem: „Extrakt hlavnějších a přednějších artikulův z Práv Saských anebo Magdeburských (1571). Srovnání Práv Pražských s Právy Magdeburskými“, in: JIREČEK (Hrsg.), Spisy právnické o právu českém v XVI-tém století, 1883, S. 98–147; MICHÁLEK, Český právní jazyk údobí předhusitského a doby Husovy, 1970; auch PRASEK, Český Sachsenspiegel, in: Časopis Moravského musea zemského 12 (1912), S. 124–157.

266 Vgl. NEWERKLA, Sprachkontakte Deutsch – Tschechisch – Slowakisch, 2004; DERS., Die Vermittlung deutscher Lehnwörter durch das Tschechische in das Polnische und Slovakische, in: Wiener Slavistisches Jahrbuch 48 (2002), S. 117–131.

267 Wörterbuch der mittelhochdeutschen Urkundensprache, Bd. 1–3, 1994–2010 [WMU].

268 Frühneuhochdeutsches Wörterbuch, Bd. 1–, 1989– [FWB].

269 LEXER, Mittelhochdeutsches Handwörterbuch, Bd. 1–3, 1992 [Lexer].

270 Wir danken den Mitarbeitern des Projektes „Monumenta Germaniae Historica (Sachsenspiegelglossen)“ an der Sächsischen Akademie der Wissenschaften zu Leipzig, Herrn Dr. Frank-Michael Kaufmann und Herrn Dr. Peter Neumeister, für die Möglichkeit der Benutzung ihres damals noch in Bearbeitung befindlichen Glossars zur Buch'schen Glosse (F.-M. KAUFMANN, NEUMEISTER (Hrsg.), Glossar zur Buch'schen Glosse, T. 1–3, 2015 [Kaufmann/Neumeister Glossar]).

271 Staročeský slovník, 1968; Staročeský slovník, Bd 1. [Lfg. 1–7] na-obijěti sě, Bd. 2 [Lfg. 8–14] obilé-ožžený, Bd. 3 [Lfg. 15–21] paběničský-pravý, Bd. 4 [Lfg. 22–26] prazápis-při, 1968–2008; GEBAUER, Slovník staročeský, Bd. I (A-J), Bd. II (K-N), 1970.

272 HOLUB, KOPEČNÝ, Etymologický slovník jazyka českého, 1952.

273 MACHEK, Etymologický slovník jazyka českého a slovenského, 1957; DERS., Etymologický slovník jazyka českého, 1971.

274 JANKO, SIEBENSCHEIN, Příruční slovník německočeský/Deutsch-tschechisches Handwörterbuch, 1–4, 1936–1948.

275 STERZINGER, Encyklopedický německo-český slovník/Enzyklopädisches deutsch-böhmisches Wörterbuch, I–IV [Bd. IV: Dokončil KABEŠ], 1916–1935.

torischen terminologischen Wörterbuches von Bohuslav Roučka und Vladimír Růžička[277], außerdem der entsprechende Band der juridisch-politischen Terminologie[278], das moderne deutsch-tschechische Fachwörterbuch des Rechts von Jindřiška Munková, Ernst Giese und Stanislav Liška[279] sowie das historische Wörterbuch des slawischen Rechts von Hermenegild Jireček[280], die Edition der „sogenannten Sobieslaw'schen Rechte“ von Rudolf Schranil[281] und nicht zuletzt das Rechtswörterbuch von Dušan Hendrych u. a.[282]

4. Deutsch-tschechische (frühneuhochdeutsch-alttschechische) kontrastive Wortanalyse[283]

A

dt. **Acht, die** /// tsch. **klatba** (staročes.); **kladba** (staročes.); **acht** (staročes.); **vyhnání**; s. a. **klatba** (staročes.) für **bann** (frnhd.); s. u. **Bann, der** /// poln. **zesłanie**; **banicja**; **wygnanie**
[= die im mittelalterlichen deutschen Recht als Unrechtsfolge mögliche allgemeine Verfolgung; Friedlosigkeit]

dt. **Königsacht, die** /// tsch. **kladba** (staročes.), **králova**

welch man aber *indes konnigis achte* blibet iar vnde tag /// Ale ktery czlowiek *w kralowie kladbie* · ***Niemeczky w Achtie*** {erklärender Zusatz im tsch. Text: 'deutsch: in Acht'} oſtane rok a den [Art. 5 § 2, 20r /// C5, 100r][284]

KOMMENTAR

Zusätzlich zur Übersetzung von dt. *Königsacht* als tsch. *králova kladba* (Übersetzung 1:1) wird im tschechischen Text ein erklärender Zusatz gegeben: *Niemeczky w Achtie* 'deutsch: in Acht'.

---

276 BOKOVÁ, SPÁČILOVÁ, Stručný raně-novohornoněmecký glosář k pramenům z českých zemí/Kurzes frühneuhochdeutsches Glossar zu Quellen aus den böhmischen Ländern, 2003.

277 ROUČKA, RŮŽIČKA, Pracovní heslář Českého právněhistorického terminologického slovníku, 1975.

278 Juridisch-politische Terminologie für die slawischen Sprachen Oesterreichs, Deutsch-böhmische Separat-Ausgabe, 1850.

279 MUNKOVÁ, GIESE, LIŠKA, Odborné německo-české právnické názvosloví, 1998.

280 JIREČEK, Prove, 1904.

281 SCHRANIL, Die sogenannten Sobieslaw'schen Rechte, 1916.

282 HENDRYCH [u. a.], Právnický slovník, 2009.

283 Aus Gründen der Nutzerfreundlichkeit wurde das ursprünglich als separates tschechisch-deutsches Register geplante Verzeichnis der Rechtstermini in diesen deutsch-tschechischen Materialteil der kontrastiven Wortanalyse alphabetisch integriert. Diese Vorgehensweise hat sich bereits in der deutsch-polnischen Wortanalyse bewährt. – Bei der alphabetischen Einordnung des Wortschatzes bleiben diakritische Zeichen unberücksichtigt, z. B. *a, á; e, é; c, č; n, ň; r, ř; s, š; z, ž* usw.

284 Im deutschen Weichbildtext wird jeweils die Artikel- und Paragraphenzählung nach der Edition sowie die Folioangabe der Handschrift angegeben, im alttschechischen Text die Kapitelzählung sowie die Foliierung, die sich am unterern Rand der Rectoseite befindet.

LITERATUR

²HRG 1, 59–65 ✧ LexMa 1, 79–81 ✧ DRW 1, 361–378 ✧ DWB 1, 165 ✧ Kaufmann/Neumeister Glossar, 5 ✧ FWB 1, 542–550 ✧ Boková/Spáčilová Glossar, 10: frnhd. *acht* – tsch. *proskripce, klatba, vypovězení ze země* ✧ MRB, Register 787: frnhd. *acht; acht des koniges* – tsch. *acht královský* ✧ Papsonová SRB, 105 f.: *ächte* ✧ Roučka/Růžička Heslář, 235: *klatba* ✧ Newerkla 2004, 256: atsch. *acht* (Erstbeleg: 1467) ✧ Gebauer 2, 41 f.: *klatva* ✧ ESSČ: *acht*

dt. **antworten** /// tsch. **odpovídat**; **odpoviedati** (staročes.) /// poln. **odpowiadać** [= antworten; auf eine Klage antworten; sein Recht geltend machen; sich verteidigen]

Clag*et* er denn*e* yn wichbilde uff eyn erbe ader uff eyn eigen ader vm*m*e ander gut ader vm*m*e ſchult {im dt. Text: *Gut und Schuld*} ader vm*m*e vngerichte er ſy dewcʒſch ader wendiſch er mus do *antwerten* wo der man recht vordert /// Zalowal li by geden v wykpildie na gedno diediczſtwo · Aneb o wlaſtnie aneb o dluh · neb o gine zbozie {im tsch. Text: *dluh neb zbozie* 'Schuld oder Gut', d. h. Umkehrung der Glieder der Paarformel} · neb o bezprawie · bud ten niemecz nebo Srb Ten muſſy tu *odpowiedati* · kdez czlowiek prawa hleda [Art. 28 § 2, 111ᵛ /// C40, 149ʳ]

KOMMENTAR

Für dt. *antworten* steht im tschechischen Text *odpoviedati* (staročes.) (Übersetzung 1:1).

Im untersuchten polnischen Text der „Magdeburger Urteile" steht für dt. *antworten* poln. *odpowiedać* (ISMIO Bd. 2, S. 143), ebd. auch *Antwort* und *Antworter*, ISMIO Bd. 2, S. 142–144.

LITERATUR

DRW 1, 758–762 ✧ DWB 1, 508–511 ✧ WMU 1, 119–122 ✧ Kaufmann/Neumeister Glossar, 55 ✧ FWB 1, 1560–1568 ✧ Roučka/Růžička Heslář, 344: *odpověděti* ✧ Staročeský slovník 2, 943: *odpoviedati* ✧ Reczek/Twardzik III, 176 ✧ Słownik staropolski 5, 481–483

B

dt. **Bank, die**; **Gerichtsbank, die**; **Dingbank, die** /// tsch. (**soudní**) **lavice**; **lava** (staročes.) /// poln. **ławica** (staropol.); **ława**
[= Versammlungs- und Gerichtsplatz, der von einer Schranke oder von Zäunen umgeben ist; Gerichtsbank]

I. dt. ***die Bank besetzen*** /// tsch. ***lavice osaditi*** (staročes.) 'die Bank besetzen':

AB der richter vnd*e* die ſchepphen abegeſtorben ſien yn wichbilde ma*n* m*a*g *dy bang wol beſetcʒen* vm*m*e eyne gabe ab man des bedarff /// KDyz by Rychtarz a kmete podemrzeli · v wykpildie ***Neb w Mieſſtie*** {erklärender Zusatz im tsch.

Text: ‘oder in der Stadt’} mohu dobrze *lawicze oſadity* · o gedno danie acz toho potrzebugi [Art. 53, 156r-v /// C66, 164r]

II. dt. ***auf der Bank*** /// tsch. ***v lavicích***:

DEr eynen ſchepphen yn wichbilde beſchilt *vff der bang* /// KToz gednoho kmeta pohanie Neb ſſtrafuge *w lawiczech* · v wykpildie [Art. 72 § 1, 172r /// C86, 173r]

III. dt. ***von den Dingbänken aufstehen*** /// tsch. ***vstát ze soudních lavic***:

wenne der burcgraue *uffteht von den dingbencken* vnde geteding*et* hat ȝo iſt ſien teding vȝ / ȝo leg*et* er zcuhant des ſchultis ding vȝ von deme nehiſten tage obir virc*ȝ*in nacht /// kkdyz pak purkabie *wſtane z ſudnych lawicz* A odſaudil geſt Tehda geho ſaudu konecz Tehda on yhned wyſadij neb wylozij Sſulteyſow ſaud · od toho dne po cztrnaſti dnech potom [Art. 44 § 4, 145v /// C57, 159r]

IV. dt. ***vor die Vierbänke*** /// tsch. ***před čtyři lavy*** (staročes.) {wohin}:

Do ſal yener [...] komen yn eyn geheg*et* ding *vor die vier bencke* /// Tu ma y ten [...] przigity k zahagenemu ſaudu · *przed cztyrzi lawy* [Art. 20 § 1, 73v /// C20, 125v]

ȝo trete er *vor die virbencke* Vnde bitte den richter / daȝ er ſien gecȝeug ſy durch recht /// Tehda onen ktoz vweden geſt · ma zaſe przigity · *przed cztyrzi lawy* A proſyti Rychtarze aby on geho ſwiedek byl · Z prawa [Art. 20 § 3, 74r /// C20, 125v–126r]

V. dt. ***vor den Vierbänken*** /// tsch. ***před čtyřmi lavicemi*** {wo}:

daȝ ſal man en geben *von den vier bencken* /// A ten gym ma dan byty *przed cztyrzmi lawiczemi* [Art. 11 § 1, 46r /// C11, 110r]

Kommentar

Für dt. *Bank* steht im tschechischen Text *(soudní) lavice*; auch *lava* (staročes.) (Übersetzung 1:1), vgl. auch die Verbal- und Präpositionalkonstruktionen: dt. *die Bank besetzen* /// tsch. *lavice osaditi* (staročes.) (I.), dt. *auf der Bank* /// tsch. *v lavicích* (II.), dt. *von den Dingbänken aufstehen* /// tsch. *vstát ze soudních lavic* (III.), dt. *vor die Vierbänke* /// tsch. *před čtyři lavy* (staročes.) (IV.) sowie dt. *vor den Vierbänken* /// tsch. *před čtyřmi lavicemi* (V.) (in allen Fällen Übersetzung 1:1).

Im untersuchten polnischen Text der „Magdeburger Urteile“ steht für dt. *Bank* poln. *ławica* (ISMIO Bd. 2, S. 144 f.), auch *Schöffenbank* (ISMIO Bd. 2, S. 230). Deutsch *ohne die Bank* wird im polnischen Text mit *bez ławice* wiedergegeben, und für dt. *gehegte Bank* steht poln. *gajony sąd*.

Literatur

DRW 4, 318 ✧ DWB 1, 1105–1110 ✧ WMU 1, 140 ✧ Kaufmann/Neumeister Glossar, 70 ✧ FWB 2, 1867–1879 ✧ Boková/Spáčilová Glossar, 47: frnhd. *bank* – tsch. *soudní lavice, lavice přisežených, šefů*; 47, 102: frnhd. *gehegte bank, gehegte dingbank* – tsch. *zahájený soud* ✧ MRB, Register 788 ✧ Papsonová SRB, 133 f. ✧ Roučka/Růžička Heslář, 273: *lava, lavice* ✧ Gebauer 2, 210: *lava, lavice* ✧ Reczek/Twardzik III, 132 ✧ Słownik staropolski 4, 103–105: *ławica*; 4, 104: *ławnik* ✧ Linde 5, 457: *stolec* ‘Richterstuhl’

dt. **Bann, der** /// tsch. **klatba** (staročes.); **kladba** (staročes.); **moc**; (**soudní**) **pravomoc**; s. a. oben **klatba** (staročes.); **kladba** (staročes.) für **acht** (frnhd.) /// poln. **wyjęcie spod prawa**; **banicja**; **infamia**; **wyklęcie**
[= Möglichkeit eines Amtsträgers, Gebote und Verbote unter Androhung gewichtiger Rechtsfolgen im Fall der Nichtbeachtung auszusprechen]

I. dt. ***Bann, der*** /// tsch. ***kladba*** (staročes.):
wen *ban* schadit der ʒelen vnde nymmt doch nymande den lip {‘Leib’} wy lange er ***dorynne*** {Pronomen für dt. *Bann*, s. im tsch. Text *kladba*} iſt. /// Nebo *kladba* ſſkody duſſy · a neodgyma zadne*m*v geho zywota {‘Leben’} · kterak koliwiek dluho czlowiek *w kladbie* oſtawa [Art. 5 § 1, 20r /// C5, 100r]
Der ſchultis ſal belehent ſien vnde das ſal ſien recht lehn weſen er *ſal den ban haben* des lantherren /// A ſulteys ma obmanien byti Aby toho prawe leno geho bylo tak *ma mieti kladbu* od krale · neb od toho pana · to geſt pod kterymiz ſaudy {für dt. *Landesherr* (den Bann haben von) steht im tsch. Text: *od krale · neb od toho pana · to geſt pod kterymiz ſaudy* ‘vom König oder von dem Herrn, der die Gerichtsgewalt hat’} [Art. 46 § 5, 146v /// C58, 159v]
II. dt. ***Bann, der*** {in der Bedeutung *Amtsgewalt*} /// tsch. ***moc*** (***pravomoc***):
wen der ſchultheiſʒ hat ***den [ban]*** von dem greuen / vnde des ſchultis a*m*mecht von des landes h*er*ren / alʒo hot ouch der burcgreue *den ban* von dem koninge vnde gerichte von des landes herren /// Neb Rychtarz ma ***tu*** {Interferenz: der deutsche bestimmte Artikel wird als Demonstrativpronomen übernommen} *mocz* od pana te zemie Tez ma purkabie *mocz ſwu* od krale · a Rychtarzſtwie {‘Richterschaft’, Koll.} ***To geſt ſaud*** {erklärender Zusatz im tsch. Text: ‘das ist das Gericht’} od pana zemſkeho [Art. 11 § 3, 46v /// C11, 110v]
III. dt. ***in Bann*** /// tsch. ***v klatbu*** (staročes.)/***kladbu*** (staročes.) {wohin}:
in des babiſtes *ban* getan ader von andern ppfaffen […] blibit er *dorynne* {Verwendung eines Pronomens für dt. *Bann*} iar vnde tag /// w papezowu *w klatbu* Nebo *w kladbu* gyneho kniezſtwa […] A oſtane on w te kladbie {im tsch. Text steht anstelle des Pronomens, vgl. *dorynne* im dt. Text, das Nomen *Bann*, vgl. *w te kladbie*} rok a den [Art. 5 § 1, 20r /// C5, 100r]
IV. dt. ***in Bann*** /// tsch. ***v kladbě*** (staročes.) {wo}:
in des babiſtes ban getan ader von andern ppfaffen […] blibit er *dorynne* {Verwendung eines Pronomens für dt. *Bann*} iar vnde tag /// w papezowu *w klatbu* Nebo *w kladbu* gyneho kniezſtwa […] A oſtane on *w te kladbie* {im tsch. Text steht anstelle des Pronomens, vgl. *dorynne* im dt. Text, das Nomen *Bann*, vgl.: *w te kladbie*} rok a den [Art. 5 § 1, 20r /// C5, 100r]
V. dt. ***zu Bann getan werden*** /// tsch. ***v kladbu*** (staročes.) ***uveden být*** {Passiv}:
ab er *zcubanne getan wert* mit rechte /// Aneb ze by geden ſ prawem *w kladbu vweden byl* · Nebo wypowiedienczem byl [Art. 4 § 5, 16r /// C4 99r] {dt. Pass. /// tsch. Pass.}

VI. dt. ***unter Bann*** /// tsch. ***pod kladbou***; ***pod klatbú*** (staročes.) {wo}:

Geſchit aber die gabe *vnder banne* alȝo daȝ dy ſchepphen zcuſampne ghen vnde geloben *den ba*n vm*m*e dy gabe / ſo ſal man ghenen ynwiſen alȝo vor geſprochen iſt /// Stane li ſe to danie *pod klatbu* ***rozomiey pod hagenim ſaudu*** {erklärender Zusatz im tsch. Text: 'darunter ist zu verstehen: in gehegtem Ding'} · takowie ze ſe kmete ſeydu · a obhagie ſaud · pro to danie ***iakoz rziekame w oklepniem ſaudie · rozomiey kdyz nenie wolan ſaud*** {erklärender Zusatz im tsch. Text: 'wie man sagt im nicht einberufenen Gericht, d. h. wenn kein Gericht einberufen wurde'} Tehda ma onen vweden byti · iakoz gyz powiedieno ge*ſ*t [Art. 21 § 1, 77ᵛ /// C21, 128ᵛ]

wenn*e* eyn phaffe ſtirbt *vnder ſinem banne* /// kdyz geden kniez vmrze *pod geho klatbu* [Art. 49 § 3, 152ᵛ /// C61, 162ᵛ]

KOMMENTAR

Für dt. *Bann* steht im tschechischen Text überwiegend *kladba* (staročes.) neben *klatba* (staročes.) (I., III., IV., V., VI.); in einem Beispiel auch *moc* als Äquivalent für *Bann* in der Bedeutung *Amtsgewalt* (II.) (Übersetzung 1:2).

LITERATUR

²HRG 1, 429–432, 432–436 ✧ LexMa 1, 1414–1418 ✧ DRW 1, 1192–1203: *Bann*; 7, 1231 f.: *Königsbann* ✧ DWB 1, 1113–1115: *Bann*; 8, 1711: *Grafenbann*; 11, 1710: *Königsbann* ✧ WMU 1, 138 f. ✧ Kaufmann/Neumeister Glossar, 68 ✧ FWB 2, 1803–1819 ✧ Boková/Spáčilová Glossar, 47: frnhd. *ban(n)* – tsch. *klatba, trest* ✧ MRB, Register 787: *klatba, trest* ✧ Papsonová SRB, 132 ✧ Roučka/Růžička Heslář, 235: *klatba* ✧ Gebauer 2, 41 f.: *klatva*; 2, 388: *moc*

dt. **Grafenbann, der** {in der Bedeutung *Amtsgewalt*} /// tsch. **moc hrabina** (staročes.); **moc hraběcí**

I. dt. ***unter Grafenbann*** /// tsch. ***pod mocí hrabinú***:

wirt is aber *vnder greuen banne* geſtraffit ȝo ſal man daȝ orteil ynbrengen {Aktiv} obir vircȝin nacht /// A pakli {Urteil} bude Sſtrafowan *pod moczy hrabynu* · neb kniezeczii Tehda {Urteil} ma wneſen byty {Passiv} przeſ cztrnaſte noczy · ***to geſt we dwu nediely*** {erklärender Zusatz im tsch. Text: 'das ist in zwei Wochen'} [Art. 11 § 3, 46ᵛ /// C11, 110ᵛ]

KOMMENTAR

Für dt. *Grafenbann* steht im tschechischen Text *moc hrabina* (staročes.) (Übersetzung 1:1).

dt. **Königsbann, der** {auch in der Bedeutung *Amtsgewalt*, vgl. in diesen Fällen die Übersetzung als tsch. *moc*} /// tsch. **králova moc**; **klatba králova** (staročes.) /// poln. **wyjęcie spod prawa prze króla**; **infamia królewska**

1. Dornach obir ſechȝ wochen komet er nicht ſich zcuuorantwerten vor dem koninge wo er ſy ȝo teilt ma*n* zcu*m* erſten dem gotis huȝe ledig zcu meideborg alles daȝ er von em hatte vnde *dem koninge der ban* /// A potom po ſſeſti nedielech Neprzide li *on* ***to geſt ten purkabie*** {Erklärung zu *on* ‘er’: ‘das ist d(ies)er Burggraf’} · aby ſe opowiediel przed kralem · kdez on geſt Tehda diele toho nayprwe Bozieho domu prazna A w Meydburcze wſſeho toho · czoz on y ot nieho miel A *kraly klatba geho* ***to geſt mocz geho*** {Erklärung zu *Bann* ‘das ist seine Gewalt/Macht’} [Art. 15 § 1, 57r /// C15, 116v]
2. vnde *dem konnige der ban* /// A *kraly klatba geho* ***to geſt mocz geho*** {Ergänzung im tsch. Text: ‘das heißt seine Macht’} [Art. 15 § 1, 57r /// C15, 116v]
3. weig*er*t er ſich des mit vnrechte iar vnd*e* tag / ſo iſt dem landes h*er*ren daȝ gerichte ledig vnd*e* *dem koninge der ban* vnde em geuolg*et* w*ir*t mit rechten orteiln alȝo recht iſt /// A zbraniewal ly by ſe on toho bezprawnie rok a den Tehda geſt te zemie panu rychtu ſwu prowinil A *krali geho klatba* ſwobodna geſt · acz gemu ***ſprawem a s orteli*** {dt. ‘mit Recht und Urteil’} folkowano bude · yakoz prawo geſt [Art. 18 § 2, 69r-v /// C18, 122v]
4. daȝ tut man ouch in allen ſteten do *des koningis bhan* iſt /// A to tez czynie po wſſech kralowſkych mieſtech · kkdezto *kladba kralowa* geſt · ***to geſt mocz kralowa*** {erklärender Zusatz im tsch. Text: ‘das ist die Gewalt/Macht des Königs’} [Art. 10 § 2, 41r /// C10, 108r]

I. dt. ***unter Königsbann*** /// tsch. ***pod královú mocí***:

I.a) dt. schelten ***unter Königsbann*** /// tsch. štráfovati ***pod královú mocí*** (staročes.):

Wirt is {Bezug zum vorhergehenden Satz: gemeint ist *Urteil*} *vnder koningis banne geſchulden* ȝo ſal man daȝ orteil ynbre*n*gen zcu dem nehiſten dinge des burcgreuen / is beneme em denn*e* echte not /// Bude li ortel *pod kralowu moczi ſſtrafowan* · tehdy ***ten*** {Interferenz: der deutsche bestimmte Artikel wird als Demonstrativpronomen übernommen} ortel magi wneſty ku prwniemu ſaudu purkabynu · lecz by gey zaſſla ſkuteczna nuze [Art. 11 § 3, 46r-v /// C11, 110r-v]

II. dt. dingen ***unter Königsbann*** /// tsch. souditi ***pod mocí královú***; souditi ***pod královú klatbú*** (staročes.):

II.a) dt. dingen ***unter Königsbann*** /// tsch. souditi ***pod mocí královú***:

wen der marcgraue ding*et* by ſines ſelbſt hulden daȝ tut der greue nicht der *dingit vnder koningis banne* /// Nebo Markrabie ſaudy pod ſwu ſameho moczi Toho hrabie neczyni Neb on *ſaudy pod moczy kralowu* [Art. 10 § 2, 41r /// C10, 108r]

II.b) dt. dingen ***unter Königsbann*** /// tsch. souditi ***pod královú klatbú*** (staročes.):

5. an der ſelbien ſtat do der burcgraue *dinget vnder koningis banne* alȝo recht iſt / daȝ mus von beiden alȝo geſchen als hiuor geſprochen iſt /// Na tom mieſſtie kdez purkabie *ſaudy pod kralewu klatbu* · iakoz prawo geſt · to muſſy ſe ſtati od nich obogich yakoz gyz powiedieno geſt [Art. 10 § 4, 41v /// C10, 108r]

KOMMENTAR

Für dt. *Königsbann* steht im tschechischen Text *králova moc; klatba králova* (staročes.), auch in Präpositionalkonstruktionen (I., II.) (Übersetzung 1:2).
Wie auch an anderer Stelle (vgl. u. a. *Acht; Königsacht*) steht alttschechisch *klatba* (1., 2., 3., 5.) neben *kladba*. (4.).

LITERATUR

²HRG 3, 25–27 ✧ DRW 7, 1231 f.: *Königsbann* ✧ DWB 11, 1710: *Königsbann* ✧ Kaufmann/Neumeister Glossar, 68 ✧ Papsonová SRB, 436 f. ✧ Gebauer 1, 481: *hrabie*; 2, 126: *král*; 2, 388: *moc*

dt. **beschelden**, **beschelten** 'beschuldigen' /// tsch. **pohaně t**; **potupit**; **pohaněti** (staročes.); **beschelden** {okkasionelle Übernahme[285] von dt. *beschelden* als tsch. *beschelden* in den tsch. Text} /// poln. **ganić** (staropol.); **strofować** (staropol.); **apelować**
[beschelden an der Geburt 'jmd. für unehelich erklären']

Man mag wol eynen man *beſchelden* an ſiner gebort daʒ er zcu fruhe geboren ſy ader ʒcuſpate /// Take mohu gednoho czlowieka dobrze *pohanieti* ***beſchelden*** {erklärender Zusatz im tsch. Text: *beschelden* 'beschuldigen'} na ge*h*o rodu kteryz by ſe drziewe czaſſu ſweho Neb pozdie vrodil yakoz nedochodcze [Art. 4 § 6, 16ʳ /// C4, 99ʳ]

KOMMENTAR

Für dt. *beschelden* steht im tschechischen Text *pohaněti* (staročes.) (Übersetzung 1:1). Als erklärender Zusatz zu atsch. *pohaněti* steht ebenfalls dt. *beschelden* 'beschuldigen' {okkasionelle Übernahme von dt. *beschelden* als tsch. *beschelden* in den tsch. Text}.

LITERATUR

DRW 2, 85 f. ✧ DWB 1, 1562 ✧ Kaufmann/Neumeister Glossar, 112 ✧ FWB 3, 1667 f. ✧ Boková/Spáčilová Glossar, 373: nur frnhd. *schelden* – tsch. *hubovat, hanobit, hanět, karat, obviňovat* ✧ Papsonová SRB, 154 f. ✧ Roučka/Růžička Heslář, 386: *poháněti*; 387: *pohnati* ✧ Staročeský slovník 3, 440: *pohaniti*

dt. **bestätigen** /// tsch. **stvrdit**; **stvrditi** (staročes.) /// poln. **potwierdzić, stwierdzić**

[285] In unserer Untersuchung unterscheiden wir zwischen Entlehnung und okkasioneller Übernahme, vgl. *Kap. E.V.3. und E.V.3.3., S. 350 u. 353*. Im Unterschied zur Entlehnung, bei der ein Lexem in die Nehmersprache integriert wird, was u. a. auch an der Eingliederung in das jeweilige Flexionssystem abzulesen ist, handelt es sich bei okkasioneller Übernahme überwiegend um eine einmalige Übernahme, die in einem einzigen Text, mitunter sogar in einer einzigen Textstelle belegt ist. Ein solches Lexem zeigt gewöhnlich keine Merkmale einer Integration ins Flexionssystem der Nehmersprache (hier des Tschechischen).

vnde dy bewiſunge ſal man *beſtetigen* zcu dem åchten dingen mit dem richtere vnde mit den ſchepphen /// A to {Interferenz: der deutsche bestimmte Artikel wird als Demonstrativpronomen übernommen} vwedenie magi *ſtwrditi* k obeczniemu ſaudu · s Rychtarzem a s kmety [Art. 21 § 1, 77v /// C21, 128v]

KOMMENTAR

Für dt. *bestätigen* steht im tschechischen Text *stvrditi* (staročes.) (Übersetzung 1:1).

LITERATUR

DRW 2, 177–180 ✧ DWB 1, 1656 ✧ WMU 1, 219 f. ✧ Kaufmann/Neumeister Glossar, 122 ✧ FWB 3, 1979–1982 ✧ Boková/Spáčilová Glossar, 70: tsch. *stanovit, potvrdit, dovolit* ✧ Papsonová SRB, 161 f. ✧ Roučka/Růžička Heslář, 554: *stvrditi* ✧ MSS, 486: *stvrditi*

dt. **bezeugen** /// tsch. **osvědčit, osvědčovat**; **usvědčiti** (staročes.), **osvědčovati** (staročes.) /// poln. (**po-, za**)**świadczyć**

WElchen man man vnelich cʒiet an gebort ader an ammechten / daʒ mus ghenner *geczugen* der en des cʒiet ſelb ſobinde volkomener lute an irem rechte /// KTereho by czlowieka narzekli · ze by manzelſky vrozen nebyl · Aneb ze by vrzadu hoden nebyl Ten ktoz narzieka muſſy to *vſwiedcziti* {graphische Wiedergabe des **u** durch **v**} ſam ſedm doſpielych lidij · na gich prawu [Art. 32 § 1, 118r /// C43, 151r]

WO ***eyne*** ſone geſchit vor gerichte ader eyne oruede / die *geczeugit* eyn man mit dem richtere vnde mit den ſchepphen /// KDyz ſe ***gedna*** {Interferenz: der deutsche unbestimmte Artikel wird mit dem tschechischen Zahlwort ***jedna*** 'eine', fem. wiedergegeben} ſmluw*a* ſtane · neb vmluwa przed prawem · tu *vſwiedczi* geden czlowiek Rychtarzem a kmety [Art. 51 § 1, 154r /// C63, 163r]

wo abir ***eyne*** ſune geſchit vʒwe*n*dig dingis / *das geczug*et *man* {unpers.Konstruktion} mit ſechʒ mannen das iſt ſelb ſobende /// Ale kdez ſe ***gedna*** {Interferenz: der deutsche unbestimmte Artikel wird mit dem tschechischen Zahlwort ***jedna*** 'eine', fem. wiedergegeben} ſmluw*a* ſtane · krom ſaudu *To moz vſwiedczeno byti* {Passiv} ſe ſſeſty czlowieky · to geſt ſam ſedm [Art. 51 § 3, 154r /// C63, 163r-v]

dy gabe die dir gegeben iſt vorgerichte / do wyſe ich dich yn alʒ mir daʒ orteil geteilt hat / vnde ſecʒe des die ſchepphen *zcu geczuge* / vnde die ding lute daʒ ich dich hie yngewiſit habe alʒo recht iſt /// ***To*** {Interferenz: der deutsche bestimmte Artikel wird als Demonstrativpronomen übernommen} danie kterez tobie wzdano geſt · przed ſaudem · w tot ia tie vwodym yakz mi ***prawo a*** {Zusatz im tsch. Text: 'Recht und'} ortel nalezlo A toho ted kmety *oſwiedczugi* · a ***ty ktoz przi ſaudie ſtogie*** {Umschreibung für dt. *Dingleute*} · ze ſem vwedl iakoz prawo geſt. [Art. 20 § 2, 74r /// C20, 125v]

KOMMENTAR

Für dt. *bezeugen* steht im tschechischen Text *usvědčiti* (staročes.) (Übersetzung 1:1).
Im polnischen Text der untersuchten „Magdeburger Urteile“ wird dt. *bezeugen* mit poln. *świadczyć* (z. T. auch präfigiert) wiedergegeben, vgl. auch ISMIO Bd. 2, S. 270 f.

LITERATUR

HRG 5, 1693: *Zeugnis* ✧ DRW 2, 300–302: *bezeugen* ✧ DWB 31, 860: *Zeugnis*; 1, 1797: *bezeugen* ✧ WMU 1, 742: *Zeugnis* ✧ Kaufmann/Neumeister Glossar, 127f. ✧ FWB 3, 2318–2324 ✧ Boková/Spáčilová Glossar, 75: *Zeugnis* – tsch. *svědectví* ✧ Roučka/Růžička Heslář, 356: *osvědčiti* ✧ Staročeský slovník 2, 735: *osvědčiti*; 2, 737: *osvědčovati* ✧ ESSČ: *usvědčiti* ✧ Reczek/Twardzik III, 270f. ✧ Słownik staropolski 9, 43–45: *świadectwo* ‘Zeugnis’; 9, 40–43: *świadczyć* ‘bezeugen’; 9, 46f.: *świadek* ‘Zeuge’

tsch. ***bez*****právný**; **práva prázden a bezectný** s. dt. **recht*****los***

tsch. **boží dům** s. dt. **Gotteshaus, das**

dt. **Brief, der** /// tsch. **list**; **zápis** /// poln. **list**

I. dt. ***Brief, der*** /// tsch. ***list***:

Dißin {dt. Demonstrativpronomen} *briff* {Sg.} ſal er ſenden dem hochſten voite des gotis huſes daȝ iſt der burcgraue zcu meidebo*rg* /// A *ty* {tsch. Demonstrativpronomen} *liſty* {Pl.} ma on poſſlati naywyſſiemu ffoytowi · ***toho*** {Interferenz: der deutsche bestimmte Artikel wird als Demonstrativpronomen übernommen} bozie*ho* domu To geſt ***ten*** {Interferenz: der deutsche bestimmte Artikel wird als Demonstrativpronomen übernommen} purkrabie · z Meydburka [Art. 14 § 1, 53v /// C14, 115r]

II. dt. ***Brief, der*** /// tsch. ***zápis***:

burgen ader *briue* {Pl.} nemen /// rukoymie neb *zapiſs* {Sg.} przigieti [Art. 50 § 3, 154r /// C62, 163r]

III. dt. **Briefe, die** /// tsch. **listy** {Pl.} /// poln. **listy** {Pl.}:

Dißze {dt. Demonstrativpronomen} *briue* ſal nemen ***der*** burcgreue von meideborg / vnde ſal dy ſenden ______ {tsch. nayprwe fehlt im dt. Text} dem herczugen von ſachȝin by deme dy mit dem orteil geczagin haben vnde mit der acht · vnde czwenczig mann*e* rate vnde orkunde daȝ ich och hie genant habe /// A *ty* {tsch. Demonstrativpronomen} *liſty* ma wzieti ***ten*** {Interferenz: der deutsche bestimmte Artikel wird als Demonstrativpronomen übernommen} purkabie · z Meydeburka A ma ge poſſlati nayprwe {tsch. nayprwe fehlt im dt. Text} kniezeti Saſke*mv*· a to po tiech kterzyz ſe po orteli tahnu A to s tiech cztyrz a dwaczeti muzow · s gich radu s gich wiedomym · kterez ſem wam naprzed menowal [Art. 14 § 2, 53v /// C14, 115r]

IV. dt. **der Stadt Brief** /// tsch. **městský list**:

Der ſchult*is* ſal nemen *der ſtat brief* doran ſal ouch ir ingeſigil hangen /// Ze Rychtarz ma wzieti *mieſtczky liſt* · A gich peczet k tomu ma prziwieſſena byti ***A k tomu ma wzieti tiech kanownikow liſt · s gich prziwieſſenu peczeti*** {erklärender Zusatz im tsch. Text: 'und dazu soll er den Brief der Kanoniker nehmen mit ihrem angehängten Siegel'} [Art. 14 § 1, 53v /// C14, 115r]

KOMMENTAR

Für dt. *Brief* steht im tschechischen Text *list* (I., III.) bzw. *zápis* (II.) (Übersetzung 1:2), vgl. außerdem dt. *der Stadt Brief* /// tsch. *městský list* (IV.).
Im polnischen Text der untersuchten „Magdeburger Urteile" steht für dt. *Brief* poln. *list*, vgl. auch *Gerichtsbrief* (ISMIO Bd. 2, S. 182), *Schöffenbrief* (ISMIO Bd. 2, S. 230f.) und *Schuldbrief* (ISMIO Bd. 2, S. 235).

LITERATUR

LexMa 2, 648–682 ✧ DRW 2, 493–501 ✧ DWB 2, 379 ✧ Kaufmann/Neumeister Glossar, 168f. ✧ FWB 4, 1106 ✧ Boková/Spáčilová Glossar, 85 ✧ MRB, Register 789 ✧ Roučka/Růžička Heslář, 282: *list* ✧ Gebauer 2, 257f.: *list*; 2, 342: *městský* ✧ MSS, 634: *zápis*

dt. **Burg, die** /// tsch. **hrad** /// poln. **gród**

dt. **Burgen, die** /// tsch. **hrady** {Pl.} /// poln. **grody** {Pl.}

vnde buweten [lange] *burge* {Pl.} vnde feſten in dem lande /// dielachu *hrady* · a twrze ſkterychz oni vtiſſkachu · wſſechny zemie [Art. 7 § 4, 23v /// C7, 102r]

1. Do ſy daʒ getaten do wurden ſy zcurate wy ſy ***die** burge* {Pl.} beſecʒten /// A kdyz ſe to ſta Radiechu ſe kterak by ***ty*** {Interferenz: der deutsche bestimmte Artikel wird als Demonstrativpronomen übernommen} *hrady a twrze* {für *Burgen* im dt. Text steht *Burgen und Festungen* im tsch. Text} oſadili [Art. 7 § 4, 23v /// C7, 102r]

vnde beſacʒten *die burge* {Pl.} mit en /// A oſadichu gymi *hrady* [Art. 7 § 4, 23v /// C7, 102r]

KOMMENTAR

Für dt. *Burgen* steht im tschechischen Text *hrady*, in einem Beispiel (1.) steht für dt. *Burgen* im tschechischen Text *hrady a twrze* 'Burgen und Festungen' (Übersetzung 1:1).

LITERATUR

2HRG 1, 737 ✧ LexMa 2, 957–1003 ✧ DRW 2, 576f. ✧ DWB 2, 534 ✧ WMU 1, 189 ✧ Kaufmann/Neumeister Glossar, 151f. ✧ FWB 4, 1411f. ✧ Boková/Spáčilová Glossar, 89 ✧ MRB, Register 790 ✧ Papsonová SRB, 186f. ✧ Roučka/Růžička Heslář, 178: *hrad* ✧ Gebauer 1, 482 dt. **Bürge, der** /// tsch. **rukojmě** (staročes.) {Sg.} /// poln. **odpowiednik** (staropol.); **poręczyciel**; **rękojemca** (staropol.)

dt. **Bürgen, die** /// tsch. **rukojmě** (staročes.) {Pl.} /// poln. **odpowiedniki** {Pl.} (staropol.); **poręczyciele** {Pl.}; **rękojemcy** {Pl.} (staropol.)

hat ſy aber *burgen* ***douor*** {dafür: gemeint ist die *Morgengabe*} ȝo bedarff ſy die erben nicht manen von rechte /// Pakli ta zena ma *Rukoymie* · za ſwe wieno · tehda nema diediczow z niczehoz vpomynati [Art. 24 § 3, 96r /// C24, 140v]

burgen ader briue nemen /// *rukoymie* neb zapiſs przigieti [Art. 50 § 3, 154r /// C62, 163r]

KOMMENTAR

Für dt. *Bürgen* {Pl.} steht im tschechischen Text *rukojmě* (staročes.) {Pl.} (Übersetzung 1:1). Vgl. auch ISMIO Bd. 2, S. 149f.: dt. *Bürge* /// poln. *poręka* 'Gewähr'.

LITERATUR

²HRG 1, 737 ✧ DRW 2, 579–585 ✧ DWB 2, 534–536 ✧ WMU 1, 323f. ✧ Kaufmann/Neumeister Glossar, 156f. ✧ FWB 4, 1416–1418 ✧ Boková/Spáčilová Glossar, 89: frnhd. *bürge* – tsch. *ručitel, rukojmí* ✧ MRB, Register 790 ✧ Papsonová SRB, 187–189 ✧ Roučka/Růžička Heslář, 504: *rukojemník* ✧ ESSČ: *rukojmě* ✧ Reczek/Twardzik III, 202 ✧ Słownik staropolski 6, 404f.

dt. **Bürger, der** /// tsch. **měštěnín** (staročes.) /// poln. **mieszczanin**

is ſy denne do ***eyn*** *burger* eyn *ga*ſt beclag*et* ader eyn gaſt *eynen burger* vm*me* ſchult mit gecȝeugc der gaſt mus abir ſweren daȝ er eyn wilder gaſt ſy vnde ȝo verre geſeſſin daȝ er daȝ ding yn eyme tage nicht geſuchen mag /// kkdez by ***geden*** {Interferenz: der deutsche unbestimmte Artikel wird mit dem tschechischen Zahlwort ***jeden*** 'ein(s)' wiedergegeben} *mieſſtienyn* ***gednoho*** {Interferenz: der deutsche unbestimmte Artikel wird mit dem tschechischen Zahlwort ***jeden*** 'ein(s)' wiedergegeben} hoſſtie obzalowal Neb hoſt ___ *mieſſtienina* · ſe ſwiedky Ale hoſt muſſy prziſieczi · Ze on diwoky hoſt geſt A ze on tak daleko ſiedlem ſedij · ze gedniem dnem k ſaudu prawa hledieti nemoz [Art. 45 § 4, 146r /// C58, 159r]

KOMMENTAR

Für dt. *Bürger* steht im tschechischen Text *měštěnín* (staročes.) (Übersetzung 1:1).

LITERATUR

²HRG 1, 738–747 ✧ LexMa 2, 1005–1041 ✧ DRW 2, 588–593 ✧ DWB 2, 537 ✧ WMU 1, 321–323 ✧ Kaufmann/Neumeister Glossar, 159 ✧ FWB 4, 1421–1424 ✧ Boková/Spáčilová Glossar, 89 ✧ MRB, Register 790 ✧ Papsonová SRB, 190f. ✧ Roučka/Růžička Heslář, 302: *měštěnín* ✧ Gebauer 2, 343: *měščěnín*

dt. **Bürgermeister, der** /// tsch. **purgmistr** (staročes.) {Lehnwort aus dt. *Bürgermeister*} /// poln. **burmistrz**; **bur(g)mistrz** (staropol.) {Lehnwort aus dt. *Bürgermeister*}

1. Wo man *eynen burgermeiſter* kuſit yn ***eyner*** ſtat / den kuſt ma*n* zcu eynem iare /// Kdez *purgmiſtra* w ***gednom*** {Interferenz: der deutsche unbestimmte Artikel wird mit dem tschechischen Zahlwort ***jeden*** 'ein(s)' wiedergegeben} mieſtie wole · toho magi k gednomu roku wolity [Art. 19 § 1, 71v /// C19, 124v]
2. Cȝu diſȝin dingen ſal ***der*** *burgermeiſter ſweren* /// A k tiemto wieczem ma ***ten*** {Interferenz: der deutsche bestimmte Artikel wird als Demonstrativpronomen übernommen} *purgmiſtr* ſwu przíſahu vcziniti [Art. 19 § 4, 72r /// C19, 124v]
3. ***Die*** ratmann*e* kyſen ***eynen*** *burgermeiſter* vnder en ad*e*r cȝwene /// ***Tij*** pak konſſele wole ***gednoho*** {Interferenz: der deutsche unbestimmte Artikel wird mit dem tschechischen Zahlwort ***jeden*** 'ein(s)' wiedergegeben} *purgmiſtra* · mezi ſebu nebo dwa [Art. 42 § 2, 139v /// C50, 156v]

KOMMENTAR

Für dt. *Bürgermeister* steht im tschechischen Text das deutsche Lehnwort *purgmistr* (staročes.) (Entlehnung).

Die Beispiele 1.–3. enthalten Belege für den unterschiedlichen Umgang mit dem bestimmten und *un*bestimmten Artikel bei der Übersetzung vom Deutschen ins Tschechische.

1. Ist regulär, denn der deutsche *un*bestimmte Artikel wird nicht übersetzt. Das Tschechische hat keinen bestimmten/*un*bestimmten Artikel, vgl. dt. *eynen* burgermeiſter /// tsch. ____ purgmiſtra.

2. Interferenz: der deutsche bestimmte Artikel wird als Demonstrativpronomen übernommen, vgl. dt. *der* burgermeiſter /// tsch. *ten* purgmiſtr.

3. Interferenz: der deutsche *un*bestimmte Artikel wird mit dem tschechischen Zahlwort *jeden* 'ein(s)' wiedergegeben, vgl. dt. *eynen* burgermeiſter /// tsch. *gednoho* purgmiſtra {Gen.Sg.}.

LITERATUR

LexMa 2, 1047 f. ✧ DRW 2, 603–605 ✧ WMU 1, 325 ✧ Kaufmann/Neumeister Glossar, 182 ✧ FWB 4, 1430–1432 ✧ MRB, Register 790: frnhd. *burgermeyster* – tsch. *purkmistr* ✧ Papsonová SRB, 191 ✧ Roučka/Růžička Heslář, 467: *purkmistr* ✧ ESSČ: *purkmistr, purgmistr* ✧ Newerkla 2004, 213: atsch. *burgmistr*: 1392 ältester atsch. Beleg ✧ Lehnwörter 2010: *burmistrz*

dt. **Burggraf, der** /// tsch. **purk[r]abie/purk[r]abí** (staročes.) {Lehnwort aus dt. *Burggraf*}; als erklärender Zusatz im Text auch tsch. **fojt** (staročes.) 'Vogt' und tsch. **sudí** 'Richter'; vgl. auch tsch. *lantkrabí* 'Landgraf'; *lantkrabství* 'Landgrafschaft' (MRB); s. a. unten **Markgraf** /// poln. **burgrabi(a)** (staropol.)

Dilȝe {dt. Demonstrativpronomen} briue ſal nemen ***der*** *burcgreue* von meideborg vnde ſal dy ſenden _______ {tsch. nayprwe fehlt im dt. Text} dem hercȝugen von ſachȝin /// A ***ty*** {dt. Demonstrativpronomen /// tsch. Demonstrativpronomen} liſty ma wzieti ***ten*** {Interferenz: der deutsche bestimmte Artikel wird als Demonstrativpronomen übernommen} *purkabie* z Meydeburka A ma ge poſſlati nayprwe {tsch. nayprwe fehlt im dt. Text} kniezeti Saſkemv [Art. 14 § 2, 53v /// C14, 115r-v]

daȝ ſelbie ist *dem burcgreuen* /// Tez take *purkaby* [Art. 10 § 3, 41r /// C10, 108r]

wen *der burcgraue* mag kein echte ding gehaben an den ſchultheiſen /// Neb *purkabie* zadneho ***echtedink*** {okkasionelle Entlehnung: Übernahme des dt. Terminus *echtes Ding* ins Tsch.} obecznieho ſaudu · mieti nemoz · bez Rychtarze [Art. 10 § 4, 41v /// C10, 108r]

an der ſelbien ſtat do *der burcgraue* ding*et* vnder koningis banne alȝo recht iſt / daȝ mus von beiden alȝo geſchen als hiuor geſprochen iſt /// Na tom mieſſtie kdez *purkabie* ſaudy pod kralewu klatbu · iakoz prawo geſt · to muſſy ſe ſtati od nich obogich yakoz gyz powiedieno geſt [Art. 10 § 4, 41v /// C10, 108r]

wen der ſchultheiſȝ hat den [ban] von dem greuen / vnde des ſchultis a*m*mecht von des landes h*err*en / alȝo hot ouch *der burcgreue* den ban von dem koninge vnde gerichte von des landes herren /// Neb Rychtarz ma tu mocz od pana te zemie Tez ma *purkabie* mocz ſwu od krale · a Rychtarzſtwie {'Richterschaft', Koll.} ***To geſt ſaud*** {erklärender Zusatz im tsch. Text: 'das ist das Gericht'}, od pana zemſkeho [Art. 11 § 3, 46v /// C11, 110v]

1. ***Dilȝin*** {dt. Demonstrativpronomen} briff {Sg.} ſal er ſenden dem hochſten voite ***des*** gotis huſes daȝ iſt ***der*** *burcgraue* zcu meidebo*r*g /// A ***ty*** {tsch. Demonstrativpronomen} liſty {Pl.} ma on poſſlati naywyſſiemu ffoytowi · ***toho*** {Interferenz: der deutsche bestimmte Artikel wird als Demonstrativpronomen übernommen} bozie*ho* domu To geſt ***ten*** {Interferenz: der deutsche bestimmte Artikel wird als Demonstrativpronomen übernommen} *purkrabie* · z Meydburka [Art. 14 § 1, 53v /// C14, 115r]

Dilȝe {dt. Demonstrativpronomen} briue ſal nemen ***der*** *burcgreue* von meideborg / vnde ſal dy ſenden _______ {tsch. nayprwe fehlt im dt. Text} dem hercȝugen von ſachȝin by deme dy mit dem orteil gecȝagin haben vnde mit der acht vnde cȝwencȝig mann*e* rate vnde orkunde daȝ ich och hie genant habe /// A ***ty*** {tsch. Demonstrativpronomen} liſty ma wzieti ***ten*** {Interferenz: der deutsche bestimmte Artikel wird als Demonstrativpronomen übernommen} *purkabie* · z Meydeburka A ma ge poſſlati nayprwe {tsch. nayprwe fehlt im dt. Text} kniezeti Saſk*emv*· a to po tiech kterzyz ſe po orteli tahnu A to s tiech cztyrz a dwaczeti muzow · s gich radu s gich wiedomym · kterez ſem wam naprzed menowal [Art. 14 § 2, 53v /// C14, 115r]

vn*de* der ſchultheiſȝe ſal *den burcgrauen* laden zcu eynem mole zcu recht*en* orteilen Cȝu dem and*er*n mole yo obir ſechȝ wochin /// A ***ten*** {Interferenz: der deutsche bestimmte Artikel wird als Demonstrativpronomen übernommen}

Sſulteys ma ***toho*** {Interferenz: der deutsche bestimmte Artikel wird als Demonstrativpronomen übernommen} *purkabi* pohnati · prawym ortelem · prwe druhe po trzetie [Art. 15 § 1, 57r /// C15, 116v]

zcu der ſelbien wiſe alȝo der ſchultheiſȝe *den burcgrauen* let Alȝo ſal *der burcgreue* die leyn furſten laden vnde qwemen ſie zcu der dritten ladunge nicht vor alȝo hieuor geſprochen iſt / ȝo wettit ir icȝlicher dem koninge achtcȝen gulden marcg /// kkteremuz podobnie yakoz *Sſulteys* ***to geſt Rychtarz*** {erklärender Zusatz im tsch. Text: ‘das ist der Richter’} *purkabi* pohanie Tez *purkabie* ma tyz llentfurſſten · poddaczie kniezata pohnati A neprziſſly li by oni k trzetiemu pohonu · iakoz tuto pſano naprzed · tehda prowyni gich kazdy krali Oſſmnaſte zlattych · Mark · ***to geſt hrziwen*** {erklärender Zusatz im tsch. Text: ‘das sind hřivny = Nom.Pl. zu tsch. *hřivna* ‘halbes Pfund’’} [Art. 15 § 1, 57r-v /// C15, 116v]

wenn*e* er {der Schultheiß} ſal *dem burcgreuen* daȝ erſte orteil vinden wenn*e der burcgreue* mag keine echte ding gehaben ane ſinen ſchultheiſȝin /// Nebo rychtarz ma *purkabi* prwni ortel naleznuti nebo [Rychtarz] nemoz *purkabie* mieti zadneho ſaudu bez ſweho Rychtarze [Art. 16 § 1, 58v /// C16, 117r]

Obirnachtit aber dy clage / ȝo richtit is *der burcgraue* vnde nyma*n*t anders /// Ale oſtane li ta prze bez zaloby przeſ nocz Tehda to ſaudij *purkabie* a giny nicz zadny [Art. 38 § 2, 129v /// C46, 152r]

Ader komit der ſchultis dorcȝu nicht ȝo w*er*t is em abir nicht wenn*e* der ſchultis ſal *demburcgreuen* daȝ erſte orteil vynden /// Anebo Sſulteys tehda opiet ten ſaud gemu nebude Neb Sſulteys ma *purkabi* prwni ortel nalezty · ***nebo wyneſti*** {erklärender Zusatz im tsch. Text: ‘oder [das/ein Urteil] fällen’} [Art. 44 § 1, 145r /// C57, 159r]

waȝ ȝo vngerichtis geſchit vircȝin nacht vor dem burdinge daȝ richtit *der burcgraue* vnde anders nymant /// Czoz ſe tak bezprawie ſtane · cztrnaſte noczy przed tiem ſaudem · toho neſudy nizadny nez *purkabie* [Art. 44 § 2, 145r-v /// C57, 159r]

2. wenn der ſchultheiſȝe ſal *dem burcgreuen* daȝ erſte orteil vinden /// Nebo Rychtarz {*rychtář* als tsch. Übersetzung für dt. *Schultheiß*} ma *purkaby* ***to geſt ſ[a]udiemu*** {erklärender Zusatz im tsch. Text: ‘das ist der Richter’}· nayprwnieyſſi ortel nalezty [Art. 10 § 4, 41v /// C10, 108r]

3. horet welchȝ ***daȝ*** [orteil] erſte orteil ſy / daȝ der ſchultheiſȝe *deme belehenten voite* vinden ſal *Der voit* ſal vragin den ſchultheiſſen /// Poſluchaytez ktery ***to*** {Interferenz: der deutsche bestimmte Artikel wird als Demonstrativpronomen übernommen} prwni ortel geſt · geſſtoz Rychtarz to*mv* {Interferenz: der deutsche bestimmte Artikel wird als Demonstrativpronomen übernommen} *purkaby* naleznuty ma *Purkabie* ***nebo ffoyt*** {erklärender Zusatz im tsch. Text: ‘oder Vogt’} Ma otazaty Rychtarze [Art. 16 § 2, 58v /// C16, 117r]

KOMMENTAR

Für dt. *Burggraf* steht im tschechischen Text das deutsche Lehnwort *purk[r]abie/ purk[r]abí* (staročes.) (Entlehnung), das allerdings im Text nahezu ausnahmslos als *purkabie/purkabí* belegt ist. Einzige Ausnahme ist Satz 1. mit *purkrabie*. Als erklärender Zusatz sind im tschechischen Text ebenfalls das deutsche Lehnwort *fojt* (staročes.) 'Vogt' und tsch. *sudí* 'Richter' belegt, vgl. die Beispiele in Satz 2. und 3.

2. Der erklärenden Zusatz zu *purkrabí* lautet im tschechischen Text: *to geſt ſ[a]udiemu* 'das ist der Richter'.

3. Als Entsprechung für dt. *Vogt* steht hier im tschechischen Text *purkrabí* 'Burggraf'. Wie in zahlreichen anderen Beispielen begegnet auch hier vereinzelte Übernahme des deutschen bestimmten Artikels als Demonstrativpronomen ins Tschechische (Interferenz).

Im polnischen Text der untersuchten „Magdeburger Urteile" steht für dt. *Burggraf* poln. *burgrabi(a)* (Entlehnung). Dies gilt auch für den Terminus in der nachfolgenden präpositionalen Wendung: dt. *vor dem Burggrafen* /// poln. *przed burgrabią*, vgl. auch ISMIO Bd. 2, S. 150 f.

LITERATUR

²HRG 1, 766–768 ✧ LexMa 2, 1048–1050 ✧ DRW 2, 623–625 ✧ DWB 2, 543 ✧ WMU 1, 314 f. ✧ Kaufmann/Neumeister Glossar, 152 ✧ FWB 4, 1441 f. ✧ Boková/Spáčilová Glossar, 89: frnhd. *burggraf* – tsch. *purkrabí* ✧ MRB, Register 790 ✧ Papsonová SRB, 191 f.: *purkrabie* ✧ RYŠÁNEK, Slovník k Žilinské knize, 1954, S. 521 ✧ Roučka/Růžička Heslář, 468: *purkrabí*; *purkravius* ✧ ESSČ: *purkrabie* ✧ Newerkla 2004, 213 f.: atsch. *pur-grabie/-krabie/-krabí/ -krabě* (Belege ab 1. Hälfte des 14. Jahrhundert) ✧ Reczek/Twardzik III, 36 ✧ Aleksic Ortyle, 69 ✧ Zajda 2008, 297 ✧ Słownik staropolski 1, 177 f. ✧ Linde 1, 199 ✧ Brückner EW, 50 ✧ Bańkowski EW 1, 97 ✧ Eggers 1988, 176 ✧ Lehnwörter 2008, 41 ✧ Lehnwörter 2010: *burgrabia*

dt. **Burgrecht, das** /// tsch. **hradové právo** (staročes.) /// poln. **prawo miejskie**

vnde beſacȝten die burge mit en mit alȝo getanem rechte alȝo noch *burgrecht* iſt an burg lehn {*Burglehn* fehlt im tsch. Text} /// A oſadichu gymi hrady · takowym prawem yakoz geſt *hradowe prawo* [Art. 7 § 4, 23v /// C7, 102r]

KOMMENTAR

Für dt. *Burgrecht* steht im tschechischen Text *hradové* (staročes.) *právo* (Übersetzung 1:1).

LITERATUR

²HRG 1, 769 f. ✧ LexMa 2, 1057 f. ✧ DRW 2, 632–635 ✧ DWB 2, 543 f. ✧ WMU 1, 318 ✧ FWB 4, 1448–1450 ✧ Boková/Spáčilová Glossar, 89 ✧ Roučka/Růžička Heslář, 468: *purkrecht* ✧ Staročeský slovník 3, 1105: *právo* ✧ Gebauer 1, 484: *hradový*

dt. **Buße, die** /// tsch. **pokuta** 'Strafe' /// poln. **(g)wet** (staropol.); **wina**; **nawiązka** [= Strafe (meist Sachleistung) für eine Rechtsverletzung; Bußzahlung; Entschädigung; Geldstrafe]

dt. **Friedensbuße, die** /// tsch. **pokuta** 'Strafe'; **památné** (staročes.) 'Friedensbuße'

I. dt. ***Buße*** /// tsch. ***pokuta***:

vnde dem ***daȝ*** orteil gefunden wirt zcu fromen *ſine buſȝe* /// A komuz ***ten*** {Interferenz: der deutsche bestimmte Artikel wird als Demonstrativpronomen übernommen} ortel k zyſſku bude · nalezen · *geho pokutu* [Art. 13 § 2, 52r /// C13, 114v]

den ſchepphen [yre] *ſyne buſȝe* die daȝ orteil funden hot /// kmetom *gich pokutu* · kterzyz ten ortel nalezli [Art. 13 § 3, 52r /// C13, 114v]

ȝo gibt man icȝlichem ſchepphen *ſine buȝe* /// dadie kazdemu kmetu *geho pokutu* [Art. 13 § 3, 52r /// C13, 114v]

tut er daȝ mit vnrechte vnde obircȝug*et* er en mit richter*e* vnde mit ſchepphen / er gewynnet em *ſyne buſȝe* an vnd*e* dem richtere ſien gewette /// vczini li to kto bezprawnie · a bude toho przeſwiedczen · s Rychtarzem nebo s · kmety · zyſſty na nie*m* *geho pokutu* A Rychtarzi geho wynu [Art. 16 § 2, 59r /// C16, 117v]

Wo der man *ſyne buſȝe* an gewynnet · / do hat der richter ſyne gewette an /// A kdez czlowiek *ſwu pokutu* obdrzy · tu ma take Rychtarz wynu ſwu [Art. 16 § 3, 59r /// C16, 117v]

do mag er wider wergelt noch *buſȝe* v*m*me geben /// a za to on nemoz aniz wergeltu aniz *pokuty* zadne daty [Art. 17 § 4, 66r /// C17, 121r]

er mus em *ſine buſſe* geben /// muſſi gemu *geho pokutu* dati [Art. 28 § 3, 111v /// C40, 149r]

WO eyn laſſe *ſyne buſȝe* vorluſt zcugeben daȝ ſien driſȝig ſchillinge Syn gewette vir ſchillinge /// KDdez geden {Interferenz: der deutsche unbestimmte Artikel wird mit dem tschechischen Zahlwort ***jeden*** 'ein(s)' wiedergegeben} laſſe · ***to geſt zpuſtily czlowiek*** {erklärender Zusatz im tsch. Text: 'das heißt ein freigelassener Mann'} · *ſwu pokutu* prowini To czyni trzidczeti ſſylink A geho odklad cztyrzi ſſylinky [Art. 49 § 1, 152v /// C61, 162v]

II. dt. ***Friedensbuße, die*** /// tsch. ***pokuta***; ***památné*** (staročes.) 'Friedensbuße':

II.a) dt. ***Friedensbuße, die*** /// tsch. ***pokuta***:

der gibt eynen ſchilling zcu *fredebuſȝe*[286] den nemen die ſchepphen /// Ten da geden ſſylink *pokuty* Ten wezmu ty kmete [Art. 72 § 3, 172v /// C86, 173v]

II.b) dt. ***Friedensbuße, die*** /// tsch. ***památné*** (staročes.) 'Friedensbuße':

vnde gibit er *ſine fredebuſȝe* doruff vor dem richtere vnde vor den ſchepphen /// a da *ſwe pamatne* na to · przed rychtarzem a przed kmety [Art. 63, fol. 165v /// C77, 169r]

---

[286] Hs. *frede* über der Zeile eingefügt.

KOMMENTAR

Für dt. *Buße* steht im tschechischen Text *pokuta* 'Strafe' (I.) (Übersetzung 1:1). Zu tsch. *pokuta* ist weiterhin zu bemerken:

- Tsch. *pokuta* steht für dt. *Buße*, daneben außerdem für dt. *Friedensbuße* (II.a)).
- Für dt. *Friedensbuße* steht neben tsch. *pokuta* (II.a)) auch tsch. *památné* (staročes.) 'Friedensbuße' (II.b)). Vgl. auch ISMIO Bd. 2, S. 151 f.: dt. *Buße* /// poln. *wina, wet*.

LITERATUR

²HRG 1, 789–795 ✧ LexMa 2, 1123–1151 ✧ DRW 2, 655–657 ✧ DWB 2, 570 f. ✧ WMU 1, 310 f. ✧ Kaufmann/Neumeister Glossar, 164–166 ✧ FWB 4, 1485–1490 ✧ Boková/Spáčilová Glossar, 90: frnhd. *buße* – tsch. *pokuta, pokání, trest* ✧ MRB, Register 790 ✧ Extrakt, 111: tsch. *pokutu* dáti [...] musí; Extrakt, 126: tsch. musí vetovati jednomu každému z kmetuov jeho *pokutu*, tu jest třidceti šilink ✧ Papsonová SRB, 193–195 ✧ Roučka/Růžička Heslář, 392: *pokuta* ✧ Staročeský slovník 3, 560: *pokuta*; 3, 31: *památné* ✧ MSS, 567: *vina* ✧ Reczek/Twardzik III, 308: *wet*; 313: *wina* ✧ Słownik staropolski 10, 225–229: *wina*; 10, 88: *wet* ✧ Słownik staropolski 6, 334 f.: *pokupić* 'Strafe, Gerichtsgeld zahlen'

dt. **büßen** /// tsch. **odložiti** (staročes.) /// poln. **pokutować**; **zapłacić**; **przypłacać**

Bricht ſy {die Sühne} abir eyn ander er mus ſy *buſʒin* mit ſynem geſacʒtem wergelde /// Pakli gy {die Sühne} zruſſi gyny · muſſy on *odlozyti* ſwym vſazenym wergeltem [Art. 52 § 2, 154^r-v^ /// C64, 163^v^]

KOMMENTAR

Für dt. *büßen* steht im tschechischen Text *odložiti* (staročes.) (Übersetzung 1:1). Vgl. auch ISMIO Bd. 2, S. 152: dt. *(ein)büßen* /// poln. *cierpieć albo stracić*.

LITERATUR

DRW 2, 657–659 ✧ DWB 2, 571–575 ✧ Kaufmann/Neumeister Glossar, 166 f. ✧ FWB 4, 1491 ✧ Roučka/Růžička Heslář, 343: *odložiti* ✧ Staročeský slovník 2, 880: *otložiti* ✧ Reczek/Twardzik III, 48: *cierpieć*; 263: *stracić* ✧ Słownik staropolski 1, 298: *cierpieć*; 8, 458–460: *stracić*

C/Č

tsch. **čas souditi** s. dt. **Dingzeit, die**

tsch. **čest** s. dt. **Ehre, die**

tsch. **čin**; **skutek** s. dt. **Tat, die**

tsch. **cinežné/úročnie zbožie**; **dědičné cinežné zbožie**; **erbcinzgut** s. dt. **Erbzinsgut, das**

tsch. **císař**; **ciesař** s. dt. **Kaiser, der**

tsch. **cizoložné** ***dietě*** s. dt. **Keb(e)skind, das**

tsch. **člověk**; **muž, muži** s. dt. **Mann, der**; **Männer, die**

D

tsch. **dání** s. dt. **Gabe, die**

tsch. **životní** ***dání***; **životnie** ***dánie***; **věno**; **životní leypcucht**; **životní ctnost** s. dt. **Leibgedinge, das**; **Leibzucht, die**

tsch. **dědic** s. dt. **Erbe, der**

tsch. **dědici** s. dt. **Erben, die**

tsch. **dědičstvie**; **dědičstvo**; **vlastnie**; **vlastnie dědičtvie**; **jmění** s. dt. **Erbe, das**

tsch. **děditi** s. dt. **vererben**

tsch. **den** s. dt. **Tag, der**

tsch. **děti** s. dt. **Kinder, die**

dt. **Ding, das** /// tsch. **soud**; s. a. unten **Burgding**; **Burggrafending**; **Ding, echtes**; **Ding, elich**; **Ding, gehegtes/Bank, gehegte**; **Ding, nächstes** /// poln. **sąd** [= Gericht; Gerichtsstätte; Gerichtstag; Gerichtstermin; Gerichtsverhandlung; Gerichtssitzung; Gerichtsbarkeit]

I. dt. ***Ding, das*** /// tsch. ***soud***:

HOret vnde vornem*et* wie ſich *daʒ ding* beghinnet zcu wichbilde rechte /// Slyſſte a rozomieyte · kterak ſe *ſaud* poczina · w prawie · wykpildowem [Art. 16 § 1, 58v /// C16, 117r]

Geſchit ***daʒ*** [nicht] *ding* vor dem voite ʒo wettet er drie phunt Geſchit is vor dem ſchultheiſʒin ʒo wettit er em acht ſchillinge /// Stane li ſe ***ten*** {Interferenz: der deutsche bestimmte Artikel wird als Demonstrativpronomen übernommen} *ſaud* przed ffoytem ***To geſt przed purkabii*** {erklärender Zusatz im tsch. Text: 'das heißt vor dem Burggrafen'} Tehda propadne trzi ffunty Stane li ſe przed Rychtarzem · tehda propadne oſm ſſylink [Art. 16 § 2, 59r /// C16, 117v]

1. W*ir*t er denn*e* beclag*et* an *ſines ſelbiſt dinge* / der ſchultis ⟨ſal⟩ ſien richt*er* ſien /// Bude li on ſam *k ſwemu ſaudu* obzalowan Tehda Sſulteys ma ge*ho* ſaudczi byti ***To geſt podRychtarzie*** {erklärender Zusatz im tsch. Text: 'das ist der Unterrichter'} [Art. 18 § 1, 69r /// C18, 122v]

kome*n* diſʒe dingtage in vier tagen / ader yn gebunden tagen ſo vorluſt er *ſien ding* /// Przidu li tito ſudni dnowe · w geden ſwatek · neb w zawazane dni Tehda on ztraty *ſwoy ſaud* [Art. 44 § 1, 145r /// C57, 159r]

2. is ſy denne do ***eyn*** burg*er* ***eyn*** *ga*ſt beclag*et* ader eyn gaſt eynen burg*er* v*m*me ſchult mit gecȝeuge der gaſt mus abir ſweren daȝ er eyn wilder gaſt ſy vnde ȝo verre geſeſſin daȝ er *daȝ ding* yn eyme tage nicht geſuchen mag /// kkdez by ***geden*** {Interferenz: der deutsche unbestimmte Artikel wird mit dem tschechischen Zahlwort ***jeden*** 'ein(s)' wiedergegeben} mieſſtienyn ***gednoho*** {Interferenz: der deutsche unbestimmte Artikel wird mit dem tschechischen Zahlwort ***jeden*** 'ein(s)' wiedergegeben} hoſſtie obzalowal Neb *hoſt* mieſſtienina · ſe ſwiedky Ale hoſt muſſy przîſieczi · Ze on diwoky hoſt geſt A ze on tak daleko ſiedlem ſedij · ze gedniem dnem *k ſaudu prawa* hledieti nemoz [Art. 45 § 4, 146r /// C58, 159r]

II. dt. ***außerhalb des Dings / des Gerichts*** /// tsch. ***krom*(*ě*) *soudu*** (staročes.):

wo abir ***eyne*** ſune geſchit *vȝwendig dingis* / das gecȝug*et* man mit ſechȝ mannen das iſt ſelb ſobende /// Ale kdez ſe ***gedna*** {Interferenz: der deutsche unbestimmte Artikel wird mit dem tschechischen Zahlwort ***jedna*** 'eine', fem. wiedergegeben} ſmluw***a*** ſtane · *krom ſaudu* To moz vſwiedczeno byti ſe ſſeſty czlowieky · to geſt ſam ſedm [Art. 51 § 3, 154r /// C63, 163r-v]

III. dt. ***zu dem Ding*** /// tsch. ***k tomu soudu***:

vnde komit d*er*ſchultis ***zcu dem*** *dinge* nicht / er wettit dem burcgreuen cȝen phunt Is beneme denn*e* · em echte nodt die er bewiſen ſal alȝo recht iſt /// A neprziſſel li by Sſulteys ***k tomu*** {Interferenz: der deutsche bestimmte Artikel wird als Demonstrativpronomen übernommen} *ſaudu* On wetuge purkabi deſſet hrziwen · lecz by gey zaſſla nuze zprawna · kteruz on pokazati ma iakoz prawo geſt [Art. 44 § 1, 145r /// C57, 159r]

Kommentar

Für dt. *Ding* steht im tschechischen Text *soud* (I.) (Übersetzung 1:1), auch in präpositionalen Wendungen, vgl. dt. *außerhalb des Dings/des Gerichts* /// tsch. *krom(ě) soudu* (II.) und dt. *zu dem Ding* /// tsch. *k tomu soudu* (III.).

Zu vergleichen sind außerdem unterschiedliche Konstruktionen im Deutschen und im Tschechischen zum Ausdruck ein und desselben Inhalts (1.).

Analog zu dt. *Ding* /// tsch. *soud* in der deutsch-tschechischen Wortanalyse wird im untersuchten Text der „Magdeburger Urteile" als Entsprechung für dt. *Ding* überwiegend poln. *sąd* verwendet, auch in der Einbettung in Präpositionalkonstruktionen und phraseologische Wendungen, vgl. ISMIO Bd. 2, S. 154 f.: *Ding*.

Literatur

²HRG 1, 1063–1075: *Ding*; ²HRG 2, 131–143: *Gericht* ✧ LexMa 4, 1322–1335 ✧ DRW 2, 933–944 ✧ DWB 2, 1152–1168 ✧ WMU 1, 655–657; 2, 1437: *Gericht*; 1, 380–382: *Ding* ✧ Kaufmann / Neumeister Glossar: 382–394: *Gericht*; 224–232: *Ding*; 486: *Ding hegen* ✧ Boková / Spáčilová Glossar, 182: frnhd. *gericht* – tsch. *soud, úřad soudce, soudní úřad*; Boková / Spáčilová 102: frnhd. *ding* – tsch. *soud*; ebd. auch frnhd. *eliches ding, gehegtes ding, ding hegen* ✧ MRB, Register 792 ✧ Papsonová SRB, 204–208, 315–322 ✧ Roučka / Růžička Heslář,

535: *soud* ✧ MSS, 487: *súd* ✧ Reczek/Twardzik III, 247 f. ✧ Aleksic Ortyle, 35 ✧ Słownik staropolski 8, 125–131 ✧ Linde 5, 203 f.

dt. **Burgding, das** /// tsch. (**osazený**) **soud**; **osazovánie** (staročes.) {Sitzung} /// poln. **sąd położony**; **rok pewny** (staropol.)
[= Burggericht]

I. dt. ***Burgding, das*** /// tsch. ***soud***:
waȝ ȝo vngerichtis geſchit vircȝin nacht *vor dem burdinge* daȝ richtit der burcgraue vnde anders nymant /// Czoz ſe tak bezprawie ſtane · cztrnaſte noczy *przed tiem* {Interferenz: der deutsche bestimmte Artikel wird als Demonstrativpronomen übernommen} *ſaudem* · toho neſudy nizadny nez purkabie [Art. 44 § 2, 145r-v /// C57, 159r]

II. dt. ***zu dem Burgding*** /// tsch. ***k osazenému soudu***; ***k osazování*** {Sitzung}:
waȝ ſy denne *zcu dem burdinge* gelaben daȝ ſal ma*n* ſtete halden /// czoz oni ***k tomu*** {Interferenz: der deutsche bestimmte Artikel wird als Demonstrativpronomen übernommen} *oſazenemu ſaudu* ſlibie [Art. 42 § 2, 139v /// C50, 156v]
wer *zcu dem burdinge* ȝo man dy glocke lutet / nicht komet der wettet vj· phennige / w*ir*t em aber das burding gekundig*et* ȝo wettet er v· ſchillinge /// kktoz by *k tomu* {Interferenz: der deutsche bestimmte Artikel wird als Demonstrativpronomen übernommen} ***oſazowani*** {Sitzung} neprziſſel · ***rozomiey do rady*** {erklärender Zusatz im tsch. Text: ‘das heißt zum Rat’} · kdyz w zwonecz zwonie · ten propadne {für dt. *wettet* steht im tsch. Text *propadne* ‘verliert’} ſſeſt peniez. Ale bude li gednomu na wiedomie dano · aby do rady prziſſel Neprzide li ten Ten prowinij piet ſſylink [Art. 42 § 2, 140r /// C50, 156v]

KOMMENTAR

Für dt. *Burgding* steht im tschechischen Text *soud* (I.) (Übersetzung 1:1), in präpositionalen Wendungen auch *osazený soud* sowie *osazovánie* {Sitzung}, vgl. außerdem dt. *zu dem Burgding* /// tsch. *k osazenému soudu*; *k osazování* {Sitzung} (II.). Vgl. auch ISMIO Bd. 2, S. 154 f.: *Ding*.

dt. **Burggrafending, das** /// tsch. **soud purk[r]abin** (staročes.) /// poln. **burgrabski) sąd** (staropol.); **sąd burgrabiego**; **sąd burgrabi** (staropol.)
[= Burggrafengericht]

Wirt ***is*** {Bezug zum vorhergehenden Satz: gemeint ist *Urteil*} vnder koningis bann*e* geſchulden ȝo ſal man ***daȝ*** orteil ynbre*n*gen zcu dem nehiſten *dinge des burcgreuen* / is beneme em denn*e* echte not /// Bude li ortel pod kralowu moczi ſſtrafowan · tehdy ***ten*** {Interferenz: der deutsche bestimmte Artikel wird als Demonstrativpronomen übernommen} ortel magi wneſty ku prwniemu *ſaudu purkabynu* · lecz by gey zaſſla ſkuteczna nuze [Art. 11 § 3, 46r-v /// C11, 110r-v]

KOMMENTAR

Für dt. *Burggrafending* steht im tschechischen Text *soud purkabin* (staročes.) (Übersetzung/Entlehnung 1:1). Vgl. auch ISMIO Bd. 2, S. 154f.: *Ding*.

dt. **Ding, echtes** /// tsch. **soud, obecní/vlastní**; **echtedink** {okkasionelle Übernahme von dt. *echtes Ding* als tsch. *echteding* in den tsch. Text}; **soud**, (**zahájený**) (staročes.) /// poln. **sąd wyłożony** (staropol.)
[= das rechtmäßig eröffnete und abgehaltene Gericht]

I. dt. ***echtes Ding*** /// tsch. ***obecní soud***; auch tsch. ***echtedink*** {okkasionelle Übernahme von dt. *echtes Ding* als tsch. *echteding* in den tsch. Text}:

1. wen der burcgraue mag kein *echte ding* gehaben an den ſchultheiſen /// Neb purkabie zadneho *echtedink* {okkasionelle Übernahme von dt. *echtes Din*g als tsch. *echteding* in den tsch. Text} ***obecznieho ſaudu*** {erklärender Zusatz im tsch. Text: 'echtes Ding'} · mieti nemoz · bez Rychtarze [Art. 10 § 4, 41v /// C10, 108r]

vnde ***dy*** bewiſunge ſal man beſtetigen *zcu dem åchten dingen* mit dem richtere vnde mit den ſchepphen /// A ***to*** {Interferenz: der deutsche bestimmte Artikel wird als Demonstrativpronomen übernommen} vwedenie magi ſtwrditi *k obeczniemu ſaudu* · s Rychtarzem a s kmety [Art. 21 § 1, 77v /// C21, 128v]

II. dt. ***echtes Ding*** /// tsch. ***soud***:

wenn*e* ***er*** {der Schultheiß} ſal dem burcgreuen daȝ erſte orteil vinden wenn*e* der burcgreue mag *keine echte ding* {Negation} gehaben ane ſinen ſchultheiſȝin /// Nebo rychtarz ma purkabi prwni ortel naleznuti nebo [Rychtarz] nemoz purkabie mieti *zadneho ſaudu* {Negation} bez ſweho Rychtarze [Art. 16 § 1, 58v /// C16, 117r]

III. dt. ***echtes Ding*** /// tsch. ***vlastní soud***; auch tsch. ***echtedink*** {okkasionelle Übernahme von dt. *echtes Din*g als tsch. *echteding* in den tsch. Text}:

2. Cȝu glicher wiſe alȝo richtit der voit obir den ſchultheiſȝin Daru*m*me ȝo mag ***der*** voit *keine echte ding* {Negation} beſcheiden ane den ſchultheiſȝin /// Tomu napodobnie take ſaudy ffoyt ***to geſt Rychtarz*** {erklärender Zusatz im tsch. Text: 'das ist der Richter'} nad Sſulteyſem ***to geſt na pod Rychtarzi*** {6.Sg.} {erklärender Zusatz im tsch. Text: 'das ist [er richtet] über den *podrychtáře* 'Unterrichter''} Protoz nemoz ***ten*** {Interferenz: der deutsche bestimmte Artikel wird als Demonstrativpronomen übernommen} woyt *zadneho wlaſtnieho* {'echt'} *ſaudu* {Negation} oſaditi ***Echte ding*** {erklärender Zusatz im tsch. Text: 'echtes Ding': okkasionelle Übernahme von dt. *echtes Din*g als tsch. *echteding* in den tsch. Text} bez Sſulteyſa [Art. 18 § 1, 69r /// C18, 122v]

KOMMENTAR

Für dt. *echtes Ding* steht im tschechischen Text *obecní soud* (I.), *soud* (II.) sowie *vlastní* {'echt'} *soud* (III.) (jeweils Übersetzung 1:1). Teilweise belegt ist auch okkasionelle Übernahme von dt. *echtes Din*g als tsch. *echteding* in den tsch. Text (1., 2.).

dt. **Ding, elich** /// tsch. **soud, osazený** (staročes.)
[= echtes Ding, s. o.]

wenn*e* er beclait w*ir*t v*m*me diſȝe ſache vor dem voite do ſal er zcu ha*n*t v*m*me antwerten ab do *elich ding* iſt /// A kdyz on o takowu wiecz przed ffoytem obzalowan bude Tehda ma hned odpowiedaty · acz tu *ſaud oſazeny* geſt ***Rozomiey Elich ding Tak geſt mnoho rzeczeno Iako by rzekl wlaſtni ſaud To geſt wolany ſaud oſazeny · w prawe czaſſy Czeſſky obeczni ſaud*** {erklärender Zusatz im tsch. Text: 'das heißt elich Ding das wird oft [so] gesagt für *vlastní soud* {'echtes Ding'}, das ist ein zur rechten Zeit einberufenes gehegtes Ding, tschechisch *obecní soud* {'echtes Ding'}'} [Art. 17 § 2, 65v /// C17, 121r]

KOMMENTAR

Für dt. *elich Ding* steht im tschechischen Text *osazený soud* (Übersetzung 1:1). Vgl. auch ISMIO Bd. 2, S. 154 f.: *Ding*.

dt. **Ding, gehegtes**; **Bank, gehegte** /// tsch. **soud,** (**za**)**hájený** (staročes.) /// poln. **sąd,** (**za**)**gaj**(**o**)**ny** (staropol.)
[= (eine) ordnungsgemäß eröffnete Gerichtsverhandlung]

I. dt. ***in gehegtem Ding*** /// tsch. ***v hájeném soudu***; ***v zahájeném soudu***; ***před hájeným soudem*** {wo}:

Des burcgreuen {Genitiv} gewette vnde wergelt daȝ gewonnen wirt *yn gehegetem dinge* das ſal ma*n* gelden yn ſechȝ wochen /// Purkabowa {Poss.Adjektiv} pokuta a wergelt · kteraz *w hagenem ſaudu* bude dobyta Ta ma zaplaczena byti w ffeſti nedielech [Art. 45 § 2, 145v /// C58, 159r]

Is mag ouch kein belehenter richter der zcu ſynen iaren komen iſt *yn gehegetem dinge* keinen vormunden gehaben an ſynem gerichte do er ſelbir gheinwertig iſt ader nicht iſt /// Take nemoz zadny podaczi Rychtarz ktery ſ ſwym letom prziſſly geſt · *w zahagenem ſaudu* porucznika mieti · na ſwem ſaudu kdez on ſam przitomen geſt Neb nenie [Art. 47 § 2, 150v /// C59, 161r-v]

yn gehegetem dinge /// *przed hagenym ſaudem* [Art. 50 § 1, 153v /// C62, 163r]

waȝ ey*n* man vorgibt *yn gehegetem dinge* /// Czoz czlowiek da *przed hagenym ſaudem* [Art. 72 § 3, 172v /// C86, 173v]

UOn gaben die ma*n* ader wiben gibit *Ingehegetem dinge* vor dem richtere vnde vor den ſchepphen /// TO danie kterez ſe muzom neb zenam dawa · *w zahagenem ſaudu* · przed Rychtarzem a przed kmety [Art. 55, fol. 156v /// C67, 164v]

Iſt aber dy koueſtat des mannes eigen mit dem gebewde / ȝo mag ſien ebenbortig*er* ſ*w*ertmage wol daruff ſprechen mit rechte wenne is mag nymant ſien eigen vorgeben in wichbilde denn*e* *yn gehegete*m *dinge* vor dem richtere mit erben orlob /// Ale geſt li mieſſtiſtie toho czlowieka · wlaſtnie ge*ho* ſ tiem ſtawenym Tehda geho rownie rozeny po meczi przietel · / moz na to rzeczy ſ prawem Neb zadny nemoze ſweho wlaſtnieho dati · nez *w zahagenem ſaudie* · v wykpildu ·

{Reihenfolge: *im Weichbild und in gehegtem Ding* ist im tsch. Text vertauscht: *w zahagenem ſaudie* · v wykpildu 'in gehegtem Ding und im Weichbild'} przed rychtarzem ***a przed kmety*** {Zusatz im tsch. Text: 'und vor den Schöffen'} · ſ powolenym diediczow [Art. 59 § 2, 164r /// C74, 168v]

Wiſſit daȝ man dem ſchultheiſen vȝ gehegeter bang {gehegte Bank} vnde dem voite sechȝ phennige wettet *ingehegetem dinge* aber acht ſchillinge /// Ale wieztez ze Sſulteyſowi ***to geſt Rychtarzi*** {erklärender Zusatz im tsch. Text: 'das sind Richter'} krom ſaudu hageneho · wettugi ſſeſt peniez · Ale *w hagenem ſaudu* Oſm ſſylink [Art. 10 § 3, 41r-v /// C10, 108r]

II. dt. ***in ein gehegtes Ding*** /// tsch. ***k zahájenému soudu*** {wohin}:

Do ſal yener [...] komen *yn eyn geheg*et *ding* vor die vier bencke /// Tu ma y ten [...] przigity *k zahagenemu ſaudu* · przed cztyrzi lawy [Art. 20 § 1, 73v /// C20, 125v]

III. dt. ***aus gehegter Bank*** /// tsch. ***krom*(*ě*) *hájeného soudu***:

Wiſſit daȝ man dem ſchultheiſen *vȝ gehegeter bang* {gehegte Bank} vnde dem voite sechȝ phennige wettet *ingehegetem dinge* aber acht ſchillinge /// Ale wieztez ze Sſulteyſowi ***to geſt Rychtarzi*** {erklärender Zusatz im tsch. Text: 'das sind Richter'} *krom ſaudu hageneho* · wettugi ſſeſt peniez · Ale *w hagenem ſaudu* Oſm ſſylink [Art. 10 § 3, 41r-v /// C10, 108r]

Kommentar

Für dt. *gehegtes Ding*, *gehegte Bank* steht im tschechischen Text *(za)hájený* (staročes.) *soud*, auch in präpositionalen Wendungen (I., II., III.) (Übersetzung 1:1). Analog zu dt. *gehegtes Ding*, *gehegte Bank* /// tsch. *(za)hájený* (staročes.) *soud* wird im untersuchten Text der „Magdeburger Urteile" als Entsprechung für dt. *gehegtes Ding* überwiegend poln. *gaj(o)ny sąd* verwendet, vereinzelt nur poln. *sąd*. Lediglich in zwei Textstellen steht für dt. *gehegtes Ding* als Entsprechung poln. *prawo* 'Gericht'. Die polnische Entsprechung für das Attribut *gehegt* fehlt mitunter. Für dt. *vor gerichte und vor gehegit dink* steht im polnischen Text *przed gayonym szadem*, d. h. es wird nur eine Komponente der deutschen Paarformel ins Polnische übertragen, vgl. auch ISMIO Bd. 2, S. 154 f.: *Ding*; S. 156–160: *gehegtes Ding*.

Literatur

DRW 5, 548–554: *hegen*; 2, 933–944: *Ding* ✧ DWB 2, 1165; 10, 77: *hegen*; 2, 1152: *Ding* ✧ Kaufmann/Neumeister Glossar, 232 ✧ FWB 5, 745–751; *Ding*, 6, 553: *gehegt* ✧ Boková/Spáčilová Glossar, 102: frnhd. *gehegtes ding* – tsch. *zahájený soud* ✧ Papsonová SRB, 204–208 ✧ Staročeský slovník 2, 610: *osazený*; 2, 611: *osazovánie*; 1, 1069: *obecný*; 1, 884: *nezahájený* ✧ ESSČ: *hájený*, *zahájený* ✧ Reczek/Twardzik III, 80, 247 ✧ Aleksic Ortyle, 38 f., 41 ✧ Zajda 2008, 302 ✧ Słownik staropolski 2, 380 f.: *gajony* ✧ Linde 2, 16 dt. **Ding, nächstes** /// tsch. **soud**, **(naj)bližší / najprvnější / první** (staročes.) /// poln. **sąd**, **pierwy** (staropol.)

I. dt. ***zu dem nächsten Ding*** /// tsch. ***k*** (***naj***)***bližšímu soudu***:

zcu dem nehiſten dinge /// *k blyzſſiemu ſaudu* [Art. 17 § 3, 66^{r} /// C17, 121^{r}]

hot er abir eigen yn dem gerichte {hier: Gerichtsbezirk} ader {dt. gerichte ader fehlt im tsch. Text} wichbilde ȝo ſal man em tedingen *zcu dem nehiſten dinghe* /// Pakli ten ma wlaſtnie v ______ {dt. gerichte ader fehlt im tsch. Text} wykpildu · totiz ze geſt vſedly · Tehda ma gym odlozeno byti · *k nayblizſſiemu ſaudu* [Art. 34, fol. 120^{v} /// C44, 151^{v}]

II. dt. ***zu dem nächsten Ding*** /// tsch. ***k najprvnějšímu / prvnímu soudu***:

zcu dem nehiſten dinge /// *k prwniemu ſaudu* [Art. 29 § 1, 111^{v} /// C41, 149^{r}]

er mus den geweren ſtellen vnde benennen vn*de* brengen zcu tage *zcu dem nehiſten dinge* /// Tehda on muſſy zprawczy ſwe*ho* poſtawiti · a gmenowati a prziweſti *k nayprwnieyſſiemu ſaudu* · ***k vrczenemu dni*** {erklärender Zusatz im tsch. Text: 'zum festgesetzten Tag'} [Art. 68, fol. 170^{v} /// C82, 172^{v}]

Wirt ***is*** {Bezug zum vorhergehenden Satz: gemeint ist *Urteil*} vnder koningis bann*e* geſchulden ȝo ſal man ***daȝ*** orteil ynbren*ge*n *zcu dem nehiſten dinge* des burcgreuen / is beneme em denn*e* echte not /// Bude li ortel pod kralowu moczi ſſtrafowan · tehdy ***ten*** {Interferenz: der deutsche bestimmte Artikel wird als Demonstrativpronomen übernommen} ortel magi wneſty *ku prwniemu ſaudu* purkabynu · lecz by gey zaſſla ſkuteczna nuze [Art. 11 § 3, 46^{r-v} /// C11, 110^{r-v}]

vnde dy wunde nicht kamphbar iſt / man ſal em tedingen *zcu deme nehiſten dinge* /// A ze ta rana ſedanie hodna nenie Magi gemu dielity *ku prwniemu ſaudu* [Art. 71, fol. 171^{v} /// C85, 173^{r}]

welch er kyſen wil *zcu dem nehiſten dinge* /// kterez on wolity chcze *k nayprwnieyſſiemu ſaudu* [Art. 74, fol. 173^{r} /// C88, 174^{r}]

KOMMENTAR

Für dt. *nächstes Ding* steht im tschechischen Text *(naj)bližší soud* (I.) und *najprvnější soud* (II.) (Übersetzung 1:1).

Als genaue Entsprechung zu atsch. *první soud* (II.) ist apoln. *pierwy sąd* im nachfolgenden Beispiel zu betrachten, vgl. die Textstellen im deutsch-polnischen Textpaar der „Magdeburger Urteile": frnhd.: *Dornoch an dem nesten dinge* [danach zu dem {zeitlich} nächsten Ding / Gerichtstermin] /// apoln.: *pothem wpirwem szandze* {'danach zu dem (zeitlich) ersten Ding'} [Potem w pirwem sądzie] [128 /// 137] (ISMIO Bd. 2, S. 154).

Zu vergleichen sind in diesem Zusammenhang ebenfalls die nachfolgenden Beispiele aus dem deutsch-polnischen Vergleich der „Magdeburger Urteile":

1. frnhd.: gewinnet her tak *czu dem andirn und czu dem drittin dinge* [zu dem andern {d. h. zweiten} und dem dritten Ding / Gerichtstermin] /// apoln.: moze myecz *dzen ku drugyemv y ku trzeczyemv szandowy* [może mieć dzień ku drugiemu i ku trzeciemu sądowi] [181 /// 190]

2. frnhd.: *czu fyrden dinge* [zum vierten Ding/Gerichtstermin] /// apoln.: *wczwarthem szandze* [w czwartem sądzie] [122 /// 132]
3. frnhd.: Wyssen scheppin eynes orteylis nicht adir sint des nicht ynne, so mogin sy das ortil vorczyen *in das andir adir, yn das dritte ding* [in das dritte Ding/den dritten Gerichtstermin], denne sullen sy das ortil yn brengin adyr holen lossen, do sich das geburt, ap sy is nicht findin kunnen. Nicht lengir sullen sy das vorczyhen. [in das andere {d. h. *zweite*}, in das dritte Ding/den dritten Gerichtstermin] /// apoln.: nyewyedzaly albo nyemogaly przyszasznyczy ktorego ortelv naydz, szlowye wyrzecz, tedy mogą to odlozycz *do drugyego y do trzeczyego szandv*; Tedy ony mayą Ten ortel wydacz albo mayą poyn poszlacz do wyszego prawą, gdze obycząy poprawo szla, anyemayą dluzey tego odwloczycz podlug prava. [Nie wiedząli albo nie mogą-li przysiężnicy ktorego ortelu najć, słowie wyrzec, tedy mogą to odłożyć do drugiego i do trzeciego sądu; tedy oni mają ten ortel wydać albo mają poń posłać do wyszego prawa, gdzie obyczaj⟨nie⟩ po prawo ślą, a nie mają dłużej tego odwłoczyć podług prawa.] [154 /// 165].

dt. **Ding auslegen** /// tsch. **soud vložiti** (staročes.)
[= Gericht verschieben]

komet diſʒer dingtage eyner an eyne*m* vier tage ader yn eyne*m* [viertage] bunden tage er mag wol · obir eynen tag ader obir cʒwene *ſyn ding vʒ legin* /// Priziſſel li by ten ſaud na geden ſwateczni den Neb w zawazane dni · moz on dobrze potom den neb druhy *ſaud ſwoy wlozity* [Art. 46 § 2, 146r /// C58, 159r]

KOMMENTAR

Für dt. *Ding auslegen (verschieben)* steht im tschechischen Text *soud vložiti* (staročes.) (Übersetzung 1:1).

dt. **Ding hegen** /// tsch. **soud hájiti** (staročes.) /// poln. **sąd gaić** (staropol.)
[= Gericht halten]

wenn*e* em daʒ gefunden w*irt* ʒo vrag*et* er ab er ſien [d] *ding icht* {vielleicht} *heigin moge* /// Dale tieze on geſtli by miel ſwoy *ſaud hagity* [Art. 16 § 2, 58v /// C16, 117r]

KOMMENTAR

Für dt. *Ding hegen* steht im tschechischen Text *soud hájiti* (staročes.) (Übersetzung 1:1). Vgl. auch ISMIO Bd. 2, S. 161.

dt. **Dingleute, die**; **Dingmannen, die** /// tsch. (**ti, ktož při/k**) **soudu** (**pří**)**stojie** (staročes.)/**přístojící** (staročes.) 'die bei Gericht Anwesenden' {Pl.}; **k soudu příslušcjící**; **k soudu slušející** (staročes.) 'die zum Gericht Gehörenden' {Pl.}
[= Dingpflichtige; Urteiler; Urteilsberechtigte bei Gericht]

I. dt. ***Dingleute, die*** /// tsch. (***ti, ktož při/k***) ***soudu*** (***pří***)***stojie*** (staročes.) 'die bei Gericht Anwesenden' {Pl.}:

Sint dar nicht ſchepphe*n* ȝo gecȝeug*et* er is *mit den dingluten* /// Pakli ge*mv* kmete prwe odpadli Tehda vſwiedczi on to *k ſaudu prziſtogiczymi* [Art. 51 § 1, 154ʳ /// C63, 163ʳ]

vnde *den dingluten* /// Aneb *tiem ktoz k ſaudu prziſtogie* [Art. 81 [82], 177ᵛ /// C95, 176ᵛ]

II. dt. ***Dingmannen, die*** /// tsch. ***k soudu přístojící*** (staročes.) 'die bei Gericht Anwesenden' {Pl.}:

Wirt er beclag*et* daru*m*me vor dem voite mit gecȝewge Des mus er mit den ſelbien gecȝugen entghen die ghenn*er* vff en but is ſien *dinglute* ader ſchepphen {im dt. Text: ***Dingleute oder Schöffen***} /// Bude li proto obzalowan przed woytem · ***przed purkabi*** {erklärender Zusatz im tsch. Text: 'vor dem Burggrafen'} · ſwiedomym Toho on muſſy ſ tiemiz ſwiedky odgity Iakoz onen nan wedl g*eſt*· budto S kmety nebo *ſ tiemi ſaudu prziſtogiczymi* {im tsch. Text: ***Schöffen oder Dingleute***, d. h. umgekehrte Nennung der beiden Glieder der Paarformel} [Art. 17 § 1, 65ᵛ /// C17, 120ᵛ–121ʳ]

dy gabe die dir gegeben iſt vorgerichte / do wyſe ich dich yn alȝ mir daȝ orteil geteilt hat · / vnde ſecȝe des die ſchepphen zcu gecȝuge / vnde *die ding lute* daȝ ich dich hie yngewiſit habe alȝo recht iſt /// ***To*** {Interferenz: der deutsche bestimmte Artikel wird als Demonstrativpronomen übernommen} danie kterez tobie wzdano geſt · przed ſaudem · w tot ia tie vwodym yakz mi ***prawo a*** {Zusatz im tsch. Text: 'Recht und'} ortel nalezlo A toho ted kmety oſwiedczugi · *a **ty ktoz przi ſaudie ſtogie*** {Umschreibung für dt. *Dingleute*} · ze ſem vwedl iakoz prawo geſt [Art. 20 § 2, 74ʳ /// C20, 125ᵛ]

zcu de*m* mynſten mit cȝwe*n ſ*chepphen vnde *mit vir dingmannen* ȝo behelt ghenner ſyne gabe /// Naymenie dwiema kmety · a *cztyrzmi k ſaudu prziſtogiczimi* Tak onen ſwe danie obdrzij [Art. 53, fol. 156ᵛ /// C66, 164ʳ]

III. dt. ***Dingleute, die*** /// tsch. ***k soudu slušející***; ***k soudu slušející*** (staročes.) 'die zum Gericht Gehörenden' {Pl.}:

vnde die *dinglute* /// Aneb *k ſudu ſſluſſiegiczie* [Art. 86 [87] § 1, fol. 179ᵛ /// C98, 177ᵛ]

IV. ***Paarformel***:

dt. ***Dingleute*** oder ***Schöffen*** /// tsch. ***s kmety nebo s těmi soudu přístojícími*** (staročes.) 'Schöffen oder Dingleute, d. h. die bei Gericht Anwesenden':

Wirt er beclag*et* daru*m*me vor dem voite mit gecȝewge Des mus er mit den ſelbien gecȝugen entghen die ghenn*er* vff en but is ſien *dinglute ader ſchepphen* {im dt. Text: *Dingleute oder Schöffen*; im tsch. Text: *S kmety nebo ſ tiemi ſaudu prziſtogiczymi* 'mit Schöffen oder Dingleuten', d. h. umgekehrte Nennung der beiden Glieder der Paarformel im tsch. Text} /// Bude li proto obzalowan przed woytem ***przed purkabi*** {erklärender Zusatz im tsch. Text 'vor dem Burggrafen'} · ſwiedomym Toho on muſſy ſ tiemiz ſwiedky odgity Iakoz onen nan wedl g*eſt*· budto *S kmety nebo ſ tiemi ſaudu prziſtogiczymi* {im tsch. Text: *S kmety nebo ſ tiemi ſaudu prziſtogiczymi* 'mit Schöffen oder Dingleuten', d. h.

umgekehrte Nennung der beiden Glieder der Paarformel im tsch. Text} [Art. 17 § 1, 65v /// C17, 120v–121r]

KOMMENTAR

Für dt. *Dingleute* (I.) bzw. *Dingmannen* (II.) steht im tsch. Text *(ti, ktož při/k) soudu (pří)stojie/přístojící* (staročes.) 'die bei Gericht Anwesenden' (umschreibende Übersetzung). Dies gilt ebenfalls für das Vorkommen in einer Paarformel (IV.). In einem Beispiel ist außerdem belegt: dt. *Dingleute, die* /// tsch. *k soudu sluší* (staročes.) 'die zum Gericht Gehörenden' {Pl.} (III.).

LITERATUR

DRW 2, 980–982 ✧ DWB 2, 1175 f. ✧ WMU 1, 382 ✧ Kaufmann/Neumeister Glossar, 234 ✧ FWB 5, 763 ✧ MRB, Register 792: *osoby u soudu* ✧ Papsonová SRB, 209 f. ✧ ESSČ: *přístojiecí*

dt. **Dingtag, der**; **Gerichtstag, der** /// tsch. **soud**; **soudní den** /// poln. **dzień sądowy**; **dzień sądu**

1. komet *diſʒer* {dt. Demonstrativpronomen} *dingtage* eyner an eyne*m* vier tage ader yn eyne*m* bunden tage er mag wol · obir eynen tag ader obir cʒwene ſyn ding vʒ legin /// Prziſſel li by *ten* {tsch. Demonstrativpronomen} *ſaud* na geden ſwateczni den Neb w zawazane dni · moz on dobrze potom den neb druhy ſaud ſwoy wlozity [Art. 46 § 2, 146r /// C58, 159r]

dt. **Dingtage, die**; **Gerichtstage, die** /// tsch. **soudní dni** {Pl.}; **súdní dnové** (staročes.) {Pl.} /// poln. **dni sądowe**; **dni sądu**

2. kome*n* *diſʒe* {dt. Demonstrativpronomen} *dingtage* in vier tagen / ader yn gebunden tagen ſo vorluſt er ſien ding /// Przidu li *tito* {tsch. Demonstrativpronomen} *ſudni dnowe* · w geden ſwatek · neb w zawazane dni Tehda on ztraty ſwoy ſaud [Art. 44 § 1, 145r /// C57, 159r]

KOMMENTAR

Für dt. *Dingtag* steht im tschechischen Text *soud* (1.) bzw. *soudní den* (2.) (Übersetzung 1:1). Vgl. auch ISMIO Bd. 2, S. 155 f.: dt. *Dingtag, rechter* /// poln. *dzień położony* sowie dt. *an einem rechten Dingtag* /// poln. *na dzień położony* 'an einem festgesetzten Tag'.

LITERATUR

2HRG 1, 1063–1075: *Ding* ✧ DRW 2, 1000 f.: *Dingtag*; 2, 933: *Dingtag, rechter* ✧ DWB 2, 1177 f.: *Dingtag*; 2, 1152: *Dingtag, rechter* ✧ WMU 1, 383 ✧ Kaufmann/Neumeister Glossar, 234 ✧ FWB 5, 770 ✧ MRB, Register 792: *dny soudní* ✧ Papsonová SRB, 210 dt. **Dingzeit, die** {Substantiv} /// tsch. **čas súditi** (staročes.) {Verbalkonstruktion}

Der voit ſal vragin den ſchultheiſſen ab is *dingis cȝit* ſy /// Purkabie ***nebo ffoyt*** {erklärender Zusatz im tsch. Text: *nebo ffoyt* 'oder Vogt'} Ma otazaty Rychtarze Geſt li *czas ſudity* [Art. 16 § 2, 58v /// C16, 117r]

KOMMENTAR

Für dt. *Dingzeit* {Substantiv} steht im tschechischen Text *čas súditi* (staročes.) {Verbalkonstruktion} (Übersetzung: Substantiv /// Verbalkonstruktion).
Als Entsprechung für dt. *Vogt* steht hier im tsch. Text *purkabie* 'Burggraf'.

LITERATUR

DRW 2, 1007f. ✧ DWB 2, 1177f. ✧ WMU 1, 383 ✧ Kaufmann/Neumeister Glossar, 234 ✧ Boková/Spáčilová Glossar, 102: tsch. *stanovený den soudního jednání* ✧ MRB, Register 792: tsch. *doba konání soudu* ✧ Gebauer 1, 155

dt. **Schultheißending, das**; **Schultheißengericht, das**; **Schulzengericht, das** /// tsch. **šultejsóv** {Poss.Adjektiv aus tsch. *šultejs*, einem Lehnwort aus dt. *Schultheiß*} **soud** (staročes.) /// poln. **sąd sołtysi**
[= Schultheißengericht]

wenn*e* der burcgraue ufſteht von den dingbencken vnde geteding*et* hat ȝo iſt ſien teding vȝ / ȝo leg*et* er zcuhant *des ſchultis ding* {Genitiv} vȝ von deme nehiſten tage obir vircȝin nacht /// kkdyz pak purkabie wſtane z ſudnych lawicz A odſaudil geſt Tehda geho ſaudu konecz Tehda on yhned wyſadij neb wylozij *Sſulteyſow* {Poss.Adjektiv} *ſaud* · od toho dne po cztrnaſti dnech potom [Art. 44 § 4, 145v /// C57, 159r]

Des ſchultheiſen ding {Genitiv} mag dem mann*e* nyma*n*t gekundigen wenn*e* der ſchultis ſelber ader der vronebote keiner ſyner knechte /// *Sſulteyſowa* {Poss.Adjektiv} *ſaudu* nemoz zadny wloziti · a zwieſtowati czlowiek giny · nez ſam Sſulteys Nebo geho poſſel obeczni Sycz zadny ge*ho* pacholek [Art. 46 § 3, 146r /// C58, 159r]

KOMMENTAR

Für dt. *Schultheißending* steht im tschechischen Text *šultejsóv soud* (Entlehnung/ Übersetzung 1:1).

LITERATUR

DRW 12, 1433–1334: *Schultheißending, Schultheißengericht* ✧ DWB 15, 1987: *Schultheißengericht* ✧ Kaufmann/Neumeister Glossar, 958 ✧ ESSČ: *šultes, šultejs*

dt. **Vogtding, das**; **Vogt(ei)gericht, das** /// tsch. **fojtský/obecní soud** 'Gemeindegericht' (vgl. tsch. *obec* 'Gemeinde') /// poln. **sąd wójtowski**
[= Vogtgericht; Gericht unter dem Vorsitz des Vogtes]

DEr ſchultis der hat *drie voit ding* yn dem iare /// Sſulteys ma *trzi obecznie ſaudy* do roka [Art. 46 § 1, 146r /// C58, 159r]

Ir hochſter richter zcu meideborg der hat *drie voit ding* indem iare /// NAſs naywyſſi Rychtarz w Meydburcze Ten ma *trzi obecznie ſaudy* do roka [Art. 44 § 1, 145r /// C57, 159r]

KOMMENTAR

Für dt. *Vogtding* steht im tschechischen Text *obecní soud* ‘Gemeindegericht’, vgl. tsch. *obec* ‘Gemeinde’ (Übersetzung 1:1).

LITERATUR

WMU 3, 2181f. ✧ Kaufmann/Neumeister Glossar, 1211 ✧ Boková/Spáčilová 489: frnhd. *vogtding* – tsch. *fojtský soud* ✧ Staročeský slovník 1, 1069: *obecný*; s. S. 1075, 2:1 ✧ ESSČ: *fojtský*

dt. **dingen**; **tedingen** /// tsch. **soudit**; **odsouditi** (staročes.) /// poln. **sędzić**; **prawować** (staropol.); **sądzić**
[= Gericht halten; gerichtlich verhandeln]

I. dt. ***dingen*** /// tsch. ***soudit***:

wen der marcgraue *dinget* by ſines ſelbſt hulden /// Nebo Markrabie *ſaudy* pod ſwu ſameho moczi [Art. 10 § 2, 41r /// C10, 108r]

an der ſelbien ſtat do der burcgraue *dinget* vnder koningis banne alȝo recht iſt / daȝ mus von beiden alȝo geſchen als hiuor geſprochen iſt /// Na tom mieſſtie kdez purkabie *ſaudy* pod kralewu klatbu · iakoz prawo geſt · to muſſy ſe ſtati od nich obogich yakoz gyz powiedieno geſt [Art. 10 § 4, 41v /// C10, 108r]

II. dt. ***tedingen*** /// tsch. ***odsouditi*** (staročes.):

wenne der burcgraue ufſteht von den dingbencken vnde *getedinget hat* {Perfekt} ȝo iſt ſien teding vȝ / ȝo leget er zculiant des ſchultis ding vȝ von deme nehiſten tage obir vircȝin nacht /// kkdyz pak purkabie wſtane z ſudnych lawicz A *odſaudil geſt* {‘geurteilt hat’; Perfekt} Tehda geho ſaudu konecz Tehda on yhned wyſadij neb wylozij Sſulteyſow ſaud · od toho dne po cztrnaſti dnech potom [Art. 44 § 4, 145v /// C57, 159r]

KOMMENTAR

Für dt. *dingen* steht im tschechischen Text *soudit*; für dt. *tedingen* /// tsch. *odsouditi* (staročes.) (Übersetzung 1:1).

Im untersuchten polnischen Text der „Magdeburger Urteile“ ist neben poln. *sędzić* auch poln. *prawować* als Entsprechung für dt. *dingen* belegt. Dies gilt ebenfalls für die Textstellen mit Negation, vgl. auch ISMIO Bd. 2, S. 160 f.

LITERATUR

DRW 2, 949–964 ✧ DWB 2, 1169–1172 ✧ WMU 1, 384f. ✧ Kaufmann/Neumeister Glossar, 233f. ✧ FWB 5, 753–758 ✧ Boková/Spáčilová Glossar, 102 ✧ Papsonová SRB, 209 ✧ Roučka/Růžička Heslář, 535: *souditi* ✧ Staročeský slovník 2, 989: *otsúditi*, s. S. 992: 10 ✧ Reczek/Twardzik III, 213: *prawować*; 250: *sędzić* ✧ Zajda 2001, 165 ✧ Słownik staropolski: *prawować*: 7, 45; *sądzić/sędzić*: 8, 133–137 ✧ Linde: *prawować*: 4, 465; *sądzić/sędzić*: 5, 207

tsch. **dítě** s. dt. **Kind, das**

tsch. **dluh**; **vina** s. dt. **Schuld, die**

tsch. **domy boží** s. dt. **Gotteshäuser, die**

tsch. **dům boží** s. dt. **Gotteshaus, das**

tsch. **domová špíže** s. dt. **Hofspeise, die**

E

dt. **ebenbürtig** /// tsch. **rovný rodem**; **rovně rozený** (staročes.) /// poln. **równy urodzeniem/stanem**

Iſt aber dy houeſtat des mannes eigen mit dem gebewde / ȝo mag ſien *ebenbortig*er ſ*w*ertmage wol daruff ſprechen mit rechte wenne is mag nymant ſien eigen vorgeben in wichbilde denn*e* yn gehegete*m* dinge vor dem richtere mit erben orlob /// Ale geſt li mieſſtiſtie toho czlowieka · wlaſtnie ge*ho* ſ tiem ſtawenym Tehda geho *rownie rozeny* po meczi przietel · / moz na to rzeczy ſ prawem Neb zadny nemoze ſweho wlaſtnieho dati · nez w zahagenem ſaudie · v wykpildu · przed rychtarzem a przed kmety · ſ powolenym diediczow [Art. 59 § 2, 164r /// C74, 168v]

KOMMENTAR

Für dt. *ebenbürtig* steht im tschechischen Text *rovně rozený* (staročes.) (Übersetzung 1:1).
Im untersuchten polnischen Text der „Magdeburger Urteile" begegnen in Abhängigkeit vom Kontext mehrere Entsprechungen für dt. *ebenbürtig (sein)*, und zwar: poln. *bliszy przyrodzeni* 'nahe Verwandte', *równe dzieci* 'gleiche Kinder' und *bliższe przyrodzone* 'nahe verwandt', d. h. es liegt eine Übersetzung 1:viele vor, vgl. auch ISMIO Bd. 2, S. 162 f.

LITERATUR

2HRG 1, 1172f.: nicht: *ebenbürtig*, aber: *Ebenbürtigkeit* ✧ DRW 2, 1176 ✧ DWB 3, 14 ✧ WMU 1, 412 ✧ Kaufmann/Neumeister Glossar, 299 ✧ FWB 5, 2009 ✧ MRB, Register 793 ✧ Papsonová SRB, 216f. ✧ Reczek/Twardzik III, 242 ✧ Słownik staropolski 8, 35–37 ✧ Linde 5, 74f.

dt. **Ehre, die** /// tsch. **čest** /// poln. **cześć**; **godność**; **honor**

dt. **Ehre verlieren**; **Ehre** *nicht* **verlieren** /// tsch. **ztratit svou čest**; ***ne*ztratit své cti**:

I. dt. ***Ehre verlieren*** /// tsch. ***ztratit svou čest***:

der *hat vorloren* ſien ere [1] vnde ſien lehn [2] vnde ſien recht [3] vnde ſyne friheit [4] unde ſynen lip [5] /// ten *geſt ztratil* poddaczie [2] ſwe · *czeſt* [1] *ſwu* · y prawo [3] ſwe · ſwobodu [4] ſwu · y zywot [5] ſwoy [Art. 5 § 2, 20r /// C5, 100r]

II. dt. ***Ehre* nicht *verlieren*** /// tsch. ***neztratit své cti***:

blibet er ***dorynne*** {gemeint ist der *Bann*} iar vnde tag vnde mehr *er vorluſt* do mete *nicht weder ſien ere* noch sin lehn noch ſien recht /// A oſtane on w te kladbie rok a den Nebo wiecz *on* proto *neztrati nicz ſwe czti* · aniz poddanie ſweho · totiz lena aniz ztrati prawa ſweho [Art. 5 § 1, 20r /// C5, 100r]

III. ***Paarformeln***:

III.a) dt. ***Ehre und Recht*** /// tsch. ***čest a právo***:

der ſtat *ere vnde recht* vnde vromen zcubewaren ſo ſy beſte konnen / vnd*e* mogen mit der wicȝigiſten rate /// Aby ***toho*** {Interferenz: der deutsche bestimmte Artikel wird als Demonstrativpronomen übernommen} mieſta *czeſt a prawo* · a gich dobre opatrowali · czoz naylepe vmieti a moczi budu · s mudrzieyſſich radu · ***to geſt s radu obecznich*** {erklärender Zusatz im tsch. Text: ‘das heißt mit dem Rat der gewählten Schöffen’} [Art. 42 § 1, 139v /// C50, 156r-v]

III.b) dt. ***in Treu und Ehre*** /// tsch. ***ve víře a v pravdě***; ***u vieře a v pravdě*** (staročes.):

was ſy *yn truwe vn*de *yn ere* dorynne ſprechin das ſy is an beider ſyt ane ſchaden /// Aby oni w to*m v wierze a w prawdie* · czoz wypowiedie Aby toho od obu ſtran pomluwanie a bez ſſkody [Art. 50 § 3, 154r /// C62, 163r]

KOMMENTAR

Für dt. *Ehre* steht im tschechischen Text *čest*, auch in Verbalkonstruktionen, vgl. dt. *Ehre verlieren* /// tsch. *ztratit svou čest* (I.) und dt. *Ehre nicht verlieren* /// tsch. ne*ztratit své cti* (II.) (Übersetzung 1:1). In den belegten Paarformeln steht in einem Beispiel ebenfalls tsch. *čest* (III.a)), im anderen *pravda* für dt. *Ehre* (III.b)). Im Satz zu I. sind *Ehre* [1] und *Lehen* [2] im tschechischen Text im Vergleich zum deutschen vertauscht, vgl. die Ziffern in eckigen Klammern. Bei den übrigen Teilen der Aufzählung wurde die Reihenfolge des deutschen Textes in die tschechische Übersetzung übernommen, vgl. *Recht* [3], *Freiheit* [4] und *Leib* [5]. Zur Synonymie von dt. *Leib* und *Leben* s. u. *Leib, Leben*.

LITERATUR

2HRG 1, 1224–1231 ✧ LexMa 3, 1662f. ✧ DRW 2, 1263–1276 ✧ DWB 3, 54–57 ✧ WMU 1, 498f. ✧ Kaufmann/Neumeister Glossar, 332–334 ✧ Boková/Spáčilová Glossar, 111 ✧ Roučka/Růžička Heslář, 79: *čest* ✧ Gebauer 1, 168: *čest* ✧ Staročeský slovník 3, 1083: *pravda*; 3, 1105: *právo*

dt. **Eid, der** /// tsch. **přísaha** /// poln. **przysięga**; **przyrzeczenie**

daȝ mus der richter thun *by dem eyde* den er zcu deme gerichte geſworen hat /// to muſſy Rychtarz vczinity · *wedle przíſahy* ſwe · Kteruz geſt ku prawu · vczinil [Art. 20 § 3, 74ʳ /// C20, 125ᵛ–126ʳ]

KOMMENTAR

Für dt. *Eid* steht im tschechischen Text *přísaha* (Übersetzung 1:1).
Im polnischen Text der untersuchten „Magdeburger Urteile" steht für dt. *Eid* ausnahmslos poln. *przysięga*, auch in präpositionalen Wendungen, vgl. auch ISMIO Bd. 2, S. 164 f.

LITERATUR

²HRG 1, 1249–1261 ✧ LexMa 3, 1673–1692 ✧ DRW 2, 1301–1307 ✧ DWB 3, 82f. ✧ WMU 1, 446–448 ✧ Kaufmann/Neumeister Glossar, 294 ✧ Boková/Spáčilová Glossar, 112: frnhd. *eid* – tsch. *přísaha* ✧ Papsonová SRB, 217–219 ✧ Roučka/Růžička Heslář, 459: *přísaha* ✧ ESSČ: *přísaha* ✧ Reczek/Twardzik III, 231 ✧ Aleksic Ortyle, 98, 150 ✧ Słownik staropolski 7, 347–349 ✧ Linde 4, 682 ✧ Brückner EW, 445 ✧ Bańkowski EW 2, 948

dt. **Eigen(tum), das** /// tsch. **vlastnie** (staročes.); **zbožie** (staročes.); **vlastnie zbožie** (staročes.) /// poln. **imienie** (staropol.); **własność**

I. dt. ***Eigen, das*** /// tsch. ***vlastnie*** (staročes.):

GEner der *daȝ eigen* gab ſal ſien gewe*re* ſien an dem gute iar vnde tag alȝ recht iſt /// ONen kteryz*to wlaſtnie* dal geſt · ma geho zprawczi byty na tom zbozii rok a den Iakoz prawo geſt [Art. 21 § 1, 77ᵛ /// C21, 128ᵛ]

Welch man abir *eygen* ader varnde habe vorkouft in wichbilde /// Ale ktery czlowiek ***gedno*** {Interferenz: der deutsche unbestimmte Artikel fehlt, im tsch. Text steht das tsch. Zahlwort ***jeden*** 'ein(s)'} *wlaſtnie* Nebo mowity ſtatek proda v wykpildie [Art. 30 § 2, 115ᵛ /// C42, 150ʳ]

hot er abir *eigen* yn dem <u>gerichte</u> {hier: Gerichtsbezirk} <u>ader</u> {dt. <u>gerichte ader</u> fehlt im tsch. Text} wichbilde ȝo ſal man em tedingen zcu dem nehiſten dinghe /// Pakli ten ma *wlaſtnie* v ______ {dt. <u>gerichte ader</u> fehlt im tsch. Text} wykpildu · totiz ze geſt vſedly · Tehda ma gym odlozeno byti · k nayblizſſiemu ſaudu [Art. 34, fol. 120ᵛ /// C44, 151ᵛ]

Iſt aber dy houeſtat *des mannes eigen* mit dem gebewde / ȝo mag ſien ebenborti*ger* ſ*w*ertmage wol daruff ſprechen mit rechte wenne is mag nymant ſien eigen vorgeben in wichbilde denn*e* yn gehegetem dinge vor dem richtere mit erben orlob /// Ale geſt li mieſſtiſtie *toho czlowieka* · *wlaſtnie geho* ſ tiem ſtawenym Tehda geho rownie rozeny po meczi przietel · / moz na to rzeczy ſ prawem Neb zadny nemoze ſweho wlaſtnieho dati · nez w zahagenem ſaudie · v wykpildu · {Reihenfolge: *im Weichbild und in gehegtem Ding* ist im tsch. Text vertauscht: *w zahagenem ſaudie* · v wykpildu 'in gehegtem Ding und im Weichbild'} przed rychtarzem ***a przed kmety*** {Zusatz im tsch. Text: ‘und nur den Schöffen’} · ſ powolenym diediczow [Art. 59 § 2, 164^{r} /// C74, 168^{v}]

1. waȝ eyne frauwe iris mannes gut behalden moge nach ſine*m* tode yn wichbilde rechte waȝ er ir gegeben hot vor gerichte {dt. vor gerichte fehlt im tsch. Text} *an ſinem eigen* cȝu ire*m* libe /// czo gedna pani zbozie muze ſweho obdrzety moze · po geho ſmrty · v wykpildowem prawu · Czoz gie muz dal ______ {dt. vor gerichte fehlt im tsch. Text} *na ſwem wlaſtniem* · k gegiemu zywotu [Art. 22 § 1, 78^{v} /// C22, 129^{r}]
2. daȝ mus ſien eyne lipcȝucht ader *eyn eigen* mit erben gelobde ader varnde habe /// tot · muſſy byti zywotni · leypczucht · ***z⟨ywotni⟩ · cztnoſt*** {erklärender Zusatz im tsch. Text: ***životní ctnost***} · neb *wlaſtnie* ſ diediczow powolenym Anebo mowite zbozie [Art. 22 § 2, 78^{v} /// C22, 129^{r}]

ȝo neme der richter yhenen by der hant · / vnde leite en vor die ſchephe*n* *yn das eigin* /// Tehda wezme Rychtarz onoho za ruku · a wede gey przed kmety · *do toho wlaſtnieho* [Art. 20 § 2, 74^{r} /// C20, 125^{v}]

Clag*et* er denn*e* yn wichbilde uff eyn erbe ader *uff eyn eigen* ader · vm*m*e ander gut ader vm*m*e ſchult {im dt. Text: *Gut und Schuld*} ader vm*m*e vngerichte er ſy dewcȝſch ader wendiſch er mus do antwerten wo der man recht vordert /// Zalowal li by geden *v wykpildie* na gedno diediczſtwo · Aneb *o wlaſtnie* aneb o dluh · neb o gine zbozie {im tsch. Text: *dluh neb zbozie* ‘Schuld oder Gut’} · neb o bezprawie · bud ten niemecz nebo Srb Ten muſſy tu odpowiedati · kdez czlowiek prawa hleda [Art. 28 § 2, 111^{v} /// C40, 149^{r}]

II. dt. ***Eigen, das*** /// tsch. ***zbožie*** (staročes.):

Sal ey*n* ma*n* *ſin eigen* vorgeben in wichbilde {dt. in wichbilde fehlt im tsch. Text} nach rechte /// MA ly geden {auch ‘Einer’, tsch. *Mann* fehlt hier} *ſwe zbozie* · odewzdati · ______ {dt. in wichbilde fehlt im tsch. Text} wedle prawa [Art. 20 § 1, 73^{v} /// C20, 125^{v}]

III. dt. ***Eigen, das*** /// tsch. ***vlastnie zbožie*** (staročes.):

Dorcȝu gehoret alles *eigen* /// kk tomu prziſluſſie · wſſeczko *wlaſtnie zbozie* [Art. 26 § 1, 97^{v} /// C26, 141^{r}]

Kommentar

Für dt. *Eigen* steht im tschechischen Text überwiegend *vlastnie* (staročes.) {Subst., neutr.} (I.), in je einem Beispiel auch *zbožie* (staročes.) (II.) und *vlastnie zbožie* (staročes.) (III.).

In einem Beispiel wurde dt. *vor gerichte* nicht ins Tschechische übersetzt. (1.)

In Beispiel 2. erfolgte bei der Entlehnung von dt. *lipzucht* Diphthongierung *ī* > *ei*, vgl. im dt. Text *lipzucht* [mit *ī*], im tsch. Text ***leypczucht*** [d. h. *ei*].

Im untersuchten polnischen Text der „Magdeburger Urteile“ steht für dt. *stehendes Eigentum* die wörtliche Übersetzung poln. *stojące imienie*, vgl. auch ISMIO Bd. 2, S. 165.

LITERATUR

^{2}HRG 1, 1271–1285 ✧ LexMa 3, 1714–1725 ✧ DRW 2, 1345–1348: *Eigentum*; 2, 1321–1327: *eigen* ✧ DWB 3, 96 ✧ WMU 1, 426f. ✧ Kaufmann/Neumeister Glossar, 301–304 ✧ Boková/Spáčilová Glossar, 112: tsch. *vlastnictví, majetek* ✧ MRB, Register 794 ✧ Papsonová SRB, 220–222 ✧ Roučka/Růžička Heslář, 343: *vlastnictví* ✧ Reczek/Twardzik III, 92f. ✧ Słownik staropolski 3, 22–26

dt. **einweisen** /// tsch. **uvésti** (staročes.) /// poln. **udowodnić**; **przewieść** (staropol.) [= einweisen in ein Gut oder Lehen]

ʒo ſal en der richter ader der ſchultis *ynwiſen* / ader der von deme ***dy gabe*** gegeben iſt /// Tehda ma gey Rychtarz *vweſty* · nebo podRychtarzie {‘Unterrichter’} Nebo ten przed kymz ***to*** {Interferenz: der deutsche bestimmte Artikel wird als Demonstrativpronomen übernommen, das hier außerdem das Substantiv *Gabe* des deutschen Textes ersetzt} wzdano geſt [Art. 20 § 1, 74^{r} /// C20, 125^{v}]

1. Geſchit aber die gabe vnder banne alʒo daʒ dy ſchepphen zcuſampne ghen vnde geloben den ba*n* vm*m*e dy gabe / ſo ſal man ghenen *ynwiſen* {Aktiv} alʒo vor geſprochen iſt /// Stane li ſe to danie pod klatbu ***rozomiey pod hagenim ſaudu*** {erklärender Zusatz im tsch. Text: ‘darunter ist zu verstehen: in gehegtem Ding’} · takowie ze ſe kmete ſeydu · a obhagie ſaud · pro to danie ***iakoz rziekame w oklepniem ſaudie · rozomiey kdyz nenie wolan ſaud*** {erklärender Zusatz im tsch. Text: ‘wie man sagt: im nicht einberufenen Gericht, d. h. wenn kein Gericht einberufen wurde’} Tehda ma onen *vweden byti* {Passiv} · iakoz gyz powiedieno g*eſ*t [Art. 21 § 1, 77^{v} /// C21, 128^{v}]

KOMMENTAR

Für dt. *einweisen* steht im tschechischen Text *uvésti* (staročes.) (Übersetzung 1:1). In einem Beispiel (1.) wird die ***Aktiv***form des deutschen Verbs im Tschechischen durch eine ***Passiv***form wiedergegeben.

dt. **Einweisung, die**; **Beweisung, die** /// tsch. **uvedenie** (staročes.) /// poln. **dowód** [= Einweisung in ein Gut oder Lehen]

wenn*e* em daʒ gefunden wirt / ſo bitte er mit orteil *der ynwiſunge* von recht*es* halben /// A kdyz gemu to nalezeno bude Tehda on tiez s ortelem *Vwedenie* w to wlaſtnie · genz gemu odewzdano geſt · a to z prawa [Art. 20 § 1, 73^{v}–74^{r} /// C20, 125^{v}]

vnde ***dy*** *bewiſunge* ſal man beſtetigen zcu dem åchten dingen mit dem richtere vnde mit den ſchepphen /// A ***to*** {Interferenz: der deutsche bestimmte Artikel wird als Demonstrativpronomen übernommen} *vwedenie* magi ſtwrditi k obeczniemu ſaudu · s Rychtarzem a s kmety [Art. 21 § 1, 77^{v} /// C21, 128^{v}]

KOMMENTAR

Für dt. *Einweisung* bzw. *Beweisung* steht im tschechischen Text *uvedenie* (staroćes.) (Übersetzung 2:1).

LITERATUR

DRW 2, 1486f.: *einweisen*; 2, 1487: *Einweisung* ✧ DWB 3, 340f.: *einweisen* ✧ Kaufmann/Neumeister Glossar, 539 ✧ Boková/Spáčilová Glossar, 118 ✧ Roučka/Růžička Heslář, 609: *uvedení; uvésti* ✧ MSS, 553: *uvésti*; *uvedenie*

dt. **Erbe, das** /// tsch. **dědičstvie/dědičstvo** (staročes.); **vlastnie dědičstvie** (staročes.); **jmění** /// poln. **spadek**; **dziedzictwo**; **spuścizna**; **imienie** (staropol.) [= Erbe; Grundstück; Nachlass; Vermögen]

I. dt. ***Erbe, das*** /// tsch. ***dědičstvie / dědičstvo*** (staročes.):

Vnde ir ſien eigen ader ſien *erbe* do vor zcu phande ſetcȝit /// A gie ſwe wlaſtnie Neb ſwe *diediczſtwo* w zakladie zaſtawi [Art. 91 [92], 184v /// C101, 179v]

AB eyn *erbe* ſtirbet do ſich nymant cȝu cȝiet yn iare vnde yn tage das geuellet an *dy koningliche gewalt* /// Acz diediczſtwie odvmrze · k kteremu ſe zadny netahne · w roku a we dni To ſpadne na *mocz kralewſku* {königliche Gewalt} ***To geſt do kralowy komory*** {erklärender Zusatz im tsch. Text: 'das heißt an die königliche Kammer'} [Art. 58, fol. 162r /// C72, 167v]

I.a) dt. ***zu dem Erbe*** /// tsch. ***k dědičství*** (staročes.):

NV vornemet was *zcu dem erbe* gehoret in wichbilde /// Sllyſſtez czo *k diediczſtwi* prziſluſſie · v wykpildu [Art. 26 § 1, 97v /// C26, 141r]

zcu dem erbe /// *k diediczſtwi* [Art. 26 § 2, 97v /// C26, 141r]

gehoret *zcu dem erbe* /// To wſſie prziſluſſie *k diediczſtwi* [Art. 26 § 2, 97v /// C26, 141r]

wo aber cȝwene manne ader drie *zcu eynem erbe* gehoren ader hergewete teilen ſollen / der eldiſte nympt daȝ ſwert zcuuor /// Ale kdez dwa neb trzie *k gednomu diediczſtwi* prziſluſſegi · aneb herwet dielity · magy Tehda ſtarſſi z nich mecz naprzed wzieti ma. [Art. 26 § 3, 97v /// C26, 141r]

I.b) dt. ***auf ein Erbe*** /// tsch. ***na jedno dědičstvo*** (staročes.):

Clag*et* er denn*e* yn wichbilde *uff* ***eyn*** *erbe* ader uff eyn eigen ader vm*m*e ander gut ader vm*m*e ſchult {im dt. Text: *Gut und Schuld*} · ader vm*m*e vngerichte er ſy dewcȝſch ader · wendiſch er mus do antwerten wo der man recht vordert /// Zalowal li by geden v wykpildie *na* ***gedno*** {Interferenz: der deutsche unbestimmte Artikel wird mit dem tschechischen Zahlwort ***jeden*** 'ein(s)' wiedergegeben} *diediczſtwo* · Aneb o wlaſtnie aneb o dluh · neb o gine zbozie {im tsch. Text: *dluh neb zbozie* 'Schuld oder Gut'} · neb o bezprawie · bud ten niemecz nebo Srb Ten muſſy tu odpowiedati · kdez czlowiek prawa hleda [Art. 28 § 2, 111v /// C40, 149r]

I.c) dt. ***des Mannes Erbe*** /// tsch. ***mužovo dědičstvie*** (staročes.):

1. daȝ gehoret alles zcu *des mannes* {Genitiv} *erbe* vn*de* nicht cȝu der frouwen {Genitiv} Sunder die muſteil die nympt dy frauwe halb vnde des mannes erbe halb /// To wſſie prziſſluſſie *k muzowu* {Poss.Adjektiv; Attribut zu *dědictví*} *diediczſtwi* ale ne k zenynu {Poss.Adjektiv} · kromie Muſſteyle ***to mieni tu ſſpizy kuchynnu Iako hrach iahly · krupy · ſlanyny · ſayr maſſo* etc.** {erklärender Zusatz im tsch. Text: 'das heißt Küchenspeisen wie Erbsen, Hirse, Graupen, Speck, Käse, Fleisch etc.'} Toho wezme zena polowiczi A muzowu diediczi polowiczi [Art. 57 § 2, 161v /// C71, 167r]

I.d) dt. ***in des Mannes Erbe*** /// tsch. ***v mužově dědičství*** (staročes.):

die ſtille ſtehen *in des mannes* {Genitiv} *erbe* /// kterez na mieſſtie ſtogie · *w muzowie* {Poss.Adjektiv; Attribut zu *dědictví*} *diediczſtwi* [Art. 26 § 2, 97v /// C26, 141r]

II. dt. ***Erbe, das*** /// tsch. ***vlastnie dědičstvie*** (staročes.):

hot er aber *daȝ erbe* gekouft vm*m*e ſine phennige ſo mag er is geben weme er wil an yma*n*dis wederſprache /// Ale geſtli on ***to*** {Interferenz: der deutsche bestimmte Artikel wird als Demonstrativpronomen übernommen} ſwe *wlaſtnie* {Attribut zu *dědictví*} *diediczſtwie* kupil za ſwe penieze Tehda moz on to wzdati komuz on chcze · beze wſſie prziekazy [Art. 20 § 1, 73v /// C20, 125v]

KOMMENTAR

Für dt. *Erbe* steht im tschechischen Text *dědičstvie/dědičstvo* (staročes.) (I.) sowie *vlastnie dědičstvie* (staročes.) (II.) (Übersetzung 1:2).
Im polnischen Text der untersuchten „Magdeburger Urteile" sind für dt. *Erbe* mehrere Entsprechungen belegt, so: poln. *dziedzicstwo* 'Erbe', *imienie* 'Besitz, Habe', *stojące imienie* 'stehende Habe', *rola* 'Acker', *dom* 'Haus' sowie *dom, rola* 'Haus, Acker'. Für dt. *Erbe und Gut* steht poln. *imienie* 'Besitz, Habe' bzw. *imienia bądź idące albo nieidące, to jest stojące* 'Habe, sei es fahrende oder nichtfahrende', d. h. stehende. Für dt. *Erbe und fahrendes Gut* steht im polnischen Text *imienie, role, domy i inne imienie idące* 'Habe, Äcker, Häuser und andere fahrende Habe', vgl. auch ISMIO Bd. 2, S. 165–169: *Erbe* mit Ableitungen.

LITERATUR

DRW 3, 40–51 ✧ DWB 3, 708–710 ✧ LexMa 3, 2102–2116 ✧ WMU 1, 488 f. ✧ Kaufmann/Neumeister Glossar, 335–338 ✧ Boková/Spáčilová Glossar, 127: frnhd. *erbe* – tsch. *dědictví, jmění* ✧ MRB, Register 793 ✧ Extrakt, 109: tsch. k *dědictví* náleží 'zum Erbe gehört' ✧ Papsonová SRB, 236–239 ✧ Roučka/Růžička Heslář, 88: *dědictví* ✧ Gebauer 1, 217 f.: *dědičstvie, dědičstvo* ✧ Reczek/Twardzik III, 92 f. ✧ Słownik staropolski 3, 22–26: *jimienie*; 2, 276–284: *dziedzicstwo*; 5, 548–550: *oćczyzna*; 4, 140 f.: *macierzyzna*

dt. **Erbe, der** /// tsch. **dědic** /// poln. **spadkobierca**; **dziedzic** (staropol.)
[= Vermögensnachfolger des Erblassers]

dt. **Erben, die** /// tsch. **dědici** {Pl.} /// poln. **dziedzice** {Pl.} (staropol.); **spadkobiercy** {Pl.}

1. daȝ mus ſien eyne lipcȝucht ader eyn eigen *mit erben* gelobde ader varnde habe /// tot · muſſy byti zywotni leypczucht · ***z⟨ywotni⟩* · *cztnoſt*** {erklärender Zusatz im tsch. Text: ***životní ctnost***} · neb wlaſtnie *ſ diediczow* powolenym Anebo mowite zbozie [Art. 22 § 2, 78v /// C22, 129r]

von des mannes erben /// *od diediczow muze ſweho* [Art. 24 § 1, 95v /// C24, 140v]

hat ſy aber burgen ***douor*** {dafür: gemeint ist die *Morgengabe*} ȝo bedarff ſy *die erben* nicht manen von rechte /// Pakli ta zena ma Rukoymie · za ſwe wieno · tehda nema *diediczow* z niczehoz vpomynati [Art. 24 § 3, 96r /// C24, 140v]

STirbit ***eyne*** frauwe *ane erben* Do ſy keyne erben gewonnen by irem manne / ſy erbit ir teil uff iren nehiſten magen / is ſy wip ader man der ir ebenbortig iſt / daȝ ſelbe tut der man der ma*n* mit ſinem teile /// Vmrze li ***gedna*** {Interferenz: der deutsche unbestimmte Artikel wird mit dem tschechischen Zahlwort ***jedna*** ‘eine’, fem. wiedergegeben} zen***a*** · *bez diediczow* · geſſtoz zadne*ho* diedicze nedobude · przy ſwem muzy Ta zena diedij ſwoy diel na ſwe blizſſie przately · Bud zena nebo muz · ktoz gie przirozen ge*ſ*t · To tez vczyni muz s ſwym dielem [Art. 57 § 1, 161r-v /// C71, 167r]

Iſt aber dy houeſtat des mannes eigen mit dem gebewde / ȝo mag ſien ebenbortig*er* ſ*w*ertmage wol daruff ſprechen mit rechte wenne is mag nymant ſien eigen vorgeben in wichbilde denn*e* yn gehegetem dinge vor dem richtere *mit erben orlob* /// Ale geſt li mieſſtiſtie toho czlowieka · wlaſtnie ge*ho* ſ tiem ſtawenym Tehda geho rownie rozeny po meczi przietel · / moz na to rzeczy ſ prawem, Neb zadny nemoze ſweho wlaſtnieho dati · nez w zahagenem ſaudie · v wykpildu · {Reihenfolge: *im Weichbild und in gehegtem Ding* ist im tsch. Text vertauscht: *w zahagenem ſaudie* · v wykpildu ‘in gehegtem Ding und im Weichbild’} przed rychtarzem ***a przed kmety*** {Zusatz im tsch. Text: ‘und vor den Schöffen’} · *ſ powolenym diediczow* [Art. 59 § 2, 164r /// C74, 168v]

KEyn wip mag in wichbilde morgingabe noch lipgedinge an eynes mannes erbe zcu eigen behalden Stirbit ſy is gheit weder an *des mannes erben* /// ZAdna zena nemoz v wykpildie wiena · aniz zywotnieho danie · ***na gednoho*** {Interferenz: der deutsche unbestimmte Artikel wird mit dem tschechischen Zahlwort ***jeden*** ‘ein(s)’ wiedergegeben} muze k wlaſtnie*mu* obdrzeti Vmrze li ona to gde zaſe *na toho muze diedicze* [Art. 56 § 1, 157v /// C68, 164v]

KOMMENTAR

Für dt. *Erben* {Pl.} steht im tschechischen Text *dědici* {Pl.} (Übersetzung 1:1). In Beispiel 1. steht im dt. Text *lipzucht* [mit *ī*], im tsch. Text *leypczucht* [d. h. *ei*]. Somit erfolgte bei der Entlehnung von dt. *lipzucht* ins Tschechische eine Diphthongierung *ī* > *ei*.

LITERATUR

DRW 3, 49–51 ✧ DWB 3, 710f. ✧ Kaufmann/Neumeister Glossar, 338–340 ✧ Boková/Spáčilová Glossar, 126f. ✧ MRB, Register 793 ✧ Papsonová SRB, 234–236 ✧ Roučka/Růžička Heslář, 87: *dědič, dědic* ✧ Gebauer 1, 216f.: *dědic*

dt. **Erbzinsgut, das** /// tsch. **cinežné/úročnie zbožie** (staročes.); **dědičné cinežné zbožie** (staročes.); **erbcinzgut** {okkasionelle Übernahme von dt. *Erbzinsgut* als tsch. *erbcinzgut* in den tsch. Text} /// poln. **dobro czynszowe**; **imiennie czynszowe** (staropol.)
[= gegen Erbzins verliehenes Gut]

HOt abir ***eyn*** man *czinſgut* ***von eynem*** gotishuze vnde bekennet is em der herre nicht / er mag ſien *erbczinſgut* behalden ghein ſinem h*er*ren ſelbſobende ſiner erbgenoſzin / vn*de* bekennet der h*er*re den ſelbien ires *erbczinſes* nicht ir iczlichir mus en behalden ſelbſobende /// Pakli ma ***geden*** czlowiek *czynezne vroczynie* {*úročnie* = synonym zu *cinežné*} *zbozie* · ***od gednoho*** {Interferenz: der deutsche unbestimmte Artikel wird mit dem tschechischen Zahlwort ***jeden*** ‘ein(s)’ wiedergegeben} bozieho domu · a neſezna li gemu toho ten pan · on moze *zbozie ſwe czynezne diedyczne* · zachowati proti panu ſwe*mu* · ſam ſedm ſwych ſpolu diedyczow. A neſezna ly ten pan · tiem giſtym gich *diedyczneho czynezneho zbozie* ***Erbczinzgut*** {okkasionelle Übernahme von dt. *Erbzinsgut* als tsch. *erbcinzgut* in den tsch. Text} gich kazdy muſſy to obdrzeti ſam ſedm [Art. 59, fol. 164v /// C75, 168v]

KOMMENTAR

Für dt. *Erbzinsgut* steht im tschechischen Text *cinežné/úročnie zbožie* (staročes.), auch *dědičné cinežné zbožie* (staročes.) (Übersetzung 1:1) sowie *erbcinzgut* {okkasionelle Übernahme von dt. *Erbzinsgut* als tsch. *erbcinzgut* in den tsch. Text}.

LITERATUR

2HRG 1, 1392f.: *Erbzins* ✧ DRW 3, 161 ✧ DWB 3, 744 ✧ WMU 1, 495: *Erbzins* ✧ Kaufmann/Neumeister Glossar, 342 ✧ Papsonová SRB, 241 ✧ ESSČ: *cinežný*; *dědičný*

F

tsch. **falc** s. dt. **Pfalz, der**

tsch. **falckrabí** s. dt. **Pfalzgraf, der**

dt. **Festung, die** /// tsch. **tvrz** /// poln. **twierdza**

dt. **Festungen, die** /// tsch. **tvrze** {Pl.} /// poln. **twierdze** {Pl.}

vnde buweten [lange] burge vnde *feſten* {Akk.Pl.} in dem lande /// dielachu hrady · a *twrze* {Pl.}, ſ kterychz oni vtiſſkachu · wſſechny zemie [Art. 7 § 4, 23v /// C7, 102r]

KOMMENTAR

Für dt. *Festungen* steht im tschechischen Text *tvrze* {Pl.} (Übersetzung 1:1).

LITERATUR

²HRG 1, 1552–1554 ✧ LexMa 4, 409f. ✧ DRW 3, 519 ✧ DWB 3, 1568 ✧ WMU 3, 2145 ✧ Kaufmann/Neumeister Glossar, 1198 ✧ Boková/Spáčilová Glossar, 487: frnhd.: *veste* – tsch. *tvrz* ✧ MRB, Register 829 ✧ Roučka/Růžička Heslář, 589: *tvrz* ✧ MSS, 523: *tvrzě*

tsch. **fojt**; **purk[r]abie**; (**zemský**) **správce**; **místodržitel**; **rychtář** s. dt. **Vogt, der**

tsch. ***fojt***, **nejvyšší**; ***fojt***, **najvyšší** s. dt. **Vogt, oberster/höchster**

dt. **Frau, die**; **Weib, das**; **Ehefrau, die** /// tsch. **paní**; **žena** 'Ehefrau' /// poln. **kobieta**; **pani**; **żona** 'Ehefrau'

I. dt. ***Weib, das***; ***Frau, die*** /// tsch. ***žena*** 'Ehefrau':

I.a) dt. ***Weib, das*** /// tsch. ***žena*** 'Ehefrau':

Stirbt eynem manne *ſien wip* ire nehiſte nyftile nympt die gerade /// Vmrze li gednomu muzy {'Ehemann'} *zena* {'Ehefrau'} *geho* Gegie nayblizſſie ***Tetka*** {für dt. *Niftel* steht im Tschechischen *tetka* 'Tante'} wezme ten grod [Art. 23 § 4, 87ʳ /// C23, 134ʳ]

KEyn wip mag in wichbilde morgingabe noch lipgedinge an eynes mannes erbe zcu eigen behalden Stirbit ſy is gheit weder an des mannes erben /// *ZAdna zena* {'Ehefrau'} nemoz v wykpildie wiena · aniz zywotnieho danie · na gednoho muze {'Ehemann'} k wlaſtnie*mu* obdrzeti Vmrze li ona to gde zaſe na toho muze {'Ehemann'} diediczc [Art. 56 § 1, 157ᵛ /// C68, 164ᵛ]

hot ***der*** man vnde *daȝ wip* kindere waȝ der ȝovȝgeradt ſien /// Ma ly ***ten*** {Interferenz: im Deutschen fehlt der Artikel, im Tschechischen steht ein Demonstrativpronomen an der Position des Artikels} muz {'Ehemann'} a *zena* {'Ehefrau'} dieti czoz tiech dietij tak wyſazeni ſu [Art. 56 § 5, 157ᵛ /// C68, 164ᵛ–165ʳ]

I.b) dt. ***Frau, die*** /// tsch. ***žena*** 'Ehefrau':

STirbit ***eyne*** *frauwe* ane erben Do ſy keyne erben gewonnen by irem manne / ſy erbit ir teil uff iren nehiſten magen / is ſy wip ader man der ir ebenbortig iſt / daȝ ſelbe tut der man der ma*n* mit ſinem teile /// Vmrze li ***gedna*** {Interferenz: der deutsche unbestimmte Artikel wird mit dem tschechischen Zahlwort ***jedna*** 'eine', fem. wiedergegeben} *zena* {'Ehefrau'} · bez diediczow · geſſtoz zadne*ho* diedicze nedobude · przy ſwem muzy {'Ehemann'} Ta zena {'Ehefrau'} diedij ſwoy diel na ſwe blizſſie przately · Bud zena {'Ehefrau'} nebo muz {'Ehemann'} · ktoz gie przirozen g*eſt* · To tez vczyni muz {'Ehemann'} s ſwym dielem [Art. 57 § 1, 161ʳ⁻ᵛ /// C71, 167ʳ]

II. dt. ***Frau, die*** /// tsch. ***paní*** 'Frau' allgemein:

do mag ***dy*** *vrauwe* mit irem teile daȝ ſy entphangen hat thun waȝ ſy wil ane rechte wider ſprache Das ſelbie m*a*g ouch der man thun mit ſynem teile d*a*s entphangen hat /// tu moz ***ta*** {Interferenz: der deutsche bestimmte Artikel wird als Demonstrativpronomen übernommen} *pani* {'Frau'} ſwym dielem · kteryz ona przigiala g*e*ſt vcziniti czo chcze · bez otporu prawa Tez to moz muz {'Ehemann'} vcziniti · s ſwym dielem czoz przigial g*e*ſt [Art. 55, fol. 156ᵛ /// C67, 164ᵛ]

III. dt. ***Weiber, die*** /// tsch. ***ženy*** {Pl.} {'Ehefrauen'}:

WAs man mannen ader *wibern* {im dt. Text *Männern oder Frauen*, im tsch. Text *Ehefrauen oder Ehemännern*} gibt in wichbilde daȝ ſollen ſy beſicȝen dry tage /// CZo *zenam* neb muzom {im dt. Text *Männern oder Frauen*, im tsch. Text *Ehefrauen oder Ehemännern*} dawagi v wykpildie · ***to geſt w mieſtczkem prawie*** {erklärender Zusatz im tsch. Text: 'das ist im Stadtrecht'} · toho magi w drzeni byti · trzi dni [Art. 30 § 1, 115ᵛ /// C42, 150ʳ]

UOn gaben die ma*n* ader *wiben* gibit Ingehegetem dinge vor dem richtere vnde vor den ſchepphen /// TO danie kterez ſe muzom {'Ehemännern'} neb *zenam* {'Ehefrauen'} dawa · w zahagenem ſaudu · przed Rychtarzem a przed kmety [Art. 55, fol. 156ᵛ /// C67, 164ᵛ]

IV. ***Paarformeln***:

IV.a) dt. ***Männer oder Weiber*** /// tsch. ***ženy nebo muži*** 'Ehefrauen oder Ehemänner':

WAs man *mannen ader wibern* {im dt. Text *Männern oder Weibern*, im tsch. Text *Ehefrauen oder Ehemänner*} gibt in wichbilde /// CZo *zenam neb muzom* {im dt. Text *Männern oder Weibern*, im tsch. Text *Ehefrauen oder Ehemännern*} dawagi v wykpildie [Art. 30 § 1, 115ᵛ /// C42, 150ʳ]

IV.b) dt. ***weder Weib noch Mann*** /// tsch. ***žádný muž aniž žena*** 'weder Ehemann noch Ehefrau':

KEyn wip noch kein man mag yn ſichbette ſines gutes vorgeben mag /// *ZAdny muz aniz zena* {im dt. Text *weder Weib noch Mann* im tsch. Text *weder Ehemann noch Ehefrau*} w nemoczne poſteli · ſweho zbozie oddati nemoze [Art. 64, fol. 166ᵛ /// C78, 169ᵛ]

KOMMENTAR

Für dt. *Frau* bzw. *Weib* steht im tschechischen Text *žena* 'Ehefrau' bzw. *paní* 'Frau' allgemein, d. h. der Übersetzer differenziert nach der tatsächlichen Bedeutung. Folgende Kombinationen sind belegt:

dt. *Weib* /// tsch. *žena* 'Ehefrau' (I.a)); dt. *Frau* /// tsch. *žena* 'Ehefrau' (I.b)); dt. *Frau* /// tsch. *paní* 'Frau' allgemein (II.) und dt. *Weiber* {Pl.} /// tsch. *ženy* 'Ehefrauen' {Pl.} (III.), vgl. auch die Paarformeln (IV.).

Für dt. *Mann* steht tsch. *muž* 'Ehemann', s. a. unten dt. *Mann*.

LITERATUR

LexMa 4, 852–874 ✧ DRW 3, 668–671 ✧ DWB 4, 71–76 ✧ WMU 3, 2261–2263 ✧ Kaufmann/Neumeister Glossar, 1304f., 1387–1389 ✧ Boková/Spáčilová Glossar, 152: frnhd. *frau* – tsch. *paní, žena* ✧ MRB, Register 794: frnhd. *frau* – tsch. *manželka* 'Ehefrau' ✧ Papsonová SRB, 269f. ✧ Roučka/Růžička Heslář, 705: *žena* ✧ Staročeský slovník 3, 46f.: *paní* ✧ MSS, 687: *žena*

dt. **Freiheit, die** /// tsch. **svoboda** /// poln. **wolnizna**; **wolność**

I. dt. ***Freiheit verlieren*** /// tsch. ***ztratit svobodu*** /// poln. ***stracić wolność***:

der hat *vorloren* ſien ere [1] vnde ſien lehn [2] vnde ſien recht [3] vnde *ſyne friheit* [4] vnde ſynen lip [5] /// ten *geſt ztratil* poddaczie [2] ſwe · czeſt [1] ſwu · y prawo [3] ſwe · *ſwobodu ſwu* [4] · y zywot [5] ſwoy [Art. 5 § 2, 20r /// C5, 100r]

KOMMENTAR

Für dt. *Freiheit* steht im tschechischen Text *svoboda* (Übersetzung 1:1), für dt. *Freiheit verlieren* steht tsch. *ztratit svobodu* (I.).
In diesem Satz sind *Ehre* [1] und *Lehen* [2] im tschechischen Text im Vergleich zum deutschen vertauscht, vgl. die Ziffern in eckigen Klammern. Bei den übrigen Teilen der Aufzählung wurde die Reihenfolge des deutschen Textes in die tschechische Übersetzung übernommen, vgl. *Recht* [3], *Freiheit* [4] und *Leib* [5]. Zur Synonymie von dt. *Leib* und *Leben* s. u. *Leib, Leben*.

LITERATUR

2HRG 1, 1745–1758 ✧ LexMa 4, 896–901 ✧ DRW 3, 756–771 ✧ DWB 4, 111–113 ✧ WMU 3, 2245f. ✧ Kaufmann/Neumeister Glossar, 1298f. ✧ Boková/Spáčilová Glossar, 153: tsch. *svoboda* ✧ MRB, Register 794: frnhd. *freyheyt* – tsch. *svoboda* ✧ Papsonová SRB, 272 ✧ Roučka/Růžička Heslář, 564: *svoboda* ✧ MSS, 492: *svoboda*

dt. **Friede, der** /// tsch. **pokoj** /// poln. **pokój**

frede /// *pokoy* [Art. 16 § 2, 59r /// C16, 117v]

KOMMENTAR

Für dt. *Friede* steht im tschechischen Text *pokoj* (Übersetzung 1:1).

LITERATUR

2HRG 1, 1807–1821 ✧ LexMa 4, 919–921 ✧ DRW 3, 894–910 ✧ DWB 4, 181–188 ✧ WMU 3, 2239f. ✧ Kaufmann/Neumeister Glossar, 1292f. ✧ Boková/Spáčilová Glossar, 155 ✧ Papsonová SRB, 274–277 ✧ Roučka/Růžička Heslář, 390: *pokoj* ✧ Staročeský slovník 3, 527–530: *pokoj*

dt. (**Fron-**)**Bote, der**; **Büttel, der**; **Landsknecht, der** /// tsch. **obecní posel** (staročes.); (**soudní**) **posel** /// poln. (**pospolny**) **poseł** (staropol.); **poseł** (**wójtowski**); **sługa przysiężny**; **woźny sądowy**

[= Gerichtsbote; Gerichtsdiener; Gehilfe des Richters vor Gericht; Vertreter des Richters in geringfügigen Sachen; Büttel]

der rechte *vronebote* /// prawy *obeczni poſſel* [Art. 8 § 4, 31v /// C8, 105r]

Des ſchultheiſen ding mag dem mann*e* nyma*n*t gekundigen wenn*e* der ſchultis ſelber ader *der vronebote* keiner ſyner knechte /// Sſulteyſowa ſaudu nemoz zadny wloziti · a zwieſtowati czlowiek giny · nez ſam Sſulteys Nebo geho *poſſel obeczni* Sycz zadny ge*ho* pacholek [Art. 46 § 3, 146r /// C58, 159r]

ISt eyn man dem andern icht ſchuldig in wichbilde ſo ſal er nemen *den vroneboten* vnde ſal en vor den richter brengen /// GEſt li geden czlowiek dluzen druhemu · v wykpildie Tehda ma wzieti *poſſla obecznieho* A ma gey przed Rychtarze przziprawiti [Art. 34, fol. 120v /// C44, 151v]

vnde clag*et dem vroneboten* vnde den ſchepphen /// a zaluge *obeczniemu poſſlu* · a kmetom [Art. 81 [82], 177v /// C95, 176v]

dt. **Boten, die** /// tsch. **poslové** {Pl.} /// poln. **pospolni posłowie** {Pl.}

dy *boten* /// *poſſlowe* [Art. 11 § 2, 46r /// C11, 110r]

Do ſollen *dy boten* keigenwertig ſien /// A *poſſlowe* magy przitomny byti [Art. 11 § 2, 46r /// C11, 110r]

Dornach ſal er *der botten* bitten von dem richter*e* /// Potom ma on proſity *poſſlow* od prawa [Art. 73, fol. 172v /// C87, 173v]

KOMMENTAR

Für dt. *Fronbote* steht im tschechischen Text *obecní posel* (staročes.), für dt. *Boten* {Pl.} steht tsch. *poslové* {Pl.} (Übersetzung 1:1).

Im untersuchten polnischen Text der „Magdeburger Urteile" begegnen folgende Entsprechungen: dt. *Fronbote* /// poln. *pospolny poseł* bzw. im Plural dt. *Fronboten* /// poln. *pospolni posłowie*, außerdem dt. *Bote* /// poln. *poseł* und dt. *des Richters Bote* /// poln. *gego* 'sein' {woytha 'des Vogtes'} *poseł*. In allen Fällen handelt es sich um Übersetzungen, vgl. auch ISMIO Bd. 2, S. 173–175.

LITERATUR

²HRG 1, 1856–1859 ✧ LexMa 4, 986 ✧ DRW 3, 974–977 ✧ DWB 4, 233 ✧ WMU 3, 2256f. ✧ Kaufmann/Neumeister Glossar, 1304 ✧ Boková/Spáčilová Glossar, 156: frnhd. *fronbote* – tsch. *soudní sluha, soudní posel* ✧ Extrakt, 110: tsch. rychtář anebo *posel* jeho 'der Richter oder sein Bote' ✧ Papsonová SRB, 280f. ✧ Roučka/Růžička Heslář, 401: *posel* ✧ Staročeský slovník 3, 745–747: *posel* ✧ Reczek/Twardzik III, 202 ✧ Aleksic Ortyle, 61, 64f. ✧ Słownik staropolski 6, 422–424: *poseł*

dt. **Fro(h)nung, die** /// tsch. **znamenánie** (staročes.); **fronunk** {okkasionelle Übernahme von dt. *Fro(h)nung* als tsch. *fronunk* in den tsch. Text}
[= gerichtliche Beschlagnahme von Grundbesitz/Gegenständen]

DO abir eynem manne ſyne gewere gevronet wirt alȝ ofte er vȝ vnde yn geet alȝ uffte mus er dem richtere wetten *dy fronunge* ſy denn*e* mit rechte benommen /// Ale kdez gednomu czlowieku duom geho · aneb obranu znamenagi · rozomiey od prawa Tehda tak czaſſto · iakoz on wen a zaſe tam gde · tak czaſſto on muſſi rychtarzi wettowati · lecz *znamenanie* totiz *fronunk* {erklärender Zusatz im tsch. Text} ſniato bude · ſ prawem [Art. 53, fol. 155^{v}–156^{r} /// C65, 164^{r}]

KOMMENTAR

Für dt. *Fro(h)nung* steht im tschechischen Text *znamenánie*, auch *fronunk* {okkasionelle Übernahme von dt. *Fro(h)nung* als tsch. *fronunk* in den tsch. Text} als erklärender Zusatz.

LITERATUR

^{2}HRG 1, 1862f. ✧ DRW 3, 1009f. ✧ DWB 4, 239 ✧ Roučka/Růžička Heslář, 695: *znamenání* ✧ MSS, 664: *znamenánie*

dt. **Fürsprecher, der** /// tsch. **řečník** (staročes.); **přímluvce** /// poln. **orędownik** (staropol.); **rzecznik**; **opiekun**; **prawidlnik** (staropol.)
[= einer, der einen andern vor Gericht vertritt bzw. ihm Beistand leistet]

30 bitte ghener [...] *eynes vorſprechen* /// Tehda onen [...] Ma proſity za *Rzecznika* [Art. 20 § 1, 73^{v} /// C20, 125^{v}]

KOMMENTAR

Für dt. *Fürsprecher* steht im tschechischen Text *řečník* (staročes.) (Übersetzung 1:1).
Im untersuchten polnischen Text der „Magdeburger Urteile" steht für dt. *Fürsprecher* fast ausschließlich poln. *rzecznik*. Lediglich einmal ist das Übersetzungspaar dt. *Fürsprecher* /// poln. *opieka* belegt. Dabei handelt es sich wohl um eine Verschreibung für poln. *opiekun*, vgl. auch ISMIO Bd. 2, S. 175 f.

LITERATUR

^{2}HRG 1, 1883–1887 ✧ LexMa 4, 1029 ✧ DRW 3, 1091 ✧ DWB 4, 837–839 ✧ WMU 3, 2295 ✧ Kaufmann/Neumeister Glossar, 1269–1271 ✧ Boková/Spáčilová Glossar, 161: frnhd. *fürsprech* – tsch. *řečník* ✧ MRB, Register 830: tsch. *řečník u soudu* ✧ Extrakt, 99: tsch. *rěčníky* {Nom.Pl.} ✧ Papsonová SRB, 696f. ✧ Roučka/Růžička Heslář, 507: *řečník* ✧ MSS, 433: *řečník* ✧ Reczek/Twardzik III, 182: *opieka*; 245f.: *rzecznik* ✧ Słownik staropolski 8, 95f.: *rzecznik*; 5, 594f.: *opieka*

dt. **Fürst, der** /// tsch. **kníže** /// poln. **książę**

dt. **Fürsten, die** /// tsch. **knížata**; **kniežata** (staročes.) {Pl.} /// poln. **książęta** {Pl.}

Der koning waȝ ſelbſt dorynne wonhaftig vnde der hercȝoge vnde anderen *furſten* uil /// ***Ten*** {Interferenz: der deutsche bestimmte Artikel wird als Demonstrativpronomen übernommen} kral ſediel geſt ſam w tom mieſtie · A wewoda a gynych *kniezat* mnoho [Art. 6 § 2, 21ᵛ /// C6, 100ᵛ]

komet er cȝu der dritten ladunge nicht vor / ȝo beſenden en ***die*** drie *furſten* / so wettet er dem koninge zcu icȝlicher ladunge drie margk goldis /// neprzide li k trzetiemu pohonu Tehda obeſſli gey · ***ti*** {Interferenz: der deutsche bestimmte Artikel wird als Demonstrativpronomen übernommen} trzie pani *kniezata* Tehda prowyni on ku kazdemu pohonu · trzi Marky to geſt hrziwny zlatta [Art. 15 § 1, 57ʳ /// C15, 116ᵛ]

were is ſache ab *furſten* h*erre*n vnd*e* andere lute mit eynander zcu [ſchaden] ſchaffende hetten Is were vme gut ader y*m*me andere ſachen vnd*e* wurde an eyner ſtat rat gelassen /// Bylo li by take ze by *kniezata* pani neb gini lide · ſpolu cziniti mieli · budto o zbozie neb o ginu wiecz A ze by to na radu puſſtieno bylo [Art. 50 § 3, 153ᵛ–154ʳ /// C62, 163ʳ]

KOMMENTAR

Für dt. *Fürsten* steht im tschechischen Text *kniežata* (staročes.) (Übersetzung 1:1).

LITERATUR

²HRG 1, 1887–1893 ✧ LexMa 4, 1029–1037 ✧ DRW 3, 1093–1095 ✧ DWB 4, 841–852 ✧ WMU 3, 2296 f. ✧ Kaufmann/Neumeister Glossar, 1315 f. ✧ MRB, Register 949 ✧ Roučka/Růžička Heslář, 239: *kníže* ✧ Gebauer 2, 66 f.: *kniežě*

G

dt. **Gabe, die** /// tsch. **dání** /// poln. **dawanie** (staropol.)
[= Gabe; Zuwendung eines Gegenstandes; Geschenk]

dy *gabe* die dir gegeben iſt vorgerichte / do wyſe ich dich yn alȝ mir daȝ orteil geteilt hat / vnde ſecȝe des die ſchepphen zcu gecȝuge / vnde die ding lute daȝ ich dich hie yngewiſit habe alȝo recht iſt /// ***To*** {Interferenz: der deutsche bestimmte Artikel wird als Demonstrativpronomen übernommen} *danie* kterez tobie wzdano geſt · przed ſaudem · w tot ia tie vwodym yakz mi ***prawo a*** {Zusatz im tsch. Text: ‘Recht und’} ortel nalezlo A toho ted kmety oſwiedczugi · a ty ktoz przi ſaudie ſtogie · ze ſem vwedl iakoz prawo geſt [Art. 20 § 2, 74ʳ /// C20, 125ᵛ]

Geſchit aber ***die*** *gabe* vnder banne alȝo daȝ dy ſchepphen zcuſampne ghen vnde geloben den ba*n* vm*m*e ***dy*** *gabe* / ſo ſal man ghenen ynwiſen alȝo vor geſprochen iſt /// Stane li ſe ***to*** {Interferenz: der deutsche bestimmte Artikel wird als Demonstrativpronomen übernommen} *danie* pod klatbu ***rozomiey pod hagenim ſaudu*** {erklärender Zusatz im tsch. Text: ‘darunter ist zu verstehen: in gehegtem Ding’} · takowie ze ſe kmete ſeydu · a obhagie ſaud · pro ***to*** {Interferenz: der deutsche bestimmte Artikel wird als Demonstrativpronomen übernommen} *danie* ***iakoz rziekame w oklepniem ſaudie · rozomiey kdyz nenie wolan ſaud*** {erklärender Zusatz im tsch. Text: 'wie man sagt im nicht einberufenen Gericht, d. h. wenn kein Gericht einberufen wurde'} Tehda ma onen vweden byti · iakoz gyz powiedieno *geſt* [Art. 21 § 1, 77v /// C21, 128v]

ſo iſt ***dy*** *gabe* recht vnde redelich /// Tehda ***to*** {Interferenz: der deutsche bestimmte Artikel wird als Demonstrativpronomen übernommen} *danie* geſt prawe a rzadne [Art. 21 § 1, 77v /// C21, 128v]

eyne *gabe* /// ***to*** {der deutsche *un*bestimmte Artikel wird als Demonstrativpronomen ins Tsch. übernommen} *danie* [Art. 30 § 2, 115v /// C42, 150r]

AB der richter vnd*e* die ſchepphen abegeſtorben ſien yn wichbilde ma*n* m*a*g dy bang wol beſetczen *vmme* ***eyne*** *gabe* ab man des bedarff /// KDyz by Rychtarz a kmete podemrzeli · v wykpildie ***Neb w Mieſſtie*** {erklärender Zusatz im tsch. Text: 'oder in der Stadt'} mohu dobrze lawicze oſadity · *o* ***gedno*** {Interferenz: der deutsche unbestimmte Artikel wird mit dem tschechischen Zahlwort ***jeden*** 'ein(s)' wiedergegeben} *danie* acz toho potrzebugi [Art. 53, fol. 156r-v /// C66, 164r]

zcu de*m* mynſten mit czwe*n* *ſ*chepphen vnde mit vir dingmannen zo behelt ghenner *ſyne gabe* /// Naymenie dwiema kmety · a cztyrzmi k ſaudu prziſtogiczimi Tak onen *ſwe danie* obdrzij [Art. 53, fol. 156v /// C66, 164r]

UOn gaben die ma*n* ader wiben gibit Ingehegetem dinge vor dem richtere vnde vor den ſchepphen /// *TO danie* kterez ſe muzom neb zenam dawa · w zahagenem ſaudu · przed Rychtarzem a przed kmety [Art. 55, fol. 156v /// C67, 164v]

KOMMENTAR

Für dt. *Gabe* steht im tschechischen Text *dání* (Übersetzung 1:1).
Im polnischen Text der untersuchten „Magdeburger Urteile" wird dt. *Gabe* als poln. *dawanie* (staropol.) wiedergegeben, vgl. auch ISMIO Bd. 2, S. 176 f.

LITERATUR

²HRG 1, 1908–1910 ✧ LexMa 4, 1069 ✧ DRW 3, 1123–1128 ✧ DWB 4, 1111–1117 ✧ WMU 1, 544 ✧ Kaufmann/Neumeister Glossar, 351 ✧ FWB 6, 2–6 ✧ Boková/Spáčilová Glossar, 163 ✧ MRB, Register 795 ✧ Papsonová SRB, 284 f. ✧ Roučka/Růžička Heslář, 83: *dání* ✧ Gebauer 1, 206: *dánie* ✧ ESSČ: *dánie* ✧ Reczek/Twardzik III, 64 ✧ Słownik staropolski 2, 37

dt. **Gast, der** /// tsch. **host**; **člověk pohostinu** (staročes.) /// poln. **gość**
[= Gast; Fremder]

I. dt. ***Gast, der*** /// tsch. ***host***:

SPricht ***eyn*** *gaſt* den andern an ***vmme gelt*** vorgerichte /// NArzkne li ***geden*** {Interferenz: der deutsche unbestimmte Artikel wird mit dem tschechischen Zahlwort ***jeden*** 'ein(s)' wiedergegeben} *hoſt* druheho ***o dluh*** {dt. *um Geld* wird im tsch. Text als *o dluh* 'um Schuld' wiedergegeben} · przed prawem ***neb iakoz***

prawo geſt {erklärender Zusatz im tsch. Text: 'oder wie es Recht ist'} [Art. 57, fol. 168v–169r /// C81, 171v]

1. is ſy denne do ***eyn*** burg*er* ***eyn*** *gaſt* beclag*et* ader *eyn gaſt* eynen burg*er* v*m*me ſchult mit geczeuge *der gaſt* mus abir ſweren daz er *eyn wilder* {'fremder'} *gaſt* ſy vnde zo verre geſeſſin daz er daz ding yn eyme tage nicht geſuchen mag /// kkdez by ***geden*** {Interferenz: der deutsche unbestimmte Artikel wird mit dem tschechischen Zahlwort ***jeden*** 'ein(s)' wiedergegeben} mieſſtienyn ***gednoho*** {Interferenz: der deutsche unbestimmte Artikel wird mit dem tschechischen Zahlwort ***jeden*** 'ein(s)' wiedergegeben} *hoſſtie* obzalowal Neb *hoſt* mieſſtienina · ſe ſwiedky Ale *hoſt* muſſy prziſieczi · Ze on *diwoky* {'wilder', d. h. fremder} *hoſt* geſt A ze on tak daleko ſiedlem ſedij · ze gedniem dnem k ſaudu prawa hledieti nemoz [Art. 45 § 4, 146r /// C58, 159r]

II. dt. ***Gast, der*** [uswendig man] /// tsch. ***člověk pohostinu*** (staročes.):

KEyn vzwendig ma*n* {gemeint ist *Gast*} iſt phlichtig zcu antwerten yn eynem andern gerichte eynem manne die beide yn eynem gerichte geſeſſen ſien /// ZAdny *czlowiek pohoſtynu* {für dt. *uswendig* steht im Tschechischen *pohostinu* {Adverb} '(als) fremd'} nenie powinen odpowiedati · ***w gine Rychtie*** {für dt. *Gericht* steht im Tschechischen das dt. Lehnwort *rycht*, anstelle von tsch. *soud* 'Gericht'} gednomu czlowieku · kdezto oba dwa gſu ***W gedne rychtie*** {für dt. *Gericht* steht im Tschechischen das dt. Lehnwort *rycht*, anstelle von tsch. *soud* 'Gericht'} oſedla [Art. 28 § 1, 111v /// C40, 148v–149r]

KOMMENTAR

Für dt. *Gast* steht im tschechischen Text *host* (I.) (Übersetzung 1:1). Als Entsprechung für dt. *wilder* {'fremder'} *gast* steht tsch. *divoký* {'wilder', d. h. fremder} *host* (1.) und für dt. *uswendig man* steht tsch. *člověk pohostinu* (staročes.) (II.).

Im polnischen Text der untersuchten „Magdeburger Urteile" steht für dt. *Gast* poln. *gość*, analog im Plural dt. *Gäste* /// poln. *gości*. Für dt. *wegefertige Gäste* steht im Text apoln. *Poddrosznym ludzom albo gosczyom* 'den Reisenden oder Gästen', vgl. auch ISMIO Bd. 2, S. 177 f.

LITERATUR

LexMa 4, 1130–1663 ✧ DRW 3, 1187–1131–1190 ✧ DWB 4, 1454–1472 ✧ WMU 1, 554 f. ✧ Kaufmann/Neumeister Glossar, 357 ✧ FWB 6, 145–149 ✧ Boková/Spáčilová Glossar, 165: frnhd. *gast* – tsch. *host, cizinec* ✧ MRB, Register 795 ✧ Extrakt, 115: tsch. *člověk hostinský* ✧ Prasek 1912, 153: tsch. *host* ✧ Papsonová SRB, 286 ✧ Roučka/Růžička Heslář, 177: *host* ✧ Gebauer 1, 472 f.: *host* ✧ Staročeský slovník 3, 463 f.: *pohostinu* ✧ Reczek/Twardzik III, 85 ✧ Słownik staropolski 2, 472–474

dt. **Geld, das** /// tsch. **peníze** {eine bereits für die Zeit des Urslawischen angenommene Entlehnung aus dem Deutschen}; **dluh** 'Schuld' {gemeint ist *Geldschuld*} /// poln. **pieniądze** {eine bereits für die Zeit des Urslawischen angenommene Entlehnung aus dem Deutschen}
[= Geldbetrag; Geldstrafe; Vermögen; Einkünfte]

I. dt. ***Geld, das*** /// tsch. ***peníze***:

I.a) dt. ***um Geld*** /// tsch. ***o peníze***:

der burcgraue vnde der ſchult*is* mogin wol richten alle tage *vmme gelt* /// Take purkabie a Sſulteys mohu dobrze ſudity · na kazdy den *o penize* [Art. 45 § 4, 145v /// C58, 159r]

II. dt. ***Geld, das*** /// tsch. ***dluh*** 'Schuld' {gemeint ist *Geldschuld*}:

II.a) dt. ***um Geld*** /// tsch. ***o dluh*** '(Geld-)Schuld':

SPricht ***eyn*** gaſt den andern an *vmme gelt* vorgerichte /// NArzkne li ***geden*** {Interferenz: der deutsche unbestimmte Artikel wird mit dem tschechischen Zahlwort ***jeden*** 'ein(s)' wiedergegeben} hoſt druheho *o dluh* {dt. *um Geld* wird im tsch. Text als *o dluh* 'um Schuld' wiedergegeben} · przed prawem ***neb iakoz prawo geſt*** {erklärender Zusatz im tsch. Text: 'oder wie es Recht ist'} [Art. 57, fol. 168v–169r /// C81, 171v]

KOMMENTAR

Für dt. *Geld* steht im tschechischen Text *peníze* und *dluh* 'Schuld' {gemeint ist *Geldschuld*} (Übersetzung 1:2), vgl. auch die Wendung: dt. *um Geld* /// tsch. *o peníze* / *o dluh* 'um (Geld-)Schuld'.
Im polnischen Text der untersuchten „Magdeburger Urteile" steht für dt. *Geld* poln. *pieniądze*.

LITERATUR

DRW 3, 1544–1556 ✧ DWB 5, 2889–2908 ✧ WMU 1, 624f. ✧ Kaufmann/Neumeister Glossar, 377f. ✧ FWB 6, 702–709 ✧ Boková/Spáčilová Glossar, 174: frnhd. *geld* – tsch. *peníze* ✧ MRB, Register 795 ✧ Papsonová SRB, 298–300 ✧ Gebauer 1, 258: *dluh* ✧ Staročeský slovník 3, 135–137: *peniez* ✧ Reczek/Twardzik III, 191 ✧ Słownik staropolski 6, 91–97

dt. **Gelübde, das** /// tsch. **slib**; **slibové** (staroćes.) {Pl.} /// poln. **ślub**(**owanie**)

I. ***Paarformel***: dt. ***Gelübde und Willkür*** /// tsch. ***slibové*** {Pl.} ***a svolenie*** {Sg.}:

wenne *gelobde vnde willekore* bricht allerhande recht /// Neb *ſlibowe* {Pl.} *a ſwolenie* {Sg.} wſſelike prawo ruſſij [Art. 24 § 3, 96r /// C24, 140v]

KOMMENTAR

Für die dt. Paarformel *Gelübde und Willkür* steht im tschechischen Text *slibové a svolenie* (Übersetzung 1:1).

LITERATUR

[2]HRG 2, 44–47 ✧ LexMa 4, 1207f. ✧ DRW 4, 43–48 ✧ DWB 5, 3099–3108 ✧ WMU 1, 620 ✧ Kaufmann/Neumeister Glossar, 375f., 682f. ✧ FWB 6, 784–786 ✧ Boková/Spáčilová Glossar, 176 ✧ MRB, Register 795: frnhd. *gelobde* – tsch. *slib* ✧ Papsonová SRB, 307–309 ✧ Roučka/Růžička Heslář, 527: *slib* ✧ MSS, 456: *sl'ub, slib*

dt. **Gerade, die** /// tsch. **grod** (staročes.) {Lehnwort aus dt. *Gerade*} /// poln. **gier(a)da** (staropol.); **groda** (staropol.); **szczebrzuch** (staropol.); **gierda**; (**niewieskie**) **rzeczy** '(Frauen)Sachen', z. T. mit zusätzlichem **gierda**; **wyprawa**; poln. **gierada** und **groda** für **Gerade** sind in dem von uns ausgewerteten polnischen Text der „Magdeburger Urteile" nicht belegt

[= alles Erbe, das zum Gebrauch durch die Frau bestimmt ist, wie Schmuck, Kleider, Stoffe, Töpfe und sonstige Gerätschaften; Ausstattung/Aussteuer einer Frau; Versorgung]

wenn*e* ma*n* phleg*et* wichbilde mit ſteinen zcu buwen vnde ſien alle mit eynem rechte begriffen die yn dem wichbilde geſeſſin ſien / vnd*e* darum*m*e nympt daȝ wip nicht mer wenn*e* *dy gerade* etc /// Ale ze v wykpildie to geſt w Mieſtech obyczeg · magi kamene*m* ſtawieti a dielati A ſu wſſychni gedniem prawem oſazeni · kterziz v wikpildu oſazeni gſu Protoz neberze zena nicz wiecze nezli *grod* [Art. 22 § 3, 78v /// C22, 129r]

Stirbt eynem manne ſien wip ire nehiſte nyftile nympt ***die*** *gerade* /// Vmrze li gednomu muzy zena geho Gegie nayblizſſie ***Tetka*** {für dt. *Niftel* steht im Tschechischen *tetka* 'Tante'} wezme ***ten*** {Interferenz: der deutsche bestimmte Artikel wird als Demonstrativpronomen übernommen} *grod* [Art. 23 § 4, 87r /// C23, 134r]

wer aber yn den geweren iſt vnde blibit er eyn ph*a*ffe er nympt *dy gerade* ab do keine iungfrouwe iſt /// Ale ktoz w drzeni diedicziſtwa w te obranie g*eſ*t · oſtane li on kniezem ten wezme *grod* naprzed · acz tu zadne panny nenie [Art. 56 § 7, 157v /// C68, 165r]

Iſt do abir ouch eyne Jungfrouwe ȝoteilen ſy ouch *die gerade* gliche /// Pakli tu take panna geſt Tehda diele ſe ***tiem*** {Interferenz: im Deutschen fehlt der Artikel, im Tschechischen steht ein Demonstrativpronomen an der Position des Artikels} *grodem* rovnie [Art. 56 § 7, 157v–158r /// C68, 165r]

der frouwen {Genitiv} nehiſte nyftil nympt *ire gerade* /// A zenyna {Poss.Adjektiv} nayblizſſie przietelkynie po wrzetenu {'die nächste Verwandte der Spindel nach'} · wezme *gegij grod* [Art. 57 § 3, 161v /// C71, 167r]

I. dt. ***zu der Gerade*** /// tsch. ***k*(*u*) *grodu***:

zcu der gerade /// Ten przifflufſie *k grodu* [Art. 26 § 2, 97v /// C26, 141r]

hot ***der*** man ſchoff die nymt ſy *zcu der gerade* /// Ma li ***ten*** {Interferenz: im Deutschen fehlt der Artikel, im Tschechischen steht ein Demonstrativpronomen an der Position des Artikels} muz owcze Ty ona wezme *ku grodu* [Art. 56 § 3, 157v /// C68, 164v]

KOMMENTAR

Für dt. *Gerade* steht im tschechischen Text das deutsche Lehnwort *grod* (staročes.), entlehnt aus dt. *Gerade* (Entlehnung).
Im untersuchten polnischen Text der „Magdeburger Urteile" sind die Varianten des deutschen Lehnwortes poln. *gierada* und *groda* für dt. *Gerade* nicht belegt. Für dt. *Gerade* stehen im polnischen Text zwei Entsprechungen: die Variante *gierda* des deutschen Lehnwortes und die Umschreibung *(niewieskie) rzeczy* '(Frauen)Sachen', überwiegend als vorangestellte Umschreibung mit nachfolgendem deutschen Lehnwort *gierda*. In einem Beispiel steht zwischen der polnischen Umschreibung *nyewyesczkye rzeczy* 'Frauensachen' und der Nennung des deutschen Lehnwortes *gyerda* 'Gerade' noch der Hinweis *czo gym ponyemyeczku dzyeyą* 'was man deutsch nennt'. In einem Beispiel fehlt das sonst bei poln. *rzeczy* im Text belegte *niewiesckie*. Die semantische Eindeutigkeit wird hier durch den Kontext erreicht, vgl. apoln. *szwogey pirwey zony rzeczy* 'seiner ersten Frau Sachen' als Übersetzung von frnhd. *dy rade der irsten vrawen*, vgl. auch ISMIO Bd. 2, S. 179–181.

LITERATUR

²HRG 2, 113–117 ✧ LexMa 4, 1294f. ✧ DRW 4, 255f. ✧ DWB 5, 3554–3556 ✧ WMU 2, 1407 ✧ Kaufmann/Neumeister Glossar, 849 ✧ FWB 6, 966f. ✧ Boková/Spáčilová Glossar, 181: frnhd. *gerade* – tsch. Umschreibung, kein dt. Lehnwort ✧ MRB, Register 796 ✧ Extrakt, 104, 120: tsch. *gruod*; Extrakt, 105: tsch. k *gruodu* sluší 'zur Gerade gehören' ✧ Prasek 1912, 135: tsch. *grad*; Prasek 1912, 133: tsch. k *gradu* slušie 'zur Gerade gehören' ✧ VZZ 487: tsch. *grady* ✧ Papsonová SRB, 312f. ✧ PAPSONOVÁ, *iclich weyb erbet czweier wegene*, in: BOKOVÁ (Hrsg.), Zur Erforschung des Frühneuhochdeutschen in Böhmen, Mähren und der Slowakei, 2004, S. 196, 199 ✧ Roučka/Růžička Heslář, 165: *grod* ✧ Gebauer 1, 393: *grad, gerad* (Ersterwähnung: 1387), *gród* ✧ Newerkla 2004, 176 ✧ Reczek/Twardzik III, 84 ✧ Aleksic Ortyle, 136 ✧ Zajda 2008, 301 ✧ Słownik staropolski 2, 413: *gierade, gierda, groda* ✧ Linde 2, 44 ✧ Eggers 1988, 113, 182 ✧ Lehnwörter 2010: *gierada*

dt. **Gericht, das**; **Ding, das** /// tsch. **soud**; **právo** 'Recht'; **grichta** (staročes.) {Lehnwort aus dt. *Gericht*}; **rychta** (staročes.) {Lehnwort aus dt. *Gericht*}; s. a. oben **Ding** /// poln. **sąd**; **prawo**; **rok(i)**

I. dt. ***Gericht, das*** /// tsch. ***soud***:

I.a) dt. ***im Gericht*** /// tsch. ***v soudě***:

Geſchit dis ding vor de*m* voite *yn gerichte* /// Stane li ſe ta wiecz przed ffoytem · *w ſaudie* [Art. 17 § 1, 65ᵛ /// C17, 120ᵛ–121ʳ]

I.b) dt. ***ohne Gericht*** /// tsch. ***bez soudu***:

ane gerichte /// *bez ſaudu* [Art. 50 § 1, 153ᵛ /// C62, 163ʳ]

I.c) dt. ***vor Gericht*** /// tsch. ***před soudem***; ***před hájeným*** (staročes.) ***soudem*** {wo}:

I.c1.) dt. ***vor Gericht*** /// tsch. ***před soudem***:

dy gabe die dir gegeben iſt *vorgerichte* / do wyſe ich dich yn alȝ mir daȝ orteil geteilt hat / vnde ſecȝe des die ſchepphen zcu gecȝuge / vnde die ding lute daȝ ich dich hie yngewiſit habe alȝo recht iſt /// ***To*** {Interferenz: der deutsche bestimmte Artikel wird als Demonstrativpronomen übernommen} danie kterez tobie wzdano geſt · *przed ſaudem* · w tot ia tie vwodym yakz mi ***prawo a*** {Zusatz im tsch. Text: 'Recht und'} ortel nalezlo A toho ted kmety oſwiedczugi · a ty ktoz przi ſaudie ſtogie · ze ſem vwedl iakoz prawo geſt [Art. 20 § 2, 74r /// C20, 125v]

daȝ iſt nicht / wenn*e* waȝ den frouwen gegebin wirt yn wichbilde *vorgerichte* /// · tohot nenie Neb czoz paniem dano bude v wykpildu *przed ſaudem* [Art. 22 § 2, 78v /// C22, 129r]

I.c2.) dt. ***vor Gericht*** /// tsch. ***před hájeným*** (staročes.) ***soudem***:

wolde man der vrouwen ire morgingabe brechen an varnder habe die ir gegeben iſt *vorgerichte* / ſy behelt ſy mit mannen vnde mit wibern die do keinwertig waren ſelbſobende /// Chtiel li by te panie gegie wieno zlamati · na mowitem ſtatku · kterez gie dano *przed Hagenym ſaudem* To ona obdrzy s muzmi a ſ zenami · kterzy ſu przi tom byli ſama ſedma {fem.} [Art. 56 § 4, 157v /// C68, 164v–165r]

II. dt. ***Gericht, das*** /// tsch. ***právo***:

II.a) dt. ***vor Gericht*** /// tsch. ***před právo*** {wohin}:

wirt der ma*n* geuangen inder vriſſchen *tat* vnde mit gerufte *vorgerichte* bracht / vnd*e* hat des gecȝug an ſinen ſchreymannen ſelbſobende / vnde mag er die not bewiſen alȝ recht iſt is gheit em an den lip {Leib} /// Bude li ten muz popaden w horkem vczinku A bude ſ krzykem *przed prawo* prziweden A bude ty ſwiedomie mieti · ktoz ſu ten krzik ſliſſieli · ſam ſedm A ze moze takowu nuzy okazati · iakoz p*ra*wo geſt Tehda gde tomu na geho hrdlo {'Gurgel'} [Art. 38 § 1, 129v /// C46, 152r]

II.b) ***vor Gericht*** /// ***před právem*** {wo} /// poln. ***przed prawem***; ***przed sądem*** {wo}:

Spricht ma*n* abe*r* daȝ er ſien recht vorloren hat *vor gerichte* mit deube ader mit roube daȝ mus der richter gecȝeugen mit cȝwen ſchepphen <u>vn*de* vir dingmannen</u> {dt. <u>vn*de* vir dingmannen</u> fehlt im tsch. Text} ſelb ſobinde /// Pakli by rzekl · ze on ſwe prawo potratil · *przed prawem* zlodieyſtwem neb lupezem To on vſwiedcziti muſſy s rychtarze*m* · a ſ kmety ______ {dt. <u>vn*de* vir dingmannen</u> fehlt im tsch. Text} ſam ſedm [Art. 32 § 2, 118r /// C43, 151r]

vor gerichte mit des richters wille /// a *przed prawem* · ſ powolenym rychtarzowym [Art. 50 § 1, 153v /// C62, 163r]

vor gerichte /// *przed prawem* [Art. 50 § 2, 153v /// C62, 163r]

WO ***eyne*** ſone geſchit *vor gerichte* ader eyne oruede / die gecȝeugit eyn man mit dem richtere vnde mit den ſchepphen /// KDyz ſe ***gedna*** {Interferenz: der deutsche unbestimmte Artikel wird mit dem tschechischen Zahlwort ***jedna*** 'eine', fem. wiedergegeben} ſmluw*a* ſtane · neb vmluwa *przed prawem* · tu vſwiedczi geden czlowiek Rychtarzem a kmety [Art. 51 § 1, 154r /// C63, 163r]

II.c) dt. ***zu dem Gericht*** /// tsch. ***ku právu***:

daȝ mus der richter thun by dem eyde den er *zcu deme gerichte* geſworen hat /// to muſſy Rychtarz vczinity · wedle prziſahy ſwe · Kteruz geſt *ku prawu* · vczinil [Art. 20 § 3, 74r /// C20, 125v–126r]

III. dt. ***Gericht, das*** /// tsch. ***rychta*** (staročes.) {Lehnwort aus dt. *Gericht*} {hier: Gericht als *Amt*}:

III.a) dt. ***von dem Gericht*** /// tsch. ***od rychty***:

er moge wol / wenn*e* er dy gewalt hot *von dem gerichte* /// Ze moze dobrze · kdyz gyz tu mocz *od Rychty* {Entlehnung: dt. *Gericht* > tsch. *rychta*} ma [Art. 16 § 2, 58v /// C16, 117r]

III.b) dt. ***im Gericht*** {gemeint ist hier *Gerichtsbezirk*} /// tsch. ***v rychtě***:

KEyn ***vȝwendig*** ma*n* {gemeint ist *Gast*} iſt phlichtig zcu antwerten *yn eynem andern gerichte* eynem manne die beide *yn eynem gerichte* geſeſſen ſien /// ZAdny czlowiek ***pohoſtynu*** {für dt. *uswendig* steht im Tschechischen *pohostinu* 'als Gast-'; Adv.} nenie powinen odpowiedati · ***w* gine *Rychtie*** {für dt. *Gericht* steht im Tschechischen das dt. Lehnwort *rychta*, gemeint ist *Gerichtsbezirk*} gednomu czlowieku · kdezto oba dwa gſu ***W* gedne** {Interferenz: der deutsche unbestimmte Artikel wird mit dem tschechischen Zahlwort ***jeden*** 'ein(s)' wiedergegeben} ***rychtie*** {für dt. *Gericht* steht im Tschechischen das dt. Lehnwort *rychta*, gemeint ist *Gerichtsbezirk*} oſedla [Art. 28 § 1, 111v /// C40, 148v–149r]

KOMMENTAR

Für dt. *Gericht* steht im tschechischen Text *soud* (I.) und *právo* 'Recht' (II.) (Übersetzung 1:2) sowie *rychta* (staročes.) {Lehnwort aus dt. *Gericht*, gemeint ist hier *Gerichtsbezirk*} (III.) (Entlehnung).
Im polnischen Text der untersuchten „Magdeburger Urteile" steht für dt. *Gericht* poln. *sąd* 'Gericht', daneben auch poln. *miasto* 'Stadt'. Zu vergleichen sind ebenfalls die Präpositionalkonstruktionen: dt. *vor Gericht* /// poln. *przed prawem* (zu poln. *prawo* 'Recht, Gericht'), daneben auch dt. *vor Gericht* /// poln. *przed sądem*, vgl. auch ISMIO Bd. 2, S. 181–185.

LITERATUR

2HRG 2, 131–143 ✧ LexMa 4, 1322–1327 ✧ DRW 4, 299–315: *Gericht*; 2, 933–944: *Ding* ✧ DWB 5, 3637–3650: *Gericht*; 2, 1152–1168: *Ding* ✧ Kaufmann/Neumeister Glossar, 382–394 ✧ FWB 6, 1053–1082 ✧ MRB, Register 796 ✧ Papsonová SRB, 315–322 ✧ Roučka/Růžička Heslář, 165: *grichta* = *rychta*; 506: *rychta* = *rychtářství*; 419: *právo*; 535: *soud* ✧ Gebauer 1, 393: *grichta* 'Gericht' (Ersterwähnung 1403) ✧ ESSČ: *rychta* ✧ Newerkla 2004, 176 ✧ Reczek/Twardzik III, 212, 247f. ✧ Słownik staropolski 7, 33–44: *prawo* ✧ Aleksic Ortyle, 40f.

dt. **Gerüfte, das** /// tsch. **křik; okřik** (staročes.); **vep** (staročes.); **úp** (staročes.); **volání o pomoc** /// poln. **wołanie, wołania** {Pl.}; **krzyk** (staropol.)
[= 1. lautes Rufen und Schreien zur schnellen Hilfe bei einem Verbrechen; Hilfeschrei, Notruf, Rufen bei handhafter Tat; Klagegeschrei vor dem Richter, welches Prozessführung und Urteil beeinflusst; 2. Leumund; Ruf]

I. dt. ***Gerüfte*** /// tsch. ***křik***:

I.a) dt. ***mit Gerüfte*** /// tsch. ***s*** (***o***)***křikem***:

die ſal der man in hanthaftig*er* tat clagen *mit gerufte* vnde ſelbſobinde geczeugen /// ma zalowano byti · w ynhedniem horkem vczynku ***To geſt hned kdyz ſe ſtane*** {erklärender Zusatz im tsch. Text: 'das heißt gleich, wenn es geschieht'} A to *ſ krzykem* a ſam ſedm vſwiedcziti [Art. 37, fol. 129ᵛ /// C46, 152ʳ]

wirt der ma*n* geuangen inder vriſſchen tat vnde *mit gerufte* vorgerichte bracht / vnd*e* hat des geczug an ſinen ſchreymannen ſelbſobende / vnde mag er die not bewiſen alz recht iſt is gheit em an den lip {Leib} /// Bude li ten muz popaden w horkem vczinku A bude *ſ krzykem* przed prawo prziweden A bude ty ſwiedomie mieti · ktoz ſu ten krzik ſliſſieli · ſam ſedm A ze moze takowu nuzy okazati · iakoz p*ra*wo geſt Tehda gde tomu na geho hrdlo {'Gurgel'} [Art. 38 § 1, 129ᵛ /// C46, 152ʳ]

vnd*e* bewiſt ſyne wunden *mit gerufte* /// A okaze tu ſwe rany *s · orkrzykem*[287] [Art. 81 [82], 177ᵛ /// C95, 176ᵛ]

I.b) dt. ***das Gerüfte schreien*** /// tsch. ***křičet křik*** / ***vep*** / ***úp***:

WElch man vorwunt wirt In wichbilde vnde *beſchriet er daz gerufte* vnde kom*et* er vorgerichte /// KTeryz czlowiek v wykpildu ranien bude · a *krzyczi li krzyk* · ***vp · neb wepp · neb neſtoyte*** · a przyde przed prawo [Art. 78 [79] § 1, fol. 175ᵛ /// C92, 175ᵛ]

ISt daz ***eyn*** man vorwunt wirt vnde *ſchriet er an daz gerufte* / vnde vehiter den man vnde breng*et* en vorgerichte /// GEſtli ze by ***geden*** {Interferenz: der deutsche unbestimmte Artikel wird mit dem tschechischen Zahlwort ***jeden*** 'ein(s)' wiedergegeben} czlowiek ranen byl · a *krzyczi li on krzijk* · a popadne toho czlowieka · a prziwede gey przed prawo ***ſkrzikem*** {erklärender Zusatz im tsch. Text: 'mit Geschrei'} [Art. 69, fol. 171ʳ /// C83, 173ʳ]

II. dt. ***Gerüfte*** /// tsch. ***vep*** (staročes.):

II.a) dt. ***mit Gerüft*** /// tsch. ***s vepem***:

Allerhande clage die an vngerichte ghet alz dube vnde roub vnde mort die ſal man clagen *mit gerufte* yn eyner hanthaftigen tat vnde ſelbſobinde ſal en der [richter] cleger obirwynden /// Wſſelikteraka zaloba · kteraz na bezprawie gde · iakozto o zlodieyſtwo · o lupez · o ***mord*** {Lehnwort aus dt. *Mord*} Ta ma zalowana byti *s weppem* · ***to geſt ſkrzykem*** {erklärender Zusatz im tsch. Text: 'das heißt mit Geschrei'} · w ynhedniem horkem vczinku A ſam ſedm ma gey ſ prawem przemoczi [Art. 36, fol. 129ʳ /// C45, 152ʳ]

---

[287] Statt 'okrzykem'

KOMMENTAR

Für dt. *Gerüfte* steht im tschechischen Text *křik*, *vep* (staročes.) und *úp* (staročes.) (Übersetzung 1:3).

Im untersuchten polnischen Text der „Magdeburger Urteile" steht für dt. *Gerüfte* poln. *wołanie* bzw. *wołania* {Pl.}, vgl. außerdem die Präpositionalkonstruktionen: dt. *mit Gerüfte* /// poln. *przez wołania* und *z wołanim*. Dagegen wird dt. *nicht mit Gerüfte* im polnischen Text durch eine Verbalkonstruktion (Partizip Präsens Aktiv von *wołać*) ausgedrückt, vgl. poln. *nie wołając* 'nicht rufend', vgl. auch ISMIO Bd. 2, S. 185 f.

LITERATUR

²HRG 2, 259–264 ✧ LexMa 4, 1357 f. ✧ DRW 4, 401–404 ✧ DWB 5, 3759–3761 ✧ WMU 1, 660 ✧ Kaufmann/Neumeister Glossar, 394 f. ✧ FWB 6, 1170–1172 ✧ Boková/Spáčilová Glossar, 183: frnhd. *geruffte* – tsch. *křik, řev* ✧ MRB, Register 796: tsch. *křik, volání o pomoc, vyvolání* ✧ Papsonová SRB, 322–326 ✧ Roučka/Růžička Heslář, 630: *okřik; volání* ✧ Gebauer 2, 145: *křik* ✧ ESSČ: *úp* ✧ Reczek/Twardzik III, 317 ✧ Słownik staropolski 10, 297 f.: *wołanie, wołania* {Pl.}

dt. **Gespinne, die** /// tsch. **přietelkyně po vřetenu** (staročes.) 'Verwandte der Spindel nach, d. h. in weiblicher Linie'; s. a. unten **Niftel**
[= Verwandte der Frau; fem. zu *Gespan*]

dy nehiſt *geſpinne* nympt kein muſteil /// Ale ta naybliżſſie *przietelkynie* {für dt. *Gespinne* steht im Tschechischen *přietelkyně po vřetenu* (staročes.) 'Verwandte der Spindel nach'} · *po wrzetenu* newezme zadneho muſteyle [Art. 23 § 4, 87ʳ /// C23, 134ʳ]

KOMMENTAR

Für dt. *Gespinne* steht im tschechischen Text *přietelkyně po vřetenu* (staročes.) 'Verwandte der Spindel nach' (Umschreibung).

LITERATUR

DRW 4, 558 ✧ DWB 5, 4155 f. ✧ Boková/Spáčilová Glossar, 188: nur frnhd. *gespan* ✧ Roučka/Růžička Heslář, 462: nur *přítel 'Verwandter'* ✧ ESSČ: *vřěteno*

dt. **Gewalt, die** {gemeint ist Amtsgewalt} /// tsch. **moc**; **násilí**; **síla**; **gvalt** (staročes.); **kvalt** (staročes.) {Lehnwort aus dt. *Gewalt*} /// poln. **gwałt** {Lehnwort aus dt. *Gewalt*}; **władza**

I. dt. ***Gewalt haben*** /// tsch. ***mít moc***; ***mieti moc*** (staročes.):

er moge wol / wenne er ***dy*** *gewalt* hot von dem gerichte /// Ze moze dobrze · kdyz gyz ***tu*** {Interferenz: der deutsche bestimmte Artikel wird als Demonstrativpronomen übernommen} *mocz* od Rychty {okkasionelle Entlehnung: dt. *Gericht* > tsch. *rychta*} ma [Art. 16 § 2, 58ᵛ /// C16, 117ʳ] vnde *hat* ***die*** *gewalt* daʒ er richten mag /// Takowy {gemeint ist der Bürgermeister} *ma* ***tu*** {Interferenz: der deutsche bestimmte Artikel wird als Demonstrativpronomen übernommen} *mocz* ſudity [Art. 19 § 1, 71v /// C19, 124v]

Die ratmanne *haben gewalt* zcurichten obir […] /// ***Ty*** {Interferenz: der deutsche bestimmte Artikel wird als Demonstrativpronomen übernommen} konſſele *magi mocz* poprawiti nad wſſeliku […] [Art. 42 § 3, 140r /// C50, 156v]

II. dt. ***(jmd.) Gewalt geben*** /// tsch. ***(komu) dát moc***:

do nam der koning die achtvndecʒwencʒig ma*n*ne die ich habe genant / vnde ſacʒte dy [ſ]oben vff den ſtul des phalcʒes vnde *gab en dy gewalt* von ſinent halben /// Tehda wzal geſt kral tiechto oſm a dwatczeti muzow · kterez ſem gmenowal A poſadil ty na ſtoliczi Toho falcze a *dal gym mocz* · tu od ſebe [Art. 13 § 1, 51v /// C13, 114r]

III. ***königliche Gewalt*** /// ***moc králevská*** (staročes.):

AB eyn erbe ſtirbet do ſich nymant cʒu cʒiet yn iare vnde yn tage das geuellet an *dy koningliche gewalt* /// Acz diediczſtwie odvmrze · k kteremu ſe zadny netahne · w roku a we dni To ſpadne na *mocz kralewſku* {königliche Gewalt} ***To geſt do kralowy komory*** {erklärender Zusatz im tsch. Text: 'das heißt an die königliche Kammer'} [Art. 58, fol. 162r /// C72, 167v]

KOMMENTAR

Für dt. *Gewalt* {gemeint ist Amtsgewalt} steht im tschechischen Text *moc* (Übersetzung 1:1), auch in attributiven und Verbalkonstruktionen.

Im untersuchten polnischen Text der „Magdeburger Urteile" wird dt. *mit Gewalt* durch das polnische Adverb *gwałtownie* 'gewaltsam' wiedergegeben. Dieses wurde nach den Regeln der polnischen Wortbildung aus dem deutschen Lehnwort *gwałt* abgeleitet und mit dem Suffix *-own-* erweitert (postintegrative Phase), vgl. auch ISMIO Bd. 2, S. 186 f.

LITERATUR

LexMa 4, 1419; 7, 131–133 ✧ DRW 4, 675–697 ✧ DWB 6, 4910–5094 ✧ WMU 1, 711 f. ✧ Kaufmann/Neumeister Glossar, 401–403 ✧ FWB 6, 1784–1803 ✧ MRB, Register 796 ✧ Extrakt, 141: tsch. *v* […] *kvaltu* ✧ Roučka/Růžička Heslář, 308: *moc*; 324: *násilí*; 166: *gvalt, kvalt* ✧ Gebauer 2, 187: *gvalt* (Erstbeleg: 1481), *kvalt* (Erstbeleg: 14. Jahrhundert); 2, 388–390: *moc* ✧ Newerkla 2004, 287 ✧ Reczek/Twardzik III, 86 ✧ Słownik staropolski 2, 523–529 ✧ Lehnwörter 2010: *gwałt*

dt. **(Ge-)Were, die** /// tsch. **zpráva** (staročes.); **gvar** (staročes.); **gver** (staročes.); **obrana**; **ochrana**; **držení** /// poln. **gwar**; **obrona**; **opieka**; **dzierżenie**
[= Verfügungsgewalt; tatsächliche Herrschaft über etwas; (Besitz)recht]
[lat. possessio]

I. dt. ***(Ge)Were, die*** /// tsch. ***zpráva*** (staročes.):

1. WO aber ____ ſune ader eyne rechte gew*er*e geſchit {'wo aber Sühne und *eine rechte* Gewere geschieht'} bricht ſy der ſachwalde vn*de* w*ir*t er des obirwunden alȝo recht iſt mit deme richtere vnde mit den ſchepphen v*m*me eyne wunde / man vorteilt em dy hant v*m*me eynen toden / den halȝ /// Ale kdez ſe gedna prawa ſmluw**a** ſtane · a *zprawa* {'aber wo *eine rechte* Sühne geschieht und Gewere'} · zruſſili gy ten giſtecz · a bude toho przemozen · iakoz p*ra*wo geſt · s Rychtarzem a ſ kmety · o gednu ranu · oddiele gemu ruku O gednoho zabiteho hrdlo [Art. 52 § 1, 154ʳ /// C64, 163ᵛ]

II. dt. ***(Ge)Were*** /// tsch. ***obrana***:

DO abir eynem manne *ſyne gewere* {Akk.Sg.} gevronet wirt alȝ ofte er vȝ vnde yn geet alȝ uffte mus er dem richtere wetten dy fronunge ſy denn*e* mit rechte benommen /// Ale kdez gednomu czlowieku *duom geho* {'sein Haus'} · *aneb obranu* znamenagi · rozomiey od prawa Tehda tak czaſſto · iakoz on wen a zaſe tam gde · tak czaſſto on muſſi rychtarzi wettowati · lecz znamenanie totiz fronunk ſniato bude · ſ prawem [Art. 53, fol. 155ᵛ–156ʳ /// C65, 164ʳ]

vnde komit ghenn*er* dornach ſien gut zcuuorſtehn ader vȝzcu cȝihn / der erſte iſt nehr *ſiner geweren* {Gen.Sg.} zcubehalden /// Przide ly pak onen potom aby ſwe zbozie zaſtupil neb aby ge wywadil · prwni geſt blizſſi *ſwu obranu* · ***to geſt ſwe drzenie na to*m *zachowati*** {erklärender Zusatz im tsch. Text: 'das ist/das heißt seinen Besitz daran behalten'} [Art. 63, fol. 165ᵛ /// C77, 169ʳ]

II.a) dt. ***in*** (***Ge***)***Were*** {wo} /// tsch. ***v obranu*** {wohin}; ***v obraně*** {wo}:

Man ſal ab*er* ghenem ***das*** gut laſſen *in ſynen geweren* {Dat.Pl.} /// Ale onomu ***to*** {Interferenz: der deutsche bestimmte Artikel wird als Demonstrativpronomen übernommen} zbozie ma *w uobranu* {Sg.; wohin} puſſtieno byti [Art. 30 § 2, 115ᵛ /// C42, 150ʳ]

wer aber *yn den geweren* {Dat.Pl.} *iſt* vnde blibit er eyn ph*a*ffe er nympt dy gerade ab do keine iungfrouwe iſt /// Ale ktoz w drzeni diedicz ſtwa *w te obranie* {Sg., wo} *geſt* · oſtane li on kniezem ten wezme grod naprzed · acz tu zadne panny nenie [Art. 56 § 7, 157ᵛ /// C68, 165ʳ]

Kommentar

Für dt. *Gewere* steht im tschechischen Text *zpráva* (staročes.) (I.) und *obrana* (II.) (Übersetzung 1:2).

1. Wie in zahlreichen anderen Sätzen, so muss auch in Satz 1. bei der Beurteilung der Übersetzung über die Grenze des einzelnen Wortes (Rechtsterminus) hinaus gegangen werden, vgl.:

frnhd.: WO aber ____ ſune ader eyne rechte gew*er*e geſchit {'wo aber Sühne und *eine rechte* Gewere geschieht'} /// atsch.: Ale kdez ſe gedna prawa ſmluw**a** ſtane · a *zprawa* {'aber wo *eine rechte* Sühne geschieht und Gewere'}. Es zeigt sich, dass hier der unbestimmte Artikel (*eine*) und das Attribut (*rechte*), die im deutschen Satz bei Gewere stehen (eyne rechte gew*er*e), in der tschechischen Übersetzung bei Sühne stehen (gedna prawa ſmluw**a**).

Im untersuchten polnischen Text der „Magdeburger Urteile“ wird dt. *Gewere* fast ausschließlich mit poln. *obrona* wiedergegeben, vgl. dt. *in seine Gewere nehmen* /// poln. *w jego obronę pojać*. Lediglich einmal ist für dt. *in seine Gewere nehmen* /// poln. *wziąć w swą opiekę* belegt. Für dt. *Gewere daran haben* steht im polnischen Text *mieć prawo obrone*. Die deutschen Lehnwörter im Polnischen *gwar, gewer, gwer* kommen im untersuchten Text der „Magdeburger Urteile“ nicht vor, vgl. auch ISMIO Bd. 2, S. 187 f.

LITERATUR

²HRG 2, 347–352 ✧ LexMa 4, 1420f. ✧ DRW 4, 635–653 ✧ DWB 6, 4784–4807 ✧ WMU 1, 718f. ✧ Kaufmann/Neumeister Glossar, 404–409 ✧ FWB 6, 1896–1907 ✧ Boková/Spáčilová Glossar, 193: frnhd. *gewer* – tsch. Umschreibung, kein dt. Lehnwort ✧ MRB, Register 797: *obrana* ✧ Extrakt, 115: tsch. *gwar, o gwaru*; Extrakt, 139: tsch. žalobu svú *zagwaroval*; o *gwarní pokutě* ✧ Papsonová SRB, 342–346 ✧ Roučka/Růžička Heslář, 166: *gvar, gver*; 335: *obrana* ✧ Gebauer 1, 395: *gvar, gver* ✧ Staročeský slovník 2, 131–135: *obrana* ✧ Newerkla 2004, 177: *gvar, gver* (Erstbeleg: *gver* 1366) ✧ Reczek/Twardzik III, 80 ✧ Zajda 2008, 301 ✧ Słownik staropolski 2, 529: *gwar, gewer, gwer*

dt. **Gewette, das** /// tsch. **vina** (staročes.); **pokuta**; **vetunk** (staročes.) {Entlehnung aus dt. *Gewette*}; **vet** (staročes.) {Entlehnung aus dt. *Gewette*}; **odklad** (staročes.); s. a. oben **Buße** und u. **wetten** /// poln. **wina**; **(g)wet** (staropol.); **grzywna** [= Gerichtsgeld; das an den Richter zu zahlende Strafgeld]

I. dt. (***ein* / *sein***) ***Gewette*** /// tsch. (***jeho***) ***vina*** (staročes.); (***svá***) ***vina*** (staročes.):
dt. ∅ /// tsch. ∅:

vnde dem richtere ſo manich *gewette* /// A Rychtarzi tak czaſtu *wynu* [Art. 13 § 3, 52ʳ /// C13, 114ᵛ]

dt. ∅ /// tsch. **svá** ‘sein’:

Doch ȝo gewy*n*nnet der richter ufte *gewette* do doch nyma*n*t keine buſȝe ane gewynnet /// Awſſak mnohokrat Rychtarz *ſwu wynu* obdrzii · geſſtoz tu zadny pokuty neobdrzy [Art. 16 § 3, 59ʳ /// C16, 117ᵛ]

dt. **ein** /// tsch. **jeho** ‘sein’:

vnde de*m* richter*e* *eyn gewette* /// A Rychtarzi da *geho wynu* [Art. 13 § 3, 52ʳ /// C13, 114ᵛ]

dt. **sein** /// tsch. **jeho** ‘sein’:

tut er daȝ mit vnrechte vnde obircȝug*et* er en mit richter*e* vnde mit ſchepphen / er gewynnet em ſyne buſȝe an vnd*e* dem richtere *ſien gewette* /// vczini li to kto bezprawnie · a bude toho przeſwiedczen · s Rychtarzem nebo s · kmety · zyſſty na nie*m* geho pokutu A Rychtarzi *geho wynu* [Art. 16 § 2, 59ʳ /// C16, 117ᵛ]

dt. **sein** /// tsch. **svá** ‘sein’:

Wo der man ſyne buſȝe an gewynnet / do hat der richter *ſyne gewette* an /// A kdez czlowiek ſwu pokutu obdrzy · tu ma take Rychtarz *wynu ſwu* [Art. 16 § 3, 59ʳ /// C16, 117ᵛ]

II. dt. ***Gewette*** /// tsch. ***pokuta***:

Des burcgreuen {Genitiv} *gewette* vnde wergelt daȝ gewonnen wirt yn gehegetem dinge das ſal ma*n* gelden yn ſechȝ wochen /// Purkabowa {Poss.Adjektiv} *pokuta* a wergelt · kteraz w hagenem ſaudu bude dobyta Ta ma zaplaczena byti w ſſeſti nedielech [Art. 45 § 2, 145v /// C58, 159r]

vnde der richter gewint ſin *gewette* /// A rychtarz obdrzij *pokutu* ſwu [Art. 86 [87] § 2, fol. 179v /// C98, 177v]

III. dt. ***Gewette*** /// tsch. ***vetunk*** (staročes.) {Entlehnung aus dt. *Gewette*}; z. T. auch daneben und synonym ***pokuta*** 'Buße':

1. DEs burcgreuen *gewette* ſien drie phunt / Des ſchultheiſen *gewette* ſien acht ſchillinge /// Purkabie toho *wettunk* {für dt. *Gewette* steht im tsch. Text *wettunk*} · ***to geſt pokuta*** {erklärender Zusatz im tsch. Text: 'das ist *Gewette*'} czini trzi ffunty Sſulteyſowa *pokuta* {für dt. *Gewette* steht im tsch. Text *pokuta*} czyni oſm ſſylink [Art. 45 § 1, 145v /// C58, 159r]

er gewyn*et* ſyne buſȝe / daȝ ſien driſig ſchillinge vnde der richter *ſien gewette* /// na tom on obdrzij ſwu pokutu To geſt trzidczeti ſſylink A rychtarz *ſwoy wettunk* [Art. 72 § 1, 172r /// C86, 173v]

IV. dt. ***Gewette*** /// tsch. ***odklad*** {entspricht tsch. *pokuta* 'Buße'}:

WO eyn laſſe ſyne buſȝe vorluſt zcugeben daȝ ſien driſȝig ſchillinge *Syn gewette* vir ſchillinge /// KDdez ***geden*** {Interferenz: der deutsche unbestimmte Artikel wird mit dem tschechischen Zahlwort ***jeden*** 'ein(s)' wiedergegeben} laſſe · ***to geſt zpuſtily czlowiek*** {erklärender Zusatz im tsch. Text: 'das heißt ein freigelassener Mann'} · ſwu pokutu prowini To czyni trzidczeti ſſylink A *geho odklad* cztyrzi ſſylinky [Art. 49 § 1, 152v /// C61, 162v]

KOMMENTAR

Für dt. *Gewette* stehen im tschechischen Text folgende Entsprechungen: *vina* (staročes.) (I.), *pokuta* (II.) und *odklad* (IV.) (Übersetzung 1:3); außerdem *vetunk* (staročes.) {Entlehnung aus dt. *Gewette*} (Entlehnung) in einem Beispiel mit erklärendem Zusatz im tschechischen Text (III.: 1.).

Im untersuchten polnischen Text der „Magdeburger Urteile" wird dt. *Gewette* und auch das daraus abgeleitete Verb *wetten* 'Gewette geben' mit poln. *wina* wiedergegeben. In einem Fall wird aus dem deutschen Text lediglich die Nennung der Summe des Gewettes ins Polnische übernommen. Das Wort *Gewette* selbst fehlt dabei im polnischen Text. Ohnehin ist an dieser Textstelle der polnische Satz lediglich die sinngemäße Wiedergabe des deutschen, vgl. auch ISMIO Bd. 2, S. 188 f.

LITERATUR

2HRG 2, 360–362 ✧ F. EBEL, Der Traktat „Von Gewedde", in: ZRG GA 99 (1982), S. 276–284 ✧ DRW 4, 757–760 ✧ DWB 6, 5698–5706 ✧ WMU 1, 724 f. ✧ Kaufmann/Neumeister Glossar, 1330–1332 ✧ FWB 6, 1944–1947 ✧ Boková/Spáčilová Glossar, 194: frnhd. *gewette* – tsch. Umschreibung, kein dt.

Lehnwort ✧ MRB, Register 797: *obrana* ✧ Extrakt, 99: tsch. *vetuňk*; Extrakt, 145: tsch. *vetunk*; Extrakt, 99: tsch. rychtář svuoj *vetuňk* má; rychtář tu svuoj *vetuňk* béře; Extrakt, 130: tsch. rychtáři jeho *vetunk* podlé práva; Extrakt, 111: tsch. rychtáři *wettuňk* položiti musí ✧ Roučka/Růžička Heslář, 623: *vina*; 619: *vetunk*; 392: *pokuta* ✧ Staročeský slovník 2, 869f.: *otklad*; 3, 560f.: *pokuta* ✧ ESSČ: *vetunk* ✧ Newerkla 2004, 242: atsch. *vet* ✧ Reczek/Twardzik III, 308 ✧ Aleksic Ortyle, 110 ✧ Zajda 2008, 300 ✧ Słownik staropolski 10, 225–229: *wina*; 10, 88: *wet*

dt. **Gotteshaus, das** /// tsch. **boží dům** /// poln. **dom boży**

Diſʒin briff {Sg.} ſal er ſenden dem hochſten voite *des gotis huſes* daʒ iſt der burcgraue zcu meidebo*r*g /// A ty liſty {Pl.} ma on poſſlati naywyſſiemu ffoytowi · ***toho*** {Interferenz: der deutsche bestimmte Artikel wird als Demonstrativpronomen übernommen} *bozieho domu* To geſt ***ten*** {Interferenz: der deutsche bestimmte Artikel wird als Demonstrativpronomen übernommen} purkrabie · z Meydburka [Art. 14 § 1, 53^{v} /// C14, 115^{r}]

dt. **Gotteshäuser, die** /// tsch. **domy boží** /// poln. **domy boże**

vnde er hot is beuolen allen den dy ritters namen haben witwen vnde weiſen zcubeſchermen vnd*e* alle *gotis huʒere* vnd*e* vnrecht zcu krencken vnde recht zcu ſtercken /// poruczil geſt wſſem tiem ktoz Rytierzſke gmeno magy Aby oni wdow Syrotkow A wſſech *domow bozich* · obrancze byly A bezp*ra*wie aby kazyly · a tupili a prawo aby mnozily [Art. 8 § 3, 31^{r-v} /// C8, 105^{r}]

KOMMENTAR

Für dt. *Gotteshaus* bzw. *Gotteshäuser* {Pl.} steht im tschechischen Text *boží dóm* (staročes.) bzw. *domy božie* {Pl.} (staročes.) (Übersetzung 1:1).

LITERATUR

DRW 4, 1018f. ✧ DWB 8, 1253–1258 ✧ WMU 1, 751–753 ✧ Kaufmann/ Neumeister Glossar, 437 ✧ FWB 7, 188–191 ✧ Boková/Spáčilová Glossar, 199 ✧ MRB, Register 797 ✧ Gebauer 1, 89f.: *boží*

dt. **Graf, der** /// tsch. **hrabě**; **hrabie** (staročes.) {Lehnwort aus dt. *Graf*} /// poln. **hrabia** {Lehnwort aus dt. *Graf*}

wen der marcgraue ding*et* by ſines ſelbſt hulden daʒ tut der *greue* nicht der dingit vnder koningis banne /// Nebo Markrabie ſaudy pod ſwu ſameho moczi Toho *hrabie* neczyni Neb on ſaudy pod moczy kralowu [Art. 10 § 2, 41^{r} /// C10, 108^{r}]

KOMMENTAR

Für dt. *Graf* steht im tschechischen Text das deutsche Lehnwort *hrabie* (staročes.) (Entlehnung).

LITERATUR

[2]HRG 2, 509–522 ✧ LexMa 4, 1633–1635 ✧ DRW 4, 1051–1055 ✧ DWB 8, 1698–1712 ✧ WMU 1, 757 f. ✧ Kaufmann/Neumeister Glossar, 443 f. ✧ FWB 7, 265–268 ✧ Boková/Spáčilová Glossar, 200 ✧ MRB, Register 797 ✧ Roučka/Růžička Heslář, 178: *hrabě* ✧ Gebauer 1, 481: *hrabie* ✧ Newerkla 2004, 176 f.: atsch. *gróf* (Erstbeleg: 1459); ebd. Hinweis auf Entlehnung des Lexems nach 1200

tsch. **grod** s. dt. **Gerade, die**

dt. **Gut, das**; **Habe, die** /// tsch. **zboží**; **zbožie** (staročes.) {Sg., Pl.}; **majetek**; **statek**; **jmění** /// poln. **imienie** (staropol.); **dobra**; **majątek**
[= Besitz; (Hab und) Gut; Lehnsgut; Vermögen; Eigentum]

I. dt. ***Gut, das*** /// tsch. ***zboží***:

GEner der daȝ eigen gab ſal ſien gew*er*e ſien *an* ***dem*** *gute* iar vnde tag alȝ recht iſt /// ONen kteryzto wlaſtnie dal geſt · ma geho zprawczi byty *na* ***tom*** {Interferenz: der deutsche bestimmte Artikel wird als Demonstrativpronomen übernommen} *zbozii* rok a den Iakoz prawo geſt [Art. 21 § 1, 77ᵛ /// C21, 128ᵛ]

1. waȝ eyne frauwe iris mannes *gut* behalden moge nach ſine*m* tode yn wichbilde rechte waȝ er ir gegeben hot vor gerichte an ſinem eigen cȝu ire*m* libe /// czo gedna pani *zbozie* muze ſweho obdrzety moze · po geho ſmrty · v wykpildowem prawu · Czoz gie muz dal ______ {dt. *vor gerichte* wurde nicht ins Tschechische übersetzt} na ſwem wlaſtniem · k gegiemu zywotu [Art. 22 § 1, 78ᵛ /// C22, 129ʳ]

Clag*et* er denn*e* yn wichbilde uff eyn erbe ader uff eyn eigen ader *vm*me *ander gut* ader vm*m*e ſchult {im dt. Text: *Gut und Schuld*} · ader vm*m*e vngerichte er ſy dewcȝſch ader wendiſch er mus do antwerten wo der man recht vordert /// Zalowal li by geden v wykpildie na gedno diediczſtwo · Aneb o wlaſtnie aneb o dluh · neb *o gine zbozie* {im tsch. Text: *dluh neb zbozie* ‘Schuld oder Gut’} · neb o bezprawie · bud ten niemecz nebo Srb Ten muſſy tu odpowiedati · kdez czlowiek prawa hleda [Art. 28 § 2, 111ᵛ /// C40, 149ʳ]

Man ſal ab*er* ghenem *das gut* laſſen in ſynen geweren {Pl.} /// Ale onomu ***to*** {Interferenz: der deutsche bestimmte Artikel wird als Demonstrativpronomen übernommen} *zbozie* ma w uobranu {Sg.} puſſtieno byti [Art. 30 § 2, 115ᵛ /// C42, 150ʳ]

waȝ ***der*** laſſe {dt. laſſe fehlt im tsch. Text} vngerichtis tut / do ſal er ſinem h*er*ren v*m*me antwerten *uff des gute* er ſicȝt ader ſinem voite /// Czoz ***ten*** {Interferenz: der deutsche bestimmte Artikel wird als Demonstrativpronomen übernommen} ____ {dt. laſſe fehlt im tsch. Text} bezprawie zpuſtili vczini · za to on pa*nu* ſwemu odpowiedati ma *Na cziemz zbozij* on ſedij · aneb ge*ho* ffoytowi [Art. 49 § 2, 152ᵛ /// C61, 162ᵛ]

vnde komit ghenn*er* dornach *ſien gut* zcuuorſtehn ader vȝzcu cȝihn / der erſte iſt nehr ſiner geweren zcubehalden /// Przide ly pak onen potom aby *ſwe zbozie* zaſtupil neb aby ge wywadil · prwni geſt blizſſi ſwu obranu · to geſt ſwe drzenie na to*m* zachowati [Art. 63, fol. 165v /// C77, 169r]

II. dt. ***um Gut*** /// tsch. ***o zbožie*** (staročes.):

BEclag*et* ***eyn*** man den andern *vmme eyn gut* in wichbilde /// Obzaluge li ***geden*** {Interferenz: der deutsche unbestimmte Artikel wird mit dem tschechischen Zahlwort ***jeden*** 'ein(s)' wiedergegeben} czlowiek druheho · *o zbozie* v wykpildu [Art. 68, fol. 170v /// C82, 172v]

II.a) dt. ***um Gut oder um anderen Sachen*** /// tsch. ***o zbožie nebo o jinú věc*** (staročes.):

were is ſache ab furſten h*erre*n vnd*e* andere lute mit eynander zcu [ſchaden] ſchaffende hetten Is were *vme gut* ader y*m*me andere ſachen vnd*e* wurde an eyner ſtat rat gelassen /// Bylo li by take ze by kniezata pani neb gini lide · ſpolu cziniti mieli · budto *o zbozie neb o ginu wiecz* A ze by to na radu puſſtieno bylo [Art. 50 § 3, 153v–154r /// C62, 163r]

III. ***Paarformeln***:

III.a) dt. ***um Gut und Schuld*** /// tsch. ***o dluh neb o jiné zbožie*** (staročes.) 'um Schuld oder anderes Gut':

Claget er denne yn wichbilde uff eyn erbe ader uff eyn eigen ader *vmme* ander *gut ader vmme schult* /// Zalowal li by geden v wykpildie na gedno diedicztwo Aneb o wlastnie aneb *o dluh neb o gine zbozie* [Art. 28 § 2, 111v /// C40, 140r]

Kommentar: Im deutschen Text: *um Gut und Schuld* /// im tschechischen Text: *o dluh neb o jiné zbožie* 'um Schuld oder Gut'.

Kommentar

Für dt. *Gut* steht im tschechischen Text *zboží/zbožie* (I.), auch in präpositionalen Wendungen (II.; II.a)) und in Paarformeln (III.a)): *o dluh neb o jiné zbožie* 'um Schuld oder Gut') (Übersetzung 1:1).

Im untersuchten polnischen Text der „Magdeburger Urteile" steht für dt. *Gut* überwiegend poln. *imienie*. Mehrfach ist auch poln. *rzecz albo imienie* als Entsprechung für dt. *Gut* belegt. In einem Fall wird dt. *Gut* im Polnischen als *ojc[ow]izna* 'väterliches Erbe' wiedergegeben. Für dt. *Gut und Erbe* steht im polnischen Text *imienie* 'Besitz, Habe', z. T. mit *stojące* 'stehende, unbewegliche' und *niestojące* 'fahrende, bewegliche', vgl. auch ISMIO Bd. 2, S. 190 f.

Literatur

2HRG 2, 641–643: *Hab und Gut* ✧ DRW 4, 1284–1301: *Gut*; 4, 1362–1365: *Habe* ✧ DWB 9, 1353–1369: *Gut*; 10, 43: *Habe* ✧ WMU 1, 772–774: *Gut*; 1, 776: *Habe* ✧ Kaufmann/Neumeister Glossar: 451–462: *Gut*; auch *Gut und Habe*; 463 f.: *Habe* ✧ FWB 7, 705–720: *Gut*; 781–788: *Habe* ✧ Boková/Spáčilová Glossar, 205: frnhd. *gut, habe* – tsch. *majetek, jmění* ✧ MRB, Register 798 ✧ Papsonová SRB, 363–371, 371–373 ✧ Roučka/Růžička Heslář, 684: *zboží*; 290: *majetek*; 225: *jmění*; 548: *statek* ✧ Reczek/Twardzik III, 92 f. ✧ Zajda 2001, 127–141 ✧ Słownik staropolski 3, 22–26

H

dt. **Haar, das** /// tsch. **vlas, vlasy** {Pl.} /// poln. **włos, włosy** {Pl.}

I. ***Paarformel***:

dt. ***Haut und Haar*** /// tsch. ***kůže a vlasy***; ***kóže a vlasy*** (staročes.):

[= formelhafte Wendung; bezeichnet Leibesstrafen; Verstümmelungsstrafe]

vnde miſſetete eyn*er* obir daȝ geſacȝte recht / der wettet dor*um*me *hut vnde har* / ader eyne phundiſche marg / daȝ ſien driſȝig ſchillinge /// A przeczinil li by gich geden proti tomu · vſazenemu prawu ***A czoz ten purgmiſtr vſtanowi · a przikaze*** {erklärender Zusatz im tsch. Text: 'welches dieser Bürgermeister einsetzt und befiehlt'} Ten takowy prowyni pokutu · *ku kozii a k wlaſom* Anebo trzi ſrbſke hrziwny · to geſt trzidczeti a ſſeſt ſſylinkow [Art. 19 § 1, 71ᵛ–72ʳ /// C19, 124ᵛ]

Sy wetten *hut vnde har* ader mit vj vnde driſȝig ſchillinge zcu loſen / wenn*e* ir burgerrecht do mete gebrochen w*irt* /// prowinie ony *kuozy a wlaſſy* Aneb ſe wyplatie ſſeſty a trzidczeti ſſylinky A kdyz tak prawo mieſtczke tiem przeſtupeno geſt [Art. 43 § 1, 140ʳ /// C51, 156ᵛ]

Man ſal ouch obir ſy nicht richten hocher denn*e zcu hut vnde zcuhare* etc /// Take nemagi nad ni wyſſie poprawity · nez *ku kozy a k wlaſom* [Art. 93 [94], 184ᵛ /// C103, 179ᵛ–180ʳ]

Kommentar

Für die deutsche Paarformel *Haut und Haar* steht im tschechischen Text *kóže a vlasy* (staročes.) (Übersetzung 1:1).

Literatur

DRW 4, 1353–1357: *Haar*; 5, 489 (A III 2b): *Haut* ✧ DWB 10, 7–22: *Haar*; 10, 701–710: *Haut* ✧ WMU 1, 804 ✧ Kaufmann/Neumeister Glossar, 473 ✧ FWB 7, 1384–1390: *Haut* ✧ MRB, Register 798 ✧ Gebauer 2, 120: *kóžě*

dt. **Habe, fahrende**; **Habe, bewegliche**; **Fahrhabe, die**; **Fahrnis, die**; **Gut, fahrendes** /// tsch. **zboží, movité**; **zbožie** (staročes.), **movité**; **statek, movitý**; **movitost**; **věc, movitá**; **jmění/statky, movité**; **movitosti** {Pl.}; **majetek, movitý** /// poln. **mienie, dobra ruchome**; **ruchomości** {Pl.} / / **imienie, idące** (staropol.) / ***nie*** **stojące** (staropol.) 'nichtstehende'; vgl. auch die Entsprechungen: slowak. *hnuteľný majetok*; *hnuteľnosť*; ukrain. *ruchome majno*; *ruchomisť*

[= beweglicher Teil des Besitzes; bewegliches Gut]

I. dt. ***fahrende Habe*** /// tsch. ***movitý statek***:

Welch man abir ____ eygen ader *varnde habe* vorkouft in wichbilde /// Ale ktery czlowiek ***gedno*** {Interferenz: der deutsche unbestimmte Artikel fehlt, im tsch. Text steht das tsch. Zahlwort ***jedno*** 'ein', neutr.} wlaſtnie Nebo *mowity ſtatek* proda v wykpildie [Art. 30 § 2, 115ᵛ /// C42, 150ʳ]

BEſicȝit eyn man koufenſchacȝ ader *varnde habe* yn wichbilde von gerichtis halben /// Oſadi ly geden czlowiek kupeczſtwie · neb *mowity ſtatek* v wykpildu ſ prawem · [Art. 63, fol. 165ᵛ /// C77, 169ʳ]

wolde man der vrouwen ire morgingabe brechen *an varnder habe* die ir gegeben iſt vorgerichte / ſy behelt ſy mit mannen vnde mit wibern die do keinwertig waren ſelbſobende /// Chtiel li by te panie gegie wieno zlamati · *na mowitem ſtatku* · kterez gie dano przed Hagenym ſaudem To ona obdrzy s muzmi a ſ zenami · kterzy ſu przi tom byli ſama ſedma {fem.} [Art. 56 § 4, 157ᵛ /// C68, 164ᵛ–165ʳ]

II. dt. ***fahrende Habe*** /// tsch. ***movité zbožie*** (staročes.):

daȝ mus ſien eyne lipcȝucht ader eyn eigen mit erben gelobde ader *varnde habe* /// tot · muſſy byti zywotni leypczucht · ***z⟨ywotni⟩ · cztnoſt*** {erklärender Zusatz im tsch. Text: ***životní ctnost***} · neb wlaſtnie ſ diediczow powolenym Anebo *mowite zbozie* [Art. 22 § 2, 78ᵛ /// C22, 129ʳ]

Kommentar

Für dt. *fahrende Habe* steht im tschechischen Text *movitý statek* (I.) und *movité zboží* (II.) (Übersetzung 1:2). Im deutschen Text steht *l**i**pczucht* [mit *ī*], im tschechischen ***ley**pczucht* [d. h. *ei*], damit erfolgt bei der Entlehnung von dt. *lipzucht* ins Tschechische Diphthongierung *ī* > *ei* (II.).

Im deutschen Text der untersuchten „Magdeburger Urteile“ werden *fahrende Habe* und *fahrendes Gut* synonym gebraucht. Vereinzelt steht für dt. *fahrende Habe* im polnischen Text auch poln. *niestojące imienie* ‘nichtstehende Habe, nichtstehendes Gut’. Häufigste Entsprechung für *fahrende Habe* und *fahrendes Gut* ist im polnischen Vergleichstext poln. *idące imienie*.

Hinzuweisen ist auf zwei Beispiele (Spruch [121 /// 131] und Spruch [260 /// 263]), in denen im polnischen Text jeweils eine Umkehrung der Reihenfolge von *Standerbe* und *fahrender Habe/fahrendem Gut* im Vergleich zum Deutschen erfolgt, vgl.:

- in Spruch [121 /// 131]: dt. *stand erbe* und *farnde habe* /// poln. *ygydacze gymyenye* y *nyegydacze* {‘fahrende Habe und nichtfahrende’} und
- in Spruch [260 /// 263]: dt. *stand erbe* und *varnde gut* /// poln. *gydacze* y *stoyacze gymyenye*. {‘fahrende und stehende Habe’}.

Hier kann von Paarformeln ausgegangen werden, deren Glieder mitunter vertauscht werden, vgl. zu dieser Problematik: Bily, Vertauschen der Glieder von Zwillingsformeln (Paarformeln), in: ISMIO Bd. 2, S. 297–299; außerdem ISMIO Bd. 2, S. 191–193.

Zu dt. *unbewegliche/stehende Habe; Standerbe* /// poln. *imienie, stojące; imienie, nieidące* ‘nicht fahrende’, vgl. ebenfalls ISMIO Bd. 2, S. 193 f.

LITERATUR

²HRG 1, 1474–1477 ✧ DRW 4, 1362–1365 ✧ DWB 10, 42–45 ✧ WMU 3, 2015 ✧ Kaufmann/Neumeister Glossar, 1180 ✧ FWB 7, 781–788: *Habe* ✧ Boková/Spáčilová Glossar, 205f.: frnhd. *farende habe* – tsch. *movitý majetek*; frnhd. *bewegliche habe* – tsch. *movité jmění*; vgl. auch ebd.: frnhd. *unfarende habe* – tsch. *nemovítý majetek* ✧ MRB, Register 798 ✧ Papsonová SRB, 371–373 ✧ Gebauer 2, 402f.: *movitý* ✧ Reczek/Twardzik III, 92f. ✧ Aleksic Ortyle, 132–134 ✧ Słownik staropolski 3, 22–26

dt. **Hand, die** /// tsch. **ruka** /// poln. **ręka**

Iſt aber vmme *dy hant* douor gibt er halb wergelt /// Gde li to bezprawie *na ruku* Za to on da puol wergeltu [Art. 17 § 4, 66ᵛ /// C17, 121ʳ]

I. dt. ***mit seiner eigenen Hand*** /// tsch. ***sám svú samú rukú*** (staročes.):

wil aber ghener ſines geczugis abe ghen vnde beſchuldigen en vmme ſine wiſſintſchaft daȝ entphurt er em *mit ſines ſelbiſt hant* /// Ale chcze ly on ſweho ſwiedomie ſe ſpuſtiti A obzaluge geho k ſwiedomi geho Toho gemu odeyde *ſam ſwu ſamu ruku* [Art. 17 § 1, 65ᵛ /// C17, 120ᵛ–121ʳ]

KOMMENTAR

Für dt. *Hand* steht im tschechischen Text *ruka* (Übersetzung 1:1), auch in phraseologischer Wendung (I.), vgl. auch ISMIO Bd. 2, S. 194.

LITERATUR

²HRG 2, 692–696 ✧ DRW 4, 1540–1590 ✧ DWB 10, 324–363 ✧ WMU 1, 797–799; *handhaft*: 1, 800 ✧ Kaufmann/Neumeister Glossar, 469f. ✧ FWB 7, 997–1020 ✧ Boková/Spáčilová Glossar, 209f.: frnhd. *hand* – tsch. *ruka* ✧ MRB, Register 798 ✧ Papsonová SRB, 378–382 ✧ Roučka/Růžička Heslář, 504: *ruka* ✧ Reczek/Twardzik III, 240 ✧ Zajda 2001, 107–126 ✧ Słownik staropolski 7, 453–460

dt. **nach toter Hand** /// tsch. **po umrlé ruce** (staročes.) /// poln. **po umarłej ręce** [= nach dem Tode eines anderen]

Spricht er aber er habe em vorgulden das mus er volbrengen ſelbſobende *nach to der hant* /// Pakli die, ze ſem ge*mu* zaplatil · to on muſſy pokazati ſam ſedm · *po vmrle rucze* [Art. 66, fol. 168ᵛ /// C80, 171ᵛ]

KOMMENTAR

Für dt. *nach toter Hand* steht im tschechischen Text *po umrlé ruce* (Übersetzung 1:1).

Im untersuchten polnischen Text der „Magdeburger Urteile“ steht für dt. *nach toter Hand* poln. *po umarłej ręce*, ebenfalls Übersetzung 1:1, vgl. auch ISMIO Bd. 2, S. 196.

LITERATUR

DRW 4, 1540 (B I und B III) ✧ Kaufmann/Neumeister Glossar, 469 f. ✧ FWB 7, 997–1020: *Hand* ✧ Boková/Spáčilová Glossar, 210: *po úmrtí někoho* ✧ Papsonová SRB, 382 ✧ Extrakt, 105: tsch. *po umrlé ruce* ✧ Reczek/Twardzik III, 240

dt. **He(e)rgewäte, das** /// tsch. **hervet** (staročes.) {Lehnwort aus dt. *He(e)rgewäte*}; **zbroj vojenská**; **výzbroj**; **zbraně**; **vojenská výstroj** /// poln. **hergewet** (staropol.) {Lehnwort aus dt. *He(e)rgewäte*}; **rynsztunek zbrojny mężczyzny** [= Ausrüstung des Kriegers, die beim Tode des Lehensmannes an den Lehnsherrn zurückgeht]

Von hergewete /// *O herwetu* [Art. 25 § 1, 96ᵛ /// C25, 141ʳ]

NV horet vnde vornem*et* waʒ *zcu deme hergewete* gehoret in wichbilde /// GYz ſrozomieyte a ſliſſte · czo *k hergwadu* ſluſſie · w mieſtczke*m* prawie [Art. 25 § 1, 96ᵛ /// C25, 141ʳ]

Dis iſt eyn gemeine *hergewete* daʒ man phleg*et zcu eynem hergewete* zcugeben /// geſſto *k herwetu* priziſluſſie · geſſtoz to geſt obyczey dawati · ***hherwet niemeczky · ſlowe czeſky muzſky haw · gednoho muze*** {erklärender Zusatz im tsch. Text: 'Heergewäte ist deutsch – tschechisch ist das die Rüstung des/eines Mannes'} [Art. 25 § 2, 96ᵛ /// C25, 141ʳ]

wo aber cʒwene manne ader drie zcu eyne*m* erbe gehoren ader *hergewete* teilen ſollen / der eldiſte nympt daʒ ſwert zcuuor /// Ale kdez dwa neb trzie k gednomu diediczſtwi priziſluſſegi · aneb *herwet* dielity · magy Tehda ſtarſſi z nich mecz naprzed wzieti ma [Art. 26 § 3, 97ᵛ /// C26, 141ʳ]

KOMMENTAR

Für dt. *Heergewäte* steht im tschechischen Text ausschließlich das deutsche Lehnwort *hervet* (staročes.) (Entlehnung).

LITERATUR

²HRG 2, 858 f. ✧ LexMa 4, 2007 ✧ DRW 5, 520–523 ✧ DWB 10, 757 ✧ WMU 1, 843 f. ✧ Kaufmann/Neumeister Glossar, 501 ✧ FWB 7, 1790 f. ✧ Boková/Spáčilová 221: frnhd. *hergewete* – tsch. *zbroj, výzbroj, zbraně, vojenská výstroj* ✧ Extrakt, 120: tsch. *hergwet*; Extrakt, 109: tsch. K *hergwetu* anebo zbroji vojenské {tsch. Umschreibung für dt. *Heergewete*, das hier als Lehnwort verwendet wird} podlé prava městského přináležejí tyto věci 'Zum Heergewäte oder zur militärischen Ausrüstung gehören nach dem Stadtrecht folgende Sachen' ✧ Prasek 1912, 133: tsch. *hervet*; k *Hervetu* slušie ✧ Papsonová SRB, 401 f. ✧ PAPSONOVÁ, *iclich weyb erbet czweier wegene*, in: BOKOVÁ (Hrsg.), Zur Erforschung des Frühneuhochdeutschen in Böhmen, Mähren und der Slowakei, 2004, S. 195 f., 199 ✧ Gebauer 1, 414 f.: *hervat* (Erstbeleg: 1397), *hervet, herbot, herlbot* (Erstbeleg: 1406) ✧ Newerkla 2004, 182 ✧ Słownik staropolski: Indeksy 23 ✧ Linde 2, 180

dt. **Herzog, der** /// tsch. **kníže** 'Fürst'; **vévoda** 'Herzog' /// poln. **książę**

I. dt. ***Herzog, der*** /// tsch. ***kniežе*** (staročes.) 'Fürst':

Diſȝe {dt. Demonstrativpronomen} briue ſal nemen der burcgreue von meideborg / vnde ſal dy ſenden ______ {tsch. nayprwe fehlt im dt. Text} *dem herczugen* von ſachȝin by deme dy mit dem orteil gecȝagin haben vnde mit der acht vnde cȝwencȝig manne rate vnde orkunde daȝ ich och hie genant habe /// A ***ty*** {tsch. Demonstrativpronomen} liſty ma wzieti ten purkabie · z Meydeburka A ma ge poſſlati nayprwe {tsch. nayprwe fehlt im dt. Text} *kniezeti* Saſkemv · a to po tiech kterzyz ſe po orteli tahnu A to s tiech cztyrz a dwaczeti muzow · s gich radu s gich wiedomym · kterez ſem wam naprzed menowal [Art. 14 § 2, 53v /// C14, 115r]

II. dt. ***Herzog, der*** /// tsch. ***vévoda*** 'Herzog':

Der koning waȝ ſelbſt dorynne wonhaftig vnde *der hercȝoge* vnde andere furſten uil /// ***Ten*** {Interferenz: der deutsche bestimmte Artikel wird als Demonstrativpronomen übernommen} kral ſediel geſt ſam w tom mieſtie · A *wewoda* a gynych kniezat mnoho [Art. 6 § 2, 21v /// C6, 100v]

Den hercȝogen von ſachȝin /// *wewoda* Saſky [Art. 13 § 1, 51v /// C13, 114r]

Kommentar

Für dt. *Herzog* steht im tschechischen Text *kniežе* (staročes.) 'Fürst' (I.) und *vévoda* 'Herzog'(II.) (Übersetzung 1:2), s. a. unten dt. *Herzogtum* /// tsch. *vévodství* (I.) und *knížectví* (II.).

Literatur

²HRG 2, 994–1004 ✧ LexMa 4, 2189–2193 ✧ DRW 5, 884–888 ✧ DWB 10, 1256f. ✧ WMU 1, 845f. ✧ Kaufmann/Neumeister Glossar, 501 ✧ FWB 7, 1970–1973 ✧ Roučka/Růžička Heslář, 239: *kněz*; 619: *vévoda* ✧ Gebauer 2, 66f.: *kniežě* ✧ MSS, 564: *vévoda*

dt. **Herzogtum, das** /// tsch. **knížectví**; **vévodství** /// poln. **księstwo**

I. dt. ***Herzogtum, das*** /// tsch. ***vévodství***:

wenn*e* meideborg / vnde keiſer otto vor langer cȝit *daȝ hercȝugthum* vȝgeleg*e*t hat vnde alles mit eynem rechte begriffen iſt /// nezli Meydburk a Czieſarz Otta od dawnich czaſſuow *wewodſtwie* to vczinil A wyſadil geſt A wſſeczko gedniem prawem oſazeno geſt [Art. 12 § 1, 50v /// C12, 113v]

vnde daȝ machte konnig Otto alȝo durch daȝ / daȝ wichbilde {*Weichbild* steht hier für *Weichbild**recht***} beſtunde alȝ is von alder cȝit geſtanden hat / vnd*e* machte *daȝ hercȝugthum* obir Elbe etc /// A toto vczinil geſt kral Otta proto aby wykpildowe prawo · ***to geſt mieſtczke prawo*** {erklärender Zusatz im tsch. Text: 'das ist Stadtrecht'} ſtalo A Iakoz od ſtara dawna ſtalo geſt A vdielal geſt *wewodſtwie* nad labem [Art. 13 § 4, 52r-v /// C13, 114v]

II. dt. ***Herzogtum, das*** /// tsch. ***knieżetstvie*** (staročes.):
vnde hieſʒin ſie *hecʒugthum* /// a prziezdiely ſu gym *kniezetſtwie* [Art. 7 § 5, 24r /// C7, 102r]

KOMMENTAR

Für dt. *Herzogtum* steht im tschechischen Text *vévodství* (I.) und *knieżetstvie* (staročes.) (II.) (Übersetzung 1:2), s. a. oben dt. *Herzog* /// tsch. *kníže* 'Fürst' (I.) und *vévoda* 'Herzog' (II.).

LITERATUR

2HRG 2, 994–1004 ✧ LexMa 4, 2189–2193 ✧ DRW 5, 890f. ✧ WMU 1, 847 ✧ FWB 7, 1974f. ✧ Roučka/Růžička Heslář, 239: *kněžství*; 619: *vévodství* ✧ Gebauer 2, 66f.: *knieżětstvie* ✧ MSS, 564: *vévodstvie*

tsch. **hervet**; **zbroj vojenská**; **výzbroj**; **zbraně**; **vojenská výstroj** s. dt. **He(e)rgewäte, das**

tsch. **o hlavu**; **o mord**; **za zabitého**; **o smrtelnú ránu** s. dt. **um Totschlag**

dt. **Hofspeise, die** /// tsch. **domová špíže** (staročes.); s. a. unten **Musteil**
[= die im (Bauern-)Hof lagernden Speisevorräte]

NV horit vnde vornemet *von der gehaften ſpiſe* die yn eynes mannes huʒe beſtirbit zcu wichbilde waʒ von rechtis wegin recht die frouwe *dorczu* hot /// Slyſſtez a ſrozomieytez · *o domowe ſpizy* · kterak to w gednoho ⟨muze⟩ domu odvmrze · w mieſtczkem prawie {für dt. *Weichbild* steht im Tschechischen *městske právo* 'Stadtrecht'} · czo *k te ſpyzy* {für das dt. *Pronomen* steht im Tschechischen die Wiederholung von *Speise*, ohne *Hof-*} zena geho prawa ma [Art. 24 § 1, 95v /// C24, 140v]

KOMMENTAR

Für dt. *Hofspeise* steht im tschechischen Text *domová špíže* (staročes.) (Übersetzung/Entlehnung 1:1). Für das dt. Pronomen *dorczu* steht im Tschechischen die Wiederholung von *Speise*, ohne den Bestandteil *Hof-*.
Für dt. *Weichbild* steht hier im Tschechischen *městské právo* 'Stadtrecht'.

LITERATUR

DRW 5, 1348 ✧ DWB 10, 1699 ✧ Kaufmann/Neumeister Glossar, 1014: *Speise* ✧ MRB, Register 799: frnhd. *hofspeyse* ✧ Papsonová SRB, 404 ✧ Gebauer 1, 295: *domový* ✧ MSS, 505: *špížě*

tsch. **host**; **člověk pohostinu** s. dt. **Gast, der**

tsch. **hrabě** s. dt. **Graf, der**

tsch. **hrady** s. dt. **Burgen, die**

tsch. **hradové** ***právo*** s. dt. **Burgrecht, das**

J

dt. **Jahr, das** /// tsch. **rok** /// poln. **rok**

daȝ iſt ſechȝ wochen vnde eyn *iar* /// To geſt ſſeſt nediely a geden *rok* [Art. 21 § 1, 77v /// C21, 128v]

daȝ ir man *zcu eynem iare* gecȝug*et* hat /// czoz toho gegi muz *k gednomu roku* zgednal [Art. 24 § 2, 95v /// C24, 140v]

KOMMENTAR

Für dt. *Jahr* steht im tschechischen Text *rok* (Übersetzung 1:1), vgl. auch ISMIO Bd. 2, S. 197.

LITERATUR

LexMa 5, 276f. ✧ DRW 6, 398–408 ✧ DWB 10, 2230–2237 ✧ WMU 2, 953f.; 2, 958f. ✧ Kaufmann/Neumeister Glossar, 557–560 ✧ FWB 8, 294–300 ✧ MRB, Register 801 ✧ Papsonová SRB, 409–412 ✧ Roučka/Růžička Heslář, 498: *rok* ✧ MSS, 417: *rok* ✧ Reczek/Twardzik III, 241 ✧ Aleksic Ortyle, 52, 55f. ✧ Zajda 2008, 296

dt. **Jahr und Tag** /// tsch. **rok a den** /// poln. **rok i dzień**
[= sächsische Verjährungsfrist: 1 Jahr, 6 Wochen und 3 Tage]

I. dt. ***Jahr und Tag*** /// tsch. ***rok a den***:

iar vnde tag /// *rok a den* [Art. 4 § 2, 15v /// C4, 98v]

in des babistes ban getan ader von andern ppfaffen [...] blibit er ***dorynne*** {Verwendung eines Pronomens für dt. Bann} *iar vnde tag* /// w papezowu w klatbu Nebo w kladbu gyneho kniezſtwa [...] A oſtane on w te ***kladbie*** {im tsch. Text wird *Bann* wiederholt} *rok a den* [Art. 5 § 1, 20r /// C5, 100r]

welch man aber indes konnigis achte blibet *iar vnde tag* /// Ale ktery czlowiek w kralowie kladbie · Niemeczky w Achtie oſtane *rok a den* [Art. 5 § 2, 20r /// C5, 100r]

weig*er*t er ſich des mit vnrechte *iar vnde tag* / ſo iſt dem landes h*er*ren daȝ gerichte ledig vnd*e* dem koninge der ban vnde em geuolg*et* wir*t* mit rechten orteiln alȝo recht iſt /// A zbraniewal ly by ſe on toho bezprawnie *rok a den* Tehda geſt te zemie panu rychtu ſwu prowinil A krali geho klatba ſwobodna geſt · acz gemu ſ prawem a s orteli folkowano bude · yakoz prawo geſt [Art. 18 § 2, 69r-v /// C18, 122v]

GEner der daȝ eigen gab ſal ſien gewer*e* ſien an dem gute *iar vnde tag* alȝ recht iſt /// ONen kteryzto wlaſtnie dal geſt · ma geho zprawczi byty na tom zbozii *rok a den*, Iakoz prawo geſt [Art. 21 § 1, 77v /// C21, 128v] vnde habe die gehabt *iar vnde tag* /// a ze geſt to miel *rok a den* [Art. 68, fol. 170v /// C82, 172v]

II. dt. ***in Jahr und Tag*** /// tsch. ***v roku a ve dni*** (staročes.):

AB eyn erbe ſtirbet do ſich nymant cʒu cʒiet *yn iare vnde yn tage* das geuellet an dy koningliche gewalt /// Acz diediczſtwie odvmrze · k kteremu ſe zadny netahne · *w roku a we dni* To ſpadne na mocz kralewſku ***To geſt do kralowy komory*** {erklärender Zusatz im tsch. Text: 'das heißt an die königliche Kammer'} [Art. 58, fol. 162r /// C72, 167v]

KOMMENTAR

Für dt. *Jahr und Tag* steht im tschechischen Text *rok a den* (I.) (Übersetzung 1:1), auch in präpositionaler Wendung (II.).

Im untersuchten polnischen Text der „Magdeburger Urteile" steht für dt. *Jahr und Tag* poln. *rok i dzień*, auch in präpositionalen Wendungen, vgl. dt. *binnen Jahr und Tag* /// poln. *w rok i dzień* sowie dt. *nach Jahr und Tag* /// poln. *po roce i po dniu*, vgl. auch ISMIO Bd. 2, S. 199 f.

M. Papsonová[288] betont, dass die Entsprechung *rok an den* für *Jahr und Tag* in der Übersetzung des „Silleiner Rechtsbuches" nichts darüber aussagt, wie man im 15. Jahrhundert in Sillein diese wichtige Frist gedeutet hat. Dieser Hinweis ist auch auf unsere Materialanalyse zu beziehen.

LITERATUR

2HRG 2, 1348–1350 ✧ DRW 6, 398 (II 2) ✧ KLEIN-BRUCKSCHWAIGER, Jahr und Tag, in: ZRG GA 67 (1950), S. 441–446 ✧ DWB 10, 2237 ✧ Kaufmann/Neumeister Glossar, 557–560 ✧ FWB 8, 294–300: *Jahr* ✧ Boková/Spáčilová Glossar, 239: frnhd. *jar* – tsch. *rok* ✧ MRB, Register 801 ✧ Extrakt, 104: tsch. *den a rok* {d. h. Umkehrung: Tag und Jahr}; Extrakt, 103: tsch. *do dne a do roka* { d. h. Umkehrung: bis Tag und Jahr} ✧ Papsonová SRB, 409–412 ✧ Roučka/Růžička Heslář, 93: *den a rok* ✧ Gebauer 1, 224–226: *den* ✧ Reczek/Twardzik III, 241

dt. **zu seinen/ihren Jahren kommen** /// tsch. **stát se dospělým, plnoletým**; **k svým létóm právním přijíti** (staročes.) /// poln. **przyć ku swym latom** {Dat.Pl.}; **dojść do swych lat**; **mieć lata**

[= erwachsen/mündig werden, d. h. mindestens 12 Jahre alt sein]

I. dt. ***zu ihren Jahren kommen*** /// tsch. ***k svým létóm právním přijíti*** (staročes.):

Is mag ouch kein belehenter richter der *zcu ſynen iaren komen iſt* yn gehegetem dinge keinen vormunden gehaben an ſynem gerichte do er ſelbir gheinwertig iſt ader nicht iſt /// Take nemoz zadny podaczi Rychtarz ktery *ſſwym letom priſſly geſt* · w zahagenem ſaudu porucznika mieti · na ſwem ſaudu kdez on ſam przitomen geſt Neb nenie [Art. 47 § 2, 150v /// C59, 161r-v]

[288] PAPSONOVÁ, Das Magdeburger Recht und das Silleiner Rechtsbuch, 2003, S. 70.

STirb*et* eyn man der kinde*re* hot die *zcu iren iaren nicht komen ſien* {Negation} ir nehiſte ebenbortige ſwert mage / ſal ir vormu*n*de ſien bis das ſy *zcu iren iaren komen* /// UMrze li geden muz · ktery dieti ma geſſtoz *k ſwym letom neprzißli ſu* {Negation} Gich nayblizſſi po meczy przietel · ma byti gich porucznik · neb zprawcze · az oni *k letom y przidu* [Art. 48 § 1, 152r /// C60, 162r]

II. dt. ***zu ihren Jahren kommen*** /// tsch. ***oni sami zpraviti mohli*** (staročes.) 'sie sich [vor Gericht] selbst vertreten könnten':

alȝo lange bis an dy cȝit daȝ ſich ir rechter vormunde vorſtehn mag / ader ſy ſelb*er* *zcu iren iaren komen* /// Tak dluho az do toho czaſſu · ze by ſe gich prawy porucznik · neb oni ſami zprawiti mohli {für deutsch *zu ihren Jahren kommen* steht im tsch. Text: oni *ſami zprawiti mohli* 'sie sich [vor Gericht] selbst vertreten könnten', d. h. Bedeutung/sind geblieben} [Art. 48 § 2, 152r /// C60, 162r]

KOMMENTAR

Für dt. *zu ihren Jahren kommen* steht im tschechischen Text *k svým létóm právním přijíti* (staročes.) (I.) sowie *oni sami zpraviti mohli* 'sie sich [vor Gericht] selbst vertreten könnten' (II.) (Übersetzung 1:2).

Im untersuchten polnischen Text der „Magdeburger Urteile" steht für dt. *zu seinen Jahren kommen* poln. *przyć ku swym latom*, außerdem *dojść do swych lat* und *mieć lata*, vgl. auch ISMIO Bd. 2, S. 198 f.

LITERATUR

DRW 9, 983 ✧ Kaufmann/Neumeister Glossar, 559 ✧ FWB 8, 294–300: *Jahr* ✧ Boková/Spáčilová Glossar, 239: frnhd. *zu seinen jaren komen* – tsch. *stát se dospělým, plnoletým* ✧ Extrakt, 117: tsch. když sirotci *k svým letuom právním přicházejí* 'wenn die Waisen zu ihren Jahren kommen' [...] Nebo když pacholíku čtrnádcte a děvečce třinádcte let 'oder wenn die Burschen 13 Jahre und die Mädchen 14 Jahre alt sind'; vgl. außerdem Extrakt, 117: tsch. do let svých rozumných, totižto do let 21, podle městského práva 'zu ihren vernünftigen Jahren, d. h. 21 Jahre, nach dem Stadtrecht' ✧ Papsonová SRB, 409–412 ✧ Gebauer 2, 238f.: *léto* ✧ Reczek/Twardzik III, 126

K

dt. **Kaiser, der** /// tsch. **císař**; **ciesař** (staročes.) {Lehnwort über das Gotische aus dem Lateinischen} /// poln. **cesarz** {Lehnwort über das Gotische aus dem Lateinischen} (nach G. Iulius Caesar)

Der bobiſt hot daȝ geiſtliche *der keiſer* daȝ werltliche {gemeint ist Schwert} /// ze Papez ma duchowni mecz · A *cziessarz* ſwietſky [Art. 7 § 1, 23r /// C7, 101v]

KOMMENTAR

Für dt. *Kaiser* steht im tschechischen Text das über das Gotische aus dem Lateinischen entlehnte *ciesař* (staročes.) (Entlehnung).

LITERATUR

²HRG 2, 1496–1504, 1505–1514 ✧ DRW 6, 681–688 ✧ DWB 11, 36–39 ✧ WMU 2, 987 ✧ Kaufmann/Neumeister Glossar, 573f. ✧ FWB 8, 765–767 ✧ Papsonová SRB, 422 ✧ Roučka/Růžička Heslář, 52: *císař* ✧ Gebauer 1, 141: atsch. *ciesař* ✧ Newerkla 2004, 118

dt. **Kampf, der**; **insbesondere der gerichtliche Zweikampf** /// tsch. **sedánie** (staročes.) /// poln. **walka**; **bój**

komen aber dy lute vor / er mag en *kamph* an gewy*n*nen ab dy wunden kamphbar ſien /// przidu li ty lide naprzed moz on *ſedanie* na nich dobyti · acz ty rany ſedanie hodny ſu [Art. 78 [79] § 1, fol. 175^{v} /// C92, 175^{v}]

WEnne eyn man eyne*n* *kamph* mit rechten orteilen gewynnet /// KDyz geden *ſedanie* prawymi orteli dobude [Art. 79 [80] § 1, fol. 175^{v} /// C93, 175^{v}]

mit welcherley wiſe ſich der man weret *mit kemphen* /// kkterymz obyczegem ſe geden brani *s ſedanym* [Art. 79 [80] § 2, fol. 175^{v} /// C93, 175^{v}]

iſt ***der*** kemphe eyn ſpilma*n* er weig*er*t em *kamphes* mit rechten orteiln etc /// Geſt li ***ten*** {Interferenz: der deutsche bestimmte Artikel wird als Demonstrativpronomen übernommen} ſedak hracz on oteyde gemu *ſedanie* prawymi orteli [Art. 79 [80] § 3, fol. 175^{v}–176^{r} /// C93, 175^{v}]

wenn*e* er mus daȝ gluende iſen tragin ader ſichȝ *des kamphes* entweren etc /// Neb on muſſy zelezo horzyczie neſſty Aneb *ſe ſedanym* obranity [Art. 110 § 2, 182^{r} /// C99, 178^{v}]

KOMMENTAR

Für dt. *Kampf* steht im tschechischen Text *sedánie* (Übersetzung 1:1), auch in der Präpositionalkonstruktion dt. *mit kemphen* /// tsch. *s sedáním*, s. a. unten dt. *Kämpfer* /// tsch. *sedák*.

LITERATUR

DRW 6, 1013–1032 ✧ DWB 11, 138–143: *Kampf*; 32, 1058–1060: *Zweikampf* ✧ WMU 2, 974f. ✧ Kaufmann/Neumeister Glossar, 568–570 ✧ FWB 8, 561–563 ✧ MRB, Register 801 ✧ Papsonová SRB, 413–416 ✧ Roučka/Růžička Heslář, 515: *sedání*

dt. **Kämpfer, der** /// tsch. **sedák** (staročes.) /// poln. **wojownik**; **walczący**

vnd*e* gewint der man ***eynen*** *kemphen* mit ſinem gute /// A dobude li ten czlowiek ***gednoho*** {Interferenz: der deutsche unbestimmte Artikel wird mit dem tschechischen Zahlwort ***jeden*** 'ein(s)' wiedergegeben} *ſedaka* · ſwym zbozym [Art. 79 [80] § 3, fol. 175^{v}–176^{r} /// C93, 175^{v}]

ift ***der*** *kemphe* eyn fpilma*n* /// Geft li ***ten*** {Interferenz: der deutsche bestimmte Artikel wird als Demonstrativpronomen übernommen} *ſedak* hracz [Art. 79 [80] § 3, fol. 175ᵛ–176ʳ /// C93, 175ᵛ]

KOMMENTAR

Für dt. *Kämpfer* steht im tsch. Text *sedák* (Übersetzung 1:1), s. a. oben dt. *Kampf* /// tsch. *sedánie*.

LITERATUR

DRW 6, 1049f. ✧ DWB 11, 150f. ✧ Kaufmann/Neumeister Glossar, 576 ✧ FWB 8, 564f. ✧ Boková/Spáčilová Glossar, 243

dt. **kampfbare/kampfwürdige Wunde(n)** /// tsch. **rána sedánie hodna** (staročes.); **rány sedánie hodny** (staročes.) {Pl.} /// poln. **śmiertne rany** 'tödliche Wunden'; **ciężkie rany** 'schwere Wunden'; **rany** 'Wunden'
[=kampfwürdig; strafwürdiger Sachverhalt, der einen gerichtlichen Zweikampf erfordern kann, bes. von Wunden]

I. dt. ***die Wunden sind kampfbar/kampfwürdig*** /// tsch. ***rány sedánie hodny sú*** (staročes.) {Pl.}:

komen aber dy lute vor / er mag en kamph an gewy*n*nen ab dy *wunden kamphbar ſien* /// przidu li ty lide naprzed moz on ſedanie na nich dobyti · acz ty *rany ſedanie hodny ſu* [Art. 78 [79] § 1, fol. 175ᵛ /// C92, 175ᵛ]

ab ***dy*** *wunden* beyde wol *kamphbar ſien* /// Acz koliwiek ***ty*** {Interferenz: der deutsche bestimmte Artikel wird als Demonstrativpronomen übernommen} *rany* oboge *ſedanie hodny ſu* [Art. 80 [81], 176ʳ /// C94, 175ᵛ–176ʳ]

II. dt. ***die Wunde ist* nicht *kampfbar/kampfwürdig*** /// tsch. ***rána sedánie hodna* nenie** (staročes.):

wirt ouch eyn man vorwunt vnde ***dy*** *wunde nicht kamphbar iſt* / man ſal em tedingen zcu deme nehiſten dinge /// Take bude li geden ranien A ze ***ta*** {Interferenz: der deutsche bestimmte Artikel wird als Demonstrativpronomen übernommen} *rana ſedanie hodna nenie* Magi gemu dielity ku prwnie*mu* ſaudu [Art. 71, fol. 171ᵛ /// C85, 173ʳ]

KOMMENTAR

Für dt. *die Wunden sind kampfbar/kampfwürdig* steht im tschechischen Text *rány sedánie hodny sú* (staročes.) {Pl.} (I.) (Übersetzung 1:1), für dt. *die Wunde ist* **nicht** *kampfbar/kampfwürdig* steht im tschechischen Text *rána sedánie hodna* **nenie** (staročes.), s. a. oben dt. *Kampf* /// tsch. *sedánie* sowie dt. *Kämpfer* /// tsch. *sedák*.

Im untersuchten polnischen Text der „Magdeburger Urteile" sind für dt. *kampfwürdige Wunden* mehrere Entsprechungen belegt, so: poln. *śmiertne rany* 'tödliche Wunden', *ciężkie rany* 'schwere Wunden' sowie *rany* 'Wunden'.

Belegt sind außerdem die folgenden Entsprechungen: dt. *um eine kampfwürdige Wunde* /// poln. *o rany acz o ciężkie* 'um Wunden oder um schwere [Wunden]'; dt. *kampfwürdige Wunden* /// poln. *kogo zabito, uranyono* 'jmd. erschlagen, verletzt' und dt. *Totschlag oder kampfwürdige Wunden* /// poln. *głowa zabita albo cokole jinego nierządnego uczyniono* 'Totschlag oder eine andere ungesetzliche Tat', vgl. auch ISMIO Bd. 2, S. 200–202.

LITERATUR

DRW 6, 1033–1035 ✧ DWB 11, 157 ✧ LÜBBEN, WALTHER, Mittelniederdeutsches Handwörterbuch, 1888, S. 167 ✧ WMU 2, 975 ✧ Kaufmann/Neumeister Glossar, 571: *kampfwürdig*; 1424: *Wunde* ✧ FWB 8, 563 f. ✧ Buchda Pößneck IV, 195: *kampfwürdig*; ebd. 307: *unkampfwürdig* 'durch Folterung' ✧ Boková/Spáčilová Glossar, 243: lediglich: frnhd. *kamperwunde* 'Verwundung im (gerichtlichen) Zweikampf' – tsch. *zranění v (soudním) souboji* ✧ MRB, Register 801 ✧ Papsonová SRB, 418 ✧ ESSČ: *sědák* ✧ MSS, 474: *ssědánie, sědánie* ✧ Reczek/Twardzik III, 239 ✧ Słownik staropolski 2, 424–429: *głowa*

dt. **Kaufmann, der** /// tsch. **kupec** /// poln. **kupiec**

dt. **Kaufleute, die** /// tsch. **kupci** {Pl.}; **kupečští lidé** (staročes.) {Pl.} /// poln. **kupcy** {Pl.}

vnde dorczu manich gut knecht die ſint *kouflute* heiſzin /// A k tomu mnozy dobrzy pacholczy · nebo lidee kterzyz gyz *kupeczſſtii lide* ſlowu [Art. 6 § 2, 21v /// C6, 100v]

do ſprachen *die kouflute* /// Tehda ſu rzekly *kupeczſſtii lide* [Art. 9 § 2, 36r /// C9, 107r]

KOMMENTAR

Für dt. *Kaufleute* steht im tschechischen Text *kupečští lidé* (staročes.) (Übersetzung 1:1).

LITERATUR

2HRG 2, 1683–1690 ✧ LexMa 5, 1083–1086 ✧ DRW 7, 621–625 ✧ DWB 11, 336–338 ✧ WMU 2, 1035 f. ✧ Kaufmann/Neumeister Glossar, 618 ✧ FWB 8, 721–723 ✧ Boková/Spáčilová Glossar, 246 ✧ MRB, Register 802 ✧ Papsonová SRB, 420 ✧ Roučka/Růžička Heslář, 265: *kupec* ✧ Gebauer 2, 178 f.: *kupečský* ✧ ESSČ: *kupečský*

dt. **Kind, das** /// tsch. **dítě** /// poln. **dziecko**

dt. **Kinder, die** /// tsch. **děti** {Pl.} /// poln. **dzieci** {Pl.}

dt. **Keb(e)skind, das** /// tsch. **cizoložné dietě** (staročes.) /// poln. **dziecko z nieprawego łoża**
[= uneheliches Kind]

Man ſpricht aber daȝ kein kint ſine muter *kebis kint* ſy /// Ale prawie mnozy ze zadne dietie ſwe materze · *czyzolozne dietie* nenie [Art. 4 § 7, 16r /// C4, 99r]

dt. **Edelkind, das** /// tsch. **šlechtilé dietě** (staročes.) /// poln. **dziecko szlacheckie** [= adeliges Kind]

edil kint /// *ſſlechtile dietie* [Art. 4 § 7, 16r /// C4, 99r]

dt. **eheliches Kind, das** /// tsch. **manželské dietě** (staročes.) /// poln. **ślubne** (staropol.) **dziecko**; **małżenskie dziecko**
[= gesetzmäßiges, legitimes Kind]

elich kint /// *manzelske dietie* [Art. 4 § 7, 16r /// C4, 99r]
wen welch *kint* vrie iſt vnde *elich geboren* {frei ist und ehelich geboren} /// Neb kterez *dietie* ſwobodne geſt · a *manzelſky vrozeno* [Art. 4 § 1, 15v /// C4, 98v]

KOMMENTAR

Für dt. *Kind* steht im tschechischen Text *dítě* (Übersetzung 1:1), entsprechend auch in attributiven Wendungen, wie: dt. *Keb(e)skind* /// tsch. *cizoložné dietě* (staročes.); dt. *Edelkind* /// tsch. *šlechtilé dietě* (staročes.); dt. *eheliches Kind* /// tsch. *manželské dietě* (staročes.).
Im untersuchten polnischen Text der „Magdeburger Urteile" begegnen für dt. *ehelich (geboren sein)* mehrere Äquivalente, und zwar: poln. *małżeńskiego rodu*; *urodzenia z stadła małżeńskiego*; *dobrze urodzon, to jest z małżeństwa* (mit zusätzlicher Umschreibung *to jest* 'das ist' […]). Das lediglich einmal belegte dt. *von ehelicher Geburt* wird im Polnischen mit *z małżeństwa urodzon* {Kurzform des Adjektivs} wiedergegeben, vgl. auch ISMIO Bd. 2, S. 163 f.

LITERATUR

LexMa 5, 1142–1149 ✧ DRW 7, 808–815: *Kind*; 7, 684–686: *Kebskind*; 2, 1196: *Edelkind* ✧ DWB 3, 45 ✧ WMU 1, 448 ✧ Kaufmann/Neumeister Glossar, 582–586: *Kind*; 311: *eheliches Kind*; 572: *Kebskind*; 583: *Edelkind* ✧ FWB 8, 902–911: *Kind*; 747: *Kebskind* ✧ Boková/Spáčilová Glossar, 111: frnhd. *(e)elich* – tsch. *manželský* ✧ MRB, Register 802: frnhd. *kint* ✧ Papsonová SRB, 423–425: *Kind* ✧ Roučka/Růžička Heslář, 107: *dítě* ✧ Prasek 1912, 140: tsch. *ne*manželské dítie ✧ Gebauer 1, 145: atsch. *dietě*; 2, 313: *manželský* ✧ Reczek/Twardzik III, 134 ✧ Słownik staropolski 4, 156f.: *małżeński, manźelski*

dt. **Klage, die** /// tsch. **žaloba** /// poln. **żaloba** (staropol.); **skarga**

Der richter mag nymande von ſiner *clage* wiſen ane des willen vff den *die clage* geth /// Rychtarz nema aniz moz zadneho od geho *zaloby* weſſti · bez wuole toho na kohoz *zaloba* gde [Art. 32 § 4, 118v /// C43, 151r]
Allerhande *clage* die an vngerichte ghet alȝ dube vnde roub vnde mort die ſal man clagen mit gerufte yn eyner hanthaftigen tat vnde ſelbſobinde ſal en der [richter] cleger obirwynden /// Wſſelikteraka *zaloba* · kteraz na bezprawie gde ·

iakozto o zlodieyſtwo · o lupez · o *mord* {Lehnwort aus dt. *Mord*} Ta ma zalowana byti s weppem · ***to geſt ſkrzykem*** {erklärender Zusatz im tsch. Text: 'das heißt mit Geschrei'} · w ynhedniem horkem vczinku A ſam ſedm ma gey ſ prawem przemoczi [Art. 36, fol. 129r /// C45, 152r]

Obirnachtit aber *dy clage* / ʒo richtit is der burcgraue vnde nyma*n*t anders /// Ale oſtane li ta prze *bez zaloby* przeſ nocz Tehda to ſaudij purkabie a giny nicz zadny [Art. 38 § 2, 129v /// C46, 152r]

Nv vorneme*t* ab der ſchultis ymande erret *an ſiner clage* /// GYz rozomieyte acz by komu Rychtarz przekazeti chtiel · *na geho zalobie* [Art. 17 § 1, 65v /// C17, 120v–121r]

er mag wol eynen vormu*n*den haben *an ſynen clagen* /// Ale moz on dobrze porucznika mieti *w ſwe zalobie* [Art. 47 § 2, 150v /// C59, 161r-v]

I. dt. ***mit rechter*** {= rechtmäßiger} ***Klage*** {Sg.} /// tsch. ***pravými žalobami*** {Pl.}; ***s právem*** {Sg.}:

I.a) dt. ***mit rechter Klage*** {Sg.} /// tsch. ***pravymi žalobami*** {Pl.}:

was ſy abir *mit rechter clage* {Sg.} /// Ale czoz kto *prawymi zalobami* {Pl.} [Art. 30 § 1, 115v /// C42, 150r]

I.b) dt. ***mit rechter*** {= rechtmäßiger} ***Klage*** {Sg.} /// tsch. ***s právem*** {Sg.}:

ma*n* thu is den*ne* *mit rechter clage* vnde mit rechten orteile /// lecz by to *ſprawem* a prawymi orteli vczinili [Art. 29 § 1, 114r /// C41, 149r]

Kommentar

Für dt. *Klage* steht im tschechischen Text *žaloba* (Übersetzung 1:1), in einer präpositionalen Wendung auch tsch. *právo*, vgl. für: dt. *mit rechter* {= rechtmäßiger} *Klage* {Sg.} /// tsch. *pravými žalobami* {Pl.} (I.a)) und daneben *s právem* {Sg.} (I.b)). In Beispiel I.a) zeigt sich außerdem eine Nicht-Übereinstimmung im Numerus, vgl. dt. Sg. /// tsch. Pl.

Literatur

[2]HRG 2, 1843–1858 ✧ LexMa 5, 1190–1192 ✧ DRW 7, 1034–1040 ✧ DWB 11, 907–912 ✧ WMU 2, 1007 f. ✧ Kaufmann / Neumeister Glossar, 586–592 ✧ FWB 8, 997–1002 ✧ Boková / Spáčilová Glossar, 251 ✧ Extrakt, 114: tsch. *žaloba* Papsonová SRB, 425–430 ✧ Roučka / Růžička Heslář, 704: *žaloba* ✧ Staročeský slovník 3, 1116–1122: *pravý*

dt. **klagen** /// tsch. **žalovat, obžalovat** /// poln. **żałować** (staropol.); **poz(y)wać**; **skarżyć**; **oskarżać**

wen ma*n* vor em *clagete* /// kdyz *by* przed nym *zalowano bylo* [Art. 18 § 1, 68v /// C18, 122v]

*Clag*et er denn*e* yn wichbilde uff eyn erbe ader uff eyn eigen /// *Zalowal li by* geden v wykpildie na gedno diediczſtwo · Aneb o wlaſtnie [Art. 28 § 2, 111v /// C40, 149r]

I. dt. ***beklagen*** /// tsch. ***obžalovat***:

BEclaget ***eyn*** man den andern *vmme* eyn gut in wichbilde /// *Obzaluge* li ***geden*** {Interferenz: der deutsche unbestimmte Artikel wird mit dem tschechischen Zahlwort ***jeden*** 'ein(s)' wiedergegeben} czlowiek druheho · o zbozie v wykpildu [Art. 68, fol. 170v /// C82, 172v]

II. dt. ***beklagt werden*** /// tsch. ***obžalován býti***:

wenne er *beclait wirt vmme* diſȝe ſache vor dem voite /// A kdyz on o takowu wiecz przed ffoytem *obzalowan bude* [Art. 17 § 2, 65v /// C17, 121r]

W*irt er denne beclag*et an ſines ſelbiſt dinge / der ſchultis ⟨ſal⟩ ſien richt*er* ſien /// *Bude li on* ſam k ſwemu ſaudu *obzalowan* Tehda Sſulteys ma ge*ho* ſaudczi byti ***To geſt podRychtarzie*** {erklärender Zusatz im tsch. Text: 'das ist der Unterrichter'} [Art. 18 § 1, 69r /// C18, 122v]

KOMMENTAR

Für dt. *klagen* steht im tschechischen Text *žalovat* (Übersetzung 1:1), vgl. auch dt. *beklagen* /// tsch. *obžalovat* (I.) und dt. *beklagt werden* /// tsch. *obžalován býti* (II.).

LITERATUR

DRW 7, 1045–1050 ✧ DWB 11, 914–925 ✧ WMU 2, 1009 f. ✧ Kaufmann/Neumeister Glossar, 592–595 ✧ FWB 8, 1003–1007 ✧ Boková/Spáčilová Glossar, 251 ✧ Papsonová SRB, 430–432 ✧ Roučka/Růžička Heslář, 705: *žalovati* ✧ Staročeský slovník 2, 243 f.: *obžalovati*

dt. **Kläger, der** /// tsch. **žalobce**; **žalobník** (staročes.) /// poln. **skarżący**; **powód**; **ten, co żałował** 'derjenige, der klagte' (staropol.)
[= Kläger; Beschwerdeführer vor Gericht; vgl. auch die Opposition: Antworter/Kläger, s. a. oben **Antworter**]

vnde ko*m*met *der cleger* nicht vor /// A neprzide li *zalobnik* s zalobu [Art. 71, fol. 171v /// C85, 173r]

KOMMENTAR

Für dt. *Kläger* steht im tschechischen Text *žalobník* (staročes.) (Übersetzung 1:1), s. a. oben dt. *Klage* /// tsch. *žaloba* sowie dt. *klagen* /// tsch. *žalovat*.
Im untersuchten polnischen Text der „Magdeburger Urteile" steht für dt. *Kläger* überwiegend poln. *powód*. Lediglich einmal erfolgt eine Umschreibung, vgl. poln. *ten, co żałował ten, co żałował* 'derjenige, der klagte', vgl. auch ISMIO Bd. 2, S. 203 f.

LITERATUR

LexMa 5, 1190–1192 ✧ DRW 7, 1051–1055 ✧ DWB 11, 925 ✧ WMU 2, 1010 f. ✧ Kaufmann/Neumeister Glossar, 596–599 ✧ FWB 8, 1007–1009 ✧ Boková/Spáčilová Glossar, 251 ✧ Papsonová SRB, 432 f. ✧ Roučka/Růžička Heslář, 705: *žalobník* ✧ ESSČ: *žalobník* ✧ Reczek/Twardzik III, 206 tsch. **klatba**; **kladba**; **acht**; **vyhnání** s. dt. **Acht, die**; **Bann, der**

tsch. **klatba**; **kladba**; **moc**; **(soudní) pravomoc** s. dt. **Bann, der**

tsch. ***klatba*****, králova** s. dt. **Königsacht, die**

tsch. **králova / královská moc**; ***klatba*** **králova / královská** s. dt. **Königsbann, der**

dt. **Knecht, der** /// tsch. **pacholek, pacholci** {Pl.} /// poln. **pachołek**; **knecht** {Lehnwort aus dt. *Knecht*}

vnde dorczu manich gut *knecht* {Knecht, Sg. in pluralischem Gebrauch} die ſint kouflute heiſzin /// A k tomu mnozy dobrzy *pacholczy* {Knechte, Pl.} · nebo lidee kterzyz gyz kupeczſſtii lide ſlowu [Art. 6 § 2, 21v /// C6, 100v]

Des ſchultheiſen {Genitiv} ding mag dem mann*e* nyma*n*t gekundigen wenn*e* der ſchultis ſelber ader der vronebote *keiner ſyner knechte* /// Sſulteyſowa {Poss.Adjektiv} ſaudu nemoz zadny wloziti · a zwieſtowati czlowiek giny · nez ſam Sſulteys Nebo geho poſſel obeczni Sycz *zadny geho pacholek* [Art. 46 § 3, 146r /// C58, 159r]

KOMMENTAR

Für dt. *Knecht* steht im tschechischen Text *pacholek* bzw. *pacholci* {Pl.} (Übersetzung 1:1).

LITERATUR

2HRG 2, 1909–1911 ✧ LexMa 5, 1233 f. ✧ DRW 7, 1141–1148 ✧ DWB 11, 1380–1396 ✧ WMU 2, 1017 f. ✧ Kaufmann / Neumeister Glossar, 600 f. ✧ FWB 8, 1186–1196 ✧ Boková / Spáčilová Glossar, 254 ✧ MRB, Register 802 ✧ Papsonová SRB, 433 f. ✧ Roučka / Růžička Heslář, 360: *pacholek* ✧ Staročeský slovník 3, 12 f.: *pacholek*

tsch. **kmet**; **(obecní) konšel**; **přísežný**; **šep / šef** s. dt. **Schöffe, der**

tsch. **kmeti** {Pl.}; **konšelé** {Pl.}; **přísežní** {Pl.}; **přísedící** {Pl.} s. dt. **Schöffen, die**

tsch. **knížata**; **kniežata** s. dt. **Fürsten, die**

tsch. **kníže** s. dt. **Fürst, der**

tsch. **kníže**; **vévoda** s. dt. **Herzog, der**

tsch. **knížectví**; **vévodství** s. dt. **Herzogtum, das**

dt. **König, der** /// tsch. **král** {entlehnt aus dem Namen *Karls des Großen*}; im Text auch **císař** ‘Kaiser’ {Lehnwort über das Gotische aus lat. *Caesar*} /// poln. **król** {entlehnt aus dem Namen *Karls des Großen*}

wenne ***der*** heydeniſche *koning* Nemroth /// Nebo ***ten*** {Interferenz: der deutsche bestimmte Artikel wird als Demonstrativpronomen übernommen} pohanſky *kral* Nemroth [Art. 6 § 2, 21r /// C6, 100v] do nam *der koning* /// Tehda wzal geſt *kral* [Art. 13 § 1, 51v /// C13, 114r]

Der** koning* waȝ ſelbſt dorynne wonhaftig vnde der hercȝoge vnde andere furſten uil /// ***Ten {Interferenz: der deutsche bestimmte Artikel wird als Demonstrativpronomen übernommen} *kral* ſediel geſt ſam w tom mieſtie · A wewoda a gynych kniezat mnoho [Art. 6 § 2, 21v /// C6, 100v]

1. So cȝhin ſie mit den ſelbien vir mannen die ſie zcu ſchartaw nemen ader geholt haben vff den hoff *des koningis* otten / der macht en den phalcȝ vff dem ende des thumes / wenn*e* ſy mochten nicht alles tid glichȝ v*m*me eyn geſtrafte orteil vor daȝ riche gecȝihen /// Tehda tahnu oni ſe ſ tiemi cztirzmi czlowieky · kterez ſu w Sſartawie wzali Nebo pogiali na dwor toho czerwne*ho* Otti *Cziefarze* Ten geſt vdielal ten ffalcz to geſt ſiedlo Neb lawicze na konczi bozieho domu Niemeczky on ende des thumes Neb ſu nemohli ſie oni wzdiczky · a vſtawicznie o kazdy ſſtrafowany ortel przed Rzyſſy tahnuti a odwolati [Art. 12 § 2, 50v /// C12, 113v]
2. vnde daȝ machte *konnig* Otto alȝo durch daȝ / daȝ wichbilde {*Weichbild* steht hier für *Weichbildrecht* im dt. Text} beſtunde alȝ is von alder cȝit geſtanden hat / vnd*e* machte daȝ hercȝug⟨thum⟩ obir Elbe etc /// A toto vczinil geſt *kral* Otta proto aby wykpildowe prawo · ***to geſt mieſtczke prawo*** {erklärender Zusatz im tsch. Text: ‘das ist Stadtrecht’} ſtalo A Iakoz od ſtara dawna ſtalo geſt A vdielal geſt wewodſtwie nad labem [Art. 13 § 4, 52r-v /// C13, 114v]

ȝo wettit ir icȝlicher *dem konnige* achtcȝen gulden marcg /// tehda prowyni gich kazdy *krali* Oſſmnaſte zlattych Mark ***to geſt hrziwen*** {erklärender Zusatz im tsch. Text: ‘das sind hřivny = Nom.Pl. zu tsch. *hřivna* ‘halbes Pfund’’} [Art. 15 § 2, 57v /// C15, 116v]

alȝo Cȝu der ſelbien wiſe alȝo dy richt*ere* daȝ werltliche ſwert haben *von dem koninge* alȝo haben dy priſtere daȝ geiſtliche ſwert von dem babiſte /// k tomu Napodobnie Iakoz Rytierzſtwo mecz ſwictſky rozomiey mocz ſwietſku magy · *od krale* Tez magy kniezie mecz duchowni to geſt mocz duchowni · od papeze nerzadne treſtati [Art. 8 § 5, 31v /// C8, 105r]

Nv horet vnde vornemet wer *obir den koning richten* ſal ab er ober wunden wirt / alȝ hievor geſait iſt / Daȝ ſal thun ***der*** phalcȝgreue von dem ryne / vnde ***dem*** *koninge* vnde ***dem*** lande cȝu eyne*m* richtere gegeben iſt von wilkor*e* alȝ ir wol vornemen werd*et* /// POſluchayte a rozomieyte · kterak magi *nad kralem poprawity* · acz on przemozen bude · rozomiey acz by s dowedenym wina byla To ma vczinity ***ten*** {Interferenz: der deutsche bestimmte Artikel wird als Demonstrativpronomen übernommen} ffalczgroff s Ryna kteryz ***tomu*** {Interferenz: der deutsche bestimmte Artikel wird als Demonstrativpronomen übernommen} *krali* a ***te*** {Interferenz: der deutsche bestimmte Artikel wird als Demonstrativpronomen übernommen} zemi ſaudczy dan geſt · od ſwolenie yakoz ſte · srozomiely [Art. 9 § 1, 36r /// C9, 106v]

Do ſprachen ſy *zcu dem koninge* /// Tehda rzekli ſu *krali* [Art. 9 § 3, 36v /// C9, 107r] wen der ſchultheiſʒ hat ***den*** [ban] von dem greuen / vnde des ſchultis a*m*mecht von des landes h*er*ren / alʒo hot ouch der burcgreue den ban *von dem koninge* vnde gerichte von des landes herren /// Neb Rychtarz ma ***tu*** {Interferenz: der deutsche bestimmte Artikel wird als Demonstrativpronomen übernommen} mocz od pana te zemie Tez ma purkabie mocz ſwu *od krale* · a Rychtarzſtwie {Richterschaft, Koll.} ***To geſt ſaud*** {erklärender Zusatz im tsch. Text: ‘das ist das Gericht’} od pana zemſkeho [Art. 11 § 3, 46v /// C11, 110v]

KOMMENTAR

Für dt. *König* steht im tschechischen Text überwiegend *král* (Übersetzung 1:1), s. a. unten dt. *Königreich* /// tsch. *království*.
In einer Textstelle (vgl. Satz 1.) steht für dt. *König* Otto tsch. *císař* ‘Kaiser’ Otto, in einer anderen Textstelle (vgl. Satz 2.) steht für dt. *König* Otto tsch. *král* ‘König’ Otto.

dt. (**sich verantworten**) **vor dem König** /// tsch. (**opověděti se**) **před králem** (staročes.)

Dornach obir ſechʒ wochen komet er nicht *ſich zcuuorantwerten vor dem koninge* wo er ſy ʒo teilt ma*n* zcu*m* erſten dem gotis huʒe ledig zcu meideborg alles daʒ er von em hatte vnde dem koninge der ban /// A potom po ſſeſti nedielech Neprzide li on ***to geſt ten purkabie*** {Erklärung zu *on* ‘er’} · aby *ſe opowiediel przed kralem* · kdez on geſt Tehda diele toho nayprwe Bozieho domu prazna A w Meydburcze wſſeho toho · czoz on y ot nieho miel A kraly klatba geho to geſt mocz geho [Art. 15 § 1, 57r /// C15, 116v]

KOMMENTAR

Für dt. *(sich verantworten) vor dem König* steht im tschechischen Text *(opověděti se) před králem* (staročes.) (Übersetzung 1:1).

LITERATUR

2HRG 3, 3–18 ✧ LexMa 5, 1298–1324 ✧ DRW 7, 1226–1230 ✧ DWB 11, 1691–1701 ✧ WMU 2, 1055 f. ✧ Kaufmann/Neumeister Glossar, 610–614 ✧ FWB 8, 1350–1356 ✧ MRB, Register 803 ✧ Papsonová SRB, 435 f. ✧ Roučka/Růžička Heslář, 259: *král*; 52: *císař* ✧ Gebauer 2, 126 f.: *král*; 1, 141: *ciesař* ✧ Staročeský slovník 2, 548 f.: *opověděti se* ✧ Newerkla 2004, 132

dt. **Königreich, das** /// tsch. **království** /// poln. **królestwo**

Diſʒe lant waren alle *koning riche* /// Byly ſu wſſeczka *kralowſtwie* [Art. 7 § 5, 24r /// C7, 102r]

KOMMENTAR

Für dt. *Königreich* steht im tschechischen Text *království* (Übersetzung 1:1), s. a. oben dt. *König* /// tsch. *král*.

LITERATUR

DRW 7, 1230f. ✧ DWB 11, 1709f. ✧ WMU 2, 1057 ✧ Kaufmann/Neumeister Glossar, 614 ✧ FWB 8, 1360–1362 ✧ MRB, Register 803 ✧ Roučka/Růžička Heslář, 259: *království* ✧ Gebauer 2, 128f.: *královstvie, králevstvie*

tsch. **konšel; radní; člen rady** s. dt. **Ratmann, der**

tsch. **konšelé; radní; rádci; rada** s. dt. **Ratmannen, die**

tsch. **král; císař** s. dt. **König, der**

tsch. **(opověděti se) před *králem*** s. dt. **(sich verantworten) vor dem König**

tsch. **království** s. dt. **Königreich, das**

tsch. **křik; okřik; vep; úp; volání o pomoc** s. dt. **Gerüft, das**

tsch. **kupec, kupci; kupečští lidé** s. dt. **Kaufmann, der; Kaufleute, die**

L

dt. **Ladung, die** /// tsch. **půhon; póhon** (staročes.) /// poln. **wezwanie**
[= Aufforderung vor einem Gericht zu einem bestimmten Zeitpunkt zu erscheinen]

komet er cȝu der dritten *ladunge* nicht vor / ȝo beſenden en ***die*** drie furſten / so wettet er dem koninge *zcu icȝlicher ladunge* drie margk goldis /// neprzide li k trzetiemu *pohonu* Tehda obeſſli gey · ***ti*** {Interferenz: der deutsche bestimmte Artikel wird als Demonstrativpronomen übernommen} trzie pani kniezata Tehda prowyni on *ku kazdemu pohonu* · trzi Marky to geſt hrziwny zlatta [Art. 15 § 1, 57r /// C15, 116v]

KOMMENTAR

Für dt. *Ladung* steht im tschechischen Text *póhon* (staročes.) (Übersetzung 1:1).

LITERATUR

2HRG 3, 390–398 ✧ DRW 8, 270–275 ✧ DWB 12, 53f. ✧ WMU 2, 1068f. ✧ Kaufmann/Neumeister Glossar, 635 ✧ FWB 9, 44–46 ✧ Boková/Spáčilová Glossar, 269: frnhd. *ladung* ✧ MRB, Register 805: frnhd. *ladunge* ✧ Roučka/Růžička Heslář, 387: *póhon*; 466: *půhon* ✧ Staročeský slovník 3, 457f.: *póhon*

dt. **Landrecht, das** /// tsch. **zemské právo** /// poln. **prawo ziemskie**

hirum*me* cȝweiet ſich *daȝ lantrecht* vnde wichbilde recht / wenn*e* zcu der morgingabe gehoren cȝewne vnde cȝimmer vn*de* feltgenge vye /// Protot ſe tuto dwogy *zemſke prawo* · a wykpildowe · ***to geſt mieſtczke prawo*** {erklärender Zusatz im tsch. Text: ‘das ist Stadtrecht’} ***Nebo po zemſkem prawu*** {erklärender Zusatz im tsch. Text: ‘aber nach Landrecht’} · k wienu priſſluſſegi ploty · a ſtawenie a polni dobytek · ***rozomiey czo przed paſtuchu chody*** {erklärender Zusatz im tsch. Text: ‘das heißt die vor dem Hirten gehen’} [Art. 22 § 3, 78v /// C22, 129r]

KOMMENTAR

Für dt. *Landrecht* steht im tschechischen Text *zemské právo* (Übersetzung 1:1). Im untersuchten polnischen Text der „Magdeburger Urteile“ steht für dt. *Landrecht* poln. *ziemskie prawo*, vgl. auch ISMIO Bd. 2, S. 218 f.

LITERATUR

²HRG 3, 552–559 ✧ LexMa 5, 1672–1674 ✧ DRW 8, 547–555 ✧ DWB 12, 128 ✧ WMU 2, 1073 f. ✧ Kaufmann/Neumeister Glossar, 640 f. ✧ FWB 9, 183–187 ✧ Boková/Spáčilová Glossar, 270 ✧ MRB, Register 805 ✧ Prasek 1912, 138: tsch. věno po *zemském právu*; Prasek 1912, 139: tsch. zemské právo ✧ Papsonová SRB, 446 f. ✧ Staročeský slovník 3, 1105–1122: *právo*

tsch. (**soudní**) **lavice**; **lava** s. dt. **Bank, die**; **Gerichtsbank, die**; **Dingbank, die**

dt. **Lasse, der** /// tsch. **zpustilý** (staročes.) ‘Freigelassener’; **zpustilý člověk** (staročes.) ‘freigelassener Mann’; auch **lasse** {okkasionelle Übernahme von dt. *Lasse* als tsch. *lasse* in den tsch. Text} (staročes.)
[= *Lasse*, mnd. *lāte* ‘der Minderfreie; der zinshörige Bauer mit Erbberechtigung an seinem Gut’]

1. waȝ ***der*** *laſſe* vngerichtis tut / do ſal er ſinem h*er*ren v*m*me antwerten uff des gute er ſicȝt ader ſinem voite /// Czoz ***ten*** {Interferenz: der deutsche bestimmte Artikel wird als Demonstrativpronomen übernommen} bezprawie *zpuſtili* vczini · za to on pa*nu* ſwemu odpowiedati ma Na cziemz zbozij on ſedij · aneb ge*ho* ffoytowi [Art. 49 § 2, 152v /// C61, 162v]
2. wen ***der*** *laſe* ſtirbit /// kkdyz ***ten*** {Interferenz: der deutsche bestimmte Artikel wird als Demonstrativpronomen übernommen} *zpuſtily* vmrze [Art. 49 § 3, 152v /// C61, 162v]
3. WO ***eyn*** *laſſe* ſyne buſȝe vorluſt zcugeben daȝ ſien driſȝig ſchillinge Syn gewette vir ſchillinge /// KDdez ***geden*** {Interferenz: der deutsche unbestimmte Artikel wird mit dem tschechischen Zahlwort ***jeden*** ‘ein(s)’ wiedergegeben} *laſſe* · ***to geſt zpuſtily czlowiek*** {erklärender Zusatz im tsch. Text: ‘das heißt ein freigelassener Mann’} · ſwu pokutu prowini To czyni trzidczeti ſſylink A geho odklad cztyrzi ſſylinky [Art. 49 § 1, 152v /// C61, 162v]

KOMMENTAR

Für dt. *Lasse* steht im tschechischen Text tsch. *zpustilý* ‘Freigelassener’ (1., 2.), in einem Beispiel auch dt. *lasse* {okkasionelle Übernahme von dt. *Lasse* als tsch. *lasse* in den tsch. Text} mit zusätzlicher Umschreibung, vgl. *zpustilý člověk* ‘freigelassener Mann’ (3.).

Einen frühen Beleg für *Lasse*, mnd. *lāte* liefert der Ortsname *Latdorf*[289] onö. Bernburg in Sachsen-Anhalt, vgl. 1145 *Lattorp*. Der Name ist aus dem deutschen Grundwort *-dorf* und mnd. *lāte* gebildet.

LITERATUR

²HRG 2, 1130f. ✧ DRW 8, 717–719 ✧ DWB 12, 212 ✧ Lexer 1, 1845 ✧ Kaufmann/Neumeister Glossar, 642 ✧ FWB 9, 295f. ✧ MRB, Register 805 ✧ Papsonová SRB, 449f.: frnhd. *lassman*

dt. **Leben, das** /// tsch. **život** /// poln. **życie**

Mit welcherhande dinge der man vorfeſt wirt wirt er inder vorueſtunge begriffen is geth em an ſien *leben* /// kteruz Koliwiek wieczy ten czlowiek bude zatwrzen · bude li w tom zatwrzeni zaforfeſſtowan · poyde gemu na geho *zywot* [Art. 5 § 3, 20r-v /// C5, 100r-v]

KOMMENTAR

Für dt. *Leben* steht im tschechischen Text *život* (Übersetzung 1:1).

LITERATUR

DRW 8, 804–811 ✧ DWB 12, 409 ✧ WMU 2, 1100 ✧ Kaufmann/Neumeister Glossar, 672–675 ✧ FWB 9, 508–523 ✧ MRB, Register 805 ✧ Papsonová SRB, 450f. ✧ Roučka/Růžička Heslář, 707: *život* ✧ MSS, 689: *život*

dt. **Lehen, das**; **Lehensgut, das**; lat. **feudum** /// tsch. **léno** {Lehnwort aus dt. *Lehen*}; **lenní statek**; auch **manský statek**; **manství** /// poln. **lenno** {Lehnwort aus dt. *Lehen*}; vgl. auch die Entsprechungen: slowak. *léno; lénny majetok*; ukrain. *len(o)*; russ. *len(a)*

dt. **Lehen, rechtes** /// tsch. **léno** {Lehnwort aus dt. *Lehen*}, **pravé**

Der ſchultis ſal belehent ſien vnde das ſal ſien *recht lehn* weſen er ſal den ban haben des lantherren /// A ſulteys ma obmanien byti Aby toho *prawe leno* geho bylo tak ma mieti kladbu od krale · neb od toho pana · to geſt pod kterymiz ſaudy {für dt. *Landesherr* (den Bann haben von) steht im tsch. Text: *od krale · neb od toho pana · to geſt pod kterymiz ſaudy* ‘vom König oder von dem Herrn der die Gerichtsgewalt hat’} [Art. 46 § 5, 146v /// C58, 159v]

KOMMENTAR

Für dt. *rechtes Lehen* steht im tschechischen Text *pravé léno* (Übersetzung/Entlehnung 1:1).

dt. **sein Lehen verlieren**; **sein Lehen** *nicht* **verlieren** /// tsch. **ztratiti podacie své** (staročes.); **neztratit svého poddanie/léna**

289 FREYDANK, STEINBRÜCK, Die Ortsnamen des Bernburger Landes, 1966, S. 37.

I. dt. ***sein Lehen verlieren*** /// tsch. ***ztratiti podacie své*** (staročes.):

der *hat vorloren* ſien ere [1] vnde *ſien lehn* [2] vnde ſien recht [3] vnde ſyne friheit [4] unde ſynen lip [5] /// ten *geſt ztratil poddaczie* [2] *ſwe* · czeſt [1] ſwu · y prawo [3] ſwe · ſwobodu [4] ſwu · y zywot [5] ſwoy [Art. 5 § 2, 20r /// C5, 100r]

II. dt. ***sein Lehen* nicht *verlieren*** /// tsch. **ne*ztratit svého poddanie* / *léna***:

blibit er ***dorynne*** {gemeint ist der *Bann*} iar vnde tag vnde mehr er *vorluſt* do mete *nicht* weder ſien ere noch *sin lehn* noch ſien recht /// A oſtane on w te kladbie rok a den Nebo wiecz on proto *neztrati nicz* ſwe czti · aniz *poddanie ſweho · totiz lena* {auch *leno* 'Lehen'} aniz ztrati prawa ſweho [Art. 5 § 1, 20r /// C5, 100r]

Kommentar

Für dt. *sein Lehen verlieren* steht *ztratiti podacie své* (staročes.) (I.), für dt. *sein Lehen* ***nicht*** *verlieren* steht im tschechischen Text ***ne****ztratit svého poddanie/léna* (II.), (Übersetzung/Entlehnung 1:1).

Im Satz zu I. sind *Ehre* [1] und *Lehen* [2] im tschechischen Text im Vergleich zum deutschen vertauscht, vgl. die Ziffern in eckigen Klammern.

dt. **belehnt sein** /// tsch. **obmaněn býti** (staročes.)

Der ſchultis *ſal belehent ſien* vnde das ſal ſien recht lehn weſen er ſal den ban haben des lantherren /// A ſulteys *ma obmanien byti* Aby toho prawe leno geho bylo tak ma mieti kladbu od krale · neb od toho pana · to geſt pod kterymiz ſaudy {für dt. *Landesherr* (den Bann haben von) steht im tsch. Text: *od krale · neb od toho pana · to geſt pod kterymiz ſaudy* 'vom König oder von dem Herrn, der die Gerichtsgewalt hat'} [Art. 46 § 5, 146v /// C58, 159v]

Kommentar

Für dt. *belehnt sein* steht im tschechischen Text *obmaněn býti* (staročes.) (Übersetzung 1:1).

Literatur

LexMa 5, 1807–1825 ✧ DRW 8, 880–895 ✧ DWB 12, 537–539 ✧ WMU 2, 1109–1111 ✧ Kaufmann/Neumeister Glossar, 657–661 ✧ FWB 9, 645–658 ✧ Boková/Spáčilová Glossar, 275: *Lehen* ✧ MRB, Register 805: *Lehen* ✧ Papsonová SRB, 455f.: *Lehen* ✧ Roučka/Růžička Heslář, 276: *léno* ✧ Gebauer 2, 227: *léno* (Erstbeleg: 1332), *léno, léhno* (Erstbeleg: 1465) ✧ Staročeský slovník 2, 77: *obmaniti* ✧ Newerkla 2004, 196

dt. **Leib, der**; **Leben, das** /// tsch. **život** 'Leib; Leben'

der hat vorloren ſien ere [1] vnde ſien lehn [2] vnde ſien recht [3] vnde ſyne friheit [4] vnde *ſynen lip* [5] /// ten geſt ztratil poddaczie [2] ſwe · czeſt [1] ſwu · y prawo [3] ſwe · ſwobodu [4] ſwu · y *zywot* [5] *ſwoy* [als Entsprechung für *Leib* im dt. Text steht im tsch. Text *život*] [Art. 5 § 2, 20r /// C5, 100r]

KOMMENTAR

Leib und *Leben* sind auch im Tschechischen Synonyme, vgl. für dt. *Leib* im tschechischen Text *život* 'Leib, Leben' (Übersetzung 1:1).
Ehre [1] und *Lehen* [2] sind im tschechischen Text im Vergleich zum deutschen vertauscht, vgl. die Ziffern in eckigen Klammern. Bei den übrigen Teilen der Aufzählung wurde die Reihenfolge des deutschen Textes in die tschechische Übersetzung übernommen, vgl. *Recht* [3], *Freiheit* [4] und *Leib* [5]. Zur Synonymie von dt. *Leib* und *Leben* s. u. *Leib, Leben*.

LITERATUR

DRW 8, 1038–1052: *Leib*; 8, 804–811: *Leben* ✧ DWB 12, 580–582: *Leib*; 12, 409: *Leben* ✧ WMU 2, 1141 f.: *Leib*; 2, 1100: *Leben* ✧ Kaufmann/Neumeister Glossar, 675, 680: *Leib*; 672–675: *Leben* ✧ FWB 9, 690–718: *Leib*; 508–523: *Leben* ✧ Boková/Spáčilová Glossar, 276 ✧ MRB, Register: 805: *Leben*; 805: *Leib* ✧ Papsonová SRB: 450 f.: *Leben*; 457–462: *Leib* ✧ Roučka/Růžička Heslář, 707: *život* ✧ MSS, 689: *život*

dt. **Leibgedinge, das**; **Leibzucht, die** /// tsch. **životní dání**; **životnie dánie** (staročes.); **věno**; **životní lejpcucht** (staročes.); **životní ctnost** (staročes.) /// poln. **renta dożywotnia**; s. a. unten **Morgengabe**
[= (dingliches) Nutzungsrecht an einem nutzbaren Gegenstand (z. B. Hof, Haus, Lehen) auf Lebenszeit; diente der Versorgung des überlebenden Ehegatten, in der Regel der Frau]

I. dt. ***Leibgedinge*** /// tsch. ***životní dání***; ***životnie dánie*** (staročes.); ***věno***:

1. KEyn wip mag in wichbilde morgingabe noch *lipgedinge* an ***eynes*** mannes erbe zcu eigen bchalden Stirbit ſy is gheit weder an des mannes erben /// ZAdna zena nemoz v wykpildie wiena · aniz *zywotnieho danie* · na ***gednoho*** {Interferenz: der deutsche unbestimmte Artikel wird mit dem tschechischen Zahlwort ***jeden*** 'ein(s)' wiedergegeben} muze k wlaſtnie*mu* obdrzeti Vmrze li ona to gde zaſe na toho muze diedicze [Art. 56 § 1, 157v /// C68, 164v]
2. Iſt daȝ der frouwen *lipgedinge* /// Geſtli ta zena *wieno* [Art. 24 § 2, 95v /// C24, 140v]

II. dt. ***Leibzucht*** /// tsch. ***životní lejpcucht*** (staročes.) {Lehnwort aus dt. *Leibzucht*}; ***životní ctnost*** (staročes.):

daȝ mus ſien eyne *lipcȝucht* ader eyn eigen mit erben gelobde ader varnde habe /// tot · muſſy byti *zywotni* leypczucht · *z⟨ywotni⟩* · ***cztnoſt*** {erklärender Zusatz im tsch. Text: ***životní ctnost***} · neb wlaſtnie ſ diediczow powolenym Anebo mowite zbozie [Art. 22 § 2, 78v /// C22, 129r]

KOMMENTAR

Für dt. *Leibgedinge* steht im tschechischen Text *životnie dánie* (staročes.) (1.); auch *věno* (2.) (I.) (Übersetzung 1:2).

Für dt. *Leibzucht* steht im tschechischen Text das deutsche Lehnwort *lejpcucht* (staročes.) in Verbindung mit dem tschechischen Attribut *životní* 'Leib-, Lebens-', vgl. auch *životní ctnost* (II.) (Entlehnung/Umschreibung).
Im deutschen Text steht *lipzucht* [*ī*], im tschechischen *leypczucht* [*ei*], d. h. bei der Entlehnung von dt. *lipzucht* erfolgte Diphthongierung *ī* > *ei*.

LITERATUR

²HRG 3, 800–803 ✧ LexMa 5, 1848 ✧ DRW 8, 1076–1081 ✧ DWB 12, 600 ✧ WMU 2, 1142 f. ✧ Kaufmann/Neumeister Glossar, 676: *Leibgedinge*; 676 f.: *Leibzucht* ✧ FWB 9, 732–737 ✧ Boková/Spáčilová Glossar: 277: *Leibgedinge*; 278 *Leibzucht* ✧ Papsonová SRB, 462 f.: *Leibzucht* ✧ Gebauer 1, 206: *dánie*

tsch. **léno**; **statek lenní** s. dt. **Lehen, das**; **Lehensgut, das**

tsch. ***léno***, **pravé** s. dt. **Lehen, rechtes**

tsch. **k svým** *létům* **právním přijít** s. dt. **zu seinen/ihren Jahren kommen**

tsch. **list**; **zápis** s. dt. **Brief, der**

tsch. **listy** s. dt. **Briefe, die**

M

dt. **Mage, der** /// tsch. **bližší rodiče** (staročes.); **bližší po meči přietel** (staročes.) 'nächster Verwandter dem Schwert nach, d. h. in männlicher Linie' /// poln. **krewny**; **przyrodzony** 'Verwandter'
[= nächster männlicher Verwandter]

1. ſelb ſobinde *ſiner nehiſten magin* /// sam sedm *swych blyzssich rodiczow* {'seiner nächsten Verwandten'} [Art. 4 § 1, 15ᵛ /// C4, 98ᵛ]
2. STirbit ***eyne*** frauwe ane erben Do ſy keyne erben gewonnen by irem manne / ſy erbit ir teil *uff iren nehiſten magen* / is ſy wip ader man der ir ebenbortig iſt / daȝ ſelbe tut der man der ma*n* mit ſinem teile /// Vmrze li ***gedna*** {Interferenz: der deutsche unbestimmte Artikel wird mit dem tschechischen Zahlwort ***jedna*** 'eine', fem. wiedergegeben} zen***a*** · bez diediczow · geſſtoz zadne*ho* diedicze nedobude · przy ſwem muzy Ta zena diedij ſwoy diel *na ſwe blizſſie przately* {'an ihre nächsten Verwandten'} · Bud zena nebo muz · ktoz gie przirozen ge*ſ*t · To tez vczyni muz s ſwym dielem [Art. 57 § 1, 161ʳ⁻ᵛ /// C71, 167ʳ]

KOMMENTAR

Für dt. *Mage* steht im tschechischen Text *bližší rodiče* (staročes.) (1.) und *bližší po meči přietel* (staročes.) 'der nächste Verwandte dem Schwert nach, d. h. in männlicher Linie' (Übersetzung/Umschreibung).
Eine genaue Entsprechung zeigt der bereits untersuchte deutsch-polnische Vergleich der „Magdeburger Urteile", wo für dt. *seine Magen* in der polnischen

Übersetzung *seine Verwandten* steht, einmal auch: *des Vaters oder der Mutter Verwandte*, vgl. auch ISMIO Bd. 2, S. 205 f.

LITERATUR

HRG 5, 886f. ✧ ✧ DRW 8, 1574–1576 ✧ DWB 12, 1435f. ✧ WMU 2, 1164 ✧ Kaufmann/Neumeister Glossar, 698f. ✧ FWB 9, 1587–1590 ✧ Boková/Spáčilová Glossar, 288: frnhd. *mage* – tsch. Umschreibung, kein deutsches Lehnwort ✧ Papsonová SRB, 470f. ✧ Roučka/Růžička Heslář, 451: *příbuzný*; 391: *pokrevenec* ✧ Gebauer Reczek/Twardzik III, 229f. ✧ Słownik staropolski 7, 335–339

dt. **Mann, der**; **Männer, die**; **Ehemann, der**; **Ehemänner, die** /// tsch. **člověk** 'Mann' allgemein; **muž** 'Ehemann', **muži** {Pl.} /// poln. **mężczyzna, mężczyźni** {Pl.}; **mąż, mężowie** {Pl.}

I. dt. ***Mann, der*** /// tsch. ***člověk*** 'Mann':

Welch *man* aber inwichbilde recht geſeſſen hot /// KTery *czlowiek* v wykpildie ſiedIel geſt [Art. 4 § 1, 15^{r} /// C4, 98^{v}]

Man mag wol eynen *man* beſchelden an ſiner gebort daʒ er zcu fruhe geboren ſy ader ʒcuſpate /// Take mohu gednoho *czlowieka* dobrze pohanieti beſchelden na ge*h*o rodu kteryz by ſe drziewe czaſſu ſweho Neb pozdie vrodil yakoz nedochodcze [Art. 4 § 6, 16^{r} /// C4, 99^{r}]

Sal *eyn man* ſin eig*e*n vorgeben in wichbilde {dt. in wichbilde fehlt im tsch. Text} nach rechte /// MA ly ***geden*** {auch 'Einer', tsch. Mann fehlt hier} ſwe zbozie · odewzdati · ______ {dt. in wichbilde fehlt im tsch. Text} wedle prawa [Art. 20 § 1, 73^{v} /// C20, 125^{v}]

Wo *der man* ſyne buſʒe an gewynnet · / do hat der richter ſyne gewette an /// A kdez *czlowiek* ſwu pokutu obdrzy · tu ma take Rychtarz wynu ſwu [Art. 16 § 3, 59^{r} /// C16, 117^{v}]

Icʒlich *man* mag wol ſienwort ſelber ſprechin yn wichbilde *re*chte / der vnbeſprochin iſt an ſynem *re*chte /// kkazdy *czlowiek* moz ſam ſwe ſlowo dobrze powiedieti · neb rzeczy v wykpildowem prawie · kteryz czlowiek nenarczeny geſt · na ſwem prawie [Art. 16 § 4, 59^{r} /// C16, 117^{v}]

Welch *man* abir ____ eygen ader varnde habe vorkouft in wichbilde /// Ale ktery *czlowiek* ***gedno*** {Interferenz: der deutsche unbestimmte Artikel fehlt, im tsch. Text steht das tsch. Zahlwort ***jedno*** 'ein', neutr.} wlaſtnie Nebo mowity ſtatek proda v wykpildie [Art. 30 § 2, 115^{v} /// C42, 150^{r}]

ʒo iſt ***der*** *man* den ma*n* an ſpricht mit ſyne ſune luten /// Tehda ***ten*** {Interferenz: der deutsche bestimmte Artikel wird als Demonstrativpronomen übernommen} *czlowiek* kterehoz narziekagi · ge*ſ*t blizij *ſwymi ſmluwnymi lidmi* [Art. 50 § 2, 153^{v} /// C62, 163^{r}]

WO ***eyne*** ſone geſchit vor gerichte ader eyne oruede / die gecʒeugit ***eyn*** *man* mit dem richtere vnde mit den ſchepphen /// KDyz ſe ***gedna*** {Interferenz: der deutsche unbestimmte Artikel wird mit dem tschechischen Zahlwort ***jedna*** 'eine', fem. wiedergegeben} ſmluw***a*** ſtane · neb vmluwa przed prawem · tu vſwiedczi ***geden*** {Interferenz: der deutsche unbestimmte Artikel wird mit dem tschechischen Zahlwort ***jeden*** 'ein(s)' wiedergegeben} *czlowiek* Rychtarzem a kmety [Art. 51 § 1, 154r /// C63, 163r]

ISt daȝ *eyn man* betefart ader kouffart varn wil uſſen des landes / wyl den ymant hyndern v*m*me ſchult der mag is nicht thun /// GEſtli ze by ***geden*** {Interferenz: der deutsche unbestimmte Artikel wird mit dem tschechischen Zahlwort ***jeden*** 'ein(s)' wiedergegeben} *czlowiek* Na paut neb po kupeczſtwi geti chtiel · wen z zemie Chtiel li by toho kto *hyndrowati* {Entlehnung aus dt. *hindern*} · aneb ſtawiti pro dluh [Art. 65, fol. 168v /// C79, 171v]

II. dt. ***Mann, der*** /// tsch. ***muž*** 'Ehemann':

do mag ***dy*** vrauwe mit irem teile daȝ ſy entphangen hat thun waȝ ſy wil ane rechte wider ſprache Das ſelbie m*a*g ouch *der man* thun mit ſynem teile d*a*s entphangen hat /// tu moz ***ta*** {Interferenz: der deutsche bestimmte Artikel wird als Demonstrativpronomen übernommen} pan***i*** ſwym dielem · kteryz ona przigiala g*e*ſt vcziniti czo chcze · bez otporu prawa Tez to moz *muz* vcziniti · s ſwym dielem czoz przigial g*e*ſt [Art. 55, fol. 156v /// C67, 164v]

KEyn wip mag in wichbilde morgingabe noch lipgedinge an ***eynes*** *mannes* erbe zcu eigen behalden Stirbit ſy is gheit weder an *des mannes* erben /// ZAdna zena nemoz v wykpildie wiena · aniz zywotnieho danie · na ***gednoho*** {Interferenz: der deutsche unbestimmte Artikel wird mit dem tschechischen Zahlwort ***jeden*** 'ein(s)' wiedergegeben} *muze* k wlaſtnie*mu* obdrzeti Vmrze li ona to gde zaſe na *toho muze* diedicze [Art. 56 § 1, 157v /// C68, 164v]

hat ir *der man* kein gut gegeben die beſicȝit in dem gute vnde ire kinde*re* ſollen ir ire notdorft geben dy wile ſy *ane ma*n blibt {derweil sie ohne Mann ***bleibt***; 3.P.Präs.Sg.} /// Pakli gie *muz* ktere diediczſtwie dal · neb zbozie w tom ona oſedij · a dieti magi gie potrzebu dati · dokawadz ona *bez muze* byti chcze {derweil sie ohne Mann ***bleiben will***; 3.P.Präs.Sg. mit Modalverb *wollen*} [Art. 56 § 2, 157v /// C68, 164v]

hot ***der*** *man* ſchoff die nymt ſy zcu der gerade /// Ma li ***ten*** {Interferenz: der deutsche bestimmte Artikel wird als Demonstrativpronomen übernommen} *muz* owcze Ty ona wezme ku grodu [Art. 56 § 3, 157v /// C68, 164v]

hot ***der*** *man* vnde daȝ wip kindere waȝ der ȝovȝgeradt ſien /// Ma ly ***ten*** {Interferenz: der deutsche bestimmte Artikel wird als Demonstrativpronomen übernommen} *muz* a zena dieti czoz tiech dietij tak wyſazeni ſu [Art. 56 § 5, 157v /// C68, 164v–165r]

III. dt. ***Mann, der*** /// tsch. ***člověk*** 'Mann' ***nebo muž*** 'Ehemann': {Hier war der Übersetzer unsicher}

Welch *man* /// KTerziz […] *czlowiek* · *nebo muz* {hier stehen für *Mann* im dt. Text zwei Entsprechungen im tsch. Text: *člověk* 'Mann' allgemein *nebo muž* 'Ehemann'} [Art. 5 § 1, 20r /// C5, 100r]

IV. ***Paarformeln***:

IV.a) dt. ***Männer oder Weiber*** /// tsch. ***ženy nebo muži*** 'Ehefrauen oder Ehemänner' und ***muži nebo ženy*** 'Ehemänner oder Ehefrauen':

1. WAs man *mannen ader wibern* {im dt. Text *Männern oder Weibern*, im tsch. Text *Ehefrauen oder Ehemänner*} gibt in wichbilde daȝ ſollen ſy beſicȝen dry tage /// CZo *zenam neb muzom* {im dt. Text *Männern oder Weibern*, im tsch. Text *Ehefrauen oder Ehemänner*, d. h. Umkehrung der Reihenfolge der beiden Glieder der Paarformel bei der Übersetzung} dawagi v wykpildie · ***to geſt w mieſtczkem prawie*** {erklärender Zusatz im tsch. Text: 'das ist im Stadtrecht'} · toho magi w drzeni byti · trzi dni [Art. 30 § 1, 115v /// C42, 150r]

UOn gaben die *man ader wiben* gibit Ingehegetem dinge vor dem richtere vnde vor den ſchepphen /// TO danie kterez ſe *muzom neb zenam* dawa · w zahagenem ſaudu · przed Rychtarzem a przed kmety [Art. 55, fol. 156v /// C67, 164v]

IV.b) dt. ***mit Männern und Weibern*** /// tsch. ***s muži a s ženami*** 'mit Ehemännern und Ehefrauen':

wolde man der vrouwen ire morgingabe brechen an varnder habe die ir gegeben iſt vorgerichte / ſy behelt ſy *mit mannen vnde mit wibern* die do keinwertig waren ſelbſobende /// Chtiel li by te panie gegie wieno zlamati · na mowitem ſtatku · kterez gie dano przed Hagenym ſaudem To ona obdrzy *s muzmi a ſ zenami* · kterzy ſu przi tom byli ſama ſedma {fem.} [Art. 56 § 4, 157v /// C68, 164v–165r]

IV.c) dt. ***weder Weib noch Mann*** /// tsch. ***žádný muž ani žena*** 'weder Ehemann noch Ehefrau':

2. *KEyn wip noch kein man* mag yn ſichbette ſines gutes vorgeben mag /// *ZAdny muz aniz zena* {im dt. Text *weder Frau noch Mann* im tsch. Text *weder Ehemann noch Ehefrau*, d. h. Umkehrung der Reihenfolge der beiden Glieder der Paarformel bei der Übersetzung} *w nemoczne poſteli* · ſweho zbozie oddati nemoze [Art. 64, fol. 166v /// C78, 169v]

V. dt. ***Mann, unbescholtener*** /// tsch. ***člověk, nenařčený*** [= ***člověk***, *který není pohaněn · neb nařčen* 'unbescholtener Mann']:

vnde welde ma*n* ***eyne*n** *vnbeſchulden man* an ſine*m* rechte dorane beſtetigen /// A ze by chtieli ***gednoho*** {Interferenz: der deutsche unbestimmte Artikel wird mit dem tschechischen Zahlwort ***jeden*** 'ein(s)' wiedergegeben} *nenarczeneho czlowieka* · k ge*ho* prawu z toho obzalowati [Art. 70, fol. 171r /// C84, 173r]

Eyn icȝlich *vnbeſchulden man* an ſinem rechte yn wichbilde /// KAzdy *czlowiek ktery nenie pohanien* · *neb narczen* na ſwem prawu v wykpildie [Art. 75 § 1, 173v /// C89, 174r]

Kommentar

Für dt. *Mann* steht im tschechischen Text *člověk* 'Mann' (I.) und *muž* 'Ehemann' (II.) (Übersetzung 1:2), d. h. der Übersetzer differenziert nach der tatsächlichen

Bedeutung. In einem Beispiel (III.) stehen für ein Wort (dt. *Mann*) zwei Entsprechungen im tschechischen Text: *člověk* 'Mann' allgemein *nebo muž* 'Ehemann': Hier war der Übersetzer unsicher. In den Paarformeln (IV.) erfolgt bei der Übersetzung z. T. eine Umkehrung der Reihenfolge der beider Glieder der jeweiligen Paarformel (1., 2.). Vgl. auch dt. *Mann, unbescholtener* /// tsch. *člověk, nenařčený* (V.).

LITERATUR

DRW 9, 116–126 ✧ DWB 12, 1553f. ✧ WMU 2, 1173–1175 ✧ Kaufmann/Neumeister Glossar, 704–715 ✧ FWB 9, 1700–1721 ✧ Boková/Spáčilová Glossar, 289 ✧ MRB, Register 807 ✧ Papsonová SRB, 472–478 ✧ Roučka/Růžička Heslář, 81: *člověk*; 316: *muž* ✧ Gebauer 2, 420f.: *muž*; 1, 183f.: *člověk*

tsch. **manželské *dietě*** s. dt. **eheliches Kind, das**

dt. **Markgraf, der** /// tsch. **markrabí**; **markrabě**; **markrabie** (staročes.) {Lehnwort aus dt. *Markgraf*}; s. a. oben **Burggraf** /// poln. **margrabia** {Lehnwort aus dt. *Markgraf*}

wen *der marcgraue* dinget by ſines ſelbſt hulden /// Nebo *Markrabie* ſaudy pod ſwu ſameho moczi [Art. 10 § 2, 41r /// C10, 108r]

den marcgrauen von Brandenburg /// *Markrabie* · Bramburſky [Art. 13 § 1, 51v /// C13, 114r]

KOMMENTAR

Für dt. *Markgraf* steht im tschechischen Text das deutsche Lehnwort *markrabie* (staročes.) (Entlehnung).

LITERATUR

2HRG 3, 1302–1304 ✧ LexMa 6, 300–304 ✧ DRW 9, 220–223 ✧ DWB 12, 639 ✧ WMU 2, 1190f. ✧ Kaufmann/Neumeister Glossar, 720 ✧ FWB 9, 1864f. ✧ Boková/Spáčilová Glossar, 292 ✧ MRB, Register 807 ✧ Roučka/Růžička Heslář, 295: *markrabě* ✧ Gebauer 2, 316: *markrabie* (Erstbeleg: 1. Hälfte 14. Jahrhundert) ✧ Newerkla 2004, 201: atsch. *markrabie, markraví, margrabie, markrabí, margrabí, markhrabie, markrabě, margrabě, margkrabie*

tsch. **markrabí**; **markrabě**; **markrabie** s. dt. **Markgraf, der**

tsch. **maršálek** s. dt. **Marschall, der**

dt. **Marschall, der** (< mhd. **marschalc**) /// tsch. **maršálek** (staročes.) {Lehnwort aus mhd. *marschalc*} /// poln. **marszałek** {Lehnwort aus mhd. *marschalc*}

Dorcȝu nam er {der König} vir angeborne dinſtmanne des gotis huȝes cȝu meideburg *den marſchalk* den trugſes den ſchenken / vnd*e* den kemerer /// k tomu przigial geſt kral gednoho przirozeneho ſluzebnika · toho bozieho domu · w Meydburcze To geſt geden byl *marſſalek* · druhy krmienoſſie · trzety ſſenk · cztwrty komornik [Art. 13 § 1, 51r /// C13, 114r]

KOMMENTAR

Für dt. *Marschall* steht im tschechischen Text das deutsche Lehnwort *maršálek* (staročes.) (Entlehnung).

LITERATUR

²HRG 3, 1334–1336 ✧ LexMa 6, 324f. ✧ DRW 9, 305–308 ✧ DWB 12, 1673f. ✧ WMU 2, 1198f. ✧ Kaufmann/Neumeister Glossar, 721 ✧ FWB 9, 1895–1897 ✧ Boková/Spáčilová Glossar, 292: frnhd. *marschalek* – tsch. *maršál, maršálek* ✧ MRB, Register 808 ✧ Roučka/Růžička Heslář, 296: *maršálek* ✧ Gebauer 2, 317: *maršálek* ✧ Newerkla 2004, 201: atsch. *maršalk, maršálek* (Erstbelege: 14. Jahrhundert)

tsch. **meč** s. dt. **Schwert, das**

tsch. ***meč*, duchovní**; ***meč*, světský** s. dt. **Schwert, geistliches**; **Schwert, weltliches**

tsch. **měšťan** s. dt. **Bürger, der**

tsch. **město**; **městečko** s. dt. **Stadt, die**

tsch. **městské *právo*** s. dt. **Bürgerrecht, das**

tsch. **městský *list*** s. dt. **der Stadt Brief**

tsch. **moc**; **násilí**; **síla**; **gvalt**; **kvalt** s. dt. **Gewalt, die**

tsch. ***moc* hrabina**; ***moc* hraběcí** s. dt. **Grafenbann, der**

tsch. **králova/královská *moc***; **klatba králova/královská** s. dt. **Königsbann, der**

dt. **Morgengabe, die** /// tsch. **věno**; **jitřní dar**; **obvěnění** /// poln. **wiano** (staropol.); **podarek poranny**
[= Geschenk des Mannes an die Frau am Morgen nach der Hochzeitsnacht]

1. man ſpricht daʒ ma*n* frouwen yn wichbilde phleg*et* zcugeben *morgingabe* /// Prawiet byt paniem {'Frau' allgemein} v wykpildu obyczey miely dawati *wieno* [Art. 22 § 2, 78ᵛ /// C22, 129ʳ]

hirum*me* cʒweiet ſich daʒ lantrecht vnde wichbilde recht / wenn*e* *zcu der morgingabe* gehoren cʒewne vnde cʒimmer vn*de* feltgenge vye /// Protot ſe tuto dwogy zemſke prawo · a wykpildowe · ***to geſt mieſtczke prawo*** {erklärender Zusatz im tsch. Text: 'das ist Stadtrecht'} ***Nebo po zemſkem prawu*** {erklärender Zusatz im tsch. Text: 'aber nach Landrecht'} · *k wienu* prziſſluſſegi ploty · a ſtawenie a polni dobytek · ***rozomiey czo przed paſtuchu chody*** {erklärender Zusatz im tsch. Text: 'das heißt die vor dem Hirten gehen'} [Art. 22 § 3, 78ᵛ /// C22, 129ʳ] hat ſy {die Frau} aber burgen ***douor*** {dafür: gemeint ist die *Morgengabe*} 30 bedarff ſy die erben nicht manen von rechte /// Pakli ta zena {'Ehefrau'} ma Rukoymie · za ſwe *wieno* · tehda nema diediczow z niczehoz vpomynati [Art. 24 § 3, 96r /// C24, 140v]

KEyn wip mag in wichbilde *morgingabe* noch lipgedinge an eynes mannes erbe zcu eigen behalden Stirbit ſy is gheit weder an des mannes erben /// ZAdna zena {'Ehefrau'} nemoz v wykpildie *wiena* · aniz zywotnieho danie · na gednoho {Interferenz: der deutsche unbestimmte Artikel wird mit dem tschechischen Zahlwort ***jeden*** 'ein(s)' wiedergegeben} muze {'Ehemann'} k wlaſtnie*mu* obdrzeti Vmrze li ona to gde zaſe na toho muze {'Ehemann'} diedicze [Art. 56 § 1, 157v /// C68, 164v]

2. SO eyn man ſynem elichen wibe *eyn gelt zcu morgingabe* gelab*et* /// KDez muz {'Ehemann'} ſwe zenie {'Ehefrau'} *penieze wienne* ſliby [Art. 91 [92], 184r-v /// C101, 179v]

KOMMENTAR

Für dt. *Morgengabe* steht im tschechischen Text *věno* (Übersetzung 1:1), vgl. auch dt. *eyn gelt zcu morgingabe* /// tsch. *penieze wienne* (2.), s. a. unten dt. *Morgengabe brechen* /// tsch. *věno zlámati*.

Für dt. *Mann* steht tsch. *muž* {'Ehemann'}, für dt. *Frau* überwiegend *žena* {'Ehefrau'}. In Satz 1. steht für dt. *Frau* tsch. *pani* 'Frau' allgemein.

Im untersuchten polnischen Text der „Magdeburger Urteile" steht für dt. *Morgengabe* generell poln. *wiano*, vgl. außerdem Wendungen wie dt. *als Morgengabe geben* /// poln. *dać wiano*. In der polnischen rechtshistorischen Literatur begegnet mitunter auch poln. *podarek poranny*, die wörtliche Übersetzung von dt. *Morgengabe*, vgl. auch ISMIO Bd. 2, S. 209 f.; und *(be)morgengaben*: ISMIO Bd. 2, S. 210 f.

dt. **Morgengabe brechen** /// tsch. **věno zlámati** (staročes.)
[= Morgengabe streitig machen (im Sinne eines Rechts-/Vertragsbruchs)]

wolde man der vrouwen *ire morgingabe brechen* an varnder habe die ir gegeben iſt vorgerichte / ſy behelt ſy mit mannen vnde mit wibern die do keinwertig waren ſelbſobende /// Chtiel li by te panie *gegie wieno zlamati* · na mowitem ſtatku · kterez gie dano przed Hagenym ſaudem To ona obdrzy s muzmi a ſ zenami · kterzy ſu przi tom byli ſama ſedma {fem.} [Art. 56 § 4, 157v /// C68, 164v–165r]

KOMMENTAR

Für dt. *Morgengabe brechen* steht im tschechischen Text *věno zlamati* (staročes.) (Übersetzung 1:1), s. a. oben dt. *Morgengabe* /// tsch. *věno*.

LITERATUR

[2]HRG 3, 1628–1634 ✧ LexMa 6, 837 f. ✧ DRW 9, 892–900 ✧ DWB 12, 2567 f. ✧ WMU 2, 1249 f. ✧ Kaufmann/Neumeister Glossar, 755 f. ✧ Boková/Spáčilová Glossar, 304: frnhd. *morgengab* – tsch. *jitřní dar, věno* ✧ MRB, Register 809 ✧ Extrakt, 104: tsch. *věno* ✧ Prasek 1912, 138: tsch. *věno* po zemském právu ✧ Papsonová SRB, 488 f. ✧ PAPSONOVÁ, *iclich weyb erbet czweier wegene*, in: BOKOVÁ (Hrsg.), Zur Erforschung des Frühneuhochdeutschen in Böhmen, Mähren und der Slowakei, 2004, S. 197, 199 f. ✧ Roučka/Růžička Heslář, 616: *věno* ✧ Gebauer 1, 206 f.: *dar* ✧ Reczek/Twardzik III, 308 ✧ Aleksic Ortyle, 130 ✧ Słownik staropolski 10, 101–103 ✧ Linde 6, 268 ✧ Karłowicz 6, 99

dt. **Musteil, der** /// tsch. **mustejl** (staročes.) {Lehnwort aus dt. *Musteil*}; **potraviny; povinný díl (vdovy)**; auch **dvorová špíže** (staročes.) ‘Hofspeise’; s. a. oben **Hofspeise** /// poln. **część należna/konieczna**

[= die Hälfte der vorhandenen Speisevorräte, die der Witwe des Erblassers zustehen]

dy nehiſt geſpinne nympt kein *muſteil* /// Ale ta naybliżſſie przietelkynie · po wrzetenu newezme zadneho *muſteyle* [Art. 23 § 4, 87ʳ /// C23, 134ʳ]

daȝ gehoret alles zcu des mannes {Genitiv} erbe erbe vn*de* nicht cȝu der frouwen {Genitiv} Sunder *die muſteil* {Pl.} die nympt dy frauwe halb vnde des mannes erbe halb /// To wſſie priſſluſſie k muzowu {Poss.Adjektiv} diediczſtwi ale ne k zenynu {Poss.Adjektiv} · kromie *Muſſteyle* ***to mieni tu ſſpizy kuchynnu Iako hrach iahly · krupy · ſlanyny · ſayr maſſo*** **etc.** {erklärender Zusatz im tsch. Text: ‘das heißt Küchenspeisen wie Erbsen, Hirse, Graupen, Speck, Käse, Fleisch etc.’} Toho wezme zena polowiczi A muzowu diediczi polowiczi [Art. 57 § 2, 161ᵛ /// C71, 167ʳ]

1. Mastſwyn gehoren *zcu der muſteil* /// kkrmne ſwynie ſluſſegi *k dworowe ſſpizy* {für dt. *Musteil* steht im Tschechischen *dvorová špíže* ‘Hofspeise’} [Art. 26 § 2, 97ᵛ /// C26, 141ʳ]

KOMMENTAR

Für dt. *Musteil* steht im tschechischen Text das deutsche Lehnwort *mustejl* (staročes.) (Entlehnung). In einem Beispiel steht für dt. *Musteil* im tschechischen Text *dvorová špíže* ‘Hofspeise’ (1.).

LITERATUR

[2]HRG 3, 1719–1721 ✧ DRW 9, 1063–1065 ✧ Kaufmann/Neumeister Glossar, 762 ✧ Boková/Spáčilová 308: frnhd. *mußtheil* – tsch. *potraviny* ✧ MRB, Register 810 ✧ Papsonová SRB, 490 ✧ ESSČ: *mustel*

tsch. **mustejl; potraviny; povinný díl (vdovy); dvorová špíže** s. dt. **Musteil, der**

N

tsch. **najbližší přietelkyně po vřetenu**; **tetka**; **příbuzná po přeslici / z matčiny strany** s. dt. **Niftel, die**

tsch. **narčenie**; **přiekaza**; **otpor** s. dt. **Widerrede, die**; **Widerspruch, der**

tsch. **nemocná postel** s. dt. **Siechbett, das**; **Krankenbett, das**

tsch. ***ne*vina**; ***ne*vinnost** s. dt. ***Un*schuld, die**

dt. **Niftel, die** /// tsch. **najbližší přietelkyně po vřetenu** (staročes.) 'die nächste Verwandte der Spindel nach, d. h. in weiblicher Linie'; **tetka** (staročes.) 'Tante' {Verwendung eines anderen Terminus}; **příbuzná po přeslici / z matčiny strany**; s. a. oben **Gespinne** /// poln. **krewna po kądzieli** 'Verwandte der Spindel nach, d. h. in weiblicher Linie'
[= Nichte oder weibliche Verwandte (meistens mütterlicherseits); auch Spindelmage; auch Tante]

1. der frouwen {Genitiv} *nehiſte nyftil* nympt ire gerade /// A zenyna {Poss.Adjektiv} *nayblizſſie przietelkynie po wrzetenu* {die nächste Verwandte der Spindel nach} · wezme gegij grod [Art. 57 § 3, 161v /// C71, 167r]
2. Stirbt eynem manne ſien wip ire nehiſte *nyftile* nympt die gerade /// Vmrze li gednomu muzy zena geho Gegie naybliznſſie *Tetka* {für dt. *Niftel* steht im Tschechischen *tetka* 'Tante'} wezme ten grod [Art. 23 § 4, 87r /// C23, 134r]

KOMMENTAR

Für dt. *Niftel* steht im tschechischen Text *najbližší přietelkyně po vřetenu* 'die nächste Verwandte der Spindel nach' (1.) (Umschreibung) und *tetka* 'Tante' (2.) (Verwendung eines anderen Terminus).

LITERATUR

2HRG 3, 1934 f.: nicht: *Niftel*, aber: *Niftelgerade* ✧ DRW 9, 1525–1527 ✧ DWB 13, 845 ✧ WMU 2, 1312 f. ✧ Boková / Spáčilová 317: frnhd. *niftel* ✧ MRB, Register 811: frnhd. *nyftel* ✧ Papsonová SRB, 502 f. ✧ MSS, 395: *přietelkyně*

dt. **Not, die** /// tsch. **nouze** /// poln. **potrzeba**; **konieczność**
[= Zwangslage]

wenn*e* er mus ſelber kegenwertig ſien is beneme denn*e* echte nodt ***dy*** *not* ſal er zcu hant bewiſen /// Neb tu Rychtarz ſam byti muſſy · lecz by gemu nuze nuzna przietkazila A ***tu*** {Interferenz: der deutsche bestimmte Artikel wird als Demonstrativpronomen übernommen} *nuzy* muſſyl by on hned okazaty [Art. 17 § 2, 65v /// C17, 121r]

wirt der ma*n* geuangen inder vriſſchen *tat* vnde mit gerufte vorgerichte bracht / vnd*e* hat des gecȝug an ſinen ſchreymannen ſelbſobende / vnde mag er ***die*** *not* bewiſen alȝ recht iſt is gheit em an den lip {Leib} /// Bude li ten muz popaden w horkem vczinku A bude ſ krzykem przed prawo prziweden A bude ty ſwiedomie mieti · ktoz ſu ten krzik ſliſſieli · ſam ſedm A ze moze ***takowu*** {Interferenz: der deutsche bestimmte Artikel wird als Demonstrativpronomen übernommen} *nuzy* okazati · iakoz p*ra*wo geſt Tehda gde tomu na geho hrdlo [Art. 38 § 1, 129v /// C46, 152r]

dt. **Not, echte** /// tsch. **nouze**; **núze, nuzná / skutečná / zprávná** (staročes.) /// poln. **słuszna przyczyna**; **powód**
[= rechtmäßige Gründe für das Nicht-Erscheinen vor Gericht]

I. dt. ***echte Not*** /// tsch. ***skutečná núze*** (staročes.):

Wirt *is* {Bezug zum vorhergehenden Satz: gemeint ist *Urteil*} vnder koningis bann*e* geſchulden ʒo ſal man ***daʒ*** orteil ynbre*n*gen zcu dem nehiſten dinge des burcgreuen / is beneme em denn*e* *echte not* /// Bude li ortel pod kralowu moczi ſſtrafowan · tehdy ***ten*** {Interferenz: der deutsche bestimmte Artikel wird als Demonstrativpronomen übernommen} ortel magi wneſty ku prwniemu ſaudu purkabynu · lecz by gey zaſſla *ſkuteczna nuze* [Art. 11 § 3, 46r-v /// C11, 110r-v]

II. dt. ***echte Not*** /// tsch. ***núze nuzná*** (staročes.) ‘nötige Not’ {mit verstärkender Bedeutung}:

wenn*e* er mus ſelber kegenwertig ſien is beneme denn*e* *echte nodt* ***dy*** not ſal er zcu hant {zu Hand = sofort, vgl. auch die tsch. Übersetzung: hned ‘sofort’} bewiſen /// Neb tu Rychtarz ſam byti muſſy · lecz by gemu *nuze nuzna* prziekazila A ***tu*** {Interferenz: der deutsche bestimmte Artikel wird als Demonstrativpronomen übernommen} nuzy muſſyl by on hned okazaty [Art. 17 § 2, 65v /// C17, 121r]

III. dt. ***echte Not*** /// tsch. ***núze zprávná*** (staročes.):

vnde komit d*er*ſchultis ***zcu dem*** dinge nicht / er wettit dem burcgreuen cʒen phunt Is beneme denn*e* · em *echte nodt* die er bewiſen ſal alʒo recht iſt /// A neprziſſel li by Sſulteys ***k tomu*** {Interferenz: der deutsche bestimmte Artikel wird als Demonstrativpronomen übernommen} ſaudu On wetuge purkabi deſſet hrziwen · lecz by gey zaſſla *nuze zprawna* · kteruz on pokazati ma iakoz prawo geſt [Art. 44 § 1, 145r /// C57, 159r]

KOMMENTAR

Für dt. *echte Not* steht im tschechischen Text *skutečná núze* (I.), *núze nuzná* (II.) sowie *núze zprávná* (III.) (Übersetzung 1:1).

LITERATUR

2HRG 1, 1177–1179: *Echte Not* ✧ A. B. SCHMIDT, Echte Not, 1888 ✧ DRW 9, 1549 ✧ DWB 13, 905–921 ✧ WMU 2, 1328 f. ✧ Kaufmann / Neumeister Glossar, 794 f. ✧ Boková / Spáčilová Glossar, 317 ✧ MRB, Register 811 ✧ Papsonová SRB, 503–505 ✧ Roučka / Růžička Heslář, 331: *nouze* ✧ Staročeský slovník 1, 1007–1010: *núzě*

tsch. **nouze**; **nutnost** s. dt. **Not, die**

tsch. **nouze**; *núze*, **nuzná / skutečná / zprávná** s. dt. **Not, echte**

O

tsch. **obmaněn býti** s. dt. **belehnt sein**

tsch. **odložiti** s. dt. **büßen**

tsch. **odpovídat**; **odpoviedati** s. dt. **antworten**

tsch. **ortel, ortele** {Pl.}; **rozsudek, rozsudky** {Pl.}; **nález, nálezy** {Pl.} s. dt. **Urteil, das**; **Urteile, die**

tsch. *ortel* **dát** s. dt. **Urteil geben**

tsch. *ortel* **dávati** s. dt. **Urteil bescheiden**

tsch. *ortel* / **rozsudek najít / nacházet / naléz(a)t** s. dt. **Urteil finden**

tsch. *ortel*, **pravý** s. dt. **Urteil, rechtes**

tsch. *ortel* **štráfovat**; **odvolat se proti rozsudku** s. dt. **Urteil schelten**; **Urteil strafen**

tsch. *ortel*, **štráfovaný** s. dt. **Urteil, gescholtenes**

tsch. *ortel* **táhnúti** s. dt. **Urteil ziehen**

tsch. *ortel* **vnésti** s. dt. **Urteil einbringen**

tsch. **osvědčit**, **osvědčovat**; **usvědčiti**, **osvědčovati** s. dt. **bezeugen**

P

dt. **Papst, der** /// tsch. **papež** {Lehnwort aus ahd. *bābes*} /// poln. **papież** {Lehnwort aus ahd. *bābes*}

Der bobiſt hot daȝ geiſtliche {gemeint ist *Schwert*} der keiſer daȝ werltliche {gemeint ist *Schwert*} /// ze *Papez* ma duchowni mecz · A czieſſarz ſwietſky [Art. 7 § 1, 23r /// C7, 101v]

alȝo Cȝu der ſelbien wiſe alȝo dy richt*ere* daȝ werltliche ſwert haben von de*m* koninge alȝo haben dy priſtere daȝ geiſtliche ſwert *von dem babiſte* /// k tomu Napodobnie Iakoz Rytierzſtwo mecz ſwietſky rozomiey mocz ſwietſku magy · od krale Tez magy kniezie mecz duchowni to geſt mocz duchowni · *od papeze* nerzadne treſtati [Art. 8 § 5, 31v /// C8, 105r]

KOMMENTAR

Für dt. *Papst* steht im tschechischen Text das deutsche Lehnwort *papež* (Entlehnung).

LITERATUR

[2]HRG 26. Lfg., 337–354 ✧ LexMa 6, 1667–1685 ✧ DRW 9, 498–500 ✧ DWB 13, 1448f. ✧ WMU 1, 134f. ✧ Kaufmann/Neumeister Glossar, 824f. ✧ FWB 2, 1596–1601 ✧ Boková/Spáčilová Glossar, 45 ✧ MRB, Register 787 ✧ Staročeský slovník 3, 63: *papež* ✧ Newerkla 2004, 138: *papež* (Erstbeleg: Mitte 13. Jahrhundert)

tsch. **pacholek, pacholci** {Pl.} s. dt. **Knecht, der**

tsch. **papež** s. dt. **Papst, der**

tsch. **pečeť** s. dt. **Siegel, das**; **Petschaft, das**

tsch. **peníze** s. dt. **Pfennige, die**

tsch. **peníze**; **dluh** s. dt. **Geld, das**

dt. **Pfalz, der** /// tsch. **falc** (staročes.) {Lehnwort aus dt. *Pfalz*}

1. So czhin ſie mit den ſelbien vir mannen die ſie zcu ſchartaw nemen ader geholt haben vff den hoff des koningis otten / der *macht en* ***den*** *phalcz* vff dem ende des thumes / wenn*e* ſy mochten nicht alles tid glichz v*m*me eyn geſtrafte orteil vor daz riche geczihen /// Tehda tahnu oni ſe ſ ticmi cztirzmi czlowieky · kterez ſu w Sſartawie wzali Nebo pogiali na dwor toho czerwne*ho* Otti *Czieſarze* Tcn *geſt vdielal* ***ten*** {Interferenz: der deutsche bestimmte Artikel wird als Demonstrativpronomen übernommen} *ffalcz* ***to geſt ſiedlo Neb lawicze*** {erklärender Zusatz zu *Pfalz* im tsch. Text: ‘das ist der Sitz oder die Gerichtsbank’} na konczi bozieho domu ***Niemeczky on ende des thumes*** {erklärender Zusatz im tsch. Text: ‘deutsch: am Ende des Domes’} Neb ſu nemohli ſie oni wzdiczky · a vſtawicznie o kazdy ſſtrafowany ortel przed Rzyſſy tahnuti a odwolati [Art. 12 § 2, 50v /// C12, 113v]
2. waz *orteil* man czu meideburg *nicht vinden kunden* vnde ouch geſtraft wurde / daz ſolde man vor dem phalcze holen /// kterehoz by *ortele* w Meydburcze *naleznuty nevmiely* a ſſtrafowan byl Ten by miely przed tiem falczem ***to geſt przed tiemi ſebranymi na tom ſyedlu · na tiech lawiczech braty*** {erklärender Zusatz zu *Pfalz* im tsch. Text: ‘das heißt vor die an diesem Sitz/auf diesen Bänken Versammelte holen’} [Art. 13 § 1, 51v /// C13, 114r]
3. wie den von meideborg *der phalcz* gegemacht wart /// Kterak tiem z Meydburka *falcz* ***to*** {Interferenz: der deutsche bestimmte Artikel wird als Demonstrativpronomen übernommen} ***ſiedlo*** {erklärender Zusatz im tsch. Text: ‘Sitz’} vdielan geſt [Art. 13 Summarium, fol. 51r /// C13, 114r]

4. wy en der koning ***den*** *phalcȝ* machte /// kterak gim kral ***ten*** {Interferenz: der deutsche bestimmte Artikel wird als Demonstrativpronomen übernommen} *falcz* ***to geſt to ſiedlo*** {erklärender Zusatz im tsch. Text: 'das ist der Sitz'} vdielal · nebo vczinil [Art. 13 § 1, 51r /// C13, 114r]

wy ***der*** *phalcȝ* ſal zcu ſampne komen /// kterak ***ten*** {Interferenz: der deutsche bestimmte Artikel wird als Demonstrativpronomen übernommen} *ffalcz* w hromadu sgiti ſe ma [Art. 14 § 1, 53v /// C14, 115r]

die herren ſollen alle *zcu dem phalcȝe* ghen /// ***ty*** {Interferenz: der deutsche bestimmte Artikel wird als Demonstrativpronomen übernommen} pany Neb magi wſſiczkni *k tomu przigiti falczy* [Art. 15 § 1, 57r /// C15, 116v]

KOMMENTAR

Für dt. *Pfalz* steht im tschechischen Text das deutsche Lehnwort *falc* (staročes.) (Entlehnung). In den meisten Textstellen steht im tschechischen Text ein erklärender Zusatz zu atsch. *falc*, vgl. die Sätze: 1., 2., 3. und 4.

LITERATUR

HRG 3, 1659–1667 ✧ LexMa 6, 1993–2011 ✧ DRW 10, 662–664 ✧ DWB 13, 1601 f. ✧ WMU 2, 1374 ✧ Kaufmann/Neumeister Glossar, 825 ✧ FWB 4, 24–26 ✧ MRB, Register 814

dt. **Pfalzgraf, der** /// tsch. **falckrabie/falckrov/falcgrof** (staročes.) {Lehnwort aus dt. *Pfalzgraf*} /// poln. **palatyn**

Den phalcȝgreuen vom ryne /// *ffalczkrow* s Ryna [Art. 13 § 1, 51v /// C13, 114r]

1. Cȝum dritten male ſende er ſie ***dem*** *pfalzgreuen* von dem ryne /// A trzetie ma ge poſſlati ***Tomu*** {Interferenz: der deutsche bestimmte Artikel wird als Demonstrativpronomen übernommen} *falczgrabi* z Ryna [Art. 14 § 2, 53v–54r /// C14, 115r-v]
2. Nv horet vnde vornemet wer ſal ab er ober wunden wirt / alȝ hievor geſait iſt / Daȝ ſal thun ***der*** *phalcȝgreue* von dem ryne / vnde ***dem*** koninge vnde ***dem*** lande cȝu eynem richtere gegeben iſt von wilkore alȝ ir wol vornemen werdet /// POſluchayte a rozomieyte · kterak magi nad kralem poprawity · acz on przemozen bude · rozomiey acz by s dowedenym wina byla To ma vczinity ***ten*** {Interferenz: der deutsche bestimmte Artikel wird als Demonstrativpronomen übernommen} *ffalczgroff* s Ryna kteryz ***tomu*** {Interferenz: der deutsche bestimmte Artikel wird als Demonstrativpronomen übernommen} krali a ***te*** {Interferenz: der deutsche bestimmte Artikel wird als Demonstrativpronomen übernommen} zemi ſaudczy dan geſt · od ſwolenie yakoz ſte · srozomiely [Art. 9 § 1, 36r /// C9, 106v]

KOMMENTAR

Für dt. *Pfalzgraf* steht im tschechischen Text das deutsche Lehnwort *falckrabie* (staročes.) (Entlehnung). Die Sätze 1. und 2. enthalten Beispiele für die Übernahme des deutschen bestimmten Artikels als Demonstrativpronomen ins Tschechische.

LITERATUR

HRG 3, 1667–1670 ✧ LexMa 6, 2011–2013 ✧ DRW 10, 664–666 ✧ DWB 13, 1602 f. ✧ WMU 2, 1374 f. ✧ Kaufmann/Neumeister Glossar, 825 ✧ FWB 4, 26–28 ✧ MRB, Register 814 ✧ Gebauer 1, 378: atsch. *falckrabie* ✧ Newerkla 2004, 262 f.: atsch. *falz-kraf/-graf, falc-krabie/-krabě/krabí* (Erstbeleg: *falckraf* 1445) ESSČ: *falckraf*

dt. **Pfennig, der**; **Pfennige, die** {Pl.} /// tsch. **peníz** {Sg.}; **peníze** 'Geld' {Pl.; aus ahd. *phenning* 'Silbermünze, Pfenning', bereits ins Urslawische (urslaw. **pěnędzь*) entlehntes Wort} /// poln. **pieniędzy** 'Geld' {Pl.; aus ahd. *phenning* 'Silbermünze, Pfennig', bereits ins Urslawische (urslaw. **pěnędzь*) entlehntes Wort}

wer zcu dem burdinge ʒo man dy glocke lutet / nicht komet der wettet *vj· phennige* / w*ir*t em aber das burding gekundig*et* ʒo wettet er v ſchillinge /// kktoz by k tomu oſazowani {Sitzung} neprziſſel · ***rozomiey do rady*** {erklärender Zusatz im tsch. Text: 'das heißt zum Rat'} · kdyz w zwonecz zwonie · ten propadne {für dt. *wettet* steht im tsch. Text *propadne* 'verliert'} *ſſeſt peniez* Ale bude li gednomu na wiedomie dano · aby do rady prziſſel Neprzide li ten Ten prowinij piet ſſylink [Art. 42 § 2, 139^{v} /// C50, 156^{v}]

das ſteit an wilkor*e* welchʒ ſy nemen wollen Nemen ſy wol *dy phennige* / ʒo iſt doch ghenner rechtelos vnd*e* erloʒ /// To ſtogi na wuoli ***te*** {Interferenz: der deutsche bestimmte Artikel wird als Demonstrativpronomen übernommen} Rady ktere oni przigieti chtie ***To geſt pokutu ly czily poprawu*** {erklärender Zusatz im tsch. Text: 'das ist Strafe [Buße] oder Strafe'} Wezmu li oni *penieze* dobrze Tehda onen wzdy prawa prazny a bezecztny oſtane [Art. 43 § 2, 140^{r-v} /// C51, 156^{v}]

KOMMENTAR

Für dt. *Pfennige* {Pl.} steht im tschechischen Text *peníze* {Pl.}, ein aus ahd. *phenning* 'Silbermünze, Pfennig' bereits ins Urslawische (urslaw. **pěnędzь*) entlehntes Wort.

LITERATUR

HRG 3, 1729 f. ✧ LexMa 6, 2028 f. ✧ DRW 10, 827–841 ✧ DWB 13, 1665–1668 ✧ WMU 2, 1382 f. ✧ Kaufmann/Neumeister Glossar, 830 f. ✧ FWB 4, 114–124 ✧ Boková/Spáčilová Glossar, 333 ✧ MRB, Register 814 ✧ Papsonová SRB, 514 f. ✧ Staročeský slovník 3, 135–137: *peniez* ✧ Newerkla 2004, 138 f.: atsch. *peniez* (Erstbeleg: nach 1300)

tsch. **podrychtáře** s. dt. **Schultheiß, der**; **Schulze, der**; **Unterrichter, der** tsch. **pohaněť; potupit; pohaněti; beschelden** s. dt. **beschelden**

tsch. **pokoj** s. dt. **Friede, der**

tsch. **pokuta; vina** s. dt. **Buße, die**

tsch. **poručník; ručitel; opatrovník** s. dt. **Vormund, der**

tsch. **obecní posel; (soudní) posel** s. dt. **(Fron-)Bote, der; Büttel, der; Landsknecht, der**

tsch. **poslové** s. dt. **Boten, die**

tsch. **právo** s. dt. **Recht, das**

tsch. ***práva* hledati** s. dt. **Recht fordern**

tsch. ***právo* mít** s. dt. **Recht haben**

tsch. ***právo* rušiti/přestúpiti** s. dt. **Recht brechen**

tsch. ***právo* usaditi/stanovit** s. dt. **Recht setzen**

tsch. **(své) *právo* zmrhati a ztratiti** s. dt. **(sein) Recht verwirken**

tsch. **ztratit své *právo*; *ne*ztratit svého *práva*** s. dt. **sein Recht verlieren; sein Recht *nicht* verlieren**

tsch. **bližší rodiče; bližší po meči přietel** s. dt. **Mage, der**

tsch. **přietelkyně po vřetenu** s. dt. **Gespinne, die**

tsch. **přísaha** s. dt. **Eid, der**

tsch. **přisieci; přísahat; svou *přísahu* učinit** s. dt. **schwören**

tsch. **půhon; póhon** s. dt. **Ladung, die**

tsch. **purgmistr** s. dt. **Bürgermeister, der**

tsch. **purk[r]abie** s. dt. **Burggraf, der**

R

tsch. **radit se; uraditi se** s. dt. **sich beraten; zu Rate gehen**

tsch. **rána, rány** s. dt. **Wunde, die; Wunden, die**

tsch. ***rána* sedánie hodna; rány sedánie hodny** s. dt. **kampfbare/kampfwürdige Wunde(n)**

dt. **sich beraten**; **zu Rate gehen** /// tsch. **radit se**; **uraditi se** (staročes.) /// poln. (**po**)**radzić się**

Do ſy daȝ getaten do *wurden ſy zcurate* wy ſy die burge beſecȝten /// A kdyz ſe to ſta *Radiechu ſe* kterak by ty hrady a twrze oſadili [Art. 7 § 4, 23v /// C7, 102r]

Do *wurden ſy zcu rate* /// Potom *radiechu ſe* [Art. 7 § 5, 23v /// C7, 102r]

Do *worden ſy rate* wy ſy koren ſchepphen vnde ratmanne Die ſchepphen zcu lang*er* tid vnde die ratmanne zcu eynem iare die ſwuren do vn*de* ſwer*en* noch alle iar wenn*e* ſy nuwe kyſen /// Tehda *vradili ſu ſie* · kterak by oni wolili kmety a na Radu konſſely k delſſiemu czaſſu A konſſely do roka A tak ſu prziſahli a geſſtie przisahagi · na kazdy rok · kdyz nowe konſſely wole [Art. 42 § 1, 139v /// C50, 156r-v]

KOMMENTAR

Für dt. *sich beraten* bzw. *zu Rate gehen* steht im tschechischen Text *radit se* und *uraditi se* (staročes.) (Übersetzung 1:1).

LITERATUR

DRW 11, 1–17: *Rat*; 11, 33–38: *raten* ✧ DWB 14, 156–173: *Rat*; 14, 173–181: *raten* ✧ WMU 2, 1409 f. ✧ Kaufmann/Neumeister Glossar, 104 ✧ Boková/Spáčilová Glossar, 314: frnhd. *rat, raten* ✧ MRB, Register 819: frnhd. *rat* ✧ Papsonová SRB, 518 f.: frnhd. *rat, raten* ✧ Roučka/Růžička Heslář, 473: *raditi* ✧ ESSČ: *raditi sě* ✧ MSS, 542: *uraditi sě* ✧ Newerkla 2004, 154

dt. **Ratmann, der** /// tsch. **konšel**; **radní**; **člen rady** /// poln. **rajca**; **członek rady** [= das einzelne Mitglied eines Ratskollegiums]

dt. **Ratmannen, die** /// tsch. **konšelé** {Pl.}; **radní** {Pl.}; **rádci** {Pl.}; **rada** ‘der Rat’ {Sg.} /// poln. **radźce** (staropol.) {Pl.}; **rajcy**

I. dt. ***Ratmannen, die*** /// tsch. ***konšelé*** {Pl.}:

Die *ratmann*e {Pl.} kyſen ***eynen*** burgermeiſter vnder en ad*er* cȝwene /// ***Tij*** {Interferenz: der deutsche bestimmte Artikel wird als Demonstrativpronomen übernommen} pak *konſſele* {Pl.} wole ***gednoho*** {Interferenz: der deutsche unbestimmte Artikel wird mit dem tschechischen Zahlwort ***jeden*** ‘ein(s)’ wiedergegeben} purgmiſtra · mezi ſebu nebo dwa [Art. 42 § 2, 139v /// C50, 156v]

Die *ratmanne* {Pl.} hab*e*n gewalt zcurichten obir [...] /// ***Ty*** {Interferenz: der deutsche bestimmte Artikel wird als Demonstrativpronomen übernommen} *konſſele* {Pl.} magi mocz poprawiti nad wſſeliku [...] [Art. 42 § 3, 140r /// C50, 156v]

II. dt. ***Ratmannen, die*** {Pl.} /// tsch. ***rada*** ‘der Rat’ {Sg.}:

daȝ ſtet an ***der*** *ratmannen* {Pl.} kore / waȝ ſy nemen wollen /// A to ſtogi na ***te*** {Interferenz: der deutsche bestimmte Artikel wird als Demonstrativpronomen übernommen} *rady* {Sg.} wuoly · kteru pokutu oni wzieti chtie [Art. 19 § 3, 72r /// C19, 124v] das ſteit an *der ratmanne* {Pl.} wilkor*e* welchȝ ſy nemen wollen Nemen ſy wol dy phennige / ȝo iſt doch ghenner rechtelos vnd*e* erloȝ /// To ſtogi na wuoli ***te*** {Interferenz: der deutsche bestimmte Artikel wird als Demonstrativpronomen übernommen} *Rady* {Gen.Sg.: *des Rates*} ktere oni przigieti chtie ***To geſt pokutu ly czily poprawu*** {erklärender Zusatz im tsch. Text: 'das ist Strafe [Buße] oder Strafe'} Wezmu li oni penieze dobrze Tehda onen wzdy prawa prazny a bezecztny oſtane [Art. 43 § 2, 140^r-v^ /// C51, 156^v^]

die mogen keine ynunge mehr haben ane ***der*** *ratmanne* {Pl.} loube /// Takowi nemohu zadneho czechu mieti · bez odpuſſtienie ***te*** {Interferenz: der deutsche bestimmte Artikel wird als Demonstrativpronomen übernommen} *rady* {Sg.} [Art. 43 § 3, 140^v^ /// C51, 156^v^]

III. ***Paarformel***:

dt. ***Schöffen und Ratmannen*** /// tsch. ***kmeti*** {Pl.} ***a konšelé*** {Pl.}:

Do worden ſy rate wy ſy koren *ſchepphen vnde ratmanne* {Pl.} Die ſchepphen zcu lang*er* tid vnde die ratmanne zcu eynem iare die ſwuren do vnd*e* ſwer*en* noch alle iar wenn*e* ſy nuwe kyſen /// Tehda vradili ſu ſie · kterak by oni wolili *kmety* {Pl.} *a* na Radu *konſſely* {Pl.} k delſſiemu czaſſu A konſſely do roka A tak ſu przíſahli a geſſtie przíſahagi · na kazdy rok · kdyz nowe konſſely wole [Art. 42 § 1, 139^v^ /// C50, 156^r-v^]

Kommentar

Für dt. *Ratmannen* {Pl.} stehen im tschechischen Text als Entsprechungen *konšelé* {Pl.} (I.) und *rada* 'der Rat' {Sg.} (II.) (Übersetzung 1:2). In der Paarformel (III.) steht für dt. *Schöffen und Ratmannen* im tschechischen Text *kmeti* {Pl.} *a konšelé* {Pl.} (Übersetzung 1:1).

Im untersuchten polnischen Text der „Magdeburger Urteile" steht für dt. *Ratmann* poln. *radca/radźca* bzw. im Plural dt. *Ratmannen* /// poln. *radźce*. Nur vereinzelt begegnen im deutschen Text der untersuchten „Magdeburger Urteile" *geschworener Ratmann* oder *Rat*. Die Wiedergabe von dt. *Ratmann(en)* durch poln. *radca/radźca* {Sg.}, *radźce* {Pl.} gilt ebenfalls für Wendungen wie dt. *gegen die Ratmannen* /// poln. *przeciwko radźcam* und dt. *Ratmannen einsetzen* /// poln. *postawić radźce*, vgl. auch ISMIO Bd. 2, S. 216 f.

Literatur

DRW 11, 77–81 ✧ DWB 14, 202 ✧ WMU 2, 1411 f. ✧ Kaufmann/Neumeister Glossar, 850 ✧ Boková/Spáčilová Glossar, 347: frnhd. *ratman* – tsch. *konšel, radní, rádce* ✧ MRB, Register 819 ✧ Papsonová SRB, 519 ✧ Roučka/Růžička Heslář, 473: *radní*; 251: *konšel* ✧ Gebauer 2, 59: *kmet*; 2, 95: *konšel* ✧ Newerkla 2004, 154: atsch. *rada* in verschiedenen Bedeutungen; auch atsch. *rádcě* 'Ratgeber, Berater' (Erstbeleg: *rádcě* 'Ratgeber, Berater' Mitte 14. Jh.). ✧ Reczek/Twardzik III, 238 f. ✧ Aleksic Ortyle, 62 ✧ Słownik staropolski 6, 453–458: *postawić*; 7, 423–425

dt. **Recht, das** /// tsch. **právo** /// poln. **prawo**
[= Gesetz; Recht; Rechtssatzung]

I. dt. ***Recht, gesetztes*** /// tsch. ***usazené právo*** (staročes.):

vnde miſſetete eyn*er* obir ***daʒ geſacʒte recht*** / der wettet dorum*m*me hut vnde har · / ader eyne phundiſche marg / daʒ ſien driſʒig ſchillinge /// A przeczinil li by gich geden proti ***tomu*** {Interferenz: der deutsche bestimmte Artikel wird als Demonstrativpronomen übernommen} · *vſazenemu prawu* ***A czoz ten purgmiſtr vſtanowi · a przikaze*** {erklärender Zusatz im tsch. Text: 'welches dieser Bürgermeister einsetzt und befiehlt'} Ten takowy prowyni pokutu · ku kozii a k wlaſom Anebo trzi ſrbſke hrziwny · to geſt trzidczeti a ſſeſt ſſylinkow [Art. 19 § 1, 71^{v}–72^{r} /// C19, 124^{v}]

II. dt. ***an ihrem Recht*** /// tsch. ***na jich právu***:

WElchen man man vnelich cʒiet an gebort ader an ammechten / daʒ mus ghenner gecʒugen der en des cʒiet ſelb ſobinde volkomener lute *an irem rechte* {Dat.Sg.} /// KTereho by czlowieka narzekli · ze by manzelſky vrozen nebyl · Aneb ze by vrzadu hoden nebyl Ten ktoz narzieka muſſy to vſwiedcziti ſam ſedm doſpielych lidij · *na gich prawu* [Art. 32 § 1, 118^{r} /// C43, 151^{r}]

III. dt. ***sein Recht*** /// tsch. ***své právo***:

Spricht ma*n* abe*r* daʒ er *ſien recht* {Akk.Sg.} vorloren hat vor gerichte mit deube ader mit roube daʒ mus der richter gecʒeugen mit cʒwen ſchepphen vn*de* vir dingmannen {dt. vn*de* vir dingmannen fehlt im tsch. Text} ſelb ſobinde /// Pakli by rzekl · ze on *ſwe prawo* potratil · przed prawem zlodieyſtwem neb lupezem To on vſwiedcziti muſſy s rychtarze*m* · a ſ kmety ______ {dt. vn*de* vir dingmannen fehlt im tsch. Text} ſam ſedm [Art. 32 § 2, 118^{r} /// C43, 151^{r}]

III.a) dt. ***an seinem Recht*** /// tsch. ***na svém právě***:

in wichbilde der *an ſinem rechten* {Dat.Sg.} vnbeſchulden iſt /// v wykpildie geſt · kteryz *na ſwem prawie* {Sg.} nenie pohanien [Art. 4 § 4, 16^{r} /// C4, 99^{r}]

Icʒlich man mag wol ſienwort ſelber ſprechin yn wichbilde *rechte* / der vnbeſprochin iſt *an ſynem rechte* {Dat.Sg.} /// kkazdy czlowiek moz ſam ſwe ſlowo dobrze powiedieti · neb rzeczy v wykpildowem prawie · kteryz czlowiek nenarczeny geſt · *na ſwem prawie* {Sg.} [Art. 16 § 4, 59^{r} /// C16, 117^{v}]

IV. dt. ***zu seinem Recht*** /// tsch. ***k jeho právu***:

daʒ is em helfende were *zcu ſinem rechte* {Dat.Sg.} /// geſſto by gemu *k geho prawu* bylo pomoczno [Art. 20 § 1, 73^{v} /// C20, 125^{v}]

V. dt. ***durch Recht*** /// tsch. ***z práva***:

ʒo trete er vor die virbencke Vnde bitte den richter / daʒ er ſien gecʒeug ſy *durch recht* {Akk.Sg.} /// Tehda onen ktoz vweden geſt · ma zaſe przigity · przed cztyrzi lawy A proſyti Rychtarze aby on geho ſwiedek byl · *Z prawa* [Art. 20 § 3, 74^{r} /// C20, 125^{v}–126^{r}]

VI. dt. ***mit Recht*** /// tsch. (*s*) ***právem***:

ab er zcubanne getan wert *mit rechte* {Dat.Sg.} /// Aneb ze by geden *ſ prawem* w kladbu vweden byl · Nebo wypowiedienczem byl [Art. 4 § 5, 16ʳ /// C4, 99ʳ]

vnde beſacʒten die burge *mit* alʒo getanem *rechte* {Dat.Sg.} alʒ ir vornemen ſult /// I oſadychu ge takowym *prawem* Iakoz vſſliſſite [Art. 7 § 4, 23ᵛ /// C7, 102ʳ]

VII. dt. ***mit einem Recht*** /// tsch. ***jedním právem***:

wenn*e* is alles *mit eynem rechte* {Dat.Sg.} begrifen iſt /// Aneb oni wſſichni *gedniem prawem* oſazeni ſu [Art. 10 § 2, 41ʳ /// C10, 108ʳ]

wenn*e* meideborg / vnde keiſer otto vor langer cʒit daʒ hercʒugthum vʒgeleg*et* hat vnde alles *mit eynem rechte* {Dat.Sg.} begriffen iſt /// nezli Meydburk a Czieſarz Otta od dawnich czaſſuow wewodſtwie to vczinil A wyſadil geſt A wſſeczko *gedniem prawem* oſazeno geſt [Art. 12 § 1, 50ᵛ /// C12, 113ᵛ]

wenn*e* ma*n* phleg*et* wichbilde mit ſteinen zcu buwen vnde ſien alle *mit eynem rechte* {Dat.Sg.} begriffen die yn dem wichbilde geſeſſin ſien / vnd*e* darum*me* nympt daʒ wip nicht mer wenn*e* dy gerade etc /// Ale ze v wykpildie to geſt w Mieſtech obyczeg · magi kamene*m* ſtawieti a dielati A ſu wſſychni *gedniem prawem* oſazeni · kterziz v wikpildu oſazeni gſu Protoz neberze zena nicz wiecze nezli grod [Art. 22 § 3, 78ᵛ /// C22, 129ʳ]

VIII. dt. ***nach Recht*** /// tsch. ***podle práva***; ***vedlé práva*** (staročes.):

Sal *e*yn *ma*n ſin eig*e*n vorgeben <u>in wichbilde</u> {dt. <u>in wichbilde</u> fehlt im tsch. Text} *nach rechte* {Dat.Sg.} /// MA ly ***geden*** {auch ‘Einer’, tsch. *Mann* fehlt hier} ſwe zbozie · odewzdati · ______ {dt. <u>in wichbilde</u> fehlt im tsch. Text} *wedle prawa* [Art. 20 § 1, 73ᵛ /// C20, 125ᵛ]

IX. dt. ***von Rechtes halben*** /// tsch. ***z práva***:

wenn*e* em daʒ gefunden wirt / ſo bitte er mit orteil der ynwiſunge *von rechtes halben* {Gen.Sg.} /// A kdyz gemu to nalezeno bude Tehda on tiez s ortelem Vwedenie ***w to wlaſtnie*** {erklärender Zusatz im tsch. Text: ‘in das Eigentum’} · genz gemu odewzdano geſt · a to *z prawa* [Art. 20 § 1, 73ᵛ–74ʳ /// C20, 125ᵛ]

X. dt. ***zu allem Recht*** /// tsch. ***ke všemu právu***:

vnde die ſchepphen ſollen mit em ghen die do keinwertig warn daʒ ſy gecʒug ſien daʒ is em gegeben ſy *cʒu allem rechte* {Dat.Sg.} /// A kmete magi ſ nym giti · kterzyz ſu przi tom byly · aby oni toho ſwiedczy byly · ze gemu to dano geſt · *ke wſſiemu prawu* [Art. 20 § 1, 74ʳ /// C20, 125ᵛ]

XI. dt. ***also recht ist*** ‘so wie es rechtens ist, so wie es rechtmäßig ist’ /// tsch. ***jakož právo jest*** (staročes.):

an der ſelbien ſtat do der burcgraue ding*et* vnder koningis banne *alʒo recht iſt* / daʒ mus von beiden alʒo geſchen als hiuor geſprochen iſt /// Na tom mieſſtie kdez purkabie ſaudy pod kralewu klatbu · *iakoz prawo geſt* · to muſſy ſe ſtati od nich obogich yakoz gyz powiedieno geſt [Art. 10 § 4, 41ᵛ /// C10, 108ʳ]

weig*er*t er ſich des mit vnrechte iar vnd*e* tag / ſo iſt dem landes h*er*ren daʒ gerichte ledig vnd*e* dem koninge der ban vnde em geuolg*et* w*ir*t mit rechten orteiln *alȝo recht iſt* /// A zbraniewal ly by ſe on toho bezprawnie rok a den Tehda geſt te zemie panu rychtu ſwu prowinil A krali geho klatba ſwobodna geſt · acz gemu ***ſprawem a s orteli*** {dt. 'mit Recht und Urteil'} folkowano bude · *yakoz prawo geſt* [Art. 18 § 2, 69^r-v^ /// C18, 122^v^]

weig*er*t er ſich des mit vnrechte iar vnd*e* tag / ſo iſt dem landes h*er*ren daȝ gerichte ledig vnd*e* dem koninge der ban vnde em geuolg*et* w*ir*t mit rechten orteiln *alȝo recht iſt* /// A zbraniewal ly by ſe on toho bezprawnie rok a den Tehda geſt te zemie panu rychtu ſwu prowinil A krali geho klatba ſwobodna geſt · acz gemu ***ſprawem a s orteli*** {dt. 'mit Recht und Urteil'} folkowano bude · *yakoz prawo geſt* [Art. 18 § 2, 69^r-v^ /// C18, 122^v^]

dy gabe die dir gegeben iſt vorgerichte / do wyſe ich dich yn alȝ mir daȝ orteil geteilt hat / vnde ſecȝe des die ſchepphen zcu gecȝuge / vnde die ding lute daȝ ich dich hie yngewiſit habe *alȝo recht iſt* /// ***To*** {Interferenz: der deutsche bestimmte Artikel wird als Demonstrativpronomen übernommen} danie kterez tobie wzdano geſt · przed ſaudem · w tot ia tie vwodym yakz mi ***prawo a*** {Zusatz im tsch. Text: 'Recht und'} ortel nalezlo A toho ted kmety oſwiedczugi · ***a ty ktoz przi ſaudie ſtogie*** {Umschreibung für dt. *Dingleute*} · ze ſem vwedl *iakoz prawo geſt* [Art. 20 § 2, 74^r^ /// C20, 125^v^]

GEner der daȝ eigen gab ſal ſien gew*er*e ſien an dem gute iar vnde tag *alȝ recht iſt* /// ONen kteryzto wlaſtnie dal geſt · ma geho zprawczi byty na tom zbozii rok a den *Iakoz prawo geſt* [Art. 21 § 1, 77^v^ /// C21, 128^v^]

wirt der ma*n* geuangen inder vriſſchen *tat* vnde mit gerufte vorgerichte bracht / vnd*e* hat des gecȝug an ſinen ſchreymannen ſelbſobende / vnde mag er ***die*** not bewiſen *alȝ recht iſt* is gheit em an den lip {Leib} /// Budc li ten muz popaden w horkem vczinku A bude ſ krzykem przed prawo prziweden A bude ty ſwicdomie mieti · ktoz ſu ten krzik ſliſſieli · ſam ſedm A ze moze ***takowu*** {Interferenz: der deutsche bestimmte Artikel wird als Demonstrativpronomen übernommen} nuzy okazati · *iakoz prawo geſt* Tehda gde tomu na geho hrdlo {Gurgel} [Art. 38 § 1, 129^v^ /// C46, 152^r^]

vnde komit d*er*ſchultis ***zcu dem*** dinge nicht / er wettit dem burcgreuen cȝen phunt Is beneme denn*e* · em echte nodt die er bewiſen ſal *alȝo recht iſt* /// A neprziſſel li by Sſulteys ***k tomu*** {Interferenz: der deutsche bestimmte Artikel wird als Demonstrativpronomen übernommen} ſaudu On wetuge purkabi deſſet hrziwen · lecz by gey zaſſla nuze zprawna · kteruz on pokazati ma *iakoz prawo geſt* [Art. 44 § 1, 145^r^ /// C57, 159^r^]

dt. **Recht brechen** /// tsch. **právo rušiti** (staročes.) / **přestúpiti** (staročes.) /// poln. **prawo złamać / zerwać; popełnić**

wenn*e* gelobde vnde willekor*e* *bricht* allerhande *recht* /// Neb ſlibowe a ſwolenie wſſelike *prawo ruſſij* [Art. 24 § 3, 96^r^ /// C24, 140^v^]

Sy wetten hut vnde har ader mit vj vnde driſȝig ſchillinge zcu loſen / wenn*e* ir *burgerrecht* do mete *gebrochen* w*ir*t /// prowinie ony kuozy a wlaſſy Aneb ſe wyplatie ſſeſty a trzidczeti ſſylinky A kdyz tak *prawo mieſtczke* tiem *przeſtupeno geſt* [Art. 43 § 1, 140r /// C51, 156v]

dt. **Recht fordern** /// tsch. **práva** {Gen.Sg.} **hledati** (staročes.) /// poln. **prawa** {Gen.Sg.} **żądać**

Clag*et* er denn*e* yn wichbilde uff eyn erbe ader uff eyn eigen ader vm*m*e ander ***gut ader*** vm*m*e ***ſchult*** {im dt. Text: *Gut oder Schuld*} · ader vm*m*e vngerichte er ſy dewcʒſch ader wendiſch er mus do antwerten wo der man *recht vordert* /// Zalowal li by geden v wykpildie na gedno diediczſtwo · Aneb o wlaſtnie aneb o ***dluh*** · ***neb*** o gine ***zbozie*** {im tsch. Text: *dluh neb zbozie* 'Schuld oder Gut'} · neb o bezprawie · bud ten niemecz nebo Srb Ten muſſy tu odpowiedati · kdez czlowiek *prawa hleda* [Art. 28 § 2, 111v /// C40, 149r]

dt. **Recht haben** /// tsch. **právo mít** /// poln. **prawo mieć**

NV horit vnde vornemet von der gehaften ſpiſe die yn eynes ma*n*nes huʒe beſtirbit zcu wichbilde w*a*ʒ von rechtis wegin *recht* die frouwe ***dorcʒu*** *hot* /// Slyſſtez a ſrozomieytez · o domowe ſpizy · kterak to w gednoho ⟨muze⟩ domu odvmrze · w mieſtczkem prawie {für dt. *Weichbild* steht im Tschechischen *městske právo* 'Stadtrecht'} · czo ***k te ſpyzy*** {für das dt. Pronomen *dorcʒu* steht im Tschechischen die Wiederholung von *Speise*, ohne *Hof-*} zena geho *prawa ma* [Art. 24 § 1, 95v /// C24, 140v]

KOMMENTAR

Für dt. *Recht* steht im tschechischen Text *právo*, auch in präpositionalen Wendungen und Verbalkonstruktionen (Übersetzung 1:1), vgl. auch die nachfolgenden Stichwörter.
Im untersuchten polnischen Text der „Magdeburger Urteile" steht für dt. *Recht* poln. *prawo*, vgl. auch ISMIO Bd. 2, S. 218.

dt. **Recht setzen** /// tsch. **právo usaditi** (staročes.) / **stanovit** /// poln. **prawo (u)stanowić**

Do wurden ſy czu rate waʒ *recht* ſy deme lande *ſecʒten* von wilkore des landes /// Potom radiechu ſe kterake by *prawo* zemi *vſadyli* · od ſwolenie zemie [Art. 7 § 5, 23v–24r /// C7, 102r]
vnde *ſacʒten* dem lande ſolch *recht* /// y *vſadili* **gym** {gemeint ist *zemie* 'Land'} takowe *prawo* [Art. 7 § 5, 24r /// C7, 102r]
Sint dem mole icʒliche*m* lande ſien *recht geſacʒt iſt* /// Poniewadz kazde zemi gegie *prawo vſazeno geſt* [Art. 9 § 2, 36r /// C9, 107r]

KOMMENTAR

Für dt. *Recht setzen* steht im tschechischen Text *právo usaditi* (staročes.) (Übersetzung 1:1).

dt. **sein Recht verlieren**; **sein Recht** *nicht* **verlieren** /// tsch. **ztratit své právo**; ***ne*ztratit svého práva** /// poln. **(s)tracić swoje prawo**; **nie mieć (żadnego) prawa** 'kein Recht haben' (staropol.); **nie (s)tracić swoich praw**

I. dt. ***sein Recht verlieren*** /// tsch. ***ztratit své právo*** /// poln. (*s*)***tracić swoje prawo***; ***nie mieć (żadnego) prawa*** 'kein Recht haben' (staropol.):

der *hat vorloren* ſien ere [1] vnde ſien lehn [2] vnde *ſien recht* [3] vnde ſyne friheit [4] vnde ſynen lip [5] /// ten *geſt ztratil* poddaczie [2] ſwe · czeſt [1] ſwu · y *prawo* [3] *ſwe* · ſwobodu [4] ſwu · y zywot [5] ſwoy [Art. 5 § 2, 20r /// C5, 100r]

II. dt. ***sein Recht*** **nicht *verlieren*** /// tsch. **ne*ztratit svého práva*** /// poln. ***nie*** (*s*)***tracić swoich praw***:

blibit er ***dorynne*** {gemeint ist der *Bann*} iar vnde tag vnde mehr *er vorluſt* do mete *nicht* weder ſien ere noch sin lehn noch *ſien recht* /// A oſtane on w te kladbie rok a den Nebo wiecz on proto *neztrati nicz* ſwe czti · aniz poddanie ſweho · totiz lena aniz ztrati *prawa ſweho* [Art. 5 § 1, 20r /// C5, 100r]

KOMMENTAR

Für dt. *sein Recht verlieren* steht im tschechischen Text *ztratit své právo*, für dt. *sein Recht nicht verlieren* steht im tschechischen Text *neztratit svého práva* (Übersetzung 1:1).

Im Satz zu I. sind *Ehre* [1] und *Lehen* [2] im tschechischen Text im Vergleich zum deutschen vertauscht, vgl. die Ziffern in eckigen Klammern. Bei den übrigen Teilen der Aufzählung wurde die Reihenfolge des deutschen Textes in die tschechische Übersetzung übernommen, vgl. *Recht* [3], *Freiheit* [4] und *Leib* [5]. Zur Synonymie von dt. *Leib* und *Leben* s. u. *Leib, Leben*.

dt. (**sein**) **Recht verwirken** /// tsch. (**své**) **právo zmrhati a ztratiti** (staročes.)

er habe denne *ſien recht vorworcht* {sein Recht verwirkt} mit dube ader mit roube ader mit ʒotan dingen /// lecz by on *ſwe prawo zmrhal* · a ztratil zlodieyſtwem · neb kradezem Nebo takowymi wieczmi [Art. 4 § 5, 16r /// C4, 99r]

KOMMENTAR

Für dt. *sein Recht verwirken* steht im tschechischen Text *své právo zmrhati a ztratiti* (staročes.) (Übersetzung 1:1).

LITERATUR

HRG 4, 224–232 ✧ LexMa 7, 510–518 ✧ DRW 11, 261–302 ✧ DWB 14, 364–387 ✧ WMU 2, 1421–1425 ✧ Kaufmann/Neumeister Glossar, 851–877 ✧ Boková/Spáčilová Glossar, 349: frnhd. *recht* 'Recht, Gericht' – tsch. *právo, soud* ✧ MRB, Register 819 ✧ Papsonová SRB, 522–534 ✧ Roučka/Růžička Heslář, 419: *právo* ✧ Staročeský slovník 3, 1105–1122: *právo* ✧ Reczek/Twardzik III, 208–213 ✧ Aleksic Ortyle, 34 ✧ Zajda 2001, u. a. 129 ✧ KAESTNER, Die deutschen Lehnwörter im Polnischen, I. Teil: Einleitung und Lautlehre, 1939 ✧ LIZI-

SOWA, Podstawowe terminy prawne w statutach staropolskich na tle słowiańskim, 1995, S. 52–83 ✧ Słownik staropolski 7, 33–44 ✧ Linde 4, 462–464

dt. **recht*los*** /// tsch. ***bez*právný**; **práva prázden a bezectný** (staročes.) /// poln. ***bez*prawny**; **pozbawiony wszelkich praw**
[= gerichtsunfähig; ohne Rechtsanspruch]

I. dt. ***sich rechtlos gemacht haben*** /// tsch. ***učinit se bezprávným a bezectným***:
dt. ***sich rechtlos gemacht hat*** /// tsch. ***učinil se práva prázden a bezectným***:
do er *ſich rechteloȝ* mete *gemacht hot* /// geſſto by ſe geden *prawa prazden* · *a bezecztnym vczinil* [Art. 4 § 5, 16r /// C4, 99r]

KOMMENTAR

Für dt. *sich rechtlos gemacht hat* steht im tschechischen Text *učinil se práva prázden a bezectným* (Übersetzung 1:1).
Im untersuchten polnischen Text der „Magdeburger Urteile" steht für dt. *rechtlos* poln. *bezprawny*, auch in der Verbindung: dt. *ein rechtloser Mann* /// poln. *bezprawny człowiek*. Als weitere Entsprechungen für dt. *rechtlos* sind im genannten polnischen Text belegt: poln. *nie mieć żadnego prawa* 'keinerlei Recht haben', poln. *zostal bez prawa* 'ohne Recht ist', poln. *człowieka, co prawa nie ma* 'ein Mann, der kein Recht hat' sowie poln. *kto stracił swą cześć albo prawo* 'der seine Ehre oder sein Recht verloren hat', vgl. auch ISMIO Bd. 2, S. 221.

LITERATUR

HRG 4, 258–262: *Rechtlosigkeit* ✧ DRW 11, 387–391 ✧ DWB 14, 420 ✧ WMU 2, 1426 ✧ Kaufmann/Neumeister Glossar, 883 ✧ MRB, Register 819 ✧ Roučka/Růžička Heslář, 31: *bezprávný* ✧ Staročeský slovník 4, 3–8: *prázdný* ✧ Reczek/Twardzik III, 33 ✧ Słownik staropolski 1, 76f.

II. ***Paarformeln***:

II.a) dt. ***recht und redlich*** /// tsch. ***pravý a řádný***:
ſo iſt ***dy*** gabe *recht vnde redelich* /// Tehda ***to*** {Interferenz: der deutsche bestimmte Artikel wird als Demonstrativpronomen übernommen} danie geſt *prawe a rzadne* [Art. 21 § 1, 77v /// C21, 128v]

II.b) dt. ***recht und redlich*** /// tsch. ***řádně*** {Adverb} ***a pravě*** {Adverb}:
und*e* waȝ orteil man gebe *recht vnde redelich* daȝ ſolde zcu wichbilde recht ſien in dem lande cȝu ſachȝen /// A kteryz by ortel tu wydaly *rzadnie a prawie* · to mielo by byty wykpildowe prawo · w zemi Saſke [Art. 13 § 1, 51v /// C13, 114r]

II.c) dt. ***rechtlos und ehrlos*** /// tsch. ***práva prázden a bezectný*** {= *bezprávný a bezectný* 'rechtlos und ehrlos'}:
das ſteit an wilkor*e* welchȝ ſy nemen wollen Nemen ſy wol dy phennige / ȝo iſt doch ghenner *rechtelos vnd*e *erloȝ* /// To ſtogi na wuoli te {Interferenz: der deutsche bestimmte Artikel wird als Demonstrativpronomen übernommen} Rady ktere oni przigieti chtie ***To geſt pokutu ly czily poprawu*** {erklärender

Zusatz im tsch. Text: 'das ist Strafe [Buße] oder Strafe'} Wezmu li oni penieze dobrze Tehda onen wzdy *prawa prazny a bezecztny* oſtane [Art. 43 § 2, 140r-v /// C51, 156v]

KOMMENTAR

Für die dt. Paarformel *recht und redlich* steht im tschechischen Text *pravý a řádný* (II.a)) bzw. *řádně* {Adverb} *a pravě* {Adverb} (II.b)) (Übersetzung 1:2). Für die dt. Paarformel *rechtlos und ehrlos* steht im tschechischen Text *práva prázden a bezectný* (Übersetzung 1:1).

tsch. **řečník**; **přímluvce** s. dt. **Fürsprecher, der**

dt. **Reich, das** /// tsch. **říše** {Lehnwort aus dt. *Reich*} /// poln. **Rzesza** {Lehnwort aus dt. *Reich*}

I. dt. ***vor das Reich ziehen*** 'vor den König ziehen' /// tsch. ***před říši se táhnúti a odvolati*** (staročes.) 'vor das Reich ziehen und in Widerspruch gehen':
[ziehen = vor eine bestimmte Rechtsinstanz ziehen; sich wenden an (den König)]
So cʒhin ſie mit den ſelbien vir mannen die ſie zcu ſchartaw nemen ader geholt haben vff den hoff des koningis otten / der macht en den phalcʒ vff dem ende des thumes / wenn*e* ſy mochten nicht alles tid glichʒ v*m*me eyn geſtrafte orteil *vor daʒ riche gecʒihen* /// Tehda tahnu oni ſe ſ tiemi cztirzmi czlowieky · kterez ſu w Sſartawie wzali Nebo pogiali na dwor toho czerwne*ho* Otti *Czieſarze* Ten geſt vdielal ten {Interferenz: der deutsche bestimmte Artikel wird als Demonstrativpronomen übernommen} ffalcz ***to geſt ſiedlo Neb lawicze*** {erklärender Zusatz zu *Pfalz* im tsch. Text: 'das ist der Sitz oder die Gerichtsbank'} na konczi bozieho domu ***Niemeczky on ende des thumes*** {erklärender Zusatz im tsch. Text: 'deutsch: am Ende des Domes'} Neb ſu nemohli *ſie* oni wzdiczky · a vſtawicznie o kazdy ſſtrafowany ortel *przed Rzyſſy tahnuti a odwolati* [Art. 12 § 2, 50v /// C12, 113v]

KOMMENTAR

Für dt. *Reich* steht im tschechischen Text das deutsche Lehnwort *říše* (Entlehnung), vgl. auch dt. *vor das Reich ziehen* /// tsch. *před říši se táhnúti a odvolati* (staročes.) 'vor das Reich ziehen und in Widerspruch gehen'.

LITERATUR

HRG 4, 506–518 ✧ LexMa 7, 610f. ✧ DRW 11, 555–565 ✧ DWB 14, 573–580 ✧ WMU 2, 1433f. ✧ Kaufmann/Neumeister Glossar, 905–910 ✧ Boková/Spáčilová Glossar, 351 ✧ MRB, Register 819 ✧ Papsonová SRB, 542 ✧ MSS, 435: *říšě* ✧ Newerkla 2004, 140

dt. **richten** /// tsch. **soudit**; **súditi** (staročes.); **popravovati** (staročes.) /// poln. **sądzić**; **sędzić** (staropol.); **wyrokować**; **orzekać**
[= Recht sprechen; Gericht halten; richten; strafen; (ver)urteilen]

I. dt. ***richten*** /// tsch. ***súditi*** (staročes.):

Nv horet vnde vornemet alle Ab eyn richter nicht recht *richten* welde /// ROzomiety mame kdyz by nechtiel Rychtarz prawie *ſudity* [Art. 18 § 1, 68v /// C18, 122v]

vnde hat ***die*** gewalt daȝ er *richten* mag /// Takowy {gemeint ist der *Bürgermeister*} ma ***tu*** {Interferenz: der deutsche bestimmte Artikel wird als Demonstrativpronomen übernommen} mocz *ſudity* [Art. 19 § 1, 71v /// C19, 124v]

daȝ der w*er*ltliche richter durch recht *richten* ſal /// geſſto by to ſwietſky Rychtarz *ſuditi* miel [Art. 28 § 3, 111v /// C40, 149r]

Obirnachtit aber dy clage / ȝo *richtit* is der burcgraue vnde nyma*n*t anders /// Ale oſtane li ta prze bez zaloby przeſ nocz Tehda to *ſaudij* purkabie a giny nicz zadny [Art. 38 § 2, 129v /// C46, 152r]

der burcgraue vnde der ſchult*is* mogin wol *richten* alle tage v*m*me gelt /// Take purkabie a Sſulteys mohu dobrze *ſudity* · na kazdy den o penize [Art. 45 § 4, 145v /// C58, 159r]

II. dt. ***richten über*** /// tsch. ***popraviti nad kým*** (staročes.):

Nv horet vnde vornemet wer *obir den koning richten* ſal ab er ober wunden wirt / alȝ hievor geſait iſt / Daȝ ſal thun ***der*** phalcȝgreue von ***dem*** ryne / vnde dem koninge vnde ***dem*** lande cȝu eyne*m* richtere gegeben iſt von wilkor*e* alȝ ir wol vornemen werd*et* /// POſluchayte a rozomieyte · kterak magi *nad kralem poprawity* · acz on przemozen bude · rozomiey acz by s dowedenym wina byla To ma vczinity ***ten*** {Interferenz: der deutsche bestimmte Artikel wird als Demonstrativpronomen übernommen} ffalczgroff s Ryna, kteryz ***tomu*** {Interferenz: der deutsche bestimmte Artikel wird als Demonstrativpronomen übernommen} *krali* a ***te*** {Interferenz: der deutsche bestimmte Artikel wird als Demonstrativpronomen übernommen} zemi ſaudczy dan geſt · od ſwolenie yakoz ſte · srozomiely [Art. 9 § 1, 36r /// C9, 106v]

Die ratmanne haben gewalt *zcurichten obir* […] /// ***Ty*** {Interferenz: der deutsche bestimmte Artikel wird als Demonstrativpronomen übernommen} konſſele magi mocz *poprawiti nad* wſſeliku […] [Art. 42 § 3, 140r /// C50, 156v]

III. dt. ***richten*** /// tsch. ***súditi*** (staročes.) ***a popravovati*** (staročes.):

Daru*m*me ſollen richtere ſelber *richten* ader der rechte vronebote /// Protoz magy wſſichni Rychtarzi ſami *ſudity* · *a poprawowaty* · Nebo prawy obeczni poſſel [Art. 8 § 4, 31v /// C8, 105r]

Kommentar

Für dt. *richten* steht im tschechischen Text *súditi* (staročes.) (I.), *popraviti* (staročes.) (II.) sowie *súditi* (staročes.) *a popravovati* (staročes.) (III.) (Übersetzung 1:2).

Im untersuchten polnischen Text der „Magdeburger Urteile“ steht für dt. *richten* poln. *sędzić*, vgl. auch ISMIO Bd. 2, S. 222 f.

LITERATUR

DRW 11, 1000–1014 ✧ DWB 14, 867–888 ✧ WMU 2, 1426 ✧ Kaufmann/Neumeister Glossar, 890–894 ✧ Boková/Spáčilová Glossar, 356 ✧ Roučka/Růžička Heslář, 535: *souditi* ✧ Staročeský slovník 3, 681–683: *popraviti* ✧ Reczek/Twardzik III, 250: *sędzić, sądzić*; 185: *osądzić, osiędzić* ✧ Słownik staropolski 8, 158; Verweis auf: *sądzić* 8, 133–137 ✧ Lehnwörter 2008, 167: *rychtować* 'richten'

dt. **Richter, der** /// tsch. **rychtář** (staročes.) {Lehnwort aus dt. *Richter*}; **soudce**; **šoltys**; **sudí** /// poln. **rychtarz** (staropol.) {Lehnwort aus dt. *Richter*}; **sędzia**; vgl. auch slowak. *richtár* /// ukrain. *suddja*

I. dt. ***Richter, der*** /// tsch. ***rychtář***:

vnde *der richter* ſal ſy beide bekoſtigin /// A *Rychtarz* ma obogym ztrawu [Art. 11 § 2, 46r /// C11, 110r]

Wo der man ſyne buſȝe an gewynnet / do hat *der richter* ſyne gewette an /// A kdez czlowiek ſwu pokutu obdrzy · tu ma take *Rychtarz* wynu ſwu [Art. 16 § 3, 59r /// C16, 117v]

Doch ȝo gewy*n*nnet *der richter* ufte gewette do doch nyma*n*t keine buſȝe ane gewynnet /// Awſſak mnohokrat *Rychtarz* ſwu wynu obdrzii · geſſtoz tu zadny pokuty neobdrzy [Art. 16 § 3, 59r /// C16, 117v]

ȝo ſal en *der richter* ader der ſchultis ynwiſen / ader der von deme dy gabe gegeben iſt /// Tehda ma gey *Rychtarz* vweſty · nebo podRychtarzie {'Unterrichter'} Nebo ten przed kymz to {Interferenz: der deutsche bestimmte Artikel wird als Demonstrativpronomen übernommen} wzdano geſt [Art. 20 § 1, 74r /// C20, 125v]

ȝo neme *der richter* yhenen by der hant / vnde leite en vor die ſcheph*e*n yn das eigin /// Tehda wezme *Rychtarz* onoho za ruku · a wede gey przed kmety · do toho wlaſtnie*ho* [Art. 20 § 2, 74r /// C20, 125v]

Stirbit abir *der richter* waȝ ȝo in ſynen gecȝiten geſchen iſt das ſal ſien nachkomeling an dem ge]richte gecȝeug ſien /// A vmrzel li by ***ten*** {Interferenz: der deutsche bestimmte Artikel wird als Demonstrativpronomen übernommen} *rychtarz* · czo by ſe takowie za geho czaſſu przihodilo · toho geho potomny namieſtek ſwiedek byti ma [Art. 32 § 3, 118r /// C43, 151r]

Der richter mag nymande von ſiner clage wiſen ane des willen vff den die clage geth /// *Rychtarz* nema aniz moz zadneho od geho zaloby weſſti · bez wuole toho na kohoz zaloba gde [Art. 32 § 4, 118v /// C43, 151r]

Nv horet vnde vornemet alle Ab *eyn richter* nicht recht richten welde /// ROzomiety mame kdyz by nechtiel *Rychtarz* prawie ſudity [Art. 18 § 1, 68v /// C18, 122v]

I.a) dt. ***dem Richter*** /// tsch. ***rychtáři***:

vnde *dem richtere* ſo manich gewette /// A *Rychtarzi* tak czaſtu wynu [Art. 13 § 3, 52r /// C13, 114v]

I.b) dt. ***mit dem / einem Richter*** /// tsch. ***s rychtářem***:

tut er daʒ mit vnrechte vnde obircʒug*et* er en *mit richter*e vnde mit ſchepphen / er gewynnet em ſyne buſʒe an vnd*e* dem richtere ſien gewette /// vczini li to kto bezprawnie · a bude toho przeſwiedczen · *s Rychtarzem* nebo s · kmety · zyſſty na nie*m* geho pokutu A Rychtarzi geho wynu [Art. 16 § 2, 59r /// C16, 117v]

vnde dy bewiſunge ſal man beſtetigen zcu dem åchten dingen *mit dem richtere* vnde mit den ſchepphen /// A ***to*** {Interferenz: der deutsche bestimmte Artikel wird als Demonstrativpronomen übernommen} vwedenie magi ſtwrditi k obeczniemu ſaudu · *s Rychtarzem* a s kmety [Art. 21 § 1, 77v /// C21, 128v]

I.b1) Spricht ma*n* ab*er* daʒ er ſien recht vorloren hat vor gerichte mit deube ader mit roube daʒ mus *der richter* gecʒeugen mit cʒwen ſchepphen vn*de* vir dingmannen {dt. vn*de* vir dingmannen fehlt im tsch. Text} ſelb ſobinde /// Pakli by rzekl · ze on ſwe prawo potratil · przed prawem zlodieyſtwem neb lupezem To on vſwiedcziti muſſy *s rychtarze*m · a ſ kmety ______ {dt. vn*de* vir dingmannen fehlt im tsch. Text} ſam ſedm [Art. 32 § 2, 118r /// C43, 151r]

I.c) dt. ***den Richter*** {wen} /// tsch. ***rychtáře***:

ʒo trete er vor die virbencke Vnde bitte *den richter* / daʒ er ſien gecʒeug ſy durch recht /// Tehda onen ktoz vweden geſt · ma zaſe przigity · przed cztyrzi lawy A proſyti *Rychtarze* aby on geho ſwiedek byl · Z prawa [Art. 20 § 3, 74r /// C20, 125v–126r]

I.d) dt. ***vor dem Richter*** /// tsch. ***před rychtářem*** {wo}:

UOn gaben die ma*n* ader wiben gibit Ingehegetem dinge *vor dem richtere* vnde vor den ſchepphen /// TO danie kterez ſe muzom neb zenam dawa · w zahagenem ſaudu · *przed Rychtarzem* a przed kmety [Art. 55, fol. 156v /// C67, 164v]

1. Iſt aber dy houeſtat des mannes eigen mit dem gebewde / ʒo mag ſien ebenbortig*er* ſ*w*ertmage wol daruff ſprechen mit rechte wenne is mag nymant ſien eigen vorgeben in wichbilde denn*e* yn gehegetem dinge *vor dem richtere* mit erben orlob /// Ale geſt li mieſſtiſtie toho czlowieka · wlaſtnie ge*ho* ſ tiem ſtawenym Tehda geho rownie rozeny po meczi przietel · / moz na to rzeczy ſ prawem Neb zadny nemoze ſweho wlaſtnieho dati · ***nez w zahagenem ſaudie · v wykpildu*** · {Reihenfolge: *im Weichbild in gehegtem Ding* ist im tsch. Text vertauscht: *w zahagenem ſaudie · v wykpildu* ‘in gehegtem Ding im Weichbild’} *przed rychtarzem* ***a przed kmety*** {Zusatz im tsch. Text: *und vor die Schöffen*} · ſ powolenym diediczow [Art. 59 § 2, 164r /// C74, 168v]

I.e) dt. ***Richter, der*** /// tsch. ***rychtář*** mit erklärendem Zusatz:

ʒo mag er nymandis *richter* geſien /// Dotawad nemoz on zadneho *Rychtarzem* ***to geſt ſaudczy*** {erklärender Zusatz im tsch. Text: ‘das ist der Richter’} byti [Art. 17 § 3, 66r /// C17, 121r]

durch daʒ daʒ er *richter* were /// Proto ze geſt ſam *Richtarzem* ***neb ſaudczi*** {erklärender Zusatz im tsch. Text: ‘oder Richter’ (Verwendung des tsch. Terminus *soudce*} byl [Art. 18 § 1, 69r /// C18, 122v]

2. er {der Schultheiß} heiſt ***den*** voit [1] ufſtehn mit orteiln vnd*e* eynen andern *richter* [2] {Richter} an ſyne ſtat ſecʒen der em {den Vogt} [3] richte /// Ma ***tomu*** {Interferenz: der deutsche bestimmte Artikel wird als Demonstrativpronomen übernommen} *Rychtarzi* [1] {hier tsch. *rychtář* für dt. *Vogt*} kazaty wſtati · s ortelem A gineho *Rychtarze* [2] {hier tsch. *rychtář* für dt. *Richter*} poſadity · na ge*ho* mieſto · kteryz by gemu ſaudil nad *Rychtarzem* [3] {hier tsch. *rychtář* für dt. *Vogt*} [Art. 18 § 1, 69ʳ /// C18, 122ᵛ]

II. dt. ***Richter, der*** /// tsch. ***soudce***:

Nv horet vnde vornemet wer ſal ab er ober wunden wirt / alʒ hievor geſait iſt / Daʒ ſal thun ***der*** phalcʒgreue von dem ryne / vnde ***dem*** koninge vnde ***dem*** lande cʒu eyne*m* *richtere* gegeben iſt von wilkor*e* alʒ ir wol vornemen werd*et* /// POſluchayte a rozomieyte · kterak magi nad kralem poprawity · acz on przemozen bude · rozomiey acz by s dowedenym wina byla To ma vczinity ***ten*** {Interferenz: der deutsche bestimmte Artikel wird als Demonstrativpronomen übernommen} ffalczgroff s Ryna kteryz ***tomu*** {Interferenz: der deutsche bestimmte Artikel wird als Demonstrativpronomen übernommen} krali a ***te*** {Interferenz: der deutsche bestimmte Artikel wird als Demonstrativpronomen übernommen} zemi *ſaudczy* dan geſt · od ſwolenie yakoz ſte · srozomiely [Art. 9 § 1, 36ʳ /// C9, 106ᵛ]

W*ir*t er denn*e* beclag*et* an ſines ſelbiſt dinge / der ſchultis ⟨ſal⟩ ſien *richt*er ſien /// Bude li on ſam k ſwemu ſaudu obzalowan Tehda Sſulteys ma geho *ſaudczi* byti ***To geſt podRychtarzie*** {erklärender Zusatz im tsch. Text: 'das ist der *podrychtáře* 'Unterrichter''} [Art. 18 § 1, 69ʳ /// C18, 122ᵛ]

III. dt. ***vor den Richter bringen*** /// tsch. ***před rychtáře připraviti*** (staročes.) {wohin}:

ISt eyn man dem andern icht ſchuldig in wichbilde ſo ſal er nemen den vroneboten vnde ſal en *vor den richter brengen* /// GEſt li geden czlowiek dluzen druhemu · v wykpildie Tehda ma wzieti poſſla obecznieho A ma gey *przed Rychtarze przziprawiti* [Art. 34, fol. 120ᵛ /// C44, 151ᵛ]

IV. ***Paarformel***:

dt. ***vor dem Richter und vor den Schöffen*** /// tsch. ***před rychtářem a před kmety*** {wo}:

vnde gibit er ſine fredebuſʒe doruff *vor dem richtere vnde vor den ſchepphen* /// a da ſwe pamatne na to · *przed rychtarzem a przed kmety* [Art. 63, fol. 165ᵛ /// C77, 169ʳ]

V. dt. ***dem Richter wetten*** /// tsch. ***rychtáři jeho vetunk dáti***:

vnde muʒ *dem richtere wetten* /// A muſſi *rychtarzi geho wettunk* · ***to geſt geho wynu*** {erklärender Zusatz im tsch. Text: 'das ist seine Bußc'} *dati* [Art. 28 § 3, 111ᵛ /// C40, 149ʳ]

KOMMENTAR

Für dt. *Richter* steht im tschechischen Text überwiegend *rychtář* (staročes.) {Lehnwort aus dt. *Richter*} (I.) (Entlehnung), seltener *soudce* (II.) (Übersetzung 1:1). Beim Gebrauch des Lehnwortes *rychtář* steht oft ein erklärender Zusatz (I.e)). In Präpositional- und Verbalkonstruktionen ebenso wie in Paarformeln steht ausschließlich *rychtář* (I.d), III., IV., V.).

Im untersuchten polnischen Text der „Magdeburger Urteile" steht für dt. *Richter* überwiegend das deutsche Lehnwort *wójt* 'Vogt', seltener poln. *sędzia* 'Richter'. In einigen Fällen steht für dt. *Richter* poln. *sędzia albo wójt* 'Richter oder Vogt' bzw. die Umkehrung *wójt albo sędzia* 'Vogt oder Richter'. Die Tendenz, poln. *wójt* 'Vogt' für dt. *Richter* zu verwenden und nicht poln. *sędzia* 'Richter', zeigt sich ebenfalls im überwiegenden Teil der präpositionalen Wendungen wie auch in den **Vokativ**formen, vgl. auch ISMIO Bd. 2, S. 223–225.

Zu III. dt. *vor den Richter bringen* /// tsch. *před rychtáře připraviti* {wohin} ist das polnische Material zu vergleichen, mit Beispielen für die Wiedergabe von dt. *vor den Richter* als poln. *przed wójta* 'vor den Vogt' (ISMIO Bd. 2, S. 224).

Zu I.d) dt. *vor dem Richter* /// tsch. *před rychtářem* {wo} ist ebenfalls das polnische Material zu vergleichen, mit Beispielen für die Wiedergabe von dt. *vor dem Richter* als poln. *przed wójtem* 'vor dem Vogt' und einmal auch *przed sądem* 'vor Gericht' (ISMIO Bd. 2, S. 224).

Bemerkungen zu den Sätzen 1. und 2.:

1. In Satz 1. ist die Wortfolge des deutschen Textes: *im Weichbild in gehegtem Ding* im tschechischen Text vertauscht, vgl.: *w zahagenem ſaudie · v wykpildu* 'in gehegtem Ding im Weichbild'.

2. In Satz 2. steht in ein und demselben Satz tsch. *rychtář* für dt. *Vogt* [1; 3] wie auch für dt. *Richter* [2].

dt. **Richter, höchster** /// tsch. **rychtář** (staročes.)/**soudce, najvyšší** (staročes.)/ **vrchní** /// poln. **sędzia, wyższy / najwyższy**

Ir *hochſter richter* zcu meideborg der hat drie voit ding indem iare /// NAſs *naywyſſi Rychtarz* w Meydburcze, Ten ma trzi obecznie ſaudy do roka [Art. 44 § 1, 145r /// C57, 159r]

dt. **Richter, weltlicher** /// tsch. **rychtář** (staročes.)/**soudce, světský** /// poln. **sędzia, świecki**

daȝ der *werltliche richter* durch recht richten ſal /// geſſto by to *ſwietſky Rychtarz* ſuditi miel [Art. 28 § 3, 111v /// C40, 149r]

KOMMENTAR

Für dt. *höchster Richter* steht im tschechischen Text *najvyšší rychtář* (staročes.), analog für dt. *weltlicher Richter* tsch. *světský rychtář* (Übersetzung/Entlehnung 1:1). Zu Letzterem ist im untersuchten polnischen Text der „Magdeburger Urteile" poln. *śwecki sędzia* zu vergleichen, d. h. keine Entlehnung (ISMIO Bd. 2, S. 225).

LITERATUR

HRG 4, 1033–1040 ✧ DRW 11, 1014–1027 ✧ DWB 14, 888–891 ✧ WMU 2, 1436f. ✧ Kaufmann/Neumeister Glossar, 894–902 ✧ MRB, Register 819: *rychtář* ✧ Extrakt, 111: tsch. *rychtáři* {Dat.Sg.} wettuňk položiti musí; Extrakt, 99: tsch. *rychtář* svuoj vetuňk má; *rychtář* tu svuoj vetuňk béře; Extrakt, 130: tsch. *rychtáři* jeho vetunk podlé práva ✧ Papsonová SRB, 547–550 ✧ Roučka/Růžička Heslář, 535: *soudce*; 506: *rychtář* ✧ MSS, 432: *rychtář* ✧ Newerkla 2004, 139f.: atsch. *rychtář* (Erstbeleg: 1397) ✧ Reczek/Twardzik III, 250: *sędzia* ✧ Aleksic Ortyle, 62f., 65: *sędzia* ✧ Zajda 2008, 297: *rychtarz, wójt* ✧ Słownik staropolski 8, 61: *rychtarz* 'wójt, przewodniczący sądu prawa niemieckiego'; 8, 156–158: *sędzia*

tsch. **Říše** s. dt. **Reich, das**

tsch. **rok** s. dt. **Jahr, das**

tsch. ***rok* a den** s. dt. **Jahr und Tag**

tsch. **rovný rodem**; **rovně rozený** s. dt. **ebenbürtig**

tsch. **rovně rozený/najbližší po meči přietel**; **příbuzný z otcovy strany** s. dt. **Schwertmage, der**

tsch. **ruka** s. dt. **Hand, die**

tsch. **po umrlé *ruce*** s. dt. **nach toter Hand**

tsch. **rukojmě** s. dt. **Bürge, der**; **Bürgen, die**

tsch. **rychtář**; **soudce**; **šoltys**; **sudí** s. dt. **Richter, der**

tsch. **rychtář**; **šoltys**; **šultejs**; **podrychtářie** s. dt. **Schultheiß, der**; **Schulze, der**

tsch. ***rychtář*/soudce, najvyšší/vrchní** s. dt. **Richter, höchster**

tsch. ***rychtář*/soudce, světský** s. dt. **Richter, weltlicher**

S

dt. **Sache, die**; **Ding, das** /// tsch. **věc** /// poln. **sprawa**; **rzecz**
[= Angelegenheit; Fall; Grund; Rechtssache; lat. res]

Geſchit *dis ding* vor de*m* voite yn gerichte /// Stane li ſe *ta wiecz* przed ffoytem · w ſaudie [Art. 17 § 1, 65ᵛ /// C17, 120ᵛ–121ʳ]

wenn*e* er beclait w*ir*t *vmme diẜe ſache* vor dem voite /// A kdyz on *o takowu wiecz* przed ffoytem obzalowan bude [Art. 17 § 2, 65ᵛ /// C17, 121ʳ]

Geſchit aber ***die*** *ſache* vme vngerichte /// Stane ly ***takowa*** {Interferenz: der deutsche bestimmte Artikel wird als Demonstrativpronomen übernommen} *wiecz* {fem.} o bezprawie [Art. 17 § 3, 66ʳ /// C17, 121ʳ]

KOMMENTAR

Für dt. *Sache* bzw. *Ding* steht im tschechischen Text *věc* (Übersetzung 1:1). Im untersuchten polnischen Text der „Magdeburger Urteile“ steht für dt. *Sache* poln. *rzecz* ‘Sache’, vgl. auch ISMIO Bd. 2, S. 226 f.

LITERATUR

HRG 4, 1216 f. ✧ LexMa 7, 1222; 7, 749 f. ✧ DRW 11, 1371–1376 ✧ DWB 14, 1592–1601 ✧ WMU 2, 1467 f. ✧ Kaufmann/Neumeister Glossar, 919–924 ✧ MRB, Register 821 ✧ Papsonová SRB, 551 f. ✧ Roučka/Růžička Heslář, 614: *věc* ✧ MSS, 559: *věc* ✧ Reczek/Twardzik III, 244 f. ✧ Słownik staropolski 8, 83–94

tsch. **sám sedm, sama sedma** (**sedmá**) s. dt. **selbsiebt**

tsch. **sám třetí** s. dt. **selbdritt**

dt. **Schilling, der** /// tsch. **šilink** (staročes.) {Lehnwort aus dt. *Schilling*}; vgl. auch: **kmetský šilink** ‘Schöffenschilling’ /// poln. **szyling** {Lehnwort aus dt. *Schilling*}; vgl. auch: **szyling ławniczy** ‘Schöffenschilling’
[= Münzeinheit zu 12 Pfennigen]

Wiſſit daȝ man dem ſchultheiſen vȝ gehegeter bang vnde dem voite sechȝ phennige wettet ingehegetem dinge aber *acht ſchillinge* /// Ale wieztez ze Sſulteyſowi ***to geſt Rychtarzi*** {erklärender Zusatz im tsch. Text: ‘das sind Richter’} krom ſaudu hageneho · wettugi ſſeſt peniez · Ale w hagenem ſaudu *Oſm ſſylink* [Art. 10 § 3, 41r-v /// C10, 108r]

1. ȝo ſal man […] geben {Aktiv} […] icȝlichem *eynen gulden ſchilling* ***der ſal icȝlichir ſchilling cȝwelff ſchillinge wert ſien*** /// ma gym dano byti {Passiv} […] gednomu kazdemu *geden zlatty ſſilink* ***Der ſol ittlicher czwelff ſſylink wert zeyn*** {Hier wird ein ganzer deutscher Satz **nicht** ins Tschechische übersetzt, sondern aus der deutschen Fassung unverändert in den tschechischen Text übernommen und eingefügt.} [Art. 13 § 2, 51v /// C13, 114r-v]

Geſchit ***daȝ*** [nicht] ding vor dem voite ȝo wettet er drie phunt Geſchit is vor dem ſchultheiſȝin ȝo wettit er em *acht ſchillinge* /// Stane li ſe ***ten*** {Interferenz: der deutsche bestimmte Artikel wird als Demonstrativpronomen übernommen} ſaud przed ffoytem ***To geſt przed purkabii*** {erklärender Zusatz im tsch. Text: ‘das heißt vor dem Burggrafen’} Tehda propadne trzi ffunty Stane li ſe przed Rychtarzem · tehda propadne *oſm ſſylink* [Art. 16 § 2, 59r /// C16, 117v]

vnde miſſetete eyn*er* obir daȝ geſacȝte recht · / der wettet dorum*m*e hut vnde har / ader eyne phundiſche marg / daȝ ſien *driſȝig ſchillinge* /// A przeczinil li by gich geden proti tomu · vſazenemu prawu ***A czoz ten purgmiſtr vſtanowi · a przikaze*** {erklärender Zusatz im tsch. Text: ‘welches dieser Bürgermeister einsetzt und befiehlt’} Ten takowy prowyni pokutu · ku kozii a k wlaſom Anebo trzi ſrbſke hrziwny · to geſt *trzidczeti a ſſeſt ſſylinkow* [Art. 19 § 1, 71v–72r /// C19, 124v] wer zcu dem burdinge ȝo man dy glocke lutet / nicht komet der wettet vj· phennige / *wirt* em aber das burding gekundig*et* ȝo wettet er *v ſchillinge* /// kktoz by k tomu ***oſazowani*** {Sitzung} neprziſſel · ***rozomiey do rady*** {erklärender Zusatz im tsch. Text: 'das heißt zum Rat'} · kdyz w zwonecz zwonie · ten ***propadne*** {für dt. *wettet* steht im tsch. Text *propadne* 'verliert'} ſſeſt peniez Ale bude li gednomu na wiedomie dano · aby do rady prziſſel Neprzide li ten Ten prowinij *piet ſſylink* [Art. 42 § 2, 139v /// C50, 156v]

wer d*as* ***bricht*** {Indikativ} / der wettet drie wyndiſche margk daȝ ſien *ſechȝvnddriſȝig ſchillinge* /// kktoz by w tom ***przeſtupil*** {Konjunktiv} · ten by prowinil {Konjunktiv} trzi ſrbſke hrzywny · to g*eſt* *ſeſſt a trzidczeti ſſylink* [Art. 42 § 3, 140r /// C50, 156v]

WO ***eyn*** laſſe ſyne buſȝe vorluſt zcugeben daȝ ſien *driſȝig ſchillinge* Syn gewette *vir ſchillinge* /// KDdez ***geden*** {Interferenz: der deutsche unbestimmte Artikel wird mit dem tschechischen Zahlwort ***jeden*** 'ein(s)' wiedergegeben} *laſſe* · ***to geſt zpuſtily czlowiek*** {erklärender Zusatz im tsch. Text: für *Lasse* 'das heißt ein freigelassener Mann'} · ſwu pokutu prowini To czyni *trzidczeti ſſylink* A geho odklad *cztyrzi ſſylinky* [Art. 49 § 1, 152v /// C61, 162v]

KOMMENTAR

Für dt. *Schilling* steht im tschechischen Text das deutsche Lehnwort *šilink* (staročes.) (Entlehnung).
Bemerkung zu Satz 1.: Hier wird ein ganzer deutscher Satz **nicht** ins Tschechische übersetzt, sondern aus der deutschen Fassung unverändert in den tschechischen Text übernommen und eingefügt.

LITERATUR

HRG 4, 1404 f. ✧ LexMa 7, 1465 ✧ DRW 12, 641–648 ✧ DWB 15, 149–153 ✧ WMU 2, 1513–1515 ✧ Kaufmann/Neumeister Glossar, 946 f. ✧ Boková/Spáčilová 377 ✧ Extrakt, 126: tsch. musí vetovati jednomu každému z kmetuov jeho pokutu, tu jest třidceti *šilink*; Extrakt, 102: tsch. to jest třidceti šesti *šilinky* {Pl.} Papsonová SRB, 562 f. ✧ Newerkla 2004, 225: atsch. *šilink* ✧ Reczek/Twardzik III, 267 ✧ Aleksic Ortyle, 109 ✧ Zajda 2008, 300 ✧ Słownik staropolski 8, 548 f. ✧ Lehnwörter 2008, 178: *szeląg*

dt. **Schöffe, der** /// tsch. **kmet**; (**obecní**) **konšel**; **přísežný**; **šep**/**šef** (staročes.) /// poln. **ławnik**, **przysiężnik** (staropol.)

dt. **Schöffen, die** /// tsch. **kmeti** {Pl.}; **konšelé** {Pl.}; **přísežní** {Pl.}; **přísedící** {Pl.} /// poln. **ławnicy** {Pl.}; **przysiężnicy** {Pl.} (staropol.)
Das sonst auch belegte poln. **ławnik** für dt. **Schöffe** ist in dem von uns ausgewerteten polnischen Text nicht nachgewiesen; vgl. auch die Entsprechungen: slowak. *kmeť*, *konšel*; ukrain. *lavnyk*.
[= Gerichtsbeisitzer; Urteilsfinder im Grafengericht]

I. dt. ***Schöffe, der*** /// tsch. ***kmet***:

Nach burcg*ra*uen nach dem ſchultheiſen iſt *kein ſchepphe* orteil phlichtig zcuvinden vȝ de*m* dinge Is ſy denne yn hanthafter tad /// Aniz tomu purkabi aniz Sſulteyſowi nenie *zadny kmeth* · aniz mieſſtienyn powinen · aby ktery ortel nalezati miel · kromie ſaudu · leczby ſe przihodilo w ynhedniem vczinku [Art. 45 § 3, 145^{v} /// C58, 159^{r}]

ȝo gibt man *icȝlichem ſchepphen* ſine buȝe /// dadie *kazdemu kmetu* geho pokutu [Art. 13 § 3, 52^{r} /// C13, 114^{v}]

So vrag*et* er *eynen ſchepphen* /// Potom *tieze[ze] kmeta* rzka [Art. 16 § 2, 58^{v} /// C16, 117^{v}]

II. dt. ***Schöffen, die*** /// tsch. ***kmeti***; ***kmeté*** (staročes.) {Pl.}:

Der *ſchepphen* ſollen eilffe ſien /// ***Tiech*** {Interferenz: der deutsche bestimmte Artikel wird als Demonstrativpronomen übernommen} *kmetow* ma byty gedenaſte [Art. 10 § 4, 41^{v} /// C10, 108^{r}]

alȝo mag der ſchultheiſȝe an ***dy*** *eilff ſchepphen* kein ding gehaben zcurechter dingſtat /// A tez Rychtarz {*rychtarz* als tsch. Übersetzung für dt. *Schultheiß*} bez ***tiech*** {Interferenz: der deutsche bestimmte Artikel wird als Demonstrativpronomen übernommen} *gedenaſti kmetow* Nemoz to*ho* ſkutecznieho ſaudu mieti [Art. 10 § 4, 41^{v} /// C10, 108^{r}]

1. vnde *den ſchepphen* ſal man ir recht geben {Aktiv} /// A *kmetom* ma gym gych prawo dano byty {Passiv} [Art. 11 § 1, 46^{r} /// C11, 110^{r}]

dorcȝu nam er *eilff ſchepphen* von der ſtat /// A k tomu przigial k ſobie *gedenaſte kmetow* [Art. 13 § 1, 51^{r} /// C13, 114^{r}]

Der ſchepphen ſollen eilfe ſien / vnde der ſchultheiſȝe der cȝwelfte /// Ma byti *kmetow* gedenaſte A Rychtarz ma [ma] byti dwanaſti [Art. 16 § 1, 58^{v} /// C16, 117^{r}]

2. Wirt er beclag*et* daru*m*me vor dem voite mit gecȝewge Des mus er mit den ſelbien gecȝugen entghen die ghenn*er* vff en but is ſien dinglute ader *ſchepphen* {im dt. Text: *Dingleute und Schöffen* /// im tsch. Text: *Schöffen und Dingleute*, d. h. umgekehrte Nennung der beiden Glieder der Paarformel} /// Bude li proto obzalowan przed woytem · ***przed purkabi*** {Erläuterung im tsch. Text: *przed purkabi* 'vor dem Burggrafen'} · ſwiedomym Toho on muſſy ſ tiemiz ſwiedky odgity Iakoz onen nan wedl g*eſt*· budto *S kmety* nebo ſ tiemi ſaudu priziſtogiczymi {im dt. Text: *Dingleute und Schöffen* /// im tsch. Text: *Schöffen und Dingleute*, d. h. umgekehrte Nennung der beiden Glieder der Paarformel} [Art. 17 § 1, 65^{v} /// C17, 120^{v}–121^{r}]

vnde *die ſchepphen* ſollen mit em ghen die do keinwertig warn daȝ ſy gecȝug ſien daȝ is em gegeben ſy cȝu allem rechte /// A *kmete* magi ſ nym giti · kterzyz ſu przi tom byly · aby oni toho ſwiedczy byly · ze gemu to dano geſt · ke wſſiemu prawu [Art. 20 § 1, 74^{r} /// C20, 125^{v}]

3. dy gabe die dir gegeben iſt vorgerichte / do wyſe ich dich yn alȝ mir daȝ orteil geteilt hat / vnde ſecȝe des *die ſchepphen* zcu gecȝuge / vnde die ding lute daȝ

ich dich hie yngewiſit habe alȝo recht iſt /// To {Interferenz: der deutsche bestimmte Artikel wird als Demonstrativpronomen übernommen} danie kterez tobie wzdano geſt · przed ſaudem · w tot ia tie vwodym yakz mi ***prawo a*** {Zusatz im tsch. Text: 'Recht und'} ortel nalezlo A toho ted *kmety* oſwiedczugi · *a* ***ty ktoz przi ſaudie ſtogie*** {'die bei Gericht anwesenden', als Umschreibung für dt. *Dingleute*} · ze ſem vwedl iakoz prawo geſt [Art. 20 § 2, 74r /// C20, 125v]

Glicher wiſe / alȝ der richter vorgecȝug*et* / ſo ſollen *die ſchepphen* nach gecȝugen /// Iakoz Richtarz przedſwiedczij · tez *kmete* po niem ſwiedcziti budu a magi [Art. 20 § 4, 74v /// C20, 126r]

Sint dar nicht *ſchepphe*n ȝo gecȝeug*et* er is mit den dingluten /// Pakli ge*mv* *kmete* prwe odpadli Tehda vſwiedczi on to k ſaudu prziſtogiczymi [Art. 51 § 1, 154r /// C63, 163r]

II.a) dt. ***mit den Schöffen*** /// tsch. ***s kmety***:

vnde ***dy*** bewiſunge ſal man beſtetigen zcu dem åchten dingen mit dem richtere vnde *mit den ſchepphen* /// A ***to*** {Interferenz: der deutsche bestimmte Artikel wird als Demonstrativpronomen übernommen} vwedenie magi ſtwrditi k obecznіemu ſaudu · s Rychtarzem a *s kmety* [Art. 21 § 1, 77v /// C21, 128v]

tut er daȝ mit vnrechte vnde obircȝug*et* er en mit richter*e* vnde *mit ſchepphen* / er gewynnet em ſyne buſȝe an vnd*e* dem richtere ſien gewette /// vczini li to kto bezprawnie · a bude toho przeſwiedczen · s Rychtarzem nebo *s* · *kmety* · zyſſty na nie*m* geho pokutu A Rychtarzi geho wynu [Art. 16 § 2, 59r /// C16, 117v]

4. Spricht ma*n* ab*er* daȝ er ſien recht vorloren hat vor gerichte mit deube ader mit roube daȝ mus der richter gecȝeugen *mit* <u>*cȝwen*</u> {dt. <u>*cȝwen*</u> fehlt im tsch. Text} <u>*ſchepphen* vnde vir dingmannen</u> {dt. <u>vn*de* vir dingmannen</u> fehlt im tsch. Text} ſelb ſobinde /// Pakli by rzekl · ze on *ſwe prawo* potratil · przed prawem zlodicyſtwem neb lupezem To on vſwiedcziti muſſy s rychtarze*m* · a *ſ* ____ {dt. <u>*cȝwen*</u> fehlt im tsch. Text} *kmety* ______ {dt. <u>vn*de* vir dingmannen</u> fehlt im tsch. Text} ſam ſedm [Art. 32 § 2, 118r /// C43, 151r]

II.b) dt. ***vor die Schöffen*** /// tsch. ***před kmety*** {wohin, wo}:

ȝo neme der richter yhenen by der hant / vnde leite en *vor die ſcheph*en yn das eigin /// Tehda wezme Rychtarz onoho za ruku · a wede gey *przed kmety* {wohin} · do toho wlaſtnie*ho* [Art. 20 § 2, 74r /// C20, 125v]

UOn gaben die ma*n* ader wiben gibit Ingehegetem dinge vor dem richtere vnde *vor den ſchepphen* /// TO danie kterez ſe muzom neb zenam dawa · w zahagenem ſaudu · przed Rychtarzem a *przed kmety* {wo} [Art. 55, fol. 156v /// C67, 164v]

II.c) dt. ***von den Schöffen*** /// tsch. ***od kmetóv*** (staročes.):

wenn*e* er *von den ſchepphen* geynret w*i*r*t* /// kdyz on *od kmetow* pamatowan bude [Art. 32 § 3, 118v /// C43, 151r]

III. ***Paarformeln***:

III.a) dt. ***der Richter und die Schöffen*** /// tsch. ***rychtář a kmeté*** (staročes.):

AB *der richter vnd*e *die ſchepphen* abegeſtorben ſien yn wichbilde ma*n* m*a*g dy bang wol beſetcȝen *v*m*me* eyne *gabe* ab man des bedarff /// KDyz by *Rychtarz a kmete* podemrzeli · v wykpildie ***Neb w Mieſſtie*** {erklärender Zusatz im tsch. Text: 'oder in der Stadt'} mohu dobrze lawicze oſadity · o ***gedno*** {Interferenz: der deutsche unbestimmte Artikel wird mit dem tschechischen Zahlwort ***jedno*** 'ein(s)' wiedergegeben} danie acz toho potrzebugi [Art. 53, fol. 156^{r-v} /// C66, 164^{r}]

III.b) dt. ***Schöffen und Ratmannen*** /// tsch. ***kmeté a konšelé*** (staročes.) {Pl.} {tsch. *konšelé* {Pl.} als Entsprechung für dt. *Ratmannen*}:

5. Do worden ſy rate wy ſy koren *ſchepphen vnde ratmanne* Die ſchepphen zcu lang*er* tid vnde die ratmanne zcu eynem iare die ſwuren do vn*de* ſwer*en* noch alle iar wenn*e* ſy nuwe kyſen /// Tehda *vradili ſu ſie* · kterak by oni wolili *kmety a* na Radu *konſſely* k delſſiemu czaſſu A konſſely do roka A tak ſu prziſahli a geſſtie prziſahagi · na kazdy rok · kdyz nowe konſſely wole [Art. 42 § 1, 139^{v} /// C50, 156^{r-v}]

IV. dt. ***Schöffe, der*** /// tsch. ***konšel*** {tsch. *konšel* als Entsprechung für dt. *Schöffe*}:

ſo gibt man zcu kuntſchaft *icȝlichem ſchepphen* eynen phennig dem ſchultheiſen keinen /// Tehda dawagi pamatne*ho kazdemu konſſelu* geden peniez · acz ſe to w hagenem ſaudu przed Richtarzem diege Ale Rychtarzi ſe tu nicz nedawa [Art. 21 § 1, 77^{v} /// C21, 128^{v}]

KOMMENTAR

Für dt. *Schöffe* bzw. *Schöffen* {Pl.} steht im tschechischen Text überwiegend *kmet* bzw. *kmeté* {Pl.} (I., II., III.) (Übersetzung 1:1), nur in einem Beispiel ist für dt. *Schöffe* im tschechischen Text *konšel* belegt (IV.) (Übersetzung 1:2). Die Übersetzung der Paarformel dt. *Schöffen und Ratmannen* als *kmeté a konšelé* {Pl.} ins Tschechische, belegt tsch. *konšelé* {Pl.} als Entsprechung für dt. *Ratmannen* (III.b)).

Im untersuchten polnischen Text der „Magdeburger Urteile“ steht für dt. *Schöffe* bzw. *Schöffen* {Pl.} poln. *przysiężnik* bzw. *przysiężnicy*. Das gilt auch für Verbindungen mit Attribut, vgl. dt. *geschworene Schöffen* /// poln. *starzy przysiężnicy* 'ältere Schöffen', außerdem: dt. *getreue Schöffen* /// poln. *wierni przysiężnicy*. Dabei wird nicht jedes Attribut der deutschen Fassung ins Polnische übernommen, vgl. dt. <u>*gesworn*</u> {dt. <u>*gesworn*</u> fehlt im poln. Text} *scheppe* /// poln. ______ {dt. <u>*gesworn*</u> fehlt im poln. Text} *PRzyszasznyk* [97 /// 104]. Umgekehrt gibt es Ergänzungen im polnischen Text, vgl. die Textstelle: dt. ***dy*** *scheppin* ______ {poln. <u>y woyth</u> fehlt im dt. Text} /// poln. *przyszasznyczy* <u>y woyth</u> {poln. <u>y woyth</u> fehlt im dt. Text} [261 /// 264]. Das sonst auch belegte poln. *ławnik* für dt. *Schöffe* ist in dem von uns ausgewerteten polnischen Text nicht nachgewiesen, vgl. auch ISMIO Bd. 2, S. 227–230.

LITERATUR

HRG 4, 1463–1468 ✧ LexMa 7, 1514–1517 ✧ DRW 12, 1021–1031 ✧ DWB 15, 1441–1443 ✧ WMU 2, 1498 ✧ Kaufmann/Neumeister Glossar, 942f. ✧ Boková/Spáčilová Glossar, 384: frnhd. *schöffe* – tsch. *přisežný, šep, kmet* ✧ MRB, Register 822 ✧ Extrakt, 126: tsch. musí vetovati jednomu každému z *kmetuov* jeho pokutu, tu jest třidceti šilink; Extrakt, 99: tsch. neb *kmeté* {Pl.} 'die Schöffen' bez rychtáře žádného saudu držeti nemohau ✧ Papsonová SRB, 566–568 ✧ Roučka/Růžička Heslář, 238: *kmet*; 251: *konšel*; 460: *přísežník*; 569: *šef* ✧ Gebauer 2, 59: *kmet* ✧ Reczek/Twardzik III, 232–234 ✧ Aleksic Ortyle, 43, 96 ✧ Słownik staropolski 7, 352–354: *przysiężnik*; 8, 548; 4, 104: *ławnik* ✧ Słownik XVI 12, 530 ✧ Linde 4, 683 ✧ Brückner EW, 445 ✧ Bańkowski EW 2, 949 ✧ Eggers 1988, 198 ✧ ŁYSIAK, Ius supremum Maydeburgense castri Cracoviensis 1356–1794, 1990, S. 39–57

dt. **Schreimannen, die** /// tsch. **svědomě, ktož sú ten křik slyšeli** (staročes.) 'Zeugen, die diesen Ruf/Schrei hörten' {Pl.}; **lidé, kteří pomáhají při obžalobě** 'Leute, die bei der Klage helfen' {Pl.}; **okřiklí lidé** 'Schreileute' {Pl.}; **svědkové** 'Zeugen' {Pl.}; **vepní neb úpní lidé k svědomí** (staročes.) 'Schreileute zur Bezeugung' {unterschiedliche Umschreibung für dt. *Schreimannen*}; **svědci** {Pl.} /// poln. **współprzysiężnicy, którzy przybyli na odgłos krzyku** 'Mitgeschworene, die auf den Schrei hin kamen' {Pl.}; **świadki tego odwołania** 'Zeugen d(ies)es Rufens' {unterschiedliche Umschreibung für dt. *Schreimannen*}
[= Personen, die eine handhafte Tat mit Gerüfte bezeugen]

1. wirt der ma*n* geuangen inder vriſſchen *tat* vnde mit gerufte vorgerichte bracht / vnd*e* hat des geczug an ſinen *ſchreymannen* ſelbſobende / vnde mag er die not bewiſen alȝ recht iſt is gheit em an den lip /// Bude li ten muz popaden w horkem vczinku A bude ſ krzykem przed prawo prziweden A bude *ty ſwiedomie* mieti · *ktoz ſu ten krzik ſliſſieli* · ſam ſedm A ze moze takowu nuzy okazati · iakoz p*ra*wo geſt Tehda gde tomu na geho hrdlo {Gurgel} [Art. 38 § 1, 129ᵛ /// C46, 152ʳ]
2. vnde hat er des ſine *ſchrey lute* zcu geczeuge ſelb ſobende /// A ma toho ſwe weppne {ntsch. vepné} aneb *vpne* {ntsch. úpné} *lidij k ſwiedomi* · ſam ſedm [Art. 69, fol. 171ʳ /// C83, 173ʳ]
3. vnde hat er ſyne*n* *ſchrey mannen* /// A ma li to ſwe *okrzykle lidij* [Art. 78 [79] § 1, fol. 175ᵛ /// C92, 175ᵛ]

KOMMENTAR

Für dt. *Schreimannen* steht im tschechischen Text *svědomě, ktož sú ten křik slyšeli* (staročes.) (1.), *vepní neb úpní lidé k svědomí* (2.) und *okřiklí lidé* (3.) (Übersetzung/Umschreibung 1:3).
Im untersuchten polnischen Text der „Magdeburger Urteile" steht für dt. *Schreimannen* die sinngemäße Übertragung *świadki tego odwołania* 'Zeugen dieses Rufens', vgl. auch ISMIO Bd. 2, S. 233.

LITERATUR

HRG 4, 1496 ✧ DRW 12, 1190 ✧ DWB 9, 1724 f. ✧ WMU 2, 1524 f. ✧ Kaufmann/Neumeister Glossar, 693 ✧ MRB, Register 822: tsch. *lidé, kteří pomáhají při obžalobě; svědkové* ✧ Papsonová SRB, 569 f. ✧ Reczek/Twardzik III, 271

dt. **Schuld, die**; **Geldschuld, die** /// tsch. **dluh** 'Geldschuld'; **vina** (staročes.) /// poln. **dług**; **wina**; **zobowiązanie**

[= 1. (Geld-)Schuld; was man einem andern zu geben schuldig ist; 2. Anschuldigung; 3. das Verschulden; 4. Grund; Ursache]

I. dt. ***Schuld, die*** /// tsch. ***dluh***:

I.a) dt. ***um Schuld*** /// tsch. ***o dluh***:

1. Clag*et* er denn*e* yn wichbilde uff eyn erbe ader uff eyn eigen ader vm*m*e ander gut ader *vmme ſchult* {im dt. Text: *Gut und Schuld*} · ader vm*m*e vngerichte er ſy dewcʒſch ader · wendiſch er mus do antwerten wo der man recht vordert /// Zalowal li by geden v wykpildie na gedno diedicʒſtwo · Aneb o wlaſtnie, aneb *o dluh* · neb o gine zbozie {im tsch. Text: *dluh neb zbozie* 'Schuld oder Gut'} · neb o bezprawie · bud ten niemecz nebo Srb Ten muſſy tu odpowiedati · kdez czlowiek prawa hleda [Art. 28 § 2, 111v /// C40, 149r]

BEclag*et* eyn man den / andern *vmme ſchult* die er em gelabet hat vor ſynem vater*e* das ſal er enynnern mit gecʒuge alʒ recht iſt /// Obzaluge li druh druha · *o dluh* kteryz by gemu ſlibil · za otcze ſweho Toho on gey muſſy vpamatowati ſe ſwiedky · iakoz prawo geſt [Art. 66, fol. 168v /// C80, 171v]

I.b) dt. ***um Schuld*** /// tsch. ***pro / o dluh***:

ISt daʒ ***eyn*** man betefart ader kouffart varn wil uſſen des landes / wyl den ymant hyndern *vmme ſchult* der mag is nicht thun /// GEſtli ze by ***geden*** {Interferenz: der deutsche unbestimmte Artikel wird mit dem tschechischen Zahlwort ***jeden*** 'ein(s)' wiedergegeben} czlowiek Na paut neb po kupeczſtwi geti chtiel · wen z zemie Chtiel li by toho kto ***hyndrowati*** {Lehnwort aus dt. *hindern*} · aneb ſtawiti *pro dluh* [Art. 65, fol. 168v /// C79, 171v]

WElch man den andern *vmme ſchult* [beclaget] /// KTeryz czlowiek druheho *o dluh* obzaluge [Art. 90 [91] § 1, fol. 183r /// C100, 179r]

II. dt. ***ohne seine Schuld***, {d. h. schuldlos} /// tsch. ***bez jeho viny*** 'schuldlos':

vnde wirt der ledig *ane ſine ſchult* /// A bude li ten prazden *bez geho wyny* {schuldlos} [Art. 17 § 4, 66v /// C17, 121r]

KOMMENTAR

Für dt. *Schuld* {Geldschuld} steht im tschechischen Text *dluh* (I.), in der Bedeutung *schuldlos* steht tsch. *vina* (staročes.) (II.) (Übersetzung 1:2). Im untersuchten polnischen Text der „Magdeburger Urteile" steht für dt. *Schuld* poln. *dług*, vgl. auch ISMIO Bd. 2, S. 233 f.

LITERATUR

HRG 4, 1505–1510: *Schuld und Haftung* ✧ LexMa 7, 1575–1580 ✧ DRW 12, 1278–1292 ✧ DWB 15, 1870–1892 ✧ WMU 2, 1530f. ✧ Kaufmann/Neumeister Glossar, 955–957 ✧ Boková/Spáčilová Glossar, 387 ✧ MRB, Register 822: tsch. *dluh* ✧ Papsonová SRB, 570–573 ✧ Extrakt, 110: tsch. *dluh* svůj; Extrakt, 112: tsch. za svuoj *dluh* ✧ Roučka/Růžička Heslář, 108: *dluh*; 623: *vina* ✧ Gebauer 1, 258: *dluh* ✧ Reczek/Twardzik III, 64f. ✧ Słownik staropolski 2, 55–60

dt. **Schultheiß, der**; **Schulze, der** /// tsch. **rychtář** (staročes.) {Lehnwort aus dt. *Richter*}; **šoltys**; **šultejs** (staročes.) {Lehnwort aus dt. *Schultheiß*}; im Text auch: **podrychtáře** (staročes.) ‘Unterrichter’ /// poln. **sołtys** {Lehnwort aus dt. *Schultheiß*}; **wójt** ‘Vogt’
[= Vertreter des Burggrafen und sein Richter; Beisitzer im Grafending]

I. dt. ***Schultheiß, der***; ***Schulze, der*** /// tsch. ***rychtář***:

wen ***der*** *ſchultheiſʒ* /// Neb *Rychtarz* [Art. 11 § 3, 46v /// C11, 110r-v]

Der ſchepphen ſollen eilffe ſien vnde *der ſchultheiſſe* iſt der cʒwelfte /// ***Tiech*** {Interferenz: der deutsche bestimmte Artikel wird als Demonstrativpronomen übernommen} kmetow ma byty gedenaſte A dwanaſty geſty *Rychtarz* {*rychtář* als tsch. Übersetzung für dt. *Schultheiß*} [Art. 10 § 4, 41v /// C10, 108r]

wenn *der ſchultheiʒe* ſal dem burcgreuen daʒ erſte orteil vinden /// Nebo *Rychtarz* {*rychtář* als tsch. Übersetzung für dt. *Schultheiß*} ma purkaby ***to geſt ſ[a]udiemu*** {erklärender Zusatz im tsch. Text: ‘das ist der Richter’} · nayprwnieyſſi ortel nalezty [Art. 10 § 4, 41v /// C10, 108r]

1. alʒo mag *der ſchultheiʒe* an dy eilff ſchepphen kein ding gehaben zcurechter dingſtat /// A tez *Rychtarz* {*rychtář* als tsch. Übersetzung für dt. *Schultheiß*} bez ***tiech*** {Interferenz: der deutsche bestimmte Artikel wird als Demonstrativpronomen übernommen} gedenaſti kmetow Nemoz to*ho* ſkutecznieho ſaudu mieti [Art. 10 § 4, 41v /// C10, 108r]

wen *der ſchultheiſʒ* hat den [ban] von dem greuen / vnde *des ſchultis am*mecht von des landes h*er*ren / alʒo hot ouch der burcgreue den ban von dem koninge /// Neb *Rychtarz* ma tu mocz od pana te zemie Tez ma purkabie mocz ſwu od krale [Art. 11 § 3, 46v /// C11, 110v]

vnd*e* ***der*** *ſchultheiſſe* waʒ der cʒwelfte /// A *Rychtarz* byl geſt dwanaſty [Art. 13 § 1, 51r /// C13, 114r]

Der ſchultis ſal nemen der ſtat brief doran ſal ouch ir ingeſigil hangen /// Ze *Rychtarz* ma wzieti mieſtczky liſt · A gich peczet k tomu ma prziwieſſena byti ***A k tomu ma wzieti tiech kanownikow liſt · s gich przíwieſſenu peczeti*** {erklärender Zusatz im tsch. Text: ‘und dazu soll er den Brief der Kanoniker nehmen mit ihrem angehängten Siegel’} [Art. 14 § 1, 53v /// C14, 115r]

Der ſchepphen ſollen eilfe ſien / vnde *der ſchultheiʒe* der cʒwelfte /// Ma byti kmetow gedenaſte A *Rychtarz* ma [ma] byti dwanaſti [Art. 16 § 1, 58v /// C16, 117r] horet welchȝ ***daȝ*** [orteil] erſte orteil ſy / daȝ *der ſchultheiſȝe* deme belehenten voite vinden ſal /// Poſluchaytez ktery ***to*** {Interferenz: der deutsche bestimmte Artikel wird als Demonstrativpronomen übernommen} prwni ortel geſt · geſſtoz *Rychtarz* to*mv* purkaby naleznuty ma [Art. 16 § 2, 58v /// C16, 117r]

2. daȝ ſyn die drie erſten orteil / die *der ſchultheiſſe* {A} dem *voite* {B} vinden ſal /// To ſu ***ty*** {Interferenz: der deutsche bestimmte Artikel wird als Demonstrativpronomen übernommen} trzie ortelowe · kkterez ma *Richtarz* {A} *purkabi* {B} naleznuty [Art. 16 § 2, 58v /// C16, 117r-v]

I.a) dt. ***auf den Schultheiß*** /// tsch. ***na toho rychtáře***:

vff den *ſchultheiſen* cȝen phu*n*t /// ***na toho*** {Interferenz: der deutsche bestimmte Artikel wird als Demonstrativpronomen übernommen} *Rychtarze* deſſet funtow [Art. 17 § 3, 66r /// C17, 121r]

ſo gibt man zcu kuntſchaft icȝlichem ſchepphen eynen phennig *dem ſchultheiſen* keinen /// Tehda dawagi pamatne*ho* kazdemu konſſelu geden peniez · ***acz ſe to w hagenem ſaudu przed Richtarzem diege*** {erklärender Zusatz im tsch. Text: 'wie das in gehegtem Ding vor dem Richter getan wirt'} Ale *Rychtarzi* ſe tu nicz nedawa [Art. 21 § 1, 77v /// C21, 128v]

I.b) dt. ***ohne den Schultheiß*** /// tsch. ***bez rychtáře***:

3. wen der burcgraue mag kein echte ding gehaben *an den ſchultheiſen* /// Neb purkabie zadneho ***echtedink*** {okkasionelle Entlehnung: Übernahme des dt. Terminus *echtes Ding* ins Tsch.} obecznieho ſaudu · mieti nemoz · *bez Rychtarze* [Art. 10 § 4, 41v /// C10, 108r]

wenn*e* *er* {der Schultheiß} ſal dem burcgreuen daȝ erſte orteil vinden wenn*e* der burcgreue mag keine echte ding gehaben *ane ſinen ſchultheiſȝin* /// Nebo *rychtarz* {*rychtář* als tsch. Übersetzung für dt. *Schultheiß*} ma purkabi prwni ortel naleznuti nebo [Rychtarz] nemoz purkabie mieti zadneho ſaudu *bez ſweho Rychtarze* [Art. 16 § 1, 58v /// C16, 117r]

I.c) dt. ***vor dem Schultheiß*** /// tsch. ***před rychtářem***:

Geſchit ***daȝ*** [nicht] ding vor dem voite ȝo wettet er drie phunt Geſchit is *vor dem ſchultheiſȝin* ȝo wettit er em acht ſchillinge /// Stane li ſe ***ten*** {Interferenz: der deutsche bestimmte Artikel wird als Demonstrativpronomen übernommen} *ſaud* przed ffoytem ***To geſt przed purkabii*** {erklärender Zusatz im tsch. Text: 'das heißt vor dem Burggrafen'} Tehda propadne trzi ffunty Stane li ſe *przed Rychtarzem* · tehda propadne oſm ſſylink [Art. 16 § 2, 59r /// C16, 117v]

Nv vorneme*t* ab *der ſchultis* ymande erret an ſiner clage /// GYz rozomieyte acz by komu *Rychtarz* przekazeti chtiel · na geho zalobie [Art. 17 § 1, 65v /// C17, 120v–121r]

II. dt. ***Schultheiß, der***; ***Schulze, der*** /// tsch. ***šoltys***; ***šultejs*** (staročes.):

vn*de* *der ſchultheiſȝe* ſal den burcgrauen laden zcu eynem mole zcu recht*en* orteilen Cȝu dem and*er*n mole yo obir ſechȝ wochin /// A ***ten*** {Interferenz: der deutsche bestimmte Artikel wird als Demonstrativpronomen übernommen} *Sſulteys* ma toho purkabi pohnati · prawym ortelem · prwe druhe po trzetie [Art. 15 § 1, 57r /// C15, 116v] zcu der ſelbien wiſe alȝo *der ſchultheiße* den burcgrauen let Alȝo ſal der burcgreue die leyn furſten laden vnde qwemen ſie zcu der dritten ladunge nicht vor alȝo hieuor geſprochen iſt / ȝo wettit ir icȝlicher dem koninge achtcȝen gulden marcg /// kkteremuz podobnie yakoz *Sſulteys* ***to geſt Rychtarz*** {erklärender Zusatz im tsch. Text: 'das ist der Richter'} purkabi pohanie Tez purkabie ma tyz llentfurſſten · poddaczie kniezata pohnati A neprziſſly li by oni k trzetiemu pohonu · iakoz tuto pſano naprzed · tehda prowyni gich kazdy krali Oſſmnaſte zlattych · Mark · ***to geſt hrziwen*** {erklärender Zusatz im tsch. Text: 'das sind hřivny = Nom.Pl. zu tsch. *hřivna* 'halbes Pfund''} [Art. 15 § 1, 57r-v /// C15, 116v]

W*ir*t er denn*e* beclag*et* an ſines ſelbiſt dinge / *der ſchultis* ⟨ſal⟩ ſien richt*er* ſien /// Bude li on ſam k ſwemu ſaudu obzalowan Tehda *Sſulteys* ma ge*ho* ſaudczi byti ***To geſt podRychtarzie*** {erklärender Zusatz im tsch. Text: 'das ist der *podrychtáři*e 'Unterrichter''} [Art. 18 § 1, 69r /// C18, 122v]

Ader komit *der ſchultis* dorcȝu nicht ȝo w*er*t is em abir nicht wen*ne der ſchultis* ſal demburcgreuen daȝ erſte orteil vynden /// Anebo *Sſulteys* tehda opiet ten ſaud gemu nebude Neb *Sſulteys* ma purkabi prwni ortel nalezty · ***nebo wyneſti*** {erklärender Zusatz im tsch. Text: 'oder [Urteil] fällen'} [Art. 44 § 1, 145r /// C57, 159r]

Cȝu glicher wiſe alȝo richtit der voit *obir den ſchultheißin* Daru*m*me ȝo mag der voit keine echte ding beſcheiden *ane den ſchultheißin* /// Tomu napodobnie take ſaudy ffoyt ***to geſt Rychtarz*** {erklärender Zusatz im tsch. Text: 'das ist der Richter'} *nad Sſulteyſem* ***to geſt na pod Rychtarzi*** {6.Sg.} {erklärender Zusatz im tsch. Text: 'das ist [er richtet] über den *podrychtáři*e 'Unterrichter''} Protoz nemoz ten {Interferenz: der deutsche bestimmte Artikel wird als Demonstrativpronomen übernommen} woyt zadneho wlaſtnieho ſaudu oſaditi ***Echte ding*** {erklärender Zusatz im tsch. Text: 'echtes Ding': dabei okkasionelle Übernahme von dt. *echtes Ding* als tsch. *echteding* in den tsch. Text} *bez Sſulteyſa* [Art. 18 § 1, 69r /// C18, 122v]

II. a) dt. ***dem Schultheiß*** /// tsch. ***šultejsovi*** (staročes.):

4. Wiſſit daȝ man *dem ſchultheiſen* vȝ gehegeter bang vnde dem voite sechȝ phennige wettet ingehegetem dinge aber acht ſchillinge /// Ale wieztez ze *Sſulteyſowi* ***to geſt Rychtarzi*** {Dat.Sg.} {erklärender Zusatz im tsch. Text: 'das ist dem Richter'} krom ſaudu hageneho · wettugi ſſeſt peniez · Ale w hagenem ſaudu Oſm ſſylink [Art. 10 § 3, 41r-v /// C10, 108r]

III. dt. ***Schultheiß, der*** /// tsch. ***podrychtáři*e** (staročes.) 'Unterrichter':

W*ir*t er denn*e* beclag*et* an ſines ſelbiſt dinge / der ſchultis ⟨ſal⟩ ſien *richt*er ſien /// Bude li on ſam k ſwemu ſaudu obzalowan Tehda Sſulteys ma geho ſaudczi byti ***To geſt podRychtarzie*** {erklärender Zusatz im tsch. Text: 'das ist der *podrychtáři*e 'Unterrichter''} [Art. 18 § 1, 69r /// C18, 122v]

ȝo ſal en der richter ader *der ſchultis* ynwiſen / ader der von deme dy gabe gegeben iſt /// Tehda ma gey Rychtarz vweſty · nebo *podRychtarzie* {*podrychtáři*e 'Unterrichter' für dt. *Schultheiß*} Nebo ten przed kymz ***to*** {Interferenz: der deutsche bestimmte Artikel wird als Demonstrativpronomen übernommen} wzdano geſt [Art. 20 § 1, 74r /// C20, 125v]

C3u glicher wiſe al3o richtit der voit *obir den ſchultheiſʒin* Darumme 3o mag der voit keine echte ding beſcheiden *ane den ſchultheiſʒin* /// Tomu napodobnie take ſaudy ffoyt ***to geſt Rychtarz*** {erklärender Zusatz im tsch. Text: 'das ist der Richter'} *nad Sſulteyſem* ***to geſt na pod Rychtarzi*** {6.Sg.} {erklärender Zusatz im tsch. Text: 'das ist [er richtet] über den *podrychtářie* 'Unterrichter''} Protoz nemoz ten {Interferenz: der deutsche bestimmte Artikel wird als Demonstrativpronomen übernommen} woyt zadneho wlaſtnieho ſaudu oſaditi ***Echte ding*** {erklärender Zusatz im tsch. Text: 'echtes Ding': dabei okkasionelle Übernahme von dt. *echtes Ding* als tsch. *echteding* in den tsch. Text} *bez Sſulteyſa* [Art. 18 § 1, 69r /// C18, 122v]

Kommentar

Für dt. *Schultheiß* steht im tschechischen Text das deutsche Lehnwort *rychtář* (staročes.) 'Richter' (I.) (Entlehnung) sowie das deutsche Lehnwort *šultejs* (staročes.) 'Schultheiß' (II.) (Entlehnung). In zwei Textstellen ist als erklärender Zusatz für tsch. *šultejs* (staročes.) 'Schultheiß' im tsch. Text *podrychtářie* (staročes.) 'Unterrichter' belegt (III.).

Als erklärender Zusatz zu tsch. *šultejs* (staročes.) 'Schultheiß' steht überwiegend *rychtář* 'Richter'.

Bemerkungen zu einzelnen Sätzen:

1. Als tsch. Übersetzung für dt. *Schultheiß* steht hier tsch. *rychtář* 'Richter'.
2. Als Entsprechung für dt. *Schultheiß* {A} steht hier, wie auch sonst, im tsch. Text tsch. *rychtář* (staročes.) 'Richter' {A}; als Entsprechung für dt. *Vogt* {B} steht hier im tsch. Text tsch. *purk[r]abie* 'Burggraf' {B}.
3. Okkasionelle Übernahme von dt. *echtes Ding* als tsch. *echteding* in den tsch. Text.
4. Im tsch. Text steht als erklärender Zusatz: *das ist dem Richter*.

Im untersuchten polnischen Text der „Magdeburger Urteile" steht für dt. *Schultheiß* das deutsche Lehnwort *wójt* 'Vogt'. Das sonst belegte deutsche Lehnwort *sołtys* für dt. *Schultheiß/Schulze* ist in dem von uns ausgewerteten polnischen Text nicht nachgewiesen, vgl. auch ISMIO Bd. 2, S. 236 f.

Literatur

HRG 4, 1519 ✧ LexMa 7, 1591 f. ✧ Lück, Schultheiß (§ 2: Aufgabenbereich), in: Reallexikon der germanischen Altertumskunde, Bd. 27, 2004, S. 371–373 ✧ DRW 12, 1416–1428 ✧ DWB 15, 1982–1987; 1992–1994 ✧ WMU 2, 1533–1535 ✧ Kaufmann/Neumeister Glossar, 958 ✧ Boková/Spáčilová Glossar, 388: frnhd. *schultheis* – vgl.: *Bürgermeister* – tsch. *purkmistr; Vorsitzender im Schöffengericht* – tsch. *představený přísežného soudu*; *Richter* – tsch. *rychtář*; *Vogt* – tsch. *fojt* ✧ MRB, Register 822: tsch. *šoltys* ✧ Papsonová SRB, 576 f. ✧

Roučka/Růžička Heslář, 506: *rychtář*; 383: *podrychtář*; 572: *šoltys* ✧ Staročeský slovník 3, 410: *podrychtářie* ✧ Newerkla 2004, 357f.: atsch. *šoltýs* (Erstbeleg: *šoltys* 1475); als Personenname bereits früher belegt (1418) ✧ KUCHAR, Právo a slovenčina v dejinách, 1998, 109. ✧ Reczek/Twardzik III, 258 ✧ Aleksic Ortyle, 87, 69f. ✧ Zajda 2008, 207 ✧ Eggers 1988, 195f. ✧ Słownik staropolski 8, 333f.: *sołtys*; 10, 305–307: *wójt* ✧ Linde 5, 602f. ✧ Lehnwörter 2008, 171 ✧ Lehnwörter 2010: *sołtys*

dt. **Schwert, das** /// tsch. **meč** /// poln. **miecz**

dt. **Schwert, geistliches**; **Schwert, weltliches** /// tsch. **meč, duchovní**; **meč, světský** /// poln. **miecz duchowny, miecz świecki**

I. dt. ***geistliches Schwert*** /// tsch. ***meč duchovní***:

Der bobiſt hot daȝ *geiſtliche* {gemeint ist *Schwert*} der keiſer daȝ *werltliche* {gemeint ist *Schwert*} /// ze Papez ma *duchowni mecz* · A czieſſarz ſwietſky [Art. 7 § 1, 23r /// C7, 101v]

alȝo Cȝu der ſelbien wiſe alȝo dy richte*re* daȝ werltliche ſwert haben von de*m* koninge alȝo haben dy priſtere *daȝ geiſtliche ſwert* von dem babiſte /// k tomu Napodobnie Iakoz Rytierzſtwo ***mecz ſwietſky*** rozomiey mocz ſwietſku magy {Erläuternder Zusatz zu *weltliches Schwert* im tsch. Text: darunter ist zu verstehen, dass sie weltliche Macht haben.} · od krale Tez magy kniezie ***mecz duchowni*** to geſt mocz duchowni {Erläuternder Zusatz zu *geistliches Schwert* im tsch. Text: das ist geistliche Macht.} · od papeze nerzadne treſtati [Art. 8 § 5, 31v /// C8, 105r]

II. dt. ***weltliches Schwert*** /// tsch. ***meč světský***:

alȝo Cȝu der ſelbien wiſe alȝo dy richte*re* *daȝ werltliche ſwert* haben von de*m* koninge alȝo haben dy priſtere daȝ geiſtliche ſwert von dem babiſte /// k tomu Napodobnie, Iakoz Rytierzſtwo ***mecz ſwietſky*** rozomiey mocz ſwietſku magy {Erläuternder Zusatz zu *weltliches Schwert* im tsch. Text: darunter ist zu verstehen, dass sie weltliche Macht haben.} · od krale Tez magy kniezie ***mecz duchowni*** to geſt mocz duchowni {Erläuternder Zusatz zu *geistliches Schwert* im tsch. Text: das ist geistliche Macht.} · od papeze nerzadne treſtati [Art. 8 § 5, 31v /// C8, 105r]

KOMMENTAR

Für dt. *Schwert* steht im tschechischen Text *meč* (Übersetzung 1:1), vgl. auch die Entsprechungen: dt. *geistliches Schwert* /// tsch. *meč duchovní* (I.) und dt. *weltliches Schwert* /// tsch. *meč světský* (II.), vgl. auch die erläuternden Zusätze zu beiden Termini im tschechischen Text.

LITERATUR

HRG 4, 1570–1574 ✧ LexMa 7, 1644f. ✧ DRW 13, 58–64 ✧ DWB 15, 2576–2585 ✧ WMU 2, 1726 ✧ Kaufmann/Neumeister Glossar, 1056: *Schwert*; 1056:

geistliches Schwert; 1379: *weltliches Schwert* ✧ Boková/Spáčilová Glossar, 390: frnhd. *schwert* ✧ MRB, Register 825: frnhd. *swert* – tsch. *meč* ✧ Papsonová SRB, 577f.: frnhd. *schwert* ✧ Roučka/Růžička Heslář, 298: *meč* ✧ Gebauer 2, 328f.: *meč*

dt. **Schwertmage, der** /// tsch. **rovně rozený/najbližší po meči přietel** (staročes.) 'ebenbürtiger/nächster Verwandter des Schwertes nach, d. h. in männlicher Linie'; **příbuzný z otcovy strany** 'Verwandter väterlicherseits' /// poln. **krewny po mieczu** 'Verwandter des Schwertes nach, d. h. in männlicher Linie'; **siostry mąż** 'Ehemann der Schwester'; **przyrodzony** 'Verwandter'; **przyrodzony (przyjaciel) mężczyzna** 'verwandter Mann'
[= männlicher (vormundschaftlicher) Verwandter väterlicherseits 'van swert halven']

Iſt aber dy houeſtat des mannes eigen mit dem gebewde / ʒo mag *ſien ebenbortig*er *ſwertmage* wol daruff ſprechen mit rechte wenne is mag nymant ſien eigen vorgeben in wichbilde denn*e* yn gehegete*m* dinge vor dem richtere mit erben orlob /// Ale geſt li mieſſtiſtie toho czlowieka · wlaſtnie ge*ho* ſ tiem ſtawenym Tehda geho *rownie rozeny po meczi przietel* · / moz na to rzeczy ſ prawem Neb zadny nemoze ſweho wlaſtnieho dati · nez w zahagenem ſaudie · v wykpildu · przed rychtarzem a przed kmety · ſ powolenym diediczow [Art. 59 § 2, 164r /// C74, 168v]

STirb*et* ***eyn*** man der kinde*re* hot die zcu iren iaren nicht komen ſien ir *nehiſte ebenbortige ſwert mage* / ſal ir vormu*n*de ſien bis das ſy zcu iren iaren komen /// UMrze li ***geden*** {Interferenz: der deutsche unbestimmte Artikel wird mit dem tschechischen Zahlwort ***jeden*** 'ein(s)' wiedergegeben} muz · ktery dieti ma geſſtoz k ſwym letom neprziſſli ſu Gich *nayblizſſi po meczy przietel* · ma byti gich porucznik · neb zprawcze · az oni k letom y przidu [Art. 48 § 1, 152r /// C60, 162r]

Kommentar

Für dt. *Schwertmage* steht im tschechischen Text *rovně rozený/najbližší po meči přietel* (staročes.) ebenbürtiger/nächster Verwandter des Schwertes nach, d. h. in männlicher Linie (Umschreibung).
Im untersuchten polnischen Text der „Magdeburger Urteile“ stehen für dt. *Schwertmage* eine Reihe von Entsprechungen, so: *siostry mąż* 'Ehemann der Schwester', *bliszy* 'der Nächste', *przyrodzony* 'Verwandter' und *przyrodzony przyjaciel mężczyzna* 'verwandter Mann'. Das Wort *przyjaciel* hat hier dieselbe Bedeutung wie *przyrodzony* 'verwandt', vgl. das Wörterbuch Słownik staropolski (7, 257–260, bes. S. 258–260), das als eine der Bedeutungen von *przyjaciel* auch *krewny* 'verwandt' nennt. Es handelt sich wohl weniger um eine zufällige, eher um eine verstärkende Wiederholung.

In einer deutschen Textstelle: *neste swert mog und formunde*, wo es um den *nächsten Schwertmagen und Vormund* (in einer Person) geht, erfolgt bei der Übertragung ins Polnische eine Zusammenfassung, und nur der *Vormund* wird als Terminus übernommen, in dem Wissen, dass die Aufgabe des Vormunds dem Schwertmagen zukam, vgl. insgesamt auch ISMIO Bd. 2, S. 238 f.

LITERATUR

HRG 4, 1577–1579 ✧ DWB 15, 2590 ✧ WMU 2, 1727 ✧ Kaufmann/Neumeister Glossar, 1056 f. ✧ Boková/Spáčilová Glossar, 390: frnhd. *schwertmac, swertmage* 'Verwandter von väterlicher Seite' – tsch. Umschreibung: *příbuzný z otcovy strany* ✧ MRB, Register 825 ✧ Papsonová SRB, 470 f. ✧ Roučka/Růžička Heslář, 462: *přítel* ✧ Reczek/Twardzik III, 229 f. ✧ Słownik staropolski: *przyrodzony*: 7, 335–339

dt. **schwören** /// tsch. **přisieci** (staročes.); **přísahat**; **svou přísahu učinit** /// poln. **przysięgać**

I. dt. ***schwören*** /// tsch. ***přisieci*** (staročes.):

is ſy denne do ***eyn*** burg*er* ***eyn*** *ga*ſt beclag*et* ader ***eyn*** gaſt eynen burg*er* v*m*me ſchult mit geczeuge der gaſt mus abir *ſweren* daʒ er eyn wilder gaſt ſy vnde ʒo verre geſeſſin daʒ er daʒ ding yn eyme tage nicht geſuchen mag /// kkdez by ***geden*** {Interferenz: der deutsche unbestimmte Artikel wird mit dem tschechischen Zahlwort ***jeden*** 'ein(s)' wiedergegeben} mieſſtienyn ***gednoho*** {Interferenz: der deutsche unbestimmte Artikel wird mit dem tschechischen Zahlwort ***jeden*** 'ein(s)' wiedergegeben} hoſſtie obzalowal Neb *hoſt* mieſſtienina · ſe ſwiedky Ale hoſt muſſy *prziſieczi* · Ze on diwoky hoſt geſt A ze on tak daleko ſiedlem ſedij · ze gedniem dnem k ſaudu prawa hledieti nemoz [Art. 45 § 4, 146[r] /// C58, 159[r]]

II. dt. ***schwören*** /// tsch. ***svou přísahu učinit***:

Czu diſʒin dingen ſal ***der*** burgermeiſter *ſweren* /// A k tiemto wieczem ma ***ten*** {Interferenz: der deutsche bestimmte Artikel wird als Demonstrativpronomen übernommen} purgmiſtr *ſwu przíſahu vcziniti* [Art. 19 § 4, 72[r] /// C19, 124[v]]

KOMMENTAR

Für dt. *schwören* steht im tschechischen Text *přisieci* (staročes.) (I.) und *svou přísahu učinit* (II.) (Übersetzung 1:2).

Im untersuchten polnischen Text der „Magdeburger Urteile" steht für dt. *schwören* poln. *przysiągać*, vgl. auch ISMIO Bd. 2, S. 239.

LITERATUR

DWB 15, 2733–2746 ✧ WMU 2, 1725 f. ✧ Kaufmann/Neumeister Glossar, 1053–1055 ✧ Papsonová SRB, 579 f. ✧ Roučka/Růžička Heslář, 459: *přisahati* ✧ MSS, 405: *přisieci* ✧ Reczek/Twardzik III, 231 f.

tsch. **sedák** s. dt. **Kämpfer, der**

tsch. **sedánie** s. dt. **Kampf, der**

dt. **selbdritt** /// tsch. **sám třetí** (staročes.) /// poln. **samotrzeć** (staropol.)
[= als Dritter zusammen mit zwei anderen]

wil aber der h*er*re vnuorguldene [v] ſchult bewiſen / er iſt nehir zcu entghen *ſelbdritte* / denn*e* ghenner zcubehalden etc /// Ale chcze li pan zaplaczenie dluhu okazati Tehda blizij geſt toho oteyda · *ſam trzeti* nezli by on ſam obdrzeti mohl [Art. 77, fol. 174ᵛ /// C91, 174ᵛ]

Sal eyn man gecȝugen uff eynes ma*n*nes eigen *ſelbſobinde* ader *ſelb dritte* das mus er thun mit erbſeſſin luten dy dingphlichtig ſien yn dem gerichte {hier: Gerichtsbezirk} /// TAke ma li geden czlowiek ſwiedczity · ſe na wlaſtnie gedno*ho Sam ſedm* aneb *ſam trzeti* · to on muſſy vcziniti · s lidmi diedicznie vſedlymi · k tomu ſaudu ſluſſegiczymi · rozomiey k kteremu ſaudu to wlaſtnie przyſluſſie [Art. 103 [104], 190ᵛ /// C111, 184ᵛ]

SAl eyn man dem and*er*n ſyne hant angewynnen v*m*me valſch daȝ mus er thun *ſelbdritte* vnbeſprochen*er* lute etc /// O dobytij ruky MA li geden czlowiek na druhem geho ruky dobyti · o faleſs to on muſſy vcziniti *ſam trzeti* · nenarczenych lidij [Art. 106 [107], 190ᵛ /// C114, 184ᵛ]

Iſt er aber vmſchult beclag*et* beclag*et* die noch vff en nicht gewonnen iſt / vnd*e* ſtirbet er yn des der borge darff en nicht vorbrengen ab er ſynen tot *ſelbdritte* bewiſit / ȝo iſt der borge ledig / des toten erbe ſal abir antwerten vor dy ſchult /// Pakli geſt pro dluh obzalowan · kterzto nan geſſtie nebyl · dozalowan nebo dobyt · a ze by on w tom vmrzel Tehda rukoymie nepotrzebuge geho poſtawiti · acz ſmrt ge*ho ſam trzetij* pokazati moze Tehda rukoymie prazden bude · a diediczowe toho vmrleho magi odpowiedati · za ten dluh [Art. 116 [117], § 2, fol. 198ᵛ /// C123, 189ʳ]

KOMMENTAR

Für dt. *selbdritt* steht im tschechischen Text *sám třetí* (staročes.) (Übersetzung 1:1).
Im untersuchten polnischen Text der „Magdeburger Urteile“ steht für dt. *selbdritt* poln. *samotrzeć* ‘selbdritt’. Bezieht sich *selbdritt* im deutschen Text auf eine Frau, so erfolgt die Wiedergabe im Polnischen mit einer weiblichen adjektivischen Form, vgl. dt. (sy), die *selbdritt myt czwen mannen czu sich vorguldin schult beweysin sal* /// poln. tho ***ona*** {fem.Pronomen} *ma vczynycz szamotrzecz**a*** {fem.Endung ***-a***} *zedwyemą maszomą* ‘mit zwei Männern’ kszobye [188 /// 195], vgl. auch ISMIO Bd. 2, S. 240.

LITERATUR

DRW 13, 282f. ✧ DWB 16, 429; Verweis auf: *selb* 16, 433 ✧ WMU 2, 1552f.: *selb* ✧ Kaufmann/Neumeister Glossar, 1036–1039 ✧ Boková/Spáčilová Glossar,

393: lediglich frnhd. *selb* ✧ Papsonová SRB, 581–584 ✧ Reczek/Twardzik III, 246 ✧ Słownik staropolski 8, 122 f.

dt. **selbsiebt** /// tsch. **sám sedm** {mask.} (staročes.); **sama sedma (sedmá)** {fem.} (staročes.) /// poln. **samosiodm(o)**; **samosiódm** (staropol.)
[= als Siebenter zusammen mit sechs anderen]

I. dt. ***selbsiebt*** {mask.} /// tsch. ***sám sedm*** {mask.}:

ſelb ſobinde ſiner nehiſten magin /// *sam sedm* swych blyzssich rodiczow {seiner nächsten Verwandten} [Art. 4 § 1, 15v /// C4, 98v]

WElchen man man vnelich cȝiet an gebort ader an ammechten / daȝ mus ghenner gecȝugen der en des cȝiet *ſelb ſobinde* volkomener lute an irem rechte /// KTereho by czlowieka narzekli · ze by manzelſky vrozen nebyl · Aneb ze by vrzadu hoden nebyl Ten ktoz narzieka muſſy to vſwiedcziti *ſam ſedm* doſpielych lidij · na gich prawu [Art. 32 § 1, 118r /// C43, 151r]

Spricht m*an* ab*er* daȝ er ſien recht vorloren hat vor gerichte mit deube ader mit roube daȝ mus der richter gecȝeugen mit cȝwen ſchepphen vn*de* vir dingmannen {dt. vn*de* vir dingmannen fehlt im tsch. Text} *ſelb ſobinde* /// Pakli by rzekl · ze on ſwe prawo potratil · przed prawem zlodieyſtwem neb lupezem To on vſwiedcziti muſſy s rychtarze*m* · a ſ kmety ______ {dt. vn*de* vir dingmannen fehlt im tsch. Text} *ſam ſedm* [Art. 32 § 2, 118r /// C43, 151r]

Allerhande clage die an vngerichte ghet alȝ dube vnde roub vnde mort die ſal man clagen mit gerufte yn eyner hanthaftigen tat vnde *ſelbſobinde* ſal en der [richter] cleger obirwynden /// Wſſelikteraka zaloba · kteraz na bezprawie gde · iakozto o zlodieyſtwo · o lupez · o ***mord*** {Lehnwort aus dt. *Mord*} Ta ma zalowana byti s weppem · ***to geſt ſ krzykem*** {erklärender Zusatz im tsch. Text: ‘das heißt mit Geschrei’} · w ynhedniem horkem vczinku A *ſam ſedm* ma gey ſ prawem przemoczi [Art. 36, fol. 129r /// C45, 152r]

die ſal der man in hanthaftiger tat clagen mit gerufte vnde *ſelbſobinde* gecȝeugen /// ma zalowano byti · w ynhedniem horkem *vczynku* ***To geſt hned kdyz ſe ſtane*** {erklärender Zusatz im tsch. Text: ‘das heißt gleich, wenn es geschieht’} A to ſ krzykem a *ſam ſedm* vſwiedcziti [Art. 37, fol. 129v /// C46, 152r]

wirt der ma*n* geuangen inder vriſſchen *tat* vnde mit gerufte vorgerichte bracht / vnd*e* hat des gecȝug an ſinen ſchreymannen *ſelbſobende* / vnde mag er die not bewiſen alȝ recht iſt is gheit em an den lip /// Bude li ten muz popaden w horkem vczinku A bude ſ krzykem przed prawo prziweden A bude ty ſwiedomie mieti · ktoz ſu ten krzik ſliſſieli · *ſam ſedm* A ze moze takowu nuzy okazati · iakoz p*ra*wo geſt Tehda gde tomu na geho hrdlo {Gurgel} [Art. 38 § 1, 129v /// C46, 152r]

wo abir ***eyne*** ſune geſchit vȝwe*n*dig dingis / das gecȝug*et* man mit ſechȝ mannen das iſt *ſelb ſobende* /// Ale kdez ſe ***gedna*** {fem., Interferenz: der deutsche unbestimmte Artikel wird mit dem tschechischen Zahlwort ***jedna*** ‘eine’, fem. wiedergegeben} ſmluw***a*** ſtane · krom ſaudu To moz vſwiedczeno byti ſe ſſeſty czlowieky · to geſt *ſam ſedm* [Art. 51 § 3, 154r /// C63, 163r-v]

1. HOt abir ***eyn*** man cȝinſgut von ***eynem*** gotishuȝe vnde bekennet is em der herre nicht / er mag ſien erbcȝinſgut behalden ghein ſinem h*er*ren *ſelbſobende* ſiner erbgenoſȝin / vn*de* bekennet der h*er*re den ſelbien ires erbcȝinſes nicht ir icȝlichir mus en behalden *ſelbſobende* /// Pakli ma ***geden*** {Interferenz: der deutsche unbestimmte Artikel wird mit dem tschechischen Zahlwort ***jeden*** 'ein(s)' wiedergegeben} czlowiek czynezne vrocznie zbozie · od ***gednoho*** {Interferenz: der deutsche unbestimmte Artikel wird mit dem tschechischen Zahlwort ***jeden*** 'ein(s)' wiedergegeben} bozieho domu · a neſezna li gemu toho ten pan · on moze zbozie ſwe czynezne diediczne · zachowati proti panu ſwe*mu* · *ſam ſedm* ſwych ſpolu diediczow A neſezna ly ten pan · tiem giſtym gich diediczneho czynezneho zbozie ***Erbczinzgut*** {okkasionelle Übernahme von dt. *Erbzinsgut* als tsch. *erbcinzgut* in den tsch. Text} gich kazdy muſſy to obdrzeti *ſam ſedm* [Art. 59, fol. 164ᵛ /// C75, 168ᵛ]

Spricht er aber er habe em vorgulden das mus er volbrengen *ſelbſobende* nach to der hant /// Pakli die, ze ſem ge*mu* zaplatil · to on muſſy pokazati *ſam ſedm* · po vmrle rucze [Art. 66, fol. 168ᵛ /// C80, 171ᵛ]

vnde hat er des ſine ſchrey lute zcu gecȝeuge *ſelb ſobende* /// A ma toho ſwe weppne aneb vpne lidij k ſwiedomi · *ſam ſedm* [Art. 69, fol. 171ʳ /// C83, 173ʳ]

Sal eyn man gecȝugen uff eynes ma*n*nes eigen *ſelbſobinde* ader *ſelb dritte* das mus er thun mit erbſeſſin luten dy dingphlichtig ſien yn dem gerichte /// TAke ma li geden czlowiek ſwiedczity · ſe na wlaſtnie gedno*ho Sam ſedm* aneb *ſam trzeti* · to on muſſy vcziniti · s lidmi diedicznie vſedlymi · k tomu ſaudu ſluſſegiczymi · rozomiey k kteremu ſaudu to wlaſtnie przyſluſſie [Art. 103 [104], 190ᵛ /// C111, 184ᵛ]

II. ***selbsiebt*** {fem.} /// ***sama sedma (sedmá)*** {fem.}:

wolde man der vrouwen ire morgingabe brechen an varnder habe die ir gegeben iſt vorgerichte / *ſy* behelt ſy mit mannen vnde mit wibern die do keinwertig waren *ſelbſobende* /// Chtiel li by te panie gegie wieno zlamati · na mowitem ſtatku · kterez gie dano przed Hagenym ſaudem To *ona* obdrzy s muzmi a ſ zenami · kterzy ſu przi tom byli ***ſama ſedma*** {fem.} [Art. 56 § 4, 157ᵛ /// C68, 164ᵛ–165ʳ]

KOMMENTAR

Für dt. *selbsiebt* steht im tschechischen Text *sám sedm* {mask.} (staročes.) (I.), geht es um eine weibliche Person, so steht tsch. *sama sedma (sedmá)* {fem.} (staročes.) (II.) (Übersetzung 1:1).

M. Papsonová[290] hat unter ihrem reichen Material auch Beispiele für die weibl. grammatische Form, so: dt. vnd hot dy *frauwe* dez gezevg an irm schre mannen *selb sibende* /// tsch. a *zena* by to swiedo[do]mi miela wedle sweho wolani *sama sedma* {fem.Endung ***-a***}.

---

[290] PAPSONOVÁ, Das Magdeburger Recht und das Silleiner Rechtsbuch, 2003, S. 582.

Im untersuchten polnischen Text der „Magdeburger Urteile“ steht für dt. *selbsiebt* poln. *samosiodm(o)* ‘selbsiebt’, vgl. ISMIO Bd. 2, S. 241–243.
Bezieht sich *selbsiebt* im deutschen Text auf eine Frau, so erfolgt die Wiedergabe im Polnischen mit einer weiblichen adjektivischen Form (analog zu *selbdritt*, s. o.), vgl. (ze), die *zalp zebende mit fromen lewten* [...] /// vgl. poln.: ***ona*** {fem.Pronomen} *moze szamosyodm**ą*** {fem.Endung ***-a***} *szdobrymy ludzmy* ‘mit guten Leuten’. [128 /// 137].
Im Gegensatz zu *selbdritt* ist bei *selbsiebt* im Polnischen zweimal ein Kollektivum auf ***-o*** belegt: *samosiodm**o***, vgl.: salb sebende [selbsiebt] /// szamoszyodm**o** {Kollektivum} [samosiodmo] [22 /// 22] und salp sebinde [selbsiebt] /// szamoszyodm**o** {Kollektivum} [samosiodmo] [197 /// 204].

LITERATUR

DRW 13, 291 f. ✧ DWB 16, 429; Verweis auf: *selb* 16, 433 ✧ WMU 2, 1552 f.: *selb* ✧ Kaufmann/Neumeister Glossar, 1036–1039 ✧ Boková/Spáčilová Glossar, 393: lediglich frnhd. *selb* ✧ Papsonová SRB, 581–584: S. 582: *selb sibende* – *sam sedmy*; vgl. ebd. auch die weibl. Form: vnd hot dy *frauwe* dez gezevg an irm schre mannen *selb sibende* /// a *zen**a*** by to swiedo[do]mi miela wedle sweho wolani *sam**a** sedm**a*** {fem.Endung ***-a***} ✧ Reczek/Twardzik III, 246 f. ✧ Słownik staropolski 8, 121

dt. **Siechbett, das**; **Krankenbett, das** /// tsch. **nemocná postel** (staročes.) /// poln. **łoże chorego**; **łoże** (staropol.)

KEyn wip noch kein man mag *yn ſichbette* ſines gutes vorgeben mag /// ZAdny muz aniz zena {im dt. Text *weder Frauen noch Männer*, im tsch. Text *weder Ehemänner noch Ehefrauen*} *w nemoczne poſteli* · ſweho zbozie oddati nemoze [Art. 64, fol. 166ᵛ /// C78, 169ᵛ]

KOMMENTAR

Für dt. *Siechbett* steht im tschechischen Text *nemocná postel* (staročes.) (Übersetzung 1:1).

LITERATUR

HRG 4, 1660 f. ✧ DWB 16, 845 f. ✧ Kaufmann/Neumeister Glossar, 1036 ✧ Boková/Spáčilová Glossar, 397: frnhd. *siechbett* ✧ Staročeský slovník 1, 552–554: *nemocný*; 3, 812: *postel*

dt. **Siegel, das**; **Petschaft, das** /// tsch. **pečeť** /// poln. **pieczęć**

Der ſchult*is* ſal nemen der ſtat brief doran ſal ouch ir *ingeſigil* hangen /// Ze Rychtarz ma wzieti mieſtczky liſt · A gich *peczet* k tomu ma prziwieſſena byti ***A k tomu ma wzieti tiech kanownikow liſt · s gich prziwieſſenu peczeti*** {erklärender Zusatz im tsch. Text: ‘und dazu soll er den Brief der Kanoniker nehmen mit ihrem angehängten Siegel’} [Art. 14 § 1, 53ᵛ /// C14, 115ʳ]

KOMMENTAR

Für dt. *Siegel* steht im tschechischen Text *pečet'* (Übersetzung 1:1).

LITERATUR

LexMa 7, 1848–1861 ✧ DWB 16, 895–903 ✧ WMU 2, 1575 ✧ Kaufmann/Neumeister Glossar, 541 ✧ Boková/Spáčilová Glossar, 397 ✧ Staročeský slovník 3, 115f.: *pečět*

tsch. **šilink** s. dt. **Schilling, der**

tsch. **šlechtilé** ***dítě*****; šlechtilé** ***dietě*** s. dt. **Edelkind, das**

tsch. **slib; slibové** s. dt. **Gelübde, das**

tsch. **smlouva; smlúva; smír; smíření** s. dt. **Sühne, die; Sühneversprechen, das; Aussöhnung, die**

tsch. **porušit** ***smlouvu*****; zrušiti** ***smlúvu*****; porušení** ***smlouvy*****; zrušení** ***smlúvy*** s. dt. **Sühne brechen**

tsch. ***smluvní*** **lidé** s. dt. **Sühneleute, die**

tsch. **soud** s. dt. **Ding, das**

tsch. **soud; právo; grichta; rychta** s. dt. **Gericht, das; Ding, das**

tsch. **fojtský/obecní** ***soud*** s. dt. **Vogtding, das; Vogt(ei)gericht, das**

tsch. ***soud*** **hájiti** s. dt. **Ding hegen**

tsch. ***soud*****, (za)hájený** s. dt. **Ding, gehegtes; Bank, gehegte**

tsch. ***soud*****, (naj)bližší/první** s. dt. **Ding, nächstes**

tsch. ***soud*****, obecní; vlastní soud; echtedink; soud, (zahájený)** s. dt. **Ding, echtes**

tsch. ***soud*****, osazený** s. dt. **Ding, elich**

tsch. **(osazený)** ***soud*****; osazování** s. dt. **Burgding, das**

tsch. ***soud*** **purk[r]abin** s. dt. **Burggrafending, das**

tsch. **šultejsóv** ***soud*** s. dt. **Schultheißending, das**

tsch. **(ti, ktož při/k)** ***soudu*** **(pří)stojie** s. dt. **Dingleute, die; Dingmannen, die**

tsch. **soudit; odsouditi** s. dt. **dingen; tedingen**

tsch. **soudit; popravovati** s. dt. **richten**

tsch. ***soud*** **vložiti** s. dt. **Ding auslegen (verschieben)**

tsch. **soudní den**; **soud** s. dt. **Dingtag, der**; **Gerichtstag, der**

tsch. **soudní dni** s. dt. **Dingtage, die**; **Gerichtstage, die**

tsch. **stvrdit**; **stvrditi** s. dt. **bestätigen**

dt. **Stadt, die** /// tsch. **město** /// poln. **miasto**

Wo man eynen burgermeiſter kuſit *yn* ***eyner*** *ſtat* / den kuſt ma*n* zcu eynem iare /// KDez purgmiſtra *w* ***gednom*** {Interferenz: der deutsche unbestimmte Artikel wird mit dem tschechischen Zahlwort ***jeden*** 'ein(s)' wiedergegeben} *mieſtie* wole · toho magi k gednomu roku wolity [Art. 19 § 1, 71v /// C19, 124v]

WO man ***die*** *ſtat* zcu meideborg vȝgab zcum aller erſten zcu wichbilde /// KDyz nayprwe ***to*** {Interferenz: der deutsche bestimmte Artikel wird als Demonstrativpronomen übernommen} *mieſto* Meydburk vſtaweno a wyſazeno bylo geſt · k wykpildowemu ***to geſt k mieſtczkemu prawu*** {erklärender Zusatz im tsch. Text: 'das heißt zum Stadtrecht'} [Art. 42 § 1, 139v /// C50, 156r-v]

der *ſtat* ere vnde recht vnde vromen zcubewaren ſo ſy beſte konnen / vnd*e* mogen mit der wicȝigiſten rate /// Aby ***toho*** {Interferenz: der deutsche bestimmte Artikel wird als Demonstrativpronomen übernommen} *mieſta* czeſt a prawo · a gich dobre opatrowali · czoz naylepe vmieti a moczi budu · s mudrzieyſſich radu · ***to geſt s radu obecznich*** {erklärender Zusatz im tsch. Text: 'das heißt mit dem Gemeinderat'} [Art. 42 § 1, 139v /// C50, 156r-v]

KOMMENTAR

Für dt. *Stadt* steht im tschechischen Text *město* (Übersetzung 1:1).

LITERATUR

HRG 4, 1849–1851; 4, 1863–1873 ✧ LexMa 7, 2169–2208 ✧ DWB 17, 420–439 ✧ WMU 2, 1643–1645 ✧ Kaufmann/Neumeister Glossar, 1023 ✧ FWB 11, 108–130 ✧ Boková/Spáčilová Glossar, 406 ✧ MRB, Register 824 ✧ Papsonová SRB, 592–595 ✧ Roučka/Růžička Heslář, 301: *město* ✧ Gebauer 2, 342: *město*

dt. **Sühne, die**; **Sühneversprechen, das**; **Aussöhnung, die** /// tsch. **smlouva**; **smlúva** (staročes.); **smír**; **smíření** /// poln. **pukuta** (staropol.); **kara**; **pojednanie**

WO ***eyne*** *ſone* {Sühne} geſchit vor gerichte ader eyne oruede {Urfehde} / die geczeugit eyn man mit dem richtere vnde mit den ſchepphen /// KDyz ſe ***gedna*** {fem., Interferenz: der deutsche unbestimmte Artikel wird mit dem tschechischen Zahlwort ***jedna*** 'eine', fem. wiedergegeben} *ſmluwa* ſtane · neb vmluwa przed prawem · tu vſwiedczi geden czlowiek Rychtarzem a kmety [Art. 51 § 1, 154r /// C63, 163r] wo abir *eyne ſune* geſchit vȝwen*d*ig dingis / das gecȝug*et* man mit ſechȝ mannen das iſt ſelb ſobende /// Ale kdez ſe ***gedna*** {fem., Interferenz: der deutsche unbestimmte Artikel wird mit dem tschechischen Zahlwort ***jeden*** ‘ein(s)’ wiedergegeben} *ſmluw**a*** ſtane · krom ſaudu To moz vſwiedczeno byti ſe ſſeſty czlowieky · to geſt ſam ſedm [Art. 51 § 3, 154r /// C63, 163r-v]

1. WO aber ____ *ſune* ader eyne rechte gewe*re* geſchit bricht ſy der ſachwalde vn*de* wi*r*t er des obirwunden alȝo recht iſt mit deme richtere vnde mit den ſchepphen v*m*me eyne wunde / man vorteilt em dy hant v*m*me eynen toden / den halȝ /// Ale kdez ſe gedna prawa *ſmluw**a*** ſtane · a zprawa · zruſſili gy ten giſtecz · a bude toho przemozen · iakoz p*ra*wo geſt · s Rychtarzem a ſ kmety · o gednu ranu · oddiele gemu ruku O gednoho zabiteho hrdlo [Art. 52 § 1, 154r /// C64, 163v]

KOMMENTAR

Für dt. *Sühne/Sühneversprechen* steht im tschechischen Text *smlouva* (Übersetzung 1:1).

1. Wie in zahlreichen anderen Sätzen, so muss auch in Satz 1. bei der Beurteilung der Übersetzung über die Grenze des einzelnen Wortes (Rechtsterminus) hinaus gegangen werden, vgl.:

frnhd. WO aber ____ ſune ader eyne rechte gewe*re* geſchit {‘wo aber Sühne und *eine rechte* Gewere geschieht’} /// atsch. Ale kdez ſe gedna prawa ſmluwa ſtane · a *zprawa* {‘aber wo *eine rechte* Sühne geschieht und Gewere’}. Es zeigt sich, dass hier der unbestimmte Artikel (*eine*) und das Attribut (*rechte*), die im deutschen Satz bei *Gewere* stehen (*eyne rechte gewere*), in der tschechischen Übersetzung bei *Sühne* stehen (*gedna prawa ſmluw**a***).

Im untersuchten polnischen Text der „Magdeburger Urteile“ wird dt. *Gewere* fast ausschließlich mit poln. *obrona* wiedergeben, vgl. dt. *in seine Gewere nehmen* /// poln. *w jego obronę pojać*. Lediglich einmal ist für dt. *in seine Gewere nehmen* /// poln. *wziąć w swą opiekę* belegt. Für dt. *Gewere daran haben* steht im polnischen Text *mieć prawo obrone*. Die deutschen Lehnwörter im Polnischen *gwar, gewer, gwer* kommen im untersuchten Text der „Magdeburger Urteile“ nicht vor, vgl. auch ISMIO Bd. 2, S. 187 f.

dt. **Sühne/Sühneversprechen brechen**, d. h. nicht einhalten /// tsch. **porušit smlouvu; zrušiti smlúvu** (staročes.); **porušení smlouvy**; **zrušenie smlúvy** (staročes.) ‘das Brechen der Sühne’

WO aber ſune ader eyne rechte gewe*re* geſchit *bricht ſy* {*die Sühne*} der ſachwalde vn*de* wi*r*t er des obirwunden alȝo recht iſt mit deme richtere vnde mit den ſchepphen v*m*me eyne wunde / man vorteilt em dy hant v*m*me eynen toden / den halȝ /// Ale kdez ſe gedna prawa ſmluwa ſtane · a zprawa · *zruſſili gy* {*die Sühne*} ten giſtecz · a bude toho przemozen · iakoz p*ra*wo geſt · s Rychtarzem a ſ kmety · o gednu ranu · oddiele gemu ruku O gednoho zabiteho hrdlo [Art. 52 § 1, 154r /// C64, 163v]

Bricht ſy {*die Sühne*} abir eyn ander er mus ſy buſʒin mit ſynem geſacʒtem wergelde /// Pakli *gy* {*die Sühne*} *zruſſi* gyny · muſſy on odlozyti ſwym vſazenym wergeltem [Art. 52 § 2, 154r-v /// C64, 163v]

1. wer *ſune breche* was er darume liden ſal /// O *zruſſeni ſmluwy* [Art. 52 § 1, 154r /// C64, 163v]

KOMMENTAR

Für dt. *Sühne/Sühneversprechen brechen* steht im tschechischen Text *zrušiti smlouvu* (Übersetzung 1:1), in einem Beispiel auch *zrušení smlouvy* (1.).

LITERATUR

HRG 5, 72–76 ✧ DWB 20, 1012–1028 ✧ WMU 2, 1643–1645 ✧ Kaufmann/Neumeister Glossar, 1011 ✧ Boková/Spáčilová Glossar, 421: frnhd. *sune* ✧ MRB, Register 825: frnhd. *sune* ✧ Papsonová SRB, 601 f. ✧ Roučka/Růžička Heslář, 530: *smlouva*; 530: *smír, smíření*; 389: *pokání*; 700: *zrušiti* ✧ MSS, 673: *zrušiti*

dt. **Sühneleute, die** /// tsch. **smluvní lidé** {Pl.}

30 iſt ***der*** man den ma*n* an ſpricht *mit ſyne ſune luten* /// Tehda ***ten*** {Interferenz: der deutsche bestimmte Artikel wird als Demonstrativpronomen übernommen} czlowiek kterehoz narziekagi · ge*ſ*t blizij *ſwymi ſmluwnymi lidmi* [Art. 50 § 2, 153v /// C62, 163r]

KOMMENTAR

Für dt. *Sühneleute* steht im tschechischen Text *smluvní lidé* (Übersetzung 1:1).

LITERATUR

HRG 5, 72–76 ✧ WMU 2, 1709 f. ✧ Kaufmann/Neumeister Glossar, 1011

tsch. **svědek** s. dt. **Zeuge, der**

tsch. **svědci** s. dt. **Zeugen, die**

tsch. **svědectví**; **osvědčení**; **svědomie** s. dt. **Zeugnis, das**

tsch. **svědomě, ktož sú ten křik slyšeli**; **lidé, kteří pomáhají při obžalobě**; **okřiklí lidé**; **svědkové**; **vepní neb úpní lidé k svědomí**; **svědci** s. dt. **Schreimannen, die**

tsch. **svoboda** s. dt. **Freiheit, die**

tsch. **svolení**; **vůle** s. dt. **Willkür, die**

T

dt. **Tag, der**; s. a. oben **Jahr und Tag** /// tsch. **den** /// poln. **dzień**
[= Tag, Zeit, Gerichtstag, Gerichtstermin, Frist]

I. dt. ***in einem Tag*** /// tsch. ***jedniem dnem*** (staročes.):

is ſy denne do eyn burg*er* eyn g*a*ſt beclag*et* ader eyn gaſt eynen burg*er* v*m*me ſchult mit gecȝeuge der gaſt mus abir ſweren daȝ er eyn wilder gaſt ſy vnde ȝo verre geſeſſin daȝ er daȝ ding *yn eyme tage* nicht geſuchen mag /// kkdez by ***geden*** {Interferenz: der deutsche unbestimmte Artikel wird mit dem tschechischen Zahlwort ***jeden*** 'ein(s)' wiedergegeben} mieſſtienyn gednoho {Interferenz: der deutsche unbestimmte Artikel wird mit dem tschechischen Zahlwort ***jeden*** 'ein(s)' wiedergegeben} hoſſtie obzalowal Neb *hoſt* mieſſtienina · ſe ſwiedky Ale hoſt muſſy prziſieczi · Ze on diwoky hoſt geſt A ze on tak daleko ſiedlem ſedij · ze *gedniem dnem* k ſaudu prawa hledieti nemoz [Art. 45 § 4, 146r /// C58, 159r]

II. dt. ***Nacht, die*** /// tsch. ***den*** 'Tag':

nach diſſin dingen legit er y*m*mer ſien ding vȝ *obir virczin nacht* {14 Nächte = 15 Tage; vgl. Sachsenspiegel} /// Po tiechto ſaudiech wyklada on wzdyczky ſwoy ſaud · *we cztrnaſti dnech* {14 Tage} [Art. 46 § 1, 146r /// C58, 159r]

III. dt. ***alle Tage*** /// tsch. (***na***) ***každý den***:

der burcgraue vnde der ſchult*is* mogin wol richten *alle tage* v*m*me gelt /// Take purkabie a Sſulteys mohu dobrze ſudity · *na kazdy den* o penize [Art. 45 § 4, 145v /// C58, 159r]

IV. dt. ***Tage, gebundene*** /// tsch. ***zavázané dni*** /// poln. ***wiązany czas*** {Sg.}, ***wiązane czasy*** {Pl.}, ***wiązane dni*** {Pl.}, ***zawieszone dni*** {Pl.}:
[= Feiertage, wo nicht gerichtet wurde]

IV.a) dt. ***an gebundenen Tagen*** /// tsch. ***v zavázané dni*** /// poln. ***w*** (***za***)***wiązany czas*** {Sg.}; ***w wiązane czasy*** {Pl.}; ***w wiązane dni*** {Pl.}; ***w zawieszonych dniach*** {Pl.}:

kome*n* diſȝe dingtage in vier tagen {Feiertage; Pl.} / ader *yn gebunden tagen* ſo vorluſt er ſien ding /// Przidu li tito ſudni dnowe · w geden ſwatek {ein Feiertag; Sg.} · neb *w zawazane dni* Tehda on ztraty ſwoy ſaud [Art. 44 § 1, 145r /// C57, 159r]

komet diſȝer dingtage eyner an eyne*m* vier tage {Feiertag; Sg.} ader *yn eyne*m [viertage] *bunden tage* er mag wol · obir eynen tag ader obir cȝwene ſyn ding vȝ legin /// Prziſſel li by ten ſaud na geden ſwateczni den {ein Feiertag; Sg.} Neb *w zawazane dni* · moz on dobrze potom den neb druhy ſaud ſwoy wlozity [Art. 46 § 2, 146r /// C58, 159r]

Kommentar

Für dt. *Tag* steht im tschechischen Text *den* (Übersetzung 1:1). In einem Beispiel steht dt. 14 *Nächte* /// tsch. 14 *Tage* (II.).

Im untersuchten polnischen Text der „Magdeburger Urteile" steht für dt. *Tag* poln. *dzień*, vgl. auch ISMIO Bd. 2, S. 242–246; zu *alle Tage*, vgl. ebd., S. 246; zu *gebundenen Tagen*, vgl. ebd., S. 243f.

LITERATUR

HRG 5, 111: *Tag und Nacht* ✧ DRW 2, 339 (II 7) ✧ DWB 21, 27; 4, 1900: *gebunden*; 21, 27–60: *Tag* ✧ WMU 3, 1733–1735 ✧ Kaufmann/Neumeister Glossar, 180f.: *gebundene Tage*; 1125: *ungebundene Tage* ✧ FWB 6, 319: *gebunden* ✧ Boková/Spáčilová Glossar, 423 frnhd. *tag* – tsch. *den* ✧ MRB, Register 826 ✧ Papsonová SRB, 603–607 ✧ Roučka/Růžička Heslář, 93: *den* ✧ Gebauer 1, 224–226: *den* ✧ Reczek/Twardzik III, 77 ✧ Aleksic Ortyle, 52, 54f. ✧ Słownik staropolski 2, 294–303; 11, 236: *zawieszonych*; 10, 108f.: *wiązane* ✧ Zajda 2008, 296

dt. **Tat, die** /// tsch. **čin**; **skutek** /// poln. **rzecz**; **postępek**; **czyn**

LITERATUR

DWB 21, 307–312 ✧ WMU 3, 1742 ✧ Kaufmann/Neumeister Glossar, 198–201 ✧ Boková/Spáčilová Glossar, 424: frnhd. *tat* – tsch. *čin* ✧ Papsonová SRB, 607–612 ✧ Roučka/Růžička Heslář, 80: *čin*; 527: *skutek* ✧ Gebauer 1, 174f.: *čin* ✧ Słownik staropolski 8, 83–94 ✧ Reczek/Twardzik III, 244f.

dt. **Tat, handhafte** /// tsch. **účinek, horký** (staročes.)/**skutečný** (staročes.)/**inhední** (staročes.) /// poln. **rzecz, gorąca** (staropol.); **ucinek, gorący**

Iſt aber do *keine hanthaftige tat* /// A pakli tu *zadneho ynhednieho vczinku* nenie [Art. 38 § 2, 129v /// C46, 152r]

Iſt aber daȝ der burcg*ra*ue do nicht geſien mag vnde geſchit not ader eyn vngerichte do *dy hanthaftige tat* keinwertig iſt / die burger*e* kyſen eynen richter an des burcgrauenſtat /// Ale byllo li by ze by purkabie tu byti nemohl · a ſtalo ſe Naſile neb gine bezprawie · kdez by to *ſkuteczny vczinek* Mieſſtiene to geſt Rada wuolee neb vſadie ***gednoho*** {Interferenz: der deutsche unbestimmte Artikel wird mit dem tschechischen Zahlwort ***jeden*** 'ein(s)' wiedergegeben} Rychtarze dobrze mieſto toho purkabie [Art. 44 § 3, 145v /// C57, 159r]

dt. **in handhafter Tat**; **auf frischer Tat** /// tsch. **v inhedniem/horkém účinku** (staročes.); **při činu** /// poln. **w gorącej rzeczy** (staropol.); **za gorąca** (staropol.); **za gorącej rzeczy** (staropol.); **na gorącym uczynku**

I. dt. ***auf frischer Tat*** /// tsch. ***v horkém účinku*** (staročes.):

wirt der ma*n* geuangen *inder vriſſchen tat* vnde mit gerufte vorgerichte bracht / vnd*e* hat des gecȝug an ſinen ſchreymannen ſelbſobende / vnde mag er die not bewiſen alȝ recht iſt is gheit em an den lip {Leib} /// Bude li ten muz popaden *w horkem vczinku* A bude ſ krzykem przed prawo prziweden A bude ty ſwiedomie mieti · ktoz ſu ten krzik ſliſſieli · ſam ſedm A ze moze takowu nuzy okazati · iakoz p*ra*wo geſt Tehda gde tomu na geho hrdlo {Gurgel} [Art. 38 § 1, 129v /// C46, 152r]

II. dt. ***in handhafter Tat*** /// tsch. ***v inhedniem účinku*** (staročes.):

Nach burcg*ra*uen nach dem ſchultheiſen iſt kein ſchepphe orteil phlichtig zcuvinden vȝ de*m* dinge Is ſy denne *yn hanthafter tad* /// Aniz tomu purkabi aniz Sſulteyſowi nenie zadny kmeth · aniz mieſſtienyn powinen · aby ktery ortel nalezati miel · kromie ſaudu · leczby ſe przihodilo *w ynhedniem vczinku* [Art. 45 § 3, 145v /// C58, 159r]

III. dt. ***in handhafter Tat*** /// tsch. ***v inhedniem horkém účinku*** (staročes.):

Allerhande clage die an vngerichte ghet alȝ dube vnde roub vnde mort die ſal man clagen *mit gerufte yn eyner hanthaftigen tat* vnde ſelbſobinde ſal en der [richter] cleger obirwynden /// Wſſelikteraka zaloba · kteraz na *bezprawie* gde · iakozto o zlodieyſtwo · o lupez · o ***mord*** {Lehnwort aus dt. *Mord*} Ta ma zalowana byti s weppem · ***to geſt ſkrzykem*** {erklärender Zusatz im tsch. Text: ‘das heißt mit Geschrei’} · *w ynhedniem horkem vczinku* A ſam ſedm ma gey ſ prawem przemoczi [Art. 36, fol. 129r /// C45, 152r]

1. die ſal der man *in hanthaftig*er *tat* clagen mit gerufte vnde ſelbſobinde gecȝeugen /// ma zalowano byti · *w ynhedniem horkem vczynku* ***To geſt hned kdyz ſe ſtane*** {erklärender Zusatz im tsch. Text: ‘das heißt gleich, wenn es geschieht’}, A to ſ krzykem a ſam ſedm vſwiedcziti [Art. 37, fol. 129v /// C46, 152r]

Kommentar

Für dt. *handhafte Tat* steht im tschechischen Text *horký účinek* (staročes.) bzw. *skutečný účinek* (staročes.) (Übersetzung 1:1), vgl. weiterhin dt. *in handhafter Tat* bzw. *auf frischer Tat* /// tsch. *v inhedniem (horkém) účinku* (staročes.) (I., II., III.), teilweise auch mit zusätzlicher erklärender Umschreibung.

Bei den Übersetzungspaaren der vergleichend untersuchten Texte der „Magdeburger Urteile“ sind belegt: dt. *Tat* /// poln. *rzecz*; dt. *handhafte Tat* /// poln. *gorąca rzecz*; dt. *in handhafter Tat* /// poln. *w gorącej rzeczy*.

Weiterhin zeigt sich im Vorkommen von poln. *rzecz* als Entsprechung für dt. *Tat* der Unterschied zwischen gemeinsprachlicher (vgl. poln. *rzecz* ‘Sache’) und rechtssprachlicher (vgl. poln. *rzecz* ‘Tat’) Bedeutung des poln. Wortes *rzecz*.

Zu weiteren Übersetzungspaaren der deutsch-polnischen Wortanalyse wie auch zur Negation, vgl. ISMIO Bd. 2, S. 246–248.

Literatur

2HRG 2, 741–748 ✧ DRW 5, 75 (II) ✧ DWB 10, 397: *handhaft*; 21, 308: *handhafter Tat*; 21, 309: *auf frischer Tat* ✧ WMU 1, 800 ✧ Boková/Spáčilová Glossar, 424: frnhd. *handhaftige tat* – tsch. *čerstvý čin* ✧ MRB, Register 826f.: tsch. *čin čerstvý, čin horký* ✧ Extrakt, 114: tsch. *v horkém účinku* ✧ Papsonová SRB, 607–612 ✧ Roučka/Růžička Heslář, 591: *účinek* ✧ ESSČ: *inhední* ✧ Gebauer 1, 465f.: *horký* ✧ Reczek/Twardzik III, 245 ✧ Słownik staropolski 2, 459–461: *gorący* ✧ Słownik staropolski: *gorący*: 2, 459–461; *rzecz*: 8, 83–94, bes. 94

dt. **Totschlag, der** /// tsch. **zabití**; **vražda** /// poln. **zabójstwo** 'Totschlag'; **mężobojstwo** (staropol.); im apoln. Text: **głowa** (**zabita**) 'Kopfverletzung'; **uraniany** 'verwundet'; **ciężkie; blisko śmiertelne rany** 'schwere, den tödlichen Wunden ähnliche Wunden'

dt. **um Totschlag** /// tsch. **o hlavu** (staročes.) 'um Kopf'; **o mord** (staročes.); **za zabitého** (staročes.) 'für einen Getöteten'; **o smrtedlnú ránu** (staročes.) 'um tödliche Wunde' /// poln. **o głowę** 'um Kopf'; **o mężobojstwo** 'um Totschlag'

1. v*m*me dy wunde ix phunt v*mme eynen totſlag* achtczen phunt /// za Ranu dewiet ffuntow *za zabiteho* oſmnaſte funtow [Art. 52 § 2, 154[v] /// C64, 163[v]]
2. Ader iſt is v*mme totſlag* is ghet em an den halz /// A pakli g*eſt o ſmrtedlnu ranu* · ***neb vraz*** {erklärender Zusatz im tsch. Text: 'oder Verletzung'} Tehda gde gemu na hrdlo [Art. 79 [80] § 1, fol. 175[v] /// C93, 175[v]]
3. wirt abir eyn kamph gelab*et* yn wichbilde *vmme eynen totſlag* /// Ale bude li ſedanie ſlibeno v wykpildie · *o ſmrtedlnu ranu* · ***to geſt o hlawu*** {erklärender Zusatz im tsch. Text: 'das heißt um Kopf'} [Art. 79 [80] § 3, fol. 175[v] /// C93, 175[v]]

Kommentar

Für dt. *um Totschlag* steht im tschechischen Text *za zabitého* 'für einen Getöteten' (1.) sowie *o smrtedlnú ránu* 'um tödliche Wunde' (2., 3.) (Übersetzung 1:2). Im untersuchten polnischen Text der „Magdeburger Urteile" zeigt sich ein ähnliches Bild, denn für dt. *um Totschlag* sind zwei Entsprechungen belegt: überwiegend *o głowę* 'um Kopf' und einmal *o mężobojstwo* 'um Totschlag'.
Für dt. *Totschlag* (eigentlich poln. *mężobojstwo* 'Totschlag') sind im untersuchten polnischen Text der „Magdeburger Urteile" ebenfalls drei Entsprechungen belegt: *głowa zabita* 'Kopfverletzung', *uraniono* 'verwundet' und *ciężkie, blisko śmiertelne rany* 'schwere, den tödlichen Wunden ähnliche Wunden', vgl. auch ISMIO Bd. 2, S. 248 f.

Literatur

HRG 5, 286–290 ✧ LexMa 8, 902 f. ✧ DRW 9, 861: *Mord* ✧ DWB 21, 628 ✧ WMU 3, 1761 f. ✧ Kaufmann/Neumeister Glossar, 266 ✧ Boková/Spáčilová Glossar, 430: frnhd. *totschlag* – tsch. *smrtelná rána* 'tödliche Wunde' ✧ MRB, Register 827: tsch. *úder smrtelný* ✧ Papsonová SRB, 620–622 ✧ Roučka/Růžička Heslář, 663: *zabití* ✧ Gebauer 1, 422 f.: *hlava* ✧ Reczek/Twardzik III, 84, 136, 303 ✧ Słownik staropolski 2, 424–429: *głowa*; 4, 189 f.: *mężobójstwo* / *mężobojstwo*

tsch. **tvrz, tvrze** {Pl.} s. dt. **Festung, die**; **Festungen, die**

U

tsch. **účinek, horký/skutečný/inhední** s. dt. **Tat, handhafte**

tsch. **v inhedniem/horkém *účinku*; při *činu*** s. dt. **in handhafter Tat**; **auf frischer Tat**

tsch. **úmluva** s. dt. **Urfehde, die**

dt. ***Un*schuld, die** /// tsch. ***ne*vina**; ***ne*vinnost** /// poln. ***nie*winność**

spr*i*cht douor er entgeht em *mit ſyner vnſchult* /// Pakli gemu poprzij A die neyſem dluzen · odeyde gemu *ſe ſwu newinu* [Art. 66, fol. 168v /// C80, 171v]

des entgheet er em *mit ſyner vnſchult* /// Toho on moz odgiti *ſwu newinu* [Art. 76, fol. 174r /// C90, 174v]

dy andern entghen *mit irer vnſchult* etc /// a druzy odeydu *ſwu newynu* [Art. 86 [87] § 3, fol. 179v /// C98, 177v]

KOMMENTAR

Für dt. *Unschuld* steht im tschechischen Text *nevina* (Übersetzung 1:1).

LITERATUR

DWB 24, 1345–1349 ✧ WMU 3, 1922f. ✧ Kaufmann/Neumeister Glossar, 1141 ✧ MRB, Register 828 ✧ Papsonová SRB, 638f. ✧ Roučka/Růžička Heslář, 328: *nevina* ✧ Staročeský slovník 1, 862f.: *nevina*

dt. **Urfehde, die** /// tsch. **úmluva**
[= Fehdeverzicht, Beendigung der Fehde]

WO ***eyne*** ſone geſchit vor gerichte ader ***eyne*** *oruede* / die geczeugit eyn man mit dem richtere vnde mit den ſchepphen /// KDyz ſe ***gedna*** {Interferenz: der deutsche unbestimmte Artikel wird mit dem tschechischen Zahlwort ***jeden*** 'ein(s)' wiedergegeben} ſmluwa ſtane · neb *vmluwa* przed prawem · tu vſwiedczi geden czlowiek Rychtarzem a kmety [Art. 51 § 1, 154r /// C63, 163r]

KOMMENTAR

Für dt. *Urfehde* steht im tschechischen Text *úmluva* (Übersetzung 1:1).

LITERATUR

LexMa 8, 1294 ✧ DWB 24, 2409–2412 ✧ WMU 3, 1966f. ✧ Kaufmann/Neumeister Glossar, 819 ✧ Boková/Spáčilová Glossar, 462 ✧ Papsonová SRB, 647 ✧ Roučka/Růžička Heslář, 596: *úmluva* ✧ MSS, 537: *úmluva*

tsch. **úroční**; **úročnie/úročné zbožie** s. dt. **Zinsgut, das**

dt. **Urteil, das** /// tsch. **ortel** {Lehnwort aus dt. *Urteil*}; **rozsudek**; **nález** /// poln. **ortyl, ortel** (staropol.) {Lehnwort aus dt. *Urteil*}; **wyrok**
[= Gerichtsurteil; Urteilsfindung; Gericht]

dt. **Urteile, die** /// tsch. **ortely**; **ortele** (staročes.) {Pl.} {Lehnwort aus dt. *Urteil*}; **rozsudky** {Pl.}; **nálezy** {Pl.} /// poln. **ortyle** {Pl.} (staropol.) {Lehnwort aus dt. *Urteil*}; **wyroki** {Pl.}

dy gabe die dir gegeben iſt vorgerichte / do wyſe ich dich yn alȝ mir *daȝ orteil* geteilt hat · / vnde ſecȝe des die ſchepphen zcu gecȝuge / vnde die ding lute daȝ ich dich hie yngewiſit habe alȝo recht iſt /// ***To*** {Interferenz: der deutsche bestimmte Artikel wird als Demonstrativpronomen übernommen} danie kterez tobie wzdano geſt · przed ſaudem · w tot ia tie vwodym yakz mi ***prawo a*** {Zusatz im tsch. Text: 'Recht und'} *ortel* nalezlo A toho ted kmety oſwiedczugi · a ty ktoz przi ſaudie ſtogie · ze ſem vwedl iakoz prawo geſt [Art. 20 § 2, 74r /// C20, 125v]

horet welchȝ ***daȝ*** [orteil] *erſte orteil* ſy / daȝ der ſchultheiſȝe deme belehenten voite vinden ſal /// Poſluchaytez ktery ***to*** {Interferenz: der deutsche bestimmte Artikel wird als Demonstrativpronomen übernommen} *prwni ortel* geſt · geſſtoz Rychtarz to*mv* purkaby naleznuty ma [Art. 16 § 2, 58v /// C16, 117r]

1. er {der Schultheiß} heiſt den voit ufſtehn *mit orteiln* {Dat.Pl.} vnd*e* eynen andern richter an ſyne ſtat ſecȝen der em {den Vogt} richte /// Ma tomu Rychtarzi kazaty wſtati · *s ortelem* {Sg.} A gineho Rychtarze poſadity · na ge*ho* mieſto · kteryz by gemu ſaudil nad Rychtarzem [Art. 18 § 1, 69r /// C18, 122v]

I. dt. ***Urteile, die*** /// tsch. ***ortele* / *ortelové*** (staročes.) {Pl.}:

daȝ ſyn ***die*** *drie erſten orteil* · {Nom.Pl.} / die der ſchultheiſſe dem voite vinden ſal /// To ſu ***ty*** {Interferenz: der deutsche bestimmte Artikel wird als Demonstrativpronomen übernommen} *trzie ortelowe* · kkterez ma Richtarz purkabi naleznuty [Art. 16 § 2, 58v /// C16, 117r-v]

Kommentar

Für dt. *Urteil* steht im tschechischen Text das deutsche Lehnwort *ortel* (staročes.) (Entlehnung). In Satz 1. gibt es eine Diskrepanz im Numerus zwischen dt. *Urteile* {Pl.} und tsch. *ortel* {Sg.}.

Im untersuchten polnischen Text der „Magdeburger Urteile" wird in allen Textstellen dt. *Urteil* mit dem deutschen Lehnwort *ortyl, ortel* wiedergegeben. Dies gilt auch für die Verbindung von poln. *ortyl, ortel* mit Attributen wie auch für den Gebrauch in den nachfolgenden Wendungen: dt. *Urteil finden* /// poln. *najć ortel*; dt. *Urteil (er)fragen* /// poln. *ortelu pytać*; dt. *Urteil schelten* /// poln. *łajać ortel*; dt. *Urteil sprechen* /// poln. *wyrzec ortel*; dt. *Urteil strafen* /// poln. *strafować ortel*. Poln. *wyrok* für dt. *Urteil* ist in dem von uns ausgewerteten polnischen Text nicht nachgewiesen, vgl. auch ISMIO Bd. 2, S. 251–258.

Literatur

HRG 5, 604–609 , 609–611 ✧ LexMa 8, 1334–1337 ✧ DWB 24, 2569–2584 ✧ WMU 3, 1963–1965 ✧ Kaufmann/Neumeister Glossar, 813–818 ✧ Boková/ Spáčilová Glossar, 463: frnhd. *urteil* – tsch. *ortel* ✧ MRB, Register 813: tsch.

nález, rozsudek ✧ Extrakt, 99: tsch. prvé dva *ortele* ✧ Papsonová SRB, 649–654 ✧ Roučka/Růžička Heslář, 354: *ortel*; 502: *rozsudek*; 320: *nález* ✧ Staročeský slovník 2, 592f.: *ortel* ✧ Newerkla 2004, 355f.: atsch. *ortel, urtal, orteil, urtel, ortyl (ortýl)* (Erstbelege: ab 1. Hälfte des 14. Jh.) ✧ Reczek/Twardzik III, 184 ✧ Aleksic Ortyle, 95f., 98f. ✧ Zajda 2001, 73–89 ✧ Zajda 2008, 298 ✧ Słownik staropolski 5, 629f.: *ortyl*; 10, 544 *wyrok*, s. *wyrocić się* ✧ Lehnwörter 2010: *ortyl*

dt. **Urteil, gescholtenes**; **Urteil, gestraftes** /// tsch. **ortel, štráfovaný** (staročes.); s. a. unten **Urteil schelten**; **Urteil strafen** /// poln. **wyrok** (**ortel**) **łajony**

I. dt. ***mit einem gescholtenen Urteil*** /// tsch. ***s štráfovaným ortelem***:

mit ***eyne*****m** *beſchulden orteil* /// ***ſgedniem*** {Interferenz: der deutsche unbestimmte Artikel wird mit dem tschechischen Zahlwort ***jeden*** 'ein(s)' wiedergegeben} *Sſtrafowanym ortelem* [Art. 10 § 2, 41r /// C10, 108r]

KOMMENTAR

Für dt. *gescholtenes Urteil* steht im tschechischen Text *štráfovaný ortel* (staročes.) (Entlehnung).

dt. **Urteil, rechtes** /// tsch. **ortel, pravý** /// poln. **ortel, prawy** (staropol.)

I. dt. ***mit rechten Urteilen*** {Pl.} /// tsch. ***pravým ortelem*** {Sg.} /// poln. ***prawym ortelem***:

1. ȝo teilt ma*n* dem voite *mit rechten orteiln* {Dat.Pl.} /// Tehda ffoytowi ***to geſt purkaby*** {erklärender Zusatz im tsch. Text: 'das ist der Burggraf'} · przidieleno bude *prawym ortelem* {Sg.} [Art. 17 § 3, 66r /// C17, 121r]

II. dt. ***mit rechten Urteilen*** {Pl.} /// tsch. ***pravými orteli*** {Pl.}:

ma*n* thu is den*ne* mit rechter clage vnde *mit rechten orteile* {Dat.Pl.} /// lecz by to ſprawem a *prawymi orteli* {Pl.} vczinili [Art. 29 § 1, 114r /// C41, 149r]

iſt der kemphe eyn ſpilma*n* er weig*er*t em kamphes *mit rechten orteiln* {Dat.Pl.} etc /// Geſt li ten ſedak hracz · on oteyde gemu ſedanie *prawymi orteli* {Pl.} [Art. 79 [80] § 3, fol. 176r /// C93, 175v]

III. dt. ***mit rechtem Urteil (ver)folgen*** {Aktiv} /// tsch. ***býti folkováno*** (staročes.) {Part.Prät.Pass. zu atsch. *folkovati*; Lehnwort aus dt. *folgen*} ***pravým ortelem*** (staročes.):

2. weig*er*t er ſich des mit vnrechte iar vnd*e* tag / ſo iſt dem landes h*er*ren daȝ gerichte ledig vnd*e* dem koninge der ban vnde *em geuolget wirt mit rechten orteiln* {Dat.Pl.} alȝo recht iſt /// A zbraniewal ly by ſe on toho bezprawnie rok a den Tehda geſt te zemie panu rychtu ſwu prowinil A krali geho klatba ſwobodna geſt · acz *gemu ſprawem* {Sg.} *a s orteli* {Pl.} *folkowano bude* · yakoz prawo geſt [Art. 18 § 2, 69r-v /// C18, 122v]

3. ab em *geuolget wert mit rechten orteiln* {Dat.Pl.} vnde ab er dorynne begriffen wert /// A to tak daleko acz gemu *folkowano geſt* · *naſledowano bude prawym ortelem* {Sg.} · ***to geſt odſuzenym*** {erklärender Zusatz im tsch. Text: 'das heißt

Verurteilung'} A won w tom poſtizen a popaden bude [Art. 5 § 2, 20r /// C5, 100r]

IV. dt. ***zu rechten Urteilen*** {Pl.} /// tsch. ***pravým ortelem*** (staročes.) {Sg.}:

4. vn*de* ***der*** ſchultheiſʒe ſal den burcgrauen laden zcu eynem mole *zcu rechten orteilen* {Dat.Pl.} Cʒu dem and*er*n mole yo obir ſechʒ wochin /// A ***ten*** {Interferenz: der deutsche bestimmte Artikel wird als Demonstrativpronomen übernommen} Sſulteys ma ***toho*** {Interferenz: der deutsche bestimmte Artikel wird als Demonstrativpronomen übernommen} *purkabi* pohnati · *prawym ortelem* {Sg.} · prwe druhe po trzetie [Art. 15 § 1, 57r /// C15, 116v]

KOMMENTAR

Für dt. *rechtes Urteil* steht im tschechischen Text *pravý ortel* (Entlehnung), auch in attributiven und Verbalkonstruktionen (I., II., III.). In einem Beispiel (2.) steht für dt. *rechtes Urteil* im tschechischen Text *s právem a s orteli* 'mit Recht und mit Urteil'. Für dt. *mit rechtem Urteil (ver)folgen* steht tsch. *býti folkováno* (staročes.) {Part.Prät.Pass. zu atsch. *folkovati*; Lehnwort aus dt. *folgen*} *pravým ortelem* (III.). Für dt. *zu rechten Urteilen* {Pl.} steht tsch. *pravým ortelem* {Sg.} (IV.).
In einer Reihe von Fällen gibt es eine Diskrepanz im Numerus zwischen dt. *rechte Urteile* {Pl.} und tsch. *pravý ortel* {Sg.} (1., 3., 4.), vgl. dazu auch o. *Urteil* (1.).
Im untersuchten polnischen Text der „Magdeburger Urteile" steht für dt. *mit rechtem Urteil* poln. *prawym ortelem* 'mit rechtem Urteil', vgl. auch ISMIO Bd. 2, S. 252.

LITERATUR

HRG 5, 604–609, 609–611 ✧ DWB 24, 2569–2584 ✧ WMU 3, 1963–1965 ✧ Kaufmann/Neumeister Glossar, 813–818 ✧ Boková/Spáčilová Glossar, 463: frnhd. *urteil* – tsch. *ortel* ✧ MRB, Register 813: tsch. *nález, rozsudek* ✧ Extrakt, 111: tsch. *pravým ortelem* 'mit rechtem Urteil' ✧ Papsonová SRB, 649–654 ✧ Gebauer 1, 385: atsch. *folkovati* {Lehnwort aus dt. *folgen*} ✧ Staročeský slovník 2, 592f.: *ortel* ✧ Newerkla 2004, 172 ✧ Reczek/Twardzik III, 184 ✧ Aleksic Ortyle, 95f., 98f. ✧ Zajda 2001, 73–89 ✧ Zajda 2008, 298 ✧ Słownik staropolski 5, 629f.: *ortyl*; 10, 544 *wyrok*, s. *wyrocić się* ✧ Lehnwörter 2010: *ortyl*

dt. **Urteil bescheiden** /// tsch. **ortel dávati** (staročes.) /// poln. **wyrok wydawać**

do *daʒ orteil beſcheiden waʒ* {Passiv} /// kdyz *ſe gym ortel dawa* {Passiv} [Art. 11 § 2, 46r /// C11, 110r]

KOMMENTAR

Für dt. *Urteil bescheiden* steht im tschechischen Text *dávati ortel* (staročes.) (Übersetzung 1:1).

dt. **Urteil einbringen** /// tsch. **ortel vnésti** (staročes.) /// poln. **wyrok ogłaszać**

wirt is aber vnder greuen banne geſtraffit ȝo ſal man *daȝ orteil ynbrengen* {Aktiv} obir vircȝin nacht /// A pakli {Urteil} bude Sſtrafowan pod moczy hrabynu · neb kniezeczii Tehda {Urteil} *ma wneſen byty* {Passiv} przeſ cztrnaſte noczy · ***to geſt [To geſt] we dwu nediely*** {erklärender Zusatz im tsch. Text: 'das ist in zwei Wochen'} [Art. 11 § 3, 46v /// C11, 110v]

KOMMENTAR

Für dt. *Urteil einbringen* steht im tschechischen Text *vnésti ortel* (staročes.) (Übersetzung 1:1).

dt. **Urteil finden** /// tsch. **ortel/rozsudek najít/nacházet/nalézt/nalézat** /// poln. **ortel najć** (staropol.); **wyrok wynajdywać/(wynaleźć)**

wenn der ſchultheiſȝe ſal dem burcgreuen daȝ erſte *orteil vinden* /// Nebo Rychtarz {*rychtář* als tsch. Übersetzung für dt. *Schultheiß*} ma purkaby ***to geſt ſ[a]udiemu*** {erklärender Zusatz im tsch. Text: 'das ist der Richter'} · nayprwnieyſſi *ortel nalezty* [Art. 10 § 4, 41v /// C10, 108r]

waȝ *orteil* man cȝu meideburg *nicht vinden kunden* vnde ouch geſtraft wurde / daȝ ſolde man vor dem phalcȝe holen /// kterehoz by *ortele* w Meydburcze *naleznuty nevmiely* a ſſtrafowan byl Ten by miely przed tiem falczem, ***to geſt przed tiemi ſebranymi na tom ſyedlu · na tiech lawiczech braty*** {erklärender Zusatz zu *Pfalz* im tsch. Text: 'das heißt vor die an diesem Sitz/auf diesen Bänken Versammelten holen'} [Art. 13 § 1, 51v /// C13, 114r]

vnde de*m* ***daȝ*** *orteil gefunden wirt* {Passiv} zcu fromen ſine buſȝe /// A komuz ***ten*** {Interferenz: der deutsche bestimmte Artikel wird als Demonstrativpronomen übernommen} *ortel* k zyſſku *bude · nalezen* · geho pokutu [Art. 13 § 2, 52r /// C13, 114v]

den ſchepphen [yre] ſyne buſȝe die ***daȝ*** *orteil funden hot* /// kmetom gich pokutu · kterzyz ***ten*** {Interferenz: der deutsche bestimmte Artikel wird als Demonstrativpronomen übernommen} *ortel nalezli* [Art. 13 § 3, 52r /// C13, 114v]

wenn*e* er {der Schultheiß} ſal dem burcgreuen daȝ erſte *orteil vinden* wenn*e* der burcgreue mag keine echte ding gehaben ane ſinen ſchultheiſȝin /// Nebo rychtarz ma purkabi prwni *ortel naleznuti* nebo [Rychtarz] nemoz purkabie mieti zadneho ſaudu bez ſweho Rychtarze [Art. 16 § 1, 58v /// C16, 117r]

Ader komit der ſchultis dorcȝu nicht ȝo w*er*t is em abir nicht wen*ne* der ſchultis ſal demburcgreuen *daȝ erſte orteil vynden* /// Anebo Sſulteys tehda opiet ten ſaud gemu nebude Neb Sſulteys ma purkabi *prwni ortel nalezty* · ***nebo wyneſti*** {erklärender Zusatz im tsch. Text: 'oder [Urteil] fällen'} [Art. 44 § 1, 145r /// C57, 159r]

Nach burcg*ra*uen nach dem ſchultheiſen iſt kein ſchepphe *orteil* phlichtig *zcuvinden* vȝ de*m* dinge Is ſy denne yn hanthafter tad /// Aniz tomu purkabi aniz Sſulteyſowi nenie zadny kmeth · aniz mieſſtienyn powinen · aby ktery *ortel nalezati miel* · kromie ſaudu · leczby ſe przihodilo w ynhedniem vczinku [Art. 45 § 3, 145v /// C58, 159r]

KOMMENTAR

Für dt. *Urteil finden* steht im tschechischen Text *nalézt/nalézat ortel* (staročes.) (Übersetzung 1:1).

Im untersuchten polnischen Text der „Magdeburger Urteile“ sind für dt. *Urteil finden* drei Entsprechungen belegt, so: poln. *najć ortel* 'Urteil finden', *rzec ortel* 'Urteil sprechen' sowie *najć i wyrzec ortel* 'Urteil finden und sprechen'. Erwähnt sei außerdem die Entsprechung: dt. *zu einem Urteil finden* /// poln. *wyrzec ortel albo prawo* 'Urteil oder Recht sprechen', vgl. auch ISMIO Bd. 2, S. 253.

LITERATUR

DWB 24, 2569–2584 ✧ Kaufmann/Neumeister Glossar, 813–818 ✧ Papsonová SRB, 650 ✧ Staročeský slovník 1, 150–152: *nalézati*; 1, 157–160: *nalézti* ✧ Reczek/Twardzik III, 155f.: *najć*; 324: *(wy)rzec* ✧ Słownik staropolski 5, 50–52: *najć*

dt. **Urteil geben** /// tsch. **ortel dát** /// poln. **wyd(aw)ać wyrok**; **ortel wydawać** (staropol.)

ȝo denn*e* ***daȝ*** *orteil gegebin wirt* {Passiv} alȝo vor geſprochen iſt /// A kdyz ***ten*** {Interferenz: der deutsche bestimmte Artikel wird als Demonstrativpronomen übernommen} *ortel dan bude* {Passiv} · yakoz tuto powiedieno geſt [Art. 13 § 2, 51ᵛ /// C13, 114ʳ]

KOMMENTAR

Für dt. *Urteil geben* steht im tschechischen Text *dát ortel* (Übersetzung 1:1).

dt. **Urteil schelten**; **Urteil strafen** /// tsch. **ortel štráfovati** (staročes.); **odvolat se proti rozsudku** /// poln. **ortel łajać** (staropol.); **wyrok ganić/łajać**; **odwoływać się od wyroku**

[= Urteil anfechten]

I. dt. ***Urteil schelten*** /// tsch. ***ortel štráfovati***:

ab on *eyn orteil geſchulden wirt* {Passiv} /// acz gym gych *ortel ſſtrafowan bude* {Passiv} [Art. 11 § 1, 46ʳ /// C11, 110ʳ]

Wirt is {Bezug zum vorhergehenden Satz: gemeint ist *Urteil*} vnder koningis bann*e* *geſchulden* {Passiv} ȝo ſal man ***daȝ*** orteil ynbre*n*gen zcu dem nehiſten dinge des burcgreuen / is beneme em denn*e* echte not /// *Bude li ortel* pod kralowu moczi *ſſtrafowan* {Passiv} · tehdy ***ten*** {Interferenz: der deutsche bestimmte Artikel wird als Demonstrativpronomen übernommen} ortel magi wneſty ku prwniemu ſaudu purkabynu · lecz by gey zaſſla ſkuteczna nuze [Art. 11 § 3, 46ʳ⁻ᵛ /// C11, 110ʳ⁻ᵛ]

II. dt. ***Urteil strafen*** /// tsch. ***ortel štráfovati***:

ab zcu meideburg *orteil geſtraft wurde* {Passiv} /// kdyz by w Meydburcze *ortel ſſtrafowan byl* {Passiv} [Art. 12 § 1, 50ʳ /// C12, 113ᵛ] waʒ *orteil* man cʒu meideburg nicht vinden kunden vnde ouch *geſtraft wurde* {Passiv} / daʒ ſolde man vor dem phalcʒe holen /// kterehoz by *ortele* w Meydburcze naleznuty nevmiely a *ſſtrafowan byl* {Passiv} Ten by miely przed tiem falczem ***to geſt przed tiemi ſebranymi na tom ſyedlu · na tiech lawiczech braty*** {erklärender Zusatz zu *Pfalz* im tsch. Text: 'das heißt vor die an diesem Sitz/auf diesen Bänken Versammelten holen'} [Art. 13 § 1, 51v /// C13, 114r]

der *daʒ orteil geſtraft hot* /// ktoz *ortel ſſtrafowal* [Art. 13 § 3, 52r /// C13, 114v]

1. were is abir zcu halle geſchulden vnde cʒihn ſich des ghein meideborg / vnde *man daʒ orteil* ouch do *ſtraffit* · {unpers.Satz} / ʒo gibt man do buſʒe beyde zcu meideburg vnde cʒu halle /// Ale *bude* li w halli *ſſtrafowan* {Passiv} {dt. unpersönlicher Satz: man straft das Urteil /// tsch. Passiv: das Urteil wird gestraft} A tahnu ſie ſ tiem do Meydburka A tu w Meydburcze ten ortel take ſſtrafugi Tehda dadie tu dwogi pokutu · dwogi wynu {tsch. *pokuta* und *vina* werden hier synonym gebraucht} · y w Meydburcze y w halli [Art. 13 § 4, 52r /// C13, 114v]

III. dt. ***gestraftes Urteil*** /// tsch. ***štráfovaný ortel***:

So cʒhin ſie mit den ſelbien vir mannen die ſie zcu ſchartaw nemen ader geholt haben vff den hoff des koningis otten / der macht en ***den*** phalcʒ vff dem ende des thumes / wenn*e* ſy mochten nicht alles tid glichʒ v*m*me eyn *geſtrafte orteil* vor daʒ riche gecʒihen /// Tehda tahnu oni ſe ſ tiemi cztirzmi czlowieky · kterez ſu w Sſartawie wzali Nebo pogiali na dwor toho czerwne*ho* Otti Cziesarze Ten geſt vdielal ***ten*** {Interferenz: der deutsche bestimmte Artikel wird als Demonstrativpronomen übernommen} ffalcz ***to geſt ſiedlo Neb lawicze*** {erklärender Zusatz im tsch. Text zu *Pfalz*: 'das ist der Sitz oder die Gerichtsbank'} na konczi bozieho domu ***Niemeczky on ende des thumes*** {erklärender Zusatz im tsch. Text: 'deutsch: am Ende des Domes'} Neb ſu nemohli ſie oni wzdiczky · a vſtawicznie o kazdy *ſſtrafowany ortel* przed Rzyſſy tahnuti a odwolati [Art. 12 § 2, 50v /// C12, 113v]

KOMMENTAR

Für dt. *Urteil schelten / Urteil strafen* steht im tschechischen Text *ortel štráfovati* (I. II.) (Übersetzung/Entlehnung 2:1), vgl. auch dt. *gestraftes Urteil* /// tsch. *štráfovaný ortel* (III.). In einem Beispiel (1.) gibt es einen syntaktischen Unterschied zwischen dem dt. unpersönlichen Satz: *man straft das Urteil* und der tsch. Passivkonstruktion: [ortel] *bude* […] *ſſtrafowan* 'das Urteil wird gestraft'.

Im untersuchten polnischen Text der „Magdeburger Urteile" steht für dt. *Urteil schelten* 'Urteil anfechten' poln. *łajać ortel*. Dies gilt ebenso für die Negation, vgl. dt. *Urteil nicht schelten* /// poln. *nie łajać ortel*. In dem einzigen Beleg für dt. *dem Urteil widersprechen* steht im polnischen Text ebenfalls *ortel łajać*. Für dt. *Urteil schelten* ist außerdem auch poln. *prawo łajać* belegt. Deutsch *der Mann, der das Urteil scholt* wird im Polnischen ebenfalls umschrieben. Deutsch *Schelter* fehlt zwar als Wort im polnischen Text, der Inhalt des Sachverhaltes wird dennoch adäquat übertragen, vgl. den polnischen Text in der Übersetzung: '*einer scholt ein Urteil* [...]'. Für dt. *das Urteil strafen* steht im polnischen Text *strafować ortel*. Neben poln. *ortel strafować* ist für dt. *das Urteil strafen* im polnischen Text auch *ortel łajać* belegt, vgl. auch ISMIO Bd. 2, S. 254–258.

LITERATUR (ZU *Urteil schelten*)

HRG 5, 619–622: *Urteilsfindung – Urteilsschelte* ✧ DWB 14, 2529 ✧ WMU 2, 1502 f.: *schelten* ✧ Kaufmann/Neumeister Glossar, 938 f. ✧ Papsonová SRB, 651 ✧ Reczek/Twardzik III, 131 ✧ Słownik staropolski 4, 90–92: *łajać*

LITERATUR (ZU *Urteil strafen*)

DWB 19, 701 ✧ WMU 2, 1676 ✧ Kaufmann/Neumeister Glossar, 813–818, 1030 ✧ Extrakt, 126: tsch. kdož chce kmeta na jeho *orteli štraffovati* 'Urteil strafen' ✧ Papsonová SRB, 598 ✧ Roučka/Růžička Heslář, 354: *ortel*; 574: *štrafovati* ✧ ESSČ: *štráfovati, štráfovaný* ✧ Newerkla 2004, 231 f., 343: atsch. *štráfovati ortel; štráfati ortel* ✧ Reczek/Twardzik III, 263 ✧ Aleksic Ortyle, 152: *strofowanie* ✧ Słownik staropolski 8, 467 f. ✧ Lehnwörter 2010: *ortyl* und *strofować*

dt. **mit dem Urteil ziehen** /// tsch. **po orteli se táhnúti** (staročes.)
[ziehen = vor eine bestimmte Rechtsinstanz ziehen; sich wenden an]

Diſʒe {dt. Demonstrativpronomen} briue ſal nemen der burcgreue von meideborg / vnde ſal dy ſenden ______ {tsch. nayprwe fehlt im dt. Text} dem herczugen von ſachʒin by deme dy *mit dem orteil geczagin haben* vnde mit der acht vnde cʒwencʒig mann*e* rate vnde orkunde daʒ ich och hie genant habe /// A ***ty*** {tsch. Demonstrativpronomen} liſty ma wzieti ten purkabie · z Meydeburka A ma ge poſſlati nayprwe {tsch. nayprwe fehlt im dt. Text} kniezeti Saſke*mv*· a to po tiech kterzyz *ſe po orteli tahnu* A to s tiech cztyrz a dwaczeti muzow · s gich radu s gich wiedomym · kterez ſem wam naprzed menowal [Art. 14 § 2, 53[v] /// C14, 115[r]]

KOMMENTAR

Für dt. *mit dem Urteil ziehen* steht im tschechischen Text *po orteli se táhnúti* (staročes.) (Übersetzung 1:1).
Vgl. auch Boková/Spáčilová Glossar, 463: frnhd. *urteil schieben* 'den Streitfall vor ein höheres Gericht bringen'.

tsch. **uvedenie** s. dt. **Einweisung, die**; **Beweisung, die**

tsch. **uvésti** s. dt. **einweisen**

V

tsch. **vdova** s. dt. **Witwe, die**

tsch. **vdovy a sirotci** s. dt. **Witwen und Waisen**

tsch. **věc** s. dt. **Sache, die**; **Ding, das**

tsch. **věno**; **jitřní dar**; **obvěnění** s. dt. **Morgengabe, die**

tsch. ***věno*** **zlámati** s. dt. **Morgengabe brechen**

dt. **vererben** /// tsch. **děditi** (staročes.) /// poln. (**o**)**dziedziczyć**

STirbit ***eyne*** frauwe ane erben Do ſy keyne erben gewonnen by irem manne / *ſy erbit* ir teil uff iren nehiſten magen / is ſy wip ader man der ir ebenbortig iſt / daȝ ſelbe tut der man der ma*n* mit ſinem teile /// Vmrze li ***gedna*** {Interferenz: der deutsche unbestimmte Artikel wird mit dem tschechischen Zahlwort ***jedna*** 'eine', fem. wiedergegeben} zen***a*** · bez diediczow · geſſtoz zadne*ho* diedicze nedobude · przy ſwem muzy Ta zena *diedij* ſwoy diel na ſwe blizſſie przately · Bud zena nebo muz · ktoz gie przirozen g*eſt* · To tez vczyni muz s ſwym dielem [Art. 57 § 1, 161r-v /// C71, 167r]

KOMMENTAR

Für dt. *vererben* steht im tschechischen Text *děditi* (staročes.) (Übersetzung 1:1).

LITERATUR

DWB 25, 283f. ✧ WMU 3, 2046 ✧ Kaufmann/Neumeister Glossar, 341f. ✧ Boková/Spáčilová Glossar, 468 ✧ Roučka/Růžička Heslář, 88: *děditi* ✧ Gebauer 1, 219f.: *děditi*

dt. **verfesten** /// tsch. **zatvrditi** (staročes.); **zaforfestovati** (staročes.); **uvěznit**; **dát do achtu/do klatby**; **vyobcovat** /// poln. **zaćwierdzić** (staropol.); **proskrybować**; **wywołać spod prawa** (staropol.)
[= gerichtlich ächten; für friedlos erklären; in die Acht erklären]

Mit welcherhande dinge ***der*** man *vorfeſt wirt* wirt er inder voruestunge begriffen is geth em an ſien leben /// kteruz Koliwiek wieczy ***ten*** {Interferenz: der deutsche bestimmte Artikel wird als Demonstrativpronomen übernommen} czlowiek *bude zatwrzen* · bude li w tom zatwrzeni *zaforfeſſtowan* {=Part.Prät.Pass. zu atsch. *zaforfestovati*; Lehnwort aus dt. *verfesten* 'festsetzen, verhaften'} · poyde gemu na geho zywot [Art. 5 § 3, 20r-v /// C5, 100r-v]

KOMMENTAR

Für dt. *verfesten* steht im tschechischen Text *zatvrditi* (Übersetzung 1:1).
Im untersuchten polnischen Text der „Magdeburger Urteile" steht für dt. *verfesten* poln. *zaćwierdzić*. Diese Entsprechung ist ebenfalls für die Negation belegt, vgl. dt. (etwas) *ist nicht verfestet* /// poln. (coś) *nie zaćwierdzon* sowie auch für den

attributiven Gebrauch des entsprechenden Adjektivs: dt. *verfesteter Mann* /// poln. *zaćwierdzony człowiek*, vgl. auch ISMIO Bd. 2, S. 258 f.

dt. **Verfestung, die** /// tsch. **zatvrzenie** (staročes.); **dání do achtu** (staročes.)/**do klatby** /// poln. **proskrypcja**; **wywołanie** (staropol.)
[= im mittelalterlichen Verfahrensrecht ein dem Banne ähnliches Zwangsmittel gegen einen trotz ordnungsgemäßer Ladung nicht vor Gericht erschienenen Beklagten]

Mit welcherhande dinge der man vorfeſt wirt wirt er *inder voruestunge* begriffen is geth em an ſien leben /// kteruz Koliwiek wieczy ten czlowiek bude zatwrzen · bude li *w tom zatwrzeni* zaforfeſſtowan {=Part.Prät.Pass. zu atsch. *zaforfestovati* (staročes.); Lehnwort aus dt. *verfesten* 'festsetzen, verhaften'} · poyde gemu na geho zywot [Art. 5 § 3, 20r-v /// C5, 100r-v]

KOMMENTAR

Für dt. *Verfestung* steht im tschechischen Text *zatvrzení* (staročes.) (Übersetzung 1:1).

LITERATUR

HRG 5, 718 f.: *Verfestung* ✧ FEURING, Die Verfestung nach dem Sachsenspiegel und den Quellen des Magdeburger Rechtskreises, 1995. ✧ LexMa 7, 1518 ✧ DWB 25, 330 ✧ WMU 3, 2121 f. ✧ Kaufmann/Neumeister Glossar, 1198 f., 1237–1239 ✧ Boková/Spáčilová Glossar, 469: frnhd. *verfesten* ✧ Papsonová SRB, 658–660: frnhd. *verfesten*; 660: frnhd. *verfestunge* ✧ Roučka/Růžička Heslář, 665: *zaforfestovati, zaforfestování* ✧ MSS, 641: *zatvrditi* ✧ Reczek/Twardzik III, 60 ✧ Słownik staropolski 11, 224–226

tsch. **vergelt** s. dt. **Wergeld, das**; **Manngeld, das**

tsch. **vetovati**; **propadnúti**; **proviniti** s. dt. **wetten**

tsch. **vikpild**; **městské právo** s. dt. **Weichbild, das**

tsch. **vikpild*ské*/vikpild*ové* *právo*** s. dt. **Weichbildrecht, das**

tsch. **vikúš**; **vichúz** s. dt. **wīchhūs, das**

tsch. **vina**; **pokuta**; **vetunk**; **vet**; **odklad** s. dt. **Gewette, das**

tsch. **vitfride** s. dt. **wīchvride, der**

tsch. **vlas, vlasy** s. dt. **Haar, das**

tsch. **vlastnie**; **zbožie**; **vlastnie zbožie** s. dt. **Eigen(tum), das**

dt. **Vogt, der** /// tsch. **fojt** (staročes.) {Lehnwort aus dt. *Vogt*}; **purk[r]abie** (staročes.) {Lehnwort aus dt. *Burggraf*}; (**zemský**) **správce**; **místodržitel**; **rychtář** (staročes.) {Lehnwort aus dt. *Richter*} /// poln. **wójt** {Lehnwort aus dt. *Vogt*}; vgl.

auch die Entsprechungen: slowak. *fojt; (zemský) správca; hradný správca; kastelán*; ukrain. *vijt*
[= Vorsitzender im Gericht]

I. dt. ***Vogt, der*** /// tsch. ***fojt*** (staročes.) {Lehnwort aus dt. *Vogt*} (mit Erläuterung durch *rychtář*):

1. Cȝu glicher wiſe alȝo richtit *der voit* obir den ſchultheiſȝin Daru*m*me ȝo mag ***der*** *voit* keine echte ding beſcheiden ane den ſchultheiſȝin /// Tomu napodobnie take ſaudy *ffoyt* ***to geſt Rychtarz*** {erklärender Zusatz im tsch. Text: 'das ist der Richter'} nad Sſulteyſem ***to geſt na pod Rychtarzi*** {6.Sg.} {erklärender Zusatz im tsch. Text: 'das ist [er richtet] über den *podrychtářie* 'Unterrichter''} Protoz nemoz ***ten*** {Interferenz: der deutsche bestimmte Artikel wird als Demonstrativpronomen übernommen} *woyt* zadneho wlaſtnieho ſaudu oſaditi ***Echte ding*** {erklärender Zusatz im tsch. Text: 'echtes Ding': okkasionelle Übernahme von dt. *echtes Ding* als tsch. *echteding* in den tsch. Text} bez Sſulteyſa [Art. 18 § 1, 69r /// C18, 122v]

I.a) dt. ***vor dem Vogt*** /// tsch. ***před fojtem***:

Geſchit dis ding *vor dem voite* yn gerichte /// Stane li ſe ta wiecz *przed ffoytem* · w ſaudie [Art. 17 § 1, 65v /// C17, 120v–121r]

wenn*e* er beclait w*i*rt *vmme* diſȝe ſache *vor dem voite* /// A kdyz on o takowu wiecz *przed ffoytem* obzalowan bude [Art. 17 § 2, 65v /// C17, 121r]

II. dt. ***Vogt, der*** /// tsch. ***fojt*** (mit Erläuterung durch *purk[r]abie*):

ȝo teilt ma*n* *dem voite* mit recht*e*n orteiln /// Tehda *ffoytowi*, ***to geſt purkaby*** {erklärender Zusatz im tsch. Text: 'das ist der Burggraf'} · przidieleno bude prawym ortelem [Art. 17 § 3, 66r /// C17, 121r]

II.a) dt. ***vor dem Vogt*** /// tsch. ***před fojtem*** (mit Erläuterung durch *purk[r]abie*):

Geſchit ***daȝ*** [nicht] ding *vor dem voite* ȝo wettet er drie phunt Geſchit is vor dem ſchultheiſȝin ȝo wettit er em acht ſchillinge /// Stane li ſe ***ten*** {Interferenz: der deutsche bestimmte Artikel wird als Demonstrativpronomen übernommen} ſaud *przed ffoytem* ***To geſt przed purkabii*** {erklärender Zusatz im tsch. Text: 'das heißt vor dem Burggrafen'} Tehda propadne trzi ffunty Stane li ſe przed Rychtarzem · tehda propadne oſm ſſylink [Art. 16 § 2, 59r /// C16, 117v]

Wirt er beclag*e*t daru*m*me *vor dem voite* mit gecȝewge Des mus er mit den ſelbien gecȝugen entghen ie ghenn*er* vff en but is ſien dinglute ader ſchepphen /// Bude li proto obzalowan *przed woytem* · ***przed purkabi*** {erklärender Zusatz im tsch. Text: 'vor dem Burggrafen'} · ſwiedomym Toho on muſſy ſ tiemiz ſwiedky odgity Iakoz onen nan wedl *geſt*· budto S kmety nebo ſ tiemi ſaudu prziſtogiczymi [Art. 17 § 1, 65v /// C17, 120v–121r]

III. dt. ***Vogt, der*** /// tsch. ***purk[r]abie*** (staročes.) {Lehnwort aus dt. *Burggraf*}:

daȝ ſyn ***die*** drie erſten orteil / die der ſchultheiſſe *dem voite* vinden ſal /// To ſu ***ty*** {Interferenz: der deutsche bestimmte Artikel wird als Demonstrativpronomen übernommen} trzie ortelowe · kkterez ma Richtarz *purkabi* naleznuty [Art. 16 § 2, 58v /// C16, 117r-v]

2. *Der voit* ſal vragin den ſchultheiſſen ab is dingis cȝit ſy /// *Purkabie* ***nebo ffoyt*** {erklärender Zusatz im tsch. Text: 'oder Vogt'} Ma otazaty Rychtarze Geſt li czas ſudity [Art. 16 § 2, 58v /// C16, 117r]

IV. dt. ***Vogt, der*** /// tsch. ***rychtář*** (staročes.) {Lehnwort aus dt. *Richter*}:

er {der Schultheiß} heiſt ***den*** *voit* [1] ufſtehn mit orteiln vnd*e* eynen andern richter [2] {Richter} an ſyne ſtat ſecȝen der *em* {*den Vogt*} [3] richte /// Ma ***tomu*** {Interferenz: der deutsche bestimmte Artikel wird als Demonstrativpronomen übernommen} *Rychtarzi* [1] {hier tsch. *rychtář* für dt. *Richter*} kazaty wſtati · s ortelem A gineho Rychtarze [2] {hier tsch. *rychtář* für dt. *Richter*} poſadity · na ge*ho* mieſto · kteryz by gemu ſaudil *nad Rychtarzem* [3] {hier tsch. *rychtář* für dt. *Vogt*} [Art. 18 § 1, 69r /// C18, 122v]

KOMMENTAR

Für dt. *Vogt* steht im tschechischen Text überwiegend das deutsche Lehnwort *fojt* (staročes.) (I., II.), weniger häufig das deutsche Lehnwort *purk[r]abie* (staročes.) (III.). Mitunter folgen im Text auf den tschechischen Terminus selbst noch erklärende Zusätze (II., II.a)). Als solche erklärenden Zusätze sind belegt: *rychtář* 'Richter' (staročes.) (1.), *purkrabie* 'Burggraf' (II., II.a)) und *fojt* 'Vogt' (2.). Im Beispiel zu IV. steht in ein und demselben Satz tsch. *rychtář* für dt. *Vogt* [1; 3] wie auch für dt. *Richter* [2].

Im untersuchten polnischen Text der „Magdeburger Urteile" steht für dt. *Vogt* das deutsche Lehnwort *wójt*, auch in der Anrede (Vokativ), vgl. dt. *Herr Vogt* /// poln. *panie wójcie*. Außerdem steht für dt. *Vogt* das deutsche Lehnwort *wójt* 'Vogt' in Verbindung mit einem Attribut, vgl. dt. *geschworener Vogt* /// poln. *przysiężny wójt* oder in präpositionaler Wendung, vgl. dt. *zu dem Vogt* /// poln. *przed wójta* {wohin} 'vor den Vogt'. Poln. *przed wójta* {wohin} 'vor den Vogt' steht allerdings auch für dt. *zu Rate*. Dt. *vor dem Vogt* {wo} wird in einer Textstelle mit poln. *do prawa* 'vor Gericht' wiedergegeben.

Hinzuweisen ist besonders auch darauf, dass im polnischen Text *wójt* 'Vogt' überwiegend als Entsprechung für dt. *Richter* gewählt wird. Dies gilt auch für *Richter* in der Anredeform (Vokativ) sowie in einem Teil der präpositionalen Wendungen. Für dt. *Schultheiß* steht im polnischen Text *wójt*, vgl. auch ISMIO Bd. 2, S. 259–261.

LITERATUR

HRG 5, 932–946 ✧ LexMa 8, 1811–1814 ✧ DWB 26, 437–444 ✧ WMU 3, 2179–2181 ✧ Kaufmann/Neumeister Glossar, 1211 ✧ Boková/Spáčilová Glossar, 489: frnhd. *vogt* – tsch. *fojt* ✧ MRB, Register 830 ✧ Papsonová SRB, 683 ✧ Roučka/Růžička Heslář, 155: *fojt* ✧ Gebauer 1, 385: *fojt* ✧ Newerkla 2004, 267: atsch. *fojt* (Erstbeleg: 1392); *vojt* (Erstbeleg: 1487) ✧ Reczek/Twardzik III, 314–316 ✧ Aleksic Ortyle, 70, 67f. ✧ Zajda 2008, 297 ✧ Słownik staropolski 10, 305–307 ✧ Linde 6, 376f. ✧ Lehnwörter 2008, 212 ✧ Lehnwörter 2010: lediglich *landwójt*

dt. **Vogt, oberster/höchster** /// tsch. **fojt** (staročes.) {Lehnwort aus dt. *Vogt*}, **nejvyšší** (staročes.)

I. dt. ***Vogt, oberster*** /// tsch. ***fojt, najvyšší*** (staročes.):

1. dt. *obirſten voit* /// tsch. *naywyſſy ffoyt* ***to geſt Rychtarz*** {erklärender Zusatz im tsch. Text: 'das ist der Richter'} [Art. 13 § 1, 51ᵛ /// C13, 114ʳ]
2. den *obirſten voit* des gotis huȝes zcu meideborg /// *naywyſſy ffoyt* ***to geſt Rychtarz*** {erklärender Zusatz im tsch. Text: 'das ist der Richter'} toho bozieho domu [Art. 13 § 1, 51ᵛ /// C13, 114ʳ]

II. dt. ***Vogt, höchster*** /// tsch. ***fojt, najvyšší*** (staročes.):

Diſȝin briff {Sg.} ſal er ſenden *dem hochſten voite* ***des*** gotis huſes daȝ iſt ***der*** burcgraue zcu meideb*org* /// A ty liſty {Pl.} ma on poſſlati *naywyſſiemu ffoytowi* · ***toho*** {Interferenz: der deutsche bestimmte Artikel wird als Demonstrativpronomen übernommen} bozie*ho* domu To geſt ***ten*** {Interferenz: der deutsche bestimmte Artikel wird als Demonstrativpronomen übernommen} purkrabie · z Meydburka [Art. 14 § 1, 53ᵛ /// C14, 115ʳ]

KOMMENTAR

Für dt. *oberster* (I.) bzw. *höchster* (II.) *Vogt* steht im tschechischen Text *najvyšší fojt* (Übersetzung/Entlehnung 1:1). Dabei steht bei den Beispielen im Wortpaar dt. *Vogt, oberster* /// tsch. *fojt, najvyšší* im tsch. Text ein erklärender Zusatz: *to geſt Rychtarz* 'das ist der/ein Richter' (1., 2.).

tsch. (**říšská**) **volba**; (**říšské**) **volenie** s. dt. **Königswahl, die**

tsch. **volit** s. dt. **wählen, kiesen**

tsch. **vůle**; **vóle** s. dt. **Wahl, die**; **Kür, die**

dt. **Vormund, der** /// tsch. **poručník**; **ručitel**; **opatrovník** /// poln. **opiekalnik** (staropol.); **opiekun**; **kurator**
[= Beschützer; rechtmäßiger Fürsprecher; Rechtsbeistand]

I. dt. ***Vormund, der*** /// tsch. ***poručník***:

er mag wol *eynen vormu*nden haben an ſynen clagen /// Ale moz on dobrze *porucznika* mieti w ſwe zalobie [Art. 47 § 2, 150ᵛ /// C59, 161ʳ⁻ᵛ]

STirb*et* eyn man der kinde*re* hot die zcu iren iaren nicht komen ſien ir nehiſte ebenbortige ſwert mage / ſal ir *vormunde* ſien bis das ſy zcu iren iaren komen /// UMrze li geden muz · ktery dieti ma geſſtoz k ſwym letom neprziſſli ſu Gich nayblizſſi po meczy przietel · ma byti gich *porucznik* · neb zprawcze · az oni k letom y przidu [Art. 48 § 1, 152ʳ /// C60, 162ʳ]

1. Is mag ouch kein belehenter richter der zcu ſynen iaren komen iſt yn gehegetem dinge *keinen vormunden* gehaben an ſynem gerichte do er ſelbir gheinwertig iſt ader nicht iſt /// Take nemoz zadny podaczi Rychtarz ktery ſ ſwym letom prziſſly geſt · w zahagenem ſaudu *porucznika* mieti · na ſwem ſaudu kdez on ſam przitomen geſt Neb nenie [Art. 47 § 2, 150ᵛ /// C59, 161ʳ⁻ᵛ]

II. dt. ***rechter Vormund*** /// tsch. ***pravý poručník***:

alȝo lange bis an dy cȝit daȝ ſich ir *rechter vormunde* vorſtehn mag / ader ſy ſelb*er* zcu iren iaren komen /// Tak dluho az do toho czaſſu · ze by ſe gich *prawy porucznik* · neb oni ſami zprawiti mohli {für deutsch *zu ihren Jahren kommen* steht im tsch. Text: *oni ſami zprawiti mohli* 'sie konnten selbständig (vor Gericht) handeln'} [Art. 48 § 2, 152r /// C60, 162r]

KOMMENTAR

Für dt. *Vormund* steht im tschechischen Text *poručník* (Übersetzung 1:1), auch bei Negation (1.). Entsprechend steht für dt. *rechter Vormund* /// tsch. *pravý poručník* (II.).
Im untersuchten polnischen Text der „Magdeburger Urteile" steht für dt. *Vormund* poln. *opiekalnik*. Dies gilt ebenfalls für die Negation und z. T. auch für die Pluralbildung, vgl. dt. *Vormunde* /// poln. *opiekalnicy*. Allerdings kommt im Plural auch die Entsprechung: dt. *dy vormunden* {Pl.} *des kyndes* {Sg.} 'die Vormunde des Kindes' /// poln. *tych dzieci* {Pl.} *przyrodzeni* {Pl.} 'dieser Kinder Verwandte' vor. Das sonst auch belegte poln. *opiekun* bzw. das aus dem Lateinischen entlehnte *kurator* sind in dem von uns ausgewerteten polnischen Text nicht nachgewiesen, vgl. auch ISMIO Bd. 2, S. 262–264.

LITERATUR

HRG 5, 1049 f. ✧ LexMa 8, 1853–1855 ✧ DWB 26, 1322–1326 ✧ WMU 3, 2220 ✧ Kaufmann / Neumeister Glossar, 1259 f. ✧ Boková / Spáčilová Glossar, 495: frnhd. *vormund* – tsch. *poručník* ✧ MRB, Register 830 ✧ Extrakt, 116: tsch. *poručník* ✧ Papsonová SRB, 692–695 ✧ Roučka / Růžička Heslář, 400: *poručník*; 504: *ručitel*; 351: *opatrovník* ✧ Staročeský slovník 3, 720 f.: *poručník* ✧ Reczek / Twardzik III, 182 f. ✧ Aleksic Ortyle, 73 f., 85 f. ✧ Zajda 2001, 43–51 ✧ Słownik staropolski 5, 596–598: *opiekalnik*; 5, 600: *opiekun*; nicht belegt ist im Słownik staropolski: *kurator*

W

dt. **Wahl, die**; **Kür, die** /// tsch. **vůle**; **vóle** (staročes.) /// poln. **wybór**; **kiera** (staropol.); **obieranie** (staropol.)

daȝ ſtet an d*er* ratmann*en* *kore* / waȝ ſy nemen wollen /// A to ſtogi na te rady *wuoly* · kteru pokutu oni wzieti chtie [Art. 19 § 3, 72r /// C19, 124v]

dt. **Königswahl, die** /// tsch. (**říšská**) **volba**; (**říšské**) **volenie** (staročes.) /// poln. **wybór, wybory** {Pl.}; **kiera** (staropol.); **obieranie** (staropol.)

Dorcȝu na*m* er dy vier leyen furſten die dy erſten *an des richȝkor* ſien /// kk tomu przigial geſt podaczie kniezata · cztyrzi · kterzyzto nayprwnieyſſi *na Rzyſſkem woleni* ſu [Art. 13 § 1, 51r-v /// C13, 114r] dis ſien dry leyen furſten die dy erſten *an des richʒkore* ſien wen man eynen koning kuſit von dewcʒſchen landen etc /// Tyt ſu trzie *lentſfurſſtowe* · kterzyz nayprwnieyſſi gſu *na Rzyſſkem woleni* · kdyby krale wolity miely · z niemeczkych zemi [Art. 14 § 2, 53ᵛ–54ʳ /// C14, 115ᵛ]

dt. **wählen, kiesen** /// tsch. **volit**; **voliti** (staročes.) /// poln. **wyb(ie)rać**

I. dt. ***einen Bürgermeister wählen / kiesen*** /// tsch. ***voliti*** (staročes.) ***purgmistra***:

Wo man eynen *burgermeiſter kuſit* yn eyner ſtat / den *kuſt* ma*n* zcu eynem iare /// KDez *purgmiſtra* w gednom mieſtie *wole* · toho magi k gednomu roku *wolity* [Art. 19 § 1, 71ᵛ /// C19, 124ᵛ]

Die ratmann*e* *kyſen* ***eynen*** *burgermeiſter* vnder en ad*e*r cʒwene /// ***Tij*** {Interferenz: der deutsche bestimmte Artikel wird als Demonstrativpronomen übernommen} pak konſſele *wole* ***gednoho*** {Interferenz: der deutsche unbestimmte Artikel wird mit dem tschechischen Zahlwort ***jeden*** 'ein(s)' wiedergegeben} *purgmiſtra* · mezi ſebu nebo dwa [Art. 42 § 2, 139ᵛ /// C50, 156ᵛ]

II. dt. ***einen König wählen / kiesen*** /// tsch. ***voliti*** (staročes.) ***krále***:

dis ſien dry leyen furſten die dy erſten an des richʒkore ſien wen man eynen *koning kuſit* von dewcʒſchen landen etc /// Tyt ſu trzie *lentſfurſſtowe* {okkasionelle Entlehnung} · kterzyz nayprwnieyſſi gſu na Rzyſſkem woleni · kdyby *krale wolity* miely · z niemeczkych zemi [Art. 14 § 2, 53ᵛ–54ʳ /// C14, 115ᵛ]

III. dt. ***einen Richter wählen / kiesen*** /// tsch. ***voliti*** (staročes.) ***rychtáře***:

Iſt aber daʒ der burcg*ra*ue do nicht geſien mag vnde geſchit not ader eyn vngerichte do dy hanthaftige tat keinwertig iſt / die burger*e* *kyſen* ***eynen*** *richter* an des burcgrauenſtat /// Ale byllo li by ze by purkabie tu byti nemohl · a ſtalo ſe Naſile neb gine bezprawie · kdez by to ſkuteczny vczinek Mieſſtiene to geſt Rada *wuolee* ***neb vſadie*** {erklärender Zusatz im tsch. Text: 'oder setzt ein'} ***gednoho*** {Interferenz: der deutsche unbestimmte Artikel wird mit dem tschechischen Zahlwort ***jeden*** 'ein(s)' wiedergegeben} *Rychtarze* dobrze mieſto toho purkabie [Art. 44 § 3, 145ᵛ /// C57, 159ʳ]

iſt der ſchultis dorheime nicht vnde geſchit eyn vngerichte die burgere *kyſen* ***eynen*** *richter* an des ſchultheiſen ſtat v*m*me eyne hanthaftige tad {dt. v*m*me eyne hanthaftige tad fehlt im tsch. Text} /// Nenie li Sſulteyſa doma a przihodij ſe bezprawie · mieſſtiene *wole* ***gednoho*** {Interferenz: der deutsche unbestimmte Artikel wird mit dem tschechischen Zahlwort ***jeden*** 'ein(s)' wiedergegeben} *rychtarze* mieſto Sſulteyſa ______ {dt. v*m*me eyne hanthaftige tad fehlt im tsch. Text} [Art. 46 § 4, 146ʳ⁻ᵛ /// C58, 159ᵛ]

IV. dt. ***Schöffen und Ratmannen wählen/kiesen*** /// ***voliti*** (staročes.) ***kmety a (do rady) konšely***:

Do worden ſy rate wy *ſy koren ſchepphen vnde ratmanne* Die ſchepphen zcu lang*er* tid vnde die ratmanne zcu eynem iare die ſwuren do vn*de* ſwer*en* noch alle iar wenn*e* ſy nuwe kyſen /// Tehda *vradili ſu ſie* · kterak by *oni wolili kmety a na Radu konſſely* k delſſiemu czaſſu A konſſely do roka A tak ſu przíſahli a geſſtie przisahagi · na kazdy rok · kdyz nowe konſſely wole [Art. 42 § 1, 139v /// C50, 156r-v]

KOMMENTAR

Für dt. *Kür* steht im tschechischen Text *vóle* (staročes.) (Übersetzung 1:1), für dt. *Reichskür* {Königswahl} /// tsch. *říšské volenie* (staročes.) (Übersetzung 1:1), entsprechend für dt. *wählen; kiesen* /// tsch. *voliti* (staročes.); vgl. auch dt. *einen Bürgermeister wählen/kiesen* /// tsch. *voliti* (staročes.) *purgmistra* (I.); dt. *einen König wählen/kiesen* /// tsch. *voliti* (staročes.) *krále* (II.); dt. *einen Richter wählen/kiesen* /// tsch. *voliti* (staročes.) *rychtáře* (III.) und dt. *Schöffen und Ratmannen wählen/kiesen* /// tsch. *voliti* (staročes.) *kmety a (do rady) konšely* (IV.).

LITERATUR

HRG 5, 1083–1086 ✧ LexMa 8, 1909–1914 ✧ DWB 11, 2782–2797: *Kür*; 11, 692–697: *kiesen* ✧ WMU 3, 2308; 2, 998f. ✧ Kaufmann/Neumeister Glossar, 580f.: *kiesen*; 619f.: *Kür* ✧ Boková/Spáčilová Glossar, 502: frnhd. *wahl*; 250: frnhd. *kiesen* ✧ Papsonová SRB, 422f.: *kiesen* ✧ Roučka/Růžička Heslář, 630: *vóle*; 631: *voliti* ✧ MSS, 574: *voliti* ✧ ESSČ: *říšský*

dt. **Weichbild, das** /// tsch. **vikpild** (staročes.) {Lehnwort aus dt. *Weichbild*}; **městské právo** 'Stadtrecht' /// poln. **prawo miejskie majdeburskie** (staropol.) [= ursprünglich Ortsrecht; später Stadtrecht; Stadtgebiet]

I. dt. ***Weichbild, das*** /// tsch. ***vikpild*** (staročes.) {Lehnwort aus dt. *Weichbild*}:
I.a) dt. ***in / im Weichbild*** /// tsch. ***v / u vikpildě / vikpildu***:
inwichbilde /// *v wykpildie* [Art. 4 § 1, 15r /// C4, 98v]
im wichbilde /// *v wykpildie* [Art. 5 § 1, 20r /// C5, 100r]
Sal ***eyn*** *man* ſin eigen vorgeben in wichbilde {dt. in wichbilde fehlt im tsch. Text} nach rechte /// MA ly ***geden*** {auch 'Einer', tsch. Mann fehlt hier} ſwe zbozie · odewzdati · ______ {dt. in wichbilde fehlt im tsch. Text} wedle prawa [Art. 20 § 1, 73v /// C20, 125v]
Iſt aber ***ghener*** *yn wichbilde* geſeſſin / vnde iſt die ſache alȝo bewant / daȝ er daȝ gewere bedarff ſo ſal er ſien gecȝug ſien die wile erlebit etc /// Ale geſt li ***onen*** {dt. jener wird adäquat ins Tschechische übersetzt} vſedly ***w tom*** {Interferenz: im Deutschen steht hier regulär kein Artikel; im Tschechischen steht ein Demonstrativpronomen an der Position des Artikels} *wykpildu* · to geſt w tom hbitie A geſt li ta prze takowa · ze on zprawy potrzebuge Tehda tento {dt. *er* wird als tsch. *dieser da* übersetzt} ma geho ſwiedek byti dokawadz on ziw [Art. 21 § 2, 77v /// C21, 128v]
man ſpricht daȝ man frouwen *yn wichbilde* phleget zcugeben morgingabe /// Prawiet byt paniem *v wykpildu* obyczey miely dawati wieno [Art. 22 § 2, 78v /// C22, 129r]
wenne man phleget wichbilde mit ſteinen zcu buwen vnde ſien alle mit eynem rechte begriffen die *yn dem wichbilde* geſeſſin ſien / vnde darumme nympt daȝ

wip nicht mer wenn*e* dy gerade etc /// Ale ze v wykpildie, to geſt w Mieſtech obyczeg · magi kamen*em* ſtawieti a dielati A ſu wſſychni gedniem prawem oſazeni · kterziz *v wikpildu* oſazeni gſu Protoz neberze zena nicz wiecze nezli grod [Art. 22 § 3, 78v /// C22, 129r]

NV vornemet was zcu de*m* erbe gehoret *in wichbilde* /// Sllyſſtez czo k diediczſtwi przïſluſſie · *v wykpildu* [Art. 26 § 1, 97v /// C26, 141r]

Clag*et* er denn*e* *yn wichbilde* uff eyn erbe ader uff eyn eigen ader vm*m*e ander ***gut ader vmme ſchult*** {im dt. Text: *Gut oder Schuld*} ader vm*m*e vngerichte er ſy dewcʒſch ader wendiſch er mus do antwerten wo der man recht vordert /// Zalowal li by geden *v wykpildie* na gedno diediczſtwo · Aneb o wlaſtnie aneb ***o dluh · neb o gine zbozie*** {im tsch. Text: *dluh neb zbozie* 'Schuld oder Gut'} · neb o bezprawie · bud ten niemecz nebo Srb Ten muſſy tu odpowiedati · kdez czlowiek prawa hleda [Art. 28 § 2, 111v /// C40, 149r]

WAs man ***mannen ader wibern*** {im dt. Text *Männern oder Weibern* im tsch. Text *Ehefrauen oder Ehemänner*} gibt *in wichbilde* daʒ ſollen ſy beſicʒen dry tage /// CZo ***zenam neb muzom*** {im dt. Text *Männern oder Weibern* im tsch. Text *Ehefrauen oder Ehemänner*} dawagi *v wykpildie* · ***to geſt w mieſtczkem prawie*** {erklärender Zusatz im tsch. Text: 'das ist im Stadtrecht'} · toho magi w drzeni byti · trzi dni [Art. 30 § 1, 115v /// C42, 150r]

Welch man abir eygen ader varnde habe vorkouft *in wichbilde* /// Ale ktery czlowiek ***gedno*** {Interferenz: der deutsche unbestimmte Artikel fehlt; im tsch. Text steht das tsch. Zahlwort ***jeden*** 'ein(s)'} wlaſtnie Nebo mowity ſtatek proda *v wykpildie* [Art. 30 § 2, 115v /// C42, 150r]

ISt ***eyn*** man dem andern icht ſchuldig *in wichbilde* ſo ſal er nemen den vroneboten vnde ſal en vor den richter brengen /// GEſt li ***geden*** {Interferenz: der deutsche unbestimmte Artikel wird mit dem tschechischen Zahlwort ***jeden*** 'ein(s)' wiedergegeben} czlowiek dluzen druhemu · *v wykpildie* Tehda ma wzieti poſſla obecznieho A ma gey przed Rychtarze prziprawiti [Art. 34, fol. 120v /// C44, 151v]

AB der richter vnd*e* die ſchepphen abegeſtorben ſien *yn wichbilde* ma*n* m*a*g dy bang wol beſetcʒen v*m*me eyne gabe ab man des bedarff /// KDyz by Rychtarz a kmete podemrzeli · *v wykpildie* ***Neb w Mieſſtie*** {erklärender Zusatz im tsch. Text: 'oder in der Stadt'} mohu dobrze lawicze oſadity · o gedno danie acz toho potrzebugi [Art. 53, fol. 156r-v /// C66, 164r]

KEyn wip mag *in wichbilde* morgingabe noch lipgedinge an eynes mannes erbe zcu eigen behalden Stirbit ſy is gheit weder an des mannes erben /// ZAdna zena nemoz *v wykpildie* wiena · aniz zywotnieho danie · na gednoho muze k wlaſtnie*mu* obdrzeti Vmrze li ona to gde zaſe na toho muze diedicze [Art. 56 § 1, 157v /// C68, 164v]

BEclag*et* ***eyn*** man den andern *vmme* eyn gut *in wichbilde* /// Obzaluge li ***geden*** {Interferenz: der deutsche unbestimmte Artikel wird mit dem tschechischen Zahlwort ***jeden*** 'ein(s)' wiedergegeben} czlowiek druheho · o zbozie *v wykpildu* [Art. 68, fol. 170v /// C82, 172v]

II. dt. ***Weichbild, das*** /// tsch. ***městské právo*** ‘Stadtrecht’:

II.a) dt. ***zu / im Weichbild*** /// tsch. ***v městském právě***:

NV horit vnde vornemet von der gehaften ſpiſe die yn ***eynes*** ma*n*nes huȝe beſtirbit *zcu wichbilde waȝ* von rechtis wegin recht die frouwe dorcȝu hot /// Slyſſtez a ſrozomieytez · o domowe ſpizy · kterak to w ***gednoho*** {Interferenz: der deutsche unbestimmte Artikel wird mit dem tschechischen Zahlwort ***jeden*** ‘ein(s)’ wiedergegeben} ⟨muze⟩ domu odvmrze · *w mieſtczkem prawie* {für dt. *Weichbild* steht im Tschechischen *městske právo* ‘Stadtrecht’} · czo k te ſpyzy {für das dt. *Pronomen* steht im Tschechischen die Wiederholung von *Speise*, ohne *Hof-*} zena geho prawa ma [Art. 24 § 1, 95v /// C24, 140v]

NV horet vnde vorneme*t* waȝ zcu deme hergewete gehoret *in wichbilde* /// GYz ſrozomieyte a ſliſſte · czo k hergwadu ſluſſie · *w mieſtczkem prawie* [Art. 25 § 1, 96v /// C25, 141r]

III. dt. ***Weichbild*** /// tsch. ***vikpildové právo*** (staročes.) ‘Weichbildrecht’; s. a. unten **Weichbildrecht**:

vnde daȝ machte konnig Otto alȝo durch daȝ / *daȝ wichbilde* {*Weichbild* steht hier für *Weichbildrecht*} beſtunde alȝ is von alder cȝit geſtanden hat / vnd*e* machte daȝ hercȝugthum obir Elbe etc /// A toto vczinil geſt kral Otta proto aby *wykpildowe prawo* · ***to geſt mieſtczke prawo*** {erklärender Zusatz im tsch. Text: ‘das ist Stadtrecht’} ſtalo A Iakoz od ſtara dawna ſtalo geſt A vdielal geſt wewodſtwie nad labem [Art. 13 § 4, 52r-v /// C13, 114v]

III.a) dt. ***zu Weichbild*** /// tsch. ***k vikpildovému právu*** ‘zu Weichbildrecht’:

WO man ***die*** ſtat zcu meideborg vȝgab zcum aller erſten *zcu wichbilde* /// KDyz nayprwe ***to*** {Interferenz: der deutsche bestimmte Artikel wird als Demonstrativpronomen übernommen} mieſto Meydburk vſtaweno a wyſazeno bylo geſt · *k wykpildowemu* ***to geſt k mieſtczkemu prawu*** {erklärender Zusatz im tsch. Text: ‘das heißt zum Stadtrecht’} [Art. 42 § 1, 139v /// C50, 156r-v]

KOMMENTAR

Für dt. *Weichbild* steht im tschechischen Text überwiegend das deutsche Lehnwort *vikpild* (staročes.) {aus dt. *Weichbild*} (I.) (Entlehnung); weniger häufig *městské právo* ‘Stadtrecht’ (II.) (Übersetzung 1:1). In einigen Beispielen wird dt. *Weichbild* als tsch. *vikpildové právo* (staročes.) ‘Weichbildrecht’ wiedergegeben (III.). Für alle drei Möglichkeiten sind in den Texten ebenfalls Präpositionalkonstruktionen belegt, vgl. I.a), II.a), III.a).

LITERATUR

HRG 5, 1209–1212 ✧ LexMa 8, 2093–2095 ✧ DWB 28, 474–479 ✧ WMU 3, 2377 ✧ Kaufmann / Neumeister Glossar, 1387 ✧ Boková / Spáčilová Glossar, 509 ✧ MRB, Register 832 f.: frnhd. *wychpylde meydeburgisch, wychpylde sachsischer art* ✧ Prasek 1912, 137: tsch. v tom *vikpildu* ✧ Papsonová SRB, 719 f. ✧ Roučka / Růžička Heslář, 623: *vikpild* ✧ ESSČ: *vikpild*

dt. **Weichbildrecht, das** /// tsch. **vikpild***ské***/vikpild***ové* **právo** (staročes.) /// poln. **prawo Weichbildu/niemieckie** 'deutsches Recht' /**miejskie** 'Stadtrecht' [= Stadtrecht]

I. dt. ***Weichbildrecht, das*** /// tsch. ***vikpildské*** (staročes.) ***právo***:

wichbilden recht /// *wykpildſke prawo* [Art. 10 § 2, 41r /// C10, 108r]

von dem beghin *wichbilde rechtis* /// o poczatku *wykpildſkeho prawa* [Art. 6 § 1, 21r /// C6, 100v]

wen *wichbilde recht* von alder cȝit er geſtanden hat /// Neb *wykpildſke prawo* ***to geſt mieſtczke prawo*** {erklärender Zusatz im tsch. Text: 'das ist Stadtrecht'} od dawnych czaſſow ſtalo geſt [Art. 9 § 3, 36v /// C9, 107r]

vnde waren alle mit eynem rechte begriffen daȝ heiſt *wichbilde recht* /// A ty wſſichni ſiedieli ſu w gednom prawie · kterezto *wykpildſke prawo* ſlowe [Art. 6 § 2, 21v /// C6, 100v]

II. dt. ***Weichbildrecht, das*** /// tsch. ***vikpildové*** (staročes.) ***právo***:

vnde mit beſtetigkeit an dem rechte wy noch *wichbilderecht* hat /// A potwrzeno w tomto *prawie* Nebot geſſtie *wykpildowe* ***to geſt mieſtczke prawo*** {erklärender Zusatz im tsch. Text: 'das ist Stadtrecht'} [Art. 10 § 1, 40v /// C10, 108r]

und*e* waȝ orteil man gebe recht vnde redelich daȝ ſolde zcu *wichbilde recht* ſien in dem lande cȝu ſachȝen /// A kteryz by ortel tu wydaly rzadnie a prawie · to mielo by byty *wykpildowe prawo* · w zemi Saſke [Art. 13 § 1, 51v /// C13, 114r]

1. hirum*me* cȝweiet ſich daȝ lantrecht vnde *wichbilde recht* / wenn*e* zcu der morgingabe gehoren cȝewne vnde cȝimmer vn*de* feltgenge vye /// Protot ſe tuto dwogy zemſke *prawo* · a *wykpildowe* · ***to geſt mieſtczke prawo*** {erklärender Zusatz im tsch. Text: 'das ist Stadtrecht'} ***Nebo po zemſkem prawu*** {erklärender Zusatz im tsch. Text: deutsch 'aber nach Landrecht'} · k wienu prziſſluſſegi ploty · a ſtawenie a polni dobytek · ***rozomiey czo przed paſtuchu chody*** {erklärender Zusatz im tsch. Text: 'das heißt die vor dem Hirten gehen'} [Art. 22 § 3, 78v /// C22, 129r]

III. dt. ***zu/in Weichbildrecht*** /// tsch. ***v/u právě/právu vikpildovém*** (staročes.) {6.Sg.}:

HOret vnde vorneme*t* wie ſich daȝ ding beghinnet *zcu wichbilde rechte* /// Slyſſte a rozomieyte · kterak ſe ſaud poczina · *w prawie* · *wykpildowem* [Art. 16 § 1, 58v /// C16, 117r]

Icȝlich man mag wol ſienwort ſelber ſprechin *yn wichbilde rechte* / der vnbeſprochin iſt an ſynem re*c*hte /// kkazdy czlowiek moz ſam ſwe ſlowo dobrze powiedieti · neb rzeczy *v wykpildowem prawie* · kteryz czlowiek nenarczeny geſt · na ſwem prawie [Art. 16 § 4, 59r /// C16, 117v]

2. Eyn wergelt · / *zcu wihwichbilde rechte* daȝ ſien achtcȝin phu*n*t ſollicher phennige alȝo do ghenge vnde gebe sein / eyn halb wergelt ſien newn phu*n*t /// Geden wergelt ***to geſt odklad*** {erklärender Zusatz im tsch. Text: 'das ist *odklad*

[Buße, Gewette]'} · *v wykpildie* {im Weichbild} ***to geſt w mieſtczſkem prawie*** {erklärender Zusatz im tsch. Text: 'das ist im Stadtrecht'} · Oſmnaſte funtow takowych peniez · yakoz tu przygymagy a dawagy A *puol wergeltu* to geſt dewiet ffuntow [Art. 17 § 4, 66v /// C17, 121r]

3. waȝ eyne frauwe iris mannes gut behalden moge nach ſine*m* tode *yn wichbilde rechte* waȝ er ir gegeben hot vor gerichte {dt. vor gerichte fehlt im tsch. Text} an ſinem eigen cȝu ire*m* libe /// czo gedna pani zbozie muze ſweho obdrzety moze · po geho ſmrty · *v wykpildowem prawu* · Czoz gie muz dal ______ {dt. vor gerichte fehlt im tsch. Text} na ſwem wlaſtniem · k gegiemu zywotu [Art. 22 § 1, 78v /// C22, 129r]

KOMMENTAR

Für dt. *Weichbildrecht* steht im tschechischen Text *vikpildské* (staročes.) (I.) bzw. *vikpildové* (staročes.) (II.) *právo* (Übersetzung/Entlehnung 1:1). Dies gilt ebenfalls für Präpositionalkonstruktionen. In zwei Beispielen steht im tschechischen Text ein erklärender Zusatz (1., 2.). Die tschechischen Adjektive *vikpild**ské*** (I.) und *vikpild**ové*** (II.) sind Ableitungen aus ein und derselben Ableitungsbasis *vikpild* mit Hilfe zweier verschiedener Suffixe, vgl. das *-sk-*Suffix bei *vikpild**ské*** und das *-ov-*Suffix bei *vikpild**ové***.
In Beispiel 3. wurde dt. *vor gerichte* nicht ins Tschechische übersetzt.
Im untersuchten polnischen Text der „Magdeburger Urteile“ stehen für dt. *Weichbildrecht* zwei Entsprechungen: poln. *niemieckie prawo* 'deutsches Recht' und poln. *miejskie prawo* 'Stadtrecht'. Belegt ist im polnischen Text außerdem dt. *oberstes Weichbildrecht* mit der poln. Entsprechung *wysze prawo* 'oberstes, höchstes Gericht', vgl. auch ISMIO Bd. 2, S. 266.

LITERATUR

HRG 5, 1209–1212 ✧ LexMa 8, 2093–2095 ✧ DWB 28, 479 ✧ WMU 3, 2377 ✧ Kaufmann/Neumeister Glossar, 1387 ✧ Boková/Spáčilová Glossar, 509: frnhd. *weichbild* – tsch. *městské právo* 'Stadtrecht' ✧ Papsonová SRB, 720 ✧ Prasek 1912, 139: tsch. *vikpildské právo* ✧ ESSČ: *vikpildský* ✧ Reczek/Twardzik III, 209 ✧ Słownik staropolski 7, 33–44, bes. 33–36

dt. **Wergeld, das**; **Manngeld, das** /// tsch. **vergelt** (staročes.) {Lehnwort aus dt. *Wergeld*} /// poln. **wargielt** (staropol.); **wergeld** (staropol.); **główszczyzna**; auch: **zapłaty** {Pl.}; **wina**
[= Geldbuße für Totschlag oder Verletzung; Manngeld]

do mag er wider *wergelt* noch buſȝe v*m*me geben /// a za to on nemoz aniz *wergeltu* aniz pokuty zadne daty [Art. 17 § 4, 66r /// C17, 121r]

Iſt daȝ v*m*me vngerichte d*a*s an den halȝ geet dauor muȝ er geben *eyn wergelt* /// Geſt li to o bezprawie · geſſtoz na hrdlo gde · za to on muſſy *wergelt* dati ***Takowy odklad*** {erklärender Zusatz im tsch. Text: 'ein solcher *odklad* [Buße, Gewette]'} [Art. 17 § 4, 66v /// C17, 121r]

Iſt aber v*m*me dy ha*n*t douor gibt er *halb wergelt* /// Gde li to bezprawie na ruku Za to on da *puol wergeltu* [Art. 17 § 4, 66ᵛ /// C17, 121ʳ]

Eyn wergelt · / zcu wihwichbilde rechte daȝ ſien achtcȝin phu*n*t ſollicher phennige alȝo do ghenge vnde gebe sein / *eyn halb wergelt* ſien newn phu*n*t /// ***Geden*** {Interferenz: der deutsche unbestimmte Artikel wird mit dem tschechischen Zahlwort ***jeden*** 'ein(s)' wiedergegeben} *wergelt* ***to geſt odklad*** {erklärender Zusatz im tsch. Text: 'das ist *odklad* [Buße, Gewette]'} · v wykpildie to geſt w mieſtczſkem prawie · Oſmnaſte funtow takowych peniez · yakoz tu przygymagy a dawagy A *puol wergeltu* to geſt dewiet ffuntow [Art. 17 § 4, 66ᵛ /// C17, 121ʳ]

Des burcgreuen {Genitiv} gewette vnde *wergelt* daȝ gewonnen wirt yn gehegetem dinge das ſal ma*n* gelden yn ſechȝ wochen /// Purkabowa {Poss.Adjektiv} pokuta a *wergelt* · kteraz w hagenem ſaudu bude dobyta Ta ma zaplaczena byti w ſſeſti nedielech [Art. 45 § 2, 145ᵛ /// C58, 159ʳ]

Bricht ſy {die Sühne} abir eyn ander er mus ſy buſȝin *mit ſynem geſacȝtem wergelde* /// Pakli gy {die Sühne} zruſſi gyny · muſſy on odlozyti *ſwym vſazenym wergeltem* [Art. 52 § 2, 154ʳ⁻ᵛ /// C64, 163ᵛ]

KOMMENTAR

Für dt. *Wergeld* steht im tschechischen Text das deutsche Lehnwort *vergelt* (staročes.) {aus dt. *Wergeld*} (Entlehnung).
Im untersuchten polnischen Text der „Magdeburger Urteile" stehen für dt. *Wergeld* drei verschiedene Entsprechungen: das deutsche Lehnwort *wargielt*, außerdem poln. *zapłaty* {Pl.} und poln. *wina*, vgl. auch ISMIO Bd. 2, S. 267.

LITERATUR

HRG 5, 1268–1271 ✧ LexMa 8, 2199–2204 ✧ DWB 29, 320–323 ✧ WMU 3, 2360 ✧ Kaufmann/Neumeister Glossar, 1375 f. ✧ Boková/Spáčilová Glossar, 513: frnhd. *wergeld* – tsch. *pokuta za vraždu* ✧ MRB, Register 832: *pokuta/pokuty* {Pl.} *za zabití* ✧ Extrakt, 100: tsch. *wergeltem* 'mit Wergeld'; Extrakt, 101: tsch. *wergelt*; Extrakt, 101: tsch. *puol wergeltu* 'ein halbes Wergeld'; Extrakt, 110: tsch. na to *wergeltu* {Gen.Sg.} postaviti ✧ Papsonová SRB, 715 f. ✧ Roučka/Růžička Heslář, 617: *vergelt* ✧ ESSČ: *vergelt* ✧ Reczek/Twardzik III, 307: *wargielt*; 338: *zapłaty*; 313: *wina* ✧ Aleksic Ortyle, 109 f. ✧ Zajda 2008, 300 ✧ Słownik staropolski 10, 43 f.

dt. **wetten** 'Gewette geben' /// tsch. **vetovati** (staročes.) {Entlehnung aus dt. *wetten*}; s. a. oben **Gewette**; **propadnúti** (staročes.) 'jmd. etwas bezahlen müssen'; **proviniti** (staročes.) 'wetten' /// poln. **opłacać w sądzie**; **wetować** (staropol.) [= Bußgeld zahlen]

I. dt. ***wetten*** /// tsch. ***vetovati*** (staročes.) {Entlehnung aus dt. *wetten*}:

vnde komit d*er*ſchultis ***zcu dem*** dinge nicht / er *wettit* dem burcgreuen cȝen phunt Is beneme denn*e* · em echte nodt die er bewiſen ſal alȝo recht iſt /// A neprziſſel li by Sſulteys ***k tomu*** {Interferenz: der deutsche bestimmte Artikel wird als Demonstrativpronomen übernommen} ſaudu On *wetuge* purkabi deſſet hrziwen · lecz by gey zaſſla nuze zprawna · kteruz on pokazati ma iakoz prawo geſt [Art. 44 § 1, 145r /// C57, 159r]

Wiſſit daȝ man dem ſchultheiſen vȝ gehegeter bang {gehegte Bank} vnde dem voite sechȝ phennige *wettet* ingehegetem dinge aber acht ſchillinge /// Ale wieztez ze Sſulteyſowi ***to geſt Rychtarzi*** {erklärender Zusatz im tsch. Text: ‘das sind Richter’} krom ſaudu hageneho · *wettugi* ſſeſt peniez · Ale w hagenem ſaudu Oſm ſſylink [Art. 10 § 3, 41r-v /// C10, 108r]

II. dt. ***wetten*** /// tsch. ***propadnúti*** (staročes.) ‘jmd. etwas bezahlen müssen’:

Geſchit daȝ [nicht] ding vor dem voite ȝo *wettet* er drie phunt Geſchit is vor dem ſchultheiſȝin *ȝo wettit er* em acht ſchillinge /// Stane li ſe ***ten*** {Interferenz: der deutsche bestimmte Artikel wird als Demonstrativpronomen übernommen} ſaud przed ffoytem ***To geſt przed purkabii*** {erklärender Zusatz im tsch. Text: ‘das heißt vor dem Burggrafen’} Tehda *propadne* trzi ffunty Stane li ſe przed Rychtarzem · tehda *propadne* oſm ſſylink [Art. 16 § 2, 59r /// C16, 117v]

III. dt. ***wetten*** /// tsch. ***proviniti*** (staročes.) ‘wetten’:

Sy *wetten* hut vnde har {d. h. Strafe an Haut und Haar} ader mit vj vnde driſȝig ſchillinge zcu loſen / wenn*e* ir burgerrecht do mete gebrochen *wirt* /// *prowinie* ony kuozy a wlaſſy Aneb ſe wyplatie ſſeſty a trzidczeti ſſylinky A kdyz tak prawo mieſtczke tiem przeſtupeno geſt [Art. 43 § 1, 140r /// C51, 156v]

IV. dt. ***jmd. wetten*** /// tsch. ***komu proviniti*** (staročes.) ‘wetten’:

IV.a) dt. ***dem König wetten*** /// tsch. ***králi provinití*** ‘wetten’:

ȝo *wettit* ir icȝlicher dem konnige achtcȝen gulden marcg /// tehda *prowyni* gich kazdy krali Oſſmnaſte zlattych Mark ***to geſt hrziwen*** {erklärender Zusatz im tsch. Text: ‘das sind hřivny = Nom.Pl. zu tsch. *hřivna* ‘halbes Pfund’’} [Art. 15 § 2, 57v /// C15, 116v]

V. dt. ***jmd. wetten*** /// tsch. ***komu jeho vetunk / jeho pokutu dáti*** (staročes.):

V.a) dt. ***dem Richter wetten*** /// tsch. ***rychtáři jeho vetunk dáti***; ***rychtáři vetovati*** (staročes.):

vnde muȝ *dem richtere wetten* /// A muſſi *rychtarzi geho wettunk* · ***to geſt geho wynu*** {erklärender Zusatz im tsch. Text: ‘das ist seine Buße geben’} *dati* [Art. 28 § 3, 111v /// C40, 149r]

DO abir eynem manne ſyne gewere gevronet wirt alȝ ofte er vȝ vnde yn geet alȝ uffte mus er *dem richtere wetten* dy fronunge ſy denn*e* mit rechte benommen /// Ale kdez gednomu czlowieku duom geho · aneb obranu znamenagi · rozomiey od prawa Tehda tak czaſſto · iakoz on wen a zaſe tam gde · tak czaſſto on muſſi *rychtarzi wettowati* · lecz znamenanie totiz fronunk ſniato bude · ſ prawem [Art. 53, fol. 155v–156r /// C65, 164r]

vnde mus *deme richtere wetten* /// A muſſy *rychtarzi geho pokutu dati* [Art. 90 [91] § 1, fol. 183r /// C100, 179r] der mus *dem richtere wetten* {Indikativ} etc /// Ten *by rychtarzi geho pokutu muſſil dati* {Konjuktiv} [Art. 90 [91] § 2, fol. 183v /// C100, 179r]

KOMMENTAR

Für dt. *wetten* steht im tschechischen Text das deutsche Lehnwort *vetovati* (staročes.) (I.) (Entlehnung), außerdem *propadnúti* (staročes.) 'jmd. etwas bezahlen müssen' (II.) und *proviniti* (staročes.) 'wetten' (III.).
Weiterhin sind belegt: dt. *dem König wetten* /// tsch. *králi proviniti* (staročes.) 'wetten' (IV.a)) und dt. *dem Richter wetten* /// tsch. *rychtáři jeho vetunk dáti; rychtáři vetovati* (staročes.) (V.a)).
Im untersuchten polnischen Text der „Magdeburger Urteile" wird dt. *Gewette* und auch das daraus abgeleitete Verb *wetten* 'Gewette geben' mit poln. *wina* wiedergegeben. In einem Fall wird aus dem deutschen Text lediglich die Nennung der Summe des Gewettes ins Polnische übernommen. Das Wort *Gewette* selbst fehlt dabei im polnischen Text. Ohnehin ist der polnische Satz hier lediglich die sinngemäße Wiedergabe des deutschen, vgl. auch ISMIO Bd. 2, S. 188 f.

LITERATUR

DWB 6, 5698 ✧ WMU 1, 724 f. ✧ Kaufmann/Neumeister Glossar, 1332–1334 ✧ MRB, Register 797 ✧ Papsonová SRB, 718 ✧ Extrakt, 126: tsch. musí *vetovati* {Lehnwort aus dt. wetten} jednomu každému z kmetuov jeho pokutu, tu jest třidceti šilink ✧ Prasek 1912, 141: tsch. ten musie rychtářovi *vetovati* {Lehnwort aus dt. wetten} ✧ Roučka/Růžička Heslář, 619: *vetovati*; 433: *propadnutí*; 440: *proviniti* ✧ Staročeský slovník 4, 119 f.: *propásti*; 4, 229 f.: *proviniti* ✧ Newerkla 2004, 242

frnhd. **wīchhūs, das** /// tsch. **vikúš** (staročes.); **vichúz** (staročes.) {Lehnwort aus frnhd. *wīchhūs*}
[= Stadthaus; Wehrhaus]

1. vnde buwete ouch doryn manich *wichhuȝ* douon is noch wichbilde recht heiſt /// A take wzdielal w tom mieſtie mnoho wyſſokych domow · *s wykuſſy* ***nebo s Erkerzi*** {Zusatz im tsch. Text: 'oder mit Erkern'} A od toho geſſtie ſlowe wykpildſke prawo [Art. 6 § 2, 21v /// C6, 100v]

do ſy do feſte ſtete buweten mit muren vnde mit *wichhuȝern* /// Aby oni tu twrde mieſto dielali · ſe zdmi a s welikymi domy *wychuzy* [Art. 9 § 2, 36r-v /// C9, 107r]

KOMMENTAR

Für frnhd. *wīchhūs* steht im tschechischen Text das deutsche Lehnwort *vikúš* (staročes.) bzw. *vichúz* (staročes.) (Entlehnung).
In einem Beispiel steht im tsch. Text ein erklärender Zusatz: 'oder mit Erkern' (1.).

LITERATUR

WMU 3, 2377 ✧ Newerkla 2004, 243 ✧ RECZEK, Bohemizmy leksykalne w języku polskim do końca XV wieku, 1968.

frnhd. **wīchvride, der** /// tsch. **vitfride** (staročes.) {okkasionelle Übernahme von frnhd. *wīchvride* als tsch. *vitfride* in den tsch. Text}
[= Stadtfriede, -schutz]

dorumme daȝ man ſehe {Aktiv, unpers.Satz} daȝ do *wichfrede* ſy /// proto aby wiedieno bylo {Passiv} ze tu *wytfride* ***to geſt toho mieſta pokoy*** {erklärender Zusatz im tsch. Text: 'das ist dieser Stadt Friede'} [Art. 9 § 3, 36v /// C9, 107r]

KOMMENTAR

Für frnhd. *wīchvride* steht im tschechischen Text *vitfride* (staročes.) {okkasionelle Übernahme von dt. *wīchvride*}.

LITERATUR

Lexer 3, 819: mhd. *wīchvride* 'Stadtfriede, -schutz'

dt. **Widerrede, die**; **Widerspruch, der** /// tsch. **narčenie** (staročes.); **přiekaza** (staročes.); **otpor** (staročes.) /// poln. **sprzeciw**

vnde des ſollen ſy geczug ſien daȝ en gegeben ſy ane mannes *weder ſprache* /// A oni ſwiedczi toho magi byty · ze gym to dano bez wſſelikeho czlowieka *narczenie* [Art. 11 § 1, 46r /// C11, 110r]

hot er aber daȝ erbe gekouft vm*m*e ſine phennige ſo mag er is geben weme er wil an yma*n*dis *wederſprache* /// Ale geſtli on to ſwe wlaſtnie diediczſtwie kupil za ſwe penieze Tehda moz on to wzdati komuz on chcze · beze wſſic *prziekazy* [Art. 20 § 1, 73v /// C20, 125v]

I. dt. ***ohne rechte Widersprache*** /// tsch. ***bez odporu práva***:

do mag ***dy*** vrauwe mit irem teile daȝ ſy entphangen hat thun waȝ ſy wil *ane rechte wider ſprache* Das ſelbie m*a*g ouch der man thun mit ſynem teile d*a*s entphangen hat /// tu moz ***ta*** {Interferenz: der deutsche bestimmte Artikel wird als Demonstrativpronomen übernommen} pan*i* ſwym dielem · kteryz ona przigiala ge*ſ*t vcziniti czo chcze · *bez otporu prawa* Tez to moz muz vcziniti · s ſwym dielem czoz przigial ge*ſ*t [Art. 55, fol. 156v /// C67, 164v]

KOMMENTAR

Für dt. *Widerrede* steht im tschechischen Text *narčenie, přiekaza* und *otpor* (Übersetzung 1:1).

LITERATUR

DWB 29, 1145–1150: *Widerrede* ✧ WMU 3, 2399 ✧ Kaufmann/Neumeister Glossar, 1340 ✧ Boková/Spáčilová Glossar, 516: frnhd. *widerrede* ✧ Papsonová SRB, 722: frnhd. *widerreden*; 722 f.: frnhd. *widersprache*; 723: frnhd. *widersprechen* ✧ Roučka/Růžička Heslář, 343: *odpor* ✧ Staročeský slovník 1, 257: *nařčenie*; 2, 931 f.: *otpor*

dt. **Willkür, die** /// tsch. **vůle**; **svolenie** (staročes.) /// poln. **wilkierz** (staropol.) {Lehnwort aus dt. *Willkür*}
[= Einwilligung; freier Wille; Rechtssatzung]

I. dt. ***Willkür, die*** /// tsch. ***svolenie*** (staročes.):
vnde beſtetiget von *wilkor* des koninges vnde der furſten /// a dano y potwrzeno Od *ſwolenie* krale ***rozomiey Rzymſkeho*** {erklärender Zusatz im tsch. Text: 'das heißt römisch'} a kniezat [Art. 6 § 1, 21ʳ /// C6, 100ᵛ]
Do wurden ſy zcu rate waʒ recht ſy deme lande ſecʒten von *willkore* des landes /// Potom radiechu ſe kterake by prawo zemi vſadyli · od *ſwolenie* zemie [Art. 7 § 5, 23ᵛ–24ʳ /// C7, 102ʳ]
Nv horet vnde vornemet wer ſal ab er ober wunden wirt / alʒ hievor geſait iſt / Daʒ ſal thun ***der*** phalcʒgreue von dem ryne / vnde ***dem*** koninge vnde ***dem*** lande cʒu eyne*m* richtere gegeben iſt von *wilkore* alʒ ir wol vornemen werd*et* /// POſluchayte a rozomieyte · kterak magi nad kralem poprawity · acz on przemozen bude · rozomiey acz by s dowedenym wina byla To ma vczinity ***ten*** {Interferenz: der deutsche bestimmte Artikel wird als Demonstrativpronomen übernommen} ffalczgroff s Ryna, kteryz ***tomu*** {Interferenz: der deutsche bestimmte Artikel wird als Demonstrativpronomen übernommen} krali a ***te*** {Interferenz: der deutsche bestimmte Artikel wird als Demonstrativpronomen übernommen} zemi ſaudczy dan geſt · od *ſwolenie* yakoz ſte · srozomiely [Art. 9 § 1, 36ʳ /// C9, 106ᵛ]
vnde ouch von iris ſelbiſt *willekore* /// A take wedle gich ſamych *ſwolenie* [Art. 42 § 1, 139ᵛ /// C50, 156ʳ⁻ᵛ]

II. dt. ***Willkür, die*** /// tsch. ***vůle*** 'Wille':
das ſteit an der ratmanne *wilkore* welchʒ ſy nemen wollen Nemen ſy wol dy phennige / ʒo iſt doch ghenner rechtelos vnd*e* erloʒ /// To ſtogi na *wuoli* ***te*** {Interferenz: der deutsche bestimmte Artikel wird als Demonstrativpronomen übernommen} *Rady* ktere oni przigieti chtie ***To geſt pokutu ly czily poprawu*** {erklärender Zusatz im tsch. Text: 'das ist Strafe [Buße] oder Strafe'} Wezmu li oni penieze dobrze Tehda onen wzdy prawa prazny a bezecztny oſtane [Art. 43 § 2, 140ʳ⁻ᵛ /// C51, 156ᵛ]

III. ***Paarformel***:
dt. ***Gelübde und Willkür*** /// tsch. ***slibové a svolenie*** {Pl.} (staročes.):
wenn*e gelobde vnde willekor*e bricht allerhande recht /// Neb *ſlibowe a ſwolenie* wſſelike prawo ruſſij [Art. 24 § 3, 96ʳ /// C24, 140ᵛ]

Kommentar

Für dt. *Willkür* steht im tschechischen Text *svolenie* (staročes.) (I., III.) sowie *vůle* (II.) (Übersetzung 1:2). Die Paarformel *Gelübde und Willkür* wird als *slibové a svolenie* {Pl.} ins Tschechische übertragen (III.).
Im untersuchten polnischen Text der „Magdeburger Urteile“ steht für dt. *Willkür* das deutsche Lehnwort *wilkierz*, vgl. auch ISMIO Bd. 2, S. 268.

LITERATUR

HRG 5, 1438–1440 ✧ LexMa 9, 217 f. ✧ DWB 30, 204–209 ✧ WMU 3, 2420 ✧ Kaufmann/Neumeister Glossar, 1398 ✧ Boková/Spáčilová Glossar, 520: frnhd. *willkür* – tsch. *zákony a stanovené tresty, které si město či obec sama ustanovila* 'Stadtgesetze und durch sie festgesetzte Strafen' ✧ MRB, Register 832 ✧ Papsonová SRB, 726 ✧ Roučka/Růžička Heslář, 565: *svolení*; 630: *vůle* ✧ MSS, 574: *vóle* ✧ Reczek/Twardzik III, 311 f. ✧ Aleksic Ortyle, 97, 99 ✧ Zajda 2008, 299 ✧ Słownik staropolski 10, 170 f. ✧ Lehnwörter 2010: *wilkierz*

dt. **Witwe, die** /// tsch. **vdova** /// poln. **wdowa**

dt. **Witwen und Waisen** /// tsch. **vdovy a sirotci** {Pl.} /// poln. **sieroty i wdowy** {Pl.} 'Waisen und Witwen'

vnde er hot is beuolen allen den dy ritters namen haben *witwen vnde weiſen* zcubeſchermen vnd*e* alle gotis huȝere vnd*e* vnrecht zcu krencken vnde recht zcu ſtercken /// poruczil geſt wſſem tiem ktoz Rytierzſke gmeno magy Aby oni *wdow Syrotkow* A wſſech domow bozich · obrancze byly A bezpr*a*wie aby kazyly · a tupili a prawo aby mnozily [Art. 8 § 3, 31^{r-v} /// C8, 105^{r}]

KOMMENTAR

Für dt. *Witwen und Waisen* steht im tschechischen Text *vdovy a sirotci* {Pl.} (Übersetzung 1:1).

LITERATUR

HRG 5, 1472–1479 ✧ LexMa 9, 276–281 ✧ DWB 30, 839–845 ✧ WMU 3, 2447 f. ✧ Kaufmann/Neumeister Glossar, 1347 ✧ Boková/Spáčilová Glossar, 522: frnhd. *witib* – tsch. *vdova* ✧ MRB, Register 833: frnhd. *wytewe* – tsch. *vdova* ✧ Papsonová SRB, 728 f.

dt. **Wunde, die**; **Wunden, die** /// tsch. **rána, rány** {Pl.} /// poln. **rana, rany** {Pl.}

I. dt. ***Wunde, die*** /// tsch. ***rána***:

Bricht ſy abir eyn ander er mus ſy buſȝin mit ſynem geſacȝtem wergelde vmme *dy wunde* ix phunt vmme eynen totſlag achtcȝen phunt /// Pakli gy zruſſi gyny · muſſy on odlozyti ſwym vſazenym wergeltem · *za Ranu* dewiet ffuntow za zabiteho oſmnaſte funtow [Art. 52 § 2, 154^{v} /// C64, 163^{v}]

II. dt. ***Wunden, die*** /// tsch. ***rány*** {Pl.}:

hat er aber mehir lute beclag*et* denn*e* er *wunden* hat /// Pakli geſt wiecze lidij obzalowal · nezli on ran ma [Art. 78 [79] § 2, fol. 175^{v} /// C92, 175^{v}]

vnd*e* bewiſt ſyne *wunden* mit gerufte /// A okaze tu ſwe *rany* s · orkrzykem[291] [Art. 81 [82], 177^{v} /// C95, 176^{v}]

[291] Statt 'okrzykem'.

III. dt. ***um Wunde / Wunden*** /// tsch. ***o ránu*** {Sg.}/***rány*** {Pl.}:

WEnne eyn man eyne*n* kamph mit rechten orteilen gewynnet v*mme* ***eyne*** *wunden* /// KDyz geden ſedanie prawymi orteli dobude · *o* ***gedinu*** {Interferenz: der deutsche unbestimmte Artikel wird mit dem tschechischen Zahlwort ***jeden*** 'ein(s)' wiedergegeben} *ranu* [Art. 79 [80] § 1, fol. 175ᵛ /// C93, 175ᵛ]

v*mme* ***eyne*** *wunde* /// *o* ***gednu*** {Interferenz: der deutsche unbestimmte Artikel wird mit dem tschechischen Zahlwort ***jeden*** 'ein(s)' wiedergegeben} *ranu* [Art. 83 [84], 178ʳ⁻ᵛ /// C97, 177ʳ]

*v*m*me* ***dy*** *wunden* /// *o* ***ty*** {Interferenz: der deutsche bestimmte Artikel wird als Demonstrativpronomen übernommen} *rany* [Art. 82 [83], 177ᵛ /// C96, 176ᵛ]

KOMMENTAR

Für dt. *Wunde* steht im tschechischen Text *rána* (I.) (Übersetzung 1:1), analog im Plural, vgl. *Wunden* /// *rány* (II.), sowie in präpositionaler Wendung (III.).
Im untersuchten polnischen Text der „Magdeburger Urteile" steht für dt. *Wunden* poln. *rany*, auch in Zusammensetzung, vgl. frnhd. *Ffleyschs wunden* [Fleischwunden] /// apoln. *PRosste rany* 'einfache Wunden', vgl. auch ISMIO Bd. 2, S. 269.

LITERATUR

DWB 30, 1771–1781 ✧ WMU 3, 2466 f. ✧ Kaufmann/Neumeister Glossar, 1424 ✧ MRB, Register 832: tsch. *zranění* ✧ Papsonová SRB, 731 f. ✧ Roučka/Růžička Heslář, 474: *rána* ✧ Reczek/Twardzik III, 239 ✧ Słownik staropolski 7, 433–436: *rana* {Sg.}; 7, 436–438: *ranić* 'verwunden'

Z/Ž

tsch. **zabití**; **vražda** s. dt. **Totschlag, der**

tsch. **žaloba** s. dt. **Klage, die**

tsch. **žalobce**; **žalobník** s. dt. **Kläger, der**

tsch. **žalovat**; **naříkat** s. dt. **klagen**

tsch. **zatvrditi**; **zaforfestovati**; **uvěznit**; **dát do achtu/do klatby**; **vyobcovat** s. dt. **verfesten**

tsch. **zatvrzení**; **dání do achtu/do klatby** s. dt. **Verfestung, die**

tsch. **zboží**; **majetek**; **statek**; **jmění** s. dt. **Gut, das**; **Habe, die**

tsch. **zboží, movité**; **zbožie, movité**; **statek, movitý**; **movitost**; **věc, movitá**; **jmění/statky, movité**; **movitosti**; **majetek, movitý** s. dt. **Habe, fahrende**; **Habe, bewegliche**; **Fahrhabe, die**; **Fahrnis, die**; **Gut, fahrendes**

tsch. **zemské *právo*** s. dt. **Landrecht, das**

tsch. **žena**; **paní** s. dt. **Frau, die**; **Weib, das**

dt. **Zeuge, der** /// tsch. **svědek** /// poln. **świadek**

ȝo trete er vor die virbencke Vnde bitte den richter / daȝ er *ſien geczeug* {Nom.Sg.} ſy durch recht /// Tehda onen ktoz vweden geſt · ma zaſe przigity · przed cztyrzi lawy A proſyti Rychtarze aby on *geho ſwiedek* {Sg.} byl · Z prawa [Art. 20 § 3, 74r /// C20, 125v–126r]

Iſt aber ***ghener*** yn wichbilde geſeſſin / vnde iſt die ſache alȝo bewant / daȝ er daȝ gewere bedarff ſo ſal er *ſien geczug ſien* {Nom.Sg.} die wile erlebit etc /// Ale geſt li ***onen*** {dt. *jener* wird adäquat ins Tschechische übersetzt} vſedly w ***tom*** {Interferenz: im Deutschen fehlt der Artikel, im Tschechischen steht ein Demonstrativpronomen an der Position des Artikels} wykpildu · to geſt w tom hbitie A geſt li ta prze takowa · ze on zprawy potrzebuge Tehda tento {dt. *er* wird als tsch. *dieserda* übersetzt} ma *geho ſwiedek* {Sg.} byti dokawadz on ziw [Art. 21 § 2, 77v /// C21, 128v]

Stirbit abir der richter waȝ ȝo in ſynen gecȝiten geſchen iſt das ſal ſien nachkomeling an dem gerichte *geczeug* {Nom.Sg.} ſien /// A vmrzel li by ten rychtarz · czo by ſe takowie za geho czaſſu przihodilo · toho geho potomny namieſtek *ſwiedek* {Sg.} byti ma [Art. 32 § 3, 118r /// C43, 151r]

dt. **Zeugen, die** /// tsch. **svědci** {Pl.} /// poln. **świadki**; **świadkowie** {Pl.}

I. dt. ***Zeugen, die*** /// tsch. ***svědci*** {Pl.}:

vnde des ſollen ſy *geczug* {Nom.Pl.} ſien daȝ en gegeben ſy ane mannes weder ſprache /// A oni *ſwiedczi* {Pl.} toho magi byty · zc gym to dano bez wſſelikeho czlowieka narczenie [Art. 11 § 1, 46r /// C11, 110r]

vnde die ſchepphen ſollen mit em ghen die do keinwertig warn daȝ ſy *geczug* {Nom.Pl.} ſien daȝ is em gegeben ſy cȝu allem rechte /// A kmete magi ſ nym giti · kterzyz ſu przi tom byly · aby oni toho *ſwiedczy* {Pl.} byly · ze gemu to dano geſt · ke wſſiemu prawu [Art. 20 § 1, 74r /// C20, 125v]

er brenge denn*e* *ſine geczeuge* {Akk.Pl.} vff en /// lecz by gey vſwiedczil *ſwiedky ſwymi* {Pl.} [Art. 57, fol. 168v–169r /// C81, 171v]

II. dt. ***mit Zeugen*** {Pl.} /// tsch. ***s svědky*** {Pl.}:

Wirt er beclag*et* daru*m*me vor dem voite mit gecȝewge {Dat.Sg. 'Zeugnis'} Des mus er *mit den ſelbien geczugen* {Pl.} entghen die ghenn*er* vff en but is ſien dinglute ader ſchepphen /// Bude li proto obzalowan przed woytem · ***przed purkabi*** {erklärender Zusatz im tsch. Text: 'vor dem Burggrafen'} · ſwiedomym {Sg. 'Zeugnis'} Toho on muſſy *ſ tiemiz ſwiedky* {Pl. 'Zeugen'} odgity Iakoz onen nan wedl g*eſt*· budto S kmety nebo ſ tiemi ſaudu prziſtogiczymi [Art. 17 § 1, 65v /// C17, 120v–121r] dt. **Zeugnis, das** /// tsch. **svědectví**; **osvědčení**; **svědomie** (staročes.) /// poln. **świadectwo**

Wirt er beclag*et* daru*m*me vor dem voite *mit geczewge* {Dat.Sg. 'Zeugnis'} Des mus er mit den ſelbien geczugen {Pl.} entghen die ghenn*er* vff en but is ſien dinglute ader ſchepphen /// Bude li proto obzalowan przed woytem · ***przed purkabi*** {erklärender Zusatz im tsch. Text: 'vor dem Burggrafen'} · *ſwiedomym* {Sg. 'Zeugnis'} Toho on muſſy ſ tiemiz ſwiedky {Pl. 'Zeugen'} odgity Iakoz onen nan wedl g*eſt*· budto S kmety nebo ſ tiemi ſaudu prziſtogiczymi [Art. 17 § 1, 65v /// C17, 120v–121r]

wil aber ghener *ſines geczugis* {Gen.Sg.} abe ghen vnd*e* beſchuldigen en v*m*me ſine wiſſintſchaft daʒ entphurt er em mit ſines ſelbiſt hant /// Ale chcze ly on *ſweho ſwiedomie* {Sg.} ſe ſpuſtiti A obzaluge ge*ho* k ſwiedomi geho Toho gemu odeyde ſam ſwu ſamu ruku [Art. 17 § 1, 65v /// C17, 120v–121r]

Kommentar

Für dt. *Zeuge* bzw. *Zeugen* {Pl.} steht im tschechischen Text *svědek* und *svědci* {Pl.} Übersetzung 1:1), vgl. analog auch: dt. *mit Zeugen* /// tsch. *s svědky* (III.).
Für dt. *Zeugnis* steht im tschechischen Text *svědomie*.
Im untersuchten polnischen Text der „Magdeburger Urteile“ steht für dt. *die Zeugen* {Pl.} poln. *świadki* {Pl.}, vgl. auch ISMIO Bd. 2, S. 270.

Literatur

HRG 5, 1684–1693 ✧ LexMa 9, 582–588 ✧ DWB 31, 839–853 ✧ WMU 1, 740–742; 1, 742: *geziuge* 'Zeuge'; *geziugen* 'bezeugen' ✧ Kaufmann / Neumeister Glossar, 400, 1093–1096, 1099: *Zeuge*, *Zeugnis* ✧ Boková / Spáčilová Glossar, 195: frnhd. *gezeuge* ✧ Extrakt, 100: tsch. *s svědky* 'mit Zeugen'; Extrakt, 150: tsch. *s svědky* anebo *bez svědkuov* 'mit Zeugen oder ohne Zeugen' ✧ Papsonová SRB, 351–354: frnhd. *gezeuge* ✧ Roučka / Růžička Heslář, 562: *svědek*

dt. **Zinsgut, das** /// tsch. **úroční**; **úročnie / úročné zbožie** (staročes.) /// poln. **dobro czynszowe**; **imiennie czynszowe** (staropol.)

I. dt. ***Zinsgut, das*** /// tsch. ***úročnie zbožie*** (staročes.):

vnde ſpricht daʒ daʒ gut ſien recht *czins gut* ſy /// y die· ze to *zbozie* geho prawe *vrocznie* geſt [Art. 68, fol. 170v /// C82, 172v]

1. ader *zcu czinsgute* behalden moge /// Aneb *k vroczniemu zbozij* zachowati mohl [Art. 68, fol. 170v /// C82, 172v]

II. dt. ***Zinsgut, das*** /// tsch. ***úročné zbožie*** (staročes.):

vnd*e* behelt mit den geweren ſien *czinſgut* doran /// A obdrzy s ſwym zprawczi ſwe *vroczne zbozie* [Art. 68, fol. 170v /// C82, 172v]

KOMMENTAR

Für dt. *Zinsgut* steht im tschechischen Text *úročnie zbožie* (I.) und *úročné zbožie* (II.) (Übersetzung 1:1), vgl. auch analog dt. *zu Zinsgut* /// tsch. *k úročniemu zboží*: Satz 1.).

LITERATUR

DWB 31, 1521–1525 ✧ WMU 3, 2511 ✧ Kaufmann/Neumeister Glossar, 1072f. ✧ MRB, Register 834 ✧ Papsonová SRB, 742f. ✧ Roučka/Růžička Heslář, 602: *úroční*

tsch. **život** s. dt. **Leben, das**

tsch. **život** s. dt. **Leib, der**; **Leben, das**

tsch. **životní dání**; **životnie dánie**; **věno**; **životní lejpcucht**; **životní ctnost** s. dt. **Leibgedinge, das**; **Leibzucht, die**

tsch. **životní lejpcucht**; **životní ctnost** s. dt. **Leibzucht, die**

tsch. **znamenánie** s. dt. **Fronung, die**

tsch. **zpráva**; **gvar**; **gver**; **obrana**; **ochrana**; **držení** s. dt. **(Ge)Were, die**

tsch. **zpustilý**; **zpustilý člověk**; **lasse** s. dt. **Lasse, der**

tsch. **ztratiti podacie své**; *ne***ztratit svého léna** s. dt. **sein Lehen verlieren**; **sein Lehen** *nicht* **verlieren**

tsch. **ztratit svou čest**; *ne***ztratit své cti** s. dt. **Ehre verlieren**; **Ehre** *nicht* **verlieren**

5. Abgekürzt zitierte Literatur im Kapitel E.IV.4.

Aleksic Ortyle – ALEKSIC, Die altpolnische Rechtsterminologie am Beispiel von *Ortyle Magdeburskie*, 2008.

Bańkowski EW – BAŃKOWSKI, Etymologiczny słownik języka polskiego, Bd. 1: A-K, Bd. 2: L-P, 2000–.

Boková/Spáčilová Glossar – BOKOVÁ, SPÁČILOVÁ, Stručný raně-novohornoněmecký glosář k pramenům z českých zemí/Kurzes frühneuhochdeutsches Glossar zu Quellen aus den böhmischen Ländern, 2003.

Brückner EW – BRÜCKNER, Słownik etymologiczny języka polskiego, 1957 [1927].

Buchda Pößneck IV – BUCHDA, Die Schöffenspruchsammlung der Stadt Pößneck, T. IV: Wort- und Sachregister. Zugleich ein Beitrag zur Erfassung des frühneuhochdeutschen Wortschatzes und Sprachgebrauchs, 1971.

DRW – Deutsches Rechtswörterbuch, Bd. 1–, 1914–.

DWB – J. GRIMM, W. GRIMM, Deutsches Wörterbuch, 1984–1991.
Eggers 1988 – EGGERS, Die Phonologie der deutschen Lehnwörter im Altpolnischen bis 1500, 1988.
ESSČ – Elektronický slovník staré češtiny.
Extrakt – „Extrakt hlavnějších a přednějších artikulův z Práv Saských anebo Magdeburských/Srovnání Práv Pražských s Právy Magdeburskými (1571)", in: JIREČEK (Hrsg.), Spisy právnické o právu českém v XVI-tém století, 1883, S. 98–147.
FWB – Frühneuhochdeutsches Wörterbuch, Bd. 1–, 1989–.
Gebauer – GEBAUER, Slovník staročeský, Bd. I (A-J), Bd. II (K-N), 1970.
HRG – Handwörterbuch zur deutschen Rechtsgeschichte, Bd. 1–5, 1971–1998.
²HRG – Handwörterbuch zur deutschen Rechtsgeschichte, Bd. 1–, 2008–.
Kaufmann/Neumeister Glossar – F.-M. KAUFMANN, NEUMEISTER (Hrsg.), Glossar zur Buch'schen Glosse, T. 1–3, 2015.
Lehnwörter 2008 – ŁAZIŃSKI, Słownik zapożyczeń niemieckich w polszczyźnie, 2008.
Lehnwörter 2010 – VINCENZ, Wörterbuch der deutschen Lehnwörter in der polnischen Schrift- und Standardsprache, 2010.
Lexer – LEXER, Mittelhochdeutsches Handwörterbuch, Bd. 1–3, 1992.
LexMa – Lexikon des Mittelalters, Bd. 1–9, 1980–1998.
Linde – LINDE, Słownik języka polskiego, Bd. 1–6, 1951.
MSS – BĚLIČ, KAMIŠ, KUČERA, Malý staročeský slovník, 1978.
Newerkla 2004 – NEWERKLA, Sprachkontakte Deutsch – Tschechisch – Slowakisch, 2004 – Hinweise auf Erstbelege werden übernommen.
Papsonová SRB – PAPSONOVÁ, Das Magdeburger Recht und das Silleiner Rechtsbuch, 2003.
Prasek 1912 – PRASEK, Český Sachsenspiegel, in: Časopis Moravského musea zemského 12 (1912), S. 124–157.
Reczek/Twardzik III, – RECZEK, TWARDZIK, Najstarsze staropolskie tłumaczenie Ortyli magdeburskich, Bd. 3, 1972.
Roučka/Růžička Heslář – ROUČKA, RŮŽIČKA, Pracovní heslář Českého právněhistorického terminologického slovníku, 1975.
Słownik staropolski – Słownik staropolski, T. 1-, 1953-.
Słownik XVI – Słownik polszczyzny XVI wieku, I-, 1966–.
MRB – SPÁČIL, SPÁČILOVÁ, Míšeňská právní kniha. Historický kontext, jazykový rozbor, edice/Das Meißner Rechtsbuch. Historischer Kontext, linguistische Analyse, Edition, 2010.
Staročeský slovník – Staročeský slovník, Bd 1. [Lfg. 1–7] na-obijěti sě, Bd. 2 [Lfg. 8–14] obilé-ožžený, Bd. 3 [Lfg. 15–21] paběničský-pravý, Bd. 4 [Lfg. 22–26] prazápis-při, 1968–2008.
VZZ – KREUZ, MARTINOVSKÝ (Hrsg.), VOJTÍŠKOVÁ (Bearb.), Vladislavské zřízení zemské a navazující prameny, 2007.

WMU – Wörterbuch der mittelhochdeutschen Urkundensprache, Bd. 1–3, 1994–2010.

Zajda 2001 – ZAJDA, Studia z historii polskiego słownictwa prawniczego i frazeologii, 2001.

Zajda 2008 – ZAJDA, Deutsche Einflüsse in der altpolnischen Terminologie als Widerspiegelung der Rezeption des Magdeburger Rechts, in: EICHLER, LÜCK (Hrsg.), Rechts- und Sprachtransfer in Mittel- und Osteuropa, 2008, S. 289–304.

V. Ergebnisse der deutsch-tschechischen (frühneuhochdeutsch-alttschechischen) kontrastiven Wortanalyse – Materialauswertung[292]

1. Vorbemerkungen

Unsere Wortanalyse enthält lediglich eine Auswahl der in den beiden verglichenen Weichbildtexten vorkommenden Rechtstermini. Über den Rechtswortschatz hinausgehender (historischer) Wortschatz der Texte wurde nicht betrachtet. Ebenso wurden die beiden Glossentexte nicht in die Untersuchung einbezogen.

Bedingt durch das Auftreten überwiegend gleicher bzw. ähnlicher sprachlicher Phänomene, folgt die Auswertung des aus der deutsch-tschechischen (frühneuhochdeutsch-alttschechischen) kontrastiven Wortanalyse gewonnenen Materials in Anlage und Gliederung weitestgehend dem Auswertungsteil zur deutsch-polnischen (frühneuhochdeutsch-altpolnischen)[293] kontrastiven Wortanalyse. Diese, sich aus dem konkreten Sprachmaterial ergebende Strukturierung, wird dem Benutzer Quervergleiche beider Auswertungsteile, des deutsch-polnischen[294] wie des vorliegenden deutsch-tschechischen, erleichtern. Es sei außerdem darauf hingewiesen, dass in allen Punkten der Auswertung des deutsch-tschechischen auch Verweise auf die entsprechenden Abschnitte der Auswertungen des deutsch-polnischen[295] Materialvergleichs erfolgen.

Wie schon die deutsch-polnische, so beschränkt sich auch die deutsch-tschechische sprachliche Auswertung auf die lexikalische Ebene, d. h. auf die Ebene des Wortes/des Rechtsterminus. Daher kommen Besonderheiten, z. B. der phonologisch-graphematischen oder der Textebene (Syntax) wie auch der Stilistik nicht

[292] Zur ausführlichen Dokumentation und Kommentierung des Materials ist jeweils das *Kap. E.IV.4.* zu vergleichen. Römische und arabische Ziffern im nachfolgenden Auswertungsteil führen in Verbindung mit dem jeweiligen Stichwort direkt zur zitierten Textstelle im Materialteil, vgl. *Kap. E.IV.4., S. 175–343*.

[293] Vgl. BILY, Ergebnisse der deutsch-polnischen (frühneuhochdeutsch-altpolnischen) Wortanalyse – Materialauswertung, in: ISMIO Bd. 2, S. 275–313.

[294] Vgl. ebd.

[295] Vgl. DIES., Deutsch-polnische kontrastive Wortanalyse anhand einer deutschen und einer polnischen Handschrift der „Magdeburger Urteile“, in: ISMIO Bd. 2, S. 117–328.

oder lediglich am Rande bzw. im Zusammenhang mit der Beschreibung lexikalischer Phänomene zur Sprache.

Die Auswertung des historischen Sprachmaterials juristischen Inhalts erfolgt nach der Methode des historischen Sprachvergleichs. Bei der Übernahme frühneuhochdeutscher (frnhd.) Rechtstermini ins Alttschechische sind in den verglichenen Abschnitten der beiden Weichbildtexte nach der Häufigkeit ihres Auftretens belegt: Übersetzungen (2.), Entlehnungen (3.) sowie auch Umschreibungen (4.), Letztere mitunter zusätzlich und neben einem Rechtsterminus als Entsprechungen im Tschechischen. Die Verwendung anderer, bedeutungsähnlicher Termini (5.) tritt nur vereinzelt auf, vgl. dt. *Mage*, *Schwertmage* und *Niftel* mit ihren Entsprechungen im tschechischen Text.

Unser Vergleich der Übersetzung von Rechtstermini bezieht ebenfalls eine Betrachtung nach der Opposition *1:1*, *1:viele* usw. ein. Übersetzt wird gewöhnlich bei Vorhandensein eines Äquivalents in der Nehmersprache (hier das Tschechische). Fehlt ein entsprechendes Äquivalent, kommt es zu Entlehnung oder auch Umschreibung.

Auch unsere deutsche Textgrundlage, das „Sächsische Weichbild“ mit Glosse (Textzeuge: Hs. B), enthält mitunter zusätzlich zum Rechtsterminus eine Umschreibung, die gewöhnlich auch mit ins Tschechische übersetzt wird. Dies ist besonders bei der Beschreibung solcher Sachverhalte zu beobachten, die vom Übersetzer wohl als schwierig und damit erklärungsbedürftig eingestuft wurden. Dieses Phänomen konnte bereits bei der deutsch-polnischen kontrastiven Wortanalyse der „Magdeburger Urteile“[296] beobachtet werden.

An einer Reihe von Beispielen wird die Qualität der Arbeit des Übersetzers deutlich, und zwar an der korrekten und differenzierten Wiedergabe deutscher rechtlicher Begrifflichkeit im Tschechischen, wie z. B. bei:

– dt. **Mann** /// tsch. **člověk** ‘Mann’ und **muž** ‘Ehemann’

oder

– dt. **Frau** bzw. **Weib** /// tsch. **žena** ‘Ehefrau’ bzw. **paní** ‘Frau’ in folgenden Kombinationen: dt. **Weib** /// tsch. **žena** ‘Ehefrau’; dt. **Frau** /// tsch. **žena** ‘Ehefrau’; dt. **Frau** /// tsch. **paní** ‘Frau’ allgemein und dt. **Weiber** {Pl.} /// tsch. **ženy** ‘Ehefrauen’ {Pl.}; vgl. auch die Paarformeln unter beiden Stichwörtern in *Kap. E.IV.4.*, jeweils unter IV. (*S. 214 u. 261*).

2. Übersetzung[297]

Übersetzung ist die Übertragung eines Textes aus einer Sprache (Ausgangssprache) in eine andere (Zielsprache).

---

[296] DIES., Entlehnung und Umschreibung, in: ISMIO Bd. 2, S. 291.

[297] Vgl. DIES., Ergebnisse der deutsch-polnischen (frühneuhochdeutsch-altpolnischen) Wortanalyse – Materialauswertung. 1. Übersetzung, in: ISMIO Bd. 2, S. 276–286.

„Der Übersetzer juristischer Terminologie muss sich [...] gleichzeitig mit der Rechtsvergleichung beschäftigen. Übersetzt werden nicht nur rechtssprachliche Ausdrücke, sondern auch ganze Rechtssysteme und kulturspezifische Denkmuster. Wenn Ausgangssprache und Zielsprache sich auf unterschiedliche Rechtsordnungen beziehen, scheint eine völlige Äquivalenz nicht erreichbar zu sein. Eine vollkommene Übereinstimmung ist nur denkbar, wenn sich die Ausgangssprache und die Zielsprache auf dasselbe Rechtssystem beziehen. [...] Schwierigkeiten entstehen beim Übersetzen, wenn die Ausgangswörter in der Zielsprache nicht existieren oder wenn sie mehrere Äquivalente haben.“[298]

2.1. Adäquate Wiedergabe

Gehen wir zunächst der Frage nach: Was wurde mühelos vom Deutschen ins Tschechische übernommen? Erwartungsgemäß gibt es gewöhnlich keine (größeren) Übersetzungsprobleme bei Lexemen und Wortverbindungen, die der Gemeinsprache entstammen und die in Geber- und Nehmersprache in (annähernd) gleicher Bedeutung gebraucht werden, z. B. die Substantive: dt. **Tag** /// tsch. *den* (vgl. poln. *dzień*); dt. **Sache, Ding** /// tsch. *věc* (vgl. poln. *rzecz*); dt. **Geld** /// tsch. *peníze* (vgl. poln. *pieniądze*); dt. **Wunde** /// tsch. *rána* (vgl. poln. *rana*) oder die Verben: dt. **antworten** /// tsch. *odpovídati* (vgl. poln. *odpowiedać*) und dt. **schwören** /// tsch. *přiseči, přísahat, svou přísahu učinit* (vgl. poln. *przysiągać*).[299]

Auch für die Präpositionen des deutschen Textes belegt die tschechische Fassung eine adäquate Wiedergabe, vgl. z. B.: dt. **auf** /// tsch. *na* (vgl. poln. *na*); dt. **von** /// tsch. *od* (vgl. poln. *od*); dt. **vor** /// tsch. *před* (vgl. poln. *przed*) oder dt. **zu** /// tsch. *k* (vgl. poln. *k*).

In die Gruppe adäquater Wiedergabe bei der Übersetzung vom Deutschen ins Tschechische, genauer vom Frühneuhochdeutschen ins Alttschechische, gehören weiterhin Termini wie *selbdritt, selbsiebt* und *nach toter Hand* sowie Wendungen wie *Jahr und Tag*, vgl.:

- dt. **selbdritt** [= als Dritter zusammen mit zwei anderen] /// tsch. *sám třetí* (vgl. poln. *samotrzeć* (apoln.)),
- dt. **selbsiebt** [= als Siebenter zusammen mit sechs anderen] /// tsch. *sám sedmý* {mask.}; *sáma sedmá* {fem.} (vgl. poln. *samosiodm(o)*),
- dt. **nach toter Hand** [= nach dem Tode eines anderen] /// tsch. *po umrlé ruce* (vgl. poln. *po umarłej ręce*),
- dt. **Jahr und Tag** [= sächsische Verjährungsfrist: 1 Jahr, 6 Wochen und 3 Tage] /// tsch. *rok a den* (vgl. poln. *rok i dzień*),
- dt. **also Recht ist** /// tsch. *jakož právo jest*,

[298] Sander, Deutsche Rechtssprache, 2004, S. 3f.

[299] Zur ausführlichen Dokumentation und Kommentierung des Materials ist *Kap. E.IV.4.* zu vergleichen. Direkt zur zitierten Textstelle führt das jeweilige Stichwort – wo nötig – zusätzlich in Verbindung mit römischen und arabischen Ziffern.

– dt. **zu ihren Jahren kommen** /// tsch. *k svým letóm právním přicházet / přijítit* (staročes.) und *oni sami zpraviti mohli* 'sie sich [vor Gericht] selbst vertreten können' (vgl. poln. *przyć ku swym latom* {Dat.Pl.} (staropol.); *dojść do swych lat; osiągnąć dojrzałość*).

Zu weiteren Beispielen s. u. auch den Abschnitt *7.1. Phraseologische Termini*.

Neben der Vielfalt bei Übersetzungen nennt auch die slowakische Forscherin Mária Papsonová[300] in ihrer Untersuchung zum „Silleiner Rechtsbuch" eine Reihe von Beispielen für stabile, d. h. immer wiederkehrende wortwörtliche Übertragungen.

2.2. Übersetzung 1:1 und in derselben Wortart[301]

Im untersuchten Material sind überwiegend Übersetzungen 1:1 belegt, und zwar mit Beibehaltung derselben Wortart beim Übergang vom Deutschen ins Tschechische, d. h.: dt. Substantiv /// tsch. Substantiv; dt. Verb /// tsch. Verb sowie Übereinstimmung in präpositionalen bzw. attributiven Wendungen, vgl.:

– dt. **Recht** /// tsch. **právo** (vgl. auch poln. *prawo*; russ., ukrain., wruss. *pravo*), vgl. außerdem die attributiven und präpositionalen Wendungen:
– dt. **gesetztes Recht** /// tsch. **usazené právo**,
– dt. **sein Recht** /// tsch. **své právo**,
– dt. **zu seinem Recht** /// tsch. **k jeho právu**,
– dt. **mit einem Recht** /// tsch. **jedním právem**,
– dt. **also Recht ist** /// tsch. **jakož právo jest**.

2.3. Wechsel der Wortart bei der Übersetzung vom Deutschen ins Tschechische[302]

Relativ selten erfolgt bei der Übersetzung vom Deutschen ins Tschechische ein Wechsel in der Wortart, vgl. z. B. das nachfolgende Beispiel, wo für dt. **Dingzeit** {Substantiv} im tschechischen Text **čas souditi** {Verbalkonstruktion} steht, d. h. es liegt eine Opposition: dt. Substantiv /// tsch. Verbalkonstruktion vor, vgl. die Termini im Kontext:

frnhd.: Der voit ſal vragin den ſchultheiſſen ab is *dingis cȝit* {Substantiv} ſy /// atsch.: Purkabie ***nebo ffoyt*** {erklärender Zusatz im tsch. Text: *oder Vogt*} Ma otazaty Rychtarze Geſt li *czas ſudity* {Verbalkonstruktion} [Art. 16 § 2, 58ᵛ /// C16, 117ʳ].

---

300 PAPSONOVÁ, Das Magdeburger Recht und das Silleiner Rechtsbuch, 2003, S. 70.

301 Vgl. BILY, Übersetzung 1:1 und in derselben Wortart, in: ISMIO Bd. 2, S. 276–280.

302 Vgl. DIES., Wechsel der Wortart bei der Übersetzung vom Deutschen ins Polnische, in: ISMIO Bd. 2, S. 280.

2.4. Übersetzungen im Verhältnis 1:viele (meist 1:2)[303]

Nachweise für Übersetzungen im Verhältnis 1:viele (meist 1:2) sind im deutsch-tschechischen, wie auch schon zuvor im deutsch-polnischen Wortvergleich, nicht sehr zahlreich. Dabei ist gewöhnlich e i n e der Übersetzungsvarianten dominant, die andere(n) im Text nur in geringerer Frequenz belegt, vgl. die nachfolgenden Beispiele im deutsch-tschechischen Vergleich:

a) 1:2[304]

- dt. **Ding, nächstes** /// tsch. **soud**, **(nej)bližší / první**,
- dt. **Herzog** /// tsch. **kníže** 'Fürst'; **vévoda** 'Herzog',
- dt. **Herzogtum** /// tsch. **vévodství**; **knížectví**,
- dt. **Ratmannen** {Pl.} /// tsch. **konšelé** {Pl.}; **rada** 'der Rat' {Sg.},
- dt. **Willkür** /// tsch. **vůle**; **svolení** (staročes.),
- dt. **richten** /// tsch. **souditi** (staročes.); **popravovati** (staročes.),
- dt. **schwören** /// tsch. **přisieči**; **svou přísahu učinit**,
- dt. **zu ihren Jahren kommen** /// tsch. **k svým letóm právním přicházet**; **oni sami zpraviti mohli** 'sie sich [vor Gericht] selbst vertreten könnten'.

b) 1:3[305]

- dt. **Gerüfte** /// tsch. **křik**; **(o)křik**; **vep** (staročes.); **úp** (staročes.); **volání o pomoc**,
- dt. **Gewette** /// tsch. **vina**; **pokuta**; **odklad**, außerdem in einem Beispiel **vetunk** {Entlehnung aus dt. *Gewette*} mit erklärendem Zusatz im tschechischen Text,
- dt. **um Totschlag** /// tsch. **o hlavu** (staročes.) 'um Kopf'; **za zabitého** (staročes.) 'für einen Getöteten' und **o smrtelnú ránu** (staročes.) 'tötliche Wunde' – Im untersuchten polnischen Text der „Magdeburger Urteile" zeigt sich ein ähnliches Bild, denn für dt. **um Totschlag** sind zwei Entsprechungen belegt: überwiegend **o głowę** 'um Kopf' und einmal **o mężobojstwo** 'um Totschlag'. Für dt. **Totschlag** (eigentlich poln. *mężobojstwo* 'Totschlag') sind im untersuchten polnischen Text der „Magdeburger Urteile" ebenfalls drei Entsprechungen belegt: **głowa zabita** 'Kopfverletzung', **uraniono** 'verwundet' und **ciężkie, blisko śmiertelne rany** 'schwere, den tödlichen Wunden ähnliche Wunden'.[306]

c) 2:1[307]

- dt. **Urteil schelten**; **Urteil strafen** /// tsch. **ortel štrafovat** (staročes.).

---

303 Vgl. DIES., Übersetzungen im Verhältnis 1:viele (meist 1:2), in: ISMIO Bd. 2, S. 280–285.

304 Vgl. DIES., Übersetzungen im Verhältnis 1:viele (meist 1:2) – a) 1:2, in: ISMIO Bd. 2, S. 280–282.

305 Vgl. DIES., Übersetzungen im Verhältnis 1:viele (meist 1:2) – b) 1:3, in: ISMIO Bd. 2, S. 282.

306 Vgl. DIES., Deutsch-polnische (frühneuhochdeutsch-altpolnische) kontrastive Wortanalyse: *Totschlag*, in: ISMIO Bd. 2, S. 248 f.

307 Vgl. DIES., Übersetzungen im Verhältnis 1:viele (meist 1:2) – d) 2:1, in: ISMIO Bd. 2, S. 284 f.

d) viele:viele (2:2)[308]
- dt. **Acht** bzw. **Bann** /// tsch. tsch. **klatba** (staročes.); **kladba** (staročes.); **acht** (staročes.); **vyhnání**; **moc** (**pravomoc**),
- dt. **Frau** bzw. **Weib** /// tsch. **žena** 'Ehefrau' bzw. **paní** 'Frau' in folgenden Kombinationen: dt. **Weib** /// tsch. **žena** 'Ehefrau'; dt. **Frau** /// tsch. **žena** 'Ehefrau'; dt. **Frau** /// tsch. **paní** 'Frau' allgemein und dt. **Weiber** {Pl.} /// tsch. **ženy** 'Ehefrauen' {Pl.}; vgl. auch die Paarformeln *Kap. E.IV.4.*, unter IV. (*S. 214*).

2.5. Übersetzung und Entlehnung[309]

- dt. **Gericht**; **Ding** /// tsch. **soud**; **právo** 'Recht'; **grichta** (staročes.) {Lehnwort aus dt. *Gericht*}; **rychta** (staročes.) {Lehnwort aus dt. *Gericht*},
- dt. **Richter** /// tsch. **rychtář** (staročes.) {Lehnwort aus dt. *Richter*}; **soudce**; (vgl. auch poln. *rychtarz* (staropol.) {Lehnwort aus dt. *Richter*}; **sędzia**).

3. Entlehnung[310]

Unter Entlehnung versteht man die „unveränderte bzw. weitgehend unveränderte Übernahme eines Wortes aus einer anderen Sprache"[311]. Die Ursachen solcher, auf Sprachkontakt beruhenden Beeinflussungen, liegen in verschiedenen politischen, kulturellen, gesellschaftlichen oder wirtschaftlichen Entwicklungen. Die häufigste Ursache der Entlehnung ist, dass mit einer aus einer anderen Sprachgemeinschaft stammenden Sache auch deren Bezeichnung übernommen wird. Der Weg der Entlehnung kann nicht immer mit letzter Sicherheit nachgewiesen werden. Aussagen zum Alter eines Lehnwortes sind oftmals durch seine Beteiligung an den zeitlich bestimmbaren Stufen der historischen Lautentwicklung der Nehmersprache möglich.

Die Auswertung unserer deutsch-polnischen[312] kontrastiven Wortanalyse historischer Rechtstermini der „Magdeburger Urteile" ergab deutlich weniger Entlehnungen (überwiegend als lautliche Adaptionen) als Übersetzungen deutscher Rechtstermini ins Polnische. In dem deutsch-tschechisch verglichenen Textpaar des „Sächsischen Weichbilds" mit Glosse (Textzeugen: Hs. B und Hs. P) bestätigt sich dies.

In seiner Untersuchung zu den Entlehnungen im Tschechischen und Slowakischen folgt Stefan Michael Newerkla[313] bei der Einteilung der Lehnwörter Günter

---

[308] Vgl. DIES., Übersetzungen im Verhältnis 1:viele (meist 1:2) – e) viele:viele, in: ISMIO Bd. 2, S. 285.

[309] Vgl. DIES., Übersetzung und Entlehnung, in: ISMIO Bd. 2, S. 285 f.

[310] Vgl. DIES., Entlehnung, in: ISMIO Bd. 2, S. 286–289.

[311] ARNTZ, Fachbezogene Mehrsprachigkeit in Recht und Technik, 2001, S. 83.

[312] Vgl. BILY, Ergebnisse der deutsch-polnischen (frühneuhochdeutsch-altpolnischen) Wortanalyse – Materialauswertung. 1. Übersetzung, in: ISMIO Bd. 2, S. 276–286.

[313] NEWERKLA, Sprachkontakte Deutsch – Tschechisch – Slowakisch, 2004.

Bellmann[314] und unterscheidet Lehnwörter des Typs A, d. h. „lexikalische Einheiten, die aus der Sicht des Tschechischen und Slowakischen eine grundlegende Kode-Erweiterung bedeuten", und Lehnwörter des Typs B, d. h. solche, „die unmittelbar nach der Übernahme als (annähernd) synonyme lexikalische Dubletten zu den bereits bestehenden tschechischen bzw. slowakischen Bezeichnungen Verwendung finden"[315].

> „Zum Lehnwörtertyp A gehören in erster Linie Entlehnungen, die ihre Übernahme einer unmittelbar notwendig gewordenen Anpassung an die kommunikativen Erfordernisse der außersprachlichen Realität im Rahmen des Kontakts mit dem deutschen Kulturraum verdanken, also z. B. Bezeichnungen für bis dahin im tschechischen und slowakischen Milieu unbekannte Gegenstände, Güter, Organisations- und Rechtsformen"[316]

Als Beispiele nennt Newerkla[317] u. a. tsch. und slowak. *fojt* 'Vogt'.

> „Entlehnungen des Typs A haben aufgrund ihres hohen Kommunikationswertes in der Regel die besten Ausgangschancen, um vollständig und auf Dauer im System des tschechischen bzw. slowakischen Wortschatzes integriert zu bleiben. Im Laufe der historischen Entwicklung hat sich jedoch gezeigt, dass selbst seit Jahrhunderten belegte und bereits vollständig an die tschechischen und slowakischen Sprachgemeinschaften adaptierte Lehnwörter nicht davor gefeit waren, von Puristen und Sprachreinigern als Entlehnungen stigmatisiert und durch andere Ausdrücke verdrängt oder ganz ersetzt zu werden".[318]

Aleksander Zajda[319] beschreibt in seinen Arbeiten ein differenziertes Bild der altpolnischen Rechtsterminologie, mit einem Überwiegen an Übersetzungen, lateinischen und deutschen entlehnten Termini, die im Laufe der Zeit nicht gleichbleibend aktuell sind, d. h. in ihrer Frequenz zu- bzw. abnehmen können, je nach Text (mitunter sogar in Abhängigkeit von der Textstelle) und dem untersuchten Zeitraum.

3.1. Entlehnungen deutscher Rechtstermini in mehreren Sprachen des Rezeptionsgebietes

Entlehnungen deutscher Rechtstermini sind oftmals nicht nur in e i n e r Sprache des Rezeptionsgebietes des Sächsisch-magdeburgischen Rechts nachgewiesen, vgl. z. B. die Substantive:

---

[314] BELLMANN, Slavoteutonica, 1971, S. 28–31.

[315] NEWERKLA, Sprachkontakte Deutsch – Tschechisch – Slowakisch, 2004, S. 73.

[316] Ebd.

[317] Ebd.

[318] Ebd.

[319] ZAJDA, Studia z historii polskiego słownictwa prawniczego i frazeologii, 2001; DERS., Deutsche Einflüsse in der altpolnischen Terminologie als Widerspiegelung der Rezeption des Magdeburger Rechts, in: EICHLER, LÜCK (Hrsg.), Rechts- und Sprachtransfer in Mittel- und Osteuropa, 2008, S. 289–304.

- dt. **Burggraf** /// tsch. **purkrabí, purkrabie** (staročes.) (vgl. poln. *burgrabia*; ukrain. *burgraf*),
- dt. **Graf** /// tsch. **hrabě, hrabie** (staročes.) (vgl. poln. *hrabia*),
- dt. **He(e)rgewäte** /// tsch. **hervet** (staročes.); daneben auch: tsch. **zbroj vojenská**; **výzbroj**; **zbraně**; **vojenská výstroj** (vgl. poln. *hergewet* (staropol.); daneben auch: poln. *rynsztunek zbrojny mężczyzny*),
- dt. **Markgraf** /// tsch. **markrabě**; **markrabie** (staročes.) (vgl. poln. *margrabia*),
- dt. **Marschall** (< mhd. *marschalc*) /// tsch. **maršálek** (vgl. poln. *marszałek*),
- dt. **Musteil** /// tsch. **mustejl**; **musteyl** (staročes.); daneben auch: tsch. **dvorova spis** 'Hofspeise', – dt. **Papst** /// tsch. **papež** (vgl. poln. *papież*),
- dt. **Pfennige** {Pl.} /// tsch. **peníze** 'Geld' (vgl. poln. *pieniędzy* 'Geld'),
- dt. **Reich** /// tsch. **říše** (vgl. poln. *rzesza*),
- dt. **Richter** /// tsch. **rychtář** (staročes.); daneben auch: tsch. **soudce** (vgl. poln. *rychtarz* (staropol.); daneben auch: poln. *sędzia*; slowak. *richtár*; ukrain. *suddja*),
- dt. **Schilling** /// tsch. **šilink** (vgl. poln. *szyling*),
- dt. **Schultheiß** /// tsch. **šoltys**; **šultejs** (staročes.) (vgl. poln. *sołtys*),
- dt. **Vogt** /// tsch. **fojt** (vgl. poln. *wójt*),
- dt. **Weichbild** /// tsch. **vikpild**,
- dt. **Wergeld**; **Manngeld** /// tsch. **vergelt** (vgl. poln. *wargielt* (staropol.); *wergeld* (staropol.); daneben auch: poln. *główszczyzna*; *zapłaty* {Pl.}; *wina*),
- frnhd. **wichhūs** /// tsch. **vikúš**; **vichúz** (staročes.)

und das Verb:

- dt. **wetten** 'Gewette geben' /// tsch. **vetovati**; s. a. **provinití** 'wetten'.

An dieser Stelle sei erneut auf die vielfach belegte terminologische Varianz aufmerksam gemacht, besonders da der mittelalterliche Fachwortschatz noch nicht so fest war wie der neuzeitliche. Dies bestätigen u. a. auch Studien anhand von Texten aus anderen Fachgebieten, so z. B. auf der Grundlage naturkundlich-medizinischer Texte[320].

3.2. *Nicht*übereinstimmung bei der Übernahme deutscher Rechtstermini ins Tschechische und Polnische

Die o. g. (3.1.) Beispiele für Entlehnungen deutscher Rechtstermini, z. T. in mehrere Sprachen des Rezeptionsgebietes des Sächsisch-magdeburgischen Rechts, dürfen jedoch nicht darüber hinwegtäuschen, dass auch Nichtübereinstimmung bei der Übernahme deutscher Rechtstermini ins Tschechische und Polnische belegt sind, vgl. z. B.:

---

320 HABERMANN, Deutsche Fachtexte der frühen Neuzeit, 2001, S. 519.

– dt. **Pfalzgraf** /// tsch. **falckrabie** (staročes.) (vgl. aber: poln. *palatyn*)
und
– dt. **Willkür** /// aber: tsch. **vůle; svolenie** (staročes.) (vgl. poln. *wilkierz*[321] {Entlehnung aus dt. *Willkür*}).

Diese überaus interessante Problematik kann im Rahmen unserer Untersuchung nicht weiter verfolgt werden. Hierfür wäre vor allem die detaillierte deutsch-slawisch vergleichende Analyse weiterer Quellentexte nötig. Zu einer kleinen Auswahl an Entsprechungen sei auf das Muster eines mehrsprachigen Wörterverzeichnisses[322] der Rechtstermini verwiesen.

3.3. Okkasionelle Übernahme[323] eines deutschen Rechtsterminus in den tschechischen Text

Außer Entlehnungen, dauerhaften oder auch z. T. Mehrfachentlehnungen, sind ebenfalls okkasionelle Übernahmen belegt, die oftmals lediglich in einer einzigen Textstelle und neben der Übersetzung von Termini begegnen, vgl. die nachfolgenden Beispiele:

– dt. **Ding, echtes** /// tsch. **soud, obecní / vlastní**; **echtedink** {okkasionelle Übernahme von dt. *echtes Ding* als tsch. *echteding* in den atsch. Text}; **soud**, (**zahájený**) (staročes.) /// poln. **sąd wyłożony** (staropol.)

1. *frnhd.*: wen der burcgraue mag kein *echte ding* gehaben an den ſchultheiſen /// atsch.: Neb *purkabie* zadneho *echtedink* {okkasionelle Übernahme von dt. *echtes Ding* als tsch. *echteding* in den atsch. Text} obecznieho ſaudu · mieti nemoz · bez Rychtarze [10 § 4, fol. 41v /// C10, 108r]

2. *frnhd.*: Cȝu glicher wiſe alȝo richtit der voit obir den ſchultheiſȝin Daru*m*me ȝo mag der voit *keine echte ding* beſcheiden ane den ſchulheiſȝin /// atsch.: Tomu napodobnie take ſaudy ffoyt ***to geſt Rychtarz*** {erklärender Zusatz im tsch. Text ‘das ist der Richter’} nad Sſulteyſem ***to geſt na pod Rychtarzi*** {erklärender Zusatz im tsch. Text ‘das ist der Unterrichter’} Protoz nemoz ten {Interferenz: der deutsche bestimmte Artikel wird als Demonstrativpronomen übernommen} woyt *zadneho wlaſtnieho ſaudu* oſaditi ***Echte ding*** {erklärender Zusatz im tsch. Text: ‘echtes Ding’: okkasionelle Übernahme von dt. *echtes Din*g als tsch. *echteding* in den atsch. Text} bez Sſulteyſa [Art. 18 § 1, 69r /// C18, 122v]

---

[321] Vgl. Bily, Deutsch-polnische (frühneuhochdeutsch-altpolnische) kontrastive Wortanalyse: *Willkür*, in: ISMIO Bd. 2, S. 268.

[322] Dies., Mehrsprachiges Wörterverzeichnis der Rechtstermini, in: ISMIO Bd. 2, S. 329–339.

[323] In unserer Untersuchung unterscheiden wir zwischen Entlehnung (s. o. *3.*) und okkasioneller Übernahme (*3.3.*). Im Unterschied zur Entlehnung, bei der ein Lexem in die Nehmersprache integriert wird, was u. a. auch an der Eingliederung in das jeweilige Flexionssystem abzulesen ist, handelt es sich bei okkasioneller Übernahme überwiegend um eine einmalige Übernahme, die in einem einzigen Text, mitunter sogar in einer einzigen Textstelle belegt ist. Ein solches Lexem zeigt gewöhnlich keine Merkmale einer Integration ins Flexionssystem der Nehmersprache (hier des Tschechischen).

KOMMENTAR

Für dt. *echtes Ding* steht im tschechischen Text *obecní soud* (I.), *soud* (II.) sowie *vlastní* {'echt'} *soud* (III.) (jeweils Übersetzung 1:1). Teilweise belegt ist auch okkasionelle Übernahme von dt. *echtes Din*g als tsch. *echteding* in den atsch. Text (1., 2.).

– dt. **Fro(h)nung, die** /// tsch. **znamenánie** (staročes.); **fronunk** {okkasionelle Übernahme von dt. *Fro(h)nung* als tsch. *fronunk* in den atsch. Text} DO abir eynem manne ſyne gewere gevronet wirt alȝ ofte er vȝ vnde yn geet alȝ uffte mus er dem richtere wetten *dy fronunge* ſy denn*e* mit rechte benommen /// Ale kdez gednomu czlowieku duom geho · aneb obranu znamenagi · rozomiey od prawa, Tehda tak czaſſto · iakoz on wen a zaſe tam gde · tak czaſſto on muſſi rychtarzi wettowati · lecz *znamenanie*, totiz *fronunk* {erklärender Zusatz im tsch. Text} ſniato bude · ſ prawem [Art. 53, fol. 155^{v}–156^{r} /// C65, 164^{r}]

KOMMENTAR

Für dt. *Fro(h)nung* steht im tschechischen Text *znamenanie*, auch *fronunk* {okkasionelle Übernahme von dt. *Fro(h)nung* als tsch. *fronunk* in den atsch. Text} als erklärender Zusatz.

– dt. **Lasse, der** /// tsch. **zpustilý** (staročes.) 'Freigelassener'; **zpustilý člověk** (staročes.) 'freigelassener Mann'; auch **lasse** {okkasionelle Übernahme von dt. *Lasse* als tsch. *lasse* in den atsch. Text} 1. waȝ ***der*** *laſſe* vngerichtis tut / do ſal er ſinem h*er*ren v*m*me antwerten uff des gute er ſicȝt ader ſinem voite /// Czoz ***ten*** {Interferenz: der deutsche bestimmte Artikel wird als Demonstrativpronomen übernommen} bezprawie *zpuſtili* vczini · za to on pa*nu* ſwemu odpowiedati ma, Na cziemz zbozij on ſedij · aneb ge*ho* ffoytowi [Art. 49 § 2, 152^{v} /// C61, 162^{v}] 2. wen ***der*** *laſe* ſtirbit /// kkdyz ***ten*** {Interferenz: der deutsche bestimmte Artikel wird als Demonstrativpronomen übernommen} *zpuſtily* vmrze [Art. 49 § 3, 152^{v} /// C61, 162^{v}] 3. WO ***eyn*** *laſſe* ſyne buſȝe vorluſt zcugeben daȝ ſien driſȝig ſchillinge Syn gewette vir ſchillinge /// KDdez ***geden*** {Interferenz: der deutsche unbestimmte Artikel wird mit dem tschechischen Zahlwort ***jeden*** 'ein(s)' wiedergegeben} *laſſe* · ***to geſt zpuſtily czlowiek*** {erklärender Zusatz im tsch. Text: 'das heißt ein freigelassener Mann'} · ſwu pokutu prowini, To czyni trzidczeti ſſylink A geho odklad cztyrzi ſſylinky [Art. 49 § 1, 152^{v} /// C61, 162^{v}]

KOMMENTAR

Für dt. *Lasse* steht im tschechischen Text tsch. *zpustilý* 'Freigelassener' (1., 2.), in einem Beispiel auch dt. *lasse* {okkasionelle Übernahme von dt. *Lasse* als tsch. *lasse* in den atsch. Text} mit zusätzlicher Umschreibung, vgl. *zpustilý člověk* 'freigelassener Mann' (3.).

4. Umschreibung[324]

Umschreibung, d. h. umschreibende Bezeichnung, begegnet überwiegend als Äquivalent für einen Terminus, für den in der Nehmersprache (noch) kein adäquater Terminus vorhanden ist. Reiner Arntz[325] nennt dies „Schaffung eines Erklärungsäquivalents (= Die erklärende Umschreibung eines in der Zielsprache bislang nicht vorhandenen ausgangssprachlichen Terminus)."

Gelegentlich tritt – wie bereits bei der deutsch-polnischen Wortanalyse festgestellt – auch im tschechischen Text Umschreibung zusätzlich zu einem entlehnten Terminus auf, vgl. die nachfolgenden Beispiele für Umschreibung deutscher Rechtstermini in tschechischen, z. T. auch zusätzlich in polnischen Übersetzungen:

- dt. **Gespinne** [= fem. zu *Gespan*; (Geschlechts-)Genossin; Verwandtin] /// tsch. **přietelkyně po vřetenu** (staročes.) 'Verwandte der Spindel nach, d. h. in weiblicher Linie',
- dt. **Niftel** [= Nichte oder weibliche Verwandte (meistens mütterlicherseits); auch Tante] /// tsch. **najbližší příbuzná po vřetenu** (staročes.) 'die nächste Verwandte der Spindel nach'; **tetka** 'Tante' (Verwendung eines anderen Terminus) /// poln. **krewna po kądzieli** 'Verwandte der Spindel nach, d. h. in weiblicher Linie'; s. a. **Gespinne**,
- dt. **Schreimannen** [= Personen, die eine handhafte Tat mit Gerüfte bezeugen] /// tsch. **svědomě, ktož sú ten křik slyšeli** (staročes.) 'Zeugen, die diesen Ruf/Schrei hörten' {Pl.}; **lidé, kteří pomáhají při obžalobě** 'Leute, die bei der Klage helfen' {Pl.}; **okřiklé lidi** 'Schreileute' {Pl.}; **svědkové** 'Zeugen' {Pl.}; **upné lidé k svědomí** 'Schreileute zur Bezeugung' /// poln. **współprzysiężnicy, którzy przybyli na odgłos krzyku** 'Mitgeschworene, die auf den Schrei hin kamen' {Pl.}; **świadki tego odwołania** 'Zeugen d(ies)es Rufens'.

5. Verwendung eines anderen Terminus[326]

Fehlt in der Nehmersprache (hier im Tschechischen) ein Äquivalent für den zu übertragenden deutschen Rechtsterminus, kann es zu einer sinngemäßen Übersetzung/Übertragung unter Verwendung eines anderen Terminus/anderer Termini als Entsprechung kommen. Unser Material belegt für diese Art der Übernahme des Inhalts eines deutschen Rechtsterminus ins Tschechische u. a. *Niftel* (**tetka** 'Tante'), vgl.:

- dt. **Niftel** /// tsch. **najbližší přietelkyně po vřetenu** (staročes.) 'die nächste Verwandte der Spindel nach' {Umschreibung für dt. *Niftel*}; daneben **tetka** 'Tante' {Verwendung eines anderen Terminus} (vgl. poln. *krewna po kądzieli*).

---

[324] DIES., Umschreibung, in: ISMIO Bd. 2, S. 298–291.

[325] ARNTZ, Fachbezogene Mehrsprachigkeit in Recht und Technik, 2001, S. 106 f.

[326] BILY, Verwendung eines anderen Terminus, in: ISMIO Bd. 2, S. 291 f.

Da der Schwerpunkt unserer Untersuchung auf einem deutsch-tschechischen Wortvergleich liegt, wird zu den nachfolgend behandelten Erscheinungen lediglich eine Auswahl an Material zur Illustration geboten. Behandelt werden:

- Auslassungen und Zusätze im tschechischen Text (*6.*),
- feste Wortverbindungen und phraseologische Wendungen (*7.*),
- deutsch-tschechische Interferenzen (*8.*) und
- die postintegrative Phase der aus dem Deutschen entlehnten Rechtstermini im Tschechischen (*9.*)

6. Auslassungen und Zusätze im tschechischen Text[327]

6.1. Auslassungen im tschechischen Text[328]

Bei den Auslassungen deutscher Textstellen in der tschechischen Übersetzung wird der Inhalt des Sachverhaltes dennoch adäquat vom Deutschen ins Tschechische übertragen, d. h. es tritt kein Informationsverlust ein. In den nachfolgenden Beispielen sind Auslassungen deutscher Textstellen im tschechischen Text jeweils durch Unterstreichung in beiden Textstellen gekennzeichnet:

frnhd.: Spricht ma*n* ab*er* daʒ er ſien recht vorloren hat vor gerichte mit deube ader mit roube daʒ mus der richter gecʒeugen *mit* <u>*cʒwen*</u> {dt. *cʒwen* fehlt im tsch. Text} *ſchepphen* <u>vnde vir dingmannen</u> {dt. *vnde vir dingmannen* fehlt im tsch. Text} ſelb ſobinde /// atsch.: Pakli by rzekl · ze on *ſwe prawo* potratil · przed prawem zlodieyſtwem neb lupezem To on vſwiedcziti muſſy s rychtarze*m* · a ſ_ ___ {dt. *cʒwen* fehlt im tsch. Text} *kmety* ______ {dt. *vnde vir dingmannen* fehlt im tsch. Text} ſam ſedm [Art. 32 § 2, 118r /// C43, 151r],

frnhd.: hot er abir eigen yn dem <u>gerichte</u> {hier: Gerichtsbezirk} <u>ader</u> {dt. *gerichte ader* fehlt im tsch. Text} wichbilde ʒo ſal man em tedingen zcu dem nehiſten dinghe /// atsch.: Pakli ten ma wlaſtnie v ______ {dt. *gerichte ader* fehlt im tsch. Text} wykpildu · totiz ze geſt vſedly · Tehda ma gym odlozeno byti · k naybliżſſiemu ſaudu [Art. 34, fol. 120v /// C44, 151v].

6.2. Zusätze im tschechischen Text[329]

Wie bereits im untersuchten polnischen Text der „Magdeburger Urteile“ finden sich auch in der Übersetzung des „Sächsischen Weichbilds“ mit Glosse ins Tschechische z. T. erklärende Ergänzungen. Wir gehen davon aus, dass der Übersetzer diesen Erklärungsbedarf im Tschechischen sah bzw. Unterschiede/Veränderungen auf diese Art ‚einarbeitete‘. An der korrekten Wiedergabe deutscher rechtlicher Begrifflichkeit im Tschechischen wie auch an den durch den Übersetzer eingefügten passenden erklärenden Zusätzen wird eine gute Qualität der Übersetzung sichtbar.

---

[327] Vgl. DIES., Auslassungen und Zusätze im polnischen Text, in: ISMIO Bd. 2, S. 292–295.

[328] Vgl. DIES., Auslassungen im polnischen Text, in: ISMIO Bd. 2, S. 292–295.

[329] Vgl. DIES., Zusätze im polnischen Text, in: ISMIO Bd. 2, S. 295.

6.2.1. Erklärende Zusätze im tschechischen Text

Erklärende Zusätze sind im untersuchten alttschechischen Text häufig belegt. Die unten folgende Auswahl an Beispielen für Einfügungen soll lediglich der Illustration dienen. Dabei werden die Entsprechungen der verglichenen Termini ausgewählter Textstellen im deutschen wie auch im tschechischen Text analog zur Markierung im Materialteil und in Teilen der Auswertung kursiv gekennzeichnet. Abweichungen und Zusätze im Vergleich zum deutschen Text sind im tschechischen fett-kursiv hervorgehoben. Auch hier folgen wir dem Muster der Hervorhebungen im Materialteil[330].

– dt. **in des Königs Acht** /// tsch. **w kralowie kladbie** · ***Niemeczky w Achtie***

frnhd.: Welch man aber *indes konnigis achte* blibet iar vnd tag /// atsch.: Ale ktery czlowiek *w kralowie kladbie* · ***Niemeczky w Achtie*** {erklärender Zusatz im tsch. Text 'deutsch: in Acht'}, oſtane rok a den [Art. 5 § 2, 20r /// C5, 100r],

– dt. **Weichbildrecht** /// tsch. **wykpildſke prawo**, ***to geſt mieſtczke prawo***

frnhd.: wen *wichbilde recht* von alder cȝit er geſtanden hat /// atsch.: Neb *wykpildſke prawo* ***to geſt mieſtczke prawo*** {erklärender Zusatz im tsch. Text 'das ist Stadtrecht'} od dawnych czaſſow ſtalo geſt [Art. 9 § 3, 36v /// C9, 107r],

– dt. **Ding, elich** /// tsch. **ſaud oſazeny**, ***Rozomiey Elich ding Tak geſt mnoho rzeczeno, Iako by rzekl wlaſtni ſaud To geſt wolany ſaud oſazeny · w prawe czaſſy, Czeſſky obeczni ſaud***

frnhd.: wenne er beclait wirt vmme diſȝe ſache vor dem voite do ſal er zcu hant vmme antwerten ab do *elich ding* iſt /// atsch.: A kdyz on o takowu wiecz przed ffoytem obzalowan bude Tehda ma hned odpowiedaty · acz tu *ſaud oſazeny* geſt ***Rozomiey Elich ding Tak geſt mnoho rzeczeno Iako by rzekl wlaſtni ſaud To geſt wolany ſaud oſazeny · w prawe czaſſy, Czeſſky obeczni ſaud*** {erklärender Zusatz im tsch. Text 'das heißt elich Ding, das wird oft [so] genannt für echtes Ding [tsch. *obecní soud*], das heißt ein zur rechten Zeit einberufenes (Burg-)Ding/Gericht, tschechisch *obecní soud* {'echtes Ding'}'} [Art. 17 § 2, 65v /// C17, 121r].

6.3. Synonymischer Gebrauch mehrerer (überwiegend zweier) tschechischer Termini für einen deutschen

– dt. **Burggraf** /// tsch. **purkrabí** {Lehnwort aus dt. *Burggraf*}; als erklärender Zusatz im Text auch tsch. **fojt** 'Vogt' und tsch. **sudí** 'Richter' /// poln. **burgrabi(a)** (staropol.)

Für dt. *Burggraf* steht im tschechischen Text das deutsche Lehnwort *purkrabí*. Als erklärender Zusatz sind im tschechischen Text ebenfalls tsch. *fojt* 'Vogt' und tsch. *sudí* 'Richter' belegt.

---

330 Vgl. *Kap. E.IV.4., S. 175–343.*

Im polnischen Text der untersuchten „Magdeburger Urteile“ steht für dt. *Burggraf* poln. *burgrabi(a)*. Dies gilt auch für den Terminus in präpositionaler Wendung[331], vgl. dt. *vor dem Burggrafen* /// poln. *przed burgrabią*.

- dt. **Richter** /// tsch. **rychtář** (staročes.) {Lehnwort aus dt. *Richter*}; **soudce** /// poln. **rychtarz** (staropol.) {Lehnwort aus dt. *Richter*}; **sędzia**

Für dt. *Richter* steht im tschechischen Text überwiegend *rychtář* (staročes.), oft mit erklärendem Zusatz. In Präpositional- und Verbalkonstruktionen ebenso wie in Paarformeln steht ausschließlich *rychtář*.

Im untersuchten polnischen Text der „Magdeburger Urteile“ steht für dt. *Richter* überwiegend das deutsche Lehnwort *wójt* ‘Vogt’, seltener poln. *sędzia* ‘Richter’. In einigen Fällen steht für dt. *Richter* poln. *sędzia albo wójt* ‘Richter oder Vogt’ bzw. die Umkehrung *wójt albo sędzia* ‘Vogt oder Richter’. Die Tendenz, poln. *wójt* ‘Vogt’ für dt. *Richter* zu verwenden und nicht poln. *sędzia* ‘Richter’, zeigt sich ebenfalls im überwiegenden Teil der präpositionalen Wendungen wie auch in den Vokativformen.[332]

- dt. **Schultheiß**; **Schulze** /// tsch. **rychtář** (staročes.) {Lehnwort aus dt. *Richter*}; **šoltys** {Lehnwort aus dt. *Schultheiß*}; **šultejs** (staročes.); Text auch: **podrychtářie** (staročes.) ‘Unterrichter’ (eine postintegrative Bildung aus: dem tsch. Präfix **pod** + atsch. **rychtářie** (staročes.) {Lehnwort aus dt. *Richter*}) /// poln. **sołtys** {Lehnwort aus dt. *Schultheiß*}; **wójt** ‘Vogt’

Für dt. *Schultheiß* steht im tschechischen Text das deutsche Lehnwort *rychtář* ‘Richter’ sowie das deutsche Lehnwort *šultejs* (staročes.) ‘Schultheiß’. In zwei Textstellen ist als erklärender Zusatz für tsch. *šultejs* (staročes.) ‘Schultheiß’ im tsch. Text *podrychtář* ‘Unterrichter’ belegt.

Als erklärender Zusatz zu tsch. *šultejs* (staročes.) ‘Schultheiß’ steht überwiegend *rychtář* ‘Richter’.

Im untersuchten polnischen Text steht für dt. *Schultheiß* das deutsche Lehnwort *wójt* ‘Vogt’. Das sonst belegte deutsche Lehnwort *sołtys* für dt. *Schultheiß/ Schulze* ist in dem von uns ausgewerteten polnischen Text der „Magdeburger Urteile“ nicht nachgewiesen.[333]

7. Feste Wortverbindungen und phraseologische Wendungen[334]

„Die verstärkte Tendenz zum formelhaften Charakter der Ausdrucksweise lässt sich besonders gut bei den kanzlei- und rechtssprachlichen Wendungen verfol-

---

[331] Vgl. BILY, Deutsch-polnische (frühneuhochdeutsch-altpolnische) kontrastive Wortanalyse: *Burggraf*, in: ISMIO Bd. 2, S. 150 f.

[332] Vgl. DIES., Deutsch-polnische (frühneuhochdeutsch-altpolnische) kontrastive Wortanalyse: *Richter*, in: ISMIO Bd. 2, S. 223–225.

[333] Vgl. DIES., Deutsch-polnische (frühneuhochdeutsch-altpolnische) kontrastive Wortanalyse: *Schultheis*, in: ISMIO Bd. 2, S. 236 f.

[334] Vgl. DIES., Feste Wortverbindungen und phraseologische Wendungen, in: ISMIO Bd. 2, S. 296–302.

gen"[335], betont Gerhard Cordes in seinem Beitrag zur mittelniederdeutschen Dichtung und Gebrauchsliteratur. Forscher wie Gerhard Dilcher[336], Mária Papsonová[337], Ilpo Tapani Piirainen[338], Ruth Schmidt-Wiegand[339], Libuše Spáčilová[340] oder Lenka Vaňková[341] beschäftigen sich anhand unterschiedlicher Rechtstexte mit den dort vorkommenden formelhaften Wendungen und ihren Besonderheiten, darunter auch ihrer Übersetzung. Andere, so Stefaniya Ptashnyk[342] und Diana Stantcheva[343], untersuchen Wörterbücher auf das Vorkommen phraseologischer Wendungen aus dem Bereich des Rechtswortschatzes. In ihren Studien zum niederdeutsch-hochdeutschen Ablösungsprozess an der Rigaer Ratskanzlei behandelt Dzintra Lele-Rozentāle[344] ebenfalls Rechtsformeln und nennt eine Reihe von Beispielen aus der Zeit um 1500, wie u. a. „*vrig vnd egen, medegift vnd brutschaft* (1493)"[345]

> „Die Rigaer Stadtverwaltung kann in ihrer Bestehungsgeschichte auf mehrfachen Sprachwechsel zurückblicken: Seit dem 13. Jahrhundert, d. h. seit der Anfangszeit der Verschriftlichung der städtischen Verwaltung, waren es lateinisch, mittelniederdeutsch, frühneuhochdeutsch und neuhochdeutsch, russisch und lettisch geschriebene Texte, die den inneren und äußeren Schriftverkehr dominierten."[346]

---

335 G. CORDES, Mittelniederdeutsche Dichtung und Gebrauchsliteratur, in: DERS., MOHN (Hrsg.), Handbuch zur Mittelniederdeutschen Sprach- und Literaturwissenschaft, 1983, S. 369.

336 DILCHER, Paarformeln in der Rechtssprache des frühen Mittelalters, 1961.

337 PAPSONOVÁ, Das Magdeburger Recht und das Silleiner Rechtsbuch, 2003, S. 50 f. u. 69.

338 PIIRAINEN, Paarformeln in einem deutschen Rechtsbuch aus dem Jahre 1628, in: BARZ, SCHRÖDER (Hrsg.), Nominationsforschung im Deutschen, 1997, S. 37–42.

339 SCHMIDT-WIEGAND, Paarformeln, in: HRG, Bd. 3, 1984, Sp. 1387–1399; DIES., Haus und Hof, in: NAIL, ELMEVIK, BRINK (Hrsg.), Namenwelten, 2004, S. 706–713.

340 SPÁČILOVÁ, Phraseologismen im Olmützer Kodex Wenzels von Iglau aus den Jahren 1430–1492, in: KORČÁKOVÁ, BEYER (Hrsg.), Königgrätzer Linguistik- und Literaturtage, 2003, S. 48–59; DIES., Ausgewählte Phraseologismen in den Textsorten Testament und Ehevertrag im Olmützer Kodex Wenzels von Iglau aus den Jahren 1430–1492, in: Brücken. N. F. Germanistisches Jahrbuch. Tschechien-Slowakei 11 (2004), S. 7–23; SPÁČIL, SPÁČILOVÁ, Míšeňská právní kniha. Historický kontext, jazykový rozbor, edice/Das Meißner Rechtsbuch. Historischer Kontext, linguistische Analyse, Edition, 2010, S. 475–481.

341 VAŇKOVÁ, Zu den Paarformeln in der Kanzleisprache des Kuhländchens, in: Jahrbuch Ostrava-Erfurt 2 (1996), S. 201–210; DIES., Zur Formelhaftigkeit und Variation in frühneuhochdeutschen Texten zivilrechtlichen Charakters, in: ERNST (Hrsg.), Kanzleistil: Entwicklung, Form, Funktion, 2009, S. 223–236.

342 PTASHNYK, Formulierungstraditionen im Rechtsleben, in: FILATKINA, KLEINE-ENGEL, DRÄGER, BURGER (Hrsg.), Aspekte der historischen Phraseologie und Phraseographie, 2012, S. 227–244.

343 STANTCHEVA, Angaben zu phraseologischen Phänomenen im „Deutschen Wörterbuch" von Jacob Grimm und Wilhelm Grimm, in: FILATKINA, KLEINE-ENGEL, DRÄGER, BURGER (Hrsg.), Aspekte der historischen Phraseologie und Phraseographie, 2012, S. 245–261.

344 LELE-ROZENTĀLE, Kontinuität oder Stilwandel?, in: ERNST (Hrsg.), Kanzleistil: Entwicklung, Form, Funktion, 2009, S. 103–123, vgl. Kap. 10. Rechtsformeln und andere Wendungen: S. 120 f.

345 Ebd., S. 120 f.

346 Ebd., S. 103.

Den Phraseologismen im polnischen historischen Rechtswortschatz wendet sich Aleksander Zajda[347] zu, und Zenon Lenkiewicz[348] untersucht Phraseologismen und feste Wortverbindungen anhand der Rechtsterminologie in russischen Kanzleitexten des 16.–17. Jahrhunderts. Beispiele für unterschiedliche Arten von Formeln stellt Péter Bassola[349] in seiner Analyse zur Wortstellung im Ofner Stadtrecht vor. Zu dem Thema kehrt er später erneut zurück und zwar unter dem Aspekt der Variationen von Formeln, bis hin zu Auslassungen und der Reduktion auf die „wichtige, unentbehrliche Information"[350]. Dabei belegt das durch Péter Bassola ausgewertete Material, dass selbst Zusatzinformationen mitunter formelhaft sein können, und schließlich resümiert er:

> „Formeln und formelhafte Wendungen kommen in den Einträgen so häufig vor, dass man sogar feststellen kann, dass die Einträge mehr oder weniger aus einer Menge von solchen Strukturelementen gebaut sind."[351]

Zu diesem Ergebnis kommt ebenfalls Rainer Hünecke[352] anhand seiner Untersuchung zu den Geschäftsbüchern um 1500.

Einen weiteren wichtigen Aspekt, und zwar die in historischen Texten noch vorhandene große Vielfalt bzw. Variation formelhafter Ausdrücke, die uns heute als feste Strukturen begegnen, heben u. a. Natalia Filatkina[353], Monika Hanauska[354], Mária Papsonová[355] und Stefaniya Ptashnyk[356] hervor.

> „Der Blick in die Rechtsquellen zeigt, dass in der Vergangenheit die Verwendungsweisen dieser Wendungen [gemeint sind formelhafte Ausdrücke – I.B.] viel variabler waren […]. Die Belege zeigen ferner, dass die Reihenfolge der Substantive variieren kann: *recht und fug, fug und recht* […]. Heute weisen die Wortverbindungen eine deutlich geringere Varianz im Komponentenbestand auf, als in den Belegen aus vergangenen Jahrhunderten; die Reihenfolge der Komponenten hat sich im Verlauf der Zeit weitgehend verfestigt."[357]

---

[347] ZAJDA, Studia z historii polskiego słownictwa prawniczego i frazeologii, 2001.

[348] LENKIEWICZ, Słownictwo prawno-administracyjne w rosyjskich zabytkach piśmiennictwa administracyjnego XVI–XVII w., 1986, S. 98–105: V. Phraseologismen und feste Wortverbindungen.

[349] BASSOLA, Wortstellung im Ofner Stadtrecht, 1985, S. 229–240: 2. Formeln.

[350] DERS., Strukturen und Formeln in den Eintragungen des „Ersten Grundbuchs 1480–1553", in: MEIER, ZIEGLER (Hrsg.), Die Anfänge deutschsprachiger Kanzleien in Europa, 2008, S. 85–101, hier besonders S. 97.

[351] Ebd., S. 99.

[352] HÜNECKE, Geschäftsbücher um 1500, in: KOLBEK, KRAPP, RÖSSLER (Hrsg.), Stadtsprache(n) – Variation und Wandel, 2013, S. 57–70.

[353] FILATKINA, Variation im Bereich der formelhaften Wendungen am Beispiel der Luxemburger Rechnungsbücher (1388–1500), in: ELSPAß, NEGELE (Hrsg.), Sprachvariation und Sprachwandel in der Stadt der Frühen Neuzeit, 2011, S. 79–95, mit einer Zusammenfassung aktueller Literatur.

[354] HANAUSKA, Formelhaftigkeit in städtischem Schrifttum: die Kölner Stadtchroniken, in: MOSHÖVEL, SPÁČILOVÁ (Hrsg.), Historische Stadtsprachenforschung, 2009, S. 45–65.

[355] PAPSONOVÁ, Das Magdeburger Recht und das Silleiner Rechtsbuch, 2003, S. 70.

[356] PTASHNYK, Formulierungstraditionen im Rechtsleben, in: FILATKINA, KLEINE-ENGEL, DRÄGER, BURGER (Hrsg.), Aspekte der historischen Phraseologie und Phraseographie, 2012, S. 227–244.

Dem Festwerden der Wortfolge bei Paarformeln gehen ebenfalls Harald Burger und Angelika Linke[358] nach. Sie konnten bei „Zwillingsformeln mit der Struktur *x und y*“ folgende Tendenz feststellen: „(1) Das Lexem mit der größeren Silbenzahl wird von Position 1 nach Position 2 verschoben“, z. B. „*Sitten und brauch* → *Brauch und Sitte*“, „(2) Das Lexem mit längerem Stammvokal wird nach Position 2 verschoben (gilt v. a. für Zwillingsformeln mit einsilbiger Besetzung)“, z. B. „*Ruw und rast* → *Rast und Ruh*“, „(3) Das Lexem mit dem dunkleren Stammvokal wird nach Position 2 verschoben (oft in Kombination mit (2)“, z. B. „*Gut und Haabe* → *Hab und Gut*“, und daraus schließen Burger und Linke,

> „daß Sprachrhythmus und Vokalharmonie die aussschlaggebenden Faktoren bei der Fixierung der Lexemabfolge in Zwillingsformeln sind: das klangmäßig »schwerere« Wort tritt an die zweite Stelle.
>
> Daneben zeigt sich noch eine allgemeine Tendenz zur Verkürzung der an der Zwillingsformel beteiligten Lexeme (Wegfall des Endungs-*e*) [, z. B.] *Lob und Ehr(e), Lust und Freud(e), Leib und Seel(e)* [usw.]. Hierbei ist bemerkenswert, daß auch in diesen Fällen das ursprünglich mehr Silben umfassende Lexem an zweiter Stelle steht.“[359]

Selbstverständlich sind auf diesem Arbeitsfeld noch längst nicht alle Fragen geklärt und weitere Untersuchungen am Material dringend nötig.

Unter dem Thema „Was ist fachsprachliche Phraseologie“ nimmt Erika Worbs[360] eine Untergliederung in 3 Gruppen vor: 1. Mehrworttermini, vorwiegend nominale Wortgruppen: *schwarzes Loch*; 2. Fachwendungen, z. B. *ein Testament eröffnen* und 3. sonstige stabile ‚Wendungen‘, die kein normiertes Fachwort enthalten müssen, dennoch fest zum Bestandteil von Fachtexten gehören. Hier wären vor allem die Funktionsverbgefüge zu nennen, vgl. *Untersuchungen anstellen*.

7.1. Phraseologische Termini[361]

- dt. **gehegtes Ding** /// tsch. **(za)hájený soud** (vgl. poln. *gaj(o)ny sąd*),
- dt. **fahrende, bewegliche Habe**; **fahrendes Gut** /// tsch. **movité zboží**; **movité zbožie** (staročes.); **movitý statek** (vgl. poln. *idące, niestojące* ‘nichtstehende’ *imienie*),
- dt. **nach toter Hand** /// tsch. **po umrlé ruce** (vgl. poln. *po umarłej ręce*).

Zu vergleichen sind hierzu ebenfalls die Studien Mária Papsonovás[362] sowie Vladimír Spáčils und Libuše Spáčilovás zum „Meißner Rechtsbuch“[363] mit Vergleichsmaterial und Literatur.

---

357 Ebd., S. 231.

358 Burger, Linke, Historische Phraseologie, in: Besch, Betten, Reichmann, Sonderegger (Hrsg.), Sprachgeschichte, Bd. 1, 1998, S. 749 f.

359 Ebd., S. 750.

360 Worbs, Was ist fachsprachliche Phraseologie, in: Rothe, Thiergen (Hrsg.), Polen unter Nachbarn, 1998, S. 99–127, hier besonders S. 103 f.

361 Vgl. Bily, Phraseologische Termini, in: ISMIO Bd. 2, S. 299–301.

362 Papsonová, Das Magdeburger Recht und das Silleiner Rechtsbuch, 2003, S. 70.

363 Spáčil, Spáčilová, Míšeňská právní kniha. Historický kontext, jazykový rozbor, edice/Das Meißner Rechtsbuch. Historischer Kontext, linguistische Analyse, Edition, 2010, S. 479 f.

8. Deutsch-tschechische Interferenzen[364]

Interferenzerscheinungen gehören zu den wesentlichen Merkmalen von Sprachkontakt und Bilinguismus.

Der tschechische Text des „Sächsischen Weichbilds" mit Glosse (Textzeuge: Hs. P) zeigt überwiegend keine Interferenzen zum Deutschen. Lediglich einzelne Interferenzerscheinungen können beobachtet werden, so z. B. die gelegentliche Übernahme des deutschen bestimmten und vereinzelt auch des *un*bestimmten Artikels ins Tschechische.

8.1. Zur Übernahme des deutschen bestimmten und *un*bestimmten Artikels ins Tschechische[365]

Wie schon das Material aus der deutsch-polnischen kontrastiven Wortanalyse der „Magdeburger Urteile"[366], so belegt auch das Materialkorpus zur deutsch-tschechischen kontrastiven Wortanalyse überwiegend k e i n e Übernahme des deutschen bestimmten oder *un*bestimmten Artikels ins Tschechische, was der grammatischen Norm entspricht, vgl.:

a) bestimmter Artikel:

– dt. *bestimmter* Artikel /// tsch. *ohne* Artikel {= Norm}

frnhd.: ***dy*** boten /// atsch.: ____ poſſlowe [Art. 11 § 2, 46^{r} /// C11, 110^{r}],

frnhd.: wen ***der*** ſchultheiſʒ /// atsch.: Neb ____ Rychtarz [Art. 11 § 3, 46^{v} /// C11, 110^{r-v}],

frnhd.: do ſprachen ***die*** kouflute /// atsch.: Tehda ſu rzekly ____ *kupeczſſtii lide* [Art. 9 § 2, 36^{r} /// C9, 107^{r}].

b) *un*bestimmter Artikel:

Die Übernahme des deutschen *un*bestimmten Artikels ist im tschechischen Text deutlich seltener belegt als die Übernahme des deutschen bestimmten Artikels.

Der nachfolgende Satz bietet Beispiele sowohl für die N i c h t übernahme des deutschen *un*bestimmten Artikels ins Tschechische, was der grammatischen Norm entspricht, wie auch für seine Wiedergabe mit dem tschechischen Zahlwort ***jeden*** 'ein(s)':

frnhd.: is ſy denne do ***eyn*** {der deutsche unbestimmte Artikel wird, entsprechend der Norm, nicht ins Tschechische übernommen} *burger* ***eyn*** *ga*ſt becla*ge*t ader ***eyn*** gaſt ***eynen*** *burger* vmme ſchult mit gecʒeuge der gaſt mus abir ſweren daʒ er ***eyn*** wilder gaſt ſy vnde ʒo verre geſeſſin daʒ er daʒ ding yn eyme {Zahlwort} tage nicht geſuchen mag /// atsch.: kkdez by ***geden*** {Interferenz: der deutsche unbestimmte Artikel wird mit dem tschechischen Zahlwort ***jeden*** 'ein(s)' wiedergegeben} *mieſſtienyn* ***gednoho*** {Interferenz: der deutsche unbestimmte Ar-

---

364 Vgl. BILY, Deutsch-polnische Interferenzerscheinungen, in: ISMIO Bd. 2, S. 303–310.

365 Vgl. DIES., Übernahme des deutschen bestimmten und *un*bestimmten Artikels ins Polnische, in: ISMIO Bd. 2, S. 303 f.

366 Vgl. ebd.

tikel wird mit dem tschechischen Zahlwort ***jeden*** ‘ein(s)’ wiedergegeben} hoſſtie obzalowal Neb ____ hoſt ____ {der deutsche unbestimmte Artikel wird, entsprechend der Norm, nicht ins Tschechische übernommen} *mieſſtienina* · ſe ſwiedky Ale hoſt muſſy prziſieczi · Ze on diwoky ____ hoſt geſt A ze on tak daleko ſiedlem ſedij · ze gedniem {Zahlwort} dnem k ſaudu prawa hledieti nemoz [Art. 45 § 4, 146ʳ /// C58, 159ʳ].

8.1.1. Wiedergabe des deutschen bestimmten Artikels als tschechisches Demonstrativpronomen[367]

Ähnliche Interferenzerscheinungen wie beim Artikelgebrauch im polnischen Text der untersuchten „Magdeburger Urteile"[368] zeigen sich ebenfalls im tschechischen Text des „Sächsischen Weichbildrechts" mit Glosse (Textzeuge: Hs. P). Auch hier kommt es zur Wiedergabe des deutschen bestimmten Artikels als tschechisches Demonstrativpronomen, obwohl das Tschechische keinen Artikel hat, vgl. die nachfolgende Auswahl an Beispielen zur Illustration mit vereinzelter Übernahme des deutschen *bestimmten* Artikels als *Demonstrativpronomen* ins Tschechische und den Entsprechungen: deutscher bestimmter Artikel /// tschechisches Demonstrativpronomen:

dt. bestimmter Artikel (**der** {Nom.Sg., mask.}, **den** {Gen.Sg., mask.}, **dem** {Dat.Sg., mask.}, **die** {Nom.Sg., fem.}; **die** {Nom.Pl.}) /// tsch. Demonstrativpronomen (**ten** {Nom.Sg., mask.}, **tomu** {Dat.Sg., mask.}, **taková** {Nom.Sg., fem.}; **ty** {Nom.Pl.}):

frnhd.: ***Der*** ſchepphen ſollen eilffe ſien /// atsch.: ***Tiech*** {Interferenz: der deutsche bestimmte Artikel wird als Demonstrativpronomen übernommen} kmetow ma byty gedenaſte [Art. 10 § 4, 41ᵛ /// C10, 108ʳ],

frnhd.: Mit welcherhande dinge ***der*** man vorfeſt wirt wirt er in der vorueſtunge begriffen is geth em an ſien leben /// atsch.: kteruz Koliwiek wieczy ***ten*** {Interferenz: der deutsche bestimmte Artikel wird als Demonstrativpronomen übernommen} czlowiek bude zatwrzen · bude li w tom zatwrzeni zaforfeſſtowan · poyde gemu na geho zywot [Art. 5 § 3, 20ʳ⁻ᵛ /// C5, 100ʳ⁻ᵛ].

8.1.2. Wiedergabe des deutschen *un*bestimmten Artikels als tschechisches Zahlwort *jeden* {mask.}, *jedno* {neutr.}, *jedna*[369]

In einer Reihe tschechischer Entsprechungen wird der deutsche *un*bestimmte Artikel durch die jeweilige grammatische Form des tschechischen Zahlwortes *jeden* {mask.}, *jedno* {neutr.}, *jedna* {fem.} ‘ein(s)’ wiedergegeben. Ähnliche Interfe-

---

[367] Vgl. ebd.

[368] Vgl. DIES., Deutsch-polnische Interferenzerscheinungen, in: ISMIO Bd. 2, S. 303 f.

[369] Vgl. DIES., Übernahme des deutschen *un*bestimmten Artikels ins Polnische, in: ISMIO Bd. 2, S. 304.

renzen zeigte ebenfalls bereits der deutsch-polnische Vergleich der „Magdeburger Urteile“[370]:

frnhd.: mit ***eynem*** beſchulden orteil /// atsch.: ſ ***gedniem*** {Interferenz: der deutsche unbestimmte Artikel wird mit dem tschechischen Zahlwort ***jeden*** ‘ein(s)’ wiedergegeben} Sſtrafowanym ortelem [Art. 10 § 2, 41^{r} /// C10, 108^{r}],

frnhd.: ***eyne*** *gabe* /// atsch.: ***to*** {Interferenz: der deutsche *un*bestimmte Artikel wird als Demonstrativpronomen ins Tsch. übernommen} *danie* [Art. 30 § 2, 115^{v} /// C42, 150^{r}].

8.1.3. Wiedergabe des deutschen *un*bestimmten Artikels als tschechisches Possessivpronomen

dt. (**ein/sein**) **Gewette** /// tsch. (**jeho**) **vina**; **vina** (**svá**):

– dt. ∅[371] /// tsch. ∅

frnhd.: vnde dem richtere ſo manich ____ *gewette* /// atsch.: A Rychtarzi tak czaſtu ____ *wynu* [Art. 13 § 3, 52^{r} /// C13, 114^{v}],

– ∅ /// tsch **svá** ‘sein’

frnhd.: Doch ʒo gewy*n*nnet der richter ufte ____ *gewette* do doch nyma*n*t keine buſʒe ane gewynnet /// atsch.: Awſſak mnohokrat Rychtarz ***ſwu*** *wynu* obdrzii · geſſtoz tu zadny pokuty neobdrzy [Art. 16 § 3, 59^{r} /// C16, 117^{v}],

– dt. **ein** /// tsch. **jeho** ‘sein’

frnhd.: vnde de*m* richter*e* ***eyn*** *gewette* /// atsch.: A Rychtarzi da ***geho*** *wynu* [Art. 13 § 3, 52^{r} /// C13, 114^{v}],

– dt. **sein** /// tsch. **jeho** ‘sein’

frnhd.: tut er daʒ mit vnrechte vnde obircʒug*et* er en mit richter*e* vnde mit ſchepphen / er gewynnet em ſyne buſʒe an vnd*e* dem richtere ***ſien*** *gewette* /// atsch.: vczini li to kto bezprawnie · a bude toho przeſwiedczen · s Rychtarzem nebo s · kmety · zyſſty na nie*m* geho pokutu A Rychtarzi ***geho*** *wynu* [Art. 16 § 2, 59^{r} /// C16, 117^{v}],

– dt. **sein** /// tsch. **svá** ‘sein’

frnhd.: Wo der man ſyne buſʒe an gewynnet / do hat der richter ***ſyne*** *gewette* an /// atsch.: A kdez czlowiek ſwu pokutu obdrzy · tu ma take Rychtarz *wynu* ***ſwu*** [Art. 16 § 3, 59^{r} /// C16, 117^{v}].

8.1.4. Wiedergabe eines deutschen Demonstrativpronomens als tschechisches Demonstrativpronomen

frnhd.: ***Diſʒe*** *briue* ſal nemen der burcgreue von meideborg / vnde ſal dy ſenden dem hercʒugen von ſachʒin by deme dy mit dem orteil gecʒagin haben vnde mit der acht vnde cʒwencʒig mann*e* rate vnde orkunde daʒ ich och hie genant

---

[370] Vgl. DIES., Deutsch-polnische Interferenzerscheinungen, in: ISMIO Bd. 2, S. 303 f.

[371] Zeichen für das Fehlen eines Wortes bzw. einer Wortgruppe.

habe /// atsch.: A ***ty*** {das deutsche Demonstrativpronomen wird als Demonstrativpronomen ins Tsch. übernommen} *liſty* ma wzieti ten purkabie · z Meydeburka A ma ge poſſlati nayprwe kniezeti Saſk*emv*· a to po tiech kterzyz ſe po orteli tahnu A to s tiech cztyrz a dwaczeti muzow · s gich radu s gich wiedomym · kterez ſem wam naprzed menowal [Art. 14 § 2, 53v /// C14, 115r],

frnhd.: wenn*e* er beclait w*ir*t *vmme* ***diſze*** *ſache* vor dem voite /// atsch.: A kdyz on o ***takowu*** {das deutsche Demonstrativpronomen wird als Demonstrativpronomen ins Tsch. übernommen} *wiecz* przed ffoytem obzalowan bude [Art. 17 § 2, 65v /// C17, 121r].

8.2. Zu grammatischen Unterschieden zwischen dem Deutschen und dem Tschechischen[372]

8.2.1. Numerus: Unterschiede zwischen dem deutschen Lexem und seiner tschechischen Entsprechung im *Numerus*[373]

Im untersuchten Textpaar ist überwiegend Übereinstimmung zwischen dem Numerus eines deutschen Terminus und seiner tschechischen Entsprechung belegt. Vereinzelt begegnen jedoch auch Abweichungen.

Betrachtet werden hier ausschließlich 1:1-Entsprechungen als Übersetzungen bzw. Entlehnungen.

8.2.1.1. *Plural* (eines Substantivs) im deutschen Text /// *Singular* (eines Substantivs) im tschechischen Text[374]

Die Wiedergabe einer deutschen Pluralform als Singularform im tschechischen Text begegnet in unserem Materialkorpus nur vereinzelt, vgl.:

III.a) dt. ***in (Ge)Were*** /// tsch. ***v obraně***:

frnhd.: wer aber *yn den geweren* {Dat.Pl.} *iſt* vnde blibit er eyn ph*a*ffe er nympt dy gerade ab do keine iungfrouwe iſt /// atsch.: Ale ktoz w drzeni diediczſtwa *w te obranie* {Sg.} *geſt* · oſtane li on kniezem ten wezme grod naprzed · acz tu zadne panny nenie [Art. 56 § 7, 157v /// C68, 165r],

III. dt. ***mit rechtem Urteil (ver)folgen*** {Aktiv} /// tsch. ***být́i folkováno*** (staročes.) {Part.Prät.Pass. zu atsch. *folkovati*; Lehnwort aus dt. *folgen*} ***pravým ortelem*** (staročes.):

frnhd.: ab em *geuolget wert mit rechten orteiln* {Dat.Pl.}, vnde ab er dorynne begriffen wert /// atsch.: A to tak daleko, acz gemu *folkowano geſt* · *naſledowano bude prawym ortelem* {Sg.} · ***to geſt odſuzenym*** {erklärender Zusatz im

---

372 Vgl. BILY, Grammatische Unterschiede zwischen dem Deutschen und dem Polnischen, in: ISMIO Bd. 2, S. 304 f.

373 Vgl. DIES., Unterschiede zwischen dem deutschen Lexem und seiner polnischen Entsprechung im *Numerus*, in: ISMIO Bd. 2, S. 305–308.

374 Vgl. DIES., *Plural* im deutschen Text /// *Singular* im polnischen Text, in: ISMIO Bd. 2, S. 306.

tsch. Text: 'das heißt *Verurteilung*'}, A won w tom poſtizen a popaden bude [Art. 5 § 2, 20r /// C5, 100r].

8.2.1.2. *Singular* (eines Substantivs) im deutschen Text /// *Plural* (eines Substantivs) im tschechischen Text[375]

Die Wiedergabe einer deutschen Singularform als Pluralform im Tschechischen begegnet ebenfalls nur vereinzelt, vgl.:

frnhd.: ***Diſʒin*** *briff* {Sg.} ſal er ſenden dem hochſten voite des gotis huſes daʒ iſt der burcgraue zcu meideb*org* /// atsch.: A ***ty*** *liſty* {Pl.} ma on poſſlati naywyſſiemu ffoytowi · toho bozie*ho* domu To geſt ***ten*** {Interferenz: der deutsche bestimmte Artikel wird als Demonstrativpronomen übernommen} purkrabie · z Meydburka [Art. 14 § 1, 53v /// C14, 115r].

8.2.2. Unterschiede in der *Wortart*[376]

Der Vergleich des Rechtswortschatzes beider Texte belegt nur wenige Unterschiede in der Wortart.

8.2.2.1. *(Deverbales) Substantiv* im deutschen Text /// *Verb* (als Teil einer Verbalkonstruktion) im tschechischen Text[377]

– dt. **Dingzeit** {Substantiv} /// tsch. **čas súditi** (staročes.) {Verbalkonstruktion}:

frnhd.: Der voit ſal vragin den ſchultheiſſen ab is *dingis cʒit* {Substantiv} ſy /// atsch.: Purkabie ***nebo ffoyt*** {erklärender Zusatz im tsch. Text: *nebo ffoyt* 'oder Vogt'} Ma otazaty Rychtarze Geſt li *czas ſudity* {Verbalkonstruktion} [Art. 16 § 2, 58v /// C16, 117r]

Für dt. *Dingzeit* {Substantiv} steht im tschechischen Text *čas súditi* (staročes.) {Verbalkonstruktion}.

Als Entsprechung für dt. *Vogt* steht hier außerdem im tsch. Text *Burggraf*.

8.2.2.2. *Substantiv* mit Präposition im deutschen Text /// *Adverb* im tschechischen Text[378]

– dt. **mit Unrecht** {Präpositionalkonstruktion mit Substantiv} /// tsch. **bezprávně** {Adverb}

frnhd.: tut er daʒ *mit vnrechte* {Präpositionalkonstruktion mit Substantiv} vnde obircʒug*et* er en mit richter*e* vnde mit ſchepphen / er gewynnet em ſyne buſʒe an vnd*e* dem richtere ſien gewette /// atsch.: vczini li to kto *bezprawnie* {Ad-

[375] Vgl. DIES., *Singular* im deutschen Text /// *Plural* im polnischen Text, in: ISMIO Bd. 2, S. 306–308.

[376] Vgl. DIES., Unterschiede in der *Wortart*, in: ISMIO Bd. 2, S. 309 f.

[377] Vgl. DIES., *Deverbales Substantiv* im deutschen Text /// *Verb* (z. T. auch in einer Umschreibung) im polnischen Text, in: ISMIO Bd. 2, S. 309 f.

[378] Vgl. DIES., *Substantiv* /// *Adverb*, in: ISMIO Bd. 2, S. 310.

verb} · a bude toho przeſwiedczen · s Rychtarzem nebo s · kmety · zyſſty na nie*m* geho pokutu A Rychtarzi geho wynu [Art. 16 § 2, 59r /// C16, 117v].

9. Zur postintegrativen[379] Phase der aus dem Deutschen entlehnten Rechtstermini im Tschechischen[380]

Im Rahmen von Untersuchungen zum Siedlungs- und Sprachkontakt können deutsche Lehnwörter im Bereich des Rechtswortschatzes als wichtiger Hinweis auf eine erfolgte Rezeption des Sächsisch-magdeburgischen Rechts angesehen werden, vgl. u. a. die deutschen Lehnwörter im Tschechischen: *falc* aus *Pfalz*; *falckrabí* aus *Pfalzgraf*; *fojt* aus *Vogt*; *markrabě* aus *Markgraf*; *purkrabí* aus *Burggraf*; *rychtář* aus *Richter*; *šoltys* aus *Schultheiß* oder *vikpild* aus *Weichbild*. Zu den Entlehnungen s. o. Punkt *3.* sowie Punkt *3.1.*

Allerdings ist nicht bei allen deutschen Lehnwörtern, die im historischen Wortbestand des Tschechischen gut bezeugt sind, eine Kontinuität bis in den aktuellen tschechischen Fachwortschatz nachgewiesen.

Besonders interessant sind diejenigen deutschen Lehnwörter, für die Ableitungen mit Hilfe tschechischer Wortbildungsmittel (Derivation) belegt sind, vgl. u. a.:

purkrabí 'Burggraf'[381] und die Ableitungen *purkraběnka* 'Burggräfin' und *purkrabství* 'Burggrafenamt';

hrabě 'Graf' und die Ableitungen *hraběnka* 'Gräfin', *hraběcí* 'gräflich' und *hrabství* 'Grafschaft';

léno 'Lehen' und die Ableitungen *leník* 'Lehnsmann' und *lenní/lenný* 'Lehn-';

markrabě 'Markgraf' und die Ableitungen *markraběnka* 'Markgräfin' und *markrabství* 'Markgrafschaft';

maršál, maršálek 'Marschall' und die Ableitung *maršálství* 'Marschallsamt' sowie

fojt 'Vogt' und die Ableitungen *fojtství* 'Vogtei' und *fojtský* 'Vogt(ei)–'.

Die eingehende Untersuchung der postintegrativen Wortbildungsprozesse, des Funktionierens und auch der Weiterentwicklung eines deutschen Lehnwortes in der jeweiligen Nehmersprache (hier des Tschechischen), wäre eine lohnende Aufgabe für sich anschließende Studien. Hier kann an vorliegende Arbeiten zum deutschen Lehnwortschatz im Tschechischen wie auch an die einschlägigen historisch-etymologischen Wörterbücher angeknüpft werden.

---

379 HENGST, Sprachkontakt und Entlehnungsprozeß, in: Zeitschrift für Slawistik 30 (1985), S. 809–822.

380 Vgl. BILY, Zur postintegrativen Phase der aus dem Deutschen entlehnten Rechtstermini im Polnischen, in: ISMIO Bd. 2, S. 310 f.

381 Vgl. DIES., Die Rezeption des sächsisch-magdeburgischen Rechts in Osteuropa, in: MOSHÖVEL, SPÁČILOVÁ (Hrsg.), Kanzleisprache – ein mehrdimensionales Phänomen, 2009, S. 35–56.

VI. Resümee der linguistischen Untersuchung und ihrer Bezüge zur Rechts- und Siedlungsgeschichte – Auf der Grundlage der bisher erfolgten deutsch-polnischen und deutsch-tschechischen kontrastiven Wortanalyse[382]

1. Vorbemerkungen

1. Ziel der fächerübergreifenden Zusammenarbeit innerhalb unserer Arbeitsgruppe ist die Untersuchung der Rezeption des Sächsisch-magdeburgischen Rechts in Ostmitteleuropa. Im Rahmen der Lösung dieser gemeinsamen, vor allem rechts- und sprachhistorischen Aufgabe muss der einzelne Fachwissenschaftler über die Perspektiven seines Faches hinausgehen, um das angestrebte Ergebnis der Untersuchung erreichen zu können, denn bei interdisziplinärer Arbeit geht es nicht darum, „Beiträge unterschiedlicher Disziplinen nebeneinander zu stellen, sondern zueinander in Beziehung zu setzen und miteinander in eine Kommunikation zu bringen“[383].

> „[Es …] ist […] darauf zu achten, dass die Beiträge aus der »Laienperspektive« der Vertreter anderer Disziplinen verständlich sind. Das mag für den Autor im ersten Moment als eine ‚Absenkung‘ seines wissenschaftlichen Niveaus erscheinen, aber echtes interdisziplinäres Niveau besteht […] darin, Fachfremden das eigene Fach auf der Höhe seines Niveaus vermitteln zu können.“[384]

2. Aus dem rechts- wie sprachhistorisch vergleichenden Ansatz des Projektes kann zunächst eine Konzentration auf diejenigen Texte der umfangreichen Quellengruppe zum Sächsisch-magdeburgischen Recht abgeleitet werden, die ganz oder teilweise in eine der Sprachen des Rezeptionsgebietes übertragen bzw. übersetzt wurden.

Für einen deutsch-tschechischen Vergleich erscheint neben dem von uns vergleichend untersuchten „Sächsischen Weichbild“ mit Glosse (Textzeuge: Hs. B) und dem „Sächsischen Weichbild“ mit Glosse (Textzeuge: Hs. P) das „Meißner Rechtsbuch“[385], dessen Wirkungsraum sich ebenfalls nach Böhmen und Mähren erstreckte[386], geeignet. Eine vergleichende Untersuchung hinsichtlich des Rechts-

---

[382] Die Ausführungen im nachfolgenden Resümee beziehen auch die Ergebnisse der deutsch-polnischen kontrastiven Wortanalyse mit ein, vgl. DIES., Resümee der linguistischen Untersuchung und ihrer Bezüge zur Rechts- und Siedlungsgeschichte, in: ISMIO Bd. 2, S. 313–328.

[383] KÜPPER, [Rezension zu:] Ernst Eichler, Heiner Lück (Hrsg.), Rechts- und Sprachtransfer in Mittel- und Osteuropa, Berlin 2008, in: ZRG GA 126 (2009), S. 533.

[384] Ebd.

[385] OPPITZ, Deutsche Rechtsbücher des Mittelalters, Bd. 1, 1990, S. 56 nennt 16 Handschriften in tschechischer Übersetzung (Nr. 922, 923, 924, 925, 928, 1237, 1238, 1239, 1243, 1247, 1254, 1268, 1278, 1283, 1535, 1560). Die älteste Handschrift ist von 1480 (Nr. 928).

[386] SPÁČIL, SPÁČILOVÁ, Míšeňská právní kniha. Historický kontext, jazykový rozbor, edice/Das Meißner Rechtsbuch. Historischer Kontext, linguistische Analyse, Edition, 2010.

inhaltes wie auch der verwendeten Rechtstermini und ihrer Übertragung ins Tschechische bietet sich ebenfalls beim Vergleich der wichtigsten Artikel des Prager und des Magdeburger Rechts an, niedergelegt im „Extrakt“[387].

3. Im Gebiet der Tschechischen Republik gehören zahlreiche Orte zur Magdeburger Stadtrechtsfamilie. „Stadtwerdung und Rechtsaussetzung sind eng miteinander verknüpft, die Datierung des einen hängt mit der des anderen unmittelbar zusammen“[388], betonen Gunhild Roth und Volker Honemann.

4. Die sprachliche Erforschung des Wortschatzes historischer Rechtstexte kommt, unabhängig davon, von welchem Fachgebiet sie initiiert wurde, sowohl der Rechts- und Sprachgeschichte wie auch weiteren historischen Disziplinen zugute.

5. Im Rahmen unserer Arbeit an der deutsch-polnischen (frühneuhochdeutsch-altpolnischen) kontrastiven Wortanalyse[389] historischer Rechtstermini auf der Grundlage der „Magdeburger Urteile“ konnten wir feststellen, dass die Rezeption des Sächsisch-magdeburgischen Rechts Spuren im Sprachmaterial der das Recht rezipierenden Sprachgemeinschaft hinterlassen hat, was u. a. auch eine Reihe deutscher Lehnwörter im Polnischen belegen. Dies bestätigt sich in den Ergebnissen der sprachhistorischen Untersuchungen zum Arbeitsgebiet Tschechien.[390] Darüber hinaus ist festzustellen, dass ein Großteil der Ergebnisse aus der deutsch-polnischen[391] ebenfalls als Ergebnis der deutsch-tschechischen[392] kontrastiven Materialanalyse begegnen.

2. Aufgabe und Ziel

2.1. Aufgabe

Wie schon in der deutsch-polnischen kontrastiven Wortanalyse anhand der „Magdeburger Urteile“, so wurde im Rahmen der deutsch-tschechischen vergleichenden Bearbeitung des „Sächsischen Weichbilds“ mit Glosse (Textzeuge: Hs. B) und des „Sächsischen Weichbilds“ mit Glosse (Textzeuge: Hs. P) vor allem zwei Fragen nachgegangen:

---

[387] Extrakt hlavnějších a přednějších artikulův z Práv Saských anebo Magdeburských (1571). Srovnání Práv Pražských s Právy Magdeburskými.

[388] ROTH, HONEMANN, Zu Alter und Ursprung des Leobschützer Stadtrechts, in: FIJAL, LEUCHTE, SCHIEWER (Hrsg.), Juristen werdent herren ûf erden, 2006, S. 59.

[389] BILY, Deutsch-polnische kontrastive Wortanalyse anhand einer deutschen und einer polnischen Handschrift der „Magdeburger Urteile“, in: ISMIO Bd. 2, S. 117–328.

[390] *Kap. E.II., S. 137.*

[391] BILY, Ergebnisse der deutsch-polnischen (frühneuhochdeutsch-altpolnischen) kontrastiven Wortanalyse – Materialauswertung *sowie* Resümee der linguistischen Untersuchung und ihrer Bezüge zur Rechts- und Siedlungsgeschichte, in: ISMIO Bd. 2, S. 275–328.

[392] Vgl. *Kap. E.V., S. 345.*

1. Wie wurde der für das Sächsisch-magdeburgische Recht typische Wortschatz in die Nehmersprache, d. h. hier ins Tschechische übernommen?
und

2. Welchen Anteil haben dabei Übersetzung, Entlehnung, der Ersatz durch einen in seiner Semantik mehr oder weniger ähnlichen Begriff und erklärende Umschreibung? Letztere, die erklärende Umschreibung, ist z. T. auch zusätzlich zu Entlehnung und/oder Übersetzung eines Rechtsterminus belegt und dies mitunter unabhängig davon, ob der deutsche Text zusätzlich zum Rechtsterminus eine erklärende Umschreibung enthält oder nicht.[393]

Wie bereits in der Untersuchung zum Polnischen, so bildet auch bei der Betrachtung des Rezeptionsgebietes Tschechien eine deutsch-fremdsprachige, d. h. hier eine deutsch-tschechische (genauer frühneuhochdeutsch-alttschechische), vergleichende Analyse nach der Methode des historischen Sprachvergleichs und auf der Grundlage von Sprachmaterial rechtshistorischen Inhalts den Ausgangspunkt unserer Bearbeitung. Berücksichtigt wurden ebenfalls die Forschungsergebnisse von Siedlungs- und Rechtsgeschichte. Im Mittelpunkt des Interesses steht jedoch die Wiedergabe der rechtlichen Begrifflichkeit in der Übertragung/Übersetzung des deutschen Quellentextes ins Tschechische. Dabei geht es sowohl um eigentliche Rechtstermini, eingebettet in ihren Kontext, wie auch um die Verwendung der Volkssprache für die Wiedergabe von Rechtsinhalten, auch als erklärende Umschreibung.

Auch für den dem Alttschechischen zuzuordnenden Text des „Sächsischen Weichbilds“ mit Glosse (Textzeuge: Hs. P)[394] hat das, was Ludwik Łysiak und Karin Nehlsen-v. Stryk zur sprachlichen und juristischen Qualifikation der Schreiber des Krakauer Oberhofs feststellen und worauf wir in unserer frühneuhochdeutsch-altpolnischen kontrastiven Wortanalyse bereits Bezug genommen haben, volle Gültigkeit:

> „Die Art und Weise, wie einzelne in das älteste Dekreten-Buch des Oberhofs eingetragene Urteilsnotizen abgefaßt sind, zeugt von einer hohen sprachlichen und juristischen Qualifikation der Schreiber dieses Gerichts. Ersteres gilt nicht nur für die lateinische und die deutsche Sprache, in denen die Rotuli verfaßt und die Urteilsnotizen in die Bücher eingetragen wurden, sondern auch für die polnische Sprache. In dieser ist zwar in unserem Buch keine Sentenz verfaßt. Daß sie sich auch im Polnischen auskennen, verraten die Gerichtsschreiber aber, indem sie oft spontan polnische Termini und Wendungen in lateinischen Texten verwenden. […] Es ist schwer zu entscheiden, ob die

---

[393] Vgl. DIES., Ergebnisse der deutsch-polnischen (frühneuhochdeutsch-altpolnischen) Wortanalyse – Materialauswertung, in: ISMIO Bd. 2, S. 275–313 sowie *Kap. E.V., S. 345*.

[394] Sammelhandschrift (Prawá saszká, früher Litoměřice/Leitmeritz: Archiv mešta Litoměřice; jetzt Praha/Prag: Parlamentní knihovna, Signatur: o. Sign.,; online: ‹ www.psp.cz/kps/knih/prawa/prawa.htm ›), die unter 2. *Donat – magdeburgské městské právo s glosou* [Donat – Das Magdeburger Stadtrecht mit Glosse] enthaltenen Teile.

Hinzufügung der polnischen Bezeichnungen nur eine rhetorische Floskel oder dazu bestimmt war, ein Höchstmaß an Eindeutigkeit zu erreichen. Sicher ist, daß die Schreiber die Bedeutung der lateinischen und polnischen Termini, die sie gebrauchten, kannten: Denn sie waren des Rechts nicht minder kundig als Vogt und Schöffen."[395]

2.2. Ziel

Ziel unserer sprachhistorischen Untersuchung im Rahmen der kontrastiven Wortanalyse war die Gewinnung von Ergebnissen und Erkenntnissen, die über die Sprachwissenschaft hinausreichen und für benachbarte Disziplinen, hier an erster Stelle für die Rechtsgeschichte, von Bedeutung sind.

3. Bearbeitung und Auswertung historischer Rechtstexte

1. „Sächsisches Weichbild" mit Glosse (Textzeuge: Hs. B) und „Sächsisches Weichbild" mit Glosse (Textzeuge: Hs. P) gelten als bedeutsame Quellen des Sächsisch-magdeburgischen Rechts.

2. Sowohl von germanistischer wie auch von slawistischer Seite liegen Untersuchungen vor, die sich in ihrer Materialbasis ausschließlich auf Teile des Fachwortschatzes des Rechts stützen. Weitaus größer ist jedoch die Zahl linguistischer Untersuchungen – vor allem zur Entlehnung – die neben anderem historischen Belegmaterial einer Sprache auch Teile ihres Rechtswortschatzes einbeziehen. Der deutsch-polnische Sprachkontakt, besonders die deutsch-polnischen Entlehnungsprozesse stehen dabei immer wieder im Vordergrund. Da sowohl die lexikographische Bearbeitung des historischen Wortschatzes wie auch die Erforschung der Rechtstermini im Polnischen weit fortgeschritten sind, wurden aus der Kombination der Ergebnisse dieser beiden Bereiche und in Verbindung mit einem gründlichen Studium von Rechtsquellen sowie der rechtshistorischen Literatur konkrete Ergebnisse erreicht, die in der sprachwissenschaftlichen Untersuchung zum Polnischen[396] niedergelegt sind. Die chronologische und genetische Vielschichtigkeit des polnischen Rechtswortschatzes erklärt Aleksander Zajda[397] zu Recht aus der gesellschaftlichen und staatlichen Entwicklung des Landes sowie aus den sich daraus ergebenden Kontakten zu anderen Kulturen. Indem er Herkunft und Entwicklung des polnischen Rechtswortschatzes beleuchtet, gibt er umfassend Auskunft über die Differenziertheit dieses Bereiches des polnischen Fachwortschatzes.

---

[395] ŁYSIAK, NEHLSEN-VON STRYK (Hrsg.), Decreta iuris supremi Magdeburgensis castri Cracoviensis, Bd. 1: 1456–1481, 1995, S. XXV.

[396] BILY, Deutsch-polnische kontrastive Wortanalyse anhand einer deutschen und einer polnischen Handschrift der „Magdeburger Urteile", in: ISMIO Bd. 2, S. 117–328.

[397] ZAJDA, Studia z historii polskiego słownictwa prawniczego i frazeologii, 2001, vgl. besonders S. 195f.; DERS., Deutsche Einflüsse in der altpolnischen Terminologie als Widerspiegelung der Rezeption des Magdeburger Rechts, in: EICHLER, LÜCK (Hrsg.), Rechts- und Sprachtransfer in Mittel- und Osteuropa, 2008, S. 289–304.

Seinen Hinweis auf das Vorherrschen der Übersetzung im Vergleich zu Entlehnung und Umschreibung können wir sowohl anhand unserer Untersuchungen zur deutsch-polnischen[398] wie auch zur deutsch-tschechischen[399] Wortanalyse bestätigen.

3. In früheren Studien haben wir bereits darauf hingewiesen, dass sich die germanistische historische Sprachwissenschaft zunehmend der Analyse auch historischer Rechtstexte zuwendet und dies z. T. im deutsch-slawischen Vergleich. Hier sind Arbeiten wie die Mária Papsonovás[400], die u. a. das „Silleiner Rechtsbuch" mit seiner Übertragung ins Alttschechische vergleicht, zu nennen, außerdem die Ergebnisse, die Vladimír Spáčil und Libuše Spáčilová mit ihrer Edition und der historischen sowie sprachlichen Auswertung des „Meißner Rechtsbuches"[401] vorgelegt haben. Jedoch sind weitere Untersuchungen an historischen Rechtstexten dringend nötig, um mehr verlässliche Aussagen und damit Grundlagen für später anzustrebende Auswertungen und Vergleiche zu gewinnen.[402] Leider harrt die überwiegende Zahl der Rechtsquellen noch einer den modernen Standards entsprechenden Edition wie auch einer sprachlichen Analyse. Dies gilt ebenfalls für die beiden Handschriften, deren Rechtswortschatz wir im vorliegenden Band vergleichend untersucht haben: das „Sächsische Weichbild" mit Glosse (Textzeuge: Hs. B) (frühneuhochdeutscher Text) und das „Sächsische Weichbild" mit Glosse (Textzeuge: Hs. P) (alttschechischer Text).

4. Dass Quellenforschungen und auch Editionen dringend nötig sind, betonen ebenfalls die Herausgeber des internationalen Handbuchs für Kanzleisprachenforschung, wo es in der Einleitung u. a. heißt:

> „Aus linguistischer Perspektive bleiben […] offene Fragen – Fragen, deren Beantwortung wohl in erster Linie an den Aufbau und die Zugänglichkeit gewichtiger Korpora geknüpft sein dürften. Trotz einer weithin akzeptierten Orientierung an Korpora in der sprachhistorischen Arbeit fehlen allerdings solche systematischen Korpora für Kanzleitexte vollständig. In der Folge ist etwa das weitgehende Fehlen größerer Längsschnittuntersuchungen zu einzelnen Textsorten der Kanzleien ebenso zu beklagen, wie empirische Studien zur Genese und Diversifikation einzelner Textsorten und sich daran anschließende Fragen."[403]

---

[398] Vgl. BILY, Ergebnisse der deutsch-polnischen (frühneuhochdeutsch-altpolnischen) Wortanalyse – Materialauswertung, in: ISMIO Bd. 2, S. 275–313.

[399] Vgl. *Kap. E.V., S. 345*.

[400] PAPSONOVÁ, Das Magdeburger Recht und das Silleiner Rechtsbuch, 2003; vgl. außerdem DIES., Sasko-magdeburské právo na Slovensku, 2014.

[401] SPÁČIL, SPÁČILOVÁ, Míšeňská právní kniha. Historický kontext, jazykový rozbor, edice/Das Meißner Rechtsbuch. Historischer Kontext, linguistische Analyse, Edition, 2010.

[402] Anzuknüpfen wäre hier an Untersuchungen wie die von Rudolf Große, vgl. GROSSE, Die mitteldeutsch-niederdeutschen Handschriften des Schwabenspiegels in seiner Kurzform, 1964.

[403] GREULE, MEIER, ZIEGLER (Hrsg.), GLANTSCHNIG (Mitarb.), Kanzleisprachenforschung, 2012, S. XI–XII.

5. Für eine sprachliche Analyse ist eine genaue paläographische, d. h. buchstabengetreue Transliteration des Textes unabdingbar, auch wenn keine Graphemanalyse vorgesehen ist. Es kann nicht oft genug betont werden, dass

> „es sich bei jeder einzelnen Quelle [...] um eine Handschrift [handelt], die linguistisch und sprachgeschichtlich auf ihre Eigencharakteristik, auf die Graphemik (»Schreibung«), Morphologie, Syntax und ihren Wortschatz hin analysiert werden kann“[404].

Von Seiten der Historiker wird überwiegend das behutsame Eingreifen eines Editors befürwortet. Auf die umfangreiche Literatur[405] zu diesem Thema mit Für und Wider der teilweise konträren Standpunkte von Sprachwissenschaftlern und Historikern kann an dieser Stelle nicht näher eingegangen werden.

4. Methoden der sprachwissenschaftlichen Untersuchung

1. „Die Erforschung der Rezeption des Sächsisch-magdeburgischen Rechts in Osteuropa ist nicht nur angesichts der modernen Entwicklungen ein spannendes Thema. Viele Aspekte dieses Phänomens harren der detaillierten Untersuchung – vor allem auch aus philologischer Sicht.“[406]

Daher sind – wie bereits in der deutsch-polnisch vergleichenden Untersuchung – Ziel und angestrebtes Ergebnis auch unseres deutsch-tschechischen Wortvergleichs neben den sich zwangsläufig ergebenden Erkenntnissen zu Sprachgeschichte, Sprachkontakt und Lehnwortforschung vor allem für den Rechtshistoriker verwertbare Ergebnisse, d. h. es geht um die Gewinnung eines Mehrwertes an Erkenntnis aus der Berücksichtigung und Zusammenführung von Arbeitsergebnissen mehrerer Fachdisziplinen, wobei die Bestimmung und Zuordnung der Äquivalente sprachlich gefasster Rechtsinhalte in Ausgangs- und Zielsprache im Mittelpunkt steht. Hierbei werden die Ergebnisse aus der deutsch-polnischen[407] Untersuchung systematisch einbezogen.

2. Als wichtigste Grundlage für die Prüfung vorhandener wie auch für die Gewinnung neuer Erkenntnisse gelten nach wie vor quellengestützte Materialuntersuchungen. Die Forderung nach weiteren Quellenstudien, die der slowenische Rechtshistoriker Sergij Vilfan[408] vor Jahrzehnten in Bezug auf die Erforschung der

---

[404] PIIRAINEN, „Ohne Sprache gibt es kein Recht“, in: PRĘDOTA, RUDOLPH (Hrsg.), Der Worte Echo im Spiegel der Sprache, 2011, S. 48.

[405] Vgl. u. a. REICHMANN, Editionsprinzipien für deutsche Texte des späten Mittelalters und der frühen Neuzeit, in: BESCH, REICHMANN, SONDEREGGER (Hrsg.), Sprachgeschichte, 1. Halbbd., 1984, S. 693–703; BEIN, Editionsprinzipien für deutsche Texte des späten Mittelalters und der frühen Neuzeit, in: BESCH, REICHMANN, SONDEREGGER (Hrsg.), Sprachgeschichte, 1. Halbbd., 1998, S. 923–931.

[406] LÜCK, Zur Rezeption des sächsisch-magdeburgischen Rechts in Osteuropa, in: BREMER (Hrsg.), Grenzen überschreiten, 2001, S. 27 f.

[407] Vgl. BILY, Ergebnisse der deutsch-polnischen (frühneuhochdeutsch-altpolnischen) Wortanalyse – Materialauswertung, in: ISMIO Bd. 2, S. 275–313.

[408] VILFAN, Rechtsgeschichte der Slowenen bis zum Jahre 1941, 1968, S. 146.

Rechtsgeschichte in Slowenien erhob, hat generell wie auch speziell für unser Arbeitsgebiet noch immer volle Gültigkeit.

3. Ausgangspunkt unserer Materialbearbeitung sind sowohl ein gründliches Studium der beiden zu vergleichenden Handschriftentexte wie auch die Konsultation der einschlägigen Wörterbücher, vor allem zum tschechischen und deutschen historischen und auch modernen Wortschatz, einschließlich der einschlägigen Fachwörterbücher des Rechts. Die in der Materialanalyse zu den einzelnen Termini systematisch ausgewerteten Nachschlagewerke nennt das Verzeichnis der abgekürzt zitierten Literatur[409] am Ende des Materialteils. Bei der Materialgrundlage für die kontrastive Wortanalyse handelt sich um eine gezielte Auswahl von Rechtstermini ohne Anspruch auf die Möglichkeit statistischer Auswertungen.

4. Bei der Wortanalyse wurde besonders auf die Einbeziehung des Kontextes des jeweiligen Rechtsterminus Wert gelegt. Dabei stellte sich immer wieder die Frage nach dem Umfang des Kontextes für die genaue semantische Beschreibung eines (Rechts-)Terminus. Hierauf ist keine generelle Antwort möglich, sondern vielmehr eine Entscheidung von Fall zu Fall nötig. Mitunter genügt der Minimalkontext, in anderen Fällen ist es nötig, über die Satzgrenze hinaus zu gehen. Bei der Semantik, genauer der historischen Semantik, ist zu beachten, dass in unterschiedlichen Texten, mitunter sogar an verschiedenen Stellen ein und desselben Textes, unterschiedliche Teilbedeutungen eines (Rechts-)Terminus anzusetzen sind. Des Weiteren gilt es zu berücksichtigen, dass die Semantik eines historischen Terminus von der desselben Terminus in der Sprache der Gegenwart abweichen kann. Bei der Übertragung/Übersetzung der spätmittelalterlichen Rechtstexte in die Zielsprache (hier das Alttschechische) ging es um das nicht immer leichte Finden sprachlicher Äquivalente für Rechtstermini aus der Ausgangssprache (dem Frühneuhochdeutschen). Es sei ebenfalls daran erinnert, dass an eine historische nicht der Maßstab einer modernen Übersetzung angelegt werden kann. Außerdem ist im mittelalterlichen Fachwortschatz mit „terminologischer Varianz“ zu rechnen. Dies stellt ebenfalls Mechtild Habermann[410] in ihrer Untersuchung auf der Grundlage naturkundlich-medizinischer Texte fest.

5. Siedlungs-, Rechts- und Sprachgeschichte

1. An der Notwendigkeit einer Zusammenführung von Ergebnissen rechtshistorischer und philologischer Forschungen besteht kein Zweifel. Dies wird von beteiligten Fachwissenschaftlern immer wieder unterstrichen. Im Rahmen ihrer Beschreibung der Wirkung des „Schwabenspiegels“ in Ungarn arbeiten László Blazovich und József Schmidt[411] u. a. auch den Wert sprachwissenschaftlicher Un-

---

[409] Vgl. *Kap. E.IV.5., S. 343*.

[410] HABERMANN, Deutsche Fachtexte der frühen Neuzeit, 2001, S. 519.

[411] BLAZOVICH, SCHMIDT (Hrsg.), A Sváb tükör, 2011, S. 111–120.

tersuchungen für die Bearbeitung des Themas heraus, weisen jedoch gleichzeitig darauf hin,

> „dass die sehr aufwendigen und tiefgreifende wissenschaftliche Kenntnisse erfordernden philologischen Untersuchungen nicht ausreichen, wenn man feststellen möchte, welche Auswirkung das jeweilige Werk auf spätere Quellen ausgeübt hat“[412].

Diese Feststellung verdeutlicht einmal mehr die Grenzen des einzelnen Fachgebietes, hier der historischen Sprachwissenschaft. Ähnliche Erfahrungen beschreiben auch andere Forscher, so der slowenische Rechtshistoriker Sergij Vilfan[413] und der polnische Historiker Józef Matuszewski[414] und schließen sich der schon von Jacob Grimm[415] geäußerten und von anderen Wissenschaftlern immer wieder bekräftigten Forderung nach engerer Zusammenarbeit von Rechts- und Siedlungsgeschichte sowie historischer Sprachwissenschaft an. Diesem methodischen Grundsatz folgen wir im Rahmen unserer Projektarbeit bei der Untersuchung der Rezeption des Sächsisch-magdeburgischen Rechts in Ost- und Mitteleuropa mit einer fächer- und sprachübergreifenden Verbindung von rechts- und sprachgeschichtlicher Forschung. Wie eine Reihe von Studien und ihre Ergebnisse belegen, hat sich diese Herangehensweise bewährt[416], denn

---

412 Ebd., S. 119.

413 VILFAN, Rechtsgeschichte der Slowenen bis zum Jahre 1941, 1968, S. 146.

414 JÓ. MATUSZEWSKI, Filologia w służbie historii, in: Acta Universitatis Łodziensis. Zeszyty Naukowe Uniwersytetu Łódzkiego. Seria 1: Nauki Humanistyczno-Społeczne. Folia Iuridica 32 (1978), S. 3–34.

415 J. GRIMM, Über die Alterthümer des deutschen Rechts, in: DERS., Kleinere Schriften, Bd. 8, 1966 [1890], S. 545–551.

416 DOROVSKICH, Pravo i nacional'nyj jazyk, 1996; ECKERT, HATTENHAUER, Sprache – Recht – Geschichte, 1991; KÖBLER, Deutsche Sprachgeschichte und Rechtsgeschichte, in: BESCH, REICHMANN, SONDEREGGER (Hrsg.), Sprachgeschichte, 1. Halbbd., 1984, S. 56–70; JA. MATUSZEWSKI, Słownictwo łacińskie i polskie w prawie ziemskim do końca XV stulecia, in: Studia Źródłoznawcze 25 (1980), S. 133–143; JÓ. MATUSZEWSKI, Geneza współczesnej terminologii prawnej/La genèse de la terminologie juridique contemporaine, in: Sprawozdania Poznańskiego Towarzystwa Przyjaciół Nauk 64,2 (1961), S. 288–290; DERS., Filologia w służbie historii, in: Acta Universitatis Łodziensis. Zeszyty Naukowe Uniwersytetu Łódzkiego. Seria 1: Nauki Humanistyczno-Społeczne. Folia Iuridica 32 (1978), S. 3–34; SCHMIDT-WIEGAND, Deutsche Sprachgeschichte und Rechtsgeschichte bis zum Ende des Mittelalters, in: BESCH, BETTEN, REICHMANN, SONDEREGGER (Hrsg.), Sprachgeschichte, Bd. 1, 1998, S. 72–87; DIES., Deutsche Sprachgeschichte und Rechtsgeschichte seit dem Ausgang des Mittelalters, in: BESCH, BETTEN, REICHMANN, SONDEREGGER (Hrsg.), Sprachgeschichte, Bd. 1, 1998, S. 87–98; DIES., Der Rechtswortschatz im Sachsenspiegel, in: HOFFMANN, KALVERKÄMPER, WIEGAND (Hrsg.), Fachsprachen, 1999, S. 2341–2348; DIES., Sprache zwischen Recht und Gesetz, in: LÜCK, SCHILDT (Hrsg.), Recht, Idee, Geschichte, 2000, S. 135–150; ŠKRUBEJ, *Ritus gentis* Slovanov v vzhodnih Alpah, 2002; SIEBER, Deutsche Fachsprache des Rechts in Mittelalter und Früher Neuzeit, in: THIER, PFEIFER, GRZIMEK (Hrsg.), Kontinuitäten und Zäsuren in der Europäischen Rechtsgeschichte, 1999, S. 149–163; STRIPPEL, Zum Verhältnis von Deutscher Rechtsgeschichte und Deutscher Philologie, in: MÜLLER (Hrsg.), BEHM, GÖTZE, SCHULTE-WÜLWER, STRIPPEL (Mitarb.), Germanistik und deutsche Nation 1806–1848, 1974, S. 113–166.

„Zwischen Sprache und Recht besteht […] eine denkbar enge Beziehung: das Recht lebt durch die Sprache; die Sprache ist das erste, vielleicht sogar das einzige Arbeitsinstrument des Juristen“.[417]

2. Es wurde bereits darauf hingewiesen, dass die Bearbeitung des Themas eine gründliche Auswertung der Ergebnisse der Rechtsgeschichte wie auch benachbarter Wissensgebiete erfordert, so der historisch-vergleichenden Sprachwissenschaft – vor allem der historischen Wortforschung und der Entlehnungsbeziehungen, weiterhin der Geschichte – ganz besonders der Siedlungs- und Stadtgeschichte und ebenso der mittelalterlichen Straßen- und Wegeforschung[418] wie auch der Erforschung der Geschichte der Handelsbeziehungen[419], bis hin zur historischen Namenforschung. Thomas Szabó weist darauf hin, dass „Straßen zu den Faktoren gehören, die historische Prozesse in Gang setzen, beschleunigen, kanalisieren bzw. regulieren“[420]. Die Bedeutung von Handelswegen unterstreicht ebenfalls Jiří Kejř.[421] Sergij Vilfan[422] bezieht in seine Untersuchung zur deutschen Kolonisation nordöstlich der oberen Adria und ihrer sozialgeschichtlichen Grundlagen neben Siedlungs- und Rechtsgeschichte auch wirtschaftliche und sozialhistorische Aspekte ein.

3. Dass das Rechtswesen zu den traditionellen Gebieten des Kontaktes zweier Sprachen gehört, kann an einer Vielzahl von Beispielen, u. a. auch aus dem Polnischen und Tschechischen, verdeutlicht werden. „Die Sprache dokumentiert wohl unmittelbarer als alle anderen Bereiche die deutsch-slawischen Kontakte“[423], unterstreicht Thomas Wünsch. Leider fehlt bisher eine historische deutsch-tschechisch vergleichende Grammatik. Die verdienstvolle deutsch-tschechisch vergleichende Grammatik von František Štícha[424] basiert auf den beiden Sprachen der Gegenwart.

---

417 ARNTZ, Fachbezogene Mehrsprachigkeit in Recht und Technik, 2001, S. 206, mit Bezugnahme auf STRÖMHOLM, Allgemeine Rechtslehre, 1976, S. 26.

418 DENECKE, Mitteleuropäische Verkehrsachsen, in: SZABÓ (Hrsg.), Die Welt der europäischen Straßen, 2009, S. 279–303.

419 DAVIES, MOORHOUSE, Die Blume Europas, 2002, Karte „Handelsrouten um 1500“, S. 654; IRSIGLER, Stadt und Umland im Spätmittelalter, in: MEYNEN (Hrsg.), Zentralität als Problem der mittelalterlichen Stadtgeschichtsforschung, 1979, S. 1–14; WÜNSCH, Deutsche und Slawen im Mittelalter, 2008, S. 58–64.

420 Th. SZABÓ, [Kap.] Ergebnisse und Probleme, in: DERS. (Hrsg.), Die Welt der europäischen Straßen, 2009, S. 355–376, hier S. 376.

421 KEJŘ, Die Anfänge der Stadtverfassung und des Stadtrechts in den Böhmischen Ländern, in: SCHLESINGER (Hrsg.), Die deutsche Ostsiedlung des Mittelalters als Problem der europäischen Geschichte, 1975, S. 464–466, mit einer Karte S. 465.

422 VILFAN, Die deutsche Kolonisation nordöstlich der oberen Adria und ihre sozialgeschichtlichen Grundlagen, in: SCHLESINGER (Hrsg.), Die deutsche Ostsiedlung des Mittelalters als Problem der europäischen Geschichte, 1975, S. 567–604.

423 WÜNSCH, Deutsche und Slawen im Mittelalter, 2008, S. 84.

424 ŠTÍCHA, Česko-německá srovnávací gramatika, 2003.

4. Als ein wesentlicher Aspekt des großen Interesses der Siedler an einer Bewidmung mit Sächsisch-magdeburgischem Recht wird für die Gebiete Ostmitteleuropas die Praktikabilität dieses Rechts angesehen. Zu diesem Ergebnis kommt u. a. Dirk Moldt in seiner Untersuchung „Deutsche Stadtrechte im mittelalterlichen Siebenbürgen", wo er feststellt:

> „Überraschend ist [...] der Eindruck der Vielfalt, in der Sächsisch-magdeburgisches Recht auftrat, wie es sich bedarfsorientiert entwickeln und den jeweiligen Verhältnissen anpassen konnte."[425]

Und weiter ist von „erstaunliche[r] Kombinations- und Anpassungsfähigkeit"[426] die Rede. Dies wird für die Gebiete Polens von Seiten polnischer rechtshistorischer Forschungen bestätigt. Zu vergleichen sind hierzu besonders die Arbeiten Danuta Janickas, die in ihren Untersuchungen zum Kulmer Recht u. a. feststellt,

> „dass das Magdeburger Recht durch die Handfeste weitgehend modifiziert und verjüngt wurde. Infolgedessen entstand eine lokale Abänderung des Magdeburger Rechts – das Kulmer Recht oder *Ius Culmense*. Es sei noch einmal daran erinnert, dass die Kulmer Handfeste eine sehr vorteilhafte Adaption des Magdeburger Rechts bedeutete. Die Urkunde war die Quelle sowohl für das Stadtrecht als auch für das Recht des deutschen Ordenslandes."[427]

In ihrer Untersuchung zum Leitmeritzer und Olmützer Rechtskreis in Böhmen und Mähren unterstreicht ebenfalls Pavla Slavíčková die Anpassungsfähigkeit und Vielfalt des Sächsisch-magdeburgischen Rechts und betont:

> „dass es sich in Wirklichkeit nicht um einen unveränderbaren, völlig kohärenten und konservativen Rechtsbereich handelt, wie manchmal fälschlicherweise in der Fachliteratur angenommen wird, sondern um ein sich ständig entwickelndes und veränderndes Rechtssystem, in dem jede vertretene Stadt ihre Spezifik hatte".[428]

Jiří Kejř bemerkt:

> „Das Magdeburger Recht wird [...] in seinen Grundsätzen nach Böhmen und Mähren von neuen Ansiedlern gebracht, und ihre Gewohnheiten und Ordnungen werden allmählich weiter rezipiert"[429]

---

425 MOLDT, Deutsche Stadtrechte im mittelalterlichen Siebenbürgen, 2009, S. 229.

426 Ebd.

427 JANICKA, Zur Topographie der Städte des Magdeburger Rechts in Polen, in: LÜCK, PUHLE, RANFT (Hrsg.), Grundlagen für ein neues Europa, 2009, S. 78.

428 SLAVÍČKOVÁ, Der Prozess des Untergangs des sächsisch-magdeburgischen Rechts im Leitmeritzer und Olmützer Rechtskreis in Böhmen und Mähren, in: Zeitschrift für Neuere Rechtsgeschichte 35 (2013), S. 41–54.

429 KEJŘ, Die Anfänge der Stadtverfassung und des Stadtrechts in den Böhmischen Ländern, in: SCHLESINGER (Hrsg.), Die deutsche Ostsiedlung des Mittelalters als Problem der europäischen Geschichte, 1975, S. 477.

5. Der Prozess der Rezeption des Sächsisch-magdeburgischen Rechts in Ostmitteleuropa muss in die Prozesse des hochmittelalterlichen Landesausbaus eingeordnet werden. Klaus Zernack spricht in diesem Zusammenhang von einem „Kulturausweitungsvorgang des mittelalterlichen Landesausbaus“ und von einer „Siedlungsbewegung zu deutschem Recht“[430]. Für die Rezeptionsgebiete im heutigen Polen konnten auf der Grundlage unserer Untersuchungen folgende Ergebnisse[431] formuliert werden: Das Bestreben, Rechtstexte ins Polnische zu übersetzen, deren deutsche Ursprungsfassung in den Gebieten Polens bereits länger im Gebrauch, d. h. deren Inhalt wohl größtenteils rezipiert war, kann nur daraus erklärt werden, dass der Anteil der deutschen Bevölkerung und auch der Deutschsprachigkeit der Bevölkerung in den Städten zurückging und „sich das Gewicht im 15. Jahrhundert zur polnischen Sprache“[432] hin verschob.

6. Termini des Sächsisch-magdeburgischen Rechts in Eigennamen

1. Die oben beschriebenen historischen Siedlungsprozesse fanden – wie Siedlungsprozesse allgemein und bekanntermaßen – ihren Niederschlag u. a. auch in historischen Belegen von Orts- und Personennamen. Eigennamen bilden eine wichtige Quelle sowohl für die Aufhellung der Geschichte der Besiedlung wie auch ethnischer, sprachlicher und sozialer Verhältnisse.

Siedlungskontakt bringt Sprachkontakt mit sich, der in „mannigfaltige[n] Formen der Zweisprachigkeit“[433] zu Tage tritt. In seinen Ausführungen zu den deutschen Einwanderern in Polen vom 12. bis zum 14. Jahrhundert betont Benedykt Zientara u. a.:

> „Die Angleichung konnte unterschiedlichen Verlauf nehmen: in den südwestlichen Teilen Schlesiens und in manchen anderen Gegenden führte sie schrittweise zur Eindeutschung der polnischen Bevölkerung, in vielen anderen Gebieten verlief sie in entgegengesetzte Richtung.“[434]

---

[430] ZERNACK, Der hochmittelalterliche Landesausbau als Problem der Entwicklung Ostmitteleuropas, in: DERS., Preußen – Deutschland – Polen, 1991, S. 201 f.

[431] Vgl. BILY, Resümee der linguistischen Untersuchung und ihrer Bezüge zur Rechts- und Siedlungsgeschichte, in: ISMIO Bd. 2, S. 313–328; außerdem: DIES., PRyyaczelsky poklon naprzod. myly przyyaczyele! pytalysczye nasz o prawo takymy szlowy – Fruntlichen grus vorn, liben frunt, ir habit uns gefrogit rechtis in desen worten, in: ERNST (Hrsg.), Namenkunde als Beruf(ung), 2012, S. 53–94.

[432] F. EBEL, Rechtsentstehung und Rechtstransfer im Spiegel der Überlieferung (Magdeburger und Lübecker Recht), in: LÜCK, PUHLE, RANFT (Hrsg.), Grundlagen für ein neues Europa, 2009, S. 46.

[433] ZIENTARA, Die deutschen Einwanderer in Polen vom 12. bis zum 14. Jahrhundert, in: SCHLESINGER (Hrsg.), Die deutsche Ostsiedlung des Mittelalters als Problem der europäischen Geschichte, 1975, S. 340.

[434] Ebd.

„Soweit die Quellen einen Schluß auf das Volkstum der deutschrechtlichen Städte des 13. Jahrhunderts in Kleinpolen zulassen, etwa durch die namentliche Nennung von Lokatoren und Bürgern, waren sie deutsch, ebenso wie in Schlesien. Für Olkusz[435] ist eine vollständige Bürgerliste aus der ersten Hälfte des 14. Jahrhunderts erhalten, die 97 Prozent deutscher Namen aufweist. Die Deutschen stammten überwiegend aus Schlesien. Das wird vor allem für Krakau mit seiner Fülle von Belegen eindeutig klar. Krakau war im wesentlichen eine Tochtersiedlung von Breslau, ein Stützpunkt deutscher Fernhändler auf dem Weg nach Osten.“[436]

2. Den Wert sprachlicher Auswertung historischer Quellentexte als einer wichtigen Komponente der Aufhellung von Siedlungs- und Sprachkontaktprozessen unterstreicht ebenfalls Walter Kuhn[437], der sich dabei u. a. auf die Schöffenbücher des westlich an Landshut[438] grenzenden Dorfes Kremenzstein (Krzemienica)[439] bezieht, die bis 1622 deutsch geführt wurden.

„In Markenhau (Markowa)[440] südöstlich Landshut konnte ein polnischer Sammler noch um 1800 deutsche geistliche Volkslieder als letztes Relikt der verklungenen deutschen Sprache aufzeichnen.“[441]

Jiří Kejř[442] bezieht in seine Untersuchungen über die Anfänge der Stadtverfassung und des Stadtrechts in den böhmischen Ländern auch Ortsnamen ein, wobei er sich u. a. auf Ergebnisse aus Untersuchungen von Ernst Schwarz[443] stützen kann. Es geht um die Namen der Orte Mährisch Neustadt[444] und Freudenthal[445].

---

[435] Anm. I. B.: Vgl. Nazwy miejscowe Polski, Bd. 8: O-Pn, 2009, S. 88f.: mit Herleitung des Ortsnamens aus dem Deutschen und dem Hinweis auf die Bewidmung mit deutschem Stadtrecht vor 1299.

[436] KUHN, Die deutschrechtliche Siedlung in Kleinpolen, in: SCHLESINGER (Hrsg.), Die deutsche Ostsiedlung des Mittelalters als Problem der europäischen Geschichte, 1975, S. 376.

[437] Ebd., S. 399.

[438] Poln. *Łańcut*, Gebiet Rzeszów: 1369 in civitate nostra Landshut; vgl. Nazwy miejscowe Polski, Bd. 6: L-Ma, 2005, S. 274: mit Herleitung des Ortsnamens aus dem Deutschen.

[439] Anm. I. B.: Vgl. Nazwy miejscowe Polski, Bd. 5: Ko-Ky, 2003, S. 386f.: mit Herleitung des Ortsnamens aus dem poln. Gewässernamen *Krzemienica* bzw. dem poln. Appellativum *krzemienica*.

[440] Anm. I. B.: Vgl. Nazwy miejscowe Polski, Bd. 6: L-Ma, 2005, S. 527: mit Herleitung des Ortsnamens aus dem Deutschen.

[441] KUHN, Die deutschrechtliche Siedlung in Kleinpolen, in: SCHLESINGER (Hrsg.), Die deutsche Ostsiedlung des Mittelalters als Problem der europäischen Geschichte, 1975, S. 399.

[442] KEJŘ, Die Anfänge der Stadtverfassung und des Stadtrechts in den Böhmischen Ländern, in: SCHLESINGER (Hrsg.), Die deutsche Ostsiedlung des Mittelalters als Problem der europäischen Geschichte, 1975, S. 446.

[443] E. SCHWARZ, Volkstumsgeschichte der Sudetenländer, 2. Teil: Mähren-Schlesien, 1987, S. 257.

[444] Tsch. *Uničov*, Gebiet Olomouc; zum Namen und zu den historischen Belegen vgl. HOSÁK, ŠRÁMEK, Místní jména na Moravě a ve Slezsku, Bd. 2, 1980, S. 643f.: Belege (Auswahl): 1220 (Fälschung Anfang 14. Jahrhundert) de Vniczow, 1223 de Vnisov, 1249 Vnichow, 1290 in Noua Ciuitate, 1371 Nouamciuitatem, 1380 civitatis Uniczow, 1391 zur Newenstat, 1407 de *Nova Civitate alias Uniczow* [Beispiel für zeitweilige Mehrnamigkeit], 1437 der Newnstat Vnyczow, 1924 Uničov, Mährisch Neustadt, jetzt *Uničov*.

> „Während bei Freudenthal bereits der Ortsname ein Zeugnis für die deutsche Besiedlung darstellt, dürfte bei Mährisch-Neustadt eine frühere slavische Siedlung Uničov, deren Name in den ältesten Urkunden erscheint, einen Bezugspunkt für die Gründung abgegeben haben."[446]

Sergij Vilfan[447] verbindet in seiner Studie zur deutschen Kolonisation nordöstlich der oberen Adria die Siedlungs- und Rechtsgeschichte mit wirtschaftlichen und sozialhistorischen Verhältnissen und betont, wie schon an anderer Stelle seiner Arbeiten[448], den Wert sprachwissenschaftlicher Erkenntnisse auch für siedlungshistorische Untersuchungen:

> „Bei einer Gegenüberstellung ethnisch bzw. sprachlich verschiedener Siedlerschichten kommt besondere Bedeutung der Linguistik, insbesondere der Dialekt- und Ortsnamenforschung zu […]"[449],

denn historische Siedlungsprozesse sind u. a. in historischen Belegen geographischer Namen fassbar. Damit bilden diese eine wichtige Quelle für die Aufhellung der Geschichte der Besiedlung.

3.[450] „Dem Übertritt einer Sprachgemeinschaft zur Sprache der anderen Sprachgemeinschaft geht in der Regel eine länger andauernde Phase der Zweisprachigkeit voraus, die für die direkte Übernahme sprachlichen Lehngutes besonders günstig ist."[451]

Solches Lehngut findet sich, wie bereits gesagt, früh in historischen Ortsnamenbelegen. Hinweise auf Siedlungs- und Sprachkontakt sind außerdem aus zeitweiliger Mehrnamigkeit[452] und Benennungsparallelismus[453] abzuleiten, weiterhin aus

---

445 Tsch. *Bruntál*, Gebiet Opava; zum Namen und zu den historischen Belegen vgl. DIES., Místní jména na Moravě a ve Slezsku, Bd. 1, 1970, S. 116f.: Belege (Auswahl): 1220 de Freudental, 1405 czu Fraydintal, 1456 starosta bruntalsky, 1590 na Bruntali, 1636 von Freudenthal, 1720, 1736, 1805 und 1836 Freudenthal, 1779 do Bruntále, [nachfolgend Belege für zeitweilige Mehrnamigkeit]: 1870 *Freudenthal, Bruntaly*, 1885 *Freudenthal, Bruntály*, 1894 *Freudenthal, Bruntál*.

446 KEJŘ, Die Anfänge der Stadtverfassung und des Stadtrechts in den Böhmischen Ländern, in: SCHLESINGER (Hrsg.), Die deutsche Ostsiedlung des Mittelalters als Problem der europäischen Geschichte, 1975, S. 446.

447 VILFAN, Die deutsche Kolonisation nordöstlich der oberen Adria und ihre sozialgeschichtlichen Grundlagen, in: SCHLESINGER (Hrsg.), Die deutsche Ostsiedlung des Mittelalters als Problem der europäischen Geschichte, 1975, S. 567.

448 Vgl. u. a. DERS., Rechtsgeschichte der Slowenen bis zum Jahre 1941, 1968.

449 DERS., Die deutsche Kolonisation nordöstlich der oberen Adria und ihre sozialgeschichtlichen Grundlagen, in: SCHLESINGER (Hrsg.), Die deutsche Ostsiedlung des Mittelalters als Problem der europäischen Geschichte, 1975, S. 568.

450 Das Material zu diesem Abschnitt wurde bereits in dem Aufsatz BILY, Deutsche entlehnte Rechtstermini als Ableitungsbasen polnischer Ortsnamen, in: Germanica Wratislaviensia 136 (2012) behandelt.

451 MORCINIEC, Zum Wortgut deutscher Herkunft in den polnischen Dialekten Schlesiens, in: Zeitschrift für Ostforschung 38 (1989), S. 327.

452 H. WALTHER, Mehrnamigkeit von Siedlungen als sprachsoziologische Erscheinung, in: Leipziger namenkundliche Beiträge, Teil 2. Mit einer Bibliographie der Leipziger Namenkundlichen Arbeitsgruppe (4. Folge), 1968, S. 19–28.

sogen. slawisch-deutschen bzw. deutsch-slawischen Mischnamen sowie aus einem in der Namenforschung hinlänglich bekannten Nebeneinander von Siedlungen (nachfolgend polnischer und deutscher) mit unterscheidenden Zusätzen wie *Polnisch-/Deutsch-* oder *Alt-/Neu-*, vergleiche:

- *Sagor polonicale* und *Sagor theutonicale*: *Wendisch* und *Deutsch Sagar*, Kr. Krosno, heute poln. *Nowy Zagór* und *Stary Zagór*[454]

oder

- *Heinrichsdorf polonicale* und *Heinrichsdorf maius* Kr. Szprotawa: heute poln. *Długie* / dt. *Langenheinersdorf*[455].

Als Indiz für die Anwesenheit deutscher wie auch polnischer Siedler in einem Ort gilt ebenfalls historisch belegte Anwesenheit von zwei Schulzen, einem polnischen und einem deutschen.[456]

Im Rahmen unseres deutsch-polnischen Wortvergleichs bildeten die Personennamen eine weitere wichtige Quelle, vgl. z. B. den polnischen Personennamen *Burgrabia*: 1382 Martinus dictus *Burgraba* de Prossouicz; *Burgrawic(z)* ?: 1407 contra *Burgerawicz*[457]; außerdem die heutigen polnischen Familiennamen: *Burgraf, Burgraff; Bukraba, Bukrab, Bukrabo*[458]. Zu den ältesten deutschen Belegen des Familiennamens sind zu vergleichen: *Burggraf*: 1383/1403 Busse *Borggreve*[459]; *Burggraf, Bur(g)graf(f)*: 1268 Fridericus dictus *Burcgravius*[460]. Weiterhin sei auf einen Vergleich des Familiennamens *Lehmann* und seiner suffigierten Varianten mit dem deutschen Lehnwort *leman* im Polnischen aufmerksam gemacht.[461] In diesem Zusammenhang sei erneut auf eine Untersuchung durch Eckard Eggers verwiesen, der unter Einbeziehung des polnischen Familiennamen *Sołtys* in seine Untersuchung zum polnischen Appellativum *sołtys* 'Schultheiß', die „deutsche Vorlageform" für das Appellativum „geographisch und dialektal" bestimmen konnte. „Das Entlehnungsgebiet [von poln. *sołtys* – I.B.] ist eindeutig Großpolen."[462]

---

453 DERS., Benennungsparallelismus bei der Eindeutschung des Altsorbengebietes um Leipzig im hohen Mittelalter, in: HENGST, KRÜGER, WALTHER (Hrsg.), BILY (Mitarb.), Wort und Name im deutsch-slavischen Sprachkontakt, 1997, S. 555–569.

454 MORCINIEC, Zum Wortgut deutscher Herkunft in den polnischen Dialekten Schlesiens, in: Zeitschrift für Ostforschung 38 (1989), S. 324.

455 Nazwy geograficzne Śląska, Bd. 2: C-E, 1985, S. 105; MORCINIEC, Zum Wortgut deutscher Herkunft in den polnischen Dialekten Schlesiens, in: Zeitschrift für Ostforschung 38 (1989), S. 324.

456 MORCINIEC, Zum Wortgut deutscher Herkunft in den polnischen Dialekten Schlesiens, in: Zeitschrift für Ostforschung 38 (1989), S. 324.

457 Słownik staropolskich nazw osobowych, Bd. 1: A-D, 1965–1967, S. 283.

458 RYMUT, Nazwiska Polaków, tom I: A-K, 1999, S. 63.

459 ZODER, Familiennamen in Ostfalen, Bd. 1: A-K, 1968, S. 329.

460 BRECHENMACHER, Etymologisches Wörterbuch der Deutschen Familiennamen, Bd. 1, 1957, S. 249.

461 BILY, Der Familienname *Lehmann*, seine Varianten und Ableitungen im Polnischen, in: Onomastica 50 (2005), S. 255–275.

462 EGGERS, Die Phonologie der deutschen Lehnwörter im Altpolnischen bis 1500, 1988, S. 69 f.

Einen frühen Beleg für den deutschen Terminus *Lasse* (mnd. *lāte* 'der Minderfreie; der zinshörige Bauer mit Erbberechtigung an seinem Gut'), der in unserem frühneuhochdeutschen Text des „Sächsischen Weichbilds" mit Glosse (Textzeuge: Hs. B) vorkommt, liefert der Ortsname *Latdorf*[463] onö. Bernburg in Sachsen-Anhalt, vergleiche den Erstbeleg: 1145 *Lattorp*. Der Name ist aus dem häufigen deutschen Grundwort *-dorf* und mnd. *lāte* gebildet.

Nachfolgend sollen einige Ortsnamen vorgestellt werden, deren Ableitungsbasen zwei aus dem Deutschen entlehnte Rechtstermini enthalten, und zwar: 1. apoln. *burgrabi(a)*[464], atsch. *purkrabie* sowie 2. apoln. *wójt*, atsch. *fojt*, vergleiche:

1. zu apoln. *burgrabi(a)* und atsch. *purkrabie* (< dt. Burggraf):
Ortsname in Schlesien:
- poln. *Burgrabice* / dt. *Borkendorf*[465], Kr. Nysa; historische Überlieferung (Auswahl): 1284 *Burgravici*, 1285 *Burcrabici*, um 1305 *Burccerabsdorph*,

Ortsname in Mähren / Schlesien:
- tsch. *Purkrábka*[466], im Gebiet Znojmo; historische Überlieferung (Auswahl): 1881 (Wald) *Purkrabka*;

außerdem der Straßenname tsch. *Purkrabská ulice* in Olomouc.

2. zu apoln. *wójt* und atsch. *fojt* (< dt. Vogt):
Ortsnamen in Schlesien:
- poln. *Wójtowice* / dt. *Voigtsdorf*[467], Dorf zur Gemeinde Grodków, Gebiet Opole; historische Überlieferung (Auswahl): um 1300 *Advocati villa*; 1375 *Voytsdorff*,
- poln. *Wójtowa* / dt. *Voigtsdorf*[468], Siedlung zur Gemeinde Lubawka; historische Überlieferung (Auswahl): 1343 *Voytsdorf*; 1352 *Foytezdorf*,
- poln. *Wójtowa Wieś* / dt. *Vogtsdorf*[469], Ortsteil von Opole; historische Überlieferung (Auswahl): 1308 advocati villa sive *Fogthdorff*; 1471 *Vogtsdorff*; 1686 villa *Woytowawiess*; 1742 *Foytsdorff*; 1784 *Foigtsdorf, Woitowiwis* auch *Vogtsdorf* (ab hier parallele Zweinamigkeit bis 1939),

Ortsnamen in Böhmen:
- tsch. *Fojtov* / dt. *Voitsgrün*[470], Dorf sö. von Nejdek; historische Überlieferung (Auswahl): 1273 villam *Woytsgrun*, 1342 villae *Voytsgrüne*, 1590 ves *ffoyts-*

[463] FREYDANK, STEINBRÜCK, Die Ortsnamen des Bernburger Landes, 1966, S. 37.

[464] BILY, Die Rezeption des sächsisch-magdeburgischen Rechts in Osteuropa, in: MOSHÖVEL, SPÁČILOVÁ (Hrsg.), Kanzleisprache – ein mehrdimensionales Phänomen, 2009, S. 35–56.

[465] BOREK, Polnisch-deutsche Mischnamen in Schlesien, in: Onomastica Slavogermanica 1 (1965), S. 76; Nazwy geograficzne Śląska, Bd. 1: A-B, 1970, S. 128; Nazwy miejscowe Polski, Bd. 1: A-B, 1996, S. 461.

[466] HOSÁK, ŠRÁMEK, Místní jména na Moravě a ve Slezsku, Bd. 2, 1980, S. 335.

[467] BOREK, Górny Śląsk w świetle nazw miejscowych, 1988, darin: Germanizacja nazewnictwa śląskiego: S. 223–249; Osadnictwo Górnego Śląska w odbiciu nazewnictwa miejscowego: S. 251–303, hier S. 234; Nazwy geograficzne Śląska, Bd. 15: Wem-Wrzes, 2011, S. 128.

[468] Nazwy geograficzne Śląska, Bd. 15: Wem-Wrzes, 2011, S. 128.

[469] Ebd.

[470] PROFOUS, Místní jména v Čechách, Bd. 1, 1954, S. 539 f.

kryn, 1923 *Fojtov, Voigstgrün*; Grundform *Voitsgrün* 'Rodungssiedlung eines Vogtes', zu *Vogt* + *grün* 'grüne Fläche, Grasplan, die dem Wald abgerungene grüne, sich begrünende Fläche' bzw. 'Rodungssiedlung',

– tsch. *Fojtovice* / dt. *Voitsdorf*[471], Dorf 3 km sw. von Benešov nad Ploučnicí; historische Überlieferung (Auswahl): 1429 in *Foythssdorff*, 1543 (1515) w *foytsstorffie* vsi, 1654 *Voytsdorf*, 1854 *Fojtovice, Voitsdorf*; Grundform *Voitsdorf* 'Dorf eines Vogts',
– tsch. *Fojtovice* / dt. *Voitsdorf*[472], Dorf 8 km n. von Teplice-Šanov; historische Überlieferung (Auswahl): 1487 cum villa *Foyczdorff*, 1505 w *ffoytstorffie*, 1542 (1537) ves *ffoytdorff*, 1584 do vsi *Woytsdorffu*, 1833 *Voitsdorf*; Grundform *Voitsdorf* 'Dorf eines Vogts'.

4. Dass nicht nur die Siedlungsnamen, sondern auch Flurnamen für die Erhellung historischer Siedlungsprozesse bedeutsam sind, unterstreicht Sergij Vilfan in seiner bereits zitierten Untersuchung zur deutschen Kolonisation nordöstlich der oberen Adria.

> „Bei der Gegenüberstellung der slowenischen und der deutschen Siedlung einer engeren Gegend, ja sogar eines Dorfes, können die Flurnamen wertvolle Dienste leisten. Blaznik[473] hat an mehreren Beispielen gezeigt, daß in früh vollkommen slowenisierten deutschen Sprachinseln das Vorkommen von Flurnamen deutschen Ursprungs einigermaßen im Verhältnis zur einstigen relativen Stärke der deutschen Siedler steht."[474]

Und weiter heißt es an gleicher Stelle:

> „Die bisherige Erforschung des äußeren Verlaufes der deutschen Siedlung auf dem hier behandelten Gebiet hat ein geschlossenes und höchstens noch in Einzelheiten zu verbesserndes Bild ergeben. Für die sozial- und rechtsgeschichtlichen Aspekte der Siedlung sind die Quellen reichhaltig genug, um Probleme zu stellen, doch nicht reichhaltig genug, um alle Probleme auch unumstößlichen Lösungen zuzuführen. [...] Die Möglichkeiten einer weiteren Erforschung der offenstehenden Fragen sind jedoch noch nicht erschöpft. Besonders einzelne minuziöse Bearbeitungen lokaler Verhältnisse, die zu einer konkreten Vorstellung über die ältere Kolonisation verhelfen können, sind in größerer Anzahl, als bisher zur Verfügung stehen, vonnöten."[475]

---

[471] Ebd., S. 540.

[472] Ebd.

[473] BLAZNIK, Kolonizacja in kmetsko podložništvo na Sorškem polju, in: Razprave/Dissertationes. Slovenska akademija znanosti in umetnosti, Razred za zgodovinske in družbene vede 3 (1953), S. 166–175, mit einer Karte des prozentualen Anteils deutscher Flurnamen auf S. 167. Die Flurnamen werden auch in anderen Lokalstudien desselben Autors behandelt, z. B. wie in: DERS., Kolonizacja Selške doline, 1928, S. 48 f.

[474] VILFAN, Die deutsche Kolonisation nordöstlich der oberen Adria und ihre sozialgeschichtlichen Grundlagen, in: SCHLESINGER (Hrsg.), Die deutsche Ostsiedlung des Mittelalters als Problem der europäischen Geschichte, 1975, S. 569.

[475] Ebd., S. 604.

Für Böhmen sei besonders auf die Arbeiten von Ernst Schwarz[476] und Vladimír Šmilauer[477] verwiesen, auf zusammenfassende Aufsätze von Milan Harvalík[478] und Jana Matúšová[479] sowie auf Ergebnisse aus den zahlreichen fundierten Untersuchungen der Prager Namenforscher an der Tschechischen Akademie der Wissenschaften zu den Flurnamen Böhmens aufmerksam gemacht, besonders auf das Wörterbuch der Flurnamen in Böhmen[480], in dem neben der Bearbeitung und Systematisierung des Materials auch die Kartierung von Flurnamen und ihren Ableitungsbasen durchgängiges Arbeitsprinzip ist. Weiterhin sind Indices[481] zu den Flurnamen sowie diverse Studien[482] zu nennen. Für Mähren sei auf Rudolf Šrámek[483], für das angrenzende Schlesien auf eine vergleichende Untersuchung Małgorzata Iżykowskas[484] verwiesen.

7. Reflexe der Rezeption des Sächsisch-magdeburgischen Rechts in den Sprachen der Rezeptionsgebiete

1. Dass eine Rezeption des Sächsisch-magdeburgischen Rechts in den mittelalterlichen Territorien Ost- und Mitteleuropas erfolgte, steht außer Frage. Dies belegen vor allem die Ergebnisse siedlungs- und rechtshistorischer Forschungen, die u. a. in Handbüchern und Nachschlagewerken wie den beiden Auflagen des „Handwörterbuchs zur Deutschen Rechtsgeschichte“[485] sowie dem „Lexikon des Mittelalters“[486] niedergelegt sind. Zu verweisen ist besonders auf die große Anzahl von Orten[487] auf dem Gebiet des heutigen Polen mit Sächsisch-magdeburgischem

---

[476] E. SCHWARZ, Die Ortsnamen der Sudetenländer als Geschichtsquelle, 1961.

[477] ŠMILAUER, Osídlení Čech ve světle místních jmen, 1960.

[478] HARVALÍK, Toponymie als Geschichtsquelle zur Erforschung der Besiedlung der tschechischen Länder, in: Österreichische Namenforschung 29 (2001), S. 105–112.

[479] MATÚŠOVÁ, Zu den wichtigsten Tendenzen und Ergebnissen germanistischer und germanistisch-bohemistischer Namenforschung in Tschechien, in: Onomastica Slavogermanica 25 (2008), S. 142–153.

[480] Im Druck erschienen sind zunächst 5 Hefte: DIES., Slovník pomístních jmen v Čechách, Bd. I (A) bis V (Bra-Buc), 2005–.

[481] OLIVOVÁ-NEZBEDOVÁ, MATÚŠOVÁ, Index lexikálních jednotek pomístních jmen v Čechách, 1991; DIES., Retrográdní index lexikálních jednotek pomístních jmen v Čechách, 1991.

[482] OLIVOVÁ-NEZBEDOVÁ, KNAPPOVÁ, MALENÍNSKÁ, MATÚŠOVÁ, Pomístní jména v Čechách, 1995; OLIVOVÁ-NEZBEDOVÁ, MALENÍNSKÁ, Slovník pomístních jmen v Čechách, 2000.

[483] ŠRÁMEK, Tschechisch-deutsche Beziehungen in Ortsnamen Nordostmährens, in: Onomastica Slavogermanica 3 (1967), S. 209–214.

[484] IŻYKOWSKA, Die Umfragen aus Schlesien zu Georg Wenkers Sprachatlas und ihr Wert für die Namenforschung, in: Onomastica Slavogermanica 25 (2008), S. 58–65.

[485] Handwörterbuch zur deutschen Rechtsgeschichte, Bd. 1–5, 1971–1998; Handwörterbuch zur deutschen Rechtsgeschichte, Bd. 1–, 2008–.

[486] Lexikon des Mittelalters, Bd. 1–9, 1980–1998.

[487] ZDRÓJKOWSKI, Zarys dziejów prawa chełmińskiego (1233–1862), 1983; KAMIŃSKA, Lokacje miast na prawie magdeburskim na ziemiach polskich do 1370 r., 1990.

Recht. Neuere rechtshistorische Forschungen bestätigen dies. Zu vergleichen sind die Arbeiten Heiner Lücks[488], speziell für Polen die Untersuchungen Danuta Janickas[489], Maria Teresa Lizisowas[490] und Aleksander Zajdas[491].

Für die böhmischen Länder konstatiert Jiří Kejř in der Zusammenfassung seiner fundierten Überblicksdarstellung zu den mittelalterlichen Städten in den böhmischen Ländern:

> „An vielen Stellen haben wir festgestellt, dass die städtischen Institutionen in unterschiedlichen Formen aus dem Ausland übernommen wurden, besonders aus den benachbarten deutschen Territorien, und dass sie oft von neuen Siedlern mitgebracht wurden.“[492]

Und weiter heißt es:

> „Die Herausbildung unserer Städte knüpft an Voraussetzungen an, die durch Naturbedingungen gegeben sind, durch ältere Besiedlung, durch die Entwicklung der Wirtschaft und die Verbindungen mit dem Ausland, aber man kann darin nicht nur eine Art automatischen Anwachsens quantitativer Merkmale sehen. Wiederholt kann die schöpferische Förderung der Herrscher beobachtet werden, unter deren Schutz und auf deren

---

[488] LÜCK, „Der Deutsche kommt also im Osten in kein Neuland ...“, in: DERS., FREITAG (Hrsg.), Historische Forschung in Sachsen-Anhalt, 1999, S. 125–145; DERS., Wirkungen des Sachsenspiegels und des Magdeburger Rechts in Ostmitteleuropa, in: E. BALOGH, HEGEDŰS, MEZEI, SZOMORA, TRASER (Hrsg.), Legal Transitions, 2007, S. 269–279; DERS., Einführung: Das sächsisch-magdeburgische Recht als kulturelles Bindeglied zwischen den Rechtsordnungen Ost- und Mitteleuropas, in: EICHLER, LÜCK (Hrsg.), Rechts- und Sprachtransfer in Mittel- und Osteuropa, 2008, S. 1–28; DERS., Zur Gerichtsverfassung in den Mutterstädten des Magdeburger und Lübecker Rechts, in: DERS., PUHLE, RANFT (Hrsg.), Grundlagen für ein neues Europa, 2009, S. 163–181; DERS., Rechtstransfer und Rechtsverwandtschaft, in: MALÝ, SOUŠA (Hrsg.), Práva městská Království českého, 2013, S. 298–317; DERS., Die Anfänge des Magdeburger Stadtrechts und seine Verbreitung in Europa, in: Sachsen und Anhalt 27 (2015), S. 179–200.

[489] JANICKA, Zur Bedeutung des Magdeburger Vorbilds in der städtischen Gerichtsbarkeit Nordpolens: das Beispiel Kulm und Thorn, in: KNOTHE, LIEBMANN (Hrsg.), Gerichtskultur im Ostseeraum, 2007, S. 29–40; DIES., Die Rezeption des Sachsenspiegels und des Magdeburger Rechts am Beispiel von Thorn im Kulmer Land, in: EICHLER, LÜCK (Hrsg.), Rechts- und Sprachtransfer in Mittel- und Osteuropa, 2008, S. 61–74; DIES., Zur Topographie der Städte des Magdeburger Rechts in Polen, in: LÜCK, PUHLE, RANFT (Hrsg.), Grundlagen für ein neues Europa, 2009, S. 67–81.

[490] LIZISOWA, Podstawowe terminy prawne w statutach staropolskich na tle słowiańskim, 1995; DIES., Prawem sądzić czyli o języku Statutów litewskich w Panu Tadeuszu, 1998; DIES., Slawische Rechtstermini und das mittelalterliche Erbe in Europa, in: REITER (Hrsg.), Eurolinguistik, 1999, S. 161–173; DIES., Język Kodeksu Olszewskiego (1550), 2000; DIES., Wielojęzyczność i wielokulturowość w Statuach litewskich, in: ABRAMOWICZ (Hrsg.), Wielojęzyczność i wielokulturowość na pograniczu polsko-wschodniosłowiańskim, 2002, S. 26–30.

[491] ZAJDA, Staropolska terminologia prawnicza (do r. 1500), 1990; DERS., Studia z historii polskiego słownictwa prawniczego i frazeologii, 2001; DERS., Deutsche Einflüsse in der altpolnischen Terminologie als Widerspiegelung der Rezeption des Magdeburger Rechts, in: EICHLER, LÜCK (Hrsg.), Rechts- und Sprachtransfer in Mittel- und Osteuropa, 2008, S. 289–304.

[492] KEJŘ, Die mittelalterlichen Städte in den Böhmischen Ländern, 2010, S. 409. Es handelt sich bei dieser Arbeit um die Übersetzung zu: DERS., Vznik městského zřízení v českých zemích, 1998.

Initiative sich in unwahrscheinlich kurzer Zeit die demographische Zusammensetzung der Bevölkerung wandelte und auch die rechtlichen und organisatorischen Bedingungen, die die böhmischen Könige mit ihrer Autorität zu schaffen vermochten. Es ist auch nicht möglich, die manchmal wiederholte Behauptung eines eigenmächtigen Eindringens fremder Siedler zu akzeptieren, die die Städte als ein neues Phänomen bei uns einführten. Sie mussten nicht nur die Zustimmung des Herrschers zu ihrem Kommen haben, sondern ihre Rechtsgewohnheiten erhielten ihre Sicherung auch aus der einheimischen Hoheitsgewalt. […] Die Entstehung der Städte und der Stadtverfassung in den böhmischen Ländern bedeutet einen historischen Umsturz, der die mittelalterliche Gesellschaftsstruktur von Grund auf veränderte.“[493]

Mit der Entstehung und Entfaltung der Marktorganisation in Böhmen und Mähren beschäftigt sich Josef Žemlička[494].

2. Was für die deutsch-polnischen Kontakterscheinungen[495] in Besiedlung und Sprache bereits festgestellt werden konnte, bestätigt sich für die deutsch-tschechischen Beziehungen, d. h. auch für die Gebiete des heutigen Tschechien kann die Sprachwissenschaft, unter Berüchsichtigung des engen Zusammenhangs zwischen Recht und Sprache, konkrete Ergebnisse zum Nachweis der Rezeption des Sächsisch-magdeburgischen Rechts liefern. Unter Einbeziehung weiterer Fachdisziplinen ermöglicht die Kombination der Ergebnisse von Rechts- und Sprachgeschichte belastbare Schlussfolgerungen. Vorangehen muss allerdings ein gründliches Studium der jeweiligen Rechtsquellen, an die sich dann eine textkritische Analyse anschließen muss, als Voraussetzung für jedwede Auswertung.

8. Rezeption des Sächsisch-magdeburgischen Rechts und Übersetzung

Als sprachliche Nachweise von Siedlungs- und Sprachkontakt und einer erfolgten Rezeption des Sächsisch-magdeburgischen Rechts in den untersuchten Gebieten können auf der Grundlage unserer deutsch-polnischen wie auch der deutsch-tschechischen vergleichenden Wortanalysen vor allem zwei Ergebnisse gelten:

Das ist zum Einen die gute Qualität der Übertragung/Übersetzung ins Polnische und auch ins Tschechische, die u. E. nur aus einer schon erfolgten Rezeption des Rechts(inhalts) und damit der Rechtstexte zum Zeitpunkt der Übertragung/Übersetzung zu erklären ist. An dieser Stelle muss ebenfalls die Leistung des jeweiligen Übersetzers für seine korrekte Wiedergabe deutscher rechtlicher Begrifflichkeit im Polnischen und Tschechischen gewürdigt werden.

---

[493] Ders., Die mittelalterlichen Städte in den Böhmischen Ländern, 2010, S. 410.

[494] Žemlička, Entstehung und Entfaltung der Marktorganisation in Böhmen und Mähren, in: Brachmann, Klápště (Hrsg.), Hausbau und Raumstruktur früher Städte in Ostmitteleuropa, 1996, S. 17–27.

[495] Bily, Resümee der linguistischen Untersuchung und ihrer Bezüge zur Rechts- und Siedlungsgeschichte, in: ISMIO Bd. 2, S. 313–328.

Zum Polnischen sind hierzu auf der Grundlage der „Magdeburger Urteile“[496] u. a. zu vergleichen:
dt. **Weichbildrecht, das** /// poln. **niemieckie prawo** ‘deutsches Recht’, **miejskie prawo** ‘Stadtrecht’, **prawo** ‘Gericht’,
dt. (**zum**) **Schöffen küren** ‘**wählen**’; **zum Schöffen gekürt werden** /// poln. **wybierać przysiężniki; być wybran przysiężnikiem**
und
dt. **ebenbürtig** (**sein**) /// poln. (**być**) **równy urodzeniem** ‘der Geburt nach gleich’, **równe dzieci** ‘gleiche Kinder’, **bliższe przyrodzone** ‘nahe verwandt’, **bliszy przyrodzeni** ‘nahe Verwandte’.

Die korrekte Wiedergabe deutscher rechtlicher Begrifflichkeit im Tschechischen wird ebenfalls an einer Reihe von Beispielen deutlich, so u. a. am Terminus **Frau**:
dt. **Frau, die**; **Weib, das**; **Ehefrau, die** /// tsch. **paní**; **žena** ‘Ehefrau’ /// poln. **kobieta**; **pani**; **żona** ‘Ehefrau’
I. dt. ***Weib, das***; ***Frau, die*** /// tsch. ***žena*** ‘Ehefrau’:
I.a) dt. ***Weib, das*** /// tsch. ***žena*** ‘Ehefrau’:
KEyn wip mag in wichbilde morgingabe noch lipgedinge an eynes mannes erbe zcu eigen behalden Stirbit ſy is gheit weder an des mannes erben /// *ZAdna zena* {‘Ehefrau’} nemoz v wykpildie wiena · aniz zywotnieho danie · na gednoho muze {‘Ehemann’} k wlaſtnie*mu* obdrzeti Vmrze li ona to gde zaſe na toho muze {‘Ehemann’} diedicze [Art. 56 § 1, 157v /// C68, 164v]
I.b) dt. ***Frau, die*** /// tsch. ***žena*** ‘Ehefrau’:
STirbit ***eyne** frauwe* ane erben Do ſy keyne erben gewonnen by irem manne / ſy erbit ir teil uſſ iren nehiſten magen / is ſy wip ader man der ir ebenbortig iſt / daʒ ſelbe tut der man der ma*n* mit ſinem teile /// Vmrze li ***gedna*** {Interferenz: der deutsche unbestimmte Artikel wird mit dem tschechischen Zahlwort ***jedna*** ‘eine’, fem. wiedergegeben} *zena* {‘Ehefrau’} · bez diediczow · geſſtoz zadne*ho* diedicze nedobude · przy ſwem muzy {‘Ehemann’} Ta zena {‘Ehefrau’} diedij ſwoy diel na ſwe blizſſie przately · Bud zena {‘Ehefrau’} nebo muz {‘Ehemann’} · ktoz gie przirozen g*eſt* · To tez vczyni muz {‘Ehemann’} s ſwym dielem [Art. 57 § 1, 161r-v /// C71, 167r]
II. dt. ***Frau, die*** /// tsch. ***paní*** ‘Frau’ allgemein:
do mag ***dy** vrauwe* mit irem teile daʒ ſy entphangen hat thun waʒ ſy wil ane rechte wider ſprache Das ſelbie m*a*g ouch der man thun mit ſynem teile d*a*s entphangen hat /// tu moz ***ta*** {Interferenz: der deutsche bestimmte Artikel wird als Demonstrativpronomen übernommen} *pani* {‘Frau’} ſwym dielem · kteryz ona przigiala g*eſt* vcziniti czo chcze · bez otporu prawa Tez to moz muz {‘Ehemann’} vcziniti · s ſwym dielem czoz przigial g*eſt* [Art. 55, fol. 156v /// C67, 164v]

---

[496] Zu weiteren Beispiele vgl. DIES., Ergebnisse der deutsch-polnischen (frühneuhochdeutsch-altpolnischen) Wortanalyse – Materialauswertung. 1. Übersetzung, in: ISMIO Bd. 2, S. 276–286.

III. dt. ***Weiber, die*** /// tsch. ***ženy*** {Pl.} {'Ehefrauen'}:

WAs man mannen ader *wibern* {im dt. Text *Männern oder Frauen*, im tsch. Text *Ehefrauen oder Ehemänner*} gibt in wichbilde daȝ ſollen ſy beſicȝen dry tage /// CZo *zenam* neb muzom {im dt. Text *Männern oder Frauen*, im tsch. Text *Ehefrauen oder Ehemänner*} dawagi v wykpildie · ***to geſt w mieſtczkem prawie*** {erklärender Zusatz im tsch. Text: 'das ist im Stadtrecht'} · toho magi w drzeni byti · trzi dni [Art. 30 § 1, 115v /// C42, 150r]

IV. ***Paarformeln***:

IV.a) dt. ***Männer oder Weiber*** /// tsch. ***ženy nebo muži*** 'Ehefrauen oder Ehemänner':

WAs man *mannen ader wibern* {im dt. Text *Männern oder Weibern*, im tsch. Text *Ehefrauen oder Ehemänner*} gibt in wichbilde /// CZo *zenam neb muzom* {im dt. Text *Männern oder Weibern*, im tsch. Text *Ehefrauen oder Ehemännern*} dawagi v wykpildie [Art. 30 § 1, 115v /// C42, 150r]

IV.b) dt. ***weder Weib noch Mann*** /// tsch. ***žadný muž aniž žena*** 'weder Ehemann noch Ehefrau':

KEyn wip noch kein man mag yn ſichbette ſines gutes vorgeben mag /// *ZAdny muz aniz zena* {im dt. Text *weder Weib noch Mann* im tsch. Text *weder Ehemann noch Ehefrau*} w nemoczne poſteli · ſweho zbozie oddati nemoze [Art. 64, fol. 166v /// C78, 169v]

KOMMENTAR

Für dt. *Frau* bzw. *Weib* steht im tschechischen Text *žena* 'Ehefrau' bzw. *paní* 'Frau' allgemein, d. h. der Übersetzer differenziert nach der tatsächlichen Bedeutung. Folgende Kombinationen sind belegt:

dt. *Weib* /// tsch. *žena* 'Ehefrau' (I.a)); dt. *Frau* /// tsch. *žena* 'Ehefrau' (I.b)); dt. *Frau* /// tsch. *paní* 'Frau' allgemein (II.) und dt. *Weiber* {Pl.} /// tsch. *ženy* 'Ehefrauen' {Pl.} (III.), vgl. auch die Paarformeln (IV.).

9. Rezeption des Sächsisch-magdeburgischen Rechts und Lehnwortschatz in den Sprachen der Rezeptionsgebiete

Neben der o. g. (s. Punkt *8.*) guten Qualität der Übertragung/Übersetzung der Texte in die Fremdsprache sind als Folge der Rezeption des Sächsisch-magdeburgischen Rechts eine Reihe deutscher Lehnwörter im Bereich des Rechtswortschatzes des Polnischen und Tschechischen zu nennen, die wir als Auswahl in nachfolgender Übersicht zusammenfassen.

1. Deutsche Lehnwörter in der polnischen und tschechischen historischen Rechtsterminologie (Auswahl)[497]

Deutsch	*Polnisch*	*Tschechisch*
Burggraf	burgrabia	purkrabí
fordern	fordrować, fołdrować	–
Frist	fryst	–
Gerade	gier(a)da (apoln.), groda (apoln.)	grady (atsch.)[498], grod (atsch.), groud (atsch.)[499]
Gewalt	gwałt	kvalt, gvalt (atsch.)
Gewere, die	gwar	gvar, gver (atsch.)
Gewette	(g)wet (apoln.)	vetunk (atsch.), vettunk (atsch.)[500], vet (atsch.), wettug (atsch.)[501]
He(e)rgewäte	hergewet (apoln.)	–
Jahrmarkt	jarmark	jarmark, jarmerk (atsch.)
Kurfürst	–	kurfiřt, kurfirst (hist.); kurfurst/-furšt (atsch.)
Kurfürstentum	–	kurfiřtství
kurfürstlich	–	kurfiřtský
Lehen	lenno	léno; léhno (atsch.)
lehn-	lenny	lenní
Pranger	pręgierz	pranýř; pranier (hist.); pra(g)néř, planéř (atsch.)
Rat 'Ratskollegium, Stadtrat'	rada	rada
Rathaus	ratusz	rathúz (atsch.)
Richter	rychtarz (apoln.)	rychtář (atsch.)

497 Die oftmals neben einem deutschen Lehnwort existierenden genuin polnischen bzw. tschechischen Termini wurden nicht in diese Übersicht aufgenommen. Ein (bisher) nicht belegtes Lehnwort wird in der jeweiligen Spalte durch einen waagerechten Strich – gekennzeichnet.

498 Kreuz, Martinovský (Hrsg.), Vojtíšková (Bearb.), Vladislavské zřízení zemské a navazující prameny, 2007.

499 Weizsäcker (Bearb.), Magdeburger Schöffensprüche und Rechtsmitteilungen für den Oberhof Leitmeritz, 1943.

500 Ebd.

501 „Sächsisches Weichbild" (atsch.): in der Handschrift *Práwa saszká*, einer Sammelhandschrift, (früher Litoměřice/Leitmeritz: Archiv mešta Litoměřice; jetzt Praha/Prag: Parlamentní knihovna, Signatur: o. Sign.; online: ‹ www.psp.cz/kps/knih/prawa/prawa.htm ›): unter 2. *Donat – magdeburgské městské právo s glosou* [Donat – Das Magdeburger Stadtrecht mit Glosse]: fol. 87r–187v.

Deutsch	*Polnisch*	*Tschechisch*
Schöffe	–	šef, šep (atsch.)
Schultheiß	sołtys	šoltýs, šultejs (atsch.)
Urteil	ortyl, ortel, ortyle {Pl.} (apoln.)	ortel (atsch.)
Vogt	wójt	fojt (atsch.)
Wergeld	wargielt (apoln.), wergeld (apoln.)	vergelt (atsch.)
Willkür	wilkierz	–

2. Es sei jedoch betont, dass Entlehnungen deutlich seltener sind als Übersetzungen deutscher Rechtstermini. Wie schon zuvor für das Polnische[502], konnte dies nun ebenfalls für das Tschechische[503] nachgewiesen werden.

3. Die tschechisch-polnischen/schlesischen Entlehnungsverhältnisse sind gut erforscht. Mit ihnen beschäftigen sich eine Reihe Autoren, so besonders Janusz Siatkowski[504] und Tomasz Czarnecki[505]. Stefan Michael Newerkla, der auch die umfangreiche Literatur zum Thema zusammenfasst, betont in seiner Untersuchung zur Vermittlung deutscher Lehnwörter durch das Tschechische ins Polnische und Slowakische:

> „Zusammenfassend lässt sich also feststellen, dass der überwiegende Teil der deutschen Lehnwörter im Polnischen und Slovakischen auf direkte Entlehnung aus dem Deutschen zurückgeht und nur eine verhältnismäßig kleine Anzahl durch tschechische Vermittlung in diese Sprachen gelangte. Im Polnischen war die Vermittlerrolle des Tschechischen lediglich auf die vorschriftliche Phase und die Epoche des Altpolnischen beschränkt. Der tschechische Einfluss auf das Slovakische war zwar von ungleich längerer Dauer und Vermittlungen praktisch bis ins 20. Jh. möglich. Die Zahl der solcherart vermittelten deutschen Lehnwörter im Slovakischen ist jedoch deutlich geringer als bisher angenommen."[506]

Grundlegende Studien zur Entlehnung haben ebenfalls Libuše Spáčilová[507] und Mária Papsonová[508] vorgelegt.

---

[502] Vgl. BILY, Ergebnisse der deutsch-polnischen (frühneuhochdeutsch-altpolnischen) Wortanalyse – Materialauswertung. 1. Übersetzung, in: ISMIO Bd. 2, S. 276–286.

[503] Vgl. *Kap. E.V., S. 345*.

[504] SIATKOWSKI, Der Einfluß der tschechischen Sprache auf das Polnische, in: Zeitschrift für Slawistik 39 (1994), S. 261–269 (mit Besprechung der vorhandenen Literatur); DERS., Polnisch – Tschechisch, in: GOEBL, NELDE, STARÝ, WÖLCK (Hrsg.), Kontaktlinguistik, 2. Halbbd., 1997, S. 1638.

[505] CZARNECKI, Pośrednictwo czeskie w staropolskich pożyczkach z niemieckiego, in: Studia z Filologii Polskiej i Słowiańskiej 9 (1970), S. 37–44.

[506] NEWERKLA, Die Vermittlung deutscher Lehnwörter durch das Tschechische in das Polnische und Slovakische, in: Wiener Slavistisches Jahrbuch 48 (2002), S. 126.

[507] SPÁČILOVÁ, Entlehnungen in frühneuhochdeutschen Texten der Olmützer Stadtkanzlei, in: Südostdeutsches Archiv 44/45 (2002), S. 1–20; DIES., Italienische, französische, spanische und slawische Entlehnungen im Wortschatz der Olmützer Stadtkanzleisprache, in: ANDRÁŠOVÁ, ERNST, SPÁ-

Der Weg, den die Lehnwörter genommen haben, ist vielfach nicht mit letzter Sicherheit nachzuzeichnen. Dazu sind die einschlägigen Wörterbücher zu konsultieren, allerdings mit z. T. unterschiedlichen Standpunkten und Begründungen. Umso mehr sind detaillierte sprachwissenschaftliche Untersuchungen anhand der Quellen nötig, um der sprachwissenschaftlichen Forschung wie auch benachbarten Wissensgebieten gesicherte Ergebnisse zur Verfügung stellen zu können.

Für die deutsch-ukrainischen Lehnbeziehungen, auch auf dem Gebiet des Rechtswortschatzes und speziell aus dem Bereich des Sächsisch-magdeburgischen Rechts, ist an die Untersuchung Roman Smal-Stockyjs[509] anzuknüpfen, ferner an die Ergebnisse, die Juliane Besters-Dilger[510] zum Ukrainischen und Helmut W. Schaller[511] zu den Lehnbeziehungen zwischen dem Polnischen, Ukrainischen und Weißrussischen vorgelegt haben. B.V. Kobyljans'kyj[512] wendet sich Germanismen und Polonismen im Ukrainischen zu. Allerdings lassen solche, auf den Gesamtwortschatz der untersuchten Sprachen zu beziehenden Ergebnisse, keine Schlussfolgerungen für Entlehnungen auf dem Gebiet des Rechtswortschatzes zu, auch wenn Juliane Besters-Dilger[513] die Berücksichtigung der Ostsiedlung im Hinblick auf die „Vermittlung deutscher Lexik nach Polen und in die Ukraine" betont und dabei auf die Übernahme des Magdeburger Stadtrechts in ukrainischen Städten verweist. Die Rolle des Polnischen bei der Vermittlung rechtshistorischer Lexik ins Ukrainische muss noch genauer bestimmt werden. Was denjenigen deutschen Rechtswortschatz angeht, der im Zuge der Rezeption des Sächsisch-magdeburgischen Rechts ins Polnische gelangte und dann von dort weiter in die Gebiete des heutigen Litauen, Weißrusslands, der Ukraine und des westlichen Russlands, so sind aus weiteren quellenbasierten Untersuchungen auch gesicherte Erkenntnisse zur Entlehnung historischer Rechtstermini zu erwarten. Diese Entlehnungsprozesse sind in die Zeit des Bestehens des Großfürstentums

ČILOVÁ (Hrsg.), Germanistik genießen, 2006, S. 385–409.

508 PAPSONOVÁ, Zur Übersetzung und Entlehnung des deutschen Rechtswortschatzes im Stadtbuch von Žilina/Sillein, in: Brücken. N. F. Germanistisches Jahrbuch. Tschechien-Slowakei 4 (1996), S. 235–249; DIES., Deutsches Lehnwortgut in den ältesten Rechtsaufzeichnungen und in der slowakischen Gegenwartssprache, in: MEIER, ZIEGLER (Hrsg.), Deutsche Sprache in Europa, 2001, S. 571–579; DIES., Wörter deutscher Herkunft im Slowakischen, in: GREULE, MEIER (Hrsg.), Deutsche Sprache in der Slowakei, 2003, S. 69–94.

509 [SMAL'-STOC'KYJ] SMAL-STOCKYJ, Die germanisch-deutschen Kultureinflüsse im Spiegel der ukrainischen Sprache, 1942, vgl. auch dort die Karte: Die Ausbreitung des deutschen Rechtes in Osteuropa, S. 177, Abb. 24.

510 BESTERS-DILGER, Deutsche lexikalische Entlehnungen im Ukrainischen, in: POSPÍŠIL (Hrsg.), Crossroads of Cultures: Central Europe, 2002, S. 37 f.

511 SCHALLER, Die polnischen Lehnwörter im Ukrainischen und Weißrussischen, in: ROTHE, THIERGEN (Hrsg.), Polen unter Nachbarn, 1998, S. 55–71.

512 KOBYLJANS'KYJ, Do vyvčennja hermanizmiv i polonizmiv v ukrajinskij movi, in: Movoznavstvo 6 (1975), S. 31–35.

513 BESTERS-DILGER, Deutsche lexikalische Entlehnungen im Ukrainischen, in: POSPÍŠIL (Hrsg.), Crossroads of Cultures: Central Europe, 2002, S. 29.

Litauen einzuordnen. Mit der Rezeption der altpolnischen Rechtssprache im Großfürstentum Litauen im 16. Jahrhundert hat sich intensiv Maria Teresa Lizisowa[514] auseinander gesetzt. Den von ihr untersuchten historischen Rechtswortschatz fasst Lizisowa in Verzeichnissen zusammen, um ihn anschließend einer semantischen Analyse zu unterziehen.

10. Interferenz und Sprachkontakt

1. Interferenzerscheinungen gehören zu den wesentlichen Merkmalen von Sprachkontakt und Bilinguismus. So ist – wie bereits in der deutsch-polnischen kontrastiven Wortanalyse – auch im deutsch-tschechischen Vergleich gelegentliche Interferenz zwischen dem Deutschen und dem Tschechischen zu beobachten, z. B. die Wiedergabe des deutschen bestimmten Artikels ***der*** durch ein Demonstrativpronomen (tsch. ***ten*** 'dieser') im Tschechischen wie auch im Polnischen, obwohl beide Sprachen bekanntlich keinen Artikel kennen. Ähnlich verhält es sich beim unbestimmten Artikel ***ein***, der gelegentlich mit dem Zahlwort ***ein(s)*** (tsch. *jeden* {mask.}, *jedno* {neutr.}, *jedna* {fem.} 'ein(s)') wiedergegeben wird.

2. Weiterhin werden neben großer Übereinstimmung zwischen der deutschen und der tschechischen wie auch schon zwischen der deutschen und der polnischen Fassung der untersuchten Texte eine Reihe von Unterschieden sichtbar, z. B. im Gebrauch der Wortarten.

So steht für dt. *Dingzeit* {Substantiv} im tschechischen Text *čas souditi* {Verbalkonstruktion}, vgl. die Textstelle:

frnhd.: Der voit ſal vragin den ſchultheiſſen ab is *dingis cȝit* {Substantiv} ſy /// atsch.: Purkabie ***nebo ffoyt*** {erklärender Zusatz im tsch. Text: *nebo ffoyt* 'oder Vogt'} Ma otazaty Rychtarze Geſt li *czas ſudity* {Verbalkonstruktion} [Art. 16 § 2, 58^{v} /// C16, 117^{r}].

Für ein Verb (*unterweisen*) im deutschen Text steht z. B. im polnischen Text ein Substantiv (*nauka* 'Unterweisung'), vgl. die Textstelle:

frnhd.: Hyrume bitte wyr uns czu *undirweyzen* {Verb} [hierum bitten wir, uns *zu unterweisen*] /// apoln.: natho proszymy waszey *nauky* {Substantiv} [Na to prosimy waszej nauki] 'dazu erbitten wir eure *Unterweisung*' [Spruch 111 /// Spruch 120].

3. Zu weiteren Beispielen für grammatische Unterschiede zwischen dem deutschen Text und seiner Übersetzung ins Polnische („Magdeburger Urteile") bzw. ins Tschechische („Sächsisches Weichbild" mit Glosse – Textzeugen: Hs. B und

---

[514] LIZISOWA, Podstawowe terminy prawne w statutach staropolskich na tle słowiańskim, 1995; DIES., Prawem sądzić czyli o języku Statutów litewskich w Panu Tadeuszu, 1998; DIES., Język Kodeksu Olszewskiego (1550), 2000; DIES., Wielojęzyczność i wielokulturowość w Statuach litewskich, in: ABRAMOWICZ (Hrsg.), Wielojęzyczność i wielokulturowość na pograniczu polsko-wschodniosłowiańskim, 2002, S. 26–30.

Hs. P), z. B. zu Unterschieden im Numerus (Singular/Plural) oder im Modus Verbi (Aktiv/Passiv) sind die entsprechenden Auswertungsteile zur deutsch-polnischen[515] und zur deutsch-tschechischen[516] kontrastiven Wortanalyse zu vergleichen, auch mit Nachweisen anhand des konkreten Materials.

11. Fazit

1. Ausgehend von der Analyse des Standes der Forschung war es unser Ziel – ähnlich wie schon im deutsch-polnischen (frühneuhochdeutsch-altpolnischen) Wortvergleich anhand der „Magdeburger Urteile"[517] – nun in einem deutsch-tschechischen (frühneuhochdeutsch-alttschechischen) Vergleich die sprachlichen Reflexe der Rezeption des Sächsisch-magdeburgischen Rechts im Vergleich des Rechtswortschatzes eines Textes der deutschen Fassung („Sächsisches Weichbild" mit Glosse – Textzeuge: Hs. B) und einer tschechischen Übersetzung („Sächsisches Weichbild" mit Glosse – Textzeuge: Hs. P) herauszuarbeiten. Bisherige sprachliche Untersuchungen, die auch Ergebnisse rechtshistorischer Forschungen einbeziehen, haben diesen Aspekt nur z. T. berücksichtigt. Oftmals konzentrierten sich die Forscher zu stark auf die Lehnbeziehungen zwischen der Geber- und Nehmersprache und schenkten dabei den Übersetzungen zu wenig Beachtung. Hier muss eher Untersuchungen gefolgt werden, wie z. B. der von Mária Papsonová[518] zum „Silleiner Rechtsbuch", die wir in unseren deutsch-tschechischen wie auch schon in den vorangegangenen deutsch-polnischen Vergleich systematisch einbezogen haben.

2. Mit den Methoden der historisch-vergleichenden Sprachwissenschaft kann die Rezeption von Rechtsnormen anhand der in den Ländern des Rezeptionsgebietes des Sächsisch-magdeburgischen Rechts verankerten Rechtsterminologie nachgewiesen werden.

Sprachliche Auswertung und Auswertung des Rechtsinhaltes können nur schwerlich voneinander getrennt werden. Das Wissen um den Rechtsinhalt war seinerzeit die wichtigste Voraussetzung für eine adäquate Übertragung des Inhaltes eines Rechtstextes und seiner Fachtermini aus dem Deutschen ins Polnische, Tschechische und in andere Sprachen des Rezeptionsgebietes. Jederzeit können mehr Rechtstexte aus dem Polnischen und Tschechischen wie auch aus weiteren Sprachen des Rezeptionsgebietes in einen solchen Vergleich einbezogen werden. Dann sind in stärkerem Maße generalisierbare Aussagen zum Prozess der Rezeption des Sächsisch-magdeburgischen Rechts in Mittel- und Osteuropa zu erwarten.

---

[515] Vgl. BILY, Deutsch-polnische kontrastive Wortanalyse anhand einer deutschen und einer polnischen Handschrift der „Magdeburger Urteile", in: ISMIO Bd. 2, S. 303–313.

[516] Vgl. *Kap. E.V., S. 345*.

[517] Vgl. BILY, Deutsch-polnische kontrastive Wortanalyse anhand einer deutschen und einer polnischen Handschrift der „Magdeburger Urteile", in: ISMIO Bd. 2, S. 117–328.

[518] PAPSONOVÁ, Das Magdeburger Recht und das Silleiner Rechtsbuch, 2003.

Aus sprachhistorischer Sicht sind Schlussfolgerungen für den gesamten deutsch-polnischen bzw. deutsch-tschechischen Rezeptionsprozess auf der Grundlage des Vergleichs lediglich eines einzigen deutsch-polnischen und deutsch-tschechischen Textpaares – auch wenn es sich dabei jeweils um bedeutsame Quellen handelt – nur bedingt möglich. Bei der Einbeziehung weiterer Textpaare und Sprachen in den Vergleich ist sowohl eine Bestätigung wie auch eine stärkere Differenzierung sprachlicher Erscheinungen zu erwarten. In den Ergebnissen der deutsch-tschechischen Untersuchung zeigt sich eine weitestgehende Bestätigung der Ergebnisse aus der deutsch-polnischen Analyse.

3. Die Erforschung rechtshistorischer Fragestellungen unter Anwendung der Methoden des historischen Sprachvergleichs sowie der systematischen vergleichenden Betrachtung eines deutschen und eines tschechischen Textes bei gleichzeitiger Berücksichtigung von Ergebnissen siedlungshistorischer Forschungen ist ein Novum und hat sich – wie schon der bereits erfolgte deutsch-polnische Vergleich – nicht nur bewährt, sondern sie liefert methodische Grundlagen für weitere Untersuchungen im Rezeptionsgebiet des Sächsisch-magdeburgischen Rechts.

4. Ein Novum unserer sprachvergleichenden Arbeit sind ebenfalls die in Punkt *F.I.* (s. u.) folgenden Wörterverzeichnisse der Rechtstermini, ein deutsch-tschechisch-polnisches, ein tschechisch-polnisch-deutsches und ein polnisch-tschechisch-deutsches.[519] Diese Verzeichnisse knüpfen unmittelbar an das bereits vorliegende deutsch-polnische und seine Umkehrung als polnisch-deutsches Wörterverzeichnis[520] an, wurden jedoch, überwiegend bedingt durch das aus der deutsch-tschechischen Wortanalyse gewonnene Material, beträchtlich erweitert. Zu vergleichen ist ebenfalls die Vorstellung des Musters eines mehrsprachigen Wörterverzeichnisses[521] im Rahmen der deutsch-polnischen Untersuchung. Solche Verzeichnisse sind bisher Desiderata, denn die modernen zweisprachigen juristischen Fachwörterbücher verzeichnen lediglich den für den Gebrauch im heutigen Rechtsalltag der jeweiligen (Fremd-)Sprache relevanten Fachwortschatz. Für das Studium originalsprachlicher Sekundärliteratur zur Rechtsgeschichte, die sich thematisch wie auch zeitlich auf die Rezeption des Sächsisch-magdeburgischen Rechts und den entsprechenden Fachwortschatz bezieht, sind diese Wörterbücher jedoch nur bedingt geeignet. So mussten Teile des für die Bearbeitung des Projektes notwendigen Wortschatzes aus einsprachigen historischen Wörterbüchern der Einzelsprachen, aus Monographien und Aufsätzen, vor allem aber aus Glossaren zu Quelleneditionen von Rechtstexten und nicht zuletzt aus den Quellen selbst gewonnen werden. Dies gilt nicht nur für die Termini, sondern ebenso für

---

519 Das tschechisch-polnische-deutsche und das polnisch-tschechisch-deutsche Verzeichnis findet sich unter der Webadresse ‹ http://smr.saw-leipzig.de/woerterbuch.html ›.

520 BILY, Zweisprachiges deutsch-polnisches und polnisch-deutsches Wörterverzeichnis der Rechtstermini, in: ISMIO Bd. 2, S. 339–393.

521 DIES., Mehrsprachiges Wörterverzeichnis der Rechtstermini, in: ISMIO Bd. 2, S. 329–339.

ihre Definition, die anhand geeigneter Textstellen bestimmt bzw. präzisiert werden kann. Unsere Wörterverzeichnisse können jedoch weder die vorhandenen historischen noch die modernen juristischen Wörterbücher, die teilweise auch eine Einbindung der entsprechenden Termini in Phraseme bieten, ersetzen und wollen und können vor allem keinen Anspruch auf Vollständigkeit erheben.

5. Erwähnt werden müssen an dieser Stelle ebenfalls die dreisprachigen Verzeichnisse ausgewählter Titel relevanter Rechtsquellen und Textsammlungen (s. u. *F.II.*).

6. Der Wortvergleich anhand eines deutschen Rechtstextes und einer Übersetzung ins Polnische bzw. Tschechische ist ein Vergleich zwischen dem Ausgangspunkt und dem (vorläufigen) Ergebnis des Sprachkontaktes. Darauf haben wir bereits im Rahmen der Arbeiten an der deutsch-polnischen Wortanalyse hingewiesen. Es sei wiederholt, dass aus diesem Vergleich keine Aussagen über den Verlauf/den Prozess des Übergangs vom Deutschen zum Tschechischen als Kanzleisprache im untersuchten Sprachgebiet abzuleiten sind.

7. Eine detaillierte rechtshistorische Bewertung der Ergebnisse unserer sprachhistorischen lexikologisch-sprachvergleichenden Analysen, in denen – wie oben lediglich exemplarisch gezeigt werden konnte – auch Eigennamen als der in den historischen Quellen bekanntermaßen vielfach älteste Nachweis eines Lexems einen festen Platz haben, obliegt dann selbstverständlich Rechtshistorikern.

8. Hinzuweisen ist ebenfalls auf die Einbeziehung, gegebenenfalls auch Korrektur und Ergänzung, vorliegender Kartierungen der Verbreitung des Sächsisch-magdeburgischen Rechts im Untersuchungsgebiet. Für Tschechien sind hier zu nennen: die „Karte der Verbreitung des deutschen Stadtrechts nach dem Osten“[522], die Karte „Die mittelalterliche deutsche Ostsiedlung“[523], die Karte „Ausbreitung der deutschen Stadtrechte nach dem Osten“[524] sowie die Karte „Die Verbreitung der deutschen Stadtrechte in Böhmen und Mähren-Schlesien“, Blatt 13, nach dem Entwurf von Wilhelm Weizsäcker, im „Sudetendeutschen Atlas“[525]. Zu vergleichen ist ebenfalls der Kommentar zu dieser Karte von Wilhelm Weizsäcker, S. 25 f.; außerdem die Karte von Wilhelm Weizsäcker in seinem Aufsatz „Eindringen und Verbreitung der deutschen Stadtrechte in Böhmen und Mähren“[526].

---

[522] MARCKS, Die Verbreitung des deutschen Stadtrechts nach dem Osten [Kartenbeilage], in: Magdeburg in der Politik der deutschen Kaiser, 1936.

[523] KUHN, Die mittelalterliche deutsche Ostsiedlung [Karte], in: PUTZGER, Historischer Weltatlas zur allgemeinen und österreichischen Geschichte, 1992, S. 44 f.

[524] F. DÖRR (Bearb.), Ausbreitung der deutschen Stadtrechte nach dem Osten [Karte], in: Harms' Ostdeutsche Heimat in Karte, Bild und Wort, [ca. 1960], S. 8.

[525] MEYNEN (Hrsg.), Sudetendeutscher Atlas, 1954, Blatt 13 und Kommentar zu dieser Karte von Wilhelm Weizsäcker, ebd., S. 25 f.

[526] Karte zur Verbreitung der deutschen Stadtrechte, in: WEIZSÄCKER, Eindringen und Verbreitung der deutschen Stadtrechte in Böhmen und Mähren, in: Deutsches Archiv für Landes- und Volksforschung 1 (1937), zwischen S. 104 und 105.

9. Was Sergij Vilfan für die deutsche Kolonisation nordöstlich der oberen Adria feststellt, wird sowohl durch unsere deutsch-polnische wie auch die deutsch-tschechische kontrastive Wortanalyse anhand historischer Texte zum Stadtrecht bestätigt:

> „Die Möglichkeiten einer weiteren Erforschung der offenstehenden Fragen sind […] noch nicht erschöpft. Besonders einzelne minuziöse Bearbeitungen lokaler Verhältnisse, die zu einer konkreten Vorstellung über die ältere Kolonisation verhelfen können, sind in größerer Anzahl, als bisher zur Verfügung stehen, vonnöten.“[527]

10. Dass die Verknüpfung rechts- und siedlungshistorischer Fragestellungen mit denen der historischen Sprachwissenschaft gerade bei der Beurteilung von Siedlungs- und Sprachkontakt beachtenswerte Ergebnisse liefern kann, zeigen Bearbeitungen aus unterschiedlichen Regionen. Für weitere, detaillierte Untersuchungen auf diesem spannenden Gebiet sind vor allem Quellenstudien wie auch -editionen als gesicherte Grundlagen für verwertbare Aussagen zu Siedlungs-, Rechts- und Sprachgeschichte nötig. Dass hierbei auch dem Sprachwissenschaftler wesentliche Aufgaben zukommen, hat unlängst Jana Vojtíšková[528] deutlich gemacht.

---

[527] VILFAN, Die deutsche Kolonisation nordöstlich der oberen Adria und ihre sozialgeschichtlichen Grundlagen, in: SCHLESINGER (Hrsg.), Die deutsche Ostsiedlung des Mittelalters als Problem der europäischen Geschichte, 1975, S. 604.

[528] VOJTÍŠKOVÁ, K jazykové stránce edičních prací, in: MALÝ, ŠOUŠA (Hrsg.), Městské právo ve střední Evropě, 2013, S. 338–342; vgl. außerdem KREUZ, MARTINOVSKÝ (Hrsg.), VOJTÍŠKOVÁ (Bearb.), Vladislavské zřízení zemské a navazující prameny, 2007.

F. Verzeichnisse (*Inge Bily*)

I. Wörterverzeichnisse der Rechtstermini

1. Vorbemerkungen

Die Wörterverzeichnisse der Rechtstermini, 1. das deutsch-tschechisch-polnische, 2. seine Umkehrung als tschechisch-polnisch-deutsches Verzeichnis wie auch 3. das polnisch-tschechisch-deutsche Verzeichnis[1], wurden aus den inzwischen fertiggestellten Teilen (deutsch, polnisch und tschechisch) des in Bearbeitung befindlichen mehrsprachigen Wörterverzeichnisses der Rechtstermini abgeleitet, vgl. den Entwurf des mehrsprachigen Wörterverzeichnisses[2] der Rechtstermini in der Untersuchung zu Polen. Ein solches Wörterverzeichnis mit dem Ziel, eine Übersetzungs- und Lesehilfe zu schaffen, ist bisher ein Desiderat.

Allerdings hat sich im Laufe der konkreten Arbeit am quellenbasierten Sprachmaterial gezeigt, dass das ursprünglich geplante mehrsprachige Wörterverzeichnis zunächst lediglich ein dreisprachiges werden kann, und zwar ein deutsch – (alt)polnisch – (alt)tschechisches. Für eine Einbeziehung weiterer Sprachen des Arbeitsgebietes unseres Projektes in ein solches Wörterverzeichnis sind vor allem quellenbasierte Untersuchungen zu historischen Rechtstexten der einzubeziehenden Sprachen noch nicht in ausreichendem Maße vorhanden. Das teilweise Fehlen historischer Wörterbücher und juristischer Nachschlagewerke, die auch das Mittelalter einbeziehen, ist ein weiterer Hinderungsgrund.

In den Kapiteln *E.* und *F.* ist neben dem deutsch-tschechischen Vergleich die Bezugnahme zur bereits bearbeiteten deutsch-polnischen kontrastiven Wortanalyse[3] durchgängiges Arbeitsprinzip, auch in den Wörterverzeichnissen der Rechtstermini (*F.I.*) und in den Verzeichnissen ausgewählter Titel relevanter Rechtsquellen und Textsammlungen (*F.II.*).

Die Wörterverzeichnisse der Rechtstermini (*F.I.*) sind wie folgt untergliedert:
1. Deutsch-tschechisch-polnisches Wörterverzeichnis der Rechtstermini,
2. Tschechisch-polnisch-deutsches Wörterverzeichnis der Rechtstermini,
3. Polnisch-tschechisch-deutsches Wörterverzeichnis der Rechtstermini.[4]

---

[1] Aus Platzgründen wird in diesem Band lediglich das nach dem deutschen Begriff sortierte Verzeichnis mit abgedruckt, aber für die digitale Nutzung im Internet eingerichtet, so dass es nun nach jeder der drei genannten Sprachen alphabetisch (auch rückläufig) sortiert und durchsucht werden kann (siehe: ‹ https://smr.saw-leipzig.de/woerterbuch.html ›). Das zweisprachige (dt./poln., poln./dt.) Wörterverzeichnis des Bandes zum Untersuchungsgebiet Polen (ISMIO Bd. 2, Kap. F.II.2.) ist in dieses Verzeichnis integriert.

[2] BILY, Mehrsprachiges Wörterverzeichnis der Rechtstermini, in: ISMIO Bd. 2, S. 329–339.

[3] DIES., Deutsch-polnische kontrastive Wortanalyse anhand einer deutschen und einer polnischen Handschrift der „Magdeburger Urteile" und Wörterverzeichnisse, in: ISMIO Bd. 2, S. 117–394.

[4] Das tschechisch-polnische-deutsche und das polnisch-tschechisch-deutsche Verzeichnis findet sich unter der Webadresse ‹ https://smr.saw-leipzig.de/woerterbuch.html ›.

2. Zur Struktur der Wörterverzeichnisse

Die Struktur der Wörterverzeichnisse ist bewusst einfach gehalten. Den Schwerpunkt des Materials bilden Substantive. Außer dem Terminus im Nominativ Singular wird bei Abweichungen lediglich der Nominativ Plural {Pl.} angegeben. Synonyme, auf die wechselseitig verwiesen wird, werden in alphabetischer Folge genannt.

Neben Einworttermini werden selbstverständlich auch Mehrworttermini, vereinzelt auch Phraseme (phraseologische Wendungen) aufgenommen. Abweichend von der streng alphabetischen Ordnung folgen substantivische Termini, die durch ein Adjektivattribut näher bestimmt werden (z. B. *Erbe, väterliches*), jeweils unmittelbar auf den nicht durch ein solches Attribut näher bestimmten Terminus (z. B. *Erbe, das*). Semantische Bezüge zwischen einzelnen Termini werden bei der Ordnung ebenfalls nach Möglichkeit berücksichtigt.

Die Wörterverzeichnisse enthalten überwiegend Entsprechungen aus Glossaren zu Editionen, aus quellenbasierten Wörterbüchern, weiterhin aus einschlägigen ein- und zweisprachigen Wörterbüchern und aus der Sekundärliteratur, nicht zuletzt aus der deutsch-tschechischen (frühneuhochdeutsch-alttschechischen) kontrastiven Wortanalyse dieses Bandes, s. o. *E.IV.4.* Außerdem wurde sowohl das Material aus der deutsch-polnischen (frühneuhochdeutsch-altpolnischen) kontrastiven Wortanalyse der „Magdeburger Urteile“[5] sowie aus dem deutsch-polnischen bzw. polnisch-deutschen Wörterverzeichnis der Untersuchung zu Polen[6] aufgenommen.

Die vergleichende Auswertung historischer Quellen ergibt erwartungsgemäß eine Vielfalt und Varianz auf terminologischem Gebiet. Diachrone Untersuchungen des Rechtswortschatzes einer bestimmten Sprache[7] aber auch der Vergleich von Rechtstexten und ihrer Übertragung in eine andere Sprache[8] belegen, dass der mittelalterliche Rechtswortschatz noch nicht durchgängig so fest ist wie der heutige (neuzeitliche) Fachwortschatz des Rechts. Dies bestätigen u. a. auch Studien anhand von Texten aus anderen Fachgebieten.

> „Resümierend zeigt sich, daß die Fachsprache der frühneuzeitlichen Fachtexte in ihrer Heterogenität und in der Instabilität der Fachbegriffe noch weit von den an moderne Fachsprachen gestellten Anforderungen entfernt ist“,[9]

---

[5] BILY, Deutsch-polnische kontrastive Wortanalyse anhand einer deutschen und einer polnischen Handschrift der „Magdeburger Urteile“, in: ISMIO Bd. 2, S. 117–328.

[6] DIES., Zweisprachiges deutsch-polnisches und polnisch-deutsches Wörterverzeichnis der Rechtstermini, in: ISMIO Bd. 2, S. 339–393.

[7] KOŘENSKÝ, CVRČEK, NOVÁK, Juristická a lingvistická analýza právních textů (právněinformatický přístup), 1999.

[8] PAPSONOVÁ, Das Magdeburger Recht und das Silleiner Rechtsbuch, 2003; POMMER, Rechtsübersetzung und Rechtsvergleichung, 2006.

[9] HABERMANN, Deutsche Fachtexte der frühen Neuzeit, 2001, S. 519.

betont Mechtild Habermann in ihrer Untersuchung auf der Grundlage naturkundlich-medizinischer Texte. Diese, für den Fachwortschatz ganz allgemein geltende Feststellung[10], kann auf der Grundlage der Ergebnisse aus Quellenstudien zum Rechtswortschatz unseres Arbeitsgebietes bestätigt werden. Ein ähnliches Bild ergibt die Durchsicht von Glossaren zu Editionen historischer Rechtstexte, weiterhin das Wörterbuch[11] von Hildegard Boková und Libuše Spáčilová sowie die Bearbeitung des Meißner Rechtsbuches[12] durch Vladimír Spáčil und Libuše Spáčilová. Und dieses Ergebnis zeigt ebenfalls die Untersuchung Mária Papsonovás zum „Silleiner Rechtsbuch"[13], wo der Textvergleich in Abhängigkeit vom Inhalt des jeweiligen Syntagmas unterschiedliche Entsprechungen belegt. Die Notwendigkeit der Berücksichtigung der „noch wenig gefestigte[n] Terminologie" unterstreicht ebenfalls Jiří Kejř[14] in seiner Untersuchung zu den Anfängen der Stadtverfassung und des Stadtrechts in den Böhmischen Ländern.

In unseren Wörterverzeichnissen der Rechtstermini wird auf Varianz der historischen Termini nicht näher eingegangen. Dies bleibt der Behandlung ausgewählter Rechtstermini im sprachwissenschaftlichen Teil der Untersuchung (*E.IV.4.*) vorbehalten.

3. Hinweise zur Benutzung

– Ein ✧ kennzeichnet diejenigen Termini, die als Stichwort bereits in der deutsch-polnischen kontrastiven Materialanalyse[15] enthalten sind und dort entsprechend bearbeitet wurden.
– Ein • kennzeichnet diejenigen Termini, die als Stichwort in der deutsch-tschechischen kontrastiven Materialanalyse (*E.IV.4.*) des vorliegenden Bandes[16] enthalten sind und dort entsprechend bearbeitet wurden.
– Bei der alphabetischen Einordnung des Wortschatzes bleiben diakritische Zeichen unberücksichtigt, z. B. *a, á; c, č; n, ň; r, ř; s, š; z, ž* usw.
– Da auch Wörter aus der Allgemeinsprache in rechtssprachlicher Bedeutung ge-

[10] Felber, Budin, Terminologie in Theorie und Praxis, 1989.
[11] Boková, Spáčilová, Stručný raně-novohornoněmecký glosář k pramenům z českých zemí/Kurzes frühneuhochdeutsches Glossar zu Quellen aus den böhmischen Ländern, 2003.
[12] Spáčil, Spáčilová, Míšeňská právní kniha. Historický kontext, jazykový rozbor, edice/Das Meißner Rechtsbuch. Historischer Kontext, linguistische Analyse, Edition, 2010.
[13] Papsonová, Das Magdeburger Recht und das Silleiner Rechtsbuch, 2003.
[14] Kejř, Die Anfänge der Stadtverfassung und des Stadtrechts in den Böhmischen Ländern, in: Schlesinger (Hrsg.), Die deutsche Ostsiedlung des Mittelalters als Problem der europäischen Geschichte, 1975, S. 450.
[15] Bily, Deutsch-polnische (frühneuhochdeutsch-altpolnische) kontrastive Wortanalyse, in: ISMIO Bd. 2, S. 142–272.
[16] *Kap. E.IV.4., S. 175.*

braucht werden, geht der hier verzeichnete Wortschatz mitunter über die Grenzen eines eigentlichen Rechtsterminus hinaus.
– Im Deutschen steht der bestimmte Artikel beim jeweiligen Terminus. Tritt ein Attribut zum Substantiv, entfällt der Artikel.
– Pluralformen werden nur in Ausnahmefällen genannt, besonders aber dann, wenn sie aus der Singularform nicht ohne weiteres abgeleitet werden können oder wenn Singular und/oder Plural in der Materialbearbeitung (*E.IV.4.*) als Stichwort vorkommen, vgl. z. B. *Kaufmann, der; Kaufleute, die /// kupec, kupci* {Pl.} oder *Schöffe, der*; *Schöffen, die /// kmet, kmeti* {Pl.} oder auch *Urteil, das*; *Urteile, die /// ortel, ortely, ortele* (staročes.) {Pl.}.
– In Einzelfällen wird im Anschluss an den deutschen Terminus auch der lateinische genannt.
– Grammatische Angaben, die, ebenso wie in den übrigen Teilen der Bearbeitung, in geschweiften { } Klammern stehen, erfolgen nur, wenn das Wort (der Terminus) ohne Kontextangabe hinsichtlich Genus oder Numerus nicht eindeutig ist, vgl. z. B. *Adlige, die* {Koll.} oder *Angeklagte, die* {fem.Sg.}.
– Semantische Bezüge zwischen dem deutschen und dem tschechischen Terminus (z. B. Negation) werden durch Kursivschrift hervorgehoben, z. B. treu*los* /// *ne*věrný oder *Un*recht /// *bez*právi.
– In eckigenen [ ] Klammern stehen Erklärungen, z. B. *Allodium, das* [= *lehensfreier Grundbesitz*].
– In runden ( ) Klammern stehen Zusätze, mitunter auch Varianten, z. B. dt. *ablegen (Eid)* /// tsch. *skládat/složit (přísahu)*.
– Der einfache / Schrägstrich fasst Ausdrücke zusammen, die sich teilweise wiederholen, z. B. dt. *Bitte um Rechtsweisung* /// tsch. *prosba o právní poučení/rady* oder dt. *deutschrechtlich* /// tsch. *na základě/podle německého práva*.
– Der Hinweis auf das Alttschechische (*staročes.*) bezieht sich immer lediglich auf das unmittelbar zuvor genannte Wort. Diese Markierung erfolgt nur dann, wenn ein bestimmter Rechtsterminus bzw. eine bestimmte Graphie eines Rechtsterminus keine Kontinuität bis in die neutschechische Rechtsterminologie hat.
– Nicht alle in der Materialbearbeitung (*E.IV.4.*) vorkommenden Ableitungen bzw. Bildungen mit einem bestimmten Rechtsterminus werden in die Wörterverzeichnisse aufgenommen, auch nicht alle phraseologischen Wendungen bzw. Paarformeln.

4. Für den tschechischen Teil benutzte Nachschlagewerke[17]: Wörterbücher, Wortschatzuntersuchungen und Editionen

Als *Grundlagen* wurden überwiegend einschlägige deutsch-tschechische bzw. einsprachige tschechische *Wörterbücher* genutzt, vor allem solche, die auch histori-

[17] Die Titel finden sich auch alle ausführlich im Literaturverzeichnis dieses Bandes. Zu den für den

schen Rechtswortschatz berücksichtigen. Weitere wichtige *Quellen* unseres deutsch-tschechischen und tschechisch-deutschen Wörterverzeichnisses sind neben den von uns in der *deutsch-tschechischen (frühneuhochdeutsch-alttschechischen) kontrastiven Wortanalyse* (s. o. *E.IV.4.*) behandelten historischen Rechtstermini die in *Glossaren* diverser Materialbearbeitungen zusammmengefassten Termini.

BĚLIČ, KAMIŠ, KUČERA, Malý staročeský slovník, 1978 [MSS].

BERNOLÁK, Repertorium Lexici Slavici-Bohemico-Latino-Germanico-Ungarici, 1827.

BERNOLÁK, Slowár Slowenskí, Česko-Laťinsko-Německo-Uherskí, Bd. I–V, 1825–1827.

BILEK (Hrsg.), Ius regale montanorum *aneb* Právo královské horníkuov, 2000.

BOKOVÁ, SPÁČILOVÁ, Stručný raně-novohornoněmecký glosář k pramenům z českých zemí/Kurzes frühneuhochdeutsches Glossar zu Quellen aus den böhmischen Ländern, 2003.

BRANDL, Glossarium illustrans Bohemico-Moravicæ historiæ fontes, 1876.

CSIRIKOVÁ [u. a.], Česko-ruský slovník aktuálních pojmů z oblasti ekonomické, politické a právní, 1997.

[DOBROVSKÝ] DOBROWSKY, Deutsch-böhmisches Wörterbuch, Bd. 1 [A-K]; Bd. 2: L-Z von [PUCHMAJER] PUCHMAYER u. HANKA bearb. u. beendet, 1802, 1821.

DVOŘÁČEK, Česko-ruský odborný slovník z oblasti nové terminologie právnické, ekonomické, finanční a úřední, včetně zkrátek, 1995.

Elektronický slovník staré češtiny.

FLODR, Pravní kniha města Brna z poloviny 14. století, Bd. 1–3, 1990, 1992, 1993.

FLODR, Brněnské měststké právo po smrti notáře Jana (1359–1389), 2006.

GEBAUER, Slovník staročeský, Bd. I (A-J), Bd. II (K-N), 1970.

HOLUB, KOPEČNÝ, Etymologický slovník jazyka českého, 1952.

HORALKOVÁ, Německo-český právnický slovník/Deutsch-Tschechisches Rechtswörterbuch, 2003.

JUNGMANN, Slovník česko-německý, Bd. 1: A-J [Nachdr. d. Ausg.] Praha 1835; 2: K-O [Nachdr. d. Ausg.] Praha 1936; 3: P-R [Nachdr. d. Ausg.] Praha 1837; 4: S-U [Nachdr. d. Ausg.] Praha 1838; 5: W-Ž [Nachdr. d. Ausg.] Praha 1839. 1–5, 1990.

Juridisch-politische Terminologie für die slawischen Sprachen Oesterreichs, Deutsch-böhmische Separat-Ausgabe, 1850.

polnischen Teil benutzten Nachschlagewerken ist das Quellen- und Literaturverzeichnis der Untersuchung zum Polnischen zu vergleichen, ISMIO Bd. 2, S. 401–454.

KADLEC, HELLER, Německo-české názvosloví úřední a právnické/Deutsch-böhmische amtliche und juridische Terminologie, 1926.

KÖBLER, Rechtstschechisch, 2003.

KOPEČNÝ, Základní všeslovanská slovní zásoba, 1981.

KREUZ, MARTINOVSKÝ (Hrsg.), VOJTÍŠKOVÁ (Bearb.), Vladislavské zřízení zemské a navazující prameny, 2007:Glossar S. 415–439 [VZZ].

MACHEK, Etymologický slovník jazyka českého a slovenského, 1957.

MACHEK, Etymologický slovník jazyka českého, 1971.

MUNKOVÁ, GIESE, LIŠKA, Odborné německo-české právnické názvosloví, 1998.

NEWERKLA, Die Vermittlung deutscher Lehnwörter durch das Tschechische in das Polnische und Slovakische, in: Wiener Slavistisches Jahrbuch 48 (2002), S. 117–131.

NEWERKLA, Sprachkontakte Deutsch – Tschechisch – Slowakisch, 2004.

[REŠL] RESCHELIUS, [Dictionarium Latino-Bohemicum] Dictionarivm Latinobohemicvm, 1560.

[REŠL] RESCHELIUS, [Dictionarium Bohemico-Latinum] Dictionarivm Bohemicolatinvm, 1562

RÖSSLER (Hrsg.), Deutsche Rechtsdenkmäler aus Böhmen und Mähren, Bd. 1: Das altprager Stadtrecht aus dem XIV. Jahrhundert, 1845 [AltpragerStadtR]

RÖSSLER (Hrsg.), Deutsche Rechtsdenkmäler aus Böhmen und Mähren, Bd. 2: Die Stadtrechte von Brünn aus dem XIII. u. XIV. Jahrhundert, nach bisher ungedruckten Handschriften, 1852

Slovník jazyka staroslověnského/Lexicon linguae Palaeoslovenicae, Bd 1: A-G (1966), Bd. 2: K-O (1973), Bd. 3: P-R (1982), Bd. 4: S-Y (1997), Bd. 5: Addenda et corrigenda [noch nicht abgeschlossen], 1966–

SPÁČIL, SPÁČILOVÁ, Památná kniha Olomoucká (kodex Václava z Jihlavy) z let 1430–1492, 1528, 2004: Glossar S. 573–611

SPÁČIL, SPÁČILOVÁ, Míšeňská právní kniha. Historický kontext, jazykový rozbor, edice/Das Meißner Rechtsbuch. Historischer Kontext, linguistische Analyse, Edition, 2010: Glossar S. 787–835 [MRB]

Staročeský slovník, Bd 1. [Lfg. 1–7] na-obijěti sě, Bd. 2 [Lfg. 8–14] obilé-ožžený, Bd. 3 [Lfg. 15–21] paběnička-pravý, Bd. 4 [Lfg. 22–26] prazápis-při, 1968–2008

STERZINGER, Encyklopedický německo-český slovník/Enzyklopädisches deutsch-böhmisches Wörterbuch, I–IV [Bd. IV: Dokončil KABEŠ], 1916–1935

TOMSA, Vollständiges Wörterbuch der böhmisch-deutsch-lateinischen Sprache, 1791

WEIZSÄCKER (Bearb.), Magdeburger Schöffensprüche und Rechtsmitteilungen für den Oberhof Leitmeritz, 1943, Glossar S. 407–425 [WeizsLeitm]

5. Abkürzungen

In den Wörterverzeichnissen der Rechtstermini verwendete *Abkürzungen*

fem.	femininum
jmd.	jemand
Koll.	Kollektivum
lat.	lateinisch
Pl.	Plural
Sg.	Singular
staročes.	staročeský
staropol.	staropolski

6. Deutsch-tschechisch-polnisches Wörterverzeichnis der Rechtstermini

A

Abdankung, die — abdikace; odstoupení; vzdání se — abdykacja

Abgaben, die — dávka; poplatek; odvod — podatki; daniny; ciężary

Abgabenfreiheit, die — osvobození od poplatků/odvodů — wolność od ciężarów państwowych/publicznych

Abkommen, das; **Übereinkunft, die**; **gütliche Einigung, die** — dohoda; smlouva; úmluva; majetkové ujednání — ugoda; ugoda majątkowa

ablegen (Eid) — skládat/složit (přísahu); přísahat — przysięgać; złożyć/składać (przysięgę)

Ablegen des Eides — složení přísahy — złożenie przysięgi

Ablösung, die — oddělení — zwolnienie; ulga; oddzielenie/wydzielenie (majątkowe)

Ablösung des Eides — zproštění přísahy — zwolnienie z przysięgi

finanzielle Ablösung der körperlichen Strafe — finanční/peněžitá náhrada; kompenzace za tělesný trest — zamiana kary cielesnej na pieniężną

Absage, die; **Fehde, die** — odřeknutí; odvolání; odmítnutí; spor; svár; hádka — odpowiedź; wróżda

Abschneiden, das — uřezání; utětí — obcięcie

Abschneiden der Hand/des Ohres/der Zunge — uřezání/utětí ruky/ucha/jazyka — obcięcie ręki/ucha/języka

Abschreckung, die — zastrašování; zastrašení — odstraszenie

• **Acht, die** — klatba (staročes.); kladba (staročes.); acht (staročes.); vyhnání — zesłanie; banicja; wygnanie

Adel, der — šlechta — szlachta

Adlige, die {Koll.} — šlechta; šlechtici — szlachta; szlachcice

Alimentierungsvertrag, der — alimentační smlouva — umowa o alimenty

Allodium, das [= lehensfreier Grundbesitz] — alod; alodium; statek bez lenního závazku; svobodný/zpupný statek — allodium; własność alodialna

Ältester, der — starý přísežný, staří přísežní {Pl.}; starší — przysiężny; mistrz przysiężny; starszy ławnik; rajca

Amt, das — služba; úřad; funkce — urząd

ein Amt bekleiden — zastávat úřad — sprawować urząd

Amtseinsetzung, die — dosazení (koho) do úřadu — wprowadzenie na urząd; inwestytura

Amtsverlust, der — ztráta úřadu — utrata urzędu

Anefang, der [= rechtsförmliches Anfassen einer abhanden gekommenen und wieder gefundenen beweglichen Sache unter gleichzeitiger Behauptung eines besseren Rechts an dieser] — činění nároku/zabavení (MRB) — dotknięcie; (po)chwycenie

Anfrage, die; **Bitte, die** — dotaz; prosba; žádost — (za)pytanie; prośba

anfragen — tázat se, otázat se; ptát se; zeptat se; optat se — zapyt(yw)ać

Anfragesteller, der — tazatel; vyslýchající — pytający

Anfrageverkehr, der — vyšetřování — przesłuchanie

Angeklagte, die; **Angeschuldigte, die** {fem.Sg.} — obžalovaná; obviněná — oskarżona; obwiniona; pozwana

Angeklagter, der; **Angeschuldigter, der** — obžalovaný; obviněný — oskarżony; obwiniony; pozwany

Anklage, die — obžaloba; žaloba — oskarżenie

Anklage, falsche — obžaloba, křivá; obvinění, křivé — oskarżenie, fałszywe

anklagen — obžalovat — oskarżyć, oskarżać

Ankläger, der — žalobce — oskarżyciel

Anlass, der — pohnutka; podnět — powód; okazja

Anleihe, die — půjčka — pożyczka

Ansprache, die [= jmd. vor Gericht ansprechen] — obvinění; žaloba; předvolání před soud — wezwać kogoś do sądu; pozwać/oskarżać przed sądem

✧ **Antwort, die** — odpověď; právní naučení — odpowiedź

• ✧ **antworten** — odpovědět; odpovídat; odpoviedati (staročes.) — odpowiadać

✧ **Antworter, der** — odpovídající; předvolaný — odpowiadący; pozwany; sąpierz (staropol.)

Anwalt, der — právní zástupce; advokát — zastępca/pełnomocnik procesowy

Anwartschaft, die (auf) — čekatelství (čeho); uchazečství (o co); očekávaný nárok (na co; čeho) — pretensje (do); roszczenia (do)

Appellation, die — apelace; odvolání — apelacja

Appellationsgericht, das — apelační/odvolací soud — sąd apelacyjny

Appellationsinstanz, die — apelační/odvolací instance — instancja apelacyjna

Arrestprozess, der — proces týkající se uvěznění — proces o areszt, proces w sprawie aresztu, proces zabezpieczający roszczenia

Augenschein, der — ohledání — oględziny

Augenschein, gerichtlicher — ohledání, soudní — oględziny sądowe

Augenscheinbeweis, der — zjevný důkaz — naoczny dowód

Augenzeuge, der — očitý svědek — świadek naoczny

Ausfertigung (von) — vyhotovení; sepsání (čeho) — sporządzenie (przez)

Ausgaben, die — vydání; výdaje — wydatki

Ausreißen der Zunge, das — vytržení jazyka — wyrwanie języka

Aussage, die — výpověď; výrok — zeznanie

Aussageerpressung, die — vynucení výpovědi — wymuszenie zeznań

aussagen unter Eid — vypovídat pod přísahou — zezn(aw)ać pod przysięgą

Aussteuer, die; **Ausstattung, die** — výbava; vybavení — wyprawa; posag

Ausweisung, die — vypovězení; vyhoštění; vykázání — skazanie na karę proskrypcji

Ausweisung aus der Stadt, die — vypovězení z města — wydalenie/wygnanie z miasta; wyświecenie

B

• ✧ **Bank, die**; **Gerichtsbank, die**; **Dingbank, die**; s. a. unten *Schöffenbank* — (soudní) lavice; lava (staročes.) — ławica (staropol.); ława

✧ **Bank, gehegte**; **Ding, gehegtes** — soud, zahájený — sąd gaj(o)ny (staropol.); ława gajona (staropol.)

✧ **Bank, ohne die** — lavice, bez; soud bez porotců — ławice, bez (staropol.); ławy, bez; bez postępowania sądowego

• **Bann, der** — klatba/kladba (staročes.); moc; (soudní) pravomoc — wyklęcie; wyjęcie spod prawa; banicja; infamia

(**jmd.**) **von Bann befreien** — zprostit (koho) klatby; vyjmout (koho) z klatby — ???

Bannmeile, die; **Bannkreis, der** — obvod (města); okres — okręg sądu

Bannspruch, der — vyřčení/vynesení klatby — banicja; proskrypcja; wygnanie; odsądzenie od czci (staropol.); wywołanie (staropol.)

Bauer, der — sedlák; rolník; chalupník — chłop; rolnik; wieśniak; gospodarz

Bauermeister, der — rychtář — sołtys; starosta; włodarz

Befehl, der — rozkaz; příkaz — rozkaz

begaben (**mit einem Privileg**) [= mit Vorrechten ausstatten] — propůjčit/udělit privilegium/výsadu — obdarzyć/obdarzać (przywilejem); wyposażyć w przywileje

✧ **begaben**; (**be**)**morgengaben**; **beschenken** — dát; věnovat — wianować; wyposażyć; (po)obdarować

✧ **Begabter, der** — obdarovaný — ten, komu dano; obdarowany

begnadigen — omilostnit; udělit milost — ułaskawić

Begnadigung, die — omilostnění; udělení milosti — ułaskawienie

Begnadigung, königliche — omilostnění/udělení milosti králem — ułaskawienie przez króla

Begraben bei lebendigem Leib, das — pohřbení/zahrabání za živa — pogrzebanie żywcem

Beispruchsrecht, das — předkupní právo — prawo bliższości

• ✧ **beklagen** — obžalovat; obvinit — żałować (staropol.); skarżyć

Beklagter, der — obžalovaný; obviněný — ożałowany (staropol.); pozwany; obwiniony; oskarżony

✧ **beklagte Mann, der** — obžalovaný/obviněný člověk — ożałowany człowiek

belehnen — dát (co) v léno; udělit (co) lénem — dać w lenno; nad(aw)ać lenno

(**jmd.**) **mit Gütern** (**mit einem Land**) **belehnen** — udělit (komu) půdu a zboží lénem — nadać (komuś) dobra (kraj) jako lenno

sich von einem Lehnsherrn belehnen lassen — nechat si udělit léno od lenního pána — wziąć lenno od seniora

Belehner, der — lenní pán — lennodawca; pan lenny; senior

Belehnter, der; s. a. unten ***Leh(ens)mann*** — leník; vazal; man — leman (staropol.); lenownik (staropol.); wasal

Belehnung, die — udělení léna; investitura — nadanie lenna; inwestitura

Beleidigung, die; **Beschimpfung, die** — urážka; potupa; potupení; pohana — słowa obelżywe (staropol.); zniewaga; obraza

beleidigen — urazit; urážet — ubliżać, ubliżyć; obrażać, obrazić

Benefizium, das — beneficium; obročí — beneficjum

• **sich beraten**; **zu Rate gehen** — radit se; uraditi se (staročes.) — (po)radzić się

Bereicherung, *un*gerechtfertigte — obohacení, *ne*oprávněné — wzbogacenie, *bez*podstawne

Berufung, die — odvolání; apelace — odwołanie; apelacja

Berufung gegen Urteile von Gerichten niederer Instanz einlegen — podat odvolání proti rozsudkům soudů nižší instance — złożyć apelację od wyroków sądów niższej instancji

Berufungsgericht, das — odvolací/apelační soud — sąd apelacyjny/odwoławczy

• **beschelden, beschelten** — pohanět; potupit; pohaněti (staročes.) — ganić (staropol.), strofować (staropol.); apelować

✧ **beschirmen** — ochránit; zaštítit — bronić

Beschlagnahme, die — zabavení; konfiskace — zajęcie; konfiskata; arest na majętności (staropol.); zapowiedź

Beschluss, der — usnesení; rozhodnutí — postanowienie; decyzja

besiegeln (im Brief) — zapečetit (dopis); opatřit pečetí — przypieczętować; opatrzyć pieczęcią

Besitz, der — držení; držba; vlastnictví — dzierżenie; posiadanie

• **bestätigen** — potvrdit; stvrdit; stvrditi (staročes.) — potwierdzić, stwierdzić

Bestätigung der Rechte — potvrzení/stvrzení práv — potwierdzenie praw

Bestrafung, die — potrestání; odsouzení; trest — strofowanie; karanie; ukaranie

beugen (Recht) — ohýbat/ohnout (právo) — naginać, nagiąć (prawo)

Beugestrafe, die — donucovací/pořádkový trest — kara porządkowa

beweglich — pohyblivý; movitý — ruchomy

Beweis, der — důkaz; doklad — dowód

Beweis nach dem Toten/nach toter Hand — důkaz podle mrtvoly/podle mrtvé ruky — dowód z trupa/z umarłej ręki

beweisbar; **nachweislich** — dokazatelný; prokazatelný — do udowodnienia

✧ **beweisen** — dokázat, prokázat; osvědčit; dokládat — przypowiadać (staropol.); dowodzić, dowieść; udowodnić; przeprowadzić dowód

Beweisfrist, die — lhůta pro předložení důkazu — termin dowodu

Beweisführung, die — dokazování/poskytnutí důkazu; argumentace — przeprowadzenie dowodu

Beweisinterlokut, das — prozatímní důkaz — postanowienie dowodowe; interlokut dotyczący dowodu

Beweiskraft, die — průkaznost; síla důkazu — siła dowodu

Beweislast, die — důkazní břemeno — ciężar dowodu

Beweismittel, das — důkazní prostředek — środek dowodowy

Beweisrecht, das; **Beweisführungsrecht, das** — důkazní právo; právo předkládat důkazy — prawo dowodowe; pierwszeństwo do dowodu

Beweisstück, das; [lat. **corpus delicti**] — předmět doličný — dowód rzeczowy

Beweisurteil, das — rozsudek podle hodnocení důkazů — wyrok na dowód

Beweisverfahren, das — důkazní řízení — postępowanie dowodowe

• ✧ **bezeugen** — osvědčit, osvědčovat; usvědčiti (staročes.); osvědčovati (staročes.) — (po-, za)świadczyć

Biergelde, der [= Abgabepflichtiger] — plátce poplatku fojtovi (MRB) — chłop poddany; chłop osiadły na gruncie

✧ **Biermahl, das** [= Mahlzeit mit Bier] — pokrm s pivem — posiłek z piwem

Bilderhandschrift, die — iluminovaný rukopis — rękopis iluminowany

Bitte, die — prosba — prośba

Bitte um Rechtsweisungen — prosba o právní poučení/o právní rady — prośba o pouczenie prawne

bitten — prosit, poprosit — prosić

Blutrache, die — krevní msta — krwawa zemsta; wendeta

Blutrichter, der — trestní/hrdelní soudce — sędzia karny

Bluturteil, das — rozsudek smrti — wyrok kryminalny

Brandmal, das — vypálené znamení, cejch — piętno

Brandmarkung, die — poznamenání cejchem — piętnowanie

Brandstiftung, die — žhářství; paličství — podpalenie

• ✧ **Brief, der**; **Briefe, die** — list, listy {Pl.}; zápis, zápisy {Pl.} — list, listy {Pl.}

Brief und Siegel — list a pečeť — list i pieczęć

Buch, das — kniha — książka

Buchstabe, der — písmeno; litera — litera

nach dem Buchstaben des Gesetzes — podle doslovného znění zákona; podle litery zákona — według litery prawa

buchstabengetreu — doslovný — zgodny z literą prawa/z treścią; dosłowny

• **Burg, die**; **Burgen, die** — hrad, hrady {Pl.} — gród, grody {Pl.}

• **Burgding, das** — (osazený) soud; osazený soud (staročes.); osazovánie ‘Sitzung’ (staročes.) — sąd położony; pewny rok (staropol.)

• ✧ **Bürge, der**; **Bürgen, die** — ručitel; rukojmě {Sg., Pl.} (staročes.) — odpowiednik (staropol.), odpowiedniki {Pl.} (staropol.); poręczyciel, poręczyciele {Pl.}; rękojemca (staropol.), rękojemcy {Pl.} (staropol.)

Bürgschaft, die — ručení; záruka — poręczenie; rękojmia

• **Bürger, der**; **Bürger, die** — měštěnín {Sg.} (staročes.), měšťané {Pl.} (staročes.); občané {Pl.} — mieszczanin, mieszczanie {Pl.}; obywatele miejscy {Pl.}

• **Bürgermeister, der** — purgmistr (staročes.), purkmistr (staročes.); starosta — bur(g)mistrz (staropol.)

Bürgerschaft, die — měšťanstvo — mieszczaństwo

• ✧ **Burggraf, der** — purkrabie (staročes.) — burgrabi(a) (staropol.)

Burggrafenamt, das — purkrabský úřad — urząd burgrabiego

• ✧ **Burggrafending, das**; **Burggrafengericht, das** — soud purkrabin (staročes.) — (burgrabski) sąd (staropol.); sąd burgrabiego; sąd burgrabi (staropol.)

• **Burgrecht, das** — hradové právo (staročes.) — prawo miejskie

• ✧ **Buße, die** — pokuta — (g)wet (staropol.); wina; nawiązka

(Geld-)Buße, die — peněžitá/peněžní pokuta — nawiązka; grzywna; pokutne
Bußzahlung, die — zaplacení pokuty — zapłata grzywny; nawiązki
• **büßen** — otložiti/odložiti (staročes.) — pokutować; zapłacić; przypłacać
✧ **(ein)büßen** — ztratit — (s)tracić

C

compositio [= Vergleich mit der streitenden Partei] — narovnání (stran sporu) — kompozycja; ugoda stron

D

Darlehen, das — půjčka, zápůjčka — pożyczka
Delikt, das — delikt; přečin; přestupek; provinění; trestný čin — delikt; czyn karalny; przestępstwo
Deliktsrecht, das — trestní právo — prawo deliktów; prawo karne
deutschrechtlich — na základě/podle německého práva — zgodny z prawem niemieckim; pochodzący z prawa niemieckiego
✧ **Dieb, der** — zloděj — złodziej
Diebstahl, der — krádež — kradzież
✧ **Diener, städtischer** — služebník městské rady (MRB) — sługa, miejski
Dienst, der — služba — służba
Dienstbote, der — služebník, služebníci {Pl.}; služebnictvo {Koll.} — sługa
Dienstmagd, die — služka (MRB) — służąca
Dienstmann, der — (veřejný) posluha; poslíček; sloužící (MRB) / služebníci {Pl.} 'Dienstmannen' (WeizsLeitm) — służący
Dienstrecht, das — služební právo — prawo służebne
• ✧ **Ding, das** — soud — sąd
• **Ding, echtes** — soud, obecní/vlastní; echtedink (staročes.); soud, (zahájený) (staročes.) — sąd wyłożony (staropol.)
• **Ding, elich** — soud, osazený (staročes.) — ? ? ?
• ✧ **Ding, gehegtes**; **Bank, gehegte** — soud, hájený/zahájený (staročes.) — sąd, (za)gaj(o)ny (staropol.)
• **Ding auslegen** (**verschieben**) — soud vložiti (staročes.) — ? ? ?
• **Ding hegen** — soud hájiti (staročes.) — sąd gaić (staropol.)
Ding, *nicht* hegen — soud *ne*hájiti (staročes.) — sądu, *nie* gaić (staropol.)
• **Ding, nächstes** — soud, najbližší/bližší/najprvnější (staročes.) — sąd, pierwy (staropol.)
• **Ding, im gehegten** — v hájeném soudu (staročes.) — w sądzie gajonym (staropol.)
✧ **Ding zusammenbringen** — soud svolat — sąd zebrać
Dingberg, der — soudní hora — wzgórze sądowe
• ✧ **dingen**; **tedingen** — soudit; odsouditi (staročes.) — sędzić; prawować (staropol.); sądzić

• **Dingleute, die**; **Dingmannen, die** — (ti, ktož při/k) soudu (pří)stojie (staročes.)/ přístojící (staročes.) 'die bei Gericht Anwesenden' {Pl.}; k soudu příslušející; k soudu slušející (staročes.) 'die zum Gericht Gehörenden' {Pl.} — ? ? ?

Dingpflicht, die — povinnost účasti na soudu — obowiązek uczestniczenia w sądzie

Dingstätte, die — místo konání soudu; soudní místo; soudní síň (MRB) — miejsce posiedzeń sądu

• **Dingtag, der**; **Gerichtstag, der**; **Dingzahl, die** [= Gerichtstag]; **Dingtage, die** — soud; soudní den; soudní dni {Pl.}; súdní dnové (staročes.) {Pl.}; den konání soudu — dzień sądowy; dzień sądu; dni sądowe; dni sądu {Pl.}

✧ **Dingtag, rechter** — ustanovený soudní den — dzień położony (staropol.)

✧ **Dingtag, an einem rechten** — v ustanovený soudní den — dzień położony, na (staropol.)

• **Dingzeit, die** — čas súditi (staročes.) — ? ? ?

Dorfgericht, das — vesnický soud — sąd sołtysi; sąd wiejski

Dreißigste, der — 30. [třicet] den po pohřbu; den otevření testamentu (MRB) — 30 [trzydzieści] dni od śmierci sprawcy

E

• ✧ **ebenbürtig (sein)** — (býti) rovný rodem/stavem; rovně rozený (staročes.) — (być) równy urodzeniem/stanem

ebenbürtiger — rovný rodem/stavem; rovně rozený (staročes.) — równy urodzeniem/stanem

Ebenbürtigkeit, die — rovnost rodem/stavem — równość urodzeniem

echt [= echt, ehrlich] — pravý — prawdziwy; uczciwy

Ehe, die — manželství — małżeństwo; związek małżeński

Eheaufhebung, die — zrušení manželství — u*nie*ważnienie małżeństwa

Ehebrecher, der — cizoložník — łamiący wiarę małżeńską; cudzołożnik

Ehebrecherin, die — cizoložnice — łamiąca wiarę małżeńską; cudzołożnica

Ehebruch, der — cizoložství; nevěra — zdrada małżeńska; cudzołóstwo

Ehefähigkeit, die — způsobilost uzavřít manželství — zdolność do zawarcia małżeństwa

Ehefrau, die — manželka; žena (MRB); choť {fem.} — żona

Ehegatte, der — manžel; muž; choť {mask.} — małżonek

Ehegesetz, das — zákon o manželství — ustawa o małżeństwie

Ehegüterrecht, das — manželské majetkové právo — prawo małżeńskie majątkowe

Ehehindernisse, die — překážka {Sg.}/ překážky {Pl.} manželství — przeszkody do zawarcia małżeństwa

ehelich — manželský — małżeński(e); z prawego łoża (staropol.); pochodzący ze związku małżeńskiego

✧ **ehelich (geboren sein)** — manželský; z manželského lože — rodu, małżeńskiego; urodzon z małżeństwa/prawego łoża

Eherecht, das — manželské právo — prawo małżeńskie

Ehering, der — snubní prsten — obrączka (ślubna)

Ehescheidung, die; **Ehetrennung, die** — rozvod/rozluka manželství; manželská rozluka — rozwód

Eheschließung, die — sňatek; uzavření sňatku/manželství — zawarcie małżeństwa

Ehevertrag, der — manželská/svatební smlouva — umowa o małżeństwo

• **Ehre, die** — čest — cześć; godność; honor

• **Ehre verlieren** — ztratiti svou čest (staročes.) — ? ? ?

• **Ehre *nicht* verlieren** — *ne*ztratiti své cti (staročes.) — ? ? ?

ehrlich — poctivý; čestný; poctivě {Adverb}; čestně {Adverb} — uczciwy (-ie)

ehr*los* [Person] — bezectný člověk — pozbawiony czci/(honoru)

ehr*los* [Tat] — bezectný (MRB); *ne*poctivý; *ne*čestný; cti zbavený — *ni*kczemny (czyn); *bez*ecny

ehr*los* [handeln] — *ne*poctivě/*ne*čestně [jednat] — *ni*kczemnie {Adverb}

Ehrlose, die {fem.Sg.} — bezectná žena; hanebnice — pozbawiona czci

Ehrloser, der — bezectný muž; hanebník — pozbawiony czci

Ehr*los*igkeit, die [= Mangel an Ehre] — bezectnost — brak honoru

Ehr*los*igkeit, die [= Schlechtigkeit des Verhaltens] — *ne*poctivost; *ne*čestnost; hanebnost — *ni*kczemność

Ehrverletzung, die — urážka na cti — naruszenie czci

Ehrverlust, der — ztráta cti — utrata honoru

• ✧ **Eid, der** — přísaha — przysięga; przyrzeczenie

Eid, unter — přísahou, pod — przysięgą, pod

Eid ablegen/leisten — složit/vykonat přísahu — składać przysięgę; poczynać przysięgę (staropol.); dokonywać przysięgi (staropol.); odprawowować przysięgę (staropol.)

Eid annehmen — přijmout přísahu — ? ? ?

an Eides statt — namísto přísahy — zamiast przysięgi; w miejsce przysięgi

Eid einer Partei zusprechen — přiřknout/přisoudit přísahu jedné straně — przysięgę obiecać/(przyznać) stronie

Eidesbeweis, der — důkaz přísahou — dowód z przysięgi

Eidesbruch, der — porušení přísahy — złamanie przysięgi

✧ **Eidesformel, die** — znění přísahy; přísežná formule — rota, roty {Pl.}; przysięgi {Pl.}

Eid(es)helfer, der — spolupřísežník; přísežný pomocník — prawidlnik (staropol.); (współ)przysiężnik

Eigengut, das — alodiální/svobodný statek — majątek własny

• **Eigen(tum), das** — vlastnie (staročes.); zbožie (staročes.); vlastnictví; majetek — imienie (staropol.); własność

✧ **Eigentum, stehendes** — majetek, *ne*movitý — imienie (staropol.), stojące; mienie, *nie*ruchome

Eigentum zu gesamter Hand — majetek/spoluvlastnictví ke společné ruce — własność pospólnej ręki

Eigentümer, der — vlastník; majitel — właściciel

Eigentumsrecht, das — vlastnické právo — prawo własności

einheimisch — domácí; zdejší; místní — krajowy; tutejszy; swojski; miejscowy

Einlager, das — ležení (WeizsLeitm) — załoga

einmischen, sich — vměšovat se; zasahovat — ingerować; łączyć się

Einmischung, die; **Eingriff, der** — vměšování; zasahování; zásah — ingerencja; łączenie się

Eintragungen {Pl.} **von Rechtsakten** — zápisy/vklady {Pl.} právních aktů/úkonů — wprowadzenie aktów prawnych

• **einweisen** — uvésti (staročes.) — udowodnić; przewieść (staropol.)

• **Einweisung, die**; **Beweisung, die** — uvedenie (staročes.) — dowód

Einwohnerschaft, die — obyvatelstvo města/země — mieszkańcy

Entführung, die — únos — uprowadzenie

enthaupten — stít hlavu — ścinać

Enthaupten, das; **Enthauptung, die** — stětí — ścięcie

Entscheid, der; **Entscheidung, die** — rozhodnutí — decyzja; rozstrzygnięcie; orzeczenie

entscheiden — rozhodnout, rozhodovat — rozstrzygnąć, rozstrzygać; zadecydować

Erbamt, das — dědičný úřad — urząd dziedziczny

Erbberechtigung, die — nárok na dědictví; oprávnění dědit — uprawnienie do spadku; prawo do spadku; zdolność bycia spadkobiercą

• ✧ **Erbe, das** — dědičstvie/dědičstvo (staročes.); vlastnie (staročes.); vlastnie dědičstvie (staročes.); jmění; pozůstalost — spadek; dziedzictwo; spuścizna; imienie (staropol.)

• ✧ **Erbe, der**; **Erbfolger, der**; **Erben, die** — dědic, dědici {Pl.} — spadkobierca, spadkobiercy {Pl.}; dziedzic (staropol.), dziedzice {Pl.}(staropol.)

✧ **Erbe, mütterliches** — dědictví po matce/z matčiny strany/po přeslici — macierzyzna (staropol.); spadek po matce

✧ **Erbe, väterliches** — dědictví po otci/z otcovy strany/po meči — ojcowizna; spadek po ojcu

erben — dědit, zdědit — (o)dziedziczyć; przejąć w spadku; otrzym(yw)ać w spadku

Erbfähigkeit, die — dědická způsobilost — zdolność dziedziczenia

Erbfolge, die — dědická posloupnost — kolejność dziedziczenia/powołania do spadku

Erbfolge, gesetzliche — dědická posloupnost ze zákona — ustawowa kolejność powołania do spadku

Erbfolgerecht, das — právo dědické posloupnosti — prawo następstwa do spadku

Erbgewohnheiten, die — dědické zvyklosti — zwyczaje spadkowe

Erbgut, das — dědické zboží; dědictví — majątek spadkowy; dziedzictwo

Erblasser, der — zůstavitel — spadkodawca; testator

Erblehen, das — dědičné léno — dziedziczne lenno

Erbleihe, die; **Erbpacht, die** — zákup; dědičný pacht — dziedziczna dzierżawa; dziedziczne dzierżenie

Erbleihe, freie — svobodný zákup; dědičný pacht — dziedziczna dzierżawa

erblich — dědičný — dziedziczny

Erblösung, die; [lat. **ius retractus**] — retrakt — prawo retraktu; prawo bliższości

erblos — bez dědiců — bezdziedziczny; puste dobra {Pl.} (staropol.); pusta majętność

Erbrecht, das — dědické právo — prawo spadkowe/dziedziczenia; prawo do spadku

Erbrecht, gesetzliches — dědění ze zákona — ustawowe prawo do spadku

Erbrecht, im — v dědickém právu — w prawie spadkowym

Erbschaft, die — dědictví; pozůstalost — spadek

Erbschultheiß, der — dědičný šoltys — sołtys, dziedziczny

Erbteil, das — dědický podíl — udział spadkowy; część spadku/spadkowa

Erbteil, väterliches — (dědický) podíl/dědictví po otci — ojcowizna

Erbteilung, die — dělba/dělení/rozdělení dědictví — podział spadku

Erb*un*würdigkeit, die — *ne*způsobilost dědit — *nie*godność dziedziczenia

Erbverfahren, das — dědické řízení — postępowanie spadkowe

Erbvertrag, der — dědická smlouva — umowa spadkowa

✧ **Erbvogt, der** — dědičný fojt — wójt dziedziczny

Erbvogtei, die — dědičné fojtství — wójtostwo dziedziczne

Erbzins, der — dědičný plat/úrok — ? ? ?

• **Erbzinsgut, das** — cinežné/úročnie zbožie (staročes.); dědičné cinežné zbožie (staročes.); erbcinzgut — dobro czynszowe; imiennie czynszowe (staropol.)

Erlass, der — výnos; prominutí; slevení — dekret; rozporządzenie

erlauben — dovolit; svolit; povolit — pozwolić; zezwolić

Erlaubnis, die — dovolení; svolení; povolení — pozwolenie; zezwolenie

Erlösung, die — vysvobození — wybawienie; wyzwolenie

Ertränken, das — utopení — utopienie

Erzbischof, der — arcibiskup — arcybiskup

Eventualmaxime, die — eventuální maxima; případné pravidlo/zásada — zasada ewentualna

F

Fahne, die — prapor; korouhev — chorągiew (sztandar); oddział wojska

Fahrnis, die [=bewegliches Gut]; **Fahrhabe, die** — movitost; movitá věc; movité jmění; movitosti {Pl.}; movité statky {Pl.} — mienie, ruchome; ruchomości {Pl.}; idące imienie; imienie niestojące

Fall, der [=jur.]; [lat. **causa**] — případ; pád — sprawa; kazus

fälschen — falšovat, zfalšovat; padělat — fałszować

Fälscher, der — padělatel — fałszerz

Fälscherei, die — padělatelství — fałszerstwo

Fälscherin, die — padělatelka — fałszerka

Fälschung, die — padělání; falzifikace — fałszowanie; fałszerstwo

Familie, die — rodina; rod; pokolení — rodzina

Familienoberhaupt, das — hlava rodiny — głowa rodziny

Fehde, die [=Vergeltung] — spor; svár; hádka — wróżda

Fehdegeld, das — finanční/peněžitá náhrada — okup

• **Festung, die**; **Festungen, die** — tvrz, tvrze {Pl.} — twierdza, twierdze {Pl.}

feudal — feudální; lenní; vazalský — feudalny; lenny

Feudalgesellschaft, die — feudální společenství — społeczeństwo feudalne

Feudalrecht, das — feudální právo; lenní právo — prawo feudalne; prawo lenne

Feudalwesen, das — feudální systém — system feudalny

Folter, die — mučení; trýznění; tortura — tortury; kaźń

Folterkammer, die — mučírna — męczennica (staropol.); miejsce kaźni/tortur; katownia

Folterwerkzeug, das — mučicí nástroj — narzędzie tortur

✧ **fordern** — žádat; požadovat; vyžadovat — fordrować (staropol.); fołdrować (staropol.); wystąpić z oskarżeniem; oskarżać, skarżyć

✧ (**Recht**) **fordern** — žádat/požadovat/vyžadovat (právo) — fołdrować (prawa) (staropol.); żądać (prawa)

✧ (**Schulden**) **fordern** — žádat/požadovat/vyžadovat (navrácení dluhu) — fołdrować (długi) (staropol.); domagać się zwrotu; dochodzić długu

Forderung, die — požadavek; pohledávka — fołdrowanie (staropol.); żądanie; roszczenie

Frachtvertrag, der — dopravní/přepravní smlouva — umowa przewozu

Frage, die — otázka; dotaz — (za)pytanie

fragen — ptát se; dotazovat se — pytać

• **Frau, die**; **Weib, das**; **Ehefrau, die** — paní; žena 'Ehefrau' — kobieta; żona 'Ehefrau'

Frau, schwangere — žena, těhotná — kobieta, ciężarna

frei — svobodný; *ne*závislý; volný — wolny

Freie, die — svobodná žena — wolna kobieta

Freier, der — svobodný muž — wolny człowiek

Freibrief, der — výsadní list(ina); privilegium; glejt — list żelazny; glejt

• **Freiheit, die** — svoboda — wolnizna; wolność

• **Freiheit verlieren** — ztratit svobodu — stracić wolność

Freiheitsentzug, der — odnětí svobody — pozbawienie wolności

Freiherr, der — svobodný pán; baron — wolny rycerz; baron

Fremder, der — cizinec — obcy

Freund, der — přítel — krzewny; przyjaciel

• **Friede, der** — mír; pokoj — pokój

Friede, gestörter — mír/pokoj, porušený — pokój, naruszony

der durch ein Verbrechen gestörte Frieden — mír/pokoj, porušený zločinem — pokój naruszony przestępstwem

Frieden wiederherstellen — mír/pokoj obnovit — pokój przywrócić

Wiederherstellung des Friedens — obnovení míru/pokoje — przywrócenie pokoju

✧ **Friedensbrecher, der** — rušitel míru/pokoje — złomca miru; ten, co mir słomił (staropol.); przestępca; sprawca złamania pokoju; ten, który złamał pokój

Friedensbruch, der — porušení míru/pokoje — złamanie/naruszenie/pogwałcenie pokoju

Friedensgeld, das — peněžitý trest/peněžitá pokuta za porušení míru/pokoje — kara za naruszenie miru

Friedensordnung, die — mírové ujednání — zarządzenie o pokoju

✧ **fried*los*** — *ne*klidný; válečný — *bezmirny* (staropol.); wyjęty/wywołany spod prawa

✧ **Frist, die** — lhůta; termín; čas; doba — fryst (staropol.), fryszt (staropol.); dylacja

✧ **Fron, die** — robota — kłoda (staropol.); pańszczyzna

• ✧ **(Fron-)Bote, der**; **Büttel, der**; **Landsknecht, der**; **Boten, die** — obecní posel (staročes.), (soudní) posel, poslové {Pl.}; soudní sluha — (pospolny) poseł (staropol.), pospolni posłowie {Pl.}, poseł (wójtowski); sługa przysiężny; woźny sądowy

• **Fro(h)nung, die** — znamenánie (staročes.); fronunk (staročes.) — ? ? ?

Fürsorge, die; **Schutz, der** — péče; ochrana — opieka

• ✧ **Fürsprecher, der**; **Vorsprecher, der** — řečník (staročes.); přímluvce — orędownik (staropol.); rzecznik; opiekun; prawidlnik (staropol.)

• **Fürst, der**; **Fürsten, die** — kníže, knížata {Pl.}, kniežata {Pl.} (staročes.) — książę, książęta {Pl.}

Fürst, geistlicher — kníže, duchovní — książę duchowny

Fürst, weltlicher — kníže, světský — książę świecki

Fürstentum, das — knížectví — księstwo

G

• ✧ **Gabe, die** — dání — dawanie (staropol.)

Galgen, der — šibenice — szubienica

• ✧ **Gast, der** — host; člověk pohostinu (staročes.) — gość

Gastding, das; **Gastgericht, das** — hostovský soud — sąd gościnny (staropol.)

Gebärde, die — posunek; gesto — ruch; gest

Gebühr, die — poplatek; závazek; povinnost — opłata

✧ **Gefangener, der** — vězeň; trestanec; zajatec — więżień; uwięziony

✧ **Gefangenschaft, die**; **Gefangennahme, die** — uvěznění; zatčení — jeństwo (staropol.); *nie*wola

Gefängnis, das — vězení; věznice; žalář — więzienie

Gefängnisstrafe, die — trest vězení — kara więzienia

Gefolgschaft, die — poslušnost — posłuszeństwo

Gegenstand des Streites — předmět sporu — przedmiot sporu

Geisel, die — rukojmí — rękojemca

Geiselnahme, die — braní/vzetí rukojmí; rukojemství — rękojemstwo

geisteskrank — chorý duchem; choromyslný; slabomyslný — umysłowo chory

Geisteskranker, der — duševně chorý/*ne*mocný — umysłowo chory

Geisteskrankheit, die — duševní choroba/*ne*moc — choroba umysłowa

geistlich — duchovní; kněžský — duchowny

Geistlicher, der — duchovní; kněz — duchowny

Geistlichkeit, die — duchovenstvo — duchowieństwo

• ✧ **Geld, das** [= Geld, Zahlung, Entschädigung] — peníze; platba; odškodné — pieniądz(e); zapłata; odszkodowanie

Geldbetrag, der — peněžitá/peněžní částka — suma pieniędzy

Geldbuße, die — peněžitá/peněžní pokuta; pokuta na penězích — grzywna; kara pieniężna

Geldschuld, die — peněžní dluh — dług pieniężny

Geldstrafe, die — peněžní pokuta; peněžitý trest — kara pieniężna

Geleit, das — doprovod; doprovázení; průvod; glejt — glejt (staropol.)

Geltungsbereich des Rechts — rozsah působnosti práva — obszar/(zasięg) działania prawa

• **Gelübde, das** — slib, sliby {Pl.}; slibové (staročes.) {Pl.} — ślub(owanie)

• ✧ **Gerade, die** — g(e)rad (staročes.); grod (staročes.); gród (staročes.); výbava (VZZ); groud (WeizsLeitm) — gier(a)da (staropol.); groda (staropol.); szczebrzuch (staropol.); wyprawa

gerecht — spravedlivý — sprawiedliwy

Gerechtigkeit, die — spravedlnost — sprawiedliwość

• ✧ **Gericht, das**; s. a. oben *Ding* — soud; úřad soudce; soudní úřad; rychta (staročes.) — sąd; prawo; rok(i)

Gericht einsetzen — ustanovit/zřídit soud — ustanowić sąd

Gericht erster Instanz; **erstinstanzliches Gericht** — soud prvního stupně — sąd pierwszej instancji

Gericht, geistliches — soud, církevní — sąd duchowny

Gericht, grundherrliches — soud, vrchnostenský/panský — sąd pański

Gericht hegen — zahájit soud — (za)gaić sąd (staropol.); zagaić/otworzyć posiedzenie sądu

✧ **Gericht, höchstes**; **Hochgericht, das** — soud, nejvyšší — sąd wyższy

Gericht niederer Instanz — soud nižší instance — sąd niższej instancji

Gericht, oberstes — soud, nejvyšší — sąd najwyższy

Gericht, weltliches — soud, světský — sąd świecki

✧ **Gericht, vor** — před soudem — przed (gajnym) sądem

✧ **vor Gericht bringen** — vznést/vznášet (co) na soud; předložit soudu; odevzdat soudu — przed sąd przywieść

✧ (**jmd.**) **vor Gericht laden**; **vorladen** (**vor Gericht**); **fordern** — předvolat (koho) před soud; pohnat/povolat k soudu — (kogoś) wezwać przed sąd; wzywać do sądu

vor Gericht stellen — postavit před soud — stawiać przed sąd

Gerichtsbarkeit, die — soudní moc/příslušnost; soud; jurisdikce; pravomoc — sądownictwo; jurysdykcja

Gerichtsbarkeit, höhere — soudnictví, vyšší — sądownictwo wyższe

Gerichtsbarkeit, oberste — soud, nejvyšší/vrchní — sądownictwo najwyższe

Gerichtsbeweis, der — soudní důkaz — dowód sądowy

Gerichtsbote, der; s. a. oben (*Fron-*)*Bote* — soudní posel — woźny sądowy

✧ **Gerichtsbrief, der** — soudní list — pismo sądowe

Gerichtsbuch, das; **Rechtsbuch, das** — soudní/právní kniha — księga sądowa; księga prawa

Gerichtsbuße, die — soudní pokuta — grzywna sądowa

Gerichtsgebühr, die — soudní poplatek — opłata sądowa

Gerichtsgewalt, die — soudní moc — władza sądowa

Gerichtshof, der — soudní dvůr; tribunál — sąd; trybunal

Gerichtsinstanz, niedrigste — soudní instance, nižší — najniższa instancja sądowa

Gerichtskosten, die — soudní výlohy/náklady — koszty sądowe

Gerichtsordnung, die — soudní řád — regulamin sądowy

Gerichtspraxis, die — soudní praxe — praktyka sądowa

Gerichtsprotokolle, die — soudní protokoly — protokoły sądowe

Gerichtsrecht, das — soudní právo — prawo sądowe

Gerichtssache, die — soudní věc — sprawa sądowa

Gerichtsschreiber, der — soudní písař — pisarz sądowy

Gerichtssitzung, die — zasedání/sezení soudu — posiedzenie sądu

Gerichtstag, der; **Dingtag, der**; **Dingzahl, die** [= Gerichtstag] — den soudního řízení; den soudu — dzień sądu; dzień sądowy

Gerichtstermin, der — termín soudu — termin (rozprawy)

Gerichtsurteil, das — (soudní) rozsudek; ortel (staročes.) — wyrok sądowy

Gerichtsverfahren, das — soudní řízení/jednání/proces; jednání soudu — postępowanie sądowe; procedura sądowa

Gerichtsverfassung, die — soudní zřízení/organizace — ustrój sądownictwa

Gerichtsverhandlung, die — soudní (pro)jednání/řízení; jednání před soudem — rozprawa sądowa

Gerichtsverhandlung, bei der — v rámci soudního jednání/řízení; při soudním jednání — podczas rozprawy sądowej

Eröffnung einer Gerichtsverhandlung — zahájení soudního jednání — (za)gajenie/otwarcie rozprawy sądowej

im Laufe der Gerichtsverhandlung und der Beweisführung — během soudního jednání a dokazování — w przebiegu postępowania sądowego i dowodowego

eine nach den Regeln des Magdeburger Rechts richtig eröffnete Gerichtsverhandlung — soudní jednání (řízení) zahájené podle zásad/ve shodě se zásadami magdeburského práva — otwarcie/(zagajenie) sądu zgodnie z zasadami prawa magdeburskiego

Gerichtswesen, das — soudnictví — sądownictwo

Gerichtszeuge, der — svědek u soudu; soudní svědek — świadek w sądzie; świadek sądowy

Gerichtszeugnis, das — svědectví u soudu; soudní svědectví — świadectwo sądowe

Gerichtszuständigkeit, die — příslušnost soudu — właściwość sądu

• ✧ **Gerüfte, das** [= Notruf] — křik; okřik (staročes.); vep (staročes.); úp (staročes.); volání o pomoc; vyvolání (MRB) — wołanie, wołania {Pl.}; krzyk (staropol.)

✧ **Gerüfte, mit** — s křikem — z krzykiem

Gesamthand, die — ruka společná/společnou rukou 'mit gesamter Hand'[18]; majetkové společenství — ręka pospólna (staropol.)

Geschädigter, der — poškozený — poszkodowany

Geschäft abschließen — sjednat/ujednat/smluvit obchod — zamykać sprawę

[18] RÖSSLER (Hrsg.), Deutsche Rechtsdenkmäler aus Böhmen und Mähren, Bd. 1: Das altprager Stadtrecht aus dem XIV. Jahrhundert, 1845.

Geschäftsfähigkeit, die; **Handlungsfähigkeit, die** — způsobilost k obchodu/k právnímu jednání — zdolność do czynności prawnych

geschehen; **sich ereignen** — stát se; dít se; přihodit se — zdarzać się, zdarzyć się

Geschworener, der — přísedící; přísežný (MRB); porotce — sędzia przysięgły; starszy mistrz

Geschworenenbank, die; s. a. unten ***Schöffenbank*** — lavice přísedících/přísežných/porotců; porotní soud — sąd ławniczy

Geschworenenprozess, der — porotní řízení — postępowanie w sądzie ławniczym

Geselle, der — tovaryš — czeladnik

Gesellschaftsrecht, das — právo obchodních společností — prawo spółek handlowych

Gesetz, das — zákon — ustawa

gesetzlich — zákonný; podle zákona — ustawowy

Gesetzbuch, das; **Kodex, der**; **Gesetzbücher, die** — zákoník; kodex; sbírka zákonů — księga praw (staropol.); kodeks

Gesetzesänderung, die — změna zákona — zmiana ustawy

Gesetzeskraft, die — platnost zákona — moc ustawy

Gesetzessammlung, die — sbírka zákonů — zbiór ustaw

Gesetzesumgehung, die — obcházení zákona — obejście ustawy

Gesetzgeber, der — zákonodárce — ustawodawca

gesetzt — ustanovený; zákonný — postanowiony; ustanowiony; orzeczony

gesetzwidrig — *ne*zákonný; odporující zákonu; v rozporu se zákonem — sprzeczny z ustawą; *nie*legalny

• **Gespinne, die** — přietelkyně po vřetenu (staročes.); příbuzná po matčině straně — ???

Gewähr, die — záruka; ručení; základ — rękojmia; poręka; gwarancja

Gewährung, die — poskytnutí — poręczenie

• ✧ **Gewalt, die** — moc; násilí; síla; gvalt (staročes.); kvalt (staročes.); svévolné jednání — gwałt; władza

✧ **Gewalt, mit** — násilně; silou; mocně — gwałtownie; z siłą; z użyciem siły

Gewalt, gesetzgebende (**richterliche/ausführende, ausübende**) — moc, zákonodárná/soudní/výkonná — władza ustawodawcza (sądownicza/wykonawcza)

• **Gewalt, königliche** — moc královská (staročes.) — władza, królewska

Gewalt, öffentliche — moc, veřejná — władza publiczna

Gewaltakt — násilný čin — akt gwałtu

• ✧ **Gewere, die**; [lat. **possessio**] — zpráva (staročes.); gvar (staročes.); gver (staročes.); obrana; ochrana; držení; držba — gwar; obrona; opieka; dzierżenie

✧ **Gewere, in seine** (**nehmen**) — (vzít) pod svou ochranu — (wziąć) w jego obronę/w swą opiekę

✧ **Gewere, in seiner** — pod jeho ochranou — w jego obronie

✧ **Gewere, *nicht* in seiner** — *ne* pod jeho ochranou — *nie* w jego obronie

Gewerberecht, das — živnostenské právo — prawo przemysłowe

• ✧ **Gewette, das** [= Bußgeld] — vina (staročes.); pokuta (placená soudci); vetunk (staročes.); vet (staročes.); odklad (staročes.) — wina; (g)wet (staropol.); grzywna

Gewohnheitsrecht, das — zvykové/obyčejové právo — prawo zwyczajowe

Gläubiger, der — věřitel — wierzyciel
Gleichbehandlung, rechtliche — stejné/rovné/rovnoprávné zacházení — równe traktowanie (wobec prawa)
Gleichheit, die (vor Gott) — rovnost (před Bohem) — równość (przed Bogiem)
Glossator, der; **Glossatoren, die** — glosátor, glosátoři {Pl.} — glosator, glosatorzy {Pl.}
Glosse, die — glosa — glosa
Glossierung, die — glosování — glosowanie
Gnade, die — milost — łaska
• **Gotteshaus, das**; **Gotteshäuser, die** — boží dům; domy boží {Pl.} (staročes.) — dom boży, domy boże {Pl.}
Gotteslehen, das — církevní léno — lenno kościelne/duchowne
Gottesurteil, das — boží soud — sąd boży
• **Graf, der** — hrabě — hrabia
• **Grafenbann, der** — moc hrabina (staročes.); moc hraběcí — ? ? ?
Grenze, die — hranice; meze — granica
Grenze setzen/verlegen — vymezit/vytýčit hranice; přemístit hranice/meze — wyznaczać/przenosić granice
Grenzzeichen, das — hraniční znak/znamení; mezní znak/znamení — znak graniczy
Großhändler, der — velkoobchodník — hurtownik
Gründer, der; **Stifter, der** — zakladatel; dárce; zřizovatel; fundátor — założyciel; fundator
Gründerin, die — zakladatelka; dárkyně; zřizovatelka; fundátorka — założycielka
Gründung, die — založení; zakládání; zřízení; fundace — założenie
Gründungsprivileg, das — lokační/zakládací privilegium/výsada — przywilej lokacyjny
Gründungsrecht, das — právo lokace; zakladatelské právo — prawo lokacji
Gründungsurkunde, die — lokační/zakládací dokument/listina — dokument lokacyjny
Grundherr, der — pán; majitel pozemku; statkář — pan gruntowy
grundherrlich — vrchnostenský — pański
Grundherrschaft, die — panství; dominium — władztwo gruntowe; własność ziemska; dominium
• ✧ **Gut, das**; **Habe, die**; **Vermögen, das** — zboží {Sg., Pl.}; majetek; statek; jmění; věc — imienie (staropol.); dobra; majątek
Güter- und Erbrecht, eheliches — majetkové a dědické právo, manželské — małżeńskie prawo majątkowe i spadkowe
Güterrecht, das — majetkové právo — prawo majątkowe
im ehelichen Güterrecht — v manželském majetkovém právu — w prawie małżeńskim majątkowym
güterrechtlich — majetkoprávní — prawno-majątkowy
Gütertrennung, die; [lat. **separatio bonorum**] — rozdělení majetku; oddělení statků — rozdzielność majątkowa (między małżonkami)

H

• **Haar, das** — vlas, vlasy {Pl.} — włos, włosy {Pl.}
Haarabschneiden und Stäupen, das — oholení/vyholení hlavy a vymrskání —

obcięcie włosów i chłosta

(Haar-)Scheren, das; **Haarschur, die** — ostříhání vlasů — postrzyżyny

• ✧ **Habe, fahrende**; **Habe, bewegliche**; **Fahrhabe**; **Gut, fahrendes**; **Gut, bewegliches** — zboží, movité; statek, movitý; movitost; věc, movitá; jmění/statky, movité {Pl.}; movitosti {Pl.}; majetek, movitý — imienie, idące (staropol.)/*nie*stojące (staropol.); dobra ruchome {Pl.}; ruchomości {Pl.}

✧ **Habe, *un*bewegliche**; **Habe, stehende**; **Gut, liegendes**; **Liegenschaft** — majetek/statek, *ne*movitý; *ne*movitost — imienie (staropol.) stojące; imienie (staropol.) *nie*idące; dobra (ziemskie) {Pl.}; dobra *nie*ruchome {Pl.}; *nie*ruchomości {Pl.}

Haft, die — vazba; uvěznění; ručení; záruka — areszt

Haft, *un*gerechtfertigte — vazba/uvěznění, *ne*odůvodněné; *ne*oprávněné uvalení vazby — areszt, *bez*podstawny

Haftung, die — ručení; závazek — poręka

Hals, der — hrdlo; krk — gardło

Halsgerichtsverfahren, das — hrdelní proces — proces kryminalny

Halsstrafe, die — hrdelní trest; trest na hrdle; trest smrti — kara na gardle (staropol.); kara śmierci

• ✧ **Hand, die** — ruka — ręka

✧ **Hand, mit gewappneter/bewaffneter** — ozbrojenou rukou — z bronią; ręką, bronną (staropol.)

• ✧ **Hand, mit seiner, ihrer** {fem.Sg.}, **meiner einen** — sám svú samú rukú (staročes.); svou vlastní rukou (Weizs-Leitm); vlastní rukou — jedną ręką; swą ręką; własną ręką

Hand, tote — umrlá/mrtvá ruka (Weizs-Leitm) — ręka, martwa (staropol.)

• ✧ **Hand, nach toter** — po umrlé ruce (staročes.), po mrtvé ruce — po umarłej ręce

Handabhauen, das — trest useknutí ruky — kara obcięcia ręki

Handgebärde, die — posunek/gesto rukou — wyrażenie czegoś dla prawa istotnego przy pomocy ręki

handhaft; s. a. unten ***Tat, handhafte*** — při činu — na gorącym uczynku

Handel, der — obchod; svár — handel

Handelsrecht, das — obchodní právo — prawo handlowe

Handels- und Gesellschaftsrecht, das — obchodní právo a právo obchodních společností — prawo handlowe i prawo spółek

Handelsverkehr, der — obchodní styk — stosunki handlowe; obrót handlowy

Handelsvertrag, der — obchodní smlouva — umowa handlowa

Händler, der — obchodník; překupník; kupec — handlarz; kupiec

Handschrift, die — rukopis — rękopis; pismo odręczne

handschriftlich — rukopisný; písemný — odręczny; na piśmie; pisemny

Handwerker, der — řemeslník — rzemieślnik; rękodzielnik

Handwerkerrecht, das — řemeslnické právo — prawo rzemieślnicze

Handwerkerzunft, die — řemeslnický cech — cech rzemieślniczy

(auf)hängen — oběsit — wieszać, wisieć

Hängen, das — oběšení — powieszenie

Hausfriede, der — domácí klid; domovní svoboda — mir (staropol.)/(pokój) domowy

Hausfriedensbruch, der — porušení/porušování domovní svobody/domácího klidu — naruszenie miru (staropol.)/(pokoju) domowego

Heer, das — vojsko — wojsko

Heerdienst, der — vojenská služba — obowiązek służby wojskowej

• **He(e)rgewäte, das** — hervet (staročes.); zbroj vojenská; výzbroj; zbraně {Pl.}; vojenská výstroj — hergewet (staropol.); rynsztunek zbrojny mężczyzny

Heerschild, der — stupeň v lenní hierarchie — tarcza lenna; stopień w hierarchii lennej

Heerschildordnung, die — lenní hierarchie (MRB) — hierarchia lenna

Heersteuer, die — vojenská daň/berně — podatki na wojsko

Heiliger, der — svatý — święty

Henker, der — kat — kat

Herr, der — pán — pan; władca

✧ **Herrenlehen, das** — panské léno — lenno książęce

• **Herzog, der** — kníže 'Fürst'; vévoda 'Herzog' — książę 'Fürst, Herzog, Prinz'

• **Herzogtum, das** — knížectví; vévodství — księstwo

Hirte, der — pastýř — pastuch; pasterz

Hochadel, der — vysoká šlechta — arystokracja; wyższa szlachta

Hochgerichtsbarkeit, die; [lat. **causae maiores**; **peinliche Gerichtsbarkeit**] — vyšší soudnictví; trestní/hrdelní soudnictví — sądownictwo wyższe; sądownictwo karne

Hochverrat, der — velezrada — najwyższa zdrada; zdrada stanu

Hochverräter, der — velezrádce — zdrajca stanu

Hochverratsprozess, der — proces pro velezradu — proces o zdradę stanu

Hof, der — dvůr — dwór; zagroda

Hof, fürstlicher — dvůr, knížecí — dwór książęcy

Hof, königlicher — dvůr, královský — dwór królewski

Hofgerichtsbarkeit, die — dvorské soudnictví — sądownictwo książęce/(królewskie)

Hofrecht, das — dvorské právo — prawo dworskie

Hofrichter, der — dvorský rychtář/soudce — sędzia dworski

• **Hofspeise, die** — domová špíže (staročes.) — ? ? ?

Hulde schwören — složit hold; projevit úctu — składać hołd

I

Immunität, die — imunita — immunitet

Immunität, gerichtliche — soudní imunita — immunitet sądowy

Instanz, die — instance; stupeň — instancja

Instanz, höchste — instance, nejvyšší — instancja, najwyższa

Instanz, höhere/obere — instance, vyšší — instancja, wyższa

Instanz, untere — instance, nižší — instancja, niższa

Institution, die — instituce — instytucja

Institutionen, deutschrechtliche — instituce {Sg., Pl.} německého práva — instytucje prawa niemieckiego

Inventare, amtliche — inventáře/soupisy, úřední — spisy urzędowe

J

Jagdrecht, das — honební právo; právo lovu — prawo łowieckie

• **Jahr, das** — rok — rok

• ✧ **Jahr und Tag** — rok a den — rok i dzień

Jahr und Tag, vor — před rokem a dnem — przed rokiem i dniem

binnen Jahr und Tag — do roka a do dne — w ciągu roku i dnia

binnen seinen Jahren/Tagen — během svých let/dnů — w czasie swych lata sprawnych (staropol.)

• ✧ **zu seinen Jahren kommen** — stát se dospělým/plnoletým; k svým létóm právním {Dat.Pl.} přijíti (staročes.); dojít svých let; dosáhnout zletilosti — przyć ku swym latom {Dat.Pl.} (staropol.); dojść do swych lat; osiągnąć dojrzałość

Jahrmarkt, der — výroční trh; jarmark (staročes.) — jarmark

Jude, der — Žid — Żyd

Jurist, der — právník — prawnik

K

• **Kaiser, der** — císař; ciesař (staročes.) — cesarz

Kaisergesetze, die — císařské zákony — ustawy cesarskie

kaiserlich — císařský — cesarski

Kaiserrecht, das — císařské právo (MRB) — prawo cesarskie

Kaiserreich, das — císařství — cesarstwo

Kaiserwahl, die — výběr/volba císaře — wybór/(elekcja) cesarza

Kaltwasserordal, das — zkouška/ordál studenou vodou; boží soud vodou (MRB) — próba zimnej wody

• **Kampf, der** — sedánie (staročes.) — walka; bój

• ✧ **kampf(es)würdig (sein) [von Wunden]; kampfbare/kampfwürdige Wunde(n)** — rána sedánie hodna (staročes.); rány sedánie hodny {Pl.} (staročes.) — godny pojedynku sądowego (staropol.); śmiertne rany 'tödliche Wunden'; ciężkie rany 'schwere Wunden'; rany 'Wunden'

• **Kämpfer, der** — sedák (staročes.) — bojownik; walczący

Kanzlei, die — kancelář — kancelaria

(An-)Kauf, der — koupě — kupno

Käufer, der — kupec; kupující — kupujący; nabywca

Kaufkammerrecht, das — právo kupecké komory — prawo izby kupieckiej

• **Kaufmann, der; Kaufleute, die** — kupec, kupci {Pl.}; obchodník, obchodníci {Pl.}; kupečští lidé (staročes.) {Pl.} — kupiec; kupcy {Pl.}

Kaufmannschaft, die — obchodnictvo — kupiectwo

Kaufmannsgericht, das — kupecký/obchodní soud — sąd kupiecki

Kaufmannsrecht, das — kupecké právo (MRB) — prawo kupieckie

Kaufvertrag, der — kupní smlouva — umowa kupna

Kette, die — řetěz — łańcuch

• ✧ **Kind, das; Kinder, die** — dítě, děti {Pl.} — dziecko, dzieci {Pl.}

• **Kind, eheliches** — dítě, manželské; dietě, manželské (staročes.) — dziecko, ślubne (staropol.)/małżenskie

Kind, *un*eheliches — dítě, *ne*manželské — dziecko, *nie*ślubne (staropol.); dziecko, pozamałżenskie

Kind, mündiges — dítě, dospělé/zletilé — dziecko, dorosłe

Kind, *un*mündiges — dítě, *ne*dospělé/*ne*zletilé — *nie*dorosłe albo co *nie* ma lat dziecko (staropol.); *nie*letnie dziecko

✧ **Kinder, *un*mündige** — děti, *ne*dospělé/*ne*zletilé — dzieci *nie*dorośli; dzieci, co lat *nie* mają (staropol.); dzieci *nie*letnie

• **Edelkind, das** — šlechtilé dietě (staročes.) — dziecko szlacheckie

• **Kebskind, das** — cizoložné dietě (staročes.) — dziecko z nieprawego łoża

Kirchenbann, der — církevní klatba — ekskomunika

• **Klage, die (gegen jmd.)** — žaloba (na koho) — żaloba (staropol.)/skarga (przeciw komuś)

Klage wegen etwas — žaloba kvůli něčemu/na něco — skarga o coś

Klageerhebung, die — vznesení/podání žaloby — wniesienie skargi

• **klagen** — žalovat, obžalovat; nařiekati (staročes.) — żałować (staropol.); poz(y)wać; skarżyć, oskarżać

• ✧ **Kläger, der** — žalobce; žalobník (staročes.) — skarżący; powód; ten, co żałował (staropol.)

Kleinhändler, der — obchodník v malém; maloobchodník — drobny kupiec

• **Knecht, der** — pacholek, pacholci {Pl.} — pachołek; knecht

Knechtschaft, die {Koll.} — pacholci; čeledíni; sluhové — pachołkowie; knechci

Kolonisation zu deutschem Recht — kolonizace podle německého práva — kolonizacja na prawie niemieckim

• **König, der** — král — król

• **(sich verantworten) vor dem König** — (opověděti se) před králem (staročes.); ohlásit se u krále — ???

• **Königreich, das** — království — królestwo

• **Königsbann, der**; **Königsacht, die** — králova/královská moc; klatba králova/královská (staročes.) — wyjęcie spod prawa przez króla; infamia królewska

Königsfriede, der — královský mír — pokój królewski

Königsgericht, das — královský soud — sąd królewski

• **Königswahl, die** — volba krále; (říšská) volba; (říšské) volenie (staročes.) — wybór/(elekcja) króla

Konstitution(en), **die** — konstituce {Sg., Pl.}; ústava — konstytucja (-e)

Körperverletzung, die — poranění; zranění; ublížení na zdraví — uszkodzenie ciała; zranienie

Körperverletzung, wegen — kvůli/z důvodu poranění/zranění/ublížení na zdraví — z powodu uszkodzenia ciała/zranienia

✧ **Kraft, die** — síla; moc — moc

Kuppelei, die — kuplířství — stręczycielstwo

Kupplerin, die — kuplířka — stręczycielka

Kür, die; **Wahl, die** — vůle; vóle (staročes.); volba — wybór, wybory {Pl.}; kiera (staropol.)

Kurfürst, der — kurfiřt; kníže volitel — książę elektor

Kurfürstentum, das — kurfiřtství — elektorstwo

kurfürstlich — kurfiřtský — elektorski

L

• **Ladung, die** — půhon; póhon (staročes.) — wezwanie

✧ **Landding, das**; **Landgericht, das** — zemský soud — prawo, ziemskie (staropol.); sąd ziemski

Landesordnung, die — zemské zřízení — ordynacja krajowa

Landfriede, der — zemský mír — pokój ziemski

• ✧ **Landrecht, das** — zemské právo — prawo ziemskie

Landvogt, der — zemský/krajský správce; zemský sudí — landwójt

Landvogtei, die — zemské fojtství — landwójtostwo

• **Lasse, der** — zpustilý (člověk) (staročes.); lasse (staročes.) — ???

• **Leben, das** — život — życie

• **Lehen, das**; **Lehensgut, das**; [lat. **feudum**] — léno; lenní/manský statek; manství — lenno; mańStwo (staropol.)

Lehen- [= zum Lehen gehörig] — lenní — lenny

ein Lehen empfangen (**besitzen**) — přijmout; dostat; obdržeti (staročes.) léno; mít léno — otrzymać (posiadać) lenno

belehnen; (**jmd.**) **etwas zum/als Lehen geben** — obmaniti (staročes.); dát (něco) v léno (komu); obdarovat lénem (koho) — (na)dać (w) lenno; dać majątek w lenno

(**jmd.**) **etwas zum/als Lehen geben**; (**jmd.**) **belehnen** — dát něco v léno (komu) — (komu) coś oddać w lenno

• **belehnt sein** — obmaněn býti (staročes.) — ???

• **Lehen, rechtes** — léno, pravé — ???

• **sein Lehen verlieren**; **sein Lehen *nicht* verlieren** — ztratiti své léno (staročes.); *ne*ztratit svého poddanie/léna — ???

Lehen, verwirktes — léno, propadlé — lenno utracone

Lehngraf, der — lenní pán — hrabia; wasal albo senior lenny

lehnbar — způsobilý být předmětem léna (o předmětu); jsoucí způsobilý k lénu (o člověku) — mający zdolność lenną (człowiek); rzecz mogąca być przedmiotem lenna

Lehnbarkeit, die — způsobilost k lénu — leństwo (staropol.); lenność

✧ **Lehnrecht, das** — lenní právo — prawo leńskie (staropol.)/lińskie (staropol.)/lenne/mańskie (staropol.)

Lehnrechtsbuch, das; **Lehnregister, das** — lenní kniha — księga lenna, księgi lenne; spisy lenne

Lehnsbrief, der — manský/lenní list — dokument lenny; kontrakt lenny

Lehnsdienst, der — lenní služba — służba lennicza/(lenna)

Lehnseid, der — lenní přísaha — przysięga lennicza/(hołdownicza)

Lehnseid leisten — vykonat lenní přísahu — złożyć przysięgę hołdowniczą

Lehnserbe, das — dědičné léno — lenno dziedziczne

Lehnserneuerung, die — obnovení léna — odnowienie lenna

Lehnsfähigkeit, die — schopnost mít/dostat léno — zdolność lenna

Lehnsfolge, die — nástupnictví v léno; lenní posloupnost — następstwo lenne

lehnsfrei — alodiální; *ne*lenní; svobodný — alodialny; *nie*lenny

Lehnsgebräuche, die — lenní zvyklosti/zvyky/obyčeje — zwyczaje lenne

Lehnsgericht, das — lenní soud — sąd leński

Lehnsgesetze, die — lenní zákony — ustawy lenne

Lehngut, das — lenní statek; léno — dobra lenne {Pl.}

Lehnsherr, der; **Lehnsgeber, der**; **Belehner, der** — lenní pán — pan lenny; senior

Lehnsherrschaft, die — lenní panství — władztwo lenne

Lehnskuss, der — lenní polibek — pocałunek lenny

Leh(ens)mann, der; **Lehnsträger, der**; **Lehnsnehmer, der** — leník; vazal; man (staročes.) — leman (staropol.); lenownik (staropol.); lennik; wasal

Lehnspflicht(en), die — lenní povinnost; lenní povinnosti {Pl.} — powinność lenna; powinności lenne {Pl.}

Lehnspflicht leisten — plnit lenní povinnost — wykonać powinność lenną

lehnsrechtlich — podle lenního práva — według prawa lennego

Lehnstreue, die — lenní/manská věrnost — wierność lennika

Lehnsverfassung, die — lenní zřízení — ustrój lenny

Lehnsvertrag, der — lenní smlouva/úmluva/dohoda — umowa lenna

Lehnsvormundschaft, die — lenní poručnictví/opatrovnictví — opieka lenna

Lehnswesen, das — lenní systém — system lenny

• **Leib, der**; **Leben, das** — život — życie

leibeigen — *ne*volný; *ne*svobodný — pańszczyźniany

Leibeigene, die {fem.Sg.; Pl.} — *ne*volnice {fem.Sg.; Pl.} — chłopka pańszczyźniana; chłopi pańszczyźniani {Pl.}

Leibeigener, der — *ne*volník — chłop pańszczyźniany

Leibeigenschaft, die — *ne*volnictví — poddaństwo chłopów; pańszczyzna

Leibesstrafe, die — tělesný trest — kara cielesna

Leibes- und Todesstrafen, peinigende — tělesné/útrpné tresty — kary cielesne i kary śmierci

• **Leibgedinge, das**; **Leibzucht, die** — životní dání; životnie dánie (staročes.); věno; životní lejpcucht (staročes.); životní ctnost (staročes.); doživotní renta vdovy (MRB) — renta dożywotnia

Leiche, die; **Leichnam, der** — mrtvola — zwłoki {Pl.}; trup

Leihe, die — půjčka — użyczenie

Leihe, entgeltliche — půjčka, úplatná — użyczenie, odpłatne

Leihe, *un*entgeltliche — půjčka, *bez*úplatná — użyczenie, *nie*odpłatne

Liegenschaft, die; **Liegenschaften, die** [=*un*bewegliche Sachen] — pozemek; *ne*movitost — *nie*ruchomość; majątek *nie*ruchomy

Lohn, der — mzda; plat — płaca; wynagrodzenie

Lokation, die — lokace; zakládání; založení — lokacja; akcja lokacyjna

Lokationsdokument, das — lokační/zakládací dokument — dokument lokacyjny

Lokationsprivileg, das — lokační/zakládací privilegium/výsada — przywilej lokacyjny

Lokationstätigkeit, die — lokační/zakladatelská činnost — działalność lokacyjna

Lokator, der — lokátor; zakladatel — lokator; zasadźca

Lösegeld, das — výkupné — okup

M

• ✧ **Mage, der** — příbuzný; bližší po meči přietel (staročes.) — krewny; przyrodzony

✧ **Magenschaft, die** [= Verwandtschaft] — příbuzenstvo — pokrewieństwo

(Er-)Mahnung, die — upomínka; připomínka — upomnienie

• **(Ehe-)Mann, der; (Ehe-)Männer, die** — člověk; muž, muži {Pl.} — mężczyzna, mężczyźni; mąż, mężowie {Pl.}

• **Markgraf, der** — markrabí; markrabě; markrabie (staročes.) — margrabia

Markt, der — trh; tržiště — rynek; targ

Marktbestimmungen, die — trhové předpisy — przepisy targowe

Marktflecken, der — městys; městečko — miasteczko; osiedle

Marktfrieden, der — tržní mír — pokój targowy

Marktgebühren, die — tržní poplatky — opłaty, targowe

Marktkreuz, das — kříž na trhu — krzyż stojący w miejscu targowym

Marktordnung, die — tržní řád — porządek targowy

Marktplatz, der — tržiště — rynek; plac targowy; targowisko

Markttag, der — tržní/trhový den; den trhu — dzień targowy

• **Marschall, der** (< mhd. **marschalc**) — maršálek (staročes.) — marszalek

✧ **Meineid, der** — křivá přísaha; křivopřísežnictví — krzywoprzysięstwo

Meineid leisten — křivě přísahat — krzywoprzysięgać

✧ **meineidig** — křivopřísežný — krzywoprzysięski; krzywoprzysiężny

✧ **meineidig (sein)** — (být) křivopřísežníkem; křivě přísahat — (być) krzywoprzysiężcą; krzywo przysięgać

✧ **Meineidiger, der** — křivopřísežník — krzywoprzysiężca

Miete, die — nájem; nájemné — najem

Mietzins, der — nájemné; činže — komorne; czynsz; opłata za najem

Minderjähriger, der — *ne*zletilý; *ne*plnoletý — *nie*pełnoletni

Mitgift, die — věno — posag; wiano

Moral, die — morálka; mravnost — moralność

Mord, der — vražda — morderstwo; mord

morden — vraždit, zavraždit — mordować

Mörder, der — vrah; vražedník; mordýř/mordéř (WeizsLeitm) — mordacz (staropol.); morderca

• ✧ **Morgengabe, die** — věno; jitřní dar; obvěnění — wiano (staropol.); podarek poranny

• **Morgengabe brechen, d. h. streitig machen** — věno zlámati (staročes.) — ? ? ?

✧ **(be)morgengaben, begaben** — stanovit důchody manželce; obvěnit — wianować

✧ ***nicht* morgengaben** — *ne*stanovit důchody manželce; *ne*obvěnit — *nie* wianować

Morgensprache, die [= Zunftversammlung] — cechovní schůze; cechovní shromáždění; shromáždění cechu — zgromadzenie rzemieślników

Mühle, die — mlýn — młyn

Mühlenrecht, das — mlynářské právo — prawo młyńskie

✧ **mündig sein/werden** — (být) dospělý/plnoletý; dospět; dojíti let (staročes.) — lata mieć (staropol.); być pełnoletnim

✧ **als ob sie mündig wären** — (jako by byli) dospělí/plnoletí/zletilí — gdyby lata miały (staropol.); gdby były pełnoletnie

Münze, die — peníz; mince — moneta
Münzstätte, die — mincovna — mennica
• **Musteil, der** — mustejl (staročes.); potraviny; povinný díl (vdovy); dvorová špíže (staročes.) — część należna/konieczna
mütterlicherseits — z matčiny strany — po kądzieli
Mutterstadt, die — mateřské město — miasto-matka

N

Nachbar, der — soused — sąsiad
Nachbarschaft, die — sousedství — sąsiedztwo
Nachbar(schafts)recht, das — sousedské právo — prawo sąsiedzkie
Nacht, die — noc — noc
Naturrecht, das — přirozené právo — prawo naturalne
Niedergerichtsbarkeit, die; [lat. **causae minores**; **Schuld- und Fahrnisklagen**] — nižší soudnictví/jurisdikce — sądownictwo niższe/w sprawach mniejszej wagi
• **Niftel, die** [= weibliche Verwandte mütterlicherseits] — najbližší přietelkyně po vřetenu (staročes.); příbuzná po přeslici/z matčiny strany; tetka (staročes.) — krewna po kądzieli
• **Not, die** — nouze; potřeba; *ne* snáz — potrzeba; konieczność
• **Not, echte** — núze, nuzná/skutečná/zprávná (staročes.); spravedlivý důvod — słuszna przyczyna; powód
Notding, das — mimořádný soud — sąd gorący (staropol.)
Notgericht, das — mimořádný soud — sąd potrzebny (staropol.)
Notgericht, außerordentliches — mimořádný soud — nadzwyczajny sąd potrzebny
Notzucht, die — znásilnění — zgwałcenie

O

Oberacht, die — proskripce; vypovězení — proskrypcja; wyjęcie spod prawa
Obergericht, das; **Oberhof, der** — vrchní soud — sąd wyższy
Oberrichter, der — vrchní soudce — sędzia, wyższy
Obligation, die — obligace; dluhopis; závazek — obligacja; stosunek zobowiązaniowy
Opfer, das; **Opfergabe, die** — oběť — ofiara
Opferkreis, der — okruh obětí — krąg ofiar

P

Pacht, die — nájem; pacht; nájemné; pachtovné — dzierżawa; czynsz dzierżawny
Pachtvertrag, der — nájemní/pachtovní smlouva — umowa dzierżawy/dzierżawna

Pachtzins, der — nájemné; pachtovné; úrok — czynsz dzierżawy

• **Papst, der** — papež — papież

Partei, die (vor Gericht) — strana (před soudem) — strona (przed sądem)

Patronatsrecht, das — patronátní právo — prawo patronatu

Person, die — osoba — osoba

Personenrecht, das — právo osob — prawo osobowe

Pfahl, der — kůl — pal; kołek

pfählen — narazit/nabodnout/napíchnout na kůl — wbijać na pal

• **Pfalz, der** — falc (staročes.) — ? ? ?

• **Pfalzgraf, der** — falckrabic/falckrov/falcgrof (staročes.) — palatyn

Pfand, das — zástava — zastaw

Auslösung des Pfandes — vyplacení zástavy — zniesienie zastawu

Pfandbrief, der — zástavní list — list zastawny

Pfandforderung, die — požadování zástavy — żądanie zastawu

Pfandrecht, das — zástavní právo — prawo zastawu

Pfändung, die — zabavení; obstavení; zajmutí; zajímání (čeho) — zastawienie; oddanie w zastaw

Pfarrbezirk, der — farnost — parafia

Pfarre, die — fara; farní úřad — probostwo

Pfarrer, der — farář; kněz — ksiądz; proboszcz

Pfarrkirche, die — farní kostel — kościół parafialny

• **Pfennig, der**; **Pfennige, die** — peníz, peníze {Pl.} — pieniędzy {Pl.}

Pflege, die — opatrování; ošetřování; péče — opieka

Pflegekind, das — svěřenec {mask.}, svěřenka {fem.}; schovanec {mask.}, schovanka {fem.} — wychowanek; adoptowany

Pflicht, die — povinnost — obowiązek

Pflichtverletzung, die — porušení povinnosti — naruszenie obowiązku

Pranger, der — pranýř — pręgierz

an den Pranger stellen — postavit na pranýř — postawić pod pręgierz(em)

Prangerstrafe, die — trest pranýřem — kara pręgierza

Privatrecht, das — soukromé právo — prawo prywatne

Privatsache, die — soukromá věc/záležitost — sprawa prywatna

Privileg, das — privilegium; výsada — przywilej, przywileje {Pl.}

Zuerkennung von Privilegien — udělení/přiznání výsady/výsad — powoływanie się na przywilej; nadanie przywileju

Protokollbücher, die — knihy protokolů — księgi protokołów

Prozess, der — řízení; proces — proces; postępowanie sądowe

Prozessakten, die — procesní spisy — akta procesowe

Prozessbeteiligter, der — účastník řízení — uczestnik procesu

Prozessbevollmächtigter, der — procesní zmocněnec — pełnomocnik procesowy

Prozessbevollmächtigter der Prozessparteien — zmocněnec procesních stran — pełnomocnik procesowy strony procesowej

Prozesspartei, die — procesní strana; strana v procesu — strona procesowa (w procesie)

Prozessrecht, das — procesní právo — prawo procesowe

Prozess- und Eigentumsrecht, das — procesní a vlastnické právo — prawo procesowe i rzeczowe; prawo procesowe i własności

aus dem Bereich des Prozess- und Eigentumsrechts — z okruhu procesního a vlastnického práva — z zakresu prawa procesowego i prawa własności

aus dem Bereich des Prozess- und Strafrechts — z okruhu procesního a trestního práva — z zakresu prawa procesowego i karnego

prügeln — bít, zbít; tlouct, ztlouct; mlátit, zmlátit — bić; chłostać

Prügelstrafe, die — trest holí; výprask — kara chłosty

R

Rache, die — pomsta; odplata; odveta — zemsta

rädern — lámat kolem — łamać kołem

Rädern, das — lámání kolem (MRB) — łamanie kołem

Rädern mit Prügel — lámání kolem s výpraskem — łamanie kołem z chłostą

Rat, der [= in der Bedeutung von 'Gremium' – nicht der 'gute Rat'] — rada — rada

Rat, der; **Stadtrat, der** — radní; městská rada — rada miejska

✧ **Rat, vor dem** — před radou — przed radą; przed radźcami (staropol.)

✧ **Rat, zu dem** — k radě — w radę tajemną (staropol.)

Rat, sitzender — rada, zasedající — rada, siedząca/zasiadająca (staropol.)/osiadła (staropol.); rada jako sąd

✧ **Rat, vor dem sitzenden** — před zasedající radou — przed osiadłą/przed siedzącą/przed zasiadającą radą (staropol.); przed sądem

Rathaus, das — radnice — ratusz

• ✧ **Ratmann, der (Person)**; **Ratsherr, der**; **Ratsmitglied, das** — konšel, konšelé {Pl.}; radní {Sg., Pl.}; člen rady — rajca; członek rady

✧ **Ratmannen, gegen die** — radním/konšelům, proti — radźcam (staropol.), przeciwko {Dat.Pl.}

Ratmann, geschworener — radní; člen rady, přísežný — radźca (staropol.), przysiężny

✧ **Ratmannen einsetzen** — dosadit radní/konšely — radźce (staropol.), postawić

Ratsbeschluss, der — usnesení/rozhodnutí/nález rady — uchwała rady

• **Ratsleute, die**; **Ratmannen, die** — konšelé {Pl.}; radní {Pl.}; rádci {Pl.}; rada {Sg.} — radźce (staropol.); rajcy

Ratsleute, Anzahl der — počet radních — liczba rajców

Ratssitzung, die — sezení/zasedání/schůze rady — posiedzenie rady

Raub, der — loupež — rozbój; rabunek

Reallasten, die — věcná břemena {Pl.} — ciężary realne

Rechnung, die — počet; účet — obliczenie; rachunek

Rechnungsbuch, das — účetní kniha — księga rachunkowa

• **Recht, das** — právo — prawo

Recht auf — právo na (co) — prawo do

Recht auf die Durchführung von zwei Messen im Jahr — právo na uspořádání dvou trhů do roka — prawo do przeprowadzenia dwóch targów w roku

Recht auf zollfreien Handel — právo na *bez*celní obchod — prawo do handlu wolnego od cła

• **Recht brechen** — právo rušiti (staročes.)/přestúpiti (staročes.) — prawo złamać/zerwać; popełnić

Recht, deutsches — právo, německé — prawo niemieckie

Recht, (ein)heimisches — právo, lokální/ **místní/domácí — miejscowe prawo;** prawo krajowe/lokalne

Recht erlangen — získat/nabýt/dostat právo — żądać prawa

• **Recht fordern** — práva {Gen.Sg.} hledati (staročes.) — prawa {Gen.Sg.} żądać

✧ **Recht, geistliches** — právo, duchovní — prawo, duchowne

Recht, gelehrtes — právo, učené — prawo, uczone

Recht, gemeines — právo, obecné — prawo powszechne

Recht, geschriebenes — právo, psané — prawo pisane

• **Recht haben** — právo mít — prawo mieć

Recht, höchstes — právo, nejvyšší — prawo, najwyższe; sąd wyższy

Recht, lokales — právo, lokální/místní — prawo lokalne/(miejscowe)

✧ **Recht, Magdeburger**; **Weichbildrecht, das** — právo, magdeburské — prawo magdeburskie/majdborskie (staropol.)/ niemieckie/miejskie

Recht, materielles — právo, materiální/ hmotné — prawo materialne

Recht, oberstes deutsches — právo, vrchní německé — najwyższe prawo niemieckie

Recht, partikulares — právo, partikulární/ zvláštní — prawo partykularne

Recht, römisches und kanonisches — právo, římské a kanonické — prawo rzymskie i kanoniczne

Recht, sächsisches — právo, saské — prawo saskie

• **Recht setzen** — právo usaditi (staročes.); právo stanovit — prawo (u)stanowić

Recht, verbindliches — právo, závazné — prawo, obowiązujące

• **sein Recht verlieren**; **sein Recht *nicht* verlieren** — ztratit své právo; *ne*ztratit svého práva — (*nie*) (s)stracić prawo; nie mieć (żadnego) prawa (staropol.)

• **(sein) Recht verwirken** — (své) právo zmrhati a ztratiti (staročes.) — ? ? ?

✧ **Recht, weltliches** — právo, světské (MRB) — sąd, świecki

rechtfertigen, sich — ospravedlnit se — usprawiedliwiać; u*nie*winniać się

Rechtfertigung, die — ospravedlnění — usprawiedliwienie; u*nie*winnienie

Rechtfertigungseid, der — ospravedlňující/očistná přísaha — przysięga uwalniająca/uniewinniająca

Rechtfertigungsgrund, der — ospravedlňující důvod — powód usprawiedliwiający

rechtlich — právní — prawny

• ✧ **recht*los*** — *bez*právný; práva prázden a bezectný (staročes.) — *bez*prawny; pozbawiony wszelkich praw

Recht*los*er, der — *bez*právná osoba — *bez*prawny; osoba pozbawiona wszelkich praw

rechtmäßig — řádný; zákonný; právoplatný; po právu — zgodny z prawem

Rechtmäßigkeit, die — zákonnost — zgodność z prawem; legalność

Rechtsabweichung, die — odchýlení od práva — odchylenie prawne; odejście od prawa

Rechtsakt, der — právní akt/úkon/jednání — akt prawny

Rechtsakten, Eintragungen von — zápisy právních aktů/úkonů/jednání — wpisy/ (wpisywanie) aktów prawnych

Rechtsanwendung, die — aplikace/uplatnění práva — stosowanie prawa

Rechtsauffassung, die — právní pojetí/ názor — spis/(spisanie) prawa

Rechtsbelehrung, die — právní naučení/poučení/názor — pouczenie prawne
Rechtsbereich, der — právní oblast/obor — zakres/(zasięg) prawa
Rechtsbeugung, die — překrucování práva — naginanie prawa
Rechtsbeziehungen, die — právní vztahy — stosunki prawne
Rechtsbildung, die — právní/právnické vzdělání — tworzenie prawa
Rechtsbruch, der — porušení práva — złamanie/naruszenie/pogwałcenie prawa
Rechtsbuch, das — právní kniha — księga sądowa
Rechtseid, der — právní/soudní přísaha — przysięga sądowa
Rechtseinheit, die — jednota právního řádu — jednolitość prawa
rechtsfähig — právně způsobilý — zdolny do posiadania praw
Rechtsfähigkeit, die — právní způsobilost; způsobilost k právu — zdolność prawna
Rechtsfähigkeit, allgemeine — obecná právní způsobilost — ogólna zdolność prawna
Rechtsfall, der — právní případ — przypadek prawny; kazus
Rechtsfolge, die — právní následek — skutek prawny
Rechtsform, die — právní forma — forma prawna
Rechtsfrieden, der — právní mír — pokój prawny
Rechtsgang, der — postup právního řízení; právní postup — procedura prawna/sądowa
Rechtsgebiet, das — právní oblast — obszar prawny
Rechtsgeschichte, die — právní dějiny; dějiny práva — historia prawa
Rechtsgewohnheiten, die — právní obyčeje/zvyky — zwyczaje prawne
Rechtsgleichheit, die — rovnost před zákonem; stejnost; rovnoprávnost — równość wobec prawa
Rechtsgrund, der — právní důvod — podstawa prawna
Rechtsgrundsatz, der — právní zásada — zasada prawna
Rechtshilfe, die — právní pomoc — pomoc prawna
Rechtsinstitution, die — právní instituce — instytucja prawa
Rechtskraft, die — právní moc; pravomoc; právoplatnost — moc prawna
rechtskräftig — pravomocný; právoplatný — prawomocny
Rechtskreis, der — právní okruh — krąg prawny
Rechtskultur, die — právní kultura — kultura prawna
Rechtslage, die — právní stav — sytuacja prawna; stan prawny
Rechtsmitteilung, die — právní naučení/poučení — pouczenie prawne
Bitte um Rechtsmitteilung — prosba o právní naučení/poučení — prośba o pouczenie prawne
Rechtsnorm, die — právní norma — norma prawna
Rechtsordnung, die — právní řád — porządek prawny
Rechtsposition, die — právní pozice — pozycja prawna
Rechtspraxis, die — právní praxe — praktyka prawna
Rechtsquelle, die — pramen práva — źródło prawa
Rechtsregeln, die — právní pravidla/zásady — zasady prawa; reguły prawne
Rechtssammlung, die — právní sbírka — zbiór prawa
Rechtssatz, der — právní věta — norma

prawa

Rechtsschrifttum, das — právní písemnictví; právní spisy — piśmiennictwo prawne

Rechtsschule, die — škola práva; právní škola — szkoła prawna

Rechtssicherheit, die — právní jistota — ???

Rechtssprache, die — právní jazyk — język prawny/prawniczy

Rechtsspruch, der — právní výrok; rozsudek; nález — orzeczenie sądowe

Rechtsstellung, die — právní postavení (koho, čeho) — pozycja prawna; stanowisko prawne

Rechtsstreitigkeit, die; Rechtsstreit, der — právní spor; pře — spór prawny

Rechtssymbol, das — právní symbol — symbol prawa

Rechtssymbolik, die — právní symbolika — symbolika prawa

Rechtssystem, das — právní systém — system prawa

Rechtstatsache, die — právní skutečnost — fakt prawny

Rechtsterminologie, die — právní terminologie — terminologia prawna

Rechtstext, der — právní text — tekst prawniczy

Rechtsübertragung, die — převod práva — przeniesienie prawa

Rechts*un*gleichheit, die — *ne*rovnost před právem/zákonem — *nie*równość wobec prawa

Rechts*un*sicherheit, die — právní *ne*jistota — *nie*pewność prawna

Rechtsverfahren, das — právní/soudní řízení — postępowanie sądowe/prawne

Rechtsverfolgung, die — právní postih — dochodzenie prawa

Rechtsverkehr, der — právní styk — obrót prawny

Rechtsverleihung, die — udělení/propůjčení práva — nadanie prawa

Rechtsverletzer, der — porušitel práva — ten, który naruszył prawo

Rechtsverletzung, die — porušení práva — naruszenie prawa

Rechtsverlust, der — ztráta práva — utrata prawa

Rechtsverordnung, die — právní nařízení — zarządzenie prawne; rozporządzenie

Rechtsvorschriften, die — právní předpisy — przepisy prawne

Rechtsweg, der — právní cesta — droga prawna/sądowa

Rechtsweisung, die — právní poučení/naučení — wskazówka prawna

Bitte um Rechtsweisung — prosba o právní poučení/naučení — prośba o wskazówkę prawną

Rechtswesen, das — právnictví; právo — istota/sens prawa

rechtswidrig — protiprávní — sprzeczny z prawem; *bez*prawny

Rechtswidrigkeit, die (des Gesetzes) — protiprávnost; *ne*zákonnost (zákona) — sprzeczność z prawem; *bez*prawność

Rechtswirksamkeit, die — právní účinnost (čeho) — moc obowiązująca

Rechtswissenschaft, die — právní věda — nauka prawa

Rechtswortschatz, der — právní postup — słownictwo prawne

Rechtszug, der — apelace; odvolání se — apelacja; odwołanie

- **Reich, das** — říše — Rzesza
- **vor das Reich ziehen** — před říši se táhnúti a odvolati (staročcs.) — ???

Reichsacht, die — říšská klatba (staročes.) — pozbawienie ochrony prawnej na terenie całej Rzeszy

Reichsächter, der — člověk stižený říšskou klatbou — pozbawiony ochrony prawnej na terenie całej Rzeszy
Reichsdienst, der — říšská služba — służba Rzeszy
Reichsfürsten, die — říšská knížata {Pl.} — książęta Rzeszy
Reichsrecht, das — říšské právo — prawo Rzeszy
Reichsstadt, die — říšské město — miasto Rzeszy
Reichstag, der — říšský sněm — parlament Rzeszy
Reichsverfassung, die — říšská ústava; ústava říše — konstytucja Rzeszy
Rezeption, die — recepce — recepcja
• ✧ **richten** — soudit; súditi (staročes.); popravovati (staročes.) — sądzić; sędzić (staropol.); wyrokować; orzekać
Richten, das; **Recht sprechen** — souzení; rozsuzování — sądzenie; wyrokowanie
• ✧ **Richter, der** — rychtář (staročes.); soudce; šoltys; sudí — rychtarz (staropol.); sędzia
✧ **Richter, geistlicher** — rychtář (staročes.)/soudce, duchovní — sędzia, duchowny
• **Richter, höchster/oberster** — rychtář, najvyšší (staročes.); soudce, nejvyšší/vrchní — sędzia, wyższy/najwyższy
• ✧ **Richter, weltlicher** — rychtář (staročes.)/soudce, světský — sędzia, świecki
✧ **Richter, vor dem** — před rychtářem (staročes.)/soudcem — przed sędzią
✧ **Richter, vor den** — před rychtáře (staročes.)/soudce — przed sędziego
Richter im Lehnsgericht — rychtář (staročes.)/soudce v lenním soudu — sędzia w sądzie lennym
✧ **zum Richter küren** [= wählen] — vybrat za soudce; (z)volit soudcem — ku prawu wybrać (staropol.); powołać na sędziego/do składu sądzącego
richterlich — soudcovský; soudní — sędziowski
Richteramt, das — soudcovský úřad; soudcovství — urząd sędziego
Richterprivileg, das — soudní/soudcovská výsada — przywilej sędziowski
Richterschaft, die — soudcovský stav — sędziowie
Richterspruch, der — výrok soudce; soudcovský výrok/rozsudek — orzeczenie sądowe
Richterstab, der — soudcovská berla; rychtářské právo — laska sędziowska
Richt(er)stuhl, der — soudní/soudcovská stolice — fotel/urząd sędziowski
Richterwahl, die — výběr/volba rychtářů/soudců — wybór sędziów
richtig — náležitý; pravý; řádný, správný — prawdziwy; prawidłowy
Richtstatt, die; **Richtstätte, die** — popraviště — miejsce straceń
Ritter, der — rytíř — rycerz
Rittergut, das — rytířský statek — majątek szlachecki; dobra rycerskie
Robe, die — talár; šaty; oděv — toga
Ruf, der — pověst; reputace — reputacja; opinia

S

• **Sache, die**; **Ding, das** — věc — sprawa; rzecz
✧ **Sachen, die** — věci {Pl.}; záležitosti {Pl.}; předmět; pře — rzeczy; sprawy
Sache, bewegliche — věc, movitá — rzecz ruchoma

Sachen, streitige und *nicht*streitige — věci {Pl.}, sporné a *ne*sporné — sprawy sporne i *nie*sporne

Sachenrecht, das — věcné právo — prawo rzeczowe

Sammlung von Statuten und Privilegien, die — sbírka statutů a privilegií — zbiór statutów i przywilejów

Sanktion, die — sankce — sankcja; zatwierdzenie

Säumnis, das — promeškání; zanedbání; zmeškání — zwłoka

den Termin versäumen — zmeškat termín — nie dotrzymać terminu

Schaden, der — škoda; újma; ztráta; chyba — szkoda

Schadengemälde, das — posměšný obraz — rycina łająca

Schadensersatz, der — náhrada škody; náprava; napravení; odškodnění — wynagrodzenie za szkodę; wyrównanie szkody; zadośćuczynienie za szkodę

schädigen; **schaden** — (po)škodit; uškodit — (za)szkodzić

Schädigung, die — poškození — (za)szkodzenie

Schändung, die (**der Leiche**) — zprznění; zhanobení; zneuctění (mrtvoly) — zhańbienie/zbezczeszczenie (zwłok)

Schande, die — hanba; ostuda; potupa; zneuctění; pohana — wstyd

Schandsäule, die — pranýř — pręgierz

Schelmenschelte, die — urážka; pomluva; spílání — łajanie

Scheltbrief, der — urážlivý/hanlivý dopis; zlolajný list; hanopis — paszkwil

Schelte, die; **Urteilsschelte, die** [= Schelte des/eines Urteils; von Urteilen]; [lat. **appellatio**] — hubování; plísnění — nagana wyroku (staropol.); odwołanie się od wyroku; zaczepienie wyroku; apelacja; odwołanie

Schicht, die — vrstva — warstwa

Schicht, unterste — vrstva, nejnižší — warstwa, najniższa

Schiedsrichter, der — rozhodčí soudce; rozhodce — sędzia polubowy

Schiedsspruch, der — rozhodčí výrok/nález — wyrok polubowy

Schiedsspruchtätigkeit, die — rozhodčí činnost — sądownictwo polubowne

Schilderung, die — líčení, vylíčení (pře) — przedstawienie; opis

• **Schilling, der** — šilink — szyling

Schlachtbank, die — porážka; jatky {Pl.}; řeznický stůl — kram rzeźniczy; jatka

Schlachthof, der; **Schlachthaus, das** — jatka {Pl.} — rzeźnia

Schlinge, die — oprátka — pętla

• ✧ **Schöffe, der**; **Schöffen, die** — kmet, kmeti {Pl.}; (obecní) konšel, konšelé {Pl.}; přísežný, přísežní {Pl.}; šep/šef (staročes.); přísedící {Pl.} — ławnik, ławnicy {Pl.}; przysiężnik, przysiężnicy {Pl.} (staropol.)

Schöffen- — kmetský; konšelský; přísežný — ławniczy

✧ **zum Schöffen küren** [= wählen] — vybírat/vybrat za konšela; volit/zvolit konšelem — wybierać przysiężniki (staropol.); wybierać ławników

Schöffenamt, das — konšelský/kmetský úřad — urząd ławniczy/ławnika; stanowisko ławnika

✧ **Schöffenbank, die** — lavice přísedících/přísežných/porotců/kmetů; soudcovská lavice — przysiężna ławica (staropol.); ława ławników; ława ławnicza

✧ **der Schöffenbank vorstehen** — předsedat lavici přísedících — siedzieć *na* przysiężnej ławicy (staropol.)

✧ **auf der Schöffenbank sitzen** — sedět *na* lavici přísedících/přísežných/porotců/kmetů — siedzieć *w* ławicy (sta-

ropol.); zasiadać w ławie sądowej
schöffenbar — způsobilý stát se přísedícím/konšelem — zdolny (zdatny) do objęcia urzędu ławnika
✧ **Schöffenbrief, der** — dopis lavici; poučení — pismo ławy sądowej
Schöffenbuch, das — přísežná kniha — księga ławnicza
Schöffengericht, das — kmetský/konšelský/přísežný soud — sąd ławniczy
Schöffengerichte, untere städtische und dörfliche — kmetské/konšelské soudy, nižší městské a vesnické/venkovské — sądy ławnicze, niższe miejskie i wiejskie
Vorsitzender im Schöffengericht — představený/předseda přísežného soudu — przewodniczący sądu ławniczego
Schöffenkollegium, das; **Spruchkollegium, das** [= Mitglieder des Schöffenstuhls] — kolegium přísežných/přísedících — kolegium ławnicze; ławniczy skład orzekający
Schöffenkür, die [= Schöffenwahl]; s. a. unten ***Schöffenwahl*** — výběr/volení přísežných; volba přísedících — wybór ławników
Schöffenordnung, die — nařízení poroty; porotní řád — zarządzenie ławy
Schöffenschilling, der — kmetský šilink/peníz — szyling ławniczy
Schöffenschreiber, der — písař soudní — pisarz ławy
✧ **Schöffensiegel, das** — kmetská/konšelská/přísežná pečeť — pieczęć (przysiężnicza)/ławnicza
Schöffenspruch, der; **Schöffenurteil, das** — kmetský/konšelský/přísežný ortel; rozsudek přísežných/přísedících — przysiężny ortel (staropol.); ortyl ławy (staropol.); wyrok ławy sądowej
Schöffenspruchsammlung, die — sbírka kmetských rozsudků — zbiór wyroków ławy
✧ **Schöffenstuhl, der** — kmetská stolice; lavice; stolice přísedících — przysiężny stolec (staropol.); ławica (staropol.); urząd ławnika; ława sądowa
Schöffenstuhl als Gemeinschaft — kmetská stolice; lavice; stolice přísedících jako společenství — ława jako organ sądowy
Schöffenwahl, die; s. a. oben ***Schöffenkür*** — výběr/volení přísežných; volba přísedících — wybór ławników
✧ **Schoß, der** — daň; peněžitá dávka; plat; šos (WeizsLeitm) — szos (staropol.); podatek; danina
(Ge-)Schoß, königlicher — daň, královská — szos królewski
Schreiber, der (des Gerichts) — soudní písař — pisarz sądowy
• ✧ **Schreimannen, die** — svědci; svědomě, ktož sú ten křik slyšeli (staroces.); lidé, kteří pomáhají při obžalobě; okřiklí lidé (staroces.); svědkové; vepní neb úpní lidé k svědomí (staroces.) — współprzysiężnicy, którzy przybyli na odgłos krzyku
Schriftlichkeit, die — písemnost — pisemność
• ✧ **Schuld, die** — dluh; vina (staroces.) — dług; wina; zobowiązanie
Schuldanerkenntnis, die — uznání dluhu — uznanie długu
✧ **Schuldbrief, der** — dlužní úpis/list — list o dług
schulden {Verb} — (být) dlužníkem; být dlužen; dlužit (komu co) — być dłużnym
Schulden, die — dluhy; povinnost; provinění — długi
schuldig — dlužný — winny; dłużny
✧ **schuldig (sein)**; **Schuld haben** — (být)

dlužný/dlužen; dlužit; mít dluh; být vinen — (być) winowat (staropol.); być dłużnym

✧ **Schuldiger, der** — dlužník; viník — winowajca; dłużnik

Schuldknechtschaft, die — dlužní poddanství/služebnictví — *nie*wola za długi

✧ **schuld*los*, *un*schuldig** — *bez* viny; *ne*vinný — *nie*winny

Schuldloserklärung, die — prohlášení *ne*vinným — ???

Schuldner, der — dlužník — dłużnik

Schuldnerin, die — dlužnice — dłużniczka

Schuldrecht, das — dlužní/závazkové právo — prawo zobowiązaniowe

Schuldspruch, der — výrok/rozsudek o vině — orzeczenie o winie; uznanie winnym

Schuldverhältnis, gesetzliches — závazkový vztah, zákonný; dlužní poměr — ustawowy stosunek zobowiązaniowy

• ✧ **Schultheiß, der**; **Schulze, der** — šoltys; šultejs (staročes.); rychtář (staročes.); podrychtářie (staročes.) — sołtys; szołtys (staropol.); sędzia

✧ **Schultheißei, die** — šoltyství — sołtystwo

Schultheißenamt, das; **Schulzenamt, das** — úřad šoltyse — urząd sołtysa

• **Schultheißending, das**; **Schultheißengericht, das**; **Schulzengericht, das** — šultejsóv soud (staročes.) — sąd sołtysi

Schultheißenschaft, die — šoltyství — sołectwo

Schutz, der — ochrana — ochrona

• **Schwert, das** — meč — miecz

• **Schwert, geistliches** — meč, duchovní — miecz duchowny

• **Schwert, weltliches** — meč, světský — miecz świecki

• ✧ **Schwertmage, der** [= männlicher Verwandter väterlicherseits 'van swert halven'] — rovně rozený/najbližší po meči přietel (staročes.); příbuzný z otcovy strany; přítel/příbuzný po meči (Weizs-Leitm); přátele {Pl.} po meči (RösslAltpragerStadtr) — krewny po mieczu

• ✧ **schwören** — přisieci (staročes.); přísahat; svou přísahu učinit — przysięgać

✧ **selbdritt** — sám třetí — samotrzeć (staropol.)

• ✧ **selbsiebt** — sám sedm {mask.} (staročes.), sama sedma (sedmá) {fem.} (staročes.) — samosiodm(o) (staropol.), samosiódm (staropol.)

Selbsthilfe, die — svépomoc — samopomoc; samoobrona

Selbsthilferecht, das — právo na svépomoc — prawo do samoobrony; przepisy prawne dotyczące samoobrony/samopomocy

Selbstjustiz, die — samosoud — samosąd

Selbstverwaltung, die — samospráva — samorząd

Selbstverwaltung auf deutscher Grundlage — samospráva podle německých zásad/pravidel — samorząd na zasadach niemieckich

Fragen der Selbstverwaltung — otázky samosprávy — sprawy samorządu

Selbstverwaltung, städtische — samospráva, městská — samorząd, miejski

Selbstverwaltungsinstitutionen, die — samosprávné instituce — instytucje samorządowe

Selbstverwaltungsorgan, das — samosprávný orgán — organ samorządowy

Sentenz, die; **Urteilsnotiz, die** — rozsudek; výrok; průpověď; myšlenka — sentencja wyroku

setzen (Recht) — usnést se (o právu); ustanovit (právo) — obsadzać/uruchamiać (sąd)

Setzung, die — usnesení; uskutečnění; postavení; položení — uchwała

• **Siechbett, das**; **Krankenbett, das** — nemocná postel (staročes.) — łoże chorego; łoże (staropol.)

• **Siegel, das** — pečeť — pieczęć

Sohn, der — syn — syn

Spiegel, der — zrcadlo — zwierciadło

Sprache, die — jazyk; řeč — język

Stab, der — hůl — laska (u. a. sędziowska)

Stabübergabe, die — předání úřadu — przekazanie laski

• **Stadt, die** — město — miasto

Stadtbuch, das — městská kniha — księga miejska

Stadtchronik, die — kronika města; městská kronika — kronika miejska

Städtebund, der — městský svaz; spolek měst — związek miast

Stadtfreiheit, die — městská svoboda; svoboda ve městě — wolność miejska/(w mieście)

Stadtfrieden, der — mír/pokoj ve městě — pokój w mieście

✧ **Stadtgericht, das** — městský soud — sąd miejski

Stadtgesetze, die; **Statuten, die** — městské zákony/statuty — statuty miejskie

(Stadt-)Gründungen aus wilder Wurzel — založení/zakládání města na zeleném drnu — lokowanie (miasta) na surowym korzeniu

Stadtgründung, deutschrechtliche — založení/zakládání města podle německého práva — założenie miasta na prawie niemieckim

Stadtherr, der — pán města — pan miasta

Stadtmauer, die — městské hradby; hradby města — mur miejski

Stadtrat, der — městská rada — rada miejska

Stadtrecht, das — městské právo — prawo miejskie

Stadtrechtsbuch, das — kniha městského práva — księga prawa miejskiego

Stadtrechtsentlehnungen, die — propůjčení městského práva — zapożyczenia prawa miejskiego

Stadtrechtsfamilie, die — rodina městského práva — rodzina prawa miejskiego

Stadtrechtsreform, die — reforma městského práva — reforma prawa miejskiego

Stadtschreiber, der — městský písař — pisarz miejski

Stadtverfassung, die — městské zřízení — ustrój miasta

Stadtverwaltung, die — městská správa — zarząd miejski; magistrat

Stadtverweisung, die — vykázání z města — wygnanie z miasta

Stadtwaage, die — městská váha — waga miejska

Stände, die — stavy; třídy — stany

Stände, die niederen; **Volk, das gemeine** — stavy, nižší; lid, obecný — niższe stany; pospólstwo

Standesgesetze, die — stavovské zákony — ustawy stanowe

Standesrecht, das — stanné právo — prawo stanowe

Stapelrecht, das — právo skladu; skladovací právo — prawo składu

Staupe, die — veřejný výprask — chłosta

Stäupen, das — veřejné mrskání — chłostanie

stiften — založit; zakládat; věnovat — założyć; ufundować

Stifter, der; **Gründer, der** — zakladatel; původce; fundátor — założyciel; fundator

Stiftung, die — nadace; založení; věnování — darowizna; fundacja

Stiftungsurkunde, die — nadační/zakládací listina — akt fundacyjny

Strafandrohung, die — pohrůžka trestem — zagrożenie karne

strafbar — trestný — karalny

Strafe an Haut und Haar, die — trest mrskání a oholení hlavy — kara na skórze i włosach [= kara chłosty wraz z obcięciem włosów]

Strafe, die — trest; pokuta; potrestání — kara

Strafe, öffentliche — trest, veřejný — kara publiczna

Strafe, peinliche [= Leibes- oder Lebensstrafe] — trest, útrpný/tělesný; trest smrti — kara kryminalna [= kara na ciele lub kara na życiu]

Strafe, spiegelnde [= peinliche Strafe] — trest, útrpný/tělesný — kara, odzwierciedlająca [= kara kryminalna]

Strafe verhängen — uložit trest — zarządzić karę; skazać

✧ **strafen** — trestat, potrestat — strafować (staropol.); strofować (staropol.); (u)karać

am Leben strafen — potrestat na životě — karać na życiu/na gardle (staropol.)

Strafensystem, das — trestní systém — system karny

✧ **Strafer, der** — trestající osoba ‘Bestrafer’ — ten, co strofował (staropol.); karzący

Strafgericht, das — trestní soud — sąd karny

Strafgesetz, das — trestní zákon — ustawa karna

Strafgesetzbuch, das — trestní zákoník/kodex — kodeks karny

Strafmilderung, die — snížení/zmírnění trestu — złagodzenie kary

strafmündig — trestně odpovědný — posiadający zdolność do odpowiedzialności karnej

straf*un*mündig — trestně *ne*odpovědný — *nie* posiadający zdolności do odpowiedzialności karnej

Strafmündigkeit, die — trestní odpovědnost — zdolność do odpowiedzialności karnej

Straf*un*mündigkeit, die — trestní *ne*odpovědnost — brak zdolności do odpowiedzialności karnej

Strafprozess, der — trestní řád/proces — proces karny

Strafrecht, das — trestní právo — prawo karne

Strafrecht, peinliches — trestní právo, útrpné — prawo kryminalne

Strafrecht, städtisches — trestní právo, městské — miejskie prawo karne

Straftat, die — zločin, hřích — czyn karalny/karygodny; złoczyństwo (staropol.)

Streit, der — spor; hádka — spór

Stuhl, der [= jur.] — stolice; úřad — urząd

- **Sühne, die**; **Sühneversprechen, das**; **Aussöhnung, die** — smlouva; smlúva (staročes.); smír; smíření — pokuta (staropol.); kara; pojednanie
- **Sühne/Sühneversprechen brechen** — porušit smlouvu; zrušiti smlúvu (staročes.) — ? ? ?
- **Sühneleute, die** — smluvní lidé — ? ? ?

T

• ✧ **Tag, der**; **Tage, die**; **Gerichtstage, die** — den, dny {Pl.}; soudní dny — dzień, dni {Pl.}; dni sądowe

Tag, gebundener — den, zavázaný (staročes.) — rok zawity (staropol.)

Tag, gelegter; **Burgdinge, das**; **burc-dinc, burc-ge-dinge** — zahájení jednání — rok, otworzony (staropol.)

Tag, weiterer — den, další — rok, dalszy (staropol.)

• ✧ **Tage, alle** [=jeden Tag] — dny, všechny; den, každý — dzień, na każdy

• ✧ **Tage, gebundene** — dny, zavázané (staročes.) — dni, zawieszone (staropol.)/wiązane

• ✧ **Tagen, an gebundenen** — v zavázané dny (staročes.) — w zawieszonych dniach (staropol.); w wiązane dni

Tage, offene — otevřené dny; dny soudní — czas, otworzony {Sg.}; dni, otworzone {Pl.} (staropol.)

✧ **zu/an offenen Tagen** — v době konání soudu — na otworzony czas; otworzonych dni (staropol.)

Tagelöhner, der — nádeník; dělník na den — robotnik dniówkowy

Talion, die — odveta; talion — taljon (staropol.); talion; odwet

Talionsprinzip, das — princip odvety/talionu — zasada talionu/(odwetu)

Talionsstrafe, die — trest odvety/talionu — kara talionu

• **Tat, die** — čin; skutek — postępek, czyn

• ✧ **Tat, handhafte** — účinek (staročes.), horký (staročes.)/skutečný (staročes.)/inhední (staročes.); čin — rzecz, gorąca; rzeczy, gorące {Pl.} (staropol.); uczynek, gorący

• ✧ **Tat, in handhafter**; **Tat, auf frischer** — v inhedniem/horkém účinku (staročes.); při činu — w gorącej rzeczy (staropol.); za gorąca (staropol.); za gorącej rzeczy (staropol.); na gorącym uczynku

Täter, der — pachatel; viník; původce činu — sprawca

Täterschaft, die — spáchání činu; pachatelství; původ činu — sprawstwo

Tausch, der — směna; výměna; záměna — wymiana; zamiana

Teilhaber, der — podílník; společník; účastník — udziałowiec; wspólnik

Testament, das — závěť; testament; poslední vůle — testament

Testament errichten — učinit poslední vůli/pořízení — sporządzić/czynić (staropol.) testament

Testamenterbe, der — dědic ze závěti — spadkobierca testamentowy

✧ **Tochter, *un*mündige** — dcera, *ne*zletilá/*ne*dospělá/*ne*svéprávná — córka *nie*letnia

Tochteroberhof, der — filiální/dceřiný vrchní soud — filialny sąd wyższy

Tochterquellen, die — filiální/dceřiné prameny — źródła filialne

Tochterstadt, die — město dceřiné — miasto-córka

Todesstrafe, die — trest smrti; trest na hrdle; ortel smrti — kara śmierci; kara na gardle (staropol.)

töten — usmrtit; zabít — zabi(ja)ć

Tötung, die — usmrcení; zabití — zabójstwo

tot — mrtvý — zmarły; martwy; *nie*żywy

Toter, der — mrtvý; *ne*božtík — zmarły; *nie*boszczyk; zabity

• ✧ **Totschlag, der** — zabití; vražda — zabójstwo; mężobójstwo/mężobojstwo (staropol.)

• ✧ **Totschlag, um** — o hlavu (staročes.); o mord (staročes.); za zabitého (staročes.); o smrtelnú ránu (staročes.) — o głowę (staropol.); o mężobójstwo/mężobojstwo (staropol.); uraniono (staropol.)

Trennung, die — oddělení; rozluka; odloučení — od-, rozdzielenie

Trennung der Ehe — rozloučení manželství — rozwód

Trennung von Rat und Schöffenstuhl — rozdělení rady a kmetské stolice — rozdzielenie rady miejskiej i ławy sądowej

treu — věrný; spolehlivý — wierny; lojalny

treubrüchig — věrolomný; *ne*věrný — wiarołomny

Treue, die — věrnost — wierność; lojalność

Treueid, der — přísaha věrnosti — przysięga na wierność

Treuepflicht, die — povinnost zachovat/zachovávat věrnost — obowiązek lojalności

treu*los* — *ne*věrný; zpronevěřilý — *nie*wierny

Treu*los*igkeit, die — *ne*věra; *ne*věrnost — *nie*wierność

U

Überbringer, der — doručitel; posel — oddawca (staropol.); doręczyciel

Übereinkommen, das; **Übereinkunft, die** — dohoda; úmluva; smlouva; ujednání — uzgodnienie; ugoda; układ; porozumienie; konwencja; umowa

***un*abhängig** — *ne*závislý; samostatný — *nie*zależny

***Un*abhängigkeit, die** — *ne*závislost; samostatnost — *nie*podległość; *nie*zależność

***un*ehelich** — *ne*manželský — *nie*ślubny

✧ ***un*ehelich geboren sein**; ***un*ehelicher Geburt sein** — (být) narozen mimo manželství/*ne*manželsky; být *ne*manželského rodu/z *ne*manželského lože/*ne*manželského původu — wyleganiec (staropol.), wyleganica (staropol.); (pochodzić) z nieprawego łoża

✧ ***un*ehelich geborene Frau** — žena *ne*manželského původu — wyleganica (niewiasta albo dziewka) (staropol.); dziecko z nieprawego łoża

✧ ***un*ehelich geborener Mann** — muž *ne*manželského původu; bastard — wyleganiec (staropol.); dziecko z nieprawego łoża

***Un*eheliche, die** {fem.Sg.} — *ne*manželská dcera, levobočka — *nie*ślubna; dziecko pozamałżenskie

***Un*ehelicher, der** — *ne*manželský syn; levoboček — *nie*ślubny; dziecko pozamałżenskie

***un*erlaubt** — *ne*dovolený; zakázaný — *nie*dozwolony

***un*frei** — ***ne*svobodný** — ***nie*wolny**

***Un*freie, die** — *ne*svobodná; *ne*volnice — *nie*wolna

***Un*freier, der** — *ne*svobodný; *ne*volník — *nie*wolny

***Un*freiheit, die** — *ne*volnictví — *nie*wola

Ergebung in *Un*freiheit — odevzdání do *ne*volnictví — oddanie w *nie*wolę

***un*gerechtfertigt** — *ne*oprávněný; *ne*odůvodněný — *nie*słuszny; *bez*podstawny

un**mündig** — *ne*zletilý; *ne*dospělý — małoletni; *nie*pełnoletni

Un**mündigkeit, die** — *ne*zletilost; *ne*dospělost; *ne*svéprávnost — małoletność; *nie*pełnoletność

un**recht** — *ne*správný; *ne*spravedlivý — *nie*słuszny; *nie*sprawiedliwy; *bez*prawny

un**rechtmäßig** — *bez*právný; *proti*právní; *proti*zákonný; *ne*zákonný — *nie*legalny; *nie*zgodny z prawem; *bez*prawny

Un**rechtmäßigkeit, die** — *ne*oprávněnost; *bez*právnost; *ne*zákonnost — *nie*zgodność z prawem; *nie*legalność; *bez*prawność

• ***Un*****schuld, die** — *ne*vina; *ne*vinnost; *bez*úhonnost — *nie*winność

un**schuldig, schuld*****los*** — *ne*vinný; *bez* viny; prostý viny — *nie*winny

Untergericht, das — nižší soud — sąd niższy

Unterhalt, der — obživa; živobytí; výživa — utrzymanie; alimentacja

Untervogt, der — podfojt — podwójci

✧ **Unterweisung, die** — naučení; poučení — nauczenie; nauka; pouczenie

Un**wahrheit, die** — *ne*pravda — *nie*prawda

• **Urfehde, die** [= Beendigung der Fehde] — úmluva — ? ? ?

Urfehdebruch, der [= Bruch einer gerichtlichen Sühne] — porušení soudního smíru/dohody — złamanie ugody sądowej

Urkunde, die — listina; dokument; doklad — źródło (prawa); dokument

urkundlich — listinný — udokumentowany

• ✧ **Urteil, das**; **Urteile, die** — rozsudek, rozsudky {Pl.}; nález, nálezy {Pl.}; ortel, ortely {Pl.}; ortele {Pl.} (staročes.) — ortel, ortyl, ortyle {Pl.} (staropol.); wyrok, wyroki {Pl.}

• **Urteil bescheiden** — ortel dávati (staročes.) — wyrok wydawać

Urteil, echtes — ortel/rozsudek, pravý — ortel, prawy (staropol.)

• **Urteil einbringen** — ortel vnésti (staročes.) — wyrok ogłaszać

✧ **Urteil (er)fragen** — vyžadovat/požadovat rozsudek — ortelu pytać (staropol.); prosić o wyrok

• ✧ **Urteil finden** — ortel/rozsudek najít/nacházet/nalézt/nalézat — ortel najć (staropol.); wyrok wynajdywać/(wynaleźć)

• **Urteil geben** — vydat/vynést ortel/rozsudek — wydać/wydawać wyrok; ortel wydawać (staropol.)

• **Urteil, gescholtenes/gestraftes** — ortel, štráfovaný (staročes.) — zaskarżony wyrok; naganiony ortel (staropol.); naganiony wyrok

• **Urteil, rechtes** — ortel/rozsudek, pravý — ortel, prawy (staropol.)

• ✧ **Urteil schelten/strafen** — štráfovati ortel (staročes.) — ortel łajać (staropol.); ganić/łajać wyrok; odwoływać się od wyroku

✧ **Urteil sprechen** — vynést/vyhlásit/vydat ortel/rozsudek — wyrzec ortel (staropol.); wydawać/ogłosić wyrok

• **mit dem Urteil ziehen** — po orteli se táhnúti (staročes.) — ? ? ?

urteilen — odsoudit; odsuzovat — wydać wyrok

Urteiler, der — soudce — wyrokujący

Urteilsfindung, die — vynesení/vynášení rozsudku — wynajdywanie wyroku

Urteilsformel, die — formule rozsudku/sentence — sentencja wyroku

Urteilsverkündung, die — vynesení/vynášení rozsudku — ogłoszenie wyroku

V

Vasall, der — vazal; man; leník — wasal

väterlicherseits — z otcovy strany; po otci/meči — po mieczu

Verbot, das — zákaz; obstávka — zakaz

Verbrechen, das — zločin — zbrodnia

Verbrecher, der — zločinec — przestępca; zbrodniarz

verbrecherisch — zločinný; zločinecký — przestępczy; zbrodniczy (-czo)

verbrennen — upálit — podpalać

Verbrennung, die — upálení — podpalenie

Verdacht, der — podezření — podejrzenie

Verdächtiger, der — podezřelý — podejrzany

vereidigen — vzít/brát pod přísahu — zaprzysięgać, zaprzysiąc

vereidigt — pod přísahou — zaprzysiężony; przysiężny

Vereidigung, die — vzetí pod přísahu — zaprzysiężenie; złożenie/(odebranie) przysięgi

• **vererben** — děditi (staročes.) — (o)dziedziczyć

Vererbung, die — odkázání; zůstavení dědictví — dziedziczenie

Verfahren, das — řízení; jednání; postup — postępowanie

Verfahren, gerichtliches — soudní proces/řízení — postępowanie sądowe

Verfassung, die; **Grundgesetz, das** — ústava; základní zákon — ustrój; konstytucja; ustawa zasadnicza

Verfehlung, die — pochybení; poklesek — uchybienie; przewinienie

• ✧ **verfesten** — zatvrditi (staročes.); zaforfestovati (staročes.); uvěznit; dát do achtu/do klatby; vyobcovat — proskrybować; wywołać spod prawa (staropol.); zaćwierdzić (staropol.); pozbawić ochrony prawnej w danym okręgu sądowym za niestawiennictwo w sądzie

• **Verfestung, die** — zatvrzenie (staročes.); dání do achtu (staročes.)/do klatby; vyobcování (MRB) — proskrypcja; wywołanie (staropol.); pozbawienie ochrony prawnej w danym okręgu sądowym za niestawiennictwo w sądzie

Verfolgung, die — pronásledování; stíhání; perzekuce — pościg; ściganie; prześladowanie

verfügen — spravovat; řídit; nakládat — zarządzać (-dzić)

Verfügung, die — nařízení; opatření; ustanovení; nakládání — zarządzenie; rozporządzenie

Vergabe, die — přidělení; zadání — wydawanie; powierzenie; zlecenie

vergelten — oplatit, odplatit — odpłacać (-cić)

Vergeltung, die [= Fehde] — odveta; odplata — odwet; odpłata

Vergeltung, als — v odvetu — w odwecie

Vergleich, der — srovnání; narovnání; vypořádání; smír — pojednanie; ugoda; układ

Vergleich unter den streitenden Parteien; [lat. **compositio**] — vyrovnání/narovnání/smír mezi znesvářenými stranami — ugoda między spierającymi się stronami

verhaften — zatknout; zatýkat — (za)aresztować

Verhaftung, die; **Festsetzung, die** — zatčení; vazba; uvěznění — uwięzienie; (za)aresztowanie

verhandeln — jednat; projednat — rozpozn(aw)ać; rozpatrywać (-trzyć)

Verhandlung, die — jednání; projednávání — rozprawa

Verhängen von Strafen, das — uvalení/uložení trestů — nakładanie/nałożenie kar

Verkauf, der — prodej — sprzedaż

verkaufen — prodat, prodávat — sprzeda(wa)ć

verklagen, beschuldigen — žalovat, zažalovat; obvinit; obviňovat; nařknout — skarżyć; obwiniać

verleihen (**eines Gutes**) — udělit/propůjčit (majetek) — nada(wa)ć (dobro)

Verleihung, die (**eines Gutes**) — udělení/propůjčení (majetku) — nadanie (dobra)

Verletzter, der — zraněný — pokrzywdzony; poszkodowany; zraniony

Verletzung, die — porušení; zranění; úraz — naruszenie; obrażenie; skrzywdzenie; zranienie

verleumden — pomluvit, pomlouvat; utrhat na cti — oczerniać; zniesławi(a)ć

Verleumdung, die — pomlouvání; pomluva; utrhání na cti — oszczerstwo; zniesławienie

Vermögen, das; **Habe, die**; **Gut, das** — jmění; majetek — imienie (staropol.); dobra; majątek; mienie

Vermögensrecht, das — majetkové právo — prawo majątkowe

vermögensrechtlich — majetkoprávní; majetkověprávní — prawno-majątkowy

Vermögensschaden, der — majetková škoda; škoda na majetku — szkoda majątkowa

Vermögensverlust, der — majetková ztráta; ztráta majetku — strata majątkowa

Verordnung, die — nařízení; ustanovení; vyhláška — zarządzenie

verpfänden — zastavit; dát do zástavy — zastawić

Verpfändung, die — zastavení; zástava — zastaw; ustanowienie zastawu

Verpflichtung, die — závazek; povinnost; závaznost — zobowiązanie; obowiązek; powinność

Verrat, der — zrada; prorada — zdrada

verraten — zradit, zrazovat — zdradzić, zdradzać

Verräter, der — zrádce — zdrajca

Verräterin, die — zrádkyně — zdrajczyni

Versammlung, die — shromáždění; schůze; hromada; sněm — zgromadzenie; zebranie

versenden — poslat, posílat; zaslat, zasílat — wys(y)łać

Versendung, die — posílání; zasílání; zásilka; zaslání — wysyłka

Verstoß, der — provinění; poklesek; chyba; omyl — naruszenie; uchybienie

verstümmeln — zmrzačit; zohavit; zkomolit — (o)kaleczyć

Verstümmelung, die — zmrzačení; zkomolení; zkomolenina — okaleczenie

Vertrag, der — smlouva; úmluva — umowa; układ

vertraglich — smluvní; podle smlouvy — umowny

Vertragsbruch, der — porušení smlouvy — zerwanie umowy

Vertragsrecht, das — smluvní právo — prawo o umowach; prawo zobowiązań

Vertragsstrafe, die — smluvní pokuta — kara umowna

Vertragsurkunde, die — listina smlouvy; smluvní listina/doklad — dokument umowy

Vertragsverletzung, die — porušení smlouvy — naruszenie umowy

Verwandter, der — příbuzný; přietel (staročes.) — krewny; przyrodzony; przyjaciel; bliski

Verwandtschaft, die — příbuzenstvo — pokrewieństwo (staropol.); krewni {Koll.}

Verwundung im gerichtlichen Zweikampf — zranění v soudním souboji — zranienie/pokonanie w pojedynku sądowym

• ✧ **Vogt, der** — fojt (staročes.); purkrabie (staročes.); (zemský) správce; místodržitel; rychtář (staročes.) — wójt

• **Vogt, oberster/höchster** — fojt, nejvyšší; fojt, najvyšší (staročes.) — ???

Vogtamt, das — úřad fojta; fojtský úřad — urząd wójta/wójtowski

Vogtbuch, das — fojtská kniha — księga wójtowska

• **Vogtding, das**; **Vogt(ei)gericht, das** — fojtský/obecní soud — sąd wójtowski

✧ **Vogtei, die** — fojtství — wójtowstwo

vollstrecken — vykonat — wykon(yw)ać

Vollstreckung, die (des Urteils) — vykonání; výkon; dovršení (rozsudku) — wykonanie (wyroku)

vorladen — předvolat — wezwać, wzywać

vor Gericht laden — předvolat před soud — pozywać do sądu; wezwać

Vorladung, die — předvolání; půhon — wezwanie

Vorlokationsstädte, die — předlokační města — miasta przedlokacyjne

• **Vormund, der** — poručník; ručitel; opatrovník — opiekalnik (staropol.); opiekun; kurator

✧ **Vormundschaft, die** — poručnictví; opatrovnictví; poručenství — opiekanie; opiekalnicstwo (staropol.); opieka; kuratela

Vorrecht, das; **Privileg, das** — přednostní/výhradní právo; výsada; výhoda; přednost; privilegium — prawo pierwszeństwa; przywilej; bliższość do dowodu

Vorsatz, der — úmysl; záměr — zamiar; zamysł

vorsätzlich — úmyslný; záměrný — umyślny

✧ **vorstehen** [= Vormund sein] — opatrovat; být poručníkem/opatrovníkem — opiekać (staropol.); opiekować się; sprawować opiekę/kuratelę

W

Wachs, das — vosk — wosk

mit rotem Wachs besiegeln — zapečetit červeným voskem — pieczętować czerwonym woskiem

Waffe, die — zbroj; zbraň — (ostra) broń

✧ **mit gezogener Waffe** — s vytasenou zbraní — z ostrą bronią

• **Wahl, die**; **Kür, die** — vóle (staročes.); volba — wybór, wybory {Pl.}; kiera (staropol.)

• **wählen, kiesen** — volit; voliti (staročes.) — wyb(ie)rać

Wähler, der — volič — wyborca

gewählt werden — (být) zvolen — być wybranym

wählbar (sein) — volitelný; schopný být zvolen — posiadać zdolność do wyboru (do bycia wybranym)

Waise, die — sirotek, sirotci {Pl.} — sierota

✧ **weg(e)fertig** — připraven na cestu — podróżny; gotowy do drogi

• **Weichbild, das** — vikpild (staročes.) — prawo miejskie majdeburskie (staropol.)

außerhalb des Weichbildes der Stadt — mimo vikpilda (staročes.) — poza obrębem miasta

• **im Weichbild der Stadt** — v vikpildě (staročes.) — w obrębie miasta

• ✧ **Weichbildrecht, das** — vikpild*ské*/vikpild*ové* právo (staročes.) — prawo Weichbildu/niemieckie/miejskie

Weistum, das — právní rada — pouczenie prawne

• ✧ **Wergeld, das**; **Manngeld, das** — vergelt (staročes.); pokuta/pokuty {Pl.} za zabití (MRB) — wargielt (staropol.); wergeld (staropol.); główszczyzna

Wergeldschuldner, der — dlužník pokuty za zabití — winny zapłaty główszczyzny

• (**jmd.**) **wetten** — vetovati (komu) (staročes.)/propadnúti (staročes.)/proviniti (staročes.) — opłacać w sądzie; wetować (staropol.)

• **wīchhūs, das** — vikúš (staročes.); vichúz (staročes.) — ? ? ?

• **wīchvride, der** — vitfride (staročes.) — ? ? ?

• **Widerrede, die**; **Widerspruch, der** (**vor Gericht**) — narčenie (staročes.); přiekaza (staročes.); otpor (staročes.) — sprzeciw

✧ **widersprechen** — vznést námitky; odmlouvat; odpírat komu — przeczyć, zaprzeczać; przeciw temu rzeć

Widerstandsrecht, das — právo odporu — prawu sprzeciwu

wiedergutmachen — napravit; odčinit — (za)płacić odszkodowanie; zadośćuczynić

Wiedergutmachung, die — napravení; náprava; odčinění — kompensata; odszkodowanie; zadośćuczynienie

Wiedervergeltungsrecht, das [= Talion] — právo odvety/odplaty/talionu — prawo talionu/odwetu

Wilderei, die — pytláctví — kłusownictwo

Wilderer, der — pytlák — kłusownik

wildern — pytlačit — kłusować

• ✧ **Willkür, die** — vůle; svolenie (staročes.) — wilkierz (staropol.)

auf der Grundlage der Willkür — na základě vůle — na podstawie wilkierza

• **Witwe, die**; **Witwen, die** — vdova, vdovy {Pl.} — wdowa, wdowy {Pl.}

• **Witwen und Waisen** — vdovy a sirotci — sieroty i wdowy 'Waisen und Witwen'

Witwer, der — vdovec — wdowiec

verwitwet — ovdovělý {mask.}, ovdovělá {fem.} — owdowiały/-a

Wochenmarkt, der — týdenní trh — targ cotygodniowy

Wucher, der — lichva; lichvářství — lichwa

Wucherer, der — lichvář — lichwiarz

• ✧ **Wunde, die**; **Wunden, die** — rána, rány {Pl.} — rana, rany {Pl.}

Wunde, blutende — rána, krvavá — rana, krwawa

Wunde, einfache — rána, jednoduchá — rana, prosta

Wunde, schwere — rána, těžká — rana, ciężka

Wunde, tödliche — rána, smrtelná — rana, śmiertna (staropol.)/(śmiertelna)

Wurzel, die — kořen — korzeń

aus wilder Wurzel — na zeleném drnu — na surowym korzeniu

Z

Zahlung(**en**), **die** — placení; platba — płatność; zapłata

✧ **Zeit, die** — čas; doba — czas

• ✧ **Zeuge, der**; **Zeugen, die** — svědek, svědci {Pl.} — świadek, świadki {Pl.}; świadkowie {Pl.}

Zeugenaussage, die — svědectví; svědecká výpověď — zeznanie świadka

Zeugenbank, die — lavice svědků — ława (dla) świadków

Zeugenbeweis, der — důkaz od svědků; svědecký důkaz — dowód ze świadków

Zeugenvernehmung, die — výslech svědka — przesłuchanie świadków

• ✧ **Zeugnis, das (vor Gericht)** — svědectví; osvědčení; svědomie (staročes.) — świadectwo

Zeugnis ablegen — podat/podávat svědectví; svědčit — dać świadectwo

✧ **Zins, der** — úrok; plat; důchod; nájemné — czynsz

• **Zinsgut, das** — úroční; úročné/úročnie zbožie (staročes.) — dobro czynszowe; imiennie czynszowe (staropol.)

Zuflucht, die — útočiště; ochrana — schronienie

Zufluchtsort, der — útočiště; útulek — miejsce schronienia

Zunft, die; Innung, die — cech, cechy {Pl.} — cech, cechy {Pl.}

Zunftbuch, das — cechovní kniha — księga cechowa

Zunftgericht, das; Innungsgericht, das — cechovní soud — sąd cechowy

Zunftmeister, der/die — cechmistr; starší cechu {Sg., Pl.} — starszy cechowy, starsi cechowi {Pl.}

Zunftordnung(en), die — cechovní řád — statuty cechowe

Zunftzeichen, das — cechovní znak — insygnia cechowe; znak cechowy

Zunge, die — jazyk — język

Zungenablösung, die — vytržení jazyka — wyrwanie języka

zurechnungsfähig — příčetný; odpovědný; svéprávný — poczytalny

Zurechnungsfähigkeit, die — příčetnost; svéprávnost — poczytalność

zurechnungs*un*fähig — *ne*svéprávný — *nie*poczytalny

Zurechnungs*un*fähige(r), der/die — *ne*-svéprávný {mask.}/*ne*svéprávná {fem.} — *nie*poczytalny/-a

Zweifel, der — pochyba; pochybnost — wątpliwość

zweifelhaft — pochybný — wątpliwy

Zweifelsfall, der — sporný případ — wątpliwy wypadek

Zweifelsfall, im — ve sporném případě — w razie wątpliwości

Zweikampf, der — souboj — pojedynek

Zweikämpfer, der — účastník souboje; soubojník — pojedynkujący się

Zweischwerterlehre, die — učení o dvou mečích — teoria dwóch mieczy

7. Tschechisch-polnisch-deutsches Wörterverzeichnis der Rechtstermini[19]

8. Polnisch-tschechisch-deutsches Wörterverzeichnis der Rechtstermini[20]

[19] Siehe Hinweis auf *S. 397, FN 1*. Das digitale Wörterverzeichnis findet sich unter folgender Webadresse: ‹ https://smr.saw-leipzig.de/woerterbuch.html ›.

[20] Siehe Hinweis auf *S. 397, FN 1*. Das digitale Wörterverzeichnis findet sich unter folgender Webadresse: ‹ https://smr.saw-leipzig.de/woerterbuch.html ›.

II. Verzeichnisse ausgewählter Titel relevanter Rechtsquellen und Textsammlungen

Vorbemerkungen

Auch diese Verzeichnisse nennen, wie schon die Wörterverzeichnisse der Rechtstermini (s. o. *F.I.*), neben den deutschen und tschechischen noch die aus der Bearbeitung zum deutsch-polnischen Vergleich[21] bereits vorliegenden Titel und Rechtsquellen und haben, ebenfalls wie die Wörterverzeichnisse der Rechtstermini (s. o. *F.I.*), ihren Ausgangspunkt in den entsprechenden deutsch-polnischen bzw. polnisch-deutschen Verzeichnissen[22]

Die tschechischen Entsprechungen des Verzeichnisses stützen sich überwiegend auf die Übersicht in der Bearbeitung des Meißner Rechtsbuches[23] durch Vladimír Spáčil und Libuše Spáčilová. Darüber hinaus hat Frau Prof. Libuše Spáčilová (Olomouc/Olmütz) zahlreiche Ergänzungen tschechischer Entsprechungen beigesteuert, wofür wir ihr herzlich danken.

1. Deutsch-tschechisch-polnisches Verzeichnis

Abecedarium des Jacobus Kožený — Abecedář Jakuba Koženého — Abecedarium Jakuba Kožený'ego

Der Alte Kulm — Staré Chelmno [Kulm: *Chelmno*] — Prawo Starochełmińskie [Kulm: *Chełmno*]

Augsburger Sachsenspiegel — Augsburské Saské zrcadlo [Augsburg: *Augsburg*] — Augsburskie Zwierciadło saskie

Berliner Schöffenrecht — Berlínské právo přísežných (šefů) [Berlin: *Berlín*] — Berlińskie prawo ławnicze

Blume des Sachsenspiegels — Květ Saského zrcadla — Kwiat Zwierciadła saskiego

Blume von Magdeburg — Květ Magdeburku [Magdeburg: *Magdeburk*] — Kwiat Magdeburga

Bocksdorf'sche Glosse — Glosy bocksdorfské — Bocksdorfskie głosy

Breslauer Landrecht — Vratislavské zemské právo [Breslau: *Vratislav*] — Prawo ziemskie wrocławskie [Breslau: *Wrocław*]

Brünner Stadtrecht — Brněnské městské právo [Brünn: *Brno*] — Księga prawa miejskiego Brna

---

[21] Vgl. BILY, Deutsch-polnisches und polnisch-deutsches Verzeichnis ausgewählter Titel relevanter Rechtsquellen und Textsammlungen, in: ISMIO Bd. 2, S. 393 f.

[22] Ebd.

[23] SPÁČIL, SPÁČILOVÁ, Míšeňská právní kniha. Historický kontext, jazykový rozbor, edice/Das Meißner Rechtsbuch. Historischer Kontext, linguistische Analyse, Edition, 2010: 6.2. Právní knihy ovlivněné Saským zrcadlem, S. 40–57.

Buch des Magdeburger Rechts — Kniha magdeburského práva — Księga prawa magdeburskiego

Buch'sche Glosse — Buchovy Glosy — Buchskie głosy

Danziger Schöffenbuch — Gdaňská kniha přísežných (šefů) [Danzig: *Gdaňsk*] — Gdańska księga ławnicza [Danzig: *Gdańsk*]

Deutschenspiegel — Zrcadlo všech německých lidí — Zwierciadło niemieckie

Eisenacher Rechtsbuch — Eisenašská právní kniha [Eisenach: *Eisenach*] — Księga prawa Eisenacha

Elbinger Rechtsbuch — Elbinská právní kniha [Elbing: *Elbing*] — Księga prawa Elbląga [Elbing: *Elbląg*]

Frankenspiegel; **Kleines Kaiserrecht** — Francké zrcadlo; Zrcadlo Franků; Malé císařské právo — Zwierciadło Franków; Małe cesarskie prawo

Freiberger Stadtrechtsbuch — Městská právní kniha Freibergu [Freiberg: *Freiberg*] — Księga prawa miejskiego Freibergu

Freisinger Rechtsbuch — Freisingská právní kniha [Freising: *Freising*] — Księga prawa Freisinga

Glogauer Rechtsbuch — Hlohovská právní kniha [Glogau: *Hlohov*] — Księga prawa Głogowa [Glogau: *Głogów*]

Görlitzer Rechtsbuch — Zhořelecká právní kniha [Görlitz: *Zhořelec*] — Przepisy i pouczenia Magdeburga dla Zgorzelca; Księga prawa Zgorzelca [Görlitz: *Zgorzelec*]

Greifswalder Abecedarium — Greifswaldský abecedář [Greifswald: *Greifswald*] — Greifswaldski Abecedariusz

Holländischer Sachsenspiegel — Holandské Saské zrcadlo [Holland: *Holandsko*] — Holenderskie Zwierciadło saskie

Kulmer Handfeste; **Kulmer Privileg** — Chelmenská listina; Chelmenské privilegium — Przywilej Chełmiński

Kulmer Recht — Chelmenské právo — Prawo Chełmińskie

Landläufige Kulmische Rechte — Chelmenská práva v zemi obvyklá — Prawo ziemskie Chełmińskie

Liegnitzer Stadtrechtsbuch — Lehnická městská právní kniha [Liegnitz: *Lehnice*] — Księga prawa Legnicy [Liegnitz: *Legnica*]

Livländischer Spiegel — Livonské zrcadlo [Livland: *Livonsko*] — Inflanckie Zwierciadło [Livland: *Inflanty*]

Löwenberger Rechtsbuch — Právní kniha Löwenbergu [Löwenberg: *Löwenberg*] — Księga prawa Lwówka [Löwenberg: *Lwówek Śląski*]

Magdeburger Fragen/Urteile — Magdeburské otázky/rozsudky — Ortyle magdeburskie

Magdeburger Recht; **Magdeburger Weichbildrecht** — Magdeburské právo; magdeburské vikpildní právo — Prawo magdeburskie/majdborskie (staropol.)/niemieckie/miejskie

Magdeburger Rechtsmitteilung — Magdeburské právní naučení — Pouczenie prawne z Magdeburga

Magdeburger Schöffenrecht — Magdeburské právo přísežných (kmetů) — Magdeburskie prawo ławnicze

Magdeburger Stadtrecht; **Magdeburger Weichbildrecht** — Magdeburské městské právo; magdeburské vikpildní právo — Weichbild magdeburski

Magdeburg-Breslauer systematisches Schöffenrecht — Magdebursko-vratislavské systematické právo přísežných (kmetů) — Magdebursko-wrocławskie systematyczne prawo ławnicze

Magdeburg-Breslauer *un*systematisches Schöffenrecht — Magdebursko-vratislavské *ne*systematické právo přísežných (šefů) — Magdebursko-wrocławskie *nie*systematyczne prawo ławnicze

Meißner Rechtsbuch — Míšeňská právní kniha [Meißen: *Míšeň*] — Księga prawa miśnieńskiego; Księga prawa Miśni

Mühlhäuser Rechtsbuch — Mühlhausenská právní kniha [Mühlhausen: *Mühlhausen*] — Księga prawa Mühlhausena

Neumarkter Recht — Právo Středy [Neumarkt: *Středa*] — Prawo średzkie [Neumarkt: *Środa Śląska*]

Neumarkter Rechtsbuch — Právní kniha Středy — Księga prawa Środy Śląskiej

Neun Bücher des Magdeburger Rechts (Poelmannsche Distinktionen) — Devět knih magdeburského práva (Pölmanovy Distinkce) — Dziewięć ksiąg prawa Magdeburskiego (Distinkcie Poelmanna)

Ofner Stadtrechtsbuch — Městská právní kniha Budy — Księga prawa miejskiego Budy

Petrinische Glosse — Glosa Petrusa de Posena — Głosa Petrusa de Posena

Privileg nach Magdeburger Recht — Privilegium podle magdeburského práva — Przywilej prawa magdeburskiego

Posener Rechtsbuch — Poznaňská právní kniha [Posen: *Poznaň*] — Księga prawa miejskiego Poznania [Posen: *Poznań*]

Der rechte Weg, Summa der rechte Weg genannt — Pravá cesta; Sbírka zvaná Pravá cesta — Prawa droga; Zbiór zwana Prawa droga

Rechtsbuch der Stadt Herford — Herfordská městská právní kniha [Herford: *Herford*] — Księga prawa miejskiego Herforda

Rechtsbuch des Gerichtsverfahrens — Právní kniha soudního řízení — Księga prawa postępowania sądowego

Rechtsmitteilung der Magdeburger Schöffen — Právní naučení magdeburských přísežných (kmetů) — Pouczenie prawne ławników magdeburskich

Rechtsmitteilungen Magdeburgs für Breslau — Právní naučení z Magdeburku pro Vratislav — Pouczenia prawne Magdeburga dla Wrocławia

Rechtsmitteilungen Magdeburgs für Schweidnitz — Právní naučení z Magdeburku pro Svídnici [Schweidnitz: *Svídnice*] — Pouczenia prawne Magdeburga dla Świdnicy [Schweidnitz: *Świdnica*]

Richtsteig Landrechts — Správná stezka zemského práva — Proces ziemski

Richtsteig Lehnrechts — Správná stezka lenního práva — Proces lenny

Sachsenspiegel — Saské zrcadlo — Zwierciadło saskie

Sächsisches Landrecht — Saské zemské právo — Prawo ziemskie saskie/(saksońskie)

Sammlung des Sächsisch-magdeburgischen Rechts und der Glossen — Sbírka sasko-magdeburského práva a glos — Zbiór prawa sasko-magdeburskiego i glos

Sammlungen des Magdeburger Rechts — Sbírky magdeburského práva — Zbiór prawa Magdeburskiego

Schlesische Sammlung — Slezská sbírka — Śląski zbiór

Schwabenspiegel — Švábské zrcadlo — Zwierciadło szwabskie

Silleiner (Stadt)Rechtsbuch — Žilinská (městská) právní kniha [Sillein: *Žilina*] — Księga prawa miejskiego Żiliny [Sillein: *Żilina*]

Stendaler Glosse — Stendalské glosy [Stendal: *Stendal*] — ? ? ?

Systematischer Sachsenspiegel — Systematické Saské zrcadlo — Systematyczne Zwierciadło saskie

Troppauer Rechtsbuch — Opavská právní kniha [Troppau: *Opava*] — Księga prawa miejskiego Opavy

Weichbildchronik — Vikpildní kronika — Kronika prawa miejskiego majdeburskiego

Weichbildrecht — Vikpildní právo (Právní kniha soudního řízení) — Prawo miejskie majdeburskie

Weichbildvulgata (Sächsisches Weichbild) — Vikpildní vulgata (Saský vikpild) — Wulgata prawa miejskiego majdeburskiego (Saksoński Weichbild)

Wurm'sche Glosse — Wurmovy glosy — Wurmowe Głosy

Zipser Statut — Spišská statuta [Zips: *Spiš*] — Statut Spisza [Zips: *Spisz*]

Zwickauer (Stadt)Rechtsbuch — Cvikovská (městská) právní kniha [Zwickau: *Cvikov*] — Księga prawa miejskiego Cwikowa [Zwickau: *Cwikow*]

2. Tschechisch-polnisch-deutsches Verzeichnis

Abecedář Jakuba Koženého — Abecedarium Jakuba Kožený'ego — Abecedarium des Jacobus Kožený

Augsburské Saské zrcadlo [Augsburg: *Augsburg*] — Augsburskie Zwierciadło saskie — Augsburger Sachsenspiegel

Berlínské právo přísežných (šefů) [Berlin: *Berlín*] — Berlińskie prawo ławnicze — Berliner Schöffenrecht

Brněnské městské právo [Brünn: *Brno*] — Księga prawa miejskiego Brna — Brünner Stadtrecht

Buchovy Glosy — Buchskie głosy — Buch'sche Glosse

Chelmenská listina; **Chelmenské privilegium** — Przywilej Chełmiński — Kulmer Handfeste; Kulmer Privileg

Chelmenská práva v zemi obvyklá — Prawo ziemskie Chełmińskie — Landläufige Kulmische Rechte

Chelmenské právo — Prawo Chełmińskie — Kulmer Recht

Cvikovská (městská) právní kniha [Zwickau: *Cvikov*] — Księga prawa miejskiego Cwikowa [Zwickau: *Cwikow*] — Zwickauer (Stadt)Rechtsbuch

Devět knih magdeburského práva (Pölmanovy Distinkce) — Dziewięć ksiąg prawa Magdeburskiego (Distinkcie Poelmanna) — Neun Bücher des Magdeburger Rechts (Poelmannsche Distinktionen)

Eisenašská právní kniha [Eisenach: *Eisenach*] — Księga prawa Eisenacha — Eisenacher Rechtsbuch

Elbinská právní kniha [Elbing: *Elbing*] — Księga prawa Elbląga [Elbing: *Elbląg*] — Elbinger Rechtsbuch

Francké zrcadlo; **Zrcadlo Franků**; **Malé císařské právo** — Zwierciadło Franków; Małe cesarskie prawo — Frankenspiegel; Kleines Kaiserrecht

Freisingská právní kniha [Freising: *Freising*] — Księga prawa Freisinga — Freisinger Rechtsbuch

Gdaňská kniha přísežných (šefů) [Danzig: *Gdaňsk*] — Gdańska księga ławnicza [Danzig: *Gdańsk*] — Danziger Schöffenbuch

Glosa Petrusa de Posena — Głosa Petrusa de Posena — Petrinische Glosse

Glosy bocksdorfské — Bocksdorfskie głosy — Bocksdorf'sche Glosse

Greifswaldský abecedář [Greifswald: *Greifswald*] — Greifswaldski Abecedariusz — Greifswalder Abecedarium

Herfordská městská právní kniha [Herford: *Herford*] — Księga prawa miejskiego Herforda — Rechtsbuch der Stadt Herford

Hlohovská právní kniha [Glogau: *Hlohov*] — Księga prawa Głogowa [Glogau: *Głogów*] — Glogauer Rechtsbuch

Holandské Saské zrcadlo [Holland: *Holandsko*] — Holenderskie Zwierciadło saskie — Holländischer Sachsenspiegel

Květ Magdeburku [Magdeburg: *Magdeburk*] — Kwiat Magdeburga — Blume von Magdeburg

Květ Saského zrcadla — Kwiat Zwierciadła saskiego — Blume des Sachsenspiegels
Kniha magdeburského práva — Księga prawa magdeburskiego — Buch des Magdeburger Rechts

Lehnická městská právní kniha [Liegnitz: *Lehnice*] — Księga prawa Legnicy [Liegnitz: *Legnica*] — Liegnitzer Stadtrechtsbuch
Livonské zrcadlo [Livland: *Livonsko*] — Inflanckie Zwierciadło [Livland: *Inflanty*] — Livländischer Spiegel

Magdeburské městské právo; magdeburské vikpildní právo — Weichbild magdeburski — Magdeburger Stadtrecht; Magdeburger Weichbildrecht
Magdeburské otázky/rozsudky — Ortyle magdeburskie — Magdeburger Fragen/ Urteile
Magdeburské právní naučení — Pouczenie prawne z Magdeburga — Magdeburger Rechtsmitteilung
Magdeburské právo; magdeburské vikpildní právo — Prawo magdeburskie/ majdborskie (staropol.)/niemieckie/miejskie — Magdeburger Recht; Magdeburger Weichbildrecht
Magdeburské právo přísežných (kmetů) — Magdeburskie prawo ławnicze — Magdeburger Schöffenrecht
Magdebursko-vratislavské ***ne*****systematické právo přísežných (šefů)** — Magdebursko-wrocławskie *nie*systematyczne prawo ławnicze — Magdeburg-Breslauer *un*systematisches Schöffenrecht
Magdebursko-vratislavské systematické právo přísežných (kmetů) — Magdebursko-wrocławskie systematyczne prawo ławnicze — Magdeburg-Breslauer systematisches Schöffenrecht
Městská právní kniha Budy — Księga prawa miejskiego Budy — Ofner Stadtrechtsbuch
Městská právní kniha Freibergu [Freiberg: *Freiberg*] — Księga prawa miejskiego Freibergu — Freiberger Stadtrechtsbuch
Míšeňská právní kniha [Meißen: *Míšeň*] — Księga prawa miśnieńskiego; Księga prawa Miśni — Meißner Rechtsbuch
Mühlhausenská právní kniha [Mühlhausen: *Mühlhausen*] — Księga prawa Mühlhausena — Mühlhäuser Rechtsbuch

Opavská právní kniha [Troppau: *Opava*] — Księga prawa miejskiego Opavy — Troppauer Rechtsbuch

Poznaňská právní kniha [Posen: *Poznaň*] — Księga prawa miejskiego Poznania [Posen: *Poznań*] — Posener Rechtsbuch
Pravá cesta; Sbírka zvaná Pravá cesta — Prawa droga; Zbiór zwana Prawa droga — Der rechte Weg, Summa der rechte Weg genannt
Právní kniha Löwenbergu [Löwenberg: *Löwenberg*] — Księga prawa Lwówka [Löwenberg: *Lwówek Śląski*] — Löwenberger Rechtsbuch

Právní kniha soudního řízení — Księga prawa postępowania sądowego — Rechtsbuch des Gerichtsverfahrens

Právní kniha Středy — Księga prawa Środy Śląskiej — Neumarkter Rechtsbuch

Právní naučení magdeburských přísežných (kmetů) — Pouczenie prawne ławników magdeburskich — Rechtsmitteilung der Magdeburger Schöffen

Právní naučení z Magdeburku pro Svídnici [Schweidnitz: *Svídnice*] — Pouczenia prawne Magdeburga dla Świdnicy [Schweidnitz: *Świdnica*] — Rechtsmitteilungen Magdeburgs für Schweidnitz

Právní naučení z Magdeburku pro Vratislav — Pouczenia prawne Magdeburga dla Wrocławia — Rechtsmitteilungen Magdeburgs für Breslau

Právo Středy [Neumarkt: *Středa*] — Prawo średzkie [Neumarkt: *Środa Śląska*] — Neumarkter Recht

Privilegium podle magdeburského práva — Przywilej prawa magdeburskiego — Privileg nach Magdeburger Recht

Saské zemské právo — Prawo ziemskie saskie/(saksońskie) — Sächsisches Landrecht

Saské zrcadlo — Zwierciadło saskie — Sachsenspiegel

Sbírka sasko-magdeburského práva a glos — Zbiór prawa sasko-magdeburskiego i glos — Sammlung des Sächsisch-magdeburgischen Rechts und der Glossen

Sbírky magdeburského práva — Zbiór prawa Magdeburskiego — Sammlungen des Magdeburger Rechts

Slezská sbírka — Śląski zbiór — Schlesische Sammlung

Spišská statuta [Zips: *Spiš*] — Statut Spisza [Zips: *Spisz*] — Zipser Statut

Správná stezka lenního práva — Proces lenny — Richtsteig Lehnrechts

Správná stezka zemského práva — Proces ziemski — Richtsteig Landrechts

Staré Chelmno [Kulm: *Chelmno*] — Prawo Starochełmińskie [Kulm: *Chełmno*] — Der Alte Kulm

Stendalské glosy [Stendal: *Stendal*] — ? ? ? — Stendaler Glosse

Švábské zrcadlo — Zwierciadło szwabskie — Schwabenspiegel

Systematické Saské zrcadlo — Systematyczne Zwierciadło saskie — Systematischer Sachsenspiegel

Vikpildní kronika — Kronika prawa miejskiego majdeburskiego — Weichbildchronik

Vikpildní právo (Právní kniha soudního řízení) — Prawo miejskie majdeburskie — Weichbildrecht

Vikpildní vulgata (Saský vikpild) — Wulgata prawa miejskiego majdeburskiego (Saksoński Weichbild) — Weichbildvulgata (Sächsisches Weichbild)

Vratislavské zemské právo [Breslau: *Vratislav*] — Prawo ziemskie wrocławskie [Breslau: *Wrocław*] — Breslauer Landrecht

Wurmovy glosy — Wurmowe Głosy — Wurm'sche Glosse

Zhořelecká právní kniha [Görlitz: *Zhořelec*] — Przepisy i pouczenia Magdeburga dla Zgorzelca; Księga prawa Zgorzelca [Görlitz: *Zgorzelec*] — Görlitzer Rechtsbuch

Žilinská (městská) právní kniha [Sillein: *Žilina*] — Księga prawa miejskiego Żiliny [Sillein: *Żilina*] — Silleiner (Stadt)Rechtsbuch
Zrcadlo všech německých lidí — Zwierciadło niemieckie — Deutschenspiegel

3. Polnisch-tschechisch-deutsches Verzeichnis

Abecedarium Jakuba Kożený'ego — Abecedář Jakuba Koženého — Abecedarium des Jacobus Kožený
Augsburskie Zwierciadło saskie — Augsburské Saské zrcadlo [Augsburg: *Augsburg*] — Augsburger Sachsenspiegel

Berlińskie prawo ławnicze — Berlínské právo přísežných (šefů) [Berlin: *Berlín*] — Berliner Schöffenrecht
Bocksdorfskie głosy — Glosy bocksdorfské — Bocksdorf'sche Glosse
Buchskie głosy — Buchovy Glosy — Buch'sche Glosse

Dziewięć ksiąg prawa Magdeburskiego (Distinkcie Poelmanna) — Devět knih magdeburského práva (Pölmanovy Distinkce) — Neun Bücher des Magdeburger Rechts (Poelmannsche Distinktionen)

Gdańska księga ławnicza [Danzig: *Gdańsk*] — Gdaňská kniha přísežných (šefů) [Danzig: *Gdaňsk*] — Danziger Schöffenbuch
Głosa Petrusa de Posena — Glosa Petrusa de Posena — Petrinische Glosse
Greifswaldski Abecedariusz — Greifswaldský abecedář [Greifswald: *Greifswald*] — Greifswalder Abecedarium

Holenderskie Zwierciadło saskie — Holandské Saské zrcadlo [Holland: *Holandsko*] — Holländischer Sachsenspiegel

Inflanckie Zwierciadło [Livland: *Inflanty*] — Livonské zrcadlo [Livland: *Livonsko*] — Livländischer Spiegel

Kronika prawa miejskiego majdeburskiego — Vikpildní kronika — Weichbildchronik
Księga prawa Eisenacha — Eisenašská právní kniha [Eisenach: *Eisenach*] — Eisenacher Rechtsbuch
Księga prawa Elbląga [Elbing: *Elbląg*] — Elbinská právní kniha [Elbing: *Elbing*] — Elbinger Rechtsbuch
Księga prawa Freisinga — Freisingská právní kniha [Freising: *Freising*] — Freisinger Rechtsbuch
Księga prawa Głogowa [Glogau: *Głogów*] — Hlohovská právní kniha [Glogau: *Hlohov*] — Glogauer Rechtsbuch
Księga prawa Legnicy [Liegnitz: *Legnica*] — Lehnická městská právní kniha [Liegnitz: *Lehnice*] — Liegnitzer Stadtrechtsbuch
Księga prawa Lwówka [Löwenberg: *Lwówek Śląski*] — Právní kniha Löwenbergu [Löwenberg: *Löwenberg*] — Löwenberger Rechtsbuch

Księga prawa magdeburskiego — Kniha magdeburského práva — Buch des Magdeburger Rechts

Księga prawa miejskiego Brna — Brněnské městské právo [Brünn: *Brno*] — Brünner Stadtrecht

Księga prawa miejskiego Budy — Městská právní kniha Budy — Ofner Stadtrechtsbuch

Księga prawa miejskiego Cwikowa [Zwickau: *Cwikow*] — Cvikovská (městská) právní kniha [Zwickau: *Cvikov*] — Zwickauer (Stadt)Rechtsbuch

Księga prawa miejskiego Freibergu — Městská právní kniha Freibergu [Freiberg: *Freiberg*] — Freiberger Stadtrechtsbuch

Księga prawa miejskiego Herforda — Herfordská městská právní kniha [Herford: *Herford*] — Rechtsbuch der Stadt Herford

Księga prawa miejskiego Opavy — Opavská právní kniha [Troppau: *Opava*] — Troppauer Rechtsbuch

Księga prawa miejskiego Poznania [Posen: *Poznań*] — Poznaňská právní kniha [Posen: *Poznaň*] — Posener Rechtsbuch

Księga prawa miejskiego Żiliny [Sillein: *Żilina*] — Žilinská (městská) právní kniha [Sillein: *Žilina*] — Silleiner (Stadt)Rechtsbuch

Księga prawa miśnieńskiego; **Księga prawa Miśni** — Míšeňská právní kniha [Meißen: *Míšeň*] — Meißner Rechtsbuch

Księga prawa Mühlhausena — Mühlhausenská právní kniha [Mühlhausen: *Mühlhausen*] — Mühlhäuser Rechtsbuch

Księga prawa postępowania sądowego — Právní kniha soudního řízení — Rechtsbuch des Gerichtsverfahrens

Księga prawa Środy Śląskiej — Právní kniha Středy — Neumarkter Rechtsbuch

Kwiat Zwierciadła saskiego — Květ Saského zrcadla — Blume des Sachsenspiegels

Kwiat Magdeburga — Květ Magdeburku [Magdeburg: *Magdeburk*] — Blume von Magdeburg

Magdeburskie prawo ławnicze — Magdeburské právo přísežných (kmetů) — Magdeburger Schöffenrecht

Magdebursko-wrocławskie *nie*systematyczne prawo ławnicze — Magdebursko-vratislavské *ne*systematické právo přísežných (šefů) — Magdeburg-Breslauer *un*systematisches Schöffenrecht

Magdebursko-wrocławskie systematyczne prawo ławnicze — Magdebursko-vratislavské systematické právo přísežných (kmetů) — Magdeburg-Breslauer systematisches Schöffenrecht

Ortyle magdeburskie — Magdeburské otázky/rozsudky — Magdeburger Fragen/ Urteile

Pouczenie prawne ławników magdeburskich — Právní naučení magdeburských přísežných (kmetů) — Rechtsmitteilung der Magdeburger Schöffen

Pouczenie prawne z Magdeburga — Magdeburské právní naučení — Magdeburger Rechtsmitteilung

Pouczenia prawne Magdeburga dla Świdnicy [Schweidnitz: *Świdnica*] — Právní naučení z Magdeburku pro Svídnici [Schweidnitz: *Svídnice*] — Rechtsmitteilungen Magdeburgs für Schweidnitz

Pouczenia prawne Magdeburga dla Wrocławia — Právní naučení z Magdeburku pro Vratislav — Rechtsmitteilungen Magdeburgs für Breslau

Prawa droga; **Zbiór zwana Prawa droga** — Pravá cesta; Sbírka zvaná Pravá cesta — Der rechte Weg, Summa der rechte Weg genannt

Prawo Chełmińskie — Chelmenské právo — Kulmer Recht

Prawo magdeburskie/majdborskie (staropol.)/niemieckie/miejskie — Magdeburské právo; magdeburské vikpildní právo — Magdeburger Recht; Magdeburger Weichbildrecht

Prawo miejskie majdeburskie — Vikpildní právo (Právní kniha soudního řízení) — Weichbildrecht

Prawo średzkie [Neumarkt: *Środa Śląska*] — Právo Středy [Neumarkt: *Středa*] — Neumarkter Recht

Prawo Starochełmińskie [Kulm: *Chełmno*] — Staré Chelmno [Kulm: *Chelmno*] — Der Alte Kulm

Prawo ziemskie Chełmińskie — Chelmenská práva v zemi obvyklá — Landläufige Kulmische Rechte

Prawo ziemskie saskie/(saksońskie) — Saské zemské právo — Sächsisches Landrecht

Prawo ziemskie wrocławskie [Breslau: *Wrocław*] — Vratislavské zemské právo [Breslau: *Vratislav*] — Breslauer Landrecht

Proces lenny — Správná stezka lenního práva — Richtsteig Lehnrechts

Proces ziemski — Správná stezka zemského práva — Richtsteig Landrechts

Przepisy i pouczenia Magdeburga dla Zgorzelca; **Księga prawa Zgorzelca** [Görlitz: *Zgorzelec*] — Zhořelecká právní kniha [Görlitz: *Zhořelec*] — Görlitzer Rechtsbuch

Przywilej Chełmiński — Chelmenská listina; Chelmenské privilegium — Kulmer Handfeste; Kulmer Privileg

Przywilej prawa magdeburskiego — Privilegium podle magdeburského práva — Privileg nach Magdeburger Recht

Śląski zbiór — Slezská sbírka — Schlesische Sammlung

Statut Spisza [Zips: *Spisz*] — Spišská statuta [Zips: *Spiš*] — Zipser Statut

Systematyczne Zwierciadło saskie — Systematické Saské zrcadlo — Systematischer Sachsenspiegel

? ? ? — Stendalské glosy [Stendal: *Stendal*] — Stendaler Glosse

Weichbild magdeburski — Magdeburské městské právo; magdeburské vikpildní právo — Magdeburger Stadtrecht; Magdeburger Weichbildrecht

Wulgata prawa miejskiego majdeburskiego (Saksoński Weichbild) — Vikpildní vulgata (Saský vikpild) — Weichbildvulgata (Sächsisches Weichbild)

Wurmowe Głosy — Wurmovy glosy — Wurm'sche Glosse

Zbiór prawa Magdeburskiego — Sbírky magdeburského práva — Sammlungen des Magdeburger Rechts

Zbiór prawa sasko-magdeburskiego i glos — Sbírka sasko-magdeburského práva a glos — Sammlung des Sächsisch-magdeburgischen Rechts und der Glossen

Zwierciadło Franków; Małe cesarskie prawo — Francké zrcadlo; Zrcadlo Franků; Malé císařské právo — Frankenspiegel; Kleines Kaiserrecht

Zwierciadło niemieckie — Zrcadlo všech německých lidí — Deutschenspiegel

Zwierciadło saskie — Saské zrcadlo — Sachsenspiegel

Zwierciadło szwabskie — Švábské zrcadlo — Schwabenspiegel

G. Linguistische Forschungen zum Sächsisch-magdeburgischen Recht in der Slowakei (*Marija Lazar*)

I. Voraussetzungen für die Untersuchung der Rezeption des *ius Maideburgense* in Oberungarn

1. Quellenlage

Das Sächsisch-magdeburgische Recht kam im Zuge der deutschen Ostsiedlung auf das Territorium Oberungarns (im Wesentlichen ist dies das Territorium der gegenwärtigen Slowakei). Von Lück wird es als „ein Gemisch aus M[agdeburger] R[echt], sächs[ischem] Landrecht und anderen Rechtsquellen“[1] verstanden und wird alternativ *ius Maideburgense* genannt. Damit liegt uns ein in zweierlei Hinsicht heterogener Untersuchungsgegenstand vor. Zum einen umfasst diese Definition Texte, in denen die Primärquellen in unterschiedlichem *Umfang* kompiliert wurden. Zum anderen wird die Überlieferung im Rahmen der städtischen Schriftlichkeit berücksichtigt, die die Quellen mit unterschiedlicher *Funktionalität* umfasst: *konstitutive* (Stadtrecht, Willkür) und *reproduktive* (Stadtbuch) Texte.[2] Zur formalen und funktionalen Vielfalt kommt die sprachliche hinzu: Die Quellen wurden auf Frühneuhochdeutsch, auf Latein, in einer lokalen slawischen Schriftsprache[3] und sporadisch auf Ungarisch verfasst. An dieser Stelle wird der Schwerpunkt auf der Bestandsaufnahme von *slawischsprachigen* Texten liegen, die im Rahmen der Tradition des Sächsisch-magdeburgischen Rechts in Oberungarn entstanden sind. Ihr Wert für die linguistische Erforschung der Rechtssprache soll aufgezeigt werden.

Die bedeutendste Quelle des *ius Maideburgense*, deren Teile im slowakisierten Tschechischen verfasst wurden, ist das „Silleiner Stadtrechtsbuch“ („Žilinská pravná kniha“), das 1378–1561 in Sillein (slowak. Žilina) geführt wurde. Das Manuskript enthält die einzige bekannte bzw. erhaltene Übersetzung des Sächsisch-magdeburgischen Rechts ins slowakisierte Tschechisch. Einen der Bestand-

---

1 LÜCK, Magdeburger Recht, in: ²HRG, Bd. 3, 2016, Sp. 1131.

2 KJÆR, On the Structure of Legal Knowledge, in: LUNDQUIST (Hrsg.), Language, Text, and Knowledge, 2000, S. 140. In ihrem Beitrag beschreibt Anne Lise Kjær die *konstitutiven Texte* als diejenigen, die das Recht festlegen, und die *reproduktiven Texte* als diejenigen, in denen das Recht seine Anwendung findet. Mehr zu den Besonderheiten ihrer Wechselwirkung s. in *Kap. G.III.2*.

3 Die slawische Sprache der frühen *slovacica* – der Sprachdenkmäler, die auf dem gegenwärtigen slowakischen Territorium vor der Kodifikation des Slowakischen geschrieben wurden, – wird in der Forschungsliteratur kontrovers gehandhabt. Wir werden weiterhin den eingebürgerten Terminus *slowakisiertes Tschechisch* und allgemeiner *Vernakularsprache* (vgl. *lingua vulgaris* in PAPSONOVÁ, Sasko-magdeburské právo na Slovensku, 2014, S. 31) verwenden. Mehr zu dieser Diskussion s. *Kap. G.II*.

teile dieser Handschrift bildet die frühneuhochdeutsche Vorlage dieser Übersetzung, die eine kontrastive linguistische Analyse wesentlich begünstigt. All dies prädestiniert das „Silleiner Stadtrechtsbuch" als Textgrundlage für eine Untersuchung der Rezeption des *ius Maideburgense* auf dem Gebiet Oberungarns.

Weitere Quellen, in denen sich die Anwendungspraxis des *ius Maideburgense* zeigt, sind zahlreiche Stadtbücher, deren Entstehung z. T. bis ins 14. Jahrhundert zurückreicht. Die ältesten erhaltenen sind die von Pressburg (slowak. Bratislava, ungar. Poszony) und Schemnitz (slowak. Banská Štiavnica, ungar. Selmecbánya), deren Aufzeichnungen im Jahr 1364 beginnen. Allerdings wird eine nicht erhaltene ältere und umfangreichere Überlieferung angenommen.[4] Die Stadtbücher sind größtenteils in Archivführern und anderen Quellenübersichten aufgelistet,[5] doch geht Richard Marsina davon aus, dass die vorhandenen Nachschlagewerke nicht vollständig sind.[6] Auch wird die Sprache der Quelle in diesen Nachschlagewerken selten und meist unsystematisch angegeben.[7] Da nur wenige Editionen vorliegen, ist man bei fast allen Texten auf die Bestände der Archive angewiesen.[8]

Lediglich zwei slawische Handschriften sind ediert: Neben dem „Silleiner Stadtrechtsbuch"[9] nur noch das „Stadtbuch von Eltsch (Jelšavská mestská kniha)

---

[4] MARSINA, Mestské knihy na Slovensku v stredoveku, in: HRUBÁ (Hrsg.), Stav a perspektivy zpřístupňování středověkých a raně novověkých městských knih, 2010, S. 110–112, 115. Es handelt sich dabei um die Stadtbücher, die auf Frühneuhochdeutsch und Latein geführt wurden.

[5] CHALUPECKÝ, Führer durch die Archive der Slowakischen Republik, 1998; DERS., Stadtrechte im Gebiet der heutigen Slowakei, in: Karpaten Jahrbuch 63 (2012), S. 47–56; MARSINA, Mestské knihy na Slovensku v stredoveku, in: HRUBÁ (Hrsg.), Stav a perspektivy zpřístupňování středověkých a raně novověkých městských knih, 2010, S. 107f. et pass.; PIIRAINEN, Městské knihy, právní knihy a soudní knihy: rukopisy ve slovenských archivech, in: HRUBÁ (Hrsg.), Stav a perspektivy zpřístupňování středověkých a raně novověkých městských knih, 2010, S. 127–136; RÁBIK, K typológii najstarších mestských kníh na Slovensku na príklade mestskej knihy Trnavy z rokov 1394–1530, in: HRUBÁ (Hrsg.), Stav a perspektivy zpřístupňování středověkých a raně novověkých městských knih, 2010, S. 117 f.

[6] MARSINA, Mestské knihy na Slovensku v stredoveku, in: HRUBÁ (Hrsg.), Stav a perspektivy zpřístupňování středověkých a raně novověkých městských knih, 2010, S. 107, 115 f.

[7] Mit der Ausnahme von Ilpo Tapani Piirainen (u. a. PIIRAINEN, Městské knihy, právní knihy a soudní knihy: rukopisy ve slovenských archivech, in: HRUBÁ (Hrsg.), Stav a perspektivy zpřístupňování středověkých a raně novověkých městských knih, 2010), der sich ausschließlich auf die deutschsprachigen Quellen bezieht.

[8] Die Übersicht der Archivbestände in der Slowakei befindet sich unter dem folgenden Link: ‹ https://portal.minv.sk/domov/isea/EA07 PrezeranieObsahuArchivu › (Abfragedatum: 20.08. 2020). Spezifisch deutschsprachige Handschriften wurden in einem dreibändigen Werk von Jörg Meier, Ilpo Tapani Piirainen und Klaus-Peter Wegera 2009 zusammengetragen und kommentiert (MEIER, PIIRAINEN, WEGERA (Hrsg.), Deutschsprachige Handschriften in slowakischen Archiven, Bd. 1–3, 2009).

[9] Zu den Editionen des „Silleiner Stadtrechtsbuchs" s. *Kap. D.III.2*. Die slawischen Teile des „Silleiner Stadtrechtsbuchs" sind seit kurzem Teil des slowakischen Nationalkorpus ‹ www.korpus.sk › (Abfragedatum: 20.08.2020). Die Begriffe ‚Korpus' und ‚Nationalkorpus' finden sich neben anderen spezifisch linuistischen Fachtermini mit kurzen Erläuerungen und Literaturhinweisen im *Kap. G.VI. Linguistisches Glossar, S. 515–516*.

1566–1710" durch Darina Lehotská und Jozef Orlovský 1976.[10] Dieses Stadtbuch ist hauptsächlich im slowakisierten Tschechischen mit einigen Einträgen auf Latein, Frühneuhochdeutsch und Ungarisch verfasst. Außer diesen zwei Quellen sind keine weiteren Editionen slawischsprachiger *slovacica* bekannt. Es gibt außerdem einige Urkundensammlungen, die allerdings nur Fragmente umfangreicherer Texte wie z. B. Stadtbücher enthalten. Solche Sammlungen wurden von Historikern zusammengestellt: „Středověké listy ze Slovenska"/„Mittelalterliche Briefe aus der Slowakei" (1937)[11] und „Stredoveké české listiny"/„Mittelalterliche tschechische Urkunden" (1952).[12] Später haben sich auch Philologen dieser Quellen angenommen: Band 3 der „Dejiny slovenského jazyka"/„Sprachgeschichte des Slowakischen" (1957)[13] sowie die dreibändigen „Pramene k dejinám slovenčiny"/„Quellen zur Geschichte des Slowakischen" (1992–2008).[14] Letztere enthalten ein reiches, oft erstmals ediertes Archivmaterial und bilden die Grundlage des diachronen Korpus des Slowakischen.

Die überschaubare Editionsleistung slawischsprachiger *slovacica* ist zwei Umständen geschuldet. Einerseits waren es die politischen Verhältnisse, während der österreichisch-ungarischen Regierungszeit, die eine Zeit der nationalen Wiedergeburt war, in der eine Edition dieser Quellen kaum gewünscht oder gefördert wurde.[15] Zum anderen war es die Diskussion über den Status des Slowakischen bzw. der slowakischen Dialekte der *slovacica* und deren Verhältnis zum Tschechischen.[16] Erst ab dem Zeitpunkt der slowakischen Unabhängigkeit ist ein positiver Trend bei den Neueditionen des „Silleiner Stadtrechtsbuchs" sowie dem „Pramene k dejinám slovenčiny" zu verzeichnen.

Die deutschsprachigen Handschriften haben sich einer größeren Aufmerksamkeit erfreut. Sie wurden innerhalb des umfassenden Projekts „Deutschsprachige Handschriften und Dokumente des Mittelalters und der Frühen Neuzeit in europäischen Archiven" ediert. Eine Übersicht dieser und einiger weiterer Editionen siehe bei Meier, Piirainen und Wegera.[17]

---

[10] LEHOTSKÁ, ORLOVSKÝ, Najstaršia Jelšavská mestská kniha 1566–1710, 1976.

[11] CHALOUPECKÝ, Středověké listy ze Slovenska, 1937.

[12] KNIEZSA, Stredoveké české listiny/Középkori cseh oklevelek, 1952. Zur Übersicht der Editionsleistung im 19. Jahrhundert s. CHALOUPECKÝ, Středověké listy ze Slovenska, 1937, S. XXVIII–XXXIV.

[13] STANISLAV, Dejiny slovenského jazyka, Bd. 3: Texty, 1957. Die Sammlung Stanislavs basiert hauptsächlich auf CHALOUPECKÝ, Kniha Žilinská, 1934; DERS., Středověké listy ze Slovenska, 1937 und KNIEZSA, Stredoveké české listiny/Középkori cseh oklevelek, 1952, mit einigen Editionen der Archivquellen.

[14] MAJTÁN, SKLADANÁ, Pramene k dejinám slovenčiny, Bd. 1, 1992; LALÍKOVÁ, MAJTÁN, Pramene k dejinám slovenčiny, Bd. 2, 2002; KUCHAR, VALENTOVÁ, Pramene k dejinám slovenčiny, Bd. 3, 2008.

[15] Siehe CHALOUPECKÝ, Středověké listy ze Slovenska, 1937, S. XXVIII–XXXIV, insbes. XXXIII.

[16] Siehe die Zusammenfassung dieser Diskussion in GIGER, Die Sprachsituation in der Slovakei, in: VAN LEEUWEN-TURNOVCOVÁ, RICHTER (Hrsg.), Entwicklung slawischer Literatursprachen, Diglossie, Gender, 2006, S. 92–94; DERS., Typ *šel jest, šli sú* v slovenčine a češtine 16.–18. storočia, in: NÁBĚLKOVÁ, PÁTKOVÁ (Hrsg.), Česko-slovenská súčastnosť a česká slovakistika, 2006, S. 189 f.

Es ist festzuhalten, dass die editorische Leistung im Bereich der slawischsprachigen Quellen des Sächsisch-magdeburgischen Rechts auf dem Gebiet Oberungarns nicht weit fortgeschritten ist. Das erschwert die Forschung zu unserer Fragestellung und liefert ein weiteres, pragmatisches Argument für die Untersuchung des „Silleiner Stadtrechtsbuchs". Allerdings besteht im historischen Korpus des Slowakischen, das fast ausschließlich die Sprache der städtischen Verwaltung präsentiert, eine gute Vergleichsgrundlage für unsere Quelle, da die zum Vergleich stehenden Texte sowohl chronologisch als auch territorial von der untersuchten Quelle abweichen und sich somit die Gültigkeit der Ergebnisse dieser Studie über den Rahmen eines einzelnen Sprachdenkmals hinaus erweitern lässt.

2. Das „Silleiner Stadtrechtsbuch": Komposition und Editionen der Handschrift

Die besondere Bedeutung des „Silleiner Stadtrechtsbuchs" spiegelt sich in der Aufmerksamkeit, die dieser Quelle von den Editoren geschenkt wurde, wider. Es liegen jeweils zwei Editionen seines frühneuhochdeutschen und seines slawischen Teils vor, die sich sowohl in der Vollständigkeit des edierten Texts als auch in der Editionsmethode voneinander unterscheiden. Außerdem wurden eine Übersetzung des frühneuhochdeutschen Teils ins moderne Slowakische, zwei Wörterbücher – des frühneuhochdeutschen und des slawischen Wortschatzes – und eine paläographische Untersuchung zum „Silleiner Stadtrechtsbuch" angefertigt. Der Text war und ist nach wie vor Gegenstand eines regen wissenschaftlichen Interesses in der Rechts- und Sprachgeschichte. An dieser Stelle werden die vorhandenen Editionen kurz kommentiert und ihr Stellenwert im Rahmen dieser Untersuchung erklärt. Eine ausführliche Geschichte des Manuskripts und seiner Editionen findet man bei Václav Chaloupecký, Ilpo Tapani Piirainen und Mária Papsonová.[18] Vorab wird aber die Struktur der Handschrift vorgestellt, um so zunächst einen groben Überblick über ihre unterschiedlichen Teile und Sprachen zu erhalten.

Das „Silleiner Stadtrechtsbuch" zeichnet sich durch eine komplexe Struktur aus. Mit 12 identifizierten Teilen[19] ist diese mehrsprachige Handschrift als *Textallianz* im Sinne von Alexander Schwarz[20] einzustufen. Ihren Kern bilden die deutsche

---

[17] Meier, Piirainen, Wegera (Hrsg.), Deutschsprachige Handschriften in slowakischen Archiven, Bd. 1–3, 2009, S. LXIII–LXV.

[18] Chaloupecký, Kniha Žilinská, 1934, S. VII–XXII; Piirainen, Das Stadtrechtsbuch von Sillein, 1972, S. 15 f.; ders., Městské knihy, právní knihy a soudní knihy: rukopisy ve slovenských archivech, in: Hrubá (Hrsg.), Stav a perspektivy zpřístupňování středověkých a raně novověkých městských knih, 2010, S. 129 f.; Papsonová, Das Magdeburger Recht und das Silleiner Rechtsbuch, 2003, S. 25–33.

[19] Oppitz, Deutsche Rechtsbücher des Mittelalters, Bd. 2, 1990, S. 791 f., Nr. 1352.

[20] A. Schwarz, Vorwort, in: ders., Abplanalp Luscher (Hrsg.), Textallianzen am Schnittpunkt der germanistischen Disziplinen, 2001, S. 9–11.

Niederschrift des „Sachsenspiegels“ (Landrecht und Lehnrecht), sein Pendant in der Slawine und die Stadtbucheinträge auf Frühneuhochdeutsch, Latein und im slowakisierten Tschechischen. Die Stadtbucheinträge sind in jeder der genannten Sprachen originär und bilden eine weitere komplexe Struktur innerhalb der Textallianz, in der weitere Textsorten identifiziert werden können. In der Rechtsgeschichte wird das „Silleiner Stadtrechtsbuch“ als ein *gemeinsames Stadtbuch (liber mixtus)* bezeichnet, in dem Gerichts-, Verwaltungs- und Wirtschaftseinträge für die Zukunft aufgehoben waren.[21] Weitere frühneuhochdeutsche Teile der Handschrift sind Gebete, Register und die Weichbildchronik sowie das Stadt- und Bergrecht der Stadt Altrodenau (rumän. Rodna, ungar. Óradna). Gegenstand der vorliegenden sprachhistorischen Untersuchung sind die Texte *des Stadtrechts* sowie *die Stadtbucheinträge*.

Die erste Edition der slawischen Fassung des „Sachsenspiegels“, des frühneuhochdeutschen Registers und des Rodenauer Rechts sowie der frühneuhochdeutschen, lateinischen und slawischen Stadtbucheinträge hat der Rechtshistoriker Václav Chaloupecký 1934[22] vorgelegt. Seine Edition bietet eine Transkription nach dem Usus der rechtshistorischen editorischen Praxis. Der Edition wurde ein Kommentar beigefügt, der rechtshistorische Informationen beinhaltet und exemplarisch wurden die Sprache der Quelle sowie die beteiligten Schreiberhände beschrieben. Auf der Grundlage dieser Edition entstand 1954 das Wörterbuch von František Ryšánek[23], in dem der slawische Wortschatz aus der Übersetzung des Stadtrechts sowie aus den slawischen Stadtbucheinträgen kommentiert wurde. Nach einer langen Pause hat Rudolf Kuchar 1993 die slawische Übersetzung des Stadtrechts und 2001 die Stadtbucheinträge in allen Sprachen neu ediert und diesmal eine Transliteration angeboten, die in der aktuellen philologischen Editionspraxis üblich ist.[24] 2009 erschien eine überarbeitete Version dieser Teile der Handschrift mit einem sprachhistorischen Kommentar und einem Faksimile.[25]

Die Edition des deutschen Teils des Manuskripts war ursprünglich bereits parallel zu Chaloupeckýs Edition geplant und sollte vom Rechtshistoriker Rudolf Rauscher erbracht werden, der auch den Kommentar zu jener Edition verfasst hat. Vorgelegt wurde diese Edition allerdings erst 1972 durch den finnischen Germanisten Ilpo Tapani Piirainen. Sie umfasst die Weichbildchronik, den „Sachsenspiegel“ (Landrecht und Lehnrecht), das Rodenauer Recht sowie die frühneuhochdeut-

---

21 MARSINA, Mestské knihy na Slovensku v stredoveku, in: HRUBÁ (Hrsg.), Stav a perspektivy zpřístupňování středověkých a raně novověkých městských knih, 2010, S. 114f.; RÁBIK, K typológii najstarších mestských kníh na Slovensku na príklade mestskej knihy Trnavy z rokov 1394–1530, in: HRUBÁ (Hrsg.), Stav a perspektivy zpřístupňování středověkých a raně novověkých městských knih, 2010, S. 117 f.

22 CHALOUPECKÝ, Kniha Žilinská, 1934.

23 RYŠÁNEK, Slovník k Žilinské knize, 1954.

24 KUCHAR, Žilinská právna kniha [Ed.], 1993; DERS., Žilinská právna kniha, 2001.

25 DERS., Žilinská právna kniha [Ed.], 2009; DERS., Žilinská právna kniha [Faks.], 2009.

schen Stadtbucheinträge, dazu kommt ein sprachhistorischer Kommentar sowie ein Glossar.[26] Der Text wurde vorlagennah transliteriert. 2014 hat die slowakische Germanistin Mária Papsonová das Landrecht des „Sachsenspiegels" neu ediert und ins moderne Slowakische übersetzt.[27] Die Edition stellt einen transliterierten Text dar, in dem allerdings einige editorischen Eingriffe vorgenommen wurden: Trennung des Texts in Sätze, Einführung moderner Interpunktion (Punkt am Satzende), Großschreibung am Satzanfang, Auflösung der Zeilenumbrüche der Vorlage und Vereinfachung der Graphie (etwa ü anstelle ů).[28] Der Edition sind ein Kommentar und ein Glossar beigefügt. Papsonová ist außerdem Autorin des Wörterbuchs zur frühneuhochdeutschen Vorlage des Landrechts mit einer vergleichenden Darstellung des slawischen Wortschatzes.[29]

Eine wichtige Ergänzung zur editorischen Leistung war die paläographische Analyse von Július Sopko, der alle Texte der Handschrift unabhängig von ihrer Sprache und Textsorte untersucht und den 51 von ihm identifizierten Händen die entsprechenden Textteile zugeordnet hat.[30] Diese Studie hat zum ersten Mal die Handschrift als Ganzes in den Blick genommen und zum Verständnis der Verbindung zwischen ihren einzelnen Teilen beigetragen. Im Weiteren wird gezeigt, wie diese Informationen zum Verständnis der Organisation der Silleiner Kanzlei sowie des Verlaufs des Sprachwechsels und zu einer genaueren Analyse der slawischen Texte beigetragen haben.

Die vorliegende linguistische Studie basiert auf der Edition des „Silleiner Stadtrechtsbuchs" von Kuchar[31], die zum einen den Vorteil hat, dass sie eine Transliteration enthält, die den Standards einer modernen philologischen Untersuchung entspricht. Zum anderen lag uns diese Edition mit freundlicher Hilfe Ihres Autors Rudolf Kuchar und Erlaubnis des Verlags VEDA in elektronischer Form vor, was unserer Absicht, mit digitalen Daten in Form eines *parallelen Korpus* zu arbeiten, am besten entsprach.[32] Als frühneuhochdeutsches Pendant zum slawischen Text wurde die Edition Piirainens[33] verwendet, deren Text ebenfalls vorlagennah transliteriert wurde.[34]

---

[26] Piirainen, Das Stadtrechtsbuch von Sillein, 1972.

[27] Papsonová, Sasko-magdeburské právo na Slovensku, 2014.

[28] Siehe ausführlicher ebd., S. 47–49.

[29] Dies., Das Magdeburger Recht und das Silleiner Rechtsbuch, 2003.

[30] Sopko, Pisári a vznik Žilinskej knihy, in: Marsina (Hrsg.), Národnostný vývoj miest na Slovensku do roku 1918, 1984.

[31] Kuchar, Žilinská právna kniha [Ed.], 2009 u. ders., Žilinská právna kniha [Faks.], 2009.

[32] Rudolf Kuchar und die Mitarbeiter des Verlags VEDA haben uns freundlicherweise die Nutzung der PDF-Datei ermöglicht, wofür ihnen an dieser Stelle gedankt sei.

[33] Piirainen, Das Stadtrechtsbuch von Sillein, 1972.

[34] Peter Štanský, der Leiter des Silleiner Staatsarchivs, war schnell und unkompliziert bei der Beschaffung der digitalen Version der Handschrift des „Silleiner Stadtrechtsbuchs" behilflich. Auch ihm sei hier für seine Unterstützung gedankt.

3. Autorschaft und Qualität der slawischen Übersetzung im „Silleiner Stadtrechtsbuch"

Kommentare in den Editionen und Untersuchungen zum „Silleiner Stadtrechtsbuch", die im vorherigen Kapitel vorgestellt wurden, behandeln u. a. die Problematik der *Autorschaft* und der sprachlichen *Qualität* seiner einzelnen Teile. Im Weiteren werden diese beiden Themenkomplexe skizziert und die Übersetzungsqualität im Hinblick auf ihre Funktionalität erörtert, was für die Charakterisierung des Rechtstransfers besonders zielführend erscheint.

Die frühneuhochdeutsche Niederschrift des Stadtrechts im „Silleiner Stadtrechtsbuch" erfolgte 1378. Sie stellte eine Kompilation aus mehreren Vorlagen dar, die von der Forschung zum Teil unterschiedlich zugeordnet werden und auch einige Abweichungen zur Fassung von 1378 aufweisen.[35] *Nycolay de Lucouia (Mikuláš z Lukové)*[36] war der Schreiber dieser Kompilation, jedoch ist unklar, ob er sie auch selbst zusammengestellt hat, da das Schreiberexplizit „per manus Nycolay dc Lucouia" hier nicht aussagekräftig genug ist.[37] Zentraler Bestandteil des „Silleiner Stadtrechtsbuchs" ist der Text des „Sachsenspiegels" mit 406 Artikeln des Landrechts und 53 Artikeln des Lehnrechts.

1473, fast 100 Jahre später, entstand die slawische Übersetzung des „Silleiner Stadtrechts". Sie gibt die frühneuhochdeutsche Quelle nicht vollständig wieder, sondern nur die Teile, die laut Ryšánek einen praktischen Charakter besitzen.[38] So

---

[35] CHALOUPECKÝ, Kniha Žilinská, 1934, S. XXIII–XXXIV, LVII–LXIV; KUCHAR, Žilinská právna kniha [Ed.], 2009, S. 11f.; LIEBERWIRTH, Die Wirkungsgeschichte des Sachsenspiegels, in: EIKE von Repgow, Die Wolfenbütteler Bilderhandschrift des Sachsenspiegels, Kommentarband zur Faksimile-Ausgabe, 1993, S. 76 (1993), S. 450 (1997); PAPSONOVÁ, Das Magdeburger Recht und das Silleiner Rechtsbuch, 2003, S. 21–28; DIES., Sasko-magdeburské právo na Slovensku, 2014, S. 33–37; PIIRAINEN, Das Stadtrechtsbuch von Sillein, 1972, S. 16–19; RAUSCHER, O žilinském právu magdeburském německým jazykem sepsaném z roku 1378/Das Silleiner Rechtsbuch aus d. J. 1378, 1933, S. III–XI; SPÁČIL, SPÁČILOVÁ, Míšeňská právní kniha. Historický kontext, jazykový rozbor, edice/Das Meißner Rechtsbuch. Historischer Kontext, linguistische Analyse, Edition, 2010, S. 53, Nr. 39.

[36] CHALOUPECKÝ, Kniha Žilinská, 1934, S. XXXIV; PAPSONOVÁ, Das Magdeburger Recht und das Silleiner Rechtsbuch, 2003, S. 37–39. Die Gemeinde Lukové befindet sich im damaligen Komitat Altsohl (slowak. Zvolen in der gegenwärtigen Mittelslowakei), im Einzugsbereich von Kremnitz (slowak. Kremnica), Banská Štiavnica und Krupina (slowak. Karpfen), drei der wichtigen Bergbauorte mit Sächsisch-magdeburgischem Recht, die seit 1405 zu einer Städtegemeinschaft gehörten (vgl. GÖNCZI, CARLS, Sächsisch-magdeburgisches Recht in Ungarn und Rumänien, 2013, S. 69–70). Aus Karpfen ist laut Angabe im „Silleiner Stadtrechtsbuch" das Recht nach Sillein gekommen: „Daz Recht hat man fon Ko⟨r⟩ppen pracht" (Opp. 1352, HSC ‹ 8130 ›, fol. 71ra). HLAVÁČEK, Poznámka k diplomatice Žilinské knihy, in: Slovenská archivistika 20,2 (1985), S. 115f. bietet eine alternative Lesung an: Nycolay de Lutouia (Littau (tschech. Litovel) bei Olmütz (tschech. Olomouc). Der letzten Meinung schließt sich BADA, Život v Žiline v zrkadle jej mestskej knihy, 2011, S. 25 an.

[37] Vgl. PAPSONOVÁ, Das Magdeburger Recht und das Silleiner Rechtsbuch, 2003, S. 37. Siehe auch die Diskussion unten zur Autorschaft der slawischen Übersetzung, die den ählichen Autorschaftshinweis enthält.

[38] „Nebyl přeložen začátek (chronica) ani konec německé právní knihy, protože jich nebylo třeba pro

wurde nur das Landrecht des Silleiner Sachsenspiegels ohne Weichbildchronik (Artikel 1–20) in die Slawine übertragen.

Die Frage nach dem Auftraggeber, Übersetzer und den Schreibern des „Silleiner Stadtrechts", aber auch anderer Teile des „Silleiner Stadtrechtsbuchs" ist bis heute nicht eindeutig beantwortet. Laut Ryšánek[39] und Sopko[40] waren zwei Hände an der Übersetzung des „Silleiner Stadtrechts" beteiligt. Sie widersprechen somit der Hypothese von Chaloupecký[41], der die Beteiligung von drei Schreibern an der Übersetzung annimmt. Während die Hypothese von zwei Händen aus paläographischer und sprachlicher Sicht plausibel scheint, bleibt die Frage nach der Übersetzungssituation umstritten. Die meisten Autoren, die sich damit befasst haben, schreiben die Übersetzung *Wenzel von Kroměříž (Václav z Kroměříže)* zu,[42] den ein weiterer Schreiber unterstützt hat. Ryšánek[43] vertritt dagegen die Meinung, dass der Auftraggeber wohl der Vogt von Sillein *Wenzel Pangrác (Václav Pankrác)* gewesen war, der die eigene Übersetzung Wenzel von Kroměříž und noch einem weiteren unbekannten Schreiber diktiert hat, da er die Schlussformel „per manus Venceslai" am Ende des „Silleiner Stadtrechtsbuchs" buchstäblich versteht und aus der sprachlichen Analyse schließt, dass Wenzel von Kroměříž auf keinen Fall der Übersetzer des „Silleiner Stadtrechts" gewesen sein konnte. Zum einen, weil dieser die slowakische Rechtsterminologie und die spezifische Syntax dieser Sprache nicht auf dem hohen Niveau beherrschte, wie es sich im „Silleiner Stadtrechtsbuch" zeigt, und zum anderen, weil sowohl die Übersetzungsfehler als auch die Terminologie in den Textteilen beider Schreiber ähnlich sind. Aus diesen Gründen ist – so zumindest nach Ansicht von Ryšánek[44] – von nur einem Übersetzer aus dem Frühneuhochdeutschen auszugehen. Kuchar, Papsonová und Sopko stimmen zwar der Annahme über die Beteiligung des Silleiner Vogts bei der Entstehung der Übersetzung des Stadtrechts in die Slawine zu, weisen allerdings seine Autorschaft an der Übersetzung zurück.[45]

---

praktické užívání." (RYŠÁNEK, Slovník k Žilinské knize, 1954, S. 7) [Weder der Anfang (Chronik) noch das Ende des deutschen Rechtsbuchs wurden übersetzt, weil sie für die praktische Anwendung nicht notwendig waren.]

39 Ebd., S. 13–24.

40 SOPKO, Pisári a vznik Žilinskej knihy, in: MARSINA (Hrsg.), Národnostný vývoj miest na Slovensku do roku 1918, 1984, S. 42–48. In dieser Untersuchung werden die Schreiber mit A (Wenzel von Kroměříž) und B (anderer Schreiber) bezeichnet, wie bei RYŠÁNEK, Slovník k Žilinské knize, 1954, S. 9 und CHALOUPECKÝ, Kniha Žilinská, 1934, S. XXXVIII. Sopko bezeichnet sie als Schreiber 32 und 30 (SOPKO, Pisári a vznik Žilinskej knihy, in: MARSINA (Hrsg.), Národnostný vývoj miest na Slovensku do roku 1918, 1984, S. 55–62).

41 CHALOUPECKÝ, Kniha Žilinská, 1934, S. XXXVIII f.

42 Kroměříž liegt in der Nähe von Olmütz im heutigen Ostmähren. BADA, Život v Žiline v zrkadle jej mestskej knihy, 2011, S. 26 f.; CHALOUPECKÝ, Kniha Žilinská, 1934, S. XXXV–XXXIX; KUCHAR, Žilinská právna kniha [Ed.], 2009, S. 166; PAPSONOVÁ, Sasko-magdeburské právo na Slovensku, 2014, S. 32; SOPKO, Pisári a vznik Žilinskej knihy, in: MARSINA (Hrsg.), Národnostný vývoj miest na Slovensku do roku 1918, 1984, S. 42–44, 57–60, 63–68.

43 RYŠÁNEK, Slovník k Žilinské knize, 1954.

44 Ebd., S. 13–24.

Diese Diskussion scheint jedoch wenig ergiebig zu sein, da uns weder zu den Biographien noch zu den Sprachbiographien[46] Wenzels von Kroměříž und Wenzels Pangrác Informationen vorliegen. Auch wenn sich die Übersetzungssituation im Detail nicht sicher rekonstruieren lässt, kann die vorliegende Studie Nachweise dafür liefern, welche Übersetzungsprinzipien umgesetzt wurden und ob beide Schreiber dieselben Prinzipien verfolgt haben. Aufgrund dieser Informationen besteht die Möglichkeit, die sprachliche Kompetenz der Verfasser im rechtssprachlichen Register adäquat einzuschätzen und den Verlauf sowie die Qualität des Rechtstransfers in diesem Bereich zu bestimmen.

Die bisherigen Kommentare zur Übersetzungsqualität[47] bezogen sich nur auf die Wiedergabe einzelner Textstellen und man ging *a priori* vom Prinzip der sprachlichen Äquivalenz aus, das für aktuelle Fachübersetzungen maßgeblich ist. So konnte auf zahlreiche Sinn entstellende Formulierungen und Interpretationsfehler hingewiesen werden, die ein geschulter Schreiber wohl nicht gemacht hätte. Unter anderem mit diesem Argument versucht Ryšánek seine These über die mögliche Rolle des Silleiner Vogts im Übersetzungsprozess zu stärken. Aus unserer Sicht zeugen diese Unvollkommenheiten lediglich davon, dass der Übersetzer mit der frühneuhochdeutschen Vorlage überfordert war.[48] Die Ursachen hierfür sieht Papsonová in den Besonderheiten des frühneuhochdeutschen Textes:

1) ‚überrepräsentierte' Synonymie und Homonymie, die „bezpochyby súvisí s heterogénnosťou predlôh, reprezentujúcich viaceré právne oblasti s ich jazykovými a právnymi osobitosťami"[49] [zweifelsohne mit der Heterogenität der Vorlagen zusammenhängt, die mehrere Rechtsgebiete mit ihren sprachlichen und rechtlichen Besonderheiten repräsentieren];
2) Fehler und dem Sinn nach unverständliche Stellen;
3) fehlende Historizität, die keine Entsprechung mehr zwischen der frühneuhochdeutschen Vorlage und der Realität des Gerichtswesens in Sillein im 15. Jahrhundert herstellen kann.

Außerdem wirkten sich die Verhältnisse in der Silleiner Kanzlei auf die Übersetzung aus:

1) Sprachwechsel: beginnende Schriftlichkeit in der Slawine und fehlende aktive frühneuhochdeutsche Schriftführung;[50]

---

[45] Kuchar, Žilinská právna kniha [Ed.], 2009, S. 166–169; Papsonová, Sasko-magdeburské právo na Slovensku, 2014, S. 32; Sopko, Pisári a vznik Žilinskej knihy, in: Marsina (Hrsg.), Národnostný vývoj miest na Slovensku do roku 1918, 1984, S. 66–68.

[46] Diese umfasst folgende Charakteristika: Herkunft, Ein-/Mehrsprachigkeit, Bildungsgrad, professionelle Tätigkeit, Textsortenkenntnis, Spracheinstellungen, Zugehörigkeit zu einer formellen oder informellen Gemeinschaft der Sprecher u. Ä.

[47] Chaloupecký, Kniha Žilinská, 1934, S. XXXIX f.; Papsonová, Das Magdeburger Recht und das Silleiner Rechtsbuch, 2003, S. 53–71; Ryšánek, Slovník k Žilinské knize, 1954, S. 14–24.

[48] Papsonová, Das Magdeburger Recht und das Silleiner Rechtsbuch, 2003, S. 43–52; dies., Sasko-magdeburské právo na Slovensku, 2014, S. 33, 41–46.

[49] Dies., Sasko-magdeburské právo na Slovensku, 2014, S. 37.

[50] Ebd., S. 40, vgl. dazu ausführlicher *Kap. G.I.5*.

2) das „Silleiner Stadtrecht" als erster Gesetzestext in der lokalen slawischen Schriftsprache;
3) Mangel an geeigneter Terminologie zum Ausdruck komplexer Inhalte in der Slawine aufgrund der noch fehlenden juristischen Schreibtradition.

Chaloupecký[51] vergleicht punktuell die Raudnitzer[52] Übersetzung des „Sachsenspiegels" mit der Silleiner und kommt zu dem Schluss, dass die Qualität der beiden Übersetzungen gleich gut war. Diese Einschätzung ist erstaunlich angesichts der bereits bestehenden Übersetzungstradition für Rechtstexte im Mitteltschechischen[53] sowie der Abfassung originär tschechischer fachsprachlicher Texte. Aus dieser Perspektive lässt sich das Verhältnis zwischen den tschechischen und slowakischen Varietäten zu jener Zeit mit dem des Tschechischen zum Polnischen im 15. Jahrhundert vergleichen und mit Černá-Willis als „historischer »Vorsprung«" der einen gegenüber der anderen Sprache charakterisieren:

> „Während im Königreich Böhmen bereits im 15. Jahrhundert Urkunden auf Tschechisch ausgestellt wurden, war im Königreich Polen lange Zeit nur das Lateinische, ja teils sogar das Tschechische in Gebrauch. Die Polonisierung der Kanzleien fand selbst im Zentrum Polens erst im Lauf des 16. Jahrhunderts statt."[54]

Um dieses Verhältnis sichtbar zu machen, ist der Vergleich mit einer analogen Quelle bzw. mit den Texten des gleichen sprachlichen Registers aus einer Region, in der eine andere Varietät vorherrschte, notwendig.[55] In unserem Fall sind die

---

[51] CHALOUPECKÝ, Kniha Žilinská, 1934, S. XXXIX f.

[52] Raudnitz an der Elbe (tschech. Roudnice nad Labem) ist eine kleine Stadt in der Nähe von Leitmeritz (tschech. Litoměřice), wo der Kodex entstand und wirksam war. Derzeit wird die Handschrift in der Tschechischen Nationalbibiothek aufbewahrt, s. OPPITZ, Deutsche Rechtsbücher des Mittelalters, Bd. 2, 1990, S. 763 f., Nr. 1268.

[53] Der Begriff ‚Mitteltschechisch' wird im Sinne von Vykypělová weiterhin verwendet und bezieht sich auf die Zeitspanne vom Anfang des 15. bis zur Mitte des 16. Jahrhunderts (VYKYPĚLOVÁ, Kontinuität und Diskontinuität der Entwicklung des Standardtschechischen im Lichte der Periodisierung der tschechischen Sprachgeschichte, in: WOLDT (Hrsg.), Tschechisch bis 1775, 2012, S. 29, 35 u. DIES., Wege zum Neutschechischen, 2013, S. 48 f.). Die von ihr angebotene Periodisierung des Tschechischen basiert auf folgenden sprachlichen Prozessen: Abschluss der morphologischen Umstrukturierung und „Stabilisierung und Kultivierung des bestehenden Usus" (ebd., S. 38, 44) sowie auf dem Verständlichkeitsprinzip. Da die von Vykypělová beschriebenen Ergebnisse ihrer Textanalyse die sprachliche Situation umfassend charakterisieren, orientiert sich die vorliegende Untersuchung an ihrem Periodisierungsmodell. Zur Übersicht der verschiedenen Modelle siehe: DIES., Kontinuität und Diskontinuität der Entwicklung des Standardtschechischen im Lichte der Periodisierung der tschechischen Sprachgeschichte, in: WOLDT (Hrsg.), Tschechisch bis 1775, 2012, S. 27–41; DIES., Wege zum Neutschechischen, 2013.

[54] ČERNÁ-WILLI, Polnisches Deutsch – Deutsches Polnisch, 2012, S. 38. Vgl. in diesem Zusammenhang auch MAZUR, Geschichte der polnischen Sprache, 1993, S. 110 f.

[55] Vgl. GIGER, Die Sprachsituation in der Slovakei, in: VAN LEEUWEN-TURNOVCOVÁ, RICHTER (Hrsg.), Entwicklung slawischer Literatursprachen, Diglossie, Gender, 2006, S. 93 f., 100 f.; DERS., Typ *šel jest, šli sú* v slovenčine a češtine 16.–18. storočia, in: NÁBĚLKOVÁ, PÁTKOVÁ (Hrsg.), Česko-slovenská súčastnosť a česká slovakistika, 2006, S. 189 f.

Texte böhmischer Provenienz für diesen Vergleich besonders geeignet, da in Böhmen eine andere Varietät geschrieben wurde und vergleichbare Texte aus derselben Zeit vorliegen. Die ersten empirischen Untersuchungen zum Sprachsystem des „Silleiner Stadtrechtsbuchs" – wie etwa zur Verwendung der Diakritika[56] – haben gezeigt, dass die Schreiber hierfür sehr wohl ein besonderes System entwickelten, das je nach Textsorte variierte und zwischen beiden Schreibern abgestimmt war. Dieses System sah jedoch anders aus als das der zwei Pendants zum „Silleiner Stadtrechtsbuch", der *Práwa saszká*[57] und dem „Stadtbuch von Leitmeritz (1341)–1562".[58]

Als Ergebnis dieses Kapitels kann Folgendes festgehalten werden: Die hypothetischen Verfasser des „Silleiner Stadtrechtsbuchs" sind sowohl für die frühneuhochdeutsche als auch für die slawische Fassung namentlich bekannt. Zu Ihren Sprachbiographien und zum Entstehungsverlauf der Handschrift gibt es aber kaum belastbare Angaben, was die dialektale Einordnung der Sprache und Aussagen zur Qualität und Funktionsfähigkeit des Texts in der Silleiner Gesellschaft erschwert. Aus Ortsnennungen in den Verfassernamen lässt sich lediglich die Richtung der Innovationsimpulse ableiten, die bezogen auf den Rechtstransfer aus dem Gebiet der mittelslowakischen Bergstädte und für den Transfer in die Slawine aus Mähren kamen. Umso größere Bedeutung kommt der kontrastiven Sprachanalyse des Stadtrechts im slowakisierten Tschechisch zu, die auf zwei Ebenen erfolgen soll: zum einen anhand der frühneuhochdeutschen Fassung des „Silleiner Stadtrechts", das Vorlage für die Übersetzungen war, und zum anderen anhand vergleichbarer Quellen böhmischer Provenienz (der *Práwa saszká* und zusätzlich des „Stadtbuchs von Leitmeritz"). Mit einer derartigen Analyse lassen sich die Übersetzungsprinzipien, die im Silleiner und im Leitmeritzer Stadtrecht zum Einsatz kamen, ermitteln. Diese sind der Schlüssel zu Aussagen über den Entwicklungsstand der Sprache der Übersetzung des „Silleiner Stadtrechts" im Verhältnis zum Quelltext und zu den anderen vergleichbaren zeitgenössischen Rechtstexten.

4. Übersetzungsprinzipien in den mittelalterlichen Stadtrechten: Eine Annäherung

Bei der Herausbildung der Rechtssprache in Sillein und Leitmeritz spielte die *Übersetzung* aus dem Frühneuhochdeutschen in die Slawine eine entscheidende Rolle. Übersetzungen gehörten nicht nur zu den ersten geschriebenen Rechtstexten in den slawischen Sprachen, sondern sie schufen auch die Grundlage für das

---

[56] LAZAR, Transfer des Rechts und Transfer der Rechtssprache, in: KUßE, KOSOUROVÁ (Hrsg.), Persönlichkeiten in der tschechischen Sprach- und Kulturgeschichte, 2016.

[57] Diese Quelle wurde in diesem Band in *Kap. E.IV.* im Hinblick auf ihren Rechtswortschatz analysiert.

[58] KOCÁNOVÁ, JINDŘICH [u. a.] (Hrsg.), Městská kniha Litoměřic (1341)–1562 v kontextu písemností městské kanceláře, 2006.

spätere Verfassen von slawischen Originaltexten – sowohl im Bereich der Lexik, als auch im Bereich der Syntax.[59]

Die Übersetzungspraktiken im Mittelalter und in der Frühen Neuzeit, die sich zwischen der wortwörtlichen und der freien Übersetzung bewegten,[60] haben das Ergebnis in der Zielsprache qualitativ anders beeinflusst als das gegenwärtige Äquivalenzprinzip. Es muss allerdings darauf hingewiesen werden, dass für die Übersetzung sakraler Texte die wortwörtliche und für die Übersetzung schöngeistiger Texte die freie Übersetzungsmethode angewandt wurde,[61] während die Übersetzung von Fachtexten aus translatologischer Perspektive nahezu unerforscht ist. Empirische Studien von Montgomery und Zemenová zeigen allerdings, dass beide Prinzipien gleichzeitig angewandt werden konnten und dass deren Einsatzsituationen nicht eindeutig bestimmt waren.[62] Die Gründe dafür – die Montgomery in Bezug auf die Übersetzungen des späten 10. bis zum 13. Jahrhundert aus dem Griechischen und Arabischen ins Lateinische sieht – gelten genauso für die Situation im 15. bis zum frühen 16. Jahrhundert in den Böhmischen Ländern und in Oberungarn:

> "Diversity came from differences in conditions and locations, use or nonuse of intermediaries, demands made by patrons or by the intended use of a work, levels of difficulty and quality among source works, and also the individual intelligence, training, and sensibility of each translator."[63]

Es kann als Arbeitshypothese angenommen werden, dass die mittelalterlichen und frühneuzeitlichen Übersetzer eine Anzahl verschiedener Übersetzungsmethoden beherrscht und die jeweils passende davon für den zu übersetzenden Text ausgewählt haben. Übersetzungen von Rechtstexten haben sich offensichtlich an den Bibelübersetzungen und den Übersetzungen der klerikalen Literatur sowie an der Übersetzungspraxis aus den *linguae sacrae* (Latein, Altgriechisch und Hebräisch sowie Altkirchenslawisch und Arabisch) in die europäischen Vernakularsprachen orientiert. Die Übersetzer sind offenbar vom sakralen Charakter des Inhalts und jedes einzelnen Wortes ausgegangen und wandten deswegen die *Wort-für-Wort-Übersetzung* an, bei der die Wörter isoliert nacheinander übersetzt wurden.[64]

[59] Hrala, Úvodní poznámka, in: ders. (Hrsg.), Kapitoly z dějin českého překladu, 2002, S. 7f.; Keipert, Russische Sprachgeschichte als Übersetzungsgeschichte, in: ders. (Hrsg.), Slavistische Linguistik 1981, 1982, S. 71f.; Mika, Słoboda, Wyrażenia funkcyjne w średniowiecznej polszczyźnie z perspektywy skladniowej, 2015, S. 54f.

[60] Montgomery, Science in Translation, 2000, S. 147–150; Zemenová, Nástin překladatelských postupů a metod v období raného novověku v kontaktu německo-českém, 2011 [nur digital], S. 72f.

[61] Levý, České teorie překladu, 1957, S. 14–16; Montgomery, Science in Translation, 2000, S. 149f.; Veselý, Český překlad od středověku do národního obrození, in: Hrala (Hrsg.), Kapitoly z dějin českého překladu, 2002, S. 14–18.

[62] Montgomery, Science in Translation, 2000; Zemenová, Nástin překladatelských postupů a metod v období raného novověku v kontaktu německo-českém, 2011 [nur digital].

[63] Montgomery, Science in Translation, 2000, S. 153f.

[64] Levý, České teorie překladu, 1957, S. 14; Matchauzerova, Drevnerusskie teorii iskusstva slova,

Sprachliche Strukturen wurden so von der einen in die andere Sprache kopiert und es entstanden sogenannte *Calques* (Lehnübersetzungen). So wurden etwa lateinische Substantive auf *-tor* im Tschechischen mit Substantiven auf *-tel* übersetzt wie z. B. *protec-tor* ‚Verteidiger' – *zasloni-tel*, obwohl mit der Veränderung der Übersetzungsrichtlinien auch *obráncĕ* verwendet wurde.[65] Dieses Prinzip wurde nicht nur bei der Übersetzung einzelner Wörter oder ihrer Teile angewandt, sondern auch bei der Übersetzung von Wortverbindungen, die eine Sinneinheit bilden, oder ganzer Sätze:

(1) wortwörtliche Übersetzung einer Wortverbindung anstelle einer Äquivalenzübersetzung:

Original:
„STirb*et* eyn man der kinde*re* hot die **zcu**
iren iaren nicht komen ſien ir nehiſ[-]
te ebenbortige **ſwert mage** / ſal ir vormu*n*[-]
de ſien bis das ſy **zcu iren iaren komen**"[66]

Übersetzung:
„UMrze li geden muz · ktery dieti ma geſſtoz **k ſwym letom ne[-]**
priziſſli ſu Gich **naybliz ſſi po meczy przietel** · ma byti gich
porucznik · neb zprawcze · az oni **k letom y przidu**."[67]
[Stirbt einer, der Kinder hat, die zu ihren Jahren nicht gekommen sind[68], ihr nächster ebenbürtiger Schwertmage[69] soll ihr Vormund sein, bis sie zu ihren Jahren kommen[70].]

(2) wortwörtliche Übersetzung von für die Rechtssprache typischen Sätzen (*wenn-dann*-Sätze zum Ausdruck der Rechtsnorm) im „Silleiner Stadtrecht", inklusive der Nachbildung der Wortfolge in der Slawine:

Original:
„TOtet der man ſeinen her-
ren er hot vor worcht
ſcynen leip vnd ſein ere vnd
ſeyn geſunt vnd ſein gut daz
er von ym hatte"[71]

1976, S. 38–44; MONTGOMERY, Science in Translation, 2000, S. 147–150; VESELÝ, Český překlad od středověku do národního obrození, in: HRALA (Hrsg.), Kapitoly z dějin českého překladu, 2002, S. 14.

[65] HAVRÁNEK, Vývoj spisovného jazyka českého, in: DERS., VÁŽNÝ, Spisovný jazyk český a slovenský, 1936, S. 20; weitere Beispiele aus dem Mitteltschechischen s. ibid. Die Ergebnisse dieser Übersetzungstechnik aus dem Altkirchenslavischen ins Altrussische kommentiert KEIPERT, Russische Sprachgeschichte als Übersetzungsgeschichte, in: DERS. (Hrsg.), Slavistische Linguistik 1981, 1982, S. 79f.

[66] Das „Sächsische Weichbild", fol. 152ʳ, Art. XLVIII (Opp. 118, HSC ‹ 12050 ›); DANIELS, GRUBEN (Hrsg.), Das sächsische Weichbildrecht, Bd. 1, 1858, S. 91, Sp. 125–126.

[67] Práwa saszká C60, 162ʳ.

[68] Im Sinne von ‚unmündig sind'.

[69] Im Sinne von ‚Blutsverwandter gleichen Standes väterlicherseits'.

[70] Im Sinne von ‚mündig sind'.

Übersetzung:
„ZAbigeli cȝlowiek ſwe*ho* pana on geſt propadl
ſwuoy ȝywot / ſwu cȝeſt / ſwe ȝdrawi / a ſwe ȝbo[–]
ȝy“[72]
[Tötet ein Mann seinen Herren, so hat er seinen Leib, seine Ehre, seine Gesundheit und das Gut, das er von ihm hatte, verwirkt.]

Wenn eine Wort-für-Wort-Übersetzung aufgrund von Unterschieden in der Struktur der Ausgangs- und Zielsprache nicht möglich war, ist man nach dem Prinzip der grammatischen Ähnlichkeit vorgegangen, das auch für unsere weiteren Überlegungen zu den typischen Strukturen der Rechtssprache von Bedeutung sein wird.[73] So wurde in Beispiel (2) die Initialstellung des frühneuhochdeutschen Verbs nicht nur in der Slawine nachgebildet, sondern die slawische Form wurde der frühneuhochdeutschen Form angepasst:

Wortfolge	**1a**	**1b**	**2**
Frnhd.	totet		der man
slowakisiertes Tschech.	zabige	li	czlowiek
Übersetzung	tötet		der Mann
Glossierung	töten-PRS/FUT.3.SG	**[Konditionalmarker]**	einer

Tabelle 1: Wortfolge im frühneuhochdeutschen *wenn-dann*-Satz zum Ausdruck der Rechtsnorm und im slowakisierten Tschechischen kontrastiv

Um es noch einmal zu verdeutlichen: Die mittelalterliche und teilweise auch die frühneuzeitliche Übersetzungspraxis verfolgte das Prinzip der sinngemäßen Äquivalenz in aller Regel nicht, da seine Verwendung zu dieser Zeit sehr innovativ und entsprechend selten war.[74] Deshalb gilt die These Anne Lise Kjærs zur Übersetzung von Rechtstexten als Deutung der Rechtssysteme noch nicht oder nur teilweise für mittelalterliche und frühneuzeitliche Übersetzungen.[75] Um uns in die

[71] „Silleiner Stadtrechtsbuch“, fol. 32rb; PIIRAINEN, Das Stadtrechtsbuch von Sillein, 1972, S. 76.

[72] Žilinská kniha, fol. 11[r]; KUCHAR, Žilinská právna kniha [Faks.], 2009, S. 14, § 38.

[73] Vgl. die Beobachtungen Bilys zur Verwendung des Artikels in den polnischen Übersetzungen der „Magdeburger Urteile“, vgl. ISMIO Bd. 2, S. 303 f., 323 f. Zum grammatischen Übersetzungsprinzip s. LEVÝ, České teorie překladu, 1957, S. 14 f.; MATCHAUZEROVA, Drevnerusskie teorii iskusstva slova, 1976, S. 45–50. Als Faustregel gilt, dass das Maß der wortgetreuen Wiedergabe als Kriterium des relativen Alters des Texts angewandt werden kann.

[74] LEVÝ, České teorie překladu, 1957, S. 22 f.; SNELL-HORNBY, SCHOPP, Übersetzung, 2012, S. 11–16. Mit dem Humanismus verbindet Jiří Levý die Zuwendung der Frage nach dem Verhältnis von Wort und Sinn, die aus der Beschäftigung mit der römischen Theorie der Übersetzung hervorgegangen ist. Dass die Akzeptanz dieser Umstellung eine längere Zeit in Anspruch genommen hat, zeigt die Verbrennung des Übersetzers der englischen Bibel William Tyndale 1536 und Étienne Dolets 1546, dem Buchdrucker und Übersetzer eines Platon-Dialogs ins Französische (ebd., S. 11–13), die dieses Übersetzungsprinzip angewandt haben.

[75] KJÆR, Phraseologische Wortverbindungen in der Rechtssprache?, in: PALM (Hrsg.), „EUROPHRAS 90“ – Akten der Internationalen Tagung zur germanistischen Phraseologieforschung, 1991, S. 117;

Denkweise der Personen hineinzuversetzen, die im 15. Jahrhundert Texte des Sächsisch-magdeburgischen Rechts in die Slawinen übersetzt haben, müssen wir davon ausgehen, dass zum einen formale Äquivalenz zwischen dem Text des Originals und der Übersetzung angestrebt wurde und dass zum anderen eine Angleichung des grammatischen Systems der Zielsprache an das grammatische System der Ausgangssprache vollzogen werden sollte. Der Umstand, dass der Rechtssprache einerseits ein sakraler Charakter zugesprochen und andererseits auf sie die in anderen Textsorten erarbeitete Übersetzungspraxis extrapoliert wurde, hat zu der beschriebenen Mischung der Übersetzungsprinzipien geführt.

5. Sprachwechsel in Sillein im Spiegel des „Silleiner Stadtrechtsbuchs“

Das „Silleiner Stadtrechtsbuch“ repräsentiert eine Entwicklung in der Sprachverwendung, die in einer Reihe ostmitteleuropäischer Kanzleien vom 15. bis zum Anfang des 16. Jahrhunderts beobachtet werden kann. Ein wichtiger Einflussfaktor für den Sprachwechsel, zumindest in den Ländern der Böhmischen Krone und in Oberungarn, war die Hussitenbewegung. Sie brachte eine Veränderung der Bevölkerungszusammensetzung in den ursprünglich von Deutschen gegründeten und verwalteten Städten mit sich bzw. beschleunigte den bereits einsetzenden Zuzug von Slawen aus den benachbarten ländlichen Gebieten. Diese engagierten sich auch in der Stadtverwaltung und förderten so den Einzug der slawischen Sprachen in die städtischen Kanzleien.[76] Spáčilová[77] weist auf die Bedeutung der Konfession hin, die – ebenso wie die Beteiligung der deutschen und der slawischen Bevölkerung an der Stadtverwaltung – das Verhältnis zwischen der deutschen Sprache und den Slawinen beeinflusst hat.

In Städten wie Leitmeritz, in denen die Hussiten die Oberhand gewannen, hat sich das Tschechische schnell durchgesetzt. Dagegen wurde in Städten wie Olmütz, die dem katholischen Glauben treu blieben, der deutsch-tschechische Bilinguismus aufrechterhalten. In solchen Städten spielte das Deutsche weiterhin eine führende Rolle mit den entsprechenden Folgen für das Tschechische, das dem starken deutschen Einfluss ausgesetzt war und nur eingeschränkt verwendet wurde.

DIES., Vergleich von Unvergleichbarem, in: KROMANN, KJÆR (Hrsg.), Von der Allgegenwart der Lexikologie, 1995, S. 42 f.; DIES., Phrasemes in Legal Texts, in: BURGER, DOBROVOL'SKIJ, KÜHN, NORRICK (Hrsg.), Phraseologie/Phraseology, Bd. 1.1, 2007, S. 507 f.

[76] Vgl. auch den Hinweis Hlaváčeks (HLAVÁČEK, Jazyk v česko-moravských městských kancelářích v době předhusitské, in: Sborník archivních prací 63,2 (2013), S. 280 f.), der die Verwendung des Tschechischen unter den tschechischen Adligen eine Modeerscheinung der Jahrhundertwende vom 14. zum 15. Jahrhundert nennt.

[77] SPÁČILOVÁ, Míšeňská právní kniha a bilingvismus v českých zemích, in: KRUŠINSKÝ, VINTROVÁ (Hrsg.), Bibliotheca Antiqua 2015, 2015, S. 121.

Die hussitische Bewegung brachte prähumanistische Ideen mit sich. Rahel Černá-Willi merkt in Bezug auf die Situation im oberschlesischen Teschen (tschech. Těšín, poln. Cieszyn), in dem um 1440 die ersten Dokumente auf Tschechisch verfasst wurden, an:

> „Auf dem Territorium der böhmischen Könige propagierte sie [die hussitische Bewegung – ML] – natürlich neben anderen, insbesondere theologischen, Neuerungen – gut hundert Jahre vor der Reformation die Verwendung der Volkssprache, d. h. des Tschechischen. Zwar blieb der direkte Einfluss der Hussiten in Teschen gering, doch erreichte die allgemeine Tendenz, im Königreich Böhmen und seinen Lehensgebieten das Tschechische zu verwenden, auch die schlesischen Herzogtümer und somit auch Teschen."[78]

Als etabliertes Bildungszentrum der Region spielte in dieser Umbruchphase die Karls-Universität zu Prag eine wichtige Rolle, sowohl hinsichtlich der Sprachkompetenz als auch der juristischen Kenntnisse der gebildeten Leute, zu denen in erster Linie städtische Schreiber gehörten. Mehrere von ihnen gingen infolge der Hussitenkriege in andere Regionen und brachten ihre Sprache, ihre Kenntnisse und den geistigen Fortschritt mit.[79] Dies scheint ein zentraler Faktor für die Grenz- und Übergangsgebiete zu sein, in denen eine besondere Spannungssituation aufgrund der dortigen Mehrsprachigkeit entstand, die mehrere Slawinen mit unterschiedlichem Status, Frühneuhochdeutsch und Latein umfasste. Zu diesen Städten gehörte ebenfalls Sillein in der gegenwärtigen Westslowakei. Im „Silleiner Stadtrechtsbuch" ist der Sprachwechsel zum slowakisierten Tschechischen zu erkennen, der auch durch das Frühneuhochdeutsche und Latein beeinflusst war. Diese wesentliche Veränderung lässt sich schon an den Stadtbucheinträgen beobachten und wird mit der Übersetzung des „Silleiner Stadtrechts" aus dem Frühneuhochdeutschen in die Slawine abgeschlossen.

In den Ländern der Böhmischen Krone, im Königreich Polen und im westlichen Teil Oberungarns werden ab diesem Zeitpunkt nach und nach slawische Varietäten verwendet, die in den Stadtrechten und Stadtbüchern nachvollzogen werden können (vgl. hierzu die folgende Grafik).

[78] Černá-Willi, Polnisches Deutsch – Deutsches Polnisch, 2012, S. 39.

[79] Mazur, Geschichte der polnischen Sprache, 1993, S. 111.

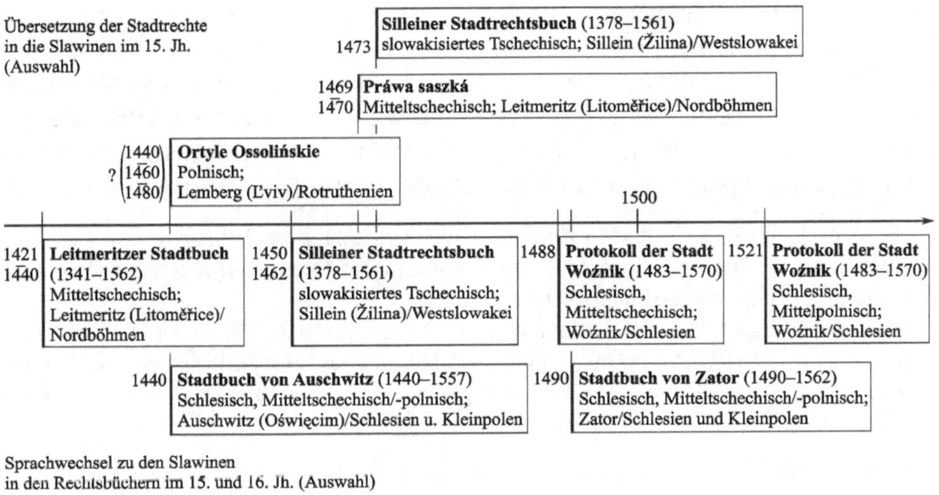

Grafik 1: Sprachwechsel zu den Slawinen in den ostmitteleuropäischen Kanzleien im 15.–16. Jahrhundert (Auswahl)[80]

Trotz gemeinsamer Entwicklungstendenz gab es in den Städten offenbar unterschiedliche Gründe für den Sprachwechsel und unterschiedliche Modelle dieses Wechsels, die durch die Besonderheiten der soziolinguistischen Situation bedingt waren. Teilweise vollzog sich der Wechsel zwischen mehreren Slawinen, wie z. B. in den schlesischen Stadtbüchern aus Woischnik, Auschwitz und Zator. In der Silleiner Kanzlei, in der die Stadtbucheinträge im Laufe von fast zwei Jahrhunderten aufgeschrieben wurden, lassen sich drei Phasen in der Sprachenwahl erkennen, die an bestimmte historische Ereignisse anknüpfen:

1) 1378–1429 mit der Kanzleisprache Frühneuhochdeutsch und einigen lateinischen Einträgen;
2) 1429–1462 mit der Kanzleisprache Latein, die nach und nach durch die Slawine abgelöst wurde;[81]
3) 1462–1561 mit der slawischen Kanzleisprache.[82]

[80] Für die Entstehung dieser Übersicht wurden folgende Quellen herangezogen: ISMIO Bd. 2, S. 139; *Kap. E.I.2., S. 136*; Brückner, Die „Magdeburger Urtheile", in: Archiv für Slavische Philologie 6 u. 7 (1882 u. 1884), S. 319–392 u. 525–574; Čelakovský, O právních rukopisech města Litoměřic, in: Časopis Musea království Českého 53 (1879) u. 54 (1880); Kocánová, Jindřich [u. a.] (Hrsg.), Městská kniha Litoměřic (1341)–1562 v kontextu písemností městské kanceláře, 2006; Musioł, Rospond, Protokolarz miasta Woźnik, 1972; Rauscher, Soudní knihy osvětimské a zátorské z r. 1440–1562, 1931.

[81] Der älteste Eintrag im slowakisierten Tschechischen wurde am 22.01.1451 getätigt.

[82] Vgl. Chaloupecký, Kniha Žilinská, 1934, S. XX: „Možno říci, že slovenština stala se od roku 1451 v Žilině jazykem úředním." [Es lässt sich sagen, dass das Slowakische ab dem Jahr 1451 in Sillein zur Verwaltungssprache geworden ist.]

Seit 1378 wurden die Stadtbucheinträge im „Silleiner Stadtrechtsbuch“ auf Frühneuhochdeutsch, der Sprache der deutschen Mehrheit in der Stadtverwaltung, verfasst. Eine grundsätzliche Veränderung muss in der zweiten Phase eingetreten sein, da sich kein nahtloser Übergang zwischen dem Frühneuhochdeutschen und der Slawine beobachten lässt. Über die Sprachverwendung der Schreiber, die von einem Eintrag zum anderen zwischen zwei Sprachvarietäten wechseln, hat Sopko in seiner paläographischen Analyse der Stadbucheinträge[83] folgendes beobachtet:

> „Štyri ruky písali svoje texty jednak po nemecky, jednak po latinsky a dve v slovakizovanej staročeštine aj v latinčine. Ani jeden z pisárov nenapísal text v nemčine a súčasne aj v slovakizovanej staročeštine. “
> [Vier Hände haben ihre Texte zum einen auf Deutsch, zum anderen auf Latein und zwei im slowakisierten Alttschechisch (*sic!* – ML) und auf Latein verfasst. Keiner der Schreiber hat den Text auf Deutsch und gleichzeitig in slowakisiertem Alttschechisch geschrieben.][84]

Außerdem gab es Schreiber, die nur eine der Sprachvarietäten verwendet und zur selben Zeit ihre Einträge gemacht haben. Für eine bessere Übersicht wird die Tätigkeit der Schreiber in den Kernzeiten des Sprachwechsels von 1440 bis 1466 im folgenden Diagramm veranschaulicht:

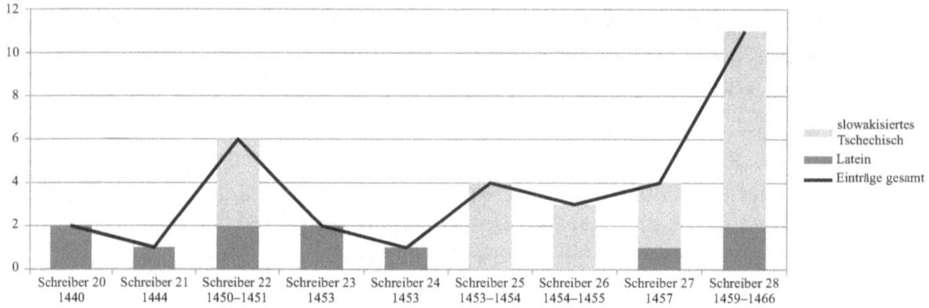

Grafik 2: Sprachwechsel in der Silleiner Kanzlei[85]

1429, im Jahr der Besetzung von Sillein durch Hussiten, wurde der letzte Eintrag auf Frühneuhochdeutsch verfasst. Danach rückte das Latein als eine neutrale, mit keiner der beiden nationalen Gruppen der Silleiner Bürgerschaft assoziierte Sprache in den Vordergrund. Latein wurde nur als eine Sprache der Übergangszeit eingesetzt, wie die Einträge zwischen 1429 und 1462 zeigen. Es war ebenfalls die

[83] Sopko, Pisári a vznik Žilinskej knihy, in: Marsina (Hrsg.), Národnostný vývoj miest na Slovensku do roku 1918, 1984.
[84] Ebd., S. 63.
[85] Auf Basis der Studie von ebd., S. 53–55.

Zeit des Umbruchs in der Stadtverwaltung, in der die Dokumentierungsvorgänge offenbar eingeschränkt waren und nur noch sporadisch fixiert wurden. Nach 1462 wurden die Stadtbucheinträge in Sillein ausschließlich in der Slawine verfasst.

Die ausgewerteten Texte[86] belegen, dass der Sprachwechsel vom Deutschen und Lateinischen in die Slawine in den städtischen Kanzleien in Oberungarn erst Mitte des 15. Jahrhunderts einsetzt. Deshalb ist davon auszugehen, dass die Einträge von 1451 im „Silleiner Stadtrechtsbuch“ die ältesten erhaltenen sind, die in der lokalen slawischen Varietät verfasst wurden.[87]

Der Sprachwechsel spiegelt die soziale Umstellung in der ursprünglich deutschen Stadt wider, in der die slowakische Bevölkerung sich niederließ und zum 15. Jahrhundert im Silleiner Verwaltungs- und Rechtsleben die Oberhand gewann.[88] Chaloupecký[89] nennt drei wichtige Ereignisse, die diesen Wechsel befördert haben:

1) König *Ludwigs I. (des Großen)* Privileg von 1381, in dem die paritätische Zusammensetzung des Rats aus Deutschen und Slowaken festgelegt wurde;[90]
2) Hussitenplünderungen 1429 und 1431, die die Stärkung der Position der slowakischen Bevölkerung mit sich brachte;
3) Bestätigung des Privilegs von *König Ludwig I.* durch das Kloster der Heiligen Maria in Turz (slowak. Turiec, ungar. Turóc) im Jahre 1431.

Die Ergebnisse dieser Entwicklung sind bereits in den 60er Jahren des 15. Jahrhunderts ersichtlich: Die Namen der Silleiner Ratsherren sind zu dieser Zeit laut Chaloupecký „ryze slovenské“ [durch und durch slowakisch][91], was den Sprachwechsel in die slawische Varietät sicher unterstützt haben wird. Die Übersetzung

---

[86] KUCHAR, Žilinská právna kniha [Ed.], 2009; LEHOTSKÁ, K počiatkom vedenia mestských kníh na Slovensku, in: Historické štúdie 5 (1959); LEHOTSKÁ, ORLOVSKÝ, Najstaršia Jelšavská mestská kniha 1566–1710, 1976; MAJTÁN, SKLADANÁ, Pramene k dejinám slovenčiny, Bd. 1, 1992; LALÍKOVÁ, MAJTÁN, Pramene k dejinám slovenčiny, Bd. 2, 2002; KUCHAR, VALENTOVÁ, Pramene k dejinám slovenčiny, Bd. 3, 2008; STANISLAV, Dejiny slovenského jazyka, Bd. 3: Texty, 1957, S. 190–208.

[87] Vgl. CHALOUPECKÝ, Kniha Žilinská, 1934, S. 103f.; KUCHAR, Žilinská právna kniha [Ed.], 2009, S. 88 f. Vgl. dagegen die Situation in den Böhmischen Ländern, wo die ersten Stadtbucheinträge aus dem ersten Viertel des 15. Jahrhunderts stammen (vgl. HLAVÁČEK, Jazyk v česko-moravských městských kancelářích v době předhusitské, in: Sborník archivních prací 63,2 (2013), S. 280f.).

[88] Vgl. CHALOUPECKÝ, Kniha Žilinská, 1934, S. XXII: „A jako v Čechách a na Moravě v XIV. století domácí živel vniká do měst a v druhé polovici XIV. století se uplatňuje již v jejich správě, tak je tomu i na Slovensku, nebo alespoň v Pováží.“ [Und genauso wie in Böhmen und Mähren im 14. Jahrhundert das einheimische Element in die Städte eindringt und sich in der zweiten Hälfte des 14. Jahrhunderts in ihrer Verwaltung durchsetzt, so geschah es auch in der Slowakei, zumindest in der Waag-Region].

[89] Ebd., S. XVIII–XX.

[90] Vgl. etwa Bartl (Lexikon der slowakischen Geschichte, 2002, S. 41). Er meint ebenfalls, dass „[d]ie Bestimmung, dass die der deutschen Sprache nicht mächtigen Leute in ihrer Muttersprache (d. h. auf Slowakisch [sic!–*ML*]) vor Gericht aussagen können, von einer starken Position der Slowaken in dieser Stadt [zeugt].“

[91] CHALOUPECKÝ, Kniha Žilinská, 1934, S. XX.

des Stadtrechts 1473 war eine wichtige Zäsur in der Geschichte Silleins, denn mit ihr wurde der Prozess des Sprachwechsels in die Slawine in der städtischen Kanzlei auch in der konstitutiven Textsorte ‚Stadtrecht' abgeschlossen. Der Wechsel in die Slawine war keine Silleiner Ausnahme, sondern fand in einem größeren ostmitteleuropäischen Rahmen etwa zeitgleich statt, wie aus *Grafik 1* zu ersehen ist. Die neuen Bürger, die die deutschen Rechtsgewohnheiten als Grundlagen des städtischen Lebens im Allgemeinen übernommen hatten, suchten in den unsicheren Zeiten eine Stütze in der bewährten Rechtsordnung. Dies führte zur Akzeptanz des *ius Maideburgense* in den slawischen Kulturen und begünstigte somit seinen Transfer in die jeweiligen Sprachen.

So bedeutet der Sprachwechsel mehr als die bloße Umstellung von einem Sprachsystem in das andere – er bedeutet unter anderem auch eine Übernahme fremder Wertesysteme und ihre umfassende Aneignung, die auf dem Wege der Rezeption und Integration fremder Wörter und Begrifflichkeiten, aber auch durch die Nachahmung der Stilistik der frühneuhochdeutschen Texte zuerst in den Übersetzungen und dann auch in den originär slawischen Texten sichtbar wird.[92] Mit der Übersetzung von Texten mit Sächsisch-magdeburgischem Recht wurde die Wissensgemeinschaft, in der sich das konzeptionelle, sprachliche und praktische Sachwissen vereinigt, in einem weiteren territorialen und kulturellen Kontext ausgedehnt.[93]

6. Zusammenfassung

Die Rezeption des Sächsisch-magdeburgischen Rechts in Oberungarn wird am Beispiel des „Silleiner Stadtrechtsbuchs" untersucht, einem der bedeutendsten Zeugen der Verbreitung dieser Rechtstradition in der genannten Region. Die Sprache dieser Quelle wird als Fachsprache des Rechts im Rahmen eines parallelen Korpus erforscht, das auf der Basis der bestehenden Transliterationen des frühneuhochdeutschen und des slawischen Teils des Manuskripts zusammengestellt wird. Diese Herangehensweise scheint besonders geeignet zu sein, weil das „Silleiner Stadtrechtsbuch" sowohl den frühneuhochdeutschen Quelltext als auch seine Übersetzung ins slowakisierte Tschechisch umfasst. Anhand dieser Gegenüberstellung kann der Frage nach der Rezeptionsqualität der deutschen Rechtskultur auf dem Gebiet Oberungarns nachgegangen werden.

Anders als in der modernen Übersetzungspraxis kam im „Silleiner Stadtrecht" das Äquivalenzprinzip selten zum Tragen; stattdessen kann zunächst das wortwörtliche Prinzip bei der Wiedergabe der frühneuhochdeutschen Lexik und der morphosyntaktischen Kategorien festgestellt werden. Somit hat die Übersetzungs-

---

92 Vgl. NEWERKLA, Sprachkontakte Deutsch – Tschechisch – Slowakisch, 2011, S. 18–22; KEIPERT, Russische Sprachgeschichte als Übersetzungsgeschichte, in: DERS. (Hrsg.), Slavistische Linguistik 1981, 1982, S. 71 f., 74–78.

93 Die theoretischen Grundlagen dieser Konzeption werden in *Kap. G.III.2.2.* erläutert.

methode einen direkten Einfluss auf die Struktur des slowakisierten Tschechisch ausgeübt, weshalb die Berücksichtigung der translatologischen Perspektive für die adäquate Beschreibung des Übersetzungsergebnisses unentbehrlich ist. Durch die Transformation der Slawine mittels dieser Übersetzungsmethode materialisiert sich der Akt des Transfers. Damit wird die Sprache für die Beurteilung von Besonderheiten der Rezeption des Sächsisch-magdeburgischen Rechts signifikant, sodass die Beschreibung dieser Rezepiton durch die Analyse dieser sprachlichen Besonderheiten operationalisiert werden kann.

Weiterhin wird dieser Transferweg in den breiteren Rahmen der Rezeption des Sächsisch-magdeburgischen Rechts eingeordnet. Dafür wird der Frage nachgegangen, wie typisch oder einzigartig dieser Weg war, was die Gegenüberstellung des „Silleiner Stadtrechts“ mit vergleichbaren Quellen erforderlich macht. Der Sprachwechsel in die Slawinen, der anhand von Textzeugen ab ca. der Mitte des 15. Jahrhunderts in Ostmitteleuropa belegt wurde, suggeriert eine Tendenz zum intensiven Ausbau der Anwendungsbereiche von Vernakularsprachen. Ein derartiger Ausbau war in erster Linie durch die Aneignung des Kulturguts – u. a. des Rechts – möglich, das in anderen Sprachgemeinschaften zu diesem Zeitpunkt bereits entstanden war. Die kontrastive Untersuchung des „Silleiner Stadtrechts“ und einer zeitgemäßen tschechischen Übersetzung eines Textes desselben Rechtskreises aus dem Frühneuhochdeutschen, dem „Sächsischen Weichbild“ aus der *Práwa saszká*, bietet sich deswegen als geeigneter Zugang zu dieser Problematik an und verspricht eine Vertiefung des vorhandenen Wissens über die Entstehung und Gestaltung der Rechtssprache in Böhmen und Oberungarn infolge der Rezeption des Sächsisch-magdeburgischen Rechts. Um einen Zugang zu dieser Problematik zu schaffen, muss das Verhältnis zwischen dem Tschechischen und Slowakischen sprachgeschichtlich geklärt werden, was Gegenstand des nächsten Kapitels sein wird.

II. Sprache des „Silleiner Stadtrechtsbuchs“

1. Verortung des „Silleiner Stadtrechtsbuchs“ in der Sprachgeschichtsschreibung

Das „Silleiner Stadtrechtsbuch“ repräsentiert nicht nur einen deutsch-slawischen Kultur- und Sprachkontakt, sondern auch den Kontakt mindestens zweier slawischer Kulturen und Idiome. Der Text entstand in einem slawischen Kontaktgebiet, auf der Grenze der genetisch eng verflochtenen ostmährischen und westslowakischen Dialekte, die nach wie vor eine Übergangszone zwischen dem Tschechischen und Slowakischen bilden.[94] Auf den historischen Sprachstufen war diese

---

[94] BĚLIČ, Nástin české dialektologie, 1972, S. 320; BERGER, Tschechen und Slowaken, in: HENTSCHEL (Hrsg.), Über Muttersprachen und Vaterländer, 1997, S. 160–165; GIGER, Die Sprachsitu-

Nähe noch größer, weshalb um die sprachliche Zuordnung der *slovacica* – der Texte, die auf dem oberungarischen Territorium geschrieben wurden, – sowie um das Verhältnis des Tschechischen und Slowakischen in der slowakischen Sprachgeschichte eine lange und nicht zuletzt emotional aufgeladene Diskussion entstanden ist.[95] Es ist offenbar sinnvoll, zwischen der Sprache der Texte slowakischer Provenienz und der Entwicklung des Slowakischen als Sprachsystem zu unterscheiden.[96] Im ersten Fall werden alle slawischen Texte in die Sprachgeschichtsschreibung einbezogen, die eine slowakische territoriale Zugehörigkeit haben. Im zweiten Fall dagegen wird die Entwicklung der slowakischen phonologischen, morphosyntaktischen, lexikalischen oder graphematischen Besonderheiten beschrieben, die durch eine historisch-vergleichende Analyse auf mehreren Ebenen ermittelt werden.[97] Der erste Weg ist für unsere Beschreibung der Herausbildung der Rechtssprache als Fachsprache angebracht, da die Rezeption des Sächsisch-magdeburgischen Rechts, die an die Übersetzungen der relevanten Texte gebunden ist, im Mittelpunkt des Projekts steht.

Der gewählte Zugang zum Text erleichtert auch die Beschreibung des Idioms, in dem das „Silleiner Stadtrechtsbuch" verfasst wurde. Hierfür ist es nicht sinnvoll, eine Trennung zwischen den tschechischen und slowakischen Elementen vorzunehmen, sondern die sprachliche Erscheinungsform dieses Textes als eine für Sill-

---

ation in der Slovakei, in: VAN LEEUWEN-TURNOVCOVÁ, RICHTER (Hrsg.), Entwicklung slawischer Literatursprachen, Diglossie, Gender, 2006, S. 95–100. Eine bisher unerforschte Rolle in der Entstehung der Silleiner Rechtssprache sollten ebenfalls die schlesischen und kleinpolnischen Dialekte spielen, zumindest deuten darauf die Beziehungen Silleins zu Teschen hin, inklusive der Verwendung des *Teschener Rechts* in Sillein mindestens bis zur Mitte des 14. Jahrhunderts und die Urteilsfindung im Teschener Oberhof, vgl. etwa CHALOUPECKÝ, Kniha Žilinská, 1934, S. XVIII; BADA, Život v Žiline v zrkadle jej mestskej knihy, 2011, S. 20–22. Weitere Hinweise auf einen regen Austausch auf dieser Achse liefern die Namen in den Stadtbucheinträgen und einige graphematische, lexikalische und morphosyntaktische Dialektismen, vgl. CHALOUPECKÝ, Kniha Žilinská, 1934, S. XXVI; RYŠÁNEK, Slovník k Žilinské knize, 1954, S. 34.

95 Siehe mehr dazu bei MÚCSKOVÁ, VRÁBĽOVÁ (Hrsg.), Pri zelenom stole: NAŠA REČ, 2014. Die Diskussion umfasst die Frage nach der Entstehung und Entwicklung des Slowakischen in seinem Verhältnis zum Tschechischen und wurde in LIFANOV, Genezis slovackogo literaturnogo jazyka, 2001, S. 5–15 und GIGER, Die Sprachsituation in der Slovakei, in: VAN LEEUWEN-TURNOVCOVÁ, RICHTER (Hrsg.), Entwicklung slawischer Literatursprachen, Diglossie, Gender, 2006, S. 92–94 ausführlich referiert. Von beiden Autoren wird angemahnt, dass in diese Diskussion empirisches Material selten einbezogen wird.

96 Markus Giger hat in einer E-Mail vom 20.07.2016 auf diesen Unterschied hingewiesen, der auf die in der Russistik übliche Trennung zwischen der historischen Grammatik (russ. *istoričeskaja grammatika*) und der Geschichte der Standardsprache (russ. *istorija literaturnogo jazyka*) zurückzuführen ist. Analog mit dem Russischen wird die Geschichte des Slowakischen bei Lifanov konzipiert (LIFANOV, Genezis slovackogo literaturnogo jazyka, 2001, S. 18–41).

97 Diese umfasst die Konfrontation des tschechischen und slowakischen dialektalen sowie sprachhistorischen Materials, s. GIGER, Die Sprachsituation in der Slovakei, in: VAN LEEUWEN-TURNOVCOVÁ, RICHTER (Hrsg.), Entwicklung slawischer Literatursprachen, Diglossie, Gender, 2006, S. 97–101.

ein typische zu beschreiben. Auf die Rolle des Tschechischen als einer Sprache, in der Schriftlichkeit, einschließlich der von Rechtstexten, in Böhmen mit einem zeitlichen Vorsprung gegenüber der Westslowakei nachgewiesen wurde, wird in *Kap. G.II.2.* genauer eingegangen. Das Verhältnis tschechischer und slowakischer Dialekte in historischer Perspektive wird im Zusammenhang mit dem Begriff *Sprachkontinuum* in *Kap. G.II.3.* diskutiert.

Mit der Untersuchung des „Silleiner Stadtrechtsbuchs“ werden Fachtexte, speziell Rechtstexte, in den Fokus gerückt, die durch ihre Funktionalität und Vernetzung zwar intuitiv als zentrale, die Sprache insgesamt prägende Textsorten empfunden werden, aber *bis dato* – wenn überhaupt – nur am Rande von der Sprachwissenschaft berücksichtigt wurden. Allerdings wird dieser Zustand von der Forschung bereits als Defizit erkannt. So weist Taťána Vykypělová zurecht darauf hin, dass

> „[…] die im Zeitalter des Hussitismus entstandene[n] tschechische[n] Texte – mit Ausnahme der Bibelübersetzung – vorwiegend zeitgemäße Texte [sind], die eher als Quellen zur Kenntnis der Zeit und ihrer politischen, sozialen und religiösen Auseinandersetzungen interessant sind […].“[98]

Die Dynamik, mit der in den ostmitteleuropäischen Städten des 15. Jahrhunderts Rechtstexte entstanden sind, veranschaulicht die zunehmende Bedeutung der Fachtexte. Wie Grafik 1 in *Kap. G.I.5. auf S. 473* zeigt, war die Nachfrage nach Rechtstexten seitens des sich emanzipierenden slawischsprachigen Bürgertums besonders hoch und sie wurde entsprechend bedient. Erstaunlich an der eben zitierten Passage von Vykypělová ist, dass die Sprache der Fachtexte als linguistisches Objekt für weniger interessant gehalten wird. Entgegen dieser Einschätzung soll im Weiteren die Integration der Rechtstexte in den Kanon der Sprachgeschichte neben Bibel und literarischen Texten unternommen werden, um zur Sprachgeschichte ‚von unten‘ beizutragen.[99]

Es bleibt festzuhalten, dass mit der Untersuchung des „Silleiner Stadtrechtsbuchs“ erstmals Rechtstexte in die Sprachgeschichte des Slowakischen einbezogen werden. Die Zugehörigkeit dieser Quelle zu einem funktionalen Register macht ihre Analyse als ein sprachliches Subsystem, das sich in Sillein entwickelt hat, erforderlich und relativiert somit die Diskussion über die genetische Zugehörigkeit der sprachlichen Konstituenten, die in diesem Text vorhanden sind. Dieses Herangehen ermöglicht die Beschreibung des „Silleiner Stadtrechtsbuchs“ als Pro-

---

[98] Vykypělová, Kontinuität und Diskontinuität der Entwicklung des Standardtschechischen im Lichte der Periodisierung der tschechischen Sprachgeschichte, in: Woldt (Hrsg.), Tschechisch bis 1775, 2012, S. 30; vgl. auch dies., Wege zum Neutschechischen, 2013, S. 42. Zwar spricht Vykypělová von den tschechischen Texten der hussitischen Periode, doch diese Aussage kann auch auf das „Silleiner Stadtrechtsbuch“ bezogen werden.

[99] Vgl. mehr zum Stand in der Slawistik Lazar, Von Geld und guten Worten, 2014, S. 11 f.; in der Germanistik Elspaß, A Twofold View ‘from below’, in: ders., Langer, Scharloth, Vandenbussche (Hrsg.), Germanic Language Histories “from below” (1700–2000), 2007, S. 3–5.

dukt der Rezeption des Sächsisch-magdeburgischen Rechts in Oberungarn. Die vorliegende Untersuchung konzentriert sich auf Ziele und mögliche Anwendungsbereiche der Übersetzung ins slowakisierte Tschechische sowie auf die Funktionalität dieses Textes in seinem neuen sprachlichen Gewand.

2. Das Tschechische und seine Rolle für die angrenzenden Slawinen

Die Darstellung der Sprachsituation in Sillein wäre ohne einen Kommentar zur Rolle des Tschechischen unvollständig. Die Bedeutung des Tschechischen in der Sprachgeschichte des Slowakischen wird zurecht immer wieder betont, da Tschechisch in seiner mittelböhmischen Form als Sprache mit einem entwickelten Textsortenrepertoire und dem postulierten Status einer der Staatssprachen in den Böhmischen Ländern das Slowakische eindeutig prägte.[100] Zum einen meint man damit die bereits oben angedeutete genetische Verwandtschaft der beiden Idiome, die sich erst relativ spät auseinanderentwickelt haben. Sie stehen bis in die Gegenwart im permanenten Kontakt, welcher sich zu unterschiedlichen Zeitpunkten in unterschiedlichen Bereichen intensivierte.[101] Zum anderen liegen in der Entwicklung der tschechischen und slowakischen Varietäten chronologische Unterschiede vor, die ihre Emanzipation als Schriftsprache und deren Anwendungsbereiche betreffen. Diese *asynchrone Entwicklung* der beiden Schriftsprachen, die wir auf *S. 466* mit Černá-Willis Worten als „historischen Vorsprung" des Tschechischen bezeichnet haben, lässt sich mit der Länge der Verschriftlichungstradition, der Größe des überlieferten Korpus und der schriftlichen Fixierung in einem Funktionsbereich erklären. Tschechisch ist die Sprache mit der längsten Verschriftlichungstradition unter den Westslawinen, die in der zweiten Hälfte des 13. Jahrhunderts begonnen[102] und sich infolgedessen im 15. Jahrhundert zu einer Großkorpussprache entwickelt hat.[103] Wie aus *Grafik 1* ersichtlich, war Tschechisch zudem die erste der westslawischen Sprachen, in der sächsisch-magdeburgisches Recht aufgezeichnet wurde.[104] Im *slowakisierten Tschechischen*, der regi-

---

[100] MAJTÁN (Hrsg.), Historický slovník slovenského jazyka, Bd. 1, 1991, S. 16f.; MAJTÁN, SKLADANÁ, Pramene k dejinám slovenčiny, Bd. 1, 1992, S. 10 und GIGER, Die Sprachsituation in der Slovakei, in: VAN LEEUWEN-TURNOVCOVÁ, RICHTER (Hrsg.), Entwicklung slawischer Literatursprachen, Diglossie, Gender, 2006, S. 92 mit weiteren Literaturangaben.

[101] BERGER, Tschechen und Slowaken, in: HENTSCHEL (Hrsg.), Über Muttersprachen und Vaterländer, 1997; DERS., Nation und Sprache, in: GARDT (Hrsg.), Nation und Sprache, 2000; DERS., Tschechisch und Slovakisch, in: ROELCKE (Hrsg.), Variationstypologie/Variation Typology, 2003.

[102] LAMPRECHT, ŠLOSAR, BAUER, Historická mluvnice češtiny, 1986, S. 21f.

[103] VYKYPĚLOVÁ, Kontinuität und Diskontinuität der Entwicklung des Standardtschechischen im Lichte der Periodisierung der tschechischen Sprachgeschichte, in: WOLDT (Hrsg.), Tschechisch bis 1775, 2012, S. 29f.; DIES., Wege zum Neutschechischen, 2013, S. 41. Die Quellenübersicht befindet sich in Staročeský slovník, 1968, S. 50–118. Das Wachstum des Korpus geht besonders auf die Sach-, Fach- und Alltagstexte zurück.

[104] Vgl. allerdings die Sammlungen der *Gerichtseide* (poln. *roty sądowe*) aus sechs polnischen Städten, die in der Zeit von 1386 bis 1446 entstanden sind und neben lateinischen auch polnische Texte oder

onalen Varietät, in der *slovacica* bis zur Kodifikation des Slowakischen durch Anton Bernolák im Jahre 1787 geschrieben wurden, beginnt die Verschriftlichungstradition hingegen erst im zweiten Viertel des 15. Jahrhunderts.[105] Entsprechend kann man in Bezug auf diese Varietät von einem verhältnismäßig kleinen Textkorpus sprechen und auch bei der Verschriftlichung von Rechtstexten lässt sich im Verhältnis zum Tschechischen in den Böhmischen Ländern eine verzögerte Herausbildung der Rechtssprache konstatieren.

Die beschriebene Situation hat dazu geführt, dass die sprachlichen Konstituenten, die in der tschechischen Schriftsprache bereits für bestimmte Funktionsbereiche ausgebildet waren, in die slowakischen Varietäten übernommen und zum Ausbau dieser hier noch nicht entwickelten Bereiche verwendet wurden. Das Tschechische war als eine eng verwandte Sprache dafür prädisponiert und funktionierte auf ähnliche Art und Weise auch bei den anderen benachbarten slawischen Varietäten wie dem (Ober-)Schlesischen, dem Nieder- und Obersorbischen sowie bis ins 16. Jahrhundert hinein auch beim Polnischen:

> „Keď sa teda od začátku XV. storočia na území dnešného Slovenska používa čeština – niekiedy slovenčená, niekiedy nie – tak to možno považovať za jej celkom logické geografické rozšírenie (doložene jej písomnej podoby), tým viac, že pre ľudi zo západného Slovenska to bol takmer celkom ich vlastný jazyk."
> [Als seit Anfang des 15. Jahrhunderts auf dem Gebiet der gegenwärtigen Slowakei das Tschechische verwendet wurde – mal slowakisiert, mal nicht, – kann man es als seine logische geographische Verbreitung ansehen (die durch seine Schriftform belegt ist), umso mehr als es für die westslowakische Bevölkerung beinahe ihre eigene Sprache gewesen war.][106]

Um diese sprachliche Heterogenität abzubilden, werden in der Sprachwissenschaft Zusammensetzungen wie *slowakisiertes Tschechisch*, *lingua Slavico-Bohemica*, *slovakizovaná/slovenská čeština* und *slovensko-český jazyk* verwendet.[107] Diese

polnische Textteile enthalten. Abgesehen von der Spezifik der Textsorte *Eid* ist ihr Verhältnis zu den Quellen des Sächsisch-magdeburgischen Rechts ungeklärt.

105 Stanislav, Dejiny slovenského jazyka, Bd. 3: Texty, 1957, S. 11 f.; Majtán (Hrsg.), Historický slovník slovenského jazyka, Bd. 1, 1991, S. 16 f.; Majtán, Skladaná, Pramene k dejinám slovenčiny, Bd. 1, 1992, S. 10–12 und das darauf basierende Historische Korpus des Slowakischen in seiner ersten Version hist–0.1, vgl. ‹ www.korpus.sk › (Abfragedatum: 20.08.2020). Ich berühre an dieser Stelle die Diskussion über die Einbeziehung altkirchenslawische Denkmäler in die slowakische (sowie in die tschechische) Sprachgeschichte im 11. Jahrhundert nicht (vgl. hierzu die Literaturangaben bei Giger, Die Sprachsituation in der Slovakei, in: van Leeuwen-Turnovcová, Richter (Hrsg.), Entwicklung slawischer Literatursprachen, Diglossie, Gender, 2006, S. 92).

106 Ďurovič, Koncepcie spisovného jazyka, in: Ders., Vybrané štúdie/Selected writings, I. O slovencine a Slovensku/On the Slovak Language and Slovakia, 2004, S. 252.

107 Ders., Vývin kodifikácie spisovnej slovenčiny pred Bernolákom, in: Slovenská literatúra 37,1 (1990), S. 56; Ders., Koncepcie spisovného jazyka, in: Ders., Vybrané štúdie/Selected writings, I. O slovencine a Slovensku/On the Slovak Language and Slovakia, 2004, S. 251 f.; ebd., S. 177. Lifanov, Genezis slovackogo literaturnogo jazyka, 2001, S. 218 schlägt den Begriff *Tschechisch slowakischer Provenienz* (russ. *slovackaja redakcija drevnečešskogo jazyka*) vor.

Begriffe benennen zwei sprachliche Komponenten, die in einem unterschiedlichen Verhältnis diachron und territorial konvergieren. Das bedeutet, dass *slowakisiertes Tschechisch* zum einen in Bezug auf konkrete Texte bzw. Textgruppen immer wieder von Neuem zu definieren ist[108] und zum anderen lediglich im Verhältnis zu den Pendants aus Böhmen und Mähren adäquat beschrieben werden kann, denn nur so werden die jeweiligen Besonderheiten der slowakischen Varietät ersichtlich.[109]

Die dieser Untersuchung zugrunde liegenden Quellen erlauben es, den Usus der Rechtssprache in den Böhmischen Ländern und in Oberungarn durch die Konfrontation zweier Texte zu untersuchen, die sich aus soziolinguistischer Sicht nur durch einen Parameter – den Entstehungsort – unterscheiden: die *Práwa saszká* (1470–1471) aus Leitmeritz, Nordböhmen, und das Stadtrechtsbuch von Sillein (1473) aus der Nordwestslowakei. Abgesehen von der *diatopischen Varianz* wird eine Situation modelliert, in der die Variation anderer relevanter Komponenten *neutralisiert* ist: Die Entstehungszeit, die Textsorte (Stadtrecht) und sogar der diskursive Rahmen (Sächsisch-magdeburgisches Recht) sind in diesen beiden Texten gleich. Mit diesem Vorgehen schließen wir uns dem Programm an, das Markus Giger für die jüngeren slowakischen Texte formuliert hat:

> „Nur die Konfrontation der in der Slovakei des 16.–18. Jhdt. verwendeten Schriftsprache mit der zeitgenössischen Schriftsprache aus den Böhmischen Ländern kann letztlich zeigen, ob es sich um dieselbe oder verschiedene Schriftsprachen handelt.“[110]

Es ist festzuhalten, dass im Weiteren das Tschechische als eine *Referenz-* und *Vorbildsprache* für die angrenzenden slawischen Varietäten behandelt wird. Durch den Vorsprung in der Entwicklung der Schriftsprache gewann das Tschechische überregionale Geltung.[111] Es wird davon ausgegangen, dass es mit ent-

---

[108] Vgl. GIGER, Die Sprachsituation in der Slovakei, in: VAN LEEUWEN-TURNOVCOVÁ, RICHTER (Hrsg.), Entwicklung slawischer Literatursprachen, Diglossie, Gender, 2006, S. 94–96; LIFANOV, Genezis slovackogo literaturnogo jazyka, 2001, S. 218.

[109] Diese vergleichende Perspektive ist weitgehend unbekannt, vgl. GIGER, Die Sprachsituation in der Slovakei, in: VAN LEEUWEN-TURNOVCOVÁ, RICHTER (Hrsg.), Entwicklung slawischer Literatursprachen, Diglossie, Gender, 2006, S. 100–108; DERS., Typ *šel jest, šli sú* v slovenčine a češtine 16.–18. storočia, in: NÁBĚLKOVÁ, PÁTKOVÁ (Hrsg.), Česko-slovenská súčastnosť a česká slovakistika, 2006, S. 191 f.

[110] DERS., Die Sprachsituation in der Slovakei, in: VAN LEEUWEN-TURNOVCOVÁ, RICHTER (Hrsg.), Entwicklung slawischer Literatursprachen, Diglossie, Gender, 2006, S. 100 f. Giger hebt Lifanovs Studie (LIFANOV, Genezis slovackogo literaturnogo jazyka, 2001) hervor, da nur dort slowakisiertes Tschechisch nach diesem Prinzip beschrieben wurde. Auf der empirischen Grundlage sind außerdem die Arbeiten Lauersdorfs (LAUERSDORF, The Question of Cultural Language and Interdialectal Norm in 16th Century Slovakia, 1996; DERS., The Morphology of the 16th-Century Slovak Administrative-Legal Texts and the Question of Diglossia in Pre-Codification Slovakia, 2010) entstanden.

[111] Vgl. VYKYPĚLOVÁ, Kontinuität und Diskontinuität der Entwicklung des Standardtschechischen im Lichte der Periodisierung der tschechischen Sprachgeschichte, in: WOLDT (Hrsg.), Tschechisch bis 1775, 2012, S. 29, 35; DIES., Wege zum Neutschechischen, 2013, S. 48 f.

sprechenden regionalen Abweichungen außerhalb Böhmens und Mährens eingesetzt wurde, um sprachliche Entwicklungsdefizite der dortigen Varietäten zu kompensieren. Entsprechend dieser Konzeption stellt Tschechisch ein flexibles, dynamisches und polyzentrisches System dar, das sich weder mithilfe starrer Grenzen zwischen den Nationalsprachen (die nur als Konstrukt zu verstehen sind) noch anhand eines statischen und meist synchronen Merkmalkatalogs in Bezug auf die weiteren Slawinen zufriedenstellend beschreiben lässt.[112] Der Vergleich des sprachlichen Usus in Rechtstexten aus den Böhmischen Ländern und aus Oberungarn unter Berücksichtigung der soziolinguistischen Variablen bietet eine Möglichkeit, diese Heterogenität zu erforschen. So werden in die diachrone Analyse die Bereiche außerhalb der Fachterminologie mit einbezogen und der Einfluss des Tschechischen auf die Herausbildung des rechtsprachlichen Registers im Slowakischen während der Rezeption des Sächsisch-magdeburgischen Rechts untersucht.[113]

3. Zugänge zur sprachlichen Heterogenität. Sprachkontinuum

Die territoriale Ausbreitung des Tschechischen im 15. Jahrhundert, unterstützt durch seine Emanzipation als slawische Schrift- und Staatssprache sowie durch die Bevölkerungsbewegung infolge der Hussitenkriege, hat dazu geführt, dass das Tschechische verstärkt mit den anderen slawischen Varietäten in Kontakt tritt. Als Ergebnis dieser Sprachkontakte entwickelte sich das Tschechische rasant und zeichnete sich durch zahlreiche Innovationen aus.[114] Gleichzeitig führten schwach ausgeprägte überregionale Standardisierungsmechanismen, die später u. a. durch den Buchdruck einsetzten, dazu, dass die tschechische Sprache Konstituenten aus unterschiedlichen chronologischen Schichten *(diachrone Varianz)*, Regionalismen *(diatopische Varianz)* und abweichende Textverfassungskonventionen *(disituative Varianz)* gestaltet hat.[115] Das hat dem Tschechischen einen *heterogenen* Charakter

[112] Vgl. die Kritik bei GIGER, Die Sprachsituation in der Slovakei, in: VAN LEEUWEN-TURNOVCOVÁ, RICHTER (Hrsg.), Entwicklung slawischer Literatursprachen, Diglossie, Gender, 2006, S. 94–108; LIFANOV, Genezis slovackogo literaturnogo jazyka, 2001, S. 11; s. ähnlich WIEMER, ERKER, Übergangs- und Mischdialekte – eine unnötige begriffliche Differenzierung?, in: Zeitschrift für Slavische Philologie 69,1 (2012/2013), S. 45 f.

[113] Der Einfluss des Tschechischen auf die Slawinen in dieser Periode wird üblicherweise mit der Kriegs- und Kirchenlexik verbunden, vgl. etwa CUŘÍN, Vývoj spisovné češtiny, 1985, S. 36 f.; KNOP, LAMPRECHT, PALLAS, Dějiny českého jazyka ve Slezsku a na Ostravsku, 1967, S. 5 f.; MAZUR, Geschichte der polnischen Sprache, 1993, S. 111 f.

[114] VYKYPĚLOVÁ, Kontinuität und Diskontinuität der Entwicklung des Standardtschechischen im Lichte der Periodisierung der tschechischen Sprachgeschichte, in: WOLDT (Hrsg.), Tschechisch bis 1775, 2012, S. 29, 35; DIES., Wege zum Neutschechischen, 2013, S. 48 f.

[115] RUTKOWSKA, ROSSLER, Orthographic Variables, in: HERNÁNDEZ-CAMPOY, CONDE-SILVESTRE (Hrsg.), The Handbook of Historical Sociolinguistics, 2012, S. 217–219; VOESTE, Variability and Pofessionalism as Prerequisites of Standardization, in: ELSPAß, LANGER, SCHARLOTH, VANDENBUSSCHE (Hrsg.), Germanic Language Histories "from below" (1700–2000), 2007, S. 301 f.

verliehen, der aus der Perspektive mehrerer linguistischer Teildisziplinen untersucht wurde. Anders als in der Diskussion über das Verhältnis tschechischer und slowakischer Konstituenten in den *slovacica*, an denen der Prozess der *Auseinanderentwicklung* der tschechischen und slowakischen Varietäten nachvollzogen werden soll, werden die heterogenen Varietäten in erster Linie für die Erforschung der gegenseitigen *Anpassung* der beteiligten Varietäten und die Auswirkungen dieser Anpassung untersucht.

In der *Dialektologie* werden die heterogenen Varietäten unter dem Begriff *Übergangsdialekte* zusammengefasst, die laut Björn Wiemer und Aksana Erker aus den Varietäten gebildet werden,

> „die (a) wegen enger genetischer Affiliation auch ein sehr hohes Maß an Ähnlichkeit in der phonologischen und morphosyntaktischen Struktur, aber wohl auch im lexikalischen Bestand aufweisen, und (b) deren Areale sich in direkter Nachbarschaft befinden."[116]

Zentral für die Erforschung der Übergangsdialekte sind die Prozesse der gegenseitigen Anpassung (Konvergenz) und Auseinaderentwicklung (Divergenz) sprachlicher Varietäten, die die Übergangsdialekte bilden.

Ähnlich geht die *Kontaktlinguistik* mit heterogenen Sprachräumen um, die sie als *Sprach-* und *Dialektkontakt* bezeichnet. Allerdings verschiebt sich der Fokus auf die Abbildung der Voraussetzungen und Ergebnisse des Sprachkontakts abhängig vom Status der Kontaktvarietät.[117]

Die historische Soziolinguistik operiert mit dem Konzept des *sprachlichen Kontinuums* im Sinne Volkmar Lehmanns[118], das aus mehreren Varietäten eines Idioms bzw. aus mehreren eng angrenzenden Varietäten besteht, die laut Lehmann folgende Eigenschaften besitzen:

- Sie unterscheiden sich voneinander, doch sie gehören zu einer Gruppe;
- grenzen sie sozial oder geographisch aneinander an, dann können sie sich sehr ähnlich sein;
- sind sie untereinander verständlich, bilden sie ein funktionales Kontinuum.[119]

Aus dieser Definition geht hervor, dass das Modell Varietäten mit unterschiedlichem Status, also *High-* und *Low-*Varietäten[120] berücksichtigt und so über den

---

[116] WIEMER, ERKER, Übergangs- und Mischdialekte – eine unnötige begriffliche Differenzierung?, in: Zeitschrift für Slavische Philologie 69,1 (2012/2013), S. 45 f.

[117] Vgl. RABUS, Der Größenfaktor im deutsch-slavischen Sprachkontakt, in: Zeitschrift für Slavistik 56,1 (2011); DERS., Innerslavischer Kontakt: Sprach- oder Dialektkontakt?, in: MENDOZA, PÖLL, BEHENSKY (Hrsg.), Sprachkontakt und Mehrsprachigkeit als Herausforderung für Soziolinguistik und Systemlinguistik, 2011.

[118] LEHMANN, Intorduction, in: HILL, LEHMANN (Hrsg.), Standard Language in the Slavic World, 1988, S. 9–23.

[119] Ebd., S. 10.

[120] Vgl. FERGUSON, Diglossia, in: Word. Journal of the International Linguistic Association 15,2 (1959), S. 327: "For convenience of reference the superposed variety in diglossia will be called the H ('high') variety or simply H, and the regional dialects will be called L ('low') varieties or, collectively, simply L."

Rahmen reiner Übergangsdialekte hinausgeht. Die Zentrale Fragestellung der historischen Soziolinguistik ist jene nach der Herausbildung von Standardsprachen, obwohl zunehmend auch die Entwicklungsgeschichte diachron und diastratisch weniger prestigeträchtiger Varietäten berücksichtigt wird.[121]

Die Charakteristika eines Sprachkontinuums beschreiben das Verhältnis der tschechischen und slowakischen Varietäten in Oberungarn im 15. Jahrhundert zutreffend:[122]

- Die tschechischen und slowakischen Varietäten unterscheiden sich in einigen sprachlichen Merkmalen[123] sowie in ihrer Gewichtung in den einzelnen Texten;
- die tschechischen und slowakischen Varietäten grenzen geographisch aneinander an;
- durch die bereits genannte genetische Nähe zwischen den tschechischen und slowakischen Varietäten sowie ihrem Übergangscharakter waren die Idiome untereinander verständlich.

Im Weiteren wird also unter *slowakisiertem Tschechisch* ein *Kontinuum* der tschechischen und slowakischen Varietäten verstanden. Dieses Konzept entspricht dem Ziel der vorliegenden Untersuchung, die Entwicklung des rechtsprachlichen Registers anhand der Quellen des Sächsisch-magdeburgischen Rechts nachzuvollziehen und auf dieser Grundlage Implikationen für die Besonderheiten des Rechtstransfers in den Böhmischen Ländern und in Oberungarn zu erstellen.

4. Zusammenfassung

Die slawischen Teile des „Silleiner Stadtrechtsbuchs" wurden in einer *heterogenen Varietät* (slowakisiertes Tschechisch) verfasst, die sich durch die Anwendung des Konzepts eines *Kontinuums* tschechischer und slowakischer Varietäten am effektivsten beschreiben lässt. Die Varietäten im Kontinuum haben einen unterschiedlichen Status, wobei das Tschechische eine im Bereich ‚Recht' etablierte Schriftsprache darstellt, die sich – so unsere Hypothese – in Oberungarn als eine Vorbild- und Referenzsprache für die dortigen Varietäten in diesem Funktionsbereich zeigte. Der Anwendungsvergleich im „Silleiner Stadtrechtsbuch" und in der *Práwa saszká* soll die Frage beantworten, in welchem Verhältnis die darin wirksamen Varietäten standen. Die Einbeziehung dieser Rechtstexte in die Quellengrundlagen der Sprachgeschichtsschreibung wird den Kanon der Texte erweitern,

[121] Vgl. ELSPAß, A Twofold View 'from below', in: DERS., LANGER, SCHARLOTH, VANDENBUSSCHE (Hrsg.), Germanic Language Histories "from below" (1700–2000), 2007.

[122] Dieser Beschreibungsrahmen wurde bereits von Berger vorgeschlagen (BERGER, Tschechen und Slowaken, in: HENTSCHEL (Hrsg.), Über Muttersprachen und Vaterländer, 1997, S. 164).

[123] Siehe etwa CHALOUPECKÝ, Kniha Žilinská, 1934, S. XXXVI–XXXIX; KUCHAR, Žilinská právna kniha [Ed.], 2009, S. 158 et pass.; RYŠÁNEK, Slovník k Žilinské knize, 1954, S. 34–59; LAZAR, Transfer des Rechts und Transfer der Rechtssprache, in: KUßE, KOSOUROVÁ (Hrsg.), Persönlichkeiten in der tschechischen Sprach- und Kulturgeschichte, 2016.

die üblicherweise zur Analyse der Problematik der Herausbildung von Schrift- und Standardsprachen herangezogen werden. Die Varietätenverhältnisse bilden die Transferwege des Sächsisch-magdeburgischen Rechts nach und sind deswegen zentral für die Beschreibung seiner Rezeption.

III. Rechtssprache

1. Rechtssprache als Fachsprache

Die Rechtssprache wird in der Linguistik aus unterschiedlichen Perspektiven betrachtet und entsprechend in unterschiedliche Teildisziplinen integriert. Dies wirkt sich sowohl auf die Definition der Rechtssprache aus als auch auf die Schwerpunkte in der Erforschung dieses Phänomens. Auf diese Unterschiede wird weiter unten kurz eingegangen, um die vorliegende Studie weiter zu fokussieren. An die anwendungsbasierte Definition der *Fachsprache* von Hans Ulrich Schmid, die mit unserem Herangehen korrespondiert, wird angeknüpft:[124]

> „Als fachsprachlich werden solche Texte gewertet, die wissenschaftliche Erkenntnisse oder berufspraktische Gegebenheiten (Arbeitsprozeduren, Hilfsmittel) mit der erkennbaren Intention thematisieren, diese zu dokumentieren, verfügbar zu halten und/oder weiter zu vermitteln."[125]

Die *Rechtssprache* ist entsprechend als *Fachsprache des Rechts* zu verstehen. Sie gehört gleichermaßen zum Interessengebiet der Sprach- und Rechtswissenschaft, da Recht erst im Wort wirksam wird und der Bezug zu einer Rechtstradition durch das Wort erstellt wird.[126] Unterschiedliche Entwicklungswege der Rechtssysteme beeinflussen die Fachsprachen des Rechts, die in diesen Systemen entstehen und verwendet werden. Dies erschwert wiederum die Suche nach den Gemeinsamkeiten zwischen den verschiedenen Rechtssprachen und erklärt, warum die Übersetzung von Rechtstexten besonders anspruchsvoll und bisweilen auch nicht möglich ist.[127] Kjær postuliert deswegen einen interdisziplinären Ansatz für den Untersu-

---

[124] Vgl. *Kap. G.III.2.*

[125] H. U. SCHMID, Historische deutsche Fachsprachen, 2015, S. 13.

[126] Vgl. dazu etwa KJÆR, Vergleich von Unvergleichbarem, in: KROMANN, KJÆR (Hrsg.), Von der Allgegenwart der Lexikologie, 1995, S. 42. Die Rechtssprache erfüllt dementsprechend das Kriterium der fachsprachlichen *Überregionalität* nicht (vgl. J.-E. DÖRR, Grundlagen des Fachsprachenbegriffs, in: BAUMANN, DÖRR, KLAMMER (Hrsg.), Fachstile, 2014, S. 32f.).

[127] Z. B. KJÆR, Vergleich von Unvergleichbarem, in: KROMANN, KJÆR (Hrsg.), Von der Allgegenwart der Lexikologie, 1995, S. 41f.; DIES., Phrasemes in Legal Texts, in: BURGER, DOBROVOL'SKIJ, KÜHN, NORRICK (Hrsg.), Phraseologie/Phraseology, Bd. 1.1, 2007, S. 510 weist anhand der synchronen Rechtsquellen, meist aus den Dokumenten des EU-Parlaments, darauf hin, dass gerade die *fehlende Äquivalenz der Begriffe*, bedingt durch die Verankerung des Rechts innerhalb eines Rechtssystems, eine der grundlegenden Charakteristiken dieser Sprache ist. S. ähnlich J.-E. DÖRR, Fachstilforschung, in: BAUMANN, DÖRR, KLAMMER (Hrsg.), Fachstile, 2014, S. 51.

chungsgegenstand *Rechtssprache*.[128] Bezeichnend ist, dass die Rechtstexte und ihre Sprache naheliegenderweise vom Beginn ihrer Erforschung an innerhalb der positivistischen Wissenschaft ein Objekt des gemeinsamen Interesses der Rechts- und Sprachhistoriker waren. Dies lässt sich z. B. an der Bearbeitung des „Silleiner Stadtrechtsbuchs" durch Václav Chaloupecký und Rudolf Rauscher beobachten. Typisch für eine solche Kooperation war die Entstehung einer Edition mit einem rechts- und sprachhistorischen Kommentar.

Das Interesse am Rechtstext als einer Erkenntnisquelle für historische Fakten[129] hat dazu geführt, dass auch in linguistischen Studien zur Rechtssprache der Schwerpunkt auf den Rechtswortschatz gelegt wurde.[130] Das hat zu der Ansicht beigetragen, dass die Rechtssprache eine Randerscheinung im Sprachsystem sei, die durch ihre Fachlexik einen Ausnahmecharakter besäße.[131] Doch erstens berücksichtigt diese Konzeption nicht, dass sich eine Fachsprache sehr wohl durch bestimmte Wortverbindungen und sogar in der Syntax sowie in der Zugehörigkeit zu verschiedenen Textsorten von der Allgemeinsprache[132] unterscheidet. Die Fachsprache setzt also *eine besondere Reorganisation des allgemeinsprachlichen Systems* für die Zwecke der *Professionalisierung* des Ausdrucks voraus, die sich u. a. durch eine abweichende Frequenz und Rekurrenz bestimmter Merkmale manifestieren kann.[133] Darin zeigen sich die Prinzipien der fachsprachlichen Öko-

---

[128] KJÆR, Phrasemes in Legal Texts, in: BURGER, DOBROVOL'SKIJ, KÜHN, NORRICK (Hrsg.), Phraseologie/Phraseology, Bd. 1.1, 2007, S. 507.

[129] Siehe etwa das Zitat von Vykypělová auf *S. 479*.

[130] In diachroner Germanistik und weitgehend in diachroner Polonistik, vgl. die Aussage von SCHMIDT-WIEGAND, Rechtssprache, in: HRG, Bd. 4, 1990, Sp. 348: „Die Geschichte der deutschen R[echtssprache] ist [...] zurecht auch als »Geschichte des juristischen Vokabulars« (Gönnewein) charakterisiert worden." In der diachronen Bohemistik sind sehr früh die Arbeiten bekannt, die mit einem holistischen Konzept der Rechtssprache arbeiten (vgl. etwa [JÍLEK-]OBERPFALCER, Jazyk knih černých, jinak smolných, 1935), obwohl auch hier die Untersuchung der Rechtsterminologie dominierte.

[131] Vgl. KJÆR, Phrasemes in Legal Texts, in: BURGER, DOBROVOL'SKIJ, KÜHN, NORRICK (Hrsg.), Phraseologie/Phraseology, Bd. 1.1, 2007, S. 506 f. Die Gleichstellung der Rechtssprache mit einem *Soziolekt* (eine sprachliche Variante, die mit der Zugehörigkeit eines Sprechers zu einer demographischen Gruppe verbunden ist) und die damit zusammenhängende Reduzierung der Rechtssprache auf den Bereich der Lexik wird in unserer Studie nicht unterstützt, vgl. dagegen WEISS, Sudebnaja ėkspertiza i vklad lingvista v interpretaciju zakona, in: LUNDE, PAULSEN (Hrsg.), From Poets to Padonki, 2009, S. 258f. Zum Unterschied zwischen dem Begriff *social dialect* (= *Soziolekt*) und *Register* (= *Stil*) s. BIBER, CONRAD, Register, Genre, and Style, 2009, S. 11 f.; J.-E. DÖRR, Grundlagen des Fachsprachenbegriffs, in: BAUMANN, DÖRR, KLAMMER (Hrsg.), Fachstile, 2014, S. 33.

[132] An dieser Stelle wird *Allgemeinsprache* als ein übergeordnetes System verstanden, auf dessen Basis die Fachsprache als eine *funktionale Varietät* entsteht. Der Terminus stammt von H. U. SCHMID, Historische deutsche Fachsprachen, 2015, S. 12. J.-E. DÖRR, Grundlagen des Fachsprachenbegriffs, in: BAUMANN, DÖRR, KLAMMER (Hrsg.), Fachstile, 2014 verwendet den Terminus *Gemeinsprache*.

[133] BAUMANN, Allgemeine und polnische Fachsprachenforschung, in: NYCZ, BAUMANN, KALVERKÄMPER (Hrsg.), Fachsprachenforschung in Polen, 2016, S. 9; J.-E. DÖRR, Grundlagen des Fachsprachenbegriffs, in: BAUMANN, DÖRR, KLAMMER (Hrsg.), Fachstile, 2014, S. 28.

nomie und Fach-/Sachbezogenheit, denen entsprechend die allgemeinsprachlichen Eigenschaften der Redundanz und Subjektivität entgegengestellt werden.[134] Zweitens wird *der gestufte Charakter* einer Fachsprache zu wenig wahrgenommen, der aus ihrer engen Verzahnung mit der Allgemeinsprache hervorgeht.[135] Darunter wird an dieser Stelle die Verwendung der Rechtssprache im Diskurs unter Fachleuten gegenüber ihrer Verwendung unter Fachleuten und Laien verstanden, obwohl sicher auch das eine vereinfachte Darstellung möglicher kommunikativer Konstellationen ist.[136] Diese zwei Bereiche stellen aus der hier vertretenen Sicht Desiderate einer linguistischen Erforschung der Rechtssprache dar und können besonders gut am vorliegenden diachronen Material untersucht werden, weil die Fachsprachen sich hier erst herausgebildet haben.[137]

Zu den o. g. Fragestellungen wurden bereits Vorarbeiten geleistet, die besonders von der linguistischen Forschung aufgenommen wurden, die die Postulate der *funktionalen Stilistik* des Prager Zirkels seit den 30er Jahren des 20. Jahrhunderts entwickelt hat.[138] Sie betrachten die Rechtssprache als die Ausprägung eines *Fachstils* (russ. *oficial'no-delovoj stil'*, tschech./slowak. *odborný styl/odborný štyl*) mit ihren klar definierten sprachlichen Besonderheiten, die auf allen Ebenen des Sprachsystems angesiedelt sind und eine Funktion in Bezug auf kommunikative Ziele und eine kommunikative Situation besitzen.[139]

---

[134] J.-E. Dörr, Grundlagen des Fachsprachenbegriffs, in: Baumann, Dörr, Klammer (Hrsg.), Fachstile, 2014, S. 31; Nyuts, Byloo, Competing Modals, in: Diachronica. International Journal for Historical Linguistics 32,1 (2015), S. 36.

[135] Um diese Verzahnung zwischen der Rechtssprache und der Allgemeinsprache zu betonen, bezeichnet sie etwa Deutsch als „atypische Fachsprache" (Deutsch, Historische Rechtssprache des Deutschen, in: ders. (Hrsg.), Historische Rechtssprache des Deutschen, 2013, S. 25; vgl. in diesem Sinne auch H. U. Schmid, Historische deutsche Fachsprachen, 2015, S. 13). Baumann, Das interdisziplinäre Mehr-Ebenen-Konzept des Fachstils, in: ders., Dörr, Klammer (Hrsg.), Fachstile, 2014, S. 70–72 weist darauf hin, dass insgesamt der Fachdiskurs in Geisteswissenschaften (zu denen die Rechtssprache gezählt wird) viel mehr Gemeinsamkeiten mit der Allgemeinsprache aufweist als die Sprache der Naturwissenschaften und der Technik. Ähnlich der Hinweis zur Distribution von n-grams, die in naturwissenschaftlichen Texten im Vergleich zu geisteswissenschaftlichen höher ist (vgl. Wood, Fundamentals of Formulaic Language, 2015, S. 134f.).

[136] J.-E. Dörr, Grundlagen des Fachsprachenbegriffs, in: Baumann, Dörr, Klammer (Hrsg.), Fachstile, 2014, S. 36f. nennt es „Vertikale Schichtung von Fachsprachen".

[137] Vgl. ders., Die Herausbildung von Fachdisziplinen, in: Baumann, Dörr, Klammer (Hrsg.), Fachstile, 2014, S. 16f.

[138] Hier kann nicht die Rede von teilsprachlichen Linguistiken sein, sondern es muss tatsächlich von nationalen Linguistiken gesprochen werden, weil die theoretischen Erkenntnisse auf alle Objektsprachen angewandt wurden. Siehe hierzu die sowjetische und die tschechoslowakische Linguistik, insbesondere die Forschung zum Russischen sowie zum Tschechischen und Slowakischen, die die Impulse für die Erforschung weiterer Objektsprachen gegeben und später die teilsprachlichen Linguistiken in den Nachfolgestaaten beeinflusst hat.

[139] Vgl. Biber, Conrad, Register, Genre, and Style, 2009, S. 2, 15–19; Černjavskaja, Lingvistika teksta, 2009, S. 53; J.-E. Dörr, Fachstilforschung, in: Baumann, Dörr, Klammer (Hrsg.), Fachstile, 2014, S. 48–51.

Funktionale Stilistik geht davon aus, dass die funktionalen Stile eine *prototypische Organisation* (mit fließenden Grenzen) haben und eine breite Fächerung in *Substile* aufweisen. Der Fachstil wird z. B. in den *theoretischen*, *praktischen*, *populär-wissenschaftlichen* und den *Lehrsubstil* unterteilt. Dieser Ansatz der inneren Organisation des Fachstils erklärt auch verschiedene Beobachtungen zur Rechtssprache, die Ruth Schmidt-Wiegand wie folgt zusammenfasst: Zum einen „[kann] sich Recht grundsätzlich auf alle Bereiche des Lebens beziehen" und zum anderen hat sie einen Anspruch auf Allgemeinverständlichkeit, denn

> „Rechtssprache wurde zuvor und wird auch heute noch von allen Sprachteilnehmern gebraucht, sobald sie mit dem Recht in irgendeiner Weise in Berührung kamen".[140]

Dies scheint allerdings keine exklusive Eigenschaft der Rechtssprache zu sein. So weisen z. B. die Fachsprache der Informatik, der Wirtschaft, des Ingenieurwesens und der Naturwissenschaften ähnliche Effekte auf. Eine Fachsprache bewegt sich offenbar zwischen den Polen der *Professionalisierung* und der *Popularisierung*,[141] die entsprechend ihrer Entfernung und ihrer Annäherung ihr Verhältnis zur Allgemeinsprache bestimmen.[142] Die Größe der Distanz zur Allgemeinsprache scheint diejenige zu sein, die für die Entstehung einer Fachgemeinschaft oder für die Verständlichkeit professioneller Inhalte in einer erweiterten Sprachgemeinschaft sorgt.

Auf der Basis dieser These soll außerdem die Fachsprache im Allgemeinen und an dieser Stelle vor allem die Rechtssprache als ein *dynamisches* Phänomen betrachtet werden, dessen Status sich im Verhältnis zur Allgemeinsprache im Laufe der Zeit gewandelt hat:

> „Na rozdiel od moderného právnického jazyka však nemožno jazyk v středověku tradovaného zvykového práva považovať za ustálenú varietu nejakej malej profesijnej skupiny ľudí, teda za odborný jazyk v užšom zmysle. Už podľa Jacoba Grimma bol dôležitou súčasťou všeobecného jazykového života a vyznačoval se oveľa väčšou blízkosťou k hovorenému jazyku."
> [Im Vergleich zur gegenwärtigen Rechtssprache kann man die Sprache des im Mittelalter tradierten Gewohnheitsrechts nicht für eine etablierte Variante einer kleiner Gruppe von Fachleuten halten, also nicht für eine Fachsprache im engeren Sinne. Bereits laut Jacob Grimm war sie ein bedeutender Bestandteil des allgemeinen Sprachumgangs und zeichnete sich mit einer viel größeren Nähe zur gesprochenen Sprache aus.][143]

---

[140] SCHMIDT-WIEGAND, Anwendungsmöglichkeiten und bisherige Anwendung von philologisch-historischen Methoden bei der Erforschung der älteren Rechtssprache, in: HOFFMANN, KALVERKÄMPER, WIEGAND (Hrsg.), Fachsprachen, 1998, S. 281.

[141] Anders: *Vulgarisierung*, vgl. die Termini im Englischen: *popularization / vulgarization*.

[142] Vgl. J.-F. DÖRR, Grundlagen des Fachsprachenbegriffs, in: BAUMANN, DÖRR, KLAMMER (Hrsg.), Fachstile, 2014, S. 31: „[…] Fach- und Gemeinsprache [sind] keinesfalls Antonyme, sondern [stehen] in einem komplexen Wechselverhältnis zueinander".

[143] PAPSONOVÁ, Sasko-magdeburské právo na Slovensku, 2014, S. 36.

Ähnlich wie andere Fachsprachen, hat die Rechtssprache einen Prozess der Professionalisierung durchlaufen, der mit der Professionalisierung der Praxisgemeinschaft und der Verschriftlichung der Rechtspraxis einherging.[144] Diese Beobachtungen unterstützen die Notwendigkeit eines systemischen Konzepts zur Analyse der Rechtssprache, das über das eines Lexikons hinausgeht.

Festzuhalten ist, dass die Rechtssprache eine Fachsprache des Rechts ist. Sie stellt eine Auswahl der allgemeinsprachlichen Mittel dar, die je nach ihrem funktionalen Geltungsbereich variieren. Neben der funktionalen besitzt die Rechtssprache eine diachrone Dimension, die den Prozessen der Professionalisierung und der Popularisierung unterliegen, welche verzahnt verlaufen und die Entwicklung der Fachsprachen bestimmen.

2. Ansätze zur Beschreibung der Rechtssprache

Im *Kapitel G.III.1.* wurde das Untersuchungsobjekt *Rechtssprache* aus strukturalistischer und funktionaler Perspektive vorgestellt. Während der beiden letzten Dekaden entwickelten sich jedoch weitere Ansätze zur Erforschung der Rechtssprache, die auch die semiotische, funktionale, kognitive, diskurstheoretische und korpuslinguistische Perspektive in die Untersuchung mit einbeziehen. Im Folgenden wird zur besseren Orientierung eine Auswahl der vorhandenen linguistischen Konzeptionen der Rechtssprache vorgestellt. Dabei werden sowohl die Zugänge beleuchtet, die in der angelsächsischen und in der deutschen linguistischen Tradition stehen, als auch diejenigen, die im ostmitteleuropäischen Raum entstanden sind. Besonders wird auf die funktionale und kognitive Konzeption der Rechtssprache eingegangen, auf die wir uns im Weiteren bei unseren Untersuchungen stützen werden. Die vorzustellenden Konzeptionen sind in zwei Kapitel unterteilt: Zuerst wird die Erforschung der Einzelphänomene der Rechtssprache und dann ihre Darstellung als Subsystem einer Sprache und als Wissenssystem in den Blick genommen.

2.1. Von der Erforschung der Einzelphänomene der Rechtssprache zu ihrer systemlinguistischen Beschreibung

Die Untersuchung der Rechtssprache anhand ihrer zentralen Merkmale – der *Fachlexik* und der *Syntax des wenn-dann-Satzes* – etablierte sich in der *historisch-vergleichenden Sprachwissenschaft*. Während im Mittelpunkt der germanistischen Untersuchungen der Rechtswortschatz stand (s. *Kap. III.1.*), konzentrierte sich die slawische Sprachwissenschaft auf die Beschreibung der Syntax, die innerhalb dieser Forschungstradition den Kern der Rechtssprache bildet.[145] Unter diesem Ge-

---

[144] Vgl. KANNOWSKI, Aufzeichnung des Rechts, in: ²HRG, Bd. 1, 2008.

[145] Siehe für eine Übersicht: BORKOVSKIJ, Sintaksis drevnerusskich gramot, 1958, S. 166f. und JAKUBINSKIJ, Istorija drevnerusskogo jazyka, 1953, S. 190f. Vgl. die Hinweise von SCHMIDT-

sichtspunkt beschäftigt sich die Slawistik mit der Rechtssprache seit dem Ende des 19. Jahrhunderts, als die ersten linguistischen Kommentare zur „Russkaja Pravda“ (Russisches Recht), dem ältesten Rechtsdenkmal der Ostslawen, entstanden sind. Besondere Aufmerksamkeit gilt dabei dem Ausdruck des *konditionalen Adverbialsatzes (wenn-dann-Satzes)*, der in Rechtstexten überdurchschnittlich oft vorkommt. Dieser zentrale Satztyp wird für die *Formulierung der rechtlichen Norm* verwendet, wobei der *wenn*-Teil einen *Tatbestand* ausdrückt, während der *dann*-Teil die *Rechtsfolgen* der im Tatbestand enthaltenen *Voraussetzungen* enthält.[146] Bis in die 80er Jahre des 20. Jahrhunderts hinein hat sich speziell die russische diachrone Linguistik hauptsächlich für die Vielfalt, die Genese und die regionale Distribution des sprachlichen Ausdrucks der *wenn-dann*-Sätze im Ostslawischen interessiert. Dabei standen besonders die Verbindungselemente dieser Sätze (kausale Subjunktoren und andere Marker) im Zentrum der Forschung.[147]

Sowohl die Fachlexik als auch die Syntax des *wenn-dann-Satzes* wurden seit den 70er Jahren des 20. Jahrhunderts in den Arbeiten von Toporov und Ivanov[148] gleichermaßen berücksichtigt, wobei sie sich mit dem Recht als einem *semiotischen System* befasst und die Rekonstruktion der Rechtssprache (inklusive der Lexik, Phraseologie und der Syntax) aus indogermanistischer Perspektive betrachtet haben. Toporov und Ivanov haben so einen neuen Weg der Erforschung der Rechtssprache im Rahmen der funktionalen und kognitiven Grammatik geebnet, der alternativ zum strukturalistischen Paradigma entstanden ist. Eine rein formale Beschreibung der sprachlichen Strukturen und der Fachlexik hat zwar die Organisation der Rechtssprache mit ihren wichtigsten Konstituenten sichtbar gemacht, allerdings keinen Zugang zum Sinn eines Rechtstextes und zu den Prinzipien seines Funktionierens in einer Praxisgemeinschaft eröffnet. In den letzten zwei Jahrzehnten wurde die Schließung dieser Forschungslücke auf zwei unterschiedlichen Wegen, wenn auch in Anlehnung an die strukturalistischen Erkenntnisse, unternommen.

Die erste Herangehensweise bedient sich der Kategorien der rhetorischen Analyse und wird vor allem innerhalb der Polonistik in den Arbeiten Lizisowas (2000) und Szczepankowskas (2004) verfolgt.[149] Die beiden Autorinnen betrach-

WIEGAND, Rechtssprache, in: HRG, Bd. 4, 1990, Sp. 345; DIES., Anwendungsmöglichkeiten und bisherige Anwendung von philologisch-historischen Methoden bei der Erforschung der älteren Rechtssprache, in: HOFFMANN, KALVERKÄMPER, WIEGAND (Hrsg.), Fachsprachen, 1998, S. 281 zur Notwendigkeit der Untersuchung der Syntax der deutschen Rechtstexte auf den historischen Entwicklungsstufen.

146 J. BRAUN, Einführung in die Rechtswissenschaft, 2011, S. 367.

147 Vgl. BORKOVSKIJ, Sintaksis drevnerusskich gramot, 1958; MOROZOVA, Složnopodčinënnye predloženija uslovija, in: BORKOVSKIJ (Hrsg.), Sravnitel'no-istoričeskij sintaksis vostočnoslavjanskich jazykov, 1973; BORKOVSKIJ, Struktura predloženija v istorii vostočnoslavjanskich jazykov, 1983.

148 IVANOV, TOPOROV, O jazyke drevnego slavjanskogo prava, in: BORKOVSKIJ (Bearb.), Slavjanskoe jazykoznanie, 1978; DIES., Drevnee slavjanskoe pravo, in: KOROLUK (Hrsg.), Formirovanie rannefeodal'nych slavjanskich narodnostej, 1981.

ten die konditionalen Adverbialsätze aus einer *funktional-pragmatischen* Perspektive und beschreiben sie als Bestandteile der rechtlichen Norm (zusammengesetzt aus Hypothese, Disposition und Sanktion), bezogen auf einen konkreten Rechtstext.[150] Der Rechtswortschatz wird als ein konzeptuelles Gut beschrieben, indem seine Zusammensetzung an eine bestimmte Epoche und eine bestimmte Rechtstradition gebunden wird.[151]

Die zweite Herangehensweise hat sich in der Russistik im Kontext der *Moskauer semantischen Schule* mit den grundlegenden Arbeiten von Padučeva etabliert,[152] während die Beschreibung der Rechtssprache kürzlich in die Theorie der *sprachlichen Orientierung* (russ. *režim interpretacii*) integriert wurde. Sprachliche Orientierung bezeichnet das Verhältnis des Textes zum Zeitpunkt seiner Entstehung (Redezeitpunkt). Sie kann sich sowohl auf Ereignisse beziehen, die im Verhältnis zum Redezeitpunkt in der Vergangenheit liegen, also *vorzeitig* sein *(narrative Orientierung)*, als auch auf Gegebenheiten, die gleichzeitig mit dem Redezeitpunkt stattfinden, also *synchron* sein (*deiktische Orientierung*). Diese Dichotomie der sprachlichen Orientierungen kann den Bezug zur außersprachlichen Realität in einem Rechtstext genauso wie in einem Sprichwort oder in einem wissenschaftlichen Text alleine nicht erklären.[153] Deswegen wurde ein weiterer, *allgemeingültiger* Orientierungstyp eingeführt (bei Lehmann als *omnitemporale Orientierung*, bei Živov als *Rechtsorientierung* bezeichnet).[154] Diese Allgemeingültigkeit entsteht durch die Wahl der grammatischen Kategorien (unbestimmte Pronomina, generische Substantive, besondere Verwendung der Futur- und Präsensformen) und äußert sich in syntaktischen Besonderheiten der Texte, insbesondere in der Verwendung konditionaler Adverbialsätze.

Es ist festzuhalten, dass in der Erforschung der Rechtssprache zuerst die zentralen sprachlichen Einzelphänomene berücksichtigt und beschrieben wurden. Aufgrund des utilitären Charakters der Rechtssprache als Fachsprache erwiesen sich allerdings jene Herangehensweisen als sinnvoller, die die sprachlichen Konstituenten mit ihrer jeweiligen Funktion in den Rechtstexten verbanden und so einen konzeptuellen Rahmen für die sprachlichen Einzelphänomene schufen. Das

---

[149] LIZISOWA, Język Kodeksu Olszewskiego (1550), 2000, S. 60–72, 92–96, 104–108; SZCZEPANKOWSKA, Język prawny I Rzeczypospolitej w „Zbiorze praw sądowych" Andrzeja Zamoyskiego, Bd. 2: Wypowiedzi normatywne, 2004.

[150] Vgl. HILTUNEN, The Grammar and Structure of Legal Texts, in: TIERSMA, SOLAN (Hrsg.), The Oxford Handbook of Language and Law, 2016 [2012], S. 39–47.

[151] Vgl. MATTILA, Legal Vocabulary, in: TIERSMA, SOLAN (Hrsg.), The Oxford Handbook of Language and Law, 2016 [2012], S. 27–32.

[152] Vgl. etwa PADUČEVA, Semantičeskie issledovanija, 2010, S. 13.

[153] Sprichwörter und wissenschaftliche Texte bezieht Lehmann in seine Konzeption ein (LEHMANN, Omnitemporale Sätze und „generic sentences", in: KRAUSE, REUTHER (Hrsg.), Slavistische Linguistik 2013, 2015).

[154] Ebd.; ŽIVOV, Juridičeskie kodeksy i režim interpretacii, in: BONDARKO, KUSTOVA, ROZINA (Hrsg.), Dinamičeskie modeli, 2008, S. 313.

konnte die rhetorische (pragmatische) und die semantische Forschungsrichtung leisten. Die Rechtssprache wird so als ein Subsystem der Allgemeinsprache im Kontext ihrer konkreten Anwendung betrachtet. Auf diese Weise wird auch ein Zugang zum Rechtsdenken und zu dessen kognitiver Beschreibung ermöglicht. So verstanden setzt sich das Recht als kognitives System aus dem Fachwissen und aus dem Wissen über seine sprachliche Form zusammen.

2.2. Rechtssprache als sprachliches Subsystem und als Wissenssystem

Die systemlinguistische Beschreibung der Rechtssprache lässt einige Fragen über ihre Realisierung als Texte und Textsorten und deren situative Einbindung offen. Im vorliegenden Kapitel werden diejenigen Modelle vorgestellt, die zusätzliche Komponenten des kognitiven Systems einschließen – die Kenntnis über die rechtssprachliche Äußerung durch unterschiedliche Rechtstextmuster, die Abbildung des Rechtswissens durch bestimmte Textsorten und die Kompetenz der Anwendung dieser Rechtstexte innerhalb einer Sprachgemeinschaft. Es werden zuerst drei Texttypologien vorgestellt, die auf verschiedenen *Anwendungsbereichen der Rechtstexte* basieren, und danach zwei Systematisierungsvorschläge, denen *das interaktionale Wissen* über die Anwendungssituation der Rechtstexte zugrunde liegt.

Innerhalb der Texttypologien werden zwei Verfahren angewendet: Entweder werden die Anwendungsbereiche im Vorfeld festgelegt und im *top-down*-Verfahren konkretisiert oder es wird von Einzeltexten ausgegangen und diese werden im *bottom-up*-Verfahren zu übergeordneten Kategorien abstrahiert.

Ein *top-down*-Beschreibungsmodell wird in der *funktionalen Stilistik* angewandt (s. *Kap. G.III.1.*). In diesem Modell wird von allgemeinen sozialen Bereichen ausgegangen (*Sinn-* oder *Bezugswelten*, russ. *formy obščestvennogo soznanija*), die Wissenschaft, Politik, *Recht*, Religion und Kunst umfassen.[155] Konkrete textuelle Realisierungen werden diesen Bereichen zugeordnet und beschrieben.[156] Ursprünglich wurde von einer Dichotomie zwischen dem *Stil der schöngeistigen Literatur* und dem *Fachstil* ausgegangen, wobei die Rechtstexte Letzterem zugeordnet wurden. Zwischen diesen beiden Stilen entstand ein Ungleichgewicht: Während der Stil der schöngeistigen Literatur nur einen Teil des Bereichs ‚Kunst' umfasste, bezog sich der Fachstil auf alle fünf Bereiche. Aufgrund dieses Ungleichgewichts wurde das Modell später in unterschiedlichen Ansätzen detaillierter ausgearbeitet, wobei die Rechtstexte dem sog. *administrativen Stil* zugeordnet wurden.[157]

[155] Der Terminus *Sinnwelt* stammt von Johannes Schwitalla. Hier und weiterhin wird der Terminus *Bezugswelt* von Ingrid Schröder verwendet, vgl. LAZAR, Von Geld und guten Worten, 2014, S. 17.

[156] Vgl. ČERNJAVSKAJA, Lingvistika teksta, 2009, S. 52.

[157] Vgl. *S. 489* und etwa BEČKA, Česká stylistika, 1992, S. 31–35; ČECHOVÁ, CHLOUPEK, KRČMOVÁ, MINÁŘOVÁ, Stylistika současné češtiny, 1997, S. 28–35; MISTRÍK, Štylistika, 1997, S. 423, 447–458; KOŽINA, DUSKAJEVA, SALIMOVSKIJ, Stilistika russkogo jazyka, 2008, S. 285–287, 319–342.

Aus Sicht der funktionalen Stilistik können einerseits alle sprachlichen Konstituenten im Hinblick auf die Zugehörigkeit zu einem bestimmten funktionalen Stil beschrieben werden. Andererseits charakterisiert nur ihre Gesamtheit den Stil. Vor diesem Hintergrund stößt die Auswahl nur einer Konstituente für die Beschreibung eines Stils auf Kritik, ähnlich wie im Falle der systemlinguistischen Beschreibung der Rechtssprache in *Kap. G.III.1.*:

> „Jazykové prostriedky sa diferencujú iba podľa svojej štylistickej hodnoty. Niekiedy se štylistická hodnota pripisuje iba lexikalným jednotkám, čo treba kvalifikovať ako priúzke chápanie veci. Rovnako, ako majú štylistické zafarbenie slová, môžu ho mať aj gramatické javy – tvary, konštrukcije a pod."
> [Sprachliche Mittel differenzieren sich nach ihrem stilistischen Wert. Manchmal wird dieser Wert ausschließlich den lexikalischen Mitteln zugeschrieben, was man aber als ein zu enges Verständnis der Sache ablehnen muss. Genauso wie Wörter eine spezifische stilistische Färbung besitzen, so können sie auch grammatikalische Eigenheiten haben – Formen, Konstruktionen usw.][158]

In der Fachliteratur wird insbesondere das Verhältnis zwischen dem wissenschaftlichen und dem administrativen Stil unterschiedlich dargestellt, was offensichtlich an der Missinterpretation des Begriffs *Fachstil* liegt, aber auch an vielen Gemeinsamkeiten, die diese Stile haben.[159]

Ähnlich wie die funktionale Stilistik geht Hans Ulrich Schmid von übergeordneten Kategorien aus, die auf einem mittelalterlichen Wissenskontinuum basieren: Die Kompetenzbereiche hat er in die Sieben Freien Künste (*artes liberales*), Eigenkünste (*artes mechanicae*), suspekte und verbotene Künste sowie in die *Rechtssprache* unterteilt. Vor diesem Hintergrund hat Schmid eine systemlinguistische Beschreibung der deutschen Rechtssprache von den Anfängen ihrer Verschriftlichung bis zum 16. Jahrhundert vorgelegt.[160]

Im *bottom-up*-Verfahren zur Klassifikation von Texten werden real existierende Texte anhand von erschlossenen Parametern gruppiert. Die Texte werden entsprechend ihrer Gemeinsamkeiten gebündelt und Textmustern und -sorten zugeordnet. Die Letzteren beziehen sich auf die Bereiche der menschlichen Tätigkeit, die dann in Bezugswelten gebündelt werden. Die Bezugswelten, mit denen die diachrone Germanistik arbeitet, unterschieden sich von der Auflistung, die in der funktionalen Stilistik gilt. Es gibt in dieser Klassifikation sechs Bezugswelten: Alltag, Institutionen, Technik, Wissenschaft, Literatur und Religion.[161] Das Recht und seine Sprache gehört vornehmlich der Bezugswelt ‚Institutionen' an, aller-

[158] MISTRÍK, Štylistika, 1997, S. 403.

[159] Vgl. *S. 489* und das Lehrbuch von KOŽINA, DUSKAJEVA, SALIMOVSKIJ, Stilistika russkogo jazyka, 2008, S. 126–127, das auf eine teminologische Synonymie in diesem Bereich hinweist.

[160] H. U. SCHMID, Historische deutsche Fachsprachen, 2015.

[161] STEGER, Sprachgeschichte als Geschichte der Textsorten, Kommunikationsbereiche und Semantiktypen, in: BESCH, BETTEN, REICHMANN, SONDEREGGER (Hrsg.), Sprachgeschichte, Bd. 1, 1998, S. 287.

dings bestehen auch hier, wie in der funktionalen Stilistik, keine festen Grenzen zwischen den einzelnen Kategorien.

Die *top-down*-Verfahren sind die bisher erfolgreichsten Modelle zur Beschreibung von Fachtexten. Der Bezug zum jeweiligen Fach und die Modellierung der kommunikativen Situation geben den Rahmen für die systemlinguistische Untersuchung der Fachsprache vor. Auch das hier vorgestellte *bottom-up*-Verfahren ist in gewissem Sinne eine Ableitung dieses Systems, da die verwendeten übergeordneten Kategorien nicht empirisch ermittelt, sondern im Vorfeld festgelegt werden.

Im Vergleich zu den Modellen, denen eine Zuordnung der Texte zu den jeweiligen *Anwendungsbereichen* zugrunde liegt, schlägt Anne Lise Kjær *das kognitive Modell* der Rechtstextkategorisierung basierend auf der Interaktion zwischen Textverfasser und Leser vor und verbindet es mit objektiv vorhandenen, textimmanenten Faktoren.[162] So setzt sich die Situation der Produktion und Rezeption des Rechts aus der Kenntnis der Struktur der Rechtsnorm und den Konstituenten des Texttyps sowie der angestrebten Wirkung zusammen. Hieraus leitet Kjær drei Typen von Rechtstexten ab, den *deskriptiven*, den *konstitutiven* und den *reproduktiven* Typ, die sie wie folgt charakterisiert:

> "– descriptive texts describe legal rules.
> – constitutive texts lay down legal rules.
> – reproductive texts apply legal rules."[163]

Für unsere weiteren Überlegungen sind die *konstitutiven* Texte, zu denen etwa die Stadtrechte gehören, und die *reproduktiven* Texte, zu denen etwa die Einträge in Rechtsbüchern zählen, zentral. Wie Kjær zurecht hervorhebt, sind dies die zwei wichtigsten Texttypen, die das Funktionieren eines Rechtssystems durch die Festlegung und Anwendung von Rechtsnormen gewährleisten.[164] Ähnlich äußern sich dazu Kožina/Duskajeva/Salimovskij, die unter den Substilen der Rechtssprache den *verfassungsrechtlichen* (russ. *zakonodatel'nyj*), *rechtspraktischen* (russ. *jurisdikcionnyj*) und *administrativen/Verwaltungssubstil* (russ. *administrativnyj*) basierend auf den jeweiligen Bereichen des Rechtssystems unterscheiden.[165]

Bei der allgemeineren Beschreibung der städtischen Schriftlichkeit im Mittelalter operieren Oskar Reichmann und Klaus-Peter Wegera mit einer Systematik, die zehn Kategorien aus der Basisfunktion eines Textes ableitet.[166] Darunter fin-

---

162 KJÆR, On the Structure of Legal Knowledge, in: LUNDQUIST (Hrsg.), Language, Text, and Knowledge, 2000, S. 138–143.

163 Ebd., S. 143.

164 Ebd., S. 146–149. Eine Rechtsnorm kann dabei aus der Rechtspraxis abgeleitet *(kasuistische Norm)* oder umgekehrt im Vorfeld definiert und auf den konkreten Fall angewandt werden *(abstrakte Norm)*.

165 KOŽINA, DUSKAJEVA, SALIMOVSKIJ, Stilistika russkogo jazyka, 2008, S. 328–332.

166 REICHMANN, WEGERA, Frühneuhochdeutsches Lesebuch, 1988. Dieses Modell wurde in den Arbeiten von Jörg Meier und Arne Ziegler um zwei Kategorien erweitert (ZIEGLER, Städtische

den sich drei, die sich mit den Kategorien von Kjær und Kožina decken: *informierend* (Fachtexte), *dokumentierend* (Stadtbücher) und *sozial-bindend* (Stadtrechte). Allerdings stützen sich diese Funktionsbezeichnungen nicht auf die sozialen oder kognitiven Bereiche, die ihren Funktionen nahelägen, sodass sie abstrakt bleiben und sich nur schwer linguistisch einordnen lassen.

Kjær weist außerdem zurecht darauf hin, dass nicht nur die Autoren-, sondern auch die Leserperspektive relevant ist, also nicht nur die Frage danach, warum der Text geschrieben, sondern auch warum er gelesen wurde.[167] Sie kommt dabei zu der Erkenntnis, dass die Intention beim Lesen reproduktiver Texte oft mit jener des Lesens konstitutiver Texte zusammenfällt und auf die Erschließung von Regeln *(rule-oriented reading)* gerichtet ist. Dies gewährleistet die Dynamik der Textsorten des Rechts und erklärt die Wechselwirkung zwischen diesen zwei Texttypen/Substilen, wodurch sich ihr Anwendungsbereich im Laufe der Zeit ändern kann.[168]

Somit lässt sich festhalten, dass die sprachwissenschaftlichen Modelle, die die Rechtssprache in die extralinguistische Realität einbinden, mit der *gesellschaftlichen* und mit der *kognitiven* Komponente dieses Phänomens operieren. *Die soziale Komponente* kommt in den synchronen Konzeptionen der funktionalen Stilistik zum Tragen. Hier ist anzumerken, dass die Sprachen im Mittelalter und in der Frühen Neuzeit noch keine stilistische Fächerung im gegenwärtigen Sinne entwickelt haben, weshalb dieser Ansatz nur zur methodologischen Orientierung dienen kann. Viel mehr entsprechen den älteren Sprachstufen jene Konzepte, welche die Bezugswelten oder die Wissensbereiche einbeziehen. In diesem Sinne ist der Ansatz von Schmid[169] zu würdigen, der basierend auf der mittelalterlichen Wissensorganisation eine fundierte Rekonstruktion des *Wissenskontinuums* vorgenommen hat. Weitere *kognitive Modelle* wie das von Kjær (2000)[170] und – mit oben erwähntem Vorbehalt – von Kožina/Duskajeva/Salimovskij (2008)[171] bieten ein geeignetes Raster für die diachrone Untersuchung der Rechtssprache, weil die darin angebotenen Kategorien die Kompetenz in der Rechtspraxis widerspiegeln.

Kommunikationspraxis im Spätmittelalter, 2003, S. 58; Meier, Städtische Kommunikation in der Frühen Neuzeit, 2004, S. 43 und Meier, Ziegler, Textlinguistische Überlegungen zu städtischer Kommunikation im Spätmittelalter und in der Frühen Neuzeit, in: Brandt, Rösler (Hrsg.), Kommunikative Anforderungen – Textsorten – Sprachgebrauch soziofunktionaler Gruppen, 2006, S. 116).

167 Kjær, On the Structure of Legal Knowledge, in: Lundquist (Hrsg.), Language, Text, and Knowledge, 2000, S. 141–143.

168 Vgl. Černjavskaja, Lingvistika teksta, 2009, S. 81–82 u. Fn. 155.

169 H. U. Schmid, Historische deutsche Fachsprachen, 2015.

170 Kjær, On the Structure of Legal Knowledge, in: Lundquist (Hrsg.), Language, Text, and Knowledge, 2000.

171 Kožina, Duskajeva, Salimovskij, Stilistika russkogo jazyka, 2008.

3. Fazit

Für die Beschreibung der Rechtssprache existieren mehrere Ansätze, die ihr Objekt und ihre Methoden unterschiedlich definieren. Diese reichen von der *Beschreibung eines markanten Phänomens* über die *systemlinguistische Beschreibung der sprachlichen Ebenen* mit ihren zentralen und periphären Konstituenten bis hin zur *Vorstellung von einem Rechtstext als Wissenssystem*, das sich in einem sozialen Rahmen unter den dort vorgegebenen kommunikativen Bedingungen mit einer Auswahl kommunikativer Mittel entpuppt. Diese drei Kriterien spiegeln die Entwicklung der Rechtslinguistik als einer sprachwissenschaftlichen Subdisziplin wider. Dabei zeigt unser Überblick, dass die Ansätze, die Recht als ein kognitives System abbilden, das größere Erklärungspotential für die Besonderheiten der Rechtssprache besitzen. So wird sich die weiterführende Analyse auf Schmids[172] Konzeption des Rechts und der Rechtssprache als eigenständigem Wissensbereich im Spätmittelalter und in der Frühen Neuzeit stützen.

Das kognitive Modell von Kjær (2000)[173] und das funktional-stilistische von Kožina/Duskajeva/Salimovskij (2008)[174] stellen die Rechtssprache als Kombination dreier Bereiche dar, wobei ihr Kern aus den *konstitutiven (verfassungsrechtlichen)* und den *reproduktiven (rechtspraktischen)* Texten besteht.[175] Dieses Ineinandergreifen soll die Grundlage der folgenden sprachwissenschaftlichen Untersuchung sein, weil darin eine veränderte *sprachliche Orientierung* (*omnitemporale* gegenüber *narrativer*) zur Geltung kommt und somit eine abweichende Auswahl sprachlicher Mittel zum Ausdruck rechtlicher Inhalte zu erwarten ist. Mit dieser Hypothese kann eine Brücke zwischen den Gesetzmäßigkeiten bei der Herausbildung der Rechtssprache und ihrer Wechselwirkung mit der Allgemeinsprache geschlagen werden, da den Prozessen der sprachlichen *Professionalisierung* und *Popularisierung* ebenfalls ein sprachlicher Orientierungswechsel zugrunde zu liegen scheint. Die Erklärung dieser Relationen ist dabei nur unter der Voraussetzung möglich, dass Rechtssprache und Allgemeinsprache als gestufte Kategorien verstanden werden.

---

[172] H. U. SCHMID, Historische deutsche Fachsprachen, 2015.

[173] KJÆR, On the Structure of Legal Knowledge, in: LUNDQUIST (Hrsg.), Language, Text, and Knowledge, 2000.

[174] KOŽINA, DUSKAJEVA, SALIMOVSKIJ, Stilistika russkogo jazyka, 2008.

[175] Unter Vorbehalt lässt sich dieses Verhältnis auch im funktionalen Modell von Reichmann und Wegera (REICHMANN, WEGERA, Frühneuhochdeutsches Lesebuch, 1988) beobachten, obwohl sich die Bestimmung der Basisfunktion eines Textes als problematisch erweist.

IV. Untersuchungsdesign

1. Textsorte ‚Stadtrecht' als Materialgrundlage für die Untersuchung der Rechtssprache

Die vorliegende Studie basiert auf dem Vergleich zweier Quellen der Textsorte ‚Stadtrecht' – dem „Silleiner Stadtrechtsbuch" und der *Práwa saszká*. Beide Quellen entstanden an zentralen Orten der Anwendung des Sächsisch-magdeburgischen Rechts in den Ländern der Böhmischen Krone (in Leitmeritz) und in Oberungarn (in Sillein). In Sillein und Leitmeritz befanden sich sogenannte Schöffenstühle, wobei es sich hier um Städte mit einem vom Stadtrat getrennten Schöffenkollegium handelte, das besondere Kompetenzen in der Ausübung und Fortentwicklung des Sächsisch-magdeburgischen Rechts besaß und an das Rechtsanfragen von anderen Schöffenstühlen in Städten des ganzen Einzugsgebiets gerichtet werden sollten.[176] Dieses Prozedere prägte die Kanzleisprache und trug so wohl auch zur Beeinflussung der Sprache um diese Zentren herum bei. Diese – zumindest regionale – Bedeutung der Rechtssprache dieser Städte hat die Quellenauswahl beeinflusst.

Die gemeinsamen Rechtsgrundlagen bedingten auch die Produktion von gleichen, für die Kanzleisprache zentralen Textsorten, die die Kodifikation und Anwendung des Rechts sichtbar machen: Stadtrechte und Stadtbücher.[177] Die Textsorte ‚Stadtbuch' wird deswegen als Vergleichstextsorte in die Untersuchung einbezogen – die entsprechenden Teile aus dem „Silleiner Stadtrechtsbuch" und das „Leitmeritzer Stadtbuch". Stadt*recht* und Stadt*buch* werden hier als *kognitive Repräsentationen* der Wissensstrukturen innerhalb der entsprechenden Praxisgemeinschaften verstanden.[178] Die Gültigkeit dieser Dichotomie zeigt sich somit bereits im Spätmittelalter, zumindest in der okzidentalen Stadt.

---

[176] Vgl. LÜCK, Die Verbreitung des Sachsenspiegels und des Magdeburger Rechts in Osteuropa, in: FANSA (Hrsg.), Der sassen speyghel, Bd. 2: Aus dem Leben gegriffen – ein Rechtsbuch spiegelt seine Zeit, 1996, S. 45; DERS., Einführung: Das sächsisch-magdeburgische Recht als kulturelles Bindeglied zwischen den Rechtsordnungen Ost- und Mitteleuropas, in: EICHLER, LÜCK (Hrsg.), Rechts- und Sprachtransfer in Mittel- und Osteuropa, 2008, S. 17, 20; DERS., Zur Verbreitung des Sachsenspiegels und des Magdeburger Rechts in den baltischen Ländern, in: KRONAUER, TATERKA (Hrsg.), Baltisch-Europäische Rechtsgeschichte und Lexikographie, 2009, S. 24 u. insbes. Fn. 34; DERS., Magdeburger Recht, in: ^{2}HRG, Bd. 3, 2016, Sp. 1130, 1133. Leitmeritz war ein Oberhof für die böhmischen Städte und Siedlungen des Magdeburger Rechts. Sillein war für die Region der Westslowakei ein Oberhof, war selbst allerdings die Tochterstadt von Karpfen.

[177] *Konstitutive* und *reproduktive Texte* in Kjærs Terminologie (vgl. KJÆR, On the Structure of Legal Knowledge, in: LUNDQUIST (Hrsg.), Language, Text, and Knowledge, 2000, S. 138–143 u. *Kap. G.I.1., S. 457, Kap. G.III.2.2., S. 495*).

[178] Vgl. MEIER, Kanzleisprachenforschung im Kontext Historischer Stadtsprachenforschung und Historischer Soziopragmatik, in: GREULE, MEIER, ZIEGLER (Hrsg.), GLANTSCHNIG (Mitarb.), Kanzleisprachenforschung, 2012, S. 32.

Die Sprachsituation, die sich in den untersuchten Quellen zeigt, ist ebenfalls typisch für die ostmitteleuropäischen Städte des 15. und des beginnenden 16. Jahrhunderts. Ein Wechsel aus dem Frühneuhochdeutschen und Lateinischen in die Vernakularsprache, die Verwendung einer lokalen Varietät in den Texten und – im Fall der Stadtrechte – die Übersetzung aus dem Frühneuhochdeutschen unmittelbar in die Vernakularsprache sind zu beobachten. Daraus lässt sich schließen, dass die ausgewählten Quellen einen *repräsentativen* Charakter haben.

Anhand dieses Materials können verlässliche Aussagen über die Verwendung von Rechtssprache in zwei Rezeptionsgebieten des Sächsisch-magdeburgischen Rechts gemacht werden: in den Böhmischen Ländern und in Oberungarn.[179] Durch diese Auswahl der Texte lässt sich eine vergleichbare Situation an zwei unterschiedlichen Orten modellieren, die die Gegenüberstellung der darin belegten Varietäten auf einer gemeinsamen Grundlage ermöglicht.

2. Ziele

In der vorliegenden Studie wird die Sprache des „Silleiner Stadtrechtsbuchs" als Fachsprache des Rechts untersucht. Im Fokus stehen die Besonderheiten bei der Herausbildung der Rechtssprache in der Westslowakei im Vergleich zu Nordböhmen infolge der Rezeption des Sächsisch-magdeburgischen Rechts durch seine Übersetzung. Es wird davon ausgegangen, dass als Ergebnis dieses Prozesses die Fachsprache über das grundlegende Repertoire der notwendigen Mittel zum Ausdruck der Inhalte in den konstitutiven und reproduktiven Textsorten der Rechtssprache verfügte. Es wird also die These überprüft, ob das Deutsche die Herausbildung der slawischen Rechtssprachen gefördert hat und inwiefern die Übersetzungstätigkeit diesen Prozess beschleunigen konnte.[180] Außerdem wird der Frage nachgegangen, inwieweit sich die bereits bestehende mündliche Praxis der Rechtsprechung nach Sächsisch-magdeburgischem Recht in der Slawine, die in Rechtsbüchern schon 30 Jahre vor den Übersetzungen des Stadtrechts nachweisbar ist, auf Übersetzungen des Stadtrechts auswirkte.

Bei der Sprachanalyse wird die Wechselwirkung zwischen der sprachlichen Entwicklung und den rechts- und sozialgeschichtlichen Rahmenbedingungen in dieser Region berücksichtigt. Es wird vorausgesetzt, dass eine direkte Verbindung zwischen der Wissensaneignung im Fachgebiet und dem Stand der Entwicklung einer Fachsprache besteht. Darüber hinaus wird der Frage nachgegangen, ob Übersetzungen als eine *Popularisierung* im Sinne einer Auslegung des Quelltextinhalts in der Zielsprache funktioniert haben, die durch seine Interpretation im Übersetzungsprozess entstanden ist.[181] Durch das prozedurale Verständnis der

---

[179] Vgl. *Kap. G.I.5., Grafik 1, S. 473.*

[180] Vgl. eine ähnliche Einschätzung der Rolle der Übersetzungen im Russischen von KEIPERT, Russische Sprachgeschichte als Übersetzungsgeschichte, in: DERS. (Hrsg.), Slavistische Linguistik 1981, 1982, S. 69–74.

Übersetzung wird diese als eine Möglichkeit angesehen, die Kompetenzen der Schreiber in der Ausgangs- und Zielsprache sowie im Fachgebiet zu beurteilen.

Die Untersuchung der Rechtssprache im „Silleiner Stadtrechtsbuch" schlägt eine Brücke zu den anderen Slawinen, in denen ebenfalls Übersetzungen von anderen Texten mit sächsisch-magdeburgischem Recht existieren. Dies gilt insbesondere für das Mitteltschechische, dessen führende Rolle in der regionalen Entwicklung der Rechtssprache auf der Hand liegt. Leider sind Studien, die diese These empirisch bestätigen, bislang selten, obwohl Konstantin Vasil'jevič Lifanov und noch nachdrücklicher Markus Giger mehrmals auf die Notwendigkeit der Konfrontation von Texten unterschiedlicher Provenienz zur Beurteilung der Rolle des Tschechischen in der Geschichte des Slowakischen hingewiesen haben.[182] Daran anknüpfend wird das Modell eines Sprachkontinuums an unserem Quellenmaterial aus Sillein und Leitmeritz empirisch überprüft, in dem sowohl Mitteltschechisch als auch slowakisiertes Tschechisch als zwei Varietäten nachweisbar sind und anscheinend bei der Ausdifferenzierung der juristischen Fachsprache interagiert haben. Über die Kenntnis des Verhältnisses zwischen den genannten Varietäten gelangt man zu einer Aussage über die Wege des Rechtstransfers des Sächsisch-magdeburgischen Rechts zwischen den Ländern der Böhmischen Krone und Oberungarn.

Um die Herausbildung der Rechtssprache beschreiben zu können, wird dieser Prozess als Akt der *Professionalisierung* der Sprache operationalisiert, der durch eine Selektion der Konstituenten der Allgemeinsprache und deren regelmäßigem Gebrauch für die Formulierung rechtlicher Inhalte erfolgte. Dabei fand eine Vereinheitlichung des Ausdrucksinventars statt, das durch die jeweilige regionale Prägung, Ausbildung und Kenntnis des Sachbereiches der Teilnehmenden der Praxisgemeinschaft variierte.[183] So wird die allmähliche Formalisierung des fachsprachlichen Ausdrucks, der Ausgleich der Variation in der Fachsprache sowie das Verhältnis zwischen dem übersetzten Text in der Zielsprache und dem ursprünglichen Text in der Ausgangssprache in Form von Symmetrien und Asymmetrien des Ausdrucks untersucht.

---

[181] Vgl. hierzu BONGO, Die Sprache der Popularisierung, in: DERS., CALIENDO (Hrsg.), The Language of Popularization/Die Sprache der Popularisierung, 2014.

[182] LIFANOV, Genezis slovackogo literaturnogo jazyka, 2001, S. 16 et pass.; GIGER, Die Sprachsituation in der Slovakei, in: VAN LEEUWEN-TURNOVCOVÁ, RICHTER (Hrsg.), Entwicklung slawischer Literatursprachen, Diglossie, Gender, 2006, S. 99–109; DERS., Typ *šel jest, šli sú* v slovenčine a češtine 16.–18. storočia, in: NÁBĚLKOVÁ, PÁTKOVÁ (Hrsg.), Česko-slovenská súčastnosť a česká slovakistika, 2006, S. 187–189.

[183] Vgl. MEIER, Kanzleisprachenforschung im Kontext Historischer Stadtsprachenforschung und Historischer Soziopragmatik, in: GREULE, MEIER, ZIEGLER (Hrsg.), GLANTSCHNIG (Mitarb.), Kanzleisprachenforschung, 2012, S. 32.

3. Methoden

Die vorliegende Studie wird mittels eines integrativen Ansatzes durchgeführt: Es wird eine Kombination der korpusgesteuerten, korpusbasierten, variationslinguistischen und historisch-vergleichenden Methode angewandt. Das Material der rechtshistorischen Quellen wird digital in den *Korpora* präsentiert. Aus diesen Daten werden regelmäßig vorkommende Einheiten (*n-grams*) unter Anwendung des *korpusgesteuerten Ansatzes*, also mithilfe eines automatisierten Verfahrens, extrahiert. Auf diesem Wege werden relevante, wiederkehrende Einheiten der Rechtssprache ermittelt, ihr Bestand systematisiert und als fachsprachliche Konstituenten aufgezeigt. Die darauf folgende Interpretation des Materials mittels des *korpusbasierten Ansatzes* fußt auf diesen Erkenntnissen. Die in diesem Verfahren identifizierten zentralen Konstituenten der Rechtssprache – *konditionale Adverbialsätze (wenn-dann-Sätze)* – werden systematisch als Ausdruck der Rechtsnorm untersucht. Der korpusgesteuerte und der korpusbasierte Ansatz ermöglichen sowohl eine Quantifizierung der Ergebnisse als auch ihre Auswertung anhand der ermittelten Statistiken.

Auf Grundlage der *variationslinguistischen Methode* wird die Basis für die Interpretation unserer Daten gebildet. So können die funktional ähnlichen und gleichzeitig qualitativ abweichenden Konstituenten kontrastiv analysiert werden. Mit dieser Analyse lässt sich die sprachliche Einheitlichkeit einer Quelle oder einer Gruppe von Quellen beurteilen und es lassen sich ebenso die Bereiche ausmachen, in denen diese Einheitlichkeit nicht vorhanden ist oder neben einer allgemeinen Tendenz Variation vorliegt. Das Verfahren ist deswegen für die Untersuchung heterozentrischer Idiome besonders gut geeignet und ermöglicht so die qualitative Erforschung der Sprachkontinua. Das Quellenmaterial wurde auf diachrone (zeitliche), diatopische (räumliche), diasituative (zwischen den Textsorten) und individuelle Variation geprüft. Die individuelle Variation in unserem Korpus ist auch als diaphasische (phasenweise) Variation im Sinne der *Professionalisierung* des sprachlichen Ausdrucks und der Bildung einer Praxisgemeinschaft in einer Kanzlei und – darüber hinaus – in einer Stadt und einer Region erkennbar. Die Herausbildung einer homogeneren Praxisgemeinschaft lässt sich anhand der sich angleichenden Sprachunterschiede feststellen. Dadurch offenbart sich ein Innovationsmechanismus in der Sprache, der die Erweiterung ihrer Funktionalität mit einschließt.

Um die Gültigkeit der Analyseergebnisse des vorliegenden Korpus im Kontext der Allgemeinsprache zu überprüfen, werden die diachronen Nationalkorpora des Tschechischen und des Slowakischen herangezogen. Sie bieten einen breiteren chronologischen Rahmen und eine (teilweise) abweichende Zusammensetzung der Textsorten, die es erlauben, einerseits die Exklusivität der Konstituentenzugehörigkeit zur Fachsprache des Rechts zu überprüfen und andererseits ihre Vernetzung mit anderen Textsorten und Wissensbereichen zu erschließen. Durch die Einbeziehung zweier Nationalkorpora wird die Situation des Sprachkontinuums in einem erweiterten Kontext nachgebildet, was für die Beantwortung der sprachtheoretischen Frage nach der Koexistenz und Auseinanderentwicklung beider Idiome weitere Anhaltspunkte liefert.

Mithilfe der *historisch-vergleichenden Methode* werden die Konstituenten hinsichtlich der Veränderung ihrer Funktionalität in der Diachronie untersucht. In diesem Zusammenhang wird auch der Frage nach der Authentizität dieser Konstituenten bzw. nach dem Einfluss des Frühneuhochdeutschen im Laufe des Übersetzungsprozesses nachgegangen. Dies kann zur Entstehung der oben beschriebenen Variation beigetragen haben und ist ein Zeichen der Rezeption einer Rechtskultur, die nicht nur mit Innovationen im Bereich der städtischen Organisation, sondern auch mit einer abweichenden Formulierung der Rechtsnormen in einem neuen Rahmen wirksam wird.

Die vorgestellte Methodenkombination bietet die notwendige Flexibilität für die Untersuchung des komplexen Gegenstands der Rechtssprache und orientiert sich an ihren Besonderheiten, die in der bisherigen Forschungstradition festgestellt wurden. Sie ermöglicht sowohl die qualitative als auch die quantitative Beschreibung der Rechtssprache im untersuchten Kontinuum und verbindet die sprachlichen Prozesse mit der sozialen und rechtsgeschichtlichen Entwicklung.

4. Fazit

Die Analyse der Rechtssprache wird auf mehreren Ebenen unter Anwendung eines Methodenbündels durchgeführt. Die zentrale Textsorte *Stadtrecht* wird anhand der Quellen des *ius maideburgense* aus Sillein und Leitmeritz im Rahmen eines Sprachkontinuums kontrastiv untersucht. Die Ergebnisse dieser Analyse werden außerdem am Material der Stadtbücher aus diesen Städten und im erweiterten Kontext der Nationalkorpora des Tschechischen und Slowakischen überprüft. Mit den Textsorten *Stadtrecht* und *Stadtbuch* werden so die wichtigsten Wissensbereiche des Rechts – der konstitutive und der reproduktive – beschrieben. Dabei widerspiegelt diese Dichotomie die Verhältnisse, die sich mit der Rezeption des Sächsisch-magdeburgischen Rechts in den Böhmischen Ländern und in Oberungarn etablierten.

Das Analysedesign bietet eine methodologische Erweiterung gegenüber der vorherigen Forschungstradition. Die vorliegende Studie wird mit der Kombination *quantitativer* (korpusgesteuerter und korpusbasierter) und *qualitativer* (variationslinguistischer und historisch-vergleichender) Methoden durchgeführt. Diese Kombination ermöglicht die Erforschung zweier gegensätzlicher Tendenzen in der frühneuzeitlichen Rechtssprache. Einerseits werden *die heterozentrischen Sprachvarietäten* analysiert, die eine starke Variation der Konstituenten aufweisen, und andererseits *die Fachsprache im Ausbau*, die sich durch die Auswahl eines eingeschränkten, funktional motivierten Repertoires auf Grundlage dieser heterogenen

Varietäten auszeichnet. Diesem inneren Widerspruch wird in der Analyse nachgegangen. Die funktionalen Einschränkungen einer Fachsprache führen zu einer auffälligen Repetivität der Rechtstexte, die sich in regelmäßig vorkommenden Mehrworteinheiten (*n-grams*) und *wenn-dann*-Sätzen (*konditionale Adverbialsätze*) auszeichnet. Letztere sind zentral für die Beschreibung der *Rechtsnorm* und verbinden die linguistischen Untersuchungen mit dem rechtstheoretischen Interesse an diesem Gegenstand. Obwohl sich die *wenn-dann*-Sätze als geeignete Ausdrucksform einer Rechtsnorm etablieren, bleibt ihre sprachliche Realisierung höchst variabel.

Neben den geläufigen variationslinguistischen Explikationen dieser Variation wird in der vorliegenden Untersuchung der wichtige Umstand einer frühen Rezeption des Sächsisch-magdeburgischen Rechts in Ostmitteleuropa durch die Übersetzungen stets berücksichtigt. Die konfrontative Analyse des Ausdrucks der *wenn-dann*-Sätze in den Slawinen und im Frühneuhochdeutschen soll dabei den slawischen Text als Ergebnis einer wortgetreuen Übersetzung aus dem Frühneuhochdeutschen ins Licht rücken. Es ist deshalb auch nicht verwunderlich, dass dies die Quelle zahlreicher Interferenzen ist. Allerdings signalisiert die Entlehnung der morphosyntaktischen Muster die Übertragung der deutschen rechtsprachlichen Denkgewohnheiten, die in die Slawinen mit der Rezeption des Sächsisch-magdeburgischen Rechts übernommen wurden.

V. Korpora und Software für die Untersuchung der Rechtssprache

> "[...] there are also new avenues to explore. From a cultural-historical perspective, it would be interesting to link several European languages in a corpus of parallel texts or translations, in particular given the importance of the latter in European history."[184]

Für den Einsatz exakter Methoden, mit deren Hilfe die Rechtssprache in dieser Studie untersucht wird, war die Digitalisierung und eine besondere Umwandlung des Texts des „Silleiner Stadtrechtsbuchs" notwendig. Diese zwei Aufgaben wurden in mehreren aufeinanderfolgenden Schritten gelöst, die im vorliegenden Kapitel beschrieben werden. Das Ergebnis der Umwandlung wurde in zwei Anwendungen untersucht: Einerseits in einem eigenen n-gram-Extraktor zur Erstellung einer korpusgesteuerten Analyse der n-grams (Textsyntagmen) und andererseits in einem parallelen Korpus für die Durchführung der korpusbasierten Analyse konditionaler Adverbialsätze (*wenn-dann*-Sätze). Die Funktionsweise dieser Anwendungen wird ausführlich erläutert.

---

184 CLARIDGE, Historical Corpora, in: LÜDELING, KYTÖ (Hrsg.), Corpus Linguistics, Vol.1, 2009, S. 256f.

1. Materialgrundlage: „Silleiner Stadtrechtsbuch" – Datenauswahl und -aufbereitung

Aus der mehrteiligen Handschrift des „Silleiner Stadtrechtsbuchs" dient der frühneuhochdeutsche Text des Stadtrechts und seine Übersetzung ins slowakisierte Tschechisch als Quelle des parallelen Korpus. Damit liegen uns zwei annähernd gleiche Inhalte in zwei unterschiedlichen Sprachen vor.[185] Da zwischen den Schreibern A und B, die den slawischen Text geschrieben haben, in der Fachliteratur bereits einige Unterschiede festgestellt wurden,[186] wurden die Textteile der beiden Schreiber voneinander getrennt, um ihre jeweilige Sprachverwendung separat beobachten und vergleichen zu können. Die frühneuhochdeutschen und slawischen Textteile wurden im Laufe der Erstellung des parallelen Korpus miteinander verknüpft (aligniert), indem die sich entsprechenden Stellen beider Sprachen gekoppelt wurden.

Wie bereits erwähnt wurde[187], sind die slawischen Teile des „Silleiner Stadtrechtsbuchs" bereits in das diachrone Korpus des Slowakischen integriert worden. Diese Vorgehensweise blendet allerdings die Tatsache aus, dass der slawische Text des Stadtrechts eine Übersetzung aus dem Frühneuhochdeutschen ist und oft nur im Vergleich mit dem Frühneuhochdeutschen verstanden und linguistisch adäquat interpretiert werden kann. Deswegen ist aus unserer Sicht die Darstellung des „Silleiner Stadtrechtsbuchs" in einem *parallelen Korpus* sinnvoller und aus rechtshistorischer Perspektive zielführend, weil ein solches Korpus den deutschen Einfluss in der Rechtsslawine sichtbar macht. Das Korpus wurde auf Grundlage der vorhandenen Editionen Ilpo Tapani Piirainens[188] und Rudolf Kuchars[189] erstellt. Zur Klärung fragwürdiger Stellen wurden die Handschrift sowie die Editionen von Václav Chaloupecký[190] und Mária Papsonová[191] herangezogen.

Mithilfe des Korpus können umfangreiche Daten abgerufen werden, die das fragmentarische und oft subjektiv geprägte Bild der Rechtssprache überprüfen, korrigieren und quantifizieren können. Der Initialaufwand, der mit der Vorbereitung der Korpusdaten verbunden ist, zahlt sich in der Untersuchungsphase aus, die vereinfacht und beschleunigt wird. Nicht zuletzt wird das methodologische Spektrum des Projekts adäquat erweitert.

---

185 Im Detail wurden die Übereinstimmungen und Abweichungen zwischen dem frühneuhochdeutschen Stadtrecht und seiner Übersetzung in PAPSONOVÁ, Sasko-magdeburské právo na Slovensku, 2014, S. 40 u. 261 beschrieben.

186 *Vgl. S. 464.*

187 *Kap. G.I.1. S. 458, Anm. 9.*

188 PIIRAINEN, Das Stadtrechtsbuch von Sillein, 1972.

189 KUCHAR, Žilinská právna kniha [Ed.], 2009.

190 CHALOUPECKÝ, Kniha Žilinská, 1934.

191 PAPSONOVÁ, Sasko-magdeburské právo na Slovensku, 2014.

2. Vorbereitung der Daten für den digitalen Einsatz

Das Korpus des „Silleiner Stadtrechtsbuchs" entstand basierend auf den bereits vorhandenen Editionen, die analog vorliegen. Piirainens Edition des frühneuhochdeutschen Teils der Handschrift wurde im Scanvorgang digitalisiert. Es wurde die Sprach- und Texterkennung mit dem Programm *Adobe Acrobat XI Pro for Windows* durchgeführt, der eine Konvertierung in das Rich Text Format (RTF) folgte. Im Anschluss wurde eine systematische Überprüfung des Texts – vor allem der Sonderzeichen – in TUSTEP[192] vorgenommen. In Zweifelsfällen wurde das vom Staatsarchiv in Sillein bereitgestellte digitalisierte Manuskript herangezogen. Die Edition des Handschriftenteils im slowakisierten Tschechisch wurde uns im Portable-Document-Format (PDF) von Rudolf Kuchar und vom Verlag *VEDA* zur Verfügung gestellt.

Im nächsten Schritt wurde die Vorbereitung der Texte für den Einsatz im Konkordanzprogramm durchgeführt, wobei vor allem die editorischen Zusätze entfernt wurden:
- Fußnoten,
- Zeilenumbrüche,
- von der Handschrift abweichende Zusammen- und Getrenntschreibung,
- Hervorhebungen wie kursiv, fett, Sperrungen etc.,
- runde, spitze und eckige Klammern samt ihres Inhalts.

Die Daten wurden entsprechend den Anforderungen des Konkordanzprogramms und für den Einsatz des n-gram-Extraktors als Textdatei (im Format text/plain und RTF) und der Kodierung nach dem UTF–8-Standard ausgegeben. Aufgrund der paleographischen Untersuchung von Sopko[193] wurde der slawische Text in die Subkorpora ‚Schreiber A' und ‚Schreiber B' aufgeteilt und der frühneuhochdeutsche Text entsprechend zugeordnet.

3. Alignment des parallelen Korpus

Für die Erstellung des Alignments wurde das Konkordanzprogramm *InterText*[194] verwendet, das den technischen Anforderungen für die weiterführende Datenverarbeitung am besten entsprach. Die Wahl dieses Tools empfahl sich auch deswegen, weil es die direkte Integration unserer Daten in das Tschechische Nationalkorpus ermöglichte, von dem das Programm auch bereitgestellt wird.

Das Alignment wurde entsprechend der bestehenden Praxis nach Absätzen und Sätzen halbautomatisch durchgeführt. Da die Absätze den Rechtsparagraphen größtenteils entsprachen, waren nur wenige Korrektureingriffe ins Ergebnis des

---

192 ‹ www.itug.de/tustep.html › (Abfragedatum: 20.08.2020).

193 Sopko, Pisári a vznik Žilinskej knihy, in: Marsina (Hrsg.), Národnostný vývoj miest na Slovensku do roku 1918, 1984.

194 ‹ https://wanthalf.saga.cz/intertext › (Abfragedatum: 20.08.2020).

automatisierten Alignments notwendig. Für das Alignment der Sätze war ein Normierungseingriff in den frühneuhochdeutschen Text erforderlich – hier wurde die Interpunktion entsprechend der Edition von Papsonová[195] eingefügt und so die Teilung der Paragraphen und Absätze in Sätze ermöglicht.[196] Eingriffe in die automatische Zuordnung der Sätze waren häufig notwendig, da der Text in der Übersetzung teilweise umformuliert bzw. umgestellt wurde, sodass keine programmgestützte Übereinstimmung der Strukturen beider Sprachen hergestellt werden konnte. Das Ergebnis wurde im Extensible-Markup-Language-Format (XML) in den Datenbestand des Tschechischen Nationalkorpus eingefügt.

4. Vergleichskorpora

Die Ergebnisse aus dem Korpus des „Silleiner Stadtrechts" wurden auf zwei Ebenen mit den Vergleichskorpora konfrontiert, in denen die Variablen Verfassungszeit, Entstehungsort (und entsprechende dialektale Prägung), Zugehörigkeit zu einem bestimmten Fachbereich, Textsorte und Originalität der Sprache (Übersetzung versus Originaltext) in einer abweichenden Zusammensetzung vorliegen. Im Rahmen dieses Vergleichs sollen die Beobachtungen verifiziert werden, die am Material des „Silleiner Stadtrechts" gemacht wurden.

Vergleichstext ist die mitteltschechische Übersetzung des „Sächsischen Weichbilds" aus der Sammelhandschrift *Práwa saszká*, die zeitgleich zum „Silleiner Stadtrechtsbuch" entstanden ist.[197] Diese beiden Stadtrechte gehören zum gleichen Rechtskreis (Sächsisch-magdeburgisches Recht) und zum gleichen Sprachkontinuum, sind jedoch an unterschiedlichen Orten – in der Westslowakei und in Nordböhmen – entstanden. Deswegen bieten sie eine gute Grundlage für einen *diatopischen Vergleich* der Rechtssprache in diesen beiden Regionen und können so – basierend auf empirischen Daten – einen guten Eindruck ihres Verhältnisses zueinander geben.[198]

Für den Text des „Sächsischen Weichbilds" aus der *Práwa saszká* wurde eine digitale in Prag erstellte diplomatische Transkription verwendet, die mit der frühneuhochdeutschen Vorlage – dem „Sächsischen Weichbild" – in einer Konkordanz zusammengeführt wurde. Zur Gewinnung von Vergleichsdaten aus dem Text der *Práwa saszká* wurde eine n-gram-Extraktion durchgeführt, für deren Einsatz

---

195 PAPSONOVÁ, Sasko-magdeburské právo na Slovensku, 2014.

196 In der Edition von Piirainen (PIIRAINEN, Das Stadtrechtsbuch von Sillein, 1972) wurde die Teilung in Sätze nicht vorgenommen; dagegen haben Chaloupecký und Kuchar in ihren Editionen des slawischen Teils der Handschrift eine solche Teilung durchgeführt. Diese Standardisierung des mittelalterlichen Texts war für unsere Untersuchungen sowohl im Hinblick auf die Konkordanzerstellung als auch für die korpusbasierte Analyse eine Hilfe.

197 Vgl. *Grafik 1*. Mehr zur Sammelhandschrift *Práwa saszká* und zu anderen Handschriften des „Sächsischen Weichbilds" siehe in den *Kapiteln D.II.1. u. E.I.* in diesem Band.

198 Vgl. das Zitat von Markus Giger auf *S. 482*.

der Ausgangstext auf ähnliche Art und Weise wie der des „Silleiner Stadtrechts“ vorbereitet wurde. So konnte die Formulierung von Rechtsnormen in beiden slawischen Texten kontrastiv untersucht werden. Zum einen wurde der Aufbau der Rechtsnorm und zum anderen ihre Äußerung in konditionalen Adverbialsätzen (*wenn-dann*-Sätzen) als Übersetzungsstrategie aus dem Frühneuhochdeutschen, als Ausweis der Kompetenz des Übersetzers im Wissensbereich ‚Recht‘ und als ein Weg zum Ausbau dieser Kompetenz verglichen.

Fakultativ wurden in diese Analyse die *Stadtbucheinträge* aus Sillein und Leitmeritz einbezogen, die in der Systematik von Kjær[199] zu den *reproduktiven* Texten gehören und in denen die originäre, nicht übersetzte Rechtssprache zur Geltung kommt. Das „Silleiner Stadtbuch“ ist ein Teil der Sammelhandschrift des „Silleiner Stadtrechtsbuchs“, dagegen wurde das „Stadtbuch von Leitmeritz“ separat überliefert.[200] Die verwendeten Sprachen (Frühneuhochdeutsch, Latein und Slawine), die Chronologie ihres Wechsels innerhalb des Stadtbuchs, die Zeitspanne, in der die Stadtbücher geführt wurden und die Inhalte der beiden Stadtbücher sind sich sehr ähnlich, sodass von einer vergleichbaren Textgrundlage bei der Untersuchung ihrer Sprache ausgegangen werden kann.[201] Auch diese beiden Texte liegen digital vor. Sie wurden in erster Linie bei einer Negativevidenz in einem der Stadtrechte und bei der Authentizitätsprüfung konditionaler Adverbialsätze herangezogen, z. T. deswegen, weil die Stadtbücher mit einem zeitlichen Vorsprung zu den Übersetzungen der Stadtrechte geführt wurden und so den sprachlichen Zustand vor der Kodifizierung des Rechts in den Übersetzungen der Stadtrechte bieten.

In der vorliegenden Studie wurden die Rechtstexte außerdem mit Texten anderer Fachgebiete sowie mit Texten in der Allgemeinsprache konfrontiert. Zu diesem Zweck wurden Daten aus den diachronen Nationalkorpora des Tschechischen (*DIAKORP*) und Slowakischen (*hist-0.3*) in die Analyse mit einbezogen.[202] Diese Korpora werden im Weiteren *Referenzkorpora* genannt. Darin lassen sich Relevanz und Spezialisierung bestimmter Typen der *wenn-dann*-Sätze ausschließlich in der Rechtssprache überprüfen oder Synergien mit den anderen Fach- und somit Wissensbereichen feststellen.

Da im tschechischen Nationalkorpus Rechtstexte bislang ganz fehlen, wurde die Sprachverwendung in den anderen Fachgebieten und z. T. auch in der Allgemeinsprache abgefragt.[203] Dabei wurden die Zeitspanne und teilweise der Ent-

---

[199] KJÆR, On the Structure of Legal Knowledge, in: LUNDQUIST (Hrsg.), Language, Text, and Knowledge, 2000, S. 140.

[200] KOCÁNOVÁ, JINDŘICH [u. a.] (Hrsg.), Městská kniha Litoměřic (1341)–1562 v kontextu písemností městské kanceláře, 2006.

[201] Vgl. *Grafik 2*.

[202] Da das Tschechische und das Slowakische auf den historischen Sprachstufen ein Kontinuum gebildet haben, was sich gut am „Silleiner Stadtrechtsbuch“ zeigen lässt, war es sinnvoll, auch auf die Nationalkorpora dieser Sprachen für die Analyse zurückzugreifen.

[203] Vgl. die Übersicht ‹ https://wiki.korpus.cz/doku.php/seznamy:index#zdrojove_texty_diachronnich

stehungsort der Referenztexte entsprechend eingeschränkt, um die Vergleichbarkeit der Daten mit dem Silleiner und Leitmeritzer Stadtrecht zu gewährleisten.

Das historische Korpus des Slowakischen (*hist–0.3*) umfasst – außer dem „Silleiner Stadtrecht" – einen erheblichen Anteil der Rechtstexte aus den dreibändigen „Pramene k dejinám slovenčiny/Quellen zur Geschichte des Slowakischen" und den zweiten Band der „Urbáre feudalnych panstiev na Slovensku/Urbare der Feudalherrschaften in der Slowakei" aus dem 17. Jahrhundert.[204] Dieses Korpus bildet eine Grundlage für den diatopischen und diachronen Vergleich der Rechtssprache sowie für einen Vergleich mit Rechtssprachen aus anderen Rechtskreisen.

Die *Referenzkorpora* bieten eine gute Materialgrundlage für jene Untersuchungen, die auf nur einem Quelltext basieren, und ermöglichen es, diesen Text als Teil eines Wissenssystems darzustellen, in dem Texte aus juristischen und anderen Fachgebieten sowie aus dem allgemeinsprachlichen Umfeld miteinander interagieren. Für die Erforschung der Sprache des „Silleiner Stadtrechts" besteht außerdem der Zugriff auf mehrere Korpora, die die umfassende Rekonstruktion dieses Wissenssystems begünstigt haben. Die Zusammenfassung der technischen Informationen zu den genannten Korpora finden sich in folgender Tabelle:

	Hauptkorpora des Sächsisch-magdeburgischen Rechts		**Vergleichskorpora**	
Korpusname	**Korpus Práwa Saszká**	**Korpus des Silleiner Rechtsbuchs**	**Tschechisches Nationalkorpus**	**Slowakisches Nationalkorpus**
Korpustyp	parallel	parallel	monolingual diachron	monolingual diachron
Sprachen	Mitteltschechisch Frühneuhochdt.	slowak. Tschechisch, Frühneuhochdt.	Tschechisch	Slowakisch
Größe (Tokens)	MTschech. 11901 Frnhd. 12830	vsp. Slowak. 47746 Frnhd. 57883	3.400.000	836.000
repräsentativ	[nicht anwendbar]	[nicht anwendbar]	nein	nein
ausgewogen	[nicht anwendbar]	[nicht anwendbar]	nein	nein
lemmatisiert	nein	nein	nein	nein
annotiert	nein	nein	nein	nein

_korpusu › (Abfragedatum: 20.08.2020). Eine Ausnahme bildet der Text Karel Jičínskýs von 1862 (Jičinský, Vývin českého právnictví, 1862), der allerdings eine Rechtsgeschichte darstellt und keine Primärquelle des Rechts ist.

[204] Majtán, Skladaná, Pramene k dejinám slovenčiny, Bd. 1, 1992; Lalíková, Majtán, Pramene k dejinám slovenčiny, Bd. 2, 2002; Kuchar, Valentová, Pramene k dejinám slovenčiny, Bd. 3, 2008; Marsina, Kušík (Hrsg.), Urbáre feudalnych panstiev na Slovensku, Bd. 1 (XVI. storočie), Bd. 2 (XVII. storocie), 1959 (vgl. die Übersicht auf ‹ https://korpus.sk/hks.html ›, Abfragedatum: 20.08.2020).

	Hauptkorpora des Sächsisch-magdeburgischen Rechts		Vergleichskorpora	
Korpusname	**Korpus Práwa Saszká**	**Korpus des Silleiner Rechtsbuchs**	**Tschechisches Nationalkorpus**	**Slowakisches Nationalkorpus**
Kodierung	TEI	TEI	TEI	XML
Textsorten/Textsortendistribution	Stadtrecht	Stadtrecht	alle wichtigen *außer Rechtstexte*	*hauptsächlich Rechtstexte*
Textquellen/Texttypen	Práwa saszká Weichbildrecht	Silleiner Stadtrechtsbuch	[online] Webadresse a) s. u.	[online] Webadresse b) s. u.
Zeitspanne im Korpus/ Ausgewogenheit der Zeitspannen	MTschech. 1469–1470 Frnhd. 15. Jh.	MTschech. 1473 Frnhd. 1378	15. Jh. 8% 16. Jh. 9%	16.–18. Jh. (zeitlich nicht ausgewogen)
Modifikation des Textes	Transliteration	Transliteration; Transkription und Standardisierung für slowak. Tschechisch	Transkription	Transliteration
Besonderheiten		Textattribution zu den Schreibern A und B		

Tabelle 2: Korpora, die in die Untersuchung der Rechtssprache im Sprachkontinuum einbezogen wurden

Webadresse a): ‹ https://wiki.korpus.cz/doku.php/seznamy:index#zdrojove_texty_diachronnich_korpusu › (Abfragedatum: 20.08.2020)
Webadresse b): ‹ https://korpus.sk/hks.html › (Abfragedatum: 20.08.2020)

5. Extraktion der n-grams

Die korpusgeleitete Untersuchung der n-grams wurde an den Stadtrechten – dem „Silleiner Stadtrecht“ und dem „Sächsischen Weichbild“ aus der Sammelhandschrift *Práwa saszká* – durchgeführt. Für die Extraktion von n-grams liegen bereits einige Tools vor,[205] doch häufig wird eine Eigenentwicklung bevorzugt, weil diese besser an die Besonderheiten des Materials und an die Ziele der Untersuchung angepasst werden kann.[206] Um die Entscheidungsfindung zu erleichtern, wurde ein Anforderungskatalog für das Tool zusammengestellt, das für die n-gram-Untersuchung eingesetzt werden soll:

1) keine Probleme beim Import auch größerer Datenmengen;
2) die Darstellung Unicode-kodierter Sonderzeichen ist gewährleistet;
3) bei Online-Tools: verlässliche Verfügbarkeit des Servers;
4) Modifizierbarkeit der Abfragen;
5) umfangreicher statistischer Apparat;

---

[205] Vgl. die Übersicht: Ari, Review of Three Software Programs Designed to Identify Lexical Bundles, in: Language Learning & Technology 10,1 (2006).

[206] Kopaczyk, The Legal Language of Scottish Burghs, 2013, S. 150.

6) Exportmöglichkeit in gängige Formate zur Weiterverarbeitung und Präsentation der Daten (TXT, CSV, XLS(X), XML etc.);
7) Transparenz und Bedienfreundlichkeit.

Es wurden AntConc[207], ParaConc/Collocate[208] und N-Gram Phrase Extractor[209] getestet, doch keines dieser Tools entsprach allen genannten Anforderungen, sodass auch hier nur eine Eigenentwicklung sinnvoll war.

5.1. Standardisierung der Orthographie

Überlappende (und sich wiederholende) Sequenzen könnten vom entwickelten Algorithmus für die n-gram-Extraktion durch den Vergleich ihrer linearen Repräsentationen erkannt werden. Aufgrund der diplomatischen Edition des „Silleiner Stadtrechts" ist eine solche automatische Extraktion allerdings nicht möglich, weil die heterogene Orthographie des Texts die Erkennung gleicher Textstellen verhindert. So wird z. B. die Sequenz *o zbozie*, *o sbožie* und *o zbožie* [über das Eigentum/die Güter] wegen der unterschiedlichen Schreibung nicht als ein identisches n-gram erkannt und es kann die Frequenz ihres Vorkommens so nicht erschlossen werden. Um eine programmgestützte Extraktion der n-grams und eine Ermittlung ihrer Verhältnisse zueinander zu ermöglichen, wurde deshalb eine Vereinheitlichung bzw. *Standardisierung* der Orthographie im Korpus durchgeführt.[210] Die orthographische Heterogenität, die in den erhobenen Daten zu beobachten ist, ist Resultat des Zusammenspiels der soziolinguistischen Charakteristika des „Silleiner Stadtrechts" auf der Mikro- und Makroebene. Zum einen waren an der Abfassung des „Silleiner Stadtrechts" zwei Schreiber beteiligt, die wohl aus unterschiedlichen Regionen stammten und auch zu unterschiedlichen Zeitpunkten zwischen 1468 und 1489 ihre Teile der Stadtrechtsübersetzung und ihre Stadtbucheinträge verfasst haben. Sie hatten sich vermutlich auf unterschiedliche Rechtstextsorten (Stadtrechte und Stadtbücher) spezialisiert, die in den Kanzleien dieses Sprachkontinuums geschrieben wurden. In den jeweiligen Textsorten wurden von einander abweichende Orthographiesysteme verwendet.[211] Zum anderen ist im 15. Jahrhundert der graduelle Übergang der orthographischen Prinzipien von der Verwendung ambiguer Grapheme (z. B. *n* für *[n]* und *[ɲ]*) und der Digraphen (etwa *ſſ*, *sz*, *cz*) zur Verwendung der Diakritika (z. B. *š*, *č*, *ň*) zu beobachten, mit dem die Wiedergabe besonderer slawischer Laute (z. B. *[ʃ]* oder *[ɟ]*) ermöglicht wurde. Als Ergebnis dieser Übergangsphase entstanden Misch-

---

207 ‹ https://www.laurenceanthony.net/software/antconc/ › (Abfragedatum: 20.08.2020).

208 ‹ https://www.michaelbarlow.com/ › (Abfragedatum: 20.08.2020).

209 ‹ https://lextutor.ca/n_gram/ › (Abfragedatum: 20.08.2020).

210 Engl. *standardization*. Die weiteren möglichen Termini, die in der Literatur begegnet werden, sind *normalization*, *modernization* und *canonicalization*, vgl. IGNATYEV, Normalization of Non-Standard Texts, [2016].

211 LAZAR, Transfer des Rechts und Transfer der Rechtssprache, in: KUßE, KOSOUROVÁ (Hrsg.), Persönlichkeiten in der tschechischen Sprach- und Kulturgeschichte, 2016, S. 190–196.

formen (etwa *cž*, *čz*) und es wurden mehrere Orthographiesysteme gleichzeitig verwendet.[212] Ein bestimmter orthographischer Standard konnte zu dieser Zeit aufgrund der präskriptiven Arbeiten wie der „Orthographia Bohemica" (1406/1411, Jan Hus [?]) unmöglich entstehen und entwickelte sich erst gegen Mitte des 16. Jahrhunderts.[213] Ein weiterer Umstand, der unter anderem die Orthographie beeinflusst hat, war ein umfassender Wandel des Sprachsystems der im Sprachkontinuum beteiligten Varietäten.[214] Hinzu kamen Übersetzungs-, Verschriftlichungs- und Abschreibfehler.[215]

Der Vergleichstext aus der Sammelhandschrift *Práwa saszká* wurde ebenfalls auf die Notwendigkeit der Standardisierung der Orthographie geprüft. Anders als im „Silleiner Stadtrecht", lässt sich in diesem Text eine sehr einheitliche Orthographie feststellen, die wohl auf eine längere Verschriftlichungstradition des Tschechischen in Böhmen und auf die redaktionelle Überarbeitung dieses Texts in der Leitmeritzer Kanzlei zurückzuführen ist.[216]

Eine uneinheitliche und vom (modernen) Standard abweichende Orthographie wird in verschiedenen Forschungsbereichen, die mit digitalen Daten arbeiten, für die weitere Verarbeitung vereinheitlicht: diachrone Linguistik, Dialektforschung, Diskursforschung in sozialen Medien, Erforschung der gesprochenen Sprache und Übersetzung zwischen verwandten Sprachen.[217] Für historische Texte muss zwischen dem Vorgehen in der Editionspraxis (*Transliteration* versus *Transkription*) und der *Standardisierung* für die Textanalyse unterschieden werden. Obwohl während des Transkriptionsvorgangs die Texte zwangsläufig auch in gewissem Maße standardisiert werden, weil sie sich der zeitgenössischen Orthographie annähern, wird so noch die orthographische Variation des Texts beibehalten, sodass seine individuellen, dialektalen, diachronen und diastratischen Besonderheiten erhalten bleiben.[218] Diese Variationsbreite wird – soweit möglich – im Zuge der Standardisierung für eine n-gram-Analyse aufgehoben.

---

212 Ebd., S. 190.

213 Vgl. PLESKALOVÁ, Vývoj pravopisu ve staré češtině z pohledu dějin jazykovědné bohemistiky, in: ČORNEJOVÁ, RYCHNOVSKÁ, ZEMANOVÁ (Hrsg.), Dějiny českého pravopisu (do r. 1902), 2010, S. 19; ŠLOSAR, Diakritický pravopis, in: ČORNEJOVÁ, RYCHNOVSKÁ, ZEMANOVÁ (Hrsg.), Dějiny českého pravopisu (do r. 1902), 2010, S. 204.

214 Vgl. VYKYPĚLOVÁ, Kontinuität und Diskontinuität der Entwicklung des Standardtschechischen im Lichte der Periodisierung der tschechischen Sprachgeschichte, in: WOLDT (Hrsg.), Tschechisch bis 1775, 2012, S. 35; DIES., Wege zum Neutschechischen, 2013, S. 44; LIFANOV, Genezis slovackogo literaturnogo jazyka, 2001, S. 206–207; GIGER, Die Sprachsituation in der Slovakei, in: VAN LEEUWEN-TURNOVCOVÁ, RICHTER (Hrsg.), Entwicklung slawischer Literatursprachen, Diglossie, Gender, 2006, S. 94–101.

215 *Siehe S. 465–467* ausführlicher dazu.

216 Vgl. *S. 467*.

217 IGNATYEV, Normalization of Non-Standard Texts, [2016].

218 Vgl. ČERNÁ, LEHEČKA, Metodika přípravy a zpracování elektronických edic starších českých textů, 2015, S. 68.

Insgesamt stellt die uneinheitliche Orthographie eine wesentliche Hürde für die Digitalisierung von Texten und ihre Vorbereitung für computergestützte und computergesteuerte Studien dar. Standardisierungsverfahren werden deshalb in der Forschungsliteratur verstärkt diskutiert und gerade in der letzten Zeit wurden hierfür neue Methoden entwickelt.[219] Das angestrebte Ergebnis kann dabei *absolut* oder *relativ* sein, also eine strikt uniforme Vereinheitlichung oder eine mit einer gewissen Unschärfe zum Ziel haben.[220] Die strikt uniforme Vereinheitlichung ist ein traditionelles Verfahren, das für die weiterführende Erforschung der n-grams der hier verarbeiteten Texte geeigneter erscheint. Um eine absolute oder relative Standardisierung durchführen zu können, kann laut Ignatyev[221] eins von *drei Standardisierungsmodellen* angewandt werden: *regelbasiert (rule-based)*, *vollautomatisch (unsupervised)* und *halbautomatisch (supervised)*, wobei das Letztere die besten Ergebnisse liefert und die niedrigste Fehlerquote zeigt.[222] Die regelbasierte Methode findet eine besonders breite Anwendung in der diachronen Linguistik,[223] obwohl die Studien von Etxeberria/Alegria und Uria[224] sowie von Scherrer und Erjavec[225] zeigen, dass die halbautomatische Methode bessere Ergebnisse liefert.[226] Die Effizienz der jeweiligen Methode hängt zusätzlich von der Zusammensetzung und vom Alter der Texte im Korpus ab: Je einheitlicher das Korpus in Bezug auf die Autorenbeteiligung ist, je kleiner das Zeitfenster seiner Entstehung ist und je jünger die Texte im Korpus sind, desto einfacher ist die Standardisierung.[227]

Aufgrund der Größe unseres Korpus und seiner orthographischen Vielfalt sind wir bei der Standardisierung konservativ vorgegangen. Mit einer regelbasierten Austauschroutine[228] wurde ein normalisierter Text mit einer vereinheitlichten

---

[219] Vgl. Piotrowski, Natural Language Processing for Historical Texts, 2012, S. 69–71 u. 82–84.

[220] Ebd., S. 73f.

[221] Ignatyev, Normalization of Non-Standard Texts, [2016].

[222] Zu den einzelnen Methoden vgl. Etxeberria, Alegria, Uria, Combining Phonology and Morphology for the Normalization of Historical Texts, in: Proceedings of the 10th SIGHUM Workshop on Language Technology for Cultural Heritage, Social Sciences, and Humanities (LaTeCH 2016), 2016; Scherrer, Erjavec, Modernising Historical Slovene Words, in: Natural Language Engineering 1,1 (2015) und von Waldenfels, Daniel, Dobrushina, Why Standard Orthography?, in: Komp'juternaja lingvistika i informacionnye technologii, 2014, S. 724f.

[223] Für eine Übersicht s. Kopaczyk, The Legal Language of Scottish Burghs, 2013, S. 145–150.

[224] Etxeberria, Alegria, Uria, Combining Phonology and Morphology for the Normalization of Historical Texts, in: Proceedings of the 10th SIGHUM Workshop on Language Technology for Cultural Heritage, Social Sciences, and Humanities (LaTeCH 2016), 2016.

[225] Scherrer, Erjavec, Modernising Historical Slovene Words, in: Natural Language Engineering 1,1 (2015).

[226] Weitere halbautomatische Methoden werden in Piotrowski, Natural Language Processing for Historical Texts, 2012, S. 74–78 diskutiert.

[227] Ebd., S. 82f.

[228] Als Programm wurde TUSTEP verwendet. Im Vorfeld wurde ein bereits existierendes Tool für die automatisierte Transkription und Standardisierung des Tschechischen, Transcriptorium (Entwickler Boris Lehečka), getestet, das regelbasiert arbeitet: ‹ https://vokabular.ujc.cas.cz/moduly/nastroje/

Orthographie erstellt, der die Voraussetzungen für gut geformte Daten für die automatische Extraktion der n-grams erfüllte. Bei der Formulierung der Austauschroutinen wurden die Transkriptionsprinzipien (Vereinheitlichung der Orthographie/Disambiguierung) berücksichtigt, die bei frühneuzeitlichen tschechischen Texten in der historischen Editionspraxis und letztlich auch beim elektronischen Edieren zum Einsatz kommen.[229] Die Vorgaben dieser Richtlinien wurden an die Besonderheiten des Texts sowie an die Zielsetzung der Analyse angepasst. Während der Standardisierung wurden die Unterschiede der Subkorpora der jeweiligen Schreiber in Kauf genommen.

Zusammenfassend lässt sich feststellen, dass das „Silleiner Stadtrecht", das mittels einer n-gram-Extraktion in der vorliegenden Studie untersucht wurde, ein orthographisch heterogener Text ist. Da diese Heterogenität die Erkennung gleicher Textsequenzen erschwert, wurde sie durch eine Standardisierung der Orthographie unter Anwendung eines regelbasierten Verfahrens aufgehoben. Diese Vereinheitlichung ist absolut und wurde in der Programmumgebung TUSTEP durchgeführt. Der Vorteil dieses Programms ist seine Flexibilität, u. a. bei der Anpassung der Austauschroutinen an die Orthographiebesonderheiten einzelner Autoren. Das Ergebnis sind standardisierte Daten, die für die n-gram-Extraktion genutzt werden können. Das „Sächsische Weichbild" aus der Sammelhandschrift *Práwa saszká*, der Vergleichstext des Stadtrechts aus Nordböhmen, bedurfte keiner Standardisierung der Orthographie vor der n-gram-Extraktion, weil die Orthographie dieser Quelle im Wesentlichen einheitlich ist.

5.2. Methoden der n-gram-Extraktion und Systematisierung der Ergebnisse

An den Korpora mit standardisierter Orthographie wurde die n-gram-Extraktion durchgeführt. In ihrem Rahmen wurden alle Konstituenten[230] des Datenmaterials einzeln bzw. in Gruppen von *n* aufeinanderfolgenden Tokens separiert. *Grafik 3* veranschaulicht diese Vorgehensweise: Die obere Zeile enthält das Gesamtkorpus, die Zeilen 2–4 die Gruppen von n-grams (bi-grams, tri-grams und 4-grams) und

transcriptorium/o-aplikaci › (Abfragedatum: 20.08.2020). Da sich das Tool noch in der Entwicklungsphase befindet und für die Transkription einzelner Token und nicht der zusammenhängenden Sätze konzipiert ist, konnte er für die Zwecke dieser Studie nicht verwendet werden.

[229] Černá, Lehečka, Metodika přípravy a zpracování elektronických edic starších českých textů, 2015, S. 68–72; Lehečka, Voleková, (Polo)automatická počítačová transkripce, in: Čornejová, Rychnovská, Zemanová (Hrsg.), Dějiny českého pravopisu (do r. 1902)/History of Czech Orthography (up to 1902), 2010; Lehečka, Obsah a značkování diachronního korpusu češtiny, in: Časopis pro moderní filologii 97,1 (2015), S. 72–73; Daňhelka, Směrnice pro vydávání starších českých textů, in: Husitský Tábor. Sborník Muzea husitského revolučního hnutí 8 (1985); Martínek, Rysová, On a Corpus of Older Czech and Its Usage, in: Prace filologiczne 63 (2012), S. 220f.; Vintr, Zásady transkripce českých textů z barokní doby, in: Listy filologické. Folia philologica 121,1 (1998).

[230] Als Konstituente wird hier ein Token verstanden.

die untere Zeile die einzelnen Konstituenten des Korpus (uni-grams/einzelne Tokens):

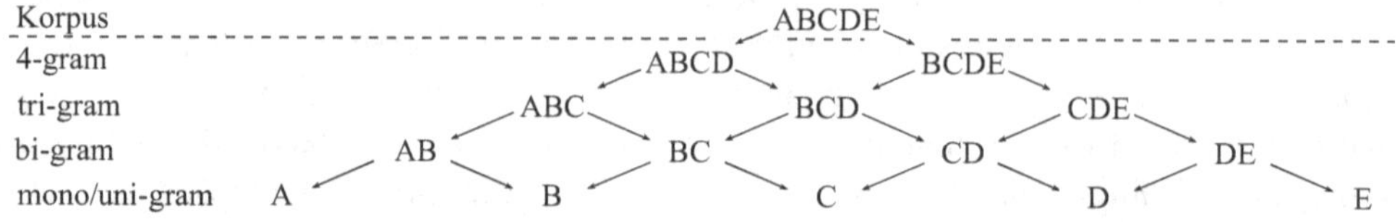

Grafik 3: Vereinfachtes Modell der n-gram Hierarchie

Dieses Prozedere lässt sich prinzipiell auf zwei Wegen durchführen:

1. Der *top-down-*Ansatz geht von allen Tokens des Korpus aus. In diesem Verfahren werden von einer Gesamtheit jeweils zwei gleich lange Textsequenzen abgeleitet, indem die erste bzw. letzte Konstituente abgetrennt wird – das Prinzip ist in *Grafik 3* skizziert. Jedes dieser entstehenden n-grams wird im nächsten Schritt auf dem gleichen Wege weiter reduziert, bis in der letzten Ebene nur noch einzelne Konstituenten übrig sind. Ob dieser Ansatz performant ist, also in einer vernünftigen Korrelation zwischen Ergebnis und Rechenaufwand steht, hängt stark von der Struktur der Daten ab.
2. Bei der Anwendung der *bottom-up-*Methode wird das Korpus im ersten Schritt in Mehrworteinheiten zerlegt, die im zweiten Schritt in gewünschter Länge zusammengestellt werden. Aus Performanzgründen wurde für diese Untersuchung die bottom-up-Methode angewandt. Dieses Prinzip ist in *Grafik 4* veranschaulicht:

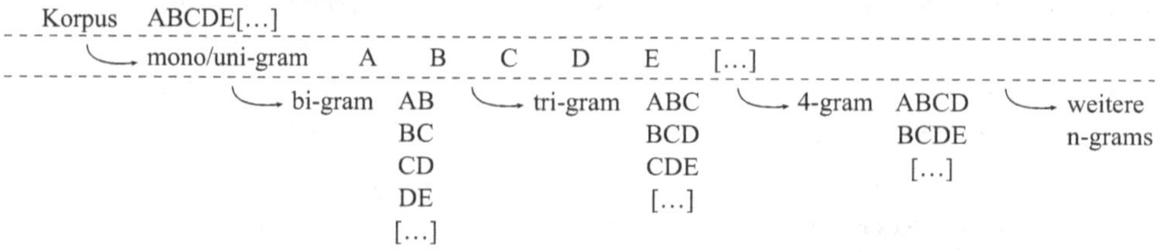

Grafik 4: *bottom-up*-Ansatz zur Erstellung von n-grams

Die Ergebnisse der n-gram-Extraktion können in den *Listen* nach Mächtigkeit (vereinfacht als Länge zu verstehen) geordnet werden (*Grafik 5,* α). In der Regel wird dieses Systematisierungsverfahren angewandt, da es die Beschreibung der n-grams einer bestimmten Mächtigkeit ermöglicht. Die n-grams können aber auch als *n-gram-Cluster* präsentiert werden (*Grafik 5,* β). Hier werden die n-grams, die mit demselben Token beginnen, vom längsten zum kürzesten absteigend oder umgekehrt gruppiert. Dieses Verfahren wird angewandt, um die Verhältnisse zwischen den n-grams aufzuzeigen, und wird so auch in dieser Studie verwendet. Die Unterschiede zwischen diesen zwei Materialanordnungsverfahren sind im folgenden Schema veranschaulicht:

α)	Korpus	ABCDEFG	β)	Korpus	ABCDEFG
	4-gram_1	ABCD		6-gram	ABCDEF
	4-gram_2	BCDE		5-gram	ABCDE
	4-gram_3	CDEF		4-gram	ABCD
	4-gram_4	DEFG		3-gram	ABC

Grafik 5: α) Auflistung der n-grams einer bestimmten Mächtigkeit (n=4),
β) Ordnung anhand des Initialtokens der n-grams ($3 \leq n \leq 6$)

Das Ergebnis der n-gram-Extraktion im *bottom-up*– und im *top-down*-Verfahren ist dasselbe, allerdings lässt sich das bottom-up-Verfahren so optimieren, dass das Verhältnis der nach *Clustern* geordneten unterschiedlich langen n-grams analysiert werden kann. Es können also außer der Frequenz noch andere Parameter ausgewertet werden, die die Entstehung der sich wiederholenden Textsequenzen und damit die Formalisierung und Professionalisierung der Sprache beeinflussen.

VI. Linguistisches Glossar

Alignment – *Alignment* ist die Verknüpfung unterschiedlich langer Textabschnitte (üblicherweise der Absätze oder Sätze) in der Quell- und Zielsprache, die zur Erstellung *paralleler Korpora* dient.[231]

Korpus – Das Sprachkorpus (aus dem lat. corpus ‚Körper') ist eine umfangreiche Sammlung geschriebener oder gesprochener *authentischer Texte*, die in eine elektronische Form mit *einheitlichem Format* umgewandelt wurde, was die *Suche* nach sprachlichen Einheiten erleichtert, insbesondere nach Wörtern und Wortverbindungen (Kollokationen). Das Korpus stellt die Spracheinheiten in ihrem *natürlichen Kontext* dar und ermöglicht so eine linguistische Forschung aufgrund von empirischen Daten in einem Umfang, der früher nicht vorstellbar war.[232]

Korpus, diachrones/historisches – Ein *diachrones/historisches Korpus* repräsentiert ältere Sprachstufen, die mit seiner Hilfe untersucht werden können.[233]

---

231 ‹ https://wiki.korpus.cz/doku.php/pojmy:alignment › (Abfragedatum: 20.08.2020).

232 ‹ https://wiki.korpus.cz/doku.php/pojmy:korpus › (Abfragedatum: 20.08.2020).

233 Vgl. Claridge (CLARIDGE, Historical Corpora, in: LÜDELING, KYTÖ (Hrsg.), Corpus Linguistics, Vol.1, 2009, S. 242) „[...] which is intentionally created to represent and investigate past stages of a language and/or to study language change."

Korpus, Nationalkorpus – Ein *Nationalkorpus* ist eine elektronische Sammlung authentischer Texte, die einer umfassenden Darstellung des Gebrauchs einer Sprache, auch im Verhältnis zu den anderen Sprachen, dient. Ein Nationalkorpus umfasst in der Regel mehrere Module, die die Sprache aus unterschiedlichen Blickwinkeln charakterisieren: synchrone, diachrone, gesprochene, multimodale und weitere Subkorpora.

Korpus, paralleles – Ein *paralleles Korpus* ist eine Sammlung alignierter Quelltexte und ihrer Übersetzungen in eine oder mehrere Sprachen.[234]

Moskauer semantische Schule – Die *Moskauer semantische Schule* ist eine linguistische Richtung, die sich in den 70er Jahren des 20. Jahrhunderts etabliert hat. Deren Vertreter befassen sich mit der Bedeutung des Satzes, der in einem erweiterten Kontext betrachtet wird, inklusive seiner pragmatischen Besonderheiten.[235]

Prager Zirkel – Der *Prager Zirkel* war eine Gruppe von Linguisten, die zwischen 1926 und den 50er Jahren des 20. Jahrhunderts um die Karls-Universität zu Prag arbeitete und Grundlagen der strukturalistisch orientierten *Prager linguistischen Schule* festlegte. u. a. wurde in ihrem Rahmen die Theorie der *Fachsprachen* und *Fachstile* entwickelt.[236]

Praxisgemeinschaft – Eine *Praxisgemeinschaft* ist eine Gruppe von Individuen, die durch das gegenseitige Engagement, die gemeinsame Tätigkeit und die einheitlichen Textverfassungsrichtlinien zustande kommt.[237]

Register – Ein *Register* (engl. *style*) ist eine Kodifizierung der Repetivität und des Usus in den *Praxisgemeinschaften*.[238]

Semiotik – *Semiotik* ist eine wissenschaftliche Disziplin, die den Aufbau und das Funktionieren der Zeichensysteme (semiotischer Systeme) untersucht.[239]

---

[234] AIJMER, Parallel and Comparable Corpora, in: LÜDELING, KYTÖ (Hrsg.), Corpus Linguistics, Vol. 1, 2009, S. 276.

[235] JARCEVA (Hrsg.), Jazykoznanie, 1998, S. 440.

[236] Ebd., S. 390f.

[237] JUCKER, KOPACZYK, Communities of Practice as a Locus of Language Change, in: DIES., DERS. (Hrsg.), Communities of Practice in the History of English, 2013, S. 6f.

[238] MENDOZA-DENTON, Individuals and Communities, in: WODAK, JOHNSTONE, KERSWILL (Hrsg.), The SAGE Handbook of Sociolinguistics, 2011, S. 186.

[239] JARCEVA (Hrsg.), Jazykoznanie, 1998, S. 440–442.

H. Zusammenfassung und Bewertung der Untersuchungsergebnisse (*Wieland Carls*)

Zwei Untersuchungsgebiete sind in diesem Band vereint, die aus guten Gründen gemeinsam verhandelt werden, aber dennoch bei der rechtshistorischen Darstellung und auch bei der sprachlichen Textanalyse getrennt zu betrachten waren. Dies war nicht nur deshalb sinnvoll, weil die Rezeptionssituation in beiden Untersuchungsgebieten trotz vieler Gemeinsamkeiten aus rechtshistorischer Perspektive nicht homogen erscheint, sondern auch, weil die Textzeugen, die für die sprachwissenschaftliche Analyse des Rechtstransfers herangezogen wurden, zu unterschiedlichen Kategorien gehören.

Das Untersuchungsgebiet Tschechien wurde eher und umfassender vom Sächsisch-magdeburgischen Recht in seiner Entwicklung beeinflusst, als dies in der Slowakei der Fall war, wo erst mit der Etablierung der städtischen Schriftlichkeit entsprechende Impulse aufgenommen wurden. Auch ist die Rezeption dieses Rechts hier auf einzelne Regionen – vor allem die Zips – und verschiedene Bergstädte beschränkt. Die Texte, die eine Rezeption des Sächsisch-magdeburgischen Rechts belegen, sind das „Silleiner Rechtsbuch“ und die „Zipser Willkür“. Dabei bietet das „Silleiner Rechtsbuch“ die Besonderheit, dass sich an ihm der unmittelbare Einfluss des Sächsisch-magdeburgischen Rechts auf die Rechtsentwicklung in den slowakischen Städten und die über einen langen Zeitraum praktizierte Rechtsausübung nach diesen Regeln zeigen lässt. Das belegt nicht zuletzt die offensichtlich in amtlichem Auftrag angefertigte Übersetzung in die Vernakularsprache nach fast einhundert Jahren.

In Tschechien ist die Entwicklung aus rechtshistorischer Sicht zunächst der in Schlesien und Kleinpolen vergleichbar und hat ihre Anfänge ebenfalls bereits in der zweiten Hälfte des 13. Jahrhunderts. Das Sächsisch-magdeburgische Recht kam mit den Siedlern und Kaufleuten nach Prag, Leitmeritz, Olmütz und in andere Städte und Ortschaften. Zum Teil etablierten sich wie in Schlesien und Polen Mutter- und Tochterstadtbeziehungen, so dass sich auch hier zahlreiche Anfragen von Schöffenstühlen vor allem an den Leitmeritzer Oberhof erhalten haben. Die ursprünglich deutschsprachige Rechtsprechung wurde im 15. Jahrhundert zunehmend in die tschechische Sprache übertragen, so dass nicht nur Übersetzungen der Rechtssammlungen und Rechtsbücher entstanden, sondern auch die Schöffensprüche in die Landessprache überführt wurden. Im 16. Jahrhundert führten außerdem verschiedene vor allem politische Umstände zu Bestrebungen einer Rechtsvereinheitlichung, die mit der Gründung des Appellationsgerichts in Prag 1548 unterstützt werden sollten. Stadtrechtskodifikationen, die zunächst aus den bestehenden Stadtrechten kompiliert waren, sollten diesen Vereinheitlichungsprozess ebenfalls befördern. Erst Koldins „Práva městská Království českého“

[Stadtrechte des Königreichs Böhmen] von 1579 erlangte Gesetzeskraft, stieß aber lange Zeit auf Ablehnung in mehreren Städten, da es vor allem die Position Prags stärkte.

Im vorliegenden Band wurde die Sprache des Sächsisch-magdeburgischen Rechts mithilfe von zwei unterschiedlichen Methoden untersucht, die in direkter Abhängigkeit zur Definition der Rechtssprache angewandt wurden. Zum einen kann diese eng nach ihren charakteristischen Konstituenten – als Summe der Rechtstermini – verstanden werden, wie die Untersuchungen zum Sächsisch-magdeburgischen Recht in Polen[1] und im vorliegenden Band bei der Analyse der tschechischen Quelle zeigen. Zum anderen wird die Rechtssprache als ein Subsystem einer Gemeinsprache definiert. Die entsprechende Beschreibung des Fachsprachsystems berücksichtigt die Analyse relevanter sprachlicher Konstituenten auf allen sprachlichen Ebenen. Dieser Ansatz wurde an den Texten zum Untersuchungsgebiet Slowakei in diesem Band realisiert.

Die Revision des Begriffs der Rechtssprache und der hier vollzogene Methodenwechsel ist folgenden Überlegungen geschuldet. Bei den zur Analyse stehenden Textzeugen ist eine qualitative Veränderung zu beobachten. Im 15. Jahrhundert – am Beginn der Übertragung des Sächsisch-magdeburgischen Rechts in die slawischen Sprachen – nahmen die Übersetzungen direkten Bezug auf die deutschsprachigen Vorlagen, was eine Voraussetzung für die Anwendung der historisch-vergleichenden Methode zur Erforschung des Fachwortschatzes ist. Die Stärke dieser induktiven Methode liegt in der besonderen Beachtung der Details, die Schwäche hingegen darin, dass Generalisierungen problematisch sind, weil in der Regel mit nur wenigen Beispielen operiert werden kann. Ab dem 16. Jahrhundert zeichnet sich in den Textzeugen eine Wende ab. Der Bezug zwischen den Ausgangstexten und ihren Abschriften bzw. Übersetzungen wird freier: Die inhaltlichen Bestandteile der Textzeugen bzw. die Anordnung von Textteilen wird verändert und teilweise werden Glossen hinzugefügt. Auch werden die Texte über Brückensprachen rezipiert oder sogar in der Tradition des *ius theutonicum* neu verfasst.[2]

Die Veränderungen der Rechtsterminologie, die das Ergebnis eines gesamteuropäischen Romanisierungsprozesses darstellen, sowie das Fehlen eines unmittelbaren Textbezugs zwischen Rezeptionsquelle und Rezeptionszeuge bedingen einen methodischen Ansatz, mit dem auch die Rechtssprache von inkohärenten Textzeugen untersucht werden kann. Ein Weg, um in vergleichbaren Textzeugen – auch aus mehreren Sprachen – Kongruenzen nachzuweisen, ist die Suche nach wiederkehrenden Konstituenten, nach strukturellen und semantischen Regelmä-

[1] ISMIO Bd. 2.

[2] Die im Projekt untersuchten Textzeugen mit einer direkten deutsch-slawischen Entsprechung sind die „Magdeburger Urteile“ und das „Sächsische Weichbild“; das „Silleiner Stadtrechtsbuch“ ist zwischen den Textzeugen des ersten und des zweiten Typs einzuordnen.

ßigkeiten, durch die sich jede Fachsprache als standardisierte Varietät auszeichnet. Auf der Basis ausreichend großer Korpora lassen sich Regelmäßigkeiten mit statistischen Methoden wie der n-gram-Extraktion finden und auswerten. Die Effizienz der beschriebenen Analyse steigt mit dem Standardisierungsgrad der Sprache, der ab dem 16. Jahrhundert, u. a. durch Einführung des Buchdrucks, ein notwendiges Maß erreicht hat. Die Anwendung dieser Methode auf das „Silleiner Stadtrechtsbuch", dessen Sprache noch relativ inkonsistent ist, bringt verschiedene Einschränkungen mit sich, sodass meist lediglich die funktionalen Konstituenten (typische Verbindungselemente, Satztypen, Formeln) aufgrund der Anzahl der Vorkommen ausgewertet werden konnten. Bei kleineren Korpora ist man auf die computergestützte, quantifizierte Suche repetitiver Konstituenten angewiesen, die sich oft als Gesetzgebungs- bzw. Textgestaltungsstrategien der Rechtstexte erweisen. Dazu gehören etwa die Paarformeln, die sich auf der Schnittstelle zwischen Wortschatz und Syntax befinden und eine der typischen Strategien für den Ausbau und die Konsolidierung des Wortschatzes im deutschen Recht darstellen. Nicht nur aufgrund des sich ändernden Materials war ein Methodenwechsel geboten. Auch um perspektivisch den Anforderungen einer digitalen Präsentation der Textzeugen des Sächsisch-magdeburgischen Rechts gerecht werden zu können, bedarf es einer Methode zur adäquaten Beschreibung ihrer Sprache. Dabei ist es notwendig, einerseits terminologische Konzepte dieser Texte und andererseits die Relationen dieser Konzepte untereinander in einer digitalen Umgebung darstellen zu können. Hierfür bieten sich die Erkenntnisse über den Rechtswortschatz und seine Einbindung bzw. Verflechtungen im Text an.[3]

Ziel der Untersuchungen zum Untersuchungsgebiet Tschechien ist es, die sprachlichen Reflexe der Rezeption des Sächsisch-magdeburgischen Rechts anhand eines Vergleichs des Rechtswortschatzes eines Textes der deutschen Fassung und einer tschechischen Übersetzung herauszuarbeiten. Mit den Methoden der historisch-vergleichenden Sprachwissenschaft konnte die Rezeption von Rechtsnormen an den Rechtstermini aus dem „Sächsischen Weichbild" im Untersuchungsgebiet Tschechien nachgewiesen werden, indem diese Begriffe als Bestandteil der dortigen Rechtsterminologie bestimmt werden konnten. Auch wenn die Aussagekraft der Ergebnisse für das Untersuchungsgebiet Tschechien aufgrund der sehr begrenzten Quellenbasis nur eines – wenn auch zentralen – Vergleichstextes eingeschränkt ist, kann man doch davon ausgehen, dass sich ein vergleichbares Bild ergeben würde, wenn weitere Texte in die Untersuchung einbezogen wären. Immerhin sind die Ergebnisse für Tschechien denen zum Untersuchungsgebiet Polen, dem ein anderer Text zugrunde lag, nahezu identisch. Beide Male hat sich gezeigt,

[3] JANNIDIS, KOHLE, REHBEIN, Digital Humanities, 2017, S. 162–164; SCHEUERMANN, Ontologien in den historischen Wissenschaften, in: Historical Social Research 31,3 (2006), S. 308–316, hier S. 309.

dass die Übersetzungsqualität auf eine sehr hohe Sprachkompetenz in den jeweils beiden untersuchten Sprachen schließen lässt und die rechtlichen Fachtermini und juristischen Zusammenhänge adäquat in das andere Sprachsystem übertragen werden konnten. Die Wörterverzeichnisse, die sich zu einem großen Teil aus dem jeweils untersuchten Material speisen, unterscheiden sich von sonst üblichen juristischen Fachwörterbüchern vor allem dadurch, dass hier nicht wie sonst üblich der jeweils aktuelle Rechtswortschatz bedient wird, sondern die Termini in ihrer – aus heutiger Perspektive – archaisch-historischen Semantik erfasst sind.[4] Alle Termini, die bislang im Projekt bei der Auswertung der deutschen, polnischen und tschechischen Rechtstexte für die kontrastive Wortanalyse erfasst wurden, können nun erstmals online eingesehen und durchsucht werden.[5] Die Termini können nach der gewünschten Sprache alphabetisch sortiert und eine Volltextsuche durchgeführt werden.

Für die Analyse des Materials zum Untersuchungsgebiet Slowakei wurde ein anderer methodischer Ansatz als im Tschechienteil verfolgt. Textgrundlage ist hier das „Silleiner Stadtrechtsbuch", das nicht nur einen frühneuhochdeutschen Rechtstext aus dem Jahr 1379 überliefert, sondern auch dessen Übersetzung ins slowakisierte Tschechisch. Diese Sprachbezeichnung gibt wohl am besten das Problem wieder, das lange Zeit den Streit der Sprachwissenschaft um diesen Text, ob es sich um eine Varietät des Alttschechischen oder um eine frühe Form des Slowakischen handelt, bestimmt hat. Die Untersuchung legt besonderes Augenmerk auf die Art und Weise, die Methode der Übersetzung, die im Fall des „Silleiner Stadtrechtsbuchs" weniger dem Äquivalenzprinzip als vielmehr dem wortwörtlichen Prinzip folgt. Indem die Übersetzungsmethode einen direkten Einfluss auf die Bildung der Fachsprache in der Zielsprache hat, ist es notwendig, diesen Faktor in die Analyse einzubeziehen. Erweitert man den Blick auf andere Texte, die in eine Slawine übersetzt wurden, lässt sich erkennen, dass die intensive Überführung der juristischen Fachtexte in die jeweilige Vernakularsprache vor allem durch die gleichzeitige Aneignung des Kulturguts Recht möglich war, das in den Ausgangssprachen zur Zeit der Übersetzung bereits vorhanden war.[6]

Da das Tschechische eine im Bereich ‚Recht' etablierte Schriftsprache darstellt, empfahl sie sich in Oberungarn als eine Vorbild- und Referenzsprache für die dortigen Varietäten in diesem Funktionsbereich. Mit dem Anwendungsvergleich im „Silleiner Stadtrechtsbuch" und in der *Práwa saszká* sollte die Frage beantwortet werden, in welchem Verhältnis die darin wirksamen Varietäten standen. Die Einbeziehung dieser Rechtstexte in die Quellengrundlagen der Sprachgeschichtsschreibung, hat den Kanon der Texte erweitert, die üblicherweise zur Ana-

---

[4] Eine detaillierte Zusammenfassung der Untersuchungsergebnisse zum Tschechienteil findet sich in *Kap. E.VI.11, S. 393–396*.

[5] ‹ https://smr.saw-leipzig.de/woerterbuch.html ›.

[6] Vgl. *Kap. G.I.6., S. 476–477*.

lyse der Problematik der Herausbildung von Schrift- und Standardsprachen herangezogen werden. Auf Grundlage der Analyseergebnisse der Varietätenverhältnisse, die die Transferwege des Sächsisch-magdeburgischen Rechts nachbilden, ließ sich die Rezeption dieses Rechts aus einer anderen Perspektive beschreiben.[7]

Im Ergebnis konnten die sprachwissenschaftlichen Analysen die rechthistorischen Beobachtungen im Hinblick auf Rezeption und Transferwege stützen und zum Teil auch mit objektivierbaren Fakten unterlegt werden. So konnte für das Tschechische anhand von detaillierten Textvergleichen gezeigt werden, dass aus der Perspektive der Fachsprache Recht die Qualität der Übersetzung auf einem vergleichbaren Niveau mit der deutschsprachigen Vorlage ist. Die Übersetzung des „Silleiner Rechtsbuchs" ins slowakisierte Tschechisch beruht vor allem auf der wortwörtlichen Methode. Das Äquivalenzprinzip ist hier eher die Ausnahme, wodurch der Einfluss der Vorlage auf die Struktur der sich herausbildenden Fachsprache relativ groß ist. Zur Frage des Transferwegs konnte anhand von vergleichbaren zeitgenössischen Quellen festgestellt werden, dass ab ca. der Mitte des 15. Jahrhunderts in Ostmitteleuropa eine Tendenz zum intensiven Ausbau der Anwendungsbereiche von Vernakularsprachen erkennbar wird. Ein derartiger Ausbau war in erster Linie durch die Aneignung des Kulturguts – u. a. des Rechts – möglich, das in anderen Sprachgemeinschaften zu diesem Zeitpunkt bereits entstanden war. Die Methode der strukturellen Analyse, die weiter oben schon beschrieben wurde, konnte hier an Texten erprobt werden, von denen Vorlage und Übersetzung noch in direkter Abhängigkeit zueinander stehen. So wurde eine Referenzbasis für Texte geschaffen, die diese Nähe nicht mehr aufweisen, sondern lediglich inhaltlich und systematisch kongruent sind. Diese methodischen Vorarbeiten bieten die Grundlage für die sprachlich basierten Analysen der Texte aus den noch ausstehenden Untersuchungsgebieten Litauen und Weißrussland sowie Ukraine und Russland.[8] Die Untersuchungen der Rechtssprache können so auch die Beobachtungen und Analysen der Rechtsgeschichte in den Verbreitungsgebieten des Sächsisch-magdeburgischen Rechts flankieren, in denen sich der Rechts-

---

[7] Vgl. *Kap. G.II.4., S. 485–486*.

[8] Die Arbeiten zu den Untersuchungsgebieten Litauen und Weißrussland sind weit fortgeschritten und werden zeitnah zu diesem Projektband erscheinen. Auch zu den Untersuchungsgebieten Ukraine und Russland gibt es bereits Vorarbeiten, die aber voraussichtlich nicht mehr in der Projektlaufzeit bis Ende 2020 abgeschlossen werden können, so dass erste Ergebnisse entweder online auf der Projektseite ‹ http://smr.saw-leipzig.de › oder in Fachzeitschriften publiziert werden. Abschließend sei darauf hingewiesen, dass im November 2018 eine internationale und interdisziplinäre wissenschaftliche Konferenz veranstaltet wurde (IVS SAXONICO-MAIDEBVRGENSE IN ORIENTE „Das sächsisch-magdeburgische Recht als kulturelles Bindeglied zwischen den Rechtsordnungen Ost- und Mitteleuropas" – Bestandsaufnahme und Perspektiven der Forschung), die sowohl eine Bilanz der Forschungsergebnisse zum Ziel hatte, als auch das Ausloten der weiteren Perspektiven für die Erforschung des Sächsisch-magdeburgischen Rechts. Die Ergebnisse dieser Tagung werden in Kürze ebenfalls im Rahmen der Projektreihe erscheinen.

transfer nicht mehr durch unmittelbare Übersetzung, sondern durch Adaptation über Brücken- bzw. Mittlersprachen und nur noch inhaltlich verwandte Texte vollzogen hat.

H. Summary and Evaluation of the Volume's Research Findings (*Wieland Carls*)*

This volume combines two fields of investigation, which, for justifiable reasons, are dealt with together, yet nonetheless had to be considered separately in terms of legal history and linguistic textology. This made sense, for not alone do the settings of the legal reception in both geographical research areas (Czechia and Slovakia) not appear homogeneous from a legal-historical perspective, despite numerous similarities, but also because the textual examples that were used for the linguistic analysis of the legal transfer belong to different categories.

The Czech research area was influenced at an earlier stage and more extensively by Saxon-Magdeburg Law in its development than was the case in Slovakia, where the corresponding impulses were taken up only after the establishment of urban literacy. In this instance, the reception of this Law is also restricted to individual regions — notably the Spiš — and various mountain towns. The texts, which attest to the reception of Saxon-Magdeburg Law, are the "Silleiner Rechtsbuch" and the "Zipser Willkür". A notable feature of the "Silleiner Rechtsbuch" is that it reveals the direct influence of Saxon-Magdeburg Law on the legal development in Slovakian cities and practiced law over a protracted period according to these rules. This is demonstrated not least by the apparently commissioned translation into the vernacular after almost a hundred years after the German copy of Saxon-Magdeburg Law had emerged.

From a legal historical perspective, the development in Bohemia and Moravia is initially comparable to that in Silesia and Lesser Poland; it also began in the latter half of the 13th century. Saxon-Magdeburg Law came with the settlers and merchants to Prague, Litoměřice, Olomouc and to other cities and towns. As in Silesia and Poland, mother and daughter city relationships were partly established, so that numerous inquiries from lay judges' courts ('Schöffenstühlen'), notably to the 'Oberhof' of Litoměřice, were also received. The originally German-language jurisprudence was increasingly translated into the Czech language during the 15th century, so that not only translations of the legal collections and legal books were undertaken, but also *the Bench verdicts* ('Schöffensprüchen') were translated into the vernacular language. Throughout the 16th century, various political circumstances led to endeavours to standardize the law, which were to be underpin-

* Translation: John-Anthony Barrett (Berlin and Ireland).

ned through the establishment of the Appeals Court in Prague in 1548. Codifications of urban laws, which were initially compiled from the existing city laws, were also supposed to champion this standardization process. Initially, Koldin's "Práva městská Království českého" [City Laws of the Kingdom of Bohemia] (1579) had achieved force of law, but was rejected in several cities for a long time, for it primarily bolstered Prague's position.

In the present volume, the language of Saxon-Magdeburg Law has been examined using two distinct methods, which were used according to two definitions of the legal language. On one hand, the legal language can be narrowly understood in terms of its characteristic constituents — as the sum of the legal terms — such as the studies on Saxon-Magdeburg Law in Poland,[1] as well as those in this volume, demonstrate when analysing the Czech sources. On the other hand, the legal language is defined as a sub-system of a common language. The corresponding description of the professional language system takes into consideration the analysis of relevant linguistic constituents at every linguistic level. In this volume, this approach was applied to the texts in the Slovak research area.

The revision of the concept of legal language and the change of method implemented herein are based on the following considerations: A qualitative change can be observed in the textual sources that were analysed. Throughout the 15th century — at the outset of the transfer of Saxon-Magdeburg Law to the Slavic languages — the translations made direct reference to the German-language templates, which is a prerequisite for the use of the historical-comparative method for researching terminology. The robustness of this inductive method lies in how it pays particular attention to detail, whereas its weakness comes down to the fact that generalizations are problematic, for it can usually be operated with only a few examples. From the 16th century on, there was a turning point in legal texts. The relationship between source texts and their copies or translations became more flexible: the content of the new texts or the arrangement of the various sections within the new texts — if compared with their sources — changed, and glosses were on occassion added. Also, the texts were introduced into the new settings by using bridge languages, or were even written from the outset in the tradition of the *ius theutonicum*.[2]

The changes in legal terminology, which are the result of a pan-European process of romanization, as well as the lack of a direct reference to the text between the reception source and the reception witness, call for a methodological approach that can also be used to examine the legal language of incoherent textual sources. One way to demonstrate congruency in comparable textual exemplars —

[1] ISMIO vol. 2.

[2] The textual sources examined for the project with a direct German-Slavic correspondence are the "Magdeburger Urteile" [Magdeburg Judgments] and the "Sächsisches Weichbild"; the "Silleiner Stadtrechtsbuch" is to be classified between the textual sources of the first and second type.

also from several languages — is to search for recurring constituents, for structural and semantic regularities that distinguish each professional language as a standardized variety. On the basis of sufficiently large corpora, regularities can be found and evaluated using statistical methods such as n-gram extraction. The efficacy of the analysis herein described increases with the degree of standardization of the language, which from the 16th century onward reached a necessary level through, inter alia, the introduction of the letterpress. The application of this method to the "Silleiner Stadtrechtsbuch", whose language is still relatively inconsistent, brings with it various restrictions, so that mostly only the functional constituents (typical connectors, sentence types, formulas) could be evaluated based on the frequency of occurrence. In the case of smaller corpora, one is dependent on the computer-assisted and quantified search for repetitive constituents, which often prove to be legislative or text design strategies for the legal texts. These include the binomials that are at the interface between vocabulary and syntax and represent one of the typical strategies for expanding and consolidating vocabulary in German Law. A change of method was not only necessary on account of the changing material. Furthermore, in order to be able to meet the requirements for a digital presentation of the textual sources of the Saxon-Magdeburg Law, a method is required that will adequately describe their language. On one hand, it is necessary to be able to present these texts' terminological concepts, and on the other, the relationships of these concepts with one another within a digital environment. For this purpose, the legal vocabulary and its integration or interrelationships within the text sources offer a sufficient background.[3]

The objective of the studies on the Czech research area is to present in detail the linguistic effects of the reception of Saxon-Magdeburg Law by comparing the legal vocabulary used in a German source text and in a corresponding Czech translation. Using the methods of historical-comparative linguistics, the reception of legal norms in the legal terms from the "Sächsisches Weichbild" in the Czech research area could be proven, for these concepts could be determined as part of the local legal terminology. Even if the meaningfulness of the findings for the Czech research area is limited on account of the highly limited source base of only one — albeit a key — comparative text, one can assume that a comparable picture would ensue if additional texts were to be included in the study. After all, the findings for the Czech research area are almost identical to those for the Polish one, which was based on another text. In both instances, the quality of the translations would suggest that the writer was highly competent in either language examined, to such an extent that legal professional terms and juridical relations

[3] Jannidis, Kohle, Rehbein, Digital Humanities, 2017, pp. 162–164; Scheuermann, Ontologien in den historischen Wissenschaften, in: Historical Social Research 31,3 (2006), pp. 308–316, here, p. 309.

could be adequately transferred to the other language system. The glossaries, which primarily derive from the material examined, differ from the usual legal professional dictionaries in that they do not conventionally employ the contemporary legal vocabulary, but rather the terms are documented — as seen from today's perspective — in their archaic-historical semantics.[4] All terms previously documented in the project while evaluating the German, Polish and Czech legal texts for contrastive word analysis can now be viewed and searched online for the first time.[5] The terms can be sorted alphabetically in one's preferred language and a full-text search can be carried out.

For the analysis of the material for the Slovak research area, a different methodological approach was employed than that used for the Czech part. The text analysis is based on the "Silleiner Stadtrechtsbuch", which not only records an Early New High German legal text from the year 1379, but also its translation into 'Slovakized' Czech. The name of this vernacular probably best reflects the problem that has long dominated the linguistic controversy over this text, namely, whether it is a variety of Old Czech or an early form of Slovak. The study pays particular attention to the way, the method of translation, which in the case of the "Silleiner Stadtrechtsbuch" adheres to the literal principle rather than the principle of equivalence. Given the translation method directly influences the development of the professional target language, it is paramount to include this factor in any analysis undertaken. If one examines other texts that have been translated into a Slavic language, one can observe that the intensive translation of the legal professional writings into the respective vernacular language was possible primarily through the simultaneous appropriation of the legal cultural asset that was already to be found in the source languages at the time of translation.[6]

Since Czech constituted a written language established in the field of law, it was designated to serve in Upper Hungary as a model and reference language for the local varieties in this functional area. By comparing the applications in the "Silleiner Stadtrechtsbuch" and in the "Práwa saszká", the question regarding the relationship of the effective varieties in both texts should be answered. The inclusion of these legal texts in the sources of language historiography has expanded the canon of texts that are usually used for analysing written and standard language development. On the basis of the analysis' findings on the variety relationships, which simulate the transfer routes of Saxon-Magdeburg Law, the reception of this Law could be described from another perspective.[7]

---

[4] A detailed summary of the findings for the Czech section can be found in *Chap. E.VI.11, pp. 393–396*.
[5] ‹ https://smr.saw-leipzig.de/woerterbuch.html ›
[6] Cf. *chap. G.I.6., pp. 476–477*.
[7] Cf. *chap. G.II.4., pp. 485–486*.

As a result, the linguistic analyses were able to underpin the legal-historical observations with regard to reception and transfer paths and, in some cases, to substantiate them with empirical facts. Using detailed text comparisons for the Czech language, it was demonstrated that, from the perspective of the legal professional language, the quality of the translation is at a level comparable to that of the German-language template. The translation of the "Silleiner Rechtsbuch" in Slovakized Czech is based primarily on the literal method. In this instance, the principle of equivalence is rather the exception; this means that the influence of the template on the structure of the emerging professional language is relatively significant. Regarding the question of the transfer paths, it was possible to determine from comparable contemporary sources that as of circa the middle of the 15th century in East Central Europe there was a tendency to intensify the application areas of vernacular languages in particular fields. Such an expansion was possible primarily due to the appropriation of cultural assets — inter alia law —, which had already emerged in other language communities at that juncture. The method of structuralist analysis, as described above, could here be tested on texts, the template and translation of which are still directly dependent upon one another. In this way, a reference basis was created for texts that no longer have this level of proximity, but rather are merely congruent in terms of content and system. This methodical preparatory work provides the basis for the linguistic analysis of texts from the remaining research areas of Lithuania and Belarus, as well as Ukraine and Russia.[8] Research on the legal language can also flank the observations and analysis of legal history in the areas of dissemination of Saxon-Magdeburg Law, in which the legal transfer was no longer carried through direct translation, but rather via adaptations or bridge or intermediary-languages as well as merely content-related texts.

---

[8] Research on the Lithuanian and Belarussian areas is well advanced and will be published shortly after this project volume. Preinary work is also already underway in the research areas of Ukraine and Russia, but it is unlikely that this can be completed during the project term, i. e. until the end of 2020, so that the initial outcomes will be found either online on the project page ‹ http://smr.saw-leipzig.de › or published in specialist journals.
In conclusion, it should be pointed out that an international and interdisciplinary scientific conference was held in November 2018 (IVS SAXONICO-MAIDEBVRGENSE IN ORIENTE "Saxon-Magdeburg-Law as a cultural link between the legal systems of East and Central Europe" — taking stock and perspectives of research), which aimed to take stock of the research progress and also to explore further perspectives for research into Saxon-Magdeburg law. The findings from this conference will also appear shortly as part of the project series.

I. Kommentare zu den beiliegenden Karten und Listen der Ortsnamen (*Inge Bily*)

I. Kommentar zu den Basiskarten Tschechien und Slowakei

Wie bei den Karten zu den bisherigen Bänden[1] handelt es sich bei den Basiskarten[2] zu den Untersuchungsgebieten Tschechien und Slowakei um Übersichtskarten zur Orientierung in den Arbeitsgebieten, nicht um thematische Karten.

Die Karten erfüllen folgende Anforderungen:
- Sie enthalten die aktuellen Staatsgrenzen, das Gewässernetz Tschechiens/der Slowakei (mit Namen), die jeweilige Hauptstadt und einige Orientierungsorte (mit Namen) sowie die heutigen Verwaltungssitze des jeweiligen Kraj (mit Namen).
- Eingetragen sind weiterhin die heutigen und historischen Landschaften *Čechy/Böhmen* und *Morava/Mähren* für Tschechien und *Spiš/Szepesség/Zips* für die Slowakei, die für die Beschreibung der Verbreitung des Sächsisch-magdeburgischen Rechts von Bedeutung sind.

II. Geographische Namen in den Basiskarten zu Tschechien und der Slowakei

Bei der Nennung geographischer Namen steht an erster Stelle immer das jeweilige *Endonym*, d. h. der heute amtliche geographische Name. Soweit vorhanden, folgen – nach einem Schrägstrich – auf das Endonym die vorhandenen *Exonyme*, d. h. diejenigen Namen, die außerhalb des Gebietes verwendet werden, in dem sich das bezeichnete geographische Objekt befindet, z. B.
Litoměřice [tschech.] – *Leitmeritz* [dt.] oder
Olomouc [tschech.] – *Olmütz* [dt.],
bzw.
Bratislava [slowak.] – *Pozsony* [ungar.] – *Preßburg* [dt.] oder
Žilina [slowak.] – *Zsolna* [ungar.] – *Sillein* [dt.].

Bei mehreren Exonymen[3] steht das deutsche an letzter Stelle. Sowohl bei den Endonymen wie auch bei den Exonymen wird jeweils in eckigen Klammern die

---

1 ISMIO Bd. 2 sowie GÖNCZI, CARLS, Sächsisch-magdeburgisches Recht in Ungarn und Rumänien, 2013.

2 BILY, Zu Möglichkeiten der Kartierung bei der Untersuchung der Rezeption des sächsisch-magdeburgischen Rechts in Ost- und Mitteleuropa, in: MOULIN, RAVIDA, RUGE (Hrsg.), Sprache in der Stadt, 2010, S. 372–379.

3 DIES., Zum Gebrauch der Endonyme und Exonyme in den Publikationen und auf den geplanten Karten im Projekt „Das sächsisch-magdeburgische Recht als kulturelles Bindeglied zwischen den Rechtsordnungen Ost- und Mitteleuropas", in: GAJDA (Hrsg.), Region w świetle nazw miejscowych, 2007, S. 79–100.

Sprache angegeben. Gibt es keine Exonyme, kann ohnehin lediglich der jeweilige heute amtliche geographische Name (*Endonym*) verwendet werden. Auf die Nennung historischer Varianten geographischer Namen wird in den Karten wie auch in den dazugehörigen Namenlisten verzichtet.

Diese Vorgehensweise respektiert die aktuelle landeseigene Schreibung der Namen und ermöglicht uns sowie dem Benutzer unserer Arbeiten eine Lokalisierung der Orte auf aktuellen Karten der Länder des Untersuchungsgebietes. Das Prinzip wird sich besonders bei Namen kleinerer und weniger bekannter Orte bewähren, aber auch in Regionen, in denen im Laufe der Geschichte die staatlich-politische Zugehörigkeit wechselte oder in denen es zu kurzzeitigen Umbenennungen kam.

1. Alphabetische Listen der Ortsnamen (Endonyme und Exonyme) in den Basiskarten zu Tschechien und der Slowakei

Die Ordnung der Ortsnamen in den nachfolgenden Listen erfolgt alphabetisch nach heutigen *Endonymen*, d. h. nach den amtlichen Ortsnamenformen des jeweiligen Staatsgebietes.

1.1. Alphabetische Liste der Ortsnamen (Endonyme und Exonyme) des Untersuchungsgebietes Tschechien

Bílina [tschech.] – Bilin [dt.]
Brno [tschech.] – Brünn [dt.]
Bruntál [tschech.] – Freudenthal [dt.]

Česká Lípa [tschech.] – Böhmisch Leipa [dt.]
České Budějovice [tschech.] – Budweis [dt.]
Cheb [tschech.] – Eger [dt.]
Chomutov [tschech.] – Komotau [dt.]

Děčín [tschech.] – Tetschen [dt.]
Duchcov [tschech.] – Dux [dt.]
Dvůr Králové nad Labem [tschech.] – Königinhof an der Elbe [dt.]

Hradec Králové [tschech.] – Königgrätz [dt.]

Jáchymov [tschech.] – Sankt Joachimsthal [dt.]
Jihlava [tschech.] – Iglau [dt.]

Karlovy Vary [tschech.] – Karlsbad [dt.]
Kostelec na Hané [tschech.] – Kosteletz in der Hanna [dt.]
Kostelec nad Labem [tschech.] – Elbekosteletz [dt.]

Liberec [tschech.] – Reichenberg [dt.]
Lipník nad Bečvou [tschech.] – Leipnik [dt.]
Litoměřice [tschech.] – Leitmeritz [dt.]
Litomyšl [tschech.] – Leitomischl [dt.]

Mladá Boleslav [tschech.] – Jungbunzlau [dt.]
Mělník [tschech.] – Melnik [dt.]

Mnichovo Hradiště [tschech.] – Münchengrätz [dt.]
Most [tschech.] – Brüx [dt.]

Olomouc [tschech.] – Olmütz [dt.]
Opava [tschech.] – Troppau [dt.]
Ostrava [tschech.] – Ostrau [dt.]

Pardubice [tschech.] – Pardubitz [dt.]
Plzeň [tschech.] – Pilsen [dt.]
Praha [tschech.] – Prag [dt.]

Rýmařov [tschech.] – Römerstadt [dt.]

Slaný [tschech.] – Schlan [dt.]

Teplice [tschech.] – Teplitz [dt.]
Trutnov [tschech.] – Trautenau [dt.]

Uničov [tschech.] – Mährisch Neustadt [dt.]
Ústí nad Labem [tschech.] – Aussig [dt.]

Velvary [tschech.] – Welwarn [dt.]

Zlín [tschech.] – Zlin [dt.]

1.2. Alphabetische Liste der Ortsnamen (Endonyme und Exonyme) außerhalb des Untersuchungsgebietes Tschechien

Banská Bystrica [slowak.] – Besztercebánya [ungar.] – Neusohl [dt.]
Bratislava [slowak.] – Pozsony [ungar.] – Preßburg [dt.]

Głubczyce [poln.] – Leobschütz [dt.]
Görlitz [dt.] – Zgorzelec [poln.]

Hof [dt.]

Kremnica [slowak.] – Körmöcbánya [ungar.] – Kremnitz [dt.]
Krems [dt.]

Legnica [poln.] – Liegnitz [dt.]
Linz [dt.]

Meißen [dt.]

Nitra [slowak.] – Nyitra [ungar.] – Neutra [dt.]

Passau [dt.]

Racibórz [poln.] – Ratibor [dt.]
Regensburg [dt.]

Świdnica [poln.] – Schweidnitz [dt.]

Trenčín [slowak.] – Trencsén [ungar.] – Trentschin [dt.]
Trnava [slowak.] – Nagyszombat [ungar.] – Tyrnau [dt.]

Wien [dt.]
Wrocław [poln.] – Breslau [dt.]

Zittau [dt.]
Zwickau [dt.]
Žilina [slowak.] – Zsolna [ungar.] – Sillein [dt.]

1.3. Alphabetische Liste der Ortsnamen (Endonyme und Exonyme) des Untersuchungsgebietes Slowakei

Banská Belá [slowak.] – Dilln [dt.]
Banská Bystrica [slowak.] – Besztercebánya [ungar.] – Neusohl [dt.]
Banská Štiavnica [slowak.] – Selmecbánya [ungar.] – Schemnitz [dt.]
Bardejov [slowak.] – Bártfa [ungar.] – Bartfeld [dt.]
Bratislava [slowak.] – Pozsony [ungar.] – Preßburg [dt.]
Brezno [slowak.] – Briesen [dt.]

Chmeľnica [slowak.] – Hopgarten [dt.]

Dobšina [slowak.] – Dobschau [dt.]

Gelnica [slowak.] – Gölnicbánya [ungar.] – Göllnitz [dt.]

Handlová [slowak.] – Krickerhäu, Krickerhau [dt.]
Horná Štubňa [slowak.] – Oberstuben [dt.]

Kežmarok [slowak.] – Késmárk [ungar.] – Käsmark [dt.]
Kláštor pod Znievom [slowak.] – Kloster [dt.]
Komárno [slowak.] – Komárom [ungar.] – Komorn [dt.]
Košice [slowak.] – Kassa [ungar.] – Kaschau [dt.]
Kremnica [slowak.] – Körmöcbánya [ungar.] – Kremnitz [dt.]
Krompachy [slowak.] – Krompach [dt.]
Krupina [slowak.] – Korpona [ungar.] – Karpfen [dt.]

Levoča [slowak.] – Lőcse [ungar.] – Leutschau [dt.]
Liptovský Mikulaš [slowak.] – St. Nikolaus [dt.]
Ľubietová [slowak.] – Libetbánya [ungar.] – Libethen [dt.]

Martin [slowak.] – Túrócszentmárton [ungar.] – St. Martin [dt.]
Medzev [slowak.] – Metzenseifen [dt.]
Modra [slowak.] – Modern [dt.]

Nitra [slowak.] – Nyitra [ungar.] – Neutra [dt.]
Nitranske Pravno [slowak.] – Deutsch Proben [dt.]
Nová Baňa [slowak.] – Königsberg [dt.]

Pezinok [slowak.] – Bösing [dt.]
Podolínec [slowak.] – Podolin [ungar.] – Pudlein [dt.]
Poprad [slowak.] – Deutschendorf [dt.]
Prešov [slowak.] – Eperjes [ungar.] – Eperies [dt.]
Prievidza [slowak.] – Priwitz [dt.]
Pukanec [slowak.] – Pukanz [dt.]

Rožňava [slowak.] – Rosenau [dt.]

Smolník [slowak.] – Schmöllnitz [dt.]
Spišká Nová Ves [slowak.] – Zipser Neudorf [dt.]
Spišká Stará Ves [slowak.] – Zipser Altendorf [dt.]
Stará Ľubovňa [slowak.] – Alt-Lublau [dt.]

Trenčín [slowak.] – Trencsén [ungar.] – Trentschin [dt.]
Trnava [slowak.] – Nagyszombat [ungar.] – Tyrnau [dt.]

Veľká Lomnica [slowak.] – Großlomnitz [dt.]
Veľké Pole [slowak.] – Hochwiesen [dt.]

Zvolen [slowak.] – Altsohl [dt.]
Žilina [slowak.] – Zsolna [ungar.] – Sillein [dt.]

1.4. Alphabetische Liste der Ortsnamen (Endonyme und Exonyme) außerhalb des Untersuchungsgebietes Slowakei

Brno [tschech.] – Brünn [dt.]
Bruntál [tschech.] – Freudenthal [dt.]
Budapest [ungar.]

Debrecen [ungar.] – Debrezin [dt.]

Esztergom [ungar.] – Gran [dt.]

Głubczyce [poln.] – Leobschütz [dt.]

Kostelec na Hané [tschech.] – Kostelетz in der Hanna [dt.]
Kraków [poln.] – Krakau [dt.]

Lipník nad Bečvou [tschech.] – Leipnik [dt.]

Miskolc [ungar.]

Nowy Sącz [poln.] – Neu-Sandez [dt.]

Olomouc [tschech.] – Olmütz [dt.]
Opava [tschech.] – Troppau [dt.]
Ostrava [tschech.] – Ostrau [dt.]

Racibórz [poln.] – Ratibor [dt.]
Rýmařov [tschech.] – Römerstadt [dt.]

Sanok [poln.]

Uničov [tschech.] – Mährisch Neustadt [dt.]
Užhorod [ukrain.]

Wien [dt.]

Zlín [tschech.] – Zlin [dt.]

III. Grundlagen der Bearbeitung der geographischen Namen und benutzte Karten

1. Tschechien

1.1. Namenbücher und -verzeichnisse

Duden – Wörterbuch geographischer Namen. Europa (ohne Sowjetunion), 1966.
HOSÁK, ŠRÁMEK, Místní jména na Moravě a ve Slezsku, Bd. 1 u. 2, 1970, 1980.
PROFOUS, Místní jména v Čechách, Bd. 1–5 (Bd. 4 von PROFOUS u. SVOBODA, Bd. 5 von SVOBODA u. ŠMILAUER), 1947–1960. Rückläufiges Register hierzu:

OLIVA, Retrográdní slovník k dílu Dr. Antonína Profouse „Místní jména v Čechách" I–V, 1976.
SCHULZ (Hrsg.), ZIKMUND (Bearb.), Geographische Namen Europas: Slowakei, Tschechien, Ungarn, 2003, S. 7–88 (Slowakei); S. 88–154 (Tschechien); S. 154–190 (Ungarn).

1.2. Karten

F. DÖRR (Bearb.), Ausbreitung der deutschen Stadtrechte nach dem Osten [Karte], in: Harms' Ostdeutsche Heimat in Karte, Bild und Wort, [ca. 1960], S. 8.
KUHN, Die mittelalterliche deutsche Ostsiedlung [Karte], in: PUTZGER, Historischer Weltatlas zur allgemeinen und österreichischen Geschichte, 1992, S. 44 f.
MARCKS, Die Verbreitung des deutschen Stadtrechts nach dem Osten [Kartenbeilage], in: Magdeburg in der Politik der deutschen Kaiser, 1936.
MEYNEN (Hrsg.), Sudetendeutscher Atlas, 1954, Blatt 13 „Die Verbreitung der deutschen Stadtrechte in Böhmen und Mähren-Schlesien", nach dem Entwurf und mit einem Kommentar zu dieser Karte von Wilhelm Weizsäcker ebd., S. 25 f.
WEIZSÄCKER, Eindringen und Verbreitung der deutschen Stadtrechte in Böhmen und Mähren, in: Deutsches Archiv für Landes- und Volksforschung 1 (1937), zwischen S. 104 und 105: Karte zur Verbreitung der deutschen Stadtrechte.

2. Slowakei

2.1. Namenbücher und -verzeichnisse

Duden – Wörterbuch geographischer Namen. Europa (ohne Sowjetunion), 1966.
KROPILÁK (Hrsg.), Vlastivedný slovník obcí na Slovensku, Bd. I–III, 1977, 1978.
LASSLOB (Bearb.), Deutsche Ortsnamen in der Slowakei, 1974.
LOISCH, Karte der Zips, 1939 [Ausg. 1938] [auf der Rückseite: Verzeichnis der deutschen, slowakische und ungarischen Ortsnamen in der Zips].
MAJTÁN, Názvy obcí Slovenskej republiky, 1998.
SCHULZ (Hrsg.), ZIKMUND (Bearb.), Geographische Namen Europas: Slowakei, Tschechien, Ungarn, 2003.

2.2. Karten

F. DÖRR (Bearb.), Ausbreitung der deutschen Stadtrechte nach dem Osten [Karte], in: Harms' Ostdeutsche Heimat in Karte, Bild und Wort, [ca. 1960], S. 8.
KUHN, Die mittelalterliche deutsche Ostsiedlung [Karte], in: PUTZGER, Historischer Weltatlas zur allgemeinen und österreichischen Geschichte, 1992, S. 44 f.
LOISCH, Karte der Zips, 1939 [Ausg. 1938].
MARCKS, Die Verbreitung des deutschen Stadtrechts nach dem Osten [Kartenbeilage], in: Magdeburg in der Politik der deutschen Kaiser, 1936.

MEYNEN (Hrsg.), Sudetendeutscher Atlas, 1954, Blatt 13 „Die Verbreitung der deutschen Stadtrechte in Böhmen und Mähren-Schlesien", nach dem Entwurf und mit einem Kommentar zu dieser Karte von Wilhelm Weizsäcker ebd., S. 25 f.

PIIRAINEN, Vereinheitlichungstendenzen im Schriftverkehr des ausgehenden Mittelalters, in: LENDERS, MOSER (Hrsg.), Maschinelle Verarbeitung altdeutscher Texte, I. Beiträge zum Symposion Mannheim 11./12. Juni 1971, 1978, S. 55, Karte 1, „Deutsche Stadtrechte in der Slowakei".

PIIRAINEN, Deutsche Siedler und deutschsprachige Gesetze in der wirtschaftlichen Entwicklung der Slowakei, in: GRIMM, ZACH (Hrsg.), Die Deutschen in Ostmittel- und Südosteuropa, Bd. 2, 1996, S. 152, Karte 7, „Deutsche Stadtrechte in der Slowakei".

WEIZSÄCKER, Eindringen und Verbreitung der deutschen Stadtrechte in Böhmen und Mähren, in: Deutsches Archiv für Landes- und Volksforschung 1 (1937), zwischen S. 104 und 105: Karte zur Verbreitung der deutschen Stadtrechte.

J. Quellen- und Literaturverzeichnis (*Wieland Carls*).[1]

I. Abkürzungen/Siglen

ahd. – althochdeutsch.

Aleksic Ortyle – Aleksandra ALEKSIC, Die altpolnische Rechtsterminologie am Beispiel von *Ortyle Magdeburskie*. (Magisterarbeit). Wien [Manuskript] 2008.

apoln. – altpolnisch.

AltpragerStadtR – Emil Franz RÖSSLER (Hrsg.), Deutsche Rechtsdenkmäler aus Böhmen und Mähren. Eine Sammlung von Rechtsbüchern, Urkunden und alten Aufzeichnungen zur Geschichte des deutschen Rechts, Bd. 1: Das altprager Stadtrecht aus dem XIV. Jahrhundert. Mit einer Vorrede von Jacob Grimm. Prag 1852. [Neudr. Aalen 1963].

atsch. – alttschechisch.

Bańkowski EW – Andrzej BAŃKOWSKI, Etymologiczny słownik języka polskiego [Etymologisches Wörterbuch der polnischen Sprache], Bd. 1: A-K, Bd. 2: L-P. Warszawa 2000–.

Brückner EW – Aleksander BRÜCKNER, Słownik etymologiczny języka polskiego. [Nachdr. d. Ausg.] Kraków 1927. Warszawa 1957.

Buchda Pößneck IV – Gerhard BUCHDA, Die Schöffenspruchsammlung der Stadt Pößneck, T. IV: Wort- und Sachregister. Zugleich ein Beitrag zur Erfassung des frühneuhochdeutschen Wortschatzes und Sprachgebrauchs. Weimar 1971. (= Thüringische Archivstudien. 10).

Cod. – Codex.

CDB – Codex diplomaticus et epistolaris Bohemiae, Bd. I: (805–1197) – Gustavus FRIEDRICH [Gustav Friedrich WAGNER] (Hrsg.); Bd. II: (1198 bis 1230) – DERS. (Hrsg.); Bd. III, 1: (1231–1238) – DERS. (Hrsg.); Bd. IV, 1 u. 2: (1241–1253) – Jindřich ŠEBÁNEK, Sáša DUŠKOVÁ (Hrsg.). Prag 1907, 1912, 1942, 1962.

CDH – György FEJÉR, Codex diplomaticus Hungariae ecclesiasticus ac civilis, Bd. I–XI. Buda 1829–1844. [Digitale CD-ROM-Ausg.: Miklós SÖLCH (Hrsg.), Codex diplomaticus Hungariae. Budapest 2004].

CDSL – Richard MARSINA (Hrsg.), Codex diplomaticus epistolaris Slovaciae/ Slovenský diplomatár, Bd. I: Inde ab a. 805 usque ad a. 1235; Bd. 2: Inde ab a. 1235 usque ad a. 1260. Bratislava 1971, 1987.

CIM – Codex iuris municipalis regni Bohemiae/Sbírka pramenů práva městského království českého, Bd. I: Privilegia civitatum Pragensium/Privilegia měst pražských – Jaromír ČELAKOVSKÝ (Hrsg.); Bd. II: Privilegia regalium civitatum provincialium annorum 1225–1419/Privilegia královských měst venkovských z let 1225–1419 DERS. (Hrsg.). Prag 1886, 1895.

---

[1] Mehrere Titel desselben Autors sind chronologisch aufsteigend sortiert.

DRW – Deutsches Rechtswörterbuch. Wörterbuch der älteren deutschen Rechtssprache. Hrsg. von der Königlich Preußischen/Heidelberger Akademie der Wissenschaften, bearb. von Rudolf SCHRÖDER, Eberhard Frhr. von KÜNẞBERG [u. a.], Bd. 1–. Weimar 1914–. [Auch als Online-Ressource verfügbar: ‹ http://drw-www.adw.uni-heidelberg.de/drw/ › – Abfragedatum: 20.08.2020].

DWB – Jacob GRIMM, Wilhelm GRIMM, Deutsches Wörterbuch. Fotomechan. Nachdr. der Erstausg. Leipzig, 1854–1971. München 1984–1991. [Auch als Online-Ressource verfügbar: ‹ http://woerterbuchnetz.de/DWB/ › – Abfragedatum: 20.08.2020].

Eggers 1988 – Eckhard EGGERS, Die Phonologie der deutschen Lehnwörter im Altpolnischen bis 1500. München 1988. (= Slavistische Beiträge. 225). Zugl.: Göttingen, Univ., Diss., 1988.

ESSČ – Elektronický slovník staré češtiny – ‹ https://vokabular.ujc.cas.cz/informace.aspx?t=ESSC › – Abfragedatum: 20.08.2020 [Elektronisches Wörterbuch des Alttschechischen].

Extrakt – Hermenegild JIREČEK (Hrsg.), Extrakt hlavnějších a přednějších artikulův z Práv Saských anebo Magdeburských/Srovnání Práv Pražských s Právy Magdeburskými (1571) [Auszüge der wichtigsten und vornehmsten Artikel aus dem Sächsischen oder Magdeburgischen Recht (1571). Der Vergleich der Prager Rechte mit den Magdeburger Rechten], in: DERS. (Hrsg.), Spisy právnické o právu českém v XVI-tém století [Juristische Schriften zum böhmischen Recht im 16. Jahrhundert]. Vídeň 1883, S. 98–147.

fem. – femininum.

frnhd. – frühneuhochdeutsch.

FWB – Frühneuhochdeutsches Wörterbuch. Hrsg. von Ulrich GOEBEL und Oskar REICHMANN. Begr. von Robert R. ANDERSON, Ulrich GOEBEL u. Oskar REICHMANN, Bd. 1–. Berlin 1989–. [Auch als Online-Ressource verfügbar: ‹ https://fwb-online.de › – Abfragedatum: 20.08.2020].

Gebauer – Jan GEBAUER, Slovník staročeský [Alttschechisches Wörterbuch], Bd. I (A-J), Bd. II (K-N). [2., unveränd. Aufl. der Ausg. Praha 1903, 1916]. Praha 1970. [Auch als Online-Ressource verfügbar: ‹ https://vokabular.ujc.cas.cz › – Abfragedatum: 20.08.2020].

GW – Gesamtkatalog der Wiegendrucke, Bd. 1–. Stuttgart 1968 [1925]–.

Hain – Ludwig HAIN, Repertorium bibliographicum. In quo libri omnes ab arte typographica inventa usque ad annum MD typis expressi ordine alphabetico vel simpliciter enumerantur vel adcuratius recensentur, Vol. 1,1–2,2. Helioplandr. [d. Ausg. 1826–1838]. Berlin 1925 [1826–1838].

HRG – Handwörterbuch zur deutschen Rechtsgeschichte. Hrsg. von Adalbert ERLER, Ekkehard KAUFMANN u. Dieter WERKMÜLLER [Bd. 5]. Mitbegründ. von

Wolfgang STAMMLER, unter philolog. Mitarb. von Ruth SCHMIDT-WIEGAND, Bd. 1–5. Berlin 1971–1998.

²HRG – Handwörterbuch zur deutschen Rechtsgeschichte. Begründet von Wolfgang STAMMLER, Adalbert ERLER u. Ekkehard KAUFMANN. Hrsg. von Albrecht CORDES, Heiner LÜCK, Dieter WERKMÜLLER und Ruth SCHMIDT-WIEGAND [Bd. 1] als philolog. Beraterin und Christa BERTELSMEIER-KIERST als philolog. Beraterin [ab 9. Lfg., Bd. 2], Bd. 1–. 2., völlig überarb. u. erw. Aufl. Berlin 2008–.

HSC – Handschriftencensus. Eine Bestandsaufnahme der handschriftlichen Überlieferung deutschsprachiger Texte des Mittelalters. [Online-Ressource: ‹ http://www.handschriftencensus.de › – Abfragedatum: 20.08.2020].

ISMIO Bd. 2 – Inge BILY, Wieland CARLS, Katalin GÖNCZI, Sächsisch-magdeburgisches Recht in Polen. Untersuchungen zur Geschichte des Rechts und seiner Sprache. Berlin 2011. (= IVS SAXONICO-MAIDEBVRGENSE IN ORIENTE. 2).

jmd. – jemand.

Kaufmann/Neumeister Glossar – Frank-Michael KAUFMANN, Peter NEUMEISTER (Hrsg.), Glossar zur Buch'schen Glosse, T. 1–3. Wiesbaden 2015. (= Monumenta Germaniae Historica. Fontes iuris Germanici antiqui. Nova Series. 10).

Koll. – Kollektivum.

lat./latein. – lateinisch.

Lehnwörter 2008 – Marek ŁAZIŃSKI, Słownik zapożyczeń niemieckich w polszczyźnie [Wörterbuch deutscher Entlehnungen im Polnischen]. Warszawa 2008. (= Słowa bez granic).

Lehnwörter 2010 – André de VINCENZ, Wörterbuch der deutschen Lehnwörter in der polnischen Schrift- und Standardsprache. Von den Anfängen des Schrifttums bis in die Mitte des 20. Jahrhunderts. Begonnen, konzipiert und grundlegend redigiert von Andrzej de VINCENZ. Zu Ende geführt von Gerd HENTSCHEL. Mark BRÜGGEMANN [u. a.] (Mitarb. philolog.), Uwe KERSTEN, Günter KOCH (Mitarb. techn.). Oldenburg 2010. (= Studia Slavica Oldenburgensia. 20). [Auch als Online-Ressource verfügbar: ‹ https://diglib.bis.uni-oldenburg.de/bis-verlag/wdlp/46701.html ›].

Lexer – Matthias [von] LEXER, Mittelhochdeutsches Handwörterbuch, Bd. 1–3. Nachdr. der Ausg. Leipzig, 1872–1878. Mit einer Einl. von Kurt Gärtner. Stuttgart 1992 [1872–1878]. [Zugleich als Supplement und alphabetischer Index zum Mittelhochdeutschen Wörterbuch von Benecke-Müller-Zarncke].

LexMa – Lexikon des Mittelalters, Bd. 1–9. München 1980–1998.

Linde – M. Samuel Bogumił LINDE, Słownik języka polskiego [Wörterbuch der polnischen Sprache], Bd. 1–6. Wydanie trzecie fotooffsetowe [Repr. Nachdr. der 3. Aufl.] Lwów 1854–1860. Warszawa 1951.

MIKUŁA, Prawo miejskie Magdeburskie – Maciej MIKUŁA, Prawo miejskie Magdeburskie (Ius Municipale Magdeburgense) w Polsce XIV-pocz. XVI w. Studium o ewolucji adaptacji prawa. Wydanie II przejrzane. [2. überarb. Aufl.]. Kraków 2018.

mhd. – mittelhochdeutsch.

mnd. – mittelniederdeutsch.

MRB – Vladimír SPÁČIL, Libuše SPÁČILOVÁ, Míšeňská právní kniha. Historický kontext, jazykový rozbor, edice/Das Meißner Rechtsbuch. Historischer Kontext, linguistische Analyse, Edition. Olomouc 2010.

MSS – Jaromír BĚLIČ, Adolf KAMIŠ, Karel KUČERA, Malý staročeský slovník [Kleines alttschechisches Wörterbuch]. Praha 1978. [Auch als Online-Ressource verfügbar: ‹ https://vokabular.ujc.cas.cz/informace.aspx?t=mss&o=slovniky › – Abfragedatum: 20.08.2020].

Newerkla 2004 – Stefan Michael NEWERKLA, Sprachkontakte Deutsch – Tschechisch – Slowakisch. Wörterbuch der deutschen Lehnwörter im Tschechischen und Slowakischen: historische Entwicklung, Beleglage, bisherige und neue Deutungen. Frankfurt a.M. [u. a.] 2004. (= Schriften über Sprachen und Texte. 7).

ntsch. – neutschechisch.

Opp. – Ulrich-Dieter OPPITZ, Deutsche Rechtsbücher des Mittelalters, Bd. 2: Beschreibung der Handschriften. Köln, Wien 1990.

Papsonová SRB – Mária PAPSONOVÁ, Das Magdeburger Recht und das Silleiner Rechtsbuch. Wörterbuch zur deutschsprachigen Vorlage des Landrechts (1378) und zu ihrer Übersetzung (1473). Frankfurt a.M. 2003. (= Regensburger Beiträge zur deutschen Sprach- und Literaturwissenschaft. Reihe B. Untersuchungen. 84).

Pl. – Plural.

poln. – polnisch.

Prasek 1912 – Vincenc PRASEK, Český Sachsenspiegel [Der tschechischsprachige Sachsenspiegel], in: Časopis Moravského musea zemského 12 (1912), S. 124–157.

Reczek/Twardzik III – Józef RECZEK, Wacław TWARDZIK, Najstarsze staropolskie tłumaczenie Ortyli magdeburskich. Według rękopisu Nr 50 Biblioteki Zakładu Narodowego im. Ossolińskich [Die älteste altpolnische Übersetzung des Magdeburger Rechts, nach der Handschrift Nr. 50 der Ossolineum-Nationalbibliothek], Bd. 3: Indeks frekwencyjny i wyrazów. Wrocław [u. a.] 1972. (= Komitet Językoznawstwa Polskiej Akademii Nauk. Wydawnictwa źródłowe).

Roučka/Růžička Heslář – Bohuslav ROUČKA, Vladimír RŮŽIČKA, Pracovní heslář Českého právněhistorického terminologického slovníku [Arbeitsstichwortverzeichnis des tschechischen rechtsgeschichtlich terminologischen Wörterbuchs]. Praha 1975.
russ. – russisch.

Schemnitzer StadtRB – Edition: Ilpo Tapani PIIRAINEN, Das Stadt- und Bergrecht von Banská Štiavnica/Schemnitz. Untersuchungen zum Frühneuhochdeutschen in der Slowakei. Oulu 1986. (= Universität Oulu. Veröffentlichungen des Germanistischen Instituts. 6).
Sg. – Singular.
slowak. – slowakisch.
Słownik XVI – Słownik polszczyzny XVI wieku [Polnisches Wörterbuch des 16. Jahrhunderts], I– . Wrocław [u. a.], Warszawa 1966–.
Słownik staropolski – Słownik staropolski [Altpolnisches Wörterbuch]. Pod. red. Stanisława URBAŃCZYKA, T. 1–. Wrocław [u. a.] 1953–.
staročes. – staročeský.
Staročeský slovník – Staročeský slovník [Alttschechisches Wörterbuch], Bd 1. [Lfg. 1–7] na-obiješti sě, Bd. 2 [Lfg. 8–14] obilé-ožžený, Bd. 3 [Lfg. 15–21] paběničský-pravý, Bd. 4 [Lfg. 22–26] prazápis-při. Praha 1968–2008. [Auch als Online-Ressource verfügbar: ‹ https://vokabular.ujc.cas.cz › – Abfragedatum: 20.08.2020].
staropol. – staropolski.

tsch./tschech. – tschechisch.

ukrain. – ukrainisch.
ungar. – ungarisch.
urslaw. – urslawisch.

Verfasserlexikon – Die deutsche Literatur des Mittelalters. Verfasserlexikon. Begr. v. Wolfgang STAMMLER, fortgef. v. Karl LANGOSCH, hrsg. v. Burghart WACHINGER, Gundolf KEIL, Kurt RUH, Werner SCHRÖDER, Franz J. WORSTBROCK, Red. Christine STÖLLINGER-LÖSER, Bd. 1–14. 2. völlig neu bearb. Aufl. Berlin, New York 1978–2008.
VZZ – Petr KREUZ, Ivan MARTINOVSKÝ (Hrsg.), Jana VOJTÍŠKOVÁ (Bearb.), Vladislavské zřízení zemské a navazující prameny. Svatováclavská smlouva a Zřízení o ručnicích [Die Wladislawsche Landesordnung und anschließende Quellen. Das St.-Wenzels-Abkommen und die Verordnung über Gewere]. Praha [u. a.] 2007.

WeizsLeitm – Wilhelm WEIZSÄCKER (Bearb.), Magdeburger Schöffensprüche und Rechtsmitteilungen für den Oberhof Leitmeritz. Stuttgart, Berlin 1943. (= Die

Magdeburger Schöffensprüche und Rechtsmitteilungen. Reihe 9: Sudetenland. Bd. 1).

WMU – Wörterbuch der mittelhochdeutschen Urkundensprache. Auf der Grundlage des ›Corpus der altdeutschen Originalurkunden bis zum Jahr 1300‹. Unter Leitung von Bettina KIRSCHSTEIN und Ursula SCHULZE erarbeitet von Sibylle OHLY und Peter SCHMITT, Bd. 1–3. Berlin 1994–2010.

wruss. – weißrussisch.

Zajda 2001 – Aleksander ZAJDA, Studia z historii polskiego słownictwa prawniczego i frazeologii [Beiträge zur Geschichte des polnischen Rechtswortschatzes und der Phraseologie]. Kraków 2001.

Zajda 2008 – Aleksander ZAJDA, Deutsche Einflüsse in der altpolnischen Terminologie als Widerspiegelung der Rezeption des Magdeburger Rechts, in: Ernst EICHLER, Heiner LÜCK (Hrsg.), Rechts- und Sprachtransfer in Mittel- und Osteuropa. Sachsenspiegel und Magdeburger Recht. Internationale und interdisziplinäre Konferenz in Leipzig vom 31. Oktober bis 2. November 2003. (= IVS SAXONICO-MAIDEBVRGENSE IN ORIENTE. 1). Berlin 2008, S. 289–304.

ZRG GA – Zeitschrift der Savigny-Stiftung für Rechtsgeschichte. Germanistische Abteilung.

ZRG KA – Zeitschrift der Savigny-Stiftung für Rechtsgeschichte. Kanonistische Abteilung.

II. Quellen (Drucke – 15.–17. Jahrhundert) chronologisch[1]

1473 – Weichbild Magdeburgs. [Basel] : B[ernhard] R[ichel]. S. l. [um 1473/75]. (SLUB Dresden: ‹ https://digital.slub-dresden.de/id306343185 ›, GW 9265, Nachdrucke: 1482 (GW 9266), 1495 (GW 9267), 1499 (GW 9267)).

1482 – Weichbild Magdeburgs. Mit Glosse von BURCHARD von Mangelfelt (?) und Reimvorrede auf Eike von Repgow. Mit Remissorium zum Sachsenspiegel und Weichbild Magdeburgs von DIETRICH von Bocksdorf. Augsburg : Anton Sorg 1482. (BSB München: ‹ https://daten.digitale-sammlungen.de/~db/0003/bsb00035093/images/ ›, GW 9266).

1495 – Weichbild Magdeburgs. Mit Glosse von BURCHARD von Mangelfelt (?) und Reimvorrede auf Eike von Repgow. Mit Remissorium zum Sachsenspiegel und Weichbild Magdeburgs von DIETRICH von Bocksdorf. Augsburg : Anton Sorg 1495. (BSB München: ‹ https://daten.digitale-sammlungen.de/~db/0003/bsb00035094/images/ ›, GW 9267).

1499 – EIKE von Repkow [Repgow], Remissorium mitsamt dem Weichbild und Lehenrecht. Augsburg : Johann Schönsperger 1499. (ULB Darmstadt: ‹ http://

[1] Handschriftliche Quellen finden sich im Register (*Kap. K.V. Handschriften*) nach Aufbewahrungsorten geordnet.

tudigit.ulb.tu-darmstadt.de/show/inc-iv-566 › und ThULB Jena: ‹ https://collections.thulb.uni-jena.de/receive/HisBest_cbu_00008845 ›, GW 9268).

1506 – [Jan]/Johann ŁASKI, [Commune incliti Poloniae regni privilegium]. Cōmune incliti Polonie Re-||gni priuilegium cōſtitutionū || & indultuū publicitus decre-||torum approbatorūqꝫ. cum || nōnullis iuribus tā diuinis q̄ꝫ humanis p̄ Sere||niſſimum Principē et dn̄m dominū Allexādorum || deigratia Regem polonie magnumducē Lith-||wanie Ruſſie Pruſſieqꝫ dn̄m et heredē rc̄. Non || tamen in illudipſum priuilegiū sed motu pprio || regio serenitatis sue p adhortationē p īstructiōe || Regnicolarū proqꝫ regni ejuſdē. ac iuſtitie ſtatu || feliciter dirigēdis eidē priuilegio ānexis & aſcri-||ptis. Mandāteqꝫ ſacra eadem Maieſtate accu-||ratiſſime caſtigatis. Cracoviae: Johannis Haller 1506.

1508 – Remissorium mit || sambt dem weichpilde vnd le||henrecht.||. Augsburg : Johann Otmar 1508. (Berlin, SBBPK: ‹ https://gateway-bayern.de/VD16+D+741 ›, VD16 D 741).

1535 – [Nikolaus]/Nicolaus/Micołaj [JASKIER]/IASKERUS, [Iuris municipalis Maideburgensis]. IVRIS MVNI-||CIPALIS MAIDEBVRGENSIS || Liber uulgo Weichbild nuncupatus ex || uetuſtiſſimis exemplaribus uigillanti || opera nuper latinitati datus, ſum-||maqꝫ cum diligentia recognitus, || adiunctis ſimul gloſis & tex-||tus interpretationibus ad || id neceſſarijs. Annotata preterea in marginibus habentur || loca Legum Iuriſqꝫ Saxonici prouinci-||alis, materiam textus & gloſarū || approbantia elucidanti-||aqꝫ, lectori magnā-||afferentia uti[-]||litatem. In Regia Poloniae Cracouia [Krakau]: Hieronymus Vietor excudebat || Mēſe Aprili. Anno. M.D.XXXV. (1535).

1537 – Christoph ZOBEL, Sechſiſch Weych⸗||bild vnd Lehenrecht. Jtſt || auffs naw / nach den warhafften alden || exemplarn vnd texten mit vleis corri⸗||girt /vberſehen vn̄ reſtituirt /ſampt eim || nawen Regiſter oder Remiſſorio || gantʒ verſtendtlich vber dieſe ʒwey bue⸗||cher /vn̄ den Sachſenſpiegel gemacht /|| Darʒu [...] vill nuetʒlicher addiciones vnd || concordancien [...] Vrtell [...] ʒunutʒ allen denen /ſo || ſich Sechſiſchs rech⸗||tens gebrauchen mueſſen. Leipzig 1537. (BSB München: ‹ http://mdz-nbn-resolving.de/urn:nbn:de:bvb:12-bsb10987648-3 ›, VD16 ZV 4405, weitere Aufl. 1551, 1555, 1589/(1588) VD16 D 740).

1560 – [Tomáš] Thomas [REŠL] RESCHELIUS, [Dictionarium Latino-Bohemicum] Dictionarivm Latinobohemicvm. [Olmütz] Olomucij 1560.

1562 – [Tomáš] Thomas [REŠL] RESCHELIUS, [Dictionarium Bohemico-Latinum] Dictionarivm Bohemicolatinvm. [Olmütz] Olomucij 1562.

1579 – [Paul Christian von KOLDIN] PAVEL KRYSTYAN Z KOLDÍNA, Práva městská Království českého [Stadtrechte des Königreichs Böhmen]. [Praha] 1579.

1589 – Christoph ZOBEL, Sechsisch Weychbild unndt Lehenrecht. Jtzt auffs new vbersehen, mit Summarijs, schönen newen Additionibus vnd Concordantien, so aus den gemeinen Keyser Rechten ... zusammen bracht, vnd nach den warhafften alten Exemplarn ... vielfeltig gebessert ... ; Sampt einem richtigen vnd vollstendigen Repertorio, auff die zwey Bücher vnd den Sachsenspiegel Magdeburgisch Weichbildt. Leipzig 1589.

1613 – Melchior GOLDAST (Hrsg.), Collectio Consvetudinum Et Legum Imperialium. Hoc est, Generales Et Receptae In Imperio Consvetudines, ac Leges Capitulares, à Diuis Regibus & Imperatoribus Romanis partim confirmatæ, partim promulgatæ, ab eorundemque Consiliariis in Codices distinctim collectæ, & certo quodam titulorum ordine digestæ. In quibus ea, quæ in Collectionem Constitutionum Imperialium, propter diuulsam temporum seriem [...] referri non potuerunt, pleraque omnia continentur, inde ab ætate C. Julij Cæsaris [...] vsque ad [...] Imp. Cæs. Matthiam. FRANCOFORDIÆ AD MOENVM [Frankfurt a.M.]: In Bibliopolio Petri Kopfii [Kopffius] Ciuis & Bibliopolæ ibidem: typis Ioannis Saurii [Saurius] [Peter Kopf, Johannes Saur] 1613.

1625 – Johannes GRYPHIANDER, [De Weichbildis Saxonicis sive Colossis Rulandinis urbium quarundam Saxonicarum]. Joannis Gryphiandri JC. ‖ De Weichbildis ‖ Saxonicis, ‖ siue ‖ Colossis Rvlandinis ‖ Vrbivm Qvarvndam Sa-‖xonicarvm, Commentarius Historico-Juridicus, ‖ In quo ‖ Vetvstvs Ivdiciorvm Saxonicorvm Ritvs, Le-‖ges, magistratus, mores, habitus, lingua, aliæq⟨ue⟩ antiquitates Saxonicæ explicantur & illustran-‖tur: simulq⟨ue⟩ fabulosa Caroli Magni Cæsaris & Rulandi militis historia ad ‖ libram veritatis expenditur Francofvrti [Frankfurt]: Typis Egenolphi Emmelij, Impenſis Petri Kopffij & Balthaſaris Oſtern 1625. [Auch als Online-Ressource verfügbar: ‹ http://www.mdz-nbn-resolving.de/urn/resolver.pl?urn=urn:nbn:de:bvb:12-bsb11067795-4 › – Abfragedatum: 20.08.2020]; 2. Aufl. Hannover, Hildesheim, Straßburg 1666 – Digitalisat des Drucks (Halle): ‹ https://digitale.bibliothek.uni-halle.de/id/444425 › – Abfragedatum: 20.08.2020.

1648 – Benjamin LEUBER, Grůndlicher und Hiſtorienmåssiger ‖ DISCURS ‖ Uber etʒlichen ‖ Der Stadt Magdeburgk in Sachſen ‖ gerůhmten ‖ Alten PRIVILEGIIS, So wol/‖ Was von den dreyen bekandten Bůchern/‖ dem SachſenSpiegel oder LandRechten/‖ dem Weichbild und deſſen Chronica ‖ ſampt deſſen LehenRechten/‖ ʒu halten/und wie weit in ſolchen die Alten und waaren ‖ Såchſischen Geseʒe/Ordnungen und Rechte/‖ ʒu befinden. Uffgeſetʒt ‖ Durch D. Benjamin Leubern ‖ ʒu Dreſʒden. Freybergk [Freiberg]: Georg Beuther Menſe Martio Anno 1648.

1673 – August Benedict CARPZOV, Dissertatio Iuridica ‖ De ‖ Iure Weich-‖bildorum. Quam [...] Praeside ‖ Dn. Augusto Benedicto ‖ Carpzov [...] Publico eruditorum examini subiicit ‖ Joh. Joachimus Rothe [...] Autor Et Respondens. ‖ D. 17. Aprilis. Leipzig 1673. [Auch als Online-Ressource verfügbar: ‹ http://nbn-resolving.de/urn:nbn:de:gbv:3:1–8519 › – Abfragedatum: 20.08.2020].

III. Literatur

1227–1927 Stadt Leitmeritz. Festschrift zur Feier des 700jährigen Bestandes als Stadt. Leitmeritz 1927.

Karolina ADAMOVÁ, Apelační soud v Českém království v letech 1548–1651 [Das Appellationsgericht im Königreich Böhmen in den Jahren 1548–1651], in: Karel MALÝ (Hrsg.), Collectanea opusculorum ad iuris historiam spectantium Venceslao Vaněček septuagenario ab amicis discipulisque oblata. Pocta akademiku Václavu Vaněčkovi k 70. narozeninám. Praha 1975, S. 101–112.

Karolina ADAMOVÁ, Běla RIEGEROVÁ, Petra SKŘEJPKOVÁ, Ladislav SOUKUP, Jiří ŠOUŠA, Dějiny českého soudnictví od počátků české státnosti do roku 1938 [Geschichte der tschechischen Justiz von den Anfängen der tschechischen Staatlichkeit bis zum Jahr 1938]. Praha 2005.

Karolina ADAMOVÁ, Koruna česká [Die Böhmische Krone], in: Karl SCHELLE, Jaromír TAUCHEN (Hrsg.), Encyklopedie českých právných dějin, Bd. 3. Plzeň 2016, S. 278–280.

Karin AIJMER, Parallel and Comparable Corpora, in: Anke LÜDELING, Merja KYTÖ (Hrsg.), Corpus Linguistics. An International Handbook, Vol.1. (= Handbücher zur Sprach- und Kommunikationswissenschaft/Handbooks of Linguistics and Communication Science. 29/1). Berlin 2009, S. 275–292.

Aleksandra ALEKSIC, Die altpolnische Rechtsterminologie am Beispiel von *Ortyle Magdeburskie*. (Magisterarbeit). Wien [Manuskript] 2008.

Allgemeine deutsche Biographie. Hrsg. durch d. Histor. Comm. bei d. Königl. Akad. d. Wiss, Bd. 1–56. Leipzig [u. a.] 1875–1912. [Auch als Online-Ressource verfügbar: ‹ https://www.deutsche-biographie.de › – Abfragedatum: 20. 08.2020].

Tibor ALMÁSI, Tünde WEHLI, Selmecbánya [Schemnitz/Banská Štiavnica], in: Gyula KRISTÓ (Hrsg.), Pál ENGEL, Ferenc MAKK (Red.), Korai magyar történeti lexikon (9–14. század). Budapest 1994, S. 598.

Karl von AMIRA, Grundriß des Germanischen Rechts. Straßburg 1913. (= Grundriß der Germanischen Philologie. 5).

[ANONYM], Tárnokmester [Tarnakmeister], in: Dezső MÁRKUS (Hrsg.), Magyar Jogi Lexikon, Bd. 6. [Unveränd. Nachdr der Ausg. Budapest 1907]. Budapest 2006 [1907], S. 505 f.

Omer ARI, Review of Three Software Programs Designed to Identify Lexical Bundles, in: Language Learning & Technology 10,1 (2006), S. 30–37.

Reiner ARNTZ, Fachbezogene Mehrsprachigkeit in Recht und Technik. Hildesheim, Zürich, New York 2001. (= Studien zu Sprache und Technik. 8).

Michal BADA, Mittelalterliche Silleiner in den »Rechtswirren« der Zeit. Der Einfluss des Silleiner Magdeburger Rechts auf die Testamente der Silleiner, in: Marta BOTIKOVÁ, Ľubica HERZÁNOVÁ (Hrsg.), Nové perspektívy v sociálnych vedách a historická antropológia/New Perspectives in Social Science and Historical Anthropology/Neue Perspektiven in sozialen Wissenschaften und historischer Anthropologie. Zborník z konferencie. Bratislava 2003, S. 41–49.

Michal BADA, A zsolnai városkönyv. Forrás a késő középkori és kora újkori város mindennapi életének kutatásához [Das Silleiner Stadtbuch. Eine Quelle zur Erforschung des städtischen Alltaglebens während des Mittelalters und der Frühen Neuzeit], in: Enikő CSUKOVITS, Tünde LENGYEL (Hrsg.), Bártfától Pozsonyig. Városok a 13–17. században. (= Társadalom- és művelődéstörténeti tanulmányok. 35). Budapest 2005, S. 187–197.

Michal BADA, Život v Žiline v zrkadle jej mestskej knihy. Každodennosť Žilinčanov na základe analýzy zápisov Žilinskej mestskej knihy na prelome stredoveku a raného novoveku [Das Leben in Sillein im Spiegel seines Stadtbuches. Das tägliche Leben der Einwohner von Sillein auf der Grundlage der Analyse von spätmittelalterlichen und frühneuzeitlichen Einträgen im Silleiner Stadtbuch]. Bratislava 2011.

Michal BADA, Vývoj urbanizácie a ludnatosti Bratislavy v ranom novoveku [Entwicklung der Urbanisierung und Bevölkerungsdichte der Stadt Bratislava (Pressburg) in der Frühen Neuzeit], in: Mariá KOHÚTOVÁ, Zuzana LOPATKOVÁ (Hrsg.), Metodologické limity historického pramena. Kraków, Trnava 2014, S. 73–80.

Michal BADA, Niektoré formy a podoby komunikácie v ranonovovekej Bratislave s ohladom na jej funkciu hlavného mesta/Bratislava as the Early Modern Capital and her Modes of Communication, in: Historické štúdie 49 (2015), S. 111–122.

Joachim BAHLCKE, Winfried EBERHARD, Miloslav POLÍVKA (Hrsg.), Böhmen und Mähren. Stuttgart 1998. (= Kröners Taschenausgabe. 329. Handbuch der historischen Stätten).

Joachim BAHLCKE, „Mit den Waffen der Wissenschaft" – Der sudetendeutsche Jurist und Rechtshistoriker Wilhelm Weizsäcker (1886–1961). Biographisch-bibliographische Anmerkungen, in: Berichte und Forschungen. Jahrbuch des Bundesintstituts für ostdeusche Kultur und Geschichte 6 (1998), S. 175–210.

Joachim BAHLCKE, Böhmen und Mähren, in: Harald ROTH (Hrsg.), Studienhandbuch Östliches Europa, Bd. 1: Geschichte Ostmittel- und Südosteuropas. (= Böhlau-Studienbücher). Köln [u. a.] 1999, S. 113–124.

Joachim BAHLCKE, Wilhelm Weizsäcker (1886–1961), Jurist. Rechtsgeschichte und Volksgemeinschaft, in: Monika GLETTLER, Alena MÍŠKOVÁ (Hrsg.), Prager Professoren 1938–1948. Zwischen Wissenschaft und Politik. (= Veröffentlichungen zur Kultur und Geschichte im östlichen Europa. 17). Essen 2001, S. 391–414.

Joachim BAHLCKE, Wissenschaft im sudetendeutschen Volkstumskampf. Zur hochschulpolitischen Tätigkeit des Prager Rechtshistorikers Wilhelm Weizsäcker in der Zeit vom Münchner Abkommen 1938 bis zum Ende des Zweiten

Weltkrieges, in: Antonín KOSTLÁN (Hrsg.), Martin FRANC [u. a.] (Mitarb.), Wissenschaft in den böhmischen Ländern. (= Práce z dějin vědy. 9). Praha 2004, S. 118–135.

Joachim BAHLCKE, Geschichte Tschechiens. Vom Mittelalter bis zur Gegenwart. München 2014. (= C.H. Beck Wissen. 2797).

János M. BAK, Pál ENGEL, James Ross SWEENEY (Übers., Hrsg.), Paul B. HARVEY (JR.) (Mitarb.), The Laws of the Medieval Kingdom of Hungary / Decreta regni mediaevalis Hungariae, Bd. 2: 1301–1457. Salt Lake City 1992. (= The Laws of East Central Europe. Laws of Hungary. Series 1.2).

János M. BAK, Balázs NAGY, Bergbau (Mittelalter), in: Holm SUNDHAUSSEN, Konrad CLEWING (Hrsg.), Lexikon zur Geschichte Südosteuropas. 2., erw. u. aktual. Aufl. Wien [u. a.] 2016, S. 153 f.

János M. BAK, Freistädte, königliche, in: Holm SUNDHAUSSEN, Konrad CLEWING (Hrsg.), Lexikon zur Geschichte Südosteuropas. 2., erw. u. aktual. Aufl. Wien [u. a.] 2016, S. 336 f.

János M. BAK, Balázs NAGY, Niederungarische Bergstädte, in: Holm SUNDHAUSSEN, Konrad CLEWING (Hrsg.), Lexikon zur Geschichte Südosteuropas. 2., erw. u. aktual. Aufl. Wien [u. a.] 2016, S. 655 f.

János M. BAK, Oberungarn, in: Holm SUNDHAUSSEN, Konrad CLEWING (Hrsg.), Lexikon zur Geschichte Südosteuropas. 2., erw. u. aktual. Aufl. Wien [u. a.] 2016, S. 658 f.

Franz BALTZAREK, Pfennig, in: HRG, Bd. 3. Berlin 1984, Sp. 1729 f.

Franz BALTZAREK, Schilling, in: HRG, Bd. 4. Berlin 1990, Sp. 1404 f.

Andrzej BAŃKOWSKI, Etymologiczny słownik języka polskiego [Etymologisches Wörterbuch der polnischen Sprache], Bd. 1: A-K, Bd. 2: L-P. Warszawa 2000–.

Péter BASSOLA, Wortstellung im Ofner Stadtrecht. Ein Beitrag zur frühneuhochdeutschen Rechtssprache in Ungarn. Berlin 1985. (= Bausteine zur Sprachgeschichte des Neuhochdeutschen. 61).

Péter BASSOLA, Strukturen und Formeln in den Eintragungen des „Ersten Grundbuchs 1480–1553“. Zur Kanzleisprache der Stadt Ödenburg im späten Mittelalter, in: Jörg MEIER, Arne ZIEGLER (Hrsg.), Die Anfänge deutschsprachiger Kanzleien in Europa. (= Beiträge zur Kanzleisprachenforschung. 4). Wien 2008, S. 85–101.

Friedrich BATTENBERG, Schöffen, Schöffengericht, in: HRG, Bd. 4. Berlin 1990, Sp. 1463–1469.

Friedrich BATTENBERG, Acht, in: ²HRG, Bd. 1. Berlin 2008, Sp. 59–65.

Klaus-Dieter BAUMANN, Das interdisziplinäre Mehr-Ebenen-Konzept des Fachstils, in: DERS., Jan-Eric DÖRR, Katja KLAMMER (Hrsg.), Fachstile. Systematische Ortung einer interdisziplinären Kategorie. (= Forum für Fachsprachen-Forschung. 120). Berlin 2014, S. 59–76.

Klaus-Dieter BAUMANN, Allgemeine und polnische Fachsprachenforschung, in: Krzysztof NYCZ, Klaus-Dieter BAUMANN, Hartwig KALVERKÄMPER (Hrsg.),

Fachsprachenforschung in Polen. (= Forum für Fachsprachen-Forschung. 127). Berlin 2016, S. 7–32.

Josef V. BEČKA, Česká stylistika [Tschechische Stilistik]. Praha 1992.

Christian BECKER, Gelöbnis, in: ²HRG, Bd. 2. Berlin 2012, Sp. 44–47.

Hans-Jürgen BECKER, Wahl, Wahlrecht, in: HRG, Bd. 5. Berlin 1998, Sp. 1083–1086.

Hans-Jürgen BECKER, Die Entwicklung der Stadtrechte von Nürnberg und Augsburg und ihr Einfluss auf die Stadtrechte in den Königreichen Böhmen und Ungarn, in: Karel MALÝ, Jiří ŠOUŠA (Hrsg.), Městské právo ve střední Evropě. Sborník příspěvků z mezinárodní právnické konference „Práva městská Království českého" z 19.–21. září 2011, Praha. Praha 2013, S. 318–330.

Johann Friedrich BEHREND (Hrsg.), Die Magdeburger Fragen. Berlin 1865.

Thomas BEIN, Editionsprinzipien für deutsche Texte des späten Mittelalters und der frühen Neuzeit, in: Werner BESCH, Oskar REICHMANN, Stefan SONDEREGGER (Hrsg.), Sprachgeschichte. Ein Handbuch zur Geschichte der deutschen Sprache und ihrer Erforschung, 1. Halbbd. 2., vollständig neu bearb. u. erw. Aufl. (= Handbücher zur Sprach- und Kommunikationswissenschaft. 2.1). Berlin, New York 1998, S. 923–931.

Jaromír BĚLIČ, Nástin české dialektologie [Abriss der tschechischen Dialektologie]. Praha 1972.

Jaromír BĚLIČ, Adolf KAMIŠ, Karel KUČERA, Malý staročeský slovník [Kleines alttschechisches Wörterbuch]. Praha 1978. [Auch als Online-Ressource verfügbar: ‹ https://vokabular.ujc.cas.cz/informace.aspx?t=mss&o=slovniky › – Abfragedatum: 20.08.2020].

Günter BELLMANN, Slavoteutonica. Lexikalische Untersuchungen zum slawisch-deutschen Sprachkontakt im Ostmitteldeutschen. Berlin, New York 1971. (= Studia Linguistica Germanica. 4).

Silvia BERECKÁ, Zur Sprache der Kesmarker Zunfturkunden, in: Libuše SPÁČILOVÁ, Lenka VAŇKOVÁ (Hrsg.), Germanistische Linguistik und die neuen Herausforderungen in Forschung und Lehre in Tschechien. Brno 2009, S. 59–70.

Nora BEREND, Przemysław URBAŃCZYK, Przemysław WISZEWSKI, Central Europe in the High Middle Ages. Bohemia, Hungary and Poland. c. 900-c.1300. Cambridge 2013. (= Cambridge Medieval Textbooks).

Tilman BERGER, Tschechen und Slowaken. Zum Scheitern einer gemeinsamen, tschechoslowakischen Schriftsprache, in: Gerd HENTSCHEL (Hrsg.), Über Muttersprachen und Vaterländer. Zur Entwicklung von Standardsprachen und Nationen in Europa. Frankfurt a.M. [u. a.] 1997, S. 151–181.

Tilman BERGER, Nation und Sprache. Das Tschechische und das Slovakische, in: Andreas GARDT (Hrsg.), Nation und Sprache. Die Diskussion ihres Verhältnisses in Geschichte und Gegenwart. Berlin [u. a.] 2000, S. 825–864.

Tilman BERGER, Tschechisch und Slovakisch, in: Thorsten ROELCKE (Hrsg.), Variationstypologie/Variation Typology. Ein sprachtypologisches Handbuch der europäischen Sprachen in Geschichte und Gegenwart/A Typological Handbook of European Languages Past and Present. Berlin [u. a.] 2003, S. 636–656.

Anton BERNOLÁK, Repertorium Lexici Slavici-Bohemico-Latino-Germanico-Ungarici. Buda 1827.

Anton BERNOLÁK, Slowár Slowenskí, Česko-Laťinsko-Německo-Uherskí [Wörterbuch der slawischen, zugleich der tschechischen, lateinischen, deutschen und ungarischen Sprache], Bd. I–V. Buda 1825–1827.

Árpád BERTA, Mária HOMOKI NAGY, Ein ungarischer rechtshistorischer Terminus türkischen Ursprungs: barom 'Vieh, Rind; Vermögen', in: Studia Etymologica Cracoviensia 9 (2004), S. 9–27.

Christa BERTELSMEIER-KIERST, Leobschützer Rechtsbuch, in: ²HRG, Bd. 3. Berlin 2016, Sp. 840–842.

Juliane BESTERS-DILGER, Deutsche lexikalische Entlehnungen im Ukrainischen. Zur Frage der polnischen Vermittlung und heutigen Aktualität, in: Ivo POSPÍŠIL (Hrsg.), Crossroads of Cultures: Central Europe. Kreuzwege der Kulturen: Mitteleuropa/Křižovatky kultury: Střední Evropa/Perekrëstki kul'tury: Srednjaja Evropa. (= Litteraria humanitas. 11). Brno 2002, S. 25–51.

Douglas BIBER, Susan CONRAD, Register, Genre, and Style. New York [u. a.] 2009. (= Cambridge Textbooks in Linguistics).

Jaroslav BILEK (Hrsg.), Ius regale montanorum *aneb* Právo královské horníkuov. Z latiny přeložil Petr Přespole roku 1460 [Ius regale montanorum oder Königliches Bergrecht. Aus dem Lateinischen übersetzt von Petr Přespole im Jahr 1460]. Kutná Hora 2000.

Inge BILY, Der Familienname *Lehmann*, seine Varianten und Ableitungen im Polnischen. Untersucht auf der Grundlage des Wörterbuchs der Familiennamen Polens von Kazimierz Rymut, in: Onomastica 50 (2005), S. 255–275.

Inge BILY, Zum Gebrauch der Endonyme und Exonyme in den Publikationen und auf den geplanten Karten im Projekt „Das sächsisch-magdeburgische Recht als kulturelles Bindeglied zwischen den Rechtsordnungen Ost- und Mitteleuropas", in: Stanisław GAJDA (Hrsg.), Region w świetle nazw miejscowych. W setną rocznicę urodzin Profesora Stanisława Rosponda i w dwudziestą rocznicę śmierci Profesora Henryka Borka. Opole 2007, S. 79–100.

Inge BILY, Die Rezeption des sächsisch-magdeburgischen Rechts in Osteuropa. Zum Analyseraster der Rechtstermini am Beispiel der Lexeme *Burggraf* und *Lehen*, in: Andrea MOSHÖVEL, Libuše SPÁČILOVÁ (Hrsg.), Kanzleisprache – ein mehrdimensionales Phänomen. Tagungsband für Prof. PhDr. Zdeněk Masařík, DrSc. zum 80. Geburtstag. (= Beiträge zur Kanzleisprachenforschung. 6). Wien 2009, S. 35–56.

Inge BILY, Zu einigen Aspekten der sprachlichen Auswertung von Rechtstermini im Projekt „Das sächsisch-magdeburgische Recht als kulturelles Bindeglied zwischen den Rechtsordnungen Ost- und Mitteleuropas", in: Peter ĎURČO, Ružena KOZMOVÁ, Daniela DRINKOVÁ, Deutsche Sprache in der Slowakei.

Festschrift für Ilpo Tapani Piirainen zum 65. Geburtstag. Internationale Fachtagung, Piešťany, den 13.–15. Juni 2007. Bratislava 2009, S. 223–232.

Inge BILY, Zu Möglichkeiten der Kartierung bei der Untersuchung der Rezeption des sächsisch-magdeburgischen Rechts in Ost- und Mitteleuropa, in: Claudine MOULIN, Fausto RAVIDA, Nikolaus RUGE (Hrsg.), Sprache in der Stadt. Akten der 25. Tagung des Internationalen Arbeitskreises Historische Stadtsprachenforschung. Luxemburg, 11.–13. Oktober 2007. Heidelberg 2010, S. 372–379.

Inge BILY, Wieland CARLS, Katalin GÖNCZI, Sächsisch-magdeburgisches Recht in Polen. Untersuchungen zur Geschichte des Rechts und seiner Sprache. Berlin 2011. (= IVS SAXONICO-MAIDEBVRGENSE IN ORIENTE. 2). Kurztitel: ISMIO Bd. 2.

Inge BILY, Deutsche entlehnte Rechtstermini als Ableitungsbasen polnischer Ortsnamen, in: Germanica Wratislaviensia 136 (2012), S. 73–81.

Inge BILY, PRyyaczelsky poklon naprzod. myly przyyaczyele! pytalysczye nasz o prawo takymy szlowy – Fruntlichen grus vorn, liben frunt, ir habit uns gefrogit rechtis in desen worten, in: Peter ERNST (Hrsg.), Namenkunde als Beruf(ung). Festvorträge zum 80. Geburtstag von Ernst Eichler. (= Schriften zur diachronen Sprachwissenschaft. 22). Wien 2012, S. 53–94.

Inge BILY, Zu einigen deutschen Rechtsformeln und ihrer Übersetzung ins Polnische und Tschechische, in: Elemér BALOGH, Mária HOMOKI-NAGY (Hrsg.), Ünnepi kötet Dr. Blazovich László egyetemi tanár. 70. születésnapjára. Szeged 2013, S. 143–155. [Das ist: Acta juridica et politica 75 (2013)].

Inge BILY, „*Nu horet unde vornemet*“. Deutsch-tschechischer Vergleich der Einleitungsformeln im ›Sächsischen Weichbildrecht‹, in: Lenka VAŇKOVÁ (Hrsg.), Fachtexte des Spätmittelalters und der Frühen Neuzeit. Tradition und Perspektiven der Fachprosa- und Fachsprachenforschung. (= Lingua Historica Germanica. 7). Berlin 2014, S. 207–218.

Inge BILY, Milada HOMOLKOVÁ, Neueste Forschungen zum Sächsischen Weichbildrecht mit Glosse, in: Deutsches Archiv für Erforschung des Mittelalters 73,2 (2017), S. 553–638.

Jiří L. BÍLÝ, Právní dějiny na území České republiky. Vysokoškolská učebnice [Rechtsgeschichte auf dem Gebiet der Tschechischen Republik. Hochschullehrbuch]. Praha 2003.

Jiří L. BÍLÝ, Ius regale montanorum (1300–1305), in: Karl SCHELLE, Jaromír TAUCHEN (Hrsg.), Encyklopedie českých právných dějin, Bd. 2. Plzeň 2016, S. 869–872.

Jiří L. BÍLÝ, Maiestas Carolina, in: Karl SCHELLE, Jaromír TAUCHEN (Hrsg.), Encyklopedie českých právných dějin, Bd. 3. Plzeň 2016, S. 513–517.

Christiane BIRR, Bann, kirchlicher, in: ²HRG, Bd. 1. Berlin 2008, Sp. 429–432.

Ferdinand BISCHOFF, Deutsches Recht in Olmütz. Ein rechtsgeschichtliches Fragment. Olmütz 1855.

Ferdinand BISCHOFF, Beiträge zur Geschichte des Magdeburgerrechtes. Wien 1865. [Auch als: Sitzungsberichte der Kaiserlichen Akademie der Wissenschaften. Phil.-hist. Cl. 50,4 (1865), S. 330–370].

Ferdinand BISCHOFF, Über das älteste Olmützer Stadtbuch. Wien 1877. [Auch als: Sitzungsberichte der Kaiserlichen Akademie der Wissenschaften. Phil.-hist. Cl. 85 (1877), S. 281–350].

Hermann BLAESE, Livländischer Spiegel, in: HRG, Bd. 3. Berlin 1984, Sp. 20–22.

Peter BLAHO, Das Fortleben des Römischen Rechts in der Slowakei, in: Zeitschrift für Ostmitteleuropa-Forschung 58,3 (2009), S. 329–343.

Vincent BLANÁR, K hodnoteniu jazyka Žilinskej knihy [Zur Einschätzung der Sprache des Silleiner Rechtsbuchs], in: Jazykovedný časopis 15/2 (1964), S. 116–137.

Pavle BLAZNIK, Kolonizacja Selške doline [Die Kolonisation des Selza-Tals]. Ljubljana 1928. [Diss.].

Pavle BLAZNIK, Kolonizacja in kmetsko podložništvo na Sorškem polju [Die Kolonisation und das bäuerliche Untertanenwesen auf dem Sora-Felde], in: Razprave/Dissertationes. Slovenska akademija znanosti in umetnosti, Razred za zgodovinske in družbene vede 3 (1953), S. 141–242.

László BLAZOVICH, A Szász tükör és a Szepesség joga [Der Sachsenspiegel und das Recht in der Zips], in: EIKE von Repgow, A Szász tükör [Sachsenspiegel ⟨ungar.⟩]. László BLAZOVICH, József SCHMIDT (Hrsg.). (= A Pólay Elemér Alapítvány Könyvtára. 5). Szeged 2005, S. 43–70.

László BLAZOVICH, A Szepesség joga és a Szász tükör [Das Zipser Recht und der Sachsenspiegel], in: Enikő CSUKOVITS, Tünde LENGYEL (Hrsg.), Bártfától Pozsonyig. Városok a 13–17. században. (= Társadalom- és művelődéstörténeti tanulmányok. 35). Budapest 2005, S. 159–186.

László BLAZOVICH, Die Stadtbücher und das Ödenburger Gerichtsbuch, in: Jenő HÁZI, János NÉMETH (Hrsg.), Gerichtsbuch/Bírósági könyv. 1423–1531. (= Quellen zur Geschichte der Stadt Ödenburg, Reihe A. 2). Sopron 2005, S. 17–32.

László BLAZOVICH, Der Sachsenspiegel und das Recht der Zips, in: Ernst EICHLER, Heiner LÜCK (Hrsg.), Rechts- und Sprachtransfer in Mittel- und Osteuropa. Sachsenspiegel und Magdeburger Recht. Internationale und interdisziplinäre Konferenz in Leipzig vom 31. Oktober bis 2. November 2003. (= IVS SAXONICO-MAIDEBVRGENSE IN ORIENTE. 1). Berlin 2008, S. 29–36.

László BLAZOVICH, József SCHMIDT (Hrsg.), A Sváb tükör [Der Schwabenspiegel]. Szeged 2011. (= A Pólay Elemér Alapítvány könyvtára. 35).

Miroslav BOHÁČEK, Římské právní prvky v právní knize brněnského písaře Jana [Römische Rechtselemente im Rechtsbuch des Brünner Schreibers Johannes]. Praha 1924. (= Práce ze semináře českého práva na Karlově universitě v Praze. 9).

Miroslav BOHÁČEK, Einflüsse des römischen Rechtes in Böhmen und Mähren. Milano 1975. [Auch als: Ius Romanum medii aevi 5,11 (1975)].

Hildegard BOKOVÁ, Zur Sprache der deutschen städtischen Urkunden Südböhmens bis 1420, in: Brücken. N. F. Germanistisches Jahrbuch. Tschechien-Slowakei 2 (1994), S. 129–140.

Hildegard BOKOVÁ, Schreibvarianz in Urkunden und Stadtbucheintragungen des 15. und beginnenden 16. Jahrhunderts aus České Budějovice (Budweis), in: Helga BISTER-BROOSEN (Hrsg.), Beiträge zur historischen Stadtsprachenforschung. (= Schriften zur diachronen Sprachwissenschaft. 8). Wien 1999, S. 101–109.

Hildegard BOKOVÁ, Libuše SPÁČILOVÁ, Stručný raně-novohornoněmecký glosář k pramenům z českých zemí / Kurzes frühneuhochdeutsches Glossar zu Quellen aus den böhmischen Ländern. Václav BOK, Vladimír SPÁČIL, Jana KUSOVÁ (Mitarb.). Olomouc 2003.

Hildegard BOKOVÁ (Hrsg.), Zur Erforschung des Frühneuhochdeutschen in Böhmen, Mähren und der Slowakei. Vorträge der internationalen Tagung, veranstaltet vom Institut für Germanistik der Pädagogischen Fakultät der Südböhmischen Universität, České Budějovice, 20.–22. September 2001. Wien 2004. (= Schriften zur diachronen Sprachwissenschaft. 12).

Giancarmine BONGO, Die Sprache der Popularisierung. Eine Standortbestimmung, in: DERS., Giuditta CALIENDO (Hrsg.), The Language of Popularization / Die Sprache der Popularisierung. (= Sprache in Kommunikation und Medien. 6). Bern, Berlin [u. a.] 2014, S. 223–246.

Henryk BOREK, Polnisch-deutsche Mischnamen in Schlesien, in: Onomastica Slavogermanica 1 (1965), S. 73–99.

Henryk BOREK, Górny Śląsk w świetle nazw miejscowych [Oberschlesien im Lichte der Ortsnamen]. Opole 1988.

Viktor Ivanovič BORKOVSKIJ, Sintaksis drevnerusskich gramot. Složnoe predloženie [Die Syntax der altrussischen Urkunden. Komplexer Satz]. Moskva 1958.

Viktor Ivanovič BORKOVSKIJ, Struktura predloženija v istorii vostočnoslavjanskich jazykov [Satzstruktur in der Geschichte der ostslawischen Sprachen]. Moskva 1983.

Hellmut BORNEMANN, Znaim. Das Stadtrechtsbuch von 1523. Geislingen / Steige 1998.

Tomáš BOROVSKÝ, František Hoffmann a jeho cesta středověkým městem (od městské kanceláře k urbanistickým regulativům) / František Hoffmann and His Journey through the Medieval Town (from a Town Office to Town Planning Regulations), in: Časopis Matice moravské 136,2 (2017), S. 315–329.

Vincenc BRANDL, Glossarium illustrans Bohemico-Moravicæ historiæ fontes. Enth. d. Erklärung 1. der in den böhmisch-mährischen Geschichtsquellen gebräuchlichen böhmischen diplomatischen Ausdrücke; 2. jener lateinischen und 3. jener deutschen Worte, welche in diesen Quellen speciell vorkommen. Brünn 1876.

Christian BRAUN (Hrsg.), Kanzleisprachen auf dem Weg zum Neuhochdeutschen. Wien 2011. (= Beiträge zur Kanzleisprachenforschung. 7).

Johann BRAUN, Einführung in die Rechtswissenschaft. 4. Aufl. Tübingen 2011.

Wilhelm BRAUNEDER, Burgrecht, in: ²HRG, Bd. 1. Berlin 2008, Sp. 769 f.

Wilhelm BRAUNEDER, Leibzucht, in: ²HRG, Bd. 3. Berlin 2016, Sp. 800–803.

Wilhelm BRAUNEDER, Morgengabe, in: ²HRG, Bd. 3. Berlin 2016, Sp. 1628–1634.

Josef Karlmann BRECHENMACHER, Etymologisches Wörterbuch der Deutschen Familiennamen, 2 Bde. 2., von Grund auf neugearb. Aufl. der „Deutschen Sippennamen“. Limburg a. d. Lahn 1957–1963.

Christiane BRENNER, K. Erik FRANZEN, Peter HASLINGER, Robert LUFT (Hrsg.), Geschichtsschreibung zu den böhmischen Ländern im 20. Jahrhundert. Wissenschaftstraditionen, Institutionen, Diskurse. Vorträge der Tagungen des Collegium Carolinum in Bad Wiessee vom 21. bis 23. November 2003 und vom 12. bis 14. November 2004. München 2006. (= Bad Wiesseer Tagungen des Collegium Carolinum. 28).

Berthold BRETHOLZ, „Tomaschek, Johann Adolf“, in: ADB, Bd. 54. Leipzig 1908, S. 705 f.

BRIKCÍ Z LICKA, M. Brikcího z Licka Práva městská. Dle textu z r. 1536 upravili Josef a Hermenegild Jireček [Stadtrechte v. Brikci aus Lick. Nach d. Texte v. 1536 hrsg. von Josef und Hermenegild Jireček]. Praha 1880.

Aleksander BRÜCKNER, Die „Magdeburger Urtheile“. Ein Denkmal deutschen Rechtes in polnischer Sprache aus der Mitte des XV. Jahrhunderts, in: Archiv für Slavische Philologie 6 u. 7 (1882 u. 1884), S. 219–192 u. 525–574.

Aleksander BRÜCKNER, Słownik etymologiczny języka polskiego [Etymologisches Wörterbuch der polnischen Sprache]. [Nachdr. d. Ausg.] Kraków 1927. Warszawa 1957 [1927].

Gerhard BUCHDA, Die Schöffenspruchsammlung der Stadt Pößneck, T. IV: Wort- und Sachregister. Zugleich ein Beitrag zur Erfassung des frühneuhochdeutschen Wortschatzes und Sprachgebrauchs. Weimar 1971. (= Thüringische Archivstudien. 10).

Wilfrid BUNGENSTOCK, Heergewäte, Heergeräte, in: ²HRG, Bd. 2. Berlin 2012, Sp. 858 f.

Harald BURGER, Angelika LINKE, Historische Phraseologie, in: Werner BESCH, Anne BETTEN, Oskar REICHMANN, Stefan SONDEREGGER (Hrsg.), Sprachgeschichte. Ein Handbuch zur Geschichte der deutschen Sprache und ihrer Erforschung, Bd. 1. 2., vollst. neu bearb. und erw. Aufl. (= Handbücher zur Sprach- und Kommunikationswissenschaft. 2.1). Berlin, New York 1998, S. 743–755.

Johann Stephan BURGERMEISTER, Teutsches Corpus juris, publici & privati, codex diplomaticus. Der Teutschen Staats- Lehen- Burger- und Peinlichen Rechten und Gewohnheiten […], Erstere Theil, In dem alten Sachsen- und Schwaben-Spiegel / Weichbild / und Lehenrechten / auch älteren Teutschen Lehens-

Gebräuchen […]; Der zweyte Theil aber, In dem alten Allemannischen Recht […]. Ulm : Johann Conrad Wohler 1717.

Samuel W. CAMBEL [u. a.], Dejiny Slovenska [Geschichte der Slowakei], Bd. 1: Do roku 1526. Bratislava 1986.

Samuel W. CAMBEL, Dejiny Slovenska [Geschichte der Slowakei], Bd. 2: 1526–1848. Bratislava 1987.

Iulia CAPROŞ, Students from Košice at Foreign Universities Before and During the Reformation Period in the Town. Budapest 2010. Zugl.: Diss. CEU Budapest; [Nur als Online-Ressource verfügbar: ‹ http://goya.ceu.hu/record=b1142737 › – Abfragedatum: 20.08.2020].

Wieland CARLS, Einleitung, in: Inge BILY, Wieland CARLS, Katalin GÖNCZI, Sächsisch-magdeburgisches Recht in Polen. Untersuchungen zur Geschichte des Rechts und seiner Sprache. (= IVS SAXONICO-MAIDEBVRGENSE IN ORIENTE. 2). Berlin 2011, S. 5–12.

Marie ČECHOVÁ, Jan CHLOUPEK, Marie KRČMOVÁ, Eva MINÁŘOVÁ, Stylistika současné češtiny [Stilistik des modernen Tschechischen]. Praha 1997. (= Jazykověda).

Jaromír ČELAKOVSKÝ, O právních rukopisech města Litoměřic [Über die Rechtshandschriften der Stadt Leitmeritz], in: Časopis Musea království Českého 53 (1879) u. 54 (1880), S. 143–153 u. 542–558.

Alena ČERNÁ, Boris LEHEČKA, Metodika přípravy a zpracování elektronických edic starších českých textů [Methodik der Vorbereitung und Bearbeitung von elektronischen Editionen älterer tschechischer Texte]. Praha 2015. [Nur als Online-Ressource verfügbar: ‹ http://invenio.nusl.cz/record/203171 › – Abfragedatum: 20.08.2020].

Rahel ČERNÁ-WILLI, Polnisches Deutsch – Deutsches Polnisch. Edition und Analyse einer Sammlung von Paralleltexten des 18. Jahrhunderts aus Teschen/Oberschlesien. Bern, Berlin [u. a.] 2012. (= Slavica Helvetica. 82).

Valerija Jevgn'jevna ČERNJAVSKAJA, Lingvistika teksta. Polikodovosť, intertekstuaľnosť, interdiskursivnosť. Učebnoje posobije [Textlinguistik. Polykodierung, Intertextualität, Interdiskursivität. Ein Lehrbuch]. Moskva 2009.

Václav CHALOUPECKÝ, Kniha Žilinská. O právu magdeburském nemeckým jazykem v knize žilinské z roku 1378 pojednává Rudolf Rauscher [Das Silleiner Buch. Über das Magdeburger Recht, auf Deutsch verfasst, aus dem Jahre 1378, berichtet Rudolf Rauscher]. Bratislava 1934. (= Prameny Učené společnosti Šafaříkovy v Bratislavě. 5).

Václav CHALOUPECKÝ, Středověké listy ze Slovenska. Sbírka listů a listin, psaných jazykem národním z let 1426–1490 [Mittelalterliche Briefe aus der Slowakei. Brief- und Urkundensammlung aus den Jahren 1426–1490, in der Volkssprache geschrieben]. Bratislava 1937. (= Slovenský Archiv. Sbírka pramenů k dějinám Slovenska. 1).

Ivan CHALUPECKÝ, Führer durch die Archive der Slowakischen Republik. Stuttgart 1998.

Ivan CHALUPECKÝ, Die Ansiedlung der Sachsen in der Zips auf der Grundlage der Quellenüberlieferung, in: Karpaten Jahrbuch 61 (2010 [2009]), S. 59–66.

Ivan CHALUPECKÝ, Stadtrechte im Gebiet der heutigen Slowakei, in: Karpaten Jahrbuch 63 (2012), S. 43–56.

Ivan CHALUPECKÝ, Die Zipser Deutschen in ihrer Vielfalt, in: Jörg MEIER (Hrsg.), Historisch-philologische Untersuchungen zu deutschsprachigen Handschriften aus der Slowakei. Von den Anfängen bis 1650. (= Studien zur deutsch-slowakischen Kulturgeschichte. 6). Berlin 2015, S. 103–109.

Bohuslav CHROPOVSKÝ, Nitra und Großmähren, in: Hansjürgen BRACHMANN, Joachim HERRMANN (Hrsg.), Frühgeschichte der europäischen Stadt. Voraussetzungen und Grundlagen. (= Schriften zur Ur- und Frühgeschichte. 44). Berlin 1991, S. 131–136.

Claudia CLARIDGE, Historical Corpora, in: Anke LÜDELING, Merja KYTÖ (Hrsg.), Corpus Linguistics. An International Handbook, Vol.1. (= Handbücher zur Sprach- und Kommunikationswissenschaft/Handbooks of Linguistics and Communication Science. 29/1). Berlin 2009, S. 22–259.

Codex diplomaticus et epistolaris Bohemiae, Bd. I: (805–1197) – Gustavus FRIEDRICH [Gustav Friedrich WAGNER] (Hrsg.); Bd. II: (1198 bis 1230) – DERS. (Hrsg.); Bd. III, 1: (1231–1238) – DERS. (Hrsg.); Bd. IV, 1 u. 2: (1241–1253) – Jindřich ŠEBÁNEK, Sáša DUŠKOVÁ (Hrsg.). Prag 1907, 1912, 1942, 1962.

Codex iuris municipalis regni Bohemiae/Sbírka pramenů práva městského království českého, Bd. I: Privilegia civitatum Pragensium/Privilegia měst pražských – Jaromír Čelakovský (Hrsg.); Bd. II: Privilegia regalium civitatum provincialium annorum 1225–1419/Privilegia královských měst venkovských z let 1225–1419 – Jaromír Čelakovský (Hrsg.). Prag 1886, 1895.

Hermann CONRING, De origine iuris Germanici commentarius historicus. Helmstadium 1643. [Hermann CONRING, Der Ursprung des deutschen Rechts. Ilse HOFFMANN-MECKENSTOCK (Übers.), Michael STOLLEIS (Hrsg.). Frankfurt, Leipzig 1994. (= Bibliothek des deutschen Staatsdenkens. 3)].

Albrecht CORDES, Kaufmann, Kaufleute (Neuzeit), in: ^{2}HRG, Bd. 2. Berlin 2012, Sp. 1683–1690.

Albrecht CORDES, Alexander KREY, Marktflecken, in: ^{2}HRG, Bd. 3. Berlin 2016, Sp. 1319–1321.

Gerhard CORDES, Mittelniederdeutsche Dichtung und Gebrauchsliteratur, in: DERS., Dieter G. MOHN (Hrsg.), Handbuch zur Mittelniederdeutschen Sprach- und Literaturwissenschaft. Berlin 1983, S. 351–390.

Corpus Juris Hungarici/Magyar törvénytár, Bd. 1: 1000–1526, évi törvényezikkek. Hrsg. von Kálmán CSIKY u. Dezső MÁRKUS. Budapest 1899.

COSMAS [PRAGENSIS], Die Chronik der Böhmen des Cosmas von Prag. Unter Mitarb. v. W[ilhelm] WEINBERGER hrsg. von Berthold BRETHOLZ. Berlin 1923. (= Monumenta Germaniae historica. Scriptores rerum Germanicarum. Nova series. 2).

Marie CSIRIKOVÁ [u. a.], Česko-ruský slovník aktuálních pojmů z oblasti ekonomické, politické a právní [Tschechisch-russisches Wörterbuch der aktuellen wirtschaftlichen, politischen und rechtlichen Begriffe]. Praha 1997.

Andor CSIZMADIA, Kálmán KOVÁCS, László ASZTALOS, Magyar állam- és jogtörténet [Ungarische Staats- und Rechtsgeschichte]. 15. Aufl., überarb. von Pál HORVÁTH u. István STIPTA. Budapest 2010.

Enikő CSUKOVITS, Bűn és büntetés a középkori városi gyakorlatban. A selmecbányai 14–15. századi városkönyv bünesetei [Verbrechen und Strafe in der mittelalterlichen städtischen Praxis. Die Straftaten gemäß dem Schemnitzer Stadtbuch vom 14.–15. Jahrhudert], in: DERS., Tünde LENGYEL (Hrsg.), Bártfától Pozsonyig. Városok a 13–17. században. (= Társadalom- és művelődéstörténeti tanulmányok. 35). Budapest 2005, S. 199–222.

František CUŘÍN, Vývoj spisovné češtiny [Die Entwicklung des Standardtschechischen]. Praha 1985.

Tomasz CZARNECKI, Pośrednictwo czeskie w staropolskich pożyczkach z niemieckiego [Die tschechische Vermittlung bei den altpolnischen Entlehnungen aus dem Deutschen], in: Studia z Filologii Polskiej i Słowiańskiej 9 (1970), S. 37–44.

Jiří DAŇHELKA, Směrnice pro vydávání starších českých textů [Richtlinien für die Veröffentlichung älterer tschechischer Texte], in: Husitský Tábor. Sborník Muzea husitského revolučního hnutí 8 (1985), S. 285–301.

Alexander von DANIELS (Hrsg.), Dat buk wichbelde recht. Das sächsische Weichbildrecht nach einer Handschrift der königl. Bibliothek zu Berlin von 1369. Berlin 1853. [Auch als Online-Ressource verfügbar: ‹ https://www.deutsche-digitale-bibliothek.de/item/QKQYCSCGVNCDRDAE3SWWIYKIPHSSOA QR ›].

A[lexander] von DANIELS, F[ranz] von GRUBEN (Hrsg.), Das sächsische Weichbildrecht. Jus municipale saxonicum, Bd. 1: Weltchronik und Weichbildrecht in 136 Artikeln mit der Glosse. Berlin 1858. (= Rechtsdenkmäler des deutschen Mittelalters. 1). [Auch als Online-Ressource verfügbar: ‹ http://resolver.staats bibliothek-berlin.de/SBB00003D9100000000 ›].

Norman DAVIES, Roger MOORHOUSE, Die Blume Europas. Breslau, Wrocław, Vratislavia. Die Geschichte einer mitteleuropäischen Stadt. Aus dem Englischen von Thomas BERTRAM. München 2002.

Kálmán DEMKÓ, A szepesi jog '(Zipser Willkühr)'. Keletkezése viszonya országos jogunkhoz és a németországi anyajogokhoz [Die Zipser Willkür. Ihre Entstehung und ihr Verhältnis zu den deutschen Mutterrechten]. Budapest 1891. (= Értekezések a történeti tudományok köréből. 15,3).

Dietrich DENECKE, Mitteleuropäische Verkehrsachsen. Entstehung, Wandel und Verfall vom Mittelalter bis zum 18. Jahrhundert, in: Thomas SZABÓ (Hrsg.), Die Welt der europäischen Straßen. Von der Antike bis in die Frühe Neuzeit. Köln [u. a.] 2009, S. 279–303.

Andreas DEUTSCH, Ehre, in: ²HRG, Bd. 1. Berlin 2008, Sp. 1224–1231.

Andreas DEUTSCH, Historische Rechtssprache des Deutschen. Eine Einführung, in: DERS. (Hrsg.), Historische Rechtssprache des Deutschen. Mit einem Geleitw. von Paul KIRCHHOF. [Heino Speer zum 70. Geburtstag]. (= Akademie-Konferenzen. 15). Heidelberg 2013, S. 21–80.

Deutsches Rechtswörterbuch. Wörterbuch der älteren deutschen Rechtssprache. Hrsg. von der Königlich Preußischen/Heidelberger Akademie der Wissenschaften, bearb. von Rudolf SCHRÖDER, Eberhard Frhr. von KÜNẞBERG [u. a.], Bd. 1–. Weimar 1914–. [Auch als Online-Ressource verfügbar: ‹ http://drw-www.adw.uni-heidelberg.de/drw/ › – Abfragedatum: 20.08.2020].

Gerhard DILCHER, Paarformeln in der Rechtssprache des frühen Mittelalters. Frankfurt a. M. 1961. Zugl.: Frankfurt a. M., Univ., Diss., 1960.

Gerhard DILCHER, Rechtshistorische Aspekte des Stadtbegriffs, in: Herbert JANKUHN, Walter SCHLESINGER, Heiko STEUER (Hrsg.), Vor- und Frühformen der europäischen Stadt im Mittelalter. Bericht über ein Symposium in Reinhausen bei Göttingen in der Zeit vom 18. bis 24. April 1972, Teil I. (= Abhandlungen der Akademie der Wissenschaften in Göttingen. Phil.-hist. Kl. 3. F. Nr. 83). Göttingen 1973, S. 12–32.

Gerhard DILCHER, Stadtrecht, in: HRG, Bd. 4. Berlin 1990, Sp. 1863–1873.

Gerhard DILCHER, Die Rechtsgeschichte der Stadt, in: Karl S[iegfried] BADER, Gerhard DILCHER, Deutsche Rechtsgeschichte. Land und Stadt – Bürger und Bauer im alten Europa. Berlin [u. a.] 1999, S. 251–827.

Gerhard DILCHER, A városfogalom jelentéstartalma a történeti városkutatás számára [Die Bedeutung des Stadtbegriffs für die historische Stadtforschung]. [Zsuzsanna ARANY (Übers.)], in: Urbs. Magyar várostörténeti évkönyv 1 (2006), S. 37–50.

Josef [DOBROVSKÝ] DOBROWSKY, Deutsch-böhmisches Wörterbuch, Bd. 1 [A-K]; Bd. 2: L-Z von [Antonin J. PUCHMAJER] Anton PUCHMAYER u. [Václav] Wenceslaw HANKA bearb. u. beendet. Prag 1802, 1821. [Auch als Online-Ressource verfügbar: ‹ https://vokabular.ujc.cas.cz/nezapojene.aspx?idz=DDBW › – Abfragedatum: 20.08.2020].

F[ranz] DÖRR (Bearb.), Ausbreitung der deutschen Stadtrechte nach dem Osten [Karte], in: Harms' Ostdeutsche Heimat in Karte, Bild und Wort. Bearb. von F[ranz] DÖRR, Ph. GEIGER u. W[illi] KERL. 3.–5. Aufl. München [usw.] [ca. 1960], S. 8.

Jan-Eric DÖRR, Die Herausbildung von Fachdisziplinen, in: Klaus-Dieter BAUMANN, Jan-Eric DÖRR, Katja KLAMMER (Hrsg.), Fachstile. Systematische Ortung einer interdisziplinären Kategorie. (= Forum für Fachsprachen-Forschung. 120). Berlin 2014, S. 11–26.

Jan-Eric DÖRR, Grundlagen des Fachsprachenbegriffs, in: Klaus-Dieter BAUMANN, Jan-Eric DÖRR, Katja KLAMMER (Hrsg.), Fachstile. Systematische Ortung einer interdisziplinären Kategorie. (= Forum für Fachsprachen-Forschung. 120). Berlin 2014, S. 27–46.

Jan-Eric DÖRR, Fachstilforschung. Ein historischer Abriss, in: Klaus-Dieter BAUMANN, Jan-Eric DÖRR, Katja KLAMMER (Hrsg.), Fachstile. Systematische Ortung einer interdisziplinären Kategorie. (= Forum für Fachsprachen-Forschung. 120). Berlin 2014, S. 47–58.

Elena M. DOROVSKICH, Pravo i nacional'nyj jazyk. Regulirovanie jazykovych otnošenij v Rossijskoj Federacii [Recht und Nationalsprache. Sprachmanagement in der Russischen Föderation]. Moskva 1996. (= Otečestvennyj i zarubežnyj federalizm).

Walter DOSKOCIL, Ein Prager Gelehrtenleben. Zum Gedenken an den 100. Geburtstag des Rechtshistorikers Otto Peterka, in: Bohemia 18 (1977), S. 380–391.

Lothar DRALLE, Burg (C. VI. Ostmitteleuropa), in: LexMa, Bd. 2. München [u. a.] 1983, Sp. 980 f.

Jaroslav DŘÍMAL, Václav PEŠA (Hrsg.), Dějiny města Brna [Geschichte der Stadt Brünn], Bd. 1. Brno 1969.

Duden – Wörterbuch geographischer Namen. Europa (ohne Sowjetunion). Mannheim 1966. (= Duden-Wörterbücher).

Ľubomír ĎUROVIČ, Vývin kodifikácie spisovnej slovenčiny pred Bernolákom [Die Entwicklung der Kodifikation des Standardslowakischen vor Bernolák], in: Slovenská literatúra 37,1 (1990), S. 56–66.

Ľubomír ĎUROVIČ, Slovak [Slowakisch], in: DERS., Vybrané štúdie/Selected writings, I. O slovenčine a Slovensku/On the Slovak Language and Slovakia. Bratislava 2004, S. 177–190.

Ľubomír ĎUROVIČ, Koncepcie spisovného jazyka. Chrbtová kosť slovenskej kultúrnej histórie [Konzeptionen der Standardsprache. Das Rückgrat der slowakischen Kulturgeschichte], in: DERS., Vybrané štúdie/Selected writings, I. O slovencine a Slovensku/On the Slovak Language and Slovakia. Bratislava 2004, S. 251–265. Zuerst erschienen in: Občianska spoločnost 11 (2000), S. 32–38.

Stefan DUSIL, Jahr und Tag, in: ²HRG, Bd. 2. Berlin 2012, Sp. 1348–1350.

Petr DVOŘÁČEK, Česko-ruský odborný slovník z oblasti nové terminologie právnické, ekonomické, finanční a úřední, včetně zkrátek [Tschechisch-russisches Fachwörterbuch der neuen rechtlichen, wirtschaftlichen, finanziellen und administrativen Terminologie, einschließlich Abkürzungen]. Praha 1995.

Friedrich EBEL, Der Traktat „Von Gewedde“, in: ZRG GA 99 (1982), S. 276–284.

Friedrich EBEL (Hrsg.), Magdeburger Recht, Bd. 1: Die Rechtssprüche für Niedersachsen. Köln, Wien 1983. (= Mitteldeutsche Forschungen. 89/I).

Friedrich EBEL (Hrsg.), Magdeburger Recht, Bd. 2: Die Rechtsmitteilungen und Rechtssprüche für Breslau, Teil 1: Die Quellen von 1261 bis 1452. Köln, Wien 1989. (= Mitteldeutsche Forschungen. 89/II/1).

Friedrich EBEL, Schlesisches Landrecht, in: LexMa, Bd. 7. München [u. a.] 1995, Sp. 1484.

Friedrich EBEL, Rechtsentstehung und Rechtstransfer im Spiegel der Überlieferung (Magdeburger und Lübecker Recht), in: Heiner LÜCK, Matthias PUHLE, Andreas RANFT (Hrsg.), Grundlagen für ein neues Europa. Das Magdeburger und Lübecker Recht in Spätmittelalter und Früher Neuzeit. (= Quellen und Forschungen zur Geschichte Sachsen-Anhalts. 6). Köln, Weimar [u. a.] 2009, S. 37–47.

Jörn ECKERT, Hans HATTENHAUER, Sprache – Recht – Geschichte. Rechtshistorisches Kolloquium, 05.–09. Juni 1990. Heidelberg 1991.

Ferenc ECKHART, Magyar alkotmány- és jogtörténet. [Ungarische Verfassungs- und Rechtsgeschichte]. Budapest 1946.

Eckhard EGGERS, Die Phonologie der deutschen Lehnwörter im Altpolnischen bis 1500. München 1988. (= Slavistische Beiträge. 225). Zugl.: Göttingen, Univ., Diss., 1988.

EIKE von Repgow, Sachsenspiegel. Landrecht und Lehnrecht. Hrsg. von Friedrich EBEL. Durchges. u. erg. Aufl. [Das Landrecht wurde von Claudius Frhr. von Schwerin, das Lehnrecht von Friedrich Ebel bearb.] Stuttgart 1999.

Elektronický slovník staré češtiny [Elektronisches Wörterbuch des Alttschechischen]. [Nur als Online-Ressource verfügbar: ‹ https://vokabular.ujc.cas.cz/informace.aspx?t=ESSC › – Abfragedatum: 20.08.2020 – [ESSČ]].

Stephan ELSPAß, A Twofold View ‘from below’. New Perspectives on Language Histories and Language Historiographies, in: DERS., Nils LANGER, Joachim SCHARLOTH, Wim VANDENBUSSCHE (Hrsg.), Germanic Language Histories “from below” (1700–2000). (= Studia Linguistica Germanica. 86). Berlin [u. a.] 2007, S. 3–9.

Josef EMLER (Hrsg.), Fontes rerum Bohemicarum/Prameny dějin českých, Tom./Díl IV: Chronicon aulæ regiæ; Excerpta de diversis chronicis additis quibusdam aulæ regiæ memorabilibus; Chronicon Francisci Pragensis; Chronicon Benessii de Weitmil. Praha 1884. Nachdr. Hildesheim 2004.

Franz-Reiner ERKENS, Herzog, Herzogtum, in: ²HRG, Bd. 2. Berlin 2012, Sp. 994–1004.

Franz-Reiner ERKENS, König, in: ²HRG, Bd. 3. Berlin 2016, Sp. 3–18.

Franz-Reiner ERKENS, Marschall, in: ²HRG, Bd. 3. Berlin 2016, Sp. 1334–1336.

Adalbert ERLER, Rechtlosigkeit – Rechtsminderung, in: HRG, Bd. 4. Berlin 1990, Sp. 258–262.

Adalbert ERLER, Schreimannen, in: HRG, Bd. 4. Berlin 1990, Sp. 1496.

Adalbert ERLER, Manfred NEIDERT, Schultheiß, Schulze, in: HRG, Bd. 4. Berlin 1990, Sp. 1519–1521.

Adalbert ERLER, Siechbett, in: HRG, Bd. 4. Berlin 1990, Sp. 1660 f.

Adalbert ERLER, Tag und Nacht, in: HRG, Bd. 5. Berlin 1998, Sp. 111 f.

Adalbert ERLER, Verwandtschaft, in: HRG, Bd. 5. Berlin 1998, Sp. 886 f.

Adalbert ERLER, Zycha, Adolf, in: HRG, Bd. 5. Berlin 1998, Sp. 1871 f.

Peter ERNST (Hrsg.), Kanzleistil: Entwicklung, Form, Funktion. Beiträge der 4. Tagung des Arbeitskreises Historische Kanzleisprachenforschung, Wien 24. und 25. November 2006. Wien 2009. (= Beiträge zur Kanzleisprachenforschung. 5).

Izaskun ETXEBERRIA, Iñaki ALEGRIA, Larraitz URIA, Combining Phonology and Morphology for the Normalization of Historical Texts, in: Proceedings of the 10th SIGHUM Workshop on Language Technology for Cultural Heritage, Social Sciences, and Humanities (LaTeCH 2016). Berlin 2016, S. 100–105.

Katharina FALKSON, Ingrid LEMBERG, Stefaniya PTASHNYK, Tagungsbericht: Stadtrechte und Stadtrechtsreformationen, 03.04.2019–05.04.2019 Heidelberg, in: H-Soz-Kult, 23.05.2019. ‹ https://www.hsozkult.de/conferencereportid tagungsberichte-8281 › – Abfragedatum: 20.08.2020.

György FEJÉR, Codex diplomaticus Hungariae ecclesiasticus ac civilis, Bd. I–XI. Buda 1829–1844. [Digitale CD-ROM-Ausg.: Miklós SÖLCH (Hrsg.), Codex diplomaticus Hungariae. Budapest 2004].

Helmut von FELBER, Gerhard von BUDIN, Terminologie in Theorie und Praxis. Tübingen 1989. (= Forum für Fachsprachenforschung. 9).

Ibolya FELHŐ, Buda elsősége a tárnoki városok között [Budas führende Stellung unter den Tavernikalstädten], in: Tanulmányok Budapest múltjából 19 (1972), S. 153–178.

Charles A. FERGUSON, Diglossia, in: Word. Journal of the International Linguistic Association 15,2 (1959), S. 232–251.

Armin FEURING, Die Verfestung nach dem Sachsenspiegel und den Quellen des Magdeburger Rechtskreises. Bonn 1995. [Hochschulschrift, Bonn, Univ., Diss.].

Alena FIEDLEROVÁ, Studie o staročeské právní terminologii [Studien zur alttschechischen Rechtsterminologie], in: Slovo a slovesnost 32 (1971), S. 268–271.

Natalia FILATKINA, Variation im Bereich der formelhaften Wendungen am Beispiel der Luxemburger Rechnungsbücher (1388–1500), in: Stephan ELSPAß, Michaela NEGELE (Hrsg.), Sprachvariation und Sprachwandel in der Stadt der Frühen Neuzeit. (= Sprache – Literatur und Geschichte. Studien zur Linguistik/ Germanistik. 38). Heidelberg 2011, S. 79–95.

Natalia FILATKINA, Birgit Ulrike MÜNCHS, Ane KLEINE-ENGEL (Hrsg.), Formelhaftigkeit in Text und Bild. Wiesbaden 2012. (= Trierer Beiträge zu den historischen Kulturwissenschaften. 2).

Alfred [von] FISCHEL (Hrsg.), Die Olmützer Gerichtsordnung. Ein Beitrag zur Geschichte des österreichischen Prozeßrechtes. Brünn 1903.

Alfred [von] FISCHEL, Beiträge zur Geschichte des deutschen Rechts in Böhmen. Aus einer Komotauer Rechtssammlung, in: Mittheilungen des Vereines für Geschichte der Deutschen in Böhmen 44 (1906), S. 145–209.

Alfred [von] FISCHEL, Das angebliche Kolonistentum der Deutschen Böhmens und Mährens. Ein Beitrag zur Beleuchtung dieser Tage, in: Zeitschrift des Deutschen Vereines für die Geschichte Mährens und Schlesiens 24 (1922), S. 3–26.

Mattias Gerhard FISCHER, Zeugen, in: HRG, Bd. 5. Berlin 1998, Sp. 1684–1693.

Mattias Gerhard FISCHER, Zeugnis, in: HRG, Bd. 5. Berlin 1998, Sp. 1693.

Miroslav FLODR, Skriptorium olomoucké. K počátkům písařské tvorby v českých zemích [Das Olmützer Skriptorium. Die Ursprünge des Schreibwesens in den böhmischen Ländern]. Praha 1960. (= Opera Universitatis Brunensis facultas philosophica. 67 [eigentl. 65]).

Miroslav FLODR, Pravní kniha města Brna z poloviny 14. století [Rechtsbuch der Stadt Brünn aus der ersten Hälfte des 14. Jahrhunderts], Bd. 1–3. Brno 1990, 1992, 1993.

Miroslav FLODR (Hrsg.), Iura originalia civitatis Brunensis. Privilegium českého krále Václava I. z ledna roku 1243 pro město Brno [Iura originalia civitatis Brunensis. Das Privileg des böhmischen Königs Wenzel I. vom Januar 1243 für Brünn]. Brno 1993.

Miroslav FLODR, Brněnské městské právo. Zakladatelské období (–1359) [Brünner Stadtrecht. Die Gründerperiode (–1359)]. Brno 2001. (= Knižnice Matice Moravské. 7).

Miroslav FLODR, Brněnské městské právo po smrti notáře Jana (1359–1389) [Brünner Stadtrecht nach dem Tod von Notar John (1359–1389)]. Brno 2006.

Miroslav FLODR, Nálezy brněnského městského práva, Svazek I: (–1389) [Urteile des Brünner Stadtrechts, Band I. (–1389)]. Brno 2007. (= Brno v minulosti a dnes. Supplementum. 5).

Miroslav FLODR, Brněnské městské právo na konci středověku (1389- konec 15. století) [Das Brünner Stadtrecht am Ende des Mittelalters (1389– Ende des 15. Jahrhunderts)]. Brno 2008. (= Brno v minulosti a dnes. Supplementum. 7).

K. Erik FRANZEN, Helena PEŘINOVÁ (Bearb.), Biogramme der Mitglieder der Historischen Kommission der Sudetenländer im Gründungsjahr 1954. Mit Nachtr. und mehrfacher Aktualisierung von Robert LUFT (Stand: 18. Dezember 2015). München 2011 (zuletzt aktualisiert: 18.12.2015). [Online-Ressource: ‹ http://www.collegium-carolinum.de/permalink/biogr/HKS-Gruendungsmitglieder-Biogramme.pdf › – Abfragedatum: 20.08.2020].

K. Erik FRANZEN, Helena PEŘINOVÁ (Bearb.), Weizsäcker, Wilhelm (Karl Rudolf), in: DIES., Biogramme der Mitglieder der Historischen Kommission der Sudetenländer im Gründungsjahr 1954. Mit Nachtr. und mehrfacher Aktualisierung von Robert LUFT (Stand: 18. Dezember 2015). München 2011 (zuletzt aktualisiert: 18.12.2015), S. 63–66. [Online-Ressource: ‹ http://www.collegi

um-carolinum.de/permalink/biogr/HKS-Gruendungsmitglieder-Biogramme. pdf#page=63 › – Abfragedatum: 20.08.2020].

Dietrich FREYDANK, Kurt STEINBRÜCK, Die Ortsnamen des Bernburger Landes. Halle 1966. (= Wissenschaftliche Beiträge der Martin-Luther-Universität Halle-Wittenberg. 26).

Matthias FRONIUS, Der Sachſſen inn ‖ Siebenbůrgen:‖ *STATVTA*: Oder eygen ‖ Landtrecht. ‖ Durch Matthiam Fronium ‖ vberſehen/gemehret ‖ vnd ‖ Mit Kőn: Maieſt: inn Polen/gnad vnd ‖ Priuilegio in Druck gebracht. ‖ Cronstadt in Sie‖benbuergen durch George Greus /in ver[-]‖ legung herrn Mathiae Fronij Anno M. D. LXXXIII. [Reprogr. in: [Matthias FRONIUS], Das Eigen-Landrecht der Siebenbürger Sachsen. Mit einer Einführung von Adolf LAUFS und Worterläuterungen von Wolfgang BÜHRER. Unveränd. Wiedergabe des Erstdr. von 1583. München 1973. [Einheitssacht.: Der Sachsen in Siebenbürgen Statuta oder Eigenlandrecht ⟨dt.⟩].

Frühneuhochdeutsches Wörterbuch. Hrsg. von Ulrich GOEBEL und Oskar REICHMANN. Begr. von Robert R. ANDERSON, Ulrich GOEBEL u. Oskar REICHMANN, Bd. 1–. Berlin 1989–. [Auch als Online-Version verfügbar: ‹ https://fwb-online.de › – Abfragedatum: 20.08.2020].

Erik FÜGEDI, Középkori magyar városprivilégiumok [Mittelalterliche ungarische Stadtprivilegien], in: Tanulmányok Budapest múltjából 14 (1961). (= Budapest Várostörteneti monográfiái. 22), S. 17–107.

Erik FÜGEDI, Kaschau, in: LexMa, Bd. 5. München [u. a.] 1991, Sp. 1027 f.

Erik FÜGEDI, Die Städte im mittelalterlichen Ungarn, in: Richard MARSINA (Hrsg.), Städte im Donauraum. Bratislava-Preßburg 1291–1991. Sammelband der Beiträge aus dem Symposion in Smolenice 30.09.–03.10.1991. Bratislava 1993, S. 38–54.

Gyula GÁBOR, Ősiség [Aviticität], in: Dezső MÁRKUS (Hrsg.), Magyar Jogi Lexikon, Bd. 5. [Unveränd. Nachdr der Ausg. Budapest 1904]. Budapest 2006 [1904], S. 789–802.

Alexander GÁL (Hrsg.), Die Summa legum brevis, levis et utilis des sogenannten Doctor Raymundus von Wiener-Neustadt, (2 T. in 1 Bd.). Weimar 1926.

Angelo GAROVI, Rechtssprachlandschaften der Schweiz und ihr europäischer Bezug. Tübingen, Basel 1999. (= Basler Studien zur deutschen Sprache und Literatur. 76).

Ernst Theodor GAUPP, Das alte Magdeburgische und Hallische Recht. Ein Beitrag zur deutschen Rechtsgeschichte. Breslau 1826. Neudr. Aalen 1966.

Ernst Theodor GAUPP, Das schlesische Landrecht oder eigentlich Landrecht des Fürstentums Breslau von 1356 an sich und in seinem Verhältnis zum Sachsenspiegel dargestellt. Beigefügt sind 1. einige Nachträge zu der Schrift über das alte magdeburgische und hallische Recht, 2. ein Verzeichnis von 24 Handschriften mit deutschen Rechtsquellen des Mittelalters. Leipzig 1828. Neudr. Aalen 1966.

Jan GEBAUER, Slovník staročeský [Alttschechisches Wörterbuch], Bd. I (A-J), Bd. II (K-N). [2., unveränd. Aufl. der Ausg. Praha 1903, 1916]. Praha 1970. [Auch als Online-Ressource verfügbar: ‹ https://vokabular.ujc.cas.cz › – Abfragedatum: 20.08.2020].

Magdolna GEDEON, Das Rechtsbuch von Schemnitz und die Maximilianische Bergordnung, in: Elemér BALOGH (Hrsg.), Schwabenspiegel-Forschung im Donaugebiet. Konferenzbeiträge in Szeged zum mittelalterlichen Rechtstransfer deutscher Spiegel. (= IVS SAXONICO-MAIDEBVRGENSE IN ORIENTE. 4). Berlin, Boston 2015, S. 159–168.

Heinrich GEHRKE, Böhmen und Mähren, in: Helmut COING (Hrsg.), Handbuch der Quellen und Literatur der neueren europäischen Privatrechtsgeschichte, Bd. 2: Neuere Zeit (1500–1800). Das Zeitalter des gemeinen Rechts. Teilbd. 2: Gesetzgebung und Rechtsprechung. München 1976, S. 429–435.

Gesamtkatalog der Wiegendrucke, Bd. 1–. Stuttgart 1968 [1925]–.

Tomasz GIARO, Europa und das Pandektenrecht, in: Rechtshistorisches Journal 12 (1993), S. 326–345.

Markus GIGER, Die Sprachsituation in der Slovakei. Diglossie in der Vergangenheit und ihre Spuren in der Gegenwart, in: Jiřina VAN LEEUWEN-TURNOVCOVÁ, Nicole RICHTER (Hrsg.), Entwicklung slawischer Literatursprachen, Diglossie, Gender. Literalität von Frauen und Standardisierungsprozesse im slawischen Areal. Beiträge des Kolloquiums an der FSU-Jena, Dezember 2004. (= Specimina philologiae slavicae. 143). München 2006, S. 91–125.

Markus GIGER, Typ *šel jest, šli sú* v slovenčine a češtine 16.–18. storočia [Typ *šel jest, šli sú* im Slowakischen und Tschechischen des 16.–18. Jahrhunderts], in: Mira NÁBĚLKOVÁ, Jana PÁTKOVÁ (Hrsg.), Česko-slovenská súčastnosť a česká slovakistika. Zborník prác k 10. výročiu Pražskej univerzitnej slovakistiky. Praha 2006, S. 189–201.

Monika GLETTLER, Bratislava/Pressburg, in: Holm SUNDHAUSSEN, Konrad CLEWING (Hrsg.), Lexikon zur Geschichte Südosteuropas. 2., erw. u. aktual. Aufl. Wien [u. a.] 2016, S. 188–190.

Monika GLETTLER, Slowaken, in: Holm SUNDHAUSSEN, Konrad CLEWING (Hrsg.), Lexikon zur Geschichte Südosteuropas. 2., erw. u. aktual. Aufl. Wien [u. a.] 2016, S. 866–870.

Monika GLETTLER, Zips, in: Holm SUNDHAUSSEN, Konrad CLEWING (Hrsg.), Lexikon zur Geschichte Südosteuropas. 2., erw. u. aktual. Aufl. Wien [u. a.] 2016, S. 1058 f.

Katalin GÖNCZI, Ungarisches Stadtrecht aus europäischer Sicht. Die Stadtrechtsentwicklung im spätmittelalterlichen Ungarn am Beispiel Ofen. Frankfurt a. M. 1997. (= Ius commune. Sonderhefte. Studien zur europäischen Rechtsgeschichte. 92). Zugl.: Frankfurt a. Main, Univ., Diss., 1996.

Katalin GÖNCZI, Wieland CARLS, Sächsisch-magdeburgisches Recht in Ungarn und Rumänien. Autonomie und Rechtstransfer im Donau- und Karpatenraum.

Berlin 2013. (= IVS SAXONICO-MAIDEBVRGENSE IN ORIENTE. 3). Unter Mitarb. von Inge Bily.

Katalin GÖNCZI, Stadtbücher aus dem Königreich Ungarn im Spiegel der städtischen Schriftkultur. Überlegungen zum Stand der Forschung, in: Krakowskie Studia z Historii Państwa i Prawa 9,3 (2016), S. 313–326.

Theodor GOERLITZ, Die Breslauer Rechtsbücher des 14. Jahrhunderts, in: ZRG GA 59 (1939), S. 136–164.

Gothaisches Genealogisches Taschenbuch der Freiherrlichen Häuser 69 (1919), S. 1051.

Friedrich GOTTAS, Zur Geschichte der Deutschen in der Slowakei, in: Jörg MEIER (Hrsg.), Beiträge zur Kulturgeschichte der Deutschen in der Slowakei. (= Studien zur deutsch-slowakischen Kulturgeschichte. 1). Berlin 2006, S. 9–56.

Karin GOTTSCHALK, Gerade, in: ²HRG, Bd. 2. Berlin 2012, Sp. 113–117.

Karin GOTTSCHALK, Niftelgerade, in: ²HRG, Bd. 3. Berlin 2016, Sp. 1934 f.

Johannes GOTTWALD, Formelhaftigkeit in städtischem Schrifttum. Nürnberger Fastnachtspiele des 15. und 16. Jahrhunderts. Eine Projektdarstellung, in: Andrea MOSHÖVEL, Libuše SPÁČILOVÁ (Hrsg.), Historische Stadtsprachenforschung. Vielfalt und Flexibilität. (= Schriften zur diachronen Sprachwissenschaft. 19). Wien 2009, S. 11–43.

Józef GRABAREK, Zur Syntax der Sprache des Schöffenbuches der alten Stadt Toruń, in: Beiträge zur Erforschung der deutschen Sprache 4 (1984), S. 236–266.

František GRAUS, Über die sogenannte germanische Treue, in: DERS., Ausgewählte Aufsätze (1959–1989). Hrsg. von Hans-Jörg GILOMEN, Peter MORAW und Rainer C. SCHWINGES. (= Vorträge und Forschungen. 55). Stuttgart 2002, S. 133–179. [Zuerst erschienen in: Historica 1 (1959), S. 71–121].

František GRAUS, Gewalt und Recht im Verständis des Mittelalters, in: DERS., Ausgewählte Aufsätze (1959–1989). Hersg. von Hans-Jörg GILOMEN, Peter MORAW und Rainer C. SCHWINGES. (= Vorträge und Forschungen. 55). Stuttgart 2002, S. 181–195. [Zuerst erschienen in: Basler Beiträge zur Geschichtswissenschaft 134 (1974), S. 5–21].

František GRAUS, Die Problematik der deutschen Ostsiedlung aus tschechischer Sicht, in: Walter SCHLESINGER (Hrsg.), Die deutsche Ostsiedlung des Mittelalters als Problem der europäischen Geschichte. Reichenau-Vorträge 1970–1972. (= Vorträge und Forschungen. 18). Sigmaringen 1975, S. 31–70.

František GRAUS, Prag als Mitte Böhmens, in: Emil MEYNEN (Hrsg.), Zentralität als Problem der mittelalterlichen Stadtgeschichtsforschung. (= Städteforschung. R. A: Darstellungen. 8). Köln, Wien 1979, S. 22–47.

František GRAUS, Böhmen, in: LexMa, Bd. 2. München [u. a.] 1983, Sp. 335–344.

Albrecht GREULE, Erbwort – Lehnwort – Neuwort. Grundzüge einer genetischen Lexikologie des Deutschen, in: Muttersprache. Zeitschrift zur Pflege und Erforschung der deutschen Sprache XC (1980), S. 263–275.

Albrecht GREULE (Hrsg.), Deutsche Kanzleisprachen im europäischen Kontext. Beiträge zu einem internationalen Symposium an der Universität Regensburg. 5. bis 7. Oktober 1999. Wien 2001. (= Beiträge zur Kanzleisprachenforschung. 1).

Albrecht GREULE, Einführung: Deutsche Kanzleisprachen. Aufgaben der Forschung, in: DERS. (Hrsg.), Deutsche Kanzleisprachen im europäischen Kontext. Beiträge zu einem internationalen Symposium an der Universität Regensburg. 5. bis 7. Oktober 1999. (= Beiträge zur Kanzleisprachenforschung. 1). Wien 2001, S. 13–16.

Albrecht GREULE, Einführung, in: Roswitha FISCHER (Hrsg.), Sprache und Recht in großen europäischen Sprachen. Juristische Begriffsbildung im Spannungsfeld zwischen Fachsprachlichkeit und allgemeiner Verständlichkeit. Beiträge vom interdisziplinären Symposium am 23./24.4.2009 an der Univesität Regensburg. Regensburg 2010, S. 31 f.

Albrecht GREULE, Jörg MEIER, Arne ZIEGLER (Hrsg.), Melanie GLANTSCHNIG (Mitarb.), Kanzleisprachenforschung. Ein internationales Handbuch. Berlin [u. a.] 2012.

Jacob GRIMM, Wilhelm GRIMM, Deutsches Wörterbuch. Fotomechan. Nachdr. der Erstausg. Leipzig, 1854–1971. München 1984–1991. [Auch als Online-Ressource verfügbar: ‹ http://woerterbuchnetz.de/DWB/ › – Abfragedatum: 20.08.2020].

Jacob GRIMM, Über die Alterthümer des deutschen Rechts. Antrittsvorlesung, gehalten in Berlin am 30. April 1841, in: DERS., Kleinere Schriften. Vorreden, Zeitgeschichtliches und Persönliches, Bd. 8. Reprogr. Nachdr. d. Ausg. Gütersloh 1890. Berlin 1966 [1890], Sp. 545–551.

Rudolf GROßE, Die mitteldeutsch-niederdeutschen Handschriften des Schwabenspiegels in seiner Kurzform. Sprachgeschichtliche Untersuchung. Berlin 1964. [Auch als: Abhandlungen der Sächsischen Akademie der Wissenschaften zu Leipzig. Phil.-hist. Kl. 56,4 (1964)].

Karl-Heinz GROTHAUSMANN, Das Stadtbuch von Karpfen (Krupina). Edition, Darstellung der Graphien, Glossar. Frakfurt a.M. 1977. (= Europäische Hochschulschriften. R. 1: Deutsche Literatur u. Germanistik. 146). Zugl.: Bochum, Univ., Abt. für Philologie, Diss., 1976.

Josef GRUNZEL, Uiber [Ueber] die deutschen Stadtrechte Böhmens und Mährens, in: Mittheilungen des Vereines für Geschichte der Deutschen in Böhmen 30–32 (1892, 1893, 1894), S. 128–154 (Jg. 30); S. 129–145, S. 263–280 (Jg. 31); S. 348–357 (Jg. 32).

Elisabeth GÜLICH, Routineformeln und Formulierungsroutinen. Ein Beitrag zur Beschreibung ›formelhafter Texte‹, in: Rainer WIMMER, Franz-Josef BERENS (Hrsg.), Wortbildung und Phraseologie. Tübingen 1997, S. 131–175.

György GYÖRFFY, Schemnitz, in: LexMa, Bd. 7. München [u. a.] 1995, Sp. 1449.

Antonín HAAS, Právní oblasti českých měst [Rechtskreise der böhmischen Städte], in: Časopis Společnosti přátel starožitností 60 (1952), S. 15–24.

Mechthild HABERMANN, Deutsche Fachtexte der frühen Neuzeit. Naturkundlich-medizinische Wissensvermittlung im Spannungsfeld von Latein und Volkssprache. Berlin, New York 2001. (= Studia Linguistica Germanica. 61).

Alojz HABOVŠTIAK, Bratislava. Die Anfänge der heutigen Hauptstadt der Slowakei, in: Hansjürgen BRACHMANN, Joachim HERRMANN, Frühgeschichte der europäischen Stadt. Voraussetzungen und Grundlagen. (= Schriften zur Ur- und Frühgeschichte. 44). Berlin 1991, S. 159–165.

Hans-Rudolf HAGEMANN, Eigentum, in: ²HRG, Bd. 1. Berlin 2008, Sp. 1271–1285.

Ludwig HAIN, Repertorium bibliographicum. In quo libri omnes ab arte typographica inventa usque ad annum MD typis expressi ordine alphabetico vel simpliciter enumerantur vel adcuratius recensentur, Vol. 1,1–2,2. Helioplandr. [d. Ausg. 1826–1838]. Berlin 1925 [1826–1838].

Ondrej R. HALAGA (Bearb.), Acta iudiciaria civitatis Cassoviensis 1393–1405. Das älteste Kaschauer Stadtbuch. München 1994. (= Buchreihe der Südostdeutschen Historischen Kommission. 34).

Gábor HAMZA, Die Rezeption des römischen Rechts – und der deutschen Pandektenwissenschaft – in Zentral- und Osteuropa unter Berücksichtigung der Rechtsordnung in Böhmen und Mähren (Tschechoslowakei), Ungarn, Polen und Rußland, in: Jörg WOLFF (Hrsg.), Kultur- und rechtshistorische Wurzeln Europas. Arbeitsbuch. (= Studien zur Kultur- und Rechtsgeschichte. 1). Mönchengladbach 2005, S. 205–225.

Monika HANAUSKA, Formelhaftigkeit in städtischem Schrifttum: die Kölner Stadtchroniken, in: Andrea MOSHÖVEL, Libuše SPÁČILOVÁ (Hrsg.), Historische Stadtsprachenforschung. Vielfalt und Flexibilität. (= Schriften zur diachronen Sprachwissenschaft. 19). Wien 2009, S. 45–65.

Handschriftencensus. Eine Bestandsaufnahme der handschriftlichen Überlieferung deutschsprachiger Texte des Mittelalters. [Online-Ressource: ‹ http://www.handschriftencensus.de › – Abfragedatum: 20.08.2020].

Handwörterbuch zur deutschen Rechtsgeschichte. Hrsg. von Adalbert ERLER, Ekkehard KAUFMANN u. Dieter WERKMÜLLER [Bd. 5]. Mitbegründ. von Wolfgang STAMMLER, unter philolog. Mitarb. von Ruth SCHMIDT-WIEGAND, Bd. 1–5. Berlin 1971–1998.

Handwörterbuch zur deutschen Rechtsgeschichte. Begründet von Wolfgang STAMMLER, Adalbert ERLER u. Ekkehard KAUFMANN. Hrsg. von Albrecht CORDES, Heiner LÜCK, Dieter WERKMÜLLER und Ruth SCHMIDT-WIEGAND [Bd. 1] als philolog. Beraterin und Christa BERTELSMEIER-KIERST als philolog. Beraterin [ab 9. Lfg., Bd. 2], Bd. 1–. 2., völlig überarb. u. erw. Aufl. Berlin 2008–.

Jaromír J. HANĚL, O vlivu práva německého v Čechách a na Moravě [Über den Einfluß des deutschen Rechtes in Böhmen und Mähren]. Praha 1874.

Christian HANNICK, Konstantin und Method, in: LexMa, Bd. 5. München [u. a.] 1991, Sp. 1382–1385.

Christian HANNICK, Die Bedeutung der Slavenapostel Methodios und Kyrillos für Südost- und Westeuropa, in: Evangelos KONSTANTINOU (Hrsg.), Methodios und Kyrillos in ihrer europäischen Dimension. (= Philhellenische Studien. 10). Frankfurt a. M. [u. a.] 2005, S. 17–30.

Matthias HARDT, Der Supan. Ein Forschungsbericht, in: Zeitschrift für Ostforschung 39 (1990), Sp. 161–171.

Matthias HARDT, Supan, in: HRG, Bd. 5. Berlin 1998, Sp. 84–88.

Matthias HARDT, Die Christianisierung Ostmitteleuropas, in: Christoph STIEGMANN, Martin KROKER (Hrsg.), Credo. Christianisierung Europas im Mittelalter. Eine Ausstellung im Erzbischöflichen Diözesanmuseum, im Museum in der Kaiserpfalz und in der Städtischen Galerie Am Abdinghof zu Paderborn. 26. Juli bis 3. November 2013, Bd. 1: Essays. Petersberg 2013, S. 358–369.

Matthias HARDT, Die Donau als Verkehrs- und Kommunikationsweg zwischen der ostfränkischen Residenz Regensburg und den Zentren an der mittleren Donau im 9. Jahrhundert, in: Stephan FREUND, Matthias HARDT, Petra WEIGEL (Hrsg.), Flüsse und Flusstäler als Wirtschafts- und Kommunikationswege. Bonn 2007, S. 103–120. Auch als: Siedlungsforschung 25 (2007).

Matthias HARDT, Von der Subsistenzwirtschaft zur marktorientierten Produktion von Getreide. Der hochmittelalterliche Wandel der Agrarstruktur in den westslawischen Gebieten, in: Bernd HERMANN (Hrsg.), Beiträge zum Göttinger Umwelthistorischen Kolloquium 2007–2008. Göttingen 2008, S. 87–116.

Matthias HARDT, Landesausbau, in: ²HRG, Bd. 3. Berlin 2016, Sp. 416–420.

Matthias HARDT, Lokator, in: ²HRG, Bd. 3. Berlin 2016, Sp. 1036.

Matthias HARDT, The Importance of Slave Trade for the Slavic Princes of the Early and High Middle Ages, in: Vito LORÉ, Geneviève BÜHRER-THIERRY, Régine LE JAN (Hrsg.), Acquérir, prélever, contrôler. Les ressources en compétition (400–1100). Turnhout 2017, Sp. 81–93.

Matthias HARDT, Oppidum, in: ²HRG, Lfg. 25. Berlin 2017, Sp. 157 f.

Milan HARVALÍK, Toponymie als Geschichtsquelle zur Erforschung der Besiedlung der tschechischen Länder. Ein Beitrag zur Geschichte der Methodologie der tschechischen Namenkunde, in: Österreichische Namenforschung 29 (2001), S. 105–112.

Bohuslav HAVRÁNEK, Vývoj spisovného jazyka českého [Entwicklung der tschechischen Standardsprache], in: DERS., Václav VÁŽNÝ, Spisovný jazyk český a slovenský. Za odborné redakce Oldřicha Hujera. (= Československá vlastivěda. II,[1]). Praha 1936, S. 1–144.

Werner HECHBERGER, Graf, Grafschaft, in: ²HRG, Bd. 2. Berlin 2012, Sp. 509–522.

Dušan HENDRYCH [u. a.], Právnický slovník [Rechtswörterbuch]. 3. podstatně rozšířené vydání. Praha 2009.

Karlheinz HENGST, Sprachkontakt und Entlehnungsprozeß. Ergebnisse der toponomastischen Analyse im deutsch-slawischen Berührungsgebiet, in: Zeitschrift für Slawistik 30 (1985), S. 809–822.

Bernd-Ulrich HERGEMÖLLER (Hrsg.), Maiestas Carolina. Der Kodifikationsentwurf Karls IV. für das Königreich Böhmen von 1355 auf Grundlage der lat. Handschrift. München 1995. (= Veröffentlichungen des Collegium Carolinum. 74).

Hans-Georg HERMANN, Frieden, in: ²HRG, Bd. 1. Berlin 2008, Sp. 1807–1821.

Charles HIGOUNET, Die deutsche Ostsiedlung im Mittelalter. Aus dem Französischen übers. von Manfred VASOLD. Reg.: Gabriele JAROSCHKA und Peter SCHRICKER. Im Text ungek., durchges. Ausg. v. Berlin 1986. Berlin 1990. (= dtv. 4540).

Risto HILTUNEN, The Grammar and Structure of Legal Texts, in: Peter M. TIERSMA, Lawrence M. SOLAN (Hrsg.), The Oxford Handbook of Language and Law. [Paperbackausg. der 1. Aufl. von 2012]. (= Oxford Handbooks in Linguistics). Oxford 2016 [2012], S. 39–51.

Ivan HLAVÁČEK, Brünn, in: LexMa, Bd. 2. München [u. a.] 1983, Sp. 366.

Ivan HLAVÁČEK, Poznámka k diplomatice Žilinské knihy [Anmerkung zur Diplomatik des Silleiner Stadtrechtsbuchs], in: Slovenská archivistika 20,2 (1985), S. 114–117.

Ivan HLAVÁČEK, Iglau, in: LexMa, Bd. 5. München [u. a.] 1991, Sp. 366.

Ivan HLAVÁČEK, Kuttenberg, in: LexMa, Bd. 5. München [u. a.] 1991, Sp. 1593 f.

Ivan HLAVÁČEK, Maiestas Carolina, in: LexMa, Bd. 6. München [u. a.] 1993, Sp. 111.

Ivan HLAVÁČEK, Prag, in: LexMa, Bd. 7. München [u. a.] 1995, Sp. 159–164.

Ivan HLAVÁČEK, Jazyk v česko-moravských městských kancelářích v době předhusitské. (Vybrané příklady) [Die Sprache in den böhmisch-mährischen Städten in der vorhussitischen Zeit (Ausgewählte Beispiele)], in: Sborník archivních prací 63,2 (2013), S. 235–302.

Milan HLAVAČKA, Die erste Übersetzung des ABGB ins Tschechische oder über das Zusammentreffen von zwei Kodifikationen, in: Wilhelm BRAUNEDER, Milan HLAVAČKA (Hrsg.), Bürgerliche Gesellschaft auf dem Papier. Konstruktion, Kodifikation und Realisation der Zivilgesellschaft in der Habsburgermonarchie. (= Schriften zur Europäischen Rechts- und Verfassungsgeschichte. 59). Berlin 2014, S. 99–110.

Eduard HLAWITSCHKA, Deutsche Stadtrechte und Stadtrechtsbücher in Böhmen und Mähren während des Mittelalters und der Frühneuzeit, in: Hellmut BORNEMANN (Red.), Deutsche Stadtrechte und Stadtrechtsbücher des 13. bis 16. Jahrhunderts aus Mähren. Katalog zur Ausstellung im Bayerischen Hauptstaatsarchiv in München vom 1.–30. September 1993. Geislingen/Steige 1993, S. 11–15.

Zdeňka HLEDÍKOVÁ, Jan JANÁK, Jan DOBEŠ, Dějiny správy v českých zemích. Od počátků státu po současnost [Verwaltungsgeschichte in den Böhmischen Ländern. Vom Anfang des Staates bis zur Gegenwart]. Praha 2005.

Jörg Konrad HOENSCH, Die Zipser. Ein Überblick, in: Gerhard GRIMM, Krista ZACH (Hrsg.), Die Deutschen in Ostmittel- und Südosteuropa. Geschichte, Wirtschaft, Recht, Sprache, Bd. 1. (= Veröffentlichungen des Südostdeutschen Kulturwerks. Reihe B. Wissenschaftliche Arbeiten. 53). München 1995, S. 143–157.

Jörg Konrad HOENSCH, Geschichte Böhmens. Von der slavischen Landnahme bis zur Gegenwart. 4. Aufl. auf der Grundlage der 3., aktual. und erg. Aufl., München 1999. München 2013.

František HOFFMANN, Jihlavské právo [Das Jihlavaer (Iglauer) Recht]. Jihlava 1959.

František HOFFMANN, K oblastem českých práv městských [Gebiete der tschechischen Stadrechte], in: Studie o rukopisech 14 (1975), S. 27–67.

František HOFFMANN, Soupis rukopisů městských práv v českých zemích [Verzeichnis der Stadtrechtshandschriften in den Böhmischen Ländern], in: Karel MALÝ (Hrsg.), Městské právo v 16.–18. století v Evropě. Sborník příspěvků z mezinárodní konference uspořádané Právnickou fakultou UK ve dnech 25.–27. září 1979 v Praze. Praha 1982, S. 245–256.

František HOFFMANN, O překladech a rozšíření Koldínových práv městských [Über die Übersetzungen und Verbreitung von Koldíns Stadtrecht], in: Karel MALÝ (Hrsg.), Městské právo v 16.–18. století v Evropě. Sborník příspěvků z mezinárodní konference uspořádané Právnickou fakultou UK ve dnech 25.–27. září 1979 v Praze. Praha 1982, S. 257–266.

František HOFFMANN, Místopis města Jihlavy v první polovině 15. století/Topographie der Stadt Jihlava (Iglau) in der ersten Hälfte des 15. Jahrhunderts. Jihlava 2004.

František HOFFMANN, Středověké město v Čechách a na Moravě [Die mittelalterliche Stadt in Böhmen und Mähren]. 2. überarb. u. erg. Aufl. Praha 2009. (= Edice česká historie. 20). [1. Aufl. u.d.T.: České mesto ve středověku. 1992].

František HOFFMANN, Urbanistické regulativy ve stredoveku a raném novoveku/Town Planning Regulations in the Middle Ages and the Early Modern Period, in: Časopis Matice moravské 136,2 (2017), S. 283–314.

Lothar HOFFMANN, Austauschprozesse zwischen fachlichen und anderen Kommunikationsbereichen. Theoretische und methodische Probleme, in: DERS. [u. a.], Fachsprachen/Languages for Special Purposes. Ein internationales Handbuch zur Fachsprachenforschung und Terminologiewissenschaft/An International Handbook of Special Languages and Terminology Research, 1. Halbbd. (= Handbücher zur Sprach- und Kommunikationswissenschaft/Handbooks of Linguistics and Communication Science/Manuels de linguistique et des scences communication. 14.1). Berlin, New York 1998, S. 679–689.

Jan HOLÁK, Vznik mestského práva na Slovensku a jeho pramene [Die Entstehung des Stadtrechts in der Slowakei und seine Quellen], in: Sborník Matice slovenskej. Historica 16–18,3–4 (1938/1939), S. 203–226.

Josef HOLUB, František KOPEČNÝ, Etymologický slovník jazyka českého [Etymologisches Wörterbuch der tschechischen Sprache]. 3., preprac. vyd. Praha 1952.

Heinz HOLZHAUER, Heimsuchung, in: LexMa, Bd. 4. München [u. a.] 1989, Sp. 2036.

[Carl] Gustav HOMEYER, Die deutschen Rechtsbücher des Mittelalters und ihre Handschriften. Im Auftrage der Savigny-Stifung und mit Unterstützung der Forschungs(not)gemeinschaft der deutschen Wissenschaft neu bearb. von Conrad BORCHLING, Karl August ECKHARDT und Julius von GIERKE. 1. Abt.: Verzeichnis der Rechtsbücher. Bearb. von Karl August ECKHARDT; 2. Abt.: Verzeichnis der Handschriften. Bearb. von Conrad BORCHLING und Julius von GIERKE. Weimar 1931–1934.

Milada HOMOLKOVÁ, Möglichkeiten der Erkennung und Beschreibung lexikalisch-semantischer Strukturen (am Beispiel des Alttschechischen), in: Wiener Slavistisches Jahrbuch 46 (2000), S. 175–184.

Milada HOMOLKOVÁ, Historická lexikografie [Historische Lexikographie], in: Jana PLESKALOVÁ, Maria KRČMOVÁ, Radoslav VERČERKA, Petr KARLÍK (Hrsg.), Kapitoly z dějin české jazykovědné bohemistiky. Praha 2007, S. 199–242.

Milena HORALKOVÁ, Německo-český právnický slovník/Deutsch-Tschechisches Rechtswörterbuch. Praha 2003.

Ladislav HOSÁK, Rudolf ŠRÁMEK, Místní jména na Moravě a ve Slezsku [Ortsnamen in Mähren und Schlesien], Bd. 1 u. 2. Praha 1970, 1980.

Milan HRALA, Úvodní poznámka [Zur Einführung], in: DERS. (Hrsg.), Kapitoly z dějin českého překladu. Praha 2002, S. 7–10.

Karel HRUZA, „Wissenschaftliches Rüstzeug für aktuelle politische Fragen". Kritische Anmerkungen zu Werk und Wirken der Historiker Wilhelm Weizsäcker und Wilhelm Wostry, in: Zeitschrift für Ostmitteleuropa-Forschung 54 (2005), S. 475–526.

Rainer HÜNECKE, Geschäftsbücher um 1500. Syntax zwischen Normtrend und Formelhaftigkeit, in: Christopher KOLBEK, Reinhard KRAPP, Paul RÖSSLER (Hrsg.), Stadtsprache(n) – Variation und Wandel. Beiträge der 30. Tagung des Internationalen Arbeitskreises Historische Stadtsprachenforschung. Regensburg, 3.–5. Oktober 2012. (= Germanistische Bibliothek. 47). Heidelberg 2013, S. 57–70.

Rainer HÜNECKE, Sandra AEHNELT (Hrsg.), Kanzlei und Sprachkultur. Beiträge der 8. Tagung des Arbeitskreises Historische Kanzleisprachenforschung, Dresden 3. und 5. September 2015. Wien 2016. (= Beiträge zur Kanzleisprachenforschung. 9).

Dagmar HÜPPER, Schwert, in: HRG, Bd. 4. Berlin 1990, Sp. 1570–1574.
Dagmar HÜPPER, Schwertmage, in: HRG, Bd. 4. Berlin 1990, Sp. 1577–1579.
Dagmar HÜPPER, Hab und Gut, in: ²HRG, Bd. 2. Berlin 2012, Sp. 641–643.
Dagmar HÜPPER, Hand, in: ²HRG, Bd. 2. Berlin 2012, Sp. 692–696.

Grigory IGNATYEV, Normalization of Non-Standard Texts. Approaches Overview [Präsentation]. [online] [2016]. [Nur als Online-Ressource verfügbar: ‹ http://parasolcorpus.org/Spoken-Slavic/wp-content/uploads/Ignatyev_normalization_approaches.pdf › – Abfragedatum: 20.08.2020].

Winfried IRGANG (Bearb.), Schlesisches Urkundenbuch. Im Auftrage der Historischen Kommission für Schlesien herausgegeben von Heinrich APPELT und Josef Joachim MENZEL, Dritter Band: 1251–1266. Wien, Köln 1984.

Winfried IRGANG, Landesausbau und Kolonisation. V. Ostmitteleuropa und Ungarn, in: LexMa, Bd. 5. München [u. a.] 1991, Sp. 1649–1653.

Franz IRSIGLER, Stadt und Umland im Spätmittelalter. Zur zentralitätsfördernden Kraft von Fernhandel und Exportgewerbe, in: Emil MEYNEN (Hrsg.), Zentralität als Problem der mittelalterlichen Stadtgeschichtsforschung. (= Städteforschung. Veröffentlichungen des Instituts für vergleichende Städtegeschichte in Münster. 8). Köln, Wien 1979, S. 1–14.

Eberhard ISENMANN, Die deutsche Stadt im Mittelalter 1150–1550. Stadtgestalt, Recht, Verfassung, Stadtregiment, Kirche, Gesellschaft, Wirtschaft. 2., durchges. Aufl. Wien [u. a.] 2014.

Vjačeslav Vsevolodovič IVANOV, Vladimir Nikolaevič TOPOROV, O jazyke drevnego slavjanskogo prava. K analizu neskol'kich kljucevych terminov [Zur Sprache des alten slawischen Rechts. Zur Analyse einiger zentraler Termini], in: Viktor I. BORKOVSKIJ (Bearb.), Slavjanskoe jazykoznanie. VIII meždunarodnyj s''ezd slavistov. Zagreb, Ljubljana, sentjabr' 1978 g. Doklady sovetskoj delegacii. Moskva 1978, S. 221–240.

Vjačeslav Vsevolodovič IVANOV, Vladimir Nikolaevič TOPOROV, Drevnee slavjanskoe pravo. Archaičnye mifopoėtičeskie osnovy i istočniki v svete jazyka [Altertümliches slawisches Recht. Archaische mythopoetische Grundlagen und Herkunft im Lichte der Sprache], in: V[ladimir] D. KOROLUK (Hrsg.), Formirovanie rannefeodal'nych slavjanskich narodnostej. Moskva 1981, S. 10–31.

Béla IVÁNYI, Az irás és könyvek Eperjesen a XV–XVI. században [Das Schrifttum und die Bücher in Eperies im 15.–16. Jahrhundert], in: Magyar Könyvszemle (Új folyam) 19,2–4 (1911), S. 132–146, 215–226, 301–318.

Małgorzata IŻYKOWSKA, Die Umfragen aus Schlesien zu Georg Wenkers Sprachatlas und ihr Wert für die Namenforschung, in: Onomastica Slavogermanica 25 (2008), S. 58–65. [Auch als: Abhandlungen der Sächsischen Akademie der Wissenschaften zu Leipzig. Phil.-hist. Kl. 80,5 (2008)].

Lev Petrovič JAKUBINSKIJ, Istorija drevnerusskogo jazyka [Geschichte der altrussischen Sprache]. Moskva 1953.

Martina JAMBOROVÁ, Kvantita jako významový diferenciační činitel ve středověkém právnickém textu [Quantität als bedeutendes Differenzierungsmerkmal im mittelalterlichen Rechtstext], in: Michaela ČORNEJOVÁ, Lucie RYCHNOVSKÁ, Jana ZEMANOVÁ (Hrsg.), Dějiny českého pravopisu (do r. 1902). Sborník příspěvků z mezinárodní konference Dějiny českého pravopisu (do r. 1902) 23.–25. září 2010, Brno, Česká Republika/History of Czech Orthography (up to 1902). Proceedings of the International Conference History of Czech Orthography (up to 1902), 23.–25. September 2010. Brno 2010, S. 120–134.

Petr JANDA, Antonín LOJEK, Adéla PEICHLOVÁ, Jiří ŠOUŠA JR., Výběrová bibliografie (k Právům městským Království českého) [Auswahlbibliographie zu den Stadtrechten des Königreichs Böhmen], in: Karel MALÝ, Jiří ŠOUŠA (Hrsg.), Městské právo ve střední Evropě. Sborník příspěvků z mezinárodní právnické konference „Práva městská Království českého" z 19.–21. září 2011, Praha. Praha 2013, S. 383–397.

Danuta JANICKA, Zur Bedeutung des Magdeburger Vorbilds in der städtischen Gerichtsbarkeit Nordpolens: das Beispiel Kulm und Thorn, in: Hans-Georg KNOTHE, Marc LIEBMANN (Hrsg.), Gerichtskultur im Ostseeraum. Vierter Rechtshistorikertag im Ostseeraum, 18.–20. Mai 2006 in Greifswald. (= Rechtshistorische Reihe. 361). Frankfurt a. M. [u. a.] 2007, S. 29–40.

Danuta JANICKA, Die Rezeption des Sachsenspiegels und des Magdeburger Rechts am Beispiel von Thorn im Kulmer Land, in: Ernst EICHLER, Heiner LÜCK (Hrsg.), Rechts- und Sprachtransfer in Mittel- und Osteuropa. Sachsenspiegel und Magdeburger Recht. Internationale und interdisziplinäre Konferenz in Leipzig vom 31. Oktober bis 2. November 2003. (= IVS SAXONICO-MAIDEBVRGENSE IN ORIENTE. 1). Berlin 2008, S. 61–74.

Danuta JANICKA, Zur Topographie der Städte des Magdeburger Rechts in Polen. das Beispiel von Kulm und Thorn, in: Heiner LÜCK, Matthias PUHLE, Andreas RANFT (Hrsg.), Grundlagen für ein neues Europa. Das Magdeburger und Lübecker Recht in Spätmittelalter und Früher Neuzeit. (= Quellen und Forschungen zur Geschichte Sachsen-Anhalts. 6). Köln, Weimar [u. a.] 2009, S. 67–81.

Danuta JANICKA, Groicki, Bartolomaeus (um 1534–1605), in: ²HRG, Bd. 2. Berlin 2012, Sp. 661 f.

Josef JANKO, Hugo SIEBENSCHEIN, Příruční slovník německočeský/Deutschtschechisches Handwörterbuch, 1–4. Praha 1936–1948.

Fotis JANNIDIS, Hubertus KOHLE, Malte REHBEIN, Digital Humanities. Eine Einführung. Stuttgart 2017.

Petra JÁNOŠÍKOVÁ, Vilém KNOLL, Alena RUNDOVÁ, Mezníky českých právních dějin [Meilensteine der tschechischen Rechtsgeschichte]. 2., rozš. vyd. Plzeň 2005.

Viktorija N. JARCEVA (Hrsg.), Jazykoznanie. Bol'šoj ėncyklopedičeskij slovar' [Sprachwissenschaft. Großes enzyklopädisches Wörterbuch]. 2., repr. izd. Moskva 1998. (= Bol'šije ėncyklopedičeskije slovari).

Günter JEROUSCHEK, Carpzov, Benedikt (1595–1666), in: ²HRG, Bd. 1. Berlin 2008, Sp. 819–821.

Karel JIČINSKÝ, Vývin českého právnictví. V stručném nástinu s obzvláštním ohledem na jeho zdroje [Die Entwicklung des tschechischen Rechtssystems. Eine kurze Darstellung unter besonderer Berücksichtigung seiner Quellen]. Praha 1862.

Hermenegild JIREČEK (Hrsg.), Codex juris Bohemici, Bd. 1–5,3. Prag 1867–1898.

Hermenegild JIREČEK (Hrsg.), Spisy právnické o právu českém v XVI-tém století [Juristische Schriften zum böhmischen Recht im 16. Jahrhundert]. Vídeň 1883.

Hermenegild JIREČEK (Hrsg.), Právnický život v Čechách a na Moravě v tisícileté době od konce IX. do konce XIX století [Tausendjähriges Rechtsleben in Böhmen und Mähren vom Ende des IX. bis zum Ende des XIX. Jahrhundert]. Praha 1903.

Hermenegild JIREČEK, Prove. Historický slovar slovanského práva [Prove. Historisches Wörterbuch des slawischen Rechts]. Praha, Brno 1904.

[Josef] Josephus JIREČEK (Hrsg.), Codex juris Bohemici, Bd. 4,3.2: Pauli Christiani a Koldín jus municipale regni bohemiae una cum compendio ejusdem juris. Prag 1876.

Josef JIREČEK, O zpořízení práv městských a osudech jejich [Die Einrichtung der Stadtrechte und ihre Schicksale], in: Právnik XV (1876), S. 253–264.

Peter JOHANEK, Magdeburger Fragen, in: Verfasserlexikon, Bd. 5. Berlin [u. a.] ²1985, Sp. 1127–1130.

Peter JOHANEK, Magdeburger Rechtsbücher, in: Verfasserlexikon, Bd. 11. Berlin [u. a.] ²2004, Sp. 945–953.

Peter JOHANEK, Stadtbücher, in: Verfasserlexikon, Bd. 11. Berlin [u. a.] ²2004, Sp. 1449–1453.

Peter JOHANEK, Stadtrechtsbücher, in: Verfasserlexikon, Bd. 11. Berlin [u. a.] ²2004, Sp. 1454 f.

Peter JOHANEK, Vorbemerkung, in: Jiří KEJŘ, Die mittelalterlichen Städte in den Böhmischen Ländern. Gründung, Verfassung, Entwicklung. (Aus dem Tschech. übers. von Hildegard BOKOVÁ und Václav BOK). [Vznik městského zřízení v českých zemích ⟨dt.⟩]. (= Städteforschung. R. A: Darstellungen. 78). Köln [u. a.] 2010, Sp. IX–XI.

Andreas H. JUCKER, Joanna KOPACZYK, Communities of Practice as a Locus of Language Change, in: DIES., DERS. (Hrsg.), Communities of Practice in the History of English. (= Pragmatics & Beyond New Series. 235). Amsterdam, Philadelphia 2013, S. 1–16.

Josef JUNGMANN, Slovník česko-německý [Wörterbuch tschechisch-deutsch], Bd. 1: A-J [Nachdr. d. Ausg.] Praha 1835; 2: K-O [Nachdr. d. Ausg.] Praha 1936;

3: P-R [Nachdr. d. Ausg.] Praha 1837; 4: S-U [Nachdr. d. Ausg.] Praha 1838; 5: W-Ž [Nachdr. d. Ausg.] Praha 1839. 1–5. Praha 1990.

Juridisch-politische Terminologie für die slawischen Sprachen Oesterreichs. Von der Commission für slawische juridisch-politische Terminologie, Deutsch-böhmische Separat-Ausgabe. Wien 1850.

Georg JURITSCH (Bearb.), Die Deutschen und ihre Rechte in Böhmen und Mähren im XIII. und XIV. Jahrhundert. Leipzig, Wien 1905. Separatabdr. aus dem Jahresberichte des k. k. Staatsgymnasiums in Mies 1905.

Karel KADLEC, Karel HELLER, Německo-české názvosloví úřední a právnické/Deutsch-böhmische amtliche und juridische Terminologie. Příruční slovník pro soudy, úřady politické, finanční, poštovní, železniční, účetní, vojenské a vůbec pro úřady státní i samosprávné, jakož i pro soukromou potřebu ve styku s úřady/Handwörterbuch für Gerichte, politische, Finanz-, Post-, Eisenbahn-, Rechnungs-, Militärbehörden und überhaupt für Staats- und autonome Behörden, sowie für Privatgebrauch im Verkehr mit Behörden. 2., vyd. značně rozmnožené/2., bedeutend verm. Aufl. Praha 1926.

Walter KAESTNER, Die deutschen Lehnwörter im Polnischen, I. Teil: Einleitung und Lautlehre. Leipzig 1939. (= Veröffentlichungen des Slavischen Instituts an der Friedrich-Wilhelms-Universität Berlin. 23). Zugl.: Hamburg, Univ., Philos. Fak., Diss. 1937.

Krystyna KAMIŃSKA, Lokacje miast na prawie magdeburskim na ziemiach polskich do 1370 r. [Die Städtelokationen zu Magdeburger Recht im polnischen Gebiet bis 1370]. (Studium historycznoprawne). Toruń 1990. (= Rozprawy. Uniwersytet Mikolaja Kopernika).

Bernd KANNOWSKI, Aufzeichnung des Rechts, in: ²HRG, Bd. 1. Berlin 2008, Sp. 347–355.

Bernd KANNOWSKI, Freiheit, in: ²HRG, Bd. 1. Berlin 2008, Sp. 1745–1758.

Bernd KANNOWSKI, Hausfrieden, in: ²HRG, Bd. 2. Berlin 2012, Sp. 803–805.

Bernd KANNOWSKI, Die dritte Säule und das Dach. Bemerkungen zur Sächsischen Weichbildvulgata mit Glosse und zum Remissorium des Dietrich von Bocksdorf, in: Deutsches Archiv für Erforschung des Mittelalters 75 (2019), S. 143–176.

Bernd KANNOWSKI, Zu Struktur und Glossierung des Magdeburger Weichbildrechts. [Manuskript].

Jozef KARPAT, Die Rechtsgeschichte Ungarns als eines Vielvölkerstaates, in: Nikolaus GRASS, Werner OGRIS (Hrsg.), Festschrift Hans Lentze. Zum 60. Geburtstage dargebracht von Fachgenossen und Freunden. (= Forschungen zur Rechts- und Kulturgeschichte. 4). Innsbruck 1969, S. 339–357.

Katrin KASTL, Bann, weltlicher, in: ²HRG, Bd. 1. Berlin 2008, Sp. 432–436.

Ekkehard KAUFMANN, Sühne, Sühneverträge, in: HRG, Bd. 5. Berlin 1998, Sp. 72–76.

Ekkehard KAUFMANN, Urteil (rechtlich), in: HRG, Bd. 5. Berlin 1998, Sp. 604–609.

Ekkehard KAUFMANN, Urteilsfindung – Urteilsschelte, in: HRG, Bd. 5. Berlin 1998, Sp. 619–622.

Frank-Michael KAUFMANN, Peter NEUMEISTER (Hrsg.), Glossar zur Buch'schen Glosse, T. 1–3. Wiesbaden 2015. (= Monumenta Germaniae Historica. Fontes iuris Germanici antiqui. Nova Series. 10).

František KAVKA, Die Städte Böhmens und Mährens zur Zeit des Přemysliden-Staates, in: Wilhelm RAUSCH (Hrsg.), Die Städte Mitteleuropas im 12. und 13. Jahrhundert. (= Beiträge zur Geschichte der Städte Mitteleuropas. 1). Linz 1963, S. 137–153.

František KAVKA, Josef PETRÁŇ (Hrsg.), Dejiny Univerzity Karlovy – 1348–1990. Publikaci vydala Univerzita Karlova k 650. výročí svého založení [Geschichte der Karlsuniversität – 1348–1990. Die Publikation wurde von der Karls-Universität zum 650. Jahrestag ihrer Gründung veröffentlicht], Bd. 1: Michal SVATOŠ, Ivana ČORNEJOVÁ (Hrsg.), 1347/48–1622. Praha 1995.

František KAVKA, Josef PETRÁŇ (Hrsg.), A History of Charles University, Bd. 1: Karel BERÁNEK [u. a.](Verf.), Ivana ČORNEJOVÁ [u. a.] (Hrsg.), 1348–1802. Prague 2001.

Helmut KEIPERT, Russische Sprachgeschichte als Übersetzungsgeschichte, in: DERS. (Hrsg.), Slavistische Linguistik 1981. Referate des 7. Konstanzer Slavistischen Arbeitstreffens, Mainz 30.9–2.10.1981. (= Slavistische Beiträge. 160). München 1982, S. 67–101.

Jiří KEJŘ, Zwei Studien über die Anfänge der Städteverfassung in den böhmischen Ländern, in: Historica 16 (1969), S. 81–142.

Jiří KEJŘ, Organisation und Verwaltung des königlichen Städtewesens in Böhmen zur Zeit der Luxemburger, in: Wilhelm RAUSCH (Hrsg.), Stadt und Stadtherr im 14. Jahrhundert. Entwicklungen und Funktionen. (Ergebnisse der Tagung in Linz 1971). (= Beiträge zur Geschichte der Städte Mitteleuropas. 2). Linz (Donau) 1972, S. 79–96. [Wieder abgedruckt in: Jiří KEJŘ, Aus Böhmens Verfassungsgeschichte. Staat – Städtewesen – Hussitentum. Praha 2006, S. 189–208].

Jiří KEJŘ, Die Anfänge der Stadtverfassung und des Stadtrechts in den Böhmischen Ländern, in: Walter SCHLESINGER (Hrsg.), Die deutsche Ostsiedlung des Mittelalters als Problem der europäischen Geschichte. Reichenau-Vorträge 1970–1972. (= Vorträge und Forschungen. 18). Sigmaringen 1975, S. 439–470.

Jiří KEJŘ, Možnosti a meze právněhistorického bádání o počátcích měst [Möglichkeiten und Grenzen der rechtshistorischen Forschung über die Anfänge der Städte], in: Právněhistorické studie 20 (1977), S. 177–203.

Jiří KEJŘ, Prag, in: HRG, Bd. 3. Berlin 1984, Sp. 1854–1861.

Jiří KEJŘ, Die Hussitenrevolution. [Aus dem Tschech. von Dagmar BILKOVÁ]. Prag 1988.

Jiří KEJŘ, Ursprung und Entwicklung von Stadt- und Marktrecht in Böhmen und Mähren, in: Bohemia 31 (1990), S. 270–282.

Jiří KEJŘ, Böhmen zur Zeit Barbarossas, in: Evamaria ENGEL, Bernhard TÖPFER (Hrsg.), Kaiser Friedrich Barbarossa. Landesausbau – Aspekte seiner Politik – Wirkung. Konferenz unter dem Thema „Friedrich I. Barbarossa (1152–1190) – Politik und Wirkung“. Halle/Saale, Mai 1990. (= Forschungen zur mittelalterlichen Geschichte. 36). Weimar 1994, S. 101–113.

Jiří KEJŘ, Dějiny Pražské Právnické Univerzity [Geschichte der Prager Juristenuniversität]. Praha 1995.

Jiří KEJŘ, Vznik městského zřízení v českých zemích [Die Entstehung der Stadtverfassung in den Böhmischen Ländern]. Praha 1998.

Jiří KEJŘ, Husův proces [Der Hus-Prozess]. Praha 2000. (= Historica).

Jiří KEJŘ, Das böhmische Stadtwesen und das Nürnberger Recht, in: DERS., Aus Böhmens Verfassungsgeschichte. Staat – Städtewesen – Hussitentum. Praha 2006, S. 315–333. [Zuerst gedruckt in: Wilfried EHBRECHT (Hrsg.), Der weite Blick des Historikers. Einsichten in Kultur-, Landes- und Stadtgeschichte. Peter Johanek zum 65. Geburtstag. Köln [u. a.] 2002, S. 113–124].

Jiří KEJŘ, Die Causa Johannes Hus und das Prozessrecht der Kirche. Praha 2005.

Jiří KEJŘ, Burgus und burgensis in den böhmischen Ländern, in: DERS., Aus Böhmens Verfassungsgeschichte. Staat – Städtewesen – Hussitentum. Praha 2006, S. 273–314. [Zuerst gedruckt in: Werner BESCH, Klaus FEHN u. a. (Hrsg.), Die Stadt in der europäischen Geschichte. Festschrift Edith Ennen. Bonn 1972, S. 210–233].

Jiří KEJŘ, Die Prager Vorträge von Uberto de Lampugnano, in: DERS., Aus Böhmens Verfassungsgeschichte. Staat – Städtewesen – Hussitentum. Praha 2006, S. 189–208. [Zuerst gedruckt in: Peter LANDAU (Hrsg.), De iure canonico medii aevi. Festschrift für Rudolf Weigand. (= Studia Gratiana. 27). Rom 1996, S. 249–270].

Jiří KEJŘ, Das Privileg des Herzogs Sobieslaw II. für die Prager Deutschen, in: DERS., Aus Böhmens Verfassungsgeschichte. Staat – Städtewesen – Hussitentum. Praha 2006, S. 93–128. [Zuerst gedruckt in: Historica 16 (1969), S. 116–142].

Jiří KEJŘ, Die sogenannte Maiestas Carolina. Forschungsergebnisse und Streitfragen, in: DERS., Aus Böhmens Verfassungsgeschichte. Staat – Städtewesen – Hussitentum. Praha 2006, S. 129–187. [Zuerst gedruckt in: Friedrich Bernward FAHLBUSCH, Peter JOHANEK (Hrsg.), Studia Luxemburgensia. Festschrift Heinz Stoob zum 70. Geburtstag. (= Studien zu den Luxemburgern und ihrer Zeit. 3). Warendorf 1989, S. 79–122].

Jiří KEJŘ, Die mittelalterlichen Städte in den Böhmischen Ländern. Gründung, Verfassung, Entwicklung. (Aus dem Tschech. übers von Hildegard BOKOVÁ und Václav BOK. [Vznik městského zřízení v českých zemích ⟨dt.⟩]. Köln [u. a.] 2010. (= Städteforschung. R. A: Darstellungen. 78).

Jiří KEJŘ, Petr KREUZ, Prag, in: ²HRG, Lfg. 27. Berlin 2018, Sp. 711–718.

Vladimír KINDL, Michal SKŘEJPEK, Právnický stav a právnické profese v minulosti [Rechtszunft und Rechtsberufe in der Vergangenheit]. [Bearb. u. erw. Aufl. d. Ausg. Praha 2007]. Praha 2016.

Martin KINTZINGER, Stadtbücher, in: LexMa, Bd. 8. München [u. a.] 1997, Sp. 12 f.

János KIRÁLY, Pozsony város joga a középkorban [Das Recht der Stadt Pressburg im Mittelalter]. Budapest 1894.

Guido KISCH (Hrsg.), Leipziger Schöffenspruchsammlung. Leipzig 1919.

Anne Lise KJÆR, Phraseologische Wortverbindungen in der Rechtssprache?, in: Christine PALM (Hrsg.), „EUROPHRAS 90" – Akten der Internationalen Tagung zur germanistischen Phraseologieforschung. Aske/Schweden, 12.–15. Juni 1990. (= Acta Universitatis Upsaliensis. Studia Germanistica Upsaliensia. 32). Stockholm 1991, S. 115–122.

Anne Lise KJÆR, Vergleich von Unvergleichbarem. Zur kontrastiven Analyse unbestimmter Rechtsbegriffe, in: Peder-Hans KROMANN, Anne Lise KJÆR (Hrsg.), Von der Allgegenwart der Lexikologie. Kontrastive Lexikologie als Vorstufe zur zweisprachigen Lexikographie. Akten des Internationalen Werkstattgesprächs zur Kontrastiven Lexikologie, 29.–30.10.1994 in Kopenhagen. (= Lexicographica. Series maior. 66). Tübingen 1995, S. 39–56.

Anne Lise KJÆR, On the Structure of Legal Knowledge. The Importance of Knowing Legal Rules for Understanding Legal Texts, in: Lita LUNDQUIST (Hrsg.), Language, Text, and Knowledge. Mental Models of Expert Communication. (= Text, Translation, Computational Processing. 2). Berlin, New York 2000, S. 127–161.

Anne Lise KJÆR, Phrasemes in Legal Texts, in: Harald BURGER, Dmitrij DOBROVOL'SKIJ, Peter KÜHN, Neil R. NORRICK (Hrsg.), Phraseologie/Phraseology. Ein internationales Handbuch zeitgenössischer Forschung/An International Handbook of Contemporary Research, Bd. 1.1 (= Handbücher zur Sprach- und Kommunikationswissenschaft. 28/1). Berlin 2007, S. 506–516.

Franz KLEIN-BRUCKSCHWAIGER, Jahr und Tag, in: ZRG GA 67 (1950), S. 441–446.

Franz KLEIN-BRUCKSCHWAIGER, Ergebnisse einer Archivreise in der Slowakei, in: Südost-Forschungen 13 (1954), S. 199–258.

Wolfgang KLÖTZER, Stadtbuch, in: HRG, Bd. 4. Berlin 1990, Sp. 1849–1851.

Andrea KLUKNAVSKÁ, Tomáš GÁBRIŠ, Mestské právo ako dynamický prvok vývoja práva v Uhorsku [Stadtrecht als dynamisches Element der Rechtsentwicklung in Ungarn], in: Karel MALÝ, Jiří ŠOUŠA (Hrsg.), Městské právo ve střední Evropě. Sborník příspěvků z mezinárodní právnické konference „Práva městská Království českého" z 19.–21. září 2011, Praha. Praha 2013, S. 208–278.

Štefan/István KNIEZSA, Stredoveké české listiny/Középkori cseh oklevelek [Mittelalterliche tschechische Urkunden]. Budapest 1952. (= Slovanské jazykové pamiatky z Maďarska/Magyarországi szláv nyelvemlékek. 1).

Vilém KNOLL, Die ältesten Stadtbücher und die Anfänge der Stadtkanzlei in Eger (Cheb), in: Krakowskie Studia z Historii Państwa i Prawa 9,3 (2016), S. 295–312.

Alois KNOP, Arnošt LAMPRECHT, Ladislav PALLAS, Dějiny českého jazyka ve Slezsku a na Ostravsku [Geschichte des Tschechischen in Schlesien und Ostrau]. Ostrava 1967. (= Ostravsko. 3,1).

B[ronyslav] V[olodymyrovyč] KOBYLJANS'KYJ, Do vyvčennja hermanizmiv i polonizmiv v ukrajinskij movi [Zur Erforschung der Germanismen und Polonismen im Ukrainischen], in: Movoznavstvo 6 (1975), S. 31–35.

Barbora KOCÁNOVÁ, Tomas JINDŘICH [u. a.] (Hrsg.), Městská kniha Litoměřic (1341)–1562 v kontextu písemností městské kanceláře [Stadtbuch von Leitmeritz (1341)–1562 im Rahmen des städtischen Kanzleischrifttums]. Ústí nad Labem 2006. (= Libri Civitatis. 3).

Gerhard KÖBLER, Deutsche Sprachgeschichte und Rechtsgeschichte, in: Werner BESCH, Oskar REICHMANN, Stefan SONDEREGGER (Hrsg.), Sprachgeschichte. Ein Handbuch zur Geschichte der deutschen Sprache und ihrer Erforschung, 1. Halbbd. (= Handbücher zur Sprach- und Kommunikationswissenschaft. 2.1). Berlin, New York 1984, S. 56–70.

Gerhard KÖBLER, Rechtstschechisch. Deutsch-tschechisches und tschechisch-deutsches Rechtswörterbuch für jedermann. München 2003.

József KÖBLÖS, Béla Miklós SZŐKE, Nyitra [Neutra/Nitra], in: Gyula KRISTÓ (Hrsg.), Pál ENGEL, Ferenc MAKK (Red.), Korai magyar történeti lexikon (9–14. század). Budapest 1994, S. 498 f.

Adrienne KÖRMENDY, Melioratio terrae. Vergleichende Untersuchungen über die Siedlungsbewegung im östlichen Mitteleuropa im 13.–14. Jahrhundert. Poznań 1995. (= Prace Komisji Historycznej. 48). Zugl.: Warschau, Univ., Habil.-Schr., 1993.

Joanna KOPACZYK, The Legal Language of Scottish Burghs. Standardization and Lexical Bundles (1380–1560). Oxford 2013. (= Oxford Studies in Language and Law).

František KOPEČNÝ, Základní všeslovanská slovní zásoba [Der gesamtslawische Grundwortschatz]. Eva HAVLOVÁ, Hermína PLEVAČOVÁ, Antonín MÁTL (Mitarb.). Praha 1981.

Jan KOŘENSKÝ, Právní jazyk, právní komunikace a interpretace [Rechtssprache, Rechtskommunikation und -interpretation], in: Stát a právo 27 (1989), S. 33–39.

Jan KOŘENSKÝ, František CVRČEK, František NOVÁK, Juristická a lingvistická analýza právních textů (právněinformatický přístup) [Juristische und linguistische Analyse von Rechtstexten (rechtsinformatischer Ansatz)]. Praha 1999.

Dušan KOVÁČ, Dejiny Slovenska [Geschichte der Slowakei]. Praha 1998.

Margarita Nikolajevna KOŽINA, Lilija Rašidovna DUSKAJEVA, Vladimir Aleksandrovič SALIMOVSKIJ, Stilistika russkogo jazyka. Učebnik [Stilistik des Russischen. Ein Lehrbuch]. Moskva 2008.

Pavel Otmar KRAMFL, Právní historik Jiří Kejř a jeho výzkumy dějin husitství, in: Společnost pro církevní právo [SPCP] 73,4 (2018), S. 47–54.

Undine KRAMER, Spezielle Wortschätze und ihre Kodifizierung in deutschen Wörterbüchern. Tradition, Konstanz, Wandel. Berlin, New York 2010. (= Lexikographica. Series Maior. 139). Teilw. zugl.: Berlin, Humboldt-Univ., Habil.-Schr., 2007.

Hans-Joachim KRASCHEWSKI, Das Spätmittelalter. Die Zeit des Aufbruchs, in: Christoph BARTELS, Rainer SLOTTA (Hrsg.), Geschichte des deutschen Bergbaus, Bd. 1: Der alteuropäische Bergbau. Von den Anfängen bis zur Mitte des 18. Jahrhunderts. Münster 2012, S. 249–316.

Hermann KRAUSE, Recht, in: HRG, Bd. 4. Berlin 1990, Sp. 224–232.

Jan KRČMÁŘ, Die Prager Universitäten. Aus Quellen und Schrifttum zusammengestellt. Prag 1934.

Karel KŘESADLO, Iglauer Berg- und Stadtrecht, in: Silberbergbau und Münzprägung in Iglau. Sammelband der Beiträge. (Übers. Alena Jakubíčková, Red. Sylva Pospíchalová). Jihlava 1999, S. 72–85.

Ľudmila KRETTEROVÁ, Zur Graphematik, Phonologie und Morphologie in der Sprache des Stadtbuches von Schemnitz/Banská Štiavnica, in: Brücken. N. F. Germanistisches Jahrbuch. Tschechien-Slowakei 2 (1994), S. 95–109.

Ľudmila KRETTEROVÁ, Zur Syntax des Frühneuhochdeutschen in deutschsprachigen Texten aus der Mittelslowakei, in: Albrecht GREULE (Hrsg.), Deutsche Kanzleisprachen im europäischen Kontext. Beiträge zu einem internationalen Symposium an der Universität Regensburg. 5. bis 7. Oktober 1999. (= Beiträge zur Kanzleisprachenforschung. 1). Wien 2001, S. 153–165.

Ľudmila KRETTEROVÁ, Das älteste Stadtbuch von Bratislava/Preßburg aus den Jahren 1402–1506. Eine syntaktische Analyse, in: Jörg MEIER, Arne ZIEGLER (Hrsg.), Die Anfänge deutschsprachiger Kanzleien in Europa. (= Beiträge zur Kanzleisprachenforschung. 4). Wien 2008, S. 59–67.

Petr KREUZ, Ivan MARTINOVSKÝ (Hrsg.), Jana VOJTÍŠKOVÁ (Bearb.), Vladislavské zřízení zemské a navazující prameny. Svatováclavská smlouva a Zřízení o ručnicích [Die Wladislawsche Landesordnung und anschließende Quellen. Das St.-Wenzels-Abkommen und die Verordnung über Gewere]. Praha [u. a.] 2007.

Petr KREUZ, Koldín, Pavel Kristián, in: Michael STOLLEIS (Hrsg.), Juristen. Ein biographisches Lexikon. Von der Antike bis zum 20. Jahrhundert. (Bereits 1995 bei Beck als Leinenausg. ersch. und für die Beck'sche Reihe überarb.). (= Beck'sche Reihe. 1417). München 2001, S. 364.

Petr KREUZ, Všehrdy, Viktorin Cornelius von, in: Michael STOLLEIS (Hrsg.), Juristen. Ein biographisches Lexikon. Von der Antike bis zum 20. Jahrhundert. (Bereits 1995 bei Beck als Leinenausg. ersch. und für die Beck'sche Reihe überarb.). (= Beck'sche Reihe. 1417). München 2001, S. 658.

Petr KREUZ, Das Appellationsgericht in Prag 1548–1783. Forschung, Quellen und historische Entwicklung, in: Beiträge zur Rechtsgeschichte Österreichs 3,1 (2013), S. 231–250.

Petr KREUZ, Jiří Kejř (28.8.1921–27.4.2015), in: ZRG GA 102,1 (2016), S. 555–558.

Karl KROESCHELL, [Rezension zu:] Friedhelm Debus (Hrsg.), Stadtbücher als namenkundliche Quelle. Vorträge des Kolloquiums vom 18.–20. September 1998, Stuttgart 2000, in: ZRG GA 121 (2004), S. 648–650.

Karl KROESCHELL, Albrecht CORDES, Bürger, in: ²HRG, Bd. 1. Berlin 2008, Sp. 738–747.

Karl KROESCHELL, Deutsche Rechtsgeschichte, Bd. 1: Bis 1250. 13., überarb. Aufl. Köln, Weimar, Wien 2008. (= UTB. 2734).

Karl KROESCHELL, Albrecht CORDES, Karin NEHLSEN-VON STRYK, Deutsche Rechtsgeschichte, Bd. 2: 1250–1650. 9., aktual. Aufl. Köln, Weimar, Wien 2008. (= UTB. 2735).

Franz [Xaver von] KRONES, Deutsche Geschichts- und Rechtsquellen aus Oberungarn. Wien 1865. [Auch als: Archiv für österreichische Geschichte 34 (1865), S. 211–252].

Franz [Xaver] von KRONES, Beiträge zur Städte- und Rechtsgeschichte Oberungarns, in: Archiv für österreichische Geschichte [AföG] 34 (1865), S. 447–512.

Miroslav KROPILÁK (Hrsg.), Vlastivedný slovník obcí na Slovensku [Heimatkundliches Wörterbuch der Gemeinden in der Slowakei], Bd. I–III. Bratislava 1977, 1978.

Thomas KRZENCK, Kultur und Gesellschaft in den böhmischen Ländern im Spannungsfeld der deutsch-böhmischen Beziehungen zur Zeit Friedrichs I. Barbarossa, in: Evamaria ENGEL, Bernhard TÖPFER (Hrsg.), Kaiser Friedrich Barbarossa. Landesausbau – Aspekte seiner Politik – Wirkung. Konferenz unter dem Thema „Friedrich I. Barbarossa (1152–1190) – Politik und Wirkung". Halle/Saale, Mai 1990. (= Forschungen zur mittelalterlichen Geschichte. 36). Weimar 1994, S. 115–127.

Thomas KRZENCK, Brünn/Brno, in: Online-Lexikon zur Kultur und Geschichte der Deutschen im östlichen Europa. [online] 2013. [Online-Ressource: ‹ https://ome-lexikon.uni-oldenburg.de/54186.html › – Stand: 02.12.2013, Abfragedatum: 20.08.2020].

Thomas KRZENCK, Olmütz/Olomouc, in: Online-Lexikon zur Kultur und Geschichte der Deutschen im östlichen Europa. [online] 2014. [Online-Ressource: ‹ https://ome-lexikon.uni-oldenburg.de/p32500 › – Stand: 12.05.2015, Abfragedatum: 20.08.2020].

Thomas KRZENCK, Fiktives Porträt des Notars Johannes im Brünner Schöffenbuch, nach 1350, in: Thomas KRZENCK (Bearb.), Dokumente und Materialien zur ostmitteleuropäischen Geschichte. Themenmodul „Stadtentwicklung in Böhmen und Mähren im Mittelalter". Herder-Institut (Hrsg.). [online] [erstellt] 15.12.2016. [Online-Ressource: ‹ https://www.herder-institut.de/resolve/qid/3613.html › – Zuletzt geändert: 27.06.2018, Abfragedatum: 20.08.2020].

András KUBINYI, Székesfehérvári jog [Das Stuhlweißenburger Recht], in: Gyula KRISTÓ (Hrsg.), Pál ENGEL, Ferenc MAKK (Red.), Korai magyar történeti lexikon (9–14. század). Budapest 1994, S. 628 f.

András KUBINYI, „Szabad királyi város" – „királyi szabad város"? [„Freie königliche Stadt" – „Königliche Freistadt"?], in: Urbs. Magyar várostörténeti évkönyv 1 (2006), S. 51–61.

Karel KUČERA, Karel MALÝ, Právněhistorická bibliografie. Výběr českých a slovenských prací z let 1966–1973 k dějinám státu a práva [Rechtshistorische Bibliographie. Auswahl tschechischer und slowakischer Arbeiten aus den Jahren 1966–1973 zur Geschichte des Staats und des Rechts]. Praha 1974.

Rudolf KUCHAR, Niektoré termíny v stredovekej slovenskej právnej terminológii [Einige Begriffe der mittelalterlichen slowakischen Rechtsterminologie], in: Jazykovedný časopis 15 (1964), S. 53–63.

Rudolf KUCHAR, Slovo *svedomie* v historickom vývine slovenskej právnej terminológie [Der Begriff *Urteil* in der historischen Entwicklung der slowakischen Rechtsterminologie], in: Československý terminologický časopis 5,3 (1966), S. 163–169. [Wiederabdr. in: Milan MAJTÁN, Tatiana LALIKOVÁ (Hrsg.), Z histórie lexiky staršej slovenčiny. Bratislava 2008, S. 101–105].

Rudolf KUCHAR, K vývinu slovenskej právnej terminológie [Zur Entwicklung der slowakischen Rechtsterminologie], in: Slavica Slovaca 4 (1969), S. 276–290.

Rudolf KUCHAR, Žilinská právna kniha [Ed.]. Magdeburské právo [Das Silleiner Rechtsbuch (Ed.). Magdeburger Recht]. Bratislava 1993.

Rudolf KUCHAR, Právo a slovenčina v dejinách [Das Recht und das Slowakische in der Geschichte]. Budmerice 1998.

Rudolf KUCHAR, Zo staršej slovenskej a poľskej právnej terminológie v širšom slovanskom kontekste [Aus der älteren slowakischen und polnischen Rechtsterminologie im weiteren slawischen Kontext], in: Ján DORULA (Hrsg.), XII. medzinárodný zjazd slavistov v Krakove. Príspevky slovenských slavistov. Bratislava 1998, S. 93–108.

Rudolf KUCHAR, Jazyk mesta Žiliny v 15.–16. storočí [Die Sprache von Sillein im 15.–16. Jahrhundert], in: Slavomír ONDREJOVIČ (Hrsg.), Mesto a jeho jazyk. Bratislava 2000, S. 133–137. [Das ist: Sociolinguistica Slovaca 5 (2000)].

Rudolf KUCHAR, Žilinská právna kniha. Zápisy právnych úkonov Žilinských mešťanov [Das Silleiner Rechtsbuch. Einträge von Rechtsakten der Silleiner Bürger]. Žilina 2001.

Rudolf KUCHAR, Najvýznamnejšia jazyková pamiatka Slovákov [Das wichtigste sprachliche Denkmal der Slowaken], in: Richard MARSINA, Peter ŠTANSKÝ (Hrsg.), Žilina v slovenských dejinách. Zborník z vedeckej konferencie k 620. výrociu udelenia výsad pre Žilinských Slovákov. Žilina 2002, S. 44–50.

Rudolf KUCHAR, Der slowakische Sprachraum im 14. bis 15. Jahrhundert und das Magdeburger Recht, in: Ernst EICHLER, Heiner LÜCK (Hrsg.), Rechts- und Sprachtransfer in Mittel- und Osteuropa. Sachsenspiegel und Magdeburger Recht. Internationale und interdisziplinäre Konferenz in Leipzig vom 31. Oktober bis 2. November 2003. (= IVS SAXONICO-MAIDEBVRGENSE IN ORIENTE. 1). Berlin 2008, S. 157–166.

Rudolf KUCHAR, Iveta VALENTOVÁ, Pramene k dejinám slovenčiny, Bd. 3 [Quellen zur Geschichte des Slowakischen]. Bratislava 2008.

Rudolf KUCHAR, Žilinská právna kniha [Ed.]. Preklad Magdeburského práva. Zápisy právnych úkonov Žilinských mešťanov [Das Silleiner Rechtsbuch. Übersetzung des Magdeburger Rechts. Einträge von Rechtsakten der Silleiner Bürger]. Bratislava 2009.

Rudolf KUCHAR, Žilinská právna kniha [Faks.]. Obrazová dokumentácia (prílohy k častiam A. a B.) [Das Silleiner Rechtsbuch. Visuelle Dokumentation (Anhang zu Teil A und B)]. Bratislava 2009.

Rudolf KUCHAR, Preklad Magdeburského práva ako prameň Historického slovníka slovenského jazyka [Übersetzung des Magdeburger Rechts als Quelle des historischen Wörterbuchs der slowakischen Sprache], in: Slovenská reč 75,4–5 (2010), S. 225–232.

Rudolf KUCHAR, Sociálno-etický aspekt kódexu Magdeburského práva v oblasti zabezpečenia žien (Právne postavenie ženy v stredovekom práve) [Der sozialethische Aspekt des Magdeburger Rechts im Bereich der Frauenabsicherung (Rechtsstellung der Frau im mittelalterlichen Recht)], in: Slovenská reč 78,3–4 (2013), S. 187–201.

Rudolf KUCHAR, Súdny obvod – domová sloboda. Poznámky k právnym pojmom zo žilinského prekladu Magdeburského práva [Gerichtsbezirk – Heimatfreiheit. Hinweise zu juristischen Begriffen aus der Silleiner Übersetzung des Magdeburger Rechts], in: Slovenská reč 79,5–6 (2014), S. 320–326.

Hiram KÜMPER, Sachsenrecht. Studien zur Geschichte des sächsischen Landrechts in Mittelalter und früher Neuzeit. Berlin 2009. (= Schriften zur Rechtsgeschichte. 142). Zugl.: Mannheim, Univ., Phil. Fak. Diss., 2007.

Hiram KÜMPER (Bearb.), Bernd GIESEN (Mitarb.), Die mittelalterlichen und neuzeitlichen Handschriften der Stiftungsbibliothek am Oberlandesgericht Celle. Wiesbaden 2018.

Herbert KÜPPER, Einführung in die Rechtsgeschichte Osteuropas. Frankfurt a.M. 2005. (= Studien des Instituts für Ostrecht München. 54).

Herbert KÜPPER, [Rezension zu:] Ernst Eichler, Heiner Lück (Hrsg.), Rechts- und Sprachtransfer in Mittel- und Osteuropa. Sachsenspiegel und Magdeburger

Recht. Internationale und interdisziplinäre Konferenz in Leipzig vom 31. Oktober bis 2. November 2003. (= IVS SAXONICO-MAIDEBVRGENSE IN ORIENTE. 1), Berlin 2008, in: ZRG GA 126 (2009), S. 530–533.

Franz KÜRSCHNER, Das Stadtrecht von Eger und seine Verbreitung, in: Mittheilungen des Vereines für Geschichte der Deutschen in Böhmen 6 (1868), S. 197–205.

Walter KUHN, Die deutschrechtliche Siedlung in Kleinpolen, in: Walter SCHLESINGER (Hrsg.), Die deutsche Ostsiedlung des Mittelalters als Problem der europäischen Geschichte. Reichenau-Vorträge 1970–1972. (= Vorträge und Forschungen. 18). Sigmaringen 1975, S. 369–415.

Walter KUHN, Die mittelalterliche deutsche Ostsiedlung [Karte], in: Friedrich Wilhelm PUTZGER, Historischer Weltatlas zur allgemeinen und österreichischen Geschichte. Bearb. von Egon LENDL und Wilhelm WAGNER. Wien 1992, S. 44 f.

Jan KUKLÍK, Czech Law in Historical Contexts. Prague 2015.

Paul LABAND, Magdeburger Rechtsquellen zum akademischen Gebrauch. Neudr. d. Ausg. Berlin 1869. Aalen 1967.

Taťana LALÍKOVÁ, Milan MAJTÁN, Pramene k dejinám slovenčiny, Bd. 2 [Quellen zur Geschichte des Slowakischen]. Bratislava 2002.

Arnošt LAMPRECHT, Dušan ŠLOSAR, Jaroslav BAUER, Historická mluvnice češtiny [Historische Grammatik des Tschechischen]. Praha 1986. (= Edice Učebnice pro vysoké školy).

Moritz LANDWEHR VON PRAGENAU, Geschichte der Stadt Teschen. Bearb. von Walter KUHN. Würzburg 1976. (= Quellen und Darstellungen zur schlesischen Geschichte. 18).

Isidor LASSLOB (Bearb.), Deutsche Ortsnamen in der Slowakei. Mit den wichtigsten Gebirgs- und Flußnamen. Stuttgart 1974.

Mark Richard LAUERSDORF, The Question of Cultural Language and Interdialectal Norm in 16th Century Slovakia. A Phonological Analysis of 16th Century Slovak Administrative-Legal Texts. München 1996. (= Slavistische Beiträge. 335).

Mark Richard LAUERSDORF, The Morphology of the 16th-Century Slovak Administrative-Legal Texts and the Question of Diglossia in Pre-Codification Slovakia. München, Berlin 2010. (= Slavistische Beiträge. 473).

Marija LAZAR, Von Geld und guten Worten. Entwicklung des russischen Geschäftsbriefes als Textsorte. München 2014. (= Slavolinguistica. 19). Zugl. überarb. Fassung von: Hamburg, Univ., Diss., 2011.

Marija LAZAR, Transfer des Rechts und Transfer der Rechtssprache. Sächsisch-magdeburgisches Recht und seine Verbreitung im Ostmitteleuropa nach den Hussitenkriegen, in: Holger KUßE, Hana KOSOUROVÁ (Hrsg.), Persönlichkeiten in der tschechischen Sprach- und Kulturgeschichte. Beiträge zum 8. Bohemicum Dresdense: Tomáš Garrigue Masarik (1850–1937) 07.11.2014 und 9. Bohemicum Dresdense: Jan Hus (~1370–1415) – Erbe und Bedeutung 30.10. 2015. (= Specimina Philologiae Slavicae. 191). Leipzig 2016, S. 177–202.

Marek ŁAZIŃSKI, Słownik zapożyczeń niemieckich w polszczyźnie [Wörterbuch deutscher Entlehnungen im Polnischen]. Warszawa 2008. (= Słowa bez granic).

Václav LEDVINKA, Vývoj pražské samosprávy od 13. století do současnosti. Úvodní slovo [Entwicklung der Prager Selbstverwaltung vom 13. Jh. bis zur Gegenwart. Einleitung], in: Olga FEJTOVÁ, Václav LEDVINKA, Jiří PEŠEK (Hrsg.), Osm set let pražské samosprávy. Sborník příspěvků z 18. vědecké konference Archivu hlavního města Prahy. (= Documenta Pragensia. 21). Praha 2002, S. 7–14.

Boris LEHEČKA, Kateřina VOLEKOVÁ, (Polo)automatická počítačová transkripce [(Halb)automatische maschinelle Transkription], in: Michaela ČORNEJOVÁ, Lucie RYCHNOVSKÁ, Jana ZEMANOVÁ (Hrsg.), Dějiny českého pravopisu (do r. 1902)/History of Czech Orthography (up to 1902). Sborník příspěvků z mezinárodní konference Dějiny českého pravopisu (do r. 1902). 23.–25. září 2010, Brno, Česká Republika/Proceedings of the International Conference History of Czech Orthography (up to 1902). 23.–25. September 2010, Brno, Czech Republic. Brno 2010, S. 466–478.

Boris LEHEČKA, Obsah a značkování diachronního korpusu češtiny [Inhalt und Auszeichnung des Diachronen Korpus des Tschechischen], in: Časopis pro moderní filologii 97,1 (2015), S. 70–77.

Volkmar LEHMANN, Intorduction. Slavic Standard Languages and the Relationship between Language Continua and Language Systems, in: Peter HILL, Volkmar LEHMANN (Hrsg.), Standard Language in the Slavic World. Papers on Sociolinguistics by Hamburg Slavists. München 1988, S. 9–23.

Volkmar LEHMANN, Omnitemporale Sätze und „generic sentences". Mit einer Beschreibung russischer Aspekttempora in omnitemporalen Sätzen, in: Marion KRAUSE, Tilmann REUTHER (Hrsg.), Slavistische Linguistik 2013. Referate des XXXIX. Konstanzer Slavistischen Arbeitstreffens in Hamburg, 9.–13. September 2013. (= Wiener slawistischer Almanach. 75). Frankfurt a.M. [u. a.] 2015, S. 85–122.

Darina LEHOTSKÁ, K počiatkom vedenia mestských kníh na Slovensku. Najstaršia bratislavská mestská kniha. 1364–1538 [Die Anfänge von Stadtbüchern in der Slowakei. Das älteste Stadtbuch von Bratislava], in: Historické štúdie 5 (1959), S. 325–347.

Darina LEHOTSKÁ, Vývoj mestského práva na Slovensku [Die Entwicklung des Stadtrechts in der Slowakei], in: Sborník Filozofickej Fakulty Univerzity Komenského. Historica 10 (1959), S. 65–114.

Darina LEHOTSKÁ, Jozef ORLOVSKÝ, Najstaršia Jelšavská mestská kniha 1566–1710 [Das älteste Stadtbuch von Jelšava 1566–1710]. Martin 1976. (= Edîcia. Gemerské vlastivedné pohlady. 38).

Dzintra LELE-ROZENTĀLE, Die mittelniederdeutschen Texte aus der Rigaer Ratskanzlei. Forschungsstand, -desiderate, -möglichkeiten, in: Albrecht GREULE (Hrsg.), Deutsche Kanzleisprachen im europäischen Kontext. Beiträge zu einem internationalen Symposium an der Universität Regensburg. 5. bis 7. Oktober 1999. (= Beiträge zur Kanzleisprachenforschung. 1). Wien 2001, S. 297–309.

Dzintra LELE-ROZENTĀLE, Anfänge der mittelniederdeutschen Kanzleitradition in Riga. Eine Untersuchung anhand des ältesten Erbebuches (1384–1482), in: Jörg MEIER, Arne ZIEGLER (Hrsg.), Die Anfänge deutschsprachiger Kanzleien in Europa. (= Beiträge zur Kanzleisprachenforschung. 4). Wien 2008, S. 103–117.

Dzintra LELE-ROZENTĀLE, Zur Diachronie der Rechtswörter in den Rigaer mittelniederdeutschen Texten, in: Ulrich KRONAUER, Thomas TATERKA (Hrsg.), Baltisch-europäische Rechtsgeschichte und Lexikographie. (= Akademiekonferenzen. 3). Heidelberg 2009, S. 93–107.

Dzintra LELE-ROZENTĀLE, Kontinuität oder Stilwandel? Eine Studie zum niederdeutsch-hochdeutschen Ablösungsprozess an der Rigaer Ratskanzlei am Beispiel des zweiten Erbebuches (1493–1579), in: Peter ERNST (Hrsg.), Kanzleistil: Entwicklung, Form, Funktion. Beiträge der 4. Tagung des Arbeitskreises Historische Kanzleisprachenforschung, Wien 24. und 25. November 2006. (= Beiträge zur Kanzleisprachenforschung. 5). Wien 2009, S. 103–123.

Zenon LENKIEWICZ, Słownictwo prawno-administracyjne w rosyjskich zabytkach piśmiennictwa administracyjnego XVI–XVII w. [Die Rechts- und Verwaltungslexik im russischen Kanzleischrifttum des 16.–17. Jahrhunderts]. Wrocław [u. a.] 1986. (= Monografie Slawistyczne. 51).

Dorota LEŚNIEWSKA, Zur Beurteilung der „deutschen Kolonisation". Eine Skizze zur böhmischen Geschichtsschreibung, in: Christian LÜBKE (Hrsg.), Struktur und Wandel im Früh- und Hochmittelalter. Eine Bestandsaufnahme aktueller Forschungen zur Germania Slavica. Mit 72 Abb. und 8 Farbtafeln. (= Forschungen zur Geschichte und Kultur des oestlichen Mitteleuropa. 5). Stuttgart 1998, S. 31–38.

Dorota LEŚNIEWSKA, Kolonizacja niemiecka i na prawie niemieckim w średniowiecznych Czechach i na Morawach w świetle historiografii [Die deutsche und deutschrechtliche Kolonisation in mittelalterlichen Böhmen und Mähren im Lichte der Geschichtsforschung]. Poznań [u. a.] 2004. (= Poznańskie Towarzystwo Przyjaciół Nauk. Komisja Historyczna: Prace Komisji Historycznej. 61).

Jiří LEVÝ, České teorie překladu [Tschechische Übersetzungstheorien]. Praha 1957. (= Český překlad. 1).

Matthias [von] LEXER, Mittelhochdeutsches Handwörterbuch, Bd. 1–3. Nachdr. der Ausg. Leipzig, 1872–1878. Mit einer Einl. von Kurt Gärtner. Stuttgart 1992. [Zugleich als Supplement und alphabetischer Index zum Mittelhochdeutschen Wörterbuch von Benecke-Müller-Zarncke].

Lexikon der slowakischen Geschichte. [Július BARTL [u. a.], Eduard PALLAY, Ute KUREDELOVÁ (Übers.)]. Bratislava 2002. [Lexikón slovenských dejín ⟨dt.⟩].

Lexikon des Mittelalters, Bd. 1–9. München 1980–1998.

Rolf LIEBERWIRTH, Die Wirkungsgeschichte des Sachsenspiegels, in: EIKE von Repgow, Die Wolfenbütteler Bilderhandschrift des Sachsenspiegels. Aufsätze und Untersuchungen, Kommentarband zur Faksimile-Ausgabe. Hrsg. von Ruth SCHMIDT-WIEGAND. Berlin 1993, S. 63–86. [Wiederabdr. in: Heiner LÜCK (Hrsg.), Rolf Lieberwirth. Rechtshistorische Schriften. Köln [u. a.] 1993, S. 427–468].

Konstantin V. LIFANOV, Genezis slovackogo literaturnogo jazyka [Genese der slowakischen Standardsprache]. München 2001. (= LINCOM Studies in Slavic Linguistics. 21).

M. Samuel Bogumił LINDE, Słownik języka polskiego [Wörterbuch der polnischen Sprache], Bd. 1–6. Wydanie trzecie fotooffsetowe [Repr. Nachdr. der 3. Aufl.] Lwów 1854–1860. Warszawa 1951.

Julius LIPPERT, Das Recht am alten Schöppenstuhle zu Leitmeritz und seine Denkmäler, in: Mittheilungen des Vereines für Geschichte der Deutschen in Böhmen 6 (1868), Sp. 110–116, 165–173.

Maria Teresa LIZISOWA, Podstawowe terminy prawne w statutach staropolskich na tle słowiańskim. Studium semantyczne [Die grundlegenden Rechtstermini in den altpolnischen Statuten im slawischsprachigen Vergleich. Studium der Semantik]. Kraków 1995.

Maria Teresa LIZISOWA, Prawem sądzić czyli o języku Statutów litewskich w Panu Tadeuszu [Mit Recht richten oder zur Sprache der Litauischen Statuten in Pan Tadeusz]. Kraków 1998. (= Wyższa Szkoła Pedagogiczna im. Komisji Edukacji Narodowej w Krakowie. Prace Monograficzne. 256).

Maria Teresa LIZISOWA, Slawische Rechtstermini und das mittelalterliche Erbe in Europa, in: Norbert REITER (Hrsg.), Eurolinguistik. Ein Schritt in die Zukunft. Beiträge zum Symposion vom 24.bis 27. März 1997 im Jagdschloß Glienicke (bei Berlin). Wiesbaden 1999, S. 161–173.

Maria Teresa LIZISOWA, Język Kodeksu Olszewskiego (1550). Z recepcji staropolskiego języka prawno-sądowego w Wielkim Księstwie Litewskim w szesnastym wieku [Die Sprache des Codex Olszewski (1550). Zur Rezeption der altpolnischen Rechts- und Gerichtssprache im Großfürstentum Litauen im sechzehnten Jahrhundert]. Kraków 2000. (= Prace Monograficzne. 300).

Maria Teresa LIZISOWA, Wielojęzyczność i wielokulturowość w Statuach litewskich [Mehrsprachigkeit und Multikulturalität in den Litauischen Statuten], in: Zofia ABRAMOWICZ (Hrsg.), Wielojęzyczność i wielokulturowość na pograniczu polsko-wschodniosłowiańskim. Materiały z międzynarodwej konferencji naukowej. Białystok-Supraśl, 27–29 maja 2002. (= Studia Slawistyczne. 3). Białystok 2002, S. 26–30.

Johann LOISCH, Karte der Zips. Mit derzeit oder ehemals gebrauchten deutschen Namen. 2. [vielm.] 3. Aufl. Maßstab 1:3800000. Kesmark 1939 [Ausg. 1938]. [Auf der Rückseite: Verzeichnis der deutschen, slowakische und ungarischen Ortsnamen in der Zips].

Herbert LUDAT, Vorstufen und Entstehung des Städtewesens in Osteuropa. Zur Frage der vorkolonialen Wirtschaftszentren im slavisch-baltischen Raum. Köln, Braunsfeld 1955. (= Osteuropa und der deutsche Osten. R. III. 4).

Herbert LUDAT, Die Bezeichnung für „Stadt" im Slavischen, in: Syntagma Friburgense. Historische Studien, Hermann Aubin dargebracht zum 70. Geburtstag am 23.12.1955. (= Schriften des Kopernikuskreises. 1). Lindau, Konstanz 1956, S. 107–123.

Herbert LUDAT, Zum Stadtbegriff im osteuropäischen Bereich, in: Herbert JANKUHN, Walter SCHLESINGER, Heiko STEUER (Hrsg.), Vor- und Frühformen der europäischen Stadt im Mittelalter. Bericht über ein Symposium in Reinhausen bei Göttingen in der Zeit vom 18. bis 24. April 1972, Teil I. (= Abhandlungen der Akademie der Wissenschaften in Göttingen. Phil.-hist. Kl. 3. F. Nr. 83). Göttingen 1973, S. 77–91.

Jacob Friedrich LUDOVICI (Hrsg.), Das Såchſiſche || Weichbild /|| in der Lateinischen und jetzo gebråuchlichen Hoch-||Teutſchen Sprache aus alten bewåhrten Codicibus. Nebst || Nôthigen Auszûgen aus der Gloße /ſo weit selbige zum || Verſtande des alten und neuen Teutſchen Rechts etwas || beyzutragen scheinet, || Wie auch || Einer Vorrede /|| darinnen die Hiſtorie des Weichbildes /auch zum theil || supplementa der Historie derer anderen Theile des Teutſchen || Rechts, nicht weniger eine curieuſe Nachricht von einer Hoch-Teutſchen || edition des Land-Rechts und Richtſteiges de an. 1482. enthalten ist. Halle 1721. [Auch als Online-Ressource verfügbar: ‹ https://digitale.bibliothek.uni-halle.de/id/2920981 ›].

August LÜBBEN, Christoph WALTHER, Mittelniederdeutsches Handwörterbuch. Norden, Leipzig 1888.

Christian LÜBKE, Kastellanei, in: LexMa, Bd. 5. München [u. a.] 1991, Sp. 1036–1038.

Christian LÜBKE, Lokator, in: LexMa, Bd. 5. München [u. a.] 1991, Sp. 2090 f.

Christian LÜBKE, Das östliche Europa. München 2004. (= Die Deutschen und das europäische Mittelalter. 2.)

Christian LÜBKE, Ostkolonisation, Ostsiedlung, Landesausbau im Mittelalter. Der ethnische und strukturelle Wandel östlich von Elbe und Saale im Blick der Neuzeit, in: Enno BÜNZ (Hrsg.), Ostsiedlung und Landesausbau in Sachsen. Die Kührener Urkunde von 1154 und ihr historisches Umfeld. (= Schriften zur sächsischen Geschichte und Volkskunde. 23). Leipzig 2008, S. 467–484.

Heiner LÜCK, [Rezension zu:] Štefánia Mertanová, Ius tavernicale. Štúdie o procese formovania práva taverníckych miest v etapách vývoja taverníckeho súdu v Uhorsku (15.–17. stor.) [Ius Tavernicale. Studien über den Entstehungsprozess des Rechts der Tavernikalstädte in den Etappen der Entwicklung des Tavernikalgerichts in Ungarn (15.–17. Jh.)], Bratislava 1989, in: Jahrbuch für Regionalgeschichte 16,1 (1989), S. 278 f.

Heiner LÜCK, Die Verbreitung des Sachsenspiegels und des Magdeburger Rechts in Osteuropa, in: Mamoun FANSA (Hrsg.), Der sassen speyghel. Sachsenspiegel – Recht – Alltag, Bd. 2: Aus dem Leben gegriffen – ein Rechtsbuch spiegelt seine Zeit. Beiträge u. Katalog zur Ausstellung ›Aus dem Leben gegriffen – ein Rechtsbuch spiegelt seine Zeit‹. 2., verb. Aufl. (= Archäologische Mitteilungen aus Nordwestdeutschland. Beih. 10). Oldenburg 1996, S. 37–49.

Heiner LÜCK, „Der Deutsche kommt also im Osten in kein Neuland …“. Das Institut zur Erforschung des Magdeburger Stadtrechts (1940–1945), in: DERS., Werner FREITAG (Hrsg.), Historische Forschung in Sachsen-Anhalt. Ein Kolloquium anläßlich des 65. Geburtstages von Walter Zöllner. Stuttgart, Leipzig 1999, S. 125–145. [Auch als: Abhandlungen der Sächsischen Akademie der Wissenschaften zu Leipzig, Phil.-hist. Klasse. 76,3 (1999)].

Heiner LÜCK, Zur Rezeption des sächsisch-magdeburgischen Rechts in Osteuropa. Das Beispiel Ungarn, in: Thomas BREMER (Hrsg.), Grenzen überschreiten. Beiträge zur deutsch-ungarischen Kulturwissenschaft. (= Colloquium Halense. 2). Halle/Saale 2001, S. 9–28.

Heiner LÜCK, Schultheiß (§ 2: Aufgabenbereich), in: Reallexikon der germanischen Altertumskunde, Bd. 27. 2., völlig neu bearb. und stark erw. Aufl. Heinrich BECK, Dieter GEUENICH, Heiko STEUER (Hrsg.), Rosemarie MÜLLER (Red.). Berlin [u. a.] 2004, S. 371–373.

Heiner LÜCK, Wirkungen des Sachsenspiegels und des Magdeburger Rechts in Ostmitteleuropa, in: Elemér BALOGH, Andrea HEGEDŰS, Péter MEZEI, Zsolt SZOMORA, Julianna Sára TRASER (Hrsg.), Legal Transitions. Development of Law in Formerly Socialist States and the Challenges of the European Union/Rechtsentwicklung in den ehemaligen sozialistischen Staaten und die Herausforderung der Europäischen Union. (= A Pólay Elemér Alapítvány Könyvtára. 17). Szeged 2007, S. 269–279.

Heiner LÜCK, Bergrecht, Bergregal, in: ²HRG, Bd. 1. Berlin 2008, Sp. 527–534.

Heiner LÜCK, Böhmen, in: ²HRG, Bd. 1. Berlin 2008, Sp. 632–638.

Heiner LÜCK, Fronbote, in: ²HRG, Bd. 1. Berlin 2008, Sp. 1856–1859.

Heiner LÜCK, Einführung: Das sächsisch-magdeburgische Recht als kulturelles Bindeglied zwischen den Rechtsordnungen Ost- und Mitteleuropas, in: Ernst EICHLER, Heiner LÜCK (Hrsg.), Rechts- und Sprachtransfer in Mittel- und Osteuropa. Sachsenspiegel und Magdeburger Recht. Internationale und interdisziplinäre Konferenz in Leipzig vom 31. Oktober bis 2. November 2003. (= IVS SAXONICO-MAIDEBVRGENSE IN ORIENTE. 1). Berlin 2008, S. 1–28.

Heiner LÜCK, „Deutsches Recht im Osten“. Strukturen, Kontexte und Wirkungen eines sensiblen Forschungsthemas (19. Jh. bis 1990), in: ZRG GA 26 (2009), S. 175–206.

Heiner LÜCK, Zur Gerichtsverfassung in den Mutterstädten des Magdeburger und Lübecker Rechts, in: DERS., Matthias PUHLE, Andreas RANFT (Hrsg.), Grundlagen für ein neues Europa. Das Magdeburger und Lübecker Recht in Spätmittelalter und Früher Neuzeit. Köln, Weimar, Wien 2009. (= Quellen und Forschungen zur Geschichte Sachsen-Anhalts. 6), S. 163–181.

Heiner LÜCK, Zur Verbreitung des Sachsenspiegels und des Magdeburger Rechts in den baltischen Ländern, in: Ulrich KRONAUER, Thomas TATERKA (Hrsg.), Baltisch-Europäische Rechtsgeschichte und Lexikographie. (= Akademiekonferenzen. 3). Heidelberg 2009, S. 17–36.

Heiner LÜCK, Vorwort, in: Inge BILY, Wieland CARLS, Katalin GÖNCZI, Sächsisch-magdeburgisches Recht in Polen. Untersuchungen zur Geschichte des Rechts und seiner Sprache. (= IVS SAXONICO-MAIDEBVRGENSE IN ORIENTE. 2). Berlin 2011, S. 1–3.

Heiner LÜCK, Gericht, in: ²HRG, Bd. 2. Berlin 2012, Sp. 131–143.

Heiner LÜCK, Gerichtsbücher, in: ²HRG, Bd. 2. Berlin 2012, Sp. 144–150.

Heiner LÜCK, Gerüfte, in: ²HRG, Bd. 2. Berlin 2012, Sp. 259–264.

Heiner LÜCK, Rechtstransfer und Rechtsverwandtschaft. Zum Einfluss des Magdeburger Stadtrechts im Königreich Böhmen, in: Karel MALÝ, Jiří SOUŠA (Hrsg.), Práva městská Království českého. Sbornik příspěvků z mezinárodni právnické konference. Praha 2013, S. 298–317.

Heiner LÜCK, Über den Sachsenspiegel. Entstehung, Inhalt und Wirkung des Rechtsbuches. Mit einem Beitrag zu den Grafen von Falkenstein im Mittelalter von Joachim SCHYMALLA. 3., überarb., erw. Aufl. Dößel (Saalkreis) 2013.

Heiner LÜCK, Die Anfänge des Magdeburger Stadtrechts und seine Verbreitung in Europa. Strukturen, Mechanismen, Dimensionen, in: Sachsen und Anhalt 27 (2015), S. 179–200.

Heiner LÜCK, Die Entwicklung des deutschen Bergrechts und der Bergbaudirektion bis zum Allgemeinen (preußischen) Berggesetz 1865, in: Wolfhard WEBER (Hrsg.), Geschichte des deutschen Bergbaus, Bd. 2: Salze, Erze und Kohlen. Der Aufbruch in die Moderne im 18. und frühen 19. Jahrhundert. Münster 2015, S. 111–216.

Heiner LÜCK, Magdeburger Recht als verbindendes europäisches Kulturphänomen, in: Denkströme 14 (2015), S. 215–221. [Auch als Online-Ressource verfügbar: ‹ http://www.denkstroeme.de/heft-14/s_215-221_lueck › – Abfragedatum: 20.08.2020].

Heiner LÜCK, Benedict Carpzov (1595–1666) und das „römisch-sächsische Recht“. Zu seinem 350. Todestag am 31. August 2016, in: Zeitschrift für europäisches Privatrecht 24,4 (2016), S. 888–927.

Heiner LÜCK, Königsbann, in: ²HRG, Bd. 3. Berlin 2016, Sp. 25–27.

Heiner LÜCK, Magdeburger Recht, in: ²HRG, Bd. 3. Berlin 2016, Sp. 1127–1136.

Heiner LÜCK, Maiestas Carolina, in: ²HRG, Bd. 3. Berlin 2016, Sp. 1171–1174.

Robert LUFT, „Premysl Otakar II. (Ottokar II.)", in: NDB, Bd. 20. Berlin 2001, S. 697–699.

Ján LUKAČKA, Verkehrs- und Handelsbeziehungen zwischen den Städten Wien, Preßburg und Ofen bis zur Mitte des 15. Jahrhunderts, in: Richard MARSINA (Hrsg.), Städte im Donauraum. Bratislava-Preßburg 1291–1991. Sammelband der Beiträge aus dem Symposion in Smolenice 30.09.–03.10.1991. Bratislava 1993, S. 159–168.

Karin LUTTERMANN, Übersetzen juristischer Texte als Arbeitsfeld der Rechtslinguistik, in: Gerard-René de GROOT, Reiner SCHULZE (Hrsg.), Recht und Übersetzen. Baden-Baden 1999, S. 47–57.

Žofia LYSÁ, Bratislavskí hostia v 13. storočí. Zvyky, právo a správa [Pressburger Gäste im 13. Jahrhundert. Gewohnheiten, Recht und Verwaltung], in: Historický časopis 61 (2013), S. 603–625.

Ludwik ŁYSIAK, Ius supremum Maydeburgense castri Cracoviensis 1356–1794. Organisation, Tätigkeit und Stellung des Krakauer Oberhofs in der Rechtsprechung Altpolens. Frankfurt a.M. 1990. (= Ius commune. Studien zur Europäischen Rechtsgeschichte. 49).

Ludwik ŁYSIAK, Karin NEHLSEN-VON STRYK (Hrsg.), Decreta iuris supremi Magdeburgensis castri Cracoviensis/Die Rechtssprüche des Oberhofs des Deutschen Rechts auf der Burg zu Krakau, Bd. 1: 1456–1481. Frankfurt a.M. 1995. (= Studien zur europäischen Rechtsgeschichte. 68).

Ludwik ŁYSIAK (Hrsg.), Karin NEHLSEN-VON STRYK (Mitarb.), Decreta iuris supremi Magdeburgensis castri Cracoviensis/Die Rechtssprüche des Oberhofs des Deutschen Rechts auf der Burg zu Krakau, Bd. 2: 1481–1511. Frankfurt a.M. 1997. (= Studien zur europäischen Rechtsgeschichte. 104).

Václav MACHEK, Etymologický slovník jazyka českého a slovenského [Etymologisches Wörterbuch der tschechischen und slowakischen Sprache]. Praha 1957.

Václav MACHEK, Etymologický slovník jazyka českého [Etymologisches Wörterbuch der tschechischen Sprache]. 3., nezměněné vyd. [3., unveränd. Aufl. der 2., korr. u. erg. Aufl. 1968]. Praha 1971.

Judit MAJOROSSY, Katalin SZENDE, Liber civitatum. Városkönyvek a középkori Magyar Királyság közigazgatásában [Liber civitatum. Stadtbücher in der Verwaltung des mittelalterlichen Königreichs Ungarn], in: Tiszteletkör. Történeti tanulmányok Draskóczy István egyetemi tanár 60. születésnapjára. (Hrsg. von Gábor MIKÓ, Bence PÉTERFI, András VADAS). Budapest 2012, S. 319–330.

Milan MAJTÁN (Hrsg.), Historický slovník slovenského jazyka, Bd. 1–7 [Historisches Wörterbuch der slowakischen Sprache]. Bratislava 1991–2008.

Milan MAJTÁN, Jana SKLADANÁ, Pramene k dejinám slovenčiny, Bd. 1 [Quellen zur Geschichte des Slowakischen]. Bratislava 1992.

Milan MAJTÁN, Názvy obcí Slovenskej republiky. Vývin v rokoch 1773–1997 [Die Namen der Gemeinden der Slowakischen Republik. Die Entwicklung in den Jahren 1773–1997]. Bratislava 1998.

Karel MALÝ (Hrsg.), Městské právo v 16.–18. století v Evropě. Sborník příspěvků z mezinárodní konference uspořádané Právnickou fakultou UK ve dnech 25.–27. září 1979 v Praze [Stadtrecht im 16. bis 18. Jahrhundert in Europa. Berichte der internationalen Konferenz, die von der Juristischen Fakultät der Karls-Universität vom 25. bis 27. September 1979 in Prag ausgerichtet wurde]. Praha 1982.

Karel MALÝ, Postavení měst a městské právo ve východní Evropě [Der Status der Städte und das Stadtrecht in Osteuropa], in: DERS. (Hrsg.), Městské právo v 16.–18. století v Evropě. Sborník příspěvků z mezinárodní konference uspořádané Právnickou fakultou UK ve dnech 25.–27. září 1979 v Praze. Praha 1982, S. 361–363.

Karel MALÝ, Tschechoslowakische rechtshistorische Literatur. Eine Übersicht zu den Jahren 1972–1983, in: Zeitschrift für Neuere Rechtsgeschichte 6,3/4 (1984), S. 163–177.

Karel MALÝ, Trestní právo v Čechách v 15.–16. století [Das Strafrecht in Böhmen im 15.–16. Jahrhundert]. Praha 1989.

Karel MALÝ, České právo v minulosti [Das böhmische Recht in der Vergangenheit]. Praha 1995.

Karel MALÝ, Jaroslav PÁNEK (Hrsg.), Dalibor JANIŠ (Red.), Vladislavské zřízení zemské a počátky ústavního zřízení v českých zemích (1500–1619)/Die Wladislawsche Landesordnung und die Anfänge der verfassungsmäßigen Ordnung in den böhmischen Ländern (1500–1619)/Władysławowska ustawa krajowa i początki systemu konstytucyjnego na ziemiach czeskich (1500–1619). Sborník příspěvků z mezinárodní konference konané ve dnech 7.–8. prosince 2000 v Praze/Tagungsband der internationalen Konferenz Prag 7.–8. Dezember 2000/ Materiały z międzynarodowej konferencji naukowej Praga 7–8 grudnia 2000. Praha/Prag 2001.

Karel MALÝ [u. a.], Dějiny českého a československého práva do roku 1945 [Geschichte des tschechischen und tschechoslowakischen Rechts bis 1945]. 4., preprac. vyd. [4., überarb. Aufl.]. Praha 2010.

Karel MALÝ, Jiří ŠOUŠA (Hrsg.), Městské právo ve střední Evropě. Sborník příspěvků z mezinárodní právnické konference „Práva městská Království českého" z 19.–21. září 2011, Praha [Stadtrecht in Mitteleuropa. Berichte einer internationalen Rechtskonferenz „Stadtrechte des Königreichs Böhmen" vom 19. bis 21. September 2011 in Prag]. Praha 2013.

Karel MALÝ, Pavla SLAVÍČKOVÁ, Ladislav SOUKUP, Petra SKŘEJPKOVÁ, Jiří ŠOUŠA, Jiří ŠOUŠA ML., Jana VOJTÍŠKOVÁ, Klára WOITSCHOVÁ (Hrsg.), Práva městská Království českého. Edice s komentářem [Stadtrechte im tschechischen Königreich. Edition und Kommentar]. Praha 2013.

Karel MALÝ, Pavel Kristián z Koldína und sein Werk in der tschechischen Rechtsgeschichte, in: DERS., Pavla SLAVÍČKOVÁ, Ladislav SOUKUP, Petra SKŘEJPKOVÁ, Jiří ŠOUŠA, Jiří ŠOUŠA ML., Jana VOJTÍŠKOVÁ, Klára WOITSCHOVÁ (Hrsg.), Práva městská Království českého. Edice s komentářem. Praha 2013, S. 739–743.

Karel MALÝ, Vývoj městského práva v Čechách [Die Entwicklung des städtischen Rechts in Böhmen], in: DERS., Pavla SLAVÍČKOVÁ, Ladislav SOUKUP, Petra SKŘEJPKOVÁ, Jiří ŠOUŠA, Jiří ŠOUŠA ML., Jana VOJTÍŠKOVÁ, Klára WOITSCHOVÁ (Hrsg.), Práva městská Království českého. Edice s komentářem. Praha 2013, S. 11–29.

Karel MALÝ, Zusammenfassungen zur Einleitung, in: DERS., Pavla SLAVÍČKOVÁ, Ladislav SOUKUP, Petra SKŘEJPKOVÁ, Jiří ŠOUŠA, Jiří ŠOUŠA ML., Jana VOJTÍŠKOVÁ, Klára WOITSCHOVÁ (Hrsg.), Práva městská Království českého. Edice s komentářem. Praha 2013, S. 363 f.

E. MARCKS, Die Verbreitung des deutschen Stadtrechts nach dem Osten [Kartenbeilage]. Fünffarbige Karte. Hrsg. von der Stadt Magdeburg, nach den Vorarbeiten von [Wilhelm] WEIZSÄCKER, Joh[annes] SCHULTZE, B[erthold] SCHULZE, P[aul] KRAUSE, in: Magdeburg in der Politik der deutschen Kaiser. Beiträge zur Geopolitik und Geschichte des ostfälischen Raums. Anläßlich der 1000jährigen Wiederkehr der Thronbesteigung Ottos des Großen. Hrsg. von der Stadt Magdeburg. Heidelberg, Berlin 1936.

Jan MAREŠ, Litoměřické městké právo v předhusitské době [Leitmeritzer Stadtrecht in der vorhussitischen Periode], in: Józefa DOBOSZA (Hrsg.), Pierwsze Polsko-Czeskie Forum Młodych Mediewistów. Materialy z konferencji naukowej, Gniezno 27–29 wrzesnia 2005 roku. Poznań 2007, S. 211–216.

Jan MAREŠ, Magdeburské právo ve městech severozápadních Čech v předhusitské době/The Magdeburg Law in the Towns of Northwest Bohemia in Pre-Hussite Period. Praha [Manuskript] 2008. (Diss., Karlsuniversität Prag).

Ernő MAROSI, István PETROVICS, Kassa [Kaschau/Košice], in: Gyula KRISTÓ (Hrsg.), Pál ENGEL, Ferenc MAKK (Red.), Korai magyar történeti lexikon (9–14. század). Budapest 1994, S. 332 f.

Richard MARSINA, Michal KUŠÍK (Hrsg.), Urbáre feudalnych panstiev na Slovensku, Bd. 1 (XVI. storočie), Bd. 2 (XVII. storocie) [Urbare der Feudalherrschaften in der Slowakei]. Bratislava 1959. (= Edícia Slovenský historický archív. 2.1 u. 2.2).

Richard MARSINA, Vznik a počiatky mesta Žiliny [Gründung und Anfänge der Stadt Sillein], in: Vlasta KRISTENOVÁ (Hrsg.), Žilina v minulosti a dnes. (= Edícia Náš Kraj. 28). Banská Bystrica 1963, S. 17–53.

Richard MARSINA (Hrsg.), Codex diplomaticus epistolaris Slovaciae/Slovenský diplomatár, Bd. I: Inde ab a. 805 usque ad a. 1235; Bd. 2: Inde ab a. 1235 usque ad a. 1260. Bratislava 1971, 1987.

Richard MARSINA, Bádanie o dejinách stredovekých miest na Slovensku [Forschungen zur Geschichte der mittelalterlichen Städte in der Slowakei], in: Historický časopis 20 (1972), S. 187–204.

Richard MARSINA, Právne postavenie slovenských mešťanov v Žiline koncom 14. a začiatkom 15. storočia [Der rechtliche Status der slowakischen Stadtbürger in Sillein Ende des 14. und Anfang des 15. Jahrhunderts], in: Vlastivedný zborník Považia 11 (1972), S. 3–18.

Richard MARSINA, K vývoju miest na Slovensku do začiatku 15. stor. [Die Entwicklung der slowakischen Städte bis zum Anfang des 15. Jahrhunderts], in: Historický časopis 21 (1973), S. 337–367.

Richard MARSINA, O kształtowaniu się pozycji społeczno-gospodarczej miast średniowiecznych na Słowacji [Die sozialökonomischen Entwicklungen der mittelalterlichen Städte in der Slowakei], in: Kwartalnik historii kultury materialnej 23,4 (1975), S. 567–588.

Richard MARSINA, Városfejlődés a Felvidéken, a mai Szlovákia területén a XV. század elejéig [Die Stadtentwicklung in Oberungarn auf dem Gebiet der heutigen Slowakei bis zum Beginn des 15. Jahrhunderts], in: Világtörténet 26 (1976), S. 32–68.

Richard MARSINA, O národnostnej štruktúre stredovekých mest. K 600 výročiu výsad pre žilinských Slovakov [Die ethnische Struktur der mittelalterlichen Städte. Zum 600. Jahrestag der Vergabe von Privilegien an die Silleiner Slowaken], in: Historický časopis 29 (1981), S. 681–696.

Richard MARSINA, Výsady pre žilinských slovákov z roku 1381 [Die Privilegien für die Žilinaer Slowaken aus dem Jahre 1381], in: DERS. (Hrsg.), Národnostný vyvoj miest na Slovensku do roku 1918. K 600. výročiu vydania výsad pre žilinských Slovákov. Martin 1984, S. 13–40.

Richard MARSINA, Banskoštiavnické mestské a banské právo [Das Stadt- und Bergrecht von Banská Štiavnica (Schemnitz)], in: DERS. (Hrsg.), Banské mestá na Slovensku. Zborník príspevkov zo sympózia o banských Mestách na Slovensku, ktoré usporiadala Sekcia pre dejiny miest Slovenskej historickej spoločnosti pri SAV v spolupráci so Štátnym ústredným banským archivom v Banskej Štiavnici a so Štátnym okresným archivom v Žiari nad Hronom 26.–28. mája 1987 na Počúvadle. Žilina 1990, S. 13–35.

Richard MARSINA, Viliam ČIČAJ, Dušan KOVÁČ, Slovenské dejiny [Slowakische Geschichte]. Martin [ca. 1993].

Richard MARSINA, Zips, in: LexMa, Bd. 9. München [u. a.] 1998, Sp. 626.

Richard MARSINA, Žilina vo víre dejín [Sillein im Strudel der Geschichte], in: DERS., Peter ŠTANSKÝ (Hrsg.), Žilina v slovenských dejinách. Zborník z vedeckej konferencie k 620. výrociu udelenia výsad pre Žilinských Slovákov. Žilina 2002, S. 7–13.

Richard MARSINA, A középkori városok jellemzőiről és kategóriáinak megalkotásáról [Charakteristika und Kategorisierungen der mittelalterlichen Städte], in:

Enikő CSUKOVITS, Tünde LENGYEL (Hrsg.), Bártfától Pozsonyig. Városok a 13–17. században. (= Társadalom- és művelődéstörténeti tanulmányok. 35). Budapest 2005, S. 37–45.

Richard MARSINA, Mestské knihy na Slovensku v stredoveku [Die Stadtbücher in der Slowakei im Mittelalter], in: Michaela HRUBÁ (Hrsg.), Stav a perspektivy zpřístupňování středověkých a raně novověkých městských knih. (= Ústecký sborník historický. Supplementum 1). Ústí nad Labem 2010, S. 107–116.

Richard MARSINA, Das Stadt- und Bergrecht von Banská Štiavnica/Schemnitz, in: Jörg MEIER (Hrsg.), Historisch-philologische Untersuchungen zu deutschsprachigen Handschriften aus der Slowakei. Von den Anfängen bis 1650. (= Studien zur deutsch-slowakischen Kulturgeschichte. 6). Berlin 2015, S. 65–76.

František MARTÍNEK, Kateřina RYSOVÁ, On a Corpus of Older Czech and Its Usage, in: Prace filologiczne 63 (2012), S. 219–230.

Zdeněk MASAŘÍK, Die mittelalterliche deutsche Kanzleisprache Süd- und Mittelmährens. Brno 1966.

Zdeněk MASAŘÍK, Die frühneuhochdeutsche Geschäftssprache in Mähren. Brno 1985.

Zdeněk MASAŘÍK, Theoretische und methodologische Probleme der frühneuhochdeutschen Kanzleisprache (diskutiert auf der Basis vom Material aus Mähren), in: Beiträge zur Erforschung der deutschen Sprache 6 (1986), S. 136–143.

Zdeněk MASAŘÍK, Die Erforschung der frühneuhochdeutschen Kanzleisprache in Mähren, in: Albrecht GREULE (Hrsg.), Deutsche Kanzleisprachen im europäischen Kontext. Beiträge zu einem internationalen Symposium an der Universität Regensburg. 5. bis 7. Oktober 1999. (= Beiträge zur Kanzleisprachenforschung. 1). Wien 2001, S. 75–84.

Zdeněk MASAŘÍK, Zur dialektalen Gliederung der frühneuhochdeutschen Kanzleisprache in Mähren, in: Andrea MOSHÖVEL, Libuše SPÁČILOVÁ (Hrsg.), Kanzleisprache – ein mehrdimensionales Phänomen. Tagungsband für Prof. PhDr. Zdeněk Masařík, DrSc. zum 80. Geburtstag. (= Beiträge zur Kanzleisprachenforschung. 6). Wien 2009, S. 23–34.

Svetla MATCHAUZEROVA, Drevnerusskie teorii iskusstva slova [Altrussische Theorien der Wortkunst]. Praha 1976.

Heikki E.S. MATTILA, Legal Vocabulary, in: Peter M. TIERSMA, Lawrence M. SOLAN (Hrsg.), The Oxford Handbook of Language and Law. [Paperbackausg. der 1. Aufl. von 2012]. (= Oxford Handbooks in Linguistics). Oxford 2016 [2012], S. 27–38.

Jana MATÚŠOVÁ, Slovník pomístních jmen v Čechách [Wörterbuch der Flurnamen in Böhmen]. Libuše OLIVOVÁ-NEZBEDOVÁ (Mitarb.), Bd. I (A) bis V (Bra-Buc). Praha 2005–.

Jana MATÚŠOVÁ, Zu den wichtigsten Tendenzen und Ergebnissen germanistischer und germanistisch-bohemistischer Namenforschung in Tschechien, in: Onomastica Slavogermanica 25 (2008), S. 142–153. [Auch als: Abhandlungen der

Sächsischen Akademie der Wissenschaften zu Leipzig. Phil.-hist. Kl. 80,5 (2008)].

Jacek S. MATUSZEWSKI, Słownictwo łacińskie i polskie w prawie ziemskim do końca XV stulecia. Terminologia zastawu nieruchomości [Lateinischer und polnischer Wortschatz im Landrecht bis zum Ende des XV Jahrhunderts. Terminologie der Immobilienverpfändung], in: Studia Źródłoznawcze 25 (1980), S. 133–143.

Józef MATUSZEWSKI, Geneza współczesnej terminologii prawnej / La genèse de la terminologie juridique contemporaine, in: Sprawozdania Poznańskiego Towarzystwa Przyjaciół Nauk 64,2 (1961), S. 288–290.

Józef MATUSZEWSKI, Filologia w służbie historii [Philologie im Dienste der Geschichte], in: Acta Universitatis Łodziensis. Zeszyty Naukowe Uniwersytetu Łódzkiego. Seria 1: Nauki Humanistyczno-Społeczne. Folia Iuridica 32 (1978), S. 3–34.

Józef MATUSZEWSKI, Inkrustacje polskie w wyrokach łancińskich najwyższego sądu magdeburskiego grodu krakowskiego [Polnische Einschübe in den lateinischen Urteilen des Oberhofs Magdeburger Rechts auf der Burg zu Krakau], in: Czasopismo prawno-historyczne 47,1–2 (1995), S. 187–199.

Anton MAYER, Die deutschen Lehnwörter im Tschechischen. Reichenberg 1927. (= Forschungen zur Sudetendeutschen Heimatkunde. 3).

Theodor MAYER-MALY, „Bischoff, Ferdinand", in: NDB, Bd. 2. Berlin 1955, S. 262 f.

Erika MAYEROVÁ, Zum Konsonantensystem in den ältesten Preßburger Testamenten, in: Albrecht GREULE (Hrsg.), Deutsche Kanzleisprachen im europäischen Kontext. Beiträge zu einem internationalen Symposium an der Universität Regensburg. 5. bis 7. Oktober 1999. (= Beiträge zur Kanzleisprachenforschung. 1). Wien 2001, S. 141–151.

Jan MAZUR, Geschichte der polnischen Sprache. Frankfurt a. M. [u. a.] 1993. (= Europäische Hochschulschriften. R. 16: Slavische Sprachen und Literaturen. 44).

Jörg MEIER, Kommunikationsbereiche und Textsorten des Frühneuhochdeutschen in der Slowakei, in: Carola L. GOTTZMANN, Petra HÖRNER (Hrsg.), Studien zu Forschungsproblemen der deutschen Literatur in Mittel- und Osteuropa. (= Deutsche Literatur in Mittel- und Osteuropa. 1). Frankfurt a. M. 1998, S. 149–168.

Jörg MEIER, Städtische Textsorten des Frühneuhochdeutschen. Die Leutschauer Kanzlei im 16. Jahrhundert, in: Helga BISTER-BROOSEN (Hrsg.), Beiträge zur historischen Stadtsprachenforschung. (= Schriften zur diachronen Sprachwissenschaft. 8). Wien 1999, S. 131–157.

Jörg MEIER, Ilpo Tapani PIIRAINEN, Der Schwabenspiegel aus Kaschau. Berlin 2000. (= Beiträge zur Editionsphilologie. Editionen und Materialien. 1).

Jörg MEIER, Deutschsprachige Korrespondenzen in der frühen Neuzeit. Briefe Leutschauer Notare und Stipendiaten, in: Albrecht GREULE (Hrsg.), Deutsche Kanzleisprachen im europäischen Kontext. Beiträge zu einem internationalen Symposium an der Universität Regensburg. 5. bis 7. Oktober 1999. (= Beiträge zur Kanzleisprachenforschung. 1). Wien 2001, S. 175–188.

Jörg MEIER, Deutschsprachige Rechtstexte im Mittelalter und in der Neuzeit. Zur Rezeptionsgeschichte des Sachsenspiegels, in: Felix MEYER (Hrsg.), Language for Special Purposes. Perspectives for the New Millennium, Vol. 2: LSP in Academic Discourse and in the Fields of Law, Business and Medicine. Tübingen 2001, S. 630–637.

Jörg MEIER, Arne ZIEGLER, Kanzleisprachenforschung im 19. und 20. Jahrhundert. Eine Bibliographie. Wien 2002. (= Beiträge zur Kanzleisprachenforschung. 2).

Jörg MEIER, Arne ZIEGLER (Hrsg.), Aufgaben einer künftigen Kanzleisprachenforschung. Wien 2003. (= Beiträge zur Kanzleisprachenforschung. 3).

Jörg MEIER, Städtische Kommunikation in der Frühen Neuzeit. Historische Soziopragmatik und historische Textlinguistik. Frankfurt a.M. 2004. (= Deutsche Sprachgeschichte. 2). Zugl.: Bochum, Univ., Habil.-Schr., 2002.

Jörg MEIER, Arne ZIEGLER, Textlinguistische Überlegungen zu städtischer Kommunikation im Spätmittelalter und in der Frühen Neuzeit, in: Gisela BRANDT, Irmtraud RÖSLER (Hrsg.), Kommunikative Anforderungen – Textsorten – Sprachgebrauch soziofunktionaler Gruppen. Internationale Fachtagung, Rostock 23.–25.09.2002. (= Stuttgarter Arbeiten zur Germanistik. 434; Historische Soziolinguistik des Deutschen. 6). Stuttgart 2006, S. 111–133.

Jörg MEIER, Die Anfänge deutschsprachiger Kanzleien in Mittel- und Osteuropa, in: Waldemar CZACHUR, Marta CZYŻEWSKA (Hrsg.), Vom Wort zum Text. Studien zur deutschen Sprache und Kultur. Festschrift für Professor Józef Wiktorowicz zum 65. Geburtstag. Warszawa 2008, S. 551–562.

Jörg MEIER, Arne ZIEGLER (Hrsg.), Die Anfänge deutschsprachiger Kanzleien in Europa. Wien 2008. (= Beiträge zur Kanzleisprachenforschung. 4).

Jörg MEIER, Ilpo Tapani PIIRAINEN, Klaus-Peter WEGERA (Hrsg.), Deutschsprachige Handschriften in slowakischen Archiven. Vom Mittelalter bis zur Frühen Neuzeit, Bd. 1–3. Berlin, New York 2009.

Jörg MEIER, Kanzleisprachenforschung im Kontext Historischer Stadtsprachenforschung und Historischer Soziopragmatik, in: Albrecht GREULE, Jörg MEIER, Arne ZIEGLER (Hrsg.), Melanie GLANTSCHNIG (Mitarb.), Kanzleisprachenforschung. Ein internationales Handbuch. Berlin [u. a.] 2012, S. 29–41.

Bedřich MENDL, Tak řečené norimberské právo v Čechách [Das sogenannte Nürnberger Recht in Böhmen]. Prag 1938. (= Rozpravy České Akademie Věd a Umění v Praze, Třída 1. 86).

Norma MENDOZA-DENTON, Individuals and Communities, in: Ruth WODAK, Barbara JOHNSTONE, Paul E. KERSWILL (Hrsg.), The SAGE Handbook of Sociolinguistics. Los Angeles [u. a.] 2011, S. 181–191.

Josef Joachim MENZEL, Die Akzeptanz des Fremden in der mittelalterlichen deutschen Ostsiedlung, in: Alexander PATSCHOVSKY, Harald ZIMMERMANN (Hrsg.), Toleranz im Mittelalter. (= Konstanzer Arbeitskreis für mittelalterliche Geschichte. Vorträge und Forschungen. 45). Sigmaringen 1998, S. 206–219.

Štefánia MERTANOVÁ, Vznik a vývoj spišského práva [Die Entstehung und Entwicklung des Zipser Rechts], in: Richard MARSINA (Hrsg.), Ludovít HOLOTÍK (Red.), Spišské mesta v stredoveku. Košice 1974, S. 91–99.

Štefánia MERTANOVÁ, Ius tavernicale. Študie o procese formovania práva taverníckych miest v etapách vývoja taverníckeho súdu v Uhorsku (15.–17. stor.) [Ius tavernicale. Studien über den Entstehungsprozess des Rechts der Tavernikalstädte in den Etappen der Entwicklung des Tavernikalgerichts in Ungarn (15.–17. Jh.)]. Bratislava 1985.

Štefánia MERTANOVÁ, Die Stellung von Preßburg in dem Berufungswesen der Tavernikalstädte (14.–16. Jh.), in: Richard MARSINA (Hrsg.), Städte im Donauraum. Bratislava-Preßburg 1291–1991. Sammelband der Beiträge aus dem Symposion in Smolenice 30.09.–03.10.1991. Bratislava 1993, S. 207–219.

Dieter MERTENS, Ebenbürtigkeit, in: ²HRG, Bd. 1. Berlin 2008, Sp. 1172 f.

Dieter MEURER, Tötungsdelikte, in: HRG, Bd. 5. Berlin 1998, Sp. 286–290.

Werner MEYER, Festung, in: ²HRG, Bd. 1. Berlin 2008, Sp. 1552–1554.

Emil MEYNEN (Hrsg.), Sudetendeutscher Atlas. Unter Mitarb. von […]. München 1954.

Emanuel MICHÁLEK, Český právní jazyk údobí předhusitského a doby Husovy [Tschechische Rechtssprache der vorhussitischen und hussitischen Zeit]. Praha 1970. (= Rozpravy Československé Akademie Věd. Rada spolěcenských věd. 80,2).

Emanuel MICHÁLEK, Wörter deutscher Herkunft bei Klaret, in: Ernst EICHLER (Hrsg.), Beiträge zum deutsch-slawischen Sprachkontakt. Berlin 1977, S. 33–37. [Auch als: Abhandlungen der Sächsischen Akademie der Wissenschaften zu Leipzig. Phil.-hist. Kl. 67,2 (1977)].

Emanuel MICHÁLEK, Česká slovní zásoba v Klaretových slovnících [Der tschechische Wortschatz in Klarets Wörterbüchern]. Praha 1989.

Andreas/Endre MICHNAY, Paul/Pál LICHNER (Hrsg.), Ofner Stadtrecht von MCC XLIV–MCCCCXXI/Buda városának törvénykönyve MCCXLIV–MCCCC XXI-ből. Pressburg/Pozsony 1845.

Tomasz MIKA, Agnieszka SŁOBODA, Wyrażenia funkcyjne w średniowiecznej polszczyźnie z perspektywy skladniowej [Funktionale Ausdrücke im mittelalterlichen Polnisch aus der syntaktischen Perspektive]. Poznań 2015.

Maciej MIKUŁA, Die Modifizierung des Erb- und Familienrechts im Magdeburger Weichbildrecht. (Einführung zum Thema), in: Danuta JANICKA (Hrsg.), Judiciary and Society between Privacy and Publicity. 8th Conference on Legal History in the Baltic Sea Area, 3rd September 2015, Toruń. Toruń 2016, S. 329–344.

Maciej MIKUŁA, Prawo miejskie Magdeburskie (Ius Municipale Magdeburgense) w Polsce XIV-pocz. XVI w. Studium o ewolucji adaptacji prawa. Wydanie II przejrzane. [2. überarb. Aufl.]. Kraków 2018.

Klaus MILITZER, Kölner Kaufleute in Preßburg und im Donauraum im 14. und 15. Jahrhundert, in: Richard MARSINA (Hrsg.), Städte im Donauraum. Bratislava-Preßburg 1291–1991. Sammelband der Beiträge aus dem Symposion in Smolenice 30.09.–03.10.1991. Bratislava 1993, S. 121–134.

Jozef MISTRÍK, Štylistika [Stilistik]. 3., bearb. Aufl. Bratislava 1997.

Dirk MOLDT, Deutsche Stadtrechte im mittelalterlichen Siebenbürgen. Korporationsrechte, Sachsenspiegelrecht, Bergrecht. Köln [u. a.] 2009. (= Studia Transylvanica. 37). Zugl.: Berlin, Techn. Univ., Diss., 2007 u. d. T.: Korporationsrechte, Stadtrechte und Sachsenspiegelrecht im mittelalterlichen Siebenbürgen.

Károly MOLLAY, A Budai Jogkönyv magyar szórványai [Die Spuren des Ungarischen im Ofner Stadtrechtsbuch], in: Magyar Nyelv 54 (1958), S. 461–471.

Scott L. MONTGOMERY, Science in Translation. Movements of Knowledge Through Cultures and Time. Chicago 2000.

Peter MORAW, Die Juristenuniversität in Prag (1372–1419), in: DERS., Gesammelte Beiträge zur deutschen und europäischen Universitätsgeschichte. Strukturen – Personen – Entwicklungen. (= Education and Society in the Middle Ages and Renaissance. 31). Leiden [u. a.] 2008, S. 101–158.

Norbert MORCINIEC, Zum Wortgut deutscher Herkunft in den polnischen Dialekten Schlesiens, in: Zeitschrift für Ostforschung 38 (1989), S. 321–336.

E[lena] S[avvična] MOROZOVA, Složnopodčinënnye predloženija uslovija [Untergeordnete konditionale Nebensätze], in: Viktor Ivanovič BORKOVSKIJ (Hrsg.), Sravnitel'no-istoričeskij sintaksis vostočnoslavjanskich jazykov. Složnopodčinënnye predloženija. Moskva 1973, S. 160–207.

Andrea MOSHÖVEL, Libuše SPÁČILOVÁ (Hrsg.), Kanzleisprache – ein mehrdimensionales Phänomen. Tagungsband für Prof. PhDr. Zdeněk Masařík, DrSc. zum 80. Geburtstag. Wien 2009. (= Beiträge zur Kanzleisprachenforschung. 6).

Peter MOSNÝ, Ladislav HUBENÁK, Dejiny štátu a práva na Slovensku [Staats- und Rechtsgeschichte der Slowakei]. Košice 2008.

Peter MOSNÝ, Miriam LACLAVÍKOVÁ, Dejiny štátu a práva na území Slovenska, I.: Od najstarších čias do roku 1848 [Staats- und Rechtsgeschichte der Slowakei. I.: Von den Anfängen bis 1848]. Druhé doplnené a prepracované vydanie [2., erg. u. überarb. Aufl.]. Bratislava 2015.

Gabriela MÚCSKOVÁ, Júlia VRÁBL'OVÁ (Hrsg.), Pri zelenom stole: NAŠA REČ. Návraty k takmer zabudnutej diskusii [Am runden Tisch: NAŠA REČ. Rückkehr zu einer fast vergessenen Diskussion]. Bratislava 2014.

Jindřiška MUNKOVÁ, Ernst GIESE, Stanislav LIŠKA, Odborné německo-české právnické názvosloví [Deutsch-tschechisches rechtsterminologisches Fachwörterbuch]. Praha 1998.

Dietlinde MUNZEL [MUNZEL-EVERLING], Rechtsbücher, in: HRG, Bd. 4. Berlin 1990, Sp. 277–282.

Dietlinde MUNZEL [MUNZEL-EVERLING], Weichbildglosse, in: HRG, Bd. 5. Berlin 1998, Sp. 1212 f.

Dietlinde MUNZEL-EVERLING, Eid, in: ²HRG, Bd. 1. Berlin 2008, Sp. 1249–1261.

Ludwik MUSIOŁ, Stanisław ROSPOND, Protokolarz miasta Woźnik [Protokolle der Stadt Woischnik]. Wrocław 1972.

Imre NAGY, Iván PÁUR, Károly RÁTH, Dezső VÉGHELY, Codex diplomaticus patrius/Hazai okmánytár, Tom. 6. Jaurini/Győr 1876.

Nazwy geograficzne Śląska [Geographische Namen Schlesiens], Bd. 1–. Stanisław ROSPOND (Begr.), [ab Bd. 5] Stanisława SOCHACKA (Hrsg.). Warszawa, Wrocław, Opole 1970–. [Nebent.: Słownik etymologiczny nazw geograficznych Śląska [Etymologische Wörterbuch der geographischen Namen Schlesiens]].

Nazwy miejscowe Polski. Historia, pochodzenie, zmiany [Die polnischen Ortsnamen. Geschichte, Herkunft, Änderungen], Bd. 1–. Kazimierz RYMUT (Hrsg.) [1996–2006]. Kraków 1996–.

Igor NĚMEC, Slovo a význam v historickém slovníku [Wort und Bedeutung im historischen Wörterbuch], in: Slovo a slovesnost 26 (1965), S. 136–150.

Igor NĚMEC, K teoretickým základům Staročeského slovníku [Die theoretischen Grundlagen des Alttschechischen Wörterbuchs], in: Listy filologické 92 (1969), S. 42–51.

Igor NĚMEC, On the Study of Lexical Subsystems of Language, in: Travaux linguistiques de Prague 4 (1971), S. 205–216.

Igor NĚMEC, Emanuel MICHÁLEK, Žilinská kniha jako pramen slovenské a české historické lexikografie [Das Silleiner Rechtsbuch als Quelle der slowakischen und tschechischen historischen Lexikographie], in: Štefan PECIAR (Hrsg.), Z dejín slovenskej lexiky. (= Jazykovedné štúdie. 17). Bratislava 1982, S. 5–14.

János NÉMETH, Die Sprache des Ödenburger Gerichtsbuches, in: Jenő HÁZI, János NÉMETH (Hrsg.), Gerichtsbuch/Bírósági könyv. 1423–1531. (= Quellen zur Geschichte der Stadt Ödenburg. Sopron város történeti forrásai. Reihe A. 2 – A). Sopron 2005, S. 47–67.

János NÉMETH, Möglichkeiten des Nachweisens des Stilbewußtseins von Kanzleischreibern, in: Peter ERNST (Hrsg.), Kanzleistil: Entwicklung, Form, Funktion. Beiträge der 4. Tagung des Arbeitskreises Historische Kanzleisprachenforschung, Wien 24. und 25. November 2006. (= Beiträge zur Kanzleisprachenforschung. 5). Wien 2009, S. 139–178.

[Jan] NEPLACH, Neplacha, opata Opatowského, krátká kronika římská a česká/ Johannis Neplachonis, abbatis opatovicensis, chronico [Iohannis Neplachonis Chronicon: Summula chronicae tam Romanae quam Bohemicae], in: Josef EMLER (Hrsg.), Fontes rerum Bohemicarum/Prameny dějin českých, Tom./ Díl III. Praha 1882, S. 443–484. Nachdr. Hildesheim 2004.

Christian NESCHWARA, „Rössler, Emil Franz“, in: NDB, Bd. 21. Berlin 2003, S. 747 f.

Christian NESCHWARA, Erbzins, in: ^{2}HRG, Bd. 1. Berlin 2008, Sp. 1392 f.

Stefan Michael NEWERKLA, Die Vermittlung deutscher Lehnwörter durch das Tschechische in das Polnische und Slovakische, in: Wiener Slavistisches Jahrbuch 48 (2002), S. 117–131.

Stefan Michael NEWERKLA, Sprachkontakte Deutsch – Tschechisch – Slowakisch. Wörterbuch der deutschen Lehnwörter im Tschechischen und Slowakischen: historische Entwicklung, Beleglage, bisherige und neue Deutungen. Frankfurt a.M. [u. a.] 2004. (= Schriften über Sprachen und Texte. 7).

Stefan Michael NEWERKLA, Areály jazykového kontaktu ve střední Evropě a německo-český mikroareál ve východním Rakousku [Sprachkontaktareale in Mitteleuropa und das deutsch-tschechische Mikroareal in Ostösterreich], in: Slovo a slovesnost 68 (2007), S. 271–286.

Stefan Michael NEWERKLA, Sprachkontakte Deutsch – Tschechisch – Slowakisch. Wörterbuch der deutschen Lehnwörter im Tschechischen und Slowakischen: historische Entwicklung, Beleglage, bisherige und neue Deutungen. 2., durchgehend überarb. u. aktual. Aufl. Frankfurt a.M. [u. a.] 2011. (= Schriften über Sprachen und Texte. 7).

Erika NIKOLICZA, Krakkó jelentősége a Budai Jogkönyv forráskapcsolataiban/ Kraków's Significance in the Sources of the Buda Law Book, in: Közös úton. Budapest és Krakkó a középkorban. Kiállítási katalógus a Budapesti Történeti Múzeum és a Muzeum Historyczne Miasta Krakowa közös kiállítása. Budapesti Történeti Múzeum Vármúzeum. 2016. március 18-július 24. Budapest 2016, S. 97 f.

Jan NYUTS, Pieter BYLOO, Competing Modals. Beyond (Inter)subjectification, in: Diachronica. International Journal for Historical Linguistics 32,1 (2015), S. 34–68.

František [JÍLEK-]OBERPFALCER, Jazyk knih černých, jinak smolných [Die Sprache der Achtbücher, anders Blutbücher]. Praha 1935.

Margret OBLADEN, Magdeburger Recht auf der Burg zu Krakau. Die güterrechtliche Absicherung der Ehefrau in der Spruchpraxis des Krakauer Oberhofs. Berlin 2005. (= Freiburger Rechtsgeschichtliche Abhandlungen. N. F. 48). Zugl.: Freiburg i.Br., Univ., Diss., 2003.

Österreichisches Biographisches Lexikon. 1815–1950, Bd. 1–13. Wien [u. a.] 1957–2010.

Peter OESTMANN, Fronung, in: ^{2}HRG, Bd. 1. Berlin 2008, Sp. 1862 f.

Peter OESTMANN, Fürsprecher, in: ^{2}HRG, Bd. 1. Berlin 2008, Sp. 1883–1887.

Werner OGRIS, Schuld und Haftung, in: HRG, Bd. 4. Berlin 1990, Sp. 1505–1510.

Werner OGRIS, Fahrnis, Fahrhabe, in: ^{2}HRG, Bd. 1. Berlin 2008, Sp. 1474–1477.

Werner OGRIS, Freiteil, in: ²HRG, Bd. 1. Berlin 2008, Sp. 1782–1784.

Werner OGRIS, Gewere, in: ²HRG, Bd. 2. Berlin 2012, Sp. 347–352.

Thomas OLECHOWSKI, Tomaschek von Stradowa, Johann Adolf Edler, in: Österreichisches Biographisches Lexikon 1815–1950, Bd. 14 [Lfg. 66]. Wien 2015, Sp. 387 f.

Karel OLIVA, Retrográdní slovník k dílu Dr. Antonína Profouse „Místní jména v Čechách" I–V [Rückläufiges Wörterbuch zu dem Werk von Dr. Antonín Profous „Ortsnamen in Böhmen" 1–5]. Praha 1976.

Libuše OLIVOVÁ-NEZBEDOVÁ, Jana MATÚŠOVÁ, Index lexikálních jednotek pomístních jmen v Čechách [Index der lexikalischen Einheiten der tschechischen Flurnamen]. Praha 1991.

Libuše OLIVOVÁ-NEZBEDOVÁ, Jana MATÚŠOVÁ, Retrográdní index lexikálních jednotek pomístních jmen v Čechách [Rückläufiger Index der lexikalischen Einheiten der tschechischen Flurnamen]. Praha 1991.

Libuše OLIVOVÁ-NEZBEDOVÁ, Miloslava KNAPPOVÁ, Jitka MALENÍNSKÁ, Jana MATÚŠOVÁ, Pomístní jména v Čechách. O čem vypovídají jména polí, luk, lesů, hor, vod a cest [Die Flurnamen in Böhmen. Worüber erzählen die Namen von Feldern, Wiesen, Wäldern, Bergen, Gewässern und Straßen]. Praha 1995.

Libuše OLIVOVÁ-NEZBEDOVÁ, Jitka MALENÍNSKÁ, Slovník pomístních jmen v Čechách. Úvodní svazek [Wörterbuch der Flurnamen in Böhmen. Einführungsband]. Praha 2000.

Ulrich-Dieter OPPITZ, Deutsche Rechtsbücher des Mittelalters, Bd. 1: Beschreibung der Rechtsbücher, Bd. 2: Beschreibung der Handschriften, Bd. 3/1 u. 2: Abbildungen und Fragmente. Köln, Wien 1990–1992.

Ulrich-Dieter OPPITZ, Zum Meißner Rechtsbuch, in: Gerhard KÖBLER, Hermann NEHLSEN (Hrsg.), Wirkungen europäischer Rechtskultur. Festschrift für Karl Kroeschell zum 70. Geburtstag. München 1997, Sp. 907–914.

Ulrich-Dieter OPPITZ, Zipser Willkür, in: HRG, Bd. 5. Berlin 1998, Sp. 1722.

Ulrich-Dieter OPPITZ, Zipser Willkür, in: Verfasserlexikon, Bd. 10. Berlin [u. a.] ²1999, Sp. 1560 f.

Ulrich-Dieter OPPITZ, Brünner Schöffenbuch, in: ²HRG, Bd. 1. Berlin 2008, Sp. 694 f.

Ulrich-Dieter OPPITZ, Livländischer Spiegel, in: ²HRG, Bd. 3. Berlin 2015, Sp. 1026–1028.

Emil OTT, Beiträge zur Receptions-Geschichte des römisch-canonischen Processes in den böhmischen Ländern. Leipzig 1879.

Emil OTT, Das Eindringen des kanonischen Rechts, seine Lehre und wissenschaftliche Pflege in Böhmen und Mähren während des Mittelalters, in: ZRG KA 34 (1913), S. 1–106.

Bedřich PACÁK, O provedení rovného práva jazyka českého při soudech a státních úřadech v král. českém [Die Durchsetzung der Gleichberechtigung der tschechischen Sprache in den Gerichten und Staatsbehörden im Königreich Böhmen]. Praha 1900.

Jelena Viktorovna PADUČEVA, Semantičeskie issledovanija. Semantika vremeni i vida v russkom jazyke. Semantika narrativa [Semantische Untersuchungen. Tempus und Aspektsemantik im Russischen. Semantik des Narrativs]. 2. izd., ispr. i dop. [2., bearb. und erg. Aufl.]. Moskva 2010. (= Jazyk. Semiotika. Kul'tura).

Ralf G. PÄSLER, Deutschsprachige Sachliteratur im Preußenland bis 1500. Untersuchungen zu ihrer Überlieferung. Köln [u. a.] 2003. (= Aus Archiven, Bibliotheken und Museen Mittel- und Osteuropas. Bd. 2). Zugl.: Oldenburg, Univ., Diss., 1999.

Jaroslav PÁNEK, Oldřich TŮMA [u. a.], A History of the Czech Lands. [2. ed.]. Praha 2014. [Einheitssacht.: Dějiny českých zemí ⟨engl.⟩].

Mária PAPSONOVÁ, Die Zipser Willkür aus Spišská Sobota. Untersuchungen zum Laut- und Formenbestand. [o. O.] [Manuskript, 1980]. [Das ist: Diss., Univerzita Komenského. Filozofická fakulta. Bratislava 1980].

Mária PAPSONOVÁ, Jazyk spišskosobotského rukopisu právnej knihy „Zipser Willkür“ [Zur Sprache der Georgenberger Handschrift der „Zipser Willkür“], in: Nové obzory. Spoločenskovedný zborník východného Slovenska 25 (1983), S. 267–281.

Mária PAPSONOVÁ, Die Zipser Willkür aus Spišská Sobota (Georgenberg). Untersuchungen zum Laut- und Formenbestand, in: Beiträge zur Erforschung der deutschen Sprache 5 (1985), S. 41–65.

Mária PAPSONOVÁ, Zur Problematik der Komposita im Stadtrechtsbuch von Žilina. Schreibweise, Translation und Semantik, in: Brücken. Germanistisches Jahrbuch. DDR-ČSSR 1984/85 (1985), S. 105–120.

Mária PAPSONOVÁ, Einige Bemerkungen zur Edition spätmittelalterlicher Rechtstexte aus der Ostslowakei, in: Brücken. N. F. Germanistisches Jahrbuch. DDR-ČSSR 6 (1987/88), S. 230–239.

Mária PAPSONOVÁ, Das Stadtrechtsbuch von Žilina und das Magdeburger Recht, in: Brücken. N. F. Germanistisches Jahrbuch. Tschechien-Slowakei 1 (1991/92), S. 149–171.

Mária PAPSONOVÁ, Geschichte und Gegenwart der deutsch-slowakischen Sprachkontakte, in: Brücken. N. F. Germanistisches Jahrbuch. Tschechien-Slowakei 1 (1994), S. 73–94.

Mária PAPSONOVÁ, Deutsches Recht in der mittelalterlichen Slowakei. Dreizehn Handschriften der Zipser Willkür aus dem 15. bis 18. Jahrhundert, in: Gerhard GRIMM, Krista ZACH (Hrsg.), Die Deutschen in Ostmittel- und Südosteuropa. Geschichte, Wirtschaft, Recht, Sprache, Bd. 2. (= Veröffentlichungen des Südostdeutschen Kulturwerks. Reihe B. Wissenschaftliche Arbeiten. 73). München 1996, S. 153–158.

Mária PAPSONOVÁ, Die Entwicklung der Schreibsprache in der Zips am Beispiel der „Zipser Willkür“, in: Anton SCHWOB, Horst FASSEL (Hrsg.), Deutsche Sprache und Literatur in Südosteuropa. Archivierung und Dokumentation. Beiträge der Tübinger Fachtagung vom 25.–27. Juni 1992. (= Veröffentlichungen des Südostdeutschen Kulturwerks. Reihe B: Wissenschaftliche Arbeiten. 66). München 1996, S. 154–166.

Mária PAPSONOVÁ, Zur Übersetzung und Entlehnung des deutschen Rechtswortschatzes im Stadtbuch von Žilina/Sillein, in: Brücken. N. F. Germanistisches Jahrbuch. Tschechien-Slowakei 4 (1996), S. 235–249.

Mária PAPSONOVÁ, Das Silleiner Rechtsbuch (1378–1524) im Spiegel der Forschung, in: Brücken. N. F. Germanistisches Jahrbuch. Tschechien-Slowakei 5 (1997), S. 255–267.

Mária PAPSONOVÁ, Synonymie, Polysemie und Homonymie in den Rechtsquellen des Magdeburger Rechtskreises, in: Michael ELMENTALER (Hrsg.), Regionalsprachen, Stadtsprachen und Institutionssprachen im historischen Prozeß. (= Schriften zur diachronen Sprachwissenschaft. 10). Wien 2000, S. 43–52.

Mária PAPSONOVÁ, Deutsches Lehnwortgut in den ältesten Rechtsaufzeichnungen und in der slowakischen Gegenwartssprache, in: Jörg MEIER, Arne ZIEGLER (Hrsg.), Deutsche Sprache in Europa. Geschichte und Gegenwart. Festschrift für Ilpo Tapani Piirainen zum 60. Geburtstag. Wien 2001, S. 571–579.

Mária PAPSONOVÁ, Das Magdeburger Recht und das Silleiner Rechtsbuch. Wörterbuch zur deutschsprachigen Vorlage des Landrechts (1378) und zu ihrer Übersetzung (1473). Frankfurt a. M. 2003. (= Regensburger Beiträge zur deutschen Sprach- und Literaturwissenschaft. Reihe B. Untersuchungen. 84).

Mária PAPSONOVÁ, Wörter deutscher Herkunft im Slowakischen. Geschichte und Gegenwart der deutsch-slowakischen Sprachkontakte, in: Albrecht GREULE, Jörg MEIER (Hrsg.), Deutsche Sprache in der Slowakei. Bilanz und Perspektiven ihrer Erforschung. Wien 2003, S. 69–94.

Mária PAPSONOVÁ, Das Tavernikalrecht und das Tavernikalbuch von Eperjes/Prešov, in: Zeitschrift für germanistische Sprach- und Literaturwissenschaft in der Slowakei 1 (2004), S. 41–49.

Mária PAPSONOVÁ, *iclich weyb erbet czweier wegene*. Wörter aus dem Bereich des Erbrechts, ihre Verwendung und Übersetzung im Silleiner Rechtsbuch, in: Hildegard BOKOVÁ (Hrsg.), Zur Erforschung des Frühneuhochdeutschen in Böhmen, Mähren und der Slowakei. Vorträge der internationalen Tagung, veranstaltet vom Institut für Germanistik der Pädagogischen Fakultät der Südböhmischen Universität, České Budějovice, 20.–22. September 2001. (= Schriften zur diachronen Sprachwissenschaft. 12). Wien 2004, S. 193–204.

Mária PAPSONOVÁ, Zur Sprache der stadt- und bergrechtlichen Texte (1492–1537) im Kremnitzer Stadtbuch, in: Hana ANDRÁŠOVÁ, Peter ERNST, Libuše SPÁČILOVÁ (Hrsg.), Germanistik genießen. Gedenkschrift für Doc. Dr. phil. Hildegard Boková. (= Schriften zur diachronen Sprachwissenschaft. 15). Wien 2006, S. 283–297.

Mária PAPSONOVÁ, Geographische Namen der Zips im Spiegel der Kulturgeschichte, in: Wynfried KRIEGLEDER, Andrea SEIDLER, Jozef TANCER (Hrsg.), Deutsche Sprache und Kultur in der Zips. Wissenschaftliche Tagung „Der Einfluß der deutschen Sprache und Kultur in der Zips von der frühen Neuzeit bis zur Auflösung der Donaumonarchie“ (Levoča/Leutschau vom 5.–9.10.2005). (= Presse und Geschichte. Neue Beiträge. 24). Bremen 2007, S. 23–38.

Mária PAPSONOVÁ, Kanzleisprachenforschung und Rechtsgeschichte, in: Albrecht GREULE, Jörg MEIER, Arne ZIEGLER (Hrsg.), Melanie GLANTSCHNIG (Mitarb.), Kanzleisprachenforschung. Ein internationales Handbuch. Berlin [u. a.] 2012, S. 53–67.

Mária PAPSONOVÁ, Sasko-magdeburské právo na Slovensku. Krajinské právo v Žilinskej knihe [Sächsisch-magdeburgisches Recht in der Slowakei. Landrecht im Silleiner Rechtsbuch]. Bratislava, Žilina 2014.

Hana PÁTKOVÁ, Die Stadtbücher in Böhmen bis 1350, in: Krakowskie Studia z Historii Państwa i Prawa 9,3 (2016), S. 271–278.

Marcin R[afał] PAUK, Der böhmische Adel im 13. Jahrhundert. Zwischen Herrschaftsbildung und Gemeinschaftsgefühl, in: Ivan HLAVÁČEK, Alexander PATSCHOVSKY (Hrsg.), Böhmen und seine Nachbarn in der Přemyslidenzeit. (= Konstanzer Arbeitskreis für Mittelalterliche Geschichte. Vorträge und Forschungen. 74). Ostfildern 2011, S. 247–287.

Jiří PEŠEK, Pavel Kristián z Koldína. Život a kariéra [Pavel Kristián Koldín. Leben und Werdegang], in: Karel MALÝ, Jiří ŠOUŠA (Hrsg.), Městské právo ve střední Evropě. Sborník příspěvků z mezinárodní právnické konference „Práva městská Království českého“ z 19.–21. září 2011, Praha. Praha 2013, S. 25–62.

Otto PETERKA, Das Wasserrecht der Weistümer. Prag 1905.

Otto PETERKA, Das Burggrafentum in Böhmen. Eine rechtsgeschichtliche Untersuchung. Prag 1906.

Otto PETERKA, Das Gewerberecht Böhmens im 14. Jahrhundert. Prag 1909.

Otto PETERKA, Die bürgerlichen Braugerechtigkeiten in Böhmen. Eine rechtsgeschichtliche Untersuchung. Prag 1917.

Otto PETERKA, Böhmische und ungarische Rechtsgeschichte, in: Prager Juristische Zeitschrift 4 (1924), Sp. 75–86.

Otto PETERKA, Der Kauf im Altstadt Prager und Brünner Recht, in: ZRG GA 58 (1938), S. 421–447.

Otto PETERKA, Ursachen und Wege der Rezeption des Römischen Rechtes in Böhmen und Mähren, in: Zeitschrift für Geschichte der Sudetenländer 7 (1944), S. 37–55. [Neudr. u. d. T.: Rudolf SCHREIBER (Hrsg.), Prager Festgabe für Theodor Mayer. Mit Beitr. von [...]. Freilassing, Salzburg 1953. (= Forschungen zur Geschichte und Landeskunde der Sudetenländer. 1), S. 37–55].

Otto PETERKA, Wilhelm WEIZSÄCKER, Beiträge zur Rechtsgeschichte von Leitmeritz. Prag 1944.

Otto PETERKA, Rechtsgeschichte der böhmischen Länder. In ihren Grundzügen dargestellt, 2 Teile in 1 Bd.; Teil 1: Geschichte des öffentlichen Rechtes und die Rechtsquellen in vorhussitischer Zeit; Teil 2: Geschichte des öffentlichen Rechtes und die Rechtsquellen von der hussitischen Zeit bis zum theresianischen Zeitalter. Neudr. der Ausg. Reichenberg 1928–33. Mit Geleitwort von Wilhelm Wegener und Schriftenverzeichnis. Aalen 1965.

René PETRÁŠ, David FALADA, Die tschechische rechtshistorische Literatur in den Jahren 1984 bis 2003, in: Zeitschrift für Neuere Rechtsgeschichte 27,3/4 (2005), Sp. 229–253.

René PETRÁŠ, Marek STARÝ, Právněhistorická bibliografie. Výběr českých a slovenských prací z let 1990–2000 k dějinám státu a práva [Rechtshistorische Bibliographie. Eine Auswahl tschechischer und slowakischer Arbeiten aus den Jahren 1990–2000 zur Geschichte von Staat und Recht]. Praha 2005.

István PETROVICS, Tárnokmester [Der Tarnakmeister], in: Gyula KRISTÓ (Hrsg.), Pál ENGEL, Ferenc MAKK (Red.), Korai magyar történeti lexikon (9–14. század). Budapest 1994, S. 662.

Guido Christian PFEIFER, Ius regale montanorum. Ein Beitrag zur spätmittelalterlichen Rezeptionsgeschichte des römischen Rechts in Mitteleuropa. Ebelsbach 2002. (= Abhandlungen zur rechtswissenschaftlichen Grundlagenforschung. 88). Zugl.: München, Univ., Diss., 2001.

Ilpo Tapani PIIRAINEN, Graphematische Untersuchungen zum Frühneuhochdeutschen. Berlin 1968. (= Studia Linguistica Germanica. 1).

Ilpo Tapani PIIRAINEN, Das Stadtrechtsbuch von Sillein. Einleitung, Edition und Glossar. Berlin, New York 1972. (= Quellen und Forschungen zur Sprach- und Kulturgeschichte der germanischen Völker. N. F. 46/170).

Ilpo Tapani PIIRAINEN, Das Stadtrechtsbuch von Sillein/Žilina, in: Neuphilologische Mitteilungen 76 (1975), S. 671–690.

Ilpo Tapani PIIRAINEN, Vereinheitlichungstendenzen im Schriftverkehr des ausgehenden Mittelalters. Zur maschinellen Erforschung deutscher Texte aus der Mittelslowakei seit dem 14. Jahrhundert, in: Winfried LENDERS, Hugo MOSER (Hrsg.), Maschinelle Verarbeitung altdeutscher Texte, I. Beiträge zum Symposion Mannheim 11./12. Juni 1971. Berlin 1978, S. 53–57.

Ilpo Tapani PIIRAINEN, Das Iglauer Bergrecht nach einer Handschrift aus Schemnitz. Untersuchungen zum Frühneuhochdeutschen in der Slowakei. Heidelberg 1980. (= Studien zum Frühneuhochdeutschen. 4).

Ilpo Tapani PIIRAINEN, Das Stadt- und Bergrecht von Kremnica/Kremnitz. Heidelberg 1983. (= Studien zum Frühneuhochdeutschen. 7).

Ilpo Tapani PIIRAINEN, Sprachliches aus der Zipser Willkür. Ein Beitrag zum Frühneuhochdeutschen in der Slowakei, in: Ahti JÄNTTI (Hrsg.), Festschrift für Lauri Seppänen zum 60. Geburtstag. (= Acta Universitatis Tamperensis. Ser. A. 183). Tampere 1984, S. 241–249.

Ilpo Tapani PIIRAINEN, Spätmittelalterliche Stadt- und Bergrechte in der Slowakei, in: Südostdeutsches Archiv 28/29 (1985/1986), S. 44–58.

Ilpo Tapani PIIRAINEN, Das Stadt- und Bergrecht von Banská Štiavnica/Schemnitz. Untersuchungen zum Frühneuhochdeutschen in der Slowakei. Oulu 1986. (= Universität Oulu. Veröffentlichungen des Germanistischen Instituts. 6).

Ilpo Tapani PIIRAINEN, Mária PAPSONOVÁ, Das Recht der Spiš/Zips. Texte und Untersuchungen zum Frühneuhochdeutschen in der Slowakei, 2 Bde. Oulu 1992. (= Universität Oulu. Veröffentlichungen des Germanistischen Instituts. 8).

Ilpo Tapani PIIRAINEN, Jörg MEIER, Das Stadtbuch von Schwedler/Švedlár. Texte und Untersuchungen zum entstehenden Neuhochdeutschen in der Slowakei. Leutschau/Levoča 1993.

Ilpo Tapani PIIRAINEN, Arne ZIEGLER (Hrsg.), Collectanea Allerley Nutzlicher vnnd Nothwendiger Regeln des Rechtens. Ein deutsches Rechtsbuch aus dem Jahre 1628 aus der Slowakei. Leutschau/Levoča 1995.

Ilpo Tapani PIIRAINEN, Der Sachsenspiegel aus Oppeln und Krakau. Hrsg. im Auftrag der Stiftung Haus Oberschlesien. Berlin 1996. (= Schriften der Stiftung Haus Oberschlesien. Landeskundliche Reihe. 10).

Ilpo Tapani PIIRAINEN, Deutsche Siedler und deutschsprachige Gesetze in der wirtschaftlichen Entwicklung der Slowakei, in: Gerhard GRIMM, Krista ZACH (Hrsg.), Die Deutschen in Ostmittel- und Südosteuropa. Geschichte, Wirtschaft, Recht, Sprache, Bd. 2. (= Veröffentlichungen des Südostdeutschen Kulturwerks. Reihe B. Wissenschaftliche Arbeiten. 73). München 1996, S. 133–152.

Ilpo Tapani PIIRAINEN, Deutsche Fachprosa des 14.–17. Jahrhunderts in Schlesien und in der Slowakei, in: Alexander SCHWARZ, Laure ABPLANALP (Hrsg.), Text im Kontext. Anleitung zur Lektüre deutscher Texte der frühen Neuzeit. (= TAUSCH – Textanalyse in Universität und Schule. 9). Bern [u. a.] 1997, S. 201–217.

Ilpo Tapani PIIRAINEN, Paarformeln in einem deutschen Rechtsbuch aus dem Jahre 1628, in: Irmhild BARZ, Marianne SCHRÖDER (Hrsg.), Nominationsforschung im Deutschen. Festschrift für Wolfgang Fleischer zum 75. Geburtstag. Frankfurt a.M. [u. a.] 1997, S. 37–42.

Ilpo Tapani PIIRAINEN, Arne ZIEGLER, Das älteste Gerichtsbuch der Stadt Käsmark/Kežmarok aus den Jahren 1533–1553. Leutschau/Levoča 1998.

Ilpo Tapani PIIRAINEN, Nachträge zum Zipser Recht. Die Handschrift 14 und 15 der Zipser Willkür. Leutschau/Levoča 2001.

Ilpo Tapani PIIRAINEN, Das Rechtsbuch der XI Zipser Städte. Rechtliches, Medizinisches und Sprachliches aus einer frühneuhochdeutschen Handschrift aus der Slowakei. Leutschau/Levoča 2003.

Ilpo Tapani PIIRAINEN, Ingmar ten VENNE, Der Sachsenspiegel aus der Dombibliothek in Breslau/Wroclaw. Einleitung, Edition und Glossar. Herausgegeben zum 1000-jährigen Jubiläum des Bistums Breslau/Wroclaw. Wrocław 2003. (= Beihefte zum Orbis Linguarum. 21).

Ilpo Tapani PIIRAINEN, Die Wortschätze der ›Kolonialmundarten‹, in: David Alan CRUSE, Franz HUNDSNURSCHER, Michael JOB, Peter LUTZEIER (Hrsg.), Lexikologie/Lexicology. Ein internationales Handbuch zur Natur und Struktur von Wörtern und Wortschätzen/An International Handbook on the Nature and Structure of Words and Vocabularies, 2. Halbbd./Vol. 2. (= Handbücher zur Sprach- und Kommunikationswissenschaft/Handbooks of Linguistics and Communication Science. Bd. 21.2). Berlin [u. a.] 2005, S. 1166–1174.

Ilpo Tapani PIIRAINEN, Auswirkungen des Magdeburger Rechts auf die Gesetzgebung des Spätmittelalters und der Frühen Neuzeit in der Slowakei, in: Ernst EICHLER, Heiner LÜCK (Hrsg.), Rechts- und Sprachtransfer in Mittel- und Osteuropa. Sachsenspiegel und Magdeburger Recht. Internationale und interdisziplinäre Konferenz in Leipzig vom 31. Oktober bis 2. November 2003. (= IVS SAXONICO-MAIDEBVRGENSE IN ORIENTE. 1). Berlin 2008, S. 182–205.

Ilpo Tapani PIIRAINEN, Der Anfang und die frühe Entwicklung der Städte in der Mittelslowakei anhand der Geschichte von Karpfen/Krupina, in: Karpaten Jahrbuch 61 (2010 [2009]), S. 67–74.

Ilpo Tapani PIIRAINEN, Městské knihy, právní knihy a soudní knihy: rukopisy ve slovenských archivech [Stadtbücher, Rechtsbücher und Gerichtsprotokolle: Handschriften in slowakischen Archiven], in: Michaela HRUBÁ (Hrsg.), Stav a perspektivy zpřístupňování středověkých a raně novověkých městských knih. (= Ústecký sborník historický. Supplementum 1). Ústí nad Labem 2010, S. 125–136.

Ilpo Tapani PIIRAINEN, „Ohne Sprache gibt es kein Recht". Überlegungen zu Geschichte, Kultur und Recht anhand einer Handschrift des Kaiserrechts aus dem Jahre 1449 in der Universitätsbibliothek Wrocław/Breslau, in: Stanisław PRĘDOTA, Andrea RUDOLPH (Hrsg.), Der Worte Echo im Spiegel der Sprache. Festschrift für Maria Katarzyna Lasatowicz. Berlin 2011, S. 43–57.

Michael PIOTROWSKI, Natural Language Processing for Historical Texts. San Rafael 2012. (= Synthesis Lectures on Human Language Technologies. 17).

Jana PLESKALOVÁ, Vývoj pravopisu ve staré češtině z pohledu dějin jazykovědné bohemistiky [Entwicklung der Rechtschreibung im Alttschechischen aus der Sicht der Geschichte der linguistischen Bohemistik], in: Michaela ČORNEJOVÁ, Lucie RYCHNOVSKÁ, Jana ZEMANOVÁ (Hrsg.), Dějiny českého pravopisu (do r. 1902). Sborník příspevků z mezinárodní konference Dějiny českého pravopisu (do r. 1902). 23.–25. září 2010, Brno, Česká Republika. Brno 2010, S. 17–30.

Magdaléna POKORNÁ, Entwicklung der juridisch-politischen Teminologie für die slawischen Sprachen Österreichs in der Mitte des 19. Jahrhunderts, in: Wilhelm BRAUNEDER, Milan HLAVAČKA (Hrsg.), Bürgerliche Gesellschaft auf dem Papier. Konstruktion, Kodifikation und Realisation der Zivilgesellschaft in der Habsburgermonarchie. (= Schriften zur Europäischen Rechts- und Verfassungsgeschichte. 59). Berlin 2014, S. 111–123.

Sieglinde POMMER, Rechtsübersetzung und Rechtsvergleichung. Translatorische Fragen zur Interdisziplinarität. Frankfurt a.M. [u. a.] 2006. (= Europäische Hochschulschriften. R. XXI. Linguistik. 290).

Vincenc PRASEK, Nejstarší Sachsenspiegel český na Moravě [Der älteste tschechischsprachige Sachsenspiegel in Mähren], in: Časopis Moravského musea zemského 11 (1911), S. 204–211.

Vincenc PRASEK, Český Sachsenspiegel [Der tschechischsprachige Sachsenspiegel], in: Časopis Moravského musea zemského 12 (1912), S. 124–157.

Friedrich PRINZ, Böhmen im mittelalterlichen Europa. Frühzeit, Hochmittelalter, Kolonisationsepoche. München 1984.

Antonín PROFOUS, Místní jména v Čechách. Jejich vznik, původní význam a změny [Ortsnamen in Böhmen. Ihre Entstehung, ursprüngliche Bedeutung und ihre Veränderungen], Bd. 1–5 (Bd. 4 von Antonín PROFOUS u. Jan SVOBODA, Bd. 5 von Jan SVOBODA u. Vladimír ŠMILAUER). Praha 1947–1960.

Stefaniya PTASHNYK, Formulierungstraditionen im Rechtsleben. Historische Phraseologie und ihre Erfassung im Deutschen Rechtswörterbuch, in: Natalia FILATKINA, Ane KLEINE-ENGEL, Marcel DRÄGER, Harald BURGER (Hrsg.), Aspekte der historischen Phraseologie und Phraseographie. (= Germanistische Bibliothek. 46). Heidelberg 2012, S. 227–244.

Vladimír RÁBIK, Mestská kniha príjmov trnavskej farnosti sv. Mikuláša z roku 1495 [Stadteinnahmebuch der Pfarrei Sankt Nikolaus von Tyrnau aus dem Jahre 1495]. Trnava 2006. (= Bibliotheca historica Tyrnaviensis. 1).

Vladimír RÁBIK, Nemecké osídlenie na území východného Slovenska v stredoveku. Šarišská župa a slovenské časti žúp Abovskej, Zemplínskej a Užskej [Deutsche Besiedlung der Ostslowakei im Mittelalter. Scharoscher Kreis und die slowakischen Teile der Abaujwarer, Sempliner und Ungwarer Gespanschaft]. Bratislava 2006. (= Acta carpatho-germanica. 19).

Vladimír RÁBIK, Mestská kniha Trnavy (1392/1393) 1394–1530 [Stadtbuch von Tyrnau (1392/1393) 1394–1530]. Trnava 2008. (= Bibliotheca historica Tyrnaviensis. 3).

Vladimír RÁBIK, K typológii najstarších mestských kníh na Slovensku na príklade mestskej knihy Trnavy z rokov 1394–1530 [Zur Typologie der ältesten Stadtbücher in der Slowakei am Beispiel des Stadtbuches zu Tyrnau aus den Jahren 1394–1530], in: Michaela HRUBÁ (Hrsg.), Stav a perspektivy zpřístupňování středověkých a raně novověkých městských knih. (= Ústecký sborník historický. Supplementum 1). Ústí nad Labem 2010, S. 117–124.

Vladimír RÁBIK, Kapitoly z dejín osídlenia Slovenska v stredoveku I., Nemecké osídlenie: 1. (Východné Slovensko), 2. (Zvolenská, Turcianska, Liptovská a Oravská župa) [Kapitel aus der Geschichte der Besiedlung der Slowakei im Mittelalter I., Deutsche Siedlung 1. (Ostslowakei), 2. (Komitate Altsohl, Turz, Liptau und Arwa)]. Trnava 2012.

Vladimír RÁBIK, Peter LABANC, Martin TIBENSKÝ, Vývoj stredovekých miest na Slovensku [Die Entwicklung der mittelalterlichen Städte in der Slowakei], Bd. I–II. Trnava 2013.

Achim RABUS, Der Größenfaktor im deutsch-slavischen Sprachkontakt. Am Beispiel des Nieder- und Obersorbischen, Burgenlandkroatischen, Slovenischen, Čechischen und Polnischen, in: Zeitschrift für Slavistik 56,1 (2011), S. 84–96.

Achim RABUS, Innerslavischer Kontakt: Sprach- oder Dialektkontakt?, in: Imke MENDOZA, Bernhard PÖLL, Susanne BEHENSKY (Hrsg.), Sprachkontakt und Mehrsprachigkeit als Herausforderung für Soziolinguistik und Systemlinguistik. Ausgewählte Beiträge des gleichnamigen Workshops der 37. Österreichischen Linguistiktagung 2009/Language Contact and Multilingualism As a Challenge for Sociolinguistics and Theoretical Linguistics. Selected Papers from ÖLT 2009. München 2011, S. 121–131.

Martyn C. RADY, The German Settlement in Central and Eastern Europe During the High Middle Ages, in: Nora BEREND (Hrsg.), The Expansion of Central Europe in the Middle Ages. (= The Expansion of Latin Europe. 1000–1500. 5). Franham [u. a.] 2012, S. 177–213.

Martyn C. RADY, Customary Law in Hungary. Courts, Texts, and the Tripartitum. Oxford 2015.

Rudolf RAUSCHER, Dědické právo podle českého práva zemského [Das Erbrecht nach böhmischem Landrecht]. Bratislava 1922. (= Knihovna Právn. Fakulty Univ. Komenského v Bratislavě. 5).

Rudolf RAUSCHER, Slovenské právní dějiny v rámci dějin práva ve střední Evrope [Slowakische Rechtsgeschichte in der Rechtsgeschichte Mitteleuropas]. Bratislava 1927. (= Sborník Právnické Fakulty University Komenského v Bratislavě. 1).

Rudolf RAUSCHER, Přehled dějin právních pramenů na Slovensku [Überblick über die Geschichte der Rechtsquellen in der Slowakei]. Bratislava 1930.

Rudolf RAUSCHER, Soudní knihy osvětimské a zátorské z r. 1440–1562 [Die Rechtsbücher von Auschwitz und Zator von 1440–1562]. Praha 1931. (= Prameny Učené společnosti Šafaříkovy v Bratislavě. 3).

Rudolf RAUSCHER, O nálezech zemského soudu českého do XVI. století [Die Urteile des tschechischen Landgerichts bis zum XVI. Jahrhundert]. Praha 1933. [Auch als: Sborník věd právních a státních 33 (1933), S. 134–146].

Rudolf RAUSCHER, O žilinském právu magdeburském německým jazykem sepsaném z roku 1378/Das Silleiner Rechtsbuch aus d. J. 1378. Rozšírený otisk z předmluvy »Knihy žilinské« vyd. Václavem Chaloupeckým ve Slovenském archivu, svazek 1. Bratislava 1933.

Rudolf RAUSCHER, K otázce vzniku zemského soudu v Čechách [Zur Frage der Entstehung des Landgerichts in Böhmen], in: E[rvin Paul] HEXNER (Hrsg.), Pocta k šesdesiatym narodeninám dr. K. Laštovku. (= Knihovna Právnickej fakulty Univerzity Komenského v Bratislave. 45). Bratislava, Praha 1936, S. 344–359.

Rudolf RAUSCHER, Nejstarší moravský zákon [Das älteste mährische Gesetz], in: Časopis pro právní a státní vědu 24 (1941), S. 115–124.

Józef RECZEK, Bohemizmy leksykalne w języku polskim do końca XV wieku. Wybrane zagadnienia [Böhmische Lehnwörter in der polnischen Sprache bis zum Ende des 15. Jahrhunderts]. Wrocław, Warszawa, Kraków 1968. (= Polska Akademia Nauk. Oddział w Krakowie. Prace Komisji Słowianoznawstwa. 17).

Józef RECZEK, Wacław TWARDZIK, Najstarsze staropolskie tłumaczenie Ortyli magdeburskich. Według rękopisu Nr 50 Biblioteki Zakładu Narodowego im. Ossolińskich [Die älteste altpolnische Übersetzung der Magdeburger Urteile. Nach der Handschrift Nr. 50 der Ossolineum-Nationalbibliothek], Bd. 1: Wstęp – Uwagi ogólne – Charakterystyka językowa [Einführung – allgemeine Bemerkungen – sprachliche Besonderheiten], Bd. 2: Transliteracja i transkrypcja tekstu [Transliteration und Transkription des Textes], Bd. 3: Indeks frekwencyjny i wyrazowy [Häufigkeits- und Wortindex]. Wrocław [u. a.] 1970, 1972. (= Komitet Językoznawstwa Polskiej Akademii Nauk. Wydawnictwa źródłowe).

Regesta diplomatica nec non epistolaria Bohemiae et Moraviae, Bd. 2: 1253–1310, Bd. 3: 1311–1333. Josef EMLER (Hrsg.). Prag 1882, 1890.

Oskar REICHMANN, Editionsprinzipien für deutsche Texte des späten Mittelalters und der frühen Neuzeit, in: Werner BESCH, Oskar REICHMANN, Stefan SONDEREGGER (Hrsg.), Sprachgeschichte. Ein Handbuch zur Geschichte der deutschen Sprache und ihrer Erforschung, 1. Halbbd. (= Handbücher zur Sprach- und Kommunikationswissenschaft. 2.1). Berlin, New York 1984, S. 693–703.

Oskar REICHMANN, Klaus-Peter WEGERA, Frühneuhochdeutsches Lesebuch. Tübingen 1988.

Norbert REITER, Die deutschen Lehnübersetzungen im Tschechischen. Berlin, Wiesbaden 1953. (= Veröffentlichungen der Abteilung für slavische Sprachen und Literaturen des Osteuropa-Instituts (Slavisches Seminar) an der Freien Universität Berlin. 3).

Karl [Ludwig] RICHTER, Die böhmischen Länder im Früh- und Hochmittelalter, in: Karl BOSL (Hrsg.), Handbuch der Geschichte der böhmischen Länder, Bd. 1. Stuttgart 1967, S. 163–347.

Miroslav RICHTER, Zur ältesten Geschichte der Stadt Prag, in: Hansjürgen BRACHMANN, Joachim HERRMANN (Hrsg.), Frühgeschichte der europäischen Stadt. Voraussetzungen und Grundlagen. (= Schriften zur Ur- und Frühgeschichte. 44). Berlin 1991, S. 174–179.

Bernd RILL, Böhmen und Mähren. Geschichte im Herzen Mitteleuropas, Bd. 1: Von der Urzeit bis zur Französischen Revolution. Gernsbach 2006.

Eugen RIPPL (Hrsg.), Wege und Voraussetzungen einer deutsch-tschechischen Lehnwörterkunde, in: Slavia 18 (1944), S. 1–31.

Judith RÖSCH, Das tschechisch-deutsche Konversationsbuch für Kaufleute von Ondrej Klatovsky z Dalmanhorstu in der Stadtbibliothek Trier, in: Kurtrierisches Jahrbuch 41 (2001), S. 165–185.

Emil Franz RÖßLER [RÖSSLER], Quellenkunde der Rechtsgeschichte Böhmens, in: Oesterreichische Blätter für Literatur und Kunst 3 (1846), S. 353–356.

Emil Franz RÖSSLER (Hrsg.), Deutsche Rechtsdenkmäler aus Böhmen und Mähren. Eine Sammlung von Rechtsbüchern, Urkunden und alten Aufzeichnungen zur Geschichte des deutschen Rechts, Bd. 1: Das altprager Stadtrecht aus dem XIV. Jahrhundert. Mit einer Vorrede von Jacob Grimm; Bd. 2: Die Stadtrechte von Brünn aus dem XIII. und XIV. Jahrhundert. Prag 1845, 1852. [Neudr. Aalen 1963].

Milan ROMPORTL, Zvuková podoba slov a jmen přejatých z němčiny do češtiny [Lautliche Form der Wörter und Namen, die aus dem Deutschen ins Tschechische entlehnt wurden], in: Werner KRAUSS, Zdzisław STIEBER, Jaromír BĚLIČ, Viktor I. BORKOVSKIJ (Hrsg.), Slawisch-deutsche Wechselbeziehungen in Sprache, Literatur und Kultur. (= Veröffentlichungen des Instituts für Slawistik. 44). Berlin 1969, S. 155–162.

András RÓNA-TAS, Árpád BERTA, West old Turkic. Turkic loanwords in Hungarian, Bd. 1: A-K; Bd. 2: L-Z. Wiesbaden 2011. (= Turcologica. 84).

Gunhild ROTH (Bearb.), Winfried IRGANG (Hrsg.), Das „Leobschützer Rechtsbuch". Marburg 2006. (= Quellen zur Geschichte und Landeskunde Ostmitteleuropas. 5).

Gunhild ROTH, Volker HONEMANN, Zu Alter und Ursprung des Leobschützer Stadtrechts, in: Andreas FIJAL, Hans-Jörg LEUCHTE, Hans-Jochen SCHIEWER (Hrsg.), Juristen werdent herren ûf erden. Recht, Geschichte, Philologie. Kolloquium zum 60. Geburtstag von Friedrich Ebel. Göttingen 2006, S. 49–66.

Harald ROTH, Studienhandbuch Östliches Europa, Bd. 1: Geschichte Ostmittel- und Südosteuropas. 2., überarb. u. aktual. Aufl. Köln [usw.] 2009. (= UTB Wissenschaft. 3167).

Bohuslav ROUČKA, Vladimír RŮŽIČKA, Pracovní heslář Českého právněhistorického terminologického slovníku [Arbeitsstichwortverzeichnis des tschechischen rechtsgeschichtlichen terminologischen Wörterbuchs]. Praha 1975.

Hanna RUTKOWSKA, Paul RÖSSLER, Orthographic Variables, in: Juan Manuel HERNÁNDEZ-CAMPOY, Juan Camilo CONDE-SILVESTRE (Hrsg.), The Handbook of Historical Sociolinguistics. (= Blackwell Handbooks in Linguistics). New York 2012, S. 213–236.

Kazimierz RYMUT, Nazwiska Polaków. Słownik historyczno-etymologiczny [Die Familiennamen der Polen. Historisch-etymologisches Wörterbuch], tom I: A-K. Kraków 1999.

František RYŠÁNEK, Slovník k Žilinské knize [Wörterbuch zum Silleiner Rechtsbuch]. Bratislava 1954.

Stefan Christoph SAAR, Witwe, in: HRG, Bd. 5. Berlin 1998, Sp. 1472–1479.

Peter ŠALKOVSKÝ, Stredné Slovensko vo včasnom stredoveku [Die Mittelslowakei im frühen Mittelalter]. Nitra 2011. (= Archaeologica Slovaca. Monographiae: Studia. 14).

Gerald G. SANDER, Deutsche Rechtssprache. Ein Arbeitsbuch. Tübingen, Basel 2004. (= UTB. 2578).

Helmut W. SCHALLER, Die polnischen Lehnwörter im Ukrainischen und Weißrussischen, in: Hans ROTHE, Peter THIERGEN (Hrsg.), Polen unter Nachbarn. Polonistische und komparatistische Beiträge zu Literatur und Sprache. XII. Internationaler Slavistenkongreß in Krakau 1998. (= Bausteine zur Slavischen Philologie und Kulturgeschichte. R. A: Slavistische Forschungen. N. F. 25). Köln [u. a.] 1998, S. 55–71.

Karel SCHELLE, Bibliografie k „Právům městským Království českého" od Pavla Kristiána z Koldína z r. 1579 [Bibliographie zu den „Stadtrechten des Königreichs Böhmen" von Paul Christian Koldin aus dem Jahr 1579], in: Karel MALÝ (Hrsg.), Městské právo v 16.–18. století v Evropě. Sborník příspěvků z mezinárodní konference uspořádané Právnickou fakultou UK ve dnech 25.–27. září 1979 v Praze. Praha 1982, S. 347–349.

Renate SCHELLING, Magdeburger Schöffensprüche und Magdeburger Weichbildrecht in urkundlicher und handschriftlicher Überlieferung, in: Matthias PUHLE (Hrsg.), Hanse, Städte, Bünde. Die sächischen Städte zwischen Elbe und Weser um 1500. Ausstellung Kulturhistorisches Museum Magdeburg 28. Mai bis 26. August 1996. Braunschweigisches Landesmuseum. Ausstellungszentrum Hinter Aegidien 17. September bis 1. Dezember 1996. (= Magdeburger Museumsschriften. 4/1). Magdeburg 1996, S. 118–128.

Yves SCHERRER, Tomaž ERJAVEC, Modernising Historical Slovene Words, in: Natural Language Engineering 1,1 (2015), S. 1–25.

Leif SCHEUERMANN, Ontologien in den historischen Wissenschaften, in: Historical Social Research 31,3 (2006), S. 308–316.

Winfried SCHICH, Die Gründung von deutschrechtlichen Marktorten und Städten östlich der Elbe im 12. und 13. Jahrhundert, in: Hansjürgen BRACHMANN, Jan KLÁPŠTĚ (Hrsg.), Hausbau und Raumstruktur früher Städte in Ostmitteleuropa. (= Památky archeologické. Supplementum. 6). Prague 1996, S. 7–16.

Winfried SCHICH, Wirtschaft und Kulturlandschaft. Gesammelte Beiträge 1977 bis 1999 zur Geschichte der Zisterzienser und der „Germania Slavica". Bearb. u. hrsg. von Ralf GEBUHR und Peter NEUMEISTER. Berlin 2007. (= Bibliothek der Brandenburgischen und Preußischen Geschichte. 12).

Rudolf SCHIEFFER, Christianisierung und Reichsbildungen. Europa 700–1200. München 2013. (= Beck'sche Reihe. 1981).

Rudolf SCHIEFFER, Andreas THIER, Papst, Papsttum, in: ^{2}HRG, Lfg. 26. Berlin 2017, Sp. 337–354.

Wolfgang SCHILD, Wergeld, in: HRG, Bd. 5. Berlin 1998, Sp. 1268–1271.

Wolfgang SCHILD, Handhafte Tat, in: ^{2}HRG, Bd. 2. Berlin 2012, Sp. 741–748.

Bódog SCHILLER, Szepesi jog [Zipser Recht], in: Dezső MÁRKUS (Hrsg.), Magyar Jogi Lexikon, Bd. 6. [Unveränd. Nachdr. der Ausg. Budapest 1907]. Budapest 2006 [1907], S. 390.

Hans Ulrich SCHMID, Historische deutsche Fachsprachen. Von den Anfängen bis zum Beginn der Neuzeit. Eine Einführung. Berlin 2015. (= Grundlagen der Germanistik. 57).

Arthur Benno SCHMIDT, Echte Not. Ein Beitrag zur deutschen Rechtsgeschichte. Leipzig 1888.

Adrian SCHMIDT-RECLA, Musteil, in: ²HRG, Bd. 3. Berlin 2016, Sp. 1719–1721.

Ruth SCHMIDT-WIEGAND, Paarformeln, in: HRG, Bd. 3. Berlin 1984, Sp. 1387–1399.

Ruth SCHMIDT-WIEGAND, Rechtssprache, in: HRG, Bd. 4. Berlin 1990, Sp. 344–360.

Ruth SCHMIDT-WIEGAND, Sache, in: HRG, Bd. 4. Berlin 1990, Sp. 1216 f.

Ruth SCHMIDT-WIEGAND, Anwendungsmöglichkeiten und bisherige Anwendung von philologisch-historischen Methoden bei der Erforschung der älteren Rechtssprache, in: Lothar HOFFMANN, Hartwig KALVERKÄMPER, Herbert Ernst WIEGAND (Hrsg.), Fachsprachen. Ein internationales Handbuch zur Fachsprachenforschung und Terminologiewissenschaft. (= Handbücher zur Sprach- und Kommunikationswissenschaft. 14.1). Berlin, New York 1998, S. 277–283.

Ruth SCHMIDT-WIEGAND, Deutsche Sprachgeschichte und Rechtsgeschichte bis zum Ende des Mittelalters, in: Werner BESCH, Anne BETTEN, Oskar REICHMANN, Stefan SONDEREGGER (Hrsg.), Sprachgeschichte. Ein Handbuch zur Geschichte der deutschen Sprache und ihrer Erforschung, Bd. 1. 2., vollst. neu bearb. und erw. Aufl. (= Handbücher zur Sprach- und Kommunikationswissenschaft. 2.1). Berlin, New York 1998, S. 72–87.

Ruth SCHMIDT-WIEGAND, Deutsche Sprachgeschichte und Rechtsgeschichte seit dem Ausgang des Mittelalters, in: Werner BESCH, Anne BETTEN, Oskar REICHMANN, Stefan SONDEREGGER (Hrsg.), Sprachgeschichte. Ein Handbuch zur Geschichte der deutschen Sprache und ihrer Erforschung, Bd. 1. 2., vollst. neu bearb. und erw. Aufl. (= Handbücher zur Sprach- und Kommunikationswissenschaft. 2.1). Berlin, New York 1998, S. 87–98.

Ruth SCHMIDT-WIEGAND, Urteil (sprachlich), in: HRG, Bd. 5. Berlin 1998, Sp. 609–611.

Ruth SCHMIDT-WIEGAND, Vormund (sprachlich), in: HRG, Bd. 5. Berlin 1998, Sp. 1049 f.

Ruth SCHMIDT-WIEGAND, Weichbild, in: HRG, Bd. 5. Berlin 1998, Sp. 1209–1212.

Ruth SCHMIDT-WIEGAND, Willkür, in: HRG, Bd. 5. Berlin 1998, Sp. 1338–1340.

Ruth SCHMIDT-WIEGAND, Der Rechtswortschatz im Sachsenspiegel, in: Lothar HOFFMANN, Hartwig KALVERKÄMPER, Herbert Ernst WIEGAND (Hrsg.), Fachsprachen. Ein internationales Handbuch zur Fachsprachenforschung und Terminologiewissenschaft. (= Handbücher zur Sprach- und Kommunikationswissenschaft. 14.2). Berlin, New York 1999, S. 2341–2348.

Ruth SCHMIDT-WIEGAND, Sprache zwischen Recht und Gesetz. Mainzer Reichslandfriede und Sachsenspiegel-Prolog im Vergleich, in: Heiner LÜCK, Bernd SCHILDT (Hrsg.), Recht, Idee, Geschichte. Beiträge zur Rechts- und Ideengeschichte für Rolf Lieberwirth anläßlich seines 80. Geburtstages. Köln [u. a.] 2000, S. 135–150.

Ruth SCHMIDT-WIEGAND, Rechtsbücher als Ausdruck pragmatischer Schriftlichkeit. Eine Bilanz, in: Frühmittelalterliche Studien 37 (2003), S. 435–475.

Ruth SCHMIDT-WIEGAND, Haus und Hof. Zu Alter und Kontinuität einer Paarformel, in: Astrid van NAHL, Lennart ELMEVIK, Stefan BRINK (Hrsg.), Namenwelten. Orts- und Personennamen in historischer Sicht. (= Ergänzungsbände zum Reallexikon der Germanischen Altertumskunde. 44). Berlin [u. a.] 2004, S. 706–713.

Ruth SCHMIDT-WIEGAND, Echte Not, in: ²HRG, Bd. 1. Berlin 2008, Sp. 1177–1179.

Ruth SCHMIDT-WIEGAND, Knecht, in: ²HRG, Bd. 2. Berlin 2012, Sp. 1909–1911.

Reinhard SCHMITT, Burg, in: ²HRG, Bd. 1. Berlin 2008, Sp. 737.

Edmund SCHNEEWEIS, Die deutschen Lehnwörter im Tschechischen. Lautlehre. Prag 1909.

Bernd SCHNEIDMÜLLER, Kaiser, Kaisertum (Mittelalter), in: ²HRG, Bd. 2. Berlin 2012, Sp. 1596–1504.

August Friedrich SCHOTT (Hrsg.), Sammlungen zu den deutschen Land- und Stadtrechten, T. 1. Leipzig 1772.

Rudolf SCHRANIL, Die sogenannten Sobieslaw'schen Rechte. Ein Prager Stadtrechtsbuch aus dem 15. Jahrhundert. Mit einer deutschen Übersetzung […]. München, Leipzig 1916. (= Prager Staatswissenschaftliche Untersuchungen. 4).

Klaus-Peter SCHROEDER, Olmützer Gerichtsordnung, in: HRG, Bd. 3. Berlin 1984, Sp. 1243–1247.

Gertrud SCHUBART-FIKENTSCHER, Das Eherecht im Brünner Schöffenbuch. Stuttgart 1935. Zugl.: Diss. Univ. Berlin 1933.

Gertrud SCHUBART-FIKENTSCHER, Das Brünner Schöffenbuch. Beiträge zur spätmittelalterlichen Rechts- und Kulturgeschichte, in: Deutsches Archiv für Geschichte des Mittelalters 1 (1937), S. 457–498.

Gertrud SCHUBART-FIKENTSCHER, Die Verbreitung der deutschen Stadtrechte in Osteuropa. Weimar 1942. (= Forschungen zum deutschen Recht. 4,3).

Gertrud SCHUBART-FIKENTSCHER, Römisches Recht im Brünner Schöffenbuch, in: ZRG GA 65 (1947), S. 86–176.

Marlies SCHULZ (Hrsg.), Sibylle ZIKMUND (Bearb.), Geographische Namen Europas: Slowakei, Tschechien, Ungarn. Berlin 2003. (= Arbeitsberichte. Geographisches Institut der Humboldt-Universität zu Berlin. 77).

Eva SCHUMANN, Buße, in: ²HRG, Bd. 1. Berlin 2008, Sp. 789–795.

Eva SCHUMANN, Gewette, in: ²HRG, Bd. 2. Berlin 2012, Sp. 360–362.

Alexander SCHWARZ, Vorwort, in: DERS., Laura ABPLANALP LUSCHER (Hrsg.), Textallianzen am Schnittpunkt der germanistischen Disziplinen. Bern [u. a.] 2001. (= TAUSCH – Textanalyse in Universität und Schule. 14).

Ernst SCHWARZ, Die Ortsnamen der Sudetenländer als Geschichtsquelle. 2., durchges., teilweise umgearb. u. erw. Aufl. [d. Ausg. München, Berlin 1931]. München 1961. (= Handbuch der sudetendeutschen Kulturgeschichte. 1).

Ernst SCHWARZ, Volkstumsgeschichte der Sudetenländer, 1. Teil: Böhmen, 2. Teil: Mähren-Schlesien. 2., unveränd. Aufl. [d. Ausg. München 1965 u. 1966]. München 1987. (= Handbuch der sudetendeutschen Kulturgeschichte. 3 u. 4).

František SCHWARZ, Das mittelalterliche Deutsch der Olmützer Stadtkanzlei im 14. und 15. Jahrhundert, in: Brücken. N. F. Germanistisches Jahrbuch. Tschechien-Slowakei 2 (1994), S. 111–128.

Jörg SCHWARZ, „Der Wanderer zwischen den Welten". František Graus (1921–1989) und die deutsche Mediävistik der 60er Jahre des 20. Jahrhunderts zwischen Ost und West, zwischen Beharrung und Aufbruch, in: Volkhardt HUTH, Willi OBERKROME, Matthias STICKLER (Hrsg.), Neuformierung der deutschen Geschichtswissenschaft nach 1945. [Manuskript] [i. Dr.]. [Manuskript online verfügbar: ‹ https://www.mag.geschichte.uni-muenchen.de/downloads/wanderer.pdf › – Abfragedatum: 20.08.2020].

Vincent SEDLÁK, Die historische Entwicklung Preßburgs bis zum Jahre 1291, in: Richard MARSINA (Hrsg.), Städte im Donauraum. Bratislava-Preßburg 1291–1991. Sammelband der Beiträge aus dem Symposion in Smolenice 30.09.–03.10.1991. Bratislava 1993, S. 63–80.

Ferdinand SEIBT, Die Zeit der Luxemburger und der hussitischen Revolution, in: Karl BOSL (Hrsg.), Handbuch der Geschichte der böhmischen Länder, Bd. 1. Stuttgart 1967, S. 349–568.

Ferdinand SEIBT, Mähren, in: HRG, Bd. 3. Berlin 1984, Sp. 165–170.

Wolfgang SELLERT, Andreas BAUER, Verfestung, in: HRG, Bd. 5. Berlin 1998, Sp. 718 f.

Wolfgang SELLERT, Ladung, in: ²HRG, Bd. 3. Berlin 2016, Sp. 390–398.

Eva SEMOTANOVÁ, Jiří CAJTHAML [u. a.], Akademický atlas českých dějin [Akademischer Atlas der tschechischen Geschichte]. Praha 2014.

Gerhard SEEWANN, Geschichte der Deutschen in Ungarn, Bd. 1: Vom Frühmittelalter bis 1860. Marburg 2012. (= Studien zur Ostmitteleuropaforschung. 24/1).

Janusz SIATKOWSKI, Bohemizmy fonetyczne w języku polskim [Phonetische Bohemismen im Polnischen], II: 4. formy beznosówkowe, 5. formy nieprzegłoszone. Wrocław [u.a] 1970. (= Monografie Slawistyczne. 20).

Janusz SIATKOWSKI, Wieder über die böhmischen Lehnwörter im Polnischen mit fremden phonetischen Eigenschaften, in: Boris CHRISTA [u. a.] (Hrsg.), Slavic Themes. Papers From Two Hemispheres. (= Selecta slavica. 12). Neuried 1988, S. 329–338.

Janusz SIATKOWSKI, Der Einfluß der tschechischen Sprache auf das Polnische, in: Zeitschrift für Slawistik 39 (1994), S. 261–269.

Janusz SIATKOWSKI, Polnisch – Tschechisch, in: Hans GOEBL, Peter H. NELDE, Zdeněk STARÝ, Wolfgang WÖLCK (Hrsg.), Kontaktlinguistik. Ein internationales Handbuch zeitgenössischer Forschung, 2. Halbbd. (= Handbücher zur Sprach- und Kommunikationswissenschaft. 12,2). Berlin, New York 1997, S. 1634–1641.

Armin SIEBER, Deutsche Fachsprache des Rechts in Mittelalter und Früher Neuzeit, in: Andreas THIER, Guido PFEIFER, Philipp GRZIMEK (Hrsg.), Kontinuitäten und Zäsuren in der Europäischen Rechtsgeschichte. Europäisches Forum Junger Rechtshistorikerinnen und Rechtshistoriker, München 22.–24. Juli 1998. (= Rechtshistorische Reihe. 196). Frankfurt a. M. [u. a.] 1999, S. 149–163.

Emil SKÁLA, Die Entwicklung der Kanzleisprache in Eger (1310–1660), in: Germanistica Pragensia 2 (1962), S. 3–29.

Emil SKÁLA, Die Entwicklung des Bilinguismus in der Tschechoslowakei vom 13.–18. Jahrhundert, in: Beiträge zur Geschichte der deutschen Sprache und Literatur 86 (1964), S. 69–106.

Emil SKÁLA, Das Prager Deutsch, in: Zeitschrift für deutsche Sprache 22 (1966), S. 84–91.

Emil SKÁLA, Die Entwicklung der Kanzleisprache in Eger 1310 bis 1660. Berlin 1967. (= Deutsche Akademie der Wissenschaften zu Berlin. Veröffentlichungen des Instituts für deutsche Sprache und Literatur. Reihe B. Bausteine zur Sprachgeschichte des Neuhochdeutschen. 35).

Emil SKÁLA, Die Entwicklung der Sprachgrenze in Böhmen von 1300 bis etwa 1650/Vývoj jazykové hranice v Čechách od roku 1300 zhruba do roku 1650, in: Germanistica Pragensia 5 (1968), S. 7–16.

Emil SKÁLA, Deutsche Lehnwörter in der heutigen tschechischen Umgangssprache, in: Bohuslav HAVRÁNEK, Rudolf FISCHER (Hrsg.), Deutsch-tschechische Beziehungen im Bereich der Sprache und Kultur. Aufsätze und Studien, Teil 2. Berlin 1968, S. 127–141. [Auch als: Abhandlungen der Sächsischen Akademie der Wissenschaften zu Leipzig. Phil.-hist. Kl. Bd. 59,2 (1968)].

Emil SKÁLA, Die Entwicklung der Sprachgrenze in Mähren und Schlesien von 1300 bis 1650 und sprachliche Interferenzmöglichkeiten, in: Germanistica Pragensia 6 (1972), S. 75–85.

Emil SKÁLA, Urkundensprache, Geschäfts- und Verkehrssprachen im Spätmittelalter, in: Werner BESCH, Oskar REICHMANN, Stefan SONDEREGGER (Hrsg.), Sprachgeschichte. Ein Handbuch zur Geschichte der deutschen Sprache und ihrer Erforschung, 2. Halbbd. (= Handbücher zur Sprach- und Kommunikationswissenschaft. 2.2). Berlin [u. a.] 1985, S. 1773–1780.

Emil SKÁLA, Das Frühneuhochdeutsche in den Städten Böhmens, in: Gerhard BAUER (Hrsg.), Stadtsprachenforschung. Unter besonderer Berücksichtigung der Verhältnisse der Stadt Straßburg in Spätmittelalter und früher Neuzeit.

Vorträge des Symposiums vom 30. März bis 3. April 1987 an der Universität Mannheim. (= Göppinger Arbeiten zur Germanistik. 488). Göppingen 1988, S. 239–270.

Emil SKÁLA, Das Frühneuhochdeutsche in den Böhmischen Ländern und in der Slowakei, in: Jahrbuch der Brüder-Grimm-Gesellschaft 1 (1991), S. 117–123.

Emil SKÁLA, Das Regensburger und das Prager Deutsch im Mittelalter, in: Albrecht GREULE (Hrsg.), Deutsche Kanzleisprachen im europäischen Kontext. Beiträge zu einem internationalen Symposium an der Universität Regensburg. 5. bis 7. Oktober 1999. (= Beiträge zur Kanzleisprachenforschung. 1). Wien 2001, S. 51–62.

Emil SKÁLA, Das Regensburger und das Prager Deutsch, in: Susanne NÄßL (Hrsg.), Regensburger Deutsch. Zwölfhundert Jahre Deutschsprachigkeit in Regensburg. (= Regensburger Beiträge zur deutschen Sprach- und Literaturwissenschaft. Reihe B. 80). Frankfurt a.M. [u. a.] 2002, S. 153–170.

Jana SKLADANÁ, Jazyk mestských kníh zo 16.–18. storočia [Die Sprache der Stadtbücher aus dem 16.–18. Jahrhundert], in: Slavomír ONDREJOVIČ (Hrsg.), Mesto a jeho jazyk. (= Sociolingvistica Slovaca. 5). Bratislava 2000, S. 125–131.

Zdeněk SKOUPIL, K otázkám vyučování odborné terminologii [Zur Frage der Fachterminologiedidaktik], in: Jazykovědné sympozium 1971. U příležitosti 65. narozenin prof. dr. Františka Svěráka 3.2. 1971. (= Sborník prací pedagogické fakulty university J. E. Purkyně v Brně. 41). Brno 1973, S. 139–142.

Michal SKŘEJPEK, David FALLADA, Římské právo v Koldínově díle [Römisches Recht in Koldins Werk], in: Karel MALÝ, Jiří ŠOUŠA (Hrsg.), Městské právo ve střední Evropě. Sborník příspěvků z mezinárodní právnické konference „Práva městská Království českého“ z 19.–21. září 2011, Praha. Praha 2013, S. 125–164.

Michal SKŘEJPEK, Petra SKŘEJPKOVÁ, Einfluss des römischen Rechts auf das Städterecht in den böhmischen und mährischen Ländern am Beispiel eines Manuskripts vom Ende des 14. Jahrhunderts, in: Isabella PIRO (Hrsg.), Scritti per Alessandro Corbino, Bd. 7. Rom 2016, S. 39–59.

Petra SKŘEJPKOVÁ, Die juristische Ausbildung in den böhmischen Ländern bis zum Ersten Weltkrieg, in: Zoran POKROVAC (Hrsg.), Juristenausbildung in Osteuropa bis zum Ersten Weltkrieg. (= Rechtskulturen des modernen Osteuropa. Traditionen und Transfers. 3; Studien zur europäischen Rechtsgeschichte. 225). Frankfurt a.M. 2007, S. 153–189.

Petra SKŘEJPKOVÁ, The Incorporation of Roman Law into Bohemian Municipal Law in the 16th Century, in: Zeitschrift für Ostmitteleuropa-Forschung 58,3 (2009), S. 344–356.

Petra SKŘEJPKOVÁ, Jiří ŠOUŠA, Die Rechtswissenschaft in den Böhmischen Ländern von der Aufklärung bis zum Jahre 1918, in: Zoran POKROVAC (Hrsg.), Rechtswissenschaft in Osteuropa. Studien zum 19. und frühen 20. Jahrhundert.

(= Rechtskulturen des modernen Osteuropa. Traditionen und Transfers. 5; Studien zur europäischen Rechtsgeschichte. 248). Frankfurt a. M. 2010, S. 335–373.

Petra SKŘEJPKOVÁ, Ius regale montanorum und Rezeption des römischen Rechts [Manuskript]. [o. O.] [o. J.].

Katja ŠKRUBEJ, *Ritus gentis* Slovanov v vzhodnih Alpah. Model rekonstrukcije pravnih razmerij na podlagi najstarejšega jezykovnega gradiva [*Ritus gentis* der Slawen in den östlichen Alpen. Modell zur Rekonstruktion der Rechtsverhältnisse auf der Grundlage der ältesten Sprachmaterialien]. Ljubljana 2002.

Helmut SLAPNICKA, Rössler, Emil Franz, in: Österreichisches Biographisches Lexikon. 1815–1950, Bd. 9. Wien 1988, S. 206 f.

Pavla SLAVÍČKOVÁ, Der Prozess des Untergangs des sächsisch-magdeburgischen Rechts im Leitmeritzer und Olmützer Rechtskreis in Böhmen und Mähren, in: Zeitschrift für Neuere Rechtsgeschichte 35 (2013), S. 41–54.

Pavla SLAVÍČKOVÁ, Recepce Práv městských Království českého ve městech magdeburského práva v Čechách a na Moravě [Die Rezeption der Stadtrechte des Königreichs Böhmen in Städten des Magdeburger Rechts in Böhmen und Mähren], in: Karel MALÝ, Jiří ŠOUŠA (Hrsg.), Městské právo ve střední Evropě. Sborník příspěvků z mezinárodní právnické konference „Práva městská Království českého" z 19.–21. září 2011, Praha. Praha 2013, Sp. 83–94.

Dušan ŠLOSAR, Deutsch-tschechische Sprachkontakte, in: Walter KOSCHMAL [u. a.] (Hrsg.), Deutsche und Tschechen. Geschichte, Kultur, Politik. Mit einem Geleitw. von Václav Havel. (= Beck'sche Reihe. 1414). München 2001, S. 148–155.

Dušan ŠLOSAR, Diakritický pravopis [Diakritische Orthographie], in: Michaela ČORNEJOVÁ, Lucie RYCHNOVSKÁ, Jana ZEMANOVÁ (Hrsg.), Dějiny českého pravopisu (do r. 1902). Sborník příspevků z mezinárodní konference Dějiny českého pravopisu (do r. 1902). 23.–25. září 2010, Brno, Česká Republika. Brno 2010, S. 200–205.

Slovník jazyka staroslověnského/Lexicon linguae Palaeoslovenicae, Bd 1: A-G (1966), Bd. 2: K-O (1973), Bd. 3: P-R (1982), Bd. 4: S-Y (1997), Bd. 5: Addenda et corrigenda [noch nicht abgeschlossen]. Praha 1966–.

Słownik polszczyzny XVI wieku [Polnisches Wörterbuch des 16. Jahrhunderts], I-. Wrocław [u. a.], Warszawa 1966–.

Słownik staropolski [Altpolnisches Wörterbuch]. Pod. red. Stanisława URBAŃCZYKA, T. 1-. Wrocław [u. a.] 1953-.

Słownik staropolskich nazw osobowych [Wörterbuch der altpolnischen Personennamen]. Pod red. i ze wstępem Witolda TASZYCKIEGO, Bd. 1: A-D. Wrocław [u. a.] 1965–1967.

František ŠMAHEL, Die Prager Universität im Mittelalter/The Charles University in the Middle Ages. Gesammelte Aufsätze/Selected Studies. Leiden [u. a.] 2007. (= Education and society in the Middle Ages and Renaissance. 28).

Roman [SMAL'-STOC'KYJ] SMAL-STOCKYJ, Die germanisch-deutschen Kultureinflüsse im Spiegel der ukrainischen Sprache. Leipzig 1942.

Vladimír ŠMILAUER, Osídlení Čech ve světle místních jmen [Die Besiedlung Böhmens im Lichte der Ortsnamen]. Praha 1960.

Mary SNELL-HORNBY, Jürgen F. SCHOPP, Übersetzung. Mainz 2012. (= Europäische Geschichte Online). [Nur als Online-Ressource verfügbar: ‹ http://www.ieg-ego.snellhornbym-schoppj–2012-de › – Abfragedatum: 20.08.2020].

Nadine SOHR, „... per aquam Albeam ...". Siedlung, Wirtschaft und Handel entlang der Elbe zwischen Leitmeritz und Pirna im Mittelalter. [Leipzig, Manuskript] [2016].

Petr SOMMER, Dušan TŘEŠTÍK, Josef ŽEMLIČKA, Eva DOLEŽALOVÁ, The Christianisation of Bohemia and Moravia, in: Annual of Medieval Studies at CEU 13 (2007), S. 153–163.

Július SOPKO, Pisári a vznik Žilinskej knihy [Die Schreiber und die Entstehung des Žilinaer Buches], in: Richard MARSINA (Hrsg.), Národnostný vývoj miest na Slovensku do roku 1918. K 600. výročiu vydania výsad pre žilinských Slovákov. Martin 1984, S. 41–71.

Július SOPKO, Kódexy slovenskej proveniencie [Codices slowakischer Provenienz], Teil 3. Martin 1986.

Jiří ŠOUŠA, Zu einigen Aspekten des Magdeburg-Leitmeritzer Rechts in Böhmen, in: Heiner LÜCK (Hrsg.), Martin OLEJNICKI, Anne-Marie HEIL (Mitarb.), Von Sachsen-Anhalt in die Welt. Der Sachsenspiegel als europäische Rechtsquelle. (= SIGNA IVRIS. 14). Halle/Saale 2015, Sp. 23–40.

Vladimír SPÁČIL, Libuše SPÁČILOVÁ, Památná kniha Olomoucká (kodex Václava z Jihlavy) z let 1430–1492, 1528. Úvod, jazykový rozbor německých textů, edice, rejstříky [Olmützer Gedenkbuch (Codex Wenzels von Iglau) aus den Jahren 1430–1492, 1528. Einführung, linguistische Analyse deutscher Texte, Edition, Register]. Olomouc 2004.

Vladimír SPÁČIL, Libuše SPÁČILOVÁ, Míšeňská právní kniha. Historický kontext, jazykový rozbor, edice/Das Meißner Rechtsbuch. Historischer Kontext, linguistische Analyse, Edition. Olomouc 2010.

Vladimír SPÁČIL, Libuše SPÁČILOVÁ, České překlady Míšeňské právní knihy [Tschechische Übersetzungen des Meißner Rechtsbuches]. Olomouc 2018.

Libuše SPÁČILOVÁ, Das Frühneuhochdeutsche in der Olmützer Stadtkanzlei. Eine textsortengeschichtliche Untersuchung unter linguistischem Aspekt. Berlin 2000. (= Germanistische Arbeiten zur Sprachgeschichte. 1).

Libuše SPÁČILOVÁ, Formulargebrauch und die Schreiber in der Olmützer Stadtkanzlei (1415–1550). Zur Bedeutung der Urkunde für die Herausbildung des Neuhochdeutschen, in: Brücken. N. F. Germanistisches Jahrbuch. Tschechien-Slowakei 7 (2000), S. 261–279.

Libuše SPÁČILOVÁ, Entlehnungen in frühneuhochdeutschen Texten der Olmützer Stadtkanzlei, in: Süd-ostdeutsches Archiv 44/45 (2002), S. 1–20.

Libuše SPÁČILOVÁ, Wechselseitige Einflüsse des tschechischen und des deutschen Wortschatzes in der Stadtkanzlei Olmütz im 15.–17. Jahrhundert, in: Acta Universitatis Carolinae. Philologica 2 ([1999] 2002), S. 56–67. [Auch als: Germanistica Pragensia 15 (2002)].

Libuše SPÁČILOVÁ, Phraseologismen im Olmützer Kodex Wenzels von Iglau aus den Jahren 1430–1492, in: Jana KORČÁKOVÁ, Jürgen BEYER (Hrsg.), Königgrätzer Linguistik- und Literaturtage. Hradec Králové 2003, S. 48–59.

Libuše SPÁČILOVÁ, Die Textsorte Eid im 15. und 16. Jahrhundert in der Olmützer Stadtkanzlei, in: Andrea HOHMEYER, Jasmin S. RÜHL, Ingo WINTERMEYER (Hrsg.), Spurensuche in Sprach- und Geschichtslandschaften. Festschrift für Ernst Erich Metzner. (= Germanistik. 26). Münster, Hamburg, London 2003, S. 535–552.

Libuše SPÁČILOVÁ, Texttypen und Textsorten in der Olmützer Stadtkanzlei. Eintragungen in Hinterlassenschaftsbüchern, in: Jörg MEIER, Arne ZIEGLER (Hrsg.), Aufgaben einer künftigen Kanzleisprachenforschung. (= Beiträge zur Kanzleisprachenforschung. 3). Wien 2003, S. 77–95.

Libuše SPÁČILOVÁ, Ausgewählte Phraseologismen in den Textsorten Testament und Ehevertrag im Olmützer Kodex Wenzels von Iglau aus den Jahren 1430–1492, in: Brücken. N. F. Germanistisches Jahrbuch. Tschechien-Slowakei 11 (2004), S. 7–23.

Libuše SPÁČILOVÁ, Rechtsterminologie lateinischer Herkunft in frühneuhochdeutschen Texten der Olmützer Stadtkanzlei, in: Germanoslavica 15 (2004), S. 199–212.

Libuše SPÁČILOVÁ, Zum Vokabular der Olmützer Gerichtsordnung aus dem Jahre 1550, in: Hildegard BOKOVÁ (Hrsg.), Zur Erforschung des Frühneuhochdeutschen in Böhmen, Mähren und der Slowakei. Vorträge der internationalen Tagung, veranstaltet vom Institut für Germanistik der Pädagogischen Fakultät der Südböhmischen Universität, České Budějovice, 20.–22. September 2001. (= Schriften zur diachronen Sprachwissenschaft. 12). Wien 2004, S. 171–192.

Libuše SPÁČILOVÁ, Italienische, französische, spanische und slawische Entlehnungen im Wortschatz der Olmützer Stadtkanzleisprache. Ein Beitrag zur Untersuchung des Frühneuhochdeutschen, in: Hana ANDRÁŠOVÁ, Peter ERNST, Libuše SPÁČILOVÁ (Hrsg.), Germanistik genießen. Gedenkschrift für Doc. Dr. phil. Hildegard Boková. (= Schriften zur diachronen Sprachwissenschaft. 15). Wien 2006, S. 385–409.

Libuše SPÁČILOVÁ, Der Olmützer „liber causarum criminalium“ als Quelle zur Untersuchung der frühneuhochdeutschen Rechtssprache, in: Peter ERNST (Hrsg.), Kanzleistil: Entwicklung, Form, Funktion. Beiträge der 4. Tagung des Arbeitskreises Historische Kanzleisprachenforschung, Wien 24. und 25. November 2006. (= Beiträge zur Kanzleisprachenforschung. 5). Wien 2009, S. 179–196.

Libuše SPÁČILOVÁ, Der tschechisch-deutsche Bilingualismus und eine tschechische Übersetzung des Meißner Rechtsbuchs aus den Jahren 1469–1470, in: Brücken. N. F. Germanistisches Jahrbuch. Tschechien-Slowakei 19, 1–2 (2011), S. 23–42.

Libuše SPÁČILOVÁ, Die Prager Kanzlei, in: Albrecht GREULE, Jörg MEIER, Arne ZIEGLER (Hrsg.), Melanie GLANTSCHNIG (Mitarb.), Kanzleisprachenforschung. Ein internationales Handbuch. Berlin [u. a.] 2012, S. 529–542.

Libuše SPÁČILOVÁ, Historische (Stadt)Kanzleisprachenforschung in Tschechien: aktuelle methodologische Aspekte, in: Anja Edith FERENCE, Libuše SPÁČILOVÁ (Hrsg.), Deutsch als Sprache der (Geistes)Wissenschaften. Linguistik. Akten der Olmützer Tagung des Germanistenverbandes der Tschechischen Republik, 17.–18. Mai 2012, Kunstzentrum der Palacký-Universität Olomouc. Brno 2013, S. 89–104.

Libuše SPÁČILOVÁ, Míšeňská právní kniha a bilingvismus v českých zemích [Meissner Rechtsbuch und Bilinguismus in den Böhmischen Ländern], in: Rostislav KRUŠINSKÝ, Tereza VINTROVÁ (Hrsg.), Bibliotheca Antiqua 2015. Sborník z 24. konference 4.–5. listopadu 2015, Olomouc. Olomouc, Praha 2015, S. 120–127.

Libuše SPÁČILOVÁ, Olmütz, in: ^{2}HRG, Lfg. 25. Berlin 2017, Sp. 158–150.

Ernst SPANGENBERG, Beyträge zu den Teutschen Rechten des Mittelalters. Vorzüglich zur Kunde und Kritik der altgermanischen Rechtsbücher und des Sachsen- und Schwaben-Spiegels. Größtentheils aus unbenutzten handschriftlichen Quellen geschöpft […]. Halle 1822.

P. SPIEß, Pfalz (Kurpfalz), in: HRG, Bd. 3. Berlin 1984, Sp. 1659–1667.

Rudolf ŠRÁMEK, Tschechisch-deutsche Beziehungen in Ortsnamen Nordostmährens, in: Onomastica Slavogermanica 3 (1967), S. 209–214. [Auch als: Abhandlungen der Sächsischen Akademie der Wissenschaften zu Leipzig. Phil.-hist. Kl. 58,4 (1967)].

Lubomír SRŠEŇ, Větší zemský soud v Čechách ve vyobrazeních 16. století [Das größere Landgericht in Böhmen in Abbildungen des 16. Jahrhunderts], in: Časopis Národního muzea. Historické muzeum 144,3/4 (1975), S. 143–179.

Ján STANISLAV, Dejiny slovenského jazyka [Sprachgeschichte des Slowakischen], Bd. 3: Texty. Bratislava 1957.

Diana STANTCHEVA, Angaben zu phraseologischen Phänomenen im „Deutschen Wörterbuch“ von Jacob Grimm und Wilhelm Grimm, in: Natalia FILATKINA, Ane KLEINE-ENGEL, Marcel DRÄGER, Harald BURGER (Hrsg.), Aspekte der historischen Phraseologie und Phraseographie. (= Germanistische Bibliothek. 46). Heidelberg 2012, S. 245–261.

Staročeský slovník. Úvodní stati, soupis pramenů a zkratek [Alttschechisches Wörterbuch. Einführung, Quellen- und Kürzelübersicht]. Bohuslav HAVRÁNEK (Red.). Praha 1968.

Staročeský slovník [Alttschechisches Wörterbuch], Bd 1. [Lfg. 1–7] na-obiječti sě, Bd. 2 [Lfg. 8–14] obilé-ožžený, Bd. 3 [Lfg. 15–21] paběničský-pravý, Bd. 4 [Lfg. 22–26] prazápis-při. Praha 1968–2008. [Auch als Online-Ressource verfügbar: ‹ https://vokabular.ujc.cas.cz › – Abfragedatum: 20.08.2020].

Marie ŠTEMBERKOVÁ, Charles University. A Historical Overview. Milan POSSELT, Oto PALÁN (Illustr.), Petra KEY (Übers.). Prague 2012. [Univerzita Karlova. Historický prehled ⟨engl.⟩].

Martin ŠTEFÁNIK, Die Anfänge der slowakischen Bergstädte. Das Beispiel Neusohl, in: Karl Heinrich KAUFHOLD, Wilfried REININGHAUS (Hrsg.), Stadt und Bergbau. (= Städteforschung Reihe A, Darstellungen. 64). Köln [u. a.] 2004, S. 295–312.

Martin ŠTEFÁNIK, Ján LUKAČKA, Lexikon stredovekých miest na Slovensku [Lexikon der mittelalterlichen Städte in der Slowakei]. Bratislava 2010.

Hugo STEGER, Sprachgeschichte als Geschichte der Textsorten, Kommunikationsbereiche und Semantiktypen, in: Werner BESCH, Anne BETTEN, Oskar REICHMANN, Stefan SONDEREGGER (Hrsg.), Sprachgeschichte. Ein Handbuch zur Geschichte der deutschen Sprache und ihrer Erforschung, Bd. 1. 2., vollst. neu bearb. und erw. Aufl. (= Handbücher zur Sprach- und Kommunikationswissenschaft. 2.1). Berlin, New York 1998, S. 284–289.

Jaromír ŠTĚPÁN, Ke krystalizačnímu procesu městského práva českého [Der Entwicklungsprozess des tschechischen Stadtrechts], in: Karel MALÝ (Hrsg.), Městské právo v 16.–18. století v Evropě. Sborník příspěvků z mezinárodní konference uspořádané Právnickou fakultou UK ve dnech 25.–27. září 1979 v Praze. Praha 1982, S. 267–277.

Josef V. STERZINGER, Encyklopedický německo-český slovník/Enzyklopädisches deutsch-böhmisches Wörterbuch, I–IV [Bd. IV: Dokončil Kamil KABEŠ]. Praha 1916–1935.

František ŠTÍCHA, Česko-německá srovnávací gramatika [Kontrastive Grammatik tschechisch-deutsch]. Praha 2003.

István STIPTA, A magyar bírósági rendszer története [Die Geschichte der ungarischen Gerichtsorganisation]. Második, javított kiadás [2., überarb. Aufl.]. Debrecen 1998.

Otto STOBBE, Geschichte der deutschen Rechtsquellen. In zwei Bänden, Bd. 2. Neudr. d. Ausg. Braunschweig 1864. Aalen 1965.

Barbara STOLLBERG-RILLINGER, Kaiser, Kaisertum (Neuzeit), in: ^{2}HRG, Bd. 2. Berlin 2012, Sp. 1505–1514.

Michael STOLLEIS, Transfer normativer Ordnungen – Baumaterial für junge Nationalstaaten. Forschungsbericht über ein Südosteuropa-Projekt, in: Rechtsgeschichte 20 (2012), S. 72–84.

Hans-Wolfgang STRÄTZ, Pfalzgraf, in: HRG, Bd. 3. Berlin 1984, Sp. 1667–1670.

Hans-Wolfgang STRÄTZ, Kuttenberger Bergordnung, in: LexMa, Bd. 5. München [u. a.] 1991, Sp. 1594.

Jutta STRIPPEL, Zum Verhältnis von Deutscher Rechtsgeschichte und Deutscher Philologie, in: Jörg Jochen MÜLLER (Hrsg.), Reinhard BEHM, Karl-Heinz GÖTZE, Ulrich SCHULTE-WÜLWER, Jutta STRIPPEL (Mitarb.), Germanistik und deutsche Nation 1806–1848. Zur Konstitution bürgerlichen Bewußtseins. (= Literaturwissenschaft und Sozialwissenschaften. 2). Stuttgart, Weimar 1974, S. 113–166.

Stig STRÖMHOLM, Allgemeine Rechtslehre. Eine Einführung. Göttingen 1976.

Ludmila SULITKOVÁ, Vývoj městských knih v Brně ve středověku (v kontextu vývoje městských knih v českých zemích) [Die Entwicklung der Brünner Stadtbücher im Mittelalter (im Kontext der Entwicklung der Stadtbücher in den böhmischen Ländern)]. Praha, Brno 2004. (= Práce z Archivu Akademie věd. Řada B. 17).

Adriana ŠVECOVÁ, Tomáš GÁBRIŠ, Dejiny štátu, správy a súdnictva na Slovensku [Geschichte des Staates, der Verwaltung und der Justiz in der Slowakei]. Plzeň 2009.

Adriana ŠVECOVÁ, Najstaršia úprava dedičského práva na príklade slobodného kráľovského mesta Trnavy do konca 16. storočia [Die älteste Novellierung des Erbrechts am Beispiel der freien Königsstadt Tyrnau bis zum Ende des 16. Jahrhunderts], in: Historický casopis 61,1 (2013), S. 27–45.

Adriana ŠVECOVÁ, Die Stadtrechtsbücher in der mittelalterlichen Slowakei und Ungarn als Beispiel des eigenen Selbstbewusstseins im Rahmen der europäischen Rechtskultur, in: Krakowskie Studia z Historii Państwa i Prawa/Cracow Studies of Constitutional and Legal History 9,3 (2016), S. 327–343.

Adriana ŠVECOVÁ, Miriam LACLAVÍKOVÁ, [Rezension zu:] Katalin Gönczi, Wieland Carls, Sächsisch-magdeburgisches Recht in Ungarn und Rumänien. Autonomie und Rechtstransfer im Donau- und Karpatenraum. Unter Mitarb. von Inge Bily. [= IVS SAXONICO-MAIDEBVRGENSE IN ORIENTE. 3], Berlin 2013, in: Czasopismo Prawo-Historyczne 68,1 (2016), S. 303–308.

Béla SZABÓ, Sachsen in Ungarn und ihr Rechtsleben im Mittelalter und der frühen Neuzeit. Forschungsstand und Möglichkeiten in der Erforschung der Rechtsverhältnisse der Zipser und der Siebenbürger Sachsen, in: Adrian SCHMIDT-RECLA, Eva SCHUMANN, Frank THEISEN (Hrsg.), Sachsen im Spiegel des Rechts. Ius commune propriumque. Köln [u. a.] 2001, S. 95–114.

Béla SZABÓ, A szepesi jog forrásai [Quellen des Zipser Rechts], in: Jogtörténeti tanulmányok 8 (2005), S. 443–463.

Thomas SZABÓ (Hrsg.), Die Welt der europäischen Straßen. Von der Antike bis in die Frühe Neuzeit. Köln [u. a.] 2009.

Irena SZCZEPANKOWSKA, Język prawny I Rzeczypospolitej w „Zbiorze praw sądowych“ Andrzeja Zamoyskiego, Bd. 2: Wypowiedzi normatywne [Die Rechtssprache des I. Polnisch-litauischen Staates in der „Sammlung der Gerichtsgrundlagen“ von Andrzej Zamoyski. Bd. 2: Normierende Äußerungen]. Białystok 2004.

Katalin SZENDE, Buda and the Urban Development of East Central Europe, in: Balázs NAGY, Martin RADY, Katalin SZENDE, András VADAS (Hrsg.), Medieval Buda in Context. (= Brill's Companions to European History. 10). Leiden, Boston 2016, S. 526–553.

József SZINNYEI, „Wenzel *Gusztáv*", in: DERS., Magyar írók élete és munkái, Bd. 14. Budapest 1914.

Stefan TEBRUCK, Markgraf, in: ²HRG, Bd. 3. Berlin 2016, Sp. 1302–1304.

Josef TEIGE, Kdy a kým zavedeno bylo právo magdeburgské na Moravě [Wann und von wem wurde das Magdeburger Recht in Mähren eingeführt], in: Právník. Teoretický časopis pro otázky státu a práva 59 (1920), S. 244–248.

Josef TEIGE, Über die Anfänge des Magdeburger Stadtrechtes in Mähren, in: ZRG GA 41 (1920), S. 383–386.

Jaromír TAUCHEN, Mähren, in: ²HRG, Bd. 3. Berlin 2016, Sp. 1163 f.

Gerhard THEUERKAUF, Fürst, in: ²HRG, Bd. 1. Berlin 2008, Sp. 1887–1893.

Hans THIEME, Reich – Reichsverfassung, in: HRG, Bd. 4. Berlin 1990, Sp. 506–518.

W[ilhelm] v[on] THÜNGEN, Das sächsische Weichbildrecht nach dem Codex Palatinus Nro. 461. Mit einer Einleitung als Inaugural-Dissertation zuerst hrsg. von W. v. Thüngen. Heidelberg 1837. Zugl.: Heidelberg, Univ., Diss. 1837. [Auch als Online-Ressource verfügbar: ‹ https://digi.ub.uni-heidelberg.de/diglit/cpg461 ›].

Karel TIEFTRUNK, Kmetská stolice Magdeburského práva v Litoměřicích [Der Schöffenstuhl des Magdeburger Rechts in Leitmeritz], in: Památky archeologické a místopisné 4,3 (1860), S. 122–130.

Astrid TÖNNIES, „Lippert, Julius", in: NDB, Bd. 14. Berlin 1985, S. 658 f.

Johann Adolf TOMASCHEK, Deutsches Recht in Österreich im dreizehnten Jahrhundert. Auf der Grundlage des Stadtrechtes von Iglau. Wien 1859.

Johann Adolf TOMASCHEK, Recht und Verfassung der Markgrafschaft Mähren im XV. Jahrhundert. Mit einer Einleitung über die Geschichte des böhmisch-mährischen Landrechts in seinem Gegensatz zum deutschen Weichbildrecht. Brünn 1863.

Johann Adolf TOMASCHEK, Der Oberhof Iglau in Mähren und seine Schöffensprüche aus dem 13.–16. Jahrhundert. Aus mehreren Handschriften herausgegeben und erläutert. Innsbruck 1868. [Neudr. Aalen 1970].

Johann Adolf TOMASCHEK, Das alte Bergrecht von Iglau und seine bergrechtlichen Schöffensprüche. Wien 1897.

František Jan TOMSA, Vollständiges Wörterbuch der böhmisch-deutsch-lateinischen Sprache. Mit einer Vorrede begleitet von J[osef] DOBROWSKY. Prag 1791.

Pavel TROST, Deutsch-tschechische Zweisprachigkeit, in: Bohuslav HAVRÁNEK, Rudolf FISCHER (Hrsg.), Deutsch-tschechische Beziehungen im Bereich der

Sprache und Kultur. Aufsätze und Studien, [Teil] 2. Berlin 1968, S. 21–28. [Auch als: Abhandlungen der Sächsischen Akademie der Wissenschaften zu Leipzig. Phil.-hist. Kl. Bd. 59,2 (1986)].

Gustaf Adolf TZSCHOPPE, Gustaf Adolf STENZEL, Urkundensammlung zur Geschichte des Ursprungs der Städte und der Einführung und Verbreitung deutscher Kolonisten und Rechte in Schlesien und der Ober-Lausitz. Hamburg 1832.

Stanisław URBAŃCZYK, W sprawie staropolskich zapożyczeń z języka niemieckiego [Zu den altpolnischen Entlehnungen aus dem Deutschen], in: Werner KRAUSS, Zdzisław STIEBER, Jaromír BĚLIČ, Viktor I. BORKOVSKIJ (Hrsg.), Slawisch-deutsche Wechselbeziehungen in Sprache, Literatur und Kultur. (= Veröffentlichungen des Instituts für Slawistik. 44). Berlin 1969, S. 255–261.

Wacław URUSZCZAK, Groicki, Bartłomiej, in: Michael STOLLEIS (Hrsg.), Juristen. Ein biographisches Lexikon. Von der Antike bis zum 20. Jahrhundert. (Bereits 1995 bei Beck als Leinenausg. ersch. und für die Beck'sche Reihe überarb.). (= Beck'sche Reihe. 1417). München 2001, S. 264.

Slavomír UTĚŠENÝ, Zum sprachgeographischen Studium der deutschen Lehnwörter in tschechischen Dialekten, in: Bohuslav HAVRÁNEK, Rudolf FISCHER (Hrsg.), Deutsch-tschechische Beziehungen im Bereich der Sprache und Kultur. Aufsätze und Studien II. Berlin 1968, S. 109–125. [Auch als: Abhandlungen der Sächsischen Akademie der Wissenschaften zu Leipzig. Phil.-hist. Kl. Bd. 59,2 (1968)].

Václav VANĚČEK, La penetrazione del diritto romano e canonico nel territorio dell'odierna Cecoslovacchia a partire dalla seconda metà del IX secolo sino alla prima metà del secolo XIV, in: Guido ROSSI (Hrsg.), Atti del Convegno Internazionale di Studi Accursiani, III. Milano 1968, S. 1277–1291.

Václav VANĚČEK, Dějiny státu a práva v Československu [Geschichte des Staates und Rechtes in der Tschechoslowakei bis 1945]. 2., přeprac. vyd. Praha 1970.

Lenka VAŇKOVÁ, Zu den Paarformeln in der Kanzleisprache des Kuhländchens, in: Jahrbuch Ostrava-Erfurt 2 (1996), S. 201–210.

Lenka VAŇKOVÁ, Zum Einfluß der Protestanten auf die frühneuhochdeutsche Kanzleisprache des Kuhländchens, in: Gisela BRANDT (Hrsg.), Historische Soziolinguistik des Deutschen, IV: Soziofunktionale Gruppe – kommunikative Anforderungen – Sprachgebrauch. Internationale Fachtagung, Rostock 13.–16. 09.1998. (= Stuttgarter Arbeiten zur Germanistik. 372). Stuttgart 1999 (2000), S. 141–154.

Lenka VAŇKOVÁ, Einige Bemerkungen zur Sprache der ältesten deutschen Urkunden von Ostrau und Umgebung, in: Albrecht GREULE (Hrsg.), Deutsche Kanzleisprachen im europäischen Kontext. Beiträge zu einem internationalen Symposium an der Universität Regensburg. 5. bis 7. Oktober 1999. (= Beiträge zur Kanzleisprachenforschung. 1). Wien 2001, S. 91–103.

Lenka VAŇKOVÁ, Die verbale und nominale Ausdrucksweise in der Kanzleisprache. Zum Gebrauch von satzwertigen Nominalstrukturen, in: Andrea MOSHÖVEL, Libuše SPÁČILOVÁ (Hrsg.), Kanzleisprache – ein mehrdimensionales Phänomen. Tagungsband für Prof. PhDr. Zdeněk Masařík, DrSc. zum 80. Geburtstag. (= Beiträge zur Kanzleisprachenforschung. 6). Wien 2009, S. 213–223.

Lenka VAŇKOVÁ, Zur Formelhaftigkeit und Variation in frühneuhochdeutschen Texten zivilrechtlichen Charakters. Am Beispiel des „Schwarzen Buches" der Stadt Fulnek (1576–1730), in: Peter ERNST (Hrsg.), Kanzleistil: Entwicklung, Form, Funktion. Beiträge der 4. Tagung des Arbeitskreises Historische Kanzleisprachenforschung, Wien 24. und 25. November 2006. (= Beiträge zur Kanzleisprachenforschung. 5). Wien 2009, S. 213–223.

Lenka VAŇKOVÁ, Tschechien, in: Albrecht GREULE, Jörg MEIER, Arne ZIEGLER (Hrsg.), Melanie GLANTSCHNIG (Mitarb.), Kanzleisprachenforschung. Ein internationales Handbuch. Berlin [u. a.] 2012, S. 511–528.

Vladimír VAVŘÍNEK, Der Brief des mährischen Fürsten Rastislav an den Kaiser Michael III. und die Umstände der Einladung der byzantinischen Mission nach Grossmähren, in: Evangelos KONSTANTINOU (Hrsg.), Methodios und Kyrillos in ihrer europäischen Dimension. (= Philhellenische Studien. 10). Frankfurt a. M. [u. a.] 2005, S. 329–343.

Jindřich VESELÝ, Český překlad od středověku do národního obrození [Tschechische Übersetzung vom Mittelalter bis zur nationalen Wiedergeburt], in: Milan HRALA (Hrsg.), Kapitoly z dějin českého překladu. Praha 2002, S. 11–29.

Sergij VILFAN, Rechtsgeschichte der Slowenen bis zum Jahre 1941. Graz 1968. (= Grazer Rechts- und Staatswissenschaftliche Studien. 21).

Sergij VILFAN, Die deutsche Kolonisation nordöstlich der oberen Adria und ihre sozialgeschichtlichen Grundlagen, in: Walter SCHLESINGER (Hrsg.), Die deutsche Ostsiedlung des Mittelalters als Problem der europäischen Geschichte. Reichenau-Vorträge 1970–1972. (= Vorträge und Forschungen. 18). Sigmaringen 1975, S. 567–604.

André de VINCENZ, Wörterbuch der deutschen Lehnwörter in der polnischen Schrift- und Standardsprache. Von den Anfängen des Schrifttums bis in die Mitte des 20. Jahrhunderts. Begonnen, konzipiert und grundlegend redigiert von Andrzej de VINCENZ. Zu Ende geführt von Gerd HENTSCHEL. Mark BRÜGGEMANN [u. a.] (Mitarb. philolog.), Uwe KERSTEN, Günter KOCH (Mitarb. techn.). Oldenburg 2010. (= Studia Slavica Oldenburgensia. 20). [Auch als Online-Ressource verfügbar: ‹ https://diglib.bis.uni-oldenburg.de/bis-verlag/wdlp/46701.html ›].

Josef VINTR, Zásady transkripce českých textů z barokní doby [Die Transkriptionsrichtlinien tschechischer Texte der Barockzeit], in: Listy filologické. Folia philologica 121,1 (1998), S. 341–346.

Alica VIRDZEKOVÁ, Městká kniha Litoměřic [Das Stadtbuch von Leitmeritz], in: Karl SCHELLE, Jaromír TAUCHEN (Hrsg.), Encyklopedie českých právných dějin, Bd. 3. Plzeň 2016, S. 662 f.

András VIZKELETY, Príspevký k právnym dejinám spišských miest v stredoveku [Beiträge zur Rechtsgeschichte der Zipser Städte im Mittelalter], in: Spiš. Vlastivedný zborník 3–4 (1973), S. 53–64.

András VIZKELETY, Adalékok a szepességi városok középkori jogtörténetéhez [Ergänzungen zur Rechtsgeschichte der Zipser Städte im Mittelalter], in: Jogtörténeti tanulmányok 3 (1974), S. 253–265.

Tat'jana VLASOVA, Jazyk Pervogo Litovskogo Statuta (1529 g.) [Die Sprache des ersten litauischen Statuts (1529)], in: Irena VALIKONYTĖ, Lirija STEPONAVIČENĖ (Hrsg.), Pimasis Lietuvos Statutas ir epocha. Straipsnių rinkinys. Vilnius 2005, S. 249–256.

Anja VOESTE, Variability and Pofessionalism as Prerequisites of Standardization, in: Stephan ELSPAß, Nils LANGER, Joachim SCHARLOTH, Wim VANDENBUSSCHE (Hrsg.), Germanic Language Histories "from below" (1700–2000). Berlin [u. a.] 2007, S. 295–307.

Ladislav VOJÁČEK, Karel SCHELLE, Vilém KNOLL, České právní dějiny [Tschechische Rechtsgeschichte]. 2. upravené vyd. Plzeň 2010.

Ladislav VOJÁČEK, Karel SCHELLE, Jaromír TAUCHEN [u. a.] (Hrsg.), An Introduction to History of Czech Private Law. Brno 2011. (= Spisy Právnické Fakulty Masarykovy Univerzity v Brně. Iuridica. 391).

Jana VOJTÍŠKOVÁ, K jazykové stránce edičních prací [Zum sprachlichen Bestandteil der Editionsarbeiten], in: Karel MALÝ, Jiří ŠOUŠA (Hrsg.), Městské právo ve střední Evropě. Sborník příspěvků z mezinárodní právnické konference „Práva městská Království českého" z 19.–21. září 2011, Praha. Praha 2013, S. 338–342.

Lenka VODRÁŽKOVÁ-POKORNÁ, Mittelhochdeutsches Wörterbuch zu den deutschen Sprachdenkmälern Böhmens und der mährischen Städte Brünn, Iglau und Olmütz (XIII. bis XVI. Jahrhundert). Einige Bemerkungen zum Autor und zur Entstehungsgeschichte des Wörterbuchs, in: Hana ANDRÁŠOVÁ, Peter ERNST, Libuše SPÁČILOVÁ (Hrsg.), Germanistik genießen. Gedenkschrift für Doc. Dr. phil. Hildegard Boková. (= Schriften zur diachronen Sprachwissenschaft. 15). Wien 2006, S. 477–498.

Jozef VOZÁR, Die Bergstädte der Slowakei im 16. Jahrhundert, in: Wilhelm RAUSCH (Hrsg.), Die Stadt an der Schwelle zur Neuzeit. (= Beiträge zur Geschichte der Städte Mitteleuropas. 4). Linz (Donau) 1980, S. 311–324.

Taťána VYKYPĚLOVÁ, Kontinuität und Diskontinuität der Entwicklung des Standardtschechischen im Lichte der Periodisierung der tschechischen Sprachgeschichte, in: Claudia WOLDT (Hrsg.), Tschechisch bis 1775. Historische Kontinuität oder Geschichte mit Sollbruchstellen? Beiträge zum 5. Bohemicum Dresdense 12. November 2010. (= Specimina philologiae slavicae. 169). München [u. a.] 2012, S. 27–41.

Taťána VYKYPĚLOVÁ, Wege zum Neutschechischen. Studien zur Geschichte der tschechischen Schriftsprache. Hamburg 2013. (= Studien zur Slavistik. 32).

Thomas WAGNER (Hrsg.), Corpus Iuris Metallici recentissimi et antiquioris. Sammlung der neuesten und älteren Berggesetze. Leipzig 1791.

Wilhelm Emil WAHLBERG, Dr. Emil Franz Rößler [Nachruf], in: Allgemeine österreichische Gerichts-Zeitung 14, 152 (1863), S. 605 f.

R[uprecht] von WALDENFELS, M[ichail] DANIEL, N[ina] DOBRUSHINA, Why Standard Orthography? Building the Ustya River Basin Corpus, an Online Corpus of a Russian Dialect, in: Komp'juternaja lingvistika i informacionnye technologii / Computational Linguistics and Intellectual Technologies. Po materialam ježegodnoj Meždunarodnoj konferencii „Dialog" (2014). Vyp. 13 / Papers from the Annual International Conference „Dialogue" (2014). Issue 13. Moskva 2014, S. 720–728.

Nadine WALLMEIER, Sprachliche Muster in der mittelniederdeutschen Rechtssprache. Zum Sachsenspiegel und zu Stadtrechtsaufzeichnungen des 13. bis 16. Jahrhunderts. Köln [u. a.] 2013. (= Niederdeutsche Studien. 55). Zugl.: Bielefeld, Univ., Diss., 2009.

Hans WALTHER, Mehrnamigkeit von Siedlungen als sprachsoziologische Erscheinung, in: Leipziger namenkundliche Beiträge, Teil 2. Mit einer Bibliographie der Leipziger Namenkundlichen Arbeitsgruppe (4. Folge). (= Sitzungsberichte der Sächsischen Akademie der Wissenschaften zu Leipzig. Phil.-hist. Kl. 113,4). Berlin 1968, S. 19–28.

Hans WALTHER, Benennungsparallelismus bei der Eindeutschung des Altsorbengebietes um Leipzig im hohen Mittelalter, in: Karlheinz HENGST, Dietlind KRÜGER, Hans WALTHER (Hrsg.), Inge BILY (Mitarb.), Wort und Name im deutsch-slavischen Sprachkontakt. Ernst Eichler von seinen Schülern und Freunden. (= Bausteine zur Slavischen Philologie und Kulturgeschichte. R. A: Slavistische Forschungen. N. F. Bd. 20). Köln [u. a.] 1997, S. 555–569.

O[skar] A[lbert] WALTHER (Hrsg.), Das Sächsische oder Magdeburgische Weichbild-Recht. Nach der Pergament-Handschrift einst der Stadt Orlamünde, jetzt zu Gotha, vom Jahre 1381. Zum ersten Male hrsg., mit einem Glossar von O[skar] A[lbert] WALTHER. Leipzig 1871.

Andrzej WĘDZKI, Początki reformy miejskiej w środkowej Europie do połowy XIII wieku. Słowiańszczyzna zachodnia [Die Anfänge der Stadtreform in Mitteleuropa bis zur Mitte des 13. Jahrhunderts. Westslawisches Gebiet]. Warszawa [u. a.] 1974. (= Poznańskie Towarzystwo Przyjaciół Nauk. Prace Komisji Historycznej. 27).

Wilhelm WEGENER, Böhmen, in: HRG, Bd. 1. Berlin 1971, Sp. 469–482.

Wilhelm WEGENER, Schlesisches Landrecht, in: HRG, Bd. 4. Berlin 1990, Sp. 1426–1429.

Tobias WEGER, Konrad GÜNDISCH, Kaschau/Košice. Eine kleine Stadtgeschichte. Regensburg 2013.

Peter WEIMAR, Baldus de Ubaldis, in: Michael STOLLEIS (Hrsg.), Juristen. Ein biographisches Lexikon. Von der Antike bis zum 20. Jahrhundert. (Bereits 1995 bei Beck als Leinenausg. ersch. und für die Beck'sche Reihe überarb.). (= Beck'sche Reihe. 1417). München 2001, S. 58 f.

Peter WEIMAR, Baldus de Ubaldis (1327–1400), in: ^{2}HRG, Bd. 1. Berlin 2008, Sp. 410–412.

Herbert WEINELT, Das Stadtbuch von Zipser Neudorf und seine Sprache. Forschungen zum Volkstum einer ostdeutschen Volksinselstadt. München 1940. (= Veröffentlichungen des Südostinstituts München. 20).

Julius WEISKE, Bemerkungen über das Brünner Schöffenbuch privat- und prozeßrechtlichen Inhalts, in: Zeitschrift für deutsches Recht und deutsche Rechtswissenschaft 14 (1853), Sp. 113–154.

Daniel WEISS, Sudebnaja ėkspertiza i vklad lingvista v interpretaciju zakona [Rechtsgutachten und Beitrag des Linguisten zur Interpretation des Gesetzes], in: Ingunn LUNDE, Martin PAULSEN (Hrsg.), From Poets to Padonki. Linguistic Authority and Norm Negotiation in Modern Russian Culture. (= Slavica Bergensia. 9). Bergen 2009, Sp. 252–274.

Boglárka WEISZ, A tárnokmester jogköre az Anjou-korban [Die Befugnisse des Tarnakmeisters im Anjou-Zeitalter], in: DIES., Pénz, posztó, piac. Gazdaságtörténeti tanulmányok a magyar középkorról. (= Monumenta hungriae historica. Dissertationes/Magyar történelmi emlékek. Értekezések). Budapest 2016, Sp. 181–200.

Jürgen WEITZEL, Prozeßfähigkeit, in: HRG, Bd. 4. Berlin 1990, Sp. 48 f.

Jürgen WEITZEL, Ding, in: ^{2}HRG, Bd. 1. Berlin 2008, Sp. 1063–1075.

Jürgen WEITZEL, Klage, in: ^{2}HRG, Bd. 2. Berlin 2012, Sp. 1843–1858.

Wilhelm WEIZSÄCKER, Zur Einführung des Magdeburgischen Rechtes in Mähren, in: Wissenschaftliche Vierteljahresschrift zur Prager Juristischen Zeitschrift 2 (1922), Sp. 79–85.

Wilhelm WEIZSÄCKER, Die Ausbreitung des deutschen Rechts in Osteuropa, in: Karl Christian LOESCH (Hrsg.), Arnold Hillen ZIEGFELD (Mitarb.), Staat und Volkstum. (= Bücher des Deutschtums. 2). Berlin 1926, S. 549–567. Auch in Walther MITZKA, Hans WEBER, Paul WENTZCKE, Wilhelm WEIZSÄCKER (Hrsg.), Volks- und Kulturgeschichte. Berlin 1927, S. 549–567.

Wilhelm WEIZSÄCKER, Geschichte des Bergbaues in den Sudetenländern. Prag [u. a.] 1928. (= Vorträge zur Kunde Sudetendeutschtums. 4; Sammlung gemeinnütziger Vorträge. 596/597).

Wilhelm WEIZSÄCKER, Sächsisches Bergrecht in Böhmen. Das Joachimsthaler Bergrecht des 16. Jahrhunderts. Reichenberg 1929. (= Forschungen zur sudetendeutschen Heimatkunde. 5).

Wilhelm WEIZSÄCKER (Hrsg.), Das Graupner Bergbuch von 1530 nebst einem Bruchstücke des Graupner Bergbuchs von 1512. Reichenberg [u. a.] 1932. (= Sudetendeutsche Geschichtsquellen. 5).

Wilhelm WEIZSÄCKER, Karl ZIMMER, System des tschechoslowakischen Bergrechts unter Berücksichtigung des Österreichischen. Prag 1933. (= Gesetzesausgaben des ›Prager Archiv‹).

Wilhelm WEIZSÄCKER, Eindringen und Verbreitung der deutschen Stadtrechte in Böhmen und Mähren, in: Deutsches Archiv für Landes- und Volksforschung 1 (1937), Sp. 95–109.

Wilhelm WEIZSÄCKER, Breslau als Oberhof mährischer Städte, in: Zeitschrift des Vereins für Geschichte Schlesiens 72 (1938), Sp. 1–19.

Wilhelm WEIZSÄCKER, Zur Geschichte des Meißner Rechtsbuchs in Böhmen und Mähren, in: ZRG GA 58 (1938), Sp. 584–614.

Wilhelm WEIZSÄCKER, Leitmeritz als Vorort des Magdeburger Rechts in Böhmen, in: Neues Archiv für sächsische Geschichte 60 (1939), S. 1–23.

Wilhelm WEIZSÄCKER, Zur Geschichte der Sammlungen Magdeburger Schöffensprüche im böhmischen Raum, in: Abhandlungen zur Rechts- und Wirtschaftsgeschichte. Festschrift für Adolf Zycha zum 70. Geburtstag am 17. Oktober 1941. Weimar 1941, Sp. 265–284.

Wilhelm WEIZSÄCKER, Die Verbreitung des deutschen Stadtrechtes in der Slowakei, in: Karpatenland 13,1–2 (1942/1943), S. 17–23.

Wilhelm WEIZSÄCKER (Bearb.), Magdeburger Schöffensprüche und Rechtsmitteilungen für den Oberhof Leitmeritz. Stuttgart, Berlin 1943. (= Die Magdeburger Schöffensprüche und Rechtsmitteilungen. Reihe 9: Sudetenland. Bd. 1).

Wilhelm WEIZSÄCKER, Von deutschem Stadtrecht in den Sudetenländern, in: Zeitschrift für deutsche Geisteswissenschaft 5 (1943), Sp. 272–299.

Wilhelm WEIZSÄCKER, Leitmeritz in der sudetenländischen Stadtrechtsgeschichte, in: Otto PETERKA, Wilhelm WEIZSÄCKER, Beiträge zur Rechtsgeschichte von Leitmeritz. Prag 1944, S. 7–50.

Gusztáv WENZEL, Das alte Stadt- und Bergrecht der königlichen Frey- und Bergstadt Schemnitz in Ungarn aus dem dreyzehnten Jahrhunderte, in: Jahrbücher der Literatur. Anzeigeblatt für Wissenschaft und Kunst 104 (1843), S. 1–21.

Gusztáv WENZEL, Árpádkori új okmánytár = Codex diplomaticus Arpadianus, Bd. 3: 1261–1272 und Bd. 4: 1272–1290. Pest 1862. (= Monumenta Hungariae Historica = Magyar történelmi emlékek. Diplomataria. 3 u. 4). [Nachdr. Budapest 2002].

Gusztáv WENZEL, Magyarország városai és városjogai a múltban és jelenben [Die Städte und Stadtrechte von Ungarn in der Vergangenheit und in der Gegenwart]. Budapest 1877.

Gusztáv WENZEL, A XV. századi tárnoki jog. Tanulmány a hazai jogtörténet köréből [Das Tavernikalrecht des 15. Jahrhunderts], in: Értekezések a társadalmi tudományok köréből 5,1 (1878), S. 1–52.

István WERBŐCZY, Tripartitum opus iuris consuetudinarii inclyti Regni Hungariæ per Stephanum de Werbewcz editum. Mit e. Einl. v. György BÓNIS. Faks. Dr. [d. Ausg.] Wien 1517. Glashütten (Taunus) 1971. (= Mittelalterliche Gesetzbücher europäischer Länder in Faksimiledrucken. 2).

Dieter WERKMÜLLER, Hörige, in: ²HRG, Bd. 2. Berlin 2012, Sp. 1130 f.

Emil WERUNSKY, Die Maiestas Karolina, in: ZRG GA 9 (1888), S. 64–103.

Uwe WESEL, Gabe, in: ²HRG, Bd. 1. Berlin 2008, Sp. 1908–1910.

Björn WIEMER, Aksana ERKER, Manifestations of Areal Convergence in Rural Belarusian Spoken in the Baltic-Slavic Contact Zone, in: Journal of Language Contact: Evolution of Languages, Contact and Discourse 4 (2011), S. 184–216.

Björn WIEMER, Aksana ERKER, Übergangs- und Mischdialekte – eine unnötige begriffliche Differenzierung?, in: Zeitschrift für Slavische Philologie 69,1 (2012/2013), S. 1–54.

Józef WIKTOROWICZ, Die graphematische Analyse der deutschen Sprache in den Krakauer Stadtbüchern des 14. Jahrhunderts, in: Zeitschrift für Deutsche Philologie 103 (1984), S. 407–420. [Nachdr. in: Józef WIKTOROWICZ, Krakauer Kanzleisprache. Forschungsperspektiven und Analysemethoden. Warszawa 2011, S. 17–32].

Józef WIKTOROWICZ, Zur Syntax der deutschen Kanzleisprache in Krakau, in: Albrecht GREULE (Hrsg.), Deutsche Kanzleisprachen im europäischen Kontext. Beiträge zu einem internationalen Symposium an der Universität Regensburg. 5. bis 7. Oktober 1999. (= Beiträge zur Kanzleisprachenforschung. 1). Wien 2001, S. 215–223. [Nachdr. in: Józef WIKTOROWICZ, Krakauer Kanzleisprache. Forschungsperspektiven und Analysemethoden. Warszawa 2011, S. 93–102].

Józef WIKTOROWICZ, Die Substantivderivation in der Krakauer Kanzleisprache, in: Andrea MOSHÖVEL, Libuše SPÁČILOVÁ (Hrsg.), Kanzleisprache – ein mehrdimensionales Phänomen. Tagungsband für Prof. PhDr. Zdeněk Masařík, DrSc. zum 80. Geburtstag. (= Beiträge zur Kanzleisprachenforschung. 6). Wien 2009, S. 261–270. [Nachdr. in: Józef WIKTOROWICZ, Krakauer Kanzleisprache. Forschungsperspektiven und Analysemethoden. Warszawa 2011, S. 115–124].

Józef WIKTOROWICZ, Die syntaktischen Besonderheiten in den juristischen Texten des 15. bis zum 18. Jahrhundert, in: Christian BRAUN (Hrsg.), Kanzleisprachen auf dem Weg zum Neuhochdeutschen. (= Beiträge zur Kanzleisprachenforschung. 7). Wien 2011, S. 103–113.

Józef WIKTOROWICZ, Krakauer Kanzleisprache. Forschungsperspektiven und Analysemethoden. Warszawa 2011.

Wilhelm Eduard WILDA, Beiträge zur Kunde und Kritik der älteren deutschen Rechts- und Gesetzbücher, vorzüglich aus nordischen Bibliotheken, in: Neues rheinisches Museum für Jurisprudenz 3 (1835), S. 261–371.

Dietmar WILLOWEIT, Vogt, Vogtei, in: HRG, Bd. 5. Berlin 1998, Sp. 932–946.

Wörterbuch der mittelhochdeutschen Urkundensprache. Auf der Grundlage des ›Corpus der altdeutschen Originalurkunden bis zum Jahr 1300‹. Unter Leitung von Bettina KIRSCHSTEIN und Ursula SCHULZE erarbeitet von Sibylle OHLY und Peter SCHMITT, Bd. 1–3. Berlin 1994–2010.

Maria WOJTAK, Elementy stylu urzędowego w Ortylach magdeburskich [Elemente des Kanzleistils in den Magdeburger Urteilen], in: Język Polski 68 (1988), S. 221–230.

Armin WOLF, Gesetzgebung in Europa 1100–1500. Zur Entstehung der Territorialstaaten. 2., überarb. u. erw. Aufl. des Beitrags zu dem von Helmut Coing hrsg. „Handbuch der Quellen und Literatur der neueren europäischen Privatrechtsgeschichte". München 1996.

Dieter WOLF, Lexikologie des Frühneuhochdeutschen, in: Werner BESCH, Oskar REICHMANN, Stefan SONDEREGGER (Hrsg.), Sprachgeschichte. Ein Handbuch zur Geschichte der deutschen Sprache und ihrer Erforschung, 2. Halbbd. (= Handbücher zur Sprach- und Kommunikationswissenschaft. 2.2). Berlin [u. a.] 1985, S. 1323–1341.

Lisa WOLVERTON, Germans and Slavs in Thirteenth-Century Bohemia. Some Preliminary Remarks on Immigrants and Law, in: Nora BEREND (Hrsg.), The Expansion of Central Europe in the Middle Ages. (= The Expansion of Latin Europe. 1000–1500. 5). Franham [u. a.] 2012, S. 297–305.

David WOOD, Fundamentals of Formulaic Language. An Introduction. London [u. a.] 2015.

Erika WORBS, Was ist fachsprachliche Phraseologie. Überlegungen am Beispiel der deutschen und polnischen Börsensprache, in: Hans ROTHE, Peter THIERGEN (Hrsg.), Polen unter Nachbarn. Polonistische und komparatistische Beiträge zu Literatur und Sprache. XII. Internationaler Slavistenkongreß in Krakau 1998. (= Bausteine zur Slavischen Philologie und Kulturgeschichte. R. A: Slavistische Forschungen. N. F. 25). Köln [u. a.] 1998, S. 99–127.

Thomas WÜNSCH, Deutsche und Slawen im Mittelalter. Beziehungen zu Tschechen, Polen, Südslawen und Russen. München 2008.

Aleksander ZAJDA, Staropolska terminologia prawnicza (do r. 1500) [Altpolnische Rechtsterminologie (bis 1500)]. Kraków 1990. (= Uniwersytet Jagielloński. Rozprawy Habilitacyjne. 192). Zugl.: Kraków, Univ., Habil.-Schr.

Aleksander ZAJDA, Studia z historii polskiego słownictwa prawniczego i frazeologii [Beiträge zur Geschichte des polnischen Rechtswortschatzes und der Phraseologie]. Kraków 2001.

Aleksander ZAJDA, Deutsche Einflüsse in der altpolnischen Terminologie als Widerspiegelung der Rezeption des Magdeburger Rechts, in: Ernst EICHLER, Heiner LÜCK (Hrsg.), Rechts- und Sprachtransfer in Mittel- und Osteuropa. Sachsenspiegel und Magdeburger Recht. Internationale und interdisziplinäre Konferenz in Leipzig vom 31. Oktober bis 2. November 2003. (= IVS SAXONICO-MAIDEBVRGENSE IN ORIENTE. 1). Berlin 2008, S. 289–304.

Mikoláš ZATOVKAŇUK, K lexikálním kontaktům běloruštiny a polštiny (z hlediska jazykové interference) [Zu den lexikalischen Kontakten des Weißrussischen und Polnischen (aus der Sicht der sprachlichen Interferenz)], in: Československá Rusistika 18,3 (1973), S. 114–116.

Mikoláš ZATOVKAŇUK, Problematika bohemismů v ukrajinštině [Problematik der Bohemismen im Ukrainischen], in: Naše řeč 63 (1980), S. 155–160.

Markéta ZEMENOVÁ, Nástin překladatelských postupů a metod v období raného novověku v kontaktu německo-českém/A Study on the Techniques and Methods in German-Czech Translations at the Time of the Renaissance and the Reformation. Praha 2011 [nur digital]. [Diplomová práce/Diploma thesis] – [Online-Ressource: ‹ https://is.cuni.cz/webapps/zzp/detail/108878 › – Abfragedatum: 20.08.2020].

Zbigniew ZDRÓJKOWSKI, Zarys dziejów prawa chełmińskiego (1233–1862). Studium z okazji siedemsetpięćdziesięciolecia wydania przywileju chełmińskiego oraz lokacji miast Chełmna i Torunia [Abriss der Geschichte des Kulmer Rechts (1233–1862). Studie zum 750. Jubiläum der Verleihung des Kulmer Privilegs und der Lokation der Städte Kulm und Thorn]. Toruń 1983. (= Monografie Instytutu Historyczno-Prawnego UMK. 1).

Josef ŽEMLIČKA, Vývoj osídlení dolního Poohří a Českého středohoří do 14. století [Der Gang der Besiedlung am Unterlauf der Eger und im Böhmischen Mittelgebirge bis zum 14. Jahrhundert]. Praha 1980.

Josef ŽEMLIČKA, Leitmeritz, in: LexMa, Bd. 5. München [u. a.] 1991, Sp. 1864.

Josef ŽEMLIČKA, Ottokar II. Přemysl, in: LexMa, Bd. 6. München [u. a.] 1993, Sp. 1553 f.

Josef ŽEMLIČKA, Přemysliden, in: LexMa, Bd. 7. München [u. a.] 1995, Sp. 186–188.

Josef ŽEMLIČKA, Entstehung und Entfaltung der Marktorganisation in Böhmen und Mähren, in: Hansjürgen BRACHMANN, Jan KLÁPŠTĚ (Hrsg.), Hausbau und Raumstruktur früher Städte in Ostmitteleuropa. (= Památky archeologické. Supplementum. 6). Prague 1996, S. 17–27.

Josef ŽEMLIČKA, Wenzel II., in: LexMa, Bd. 8. München [u. a.] 1997, Sp. 2188 f.

Josef ŽEMLIČKA, Die Deutschen und die deutschrechtliche Kolonisation Böhmens und Mährens im Mittelalter, in: Jan M. PISKORSKI (Hrsg.), Historiographical Approaches to Medieval Colonisation of East Central Europe. A Comparative Analysis Against the Background of Other European Inter-Ethnic Colonization Processes in the Middle Ages. (= East European Monographs. 611). New York 2002, S. 107–143.

Josef ŽEMLIČKA, K ujímání a formám německého práva v českých zemích [Zur Rezeption und Form des deutschen Rechts in den Böhmischen Ländern], in: Marginalia historica 6 (2002), S. 7–38.

Josef ŽEMLIČKA, Němci, německé právo a transformační změny 13. století. Několik úvah a jeden závěr [Die Deutschen, das deutsche Recht und Transformationsänderungen des 13. Jahrhunderts. Einige Erwägungen und ein Schluss], in: Archaeologia historica. Muzejní a vlastivědná společnost v Brně 28 (2003), S. 33–46. [Zugl.: Sborník příspěvků přednesených na 34. konferenci archeologů středověku České republiky a Slovenské republiky s hlavním zaměřením na interetnické vztahy ve středověku a jejich odkaz hmotné kultuře. Opava 23.–27. září 2002. Brno 2003].

Josef ŽEMLIČKA, Die mittelalterliche Stadt in Böhmen und Mähren als Objekt der mediävistischen Forschung. Bilanz und Perspektiven, in: Hans DUCHHARDT, Wilfried REININGHAUS (Hrsg.), Stadt und Region. Internationale Forschungen und Perspektiven. Kolloquium für Peter Johanek. (= Städteforschung. R. A: Darstellungen. 65). Köln [u. a.] 2005, S. 127–138.

Josef ŽEMLIČKA, The Germans and the Implantation of German Law Among the Bohemians and Moravians in the Middle Ages, in: Nora BEREND (Hrsg.), The Expansion of Central Europe in the Middle Ages. (= The Expansion of Latin Europe. 1000–1500. 5). Franham [u. a.] 2012, S. 237–270.

Josef ŽEMLIČKA, Království v pohybu. Kolonizace, města a stříbro v závěru přemyslovské epochy [Königreich in Bewegung. Kolonisation, Städte und Silber am Ende des Přemysliden-Zeitalters]. Praha 2014.

Klaus ZERNACK, Der hochmittelalterliche Landesausbau als Problem der Entwicklung Ostmitteleuropas, in: DERS., Preußen – Deutschland – Polen. Aufsätze zur Geschichte der deutsch-polnischen Beziehungen. Hrsg. von Wolfram FISCHER und Michael G. MÜLLER. (= Historische Forschungen. 44). Berlin 1991, S. 185–202. [Auch in:, XVe Congrès International des Sciences Historiques (Bucarest 10–17 août 1980). Rapports II: Section Chronologique. Bucarest 1980, S. 144–158].

Blanka ZICHOVÁ, Untersuchungen zum Sprachgebrauch in Urkunden der Košicer Zünfte vom 15. bis zum 19. Jahrhundert, in: Brücken. N. F. Germanistisches Jahrbuch. Tschechien-Slowakei 4 (1996), S. 251–259.

Arne ZIEGLER, Makrostrukturelle Merkmale frühneuhochdeutscher Kanzleisprache. Ein taxonomischer Ansatz zur Differenzierung städtischer Kommunikationspraxis, in: Albrecht GREULE (Hrsg.), Deutsche Kanzleisprachen im europäischen Kontext. Beiträge zu einem internationalen Symposium an der Universität Regensburg. 5. bis 7. Oktober 1999. (= Beiträge zur Kanzleisprachenforschung. 1). Wien 2001, S. 121–139.

Arne ZIEGLER, Städtische Kommunikationspraxis im Spätmittelalter. Historische Soziopragmatik und historische Textlinguistik. Berlin 2003. (= Germanistische Arbeiten zur Sprachgeschichte. 2).

Arne ZIEGLER, Sprachliche Ablösungsprozesse im historischen Sprachkontakt. Lateinische und deutsche Schriftlichkeit in städtischer Kommunikation im Spätmittelalter, in: Hildegard BOKOVÁ (Hrsg.), Zur Erforschung des Frühneuhochdeutschen in Böhmen, Mähren und der Slowakei. Vorträge der internationalen Tagung, veranstaltet vom Institut für Germanistik der Pädagogischen Fakultät der Südböhmischen Universität, České Budějovice, 20.–22. September 2001. (= Schriften zur diachronen Sprachwissenschaft. 12). Wien 2004, S. 33–54.

Arne ZIEGLER, Die Syntax der Kanzleisprachen, in: Andrea MOSHÖVEL, Libuše SPÁČILOVÁ (Hrsg.), Kanzleisprache – ein mehrdimensionales Phänomen. Tagungsband für Prof. PhDr. Zdeněk Masařík, DrSc. zum 80. Geburtstag. (= Beiträge zur Kanzleisprachenforschung. 6). Wien 2009, S. 271–282.

Benedykt ZIENTARA, Die deutschen Einwanderer in Polen vom 12. bis zum 14. Jahrhundert, in: Walter SCHLESINGER (Hrsg.), Die deutsche Ostsiedlung des Mittelalters als Problem der europäischen Geschichte. Reichenau-Vorträge 1970–1972. (= Vorträge und Forschungen. 18). Sigmaringen 1975, S. 333–348.

Pavo ŽIGO, Konvergencie a divergencie v staršom období vývinu slovenčiny a češtiny [Konvergenz und Divergenz auf den älteren Entwicklungsstufen des Slowakischen und Tschechischen], in: Milan HARVALÍK, Eva MINÁŘOVÁ, Maria TUŠKOVÁ (Hrsg.), Teoretické a komunikační aspekty proprií. Prof. Rudolfu Šrámkovi k životnímu jubileu. (= Spisy Pedagogické Fakulty Masarykovy Univerzity. 135). Brno 2009, S. 103–111.

Harald ZIMMERMANN, Hospites Theutonici. Rechtsprobleme der deutschen Südostsiedlung, in: Gedenkschrift für Harold Steinacker (1875–1965). (= Buchreihe der Südostdeutschen Historischen Kommission. Bd. 16). München 1966, S. 67–84.

Viktor Markovič ŽIVOV, Juridičeskie kodeksy i režim interpretacii [Rechtskodices und Interpretationsmodus], in: Aleksandr Vladimirovic BONDARKO, Galina Ivanovna KUSTOVA, Raisa Iosifovna ROZINA (Hrsg.), Dinamičeskie modeli. Slovo. Predloženie. Tekst. Sbornik statej v česť Je. V. Padučevoj. (= Studia Philologica). Moskva 2008, S. 309–328.

Rudolf ZODER, Familiennamen in Ostfalen, Bd. 1: A-K, Bd. 2: L-Z. Hildesheim 1968.

Thomas ZOTZ, Burggraf, in: ²HRG, Bd. 1. Berlin 2008, Sp. 766–768.

Alexander ZREBENÝ, Z feudálnych dejín Krupiny. Príspevok k politickým, hospodárskym a kultúrnym dejinám mesta [Aus der feudalen Geschichte der Stadt Krupina [Karpfen]. Ein Beitrag zur politischen, wirtschaftlichen und kulturellen Geschichte der Stadt]. Martin 1974.

Adolf ZYCHA, Das Recht des ältesten deutschen Bergbaues bis ins 13. Jahrhundert. Eine Studie aus d. deutschen Rechts- u. Wirtschaftsgeschichte. Berlin 1899.

Adolf ZYCHA, Das böhmische Bergrecht des Mittelalters auf Grundlage des Bergrechts von Iglau, Bd. 1: Die Geschichte des Iglauer Bergrechts und die böhmische Bergwerksverfassung; Bd. 2: Die Quellen des Iglauer Bergrechts. Berlin 1900.

Adolf ZYCHA, Über den Ursprung der deutschen Bergbaufreiheit und deren Verhältnis zum Regal, in: ZRG GA 24 (1903), S. 338–347.

Adolf ZYCHA, Prag. Ein Beitrag zur Rechtsgeschichte Böhmens im Beginn der Kolonisationszeit. Calve 1912. [Auch als: Mitteilungen des Vereines für

Geschichte der Deutschen in Böhmen 49 (1911), S. 277–347, 443–505 u. 50 (1912), S. 157–183, 465–545].

Adolf ZYCHA, Über den Ursprung der Städte in Böhmen und die Städtepolitik der Přemysliden. Prag 1914. [Auch als: Mitteilungen des Vereines für Geschichte der Deutschen in Böhmen 52 (1914), S. 2–76, 263–307, 559–605 u. 53 (1915), S. 124–170].

K. Register (*Wieland Carls*)

Vorbemerkung

In der Abteilung *Orte* werden auch Gewässer-, Gebirgs-, Landes- und Landschaftsnamen sowie andere Lokalitäten verzeichnet. Nichtdeutsche Toponyme werden – so vorhanden – unter dem deutschen Exonym angesetzt. Hierauf folgen in der Regel das jeweilige Endonym (kursiv gesetzt und mit internationalem Sprachkürzel in eckigen Klammern versehen), ggf. weitere Namenformen in anderen Sprachen (ebenfalls mit Sprachkürzel). Gibt es kein deutsches Exonym, steht das Endonym an erster Stelle. Auf den jeweiligen Haupteintrag wird – wenn nötig – verwiesen. Insbesondere die Länder werden unter ihrem aktuellen Namen eingetragen, ohne den historischen Kontext im Einzelfall zu berücksichtigen. Es wird z. B. nicht zwischen den verschiedenen historischen Ausprägungen Polens unterschieden, sondern alle Nennungen dieses Landes werden unter seinem aktuellen Namen versammelt.

Das Register der *Personen* verzeichnet alle Namen von Personen und Geschlechtern, die nicht ausschließlich im Zusammenhang mit bibliographischen Angaben genannt werden. Von Schreibvarianten, die durch einen Schrägstrich von der Ansetzungsform getrennt werden, wird gegebenenfalls auf den Haupteintrag verwiesen. Amtsbezeichnungen und andere Ergänzungen sowie alternative Schreibungen, von denen nicht verwiesen wird, stehen in runden Klammern. Lebensdaten werden – soweit sie zu ermitteln sind – nur von Personen angegeben, die nicht mehr am Leben sind.

Unter *Sachen* finden sich neben Namen von Bevölkerungsgruppen vor allem Begriffe, die den inhaltlichen Zugriff erleichtern sollen.

Alle Quellen und Quellensammlungen mit vorwiegend rechtlichem Inhalt, die im Text genannt werden, stehen im Register der *Rechtsquellen*.

In der Untersuchung genannte Handschriften werden nach Orten sortiert im Register der *Handschriften* aufgelistet.

Nicht ins Register aufgenommen wurden Begriffe, die sich in den zitierten Quellen (*Kap. E*), in den alphabetischen Wörterverzeichnissen (*Kap. F.I.6.–8.*), im alphabetischen Verzeichnis relevanter Rechtsquellen und Textsammlungen (*Kap. F.II.*) und in den Listen der Ortsnamen (*Kap. I.I.1.–4.*) finden.

I. Orte

II. Personen

III. Sachen

IV. Rechtsquellen

V. Handschriften (nach Orten)

Sächsisch-magdeburgisches Recht in der Slowakei
Basiskarte des Untersuchungsgebietes
heutige Hauptstadt (Endonym, Exonym, z.T. historisch)
heutiger Verwaltungssitz des Kraj (Endonym, Exonym, z.T. historisch)
Stadt mit Sächsisch-magdeburgischem Recht; Auswahl zur Orientierung (Endonym, Exonym, z.T. historisch)
Stadt zur Orientierung (Endonym, Exonym, z.T. historisch)
POLSKA/ POLEN
Staat (Endonym, Exonym)
Morava/ Mähren
Landschaft (Endonym, Exonym, z.T. historisch)
mittelalterliches deutsches Siedlungsgebiet
0
50 km
Maßstab 1 : 2 000 000
Śląsk/Slezsko/Silesia/Schlesien
POLSKA/POLEN
Halyčyna/Galicja/Galicija/Galizien
ČESKO/TSCHECHIEN
Morava/Mähren
SLOVENSKO/ SLOWAKEI
Spiš/ Szepesség/ Zips
ÖSTERREICH
MAGYARORSZÁG/ UNGARN
UKRAJINA/UKRAINE
ROMÂNIA/RUMÄNIEN
Głubczyce/ Leobschütz
Racibórz/ Ratibor
Kraków/ Krakau
Bruntál/Freudenthal
Rýmařov/Römerstadt
Opava/ Troppau
Uničov/ Mährisch Neustadt
Ostrava/ Ostrau
Sanok
Nowy Sącz/ Neu-Sandez
Olomouc/ Olmütz
Kostelec na Hané/ Kosteletz in der Hanna
Lipník nad Bečvou/ Leipnik
Zlín/ Zlin
Brno/Brünn
Spišská Stará Ves/ Zipser Altendorf
Stará Ľubovňa/ Alt-Lublau
Chmeľnica/ Hopgarten
Podolínec/Podolín/ Pudlein
Bardejov/ Bártfa/ Bartfeld
Kežmarok/Késmárk/Käsmark
Veľká Lomnica/ Großlomnitz
Liptovský Mikuláš/ St. Nikolaus
Poprad/ Deutschendorf
Levoča/Lőcse/ Leutschau
Prešov/Eperjes/ Eperies
Krompachy/ Krompach
Spišská Nová Ves/ Zipser Neudorf
Gelnica/Gölnicbánya/ Göllnitz
Smolník/ Schmöllnitz
Dobšiná/ Dobschau
Košice/ Kassa/ Kaschau
Medzev/ Metzenseifen
Rožňava/ Rosenau
Užhorod
Žilina/ Zsolna/ Sillein
Martin/ Túrócszentmárton/ St. Martin
Kláštor pod Znievom/ Kloster
Nitrianske Pravno/ Deutsch Proben
Brezno/Briesen
Horná Štubňa/ Oberstuben
Ľubietová/Libetbánya/ Libethen
Trenčín/ Trencsén/ Trentschin
Prievidza/ Priwitz
Handlová/ Krickerhäu, Krickerhau
Kremnica/ Körmöcbánya/ Kremnitz
Banská Bystrica/ Besztercebánya/ Neusohl
Veľké Pole/ Hochwiesen
Zvolen/Altsohl
Banská Belá/Dilln
Nová Baňa/ Königsberg
Banská Štiavnica/ Selmecbánya/Schemnitz
Trnava/ Nagyszombat/ Tyrnau
Modra/ Modern
Pezinok/Bösing
Bratislava/ Pozsony/ Preßburg
Nitra/ Nyitra/ Neutra
Pukanec/ Pukanz
Krupina/ Korpona/ Karpfen
Wien
Komárno/ Komárom/ Komorn
Esztergom/ Gran
Miskolc
Debrecen/ Debrezin
Budapest
Odra/Oder
Odra
Wisła/Weichsel
Poprad
Orava
Ondava
Hornád
Hernád
Tisa/Theiß
Tisa
Zemplínska Šírava
Liptovská Mara
Svratka
Jihlava
Nové Mlýny
Morava/March
Morava
Váh/Waag
Nitra/Nyitra/Neutra
Hron/Gran
Ipeľ
Dunaj
Duna
Donau
Gabčíkovo
Karteninhalt: Inge Bily (Sächsische Akademie)
Kartenredaktion: Birgit Hölzel (Leibniz-Institut für Länderkunde)
Kartographie: Romana Schwarz (Leibniz-Institut für Länderkunde)
Sächsische Akademie der Wissenschaften zu Leipzig

Sächsisch-magdeburgisches Recht in Tschechien
Basiskarte des Untersuchungsgebietes
heutige Hauptstadt (Endonym, Exonym, z.T. historisch)
heutiger Verwaltungssitz des Kraj (Endonym, Exonym, z.T. historisch)
Stadt mit Sächsisch-magdeburgischem Recht; Auswahl zur Orientierung (Endonym, Exonym, z.T. historisch)
Stadt zur Orientierung (Endonym, Exonym, z.T. historisch)
POLSKA/ POLEN
Staat (Endonym, Exonym)
Morava/ Mähren
Landschaft (Endonym, Exonym, z.T. historisch)
0
50 km
Maßstab 1 : 2 000 000
ČESKO/TSCHECHIEN
Čechy/Böhmen
Morava/Mähren
Śląsk/Slezsko/Silesia/Schlesien
POLSKA/ POLEN
DEUTSCHLAND
ÖSTERREICH
SLOVENSKO/ SLOWAKEI
Meißen
Görlitz/ Zgorzelec
Legnica/ Liegnitz
Wrocław/ Breslau
Zittau
Liberec/ Reichenberg
Świdnica/ Schweidnitz
Zwickau
Děčín/ Tetschen
Česká Lípa/ Böhmisch Leipa
Teplice/Teplitz
Ústí nad Labem/ Aussig
Duchcov/Dux
Bílina/Bilin
Litoměřice/Leitmeritz
Most/Brüx
Chomutov/ Komotau
Mnichovo Hradiště/ Münchengrätz
Trutnov/ Trautenau
Dvůr Králové nad Labem/ Königinhof an der Elbe
Mladá Boleslav/ Jungbunzlau
Mělník/ Melnik
Jáchymov/ Sankt Joachimsthal
Hof
Velvary/Welwarn
Slaný/Schlan
Kostelec nad Labem/ Elbekosteletz
Karlovy Vary/ Karlsbad
Hradec Králové/ Königgrätz
Glubczyce/ Leobschütz
Cheb/Eger
Praha/Prag
Racibórz/Ratibor
Pardubice/ Pardubitz
Bruntál/Freudenthal
Rýmařov/Römerstadt
Opava/ Troppau
Litomyšl/Leitomischl
Uničov/ Mährisch Neustadt
Ostrava/ Ostrau
Plzeň/ Pilsen
Olomouc/ Olmütz
Lipník nad Bečvou/ Leipnik
Kostelec na Hané/ Kosteletz in der Hanna
Jihlava/Iglau
Zlín/ Zlin
Žilina/ Zsolna/ Sillein
Brno/Brünn
Regensburg
České Budějovice/ Budweis
Trenčín/ Trencsén/ Trentschin
Banská Bystrica/ Besztercebánya/ Neusohl
Kremnica/ Körmöcbánya/ Kremnitz
Passau
Krems
Linz
Wien
Trnava/ Nagyszombat/ Tyrnau
Nitra/ Nyitra Neutra
Bratislava/ Pozsony/ Preßburg
Elbe
Lausitzer Neiße
Odra/Oder
Ohře/Eger
Nechranice
Jizera
Rozkoš
Labe/Elbe
Berounka
Sázava
Slapy
Želivka
Orlík
Vltava/Moldau
Otava
Lužnice
Lipno
Svratka
Jihlava
Dyje/Thaya
Nové Mlýny
Morava/March
Opava
Slezská Harta
Odra
Wisła/Weichsel
Váh/Waag
Hron/Gran
Nitra/Nyitra/Neutra
Donau
Dunaj
Morava
Sächsische Akademie der Wissenschaften zu Leipzig
Karteninhalt: Inge Bily (Sächsische Akademie)
Kartenredaktion: Birgit Hölzel (Leibniz-Institut für Länderkunde)
Kartographie: Romana Schwarz (Leibniz-Institut für Länderkunde)

Kolibri 360 GmbH
Ferdinand-Jühlke-Straße 7
99095 Erfurt, Deutschland
produktsicherheit@kolibri360.de